LADEMANN
Außensteuergesetz

Mit vorbehaltem Empfehl

Thos Kahye

Rechtsanwalt
Fachanwalt für Steuerrecht
Dr. jur. Thomas Kaligin
Schützallee 85
DE-14169 Berlin

LADEMANN
Außensteuergesetz

Außensteuergesetz
mit Betriebsstättengewinnaufteilungsverordnung – BsGaV

Handkommentar

von
Dr. Thomas Kaligin
Dr. Hartmut Hahn
Dr. Kay Alexander Schulz
Dr. Beate Gropp
Prof. Dr. Michael Stöber
Dr. Jens Kleinert
Dr. Nadia Petersen, LL.M.

2., überarbeitete und erweiterte Auflage, 2015

RICHARD BOORBERG VERLAG

DEUTSCHER FACHVERLAG – FACHMEDIEN RECHT UND WIRTSCHAFT

Zitierweise: <Verfasser> in Lademann, § ... AStG Anm. ...

Bibliografische Information der Deutschen Nationalbibliothek | Die Deutsche Nationalbibliothek verzeichnet diese Publikation in der Deutschen Nationalbibliografie; detaillierte bibliografische Daten sind im Internet über www.dnb.de abrufbar.

2. Auflage, 2015

ISBN 978-3-415-05538-4 (Boorberg) – www.boorberg.de
ISBN 978-3-8005-2092-3 (Deutscher Fachverlag) – www.ruw.de

© Richard Boorberg Verlag 2015

Das Werk einschließlich aller seiner Teile ist urheberrechtlich geschützt. Jede Verwertung, die nicht ausdrücklich vom Urheberrechtsgesetz zugelassen ist, bedarf der vorherigen Zustimmung des Verlages. Dies gilt insbesondere für Vervielfältigungen, Bearbeitungen, Übersetzungen, Mikroverfilmungen und die Einspeicherung und Verarbeitung in elektronischen Systemen.

Satz: Gebr. Knöller GmbH & Co KG, Sedanstraße 16, 70190 Stuttgart
Druck und Bindung: Appel & Klinger Druck und Medien GmbH, Bahnhofstraße 3a, 96277 Schneckenlohe

Richard Boorberg Verlag GmbH & Co KG | Scharrstraße 2 | 70563 Stuttgart
Stuttgart | München | Hannover | Berlin | Weimar | Dresden

Vorwort

Mit der zweiten Auflage des Handkommentars Lademann, Außensteuergesetz soll der wachsenden Bedeutung des internationalen Steuerrechtes für die deutsche Exportnation im Rahmen des verflochtenen Welthandels Rechnung getragen werden. Das Außensteuergesetz wurde im Jahre 1972 von der sozial-liberalen Koalition quasi als Gesetz zur Bekämpfung der Steuerflucht eingeführt. Insbesondere hat der Gesetzgeber auf Bestrebungen massiv reagiert, dass hochbetuchte deutsche Investoren (spektakuläre Fälle wie Kaufhauskönig Horten, Multimillionärin Linsenhoff), Anstalten machten, sich mit ihrem Vermögen und Einkunftsquellen in steuerlich günstigere Regionen (insbesondere Schweiz oder Steueroasen) abzusetzen, um von den dort niedrigeren Steuersätzen zu profitieren. Hervorzuheben ist, dass das Außensteuergesetz damals im Kontext mit dem überarbeiteten DBA Deutschland/Schweiz quasi simultan in Kraft gesetzt worden ist. Das Außensteuergesetz und das DBA Deutschland/Schweiz sind insoweit aufeinander abgestimmt. Das gilt insbesondere schwerpunktmäßig für die Aktivitätsklausel in § 8 AStG einerseits bzw. der korrespondieren Vorschrift in Artikel 24 DBA D/Schweiz andererseits.

Der strategische Nutzeffekt des AStG aus der Sicht des deutschen Fiskus wird jedoch im Rahmen einer strategischen Gesamtbetrachtung äußerst zwiespältig betrachtet. Von Kritikern aus der Wirtschaft wurde schon bei der Einführung des AStG vorgetragen, dass das Gesetz viel zu kompliziert sei und noch nicht einmal die Formularkosten decke. Dem wurde von Vertretern des Bundesfinanzministeriums stets entgegengehalten, dass der abschreckende Charakter des AStG (sogenannter Vogelscheucheneffekt) nicht zu unterschätzen sei und damit den Zweck erfülle, dass potentielle inländische Steuerflüchtige von bestimmten Steuerverschiebungsvorhaben im Ausland bereits im Keim Abstand zu nehmen.

Das AStG hat im Laufe seiner über 40-jährigen Geschichte eine Vielzahl von Wandlungen in Gestalt von massiven Modifikationen erleben müssen. Nahezu in fast jedem Jahressteuergesetz finden sich korrespondierende Änderungen des AStG. Dabei sind die Schnittstellen zu dem höherrangigen EU-Recht (insbesondere Niederlassungsfreiheit und Kapitalverkehrsfreiheit) und die jeweils einschlägigen Doppelbesteuerungsabkommen hervorzuheben. Die letzte große signifikante Änderung des AStG ist die steuerliche Qualifikation von Funktionsverlagerungen. In dem Kontext ist die entsprechende ergänzende Funktionsverlagerungsanordnung und das korrespondierende BMF-Schreiben vom 13.10.2010 (BStBl I 2010

S. 774) hervorzuheben. Diese signifikante Novelle hat zu einer beispiellosen Verkomplizierung des Steuerrechts geführt. Praktiker weisen darauf schon zu Recht hin, dass die sowieso bereits hohe Fehlerquote von über 90 % im Außensteuerrecht zu einer weiteren Erhöhung der Willkürquote und zu endlosen Streitigkeiten bei den Finanzgerichten führen würde.

Im Rahmen der überarbeiteten Kommentierung wurden die Neuregelungen des § 1 AStG von Kaligin nebst Übergangsregelungen neu strukturiert. Insbesondere wurde das umfangreiche Schrifttum sowie die Rechtsprechung betreffend Tatbestandsvoraussetzungen der Gewinnberichtigungen (insbesondere bei Funktionsverlagerungen) erfasst. Dabei ist insbesondere hervorzuheben, dass der Anwendungsbereich des § 1 AStG von der Finanzverwaltung in jüngster Zeit verschärft in den Fokus gerückt ist, so dass die Kommentierung erhebliche praktischere Bedeutung hat als in der Vergangenheit. Einen weiteren Quantensprung stellt der erweiterte Anwendungsbereich des § 1 AStG im Verhältnis Stammhaus versus Betriebsstätte dar. Die zwischenzeitlich erlassene Betriebsstättengewinnaufteilungsverordnung (BsGaV) wurde ebenfalls in die Kommentierung einbezogen und – soweit vorhanden – entsprechendes Schrifttum bereits verarbeitet.

Hahn geht in seinem Beitrag auf die erweitert beschränkte Steuerpflicht ein. Er problematisiert die Grundfragen der Vereinbarkeit des § 2 AStG mit dem Grundgesetz und die EU-rechtlichen Implikationen. Im Bereich der sogenannten Besteuerung nach der „remittance base" kommentiert er die neueste Rechtsprechung.

Schulz befasst sich mit den angesichts steigenden Vermögens unverändert bedeutenden Problemfeldern im Bereich der erweiterten Erbschaftbesteuerung, die in § 4 geregelt ist, und geht auf die entsprechenden Rechtsfolgen beim Erwerb und Umfang des erweiterten Inlandsvermögens ein. Er bearbeitet auch den § 5, nämlich die Zurechnung von Einkünften und Vermögen einer ausländischen Gesellschaft. Auch hier wird das Verhältnis zu den anderen Vorschriften des AStG, den DBAs und dem EU-Recht problematisiert.

Ein weiterer Kernteil des Sonderdrucks ist die Abhandlung von *Gropp* zur Wegzugsbesteuerung des § 6 AStG. Diese Vorschrift war besonders umstritten im Hinblick auf seine Konkurrenz und seine Vereinbarkeit mit dem europäischen Recht. Der Gesetzgeber hat versucht, durch entsprechende Novellen die fehlende Vereinbarkeit mit der Freizügigkeit in der EU angemessen zu regeln. Die überarbeitete Kommentierung erfasst dabei auch die durch das ZollkodexAnpG Ende 2014 erfolgte Änderung des § 6 AStG. In den §§ 7–14 AStG behandelt *Gropp* ferner die Grundsätze der Hinzurechnungsbesteuerung, die insbesondere für multinational agie-

Vorwort

rende Unternehmen (neben dem § 1 AStG) ein weiteres Kernstück des Außensteuerrechts darstellt. Die durch Jahressteuergesetz 2008 in § 8 AStG aufgrund von Vorgaben der Rechtsprechung des Europäischen Gerichtshofes (Stichwort Cadburry Schweppes) eingefügte Möglichkeit eines Gegenbeweises wurde durch AmtshilfeRLUmsG 2013 erneut modifiziert, was in der Kommentierung berücksichtigt wurde.

Schulz untersucht die Spezialthematik der Besteuerung von Stiftungen in § 15. Der Einsatz von ausländischen Familienstiftungen gerät aufgrund der Globalisierung und der zunehmenden Mobilität immer stärker in den Fokus lösungsorientierter Nachfolgeplanung. Umso wichtiger erscheint die Beachtung von Fallstricken, die das Außensteuerrecht im Hinblick auf ausländische Stiftungen bereithält. Auch hier gibt es entsprechende Kollisionen mit dem EU-Recht. *Stöber/Kleinert* befassen sich in § 16 mit den verfahrensrechtlichen Komplikationen des Außensteuerrechts (insbesondere mit den erweiterten Mitwirkungspflichten nach § 16 AStG im Verhältnis zu der korrespondieren Norm des § 160 AO). Auch die Problematik der Auskunftspflicht in § 17 AStG wird von ihnen behandelt.

Petersen setzt sich in § 18 mit der gesonderten Feststellung von Besteuerungsgrundlagen im Außensteuerrecht auseinander.

Ein weiterer Schwerpunkt der Darstellung ist die Kommentierung von *Hahn* zu § 20 AStG. Hier wird das Problem des so genannten Treaty Overriding anhand einer Vielzahl von Einzelfällen problematisiert. Dabei werden die Kollisionen mit den §§ 7–14 AStG, DBA und des § 15 AStG behandelt. Auf die speziellen Betriebsstättenproblematik wird besonders eingegangen.

Die Kommentierung mit einer bereiten Palette von Praktikern aus dem Bereich der Steuerberatung, der Finanzgerichtsbarkeit und von Angehörigen der Finanzverwaltung stellt eine ausgewogene Problemvielfalt dar. Das Werk ist Beratern und Angehörigen von Mitarbeitern von Steuerabteilungen, vor allem von mittelständischen Unternehmen, eine nützliche Arbeitshilfe, um sich anhand von praxisbezogenen Fallgestaltungen im immer breiter gefächerten Außensteuerrechtsbereich besser zurechtzufinden.

Die Verfasser
Stuttgart, im Juni 2015

Inhalt

Ausführliche Inhaltsübersichten finden Sie zu Beginn
der jeweiligen Paragraphenkommentierung

Seite

Einführung zum AStG (Kaligin) 15

Erster Teil Internationale Verflechtungen

§ 1 AStG Berichtigung von Einkünften (Kaligin) 27
A. Allgemeines 51
B. Voraussetzungen der Gewinnberichtigung nach § 1 AStG 63
C. Fremdvergleich als Berichtigungsmaßstab 81
D. Betriebsstättengewinnaufteilungsverordnung 140

Zweiter Teil
Wohnsitzwechsel in niedrigbesteuernde Gebiete

§ 2 AStG Einkommensteuer (Hahn) 155
I. Allgemeines 161
II. Voraussetzungen der erweiterten beschränkten Steuerpflicht . . . 175
III. Rechtsfolgen 229
IV. Verfahrensfragen 245

§ 3 AStG *(weggefallen)* 249

§ 4 AStG Erbschaftsteuer (Schulz) 251
A. Allgemeines 253
B. Persönliche Voraussetzungen 261
C. Rechtsfolgen 267
D. Verfahrensfragen 272

§ 5 AStG Zwischengeschaltete Gesellschaften (Schulz) 275
A. Allgemeines 277
B. Zurechnung von Einkünften und Vermögen einer ausländischen
   Zwischengesellschaft (Absatz 1) 283
C. Haftung des anteiligen Vermögens der ausländischen
   Zwischengesellschaft (Absatz 2) 302
D. Verfahrensfragen (Absatz 3) 302

Dritter Teil
Behandlung einer Beteiligung im Sinne des § 17 des Einkommensteuergesetzes bei Wohnsitzwechsel ins Ausland

§ 6 AStG Besteuerung des Vermögenszuwachses (Gropp) 305
A. Allgemeines 311
B. Voraussetzungen 316
C. Rechtsfolgen 323

Vierter Teil
Beteiligung an ausländischen Zwischengesellschaften

§§ 7–14 AStG Einführung (Gropp) 333
A. Allgemeines zum vierten Teil des AStG 337
B. Grundkonzeption der Hinzurechnungsbesteuerung 338
C. Aufbau der Vorschriften der Hinzurechnungsbesteuerung ... 340
D. Rechtsentwicklung 341
E. Verhältnis zu anderen Rechtsvorschriften 346

§ 7 AStG Steuerpflicht inländischer Gesellschafter (Gropp) 355
A. Allgemeines 358
B. Ausländische Gesellschaft 359
C. Inländerbeherrschung 359
D. Sonderregelungen für Zwischeneinkünfte mit Kapitalanlagecharakter (Abs. 6) 363
E. Definition der Zwischeneinkünfte mit Kapitalanlagecharakter (Abs. 6a) 364
F. Rechtsfolge: Anteilige Steuerpflicht der inländischen Beteiligten. . 365
G. Vorrang des InvStG (Abs. 7) 367
H. Beteiligung an REIT-AG (Abs. 8) 367

§ 8 AStG Einkünfte von Zwischengesellschaften (Gropp) 369
A. Allgemeines 375
B. Passive Einkünfte (Abs. 1) 377
C. Gegenbeweis (Abs. 2) 402
D. Niedrigbesteuerung (Abs. 3) 408

§ 9 AStG Freigrenze bei gemischten Einkünften (Gropp) — 415
A. Allgemeines — 416
B. Relative Freigrenze — 417
C. Absolute Freigrenze — 417
D. Rechtsfolge — 419

§ 10 AStG Hinzurechnungsbetrag (Gropp) — 421
A. Allgemeines — 423
B. Ermittlung und Abgrenzung der passiven Einkünfte — 425
C. Abzug von Personensteuern der ausländischen Gesellschaft — 433
D. Hinzurechnungsbetrag — 434

§ 11 AStG Veräußerungsgewinne (Gropp) — 439
A. Allgemeines — 440
B. Anteilsveräußerungsgewinne — 441
C. Hinzugerechnete Einkünfte aus Tätigkeiten i. S. d. § 7 Abs. 6a — 441
D. 8-Jahreszeitraum — 442
E. Keine Ausschüttung — 442
F. Nachweis — 442
G. Rechtsfolge — 443

§ 12 AStG Steueranrechnung (Gropp) — 445
A. Allgemeines — 446
B. Steueranrechnung (Abs. 1 und 2) — 446
C. Auswirkungen auf die Gewerbesteuer — 449
D. Anrechnungsverfahren bei nachfolgenden Gewinnausschüttungen (Abs. 3) — 449

§ 13 AStG *(weggefallen)* — 451

§ 14 AStG Nachgeschaltete Zwischengesellschaften (Gropp) — 453
A. Allgemeines — 455
B. Unmittelbare Nachschaltung von Gesellschaften (Abs. 1) — 457
C. Mittelbare Nachschaltung von Gesellschaften (Abs. 3) — 464
D. Beteiligung an REIT-AG (Abs. 2) — 466

Inhalt

Fünfter Teil Familienstiftungen

§ 15 AStG Steuerpflicht von Stiftern, Bezugsberechtigten und Anfallsberechtigten (Schulz) 467
- A. Allgemeines 472
- B. Zurechnung von Einkommen und Vermögen einer Familienstiftung (Absatz 1) 481
- C. Familienstiftungen (Absatz 2) 494
- D. Unternehmensstiftungen (Absatz 3) 496
- E. Zweckvermögen, Vermögensmassen und Personenvereinigungen (Absatz 4) 497
- F. Entsprechende Anwendung des § 12 AStG (Absatz 5) 498
- G. Entlastungsbeweis durch Nachweis rechtlicher und tatsächlicher Vermögenstrennung (Absatz 6) 501
- H. Anwendung deutscher Einkommensermittlungsvorschriften und Einschränkungen der Zurechnung negativen Einkommens (Absatz 7) 505

Sechster Teil Ermittlung und Verfahren

§ 16 AStG Mitwirkungspflicht des Steuerpflichtigen (Stöber/Kleinert) 525
- I. Allgemeines 526
- II. Voraussetzungen 529
- III. Mitwirkungspflichten 532
- IV. Rechtsfolgen der Nichterfüllung der Mitwirkungspflichten 535

§ 17 AStG Sachverhaltsaufklärung (Stöber/Kleinert) 537
- I. Allgemeines 538
- II. Auskunftspflicht 539
- III. Schätzungsmaßstab 542

§ 18 AStG Gesonderte Feststellung von Besteuerungsgrundlagen (Petersen) 545
- I. Allgemeines 546
- II. Feststellung von Besteuerungsgrundlagen 547
- III. Zuständigkeit 552
- IV. Erklärungspflicht 552
- V. Ausländische Familienstiftungen 555

Inhalt

Siebenter Teil Schlussvorschriften

§ 19 AStG *(weggefallen)* 557

§ 20 AStG Bestimmungen über die Anwendung von Abkommen zur Vermeidung der Doppelbesteuerung (Hahn) 559
I. Allgemeines 564
II. Auslegung des Absatz 1 588
III. Auslegung des Absatz 2 613

§ 21 AStG Anwendungsvorschriften 647

§ 22 AStG Neufassung des Gesetzes 652

Stichwortverzeichnis 653

Autorenverzeichnis. 667

Gesetz über die Besteuerung bei Auslandsbeziehungen (Außensteuergesetz)
vom 8. September 1972 (BGBl I 1972 S. 1713 – BStBl I 1972 S. 450)
geändert durch Gesetz zur Reform des Erbschaftsteuer- und Schenkungsteuerrechts vom 17.4.1974 (BGBl I 1974 S. 933 – BStBl I 1974 S. 216), Einführungsgesetz zum Einkommensteuerreformgesetz vom 21.12.1974 (BGBl I 1974 S. 3656 – BStBl I 1975 S. 2), Einführungsgesetz zum Körperschaftsteuerreformgesetz (EGKStRG) vom 6.9.1976 (BGBl I 1976 S. 2641 – BStBl I 1976 S. 476), Einführungsgesetz zur Abgabenordnung (EGAO) vom 14.12.1976 (BGBl I 1976 S. 3341 – BStBl I 1976 S. 694), Gesetz zur Änderung des Einkommensteuergesetzes, des Körperschaftsteuergesetzes und anderer Gesetze vom 20.8.1980 (BGBl I 1980 S. 1545 – BStBl I 1980 S. 589), Gesetz zur Stärkung der Wettbewerbsfähigkeit der Wirtschaft und zur Einschränkung von steuerlichen Vorteilen (Steuerentlastungsgesetz 1984 – StEntlG 1984) vom 22.12.1983 (BGBl I 1983 S. 1583 – BStBl I 1984 S. 14), Steuerbereinigungsgesetz 1985 vom 14.12.1984 (BGBl I 1984 S. 1493 – BStBl I 1984 S. 659), Beschluss des Bundesverfassungsgerichts vom 14.5.1986 (BGBl I 1986 S. 1030 – BStBl II 1986 S. 628), Einigungsvertrag vom 31.8.1990 (BGBl II 1990 S. 885, S. 978 und S. 1360 – BStBl I 1990 S. 654), Gesetz zur Entlastung der Familien und zur Verbesserung der Rahmenbedingungen für Investitionen und Arbeitsplätze (Steueränderungsgesetz 1992 – StÄndG 1992) vom 25.2.1992 (BGBl I 1992 S. 297 – BStBl I 1992 S. 146), Gesetz zur Verbesserung der steuerlichen Bedingungen zur Sicherung des Wirtschaftsstandorts Deutschland im Europäischen Binnenmarkt (Standortsicherungsgesetz – StandOG) vom 13.9.1993 (BGBl I 1993 S. 1569 – BStBl I 1993 S. 774), Gesetz zur Bekämpfung des Mißbrauchs und zur Bereinigung des Steuerrechts (Mißbrauchsbekämpfungs- und Steuerbereinigungsgesetz – StMBG) vom 21.12.1993 (BGBl I 1993 S. 2310 – BStBl I 1994 S. 50), Gesetz zur Änderung des Umwandlungssteuerrechts vom 28.10.1994 (BGBl I 1994 S. 3267 – BStBl I 1994 S. 839) und Jahressteuergesetz (JStG) 1997 vom 20.12.1996 (BGBl I 1996 S. 2049 – BStBl I 1996 S. 1523); Gesetz zur Senkung der Steuersätze und zur Reform der Unternehmensbesteuerung (Steuersenkungsgesetz – StSenkG) vom 23.10.2000 (BGBl I 2000 S. 1433 – BStBl I 2000 S. 1428); Gesetz zur Umrechnung und Glättung steuerlicher Euro-Beträge (Steuer-Euroglättungsgesetz – StEuglG) vom 19.12.2000 (BGBl I 2000 S. 1790 – BStBl I 2001 S. 3); Gesetz zur Fortentwicklung des Unternehmenssteuerrechts (Unternehmenssteuerfortentwicklungsgesetz – UntStFG) vom 20.12.2001 (BGBl I 2001 S. 3858 – BStBl I 2002 S. 35); Gesetz zum Abbau von Steuervergünstigungen und Ausnahmeregelungen (Steuervergünstigungsabbaugesetz – StVergAbG) vom 16.5.2003 (BGBl I 2003 S. 660 – BStBl I 2003 S. 321), Gesetz zur Modernisierung des Investmentwesens und zur Besteuerung von Investmentvermögen (Investmentmodernisierungsgesetz) vom 15.12.2003 (BGBl I 2003 S. 2676 – BStBl I 2004 S. 5), Gesetz zur Umsetzung der Protokollerklärung der Bundesregierung zur Vermittlungsempfehlung zum Steuervergünstigungsabbaugesetz vom 22.12.2003 (BGBl I 2003 S. 2840 – BStBl I 2004 S. 14), Gesetz zur Umsetzung von EU-Richtlinien in nationales Steuerrecht und zur Änderung weiterer Vorschriften (Richtlinien-Umsetzungsgesetz – EURLUmsG) vom 9.12.2004 (BGBl I 2004 S. 3310, ber. S. 3843 – BStBl I 2003 S. 1158), Gesetz über steuerliche Begleitmaßnahmen

zur Einführung der Europäischen Gesellschaft und zur Änderung weiterer steuerrechtlicher Vorschriften (SEStEG) vom 7.12.2006 (BGBl I 2006 S. 2782 – BStBl I 2007 S. 4), Gesetz zur Schaffung deutscher Immobilien-Aktiengesellschaften mit börsennotierten Anteilen vom 28.5.2007 (BGBl I 2007 S. 914 – BStBl I 2007 S. 806), Unternehmensteuerreformgesetz 2008 vom 14.8.2007 (BGBl I 2007 S. 1912 – BStBl I 2007 S. 630), Jahressteuergesetz 2008 (JStG 2008) vom 20.12.2007 (BGBl I 2007 S. 3150 – BStBl I 2008 S. 218) und durch das Jahressteuergesetz 2009 (JStG 2009) vom 19.12.2008 (BGBl I 2008 S. 2794 – BStBl I 2009 S. 74), Gesetz zur Umsetzung steuerlicher EU-Vorgaben sowie zur Änderung steuerlicher Vorschriften vom 8.4.2010 (BGBl I 2010 S. 386 – BStBl I 2010 S. 334) und Jahressteuergesetz 2010 vom 8.12. 2010 (BGBl I 2010 S. 1768 – BStBl I 2010 S. 1394, Gesetz zur Umsetzung der Amtshilferichtlinie sowie zur Änderung steuerlicher Vorschriften (Amtshilferichtlinie-Umsetzungsgesetz – AmtshilfeRLUmsG) vom 26.6.2013 (BGBl I 2013 S. 1809 – BStBl I 2013 S. 802) und Gesetz zur Anpassung der Abgabenordnung an den Zollkodex der Union und zur Änderung weiterer steuerlicher Vorschriften vom 22.12.2014 (BGBl I 2014 S. 2417 – BStBl I 2015 S. 58).

Erläuterungen

Schrifttum: (Auswahl) *Baranowski,* Besteuerung von Auslandsbeziehungen, 2. Aufl., Herne/Berlin 1996; *Becker/Kroppen,* Handbuch Internationale Verrechnungspreise, Stand: Dezember 2001; *Brezing u. a.,* Außensteuerrecht, Kommentar, Herne/Berlin 1991; *Debatin,* Anwendungsgrundsätze zum Außensteuergesetz, DB 1974 Beilage 15; *Dreßler,* Gewinn- und Vermögensverlagerungen in Niedrigsteuerländer und kein Ende?, StBp 1999 S. 253; *Flick/Wassermeyer/Baumhoff,* Außensteuerrecht, Kommentar, 6. Aufl., Stand: Oktober 2014 (zit.: F/W/B); *Flick/Wassermeyer,* Der Einführungserlaß zum Außensteuergesetz, Kritische Bemerkungen, FR 1974 S. 545, 574, 601; *dies.,* FR 1975 S. 8, 35, 59, 86; *Geberth,* OECD veröffentlicht erste Projektergebnisse zu BEPS, GmbHR 2014, R 348; *Haase,* Außensteuergesetz Doppelbesteuerungsabkommen, Kommentar, Heidelberg 2009; *Kraft,* Außensteuergesetz, Kommentar, München 2009; *Kroppen,* Handbuch Internationale Verrechnungspreise Stand: Dezember 2010; *Menck,* Der Anwendungserlaß zum AStG und die künftige Entwicklung, IWB (1996) F. 3 Gr. 1 S. 1521; *Menck/Vogt,* Kommentierung zum AStG, in: Blümich, EStG/KStG/GewStG, Kommentar, Stand: Juni 2008; *Mössner* u. a., Steuerrecht international tätiger Unternehmen, 3. Aufl. 2005; *Schaumburg,* Internationales Steuerrecht: Außensteuerrecht, Doppelbesteuerungsrecht, 4. Aufl. 2012; *Schanz/Feller,* Wieso Deutschland (fast) keine Base and Profit Shifting-Bekämpfung braucht, BB 2015 S. 86); *Schoppe,* Verrechnungspreise – warum nicht mal zum FG?, BB 2014 S. 2199; *Vögele/Borstell/Engler,* Handbuch der Verrechnungspreise, 4. Aufl. 2015; *Wassermeyer,* Elf Jahre Außensteuergesetz, RIW 1984 S. 461; *ders.,* 15 Jahre Außensteuergesetz, DStR 1987 S. 635; *ders.,* Die Fortentwicklung der Besteuerung von Auslandsbeziehungen, IStR 2001 S. 113.

Verwaltungsanweisungen:
1. BMF-Schreiben vom 23.2.1983 IV C 5 – S 1341 – 4/83, BStBl I 1983 S. 218 betr. Grundsätze für die Prüfung der Einkunftsabgrenzung bei international verbundenen Unternehmen (Verwaltungsgrundsätze)

2. FinMin. Baden-Württemberg Erlass vom 31.7.1995 – S 1300 – 20, IStR 1995 S. 539 betr. Einkunftsabgrenzung bei international verbundenen Unternehmen und im Rahmen der Betriebsstättengewinnermittlung; Prüfhinweis für die Prüfung der „Verrechnungspreise inländischer Unternehmen/Betriebsstätten mit verbundenen Unternehmen/Stammhaus im Ausland"
3. BMF-Schreiben vom 30.12.1999 IV B 4 – S 1341 – 14/99, BStBl I 1999 S. 1122 betr. Grundsätze für die Prüfung der Einkunftsabgrenzung durch Umlageverträge zwischen international verbundenen Unternehmen
4. BMF-Schreiben vom 9.11.2001 IV B 4 – S 1341 – 20/01, BStBl I 2001 S. 796 betr. Grundsätze für die Prüfung der Einkunftsabgrenzung zwischen international verbundenen Unternehmen in Fällen der Arbeitnehmerentsendung (Verwaltungsgrundsätze – Arbeitnehmerentsendung)
5. BMF-Schreiben vom 14.5.2004 IV B 4 – S 1340 – 11/04, BStBl I 2004, Sondernummer 1, S. 3 betr. Grundsätze zur Anwendung des Außensteuergesetzes
6. BMF-Schreiben vom 12.4.2005 IV B 4 – S 1341 – 1/05, BStBl I 2005 S. 570 betr. Grundsätze für die Prüfung der Einkunftsabgrenzung zwischen nahestehenden Personen mit grenzüberschreitenden Geschäftsbeziehungen in Bezug auf Ermittlungs- und Mitwirkungspflichten, Berichtigungen sowie auf Verständigungs- und EU-Schiedsverfahren (Verwaltungsgrundsätze-Verfahren)
7. BMF-Schreiben vom 25.8.2009 IV B 5 – S 1341/07/10004, 2009/0421117, BStBl I 2009 S. 888 betr. Grundsätze der Verwaltung für die Prüfung der Aufteilung der Einkünfte bei Betriebsstätten international tätiger Unternehmen (Betriebsstätten-Verwaltungsgrundsätze) – Änderung auf Grund des SEStEG
8. BMF-Schreiben vom 13.10.2010 IV B 5 – S 1341/08/10003, 2010/0598886, BStBl I 2010, S. 774 betr. Grundsätze für die Prüfung der Einkunftsabgrenzung zwischen nahe stehenden Personen in Fällen von grenzüberschreitenden Funktionsverlagerungen (Verwaltungsgrundsätze Funktionsverlagerung)

Einführung

Das Außensteuergesetz (AStG) wurde verkündet als Art. 1 des **Gesetzes zur Wahrung der steuerlichen Gleichmäßigkeit bei Auslandsbeziehungen und zur Verbesserung der steuerlichen Wettbewerbslage bei Auslandsinvestitionen** vom 8.9.1972, BGBl I 1972 S. 1713. Das AStG, das auch Steuerfluchtgesetz oder Steueroasengesetz genannt wurde, sollte Gesetzeslücken füllen, die unerwünschte **Minderbesteuerungen im internationalen Bereich** ermöglichten. Unter „Minderbesteuerung im internationalen Bereich" wird dabei die legale Ausnutzung von Belastungsunterschieden bei grenzüberschreitenden Steuersachverhalten verstanden. Insoweit stellt die Minderbesteuerung das Pendant zur Doppelbesteuerung dar. 1

Das Inkrafttreten des AStG muss auch im Kontext mit dem damals novellierten Abkommen zwischen der Bundesrepublik Deutschland und der Schweiz zur Vermeidung der Doppelbesteuerung auf dem Gebiete der Steuern vom Einkommen und vom Vermögen (vom 11.8.1971, BGBl II 1972 S. 1022 – BStBl I 1972 S. 518 – mehrfach geändert) gesehen werden. Das AStG konnte nur deshalb voll zur Entfaltung gelangen, weil das wichtigste Abkommen mit den meisten Berührungen zum AStG – nämlich der Schweiz – in einem sachlichen Kontext steht. Dies gilt insbesondere für die Aktivitätsklauseln in § 8 AStG einerseits und Art. 24 Abs. 1 Nr. 1

DBA D/CH andererseits. Beide Rechtsquellen (AStG bzw. DBA D/CH) wurden damals von der sozialliberalen Koalition zeitnah in Kraft gesetzt, um die ersten auftauchenden spektakulären Wegzüge (z. B. Kaufhauskönig Horten bzw. Springreiterin Linsenhoff) einzudämmen.

2 Die Ursachen einer Minderbesteuerung sind recht unterschiedlich. Zum ersten kann sie dann entstehen, wenn die nationalen Steuerrechtssysteme bezüglich der Besteuerung grenzüberschreitender Sachverhalte nicht hinreichend aufeinander abgestimmt sind. Sowohl in jeweils nationalen Steuergesetzen als auch in Doppelbesteuerungsabkommen können Qualifikationskonflikte auftreten, die dazu führen, dass bestimmte Steuersachverhalte nicht oder nur unzureichend in beiden beteiligten Staaten erfasst werden.

3 Zum zweiten entsteht eine Minderbesteuerung, wenn bestehende, vom Gesetzgeber gewollte Regelungen des jeweiligen Internationalen Steuerrechts rechtsmissbräuchlich ausgenutzt werden. Dies, häufig auch Steuerflucht genannt, geschieht, wenn die entsprechende Sachverhaltsgestaltung ausschließlich bzw. überwiegend aufgrund der niedrigeren Besteuerung gewählt wurde. Sonstige wirtschaftliche Gründe treten dabei in den Hintergrund oder bestehen überhaupt nicht.

4 Generelle **Methoden zur Vermeidung einer Minderbesteuerung** existieren nicht, da bereits die Ursachen sehr vielschichtig und nicht allgemein gültig darstellbar sind. Es bedarf daher kasuistischer Einzelfallregelungen, die auf das jeweilige Internationale Steuerrecht abgestimmt sind. Wie auch zum Gestaltungsmissbrauch hat der deutsche Gesetzgeber für die Fälle der legalen Steuerumgehung entsprechende Normen geschaffen, damit das internationale Steuergefälle nicht ungerechtfertigt ausgenutzt werden kann. Diese Maßnahmen wurden entweder unilateral geregelt oder in bilateralen Abkommen verankert.

5 Entsteht die Minderbesteuerung durch die Existenz eines Doppelbesteuerungsabkommens, so sollte zunächst dieses entsprechend geändert werden. Erst wenn die Minderbesteuerung so nicht beseitigt werden kann, bedarf es weitergehender unilateraler Regelungen. Ein so genanntes „**treaty overriding**", d. h. die materielle Umgehung bestehender Bestimmungen eines Doppelbesteuerungsabkommens durch nationale Steuergesetze, ist dagegen zu vermeiden.

Das AStG wendet sich im Wesentlichen gegen die Minderbesteuerung durch internationale „Einkommensverlagerungen" (vgl. hierzu den „Oasenbericht" der Bundesregierung vom 23.6.1964, BT/Drucks. IV/2412). Bei der subjektiven Einkunftsverlagerung wechselt das Besteuerungssubjekt selbst den Steuerstatus: In Deutschland entstehende Steuerersparnisse durch den Wechsel von der unbeschränkten zur beschränkten Steuerpflicht. Sie werden in der Regel dadurch kompensiert, dass anstelle der weichenden deutschen Besteuerung eine ihr gleichwertige ausländische Besteuerung tritt; Minderbesteuerungen entstehen aber, wo am Zielort der Verlagerung eine solche Besteuerung gerade fehlt. Die so zu erzielenden Steuerersparnisse werden u. U. durch die Ausnutzung bestehender Doppelbesteuerungsabkommen (DBA) noch erhöht. Bei der objektgebundenen Minderbesteuerung wird eine Einkunftsquelle von einem unbeschränkt auf einen beschränkt Steuerpflichtigen übertragen, bleibt aber im Verfügungsbereich des Steuerpflichtigen; wichtigste Form ist die Übertragung auf einen im Interessenbereich des Steuerpflichtigen stehende juristische Person (Basisgesellschaft), die die Einkünfte von der deutschen Besteuerung „abschirmen" soll.

Insbesondere die folgenden **fünf Regelungsbereiche der Mindestbesteuerung** 6
werden im deutschen Internationalen Steuerrecht erfasst:

(1) Maßnahmen der Nichtbegünstigung passiver Tätigkeiten

Entsprechende Regelungen finden sich sowohl in Einzelsteuergesetzen (z. B. § 2a EStG) als auch in den Doppelbesteuerungsabkommen.

(2) Gewinnabgrenzung zwischen Nahestehenden bzw. Maßnahmen zur Gewinnberichtigung bei verbundenen Unternehmen

§ 1 AStG behandelt mit der **Gewinnabgrenzung zwischen Nahestehenden** ein ganz allgemeines internationales Problem der Abgrenzung von Steuerhoheit und hat einen Schwerpunkt im Verhältnis der Hochsteuerländer untereinander. Die zutreffende Gewinnabgrenzung ist Voraussetzung dafür, Besteuerungsgut im „Wettbewerb der Steuerrechte" zu positionieren und damit den Wettbewerbsrahmen zu setzen.

Da mit zunehmender Tendenz international verbundene Unternehmen ihre Aktivitäten durch Funktionsverlagerung in niedrige Steuergebiete verlagert haben, ist dies vermehrt in den Fokus des Gesetzgebers gerückt. Die Folge ist die Einführung eines § 1 Abs. 3 i. V. m. der Funktionsverlagerungsverordnung, die versucht, das Steuersubstrat weiter dem inländischen Steuerfiskus zu erhalten; dabei wird jedoch häufig im Übereifer übersehen, dass es dann vermehrt zu abkommenswidrigen Doppelbesteuerungen kommt, die dann in zeitaufwändigen Verständigungsverfahren (mit ungewissem Ausgang) geregelt werden müssen.

(2) Maßnahmen zur Gewinnberichtigung bei verbundenen Unternehmen

Der weitere Regelungsbereich betrifft die Ergebniskorrektur nach dem Fremdvergleichsgrundsatz oder „dealing at arm's length"-Prinzip. Hierbei geht es um den Ansatz von angemessenen Verrechnungspreisen bei Lieferungen und Leistungen zwischen verbundenen Unternehmen (z. B. § 8 Abs. 3 KStG, Art. 9 OECD-Musterabkommen).

(3) Maßnahmen bei Wohnsitzverlagerung ins Ausland

Hier geht es um die Frage einer erweiterten beschränkten Steuerpflicht, wenn zwar der Wohnsitz ins Ausland verlegt, die bisherige wirtschaftliche Aktivität im Inland jedoch beibehalten wird.

Die erweitert beschränkte Steuerpflicht der §§ 2 – 5 soll die Anfangsvorteile kappen, ohne damit die Freizügigkeit einzuschränken. In diesem Kontext ist auch die entsprechende Regelung in Art. 4 DBA D/CH zu sehen. Demgegenüber füllt § 6 eine gegenüber vielen Hochsteuerländern bestehende Lücke aus, die durch die deutschen DBA's erzeugt wird. Die Regelung des § 6 stößt jedoch auf immanente Grenzen gegenüber dem vorrangigen EU-Recht.

(4) Maßnahmen bei der Überführung von Wirtschaftsgütern ins Ausland

Mit diesem Regelungsbereich ist die Steuerentstrickung angesprochen. Dieses Rechtsinstitut wurde geschaffen, um stille Reserven bei der Überführung von Wirtschaftsgütern ins Ausland steuerlich zu erfassen, wenn das Steuergut aus der Steuerhoheit des Inlandes ausscheidet (= Entnahmefiktion durch SEStEG bei Steuerentstrickung ab 2006 gem. § 4 Abs. 1 Satz 3 EStG).

(5) Maßnahmen zur Beseitigung der Abschirmwirkung einer ausländischen KapGes

Hier sollen Gewinne von KapGes in Niedrigsteuerländern im Inland besteuert werden, selbst wenn diese keine Dividenden an den deutschen Gesellschafter ausschüttet.

Die Hinzurechnungsbesteuerung in §§ 7–14 richtet sich gegen Ausnutzung von Steuergesellschaften durch Basisgesellschaften und überschneidet sich mit der Missbrauchsvermeidung (insbesondere der allgemeinen Missbrauchsregelung in § 42 AO). Ursprünglich kamen als „niedrig besteuerte Gebiete" im Wesentlichen nur ein kleiner Kreis klassischer Steueroasen in Betracht (wie z. B. Kleinstaaten oder Schweiz). Das Ausweiten von niedrig besteuerten Nischen auch in industriellen Ländern (z. B. Irland, Niederlande mit Vorzugsbesteuerung für Ausländer; Ausweitung der Discount-Steuersätze durch die osteuropäischen EU-Beitrittsländer) hat Anpassungen aus der Sicht des Fiskus notwendig gemacht und zu Änderungen in § 10 Abs. 6 und 7 und § 20 AStG geführt.

7 Im AStG werden alle fünf Regelungsbereiche angesprochen, soweit nicht bereits in den Einzelsteuergesetzen oder den Doppelbesteuerungsabkommen ausreichende Maßnahmen zur Vermeidung der Minderbesteuerung getroffen wurden. Am Aufbau des Gesetzes wird dies deutlich. Das AStG ist in die folgenden **sieben Teile** untergliedert:

Erster Teil: Internationale Verflechtungen
Berichtigung von Einkünften bei Geschäftsbeziehungen zum Ausland (§ 1)

Zweiter Teil: Wohnsitzwechsel in niedrig besteuernde Gebiete
Erweiterte beschränkte Einkommen-, Vermögen- (bis VZ 1996) und Erbschaftsteuerpflicht (§§ 2–4)
Durchbrechung der Abschirmwirkung bei zwischengeschalteten Gesellschaften (§ 5)

Dritter Teil: Behandlung einer Beteiligung im Sinne des § 17 des Einkommensteuergesetzes bei Wohnsitzwechsel ins Ausland
Besteuerung des Vermögenszuwachses, d. h. Entstrickung stiller Reserven (§ 6)

Vierter Teil: Beteiligung an ausländischen Zwischengesellschaften
Hinzurechnungsbesteuerung
Durchbrechung der Abschirmwirkung bei passiven Einkünften (§§ 7–14)

Fünfter Teil: Familienstiftungen
Steuerpflicht von Stiftern, Bezugs- und Anfallsberechtigten bei ausländischen Stiftungen (§ 15)

Sechster Teil: Ermittlung und Verfahren
Mitwirkungspflicht, Sachverhaltsaufklärung, gesonderte Feststellung (§§ 16–18)

Siebenter Teil: Schlussvorschriften (§§ 19–22)

Das AStG ist in den knapp 40 Jahren seines Bestehens im Durchschnitt jedes zweite Jahr und in den letzten fünf Jahren jährlich geändert worden. Meist handelt es sich dabei um Folgeänderungen aufgrund von Änderungen der Einzelsteuergesetze. Daneben kam es aber auch zur Verschärfung des AStG zwecks Vermeidung weiterer unerwünschter Minderbesteuerungen. Als wesentliche materielle Änderungen können hierbei genannt werden:

- Anfügung des § 1 Abs. 4 AStG in 1992 und dessen Neuformulierung in 2002 als Reaktionen auf BFH-Urteile,
- grundlegend neue Konzeption des § 5 AStG (Voraussetzungen und Rechtsfolgen) in 1974, d. h. bereits zwei Jahre nach In-Kraft-Treten des AStG,
- Senkung der Grenze für eine Niedrigbesteuerung (§ 8 Abs. 3 AStG) von 30 % auf 25 % ab 2001,
- Erweiterung der Hinzurechnungsbesteuerung auf Zwischeneinkünfte mit Kapitalanlagecharakter (insbesondere § 7 Abs. 6 und § 10 Abs. 6 AStG) in 1992/1993 sowie die Ausweitung des Anwendungsbereichs in 2001 und die ersatzlose Aufhebung des § 10 Abs. 6 AStG in 2003,
- Verschärfung der Hinzurechnungsbesteuerung ab 2001 durch Einbeziehung ausländischer Holdinggesellschaften,
- Verschärfung der Hinzurechnungsbesteuerung ab 2003 durch Abschaffung des DBA-Schachtelprivilegs (§ 10 Abs. 5 AStG),
- Anfügung des § 14 Abs. 4 AStG in 1980 zur Versagung der Anwendung von Doppelbesteuerungsabkommen für nachgeschaltete Zwischengesellschaften und ersatzlose Aufhebung in 2003,
- Anfügung des § 18 Abs. 3 AStG in 1985 (d. h. 13 Jahre nach In-Kraft-Treten des AStG!) zwecks Schaffung einer Verpflichtung zur Abgabe von Steuererklärungen i. Z. mit der Hinzurechnungsbesteuerung,
- Grundsätzliche Umstellungen bei der Hinzurechnungsbesteuerung durch die Unternehmenssteuerreform 2001 mit ihren Änderungen der §§ 7–14 AStG durch das Steuersenkungsgesetz 2001; diese Änderungen wurden modifiziert bzw. zurückgenommen durch das Unternehmenssteuerfortentwicklungsgesetz
- Einfügung des neuen § 20 AStG in 1992 sowie Ausweitung der Vorschrift auf alle passiven Betriebsstätteneinkünfte in 2003 und Schaffung eines eindeutigen „treaty overriding" in Abs. 2,
- Einfügung einer 60 %igen Grenze bei Einkünften aus Finanzierungstätigkeiten in § 20 Abs. 2 AStG in 2001 und ersatzlose Streichung in 2003.
- durch das Steuervergünstigungsabbaugesetz kam es zu gravierenden Änderungen der §§ 1, 7, 8, 10, 11, 14 und 20 AStG.
- Erneut geändert wurde das AStG durch das Gesetz zur Umsetzung der Protokollerklärung der Bundesregierung zur Vermittlungsempfehlung zum Steuervergünstigungsabbaugesetz im Rahmen der Vorschriften des §§ 7 Abs. 7, 8 Abs. 1 Nr. 4 und 14 Abs. 1.
- Weitere Änderungen der Hinzurechungsbesteuerung erfolgten durch das Investitionsmodernisierungsgesetz und das Gesetz zur Umsetzung von EU-Richtlinien in nationales Recht und zur Änderung weiterer Vorschriften (Richtlinien-Umsetzungsgesetz).

- Signifikante Änderungen erfolgten durch das Gesetz über steuerliche Begleitmaßnahmen zur Einführung der Europäischen Gesellschaft und zur Änderung weiterer steuerlicher Vorschriften (SEStEG) und durch das Gesetz zur Schaffung deutscher Immobilien-Aktiengesellschaften mit börsennotierten Anteilen (REITG).
- Durch das Unternehmenssteuerreformgesetz 2008 wurde die Vorschrift des § 1 in Gestalt der Einführung eines Absatzes 3 AStG grundlegend reformiert; im Fokus sind dabei Änderungen der Gewinnverlagerung und die Ermächtigungsgrundlage für die Funktionsverlagerungsverordnung.
- Erneute Änderungen erfolgten durch das Jahressteuergesetz 2008 betreffend rechtliche Restriktionen des § 8 Abs. 2 durch die Cadbury-Schweppes-Judikatur des EuGH und rechtliche Änderungen der §§ 10, 14 und 20 Abs 2.
- Modifikationen erfolgten durch das Jahressteuergesetz 2009, wonach der Anwendungsbereich des § 2 AStG ausgeweitet, die Wegzugsbesteuerung modifiziert wurde; Änderungen bei der Veräußerungsgewinnbesteuerung und Sonderregelungen betreffend Besteuerung von Familienstiftungen.
- Weitere Änderungen erfolgten im Gesetzespaket zur Umsetzung steuerlicher EU-Vorgaben hinsichtlich von Detailregelungen in § 1 Abs. 3 Satz 9 und 10 bezüglich der Funktionsverlagerung.
- Änderungen der §§ 8, 10, 20, 21 erfolgten durch das Jahressteuergesetz 2010.
- Im Rahmen des Amtshilferichtlinie-Umsetzungsgesetzes vom 26.6.2013 wurde mit Wirkung ab VZ 2013 § 1 Abs. 1 Satz 2 AStG im Hinblick auf die Definition des Fremdvergleichs modifiziert. Darin erfolgte eine Modifikation des Begriffs der Geschäftsbeziehung i. S. v. § 1 Abs. 1 Satz 2 AStG. Von erheblich größerer Tragweite ist die Regelung in § 1 Abs. 5 AStG, wonach die vorgenannten Absätze 1, 3 und 4 auch analog auf das Verhältnis zu einer **ausländischen Betriebsstätte** anzuwenden sind. In § 1 Abs. 6 AStG wird das Bundesfinanzministerium ermächtigt, mit Zustimmung des Bundesrates durch Rechtsverordnung Einzelheiten des Fremdvergleichsgrundsatzes i. S. d. Absätze 1, 3 und 5 und Einzelheiten zu dessen einheitlicher Anwendung zu regeln sowie Grundsätze zur Bestimmung des Dotationskapitals i. S. d. Abs. 5 Satz 3 Nr. 4 AStG festzulegen. Die entsprechende Verordnung zur Anwendung des Fremdvergleichsgrundsatzes auf Betriebsstätten nach § 1 Absatz 5 des Außensteuergesetzes (Betriebsstättengewinnaufteilungsverordnung – BsGaV) vom 13.10.2014, BGBl I 2014 S. 1603, ist am 18.10.2014 in Kraft getreten (§ 41 BsGaV) und ist für Wirtschaftsjahre anzuwenden, die nach dem 31.12.2014 beginnen (§ 40 BsGaV). In diesem Kontext ist auch kritisch anzumerken, dass die zum Außensteuergesetz ergänzenden Verwaltungsanweisungen (insbesondere zuletzt die ausführlichen Verwaltungsgrundsätze Funktionsverlagerungsverordnung, BMF-Schreiben vom 13.10.2010 IV B 5 – S 2341/08/10003, 2010/0598886, BStBl I 2010 S. 774) so umfassend komplex und unverständlich formuliert worden sind., so dass sie nur noch von den engsten Ministerialbeamten aus dem Fachreferat Außensteuerreferat nachzuvollziehen sind. Die Gesamtmaterie des Außensteuerrechts in Form des AStG und der ergänzenden Verwaltungsanweisungen ist also nur noch von hoch spezialisierten Beratern in der Besteuerungspraxis umzusetzen. In der Praxis ist jedoch zu konstatieren, dass bemerkenswerterweise trotz der hochkomplexen und streitanfälligen Thematik es relativ wenig Judikate zum deutschen Außensteuergericht gibt. Dies ist offensichtlich darauf zurückzuführen, dass

weder die geprüften und verbundenen Unternehmen einerseits und die Großbetriebsprüfungen bzw. Konzernbetriebsprüfungen andererseits kein Interesse daran haben, langwierige Streitigkeiten in Anwendungsfragen des Außensteuergesetzes – insbesondere bezüglich der Angemessenheit der Konzernverrechnungspreise – vorzunehmen. Beide Seiten haben kein Interesse, langwierige Rechtsstreitigkeiten zu führen, die zudem zu erheblichen Rechtsunsicherheiten über einen längeren Zeitraum führen, kostenintensiv sind und weiteren Folgeaufwand (Anschlusskorrekturen in den späteren Jahren) auslösen. Die Praxis sucht für dieses streitanfällige Feld im Zweifel eher den kürzeren Weg der einvernehmlichen tatsächlichen Verständigung. So hat vor kurzem ein Berater es beklagt, dass die Verrechnungspreise praktisch äußerst selten vor den Finanzgerichten ausgefochten werden (siehe *Schoppe*, BB 2014 S. 2199 ff.).
– Durch das Gesetz zur Anpassung der Abgabenordnung an den Zollkodex der Union und zur Änderung weiterer steuerlicher Vorschriften bzw. Zollkodex-Anpassungsgesetz (ZollkodexAnpG) v. 22.12.2014 (BGBl I S. 2417) wurde vom Gesetzgeber der Begriff der Geschäftsbeziehung i. S. v. § 1 Abs. 4 AStG neu und umfassend definiert.

Bei den Gesetzesnovellen handelt es sich um eine – selbst für hochkarätige Experten – intellektuell kaum noch nachvollziehbare und handhabbare Flickschusterei.

Das AStG wird oft als Gesetz gegen die **„Steuerflucht"** bezeichnet. Dem wird von Vertretern des BMF entgegen gehalten, dass es eher als Versuch einer Grenzziehung für die Steuergestaltung im internationalen Raum zu sehen ist. Dies ist ein notwendiges Mittel, um Schwierigkeiten durch die Vielzahl nationaler Rechte zu bewältigen. Das AStG will diesen Gestaltungsspielraum einengen, in dem es den Steuerpflichtigen quasi zwingt, sich weiter in der deutschen Steuerhoheit zu bewegen oder erhebliche „Aktivitäten" zu entfalten, um aus dem Zugriff des deutschen Fiskus zu geraten (beachte in diesem Kontext die Aktivitätsklausel in § 8 AStG). 9

Das AStG ist zeit seines Bestehens starker Kritik ausgesetzt. Soweit die Kritik ihre Ursache in der Belastungswirkung hat, dürfte das Gesetz seinen Zweck erfüllt haben. Zumindest kann jedoch eine erhebliche Präventivwirkung dem AStG zuerkannt werden. Allerdings basiert die Kritik auch auf der Kompliziertheit und Unklarheit einzelner Vorschriften. Beispielsweise sei hier die Bestimmung der passiven Einkünfte nach § 8 Abs. 1 AStG und die komplexen Regelungen bei der Besteuerung von Funktionsverlagerungen in § 1 Abs. 3 AStG genannt.

Wenn *Wassermeyer* dem AStG z. T. eine „verfehlte Konzeption" (*Wassermeyer*, IStR 1997 S. 657) bescheinigt und behauptet, dass es „in seiner Unverständlichkeit und in seiner fehlenden Praktikabilität kaum noch zu überbieten" sei (*Wassermeyer*, DB 1991 S. 1795), so kann dem nur zugestimmt werden. Es ist an der Zeit für eine grundlegende Reform des AStG, um dieses „von seinem Mythos des Nichtmehr-Verständlichen, des Unpraktikablen und des im Schwierigkeitsgrad Nichtmehr-zu-Überbietenden zu befreien" (*Wassermeyer*, DStR 1987 S. 635, s. auch *Haase*, AStG/DBA, Einf. Rdn. 9). Schließlich wird die hohe Fehlerquote (bis zu 90 %!) der von der Finanzverwaltung erlassenen Steuerbescheide kritisiert (vgl. *Wassermeyer*, IStR 2001 S. 113). 10

So könnte beispielsweise § 1 AStG zusammen mit einer gesetzlichen Regelung zur verdeckten Einlage in § 8 KStG eingegliedert werden. Ferner wäre es angebracht, § 2 AStG bzw. § 4 AStG in § 1 EStG bzw. § 2 ErbStG einzuordnen und den 11

Umfang der Einkünfte nach § 49 EStG auch unter Berücksichtigung des § 5 AStG zu erweitern. Die Regelungen in § 6 AStG ergänzen § 17 EStG. Schließlich passen die Vorschriften in §§ 7–14 AStG und § 15 AStG sachlich zu §§ 34c, 34d EStG und §§ 8b, 26 KStG.

12 Zutreffend wird deshalb auch Kritik im Schrifttum an der Existenzberechtigung des AStG im Rahmen des gemeinsamen EU-Binnenmarktes gerügt. Insbesondere in dem Verhältnis zu den EU-Staaten sind die Vorschriften der Wegzugsbesteuerung, der Zugriffsbesteuerung, der Familienstiftungen und der Betriebsstättenbesteuerung kaum noch zu halten und stehen unter kritischer Beobachtung der EU-Kommission in Brüssel und des Europäischen Gerichtshofes (hierzu grundlegend und ausführlich *Haase*, AStG/DBA Einf. Rdn. 29–42).

Es fehlt jedoch der Mut des Bundesfinanzministeriums, das AStG zu kippen bzw. in die Ertragssteuergesetze (EStG, KStG) systemgerecht zu integrieren. Das AStG bleibt eine Waffe in Gestalt der Vogelscheuchen, dass natürliche Personen und Unternehmen davon abgehalten werden sollen, Gewinne ins Ausland durch kreative Gestaltungen zu verlagern. Die Existenzberechtigung des AStG wird aus der Finanzverwaltung aufgrund seiner faktischen Abschreckungswirkung teilweise nicht zu Unrecht hergeleitet. Dies geht auch zu Lasten der Wahrung rechtsstaatlicher Mindeststandards im Hinblick auf die Verabschiedung verständlicher und für die Bürger und Unternehmen nachvollziehbarer Steuergesetze. Es handelt sich um einen kaum noch transparenten Wust.

13 Aus Kreisen der FinVerw ist in jüngerer Zeit verschiedentlich zu hören, dass das AStG nicht nur **umfassend reformiert**, sondern im Gegenteil **regelungstechnisch ausgebaut** werden und damit in seiner praktischen Bedeutung noch steigen soll. Einzelheiten sind aber noch nicht bekannt geworden (so die Prognose von *Haase*, AStG/DBA, Einf. Rdn. 45).

Als Zwischenfazit ist zu ziehen, dass keine große Gesamtreform des AStG vorgenommen wurde. Stattdessen wurden die Dokumentationspflichten im Rahmen der Verrechnungspreise sowohl zwischen verbundenen Unternehmen und nunmehr durch die letzte Gesetzesnovelle im Zollkodex-Anpassungsgesetz (ZollkodexAnpG) auch im Verhältnis zu ausländischen Betriebsstätten bürokratisch stark überfrachtet, so dass letztlich ein attraktives Geschäftsmodell für die sog. Big Four unter den Wirtschaftsprüfungsgesellschaften erwachsen ist und nur von einer elitären Beraterschaft, die sich auf dieses Gebiet ausschließlich spezialisiert hat, intellektuell auch schwerlich noch zu bewältigen ist.

14 Erheblich mehr Bewegung im Rahmen des internationalen Steuerrechts gibt es unter dem Motto der Bekämpfung der Steueroasen und der Gewinnverschiebung multinationaler Unternehmen nach dem Motto Base Erosion Profit Shifting (BEPS). Im Rahmen grenzüberschreitender Bemühungen – unter Federführung der OECD-Mitgliedsstaaten und auf höchster politischer Ebene der G 20 – wird nun versucht, Steuergestaltungen global zu unterbinden, die im Ergebnis darauf hinauslaufen, dass Gewinne nicht oder nur zu extrem geringen Steuersätzen erfasst werden (zu einem aktuellen Sachstandsbericht vom 16.9.2014 auf der Ebene der OECD siehe *Geberth*, GmbHR 2014, R 348 f.). Die Diskussion konzentriert sich insbesondere auf multinationale US-Konzerne, die zwar im Heimatland ihre Steuern abzuführen haben, denen es durch die grenzüberschreitende Nutzung verschiedener Steueranreizmodelle (wie Niederlande, Irland, Luxemburg) jedoch gelingt, die außerhalb

der USA erwirtschafteten Gewinne keiner oder einer extrem geringen Besteuerung zuzuführen. Die Diskussion im internationalen Steuerrecht hat sich also in letzter Zeit nicht so sehr auf die Reform des deutschen Außensteuergesetzes konzentriert, sondern auf ein flexibles steuerliches globales System, welches auch multinationale Konzerne mitumfasst. Da Deutschland eher „Opfer" internationalen Steuerwettbewerbs ist, sind somit weitere Verschärfungen im deutschen AStG nicht angezeigt, zumal sie dann auch unter EU-rechtlichen Aspekten (Verstoß gegen die Grundsätze der Niederlassungs- und Kapitalverkehrsfreiheit) auch äußerst problematisch werden könnten (hierzu instruktiv *Schanz/Feller*, BB 2015 S. 865 ff.).

Erster Teil Internationale Verflechtungen

§ 1*
Berichtigung von Einkünften

(1) ¹Werden Einkünfte eines Steuerpflichtigen aus einer Geschäftsbeziehung zum Ausland mit einer ihm nahe stehenden Person dadurch gemindert, dass er seiner Einkünfteermittlung andere Bedingungen, insbesondere Preise (Verrechnungspreise), zugrunde legt, als sie voneinander unabhängige Dritte unter gleichen oder vergleichbaren Verhältnissen vereinbart hätten (Fremdvergleichsgrundsatz), sind seine Einkünfte unbeschadet anderer Vorschriften so anzusetzen, wie sie unter den zwischen voneinander unabhängigen Dritten vereinbarten Bedingungen angefallen wären. ²Steuerpflichtiger im Sinne dieser Vorschrift ist auch eine Personengesellschaft oder eine Mitunternehmerschaft; eine Personengesellschaft oder Mitunternehmerschaft ist selbst nahestehende Person, wenn sie die Voraussetzungen des Absatzes 2 erfüllt. ³Für die Anwendung des Fremdvergleichsgrundsatzes ist davon auszugehen, dass die voneinander unabhängigen Dritten alle wesentlichen Umstände der Geschäftsbeziehung kennen und nach den Grundsätzen ordentlicher und gewissenhafter Geschäftsleiter handeln. ⁴Führt die Anwendung des Fremdvergleichsgrundsatzes zu weitergehenden Berichtigungen als die anderen Vorschriften, sind die weitergehenden Berichtigungen neben den Rechtsfolgen der anderen Vorschriften durchzuführen.

(2) Dem Steuerpflichtigen ist eine Person nahestehend, wenn
1. die Person an dem Steuerpflichtigen mindestens zu einem Viertel unmittelbar oder mittelbar beteiligt (wesentlich beteiligt) ist oder auf den Steuerpflichtigen unmittelbar oder mittelbar einen beherrschenden Einfluß ausüben kann oder umgekehrt der Steuerpflichtige an der Person wesentlich beteiligt ist oder auf diese Person unmittelbar oder mittelbar einen beherrschenden Einfluß ausüben kann oder
2. eine dritte Person sowohl an der Person als auch an dem Steuerpflichtigen wesentlich beteiligt ist oder auf beide unmittelbar oder mittelbar einen beherrschenden Einfluß ausüben kann oder
3. die Person oder der Steuerpflichtige imstande ist, bei der Vereinbarung der Bedingungen einer Geschäftsbeziehung auf den Steuerpflichtigen oder die Person einen außerhalb dieser Geschäftsbeziehung begründeten Einfluß auszuüben oder wenn einer von ihnen ein eigenes Interesse an der Erzielung der Einkünfte des anderen hat.

(3) ¹Für eine Geschäftsbeziehung im Sinne des Absatzes 1 Satz 1 ist der Verrechnungspreis vorrangig nach der Preisvergleichsmethode, der Wiederverkaufspreismethode oder der Kostenaufschlagsmethode zu bestimmen, wenn Fremdvergleichswerte ermittelt werden können, die nach Vornahme sachgerechter Anpassungen im Hinblick auf die ausgeübten Funktionen, die eingesetzten Wirtschaftsgüter und die übernommenen Chancen und Risiken (Funktionsanalyse) für diese Methoden uneinge-

---
* Zuletzt geändert durch das Gesetz zur Anpassung der Abgabenordnung an den Zollkodex der Union und zur Änderung weiterer steuerlicher Vorschriften vom 22.12.2014 (BGBl I 2014 S. 2417).

schränkt vergleichbar sind; mehrere solche Werte bilden eine Bandbreite. [2]Sind solche Fremdvergleichswerte nicht zu ermitteln, sind eingeschränkt vergleichbare Werte nach Vornahme sachgerechter Anpassungen der Anwendung einer geeigneten Verrechnungspreismethode zugrunde zu legen. [3]Sind in den Fällen des Satzes 2 mehrere eingeschränkt vergleichbare Fremdvergleichswerte feststellbar, ist die sich ergebende Bandbreite einzuengen. [4]Liegt der vom Steuerpflichtigen für seine Einkünfteermittlung verwendete Wert in den Fällen des Satzes 1 außerhalb der Bandbreite oder in den Fällen des Satzes 2 außerhalb der eingeengten Bandbreite, ist der Median maßgeblich. [5]Können keine eingeschränkt vergleichbaren Fremdvergleichswerte festgestellt werden, hat der Steuerpflichtige für seine Einkünfteermittlung einen hypothetischen Fremdvergleich unter Beachtung des Absatzes 1 Satz 3 durchzuführen. [6]Dazu hat er auf Grund einer Funktionsanalyse und innerbetrieblicher Planrechnungen den Mindestpreis des Leistenden und den Höchstpreis des Leistungsempfängers unter Berücksichtigung funktions- und risikoadäquater Kapitalisierungszinssätze zu ermitteln (Einigungsbereich); der Einigungsbereich wird von den jeweiligen Gewinnerwartungen (Gewinnpotenzialen) bestimmt. [7]Es ist der Preis im Einigungsbereich der Einkünfteermittlung zugrunde zu legen, der dem Fremdvergleichsgrundsatz mit der höchsten Wahrscheinlichkeit entspricht; wird kein anderer Wert glaubhaft gemacht, ist der Mittelwert des Einigungsbereichs zugrunde zu legen. [8]Ist der vom Steuerpflichtigen zugrunde gelegte Einigungsbereich unzutreffend und muss deshalb von einem anderen Einigungsbereich ausgegangen werden, kann auf eine Einkünfteberichtigung verzichtet werden, wenn der vom Steuerpflichtigen zugrunde gelegte Wert innerhalb des anderen Einigungsbereichs liegt. [9]Wird eine Funktion einschließlich der dazugehörigen Chancen und Risiken und der mit übertragenen oder überlassenen Wirtschaftsgüter und sonstigen Vorteile verlagert (Funktionsverlagerung) und ist auf die verlagerte Funktion Satz 5 anzuwenden, weil für das Transferpaket als Ganzes keine zumindest eingeschränkt vergleichbare Fremdvergleichswerte vorliegen, hat der Steuerpflichtige den Einigungsbereich auf der Grundlage des Transferpakets zu bestimmen. [10]In den Fällen des Satzes 9 ist die Bestimmung von Einzelverrechnungspreisen für alle betroffenen Wirtschaftsgüter und Dienstleistungen nach Vornahme sachgerechter Anpassungen anzuerkennen, wenn der Steuerpflichtige glaubhaft macht, dass keine wesentlichen immateriellen Wirtschaftsgüter und Vorteile Gegenstand der Funktionsverlagerung waren, oder dass die Summe der angesetzten Einzelverrechnungspreise, gemessen an der Bewertung des Transferpakets als Ganzes, dem Fremdvergleichsgrundsatz entspricht; macht der Steuerpflichtige glaubhaft, dass zumindest ein wesentliches immaterielles Wirtschaftsgut Gegenstand der Funktionsverlagerung ist, und bezeichnet er es genau, sind Einzelverrechnungspreise für die Bestandteile des Transferpakets anzuerkennen. [11]Sind in den Fällen der Sätze 5 und 9 wesentliche immaterielle Wirtschaftsgüter und Vorteile Gegenstand einer Geschäftsbeziehung und weicht die tatsächliche spätere Gewinnentwicklung erheblich von der Gewinnentwicklung ab, die der Verrechnungspreisbestimmung zugrunde lag, ist widerlegbar zu vermuten, dass zum Zeitpunkt des

Geschäftsabschlusses Unsicherheiten im Hinblick auf die Preisvereinbarung bestanden und unabhängige Dritte eine sachgerechte Anpassungsregelung vereinbart hätten. [12]Wurde eine solche Regelung nicht vereinbart und tritt innerhalb der ersten zehn Jahre nach Geschäftsabschluss eine erhebliche Abweichung im Sinne des Satzes 11 ein, ist für eine deshalb vorzunehmende Berichtigung nach Absatz 1 Satz 1 einmalig ein angemessener Anpassungsbetrag auf den ursprünglichen Verrechnungspreis der Besteuerung des Wirtschaftsjahres zugrunde zu legen, das dem Jahr folgt, in dem die Abweichung eingetreten ist.

(4) [1]Geschäftsbeziehungen im Sinne dieser Vorschrift sind
1. einzelne oder mehrere zusammenhängende wirtschaftliche Vorgänge (Geschäftsvorfälle) zwischen einem Steuerpflichtigen und einer ihm nahestehenden Person, die Teil einer Tätigkeit des Steuerpflichtigen oder der nahestehenden Person sind, auf die die §§ 13, 15, 18 oder 21 des Einkommensteuergesetzes anzuwenden sind oder anzuwenden wären, wenn sich der Geschäftsvorfall im Inland unter Beteiligung eines unbeschränkt Steuerpflichtigen und einer inländischen nahestehenden Person ereignet hätte, und denen keine gesellschaftsvertragliche Vereinbarung zugrunde liegt; eine gesellschaftsvertragliche Vereinbarung ist eine Vereinbarung, die unmittelbar zu einer rechtlichen Änderung der Gesellschafterstellung führt;
2. Geschäftsvorfälle zwischen einem Unternehmen eines Steuerpflichtigen und seiner in einem anderen Staat gelegenen Betriebsstätte (anzunehmende schuldrechtliche Beziehungen).

[2]Liegt einem Geschäftsvorfall keine schuldrechtliche Vereinbarung zugrunde, ist davon auszugehen, dass voneinander unabhängige ordentliche und gewissenhafte Geschäftsleiter eine schuldrechtliche Vereinbarung getroffen hätten oder eine bestehende Rechtsposition geltend machen würden, die der Besteuerung zugrunde zu legen ist, es sei denn, der Steuerpflichtige macht im Einzelfall etwas anderes glaubhaft.

(5) [1]Die Absätze 1, 3 und 4 sind entsprechend anzuwenden, wenn für eine Geschäftsbeziehung im Sinne des Absatzes 4 Satz 1 Nummer 2 die Bedingungen, insbesondere die Verrechnungspreise, die der Aufteilung der Einkünfte zwischen einem inländischen Unternehmen und seiner ausländischen Betriebsstätte oder der Ermittlung der Einkünfte der inländischen Betriebsstätte eines ausländischen Unternehmens steuerlich zugrunde gelegt werden, nicht dem Fremdvergleichsgrundsatz entsprechen und dadurch die inländischen Einkünfte eines beschränkt Steuerpflichtigen gemindert oder die ausländischen Einkünfte eines unbeschränkt Steuerpflichtigen erhöht werden. [2]Zur Anwendung des Fremdvergleichsgrundsatzes ist eine Betriebsstätte wie ein eigenständiges und unabhängiges Unternehmen zu behandeln, es sei denn, die Zugehörigkeit der Betriebsstätte zum Unternehmen erfordert eine andere Behandlung. [3]Um die Betriebsstätte wie ein eigenständiges und unabhängiges Unternehmen zu behandeln, sind ihr in einem ersten Schritt zuzuordnen:

1. die Funktionen des Unternehmens, die durch ihr Personal ausgeübt werden (Personalfunktionen),
2. die Vermögenswerte des Unternehmens, die sie zur Ausübung der ihr zugeordneten Funktionen benötigt,
3. die Chancen und Risiken des Unternehmens, die sie auf Grund der ausgeübten Funktionen und zugeordneten Vermögenswerte übernimmt, sowie
4. ein angemessenes Eigenkapital (Dotationskapital).

[4]Auf der Grundlage dieser Zuordnung sind in einem zweiten Schritt die Art der Geschäftsbeziehungen zwischen dem Unternehmen und seiner Betriebsstätte und die Verrechnungspreise für diese Geschäftsbeziehungen zu bestimmen. [5]Die Sätze 1 bis 4 sind entsprechend auf ständige Vertreter anzuwenden. [6]Die Möglichkeit, einen Ausgleichsposten nach § 4g des Einkommensteuergesetzes zu bilden, wird nicht eingeschränkt. [7]Auf Geschäftsbeziehungen zwischen einem Gesellschafter und seiner Personengesellschaft oder zwischen einem Mitunternehmer und seiner Mitunternehmerschaft sind die Sätze 1 bis 4 nicht anzuwenden, unabhängig davon, ob die Beteiligung unmittelbar besteht oder ob sie nach § 15 Absatz 1 Satz 1 Nummer 2 Satz 2 des Einkommensteuergesetzes mittelbar besteht; für diese Geschäftsbeziehungen gilt Absatz 1. [8]Ist ein Abkommen zur Vermeidung der Doppelbesteuerung anzuwenden und macht der Steuerpflichtige geltend, dass dessen Regelungen den Sätzen 1 bis 7 widersprechen, so hat das Abkommen nur Vorrang, soweit der Steuerpflichtige nachweist, dass der andere Staat sein Besteuerungsrecht entsprechend diesem Abkommen ausübt und deshalb die Anwendung der Sätze 1 bis 7 zu einer Doppelbesteuerung führen würde.

(6) Das Bundesministerium der Finanzen wird ermächtigt, mit Zustimmung des Bundesrates durch Rechtsverordnung Einzelheiten des Fremdvergleichsgrundsatzes im Sinne der Absätze 1, 3 und 5 und Einzelheiten zu dessen einheitlicher Anwendung zu regeln sowie Grundsätze zur Bestimmung des Dotationskapitals im Sinne des Absatzes 5 Satz 3 Nummer 4 festzulegen.

Verordnung
zur Anwendung des Fremdvergleichsgrundsatzes nach § 1 Abs. 1 des
Außensteuergesetzes in Fällen grenzüberschreitender Funktionsverlagerungen
(Funktionsverlagerungsverordnung – FVerlV)*

Abschnitt 1
Allgemeine Vorschriften

§ 1
Begriffsbestimmungen

(1) [1]Eine Funktion ist eine Geschäftstätigkeit, die aus einer Zusammenfassung gleichartiger betrieblicher Aufgaben besteht, die von bestimmten Stellen oder

---

* VO vom 12.8.2008 (BGBl I 2008 S. 1680), geändert durch das Amtshilferichtlinie-Umsetzungsgesetz vom 26.6.2013 (BGBl I 2013 S. 1809).

Abteilungen eines Unternehmens erledigt werden. ²Sie ist ein organischer Teil eines Unternehmens, ohne dass ein Teilbetrieb im steuerlichen Sinn vorliegen muss.

(2) ¹Eine Funktionsverlagerung im Sinne des § 1 Abs. 3 Satz 9 des Außensteuergesetzes liegt vorbehaltlich der Absätze 6 und 7 vor, wenn ein Unternehmen (verlagerndes Unternehmen) einem anderen, nahe stehenden Unternehmen (übernehmendes Unternehmen) Wirtschaftsgüter und sonstige Vorteile sowie die damit verbundenen Chancen und Risiken überträgt oder zur Nutzung überlässt, damit das übernehmende Unternehmen eine Funktion ausüben kann, die bisher von dem verlagernden Unternehmen ausgeübt worden ist, und dadurch die Ausübung der betreffenden Funktion durch das verlagernde Unternehmen eingeschränkt wird. ²Eine Funktionsverlagerung kann auch vorliegen, wenn das übernehmende Unternehmen die Funktion nur zeitweise übernimmt. ³Geschäftsvorfälle, die innerhalb von fünf Wirtschaftsjahren verwirklicht werden, sind zu dem Zeitpunkt, zu dem die Voraussetzungen des Satzes 1 durch ihre gemeinsame Verwirklichung wirtschaftlich erfüllt sind, als einheitliche Funktionsverlagerung zusammenzufassen.

(3) Ein Transferpaket im Sinne des § 1 Abs. 3 Satz 9 des Außensteuergesetzes besteht aus einer Funktion und den mit dieser Funktion zusammenhängenden Chancen und Risiken sowie den Wirtschaftsgütern und Vorteilen, die das verlagernde Unternehmen dem übernehmenden Unternehmen zusammen mit der Funktion überträgt oder zur Nutzung überlässt, und den in diesem Zusammenhang erbrachten Dienstleistungen.

(4) Gewinnpotenziale im Sinne des § 1 Abs. 3 Satz 6 des Außensteuergesetzes sind die aus der verlagerten Funktion jeweils zu erwartenden Reingewinne nach Steuern (Barwert), auf die ein ordentlicher und gewissenhafter Geschäftsleiter im Sinne des § 1 Absatz 1 Satz 3 des Außensteuergesetzes aus der Sicht des verlagernden Unternehmens nicht unentgeltlich verzichten würde und für die ein solcher Geschäftsleiter aus der Sicht des übernehmenden Unternehmens bereit wäre, ein Entgelt zu zahlen.

(5) Immaterielle Wirtschaftsgüter und Vorteile sind in Fällen von Funktionsverlagerungen wesentlich im Sinne des § 1 Abs. 3 Satz 10 erste Alternative des Außensteuergesetzes, wenn sie für die verlagerte Funktion erforderlich sind und ihr Fremdvergleichspreis insgesamt mehr als 25 Prozent der Summe der Einzelpreise aller Wirtschaftsgüter und Vorteile des Transferpakets beträgt und dies unter Berücksichtigung der Auswirkungen der Funktionsverlagerung, die aus den Aufzeichnungen im Sinne des § 3 Abs. 2 Satz 2 hervorgehen, glaubhaft ist.

(6) ¹Eine Funktionsverlagerung im Sinne des Absatzes 2 liegt nicht vor, wenn es trotz Vorliegens der übrigen Voraussetzungen des Absatzes 2 Satz 1 innerhalb von fünf Jahren nach Aufnahme der Funktion durch das nahe stehende Unternehmen zu keiner Einschränkung der Ausübung der betreffenden Funktion durch das in Absatz 2 Satz 1 zuerst genannte Unternehmen kommt (Funktionsverdoppelung). ²Kommt es innerhalb dieser Frist zu einer solchen Einschränkung, liegt zum Zeitpunkt, in dem die Einschränkung eintritt, insgesamt eine einheitliche Funktionsverlagerung vor, es sei denn, der Steuerpflichtige macht glaubhaft, dass diese Einschränkung nicht in unmittelbarem wirtschaftlichen Zusammenhang mit der Funktionsverdoppelung steht.

(7) ¹Eine Funktionsverlagerung im Sinne des Absatzes 2 liegt ebenfalls nicht vor, wenn ausschließlich Wirtschaftsgüter veräußert oder zur Nutzung überlassen werden oder wenn nur Dienstleistungen erbracht werden, es sei denn, diese Geschäftsvorfälle sind Teil einer Funktionsverlagerung. Entsprechendes gilt, wenn Personal im Konzern entsandt wird, ohne dass eine Funktion mit übergeht, oder wenn der Vorgang zwischen voneinander unabhängigen Dritten nicht als Veräußerung oder Erwerb einer Funktion angesehen würde.

§ 2
Anwendung der Regelungen zum Transferpaket

(1) ¹In Fällen von Funktionsverlagerungen, in denen die Preisbestimmung für das Transferpaket als Ganzes auf Grund uneingeschränkt oder eingeschränkt vergleichbarer Vergleichswerte erfolgen kann, ist vorrangig § 1 Abs. 3 Satz 1 bis 4 des Außensteuergesetzes anzuwenden. ²Anderenfalls ist die Preisbestimmung für das Transferpaket entsprechend dem hypothetischen Fremdvergleich nach § 1 Abs. 3 Satz 5 und 6 des Außensteuergesetzes vorzunehmen. ³§ 1 Abs. 3 Satz 10 erste Alternative des Außensteuergesetzes bleibt unberührt.

(2) ¹Übt das übernehmende Unternehmen die übergehende Funktion ausschließlich gegenüber dem verlagernden Unternehmen aus und ist das Entgelt, das für die Ausübung der Funktion und die Erbringung der entsprechenden Leistungen anzusetzen ist, nach der Kostenaufschlagsmethode zu ermitteln, ist davon auszugehen, dass mit dem übergehenden Transferpaket keine wesentlichen immateriellen Wirtschaftsgüter und Vorteile übertragen werden, so dass § 1 Abs. 3 Satz 10 erste Alternative des Außensteuergesetzes anwendbar ist. ²Erbringt ein übernehmendes Unternehmen im Sinne des Satzes 1 die bisher ausschließlich gegenüber dem verlagernden Unternehmen erbrachten Leistungen eigenständig, ganz oder teilweise, gegenüber anderen Unternehmen zu Preisen, die höher sind als das Entgelt nach der Kostenaufschlagsmethode oder die entsprechend dem Fremdvergleichsgrundsatz höher anzusetzen sind, ist zum Zeitpunkt der erstmaligen Erbringung gegenüber den anderen Unternehmen für bisher unentgeltlich vom verlagernden Unternehmen für die Leistungserbringung zur Verfügung gestellte Wirtschaftsgüter und Vorteile ein Entgelt entsprechend § 3 zu verrechnen; die betreffenden Wirtschaftsgüter und Vorteile gelten als ein Transferpaket, soweit hierfür die sonstigen Voraussetzungen gegeben sind.

(3) ¹In Fällen, in denen nach § 1 Abs. 3 Satz 10 zweite Alternative des Außensteuergesetzes eine Verrechnungspreisermittlung für eine Funktionsverlagerung auf der Grundlage der Summe der Verrechnungspreise für die einzelnen betroffenen Wirtschaftsgüter und Vorteile anzuerkennen ist, sind sowohl der Einigungsbereich als auch der Wert für das Transferpaket als Ganzes nach § 1 Abs. 3 Satz 7 und 9 des Außensteuergesetzes zu ermitteln. ²Die Summe der Einzelverrechnungspreise für die Wirtschaftsgüter und Vorteile, die vollständig zu erfassen sind, darf nur angesetzt werden, wenn sie im Einigungsbereich liegt und der Steuerpflichtige glaubhaft macht, dass sie dem Fremdvergleichsgrundsatz entspricht.

Abschnitt 2
Wert des Transferpakets und Ansatz der Verrechnungspreise für seine Bestandteile

§ 3
Wert des Transferpakets

(1) Ist in den Fällen des § 2 Abs. 1 Satz 2 der Wert für ein dem verlagernden Unternehmen zuzurechnendes Transferpaket als Ganzes zu bestimmen, muss dieser Wert, dem Fremdvergleichsgrundsatz im Sinne des § 1 Abs. 1 des Außensteuergesetzes entsprechend, aus der Sicht der beteiligten Unternehmen in Übereinstimmung mit den Gewinnen stehen, die zum Zeitpunkt der Verlagerung aus der Ausübung der Funktion erwartet werden können und der Funktion zuzuordnen sind (Gewinnpotenziale).

(2) ¹Die jeweiligen Gewinnpotenziale sind unter Berücksichtigung aller Umstände des Einzelfalles auf der Grundlage einer Funktionsanalyse vor und nach der Funktionsverlagerung unter Berücksichtigung tatsächlich bestehender Handlungsmöglichkeiten zu ermitteln und beinhalten auch Standortvorteile oder -nachteile und Synergieeffekte. ²Ausgangspunkt für die Berechnungen sind die Unterlagen, die Grundlage für die Unternehmensentscheidung waren, eine Funktionsverlagerung durchzuführen. ³Für die Berechnung der jeweiligen Gewinnpotenziale und des Einigungsbereichs (§ 7) sind die dem Maßstab des § 1 Absatz 1 Satz 3 des Außensteuergesetzes entsprechenden Gewinnerwartungen der beteiligten Unternehmen, angemessene Kapitalisierungszinssätze (§ 5) und ein von den Umständen der Funktionsausübung abhängiger Kapitalisierungszeitraum (§ 6) zu Grunde zu legen.

§ 4
Bestandteile des Transferpakets

(1) Werden für einzelne Teile des Transferpakets unterschiedliche Vereinbarungen getroffen oder sind solche Vereinbarungen dem Fremdvergleichsgrundsatz entsprechend anzunehmen, sind für alle Teile des Transferpakets Verrechnungspreise anzusetzen, die insgesamt dem nach § 3 Abs. 1 bestimmten Wert des Transferpakets als Ganzes entsprechen.

(2) Bestehen Zweifel, ob hinsichtlich des Transferpakets oder einzelner Teile eine Übertragung oder eine Nutzungsüberlassung anzunehmen ist, wird auf Antrag des Steuerpflichtigen von einer Nutzungsüberlassung ausgegangen.

(3) In den Fällen des § 1 Abs. 6, in denen sich nachträglich herausstellt, dass eine Funktionsverlagerung vorliegt, sind die Verrechnungspreise für die Geschäftsvorfälle, die dazu geführt haben, dass eine Funktionsverlagerung vorliegt, dem Fremdvergleichsgrundsatz entsprechend so anzusetzen, dass sie zusammen mit den ursprünglich bestimmten Verrechnungspreisen dem nach § 3 Abs. 1 bestimmten Wert des Transferpakets als Ganzes entsprechen.

§ 5
Kapitalisierungszinssatz

¹Zur Bestimmung des jeweils angemessenen Kapitalisierungszinssatzes ist unter Berücksichtigung der Steuerbelastung vom Zins für eine risikolose Investi-

tion auszugehen, auf den ein funktions- und risikoadäquater Zuschlag vorzunehmen ist. ²Die Laufzeit der vergleichbaren risikolosen Investition richtet sich danach, wie lange die übernommene Funktion voraussichtlich ausgeübt wird. ³Der Zuschlag ist so zu bemessen, dass er sowohl für das übernehmende als auch für das verlagernde Unternehmen die in vergleichbaren Fällen jeweils unternehmensübliche Risikobeurteilung berücksichtigt.

§ 6
Kapitalisierungszeitraum

Werden keine Gründe für einen bestimmten, von den Umständen der Funktionsausübung abhängigen Kapitalisierungszeitraum glaubhaft gemacht oder sind solche Gründe nicht ersichtlich, ist ein unbegrenzter Kapitalisierungszeitraum zu Grunde zu legen.

§ 7
Bestimmung des Einigungsbereichs

(1) ¹Für ein verlagerndes Unternehmen, das aus der Funktion Gewinne zu erwarten hat, ergibt sich die Untergrenze des Verhandlungsrahmens (Mindestpreis des Einigungsbereichs) im Sinne des § 1 Abs. 3 Satz 6 des Außensteuergesetzes aus dem Ausgleich für den Wegfall oder die Minderung des Gewinnpotenzials zuzüglich der gegebenenfalls anfallenden Schließungskosten, tatsächlich bestehende Handlungsmöglichkeiten, die das verlagernde Unternehmen als vom übernehmenden Unternehmen unabhängiges Unternehmen hätte, sind zu berücksichtigen, ohne die unternehmerische Dispositionsbefugnis des verlagernden Unternehmens in Frage zu stellen.

(2) In Fällen, in denen das verlagernde Unternehmen aus rechtlichen, tatsächlichen oder wirtschaftlichen Gründen nicht mehr dazu in der Lage ist, die Funktion mit eigenen Mitteln selbst auszuüben, entspricht der Mindestpreis dem Liquidationswert.

(3) ¹Verlagert ein Unternehmen eine Funktion, aus der es dauerhaft Verluste zu erwarten hat, wird der Verhandlungsrahmen für das verlagernde Unternehmen durch die zu erwartenden Verluste oder die gegebenenfalls anfallenden Schließungskosten begrenzt; maßgeblich ist der niedrigere absolute Betrag. ²In solchen Fällen kann es dem Verhalten eines ordentlichen und gewissenhaften Geschäftsleiters entsprechen, zur Begrenzung von Verlusten ein Entgelt für die Funktionsverlagerung zu vereinbaren, das die anfallenden Schließungskosten nur teilweise deckt, oder eine Ausgleichszahlung an das übernehmende Unternehmen für die Übernahme der Verlustquelle zu leisten.

(4) ¹Das Gewinnpotenzial des übernehmenden Unternehmens aus der übernommenen Funktion ist regelmäßig die Obergrenze des Verhandlungsrahmens (Höchstpreis des Einigungsbereichs). Tatsächlich bestehende Handlungsmöglichkeiten, die das übernehmende Unternehmen als vom verlagernden Unternehmen unabhängiges Unternehmen hätte, sind zu berücksichtigen, ohne die unternehmerische Dispositionsbefugnis des übernehmenden Unternehmens in Frage zu stellen.

(5) Auch in den Fällen der Absätze 2 und 3, in denen der Mindestpreis des verlagernden Unternehmens bei Null oder darunter liegt, ist nach dem Fremdver-

gleichsgrundsatz zu prüfen, ob ein unabhängiger Dritter nach § 1 Abs. 3 Satz 9 in Verbindung mit § 1 Abs. 3 Satz 7 des Außensteuergesetzes bereit wäre, einen Preis für die Übernahme der Funktion zu bezahlen.

§ 8
Schadenersatz-, Entschädigungs- und Ausgleichsansprüche

[1]Gesetzliche oder vertragliche Schadenersatz-, Entschädigungs- und Ausgleichsansprüche sowie Ansprüche, die voneinander unabhängigen Dritten zustünden, wenn ihre Handlungsmöglichkeiten vertraglich oder tatsächlich ausgeschlossen würden, können der Besteuerung einer Funktionsverlagerung zu Grunde gelegt werden, wenn der Steuerpflichtige glaubhaft macht, dass solche Dritte unter ähnlichen Umständen in vergleichbarer Art und Weise verfahren wären. [2]Der Steuerpflichtige muss zusätzlich glaubhaft machen, dass keine wesentlichen immateriellen Wirtschaftsgüter und Vorteile übertragen oder zur Nutzung überlassen worden sind, es sei denn, die Übertragung oder Überlassung ist zwingende Folge von Ansprüchen im Sinne des Satzes 1.

Abschnitt 3
Einzelheiten in Fällen nachträglicher Anpassungen

§ 9
Anpassungsregelung des Steuerpflichtigen

Eine Anpassungsregelung des Steuerpflichtigen, die nachträgliche Anpassungen im Sinne des § 1 Abs. 3 Satz 11 und 12 des Außensteuergesetzes ausschließt, liegt auch dann vor, wenn im Hinblick auf wesentliche immaterielle Wirtschaftsgüter und Vorteile Lizenzvereinbarungen getroffen werden, die die zu zahlende Lizenz vom Umsatz oder Gewinn des Lizenznehmers abhängig machen oder für die Höhe der Lizenz Umsatz und Gewinn berücksichtigen.

§ 10
Erhebliche Abweichung

[1]In den Fällen des § 1 Abs. 3 Satz 12 des Außensteuergesetzes liegt eine erhebliche Abweichung vor, wenn der unter Zugrundelegung der tatsächlichen Gewinnentwicklung zutreffende Verrechnungspreis außerhalb des ursprünglichen Einigungsbereichs liegt. [2]Der neue Einigungsbereich wird durch den ursprünglichen Mindestpreis und den neu ermittelten Höchstpreis des übernehmenden Unternehmens begrenzt. [3]Eine erhebliche Abweichung liegt auch vor, wenn der neu ermittelte Höchstpreis niedriger ist als der ursprüngliche Mindestpreis des verlagernden Unternehmens.

§ 11
Angemessene Anpassung

Eine Anpassung im Sinne des § 1 Abs. 3 Satz 12 des Außensteuergesetzes ist angemessen, wenn sie in den Fällen des § 10 Satz 1 dem Unterschiedsbetrag zwischen dem ursprünglichen und dem neu ermittelten Verrechnungspreis entspricht, oder wenn sie in den Fällen des § 10 Satz 3 dem Unterschiedsbetrag zwischen dem ursprünglichen Verrechnungspreis und dem Mittelwert zwischen dem neuen Höchstpreis des übernehmenden Unternehmens und dem ursprünglichen Mindestpreis des verlagernden Unternehmens entspricht.

Abschnitt 4
Schlussvorschriften

§ 12
Anwendungsvorschrift

Diese Verordnung ist erstmals für den Veranlagungszeitraum 2008 anzuwenden.

§ 13
Inkrafttreten

Diese Verordnung tritt mit Wirkung vom 1. Januar 2008 in Kraft.

Erläuterungen

Übersicht   Anm.

A. Allgemeines	1–18
I. Rechtsentwicklung	1–2a
II. Steuerpolitische Zielsetzung	3–5
III. Verhältnis zu anderen Gewinnberichtigungsvorschriften	6–13b
IV. Übersicht über den Aufbau und den wesentlichen Inhalt der Vorschrift	14–18
B. Voraussetzungen der Gewinnberichtigung nach § 1 AStG	19–50
I. Einkünfte eines Steuerpflichtigen (Abs. 1)	19–23
II. Gegenstand des Fremdvergleichs	23a
III. Geschäftsbeziehungen zum Ausland (Abs. 1 und 4)	24–28
IV. Nahestehende Personen	29–50
1. Wesentliche Beteiligung (Abs. 2 Nr. 1 und 2)	30–32
2. Beherrschender Einfluss (Abs. 2 Nr. 1 und 2)	33–38
3. Geschäftsfremde Einflussnahmemöglichkeiten (Abs. 2 Nr. 3 erste Alternative)	39–42
4. Interessenidentität (Abs. 2 Nr. 3 zweite Alternative)	43–45
5. Rechtsfolgen	46–50
C. Fremdvergleich als Berichtigungsmaßstab	51–222
I. Allgemeine Grundlagen	51–79
1. Verrechnungspreise und ihre Funktion	55–60b
2. Methodik des Fremdvergleichs	61–64
3. Überprüfung der Standardmethoden (Abs. 3 Satz 1–4)	65–74
4. Grenzen des Marktvergleichs	75–79
II. Die Standardmethoden	80–89a
1. Preisvergleichsmethoden	84, 85
2. Wiederverkaufspreismethode	86, 87
3. Kostenaufschlagsmethode	88, 89
4. Transaktionsbezogene Netto-Margen-Methode	89a
III. Anwendung der Standardmethoden bei ausgewählten Lieferungs- und Leistungsbeziehungen	90–144
1. Warenlieferungen	91–100

	Anm.
2. Finanzierungsleistungen	101–109
3. Dienstleistungen	110–124
4. Nutzungsüberlassungen	125–141
a) Mobilien-Leasing	126–129
b) Vermietung und Verpachtung von ausländischem Grundbesitz	130–133
c) Nutzungsüberlassungen von immateriellen Wirtschaftsgütern	134–141
5. Arbeitnehmerentsendungen	142–144
IV. Umlageverträge zwischen international verbundenen Unternehmen	**145–150a**
V. Hypothetischer Fremdvergleich (Abs. 3 Satz 1–8)	**151–178**
1. Allgemeines	151–160
a) Verhalten des ordentlichen Geschäftsleiters (Abs. 1 Satz 2)	152, 153
b) Vergleichbarkeit und Funktionsanalyse	154, 155
c) Operieren mit Bandbreiten	156, 157
d) Integrierte Betrachtung von Geschäften/Vorteilsausgleich	158–160
2. Hypothetischer Fremdvergleich (Abs. 3 Satz 5–8)	161–178
a) Allgemeines	161–170
b) Gewinnpotenziale	171–175
c) Aufteilung des Eignungsbereichs (Abs. 3 Satz 7–8)	176–178
VI. Funktionsverlagerungen (im weitesten Sinne)	**179–211**
1. Überblick	179–187
2. Begriff der Funktionsverlagerung	188–198a
3. Fremdpreisbestimmung	199–204a
4. Anpassung an die Ertragsentwicklung	205–211a
VII. Verfahren	**212–216**
1. Aufzeichnungs- und Dokumentationspflichten	212–214
2. Beweislast, Schätzung, Rechtsschutz	215, 216b
VIII. Gesamtbetrachtung	**217–221**
IX. Zeitlicher Anwendungsbereich	**222**
D. Besonderheiten bei der Gewinnabgrenzung zwischen in- und ausländischen Betriebsstätten (Betriebsstättengewinnaufteilungsverordnung)	**223–292**
I. Vorbemerkung	**223–230**
II. Zurechnung von Einkünften zu einer Betriebsstätte	**231–235**
III. Begriffsbestimmungen	**236–238**
IV. Hilfs- und Nebenrechnungen	**239–245**
V. Zuordnung von Personalfunktionen	**246–250**
VI. Zuordnung von Vermögenswerten	**251–264**
1. Materielle Wirtschaftsgüter	251, 252
2. Immaterielle Wirtschaftsgüter	253, 254
3. Zuordnung von Beteiligungen, Finanzanlagen und ähnlichen Vermögenswerten	255, 256
4. Zuordnung von sonstigen Vermögenswerten	257
5. Zuordnung von Geschäftsvorfällen des Unternehmens	258
6. Zuordnung von Chancen und Risiken	259
7. Zuordnung von Sicherungsgeschäften	260–264
VII. Dotationskapital	**265–275**
1. Dotationskapital inländischer Betriebsstätten ausländischer Unternehmen	266, 267
2. Dotationskapital ausländischer Betriebsstätten inländischer Unternehmen	268

		Anm.
3.	Kritik.	269
4.	Weitere Einzelheiten	270–275
	a) Zuordnung übriger Passivposten	270, 271
	b) Zuordnung von Finanzierungsaufwendungen	272–275
VIII.	**Anzunehmende schuldrechtliche Beziehungen**	276–284
IX.	**Finanzierungsfunktion innerhalb eines Unternehmens**	285–287
X.	**Branchenbesonderheiten.**	288–290
XI.	**Inkrafttreten**	291
XII.	**Fazit**	292

Schrifttum: *Ackermann/Halbach,* Einfluss von Handlungsalternativen auf die Aufteilung von Synergien bei Funktionsverlagerungen, DB 2013 S. 2582; *dies.,* Verrechnungspreisermittlung: Wirtschaftliche Bewertungsverfahren als eine neue Disziplin?, ISR 2014 S. 423; *Ackermann/Stock/Halbach,* Angemessenheitsdokumentation unter Berücksichtigung der ex-ante- und ex-post-Sicht, DB 2014 S. 567; *Adrian/Franz,* Änderungen der Unternehmensbesteuerung durch das Amtshilferichtlinie-Umsetzungsgesetz, BB 2013 S. 1879; *Andresen,* Neue gesetzliche Verpflichtung zur Dokumentation von Verrechnungspreisen: Handlungsbedarf für grenzüberschreitend tätige Unternehmen, RIW 2003 S. 489; *ders.,* Zinsloses Darlehen an Schweizer Betriebsstätte – keine Geschäftsbeziehung im Sinne des § 1 Abs. 4 AStG, IWB, Fach 3 a, Gruppe 1, S. 1039; *ders.,* Keine Einkünftekorrektur nach § 1 Abs. 1 AStG bei Begebung eines zinslosen Darlehens an inländische GmbH mit Schweizer Betriebsstätte, IStR 2005 S. 123; *ders.,* Grundsätzliche Grundfreiheitskompatibilität des § 1 AStG definiert gleichzeitig Freiräume des BFH, dessen Grundfreiheitswidrigkeit über § 1 Abs. 3 Satz 9 AStG hinaus festzustellen – zugleich ergänzende Anmerkungen zum Urteil des EuGH in der Rechtssache „SGI", IStR 2010 S. 289; *ders.,* Teilwertabschreibung auf eine Darlehensforderung gegenüber ausländischer Tochtergesellschaft darf keine Einkünftekorrektur nach § 1 Abs. 1 AStG auslösen, IStR 2014 S. 207; *ders.,* Missverstandener Authorised OECD Approach bei inländischer Bankbetriebsstätte mit mehrjährigen Verlusten, DB 2012 S. 879; *ders.,* Produktionsverlagerung ohne Funktionsverlagerung, IWB 2013 S. 333; *ders.,* Missglückter Verordnungsentwurf zur Einkünfteabgrenzung bei inländischen Versicherungsbetriebsstätten, BB 2013 S. 2911; *Andresen/Gerlach,* Verlustausgleich: Grenzüberschreitendes Franchising – Dauerverluste und Verrechnungspreise, ISR 2015 S. 148; *Andresen/Schoppe,* Keine Rückwirkung des § 1 Abs. 3 AStG in die Zeit vor 2008, IStR 2009 S. 600; *Baldamus,* Neues zur Betriebsstättengewinnermittlung, IStR 2012 S. 317; *Bandtel,* Verrechnungspreise: Dokumentationspflicht verstößt nicht gegen Europarecht, StB 2013, Heft 9, S. I; *Bärsch/Luckhaupt/Schulz,* Bestimmung angemessener Verrechnungspreise im Zusammenhang mit immateriellen Vermögenswerten, Ubg 2014 S. 37; *Baranowski,* Besteuerung von Auslandsbeziehungen, 2. Aufl., Herne/Berlin 1996, S. 268; *Bartels,* Rückgängigmachung einer fiktiven Gewinnerhöhung nach § 1 Abs. 1 AStG, RIW 1998 S. 874; *Bauer,* Zusammenfassung von Geschäftsvorfällen bei der Verrechnungspreisplanung und -dokumentation, DB 2008 S. 152; *Baumhoff,* Die Behandlung der Kostenaufschlagsmethode im neuen OECD-Bericht zu den Verrechnungspreisen, IStR 1996 S. 53; *ders.,* Die Verrechnung von Leistungen zwischen verbundenen Unternehmen mit Hilfe von Konzernumlagen, IStR 2000 S. 693 u. S. 731; *ders.,* Aktuelle Entwicklungen bei den internationalen Verrechnungspreisen, IStR 2003 S. 1; *ders.*, § 1 AStG quo vadis?, Stbg 2011, Heft 4, M 1; *ders.*, Praxisprobleme bei der Besteuerung von Funktionsverlagerungen, WPg 2012 S. 396; *ders.*, 30 Jahre „Verwaltungsgrundsätze" für die Prüfung internationaler Verrechnungspreise – eine Bestandsaufnahme, ISR 2013 S. 249; *Baumhoff/Ditz/Greinert*, Grundsätze der Dokumentation internationaler Verrechnungspreise nach der Gewinnabgrenzungsaufzeichnungsverordnung (GaufzV), DStR 2004 S. 157; *Baumhoff/Ditz/Greinert*, Die Besteuerung von Funktionsverlagerungen nach der Funktionsverlagerungsverordnung vom 12.8.2008, DStR 2008 S. 1945; *dies.*, Auswirkungen des Unternehmensteuerreformgesetzes 2008 auf die Besteuerung grenzüberschreitender Funktionsverlagerungen, DStR 2007 S. 1649; *dies.*, Klärung des Begriffs „Geschäftsbeziehung" i. S. des § 1 AStG durch das BMF-Schreiben vom 12.1.2010, DStR 2010 S. 476; *Baumhoff/Ditz/Greinert*, Die Dokumentation internationaler Verrechnungspreise nach den „Verwaltungsgrundsätze-Verfahren", DStR 2005 S. 1549; *dies.*, Die Besteuerung von Funktionsverlagerungen nach den Änderungen des § 1 Abs. 3 AStG durch das EU-Umsetzungsgesetz, DStR 2010 S. 1309; *Baumhoff/Greinert*, Aufteilung von Standortvorteilen bei der Verrechnungspreisermittlung gegenüber Lohnfertigern – Anwendung zum Urteil des FG Münster vom 16.3.2006, IStR 2006 S. 789; *dies.*, Angemessene Lizenzsätze bei grenzüberschreitender Funktionsverlagerungen, Ubg 2009 S. 544; *Baumhoff/Kluge/Liebchen*, Überschießende Verrechnungspreiskorrekturen gemäß § 1 Abs. Satz 4 AStG?, IStR 2014 S. 515; *dies.*, Die Bildung von Rückstellungen für die steuerliche Verrechnungspreisdokumentation, IStR 2012 S. 821; *Baumhoff/Puls*, Der OECD-Diskussionsentwurf zu Verrechnungspreisaspekten von „Business Restructurings" – Analyse und erster Vergleich mit den deutschen Funktionsverlagerungsregelungen nach § 1 Abs. 3 AStG, IStR 2009 S. 73; *Bauschatz*, Steuerlicher Gestaltungsmissbrauch und Europarecht, IStR 2002 S. 291 u. S. 333; *Becker*, Verwaltungsbezogene Leistungen im Konzern und die neuen Verwaltungsgrundsätze zu den Umlagen, IWB (2000) F. 3 Gr. 2 S. 879; *Becker/Grazé*, Schrifttum und Rechtsprechung zu den Verrechnungspreisen zwischen verbundenen Unternehmen, DB 1985 Beilage 15; *Becker/Kroppen*, Handbuch Internationale Verrechnungspreise, Stand: Dezember 2001; *Becker/Sandlos*, Die Vereinbarkeit des § 1 Abs. 3 AStG mit den Prinzipien der steuerlichen Gewinnermittlung, DStR 2013 S. 154; *Becker/Sydow*, Das EuGH-Urteil in der belgischen Rechtssache C-311/08 SGI und seine Implikationen für die Frage der Europarechtmäßigkeit des § 1 AStG, IStR 2010 S. 195; *Behrens/Renner*, Verschärfung der EU-Rechtswidrigkeit von § 1 Abs. 1 AStG durch das Zollkodex-AnpG, BB 2015 S. 227; *Bernhardt/Ackermann*, Die Kapitalverzinsung als Renditenkennziffer bei der Bestimmung steuerlich angemessener Verrechnungspreise, BB 2011 S. 1185; *Bernhardt/van der Ham/Kluge*, Die Expansion deutscher Unternehmen ins Ausland: Steuerliche Implikationen der Gründung von Vertriebstochtergesellschaften – Die Besteuerung von Funktionsverlagerungen im Fall von „Vertriebsaufspaltungen", IStR 2008, S. 1; *Blumers*, Funktionsverlagerung per Transferpaket, DB 2007 S. 1757; *Blum/Lange*, Funktionsverlagerungen zwischen international verbundenen Unternehmen, GmbHR 2011 S. 65; *Bodenmüller/Hülster*, Handlungsalternativen bei der Bewertung von Transferpaketen – Besonderheiten bei erzwungenen Funktionsverlagerungen und bei der Verlagerung von Verlustfunktionen, IStR 2010 S. 650; *Böcker*, Aktuelle Erfahrungen bei der Prüfung von Kostenumlageverträgen mit ausländischen verbundenen Unternehmen, StBp 2008 S. 8; *Bonertz*, Nicht abziehbare Betriebsausgaben als Bestandteil von Verrechnungspreisen nach der „cost plus method" und Kostenumlagen, DStR 2013 S. 426; *Borstell/*

Brüninghaus/Dworaczek, Zweifel an der Rechtmäßigkeit von Verrechnungspreiskorrekturen nach § 1 AStG, IStR 2001 S. 757; *Borstell,* Funktionsverdoppelungen, IStR 2009, S. 329; *Brem/Tucha,* Dokumentation von Verrechnungspreisen: zur Strukturierung der Angemessenheitsanalyse, IStR 2006 S. 499; *Brezing u. a.,* Außensteuerrecht, Kommentar, Herne/Berlin 1991; *Brinkmann/Meier/Brandstätter,* Forschung und Entwicklung – Steueroptimierung durch Nutzung ausländischer Steueranreize IStR 2009 S. 563; *von Brocke/Hackemann,* Gewinnkorrekturvorschriften europarechtlich zulässig, DB 2010, Heft 8 S. M 18; *Brucker,* Funktionsverlagerung einer inländischen Personengesellschaft auf ein ausländisches Wirtschaftsgebilde, StuB 2010 S. 579; *Brüninghaus/Bodenmüller,* Tatbestandsvoraussetzungen der Funktionsverlagerung, DStR 2009 S. 1285; *Bruscke,* Sanktionen bei einem Verstoß gegen die Dokumentationspflichten für Verrechnungspreise, DStZ 2006 S. 575; *Bundessteuerberaterkammer,* Stellungnahme zum Entwurf einer Verordnung zur Anwendung des Fremdvergleichsgrundsatzes auf Betriebsstätten nach § 1 Abs. 5 AStG (Betriebsstättengewinnaufteilungsverordnung – BsGaV), IStR 2013 Heft 22, S. III; *Burkert,* Funktionsverlagerungen im internationalen Konzern, IStR 2003 S. 320 (Teil I) und S. 356 (Teil II); *Busch,* Der Unverwertbarkeit einen Riegel vorgeschoben: Implikationen des BFH-Urteils zur Unionsrechtskonformität der Dokumentationspflicht der Verrechnungspreise, FR 2013 S. 943; *ders.,* Die finale Fassung der Betriebsstättengewinnaufteilungsverordnung, DB 2014 S. 2490; *ders.;* Die Bestimmung des Dotationskapitals bei Versicherungsbetriebsstätten gemäß BsGaV, IStR 2014 S. 757; *ders.,* Die Bestimmung des Dotationskapitals bei Versicherungsbetriebsstätten gemäß BsGaV, IStR 2014 S. 757; *Busch/Wilmanns,* Brennpunkte beim Transfer Pricing 2013/2014, DB 2014 S. 856; *Cortez/Schmidt,* Die Regelungen des deutschen Außensteuergesetzes – Teil I, Steuer und Studium 2013 S. 715; *Crüger/Heggmair/Boehke,* Der Entwurf des BMF-Schreibens „Verwaltungsgrundsätze Funktionsverlagerung", IStR 2010 S. 86; *Crüger/Riedl,* Immaterielle Wirtschaftsgüter – aktuelle Entwicklungen zu Verrechnungspreisen, IStR 2014 S. 625; *Crüger/Wintzer,* Funktionsverlagerungen ins Ausland, GmbHR 2008, S. 306; *Dahnke,* Ausgleich des Merkpostens nach § 1 AStG nur durch einen unmittelbaren Zahlungsvorgang möglich?, IStR 1997 S. 265; *ders.,* Bürgschaftszusage durch eine ausländische Muttergesellschaft aus gesellschaftsrechtlichen Gründen, IStR 1997 S. 138; *Dautzenberg/Gocksch,* Die europarechtliche Problematik des § 1 AStG, BB 2000 S. 904; *Debatin,* Anwendungsgrundsätze zum Außensteuergesetz, DB 1974 Beilage 15; *Diller/Grottke,* Der Gesamtbewertungsgrundsatz der Funktionsverlagerungen, StuB 2011 S. 215; *Ditz,* Übertragung von Geschäftschancen bei Funktionsverlagerung ins Ausland, DStR 2006 S. 1625; *ders.,* Praxisfall einer Verrechungspreisprüfung und Funktionsverlagerung, IStR 2009 S. 421; *ders.,* Betriebsstättengewinnabgrenzung nach dem „Authorised OECD Approach" – Eine kritische Analyse, ISR 2012 S. 48; *ders.,* Die Grenzen des Fremdvergleichs – Zugleich Plädoyer für ein Festhalten am Fremdvergleichsgrundsatz, FR 2015 S. 115; *Ditz/Bärsch,* Neue Herausforderungen bei Betriebsstätteneinkünften, GmbHR 2013, R 209; *Ditz/Just,* Besteuerung einer Produktionsverlagerung nach der Funktionsverlagerungsverordnung – Praxisbeispiel, DB 2009 S. 141; *ders.,* Praxisfall einer Funktionsverlagerung unter besonderer Berücksichtigung der VWG-Funktionsverlagerung vom 13.10.2010, IStR 2011 S. 125; *Ditz/Liebchen,* Teilwertabschreibung und Forderungsverzicht auf Gesellschafterdarlehen – Praxisfall zum BMF-Schreiben vom 29.03.2011, ISR 2012 S. 97; *dies.,* Bewertung von Transferpaketen im Rahmen von Funktionsverlagerungen, DB 2012 S. 1469; *Ditz/Luckhaupt,* Betriebsstättengewinnaufteilungsverordnung – Neues Gewinnermittlungsrecht für Betriebsstätten, ISR 2015 S. 1; *Ditz/Pinkernell/Quilitzsch*, BEPS-Reformvorschläge zu Lizenzgebühren und Verrechnungspreisen bei immateriellen Wirtschaftsgütern aus Sicht der Beratungspraxis, IStR 2014 S. 45; *Ditz/Quilitzsch*, Die Änderungen im AStG durch das AmtshilfeRLUmsG – Quo vadis Außensteuer?, DStR 2013 S. 1917; *dies.*, Anwendung von § 1 AStG a. F. bei Teilwertabschreibungen auf Darlehensforderungen gegen ausländische Tochtergesellschaften, ISR 2014 S. 109; *dies.*; Keine Einkünftekorrektur nach § 1 AStG bei Teilwertabschreibungen auf Darlehensforderungen auf ausländische Tochtergesellschaften – Anmerkung zum Urteil des FG Düsseldorf v. 28.3.2014 – 6 K 4087/11 F, ISR 2014 S. 293; *dies.*, Internationale Aspekte des Zollkodex-Anpassungsgesetzes, DStR 2015 S. 545; *dies.*, Anmerkung zu BFH-Urteil vom 17.12.2014 – I R 23/13, ISR 2015 S. 121, 124; *Ditz/ Schneider*, Änderungen des Betriebsstättenerlasses durch das BMF-Schreiben vom 25.8.2009, DStR 2010 S. 81; *Ditz/Tcherveniachki*, Abzugsfähigkeit von Teilwertabschreibungen auf eigenkapitalersetzende Darlehen – Eine Analyse des BFH-Urteils vom 14.1.2009 unter besonderer Berücksichtigung des § 1 AStG, IStR 2009 S. 709; *dies.*, Anwendung des § 1 AStG bei Personengesellschaften, DB 2014 S. 203; *Ebenroth/Fuhrmann*, Gewinnverlagerungen durch Unterpreislieferungen im transnationalen Konzern, DB 1989 S. 1100; *Ebering*, Wann sind Preisanpassungsklauseln bei Funktionsverlagerungen i. S. von § 1 Abs. 3 Satz 9 AStG ferndüblich?, IStR 2011 S. 418; *Eigelshoven/Kratzer*, Rechtsverordnung zu Aufzeichnungspflichten bei der Bestimmung angemessener Verrechnungspreise, IStR 2004 S. 30; *Eigelshoven/ Nientimp*, Funktionsverlagerungen und kein Ende – Die Änderungen bei der Besteuerung von Funktionsverlagerungen nach dem EU-Umsetzungsgesetz, Ubg 2010 S. 233; *Elbert/Wellmann/Münch*, Verrechnungspreisdokumentation Reloaded? – Anmerkungen zur Guidance der OECD betreffend die Dokumentation von Verrechnungspreisen und das Country-by-Country-Reporting, IStR 2014 S. 800; *Endres/Oestreicher*, Grenzüberschreitende Ergebnisabgrenzung: Verrechnungspreise, Konzernumlagen, Betriebsstättengewinnermittlung – Bestandsaufnahme und Neuentwicklungen, IStR 2003 Beihefter zu Heft 15/2003; *dies.*, Die Besteuerung von Funktionsverlagerungen in zehn Fällen, DStR 2009, Beihefter zu Heft 20, S. 1; *Engler*, Änderungen von Verrechnungspreisen in der Rezession, IStR 2009 S. 685; *Englisch*, Einige Schlussfolgerungen zur Grundfreiheitskompatibilität des § 1 AStG – zugleich Anmerkung zum Urteil des EuGH in der Rs. SGI, IStR 2010 S. 139; *Fischer/Freudenberg*, Berücksichtigung von Besteuerungseffekten bei der Verrechnungspreisermittlung im Rahmen von Funktionsverlagerungen, IStR 2012 S. 168; *Fischer/Looks/im Schlaa*, Dokumentationspflichten für Verrechnungspreise – Bisherige Erfahrungen mit der Betriebsprüfung und aktuelle Entwicklungen, BB 2007 S. 918; *Flick/Wassermeyer*, Der Einführungserlaß zum Außensteuergesetz, Kritische Bemerkungen, FR 1974 S. 545, 574, 601 sowie FR 1975 S. 8, 35, 59, 86; *Flick/Wassermeyer/Baumhoff*, Außensteuerrecht, Kommentar, 6. Aufl., Stand: Oktober 2014 (zit.: F/W/B); *Förster*, Der Entwurf zur Aktualisierung der Kapitel I und III der OECD-Verrechnungspreisleitlinien, IStR 2009 S. 720; *ders.*, Die allgemeinen Verrechnungspreisgrundsätze des § 1 Abs. 3 AStG – Vergleich mit den aktualisierten Verrechnungspreisrichtlinien der OECD, IStR 2011 S. 20; *Freudenberg*, Operational Transfer Pricing: Notwendigkeit eines Verrechnungspreismanagements bei Auslandsinvestitionen, BB 2014, S. 1515; *Freudenberg/Ludwig*, Chancen für Gestaltungen aufgrund der geänderten Vorschriften zur Funktionsverlagerung, BB 2010 S. 1268; *Freudenbert/Peters*, Steuerliche Allokation von

Restrukturierungsaufwendungen im Kontext von Funktionsverlagerungen, BB 2008 S. 1424; *ders.*, Identifizierung von unbeabsichtigten Funktionsverlagerungen als Ergebnis operativer Geschäftsentwicklung, BB 2009 S. 822; *dies.*, Funktionsverlagerungen im Lichte des OECD Business-Restructuring-Bericht, BB 2011 S. 215; *Freytag*, Entwurf des Unternehmensteuerreformgesetzes 2008, IWB, Fach 3, Gruppe 1 S. 237; *Frischmuth*, Die Konzeption der Funktionsverlagerungsbesteuerung nach dem UntStRefG, StuB 2007 S. 386; *ders.*, UntStRefG 2008 und Verrechnungspreise nach § 1 AStG n. F., IStR 2007 S. 485; *ders.*, Wann genau liegt eine Funktionsverlagerung nach der FVerlV vor?, StuB 2008 S. 864; *ders.*, Fragwürdigkeiten der Verrechnungspreisermittlung nach der FVerlV-Grundsätze und Beispielsfälle, StuB 2009 S. 174; *ders.*, Funktionsverlagerungsbestimmung, StuB 2010 S. 91; *ders.*, Was bleibt übrig von der Transferpaketbesteuerung nach § 1 Abs. 3 Satz 9 AStG, IWB 2011 S. 48; *ders.*, Verrechnungspreisprüfung in der Unternehmenspraxis, StuB 2013 S. 816; *Frotscher*, Grundfragen der Funktionsverlagerung, FR 2008 S. 49; *Geberth*, Funktionsverlagerungen: das Ende der Besteuerung „weißen Rauchs"?, DB 2010, Heft 7 S. M 28; *ders.*, Der AOA erschwert die unternehmerische Auslandstätigkeit, DB 2012, Heft 31, M 1; *ders.*, OECD-Entwurf zu Verrechungspreisen für konzerninterne Dienstleistungen, GmbHR 2015, R 11; *Geberth/Krüger/Schwinger*, BMF: Entwurf einer Verordnung zur Anwendung des Fremdvergleichsgrundsatzes auf Betriebsstätten nach § 1 Abs. 5 AStG, DB 2013, M 8; *dies.*, BMF: Entwurf einer Verordnung zur Anwendung des Fremdvergleichsgrundsatzes auf Betriebsstätten, GmbHR 2013, R 282; *Gebhardt*, Ist § 1 Abs. 5 Satz 8 AStG-E i. d. F. des JStG 2013, ein Treaty Override?, BB 2012 S. 2353; *Gläser/Birk*, Grenzenlose Pflicht zur Verrechnungspreisdokumentation?, IStR 2014 S. 99; *Glahe*, Vereinbarkeit von § 1 AStG mit den Europäischen Grundfreiheiten, IStR 2010 S. 870; *Glahe*, Verlangt das Unionsrecht eine Möglichkeit zum Nachweis wirtschaftlicher Gründe im Fall fremdunüblicher Verrechnungspreise?, IStR 2015 S. 97; *Goebel/Küntscher*, Europarechtswidrigkeit der deutschen Verrechnungspreisregelung? – Ein Beitrag anlässlich der Neuregelung des § 1 Abs. 3 AStG, Ubg 2009 S. 235; *von Goldacker*, Gewinnverlagerung zwischen Schwesterbetriebsstätten – eine Analyse des AOA, BB 2013 S. 87; *Greil*, Das Gewinnpotenzial als manifestierte Geschäftschance, IStR 2009 S. 202; *ders.*, Die Preisanpassung nach § 1 Abs. 3 Satz 11 und 12 AStG i. V. m. der Funktionsverlagerungsverordnung, IStR 2009 S. 567; *ders.*, Ausnahmen von der Gesamtbewertung des Transferpakets – Zugleich Neufassung des § 1 Abs. 3 Sätze 9 und 10 AStG, IStR 2010 S. 479; *ders.*, Die Berücksichtigung von Steuern bei der Transferpaketbewertung, StBg 2011 S. 150; *ders.*, Die Bewertung einer Funktionsverlagerung, StBp 2011 S. 154; *ders.*, Grundsätzliche Übereinstimmung der Regelung zur Funktionsverlagerung mit dem Fremdvergleichsgrundsatz, DStZ 2011 S. 285; *Greil/Greil*, Einkünftekorrektur: Kostenumlagevereinbarungen als Instrument für die Gestaltung von Konzernaktivitäten – Steuerliche Anwendungsfragen, ISR 2015 S. 67; *Greinert*, Maßgebende Überschussgröße zur Bewertung eines Transferpakets bei grenzüberschreitenden Funktionsverlagerungen, DB 2009 S. 755; *ders.*, Steuerliche Besonderheiten bei der Bewertung immaterieller Wirtschaftsgüter im Rahmen von grenzüberschreitenden Transaktionen im Konzern, Ubg 2010 S. 101; *Greinert/Metzner*, Die Bedeutung von Risiken bei der Ermittlung fremdüblicher Verrechnungspreise – Diskussionsentwurf der OECD zu den Maßnahmen 8, 9 und 10 des BEPS-Aktionsplans, Ubg 2015 S. 60; *Greil/Colussi*, Leitlinien eines ordentlichen und gewissenhaften Geschäftsleiters im Steuerrecht, StBp 2011 S. 40; *Greinert/Metzner*, Neuere Entwicklungen bei der Anerkennung nachträglicher Verrechnungspreisanpassungen, BB 2014 S. 622; *Greinert/Reichl*, Einfluss von Besteuerungseffekten auf die Verrechnungspreisermittlung bei Funktionsverlagerungen, DB 2011 S. 1182; *Greinert/Thiele*, Steuerliche Behandlung von Funktionsverlagerungen vor 2008, DStR 2011 S. 1197; *Greinert/Weigert*, Vorliegen wirtschaftlicher Gründe als unionsrechtliche Rechtfertigung für ein Abweichen vom Fremdvergleichsgrundsatz, DB 2013 S. 2524; *Grützner*, Die Änderung der Betriebsstätten-Verwaltungsgrundsätze durch BMF-Schreiben vom 25.8.2009, StuB 2009 S. 801; *Günter*, Die ertragsteuerliche Behandlung grenzüberschreitender Funktionsverlagerungsverlagerungen, WPg 2007 S. 1082; *Haas*, Funktionsverlagerungen nach dem Erlass der Funktionsverlagerungsverordnung, Ubg 2008, S. 517; *Haase*, Außensteuergesetz Doppelbesteuerungsabkommen, Kommentar, (2009); *Häck*, Abkommensrechtliche Zuordnung von Beteiligungen zu Betriebsstätten nach BFH, OECD und Finanzverwaltung, ISR 2015 S. 113; *Hagemann*, Die Lizensierung von Funktionsverlagerungen, StuB 2012, S. 628, *Hahn/Suhrbier-Hahn*, Mitwirkungspflichten bei Auslandssachverhalten europarechtswidrig?, IStR 2003 S. 84; *van der Ham*, Zur Verrechenbarkeit des Konzernnamens – zugleich Replik auf Listl, Zur Dachmarkenlizensierung im Outbound-Fall, IStR 2014 S. 94, IStR 2014 S. 240; *van der Ham/Thier*, Die Bestimmung von konzerninternen Verrechnungspreisen im Spannungsfeld von Steuern und Controlling, IStR 2015 S. 260; *Haverkamp/Binding*, Gesellschaftsvertragliche Vereinbarung i. S. d. § 1 Abs. 4 AStG n. F., ISR 2015 S. 85; *Heggmaier/Riedl/Wutschke*, Ermittlung von angemessenen Verrechnungspreisen für Unternehmen der Digital Economy, IStR 2014 S. 323; *Hemmelrath/Kepper*, Die Bedeutung des „Authorized OECD Approach" (AOA) für die deutsche Abkommenspraxis, IStR 2013 S. 37; *Hentschel*, Deutsche Regelungen zur internationalen Funktionsverlagerung, Wiesbaden 2014; *Herbert/Luckhaupt*, Bestimmung von Verrechnungspreisen für immaterielle Wirtschaftsgüter – zum Diskussionsentwurf der OECD, Ubg 2012 S. 672; *Hentschel/Kraft*, Funktionsverlagerungen in anstehenden Außenprüfungen – eine Bestandsaufnahme potenzieller Streitfragen, IStR 2015 S. 193; *Herlinghaus*, Vereinbarkeit der Hinzurechnungsbesteuerung nach § 1 AStG mit dem Europarecht, FR 2001 S. 240; *Hervé/Ackerman*, Berücksichtigung von Risiko bei der Bestimmung von Verrechnungspreisen, BB 2013 S. 619; *Hervé/Köhler*, Der Entwurf des BMF-Schreibens „Verwaltungsgrundsätze – Funktionsverlagerung" Die AG 2009 S. 574; *Heurung/Bresgen*, Übertragung und Überführung von Wirtschaftsgütern bei grenzüberschreitenden Mitunternehmerschaften, GmbHR 2014 S. 187; *Höppner*, Der neue Verrechnungspreis-Erlaß – Grundsätzliche Probleme aus der Sicht der Verwaltung –, StBp 1983 S. 121; *Höreth/Zimmermann*, Verordnung zur Anwendung des Fremdvergleichsgrundsatzes auf Betriebsstätten nach § 1 Abs. 5 AStG – Betriebsstättengewinnaufteilungsverordnung – BsGaV, DStZ 2014 S. 743; *IDW-Steuerfachausschuß*, Grundsätze für die Prüfung der Einkunftsabgrenzung zwischen international verbundenen Unternehmen in Bezug auf Berichtigungen, Verfahren und verbindliche Auskünfte, FN-IDW 2000 S. 199; IDW, Stellungnahme zur Anwendung des § 1 AStG auf Fälle von Teilwertabschreibungen und anderen Wertminderungen auf Darlehen an verbundene ausländische Unternehmen – BMF Schreiben vom 29.3.2011, BStBl I 2011 S. 277, Ubg 2011 S. 980; *dies.*, Stellungnahme zur Änderung der Funktionsverlagerungsverordnung, Ubg 2011 S. 579; *dies.*, Stellungnahme zur Heranziehung von IDW Standards bei der Bewertung von Transferpaketen im Rahmen der Besteuerung von Funktionsverlagerungen, Ubg 2011 S. 747; *dies.*, Stellungnahme zum Referentenentwurf eines Jahressteuergesetzes 2013 (JStG 2013), Ubg 2012 S. 277;

dies., Stellungnahme zum Entwurf einer Betriebsstättengewinnaufteilungsverordnung (BsGaV), Ubg 2013 S. 730; *Jacobs*, Internationale Unternehmensbesteuerung, 6. Aufl. [2007]; *Jahndorf*, Besteuerung der Funktionsverlagerung, FR 2008 S. 101; *Jakob/Hörmann*, Steuersystematische Grundlagen der Ergebniskorrektur im internationalen Konzern, Mutter-/Tochtergesellschaft, Schwestergesellschaften, Anteilseigner, BB 1991 S. 733; *Janssen*, Die Anwendung von § 8a KStG auf nahestehende Personen und Dritte gem. § 8a Abs. 1 Satz 2 KStG, IWB (1998) F. 3 Gr. 4 S. 375; *Jenzen*, Internationale Verrechnungspreise, IWB 2005 S. 3691; *Joecks/Kaminski*, Dokumentations- und Sanktionsvorschriften für Verrechnungspreise in Deutschland, IStR 2004 S. 65; *Kahle*, Preisanpassungsklauseln bei der Ertragsbesteuerung von Funktionsverlagerungen, StuB 2009 S. 383; *ders.*, Ertragsteuerliche Abgrenzung der Funktionsverlagerung, StuB 2009 S. 557; *Kaminski*, Umlagen bei konzerninternen Leistungen, IWB (2000) F. 3 Gr. 2 S. 891; *ders.*, Änderungen im Bereich der internationalen Einkunftsabgrenzung durch die Unternehmensteuerreform 2008, RIW 2007 S. 594; *ders.*, Die Festlegung von Maßstäben zur internationalen Einkünftekorrektur durch § 1 Außensteuergesetz, StuW 2008 S. 337; *ders.*, Neuerrichtung eines Auslandsengagements im Zeitalter der Funktionsverlagerungsbesteuerung, DB 2011 S. 435; *Kaminski/Strunk*, Auswirkungen des BFH-Urteils vom 17.10.2001 auf die Verrechnungspreisbestimmung, IWB (2002) F. 3 Gr. 1 S. 1831; *dies.*, Dokumentationspflicht bei Verrechnungspreisen – Erste Analyse des Entwurfs der Rechtsverordnung zu § 90 Abs. 3 AO, RIW 2003 S. 561; *dies.*, Stellungnahme zum Entwurf der „Verwaltungsgrundsätze-Funktionsverlagerungen" des BMF vom 17.7.2009, RIW 2009 S. 706; *dies.*, § 1 AStG und Wertminderungen auf Darlehen gegenüber ausländischen verbundenen Unternehmen, Stbg 2011 S. 246; *dies.*, § 1 AStG und Wertminderungen auf Darlehen gegenüber ausländischen verbundenen Unternehmen, Stbg 2014, S. 246; *Kiesow*, Dokumentation bei Verrechnungspreisen bei KMU, NWB 2012 S. 1502; *Kircher/Stumpf*, Die Konkretisierung des Begriffs „außergewöhnlicher Geschäftsvorfall" im Sinne des § 90 Abs. 3 S. 3 AO, BB 2014 S. 2776; *Klapdor*, Grundsätze der Verrechnungspreisermittlung nach dem UStRefG, StuW 2008 S. 83; *Koch*, Die neue OECD-Definition immaterieller Werte für Verrechnungspreiszwecke – hat die OECD ihre selbst gesteckten Ziele erreicht?, IStR 2015 S. 199; *Koenen*, Nutzungsüberlassungen zwischen Schwestergesellschaften, BB 1989 S. 1455; *Köplin/Sedemund*, Ist § 1 AStG europarechtswidrig?, IStR 2000 S. 305; *Korn*, BMF-Schreiben zur Anwendung von § 1 AStG auf Darlehen an verbundene ausländische Unternehmen, KÖSDI 2011 S. 17598; *Kraft*, Außensteuergesetz, Kommentar, (2009); *Kroppen*, Handbuch Internationaler Verrechnungspreise (Stand: Dezember 2014); *ders.*, Funktionsverlagerung – der nächste Akt: Ergänzung der Escape-Klausel des § 1 Abs. 3 Satz 10 AStG; IWB 2010 S. 316; *Kraft/Dombrowski*, Die praktische Umsetzung des „Authorized OECD Approach" vor dem Hintergrund der Betriebsstättengewinnaufteilungsverordnung, FR 2014 S. 1105; *dies.*, Ein Fallstudien-gestützer Vergleich der Rechtslage vor und nach der Transformation des AOA, Ubg 2014 S. 143; *Kroppen/Eigelshoven*, BMF-Schreiben zu Verrechnungspreisen, IWB (2000) F. 2 S. 707; *Kroppen/Eigelshoven/Roeder*, Mitwirkungspflichten nach deutschem Steuerrecht vs. Mitwirkungswünsche der deutschen Finanzverwaltung im neuen Entwurf der Verwaltungsgrundsätze, IWB (2000) F. 3 Gr. 2 S. 925; *Kroppen/Nientimp*, Absonderlichkeiten bei der Funktionsverlagerung, IWB, Fach 3, Gruppe 1, S. 2355; *dies.*, Generalthema I: Funktionsverlagerung, IStR 2011 S. 650; *dies.*, Country-by-Country Reporting, Die neue Sichtweise der OECD zur Verrechnungspreisdokumentation,

ISR 2014 S. 358; *Kroppen/Rasch,* Die Funktionsverlagerungsverordnung, IWB, Fach 3, Gruppe 1, S. 2339; *dies.,* Anmerkungen zu den Verwaltungsgrundsätzen Funktionsverlagerung vom 13.10.2010, IWB 2010 S. 824; *Kroppen/Rasch/Eigelshoven,* Die Behandlung der Funktionsverlagerung im Rahmen der Unternehmensteuerreform 2008 und der zu erwartenden Verwaltungsgrundsätze Funktionsverlagerung, IWB, Fach 3, Gruppe 1, S. 2201; *Kuckhoff/Schreiber,* Die neuen Verwaltungsgrundsätze zu den Umlageverträgen, IStR 2000 S. 346 u. S. 373; *dies.,* Ist die Prüfung von Verrechnungspreisen noch sinnvoll?, IWB (2002) F. 3 Gr. 1 S. 1863; *Kühnlein/Thier,* Die Bestimmung fremdvergleichskonformer Lizenzsätze im Konzern unter Berücksichtigung von Duplizierungs- bzw. Replizierungsstrategien, BB 2011 S. 1180; *Kußmaul/Delarber/Müller,* Betriebsstättengewinnaufteilungsverordnung – Entwurf – Ein allgemeiner Überblick, IStR 2014 S. 466; *dies.,* Betriebsstättengewinnaufteilungsverordnung – Entwurf – Tief gebohrt, IStR 2014 S. 573; *Kußmaul/Müller,* Die Voraussetzungen zur Einkünfteberichtigung bei internationalen Verflechtungen nach § 1 AStG, StB 2013 S. 152; *dies.,* Das sog. Stufenmodell zur angemessenen Fremdvergleichspreisermittlung nach § 1 Abs. 3 AStG, StB 2013 S. 187; *dies.,* Verrechnungspreismethoden zur Fremdvergleichspreisbestimmung, StB 2013 S. 237; *ders.,* Mitwirkungs- und Dokumentationspflichten bei Verrechnungspreissachverhalten, StB 2013 S. 432; *Kußmaul/Ruiner,* Die sog. Standardmethoden zur Ermittlung fremdvergleichskonformer Verrechnungspreise, IStR 2010 S. 605; *Kußmaul/Ruiner/Delarber,* Leistungsbeziehungen in internationalen Einheitsunternehmen mit Blick auf die Änderung des Art. 7 OECD-MA und die geplante Änderung des § 1 AStG, Ubg 2011 S. 837; *Lehmann,* Steuerliche Anreize für Forschungs- und Entwicklungskosten, DStR 2010 S. 1459; *Lenz/Rautenstrauch,* Die neue Öffnungsklausel bei der Funktionsverlagerung in § 1 Abs. 3 Satz 10 Hs. 2 AStG, DB 2010 S. 696; *Listl,* Zur Dachmarkenlizenzierung im Outbound-Fall, IStR 2014 S. 94; *Look/Freudenberg,* Zukünftige Konfliktfelder zwischen Finanzverwaltung und Steuerpflichtigen als Ergebnis des Entwurfs der Verwaltungsgrundsätze – Funktionsverlagerung, BB 2009 S. 2514; *Looks/Köhler,* Hypothetischer Fremdvergleich und Funktionsverlagerungen: Mittelwert des Einigungsbereichs und spieltheoretische Verhandlungsmodelle, StB 2009 S. 317; *Looks/Birmans/Persch,* Anwendbarkeit des § 1 AStG auf Teilwertabschreibungen von Gesellschafterdarlehen, DB 2011 S. 2110; *Looks/Scholz,* Funktionsverlagerung nach der Neufassung des § 1 Abs. 3 AStG, BB 2007 S. 2541; *Looks/Steinert/Müller,* Der Fremdvergleichsgrundsatz – Zur Frage der Maßgeblichkeit des § 1 Abs. 3 AStG für andere Berichtigungsvorschriften, BB 2009 S. 2348; *ders.,* OECD Business Restructuring im Vergleich zur Funktionsverlagerung DB 2010 S. 2016; *Luckhaupt,* Steuerplanung im Hinblick auf die Preisanpassungsklausel im Rahmen der Funktionsverlagerung, BB 2009 S. 2358; *ders.,* Bestimmung von Verrechnungspreisen gemäß den OECD-TPG 2010 und § 1 Abs. 3 AStG, Ubg 2010 S. 646; *ders.,* Einfluss der Preisanpassungsklausel auf die Grenzpreise der Unternehmen, IStR 2010 S. 899; *ders.,* Fragwürdige Vorgaben der Finanzverwaltung bei der Grenzpreisermittlung bei Funktionsverlagerungen ins Ausland, DStR 2012 S. 1571; *ders.,* Bewertungswahlrecht für Personenunternehmen bei Funktionsverlagerungen ins Ausland, IStR 2012 S. 916; *ders.,* Fremdkapital und Funktionsverlegung ins Ausland, DB 2013 S. 255; *Lüdicke,* Internationale Aspekte des Steuervergünstigungsabbaugesetzes, IStR 2003 S. 433; *Masorsky/Schoppe/Stumpf,* Verrechnungspreis und Zollwert, BB 2013 S. 279; *Meermann,* Unentgeltliche Nutzungsüberlassungen bei verbundenen Kapitalgesellschaften, StBp 1989 S. 121; *Menck,* Der

Anwendungserlaß zum AStG und die künftige Entwicklung, IWB (1996) F. 3 Gr. 1 S. 1521; *ders.*, Umlageverträge im Internationalen Steuerrecht. Der neue Erlass im Gesprächskreis Rhein-Ruhr Internationales Steuerrecht, IWB Aktuell vom 12.1.2000 S. 2; *Menninger/Welens*, Grundsätzliche Bewertungsfragen im Zusammenhang mit der Funktionsverlagerung gem. § 1 Abs. 3 AStG, DB 2012 S. 10; *Menck/Vogt*, Kommentierung zum AStG, in Blümich, EStG/KStG/GewStG, Kommentar, Stand: Juni 2008; *Micker*, Verfassungsrechtliche Aspekte der Besteuerung von Funktionsverlagerungen, IStR 2010 S. 829; *Moebus*, Neue Dokumentationspflichten bei Transferpreisen – Irrweg und/oder Irrglaube?, BB 2013 S. 1413; *Mössner u. a.*, Steuerrecht international tätiger Unternehmen, 3. Aufl., Köln 2005 S. 344; *Naumann*, Seminar E: Gewinnaufteilungsmethoden und der Fremdvergleichsgrundsatz, IStR 2013 S. 616; *Naumann/Groß*, Die Dokumentation von Verrechnungspreisen, IStR 2014 S. 792; *dies.*, Verrechnungspreisaspekte immaterieller Werte – der OECD-Bericht zu Maßnahme 8 des BEPS Action Plan, IStR 2014 S. 906; *Naumann/Sydow/Becker/Mitschke*, Zur Frage der Rechtmäßigkeit des § 1 AStG, IStR 2009 S. 665; *Nestler*, „Übliche Markenlizenzraten" – die Suche nach belastbaren Quellen für einen angemessenen Wert, BB 2015 S. 811; *Nestler/Schaflitzl*, Praktische Anwendungsfragen für die Bewertung bei Funktionsverlagerungen nach dem neuen BMF-Schreiben, BB 2011 S. 235; *Neumann*, Das Verhältnis von § 1 Abs. 5 AStG zu den deutschen Doppelbesteuerungsabkommen, IStR 2013 S. 573; *Neumann-Tomm*, Die unentgeltliche Beistellung in der BsGaV, IStR 2014 S. 806; *Nientimp*, Betriebsstättengewinnaufteilung – die zweite Runde, DB 2014, Heft 14, M 5; *Nientimp/Langkau*, § 1 AStG und Teilwertabschreibungen auf konzerninterne Darlehen – BMF, Schr. v. 29.3.2011, IWB 2011 S. 351; *Nolden/Bollermann*, Zinslose Gesellschafterdarlehen aus Verrechnungspreissicht, IWB 2013 S. 649; *OECD*, Transfer Pricing and Multinational Enterprises, Paris 1979; *ders.*, Transfer Pricing and Multinational Enterprises, Three Taxation Issues, Paris 1984; *ders,*, Transfer Pricing Guidelines for Multinational Enterprises and Tax Administrations, Paris 1995; *Oestreicher*, Die Bedeutung von Datenbankinformationen bei der Dokumentation von Verrechnungspreisen, StuW 2006 S. 243; *ders.*, Die (reformbedürftigen) Regelungen zur Ermittlung der Verrechnungspreise in Fällen der Funktionsverlagerung, Ubg 2009 S. 80; *ders.*, Ist der Dreiklang harmonisch? Zur Tatbestandsbestimmtheit der Regelungen in Bezug auf die Besteuerung der Funktionsverlagerung, Ubg 2011 S. 512; *Oestreicher/van der Ham/Andresen*, Die Neuregelung der Betriebsstättengewinnaufteilung in zwei Fällen – zugleich eine Stellungnahme zum Entwurf der Betriebsstättengewinnaufteilungsverordnung, IStR 2014, Beihefter zu Heft 4, S. 1; *Oestreicher/Hundeshagen*, Weder Wirtschaftsgut noch Unternehmen – die Bewertung von Transferpaketen anlässlich der grenzüberschreitenden Verlagerung von Unternehmensfunktionen, IStR 2009 S. 145; *Oestreicher/Wilcke*, Die Berichtigung von Einkünften wegen abweichender Gewinne, DB 2010 S. 467; *dies.*, Die Einzelbewertung des Firmenwerts – Verrechnungspreise in Fällen einer Funktionsverlagerung nach dem Gesetz zur Umsetzung steuerlicher EU-Vorgaben sowie zur Änderung steuerlicher Vorschriften, Ubg 2010 S. 225; *Paintner*, Das Gesetz zur Umsetzung der Amtshilferichtlinie sowie zur Änderung steuerlicher Vorschriften im Überblick, DStR 2013 S. 1629; *ders.*, Das Gesetz zur Anpassung der Abgabenordnung an den Zollkodex der Union und zur Änderung weiterer steuerlicher Vorschriften im Überblick, DStR 2015 S. 1; *Peter, M./Wehnert/Koch/ Peter, S.*, Änderungen bei der Besteuerung von Funktionsverlagerungen durch das EU-Vorgaben-Umsetzungsgesetz – echte Erleichterung oder Fata Morgana in der

Steuerwüste?, IStR 2011 S. 180; *Peters/Pflaum*, Steuerhinterziehung durch unangemessene Verrechnungspreise, wistra 2011 S. 250; *Pinkernell,* Neue OECD-Grundsätze zu Verrechnungspreisdokumentation und Country-Buy-Country Reporting (Maßnahme 13 des BEPS-Aktionsplans), DStZ 2014 S. 964 *Podewils,* § 1 Abs. 2 AStG: Keine Einflussnahmemöglichkeit bei entgegenstehender materieller Treubindung!, IStR 2012 S. 134; *Pöllath/Rädler*, Gewinnberichtigungen zwischen verbundenen Unternehmen ohne Rücksicht auf Abkommensrecht? – Bemerkungen zur Auslegung des Art. 9 OECD-MA in der deutschen Diskussion zur Einführung eines § 8a KStG –, DB 1982 S. 561; *Pohl*, Ergänzung der Funktionsverlagerungsregelungen durch das Gesetz zur Umsetzung steuerlicher EU-Vorgaben sowie zur Änderung steuerrechtlicher Vorschriften, IStR 2010 S. 357; *ders.* Zur Anwendung der Preisanpassungsregelung (§ 1 Abs. 3 Satz 11 und 12 AStG) außerhalb von Funktionsverlagerungen, IStR 2010 S. 690; *ders.*, Kommentierung zum AStG in: Blümich EStG/KStG/GewStG, Kommentar (Stand: August 2013); *Prinz*, Irrtümer der Finanzverwaltung bei Anwendung des § 1 AStG, DB 2011, Heft 33, M 1; *Prinz/ Scholz*, § 1 AStG und darlehensbezogene Teilwertabschreibungen: kreativer, aber rechtsfehlerhafter Versuch der Finanzverwaltung zur Rettung der Wirkung des § 8 b Abs. 3 KStG für Altfälle, FR 2011 S. 925; *Puls*, Funktionsverlagerungsbesteuerung: Schadensersatz-, Entschädigungs- und Ausgleichsansprüche als „Transferpaket"-Ersatz nach § 8 FVerlV, IStR 2010 S. 89; *ders.,* Finanzierungsunterstützung im Konzern aus Verrechnungspreissicht, IStR 2012, S. 209; *ders.,* Aktuelle Entwicklungen in der finanzgerichtlichen Rechtsprechung zu steuerlichen Verrechnungspreisen, IStR 2013 S. 704; *Quilitzsch*, BsGaV – Oder: Betriebsstättengewinnabgrenzung reloaded, DB 2014 Heft 49, S. I; *Rasch/Müller*, Vertreterbetriebsstätte, BsGaV: Der ständige Vertreter und die „Nullsummentheorie", ISR 2014 S. 418; *Rasch/Rettinger*, Aktuelle Fragen der Verrechnungspreisdokumentation: Unternehmenscharakterisierung und Methodenwahl in den Verwaltungs-Grundsätze-Verfahren, BB 2007 S. 353; *Rasch/Schmidtke,* Routinefunktionen, Gewinnverlagerungen und das Versagen des hypothetischen Fremdvergleichs, IStR 2009 S. 92; *Rasch/Wenzel*, Die Entstrickungsbesteuerung in der BsGaV und ihre europarechtliche Würdigung, ISR 2015 S. 128; *Reckziegel/Grottke*, Die Anwendung der neuen Verrechnungspreisvorschriften des § 1 AStG bei Kapitalgesellschaften, Steuer & Studium 2009 S. 268; *Reichl*, BMF legt einen neuen Entwurf der Verwaltungsgrundsätze zur Funktionsverlagerung vor, IStR Beihefter zu Heft 15/2009 S. 59; *ders.,* Der zeitliche Anwendungsbereich der Regelungen zur Funktionsverlagerung, IStR 2009 S. 680; *Reichl/ von Bredow*, Änderungen der OECD-Verrechnungspreisrichtlinine zu Safe-Harbour- Rules, DB 2013 S. 1514; *Renz/Kern*, Verrechenbarkeit einer Konzernmarke dem Grunde nach, IStR 2015 S. 132; *Riedl/Stasch,* Die Anwendung des § 1 AStG auf Fälle von Teilwertabschreibungen und Wertminderungen auf Darlehen an verbundene ausländische Unternehmen in der Praxis und deren Auswirkung auf die Gestaltungsmöglichkeiten für konzerninterne Darlehen, StB 2011 S. 440; *Ritter*, Steuerliche Prüfung internationaler Verrechnungspreise, Verwaltungsgrundsätze, Prüfungsrahmen und Grenzen des Fremdvergleichs, BB 1983 S. 1677; *Roeder/Fellner*, Base Erosion and Profit Shifting: Immaterielle Vermögenswerte und die OECD – Zusammenfassung des Arbeitsstands des Kapitels VI und erste Analyse aus deutscher Sicht, ISR 2014 S. 428; *Roeder/Friedrich*, Regelungsmängel der Betriebsstättengewinnaufteilungsverordnung, BB 2015 S. 1053; *Rolf,* Europarechtswidrigkeit der Besteuerung von Funktionsverlagerungen gemäß § 1 Abs. 3 AStG, IStR 2009 S. 152; *Roser,* Teilwertabschreibungen und andere Wertminderungen – das BMF als kreativer Ersatzgesetzgeber, GmbHR 2011 S. 841; *Rouenhoff,* Erste Analyse des OECD-Diskussionspapiers zur Berücksichtigung von Intangibles bei der Festlegung von Verrechnungspreisen, IStR 2012 S. 654; *Rudolf,* Anmerkung zu BFH, Urteil vom 17.12.2014 I R 23/13, BB 2015 S. 626; *Ruiner,* Zur steuerrechtlichen Dokumentation von Verrechnungspreisen in mittelständischen Konzernen, DStR 2012 S. 1524; *Sabel/Knebel/Schmidt,* Sichergestellung im Konzern, IStR 2012 S. 42; *Saß,* Zum EG-Abkommen über die Beseitigung der Doppelbesteuerung (Schlichtungsverfahren) im Falle einer Gewinnberichtigung bei Geschäftsbeziehungen zwischen verbundenen Unternehmen, DB 1991 S. 984; *Schaumburg,* Internationales Steuerrecht: Außensteuerrecht, Doppelbesteuerungsrecht, 3. Aufl. 2010; *ders.,* Anpassungsklausel, IStR 2009 S. 877; *Scheipers/Linn,* Einkünfteberichtigung nach § 1 Abs. 1 AStG bei Nutzungsüberlassungen im Konzern – Auswirkungen des EuGH-Urteils SGI, IStR 2010 S. 469; *Schenke/Mohr,* Auswirkungen des Europäischen Gemeinschaftsrechts auf das deutsche Steuerrecht, DStZ 2009 S. 439; *Scheunemann/Dennisen,* Steuerliche Strukturierung von Forschung und Entwicklung im internationalen Konzern, BB 2010 S. 408; *Schilling,* Bewertung von Transferpaketen, DB 2011 S. 1533; *ders.,* Die ganzheitliche Bewertung von Transferpaketen, StuB 2011 S 708; *ders.,* Die indirekte Bewertung von Transferpaketen, StuB 2011 S. 868; *ders.,* Bewertung von Transferpaketen auf Basis von Einzelwerten: Firmenwert, quo vadis?, BB 2012 S. 307; *ders.,* Tatsächlicher Fremdvergleich bei Bewertung von Funktionsverlagerungen – Notwendige Anpassung von Vergleichspreisen, DStR 2012 S. 1099; *ders.,* Notwendige Anpassung von Fremdvergleichswerten bei der Transferpaketbewertung, DB 2012 S. 1065; *Schmidt,* Teilwertabschreibungen auf Darlehen an verbundene ausländische Unternehmen – Neue Sicht des Konzernrückhalts? Anmerkungen zum BMF-Schr. v. 29.3.2011, NWB 2011, Beilage zu Heft 33, S. 3; *Schmidt/Ertle/Fölmli,* Die Verordnung zu Dokumentationspflichten bei Verrechnungspreisen ist da, FR 2003 S. 1228; *Schmidt/Gröger,* Neue Dokumentationspflichten und „Strafzuschläge" bei Geschäftsbeziehungen mit Auslandsbezug oder: „Zuckerbrot und Peitsche", FR 2003 S. 813; *Schmidtke,* Maßnahme 8 des BEPS-Aktionsplans – Der Fremdvergleichsgrundsatz und BEPS, IStR 2015 S. 120; *Schnitger,* Internationale Aspekte des Entwurfs eines Gesetzes zum Abbau von Steuervergünstigungen und Ausnahmeregelungen (Steuervergünstigungsabbaugesetz) – StVergAbG, IStR 2003 S. 73; *ders.;* Änderungen des § 1 AStG in Umsetzung des AOA durch das JStG 2013, IStR 2013 633; *Schnorberger,* Verrechnungspreis-Dokumentation und StVergAbG – Offene Fragen und Probleme, DB 2003 S. 1241; *Schnorberger/Dust,* Gründungsaufwand bei ausländischen Betriebsstätten: Alles neu macht der ... AOA, BB 2015 S. 608; *Schnorberger/Langkan,* Teilwertabschreibungen auf Gesellschafterdarlehen und Fremdvergleich – zugleich Anmerkung zum BFH-Urteil vom 17.12.2014 I R 23/13, IStR 2015 S. 242; *Schöne,* Der besondere Fremdvergleich nach § 1 Abs. 1 letzter Halbsatz des Außensteuergesetzes aus der Sicht der Betriebswirtschaftlichen Steuerlehre, FR 1975 S. 157; *ders.,* Zum Vorteilsausgleich im Rahmen des § 1 Abs. 1 AStG, FR 1989 S. 543; *Schönfeld,* Aktuelle Entwicklungen im Verhältnis von § 1 AStG und EU-Recht anhang von Fallbeispielen, IStR 2011 S. 219; *Scholz,* Die Fremdüblichkeit einer Preisanpassungsklausel nach dem Entwurf zu § 1 Abs. 3 AStG, IStR 2007 S. 521; *ders.,* Verrechnungspreisbestinmung bei funktionsschwachen Unternehmen, BB 2011 S. 1515; *Scholz/Kaiser,* Internationale Kritik zum Standardverrechnungspreismodell von Cash Pools, IStR 2013 S. 54; *Schoppe,* Verrechnungspreise – warum nicht mal zum FG?, BB 2014 S. 2199; *Schoppe/Volt-*

mer-Darmanyan, Konzerndienstleistungsverträge in der (steuerlichen) Praxis, BB 2012 S. 1251; *Schreiber,* Fremdvergleich beim internationalen Cash Pool, DB 2014 S. 980; *Schulz/Trieglaff,* Unentgeltliche Überlassung eines Markenzeichens als Geschäftsbeziehung und Voraussetzung eines Verständigungsverfahrens, IStR 2014 S. 596; *Schwarz,* Gründung einer Betriebsstätte vor dem Hintergrund des Art. 7 OECD-MA und § 1 AStG i. d. F. des AmtshilfeRLUmsG, Ubg 2014 S. 48; *Seer,* Kodifikation von Dokumentationspflichten über die Verrechnungspreisgestaltung in multinationalen Konzernen?, FR 2002 S. 380; *Serg,* Die Behandlung von Geschäftschancen bei grenzüberschreitenden Funktionsverlagerungen, DStR 2005, S. 1916; *Sidhu/Schemmel,* Steuerhinterziehung bei grenzüberschreitenden Gewinnverlagerungen durch Festlegung unangemessener Konzernverrechnungspreise, BB 2005 S. 2549; *Spatscheck/Birkenmaier,* Die Funktionsverlagerungsverordnung, Die AG 2008, S. 706; *Strothenke/Holtrichter,* Zuordnungsregeln im Entwurf einer Betriebsstättengewinnaufteilungsverordnung, (BsGaV), StuB 2013 S. 730; *Strunk/Kaminski,* Anmerkungen zum BMF-Schreiben zum Vorliegen von Geschäftsbeziehungen im Sinne des § 1 Abs. 4 AStG, IStR 2006 S. 141; *Teschke/Langkau,* Steuerwirksamkeit von Teilwertabschreibungen auf Darlehen, DStR 2011 S. 2021; *Thier,* Die Preisanpassungsklausel bei grenzüberschreitenden Funktionsverlagerungen im Konzern, BB 2011 S. 2013; *ders.,* Alternative Herangehensweise zur Bestimmung der fremdvergleichskonformen Vergütung eines Auftragsfertigers durch Annahme einer Darlehensbeziehung, IStR 2011, S. 939; *ders.,* Die Rechtsfigur des doppelten ordentlichen und gewissenhaften Geschäftsleiters und deren Auswirkungen auf die Bestimmung des Verrechnungspreises in Verlagerungsfällen, IStR 2012 S. 495; *Vögele,* Prüfungsgrundsätze für Umlageverträge international verbundener Unternehmen, DB 2000 S. 297; *ders.,* Bewertung von Transferpaketen bei der Funktionsverlagerung, DStR 2010 S. 418; *Vögele/Borstell/Engler,* Handbuch der Verrechnungspreise, 3. Aufl. 2011; *Vögele/Brenn,* Die neue Rechsverordnung des § 90 Abs. 3 AO: Syststematik zu Aufbau und Struktur der Verrechnungspreisdokumentation, IStR 2004 S. 40; *Vögele/Freytag,* Kernbereiche der neuen Prüfungsgrundsätze zu Kostenumlagen – Poolkonzept, Aktivierung, Quellensteuer und Eintritts-Austrittszahlungen –, IStR 2000 S. 249; *Vögele/Scholz,* Nutzenanalyse im Rahmen eines Umlagevertrages – Ermittlung des Umlageschlüssels auf der Basis geplanter Kosteneinsparungen, IStR 2000 S. 557; *Vögele/Vögele,* Vorschriften zur Verrechnungspreisdokumentation im SteVergAbG, IStR 2003 S. 466; *Vogel/Cortez,* Das Außensteuergesetz im Konflikt mit dem Europarecht, RIW 2011 S. 532; *Wahl/Preisser,* Möglichkeiten und Grenzen von Datenbankanalysen zur Bestimmung von Verrechnungspreisen, IStR 2008 S. 51; *Wassermeyer,* Elf Jahre Außensteuergesetz, RIW 1984 S. 461; *ders.,* Überlegungen zum Anwendungsbereich des § 1 des Außensteuergesetzes, Ein Beitrag zur möglichen Vereinfachung des deutschen Außensteuerrechts, BB 1984 S. 1501; *ders.,* Überlegungen zur geplanten Änderung des § 1 AStG, DB 1991 S. 1795; *ders.,* Die Anwendung des § 1 AStG auf Entnahmen, IStR 1997 S. 657; *ders.,* Die Fortentwicklung der Besteuerung von Auslandsbeziehungen, IStR 2001 S. 113; *ders.,* Einkünftekorrekturnormen im Steuersystem, IStR 2001 S. 633; *ders.,* Dokumentationspflichten bei internationalen Verrechnungspreisen, DB 2003 S. 1535; *ders.,* Modernes Gesetzgebungsniveau am Beispiel des Entwurfs zu § 1 AStG, DB 2007 S. 535; *ders.,* Funktionsverlagerung-Statement, FR 2008 S. 67; *ders.,* Die BFH-Rechtsprechung zur Betriebsstättengewinnbesteuerung vor dem Hintergrund des § 1 Abs. 5 AStG und der BsGaV, IStR 2015 S. 37; *Wehnert/Sano,* Internationale Regelungen zur Funktionsverlagerung,

AStG § 1 Schrifttum, Verwaltungsanweisungen

IStR 2010 S. 53; *Wehnert/Waldens/Sprenger,* Intercompany Effectiveness – Operationalisierung von Verrechnungspreisen als ganzheitlicher Ansatz, DB 2014 S. 2901; *Wellens/van der Ham,* Charakterisierung von Geschäftseinheiten im Transfer-Pricing – Umfeld, DB 2012 S. 1534; *Wellens/Schwemin,* Der Benefit Test bei Leistungsverrechnungen im Konzern, BB 2013, S. 80; *Welling/Tiemann,* Funktionsverlagerungsverordnung im Widerstreit mit internationalen Grundsätzen, FR 2008 S. 68; *Wiechers,* Dokumentationspflichten für internationale Verrechnungspreise, StuB 2006, S. 693; *Wiesch,* Bestimmung von Verrechnungspreisen und Folgen von Funktionsverlagerungen, Steuer und Studium 2013, S. 520; *Woerner,* Verdeckte Gewinnausschüttungen, verdeckte Einlagen und § 1 des Außensteuergesetzes, Zugleich ein Beitrag zur Normenkonkurrenz im Steuerrecht, BB 1983 S. 845; *Werra,* Verrechnungspreise bei der Restrukturierung internationaler Unternehmensgruppen, IStR 2 009, S. 81; *Wöhrle/Schelle/Gross,* Außensteuergesetz, Kommentar, Stand: Dezember 2002; *Wulf,* Änderungen im Außensteuerrecht und Sonderregelungen zu Funktionsverlagerungen nach dem Unternehmensteuerreformgesetz 2008, DB 2007 S. 2280; *Zech,* Verrechnungspreise und Funktionsverlagerungen 2009, Diss., Baden-Baden 2009; *ders.,* Funktionsverlagerungen durch die Zusammenlegung von Produktion und Vertrieb?, IStR 2009, S. 418; *ders.,* Funktionsverlagerung auf einen Eigenproduzenten und auf ein Routineunternehmen – Anmerkung zum Beitrag von Ditz, in diesem Heft S. 125, IStR 2011 S. 131; *Züger,* Die Anwendbarkeit der Schiedskonvention nach dem 1.1.2000, IWB (1999) F. 11 Gr. 3 S. 257.

Verwaltungsanweisungen:
1. BMF-Schreiben vom 23.2.1983 IV C 5 – S 1341 – 4/83, BStBl I 1983 S. 218 betr. Grundsätze für die Prüfung der Einkunftsabgrenzung bei international verbundenen Unternehmen (Verwaltungsgrundsätze)
2. FinMin. Baden-Württemberg Erlass vom 31.7.1995 – S 1300 – 20, IStR 1995 S. 539 betr. Einkunftsabgrenzung bei international verbundenen Unternehmen und im Rahmen der Betriebsstättengewinnermittlung; Prüfhinweis für die Prüfung der „Verrechnungspreise inländischer Unternehmen/Betriebsstätten mit verbundenen Unternehmen/Stammhaus im Ausland"
3. OFD Koblenz Vfg. vom 10.8.1995 – S 1341 A – St 34 1, IStR 1995 S. 540 betr. Anwendung des § 1 AStG durch die Außenprüfung auf den Technologietransfer in Entwicklungsländern
4. BMF-Schreiben vom 30.12.1999 IV B 4 – S 1341 – 14/99, BStBl I 1999 S. 1122 betr. Grundsätze für die Prüfung der Einkunftsabgrenzung durch Umlageverträge zwischen international verbundenen Unternehmen
5. BMF-Schreiben vom 9.11.2001 IV B 4 – S 1341 – 20/01, BStBl I 2001 S. 796 betr. Grundsätze für die Prüfung der Einkunftsabgrenzung zwischen international verbundenen Unternehmen in Fällen der Arbeitnehmerentsendung (Verwaltungsgrundsätze – Arbeitnehmerentsendung)
6. BMF-Schreiben vom 17.10.2002 IV B 4 – S 1341 – 14/02, BStBl I 2002 S. 1025 betr. Auslegung des Begriffs „Geschäftsbeziehung" in § 1 Außensteuergesetz (BFH-Urteil vom 29.11.2000 I R 85/99, BStBl II 2002 S. 720)
7. BMF-Schreiben vom 26.2.2004 IV B 4 – S 1300 – 12/04, BStBl I 2004 S. 270 betr. Konsequenzen der Verletzung von Mitwirkungspflichten nach § 90 Abs. 2 AO bei der Prüfung von Verrechnungspreisen einer inländischen Tochtervertriebs-

gesellschaft (Kapitalgesellschaft) bei Geschäften mit nahe stehenden Personen (§ 1 AStG) im Ausland; Anwendung des BFH-Urteils vom 17.10.2001 I R 103/00, BStBl II 2004 S. 171
8. BMF-Schreiben vom 14.5.2004 IV B 4 – S 1340 – 11/04, BStBl I 2004, Sondernummer 1, S. 3 betr. Grundsätze zur Anwendung des Außensteuergesetzes (zit.: BMF-Anw.Schr.)
9. BMF-Schreiben vom 12.4.2005 IV B 4 – S 1341 – 1/05, BStBl I 2005 S. 570 betr. Grundsätze für die Prüfung der Einkunftsabgrenzung zwischen nahestehenden Personen mit grenzüberschreitenden Geschäftsbeziehungen in Bezug auf Ermittlungs- und Mitwirkungspflichten, Berichtigungen sowie auf Verständigungs- und EU-Schiedsverfahren (Verwaltungsgrundsätze-Verfahren)
10. BMF-Schreiben vom 22.7.2005 IV B 4 – S 1341 – 4/05, BStBl I 2005 S. 818 betr. Geschäftsbeziehung zum Ausland i. S. v. § 1 Abs. 1 und 4 AStG; BFH-Urteil vom 28.4.2004 I R 5, 6/02 (BStBl II 2005 S. 516)
11. BMF-Schreiben vom 12.1.2010 IV B 5 – S 1341/07/10009, 2010/0002173, BStBl I 2010 S. 34 betr. Auslegung des Begriffs „Geschäftsbeziehung" in § 1 AStG für Veranlagungszeiträume vor 2003 (vor Inkrafttreten der Neufassung des § 1 Absatz 4 AStG i. d. F. des Artikels 11 Nummer 1 Steuervergünstigungsabbaugesetz – StVergAbG – vom 16.5.2003)
12. BMF-Schreiben vom 25.8.2009 IV B 5 – S 1341/07/10004, 2009/0421117, BStBl I 2009 S. 888, betr. Grundsätze der Verwaltung für die Prüfung der Aufteilung der Einkünfte bei Betriebsstätten, international tätiger Unternehmen (Betriebsstätten – Verwaltungsgrundsätze) – Änderung auf Grund des SEStEG
13. BMF-Schreiben vom 13.10.2010 IV B 5 – S 1341/08/10003, 2010/0598886, BStBl I 2010 S. 774 betr. Grundsätze für die Prüfung der Einkunftsabgrenzung zwischen nahe stehenden Personen in Fällen von grenzüberschreitenden Funktionsverlagerungen (Verwaltungsgrundsätze Funktionsverlagerung)
14. BMF-Schreiben vom 29.3.2011 IV B 5 – S 1341/09/10004, 2011/0203248, BStBl I 2011 S. 277 betr. Anwendung des § 1 AStG auf Fälle von Teilwertabschreibungen und anderen Wertminderungen auf Darlehen an verbundene ausländische Unternehmen
15. BMF-Schreiben vom 19.5.2014 IV B 5 – S 1341/07/10006-01, 2014/0348272, BStBl I 2014 S. 838 betr. Glossar „Verrechnungspreise"
16. BMF-Schreiben vom 4.6.2014 IV B 5 – S 1341/07/10009, 2014/0423765, BStBl I 2014 S. 834 betr. Anwendung des § 1 Absatz 4 Außensteuergesetz

A. Allgemeines

I. Rechtsentwicklung

Steuerlich orientierten Gewinnverlagerungen ins Ausland versucht die FinVerw stets entgegen zu steuern. Nach dem **Oasenerlass** vom 14.6.1965 S 1301 – 99 – 311, BStBl II 1965 S. 74, sollen die Gewinnverlagerungen steuerlich rückgängig gemacht werden, wobei jedoch die Rechtsgrundlagen für eine Gewinnkorrektur offen blieben. Die erste offizielle Konzeption einer eigenständigen Gewinnkorrekturvorschrift findet sich in den Leitsätzen der Bundesregierung vom 17.12.1970. Gesetzeskraft erhielt die neue Vorschrift in 1972, nachdem das **Gesetz zur Wahrung**

1

der steuerlichen Gleichmäßigkeit bei Auslandsbeziehungen und zur Verbesserung der steuerlichen Wettbewerbslage bei Auslandsinvestitionen vom 8.9.1972, BGBl I 1972 S. 1713, verkündet wurde.

2 § 1 AStG wurde bislang erst mehrfach geändert. Nach der Reform des allgemeinen Steuerrechts im Jahre 1976 und Schaffung der Abgabenordnung 1977 erfolgte mit dem Einführungsgesetz zur Abgabenordnung vom 14.9.1976, BGBl I 1976 S. 3341, eine rein redaktionelle Änderung in Abs. 3, da die Schätzung von Besteuerungsgrundlagen seitdem in § 162 AO geregelt ist. Mit dem Steueränderungsgesetz 1992 vom 25.2.1992, BGBl I 1992 S. 297, erfolgte eine materielle Erweiterung durch einen neu angefügten Abs. 4. Der Gesetzgeber reagierte hierbei auf eine höchstrichterliche Entscheidung (BFH-Urteil vom 5.12.1990 I R 94/88, BStBl II 1991 S. 287) und definierte erstmals die „Geschäftsbeziehung" im Sinne dieser Vorschrift. Diese Definition in Abs. 4 wurde mit dem Steuervergünstigungsabbaugesetz vom 16.5.2003, BGBl I 2003 S. 660, ergänzt. Auch diese Änderung erfolgte, nachdem der BFH mit Urteil vom 29.11.2000 I R 85/99, BStBl II 2002 S. 720, Regelungslücken beim § 1 AStG aufzeigte. Die Neufassung des § 1 Abs. 4 AStG ist ab dem VZ 2003 anzuwenden. Für Vorjahre hat das BMF mit Schreiben vom 17.10.2002 IV B 4 – S 1341 – 14/02, BStBl I 2002 S. 1025, einen Nichtanwendungserlass herausgegeben.

Von wirtschaftlich gravierender Bedeutung ist die Einführung eines neuen Absatzes 3 in § 1 durch das Unternehmenssteuerreformgesetz 2008. Im Fokus dieser komplizierten Vorschrift sind Änderungen der Gewinnverlagerung und die Ermächtigungsgrundlage zur Verordnung zur Anwendung des Fremdvergleichsgrundsatzes nach § 1 Abs. 1 AStG in Fällen grenzüberschreitender Funktionsverlagerung, die nunmehr auch erlassen wurde (Funktionsverlagerungsverordnung – FVerlV vom 12.8.2008, BGBl I 2008 S. 1680 – BStBl I 2009 S. 34, hier nach dem Text des § 1 AStG wiedergegeben, s. o.) und anschließend durch die ausführlichen Grundsätze für die Prüfung der Einkunftsabgrenzung zwischen nahestehenden Personen in Fällen von grenzüberschreitenden Funktionsverlagerungen präzisiert worden sind (BMF, Schreiben vom 13.10.2010 IV B 5 – S 1341/08/10003, 2010/059886, BStBl I 2010 S. 774). Im Vergleich zum offiziellen Entwurf vom 17.7.2009 (IV B 5 www.bundesfinanzministerium.de; siehe hierzu *Enders/Oestereicher,* DStR 2009, Beihefter zu Heft 20 S. 1 ff.; *Kaminski/Strunk,* RIW 2009 S. 706 ff.; *Looks/ Freudenberg,* BB 2009 S. 2514 ff.; *Crüger/Heggmair/Boehlke,* IStR 2010 S. 86 ff.; ferner die IDW-Stellungnahmen zum Entwurf eines BMF-Schreibens zu den Verwaltungsgrundsätzen Funktionsverlagerung, Ubg 2009 S. 668 ff. und ergänzend S. 731 f.; siehe auch *Baumhoff,* Stbg 2011, Heft 4, M 1) wurden Änderungen in den Formulierungen vorgenommen. Es wurde auch die zwischenzeitlich durch gesetzliche Änderung vom 26.3.2010 sog. Escape-Klausel des § 1 Abs. 3 Satz 10 in die Verwaltungsgrundsätze aufgenommen und erläutert sowie das neue OECD-Kapitel IX der OECD-Verrechnungspreisleitlinien vom 22.7.2010 berücksichtigt. Wie der Entwurf vom 17.7.2009 sind die endgültigen Verwaltungsgrundsätze in vier Kapitel gegliedert, und zwar

– Allgemeines zur Erläuterung des Regelungsziels und des Verhältnisses des § 1 AStG zu anderen innerstaatlichen Vorschriften und DBA-Vorschriften, die Art. 9 OECD-MA entsprechen (hierzu *Freudenberg/Ludwig,* BB 2011 S. 215 ff.)

– Erläuterungen zu § 1 Abs. 3 Satz 9–12 und FVerlV

– ergänzende Hinweise und Einzelfragen sowie
– besondere Aspekte bestimmter Funktionsverlagerungen
(ausführliche Kommentierungen zum o. g. Erlass finden sich bei *Kroppen/Rasch*, IWB 2011 S. 84 ff.; *Blum/Lange*, GmbHR 2011 S. 65 ff.; *Nestler/Schaflitzl*, BB 2011 S. 235 ff.).

Ein weiterer Quantensprung hinsichtlich des extensiven Anwendungsbereichs des § 1 AStG kam durch die Gesetzesnovelle im Rahmen des Amtshilferichtlinie-Umsetzungsgesetzes vom 26.6.2013 (BGBl I 2013 S. 1809), wonach in den neu eingefügten § 1 Abs. 5 und 6 AStG klargestellt wird, dass die grundsätzliche Berichtigung von Einkünften nicht nur zwischen verbundenen Unternehmen, sondern auch im Verhältnis von deutschen Muttergesellschaften zu ausländischen Betriebsstätten analoge Anwendung finden. Die spezifischen Besonderheiten der Gewinnabgrenzung zwischen inländischem Stammhaus versus ausländischer Betriebsstätte wird aufgrund einer Verordnungsermächtigung nach § 1 Abs. 6 AStG näher spezifiziert. Die entsprechende Rechtsverordnung (Betriebsstättengewinnaufteilungsverordnung – BsGaV – vom 13.10.2014, BGBl I 2014 S. 1603) ist am 18.10.2014 in Kraft getreten (§ 41 BsGaV) und ist für Wirtschaftsjahre anzuwenden, die nach dem 31.12.2014 beginnen (§ 40 BsGaV).

Eine erweiterte Formulierung der gesetzlichen Definiton einer grenzüberschreitenden Geschäftsbeziehung erfolgt durch die Änderung des § 1 Abs. 4 AStG. Die Änderung des § 1 Abs. 4 AStG ist erstmals für den VZ 2015 anzuwenden (§ 21 Abs. 22 AStG n. F.).

Durch das Gesetz zur Anpassung der Abgabenordnung an den Zollkodex der Union und zur Änderung weiterer steuerlicher Vorschriften vom 22.12.2014 (BGBl I 2014 S. 2417) wurde der Begriff der Geschäftsbeziehung nach § 1 Abs. 4 AStG eingehend neu definiert. Die Neufassung tritt ab dem VZ 2015 in Kraft (vgl. § 21 Abs. 22 AStG n. F.).

Gegen die Gewinnberichtigung nach § 1 AStG werden schon seit geraumer Zeit **2a** **europarechtliche Bedenken** erhoben. Dies betrifft beispielsweise die steuerliche Korrektur von grenzüberschreitenden Leistungsbeziehungen zwischen einer PersGes und ihrem Gesellschafter (vgl. *Dautzenberg/Gocksch*, BB 2000 S. 904) und die unentgeltliche Darlehensgewährung einer deutschen Muttergesellschaft an ihre ausländische Tochtergesellschaft (vgl. *Köplin/Sedemund*, IStR 2000 S. 305). Der BFH hat in seinem Beschluss vom 21.6.2001 I B 141/00, BFH/NV 2001 S. 1169, DStR 2001 S. 1290, erstmals gemeinschaftsrechtliche Bedenken gegen § 1 AStG geäußert. Es bestehen ernstliche Zweifel an der Vereinbarkeit dieser Vorschrift mit der Niederlassungsfreiheit gem. Art. 43 EGV und der Freiheit des Kapitalverkehrs gem. Art. 56 EGV. Da es sich jedoch um einen Aussetzungsbeschluss handelt, bestand keine Verpflichtung nach § 234 Satz 3 EGV, diese Rechtsfrage dem EuGH vorzulegen. Allerdings sind Parallelen im EuGH-Urteil vom 21.11.2002 in der Rs. C-436/00, X,Y / Riksskatteverket, DStRE 2003 S. 400, zu erkennen, die die Bedenken des BFH bestätigen.

Die Zweifel an der Rechtmäßigkeit von § 1 AStG begründet der BFH auf Grundlage der Niederlassungsfreiheit sowie der Freiheit des Kapitalverkehrs und den daraus hergeleiteten Diskriminierungsverboten. § 1 Abs. 1 AStG führe zu einer Ungleichbehandlung von Unterpeislieferungen im Inland und solchen mit dem EU-Ausland. Denn während § 1 Abs. 1 AStG im Auslandsfall eine Gewinnkorrektur auf Grundlage des Fremdvergleichspreises anordnet, inklusive Gewinnaufschlag, erfolge in vergleichbaren Inlandsfällen die Korrektur auf Grundlage der Entnahmeregelungen nach § 4 Abs. 1 EStG, also ohne Gewinnaufschlag. Diese Schlechterstellung der Sachverhalte mit (EU-)Auslandsbezug gegenüber reinen Inlandssachverhalten sei als Eingriff in die Grundfreiheiten des EG-Vertrags zu werten. Der BFH lehnt auch die Rechtfertigung eines Verstoßes gegen das Europarecht auf Grundlage der Kohärenz des nationalen Steuersystems ab, d. h., dass sich im Inlandsfall eine fehlende Einkommenserhöhung des liefernden Unternehmens durch Zusammenbetrachtung mit dem empfangenden Unternehmen wieder ausgleichen würde und zudem nationale Steuergefälle nur im grenzüberschreitenden Fall ausnutzbar seien.

Jedoch hat der Europäische Gerichtshof entschieden, dass Eingriffe in die Grundfreiheiten in Form von Gewinnkorrekturvorschriften, die nur bei Geschäftsbeziehungen zu verbundenen Unternehmen im Ausland zu einer Gewinnkorrektur führen, grundsätzlich gerechtfertigt sein können (EuGH, Urteil vom 21.1.2010 Rs. C-311/08 „SGI", BFH/NV 2010 S. 571, IStR 2010 S. 144; hierzu *Greinert/Weigert*, Vorliegen wirtschaftlicher Gründe als unionsrechtliche Rechtfertigung für ein Abweichen vom Fremdvergleichsgrundsatz, DB 2013 S. 2524 ff.).

Auch im Schrifttum wird die BFH-Sichtweise weitestgehend geteilt und den betroffenen Steuerpflichtigen verfahrensrechtlich geraten, entsprechende Bescheide derzeit offenzuhalten (vgl. *Eigelshoven*, IWB (2001) F. 3 Gr. 1 S. 1761; *Köplin/Sedemund*, IStR 2002 S. 120; *Kroppen/Rehfeld*, IWB (2002) F. 11a S. 617; *Endres/Oestreicher*, IStR 2003 Beihefter zu Heft 15/2003); *Carlé*, KÖSDI 2003 S. 13583; zuletzt *Kaminski*, StuW 2008 S. 337 ff. und *Glahe*, IStR 2010 S. 870 ff.; ausführlich *Kraft*, AStG, § 1 Rz. 50–57; zu den möglichen spezifischen Auswirkungen des Urteils des EuGH in der Rechtssache „SGI" siehe *Englisch*, IStR 2010 S. 139 ff.; *Becker/Sydow*, IStR 2010 S. 195 ff.; *von Brocke/Hackemann*, DB 2010 Heft 8 S. M 18; *Andresen*, IStR 2010 S. 289 ff.; *Scheipers/Linn*, IStR 2010 S. 469 ff.); zu aktuellen Entwicklungen im Verhältnis von § 1 AStG und EU-Recht anhand von Fallbeispielen instruktiv *Schönfeld*, IStR 2011 S. 219 ff.

Hingegen vertritt die Finanzverwaltung immer noch die überholte Auffassung, dass § 1 AStG im Ergebnis EU-konform ist, soweit er über die allgemeinen auch inländischen Verhältnisse behandelnden Abgrenzungsregelungen (z. B. verdeckte Gewinnausschüttungen, verdeckte Einlagen) hinausgeht und damit zwischengemeinschaftliche Beziehungen stärker als rein nationale Beziehungen belastet (so *Menck*, in Blümich, EStG, § 1 AStG Rdn. 27 – sehr zweifelhaft).

Jedoch haben Vertreter der Finanzverwaltung klargestellt, dass sie die Regelungen des § 1 AStG für keine unzulässige Beschränkung der Niederlassungsfreiheit halten. Zur Wahrung einer international ausgewogenen Aufteilung der Besteuerungsrechte ist die Regelung zumindest gerechtfertigt, da angeblich kein anderes international abgestimmtes, milderes Mittel zur Erreichung des angestrebten Ziels zur Verfügung steht (so *Naumann/Sydow/Becker/Mitschke*, IStR 2009 S. 665 ff.; siehe auch *Vogel/Cortez*, RIW 2011 S. 532, 533 ff.).

II. Steuerpolitische Zielsetzung

3 Die Leitsätze der Bundesregierung vom 17.12.1970 beschränken sich auf Gewinne international verflochtener Unternehmen. Die Intention war, die Einkünfte von

inländischen Unternehmen aus Geschäften mit ihnen wirtschaftlich nahe stehenden Steuerausländern so zu berichtigen, wie wenn sie zwischen Unabhängigen bei Vereinbarung der üblichen Bedingungen erzielt worden wären. Im Laufe des Gesetzgebungsverfahrens erfolgte eine Erweiterung des Anwendungsbereichs dahingehend, dass die Vorschrift nicht nur bei international verflochtenen Unternehmen, sondern auch bei Vereinbarungen zwischen Verwandten greift, wenn die Vereinbarung zu einer Minderung von steuerpflichtigen Einkünften im Inland führt.

Der Gesetzgeber beabsichtigte, mit § 1 AStG einen „**umfassenden Rechtsmaßstab für eine Regulierung des Gesamtbereichs der internationalen Gewinnverschiebungen**" (Tz. 17 der Begründung des Regierungsentwurfs, BT-Drucks. VI/2883 vom 2.12.1971) zu schaffen. Hintergrund ist, dass in international tätigen Konzernen u. ä. Unternehmensverbindungen die internen Beziehungen vielfach frei von Interessengegensätzen und Marktverhältnissen festgelegt werden können. So werden die Preise, zu denen rechtlich selbständige Unternehmenseinheiten ihren internen Lieferungs- und Leistungsverkehr verrechnen, nach besonderen betriebswirtschaftlichen und einzelfallbezogenen Gesichtspunkten bestimmt, was die Einkunftsverhältnisse in der Unternehmensgesamtheit hochgradig gestaltbar macht. Bei einem international operierenden Konzern u. Ä. wirkt sich dies auf die Verteilung des von ihm erwirtschafteten Steuersubstrats auf die beteiligten Staaten aus. Der international anerkannte Grundsatz des Fremdvergleichs (des Dealing-at-arm's-length) sucht demgegenüber eine an den Verhältnissen des freien Marktes orientierte objektive Verteilung dieses Substrats. Die selbständige Verankerung des Fremdvergleichs-Grundsatzes im nationalen Recht sollte 4

– deutsches Steuersubstrat in Fällen sichern, in denen die anderen Abgrenzungsregelungen versagen,
– eine Handhabe gegen steueroptimierende Nutzung von Steuergefällen und anderen Gestaltungsmöglichkeiten im internationalen Steuerraum bereitstellen,
– allgemein die Behandlung internationaler Sachverhalte nach deutschem nationalem Recht an internationales Recht heranführen (Tz. 17 des RegE BT/Drucks. VI 2883 vom 2.12.1971).

Dieser sei notwendig, um Wettbewerbsverzerrungen auf dem deutschen Markt entgegenzuwirken. Tendenziell würden international verbundene Unternehmen dazu neigen, z. B. bei Lieferungen ins Ausland konzernintern ein zu niedriges Entgelt und bei Lieferungen ins Inland ein zu hohes Entgelt zu vereinbaren, um damit Gewinne aus der deutschen Besteuerung ins Ausland zu verlagern. Entsprechend könnten auch im nicht unternehmerischen Bereich Privatpersonen einkommensmindernde Absprachen mit deren nahe stehenden Verwandten treffen.

Als Maßstab für die Gewinnberichtigung dient der **Fremdvergleich**, d. h., es sind die Bedingungen zugrunde zu legen, die zwischen fremden und wirtschaftlich unabhängigen Unternehmen bzw. Personen vereinbart worden wären. Dieser Fremdvergleichsgrundsatz (**dealing at arm‚s length**) ist international anerkannt und findet sich auch in bilateralen Verträgen (vgl. die dem Art. 9 Abs. 1 OECD-Musterabkommen nachgebildeten Bestimmungen in den Doppelbesteuerungsabkommen). Mit dem OECD-Bericht „Verrechnungspreise und multinationale Unternehmen" von 1979 (ergänzt durch den OECD-Bericht von 1984 und revidiert durch die OECD-Leitlinien von 1995) hat der Fiskalausschuss der OECD den Mitgliedstaaten diesen als Orientierungsmaßstab für die Prüfung von Verrechnungspreisen zwi- 5 schen verbundenen Unternehmen detailliert vorgestellt. Während einige Staaten diesen Vorschlag unverändert übernommen haben (vgl. *Becker* in *Becker/Kroppen*, OECD-Verrechnungspreisgrundsätze, Vorbemerkungen Rz. 8), ging er der deutschen FinVerw nicht weit genug. Daraufhin wurden 1983 eigene „Grundsätze für die Prüfung der Einkunftsabgrenzung bei international verbundenen Unternehmen (Verwaltungsgrundsätze)", BMF-Schreiben vom 23.2.1983 IV C 5 – S 1341 – 4/83, BStBl I 1983 S. 218, aufgestellt. In diesen hat § 1 AStG jedoch nur eine eingeschränkte Bedeutung, da diese Vorschrift nur ergänzend neben den anderen einschlägigen Gewinnberichtigungsvorschriften anzuwenden ist.

Die obig genannten Grundsätze des Fremdvergleiches gelten seit der Novelle des § 1 Abs. 1 AStG durch die Einfügung eines neuen Abs. 5 und 6 AStG nunmehr auch im Verhältnis zwischen inländischem Stammhaus und ausländischer Betriebsstätte (Amtshilferichtline-Umsetzungsgesetz vom 26.6.2013, BGBl I 2013 S. 1809). Absatz 5 gilt für Wirtschaftsjahre, die nach dem 31.12.2012 beginnen (§ 21 Abs. 2 Satz 3 AStG). § 1 Abs. 6 AStG gilt erstmals für den Veranlagungszeitraum 2013 und die korrespondierende Rechtsverordnung (Betriebsstättengewinnaufteilungsverordnung – BsGaV – vom 13.10.2014, BGBl I 2014 S. 1603) für Wirtschaftsjahre, die nach dem 31.12.2014 beginnen (§ 40 BsGaV).

III. Verhältnis zu anderen Gewinnberichtigungsvorschriften

6 Rechtsvorschriften für die Berichtigung von Einkünften bei internationalen Verflechtungen finden sich sowohl im nationalen Steuerrecht als auch in bilateralen und multilateralen Verträgen. Als nationale Berichtigungsgrundlage sind die **verdeckte Gewinnausschüttung**, die **verdeckte Einlage** und die Korrektur nach § 1 AStG zu nennen. Bilaterale Gewinnberichtigungsvorschriften finden sich in den Doppelbesteuerungsabkommen, sofern diese eine dem **Art. 9 OECD-Musterabkommen** nachgebildete Vorschrift enthalten. Ferner findet sich in **Art. 4 der EU-Schiedsverfahrenkonvention** vom 23.7.1990 (Richtlinie 90/436/EWG, ABl. EG vom 20.8.1990 Nr. L 225 S. 10) eine multilaterale Gewinnberichtigungsvorschrift.

7 Die **bilateralen und multilateralen Gewinnberichtigungsvorschriften** begründen oder erweitern unmittelbar keine Steuerpflicht im Inland. Vielmehr sollen sie in ausgewählten Fällen die Grenzen einer Gewinnberichtigung und ggf. die Möglichkeit einer Gegenberichtigung festlegen. Die FinVerw geht von einem international anerkannten Fremdvergleich aus (vgl. Tz. 1.2.1. der Verwaltungsgrundsätze, BMF-Schreiben vom 23.2.1983 IV C 5 – S 1341 – 4/83, BStBl I 1983 S. 218; siehe auch *Wassermeyer*, in F/W/B, § 1 Rdn. 98–101). Zum Stand der Diskussion in der OECD betr. Verrechnungspreise bei der Restrukturierung internationale Unternehmensgruppen im Vergleich zu § 1 Abs. 3 AStG siehe *Baumhoff/Puls*, IStR 2009 S. 73; *Werra*, IStR 2009 S. 81; *Förster*, IStR 2009 S. 720ff.; *ders.*, IStR 2011 S. 20ff.). Dies hätte zur Folge, dass Art. 9 Abs. 1 OECD-Musterabkommen als reine Erlaubnisnorm anzusehen wäre. Entsprechendes gilt für Art. 4 der EU-Schiedsverfahrenkonvention, die dem Art. 9 Abs. 1 OECD-Musterabkommen nachgebildet ist, jedoch darüber hinaus auch bei der Betriebsstättengewinnermittlung greift. Es ist allerdings zu berücksichtigen, dass international zwar der Grundsatz des Fremdvergleichs anerkannt ist, jedoch sehr unterschiedliche Methoden der Verrechnungspreisermittlung Anwendung finden, wobei diese stets weiterentwickelt werden. Von einem international einheitlichen Fremdvergleich kann somit

bei näherer Prüfung nicht ausgegangen werden. Sowohl Art. 9 Abs. 1 OECD-Musterabkommen als auch Art. 4 EU-Schiedsverfahrenkonvention verbieten Gewinnberichtigungen, die nicht dem Fremdvergleich der beiden beteiligten Staaten entsprechen. Zur Konfliktbewältigung sehen die Doppelbesteuerungsabkommen regelmäßig ein Verständigungsverfahren und die EU-Schiedsverfahrenkonvention ein Schiedsverfahren vor (siehe hierzu BMF-Schreiben vom 12.4.2005 – IV B 4 – S 1341 – 1/05, BStBl I 2005 S. 570 betr. Grundsätze für die Prüfung der Einkunftsabgrenzung zwischen nahestehenden Personen mit grenzüberschreitenden Geschäftsbeziehungen in Bezug auf Ermittlungs- und Mitwirkungspflichten, Berichtigungen sowie auf Verständigungs- und EU-Schiedsverfahren [Verwaltungsgrundsätze-Verfahren]).

Soweit der Regelungsbereich des Art. 9 Abs. 1 OECD-Musterabkommen bzw. des Art. 4 EU-Schiedsverfahrenkonvention verlassen wird, existieren keine Beschränkungen für Gewinnberichtigungen bei internationalen Verflechtungen. Die nationalen Rechtsnormen finden hier uneingeschränkt Anwendung (hierzu ausführlich Tz. 8–13 des BMF-Schreibens vom 13.10.2010 IV B 5 S – S 1341/08/10003, 2010/0598886, BStBl I 2010 S. 774; siehe auch *Klapdor*, StuW 2008 S. 83, 85). **8**

Das Konkurrenzverhältnis des § 1 AStG zu den anderen Abgrenzungsregelungen des nationalen deutschen Steuerrechts (verdeckte Gewinnausschüttung, verdeckte Einlage, Entnahme) ist noch darzulegen. Ganz mehrheitlich hat sich die **Subsidiaritätstheorie** durchgesetzt, wonach die vorgenannten nationalen Institute (vGA, verdeckte Einlage, Entnahme) vorrangig sind (hierzu *Wassermeyer*, in F/W/B, AStG, § 1 Rdn. 86 – 96 m. w. N.; *ders.*, IStR 2001 S. 633). Demgegenüber sieht die absolute Mindermeinung in Form der **Spezialitätstheorie** den § 1 AStG als grundlegende Rechtsnorm für die Gewinnberichtigung bei internationalen verbundenen Unternehmen an, hinter die die anderen Bestimmungen zurückzutreten haben (*Jacobs*, Internationale Unternehmensbesteuerung, 6. Aufl. [2007], S. 683 ff. [insbes. S. 688]). **9**

Im Hinblick auf eine Gesetzesänderung in § 1 Abs. 1 Satz 3 AStG durch das Unternehmensteuerreformgesetz 2008 wird ausdrücklich klargestellt, dass Berichtigungen nach Satz 1 andere Regelungen (vor allem verdeckte Gewinnausschüttung, verdeckte Einlage, Entnahme, Einlage), die unverändert grundsätzlich Vorrang haben, ergänzen, soweit die Rechtswirkungen des Abs. 1 über die Rechtswirkungen der anderen Vorschriften hinausgehen (BT-Drucks. 16/4841 vom 27.3.2007, S. 85 amtl. Begr.; Tz. 8 des BMF-Schreibens vom 13.10.2010 IV B 5 – S 1341/08/10003, 2010/0598886, BStBl I 2010 S. 774; siehe hierzu *Pohl*, in Blümich, EStG, § 1 AStG Rdn. 17/18; *Kraft*, AStG, § 1 Rz. 20; *Hofacker*, in Haase, AStG, § 1 Rz. 17; vgl. auch die Ausführungen in Rz. 13a). Lediglich eine mehrfache Erfassung des gleichen Betrages kommt nicht in Betracht (*Kraft*, AStG § 1 Rz. 20).

Das Verhältnis von § 1 AStG zu den nationalen Rechtsnormen ist derzeit unstrittig. Sowohl die Verwaltungsgrundsätze als auch die h. M. geht davon aus, dass die Rechtsinstitute der verdeckten Gewinnausschüttung und der verdeckten Einlage stets einer Korrektur nach § 1 AStG vorgehen. Wassermeyer, IStR 2001 S. 633, geht davon aus, dass Verrechnungspreiskorrekturen zu ca. 90 % durch eine verdeckte Gewinnausschüttung bzw. Entnahme, ca. 7 % durch eine verdeckte Einlage bzw. Einlage und nur zu ca. 3 % durch § 1 AStG erfolgen.

Die Anwendungsfälle des § 1 Abs. 1 AStG lassen sich im Wesentlichen nach der folgenden Graphik darstellen (zitiert nach *Goebel/Küntscher*, Ubg 2009 S. 235, 237):

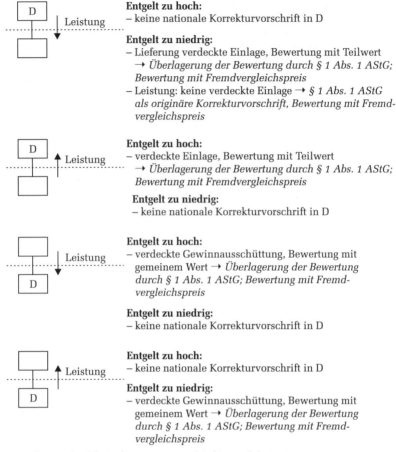

Zu den Rechtsfolgen des § 1 AStG siehe die Ausführungen in Anm. 46, 47.

10 Die Grundsätze der verdeckten Gewinnausschüttung und der verdeckten Einlage gelten uneingeschränkt auch bei grenzüberschreitenden Sachverhalten. Eine **verdeckte Gewinnausschüttung** ist eine Vermögensminderung oder verhinderte Vermögensmehrung, die durch das Gesellschaftsverhältnis veranlasst ist, sich auf die Höhe des Einkommens auswirkt und nicht auf einem den gesellschaftsrechtlichen Vorschriften entsprechenden Gewinnverteilungsbeschluss beruht (vgl. R 36 Abs. 1 KStR 2004; BFH-Urteil vom 22.2.1989 I R 44/85, BStBl II 1989 S. 475; BFH-Urteil vom 11.10.1989 I R 12/87, BStBl II 1990 S. 89; siehe auch *IDW*, Ubg 2012 S. 277). Das Rechtsinstitut der verdeckten Gewinnausschüttung setzt somit grundsätzlich ein Gesellschaftsverhältnis voraus und greift nur dann, wenn mindestens eine Körperschaft beteiligt ist.

Beispiele:
(1) Die inländische Tochtergesellschaft iT liefert Waren an ihre ausländische Muttergesellschaft aM zu einem unangemessen niedrigen Preis.
(2) Die ausländische Muttergesellschaft aM erbringt Dienstleistungen an ihre inländische Tochtergesellschaft iT zu einem unangemessen hohen Preis.
(3) Die ausländische KapGes aT gewährt ihrem inländischen Gesellschafter iG ein zinsloses oder zinsgünstiges Darlehen.
(4) Der inländische Gesellschafter iG vermietet Gegenstände an seine ausländische KapGes aT zu einem unangemessen hohen Preis.
(5) Die inländische KapGes iT verzichtet auf ihr zustehende Rechte zugunsten ihres ausländischen Gesellschafters aG.

Auch bei **mittelbaren Vorteilen** für den Gesellschafter liegt eine verdeckte Gewinnausschüttung vor, wenn die Vorteilsgewährung unmittelbar an eine dem Gesellschafter nahe stehende Person erfolgt (vgl. BMF-Schreiben vom 20.5.1999 IV C 6 – S 2252 – 8/99, BStBl I 1999 S. 514; R 36 Abs. 1 KStR 2004). Zwischen dem Gesellschafter und der ihm nahe stehenden Person können schuldrechtliche, gesellschaftsrechtliche oder persönliche Beziehungen bestehen. Des Weiteren ist unerheblich, ob die nahe stehende Person eine natürliche oder juristische Person ist. Damit ist die verdeckte Gewinnausschüttung umfassend geregelt und für die Anwendung von § 1 AStG verbleibt in diesen Fällen kein Raum. **11**

Verdeckte Einlagen sind Zuwendungen eines Gesellschafters an seine KapGes, wenn die Zuwendung in einem einlagefähigen Vermögensvorteil besteht und durch das Gesellschaftsverhältnis veranlasst ist (vgl. R 40 Abs. 1 KStR 2004; BFH-Urteil vom 28.1.1981 I R 10/77, BStBl II 1981 S. 612; BFH-Urteil vom 19.5.1982 I R 102/79, BStBl II 1982 S. 631; siehe auch *IDW*, Ubg 2012 S. 277). Auch Zuwendungen von nahe stehenden Personen können zu verdeckten Einlagen führen. Die verdeckte Einlage kann nicht als Spiegelbild zur verdeckten Gewinnausschüttung verstanden werden, da bei der verdeckten Einlage ein einlagefähiger Vermögensvorteil, d. h. eine Erhöhung von Aktiva bzw. eine Verminderung von Passiva, gefordert wird. **12**

Beispiele:
(1) Die inländische Muttergesellschaft iM liefert Waren an ihre ausländische Tochtergesellschaft aT zu einem unangemessen niedrigen Preis.
(2) Die ausländische Tochtergesellschaft aT liefert Waren an ihre inländische Muttergesellschaft iM zu einem unangemessen hohen Preis.
(3) Der ausländische Gesellschafter aG erbringt Dienstleistungen an seine inländische KapGes iT und verzichtet nachträglich auf Zahlung des vereinbarten Leistungsentgelts.
(4) Der inländische Gesellschafter iG gewährt seiner ausländischen KapGes aT ein verzinsliches Darlehen und verzichtet nachträglich auf Zahlung der Darlehenszinsen.

Die unentgeltliche oder verbilligte Überlassung von Wirtschaftsgütern durch den Gesellschafter an seine KapGes führt hingegen nicht zu einer verdeckten Einlage, da dieser kein einlagefähiger Vermögensvorteil zugewendet wird. Entsprechend **13** stellt die unentgeltliche oder verbilligte Erbringung von Dienstleistungen und die Gewährung von unverzinslichen oder zinsgünstigen Darlehen keine verdeckte Einlage dar. In diesen Fällen könnte § 1 AStG zur Anwendung kommen.

13a Ferner können sich durch die unterschiedlichen Bewertungsmaßstäbe der oben genannten Korrekturnormen in Einzelfällen weitere Anwendungsfälle für § 1 AStG ergeben. Die verdeckte Gewinnausschüttung stellt auf den gemeinen Wert, die verdeckte Einlage auf den Teilwert und die Korrektur nach § 1 AStG auf den Fremdvergleichspreis ab. Der gemeine Wert bestimmt sich nach § 9 Abs. 2 BewG nach dem Preis, „der im gewöhnlichen Geschäftsverkehr nach der Beschaffenheit des Wirtschaftsgutes bei einer Veräußerung zu erzielen wäre." Hingegen ist der Teilwert gemäß § 10 BewG „der Betrag, den ein Erwerber des ganzen Unternehmens im Rahmen des Gesamtkaufpreises für das einzelne Wirtschaftsgut ansetzen würde." Der Fremdvergleichspreis (vgl. Anm. 51 ff.) kann von diesen Wertansätzen abweichen. Dies wurde jüngst vom FG Münster in seinem Beschluss vom 31.8.2000 8 V 4639/00 E, EFG 2000 S. 1389, und in der Folgeinstanz mit BFH-Beschluss vom 21.6.2001 I B 141/00, BFH/NV 2001 S. 1169, DStR 2001 S. 1290, angedeutet, jedoch nicht abschließend entschieden. In dem zugrunde liegenden Streitfall lieferte der Steuerpflichtige Waren an seine ausländischen Betriebe zum jeweiligen Einkaufspreis zuzüglich einem geringen Aufschlag, d. h., die Teilwerte wurden überschritten und verdeckte Einlagen bzw. Entnahmen lagen nicht vor. Die Außenprüfung korrigierte die erklärten Gewinne nach § 1 AStG, da der Fremdvergleichspreis hier einen angemessenen Gewinnaufschlag erfordert. Zwar hat der BFH in dem Aussetzungsbeschluss nicht über die Anwendung von § 1 AStG entschieden, bestätigte jedoch die in der Literatur seit Jahren geäußerte Kritik zur Vereinbarkeit der Korrekturvorschrift mit dem Europarecht (vgl. hierzu auch Anm. 2a; *Borstell/Brüninghaus/Dworaczek*, IStR 2001 S. 757).

Die Neufassung des § 1 Abs. 1 AStG durch das Unternehmenssteuerreformgesetz 2008 vom 14.8.2007 hat eine klärende Regelung dergestalt getroffen, nach der die **Rechtsfolgenseite** sich sowohl nach § 1 AStG wie nach einer anderen eingreifenden Abgrenzungsbestimmung richten. Nach § 1 Abs. 1 Satz 3 AStG sind neben den Rechtsfolgen des § 1 AStG die Rechtsfolgen anderer Bestimmungen durchzuführen, soweit diese „weitergehend" sind. Das Gesetz setzt dabei die seit je unbestrittene Regel voraus, dass sich deckende Rechtsfolgen der Abgrenzungsbestimmungen nur einmal zu ziehen sind; insoweit sind die Abgrenzungsregeln (§ 1 AStG, verdeckte Gewinnausschüttung, verdeckte Einlagen, Entnahme) so anzuwenden, als **liege ein einziger, dem Fremdvergleichsgrundsatz entsprechender Konkurrenztatbestand** vor (BMF-Schreiben vom 23.2.1983 IV C 5 – S 1341 – 4/83, BStBl I 1983 S. 218. Damit liegt **Idealkonkurrenz** vor, bei der ein Sachverhalt unter mehrere Bestimmungen fällt, die Rechtsfolge aber nur einmal eintritt (siehe *Pohl*, in Blümich, EStG, § 1 AStG Rdn. 18 unter Hinweis auf Tz. 5.1–5.5 des BMF-Schreibens vom 12.4.2005 IV B 4 – S 1341 – 1/05, BStBl I 2005 S. 570) so auch Tz. 8 des BMF-Schreibens vom 13.10.2010 IV B 5 – S 1341/08/10003, 2010/0598886, BStBl I 2010 S. 774; ebenso *Hofacker*, in Haase, AStG, § 1 Rz. 23; siehe auch *Reckziegel/Grottke*, Steuer und Studium 2009 S. 268, 271 ff.; *Cortez/Schmidt*, Steuer und Studium 2013 S. 715, 719).

13b Mit Urteil vom 19.3.2002 I R 4/01, BStBl II 2002 S. 644 hatte der BFH erstmals zur Konkurrenz zwischen § 1 AStG und der Hinzurechnungsbesteuerung nach §§ 7 ff. AStG zu befinden. Bei dieser auch im Schrifttum kontrovers diskutierten Frage geht es im Wesentlichen darum, ob § 1 AStG bereits bei der Einkünfteermittlung oder aber erst im Anschluss an die Einkünfteermittlung ansetzt. Der vom BFH zu beurteilende Fall betraf eine niedrig verzinsliche Darlehensvergabe an eine ausländische Enkelgesellschaft, die gleichzeitig Zwischengesellschaft i. S. von § 8 AStG war. Der BFH entschied, dass zunächst die Einkünfte des deutschen Gesellschafters nach § 1 AStG um die Differenz des vereinbarten Zinses zum marktüblichen Zins zu erhöhen ist. Anschließend können die Zwischeneinkünfte im Billigkeitswege durch eine gleich hohe Gegenberichtigung vermindert werden. Insoweit entschied der BFH, dass § 1 AStG der Hinzurechnungsbesteuerung nach §§ 7ff. AStG vorrangig anzuwenden ist (hierzu eingehend *Wassermeyer*, in F/W/B, AStG § 1 Rdn. 185–190). *Hofacker*, in Haase, AStG, § 1 Rz. 39–42; siehe auch *Kraft*, AStG § 1 Rz. 40 mit einer differenzierenden Betrachtungsweise).

IV. Übersicht über den Aufbau und den wesentlichen Inhalt der Vorschrift

§ 1 AStG ist die einzige Vorschrift des ersten Teils des AStG und steht somit selbständig neben den nachfolgenden Bestimmungen des AStG. **14**

Abs. 1 enthält als zentrale Bestimmung die eigentliche Einkünfteberichtigungsvorschrift. Die Vorschrift gilt ausschließlich für **Geschäftsbeziehungen zum Ausland**, soweit diese zwischen einem **Steuerpflichtigen** und einer ihm **nahe stehenden Person** bestehen. Ferner wurde in Abs. 1 der Fremdvergleichsgrundsatz verankert, der auf die **Vereinbarungen von unabhängigen Dritten** unter gleichen oder ähnlichen Verhältnissen abstellt. Schließlich enthält Abs. 1 auch die Rechtsfolge, d. h. die **Korrektur der geminderten Einkünfte** im Sinne einer Erhöhung der steuerlichen Bemessungsgrundlage. **15**

§ 1 Abs. 1 Satz 2 AStG ist neu gefasst bzw. wie folgt präzisiert worden. Danach ist Steuerpflichtiger im Sinne dieser Vorschrift auch eine Personengesellschaft oder eine Mitunternehmerschaft; eine Personengesellschaft oder Mitunternehmerschaft ist selbst nahestehende Person, wenn sie die Voraussetzungen des Absatzes 2 erfüllt (Amtshilferichtlinie-Umsetzungsgesetz vom 26.6.2013, BGBl I 2013 S. 1809; zum abgestuften Anwendungsbereich siehe § 21 Abs. 20 Satz 1 und 2 AStG).

Abs. 2 definiert die **nahe stehende Person**, die in der Tatbestandsvoraussetzung des § 1 Abs. 1 AStG genannt wird. **Abs. 2 Nr. 1** stellt dabei auf eine wesentliche, d. h. mindestens 25 %ige Beteiligung oder auf einen beherrschenden Einfluss ab. Unerheblich ist dabei, welcher der Beteiligten (Steuerpflichtiger oder nahe stehende Person) an wem beteiligt ist oder wer den beherrschenden Einfluss ausüben kann. Dabei ist die unmittelbare Beteiligung bzw. der unmittelbare beherrschende Einfluss einer mittelbaren Beteiligung bzw. einem mittelbaren beherrschenden Einfluss gleichgestellt. **Abs. 2 Nr. 2** erweitert den Anwendungsbereich, wenn eine dritte Person am Steuerpflichtigen und an der diesem nahe stehenden Person wesentlich beteiligt ist oder auf beide einen beherrschenden Einfluss ausüben kann. Nach **Abs. 2 Nr. 3** genügen bereits besondere Einflussmöglichkeiten (z. B. aufgrund von persönlichen oder verwandtschaftlichen Beziehungen) oder Interessenidentität für die Annahme einer nahe stehenden Person. Auf gesellschaftsrechtliche Bindungen kommt es hierbei nicht an. **16**

17   Abs. 3 enthält eine eigenständige Regelung über die Gewinnverlagerung. Die Vorschrift enthält eine Ermächtigungsgrundlage zum Erlass einer entsprechenden Funktionsverlagerungsverordnung, die am 12.8.2008 (BGBl I 2008 1680 – BStBl I 2009 S. 34, hier nach dem Text des § 1 AStG wiedergegeben, s. o.) erlassen wurde und die auch voraussichtlich zur Jahreswende 2009/2010 durch eine ausführliche Verwaltungsanweisung weiter präzisiert werden soll. Dies ist mit BMF-Schreiben vom 13.10.2010 IV B 5 – S 1341/08/10003, 2010/059886 (BStBl I 2010 S. 774) geschehen; hierzu *Kroppen/Rasch,* IWB 2011 S. 84 ff.; *Blum/Lang,* GmbHR 2011, S. 65 ff., *Nestler/Schaflitzl,* BB 2011, S. 235 ff. Die Vorschrift bedeutet einen schwerwiegenden Eingriff in Restrukturierungspläne grenzüberschreitender Aktivitäten von verbundenen Unternehmen und birgt die erhöhte Gefahr in sich, dass es zu abkommenswidrigen Doppelbesteuerungen kommt.

Abs. 4 enthält einen **ergänzenden Schätzungsmaßstab**, sofern zur Einkünfteberichtigung eine Schätzung nach § 162 AO notwendig wird. Als geeignete Anhaltspunkte für eine Schätzung werden die marktübliche Kapitalverzinsung oder Umsatzrendite angesehen.

Die alte Fassung des Abs. 4 ist durch das Amtshilferichtlinie-Umsetzungsgesetz vom 26.6.2013 (BGBl I 2013 S. 1809) mit Wirkung für den Veranlagungszeitraum 2013 aufgehoben worden (§ 21 Abs. 20 Satz 1 AStG).

Die Vorschrift des Abs. 4 ist durch das Gesetz zur Anpassung der Abgabenordnung an den Zollkodex der Union und zur Änderung weiterer steuerlicher Vorschriften (ZollkodexAnpG) vom 22.12.2014 (BGBl I 2014 S. 2417) ausgeweitet worden auch auf Geschäftsbeziehungen, denen keinerlei schuldrechtliche Vereinbarungen zugrunde liegen, wenn von einander unabhängige ordentliche und gewissenhafte Geschäftsleute schuldrechtliche Vereinbarungen getroffen hätten oder bestehende Rechtspositionen geltend machen würden. Die Neufassung tritt ab dem VZ 2015 in Kraft (vgl. § 21 Abs. 22 AStG n. F.)

18   Abs. 5 a. F. definiert die **Geschäftsbeziehungen** im Sinne dieser Vorschrift. Geschäftsbeziehungen liegen demzufolge nicht nur bei gewerblicher Betätigung, sondern auch bei Land- und Forstwirtschaft, selbständiger Tätigkeit sowie bei Vermietung und Verpachtung vor. Unerheblich ist dabei, ob der Steuerpflichtige oder die ihm nahe stehende Person diese Tätigkeit ausübt. Mit Wirkung ab VZ 2003 bestimmt Abs. 4 ergänzend zur bisherigen Regelung, dass eine Geschäftsbeziehung im Sinne des § 1 Abs. 1 und 2 AStG jede den Einkünften zugrunde liegende **schuldrechtliche Beziehung** ist, die **keine gesellschaftsrechtliche Vereinbarung** darstellt. Damit sollen insbesondere harte Patronatserklärungen, Kreditgarantien, zinslose oder zinsgünstige Darlehen sowie unentgeltliche und teilentgeltliche Leistungserbringungen erfasst werden. § 1 Abs. 5 AStG a. F. ist in § 1 Abs. 4 AStG n. F. weitgehend implementiert worden.

Durch die völlig neu gefasste Vorschrift des § 1 Abs. 5 AStG n. F. wird klargestellt, dass für Wirtschaftsjahre, die nach dem 31.12.2012 beginnen, die obig genannten Grundsätze der Abs. 1, 3 und 4 entsprechend anzuwenden sind im Verhältnis zwischen inländischem Stammhaus und ausländischer Betriebsstätte.

Abs. 6 ermächtigt den Bundesminister der Finanzen eine diesbezügliche Rechtsverordnung zu erlassen. Diese ist am 13.10.2014 verkündet worden (Betriebsstättengewinnaufteilungsverordnung – BsGaV, BGBl I 2014 S. 1603); die Verordnung ist für Wirtschaftsjahre anzuwenden, die nach dem 31.12.2014 beginnen (§ 40 BsGaV).

B. Voraussetzungen der Gewinnberichtigung nach § 1 AStG

I. Einkünfte eines Steuerpflichtigen (Abs. 1)

Die Gewinnberichtigung nach § 1 AStG setzt zunächst voraus, dass Einkünfte eines Steuerpflichtigen gemindert wurden. Als **Steuerpflichtiger**, d. h. Steuersubjekt, kommt dabei jede natürliche oder juristische Person in Frage, die im Inland ertragsteuerpflichtig ist. Anzuwenden ist § 1 AStG auch auf **Mitunternehmerschaften,** wobei die Steuerpflicht, wie auch sonst die Mitunternehmer anteilig trifft (BFH-Urteil vom 30.5.1990 I R 97/88, BStBl II 1990 S. 875, 877). Steuerpflichtiger i. S. d. § 1 Abs. 1 AStG ist keine Personengesellschaft, sondern nur die an einer Personengesellschaft beteiligten Gesellschafter. Ist der Gesellschafter einer Personengesellschaft zugleich Alleingesellschafter einer ausländischen Kapitalgesellschaft, so steht die Kapitalgesellschaft dem Personengesellschafter i. S. d. § 1 Abs. 2 AStG mit der Folge nahe, dass der Gewinnanteil des Gesellschafters (§ 15 Abs. 1 Nr. 2 EStG) unter Anwendung des § 1 Abs. 1 AStG zu ermitteln ist, soweit die übrigen Tatbestandsvoraussetzungen der Vorschrift erfüllt sind (BFH-Beschluss vom 17.12.1997 I B 96/97, BStBl II 1998 S. 321; vgl. a. *Hofacker*, in Haase, AStG, § 1 Rz. 63). 19

Auf den Umfang der inländischen Einkommen- bzw. Körperschaftsteuerpflicht kommt es dabei nicht an. Im Einzelnen sind die folgenden Steuerpflichtigen betroffen:
– unbeschränkt Einkommensteuerpflichtige (§ 1 Abs. 1 EStG)
– erweitert unbeschränkt Einkommensteuerpflichtige (§ 1 Abs. 2 EStG)
– antragsgebunden unbeschränkt Einkommensteuerpflichtige (§ 1 Abs. 3 EStG)
– fiktiv unbeschränkt Einkommensteuerpflichtige (§ 1a Abs. 1 EStG)
– beschränkt Einkommensteuerpflichtige (§ 1 Abs. 4 EStG)
– erweitert beschränkt Einkommensteuerpflichtige (§ 2 AStG)
– unbeschränkt Körperschaftsteuerpflichtige (§ 1 Abs. 1 KStG)
– beschränkt Körperschaftsteuerpflichtige (§ 2 KStG).

Anzuwenden ist § 1 AStG auch auf Mitunternehmerschaften, wobei die Steuerpflicht wie auch sonst die Mitunternehmer anteilig trifft (BFH-Urteil vom 30.5.1990 I R 97/88, BStBl II 1990 S. 875, 877; s. o.). 20

Der Korrekturgrund muss im Verhältnis zu einem anderen Steuersubjekt liegen (Tz. 1.0.2/1.4.2./1.4.3 des Anwendungsschreibens vom 14.5.2004 IV B 4 – S 1340 – 11/04, BStBl I 2004, Sondernummer 1).

Daher scheidet § 1 AStG a. F. z. B. als Rechtsgrundlage für das Verhältnis zwischen Betriebsstätten eines Unternehmens und eigentlich – wie bereits erwähnt – für das Verhältnis zwischen Personengesellschaft und Gesellschafter aus. Ebenso unterliegen ihm nicht das Beteiligungsverhältnis an einer steuerpflichtigen Gesellschaft oder andere das „Nahestehende" begründende Verhältnisse als solche. Der Fremdvergleichsgrundsatz hat sich aber auch auf diese Gebiete ausgewirkt und wird dort ggf. ergänzend herangezogen (siehe *Menck*, in Blümich, EStG, § 1 AStG a. F. Rdn. 31; siehe auch die ergänzenden Ausführungen in Anm. 51 ff.).

Eine PersGes konnte also nicht Steuerpflichtiger i. S. von § 1 AStG sein. Zwar ist eine PersGes Steuerschuldner bei der Gewerbesteuer (§ 5 Abs. 1 Satz 3 GewStG), die Steuerpflichtigen i. S. von § 1 Abs. 1 AStG sind jedoch die einzelnen Gesellschafter (vgl. BFH-Beschluss vom 17.12.1997 I B 96/97, BStBl II 1998 S. 321). Faktisch kann sich jedoch § 1 AStG auf die Gewerbesteuer von PersGes über deren Gesellschafter auswirken.

Nunmehr bestimmt § 1 Abs. 1 Satz 2 Halbs. 1 AStG, dass Steuerpflichtiger i. S. d. § 1 AStG auch eine Personengesellschaft oder eine Mitunternehmerschaft ist. Die Gesetzesbegründung erläutert, dass neben Mitunternehmerschaften, die Gewinneinkünfte i. S. d. §§ 13, 15 oder 18 EStG erzielen, die Neuregelung auch Personengesellschaften erfasst, die keine Mitunternehmerschaften sind (z. B. weil sie ausschließlich Einkünfte aus Vermietung und Verpachtung erzielen).

Darüber hinaus regelt § 1 Abs. 1 Satz 2 Halbs. 2 AStG, dass Personengesellschaften und Mitunternehmerschaften auch nahestehende Personen i. S. d. § 1 Abs. 1 AStG sein können, wenn sie die Voraussetzungen des § 1 Abs. 2 AStG) allgemeine Definition der nahestehenden Person) erfüllen.

Die Neuregelung ist grundsätzlich ab dem Veranlagungszeitraum 2013 anzuwenden. Die Regelung des § 1 Abs. 1 Satz 2 Halbs. 2 AStG, wonach eine Personengesellschaft oder Mitunternehmerschaft eine nahestehende Person sein kann, gilt für alle noch nicht bestandskräftigen Veranlagungen (§ 21 Abs. 20 AStG; hierzu *Adrian/Franz*, BB 2013 S. 1879 f.; *Ditz/Quilitzsch*, DStR 2013 S. 1917 ff.; *Heurung/ Bresgen*, GmbHR 2014 S. 187 f.; zum konkurrierenden Spannungsverhältnis zu 50d Abs. 9 und 10 EStG und § 9 Nr. 2 GewStG siehe *Ditz/Tcherveniachki*, DB 2014 S. 203 ff.).

21 Bei den geminderten Einkünften des Steuerpflichtigen muss es sich um Einkünfte handeln, die im Inland der Ertragsbesteuerung unterliegen. Je nach Ausprägung der Steuerpflicht sind die Welteinkünfte, die Inlandseinkünfte oder die erweiterten Inlandseinkünfte betroffen. Auf die Einkunftsquelle wird nicht abgestellt, sodass bei der Einkommensteuer alle sieben Einkunftsarten Gegenstand einer Korrektur sein können.

22 Eine **Minderung von Einkünften** liegt vor, wenn der Fremdvergleich gegenüber den tatsächlich vereinbarten Bedingungen zu höheren steuerpflichtigen Einkünften führt. Dies kann durch geringere Einnahmen oder höhere Ausgaben, aber auch durch Vermögensminderung oder verhinderte Vermögensmehrung entstanden sein. Eine unangemessene Vereinbarung kann sich auch in den nachfolgenden VZ einkünftemindernd auswirken.

23 Führt die unangemessene Vereinbarung jedoch zu einer Erhöhung der im Inland steuerpflichtigen Einkünfte, so ist § 1 AStG nicht anwendbar.

II. Gegenstand des Fremdvergleichs

23a Gegenstand des Fremdvergleichs sind Sachverhalte, die sich auf den Anfall von Einkünften bei im Inland Steuerpflichtigen auswirken. Dabei kann es sich um die Übertragung oder die zeitlich befristete Überlassung von Wirtschaftsgütern handeln, gleich ob diese entgeltlich oder unentgeltlich ist oder materielle oder immaterielle Wirtschaftsgüter betrifft. Es gehören auch die einseitige Auferlegung von Bindungen, Verfügungen, über Forderungen oder die vergleichsweise Bereinigung von Konflikten hierher. Das Gesetz geht davon aus, dass solche Vorgänge durch entsprechende Vereinbarungen zur **Geschäftsbeziehung** ausgestaltet sind. Fehlt es hieran oder haben die Vereinbarungen nicht die im Geschäftsverkehr übliche Bestimmtheit, so wird auf den in der Judikatur zur verdeckten Gewinnausschüttung entwickelten allgemeinen Grundsatz zurückzugreifen sein, dass das Fehlen klarer Vereinbarungen wie ein Verstoß gegen den vom Gesetz aufgestellten Maßstab zu behandeln ist. Der rechtliche Ansatz des § 1 AStG entspricht insoweit dem der anderen Abgrenzungsbesteuerungen (so *Menck*, in Blümich, EStG, § 1 AStG, Rdn. 32).

III. Geschäftsbeziehungen zum Ausland (Abs. 4)

Die Einkünfte des Steuerpflichtigen müssen durch Geschäftsbeziehungen zum Ausland gemindert worden sein. Dies bedeutet zunächst, dass der Geschäftspartner des Steuerpflichtigen einen **steuerlichen Anknüpfungspunkt zum Ausland** hat. Dies kann beispielsweise Wohnsitz, dauernder Aufenthalt, Sitz, Ort der Geschäftsleitung oder Betriebsstätte im Ausland sein. Der Begriff des Auslandes entspricht dabei demjenigen des EStG bzw. KStG. **24**

Während die Beziehung des Steuerpflichtigen zum Ausland eher als unproblematisch angesehen wird, existierten erhebliche Auffassungsunterschiede bezüglich des Begriffs „Geschäftsbeziehungen". Nachdem der BFH mit Urteil vom 5.12.1990 I R 94/88, BStBl II 1991 S. 287, hierzu eindeutig Stellung bezogen hatte, sah sich der Gesetzgeber veranlasst, diesen Begriff in § 1 Abs. 4 AStG umfassend zu definieren. Diese Gesetzesänderung ist bei geminderten Einkünften nach dem 28.2.1992 anwendbar (siehe aber auch § 21 Abs. 4 Satz 2 AStG, der nachträglich in 1993 geändert wurde und somit wohl eine verfassungswidrige echte Rückwirkung entfaltet). **25**

Der BFH hat mit Urteil vom 29.11.2000 I R 85/99, BStBl II 2002 S. 720, entschieden, dass keine Geschäftsbeziehung nach § 1 Abs. 1 AStG vorliegt, wenn eine inländische Muttergesellschaft ihre ausländische Tochtergesellschaft unzureichend mit Eigenkapital ausstattet und ihr unentgeltliche Vorteile (hier: eine unbedingte und unwiderrufliche Garantieerklärung im Zusammenhang mit der Platzierung einer Anleihe) zuwendet, damit diese ihre konzerninterne Funktion erfüllen kann. Die Finanzverwaltung reagierte mit einem Nichtanwendungserlass (BMF-Schreiben vom 17.10.2002 IV B 4 – S 1341 – 14/02, BStBl I 2002 S. 1025, und der Gesetzgeber mit einer Ergänzung der Definition in § 1 Abs. 4 AStG. Nach § 21 Abs. 11 Satz 1 AStG ist die neue Definition ab VZ 2003 anzuwenden.

Bis 1992 konnten unter **Geschäftsbeziehungen** nach § 1 Abs. 1 AStG nur solche Beziehungen verstanden werden, die im Rahmen der Gewinneinkunftsarten eingegangen wurden. Der Steuerpflichtige, der die grenzüberschreitenden Vereinbarungen getroffen hatte, musste somit Einkünfte aus Land- und Forstwirtschaft, Gewerbebetrieb oder selbständiger Arbeit erzielen. Die Erzielung von Überschusseinkünften (§ 2 Abs. 1 Nr. 4–7 EStG) reichte für die Anwendung von § 1 AStG nicht aus. Gewährt ein Steuerinländer, der an einer ausländischen Kapitalgesellschaft wesentlich beteiligt ist und die Beteiligung im Privatvermögen hält, dieser ein „privates Darlehen", so fehlt es an einer Geschäftsbeziehung i. S. d. § 1 Abs. 1 AStG (BFH-Urteil vom 5.12.1990 I R 94/88, BStBl II 1991 S. 287). Des Weiteren war es für den BFH unerheblich, welche Einkünfte die nahe stehende Person erzielte, da es nur auf die Geschäftsbeziehung des im Inland Steuerpflichtigen ankam. **26**

Nicht zu den Beziehungen i. S. d. § 1 AStG, sondern zu den persönlichen Voraussetzungen des § 1 AStG gehören dagegen die Rechtsstrukturen, die die beteiligten Unternehmen als eigenständige Rechtspersönlichkeiten konstituieren und die in ihnen begründeten Rechtsbeziehungen. Daher fallen Beteiligungsverhältnisse an dem Steuerpflichtigen nicht unter § 1 AStG (siehe BFH-Urteil vom 30.5.1990 I R 95/88, BStBl II 1990 S. 875; Tz. 1.4.2 des BMF-Anwendungsschreibens vom 14.5.2004 IV B 4 – S 1340 – 11/04, BStBl I 2004, Sondernummer 1). Dies gilt entsprechend für Mitunternehmerverhältnisse. Ob eine „Geschäftsbeziehung" vorliegt, ist dabei für den Steuerpflichtigen und den Nahestehenden nur einheitlich zu beurteilen. So sind Verhältnisse, aus denen sich Sondervergütungen i. S. d. § 15 Abs. 1 Nr. 2 EStG ergeben, in der Regel Geschäftsbeziehungen i. S. d. § 1 AStG (vgl. *Wassermeyer*, in F/W/B, § 1 Rdn. 224).

27 Durch Anfügen des § 1 Abs. 4 AStG im Jahre 1993 wurde der Begriff „Geschäftsbeziehungen" wesentlich erweitert. Jedoch bleiben die Geschäftsbeziehungen zum Ausland weiterhin auf bestimmte Einkunftsarten begrenzt. Neben den drei Gewinneinkunftsarten (Einkünfte aus Land- und Forstwirtschaft, Gewerbebetrieb und selbständiger Arbeit) nennt § 1 Abs. 4 AStG zusätzlich die Einkünfte aus Vermietung und Verpachtung. Die restlichen drei Einkunftsarten des EStG und dabei insbesondere die Einkünfte aus Kapitalvermögen führen nicht zu Geschäftsbeziehungen i. S. des § 1 AStG.

Allerdings stellt § 1 Abs. 4 AStG neben der Einkünfteerzielung des im Inland Steuerpflichtigen auch auf die der anderen beteiligten Person ab. Es ist für das Vorliegen einer Geschäftsbeziehung ausreichend, wenn die nahe stehende Person Einkünfte aus Land- und Forstwirtschaft, Gewerbebetrieb, selbständiger Arbeit oder Vermietung und Verpachtung erzielt. In diesem Fall bedarf es jedoch einer Fiktion, d. h. die Beurteilung ist vorzunehmen, als wenn die Tätigkeit der nahe stehenden Person im Inland ausgeübt worden wäre.

§ 1 Abs. 1 AStG in der im Streitjahr 2001 geltenden Fassung ist dahingehend europarechtskonform auszulegen, dass für die Gewährung eines zinslosen Darlehens an eine belgische Tochtergesellschaft typisierend ein wirtschaftlicher Grund anzunehmen ist, soweit das Darlehen zusammen mit dem Eigenkapital der Tochtergesellschaft 40 v. H. der Summe aus Eigenkapital und Gesellschafterdarlehen nicht übersteigt (Schleswig-Holsteinisches FG Urteil vom 29.11.2012 1 K 118/07, EFG 2013 S. 279 = DStRE 2013 S. 726 = ISR 2012 S. 122 mit Anm. *Nientimp* und Replik von *Hruschka*; differenzierend *Nolden/Bollermann*, IWB 2013 S. 649; *Puls*, IStR 2013 S. 704, 706 f. [Rev. eingelegt; Az. des BFH: I R 88/12 – dazu sogleich]; hierzu differenzierend *Podewils*, IStR 2012 S. 134 ff. bzgl. keine Einflussnahmemöglichkeit i. S. v. § 1 Abs. 2 AStG bei entgegenstehender materieller Treubindung; ferner *Sabel/Knebel/Schmidt*, IStR 2012 S. 42 ff. betr. Sicherheitenstellung im Konzern).

Das obig genannte Judikat des Schleswig-Holsteinischen FG hat der Bundesfinanzhof (BFH, Urteil vom 25.6.2014 I R 88/12, BFH/NV 2015 S. 57) zwischenzeitlich aufgehoben und dabei Folgendes klargestellt: § 8 a Abs. 1 Satz 1 Nr. 2 KStG 1999 kann nicht als Bewertungsmaßstab für eine Korrektur nach Maßgabe eines fremdüblichen Entgelts herangezogen werden. § 8a KStG 1999 bezieht sich auf (tatsächlich vereinbarte und als Aufwand angefallene) Vergütungen für Gesellschafter-Fremdkapital, soweit jenes Kapital gemessen am anteiligen Eigenkapital des Anteilseigners nach einer typisierenden Bemessung zu hoch und verkehrsunüblich ist (vorbehaltlich eines sog. Fremderhaltsnachweises) einen Ansatz einer verdeckten Gewinnausschüttung bei der Darlehensnehmerin aus. Eine auf die konkrete Geschäftsbeziehung zwischen der Klägerin und ihrer Tochtergesellschaft abzielenden Bemessung einer fremdvergleichsgerechten Verzinsung liegt darin aber nicht. Die Ermittlung bzw. die Bemessung eines nach den Maßgaben des § 1 Abs. 1 und 3 AStG a. F. fremdvergleichsgerechten „Preises" für die Darlehensgewährung obliegt dem FG. Tatrichterliche Feststellungen, die z. B. als Grundlage für eine im Bereich von Finanzierungsleistungen mögliche Preisvergleichsmethode, liegen nicht vor. Es ist hingegen auch nicht zweifelsfrei, dass den Feststellungen des FG die abschließende Würdigung zugrunde liegt, ein Zinssatz von 4,5 % sei im konkreten Fall und bezogen auf die in den Gründen ermittelte Bemessungsgrundlage fremdvergleichsgerecht (so BFH, Urteil vom 25.6.2014 I R 88/12, BFH/NV 2015 S. 57 mit Anm. *Rasch*, ISR 2015 S. 10 ff. und *Glahe*, IStR 2015 S. 97 ff. zu den EU-rechtlichen Implikationen).

Die Gewährung eines verzinslichen Gesellschafterdarlehens ist – wie die Gewährung eines unverzinslichen Gesellschafterdarlehens – nicht Gegenstand einer „Geschäftsbeziehung" i. S. des § 1 AStG 2002, wenn sie entweder nach den Vorschriften des für die Darlehensnehmerin maßgeblichen Gesellschaftsrechts als Zuführung von Eigenkapital anzusehen ist oder wenn sie der Zuführung von Eigenkapital in einer Weise nahesteht, die eine steuerrechtliche Gleichbehandlung mit jener gebietet (FG Düsseldorf, Urteil vom 28.3.2014 6 K 4087/11 F, EFG 2014 S. 1275 [Rev. eingelegt; Az des BFH: I R 29/14]).

Bei der Frage, ob das Darlehen zu fremdvergleichskonformen Bedingungen gewährt wurde, ist auch die fehlende oder unzureichende Besicherung des Darlehens als Bedingung i. S. d. § 1 Abs. 1 AStG a. F. zu berücksichtigen (Thüringer FG, Urteil vom 29.1.2014 3 K 43/13, DStRE 2015 S. 148 = [Rev. eingelegt, Az. des BFH: I R 23/14]).

27a Nach der ab VZ 2003 geltenden Gesetzesänderung ist eine Geschäftsbeziehung im Sinne des § 1 Abs. 1 und 2 AStG jede den Einkünften zugrunde liegende **schuldrechtliche Beziehung**, die **keine gesellschaftsrechtliche Vereinbarung** darstellt. Auf die Ursache für die schuldrechtliche Beziehung kommt es dabei nicht an. Auch eine gesellschaftsrechtliche Veranlassung wie z. B. eine unentgeltliche Leistung mit eigenkapitalersetzendem Charakter stellt nunmehr eine Geschäftsbeziehung dar. Damit sind schuldrechtliche Vereinbarungen wie harte Patronatserklärungen, Kreditgarantien, zinslose oder zinsgünstige Darlehen sowie unentgeltliche und teilentgeltliche Leistungserbringungen erfasst, auch wenn den Vereinbarungen überwiegend gesellschaftliche Interessen zugrunde liegen (siehe auch *Pohl*, in Blümich, EStG, § 1 AStG Rdn. 189).

Der zentrale Begriff der Geschäftsbeziehung setzt zwei Akteure voraus, von denen der eine die nahe stehende Person und der andere der Steuerpflichtige ist. Grundsätzlich werden alle schuldrechtlichen Beziehungen unter dem Begriff der Geschäftsbeziehung subsummiert. Es wird somit eine rechtliche Beziehung i. S. d. § 241 BGB vorausgesetzt, wonach unbeachtlich ist, ob diese gesetzlichen oder vertraglichen Ursprungs ist. Solche vertraglichen Vereinbarungen sollen nach dem Gesetz ausnahmsweise nicht darunter fallen. Mit der Herausnahme der gesellschaftsvertraglichen Vereinbarungen legitimierte der Gesetzgeber die Nichtanwendung des BFH-Urteils vom 29.11.2000 bzgl. der Behandlung von harten Patronatserklärungen; vgl. dazu BFH-Urteil vom 29.11.2000 I R 85/99, BStBl II 2002 S. 720;

BMF, Schreiben vom 17.10.2002 IV B 4 – S 1341 – 14/02, BStBl I 2002 S. 1025; Aufhebung des Nichtanwendungserlasses durch BMF-Schreiben vom 12.1.2010 IV B 5 – S 1341/07/10009, 2010/0002173, BStBl I 2010 S. 34 und damit Anerkennung der Sichtweise des BFH auf Veranlagungszeiträume vor 2003; hierzu *Kußmaul/Müller*, StB 2013 S. 152, 153.

Gibt ein inländisches Bankinstitut zugunsten einer ausländischen Tochtergesellschaft eine sog. weiche Patronatserklärung ab, so führt dies nicht zu einer Berichtigung der Einkünfte der Muttergesellschaft nach § 1 AStG (FG Baden-Württemberg, Urteil vom 26.9.1996 – 10 K 156/93, EFG 1997 S. 456 rkr.).

Gibt eine Konzern-Obergesellschaft zugunsten eines anderen konzernangehörigen Unternehmens eine Garantieerklärung ab, so kann hierdurch die Rechtsfolge des § 1 AStG nur dann ausgelöst werden, wenn die Erklärung im Rahmen einer Geschäftsbeziehung zwischen den beiden Unternehmen abgegeben wird. Das ist nicht der Fall, wenn die begünstigte Gesellschaft mangels ausreichender Eigenkapitalausstattung ohne die Garantieerklärung ihre konzerninterne Funktion nicht erfüllen kann (BFH-Urteil vom 29.11.2000 I R 85/99, BStBl II 2002 S. 720; hierzu BMF-Schreiben vom 17.10.2002 IV B 4 – S 1341 – 14/02, BStBl I 2002 S. 1025).

Der BFH hatte ferner zu der Frage Stellung genommen, ob die zinslose Darlehensgewährung im Konzern zwecks Verlustausgleichs zur Anwendung des § 1 AStG führen kann. Die Gewährung eines zinslosen Gesellschafterdarlehens und dessen anschließende zinsbringende Verwendung durch die Gesellschaft sind nicht allein deswegen als Gestaltungsmissbrauch anzusehen, weil die Verlagerung von Erträgen auf die Gesellschaft dem Verbrauch eines vom Verfall bedrohten Verlustabzugs dient (BFH-Urteil vom 17.10.2001 I R 97/00, BFH/NV 2002 S. 240, DB 2002 S. 125).

Eine Geschäftsbeziehung zum Ausland i. S. d. § 1 Abs. 1 und 4 AStG (i. d. F. des StandOG) vom 13.9.1993 erfordert eine personale Beziehung zwischen dem inländischen Steuerpflichtigen und einer ausländischen nahestehenden Person. Daran fehlt es bei Gewährung eines Darlehens durch den Steuerpflichtigen an seine inländische nahe stehende Person dann, wenn die nahe stehende Person mit dem hingegebenen Kapital eine ausländische Betriebsstätte finanziert (BFH-Urteil vom 28.4.2004 I R 5, 6/02, BStBl II 2005 S. 516; belegt mit einem sog. Nichtanwendungserlass per BMF-Schreiben vom 22.7.2005 IV B 4 – S 1341 – 4/05, BStBl I 2005 S. 818; hierzu *Andresen*, IStR 2005 S. 123 f.; *Strunk/Kaminski*, IStR 2006 S. 841 ff.; so auch vorher schon *Andresen*, IWB, Fach 3a, Gruppe 1 S. 1039 ff.).

Zur Berichtigung gem. § 1 Abs. 1 AStG bei Lieferung von Gegenständen durch eine in Polen ansässige Tochterfirma an den Steuerpflichtigen hat ein Finanzgericht wie folgt Stellung genommen.

Wenn ein deutscher Einzelunternehmer seiner in Polen ansässigen Tochterfirma eine Spritzgussmaschine mit Zubehör und Material kostenlos zur Verfügung stellt, damit die Tochterfirma (fast ausschließlich) nur an ihn mit dieser Maschine hergestellte Spezialteile zu Preisen liefert, die aufgrund der in Polen geringeren Lohn-, Energie- und Raumkosten weitaus niedriger sind als die in der Bundesrepublik Deutschland üblichen Preise sind, dann sind die insoweit getroffenen Geschäftsvereinbarungen – was den Fremdvergleich i. S. d. § 1 Abs. 1 AStG angeht – nicht jeweils getrennt, sondern als Einheit zu würdigen. Der wirtschaftliche Gehalt dieser Vereinbarungen entspricht im Wesentlichen einer **Lohnfertigung,** die auch zwischen fremden Dritten durchgeführt wird. Die Berücksichtigung von Hinzurechnungsbeträgen gem. § 1 Abs. 1 AStG ist in solchen Fällen **nicht** zulässig, wenn beide

Geschäftspartner einer derartigen Geschäftsvereinbarung von der Kostenersparnis, die sich durch die Fertigung in Polen ergibt, jeweils etwa zur Hälfte profitieren und die Tochterfirma auf die nach betriebswirtschaftlichen Grundsätzen ermittelten Kosten einen Aufschlagsatz zugrunde legt, den sie auch gegenüber fremden Dritten hätte durchsetzen können (FG Münster, Urteil vom 16.3.2006 – 8 K 2348/02 E, EFG 2006 S. 1562, IStR 2006 S. 794 rkr.; vgl. hierzu *Baumhoff/Greinert*, IStR 2006 S. 789 ff.).

Der Verzicht auf Zinsen eines Gesellschafters einer ausländischen Kapitalgesellschaft stellt **keine** Geschäftsbeziehung i. S. d. § 1 Abs. 4 AStG 1999 dar, wenn der Verzicht eigenkapitalersetzenden Charakter hatte. Der Begriff der Geschäftsbeziehung im § 1 Abs. 4 AStG 1999 ist nach der Historie und EG-konform dahin auszulegen, dass bestimmte Arten der Fremdfinanzierung, die sich dem Eigenkapital nähern, nicht hierunter fallen (FG Münster, Urteil vom 24.8.2006 – 6 K 2655/03 E, EFG 2007 S. 92 rkr. mit Anm. *Herlinghaus*).

Die Gewährung von Eigenkapital an eine (nahestehende) ausländische (Kapital-)Gesellschaft und andere (Stützungs-)Maßnahmen sind gesellschaftsrechtlich veranlasst und erfüllen daher nicht den Tatbestand der Geschäftsbeziehung i. S. v. § 1 Abs. 4 AStG in der Fassung des Standortsicherungsgesetzes (StandOG) vom 13.9.1993. Es kann für das Streitjahr 1996 dahingestellt bleiben, ob nach dem ab VZ 2003 geltenden § 1 Abs. 4 AStG in der Fassung des Steuervergünstigungsabbaugesetzes (StVAbgG) vom 13.5.2003 auch nicht im Gesellschaftsvertrag (ausdrücklich) vereinbarte Stützungsmaßnahmen als Geschäftsbeziehung i. S. v. § 1 Abs. 4 AStG qualifiziert werden. Die Zurechnung von Zinsen nach § 1 AStG verstößt mit hoher Wahrscheinlichkeit auch gegen die Niederlassungsfreiheit des Art. 43 EG-Vertrag sowie die Kapitalverkehrsfreiheit des Art. 56 EG-Vertrag, jeweils in der Fassung von Amsterdam (EG). In Verbindung mit dem verhältnismäßig niedrigeren Streitwert von 910 EUR ist im Streitfall eine einschränkende Auslegung des Begriffs Geschäftsbeziehung geboten (FG Düsseldorf, Urteil vom 19.2.2008 – 17 K 894/05 E, EFG 2008 S. 1006, IStR 2008 S. 449 mit Anm. *Rehm/Nagler*, IStR 2008 S. 421 ff.; bestätigt durch BFH-Beschluss vom 29.4.2009 I R 26/08, BFH/NV 2009 S. 1648 für die Rechtslage vor 2003; siehe auch *Schenke/Mohr*, DStZ 2009 S. 439, 450). Erleidet ein inländischer Steuerpflichtiger eine Gewinnminderung durch den Ausfall eines ungesicherten Darlehens, das er einer nahe stehenden Person im Ausland gegeben hat, und stellt sich die fehlende Besicherung als nicht fremdüblich dar, ist in Höhe der Gewinnminderung eine Hinzurechnung nach § 1 Abs. 1 AStG vorzunehmen. § 1 Abs. 1 AStG ist mit der Niederlassungsfreiheit unvereinbar (FG Münster, Urteil vom 22.2.2008 9 K 509/07 K, F, EFG 2008 S. 923 [Rev. eingelegt; Az. des BFH I R 39/08 mit Anm. *Neu*).

Gibt eine Muttergesellschaft zugunsten ihrer Tochtergesellschaft unentgeltlich eine Garantieerklärung ab, so kann dadurch die Rechtsfolge des § 1 AStG nur dann ausgelöst werden, wenn die Erklärung im Rahmen einer Geschäftsbeziehung zwischen beiden Unternehmen abgegeben wird. Das ist nach der im Jahr 1995 geltenden Rechtslage nicht der Fall, wenn die begünstigte Gesellschaft mangels ausreichender Eigenkapitalausstattung ohne die Garantie ihre Funktion als Finanzierungsgesellschaft nicht erfüllen konnte (BFH, Urteil vom 27.8.2008 I R 28/07, BFH/NV 2009 S. 123).

Eine Geschäftsbeziehung (§ 1 Abs. 1 und 4 AStG) zu einer nahe stehenden Person liegt nicht vor, wenn dem grenzüberschreitenden Vorgang nicht ein Leistungsaustauschverhältnis, sondern eine im Gesellschaftsverhältnis begründete Beziehung zugrunde liegt. Eine solche durch das Gesellschaftsverhältnis begründete Beziehung ist gegeben, wenn eine Gesellschaft ihren ausländischen Enkelgesellschaften zinslose Lieferkredite gewährt, weil die Enkelgesellschaften aufgrund zu geringer Eigenkapitalausstattung zur Aufrechterhaltung ihrer Geschäftstätigkeit auf die Zuwendung von Mitteln angewiesen sind (FG München, Gerichtsbescheid vom 1.7.2008 – 10 K 1639/06, EFG 2009 S. 226 mit Anm. *Herlinghaus* = DStRE 2009 S. 687; bestätigt durch BFH, Beschluss vom 29.4.2009 I R 88/08, BeckRS 2009, 25015331, n. v.).

Eine zinslose Überlassung von Kapital an eine kanadische Ltd. durch einen zu 100 v. H. beteiligten Gesellschafter, die sich als eigenkapitalersetzende Maßnahme darstellt, begründet keine Geschäftsbeziehung i. S. v. § 1 AStG und rechtfertigt keine Zurechnung von fiktiven Zinseinnahmen (FG München, Urteil vom 17.7.2009 2 K 2798/06, EFG 2010 S. 22, DStRE 2010 S. 750 [Rev. eingelegt; Az. des BFH: I R 72/09 – zwischenzeitlich in Rechtskraft erwachsen]).

Die Vergabe eines zinslosen Gesellschafterdarlehens kann eine „Geschäftsbeziehung" i. S. des § 1 AStG i. d. F. des StÄndG 1992 begründen (BFH, Urteil vom 23.6.2010 I R 37/09, BStBl II 2010 S. 895 mit Anm. *Wendt*, FR 2011 S. 145 als Klarstellung zum Senatsurteil vom 29.11.2000 I R 85/99, BStBl II 2002 S. 720 und zum Senatsurteil vom 27.8.2008 I R 28/07, BFH/NV 2009 S. 123).

Hierzu hat die Finanzverwaltung – auch unter Berücksichtigung der unterschiedlichen Gesetzesfassungen des § 1 AStG – folgende Klarstellungen getroffen. Unter Bezugnahme auf die Erörterungen mit den obersten Finanzbehörden der Länder ist das obig genannte Urteil für Veranlagungszeiträume **vor** 2003, d. h. vor Inkrafttreten der Neufassung des § 1 Abs. 4 AStG i. d. F. des StVergAbG auf alle offenen Fälle anzuwenden, in denen eine inländische Konzernobergesellschaft ihrer ausländischen Tochtergesellschaft eigenkapitalersetzende Stützungsmaßnahmen gewährt, z. B. eine sog. harte Patronatserklärung. Dies gilt auch für bindende eigenkapitalersetzende Kreditgarantien zugunsten einer ausländischen Tochtergesellschaft, die keine Finanzierungsgesellschaft ist. Das Urteil ist für Veranlagungszeiträume vor 2003 auch anzuwenden, soweit Fälle der Gewährung zinsloser oder zinsgünstiger Darlehen durch eine inländische Obergesellschaft an ihre ausländische Tochtergesellschaft betroffen sind, wenn die Gewährung solcher Darlehen zu nachträglichen Anschaffungskosten auf die Beteiligung führt, weil eine (verdeckte) Zuführung von Eigenkapital vorliegt (so BMF-Schreiben vom 12.1.2010 IV B 5 – S 1431/07/10009, 2010/0002173, BStBl I 2010 S. 34 f.; hierzu *Baumhoff/Ditz/Greinert*, DStR 2010 S. 476 ff.).

Im Schrifttum ist die Behauptung aufgestellt worden, dass eine Teilwertabschreibung für eigenkapitalersetzende Darlehen keine Gewinnverlagerung ins Ausland darstellt, die entsprechend der Zielsetzung von § 1 AStG eine Einkünftekorrektur rechtfertigen kann (so *Ditz/Tcherveniachki*, IStR 2009 S. 709, 714).

Gewährt der (beherrschende) Gesellschafter einer ausländischen (hier: britischen) Kapitalgesellschaft der Letzteren ein zinsloses und unbesichertes Darlehen, so kann dadurch die Rechtsfolge des § 1 AStG a. F. nur dann ausgelöst werden, wenn das Darlehen im Rahmen einer Geschäftsbeziehung zwischen beiden Unternehmen gegeben wird. Dies ist nach der bis 2002 geltenden Rechtslage nicht der Fall, wenn die begünstigte Gesellschaft mangels ausreichender Eigenkapitalausstattung ohne die Darlehensgewährung ihre unternehmerische Funktion nicht erfüllen könnte (BFH, Beschluss vom 29.4.2009 I R 26/08, BFH/NV 2009 S. 1648).

Überlässt ein Einzelunternehmer, der rechtlicher Inhaber eines geschützten **Markenzeichens** ist, dieses unentgeltlich einer polnischen Kapitalgesellschaft, deren Anteile zum notwendigen Betriebsvermögen des Einzelunternehmens gehören, ist gem. § 1 Abs. 1 AStG der Gewinn – bezugnehmend auf die für Markenrechtsverletzungen von den Zivilgerichten anerkannten Schadensersatzansprüche – i. H. v. 1 % des bereinigten Umsatzes der polnischen Kapitalgesellschaft zu erhöhen (FG Münster, Urteil vom 14.2.2014 4 K 1053/11 E, EFG 2014 S. 921 = ISR 2014 S. 190 mit Anm. *Haverkamp* = IStR 2014 S. 489 mit Anm. *Ditz/Bärsch*, [Rev. eingelegt; Az. des BFH: I R 22/14]; hierzu eingehend *Schulz-Triglaff*, IStR 2014 S. 596 ff., der zutreffend darauf hinweist, dass die Korrektur von Gewinnverlagerungen in das Ausland durch die Betriebsprüfung oftmals zu einer doppelten Besteuerung des streitbefangenen Steuersubstrats im In- und Ausland führen kann). 27b

Beispiele: 27c
(1) Die inländische Muttergesellschaft iM erbringt Dienstleistungen an ihre ausländische Tochtergesellschaft aT zu einem unangemessen niedrigen Preis bzw. unentgeltlich.
  Eine Geschäftsbeziehung liegt vor, da iM und aT aus deutscher Sicht Einkünfte aus Gewerbebetrieb erzielen.
(2) Der inländische Gesellschafter iG überlässt seinen privaten PKW unentgeltlich seiner ausländischen KapGes aT zur geschäftlichen Nutzung.
  Eine Geschäftsbeziehung liegt vor, da die aT aus deutscher Sicht Einkünfte aus Gewerbebetrieb erzielt.
(3) Vater V mit Wohnsitz in Düsseldorf gewährt seiner Tochter T ein zinsloses Darlehen zum Zwecke der Errichtung eines vollständig fremdvermieteten Mehrfamilienhauses in Portugal.
  Eine Geschäftsbeziehung liegt vor, da T aus deutscher Sicht Einkünfte aus Vermietung und Verpachtung erzielt.
(4) Die Großeltern GV und GM mit Wohnsitz in Mannheim gewähren ihrem Enkel E ein zinsloses Darlehen zur Finanzierung seiner neu errichteten Steuerberatungspraxis in Mallorca.
  Eine Geschäftsbeziehung liegt vor, da E aus deutscher Sicht Einkünfte aus selbständiger Tätigkeit hat.
(5) Die Eltern V und M mit Wohnsitz in Düsseldorf gewähren ihrem Sohn S ein zinsloses Darlehen zur Finanzierung seines Auslandsstudiums.
  Eine Geschäftsbeziehung liegt nicht vor, da weder bei V und M noch beim S eine der vier relevanten Einkunftsarten betroffen sind.
(6) Die Großeltern GV und GM mit Wohnsitz in München gewähren ihrem Enkel E mit Wohnsitz in Luxemburg ein zinsloses Darlehen zum Erwerb von Aktien.
  Eine Geschäftsbeziehung liegt nicht vor, da weder bei GV und GM noch beim E eine der vier relevanten Einkunftsarten betroffen sind.

Nach altem Recht kann zwischen Stammhaus und Betriebsstätte keine Geschäftsbeziehung vorliegen, da die beiden steuerlichen Teileinheiten rechtlich eine juris- 28 tische Person bilden und damit zusammen nur ein Steuerpflichtiger sind. § 1 AStG erfordert eine Geschäftsbeziehung und damit Geschäfte zwischen zwei (natürlichen oder juristischen) Personen. Betriebsstätten können jedoch an der Geschäftsbeziehung beteiligt sein (vgl. auch Tz. 1.4.3. des BMF-AnwSchr, BMF vom 2.12.1994 IV C 7 – S 1340 – 20/94, BStBl I 1995 Sondernummer 1).

Die alte Fassung gilt immer noch für Wirtschaftsjahre, die vor dem 31.12.2012 begonnen haben (Umkehrschluss aus § 20 Abs. 2 Satz 3 AStG).

§ 1 Abs. 4 AStG i. d. F. am 1.1.2013 stellt darüber hinaus Folgendes klar: Geschäftsbeziehungen i. S. d. Vorschrift,

1. sind einzelne oder mehrere zusammenhängende wirtschaftliche Vorgänge (Geschäftsvorfälle) zwischen einem Steuerpflichtigen und einer nahestehenden Person,
    a) die Teil einer Tätigkeit sind, auf die die §§ 13, 15, 18 oder 21 EStG anzuwenden sind oder im Fall einer ausländischen nahestehenden Person anzuwenden wären, wenn sich der Geschäftsvorfall im Inland ereignet hätte und
    b) denen keine gesellschaftsvertragliche Vereinbarung zugrunde liegt.
2. Geschäftsvorfälle zwischen einem Unternehmen eines Steuerpflichtigen und seiner einem in einem anderen Staat gelegenen Betriebsstätte (anzunehmende schuldrechtliche Beziehungen).

28a Für die Anwendung des § 1 Abs. 4 AStG a. F. hat die Finanzverwaltung folgende ergänzende Interims-Verwaltungsanweisung erlassen.

Nach § 1 Abs. 4 Nr. 1 Buchst. a AStG sind Geschäftsbeziehungen wirtschaftliche Vorgänge, die Teil einer Tätigkeit sind, auf die die §§ 13, 15, 18 oder 21 EStG anzuwenden sind oder im Fall einer ausländischen nahe stehenden Person anzuwenden wären, wenn sich der Geschäftsvorfall im Inland ereignet hätte.

Zur Prüfung der Voraussetzungen der zweiten Alternative dieser Vorschrift ist für sämtliche Tatbestandsmerkmale wegzudenken, dass sie im Ausland verwirklicht wurden. Folglich ist zu fragen, ob auf die Tätigkeit die §§ 13, 15, 18 oder 21 EStG anzuwenden wären, wenn der Geschäftsvorfall in vollem Umfang im Inland stattgefunden hätte (isolierende Betrachtungsweise). Insbesondere im Hinblick auf eine ausländische nahe stehende Person ist anzunehmen, dass statt einer ausländischen nahe stehenden Person fiktiv eine inländische nahe stehende Person, die sich im Übrigen in der Situation der ausländischen nahe stehenden Person befindet, an dem Geschäftsvorfall beteiligt ist. Unter Annahme dieser Fiktion ist zu prüfen, ob auf die Tätigkeit die §§ 13, 15, 18 oder 21 EStG anzuwenden sind. Dieses Verständnis gilt sinngemäß auch für die Anwendung der bis zum 31.12.2002 anzuwendenden Fassung des § 1 Abs. 5 AStG a. F. (BMF, Schreiben vom 4.6.2014 IV B 5 – S 1341/07/10009 2014/0423765, BStBl I 2014 S. 834; hierzu *Paintner,* DStR 2015 S. 1, 12 f.).

28b Die Anpassung der Definition der Geschäftsbeziehung gem. § 1 Abs. 4 Nr. 1 a AStG durch das Zollkodex-Anpassungsgesetz (ZollkodexAnpG) v. 22.12.2014 (BGBl I 2014 S. 2417 ist vor dem Hintergrund der bestehenden Unsicherheiten bei der Anwendung des § 1 AStG in Bezug auf natürliche Personen zu sehen. Die Finanzverwaltung hatte mit dem obig bereits erwähnten BMF-Schreiben vom 4.6.2014 versucht, den Anwendungsbereich des § 1 AStG klarzustellen, was jedoch aufgrund des unklaren und komplizierten Wortlauts des BMF-Schreibens nicht gelungen ist. Daraufhin hat sich der Gesetzgeber nunmehr aufgerufen gefühlt, durch eine Änderung des § 1 Abs. 4 Nr. 1a AStG die Unsicherheiten zu beseitigen. Liegen einem Geschäftsvorfall keine schuldrechtlichen Vereinbarungen zugrunde, ist davon auszugehen, dass voneinander unabhängige ordentliche und gewissenhafte Geschäftsleiter schuldrechtliche Vereinbarungen getroffen hätten oder eine bestehende Rechtsposition geltend gemacht würden, die der Besteuerung zugrunde zu legen sind, es sei denn, der Steuerpflichtige macht im Einzelfall etwas anderes glaubhaft (§ 1 Abs. 4 Satz 2 AStG n. F.). Die Änderungen des § 1 Abs. 4 AStG sind erstmals für den VZ 2015 anzuwenden (vgl. § 21 Abs. 22 AStG n. F.).

28c Die steuerlichen Folgen sollen anhand des nachfolgenden Beispielfalles erörtert werden:

Beispiel (nach *Ditz/Quillitsch*, DStR 2015, S. 541, 549 f.):
Der in Deutschland ansässige A hält 100 % der Anteile an der in Italien ansässigen V S. r. l., deren alleiniger Geschäftsgegenstand die Verwaltung von Immobilien in Italien ist. Die V S. r. l. übt keine gewerbliche Tätigkeit i. S. v. § 15 Abs. 2 EStG aus. A gewährt der V S.r.l ein zinsloses Darlehen.

Nach dem bisherigen Wortlaut des § 1 Abs. 4a AStG war zweifelhaft, ob die Voraussetzungen einer Geschäftsbeziehung in Bezug auf den vorliegenden Beispielsfall erfüllt sind. Denn Voraussetzung für eine Geschäftsbeziehung war bislang, dass – in Bezug auf den Beispielsfall – die Darlehensgewährung Teil einer Tätigkeit ist, auf die die §§ 13, 15, 18 oder 21 EStG anzuwenden sind. A erzielt indessen Einkünfte aus Kapitalvermögen nach § 20 EStG, auf die in § 1 Abs. 4 Nr. 1a AStG gerade nicht Bezug genommen wird. Im Ergebnis war daher nach bisheriger Rechtslage strittig, ob im Beispiel § 1 AStG im Hinblick auf die Korrektur des zinslosen Darlehens einschlägig ist. Dagegen vertrat die Finanzverwaltung die Auffassung, dass § 1 AStG auf die Vergabe des Darlehens an eine ausländische Immobiliengesellschaft anwendbar ist, und zwar „unabhängig davon, ob das Grundvermögen im In- oder Ausland belegen ist." (so Tz. 1.4.1 des Anwendungserlasses zum AStG vom 14.5.2004 IV B 4 – S 1340 – 11/04, BStBl 1 2004 S. 3). Die daraus resultierenden Unsicherheiten sollen durch die Anpassung des § 1 Abs. 4 Nr. 1a AStG im Ergebnis beseitigt werden. Dies führt im Beispielfall wohl dazu, dass von einer Anwendung des § 8 Abs. 2 KStG bei der V S. r. l. auszugehen ist und infolge dessen die Voraussetzungen des § 1 Abs. 4 Nr. 1a AStG n. F. erfüllt sind.

28d Durch das obig genannte ZollkodexAnpG wird § 1 Abs. 4 Nr. 1 b AStG um eine konkrete Definition der „**gesellschaftsvertraglichen Vereinbarung**" wie folgt ergänzt:
„Eine gesellschaftsvertragliche Vereinbarung ist eine Vereinbarung, die unmittelbar zu einer rechtlichen Änderung der Gesellschafterstellung führt."
Eine solche soll nach der Gesetzesbegründung z. B. bei einer Veränderung der Beteiligungshöhe oder der Beteiligungsrechte gegeben sein (siehe BT-Drucks. 18/3017 vom 3.11.2014 S. 53, amtl. Begr.). Durch die Ergänzung des § 1 Abs. 4 Nr. 2b AStG wird der Anwendungsbereich des § 1 AStG durch ein enges Verständnis der Geschäftsbeziehung ausgeweitet.

Damit will der Gesetzgeber eine Klarstellung dahingehend treffen, dass Leistungsbeziehungen aus der Gesellschaftsebene vom Anwendungsbereich der Korrekturvorschrift ausgenommen sind. Dieses Anpassungskriterium ist für den Ausschluss von Einkünftekorrekturen u. a. aufgrund einer Funktionsverlagerung oder bei einer unentgeltlichen Überlassung von Wirtschaftsgütern von besonderer praktischer Relevanz.

Mit der Änderung des § 1 Abs. 4 Nr. 1b Halbsatz 2 AStG vom 22.12.2014 zementiert der Gesetzgeber den seit 2003 andauernden Wechsel hin zu einem engen Verständnis des Tatbestandsmerkmals der „gesellschaftsvertraglichen Vereinbarung". Die bloße Gestaltung einer Leistungsbeziehung im Sinne einer gesellschaftsvertraglichen Veranlassung reicht genauso wenig zur Vermeidung der Rechtsfolge der Vorschrift aus wie die bloße Aufnahme einer entsprechenden Vereinbarung im Gesellschaftsvertrag. Anders lautende Ansichten verkennen, dass der Begriff des Gesellschaftsvertrags eindeutig in der gesellschaftsrechtlichen Literatur und Rechtsprechung belegt ist und eine einheitliche Auslegung auch aus Gründen der Einheit der Rechtsordnung zwingend geboten ist. Das hindert den Steuerpflichtigen indes nicht daran, die entsprechende gesellschaftsrechtliche Gestaltungen den Anwendungsbereich des § 1 AStG auszuschließen. Dafür ist indes höchste Sorgfalt bei der Ausgestaltung geboten (so die Analyse von *Haverkamp/Binding*, ISR 2015 S. 85 ff., insbesondere S. 91).

28e Darüber hinaus bleibt der Anwendungsbereich des neuen § 1 Abs. 4 Satz 2 AStG n. F. völlig offen. Weder gibt die Gesetzesbegründung hier für die Praxis brauchbare Hinweise, noch ist die Vorschrift in sich konsistent. So ist insbesondere nicht verständlich, warum voneinander unabhängige ordentliche und gewissenhafte Geschäftsleiter schuldrechtliche Vereinbarungen treffen würden, wenn sie einer Geschäftsbeziehung gar nicht zugrunde liegen. Schließlich ist die (überhaupt nicht verständliche) Vorschrift mit einer Beweislastumkehr zu Lasten des Steuerpflichtigen verbunden und verstößt damit gegen den allgemeinen verfahrensrechtlichen Grundsatz, dass die Finanzverwaltung die Beweislast für Einkünftekorrekturen trägt (so die Kritik von *Ditz/Quilitzsch*, DStR 2013 S. 1917, 1918; zur EU-Rechtswidrigkeit der Neuregelung siehe auch *Behrens/Renner*, BB 2015 S. 227, 228).

Durch die weitere exzessive Ausdehnung des § 1 Abs. 4 AStG n. F. soll offensichtlich verhindert werden, dass gleichgerichtete Interessen auf der Basis von Gentlemen Agreements etc. im Anwendungsbereich des AStG zwischen nahestehenden Personen nicht umgangen werden können.

IV. Nahe stehende Person (Abs. 1 und 2)

29 § 1 Abs. 2 AStG enthält keine beispielhafte Aufzählung, sondern eine abschließende Regelung des Begriffs „nahe stehende Person". Auf diesen Begriff wird auch außerhalb des AStG zurückgegriffen (vgl. § 8a Abs. 2 KStG n. F., § 90 Abs. 3 Satz 1 AO).

Die nahe stehende Person hat stets einen Anknüpfungspunkt zum Ausland. Darüber hinaus kann sie auch im Inland steuerpflichtige Einkünfte erzielen, wobei sie unbeschränkt oder beschränkt steuerpflichtig ist. Die nahe stehende Person kann entweder eine natürliche oder eine juristische Person sein. Auch eine PersGes oder (Zweck-)Gemeinschaft kann nahe stehende Person sein.

1. Wesentliche Beteiligung (Abs. 2 Nr. 1 und 2)

30 Eine wesentliche Beteiligung i. S. von § 1 AStG wird in § 1 Abs. 2 Nr. 1 AStG definiert als mindestens 25 %ige unmittelbare oder mittelbare Beteiligung. Hierbei kann entweder der Steuerpflichtige an der nahe stehenden Person oder die nahe stehende Person am Steuerpflichtigen wesentlich beteiligt sein. Ferner ist gem. § 1 Abs. 2 Nr. 2 AStG auch denkbar, dass eine dritte Person sowohl an dem Steuerpflichtigen als auch an der nahe stehenden Person wesentlich beteiligt ist.

Keine Voraussetzung ist jedoch, dass die wesentliche Beteiligung auch mit einem beherrschenden Einfluss verbunden ist. Ebenso wenig kommt es hier auf die Beteiligung an der Geschäftsführung oder auf die Kontrolle über das Unternehmen an. Dies kann im konkreten Einzelfall zu nicht sachgerechten Ergebnissen führen.

Nach ganz herrschender Meinung kann die Beteiligung dabei nicht nur an Kapitalgesellschaften, sondern auch an Personengesellschaften und in bestimmten Fällen auch über ein Einzelunternehmen gehalten werden. Worauf die Beteiligungsquote zu beziehen ist, ist gesetzlich nicht geklärt. Nach zutreffender Auffassung ist auf das Grund- oder Stammkapital abzustellen. Der Umkehrschluss aus § 7 Abs. 2 AStG ergibt, dass es auf die Höhe der Stimmrechte hingegen nicht ankommen kann (vgl. BFH-Urteil vom 10.4.2013 I R 45/11, BStBl II 2013 S. 771, 773 f.; *Pohl*, in Blümich, EStG, § 1 AStG Rdn. 60; *Kußmaul/Müller*, StB 2013 S. 152, 153 f; **a. A.** jedoch *Strunk/Kaminski/Köhler*, AStG, Rdn. 627). Bei Aktiengesellschaften mit Stückaktien ist die Beteiligungsquote nach der Zahl der Aktien (ebenfalls nach Abzug eigener Aktien) zu ermitteln. Auf § 16 Abs. 2 AktG kann verwiesen werden. **31**

Bei mittelbaren Beteiligungen werden die Beteiligungsquoten auf allen Stufen berücksichtigt, d. h., es sind die Beteiligungsquoten durchzurechnen. Eine unmittelbare und (ggf. mehrere) mittelbare Beteiligungen sind zu addieren. **32**

Beispiele:
(1) A mit Wohnsitz in Essen ist an der B-GmbH, Düsseldorf, zu 60 % beteiligt. Diese hält wiederum 50 % der Anteile an C-Ltd., London.
A ist zu 30 % (= 60 % von 50 %) mittelbar an C-Ltd. beteiligt. Die Voraussetzung einer wesentlichen Beteiligung liegt vor; für den A ist die C-Ltd. eine nahe stehende Person.
(2) A mit Wohnsitz in Essen ist an der B-GmbH, Düsseldorf, zu 60 % und an der C-Ltd., London, zu 10 % beteiligt. Die B-GmbH hält 30 % der Anteile an C-Ltd.
A ist zu 10 % unmittelbar und zu 18 % (= 60 % von 30 %) mittelbar an C-Ltd. beteiligt. Die Voraussetzung einer wesentlichen Beteiligung liegt vor; für den A ist die C-Ltd. eine nahe stehende Person.
(3) A und B, beide mit Wohnsitz in Köln, sind zu gleichen Teilen an der C-OHG, Köln, beteiligt. Die C-OHG ist Gesellschafterin der D-B.V., Den Haag, und der E-AG, Bonn, mit jeweils 50 % Beteiligung am gezeichneten Kapital. Die E-AG hat eine Betriebsstätte in Paris.
Damit sind A und B jeweils zu 25 % mittelbar an D-B.V. und E-AG beteiligt. Bei beiden liegt die Voraussetzung einer wesentlichen Beteiligung vor; für A und B ist sowohl die D-B.V. als auch die Betriebsstätte der E-AG eine nahe stehende Person. Darüber hinaus ist die D-B.V. eine nahe stehende Person für E-AG.
(4) A mit Wohnsitz in Mailand hält jeweils 50 % der Anteile an B-GmbH, Köln, und C-Ltd., London. Die C-Ltd. hält 60 % der Anteile an E-AG, Zürich.

C-Ltd. ist nahe stehende Person von B-GmbH, da A an beiden unmittelbar wesentlich beteiligt ist. E-AG ist ebenfalls nahe stehende Person von B-GmbH, da A an B-GmbH unmittelbar und an E-AG mittelbar wesentlich beteiligt ist.

2. Beherrschender Einfluss (Abs. 2 Nr. 1 und 2)

33 Als weitere Alternative für das Nahestehen einer Person wird der beherrschende Einfluss in § 1 Abs. 2 AStG genannt. Hierbei kann entweder der Steuerpflichtige auf die nahe stehende Person oder die nahe stehende Person auf den Steuerpflichtigen einen beherrschenden Einfluss ausüben. Ferner ist gemäß § 1 Abs. 2 Nr. 2 AStG auch denkbar, dass eine dritte Person sowohl auf den Steuerpflichtigen als auch auf die nahe stehende Person einen beherrschenden Einfluss ausüben kann.

34 Die abstrakte Möglichkeit der Einflussnahme ist dabei bereits ausreichend. Auf die tatsächliche Ausübung des Einflusses kommt es nicht an. Die Grundlage des beherrschenden Einflusses kann rechtlicher oder tatsächlicher Art sein (vgl. Tz. 1.3.2.4. der Verwaltungsgrundsätze, BMF-Schreiben vom 23.2.1983 IV C 5 – S 1341 – 4/83, BStBl I 1983 S. 218).

35 Der Begriff des beherrschenden Einflusses findet sich auch in **§ 17 Abs. 1 AktG**, wobei auch in der Gesetzesbegründung zum AStG ein Hinweis auf den aktienrechtlichen Begriff des beherrschenden Einflusses erfolgte. Im Aktienrecht ist jedoch eine mehrheitliche oder zumindest mehr als 25 %ige kapitalmäßige Beteiligung regelmäßig Voraussetzung für den beherrschenden Einfluss. Dies gilt insbesondere für Konzernunternehmen (§ 18 AktG), wechselseitig beteiligte Unternehmen (§ 19 AktG), durch Beherrschungsverträge, Gewinnabführungsverträge oder andere Unternehmensverträge verbundene Unternehmen (§§ 291, 292 AktG) oder eingegliederte Unternehmen (§ 319 AktG). Insoweit bedarf es für die Anwendung von § 1 AStG neben der wesentlichen Beteiligung nicht zusätzlich noch des beherrschenden Einflusses.

36 Trotzdem sind Fälle denkbar, in denen das Kriterium „beherrschender Einfluss" den bisher dargestellten Anwendungsbereich des § 1 AStG erweitert. Haben sich beispielsweise mehrere Unternehmen zwecks einheitlicher Willensbildung gegenüber einer Kapitalgesellschaft in einer GbR zusammengeschlossen, übt jeder GbR-Gesellschafter einen beherrschenden Einfluss auf die KapGes aus.

Beispiel:
Die fünf inländischen KapGes (A – E) halten jeweils 20 % der Anteile an V-GmbH, Essen. Die V-GmbH ist zu 100 % an der W-B.V., Den Haag, beteiligt. Die Gesellschafter A – E haben sich in einer GbR zusammengeschlossen, die wiederum mit der V-GmbH einen Beherrschungs- und Gewinnabführungsvertrag abgeschlossen hat (= Mehrmütterorganschaft; vgl. den für VZ 2001 und 2002 anzuwendenden § 14 Abs. 2 KStG a. F.).
Jede der fünf KapGes A – E übt einen mittelbaren beherrschenden Einfluss auf die W-B.V. (= nahe stehende Person) aus.

37 Auch eine **Stimmenrechtsmehrheit** kann (ohne wesentliche Beteiligung) zu einem beherrschenden Einfluss führen. Dies setzt jedoch je nach Satzung der beherrschten Gesellschaft eine einfache oder qualifizierende Mehrheit der Stimmrechte voraus.

Beispiel:
Die Familie K mit Wohnsitz in Irland hält alle Anteile an der K-GmbH, Köln. Obwohl der Vater K nur 20 % der Anteile besitzt, kann er 51 % der Stimmrechte ausüben. Damit ist Vater K eine nahe stehende Person zur steuerpflichtigen K-GmbH.

Weitere Einflussnahmemöglichkeiten können sich bei der Betriebsaufspaltung mit faktischer Beherrschung oder beim stillen Gesellschafter, wesentlichen Kreditgeber, einzigen Lieferanten und alleinigen Abnehmer ergeben. An den beherrschenden Einfluss sind hierbei jedoch hohe Maßstäbe anzulegen, da eine bloße marktmäßige Abhängigkeit (z. B. Monopol, Teilmonopol, überragende Marktstellung) an sich noch nicht zu einem absoluten Abhängigkeitsverhältnis führen muss. **38**

3. Geschäftsfremde Einflussnahmemöglichkeiten (Abs. 2 Nr. 3 erste Alternative)

Nach § 1 Abs. 2 Nr. 3 erste Alternative AStG ist dem Steuerpflichtigen eine Person auch dann nahe stehend, wenn die Person oder der Steuerpflichtige imstande ist, bei der Vereinbarung der Bedingung einer Geschäftsbeziehung auf den Steuerpflichtigen oder die Person einen **außerhalb dieser Geschäftsbeziehung** begründeten Einfluss auszuüben. Der Gesetzgeber beabsichtigte damit auch jene Fälle zu erfassen, in denen einer der Beteiligten für ihn unvorteilhafte Bedingungen bei einem grenzüberschreitenden Geschäftsabschluss akzeptieren würde, weil der andere einen außerhalb dieser Geschäftsbeziehung begründeten Einfluss geltend macht. Es bestehen somit Abhängigkeitsverhältnisse zwischen dem Steuerpflichtigen und der nahe stehenden Person. Die Möglichkeit einer sach- bzw. geschäftsfremden Einflussnahme reicht auch hier aus. **39**

Der außerhalb der Geschäftsbeziehung des Steuerpflichtigen bzw. der nahe stehenden Person begründete Einfluss könnte dabei noch innerhalb der gleichen Geschäftstätigkeit, einer anderen Geschäftstätigkeit oder im privaten Bereich liegen. **40**

Eine besondere Einflussnahmemöglichkeit im **Rahmen der Geschäftstätigkeit** ist im legalen Bereich kaum zu erkennen. Selbst Marktbindungsverträge, Ausschließlichkeitsverträge oder Konkurrenzausschlussvereinbarungen begründen als regelmäßig zweiseitige Rechtsgeschäfte keine einseitige Einflussnahmemöglichkeit. Diese Verträge legen vielmehr die Rahmenbedingungen für die betroffenen Marktteilnehmer fest und können nicht Gegenstand der steuerlichen Überprüfung von Leistungsbeziehungen sein. **41**

Eine besondere Einflussnahmemöglichkeit mit Ursache im **privaten Bereich** wäre jedoch eher denkbar. Persönliche Beziehungen, wie z. B. verwandtschaftliche, eheliche und freundschaftliche Beziehungen, können Grundlage für eine Einflussnahme außerhalb der konkreten Geschäftsbeziehung sein. Problematisch dürfte jedoch die Überprüfung und Abgrenzung der Einflussnahmemöglichkeit sein. Aus einer unangemessenen Leistungsbeziehung lässt sich jedenfalls nicht im Umkehrschluss eine besondere Einflussnahme außerhalb der Geschäftsbeziehung ableiten (vgl. auch *Brezing* in *Brezing u. a.*, § 1 AStG, Rz. 244). **42**

4. Interessenidentität (Abs. 2 Nr. 3 zweite Alternative)

43 Nach § 1 Abs. 2 Nr. 3 zweite Alternative AStG ist dem Steuerpflichtigen eine Person nahe stehend, wenn einer von ihnen ein eigenes Interesse an der Erzielung der Einkünfte des anderen hat. Das eigene Interesse kann **wirtschaftlicher oder persönlicher Art** sein (vgl. BFH-Urteil vom 19.1.1994 I R 93/93, BStBl II 1994 S. 725). Verfolgt der Steuerpflichtige ein eigenes persönliches Interesse, so bedeutet dies nicht, dass ihm auch selbst die Einkünfteverlagerung wirtschaftlich zugute kommen muss. Es ist ausreichend, wenn als Grund für die Einkünfteverlagerung ins Ausland in erster Linie die Absicht einer mittelbaren Vermögensverlagerung zwischen nahen Angehörigen in Betracht kommt. Typisches Beispiel ist hierbei die unverzinsliche Darlehensvergabe an Angehörige, wobei der Steuerpflichtige aus persönlichen Gründen auf eigene Einkünfteerzielung verzichtet.

> *Beispiel:*
> Vater V mit Wohnsitz in Düsseldorf gewährt seinem Sohn S ein zinsloses Darlehen zum Erwerb einer Rinderfarm in Argentinien.
> V hat ein persönliches, jedoch kein wirtschaftliches Interesse an der Darlehensgewährung. S. ist nahe stehende Person i. S. von § 1 Abs. 2 Nr. 3 zweite Alternative AStG.

44 Der Steuerpflichtige kann jedoch auch ein eigenes wirtschaftliches Interesse verfolgen. Dies wäre der Fall, wenn er einerseits zunächst den wirtschaftlichen Nachteil in Kauf nimmt, er jedoch andererseits hieraus auch wirtschaftliche Vorteile erzielt, die den Nachteil überkompensieren. Meist handelt es sich hier um Einkünfteverlagerungen aus dem steuerpflichtigen Bereich in den steuerfreien oder steuerlich unbeachtlichen Bereich. Das persönliche Interesse tritt hierbei in den Hintergrund oder liegt gar nicht vor.

> *Beispiele:*
> (1) Der Steuerpflichtige M gewährt seiner geschiedenen Frau F aus privaten Mitteln ein zinsloses Darlehen zum Erwerb einer Ferienanlage in Kroatien. Den Vorteil aus der Zinslosigkeit rechnet M bei den von ihm zu zahlenden Unterhaltsleistungen auf.
> M erwartet einen wirtschaftlichen Vorteil aus der Gesamtvereinbarung. F ist dem M nahe stehend i. S. von § 1 Abs. 2 Nr. 3 zweite Alternative AStG.
>
> (2) Die inländische Muttergesellschaft iM gewährt der ausländischen Bank aB ein zinsgünstiges Darlehen mit der Maßgabe, dass diese der ausländischen Tochtergesellschaft aT ein ebenfalls zinsgünstiges Darlehen ausreicht. Die marktübliche Bankenmarge erhält aB von aT.
> Die iM und die aT erwarten insgesamt wirtschaftliche Vorteile aus der Vereinbarung. Die aB ist der iM nahe stehend i. S. von § 1 Abs. 2 Nr. 3 zweite Alternative AStG.

45 Keine Interessenidentität i. S. vom § 1 Abs. 2 Nr. 3 zweite Alternative AStG ist gegeben, wenn der Steuerpflichtige und sein Geschäftspartner ein gemeinsames Interesse am Erfolg eines Geschäftes und somit gegenseitig auch ein Interesse an der Erzielung der Einkünfte des anderen haben. Unübliche Leistungsbeziehungen könnten sich hier aufgrund der bestehenden Marktgegebenheiten oder aber durch Fehleinschätzungen des Marktes ergeben.

5. Rechtsfolgen

Rechtsfolge des § 1 AStG ist eine **Korrektur der unter Zugrundelegung der zivil- 46 rechtlichen Basis ermittelten Einkünfte.** Die Korrektur setzt – wie die verdeckte Gewinnausschüttung, die verdeckte Einlage, Entnahme – an den auf einer ersten Stufe nach § 4 Abs. 1 Satz 1 EStG ermittelten Einkünfte an. Diese sind auf einer zweiten Stufe um den Korrekturbetrag zu erhöhen. Die Höhe dieses Korrekturbetrages ist nach dem Fremdvergleichsgrundsatz als Differenz des vereinbarten Preises mit den korrespondierenden Fremdvergleichswerten zu quantifizieren.

1. Stufe
   Betriebsvermögen (= Eigenkapital) am Schluss des Wirtschaftsjahres

./. Betriebsvermögen (= Eigenkapital) am Schluss des vorangegangenen Wirtschaftsjahres
= Unterschiedsbetrag
2. Stufe
   Unterschiedsbetrag (= Ergebnis der 1. Stufe)
+ Entnahmen
+ verdeckte Gewinnausschüttungen
+ Korrekturbetrag nach § 1 AStG
+ Hinzurechnungsbeträge nach § 10 AStG a. F. (!)
+ nicht abziehbare Betriebsausgaben
./. Einlagen
./. steuerfreie Einkünfte

= Gewinn i. S. d. § 4 Abs. 1 Satz 1 EStG

(so *Wassermeyer*, IStR 2001 S. 633, 634; *ders.*, in F/W/B, § 1 Rdn. 6; siehe auch *Kraft*, AStG, § 1 Anm. 150–157 *Hofacker*, in Haase, AStG, § 1 Anm. 32–38)

Es kommt also zu der von der vGA her bekannten zweistufigen Gewinnermittlung. Wie bei den anderen Einkünftekorrektur-Bestimmungen geht es nicht darum, einen „Verrechnungspreis" als solchen festzulegen. Er bleibt stets eine gedachte Hilfsgröße zur Quantifizierung des Korrekturpostens beim Fremdvergleich.

Zeitlich ist der Korrekturposten des § 1 AStG in dem Zeitpunkt anzusetzen, in dem sich die Geschäftsbeziehung der Einkommensermittlung erster Stufe ausgewirkt hatte. Der Ansatz des Korrekturpostens kann zur Erfassung von Gewinnen führen, die aus der Sicht des betreffenden Konzerns u. Ä. noch nicht realisiert sind. Werden Wirtschaftsgüter innerkonzernlich veräußert, so ist dies der Veräußerungszeitpunkt; damit werden zu diesem Zeitpunkt u. U. Gewinne angesetzt, die aus der Sicht des Gesamtkonzerns noch nicht realisiert sind.

Zur Rechtsanwendung ist eine **doppelte Feststellung** zu treffen:
– Es muss festgestellt sein, dass die Einkünfte preisbedingt zu niedrig angesetzt und deshalb zu berichtigen sind.
– Es ist der genaue Betrag des steuerlich anzusetzenden Fremdpreises zu ermitteln, um den die Einkünfte zu erhöhen sind.

(weitere verfahrensrechtliche Einzelheiten bei *Menck*, in Blümich, EStG, § 1 AStG Rdn. 44–47).

Die Rechtsprechung hat ferner Stellung zur Problematik der **Rückgängigma- 47 chung einer Gewinnkorrektur** nach § 1 AStG genommen. Wird die Kostenübernahme durch ein nachträglich vereinbartes Entgelt „rückgängig" gemacht, so ist das Entgelt als verdeckte Gewinnausschüttung der Tochtergesellschaft zu werten, die bei der Muttergesellschaft nur dann zu einem Eintrag führt, wenn die Tochtergesellschaft die nötige Liquidität besitzt (BFH-Beschluss vom 5.6.2003 I B 168/02, BFH/NV 2003 S. 1412, IStR 2003 S. 738).

48 Die Finanzverwaltung hat in einer Verwaltungsanweisung ausführlich zur Anwendung des § 1 AStG auf Fälle von Teilwertabschreibungen und anderen Wertminderungen auf Darlehen an verbundene ausländische Unternehmen unter Bezugnahme auf die BFH-Judikatur zu inländischen Sachverhalten wie folgt Stellung genommen (siehe BMF-Schreiben vom 29.3.2011 IV B 5 – S 1341/09/10004, 2011/0203248, BStBl I 2011 S. 277). Die Finanzverwaltung möchte den § 1 AStG bei grenzüberschreitenden Darlehensgewährungen in toto – im Gegensatz zur Besteuerung inländischer Sachverhalte i. S. v. § 8b Abs. 3 KStG 2002 (so BFH, Urteil vom 14.1.2009 I R 52/08, BStBl II 2009 S. 674) – extensiv anwenden. Dies gilt insbesondere für folgende Sachverhaltskonstellationen:

– Darlehensgewährung eines inländischen, beherrschenden Gesellschafters an ein ihm nahestehende, ausländische Gesellschaft, zu der über das Darlehensverhältnis hinaus keine weiteren Geschäftsbeziehungen bestehen

– Darlehensgewährung eines inländischen, beherrschenden Gesellschafters an eine ihm nahestehende, ausländische Gesellschaft, zu der über das Darlehensverhältnis hinaus weitere Geschäftsbeziehungen (Lieferungs- und Leistungsaustausch) bestehen

– Forderungen aus laufenden Geschäftsbeziehungen (Lieferungen und Leistungen) eines inländischen beherrschenden Gesellschafters an eine ihm nahe stehende, ausländische Gesellschaft, soweit die Forderungen nicht entsprechend den vereinbarten, fremdüblichen Zahlungsbedingungen getilgt werden

– Teilwertabschreibung in Fällen der Gewährung eines ungesicherten Darlehens an eine Schwestergesellschaft

Die Verwaltungsanweisung ist im Schrifttum nahezu auf einhellige vernichtende Kritik gestoßen, da diese Interpretation des BMF-Schreibens nicht vom Wortlaut des § 1 AStG gedeckt ist und – wie bereits oben erwähnt – nicht mit der korrespondierenden BFH-Rechtsprechung zu inländischen Sachverhalten korreliert (hierzu eingehend *Kaminski/Strunk*, Stbg 2011 S. 246 ff.; *Prinz*, DB 2011, Heft 33, M 1; *Looks/Birmans/Persch*, DB 2011 S. 2110 ff.; *Korn*, KÖSDI 2011 S. 17598 ff.; *Prinz/Scholz*, FR 2011 S. 925 ff.; *Riedl/Stasch*, StB 2011 S. 440 ff.; *Roser*, GmbHR 2011 S. 841 ff.; *Schmidt*, NWB 2011, Beilage zu Heft 33, S. 3 ff.; *Niemtimp/Langkau*, IWB 2011 S. 353 ff.; *Teschke/Langkau/Sundheimer*, DStR 2011 S. 2021 ff.; siehe auch die ausführliche Stellungnahme des *IDW*, Ubg 2011 S. 980; ferner *Ditz/Liebchen*, IStR 2012 S. 97 ff.). Zur Sperrwirkung von Art. 9 Abs. 1 DBA-USA 1989 gegenüber Einkünftekorrektur nach § 1 Abs. 1 AStG (a. F.) bei Teilwertabschreibung infolge unbesichert begebenes Darlehens ist folgendes Judikat ergangen: BFH, Urteil vom 17.12.2004 I R 23/13, BFH/NV 2015 S. 626; BB 2015 S. 626 mit Anmerkung *Rudolf*, BB 2015 S. 626 und *Pitz/Quilitzsch*, ISR 2015 S. 121, 124; ferner *Schnorberger/Lankan*, IStR 2015 S. 242 ff.; entgegen BMF-Schreiben vom 29.3.2011 IV B 5 – S 1341/09/10004, 2011/0203248, BStBl I 2011 S. 277.

Einer Teilwert-AfA für ein ausgefallenes Darlehen an eine ausländische Tochterkapitalgesellschaft kann § 1 AStG entgegenstehen (FG Thüringen, Urteil vom 29.1.2014 3 K 43/13, EFG 2014 S. 1401, rkr.). Dem steht jedoch das Judikat eines anderen FG entgegen, wonach die Möglichkeit der steuerlichen Berichtigung von Teilwertabschreibungen auf Darlehensforderungen gegen ausländische Tochtergesellschaften eine Anwendung von § 1 AStG verneint wird (siehe FG Düsseldorf, Urteil vom 28.3.2014 6 K 4087/11 F, EFG 2014 S. 1275; hierzu *Ditz/Quilitzsch*, ISR 2014 S. 293 ff. [Rev. eingelegt; Az. des BFH: I R 29/14]).

Zu dieser heftig umstrittenen Problematik wird also erneut der BFH Gelegenheit haben, ein abschließendes Machtwort zu sprechen.

(einstweilen frei)

49 bis 50

C. Fremdvergleich als Berichtigungsmaßstab

I. Allgemeine Grundlagen

Nach § 1 Abs. 1 AStG sind Geschäftsbeziehungen zwischen dem Steuerpflichtigen und der nahe stehenden Person steuerlich danach zu beurteilen, ob sich die Beteiligten wie voneinander unabhängige Dritte unter gleichen oder ähnlichen Verhältnissen verhalten haben. Nach Tz. 2.1.1. der Verwaltungsgrundsätze, BMF-Schreiben vom 23.2.1983 IV C 5 – S 1341 – 4/83, BStBl I 1983 S. 218, ist dabei die verkehrsübliche Sorgfalt eines **ordentlichen und gewissenhaften Geschäftsleiters** zugrunde zu legen (hierzu *Greil/Colussi*, StBp 2011 S. 40 ff.). Das Gesetz folgte dabei lediglich der stetigen BFH-Judikatur. Danach sollen für die Ausgestaltung des Begriffs § 93 Abs. 1 Satz 1 AktG, § 43 Abs. 1 GmbHG, § 347 HGB und § 34 GenG herangezogen werden (*Kußmaul/Müller*, StB 2013 S. 152, 156 m. w. N.; zur Rechtsfigur des doppelten ordentlichen und gewissenhaften Geschäftsleiters und deren Auswirkungen auf die Bestimmungen der Verrechnungspreise in Verlagerungsfällen siehe instruktiv *Thier*, IStR 2012 S. 495 ff.).

Mit den Verwaltungsgrundsätzen hat die FinVerw zum Fremdvergleich aus deutscher Sicht detailliert Stellung bezogen. Die FinVerw beschränkt sich dabei auf die Einkunftsabgrenzung bei international verbundenen Unternehmen, d. h. den Hauptanwendungsfall des § 1 AStG. Soweit andere Steuerpflichtige von § 1 AStG betroffen sind, kann auf die Ausführungen in den Verwaltungsgrundsätzen analog verwiesen werden, da grundsätzlich keine Unterschiede beim Fremdvergleich existieren (vgl. Tz. 1.0.2. des BMF-AnwSchr, BMF vom 2.12.1994 IV C 7 – S 1340 – 20/94, BStBl I 1995 Sondernummer 1; einen Rückblick auf 30 Jahre „Verwaltungsgrundsätze" für die Prüfung internationaler Verrechnungspreise gibt *Baumhoff*, ISR 2013 S. 249 ff.). Im Schrifttum wird jedoch – trotz zahlreicher praktischer Anwendungsfragen – weiterhin dafür plädiert, am Fremdvergleichsgrundsatz festzuhalten (hierzu *Ditz*, FR 2015 S. 115 ff.).

Im Hinblick auf den spezifischen – für Externe kaum noch nachvollziehbaren – Sprachgebrauch hat das Bundesfinanzministerium dankenswerterweise einen Glossar „Verrechnungspreise" zur spezifischen Diktion erlassen (BMF-Schreiben vom 19.5.2014 IV B 5 – S 1341/07/10006-01, 2014/0348272, BStBl I 2014 S. 838; zum ganzheitlichen Lösungsansatz durch „Intercompany Effectiveness" aus betriebswirtschaftlicher Sicht eingehend *Wehnert/Waldens/Sprenger*, DB 2014 S. 2901 ff.).

51

52 Im Rahmen des Unternehmenssteuerreformgesetzes 2008 wurde eine gesetzliche Begriffsbestimmung der Gewinnverlagerung in § 1 Abs. 3 AStG vorgenommen. Dies geschah auf Anregung der Bürokraten im Bundesfinanzministerium, die nunmehr durch dieses Monstrum des aufgeblähten § 1 Abs. 3 AStG n. F. i. V. m. der Funktionsverlagerungsordnung vom 12.8.2008 (BGBl I 2008 S. 1680 – BStBl I 2009, S. 34, hier nach dem Text des § 1 AStG wiedergegeben, s. o. zum Beginn dieser Kommentierung) weitere konkurrierende Ermächtigungsgrundlagen geschaffen haben, um die fiskalisch unerwünschte Gewinnverlagerung ins Ausland scheinbar eindämmen zu können. Dabei nimmt man das Risiko der abkommenswidrigen Doppelbesteuerungen offensichtlich billigend in Kauf.

52a Für die Praxis bedeutsam ist die Frage, ab wann die Vorschriften des § 1 Abs. 3 AStG i. V. m. der Funktionsverlagerungsverordnung etc. gelten.

Eine gesetzes- und verfassungskonforme Betrachtung kann nur zu dem Ergebnis kommen, dass § 1 Abs. 3 AStG nur auf Geschäftsvorfälle anzuwenden ist, die im oder nach dem Veranlagungszeitraum **2008** verwirklicht worden sind. Im Schrifttum wurde herausgearbeitet, dass § 1 Abs. 3 AStG nach seinem Wortlaut auch Funktionsverlagerungen möglicherweise auch in davor liegenden Veranlagungszeiträumen erfassen könnte. Ansatzpunkt für diese Art von Überlegungen sind die zusammenfassende Betrachtung von Verlagerungsvorgängen über fünf Jahre und die nachträgliche Überprüfung der Gewinnentwicklung und deren nachträgliche Korrektur im Wege einer Preisanpassung. Diese Überlegungen finden ihre Grenzen jedoch in der mangelnden Ermächtigung für eine rückwirkende Anwendung des Fünfjahreszeitraums und in dem Vorliegen einer echten Rückwirkung bei Anpassung der Preisanpassungsklausel auf erhebliche Abweichungen i. S. d. § 1 Abs. 3 Satz 11 AStG vor dem Zeitpunkt der Gesetzesankündigung. Diese Auslgeung steht überdies im Einklang mit dem Zweck der Funktionsverlagerungsverordnung (FVerlV), der ausweislich der Gesetzesbegründung des § 1 Abs. 1 Satz 1 FVerlV die Vermeidung einer ausufernden Anwendung des § 1 Abs. 3 Sätze 9 und 10 AStG sein soll (so das Fazit von *Andresen/Schoppe,* IStR 2009 S. 600, 604).

53 Der neue § 1 Abs. 3 AStG n. F. stellt eine Herausforderung für den Rechtsanwender dar. So enthält er nicht nur 13 Sätze. Zwischen den einzelnen Sätzen fehlt jedoch vielfach der innere Zusammenhang. Auch bauen die Sätze nicht logisch aufeinander auf. Insoweit sind erhebliche handwerkliche Mängel zu beanstanden. Es wäre ein Leichtes gewesen, eine strukturiertere und damit auch anwenderfreundlichere Gesetzesfassung zu beschließen (siehe *Wassermeyer,* DB 2007 S. 535 ff.). Ferner ist die Verschärfung von § 1 Abs. 3 AStG n. F. auch vor dem Hintergrund der Vereinbarkeit mit dem EU-Recht kritisch zu sehen. Denn diese Vorschrift erfasst nur Gewinnkorrekturen bei Geschäftsbeziehungen zum Ausland, nicht dagegen zum bzw. im Inland. Sie verstößt damit gegen die Niederlassungs- und Kapitalverkehrsfreiheit. Durch die nun vorgenommenen Verschärfungen wird die Ungleichbehandlung von ausländischen und inländischen Sachverhalten erheblich ausgeweitet. Damit ist ein Verstoß von § 1 Abs. 3 AStG n. F. gegen EU-Recht noch wahrscheinlicher (*Wassermeyer/Baumhoff/Greinert,* in F/W/B, § 1 Abs. 3 Rdn. V 14; ferner *Rolf,* IStR 2009 S. 152 ff.; *Goebel/Küntscher,* UBg 2009 S. 235 ff.; *Looks/Steinert/ Müller,* BB 2009 S. 2348 ff.).

54 Kritik: Anstatt ein für multinationale Unternehmen attraktives Steuerrecht zu gestalten – wie dies z. B. Irland getan hat –, begeht der deutsche Gesetzgeber den jahrzehntelangen alten Fehler, durch intransparente und rational kaum noch nachvollziehbare bürokratische Monster, der Verwaltung ein Instrumentarium an die Hand zu geben, um den Gewinntransfer ins Ausland (oder vereinfacht formuliert: Kapitalflucht) einzudämmen. Dies wird dazu führen, dass große Konzerne überlegen werden, eine Ansiedlung im eigentlich aus betriebswirtschaftlich und strategischen Gründen attraktiven Industriestandort Deutschland zu /negieren, um nicht auf einen potenziellen Konfrontationskurs mit dem hiesigen Fiskus zu gelangen. Die Finanzverwaltung rechtfertigt zwar dies quasi als „Notwehrrecht", um die Gewinnverschiebung ins Ausland einzudämmen; sie ist jedoch aufgrund der fehlenden intellektuellen Ausstattung in den nachrangigen hierarchischen Strukturen kaum in der Lage, diese Rechtsgrundlagen professionell umzusetzen. Ähnlich wie bei der Zinsschranke in § 4 h EStG dürfte auch die Finanzgerichtsbarkeit mit diesem Paragraphenmonstrum erhebliche Anwendungsprobleme haben.

1. Verrechnungspreise und ihre Funktion

Nach § 1 AStG sind ansetzend an der einzelnen **Geschäftsbeziehung** die von Nahestehenden vereinbarten Bedingungen solchen Bedingungen gegenüberzustellen, die voneinander unabhängige Dritte unter gleichen oder ähnlichen Verhältnissen vereinbart hätten **(Fremdvergleich)**. Der Fremdvergleich verdichtet sich regelmäßig auf die Frage, welcher Preis zwischen fremden Dritten den für die den Gegenstand der Geschäftsbeziehung bildenden Lieferungen, Leistungen usw. vereinbart worden wäre **(Fremdpreis)**. Dabei kann es vorkommen, dass andere Bedingungen als der Preis (z. B. Bonität des Geschäftspartners, Liefermodalitäten, Zahlungsziel, Gewährleistung) dem Fremdvergleich nicht entsprechen; somit muss der für die Gesetzesanwendung maßgebende **„Fremdvergleichswert"** dann regelmäßig durch **sachgerechte Anpassungen** desjenigen Preises zu berücksichtigen sein, der unter Fremdbedingungen anzusetzen ist. 55

Der Verrechnungspreis wird aufgrund von zivilrechtlichen Kontrakten von den nahe stehenden Unternehmen in rechtlich bindender Form fixiert. Die **Betriebswirtschaft** sieht in ihnen vielfach ein Instrument, das Probleme unternehmens- und konzerninterner Koordinierung lösen kann (hierzu sehr ausführlich *Kroppen*, Handbuch Internationale Verrechnungspreise; *Vögele/Borstell/Engler*, Handbuch der Verrechnungspreise, 4. Aufl. 2015). Sie können im Konzern etwa durch ein besonderes Leitsystem (z. B. im Rahmen von Kalkulationsmaßnahmen oder Budgetierungen) reguliert werden, das spezifischen betrieblichen Funktionen der Beteiligten dient (siehe *Kuckhoff/Schreiber*, Verrechnungspreise in der Betriebsprüfung [1997], Rdn. 7 f.). Maßgebende Parameter sind folgende: 56
– Sicherung der Wirtschaftlichkeit von Konzernvorgängen (Gewinnoptimierung);
– Vereinfachung der innerbetrieblichen Leistungsverrechnung (Vereinfachungsfunktion);
– Wirtschaftlichkeitskontrolle von Kostenstellen (Kontrollfunktion);
– organisatorische Lenkung von Teilbereichen der Unternehmen (organisatorische Lenkungsfunktion);
– getrennte Erfolgsermittlung für die autonomen Teilbereiche einer Unternehmung (Erfolgsermittlungsfunktion);
– steuerliche Minimierung der steuerlichen Gesamtlast des Konzerns (Funktionen im Rahmen des Steuermanagements).

Zu den spezifischen Problemen der Verrechnungspreisbestimmung bei **funktionsschwachen Unternehmen** eingehend *Scholz*, BB 2011 S. 1515 ff.; zur Berücksichtigung von Risiko bei der Bestimmung von Verrechnungspreisen siehe *Hervé/Stock*, BB 2013 S. 614 ff.; zur Verrechnungspreisprüfung in der Unternehmenspraxis mit konkreten Umsetzungsempfehlungen gibt *Frischmuth*, StuB 2013 S. 816 ff., einen instruktiven Überblick zur Finanzierungsunterstützung im Konzern aus Verrechnungspreissicht siehe *Puls*, IStR 2012 S. 209 ff.; zum Verrechnungspreis und Zollwert siehe *Masorsky/Schoppe/Stumpf*, BB 2013 S. 279 ff.; zu der Problematik der nicht abziehbaren Betriebsausgaben als Bestandteil von Verrechnungspreisen nach der „cost plus method" und bei Kostenumlagen, *Bonertz*, DStR 2013 S. 426 ff.; zum tax compliant transfer pricing *Greil/Kiesow*, DStZ 2013 S. 389 ff.; zum operational transfer pricing *Schöneborn*, DB 2013 S. 2869 ff.; eine kritische Betrachtung zu Advance Pricing Agreements als Instrument zur Vermeidung von Verrechnungspreiskonflikten siehe *Vollert/Eikel/Sureth*, StuW 2013 S. 367 ff.; zur Angemessenheit der Dokumentation unter Berücksichtigung der ex-ante- und ex-post-Sicht siehe *Ackermann/Stock/Halbach*, DB 2014 S. 567 ff.; zu neueren Entwicklungen bei der Anerkennung nachträglicher Verrechnungspreisanpassungen siehe *Greinert/Metzner*, DB 2014 S. 622 ff.; zur Verrechenbarkeit des Konzernnames siehe *van der Ham/Retzer*, IStR 2014 S. 240 ff.; zur Ermittlung von angemessenen Verrechnungspreisen für Unternehmen der Digital Economy siehe *Heggmair/Riedl/Wutschke*, IStR 2014 S. 323 ff.; zu den neuesten Anforderungen an die Verrechnungspreisorganisation siehe *Freudenberg*, BB 2014 S. 1515, 1517 ff.; zur Bestimmung von konzerninternen Verrechnungspreisen im Spannungsfeld von Steuern und Controlling siehe *von der Ham/Thier*, IStR 2015 S. 168 ff.

57 Aufgrund der Steuerungsfunktion der konzernleitenden Unternehmen (respektive Muttergesellschaft) ist es natürlich möglich, die Verrechnungspreise – in Gestalt einer Gewinnausweitung in steuerlich niedrigere Staaten – in gewissem Umfang dergestalt zu manipulieren, dass jene von dem eigentlichen Fremdvergleich signifikant abweichen. Deshalb unterliegen die vom Unternehmen festgesetzten Verrechnungspreise der Überprüfung durch die Finanzverwaltung und dies in einem größeren zeitlichen Abstand von den betreffenden Geschäftsvorfällen. Somit ist die Finanzverwaltung in der Lage, aufgrund späterer nachträglicher Ereignisse oder sonstiger Erkenntnisse die Verrechnungspreise in einem anderen Blickwinkel zu betrachten.

58 In der Praxis hat dies bereits dazu geführt, dass beim ehemaligen Bundesamt für Finanzen (nunmehr: Bundeszentralamt für Steuern) auf bestimmte Branchen hoch spezialisierte Betriebsprüfer (z. B. für private TV-Sender, Fußballclubs, Pharmabereich etc.) arbeiten, die sich ein fundiertes Know-how zur Prüfung der Fremdpreise einzelner Branchen angeeignet haben. Sie sind dann in der Lage, mit den Vertretern des Unternehmens auf Augenhöhe zu verhandeln. Dies führt in der Praxis zu skurrilen Auswirkungen, beispielsweise dann, wenn solche hoch spezialisierten Prüfer von den Konzernen abgeworben werden und selbst effektiv künftig für das Unternehmen arbeiten (Bsp.: BASF, wo mehr als 50 % der Mitarbeiter in der Steuerabteilung ehemalige Finanzbeamte sind!).

In diesem Kontext ist darauf hinzuweisen, dass die Finanzverwaltung gem. § 5 Abs. 1 Nr. 6 FVG befugt ist, auch Daten über Konzernverrechnungspreise in anonymer Weise über die **Informationszentrale Ausland (IZA)** systematisch zu sammeln (zur Verfassungsmäßigkeit siehe BFH, Urteil vom 30.7.2003 VII R 45/02, BStBl II 2004 S. 387/389).

Am 16.9.2014 hat die OECD im Rahmen des BEPS-Projekts die ersten Dokumente veröffentlicht. Unter anderem wurden für die Verrechnungspreise das neue Kapital V der OECD-Leitlinien zur Dokumentation einschließlich des sog. Country-by-Country Reporting (CbC) und in Teilen die Überarbeitung des Kapitels VI OECD-Leitlinien zu den immateriellen Wirtschaftsgütern vorgestellt. Es ist fraglich, ob die von der OECD angestrebte Transparenz einerseits und die Abwägung mit den Interessen der Steuerpflichtigen hinsichtlich angemessener Anforderungen an die Dokumentation andererseits mit dem dreistufigen Dokumentationsansatz zur OECD erfüllt worden ist (hierzu *Kroppen/Rasch,* ISR 2014 S. 358 ff.; *Busch/Wilmanns,* DB 2014 S. 1856 ff.; *Naumann/Groß,* IStR 2014 S. 792 ff.; *Elbert/Wellmann/Münch,* IStR 2014 S. 800 ff.; *Pinkernell,* DStZ 2014 S. 964 ff.; zu Änderungen der OECD-Verrechnungspreisrichtlinien zu Safe-Harbour-Rules siehe *Reichl/von Bredow,* DB 2012, S. 1514 ff.; zu einer ersten Analyse des OECD-Dikussionspapiers zur Berücksichtigung von Intangibles zur Bestimmung von Verrechnungspreisen; siehe *Rouenhoff,* IStR 2012 S. 654 ff.; *Herbert/Luckhaupt,* Ubg 2012 S. 672 ff.); *Ditz/Pinkernell/Quilitzsch,* IStR 2014 S. 45 ff.; *Bärsch/Luckhaupt/Schulz,* Ubg 2014 S. 37 ff.; *Ackermann/Halbach,* ISR 2014 S. 423 ff.; *Roeder/Fellner,* ISR 2004 S. 428 ff.; *Naumann/Groß,* IStR 2014 S. 906 ff.; zum OECD-Entwurf zu Verrechnungspreisen für konzerninterne Dienstleistungen siehe *Geberth,* GmbHR 2015, R 11 f.; zur OECD-Definition immaterieller Werte für Verrechnungspreiszwecke s. *Koch,* IStR 2015 S. 199). **58a**

Der **Fremdvergleichsgrundsatz** legt als Maßstab an, wie die Geschäftsbeziehung unter der Hypothese zustande gekommen wäre, dass sie am freien Markt und unter völlig unabhängigen Unternehmen ausgehandelt worden wäre; er verweist auf die realen Verhältnisse des freien Marktes. Dabei werden jahrzehntelang die sog. drei Standardmethoden angewendet, um aus Fremdpreisen des steuerpflichtigen Unternehmens und marktentnommenen Daten einen Vergleichswert abzuleiten (direkter Marktvergleich); sie werden durch Prüfungsweisen ergänzt, die Marktvorgänge nur noch hypothetisch nachvollziehen können (hypothetischer Fremdvergleich); zur Bedeutung von Risiken bei der Ermittlung fremdüblicher Verrechnungspreise – Diskussionsentwurf der OECD zu den Maßnahmen 8, 9 und 10 des BEPS-Aktionsplans vgl. *Greinert/Metzner,* Ubg 2015 S. 60 ff.; zur Maßnahme 8 des BEPS-Aktionsplans – Der Fremdvergleichsgrundsatz und BEPS s. *Schmidtke,* IStR 2015 S. 120 ff. **59**

Beide Betrachtungsweisen scheitern in der Praxis jedoch wegen der am Markt herrschenden Verhältnisse, was den Übergang zu anderen, an innerbetrieblichen Verhältnissen orientierten Prüfungsweisen notwendig macht. Abzustellen ist stets auf die Grundsätze zum Zeitpunkt des Abschlusses der Geschäftsbeziehung (sog. Grundsatz der Ex-ante-Betrachtung; siehe Tz. 2.1.8 des BMF-Schreibens vom 23.2.1983 IV C 5 – S 1341 – 4/83, BStBl I 1983 S. 218; zur Bestimmung von Verrechnungspreisen gem. den OECD-TPG 2010 in § 1 Abs. 3 AStG siehe *Luckhaupt,* DB 2010 S. 2016 ff. und Ubg 2010 S. 646 ff.). **60**

Zur spezifischen Problematik der Zusammenfassung von Geschäftsvorfällen bei der Verrechnungspreisplanung und -dokumentation siehe *Bauer,* DB 2008 S. 152 ff.

Auffallend ist, dass es zu der eigentlich potentiell streitanfällige Verrechnungspreisproblematik es relativ wenig finanzgerichtliche Judikate gibt. Dies ist auch darauf zurückzuführen, dass sowohl die Interessen der involvierten verbundenen Unternehmen als auch die Finanzverwaltung kein substanzielles Interesse daran haben, langwierige Rechtsstreite mit großer Rechtsunsicherheit zu führen. Der Einigungsdruck ist deshalb groß, so dass es zumeist bei einer einvernehmlichen Regelung in der Praxis auf Basis von tatsächlichen Verständigungen etc. kommt (zu dieser spezifischen Problematik siehe *Schoppe,* BB 2014 S. 2199, Verrechnungspreise – warum nicht mal zum FG?).

60a Die spezifische Problematik der **Anpassung von Verrechnungspreisen in der Rezession** ist im Schrifttum wie folgt Stellung genommen worden. Wenn grenzüberschreitend tätige Unternehmen in Zeiten einer Rezession bzw. Wirtschaftskrise starke Gewinnminderungen bzw. Verluste erleiden, können die Vertragsparteien aus zivilrechtlicher und steuerlicher Sicht ihre Verrechnungspreise anpassen. Unabhängig von vertraglichen Anpassungsklauseln und Kündigungsfristen dürfen einvernehmliche Vertragsänderungen auch unterjährig vereinbart werden. Als Gestaltungsmöglichkeiten kommen u. a. die Orientierung der Preise oder Margen am unteren bzw. oberen Ende der eingeengten Bandbreite (Interquartile Range) in Frage, ferner die Durchführung neuer Benchmarkanalysen oder ein vorübergehender Verzicht auf die Verrechnung von Gewinnaufschlägen oder Lizenzen mit der Vereinbarung, später entsprechend höhere Belastungen vorzunehmen. Im Einzelfall kommen aus betriebswirtschaftlichen Gründen Umstrukturierungen in der Wertschöpfungskette in Betracht, die jedoch die Besteuerung einer Funktionsverlagerung auslösen können. Grundsätzlich sollten die beabsichtigten Änderungen von den steuerlichen Beratern in den Ländern der beteiligten Unternehmen unter steuerlichen Aspekten überprüft werden, bevor eine Umsetzung solcher Maßnahmen erfolgt (hierzu eingehend *Engler,* IStR 2009 S. 685, insbesondere S. 691).

60b Die grenzüberschreitende Gewinnverlagerung durch die steuerlich vorteilhafte Gestaltung internationaler Verrechnungspreise gelangt zunehmend in den Fokus der deutschen Finanzverwaltung. Die Verwaltung verweist auch in ihren Verwaltungsanweisungen für Fälle des Missbrauchs ausdrücklich auf die Möglichkeit eines Ordnungswidrigkeits- oder Strafverfahrens gem. §§ 369 ff. AO. In einem Beitrag werden Konstellationen aufgezeigt, die in der Praxis zu der Annahme einer **Steuerhinterziehung gem.** § 370 AO führen können. Hierbei zeigen die Autoren auf, dass der Nachweis in der Regel erst dann möglich sein wird, wenn der Steuerpflichtige entweder sehr deutlich vom Fremdvergleichsgrundsatz abgewichen ist oder aber über ihm bekannte Vergleichsdaten im Hinblick auf eine erwartete Steuerentlastung hinweggegangen ist (hierzu eingehend *Sidhu/Schemmel,* Steuerhinterziehung bei grenzüberschreitenden Gewinnverlagerungen durch Festlegung unangemessener Konzernverrechnungspreise, BB 2005 S. 2549 ff.; zu weiteren potenziellen steuerstrafrechtlichen Risiken im Hinblick auf § 1 Abs. 3 AStG n. F. siehe *Peters/Pflaum,* wistra 2011 S. 250 ff.).

2. Methodik des Fremdvergleichs

61 Das Gesetz geht in § 1 Abs. 3 AStG n. F. davon aus, dass Vergleichswerte aus dem Markt verfügbar sind. Mit gewissen Vereinfachungen verwendet diese Vorschrift für den Vergleich folgende gesetzliche Wortführung:

– Prüfungsobjekt ist der vom Steuerpflichtigen und Nahestehendem **der Geschäftsbeziehung zugrunde gelegte Verrechnungspreis;** er richtet sich allein nach den Vereinbarungen der Beteiligten, ist für die Quantifizierung des Korrekturpostens bedeutsam, unterliegt aber als solcher nicht der Berichtigung.
– Die Prüfung verwendet im realen Markt ermittelte **Fremdvergleichswerte;** je nach Prüfungsansatz kann es sich um Preise für Waren bzw. Leistungen, andere Entgelte oder aber sonstige Preisvergleichsdaten wie Handelsaufschläge oder Rohgewinnmargen o. Ä. handeln, die einer Prüfungsmethode zugrunde liegen.
– Die Fremdvergleichswerte sind regelmäßig unter Bedingungen anzuwenden, die von dem des Prüfungsfalls abweichen. Um dies auszugleichen, sind sie sachgerecht anzupassen (sachliche Anpassung). Grundlage dafür ist die sog. **Funktionsanalyse.**
– Die angepasste bzw. nach der Bandbreitenregelung maßgebende Größe ist als steuerlich **maßgebender Verrechnungspreis** dem von den Beteiligten zugrunde gelegten Verrechnungspreis gegenüberzustellen, womit der ggf. anzusetzende Korrekturposten quantifiziert werden kann.

62 Als **Fremdvergleichswerte** kommen als solche aus eigenen Geschäften des Steuerpflichtigen gegenüber Fremden (innerer Vergleich) oder aus Geschäften Fremder (äußerer Vergleich) in Betracht. Da die Praxis dem inneren Vergleich im Allgemeinen den Vorrang gibt, sind Preise, die der Steuerpflichtige selbst mit Fremden vereinbart hat, oft der entscheidende Prüfungsanknüpfungspunkt. Zentrale Frage ist dabei jedoch die Vergleichbarkeit der zu prüfenden und der am Markt beobachteten Verhältnisse.

63 Methodisch unterscheidet § 1 AStG n. F. stufenweise drei Prüfungsweisen:
– den direkten (tatsächlichen) Vergleich auf der Basis uneingeschränkt vergleichbarer Fremdvergleichswerte (Satz 1)
– den indirekten (tatsächlichen) Vergleich auf der Basis nur eingeschränkt vergleichbarer Fremdvergleichswerte (Satz 2 und 3)
– den hypothetischen Fremdvergleich, der nur zulässig ist beim Fehlen anpassungsfähiger Fremdvergleichswerte (Satz 5–8)

64 Bei der ersten, primären Stufe sind die drei Standardmethoden (dazu sogleich)in ihrer reinen Form anzuwenden. Auf der zweiten Stufe kann jede geeignete Methode verwendet werden, was die Standardmethoden nicht ausschließt, gemischte oder abgewandelte Formen und Ansätze der Plandatentechnik und der Unternehmenscharakterisierung zulässt. Beim hypothetischen Vergleich sind diese Methoden und Ansätze modellartig zur Berechnung von Einigungsbereich und wahrscheinlichstem Wert heranzuziehen. Ansonsten sind die Grenzen dieser vom Gesetz vorgeschriebenen Prüfungsarten fließend, da sie von der Bewertung der Verwendbarkeit vorhandener Fremdvergleichswerte und ähnlichen Merkmalen abhängen, die häufig gerade Hauptstreitpunkt in der Auseinandersetzung mit der Finanzverwaltung (Betriebsprüfung) sind.

3. Überprüfung der Standardmethoden (Abs. 3 Satz 1–4)

65 Die klassischen Standardmethoden sind die **Preisvergleichs-, Wiederverkaufspreis- und die Kostenaufschlagmethode.** Sie unterscheiden sich durch die Fremdvergleichswerte, die zu ihrer Anwendung aus dem Markt heranzuziehen sind. Die

Standardmethoden wurden von der Finanzverwaltung aus typischen Situationen des Wirtschaftsverkehrs entwickelt (Lieferung vertretbarer Waren, konzernabhängige Vertriebsgesellschaften, weisungsgebundene Zulieferer).

66 Soweit uneingeschränkt vergleichbare Fremdvergleichswerte feststellbar sind, stellt die Regelung den Vorrang der sog. Standardmethoden fest. Werden mehrere solcher Werte für die Anbindung einer Methode ermittelt, bildet diese eine Bandbreite. Die vorrangige Anwendung der Standardmethoden entspricht dem internationalen Konsens. Darüber hinaus enthält Satz 1 in Anlehnung an international übliche Formulierungen (OECD) eine gesetzliche Definition des Begriffs „Funktionsanalyse".

67 In allen Fällen, in denen keine uneingeschränkt vergleichbaren Werte ermittelt werden können, wird vom Steuerpflichtigen gefordert, eingeschränkt vergleichbare Fremdvergleichswerte (z. B. Preise, Bruttomargen, Kostenaufschlagssätze, Provisionssätze) für die Anwendung einer geeigneten Verrechnungspreismethode zu verwenden.

68 Ergibt sich eine Bandbreite eingeschränkt vergleichbarer Fremdvergleichswerte, regelt Satz 3, dass diese Bandbreite einzuengen ist. Dies ist erforderlich, weil die nur eingeschränkte Vergleichbarkeit der Werte regelmäßig zu einer größeren Bandbreite führt als bei uneingeschränkt vergleichbaren Werten. Die Einengung ist entsprechend den Verwaltungsgrundsätzen vorzunehmen.

69 In Fällen, in denen der vom Steuerpflichtigen verwendete Wert außerhalb der im jeweiligen Fall maßgeblichen Bandbreite liegt, ist eine Korrektur unter Verwendung des Medians der Werte dieser Bandbreite durchzuführen. Wäre der Steuerpflichtige berechtigt, den für ihn günstigsten Wert zu verwenden, könnte das deutsche Besteuerungsrecht ohne sachliche Begründung ungerechtfertigt zugunsten der ausländischen Besteuerung geschmälert werden (BT/Drucks. vom 27.3.2007 16/4841 S. 85 amtl. Begr.).

70 Die Standardmethoden gehen davon aus, dass der Fremdvergleich Aussagen nur innerhalb **gewisser Toleranzgrenzen** zulässt. Die Anwendung der Standardmethoden führt damit auf Ober- und Unterwerte. Dieses **Preisband** bildet den Rahmen des Fremdvergleichs. Aus ihm ist der für die Gesetzesanwendung maßgebende Wert zu entnehmen, wobei es ggf. zu präzisieren oder u. U. durch einen außerhalb des Bandes liegenden Wert zu ergänzen ist (Tz. 3.4.12.4.des BMF-Schreibens vom 12.4.2005 IV B 4 – S 1341 – 1/05, BStBl I 2005 S. 570 betr. Aufzeichnung von Informationen aus Datenbanken oder dem Internet).

71 § 1 Abs. 3 Satz 1–4 AStG stellt auf die Zuverlässigkeit der verfügbaren Fremdvergleichswerte (Marktdaten) wie folgt ab:
– besteht das Band aus „uneingeschränkt" vergleichbaren Fremdvergleichswerten, so wird jeder innerhalb des Bandes liegende, der Geschäftsbeziehung zugrunde gelegte Preis steuerlich anerkannt;
– liegt dem Band nur „eingeschränkt vergleichbare" Fremdvergleichswerte zugrunde, so ist das Preisband selbst „einzuschränken" und der Verrechnungspreis in seinem Median (d. h. dem Wert an der Mittelstelle des Bandes) anzusetzen;
– voll zu Lasten des Steuerpflichtigen kann die Bandbreite ausgeschöpft werden, wenn Mitwirkungspflichten nach § 90 Abs. 3 AO verletzt wurden und die Besteuerungsgrundlage gem. § 162 Abs. 3 Satz 2 AO zu schätzen ist. Vorausset-

zung hierfür ist, dass keine oder nicht wesentlich verwertbare Aufzeichnungen vorgelegt oder zeitnah zu erstellende Aufzeichnungen nicht gemacht wurden (siehe Anm. 215 bis 216);

Die gesetzliche Regelung zur Verwendung von Preisbändern wurde durch das Unternehmenssteuerreformgesetz 2008 als Reaktion auf die Judikatur des Bundesfinanzhofes eingeführt, die auf den dem Steuerpflichtigen günstigsten Wert des Preisbandes abgestellt hat (siehe BFH-Urteil vom 17.10.2001 I R 103/00, BStBl II 2004 S. 171, IStR 2001 S. 745). Dies hatte die Finanzverwaltung nicht akzeptiert, wenn die „schematische" Nutzung der Ober- bzw. Untergrenzen von Preisbändern zu einer „laufenden Schmälerung" der Gewinne eines der beiden Beteiligten führt und unter Fremden nicht zu erwarten wäre. Im Verhältnis zu funktionsschwachen Gesellschaften schränkte die Verwaltungsvorschrift Vorteile aus Preisbändern ein, in dem nur kostenorientierte Entgelte zugelassen werden (siehe Tz. 2.1.3. Satz 2 des BMF-Schreibens vom 23.2.1983 IV C 5 – S 1341 – 4/83, BStBl I 1983 S. 218). Damit hat der Gesetzgeber die Methodik in der bisherigen Verwaltungsvorschrift (siehe Tz. 3.4.12.5 des BMF-Schreiben vom 12.4.2005 – IV B 4 – S 1341 – 1/05 BStBl I 2005 S. 570) übernommen. **72**

Nach Auffassung der Verwaltung handelt es sich bei den so festzustellenden Vergleichswerten um dem Markt entnommene Beweismittel und aus der Lebenserfahrung abzuleitende Indizien, die nach allgemeinen Beweis- und Schätzungsmethoden der Entscheidung zugrunde zu legen sind. Die Bandbreite bildet meist die dort bestehende Streuung beobachtbarer Marktpreise; resultiert aber oft auch aus Unterschieden der Marktbewertung von Funktionen und Risiken oder unterschiedliche Marktstellungen, Unternehmensstrategien und Zielsetzungen (vgl. BFH, Urteil vom 19.3.2002 I R 4/01, BStBl II 2002 S. 644). Versagt dieser direkte Vergleich im konkreten Einzelfall, so ist auf den „hypothetischen Vergleich" in Abs. 3 Satz 5–7 überzugehen. **73**

Kritik: Es ist zu bedauern, dass der Gesetzgeber das von der Rechtsprechung kreierte Primat der Günstigkeitsmethode der Steuerpflichtigen im Gesetzgebungsverfahren abgeschafft hat. Die Gesetzesänderung in § 1 Abs. 3 AStG n. F. ermöglicht, eine Vielfalt konkurrierender Ermächtigungsgrundlagen herbeizuführen, um von den steuerpflichtigen Konzernen vorgegebenen Konzernpreisen mehr oder weniger willkürlich abzuweichen. Der Finanzverwaltung wird somit ein Recht eingeräumt – quasi oberlehrerhaft – dem Unternehmen die anzusetzenden Verrechnungspreise aufgrund der Vielzahl von konkurrierenden Verrechnungsgrundlagen zu ermitteln. Dies schürt eine Rechtsunsicherheit, die nicht hinzunehmen ist. Man hätte beim Günstigkeitsprinzip bleiben sollen. Steuerpflichtige sollten bei streitigen Auseinandersetzungen auf die bisherige Rechtsprechung rekurrieren und darauf hoffen, dass der weiterhin entscheidende I. Senat beim Bundesfinanzhof – auch nach den Änderungen im Unternehmenssteuerreformgesetz 2008 – seine obige Rechtsprechungslinie grundsätzlich beibehält. **74**

4. Grenzen des Marktvergleichs

Die obig genannten drei Standardmethoden und der eben zitierte hypothetische Fremdvergleich im Sinne von § 1 Abs. 3 Satz 5–8 AStG vermögen **zentrale Schwierigkeiten des Fremdvergleichgrundsatzes** nicht für alle Fälle zu lösen. Dies hat seinen Grund darin, dass der „Fremdpreis" nicht aus einem vom Steuerpflichtigen **75** verwirklichten und der Besteuerung zugrunde zu legenden Sachverhalt, sondern aus einem Verweis auf den Markt abzuleiten ist. Dies führt zu folgenden Anwendungsproblemen:

– Mit dem Marktverweis hat die Rechtsanwendung auf Märkte Bezug zu nehmen, die durch Intransparenz, Unschärfen und hohen Variantenreichtum gekennzeichnet sind.

– Dies macht einen großen Bedarf an Informationen und Ermittlungen notwendig, der oft nicht zu erreichen ist, zumal wenn vergleichbare Geschäftsvorfälle der Finanzverwaltung nicht vorliegen.

– Die Methodik des Vergleichs ist aus diesen Märkten abzuleiten, ergibt sich aber aus ihnen nicht eindeutig. Dies ergibt sich auch daraus, dass in monopolartig strukturierten Märkten kaum noch unabhängige Unternehmen vorzufinden sind.

– Die objektive Darlegungs- und Beweislast liegt grundsätzlich bei der Finanzverwaltung; die Überprüfung setzt aber einen hohen Grad der Erfüllung von Mitwirkungspflichten der Steuerpflichtigen voraus, da dieser allein die verwirklichten Sachverhalte und ihr Umfeld im Markt als einziger in toto wirklich kennt.

(hierzu eingehend *Kußmaul/Müller*, StB 2013 S. 237 ff.).

76 Diese Unschärfen sind durch die Standardmethoden nicht auszuschließen. Um diese Schwierigkeiten der Gesetzesanwendung auf dem Markt zu beheben, haben Rechtsprechung und Anwendungspraxis schon im Rahmen der Methodenlehre Wertungshilfen und -maßstäbe entwickelt und diese zu einem **hypothetischen Fremdvergleich** erweitert.

77 Schließlich hat die BFH-Rechtsprechung immer wieder betont, dass es einen „richtigen" Verrechnungspreis nicht geben kann. Die dem Steuerpflichtigen und der Finanzverwaltung gemeinsamen Grenzen der Rechtsanwendung können nicht zu seinen Lasten gehen. Folglich stellt § 1 Abs. 1 GewAufzVO auf das „ernsthafte Bemühen" des Steuerpflichtigen um Einhaltung des Fremdvergleichsgrundsatzes ab, in dem es ihm einen hohen Grad von Mitwirkung, Dokumentation und Aufzeichnungen auferlegt (vgl. Tz. 3.4.12.3 des BMF-Schreibens vom 12.4.2005 IV B 4 – S 1340 – 1/05, BStBl I 2005 S. 570).

78 Die Methodik des Fremdvergleichs steht vor der grundsätzlichen Problematik: § 1 AStG vergleicht vereinbarte Verrechnungspreise mit dem Verhalten Fremder. Dieser Vergleich schließt es im Ansatz aus, Bindungen und Verhältnisse einzubeziehen, die die beteiligten Nahestehenden verbinden; dies blendet z. B. bei international tätigen Konzernen deren Struktur und Gewinnverhältnisse aus. Betriebliche Zusammenhänge und Ergebnisse können damit wohl als Ausgangsdaten für die dem Fremdvergleich vorzuschaltende Funktionsanalyse bedeutsam sein, sind aber im Fremdvergleich „sachgerecht anzupassen".

79 Aufgrund der obigen Unschärfen hat dies zu **Hilfsmaßstäben geführt, die an die Verhältnisse international tätiger Konzerne u. Ä. als Ganzem anknüpfen**; sie sind aus dem heutigen Stand von Rechtspraxis und -entwicklung nicht mehr wegzudenken. Der durch das Unternehmenssteuerreformgesetz 2008 eingeführte § 1 Abs. 3 AStG n. F. sucht in wichtigen Punkten diese Entwicklung gesetzgeberisch – aus der Perspektive der Finanzverwaltung – zu unterstützen *(Pohl*, in Blümich, EStG, § 1 AStG Rdn. 74 ff. zur Kritik siehe Anm. 217–221).

Zur Bedeutung von Datenbankinformationen bei der Dokumentation von Verrechnungspreisen siehe eingehend *Oestereicher*, StuW 2006 S. 243 ff. sowie *Wahl/ Preisser*, IStR 2008 S. 51 ff.

Zur internationalen Kritik am Standardverrechnungspreismodell von Cash Pools *Scholz/Kaiser*, IStR 2013 S. 54 ff.; ferner *Schreiber/Bubeck*, DB 2014 S. 980 ff.

II. Die Standardmethoden

Der Gesetzgeber (früher die Finanzverwaltung) nennt drei Standardmethoden **80** zur Ermittlung des Fremdpreises und wendet sie auf die wesentlichen Wirtschaftsbeziehungen zwischen verbundenen Unternehmen konkret an. Im Einzelnen werden dabei Warenlieferungen und Leistungen, Zinsen, Nutzungsüberlassungen von immateriellen Wirtschaftsgütern und verwaltungsbezogene Konzernleistungen aufgeführt. Für die Angemessenheitsprüfung liefern hierfür die Preisvergleichsmethode, die Wiederverkaufspreismethode und die Kostenaufschlagsmethode wichtige Anhaltspunkte.

§ 1 Abs. 3 Satz 1 AStG sagt lediglich, dass beim Fremdvergleich die sog. Stan- **81** dardmethoden vorrangige Anwendung finden. Der Aussagewert der Vorschrift ist insoweit banal. Schon bisher wurde in der Praxis der Fremdvergleichspreis ganz überwiegend auf der Grundlage der sog. Standardmethoden ermittelt. § 1 Abs. 3 Satz 1 AStG sagt vor allem nichts darüber aus, wann die eine oder wann die andere der sog. Standardmethoden anzuwenden ist. Eine solche Aussage wäre zwar einerseits interessant, jedoch andererseits auch höchst problematisch, weil in der Regel nur nach den Verhältnissen des konkreten Einzelfalles die vorrangig anzuwendende Standardmethode sinnvollerweise bestimmt werden kann.

§ 1 Abs. 3 Satz 1 stellt nunmehr ein **gesetzliches Stufenverhältnis** zwischen den **82** Standardmethoden auf, das sich optisch wie folgt darstellen lässt:

Stufe 1 tatsächlicher Fremdvergleich
uneingeschränkt vergleichbare Werte
Stufe 2 tatsächlicher Fremdvergleich
eingeschränkt vergleichbare Werte
Stufe 3 hypothetischer Fremdvergleich
Ermittlung eines (hypothetischen) Einigungsbereichs

Nach § 1 Abs. 3 Satz 1 AStG hat somit die Preisvergleichsmethode Vorrang. **83** Dagegen ist an sich nichts einzuwenden, auch wenn es z. B. im Fall von Dauerverlusten denkbar ist, dass die Preisvergleichsmethode durch die Kostenaufschlagsmethode verdrängt wird. Der Vorrang der Preisvergleichsmethode entspricht dennoch der Rechtsprechung (BFH, Urteil vom 6.4.2005 I R 22/04, BFH/NV 2005 S. 1719), weshalb der Regelungsbedarf nicht einsichtig ist. Allerdings ist die Preisvergleichsmethode aus tatsächlichen Gründen allenfalls in 5 v. H. der einschlägigen Fälle anwendbar. Es interessiert vor allem, was in den restlichen mindestens 95 v. H. der einschlägigen Fälle geschehen soll. Genau das bleibt letztlich im Gesetz im Nebulösen. Das Gesetz erwähnt neben der Preisvergleichsmethode keine andere konkrete Fremdvergleichspreismethode. Stattdessen ist von der uneingeschränkten Vergleichbarkeit nach Vornahme erforderlicher Anpassungen, von der eingeschränkten Vergleichbarkeit nach Vornahme erforderlicher Anpassungen und von einem hypothetischen Fremdvergleich die Rede. Die Abgrenzungen zwischen den

Begriffen bleiben im Unklaren. Richtigerweise gibt es zum einen den tatsächlichen und zum anderen den hypothetischen Fremdvergleich. Beim tatsächlichen Fremdvergleich könnten sich Bandbreiten von Preisen ergeben. Beim hypothetischen Fremdvergleich bestehen dagegen in der Regel Einigungsbereiche; dies muss aber nicht so sein. Es gibt Fremdvergleichsmethoden, wie z. B. die Wiederverkaufspreismethode, die sowohl tatsächlich (= Wiederverkaufspreis) als auch an hypothetischen Kriterien (= Rückkehr auf den Einkaufspreis) anknüpft. Bei der Anknüpfung an tatsächliche Kriterien sind wiederum Bandbreiten denkbar. Schließlich muss die Möglichkeit in die Überlegungen einbezogen werden, dass sich nach verschiedenen Fremdvergleichspreismethoden unterschiedliche Fremdvergleichspreise ergeben. In diesen Fällen ist es ausgesprochen gefährlich, wenn kraft Gesetzes einer Fremdvergleichsmethode der Vorrang eingeräumt wird. Richtigerweise geht es darum, die Fremdvergleichspreismethode anzuwenden, die im konkreten Einzelfall das sachgerechteste Ergebnis verspricht (so die Kritik von *Wassermeyer*, DB 2007 S. 535, 536 f.); ausführlicher *Wassermeyer/Baumhoff/Greinert*, F/W/B, AStG, § 1 Rdn. V 19 ff.; siehe auch *Kraft*, AStG, § 1 Rz. 208; *Hofacker*, in Haase, AStG, § 1 Rz. 189; siehe auch neuerdings *Kussmaul/Ruiner*, IStR 2010 S. 605 ff.)

1. Preisvergleichsmethode

84 Bei der **Preisvergleichsmethode** (comparable uncontrolled price method; vgl. Tz. 2.2.2. der Verwaltungsgrundsätze, BMF-Schreiben vom 23.2.1983 IV C 5 – S 1341 – 4/83, BStBl I 1983 S. 218) wird der Verrechnungspreis dem Marktpreis für vergleichbare Geschäfte gegenübergestellt. Beim äußeren Preisvergleich sind die branchenüblichen Vereinbarungen zwischen Fremden heranzuziehen. Dagegen werden beim inneren Preisvergleich die mit unabhängigen Dritten vereinbarten Konditionen des international tätigen Unternehmens zugrunde gelegt.

85 Es eignen sich aber auch andere im Markt tatsächlich vereinbarte Preise zwischen Fremden, gleich ob sie dem Unternehmen durch Marktbeobachtung bekannt sind (z. B. aus Angaben der im Wettbewerb von Fremden umworbenen Kunden) oder ob die Finanzbehörde sie in Marktbereichen festgestellt hat, die dem Steuerpflichtigen nicht einsehbar sind (Hinweis auf die Datenbank des Bundeszentralamtes für Steuern; vormals Bundesamt für Finanzen). In Frage kommen grundsätzlich nur Preise zwischen einander nicht Nahestehenden. Bei der Preisvergleichsmethode handelt es sich um die grundsätzlich vorrangig anzuwendende Methode. § 1 Abs. 3 Satz 2 – 4 AStG n. F. vermeiden diese Heraushebung vor den beiden anderen Hauptmethoden. Das Wort „vorrangig" in Satz 1 bezieht sich auf alle drei Methoden und ihren Vorrang vor dem hypothetischen Vergleich (streitig; so *Pohl*, in Blümich, EStG, § 1 AStG Rdn. 101; a. A. wohl *Wassermeyer*, DB 2007 S. 535). Jedoch ist die Preisvergleichsmethode in der Praxis wegen ihrer unübersehbaren Anwendungsprobleme praktisch nur begrenzt verwertbar. Sie wird deshalb nur als ungefährer Anhaltspunkt bezeichnet und wird wegen ihrer Probleme bei der Datenbeschaffung auf enge Anwendungsbereiche beschränkt bleiben und erfordert regelmäßig eine hypothetische Vorgehensweise, um die Vergleichbarkeit herzustellen.

2. Wiederverkaufspreismethode

86 Mit der **Wiederverkaufspreismethode** (resale price method; vgl. Tz. 2.2.3. der Verwaltungsgrundsätze, BMF-Schreiben vom 23.2.1983 IV C 5 – S 1341 – 4/83, BStBl I 1983 S. 218) können Verrechnungspreise geprüft werden, wenn das ver-

bundene Unternehmen die Lieferung oder Leistung an fremde Dritte weiterveräußert. Vom tatsächlich vereinbarten Wiederverkaufspreis werden marktübliche Abschläge für das Risiko des Wiederverkäufers und ggf. für eine erfolgte Weiterbearbeitung vorgenommen.

Der klassische Anwendungsfall ist die Gewinnabgrenzung zwischen Produktions- und Vertriebsgesellschaften; die Methode geht davon aus, dass die Erstere ihre Marktchancen voll nutzt, der Vertriebsgesellschaft aber einen handelsüblichen Rabatt einräumt.

Die Methode erfordert in der Regel folgende Schritte:
a) Es ist der zu überprüfende Waren-/Leistungsfluss abzugrenzen und die bei dem Steuerpflichtigen entstandene Rohgewinnmarge festzustellen.
b) Es ist anhand von inneren oder äußeren Vergleichen im Markt eine Rohgewinnmarge unter Fremden festzustellen. Sie ist der eigentliche Maßstab des Vergleichs. Zu ermitteln sind generalisierende Vergleichsspannen zwischen Fremden, z. B. deren Handelsspannen, Funktionsrabatte oder Rohgewinnmargen.

Die Wiederverkaufspreismethode ist für breite Sektoren von erheblicher Bedeutung. Sie erlaubt es der Konzernzentrale, die Verrechnungspreise auf die in den Endmärkten zu erzielenden Preise einzustellen, so ihre Verrechnungspreise international zu differenzieren und Währungsrisiken aufzufangen. Für die Vertriebsländer sichert die Methode tendenziell einen Mindestgewinn, unabhängig von der Gewinnlage des Konzerns als Ganzem.

3. Kostenaufschlagsmethode

Die **Kostenaufschlagsmethode** (cost plus method; vgl. Tz. 2.2.4. der Verwaltungsgrundsätze, BMF-Schreiben vom 23. 2. 1983 IV C 5 – S 1341 – 4/83, BStBl I 1983 S. 218) orientiert sich an dem Kalkulationsverfahren, welches das Unternehmen üblicherweise auch bei der Preisermittlung gegenüber Fremden gebraucht. Die Selbstkosten zuzüglich eines angemessenen Gewinnzuschlags ergeben den anzusetzenden Fremdpreis.

Sie erfordert in der Regel drei Schritte:
a) Es ist der zu überprüfende Produkt-/Leistungsbereich abzugrenzen.
b) Dem abgegrenzten Bereich sind die durch ihn veranlassten Kosten zuzuordnen. Die Methode geht davon aus, dass sie durch konzernextern beschafften Aufwand entstanden sind, die Kosten also zu Fremdpreisen anfallen. Die Zuordnung geschieht regelmäßig durch innerbetriebliche ohnehin bestehende Systeme der Kostenerfassung, Kalkulation und Kontrolle.
c) Es ist der marktgerechte Brutto-Gewinnaufschlag zu ermitteln. Soweit keine Fremdgeschäfte des Liefernden herangezogen werden können, sind marktgerecht äußere Vergleiche anzustellen.

Trotz ihrer Schwierigkeiten wird die Kostenaufschlagsmethode als gut verwendbar eingeschätzt; in den USA soll sie in 25 % der Fälle, in Europa sogar noch öfter angewendet werden. Von hier aus wird ihre Flexibilisierung befürwortet, um sie gleichzeitig im Sinne betriebswirtschaftlicher Ziele von Verrechnungspreisen einsetzen zu können. Sie steht der geschäftsbezogenen Wiederverkaufspreismethode nahe, geht ggf. in diese über und wird durch sie ersetzt.

4. Transaktionsbezogene Netto-Margen-Methode

89a Die Angemessenheit konzerninterner Verrechnungspreise kann auch durch die **transaktionsbezogene Netto-Margen-Methode ("TNMM")** belegt werden. Die TNMM erfreut sich in der steuerlichen Verrechnungspraxis einer wachsenden Beliebtheit – oft mangels verfügbarer Vergleichsdaten für die Anwendung der oben erwähnten Standardmethoden. Im Rahmen der TNMM werden regelmäßig Datenbankanalysen (sog. Benchmarking Studien) durchgeführt, bei denen die Profitabilität des zu untersuchenden Unternehmens mit der von (i. d. R. mehreren) unabhängigen Unternehmen verglichen wird. Die Angemessenheit von konzerninternen Verrechnungspreisen kann so belegt werden. Als Kennzahlen zum Vergleich der Profitabilität dienen oft Netto-Umsatzrenditen (Betriebsgewinn im Verhältnis zum Umsatz) oder Gewinnaufschläge auf Kosten (Betriebsgewinn im Verhältnis zu den Kosten). Dagegen kommt der Kapitalverzinsung (Betriebsgewinn im Verhältnis zum Kapital), die bei der Beurteilung von Unternehmen unter Gesichtspunkten des Kapitalmarktes eine erhebliche Rolle spielt, in der deutschen Verrechnungspreispraxis eine deutlich untergeordnete Rolle zu (hierzu eingehend *Bernhardt/Ackermann*, BB 2011 S. 1185 ff.; zu Gewinnaufteilungsmethoden und der Fremdvergleichsgrundsatz siehe *Naumann*, IStR 2013 S. 616 ff.).

III. Anwendung der Standardmethoden bei ausgewählten Lieferungs- und Leistungsbeziehungen

90 Bei der Prüfung des angemessenen Verrechnungspreises müssen die Besonderheiten der einzelnen Lieferungs- und Leistungsbeziehungen berücksichtigt werden. Die Verwaltungsgrundsätze treffen hierzu detaillierte Aussagen zu den verschiedenen Gruppen von Geschäftsbeziehungen. Der angemessene Verrechnungspreis ist auch davon abhängig, welche Vertragswährung bei der Vereinbarung zugrunde gelegt wurde. Angesichts der vielgestaltigen Praxis kann die Wechselkursthematik hier beispielhaft bei der Ermittlung des richtigen Verrechnungspreises genannt werden, da diese alle Geschäftsbeziehungen betrifft. Im Folgenden sollen deswegen ausgewählte Lieferungs- und Leistungsbeziehungen unter besonderer Berücksichtigung der zugrunde liegenden Abrechnungswährung erörtert werden.

1. Warenlieferungen

91 Innerhalb der vielfältigen Geschäftsbeziehungen zwischen verbundenen Unternehmen kommt der grenzüberschreitenden Lieferung von Gütern und Waren quantitativ eine besondere Bedeutung zu. Deren Bewertung gilt als wichtigster Anwendungsfall für die Ermittlung von angemessenen Verrechnungspreisen. Dabei kann es sich aus Sicht der deutschen Muttergesellschaft sowohl um Export- als auch um Importtransaktionen handeln.

92 Obwohl die Verwaltungsgrundsätze in Tz. 3.1. des BMF-Schreibens vom 23.2.1983 IV C 5 – S 1341 – 4/83, BStBl I 1983 S. 218 recht ausführlich die Determinanten für den Fremdpreis bei Warenlieferungen festlegen, finden sich bezüglich der Abrechnungswährung lediglich indirekte Verweise. Insbesondere bei den Liefervereinbarungen und bei den mit der Warenlieferung verbundenen besonderen Finanzierungsleistungen wirkt sich die Abrechnungswährung auf den Arm's-length-Preis aus.

Grundsätzlich ist dabei auf den **Zeitpunkt des Vertragsabschlusses** abzustellen. **93**
Dies soll ausschließen, dass die FinVerw im Rahmen einer späteren Außenprüfung den dann sichereren Kenntnisstand zugrunde legt.

Bei langfristig zu erfüllenden Verträgen ist allerdings zu beachten, ob ein ordent- **94**
licher und gewissenhafter Geschäftsleiter insbesondere dem Wechselkursrisiko dadurch Rechnung trägt, dass er bei Vertragsabschluss z. B. Preisgleitklauseln oder entsprechende Vertragsanpassungen bei bestimmten Wechselkursänderungen festschreibt. Bei extremen, nicht vorhersehbaren Wechselkursänderungen bedarf es jedoch auch dann der Festlegung eines neuen Verrechnungspreises, wenn eine Vertragsanpassung ursprünglich nicht vorgesehen war.

Die Verwaltungsgrundsätze schreiben zwar keine bestimmte **Abrechnungswäh-** **95**
rung vor, durch den geforderten Fremdvergleich kann jedoch, wenn gleiche bzw. gleichartige Güter und Waren auch an fremde Dritte geliefert werden, die zugrunde liegende Währung bei Lieferungen zwischen verbundenen Unternehmen nicht ohne wirtschaftlichen Grund hiervon abweichen. Hierbei bedarf es stets einer Funktionsanalyse sowie einer eingehenden Betrachtung der zugrunde liegenden konkreten Ausgestaltung der Geschäftsbeziehungen einschließlich des Abrechnungsverfahrens. Letztendlich kann dann doch die Verrechnungswährung von Fall zu Fall unterschiedlich sein.

Auch wenn der Vertrieb ausschließlich über am jeweiligen Absatzmarkt ansäs- **96**
sige Tochtergesellschaften erfolgt, muss nicht notwendig die Fakturierung einheitlich gestaltet sein. Hier kann ebenfalls aufgrund der besonderen Gegebenheiten an den verschiedenen Märkten nicht stets eine Vergleichbarkeit unterstellt werden, sodass die zugrunde liegende Währung bezüglich jeder Tochtergesellschaft unabhängig von den anderen festgelegt werden kann.

Somit können die verbundenen Unternehmen in den meisten Fällen zwischen **97**
den beiden Währungen ihres Ansässigkeitsstaates wählen. Domiziliert die Tochtergesellschaft in einem Weichwährungsland, so könnte anstelle dessen Währung eine harte Drittwährung oder als Leitwährung der US-Dollar Anwendung finden. Welche Teileinheit das Wechselkursrisiko und die Wechselkurschance übernehmen soll, ist eine Unternehmensentscheidung, die steuerlich nicht beanstandet werden kann.

Die genannten Gruppen von Fakturierungswährungen sind grundsätzlich bei **98**
allen Standardmethoden zur Ermittlung des Verrechnungspreises anwendbar. Dies gilt uneingeschränkt für den inneren Preisvergleich, d. h., wenn vergleichbare Lieferbeziehungen zu fremden Dritten bestehen, sowie für den äußeren Preisvergleich, d. h. bei vergleichbaren Lieferbeziehungen zwischen voneinander unabhängigen Dritten. Eine allgemeingültige Aussage über die Dominanz einer Abrechnungswährung kann nicht vorgenommen werden.

Bei der Wiederverkaufspreismethode, die auf den Absatzpreis am jeweiligen **99**
Markt abstellt, gilt zunächst die an diesem Absatzmarkt übliche Währung. Dies schließt jedoch nicht aus, dass die Tochtergesellschaft, die die Waren an Unternehmensfremde weiterveräußert, im Rahmen ihrer Funktion als Wiederverkäufer auch das Wechselkursrisiko tragen soll. Damit hat der vorzunehmende marktübliche Abschlag dieses zusätzliche Risiko zu berücksichtigen.

100 Die Kostenaufschlagsmethode, die sich am angewandten Kostenrechnungsverfahren des liefernden Unternehmens orientiert, basiert grundsätzlich auf der Währung des Exportstaates. Regelmäßig findet dabei unter Beachtung allgemeiner betriebswirtschaftlicher Grundsätze die Vollkostenrechnung Anwendung, die als Ist-, Normal- oder Plankostenrechnung ausgestaltet sein kann. Die Teilkostenrechnung kann zur Ermittlung einer kurzfristigen Preisuntergrenze nur in begründeten Ausnahmefällen verwendet werden. Soll das liefernde Unternehmen das Wechselkursrisiko tragen, gehen bei der Kostenaufschlagsmethode normierte oder geplante Kurse in die Kostenrechnung mit ein. Des Weiteren kann dieses Risiko auch im vorzunehmenden Gewinnzuschlag Berücksichtigung finden.

2. Finanzierungsleistungen

101 Grundsätzlich können sich ausländische Tochtergesellschaften durch Kreditaufnahme an lokalen Finanzmärkten sowie an internationalen Geld- und Kapitalmärkten fremdfinanzieren. Oftmals erfolgt jedoch aus Wirtschaftlichkeitsgründen die Finanzierung durch verbundene Unternehmen. Gewährt eine Muttergesellschaft ihrer Tochtergesellschaft ein Darlehen und wird dieses auch steuerlich als Fremdkapital anerkannt, so muss die hierfür vereinbarte Vergütung dem Fremdvergleich standhalten.

102 Neben anderen wertbeeinflussenden Faktoren orientiert sich der **maßgebliche Zinssatz** an der zugrunde liegenden Kreditwährung. Die FinVerw schreibt den Beteiligten nicht vor, in welcher Währung die Kapitalüberlassung zu erfolgen hat. Dies liegt im Ermessen des ordentlichen und gewissenhaften Geschäftsleiters. Damit kann ein Darlehen in Euro, in der Währung des ausländischen Sitzstaates oder in einer Drittwährung gewährt werden.

103 Die dem Darlehen zugrunde liegende Währung determiniert den anzusetzenden Zinssatz, wobei grundsätzlich das Zinsniveau des jeweiligen Währungsgebietes maßgeblich ist. Wird die Währung jedoch an verschiedenen Märkten gehandelt und weichen die Zinssätze voneinander ab, so ist dann der günstigere Zinssatz anzuwenden, wenn die Beteiligten Zugang zu diesem Geld- oder Kapitalmarkt haben.

104 Des Weiteren unterstellt die FinVerw **bankübliche Konditionen,** d. h. eine Darlehensvergabe zum Sollzins (vgl. Tz. 4.2.1. der Verwaltungsgrundsätze, BMF-Schreiben vom 23.2.1983 IV C 5 – S 1341 – 4/83, BStBl I 1983 S. 218). Damit wird vom allgemein anerkannten Arm's-length-Prinzip ohne erkennbaren Grund abgewichen. Im Rahmen einer konzerninternen Finanzierung soll gerade kein weiterer wirtschaftlich handelnder Marktteilnehmer, nämlich ein Kreditinstitut, eingeschaltet werden. Die Bankenspanne, d. h. die Differenz zwischen dem Soll- und dem Habenzinssatz, verbleibt somit bei den verbundenen Unternehmen (vgl. auch BFH-Urteil vom 19.1.1994 I R 93/93, BStBl II 1994 S. 725). Es steht im Interesse beider Teileinheiten, sich diese einzelfallbezogen entsprechend aufzuteilen. Die banküblichen Zinssätze liefern somit lediglich Anhaltspunkte für die Festlegung des zu verrechnenden Zinssatzes.

105 Auch wenn die Muttergesellschaft zentral und zinsgünstig Kapital aufnimmt, um dieses an ihre Tochtergesellschaften weiterzuleiten, kann nicht unterstellt werden, dass die Muttergesellschaft diese Nebengeschäfte mit Gewinnerzielungsabsicht tätigt. Vielmehr soll dieser Vorteil im Interesse des gesamten Unternehmensverbundes auch den Tochtergesellschaften zugute kommen.

Letztendlich führt ein bankenbezogener Fremdvergleich zu wirtschaftlich unangemessenen Ergebnissen. Den verbundenen Unternehmen verbleibt ein Gestaltungsspielraum, wobei als Obergrenze der banküblice Sollzinssatz und als Untergrenze der banküblice Habenzinssatz festgelegt werden kann, da nur innerhalb dieses Zinsbandes ein Verbundvorteil für alle Beteiligten besteht. Damit kann überschüssige Liquidität bzw. zinsgünstig aufgenommene Fremdmittel den Teileinheiten zu Selbstkosten bzw. mit geringem Aufschlag weitergegeben werden. **106**

Der zugrunde zu legende Währungszins berücksichtigt regelmäßig auch das **Währungsrisiko**. Somit beinhaltet ein hoher Fremdwährungszins meist die Gefahr von Kursverlusten an der Darlehens- und Zinsforderung. Auf der anderen Seite besteht bei einem niedrigen Fremdwährungszins oft die Chance, zusätzlich einen Kursgewinn zu erzielen. Auch wenn aufgrund der Prognoseunsicherheit sich die beiden Effekte meist nicht vollständig ausgleichen, kann tendenziell eine gewisse Abhängigkeit von Zinshöhe und Währungsrisiko erkannt werden. Trotzdem verbleibt ein spekulativer Bereich, der durch eine Kurssicherungsmaßnahme eliminiert werden kann. Die Wahl der zugrunde gelegten Währung und der Abschluss eines Kurssicherungsgeschäftes sind jedoch zwei voneinander unabhängige Entscheidungen und abhängig von der Risikobereitschaft des Betroffenen. **107**

Es leuchtet nicht ein, dass stets der Darlehensnehmer die Kosten einer Kurssicherung zu tragen hat (so aber Tz. 4.2.3. der Verwaltungsgrundsätze, BMF-Schreiben vom 23.2.1983 IV C 5 – S 1341 – 4/83, BStBl I 1983 S. 218). Dies wäre nur dann gerechtfertigt, wenn auch bei einem Währungsdarlehen der Euro-Zins maßgeblich ist. Wie bereits dargelegt, findet jedoch hier der Währungszins Anwendung, der das Währungsrisiko bereits berücksichtigt. **108**

Es darf auch nicht verkannt werden, dass bei Abschluss eines Kurssicherungsgeschäftes neben dem Kursrisiko auch die Kurschance eliminiert wird. Dem verbundenen Unternehmen entstehen hierdurch einerseits Kosten und andererseits entgeht ihm u. U. der Kursgewinn. Somit kann von einem ordentlichen und gewissenhaften Geschäftsleiter nur verlangt werden, dass er sich gegen zum Zeitpunkt des Vertragsabschlusses erkennbare, besondere oder außergewöhnliche Kursrisiken absichert. **109**

3. Dienstleistungen

Verrechnungspreise für Dienstleistungen gelten als die am schwierigsten auf ihre Angemessenheit hin zu überprüfenden Entgelte für Leistungsbeziehungen zwischen verbundenen Unternehmen. Das Risiko, dass die FinVerw die Auffassung der Unternehmen bezüglich Verrechenbarkeit bzw. Verrechnungspflicht nicht teilt, ist hier besonders groß. **110**

Es existieren verschiedene Systematisierungsvorschläge für Dienstleistungen, die letztendlich zum Ziel haben, diese Unsicherheiten zu minimieren. Überwiegend wird in Literatur und Praxis die auf *Felix* zurückzuführende Dreiteilung in Assistenz-, Management- und Kontrollleistungen vorgenommen (vgl. *Felix*, StuW 1964 Sp. 23). Bei Assistenzleistungen handelt es sich um marktgängige Dienstleistungen eines verbundenen Unternehmens, die auch von unabhängigen Dienstleis- **111** tungsunternehmen bezogen werden können. Dagegen sind Managementleistungen individuelle, auf den Unternehmensverbund bezogene Dienstleistungen, die von unabhängigen Dritten nicht erbracht werden können. Kontrollleistungen basieren auf der Gesellschafterstellung des Leistenden und dienen der Überwachung und Kontrolle der Tochtergesellschaft.

112 Dieser Systematisierung schließt sich ein sogenannter „**benefit test**" an, in dem untersucht wird, welche Teileinheit ein Interesse an der erbrachten Dienstleistung hat. Nur wenn die Dienstleistung bei der empfangenden Teileinheit auch betrieblich veranlasst war, sind die Leistungen verrechenbar.

113 Tendenziell gilt, dass verrechenbare **Assistenzleistungen** einzeln verrechnet werden, wobei in Abhängigkeit des Grades der Markttransparenz entweder die Preisvergleichsmethode oder die Kostenaufschlagsmethode angewandt wird.

114 Bei verrechenbaren **Managementleistungen** scheidet die Anwendung der Preisvergleichsmethode aufgrund der fehlenden Marktgängigkeit generell aus. Neben einer Einzelabrechnung können die erbrachten Dienstleistungen auch mittels der Kostenumlage auf die Teileinheiten verrechnet werden. Die Höhe des Verrechnungspreises orientiert sich hier an den Selbstkosten, wobei grundsätzlich ein angemessener Gewinnaufschlag einbezogen werden muss, da auch Managementleistungen einen Leistungsaustausch darstellen und wie andere Leistungen zwischen verbundenen Unternehmen zu behandeln sind.

Zu den spezifischen Problemen des Verlustausgleichs beim grenzüberschreitenden **Franchising** s. *Andresen/Gerlach*, ISR 2015 S. 184 ff.

115 **Kontrollleistungen** gelten stets als im Interesse der Muttergesellschaft erbracht und dürfen somit nicht den Tochtergesellschaften in Rechnung gestellt werden.

116 Der zweite Systematisierungsvorschlag basiert auf der **funktionalen Betrachtungsweise** und stellt zunächst auf die Verrechenbarkeit der Dienstleistungen ab (vgl. *Baumhoff* in Mössner u. a., Rz. C 400 ff.). Leistungen, die auf gesellschaftsrechtlicher Grundlage erbracht werden, dürfen nicht verrechnet werden. Dagegen sind Leistungen mit schuldrechtlichem Charakter den Tochtergesellschaften in Rechnung zu stellen. Da jedoch diese Klassifizierung nicht immer eindeutig ist, kann diese Zweiteilung um die Gruppe der anteilig verrechenbaren Dienstleistungen erweitert werden. Nachdem auf diese Weise die Verrechenbarkeit dem Grunde nach festgestellt wurde, bedarf es zur Festlegung des Verrechnungspreises zusätzlich der Unterscheidung in marktgängige und nicht marktgängige Dienstleistungen. Denn nur für marktgängige Dienstleistungen kann, soweit bekannt, die Preisvergleichsmethode Anwendung finden.

117 Die FinVerw unterscheidet in den Verwaltungsgrundsätzen gewerbliche Dienstleistungen, Dienstleistungen im Bereich Forschung und Entwicklung sowie verwaltungsbezogene Leistungen, nimmt jedoch eine exakte begriffliche Trennung der verschiedenen Dienstleistungsarten nicht vor. Die so vorgenommene, nicht überschneidungsfreie Einteilung diente ursprünglich in erster Linie der Abgrenzung von **umlagefähigen Dienstleistungen**. Während die Einzelabrechnung grundsätzlich für alle Dienstleistungen zwischen verbundenen Unternehmen vorgesehen ist, sahen die Verwaltungsgrundsätze von 1983 eine Kostenumlage nur bei den beiden Sonderbereichen der Dienstleistungen im Bereich Forschung und Entwicklung sowie den verwaltungsbezogenen Leistungen vor. Nach den Verwaltungsgrundsätzen für Umlageverträge von 1999 (vgl. Anm. 145–150 f.) existiert diese Beschränkung nicht mehr. Die Einzelabrechnung orientiert sich entweder an Marktpreisen oder an der Kostenaufschlagsmethode, also einschließlich eines angemessenen Gewinnaufschlages. Dagegen erfolgt die Kostenumlage auf der Basis von originären Aufwendungen, wobei allerdings kalkulatorische Eigenkapitalzinsen berücksichtigt werden können. Somit unterbleibt hierbei ein pauschaler Gewinnaufschlag.

Die Angemessenheit des Kostenaufschlagssatzes bei Auftragsfertigungsverhältnissen wird in der Praxis regelmäßig mit Hilfe von Vergleichsanalysen, sog. Benchmarking-Studien, belegt. In letzter Zeit fällt jedoch auf, dass der Einsatz von Benchmarking-Studien zur Angemessenheitsdokumentation von der Finanzverwaltung stärker hinterfragt wird. Immer häufiger werden sogar einige Unternehmen als Vergleichsunternehmen abgelehnt und die Bandbreite der Benchmarking-Studie eingeengt. Um Verrechnungspreisrisiken zu vermeiden, erscheint es daher ratsam, bereits jetzt alternative Modelle zu entwickeln, auf deren Basis eine individuelle und objektive Bestimmung des Verrechnungspreises bei Auftragsfertigungsverhältnissen erfolgen kann. Zu diesbezüglichen Lösungsansätzen instruktiv *Thier*, IStR 2011 S. 939 ff. **117a**

Die Wechselkursproblematik bei Verrechnungspreisen für Dienstleistungen besteht wiederum zunächst bei der **Festlegung der Verrechnungswährung**. Findet die Preisvergleichsmethode Anwendung, könnte der inländische Marktpreis in Inlandswährung oder der ausländische Marktpreis in Auslandswährung zugrunde gelegt werden. Bei der Kostenaufschlagsmethode bzw. bei der Kostenumlage wird der Verrechnungspreis regelmäßig auf Basis der Währung des Ansässigkeitsstaates der leistenden Teileinheit ermittelt. **118**

Des Weiteren kann die Existenz von **Wechselkursrisiken** selbst Bestandteil einer eigenen konzernweiten Dienstleistung sein. Wirtschaftlich betrachtet besteht das Wechselkursrisiko sowohl bei Lieferungs- und Leistungsbeziehungen zwischen den verschiedenen Teileinheiten als auch bei grenzüberschreitenden Geschäftsbeziehungen mit fremden Dritten. Letzteres gilt jedoch nur, sofern die Angebotsabgabe bzw. Fakturierung in Fremdwährung erfolgte. **119**

Das Währungsrisiko stellt ein besonders schwer abzuschätzendes Marktrisiko dar, zumal die Wechselkursentwicklung abhängig ist von politischen, wirtschaftlichen und spekulativen Einwirkungen. Zwar existieren mit der Zinsdifferenztheorie, der Kaufkraftparitätentheorie und der Chartanalyse brauchbare Prognosemethoden, die jedoch kurzfristige Einflüsse gegen den Trend nicht erkennen können. **120**

Einem international tätigen Unternehmen eröffnet sich durch Schaffung eines zentralen Währungsmanagements die Möglichkeit, die bestehenden Risiken von Wechselkursschwankungen zu minimieren. Eine Teileinheit erfasst regelmäßig sämtliche offenen Währungspositionen aller anderen Teileinheiten und sichert diesen hierfür einen festen Wechselkurs zu. **121**

Damit wird das Währungsrisiko in den operativen Bereichen neutralisiert. Risiken und Chancen von Wechselkursschwankungen liegen somit nur auf einer Teileinheit. Diese kann nun zentral für die relevanten Währungen und Fristigkeiten geeignete Kurssicherungsgeschäfte abschließen, wobei als klassische Maßnahmen das **Devisentermingeschäft** und die **Devisenoption** zu nennen sind. Das als konservativ einzustufende Devisentermingeschäft vermeidet vollständig das Währungsri- **122** siko, jedoch auch die Währungschance, gilt allerdings als relativ preiswerte Kurssicherungsmaßnahme. Dagegen begrenzen Devisenoptionen das Risiko bei gleichzeitiger Erhaltung der Chance. Der Nachteil der Devisenoption begründet sich in einer relativ hohen Optionsprämie.

123 Durch geeignete Kombination beider Kurssicherungsmaßnahmen lassen sich Wechselkursverluste vollständig vermeiden. Auf der anderen Seite besteht in Abhängigkeit der tatsächlichen Kursentwicklung weiterhin die Chance, einen Wechselkursgewinn zu erzielen.

124 Das zentrale Währungsmanagement stellt unzweifelhaft eine verrechenbare Assistenzleistung dar, da die betroffenen Teileinheiten ihr Währungsrisiko auch durch eine eigenständige Kurssicherungsmaßnahme mit fremden Dritten ausschalten bzw. minimieren könnten. Aufgrund der vollständigen Vermeidung des Währungsrisikos bzw. der Währungschance bei den Teileinheiten orientiert sich der Arm's-length-Preis an der Gebühr des Devisentermingeschäftes.

4. Nutzungsüberlassungen

125 Als besondere gewerbliche Dienstleistungen zwischen verbundenen Unternehmen gelten die Nutzungsüberlassungen von materiellen und immateriellen Wirtschaftsgütern. Hierbei sind insbesondere das grenzüberschreitende Mobilien-Leasing, die Vermietung und Verpachtung von ausländischem Grundbesitz sowie der internationale Lizenzverkehr zu nennen.

a) Mobilien-Leasing

126 Das Leasing findet als Finanzierungsinstrument aufgrund seiner betriebswirtschaftlichen und steuerlichen Vorteile auch im internationalen Geschäftsverkehr zunehmend Anwendung. Durch die hohe Standortelastizität von Leasinggesellschaften lassen sich mit der Verlagerung solcher Aufgaben auf verbundene Unternehmen Kostenvorteile erzielen. Vorherrschend ist dabei das sogenannte Mobilien-Leasing, d. h. das Finanzierungsleasing beweglicher Anlagegüter.

127 Es wird hier grundsätzlich zwischen **Voll- und Teilamortisationsleasing** unterschieden, wobei die Anschaffungs- bzw. Herstellungskosten einschließlich einer angemessenen Gewinnmarge entweder vollständig oder nur teilweise in Form von Leasingraten an den Leasinggeber zurückfließen. In der Praxis existieren bereits im rein nationalen Bereich recht unterschiedliche Varianten des Finanzierungsleasings. Komplexer wird die Materie, wenn wie beim internationalen Leasing verschiedene Wirtschafts- und Steuerrechtssysteme hiervon tangiert werden. Beim einfachsten Modell, d. h. dem „cross-border-leasing", domizilieren Leasinggeber und Leasingnehmer in verschiedenen Staaten. Unter steuerlichen Gesichtspunkten sind insbesondere die beiden Varianten des „off-shore-leasing" und des „double-dip-leasing" zu nennen. Das „off-shore-leasing" zeichnet sich dadurch aus, dass der Leasinggeber seinen Sitz in einer leasingbezogenen Steueroase hat. Beim „double-dip-leasing" erfolgt nach den jeweiligen nationalen Steuerrechtsnormen die Zuordnung des Leasinggutes sowohl zum Leasinggeber als auch zum Leasingnehmer. In diesem Fall können dann beide Gesellschaften die im nationalen Recht vorgesehenen Abschreibungen, Investitionshilfen usw. in Anspruch nehmen.

128 Beim Finanzierungsleasing zwischen verbundenen Unternehmen orientiert sich der Verrechnungspreis wie bei anderen Dienstleistungen am Arm's-length-Preis. Bezüglich der **Wechselkursproblematik** ergibt sich auch hier zunächst die Frage nach der zugrunde zu legenden Währung und anschließend nach der Höhe der Leasinggebühr. Als Vertragswährung kann die Landeswährung des Leasinggebers, die des Leasingnehmers oder eine Drittwährung bestimmt werden. Auch ein Splitting der Leasinggebühr in Teilbeträge, die jeweils auf verschiedenen Währungen basieren, wäre denkbar, da es sich beim Finanzierungsleasing stets um langfristige Verträge handelt und es im Interesse beider verbundenen Unternehmen liegt, das Währungsrisiko zu minimieren. Die Wahl einer bzw. die Kombination mehrerer Vertragswährungen orientiert sich auch an den langfristig erwarteten Zahlungsströmen in den jeweiligen Fremdwährungen. Gleichzeitig wird hierbei das konzernweite Währungsmanagement unterstützt.

129 Ebenso wie bei der Darlehensvergabe hängt die Höhe der Leasinggebühr von der bzw. den zugrunde liegenden Währungen ab, denn maßgeblich ist jeweils der entsprechende Währungszins. Damit ergeben sich beim internationalen Leasing erhebliche Gestaltungsmöglichkeiten, wobei bezüglich der Wechselkursproblematik insbesondere auf die Ausführungen zu den Verrechnungspreisen für Finanzierungsleistungen verwiesen werden kann.

b) Vermietung und Verpachtung von ausländischem Grundbesitz

130 Insbesondere bei Umstrukturierungsmaßnahmen im international tätigen Unternehmensverbund kommt es vor, dass vorhandener Grundbesitz künftig einer ausländischen Tochtergesellschaft zugeordnet werden soll. Meist scheidet aus steuerrechtlichen oder betriebswirtschaftlichen Gründen eine Veräußerung aus, so dass die einzelnen Gebäude an andere Tochtergesellschaften verpachtet oder vermietet werden.

131 Da die Immobilien im Ausland belegen sind, orientiert sich der Verrechnungspreis an den Gegebenheiten vor Ort. Es lässt sich auch hier lediglich ein Preisband für die richtige Pacht bzw. Miete festlegen. Der Verpächter bzw. Vermieter ermittelt seine Mindestforderung durch Diskontierung der in Zukunft erwarteten Erträge unter der Prämisse, dass er die bisherige wirtschaftliche Betätigung fortführt. Demgegenüber steht das Höchstgebot des zukünftigen Pächters bzw. Mieters, das sich an seinen Alternativen ableitet. Des Weiteren wird dieser nur bereit sein, einen Pacht- bzw. Mietzins zu zahlen, bei dem diese zusätzliche Investition zu einem positiven Kapitalwert führt. Dabei sind die konkreten Vertragsbedingungen, d. h. insbesondere die vorzunehmenden Instandhaltungen und Ersatzinvestitionen sowie die Übernahme der laufenden Grundstückskosten durch einen Vertragspartner zu beachten und preisbestimmend.

132 Somit kann bei der Ermittlung eines angemessenen Verrechnungspreises sowohl auf die Preisvergleichsmethode als auch auf die Kostenaufschlagsmethode abgestellt werden. Einzelfallbezogen erscheint auch die Kombination verschiedener Ermittlungsmethoden als richtig.

133 Aufgrund der relativ starken Auslandsorientierung wird der Miet- bzw. Pachtzins regelmäßig in der Währung des Belegenheitsstaates festgelegt. Bei der Diskontierung bzw. bei der Ermittlung der kalkulatorischen Kapitalverzinsung ist dann auf den entsprechenden Währungszins abzustellen.

c) Nutzungsüberlassungen von immateriellen Wirtschaftsgütern

134 Die Nutzungsüberlassung von immateriellen Wirtschaftsgütern, d. h. insbesondere von Patenten, Warenzeichen und Know-how, wird regelmäßig in **Lizenzverträgen** geregelt, die auch verbundene Unternehmen untereinander abschließen können. Als Lizenzgeber tritt meist die Muttergesellschaft oder eine selbständige Patentverwertungsgesellschaft auf. Als Gegenleistung für die Nutzungsmöglichkeit des Lizenzgegenstandes zahlt der Lizenznehmer eine Umsatz-, Mengen- oder Einmallizenz. Ebenso kann eine Kombination verschiedener Entgeltmodalitäten vereinbart werden.

135 Die FinVerw prüft besonders bei Lizenzzahlungen an ausländische Teileinheiten die Verrechenbarkeit der Lizenzvereinbarungen recht intensiv, zumal sie befürchtet, dass hierdurch Gewinne steuerlich ins Ausland verlagert werden sollen. Ist die Nutzungsüberlassung dem Grunde nach verrechenbar, muss auch die Lizenzgebühr betragsmäßig angemessen sein (vgl. hierzu Tz. 5. der Verwaltungsgrundsätze, BMF-Schreiben vom 23. 2. 1983 IV C 5 – S 1341 – 4/83, BStBl I 1983 S. 218). Grundsätzlich geht die FinVerw dabei von einer Einzelverrechnung aus und lässt die Sammelverrechnung nur dann zu, wenn die genutzten immateriellen Wirtschaftsgüter technisch und wirtschaftlich eine Einheit bilden.

135a In den praktischen Anwendungsfällen wird dabei regelmäßig auf (angeblich) „übliche" **Lizenzraten für Marken** zwischen **1 % und 5 %** vom Umsatz verwiesen (hierzu kritisch *Nestler*, BB 2015 S. 811 ff., insbes. S. 815 im Hinblick auf die einschlägige Judikatur und Kommentare zum Markenrecht). Zur Verrechenbarkeit einer Konzernmarke dem Grunde nach IStR 2015 S. 132 ff., s. auch den Disput von *List*, IStR 2014 S. 94 und *van der Hamm*, IStR 2014 S. 240. Zur Überlassung eines Markenzeichens an eine polnische Kapitalgesellschaft s. FG Münster, Urteil vom 14.2.2014 4 K 1053/11 E, n.v.

136 Von den Standardmethoden wird allgemein die Preisvergleichsmethode präferiert. Ist ein innerer Preisvergleich mangels entsprechender Daten nicht durchführbar, so könnte allenfalls ein äußerer Preisvergleich erfolgen. Hierzu führt das Bundeszentralamt für Steuern (vormals Bundesamt für Finanzen) eine sogenannte Lizenzkartei, in der aufgrund von Erfahrungswerten die Lizenzsätze einzelner Produktgruppen erfasst werden. Wegen der Heterogenität der Lizenzverträge sind diese Daten jedoch nur mit Einschränkungen brauchbar.

137 Die Wiederverkaufspreismethode kann nur in Ausnahmefällen angewandt werden, wenn der Lizenznehmer wiederum Unterlizenzen vergibt. Die Kostenaufschlagsmethode führt grundsätzlich nicht zu einem angemessenen Verrechnungspreis, da zwischen der Schaffung des Lizenzgegenstandes und seiner Verwertbarkeit kein generelles Kosten-Nutzen-Verhältnis erkennbar ist.

138 Wie gezeigt, bringen alle Standardmethoden Schwierigkeiten bei der Ermittlung einer angemessenen Lizenzgebühr mit sich. Letztendlich wird sich der Lizenznehmer, wie auch ein unabhängiger Dritter, an seinen künftigen Ertragschancen durch das Lizenzgut ausrichten. Als preisdeterminierend müssen dabei die konkreten Vereinbarungen im Lizenzvertrag beachtet werden.

139 Dies gilt auch für die vertraglich **vereinbarte Währung**, wobei die Parteien grundsätzlich bei ihrer Gestaltung frei sind. Erfolgen die Lizenzzahlungen in Fremdwährung, so trägt der deutsche Lizenzpartner das volle Währungsrisiko.

Angesichts der Tatsache, dass die Höhe der Lizenzzahlungen von dem tatsächlichen Umsatz bzw. von der abgesetzten Menge abhängt, beseitigen entsprechende Kurssicherungsmaßnahmen mit Dritten dieses Risiko nur unvollständig.

Des Weiteren muss im Umsatzlizenzvertrag eindeutig festgelegt werden, welche **140** Umsatzgröße und welche Währung maßgeblich ist. Auch die Umrechnungsmodalitäten, wie z. B. Umrechnungszeitpunkte und die relevante Kursart, bedürfen der vertraglichen Klärung.

Letztendlich beeinflussen die wechselkursbezogenen Vertragsbestandteile die **141** Höhe der Lizenzgebühr, wobei stets auf die Verhältnisse bei Vertragsabschluss abzustellen ist. Eine nachträgliche Anpassung, z. B. aufgrund von Wechselkursschwankungen, kann von der FinVerw nur dann verlangt werden, wenn dies auch dem Fremdvergleich entspricht, d. h., wenn auch fremde Dritte eine Währungsklausel oder eine Änderungskündigung vereinbart hätten.

Zur Bestimmung von Verrechnungspreisen für immaterielle Wirtschaftsgüter auf der Basis von Diskussionsentwürfen der OECD siehe *Rouenhoff*, IStR 2012 S. 654 ff.; *Herbert/Luckhaupt*, Ubg 2012 S. 672 ff.; *Crüger/Riedl*, IStR 2014, S. 625 ff.

5. Arbeitnehmerentsendungen

Im Fall der grenzüberschreitenden Arbeitnehmerentsendung stellt sich stets die **142** Frage der zutreffenden Aufwandszuordnung. Das BMF hat hierzu **Grundsätze für die Prüfung der Einkunftsabgrenzung zwischen international verbundenen Unternehmen in Fällen der Arbeitnehmerentsendung** (Verwaltungsgrundsätze – Arbeitnehmerentsendung), BMF-Schreiben vom 9.11.2001 IV B 4 – S 1341 – 20/01, BStBl I 2001 S. 796, veröffentlicht. Ausgangspunkt der Aufwandszuordnung ist der Veranlassungszusammenhang, d. h. ob die Entsendung im Interesse des entsendenden oder des aufnehmenden Unternehmens liegt. Dementsprechend sind sämtliche direkten und indirekten Aufwendungen verursachungsgerecht zuzuordnen. Die originären Aufwendungen dürfen nicht um Gewinnzuschläge erhöht werden.

Als vorrangig anzuwendende Fremdvergleichsmethode sieht das BMF-Schrei- **143** ben vom 9.11.2001 IV B 4 – S 1341 – 20/01, BStBl I 2001 S. 796, die Preisvergleichsmethode, und zwar je nach Fall den betriebsinternen, betriebsexternen oder hypothetischen Fremdvergleich vor. Abgestellt wird dabei stets auf das aufnehmende Unternehmen. Ein **betriebsinterner Fremdvergleich** ist möglich, wenn vergleichbare Tätigkeiten auch von nicht entsandten Arbeitnehmern erbracht werden. Beim **betriebsexternen Fremdvergleich** werden vergleichbare Unternehmen im gleichen Tätigkeitsstaat analysiert. Der **hypothetische Fremdvergleich** stellt auf das Verhalten des ordentlichen und gewissenhaften Geschäftsleiters ab. In allen Fällen soll das aufnehmende Unternehmen nicht durch Aufwendungen belastet werden, die aufgrund der Konzernzugehörigkeit entstehen, wobei jedoch im Einzelfall auch der konzerninterne Wissenstransfer und der Vorteilsausgleich zu berücksichtigen ist.

Das BMF-Schreiben vom 9.11.2001 IV B 4 – S 1341 – 20/01, BStBl I 2001 S. 796, **144** nennt jedoch auch Sonderfälle für Arbeitnehmerentsendungen. Bei **Expertentsendungen** wird davon ausgegangen, dass vergleichbare Arbeitnehmer nicht oder nur sehr aufwendig eingestellt werden können. In diesem Fall sind sämtliche Kosten für den entsandten Arbeitnehmer dem aufnehmenden Unternehmen zu belasten. Entsendungen im **Rotationsverfahren** und zu **Ausbildungs- oder Fortbildungszwecken** liegen meist auch im Interesse der entsendenden Konzernspitze. Mehraufwendungen für den entsandten Arbeitnehmer dürfen demzufolge nicht der aufnehmenden Gesellschaft belastet werden und verbleiben beim entsendenden Unternehmen.

IV. Umlageverträge zwischen international verbundenen Unternehmen

145 Bis Ende 1999 konnten nur Aufwendungen für **Forschung und Entwicklung** oder **verwaltungsbezogene Leistungen** auf Basis von Umlageverträgen zwischen Konzernunternehmen verrechnet werden, wenn eine Einzelabrechnung nicht möglich oder nur mit unverhältnismäßig großem Aufwand durchführbar war (Tz. 7. der Verwaltungsgrundsätze, BMF-Schreiben vom 23.2.1983 IV C 5 – S 1341 – 4/83, BStBl I 1983 S. 218). Diese Tz. 7. wurde durch die **Grundsätze für die Prüfung der Einkunftsabgrenzung durch Umlageverträge zwischen international verbundenen Unternehmen**, BMF-Schreiben vom 30.12.1999 IV B 4 – S 1341 – 14/99, BStBl I 1999 S. 1122, aufgehoben. Ausgehend vom Gedanken des Aufwandpools betreiben die im Interessenverbund (Pool) zusammengeschlossenen Konzernunternehmen (= international verbundene Unternehmen) gemeinsam die auf den Pool ausgelagerten Aktivitäten. Im Gegensatz zu Tz. 7. der Verwaltungsgrundsätze sind die Poolaufgaben nicht mehr auf Forschung und Entwicklung oder verwaltungsbezogene Leistungen beschränkt, sondern können nunmehr die **gemeinsame Beschaffung, Entwicklung oder Herstellung von Wirtschaftsgütern, Dienstleistungen oder Rechten** umfassen.

146 Voraussetzung ist dabei, dass die am Pool teilnehmenden Konzernunternehmen langfristig gleichgerichtete Interessen verfolgen und jeder einen Vorteil aus der Poolbildung erwartet. Der Pool gilt dabei als reine **Innengesellschaft** und begründet für die teilnehmenden international verbundenen Unternehmen weder eine Mitunternehmerschaft noch eine Betriebsstätte. Wie auch in den vorherigen Verwaltungsgrundsätzen fordert die FinVerw, dass der Umlagevertrag im Voraus klar und eindeutig vereinbart und auch tatsächlich durchgeführt wird. Der Umlagevertrag bedarf der **Schriftform**. Bei Bedarf sind später Anpassungen des Umlagevertrages vorzunehmen, die entsprechend dem „arm's-length"-Grundsatz nur für die Zukunft gelten dürfen.

147 Zur steuerlichen Anerkennung sind **umfangreiche Dokumentationen** zu erstellen und **Nachweise** zu erbringen (vgl. hierzu Tz. 5. der Grundsätze für Umlageverträge, BMF-Schreiben vom 30.12.1999 IV B 4 – S 1341 – 14/99, BStBl I 1999 S. 1122). Die Dokumentationsanforderungen betreffen sowohl den Leistungserbringer als auch den Leistungsempfänger. Die FinVerw erwartet detaillierte Aufzeichnungen über Aufwendungen und Leistungen des Pools, die Nutzenerwartung der Poolmitglieder und die Aufteilung des Gesamtaufwandes auf die einzelnen Poolmitglieder. Ferner werden an Form und Inhalt des Umlagevertrages Mindestanforderungen anhand eines 12-Punkte-Katalogs konkretisiert.

148 Umlagefähig sind die tatsächlich entstandenen **direkten und indirekten Aufwendungen** sowie kalkulatorische Zinsen für das eingesetzte Kapital abzüglich der Erträge (z. B. Zuschüsse, Zulagen, Lizenzeinnahmen von Dritten), soweit sie originär dem Pool zuzurechnen sind. Ein Gewinnaufschlag wird von der FinVerw nicht anerkannt. Soweit die Leistungen des Pools durch Konzernumlage verteilt wurden, dürfen diese nicht nochmals gesondert an die Konzernunternehmen abgerechnet werden. Die Aufteilung der Konzernumlage orientiert sich an dem zu erwartenden Nutzen der Poolmitglieder, wobei eine **Nutzenanalyse** nach betriebswirtschaftlichen Grundsätzen durchzuführen und zu dokumentieren ist. Dabei haben die Poolmitglieder einzelfallbezogen einen sachgerechten Schlüssel zu vereinbaren.

Die **Ermittlung des umlagefähigen Betrages** erfolgt nicht nach rein betriebswirtschaftlichen Kriterien, sondern grundsätzlich auf Basis der für den Leistungserbringer geltenden lokalen Rechnungslegungsvorschriften oder der angewandten Konzernrechnungslegungsvorschriften. Hieraus ergibt sich auch die Notwendigkeit der jährlichen Abrechnung der Konzernumlage. Dessen ungeachtet können unterjährig Vorauszahlungen auf Basis budgetierter Werte zwischen den beteiligten Konzernunternehmen vereinbart werden. **149**

Beteiligt sich ein verbundenes Unternehmen nachträglich am Pool, so hat dieses regelmäßig eine **Eintrittszahlung** zu leisten. Entsprechend kann eine **Austrittszahlung** zu leisten sein, wenn ein Poolmitglied aus dem Pool ausscheidet. Die beteiligten Konzernunternehmen können in diesem Zusammenhang auch anstelle der Entgeltzahlung oder zusätzlich Sachleistungen erbringen. Sowohl Eintritts- als auch Austrittsleistung haben sich an den Grundsätzen des Fremdvergleichs zu orientieren. Bei der **Beendigung des Pools** sind die materiellen und immateriellen WG des Pools auf die beteiligten Unternehmen sachgerecht zu verteilen. **150**

Kostenumlageverträge sind nur noch nach dem Poolkonzept zulässig. Für die Anwendung des Leistungsaustauschskonzepts bleibt kein Raum mehr. Falls bestehende Verträge nach dem Leistungsaustauschkonzept zum 1.1.2001 nicht umgestellt worden sind, entspricht dies nicht dem Fremdvergleichsgrundsatz, insbesondere nicht dem Verhalten ordentlicher und gewissenhafter Geschäftsleiter. Verträge nach dem Leistungsaustauschkonzept können daher ab dem 1.1.2001 steuerlich nicht mehr anerkannt werden. **150a**

Zu Kostenumlageverträgen bestehen umfangreiche Dokumentationsverpflichtungen auch des Leistungsempfängers, deren Einhaltung Voraussetzung für die Anerkennung des jeweiligen Vertrages durch die deutsche Finanzverwaltung sowohl nach nationalen als auch nach internationalen Regeln ist (zu Kostenumlagevereinbarungen als Instrument für die Gestaltung von Konzernaktivitäten *Greil/ Greil*, ISR 2015 S. 67 ff; instruktiv zu Konzerndienstleistungsverträgen *Schoppe/ Voltmer-Darmanyan*, BB 2012, S. 1251 ff. mit praktischen Beispielen; zum Benefit-Test bei Leistungsvereinbarungen im Konzern *Wellens/Schwemin*, DB 2013 S. 80 ff.).

Verletzungen des Fremdvergleichsgrundsatzes bei Kostenumlageverträgen oder deren Dokumentation führen zur steuerlichen Nichtanerkennung der Verträge und zur Korrektur durch die Finanzverwaltung. Der zulässige Betriebsausgabenabzug ist anhand nachgewiesener Einzelleistungen zu schätzen (so das Fazit von *Böcker*, StBp 2008 S. 8 ff.).

V. Hypothetischer Fremdvergleich (Abs. 3 Satz 1–8)

1. Allgemeines

151 Die obig beschriebenen und weitgehend erläuterten Standardmethoden sind aus dem Wirtschaftsverkehr für verschiedene Handelssituationen entwickelt worden. Bei ihrer Anwendung wurde die Übernahme bzw. Entwicklung ergänzender Leitlinien für den Fremdvergleich notwendig.

Der Gesetzgeber hat sie bei der Neufassung des § 1 AStG durch das Unternehmenssteuerreformgesetz 2008 in das Gesetz aufgenommen. Dies berücksichtigt, dass die jüngere Rechtsentwicklung dem Steuerpflichtigen das dokumentierbare Bemühen auferlegt, Geschäftsbeziehungen zu Nahestehenden nach dem Fremdverkehrsgrundsatz zu gestalten (§ 1 Abs. 1 Satz 1 GewAufzVO).

a) Verhalten des ordentlichen Geschäftsleiters (Abs. 1 Satz 2)

152 Ein anerkannter Maßstab ist die verkehrsübliche **Sorgfalt eines ordentlichen und gewissenhaften Geschäftsleiters** (hierzu *Greil/Colussi*, StBp 2011 S. 40 ff.; *Thier*, IStR 2012 S. 495 ff.; *Kußmaul/Müller*, StB 2013 S. 152, 156 m. w. N.). Dies wurde bereits von der Rechtsprechung zur verdeckten Gewinnausschüttung in § 8 Abs. 3 KStG jahrzehntelang entwickelt und wurde vielfach aus dem Handelsrecht abgeleitet. Für § 1 AStG war dies unentbehrlich, weil das Gesetz auf den Markt verweist, in dem die Marktteilnehmer kraft Gesetzes seiner rechtlichen Verfasstheit ihr Normalverhalten nach ihnen bestimmen. Nunmehr ist dieser Grundsatz in § 1 Abs. 1 Satz 2 AStG kodifiziert worden. Er kann z. B. in folgenden Fallgruppen herangezogen werden:

– grobe Eigeninteressen der einzelnen Nahestehenden als nicht marktbestimmend zu erkennen

– bei aus dem Markt unentscheidbaren Situationen aus den bestehenden Interessenspannungen auf ein diese Interessen ausgleichendes Verhalten zu schließen; dabei ist zu beachten, dass auch der unabhängige Geschäftspartner nach diesem Grundsatz zu handeln hat (Gedanke des sog. gewissenhaften doppelten Geschäftsleiters).

– Marktbeobachtungen (z. B. Fremdpreise) als den Markt nicht kennzeichnend auszuschalten, wenn sie auf Verstößen gegen die im freien Markt beobachteten Regeln beruhen

– den hypothetischen Fremdvergleich durchführen zu können s. Anm. 161 ff.

Zur Notwendigkeit der Charakterisierung von Geschäftseinheiten eingehend *Wellens/van der Ham*, DB 2012 S. 1534 ff.

153 In dieser Form neu ist der in § 1 Abs. 1 Satz 2 AStG vorangestellte Grundsatz, dass die voneinander unabhängigen Dritten alle wesentlichen Umstände der Geschäftsbeziehung kennen (Transparenzgrundsatz). Angesprochen ist hiermit die Kenntnissituation zwischen dem Steuerpflichtigen und dem Nahestehenden; in ihrem Verhältnis ist gegenseitige Kenntnis der für die Geschäftsbeziehungen wesentlichen Informationen anzunehmen (BT/Drucks. vom 27.3.2007 16/4841 S. 85 amtl. Begr.).

b) Vergleichbarkeit und Funktionsanalyse

154 Die Gesetzesanwendung hat die marktrelevanten Einzelheiten der zu vergleichenden Geschäftsbeziehungen zu berücksichtigen, um die Marktverhältnisse zu bewerten und die **Vergleichbarkeit** zu gewährleisten. Dabei geht es nicht nur um die Orientierung an den am Markt erscheinenden äußeren Merkmalen der Geschäftsbeziehung (z. B. formale Haftungsrisiken, Lieferumfang, Preis etc.). Im Blick auf die im Markt meist nur unvollkommen zu gewinnende Orientierung sind vielmehr auch interne Verhältnisse der Nahestehenden heranzuziehen. Demgemäß sieht § 1 Abs. 3 Satz 1 AStG n. F. in der **Funktionsanalyse** die Grundlage, um im Markt beobachtete Preise im Hinblick auf die ausgeübten Funktionen, die eingesetzten Wirtschaftsgüter und die übernommenen Chancen und Risiken vergleichbar zu machen. Ihr Rekurs auf die Funktionsanalyse erfolgt in Anlehnung an das US-Steuerrecht.

155 Der Marktbezug des § 1 AStG macht es dabei nötig, auch auf Verhältnisse innerbetrieblicher oder struktureller Art bei den beteiligten Unternehmen einzugehen, die nicht unmittelbar am Markt erscheinen, aber für die deren Stellung und damit für die Preisbildung relevant sind. Auch außerhalb der Vergleichbarkeitsprüfung muss deshalb immer wieder auf derartige Informationen zurückgegriffen werden können, z. B. um insbesondere betriebliche Entscheidungen des Unternehmens bewerten zu können. Funktions- und Risikoanalysen gelten deshalb als allgemeines Instrument der Gesetzesanwendung (§ 4 Nr. 3 GewAufzVO; siehe ferner Tz. 3.4.11. 3–5 des BMF-Schreibens vom 12.4.2005 IV B 4 – S 1341 – 1/05, BStBl I 2005 S. 570). Es muss jedoch aus Praktikabilitätsgründen darauf hingewiesen werden, dass wegen der kaum vorhandenen Überschaubarkeit derartiger Verfahren im Unternehmen keine unverhältnismäßigen abzuverlangenden Aufzeichnungspflichten gefordert werden können.

c) Operieren mit Bandbreiten

156 § 1 Abs. 3 Satz 4 AStG arbeitet mit zwei Bandbreiten. Die erste Bandbreite ist die im Sinne des Satzes 1. Sie ist eine nicht eingeengte, die auf Fremdvergleichswerten aufbaut, die nach Vornahme sachgerechter Anpassungen uneingeschränkt vergleichbar sind. Die zweite Bandbreite ist die im Sinne des Satzes 2. Sie ist eine eingeengte, die auf Fremdvergleichswerten aufbaut, die trotz sachgerechter Anpassungen nur zu eingeschränkt vergleichbaren Fremdvergleichspreisen führen. Entscheidend ist nun, ob der vom Steuerpflichtigen seiner Einkünfteermittlung zu Grunde gelegte Fremdvergleichspreis innerhalb oder außerhalb der jeweils maßgeblichen Bandbreite liegt. Liegt er innerhalb der maßgeblichen Bandbreite, so erfährt er keine weiteren Korrekturen. Dies gilt unabhängig von der Frage, ob der angesetzte Fremdvergleichspreis in der Bandbreite oder an ihrem oberen oder unteren Ende liegt. Liegt der Fremdvergleichspreis hingegen außerhalb der Bandbreite, dann sollte genau auf den **Median** der Bandbreite korrigiert werden. Der Steuerpflichtige, dessen Fremdvergleichspreis nur geringfügig außerhalb der Bandbreite liegt, wird also im Verhältnis zu einem anderen Steuerpflichtigen, dessen Fremdvergleichspreis nur geringfügig innerhalb der Bandbreite liegt, extrem ungleich behandelt. Er wird einer unverhältnismäßigen faktischen Strafbesteuerung unterworfen.

157 Mit der Bezugnahme auf den Median haben nunmehr auch rein statistische Begriffe unmittelbar Einzug in das deutsche Steuerrecht genommen. Wieweit die

Kenntnis und Anwendung solcher statistischer Größen vom Steuerpflichtigen verlangt werden kann, soll hier dahingestellt bleiben (so die Kritik von *Wassermeyer/ Baumhoff/Greinert*, in F/W/B, AStG, § 1 Rdn. V 47/48; ebenso *Kaminski*, RIW 2007 S. 594, 596 f.) kritisch auch *Kraft*, AStG, § 1 Anm. 286, *Hofacker*, in Haase, AStG, § 1 Anm. 202; zu überschießenden Verrechnungspreiskorrekturen gem. § 1 Abs. 3 Satz 4 AStG eingehend *Baumhoff/Kluge/Liebchen*, IStR 2014 S. 515 ff.

d) Integrierte Betrachtung von Geschäften/Vorteilsausgleich

158 Der Fremdvergleich setzt an der einzelnen Geschäftsbeziehung an. Dies setzt an sich Prüfung und Einzelnachweise jeweils pro Geschäft voraus. Aus ökonomischen Gründen ist es geboten, sog. Paletten oder Produktionslinien zusammengefasst zu prüfen, da jeweils bei Anwendung der Wiederverkaufs- und Kostenaufschlagsmethode für die hierbei benutzten Funktionsmargen und Gewinnaufschläge gegenüber den Besonderheiten des Einzelgeschäftes relativ unempfindlich sind (vgl. Tz. 3.4.13 des BMF-Schreibens vom 12.4.2005 IV B 4 – S 1341 – 1/05, BStBl I 2005 S. 570) betr. Zusammenfassung von Geschäftsvorfällen und unternehmensinterne Verrechnungspreisrichtlinien). Das Problem der Palettenbetrachtung besteht darin, dass auch selbst gewinnorientierte Unternehmen aus übergeordneten strategischen Gründen faktisch wirtschaftlich gezwungen sind, auch einzelne verlustbringende Produkte am Markt anzubieten, um simultan ihre gewinnorientierten Produkte überhaupt erst an fremde Dritte veräußern zu können. In diesem Kontext wird auch von dem sog. **Vorteilsausgleich** gesprochen.

159 Grundsätzlich ist bei der Einkunftsberichtigung nach § 1 AStG das einzelne Rechtsgeschäft zwischen dem Steuerpflichtigen und der nahe stehenden Person zugrunde zu legen (vgl. Tz. 2.1.2. der Verwaltungsgrundsätze, BMF-Schreiben vom 23.2.1983 IV C 5 – S 1341 – 4/83, BStBl I 1983 S. 218). Steht jedoch ein vom Steuerpflichtigen in Kauf genommener Nachteil aus diesem Rechtsgeschäft in einem Zusammenhang mit einem Vorteil aus einem anderen Rechtsgeschäft mit derselben nahe stehenden Person, kann eine zusammengefasste Beurteilung erfolgen (sog. Vorteilsausgleich; vgl. auch Tz. 2.3. der Verwaltungsgrundsätze, BMF-Schreiben vom 23.2.1983 IV C 5 – S 1341 – 4/83, BStBl I 1983 S. 218). Voraussetzung für diesen Vorteilsausgleich ist, dass die vorteilhaften und nachteiligen Geschäfte in einem **inneren Zusammenhang** stehen, die Vor- und Nachteile **quantifiziert** werden können und der Vorteilsausgleich im **Voraus vereinbart** war bzw. zur Geschäftsgrundlage des nachteiligen Geschäfts gehörte (vgl. Tz. 2.3.2. der Verwaltungsgrundsätze, BMF-Schreiben vom 23.2.1983 IV C 5 – S 1341 – 4/83, BStBl I 1983 S. 218, mit Hinweis auf BFH-Urteil vom 8.6.1977 I R 95/75, BStBl II 1977 S. 704). Ferner muss der Nachteil innerhalb von drei Jahren tatsächlich ausgeglichen werden (vgl. Tz. 2.3.3. der Verwaltungsgrundsätze, BMF-Schreiben vom 23.2.1983 IV C 5 – S 1341 – 4/83, BStBl I 1983 S. 218).

160 Die von der FinVerw geforderten personellen, sachlichen und zeitlichen Zusammenhänge werden in der Literatur teilweise kritisiert (vgl. beispielsweise *Wassermeyer*, in F/W/B, § 1 AStG, Rz. 791 ff.; *Brezing* in Brezing u. a., § 1 AStG, Rz. 96 ff.; *Baranowski* 1996, Rn. 738 ff.). In personeller Sicht wäre ein erweiterter Vorteilsausgleich im Konzern denkbar, wenn beispielsweise eine deutsche Muttergesellschaft einen Vorteil, den sie von einer ausländischen Tochtergesellschaft erhalten hat, an eine andere ausländische Tochtergesellschaft weitergibt. An den sachlichen oder inneren Zusammenhang können keine hohen Anforderungen gestellt werden, da gerade ein Ausgleich bei unterschiedlichen Rechtsgeschäften erfolgen soll. Auch unter Fremdbedingungen ist ein Vorteilsausgleich nicht nur innerhalb sachlich verknüpfter Geschäfte vorstellbar. Schließlich ist die gesetzte Dreijahresfrist in Einzelfällen zu eng. Beispielsweise werden bei Geschäftsgründungen und Markterweiterungen auch unter fremden Dritten temporäre Anlaufhilfen gewährt, die über die Dreijahresfrist hinausgehen.

2. Hypothetischer Fremdvergleich (Abs. 3 Satz 5–8)

a) Allgemeines

161 Der bereits von der Judikatur entwickelte **hypothetische Fremdvergleich** geht davon aus, dass auch bei einem Versagen des Marktverweises ein Preis festzustellen ist, den Fremde untereinander vereinbart hätten; er entwickelt die im Vorstehenden behandelten allgemeinen Anwendungsgrundsätze weiter. Die eingeführte Sonderregelung in § 1 Abs. 3 Satz 5–8 AStG setzt voraus, dass es nicht möglich ist, aus dem Markt „eingeschränkt verwertbare Fremdvergleichspreise" abzuleiten.

162 In Fällen, in denen keine uneingeschränkt oder eingeschränkt vergleichbaren Werte ermittelt werden können, verpflichtet Satz 5 den Steuerpflichtigen dazu, einen „hypothetischen Fremdvergleich" durchzuführen, wenn mangels verwendbarer Vergleichswerte keine andere Möglichkeit zur Bestimmung des Verrechnungspreises besteht. Zur Durchführung des hypothetischen Fremdvergleichs ist zu fingieren, welche Preise voneinander unabhängige Dritte unter gleichen oder vergleichbaren Verhältnissen nach betriebswirtschaftlichen Grundsätzen vereinbart hätten.

163 Im hypothetischen Fremdvergleich ergibt sich regelmäßig ein Einigungsbereich zwischen der Mindestpreisvorstellung des Leistenden einerseits und der Höchstpreisvorstellung des Leistungsempfängers andererseits. Die Preisvorstellungen hängen von den jeweiligen Gewinnerwartungen ab. Die Vorschrift enthält eine Definition der Begriffe „Einigungsbereich" und „Gewinnpotenzial". Für eine Geschäftsbeziehung zwischen einem Unternehmen, das alle wesentlichen Chancen und Risiken dieser Geschäftsführung trägt, und einem anderen verbundenen Unternehmen bleibt es wie bisher möglich, den Verrechnungspreis aufgrund innerbetrieblicher Planrechnungen zu bestimmen, die dem verbundenen Unternehmen einen fremdüblichen Gewinn zuweisen und das Restergebnis dem erstgenannten Unternehmen.

164 Satz 7 bestimmt, dass grundsätzlich der Wert im Einigungsbereich der Einkünfteermittlung zugrunde gelegt werden muss, der dem Fremdvergleichsgrundsatz am besten entspricht. Sind keine besonderen Anhaltspunkte für einen bestimmten Wert ersichtlich und werden unter Berücksichtigung der konkreten Umstände des Falles keine tragenden Gründe für einen bestimmten Wert glaubhaft gemacht, wird vermutet, dass sich die beiden ordentlichen und gewissenhaften Geschäftsleiter auf den Mittelwert des Einigungsbereichs einigen würden. Die Vermutung für den Mittelwert simuliert das Ergebnis fiktiver Preisverhandlungen zwischen voneinander unabhängigen Dritten.

165 In der Regel ist der Mittelwert des Einigungsbereichs gem. Satz 7 als Verrechnungspreis anzusetzen, da der Steuerpflichtige glaubhaft zu machen hat, welcher Preis im Einigungsbereich dem Fremdvergleichsgrundsatz „mit der höchsten

Wahrscheinlichkeit" entspricht. Diese Beweislastumkehr zu Lasten des Steuerpflichtigen wird wohl in den meisten Fällen bewirken, dass der Mittelwert mangels Glaubhaftmachung eines anderen Wertes angewendet wird (so die Hypothese von *Klapdor*, StuW 2008 S. 83, 87 f.; ferner *Oestreicher*, Ubg 2011 S. 512 ff.; *Becker/ Sandlos*, DStR 2013 S. 154 ff.; *Kußmaul/Müller*, StB 2013 S. 187 ff.; *Menninger/ Wellens*, DB 2012 S. 10 ff.).

Der Begriff „Einigungsbereich" drückt das aus, was hypothetisch der eine Vertragspartner höchstens zu zahlen bereit gewesen wäre und der andere Vertragspartner mindestens gefordert hätte. Man muss sich deutlich vor Augen führen, dass es nicht immer einen Einigungsbereich geben muss. Daran fehlt es, wenn das, was der eine Vertragspartner mindestens gefordert hätte, von dem anderen Vertragspartner nie gezahlt worden wäre. Das Gesetz sieht diese Möglichkeit gar nicht, sondern unterstellt gewissermaßen einen stets vorhandenen Einigungsbereich. Dies geht jedoch an den Realitäten vorbei (so die Kritik von *Wassermeyer*, DB 2007 S. 535, 538).

166 Im Schrifttum wird angemerkt, dass ein Einigungsbereich ferner voraussetzt, dass die Preisobergrenze des Empfängers **über** der Preisuntergrenze des Leistenden liegt. Nur in diesem Fall kann es bei rationalem Verhalten unabhängiger Verhandlungspartner zu einer Einigung kommen. Liegt dagegen die Preisobergrenze des Empfängers **unter** der Preisuntergrenze des Leistenden, kann zwischen unabhängigen Verhandlungspartnern kein Geschäft zustande kommen, weil mindestens einer der Beteiligten einen – unter Fremden nicht akzeptablen – Gewinnentgang oder gar Verlust in Kauf nehmen müsste. Dies ist allerdings mit dem Handeln eines ordentlichen und gewissenhaften Geschäftsleiters nicht vereinbar. Demzufolge ist in diesem Fall der Fremdvergleich weder in seiner tatsächlichen noch in seiner hypothetischen Form anwendbar (darauf weisen *Wassermeyer/Baumhoff/Greinert* in F/W/B, AStG, § 1 Rdn. V 57 hin).

167 Wenn der Steuerpflichtige den Mittelwert eines unzutreffenden Einigungsbereichs seiner Einkünfteermittlung zugrunde gelegt hat, ist der Verrechnungspreis grundsätzlich zu berichtigen. In diesen Fällen wird der Finanzverwaltung Ermessen eingeräumt, dennoch keine Berichtigung durchzuführen, wenn der vom Steuerpflichtigen angenommene Verrechnungspreis im zutreffend ermittelten Einigungsbereich liegt. Für die Ermessensausübung ist z. B. darauf abzustellen, ob die Abweichung vom eigentlich anzusetzenden Wert erheblich ist, ob durch die Berichtigung ein Verständigungs- oder Schiedsverfahren ausgelöst wird und wie die Aussichten eines solchen Verfahrens einzuschätzen sind. Insbesondere für den zuletzt genannten Aspekt ist auf die Erfahrungen des Bundeszentralamtes für Steuern zurückzugreifen, das die entsprechenden Verfahren führt (BT-Drucks. vom 27.3.2007, 16/4841, S. 85 f. amtl. Begr.).

168 Die rechtliche Natur des hypothetischen Fremdvergleichs ist umstritten. Wegen der vorgesehenen und inzwischen vorliegenden Rechtsverordnung nach § 1 Abs. 3 Satz 13 AStG wird klargestellt, dass es sich um eine Umsetzung des Fremdvergleichs in Bereichen handelt, in denen der Marktverweis des § 1 AStG an seine Grenzen kommt.

169 Nach der Stufenregelung des § 1 Abs. 3 AStG ist der hypothetische Fremdvergleich nur für Fälle vorgesehen, in denen der **direkte oder indirekte Vergleich nicht möglich** ist, weil Marktdaten fehlen oder nicht angepasst werden können. Irrelevant ist es, worauf dies zurückgeht (z. B. Versäumnisse des Steuerpflichtigen, unklare Marktverhältnisse, Schwierigkeiten bei der sachgerechten Anpassung). Der hypothetische Vergleich ist damit **Auffangmethode,** die insbesondere auch dann anzuwenden ist, wenn wegen der Besonderheiten der Marktgegebenheiten der Marktverweis als Anhalt versagt. Häufig wird auch bei Vorliegen von Daten streitig bleiben, ob ein direkter Vergleich möglich ist. Im Übrigen sind die Voraussetzungen für den Übergang zum hypothetischen Vergleich von der Finanzverwaltung darzulegen, wenn dem Steuerpflichtigen kein Fehler bei der Mitwirkung unterlaufen ist (z. B. nach § 162 Abs. 3 AO).

Im Gesetz ist nicht geregelt, unter welchen Umständen der Steuerpflichtige sich von sich aus auf den hypothetischen Fremdvergleich stützen kann. Dies kann möglicherweise dann relevant sein bei Marktlagen, die einen hohen Aufwand an Ermittlungen erfordern würden oder die die Finanzverwaltung bei Verwendung ihrer eigenen Erkenntnisse, nicht aber der Steuerpflichtigen übersehen kann. Auch im Rahmen von innerbetrieblichen Verrechnungspreissystemen, ihrer Prüfung und Vorwegerörterung mit der Finanzverwaltung kann bei schwer zu überschauender Marktlage der hypothetische Vergleich als Basis durchaus angemessen sein (vgl. Tz. 3.4.13 bzw. 3.4.2. des BMF-Schreibens vom 12.4.2005 IV B 4 – S 1341 – 1/05, BStBl I 2005 S. 570). Näheres soll in der Funktionsverlagerungs-VO präzisiert werden (siehe die Ausführungen in Anm. 179 ff., insbes. Anm. 211; zu Routinefunktionen, Gewinnverlagerungen und Versagen des hypothetischen Fremdvergleichs kritisch *Rasch/Schmidtke,* IStR 2009 S. 92 ff.; beachte auch die Fallbeispiele bei *Reckziegel/Grottke,* Steuer und Studium 2009 S. 268, 274; ferner *Oestreicher,* Ubg 2009 S. 80, 88 ff.; *Hentschel/Kraft,* IStR 2015 S. 193, 196 ff.). **170**

b) Gewinnpotenziale

Der Gesetzgeber hat den von der höchstrichterlichen Judikatur entwickelten und in der Praxis erprobten Gedanken des „hypothetischen Vergleichs" durch das Unternehmenssteuerreformgesetz 2008 in § 1 Abs. 3 AStG zu einer Hilfsmethode entwickelt, die von einer nach betriebswirtschaftlichen Grundsätzen vorzunehmenden Aufteilung der im Markt bestehenden Gewinnpotenziale ausgeht (BT/Drucks. vom 27.3.2007 16/4841, S. 85 f. amtl. Begr.). **171**

Dafür soll der **Mindestpreis des Leistenden** und der **Höchstpreis des Leistungsempfängers** zu ermitteln sein. Für diesen Vorgang muss auf die innerbetrieblichen Unterlagen der Beteiligten zurückgegriffen werden. Beim Leistenden können die kalkulatorischen Kosten und ein nach Sachlage angemessener Gewinnaufschlag (wie bei der Kostenaufschlagsmethode), beim Leistungsempfänger dessen eigene Kostenrechnung und anzunehmende Absatzchancen herangezogen werden. Das Gesetz schließt aber andere Ansätze nicht aus. Infrage kommen z. B. Ersatzbeschaffungskosten und das von jedem der Beteiligten „gefühlte" Preisniveau im eigenen Markt. **172**

Gewinnpotenziale i. S. d. § 1 Abs. 3 Satz 6 AStG sind die aus der verlagerten Funktion jeweils zu erwartenden Reingewinne nach Steuern (Barwert), auf die ein ordentlicher und gewissenhafter Geschäftsleiter i. S. v. § 1 Abs. 1 Satz 2 AStG aus der Sicht des verlagernden Unternehmens nicht unentgeltlich verzichten würde und für die ein solcher Geschäftsleiter aus der Sicht des übernehmenden Unternehmens bereit wäre, ein Entgelt zu zahlen (§ 1 Abs. 4 FunktionsverlagerungsVO). **173**

174 Im Gewinnpotenzial ist eine Gleichartigkeit zur konkretisierten Geschäftschance zu sehen. Erstreckt sich der Anwendungsbereich des Gewinnpotenzials zusätzlich auf die Überlassung des gesamten Marktes bzw. aller Marktchancen der Funktion, würde diese Vielzahl von unbestimmten Geschäften keinen eigenständigen Wert oder Vorteil darstellen; dieser wird vielmehr im Geschäftswert aufgehen. Der Definition des § 1 Abs. 3 Satz 6 AStG ist zu entnehmen, dass Gewinnerwartungen und nicht ein Gewinnwunsch das Gewinnpotenzial darstellen. Diese Gewinnerwartungen sollten dementsprechend auf vorsichtig prognostizierten und fundierten Daten aufbauen, die einer Bewertung konkret zugänglich sein sollten.

175 Um die Gleichartigkeit hervorzuheben, sollten die beiden Begriffe zudem dem Wortlaut nach ausgelegt werden. Ein Potenzial ist gleichbedeutend mit Leistungsfähigkeit. In Bezug auf den Gewinn zeigt sich, dass mit Gewinnpotenzial nichts anderes gemeint sein kann als die Fähigkeit, in der Zukunft einen Gewinn zu erwirtschaften bzw. zu leisten. Wie zuvor dargelegt, gibt es keine Definition für die Geschäftschance. Sie stellt dennoch die Möglichkeit bzw. die Wahrscheinlichkeit dar, aus einem zukünftigen Geschäft einen Gewinn zu erzielen. Wo genau nun ein Unterschied zwischen der Möglichkeit, also der Fähigkeit einen Gewinn zu erzielen, zu der Fähigkeit einen Gewinn zu erzielen, enthalten sein soll, ist fraglich. Vielmehr stellen Gewinnpotenzial und Geschäftschance zwei Synonyme dar, denn sowohl Geschäft als auch Gewinn können als Profit umschrieben werden. Dementsprechend hat der Gesetzgeber nur die Geschäftschance im Gewinnpotenzial manifestiert, um im übertragenen Sinne dem Motto zu folgen: „Was man messen kann, soll man messen, was man nicht messen kann, soll man messbar machen." (so die Quintessenz von *Greil*, IStR 2009 S. 202, 206).

c) Aufteilung des Eignungsbereichs (Abs. 3 Satz 7–8)

176 Die zwischen den beiden Preisgrenzen bestehenden Spanne bildet den **„Einigungsbereich"** für den Vergleichspreis. In ihm ist festzulegen, auf welche Preise sich unabhängige Dritte nach betriebswirtschaftlichen Grundsätzen geeinigt hätten. Im Ergebnis ist also ein fiktiver Entscheidungsprozess nachzuvollziehen, in dem mit der Funktionsanalyse (§ 1 Abs. 3 Satz 1 AStG) und der Unterstellung der Gewinnpotenziale beider Seiten wiederum die konkreten betrieblichen Gegebenheiten der Nahestehenden einfließen. Gleichzeitig ist das Verhalten von „ordentlichen Geschäftsführern" zu unterstellen, die sich bei den Nahestehenden mit ihren divergierenden Interessen gegenüberstehen („doppelter ordentlicher Geschäftsführer", siehe Anm. 152). Auszuschließen sind dagegen die Differenzen in der Verhandlungsstärke, die sich aus dem Nahestehen (etwa Weisungsrechten im Konzern etc.) ergeben.

177 Als Fremdpreis ist im **Mittelwert** des Einigungsbereichs anzusetzen, falls kein „anderer wahrscheinlicher Wert" glaubhaft gemacht wird. Auf diesen „anderen Wert" können sich nach dem Gesetzeswortlaut sowohl Steuerpflichtige wie die Finanzverwaltung berufen. Ein Abweichen vom Median wird regelmäßig dann glaubhaft dargetan sein, wenn die Leistungsbeträge der Nahestehenden zum gesamten Gewinnpotenzial deutlich ungleich sind. Der hypothetische Vergleich hat damit festzustellen, ob der zu prüfende Verrechnungspreis Gewinnpotenziale, die sich aus der zu prüfenden Geschäftsbeziehung ergeben, in der nach § 1 AStG gebotenen Weise bei den beiden Nahestehenden hat anfallen lassen. Dies ist nicht

aus dem Markt ableitbar, weil auf ihm „Gewinnpotenziale" als solche nicht gehandelt werden. Dafür bieten sich folgende drei Ansätze an:
- Für die zu prüfende Geschäftsbeziehung ergeben sich aus den allgemeinen Marktverhältnissen Parameter wie das allgemeine Preisumfeld, die Gewinnaufschläge und Kostenstrukturen, aus denen die Standardmethoden ihre Vergleichsgrößen ableiten. Hieraus lassen sich Orientierungshinweise für das Verhalten Fremder ableiten, auch wenn der Markt wegen fehlender Transparenz keine hinreichend vergleichbaren Fremdwerte abgibt.
- Betriebswirtschaftliche Parameter lassen sich aus den Konzernstrukturen etc. ableiten, in denen die zu prüfende Geschäftsbeziehung steht.
- Schließlich sind Besonderheiten des Einzelfalls und die darauf zu erwartenden Reaktionen eines ordentlichen Geschäftsleiters zur Bewertung heranzuziehen

Vertreter der Finanzverwaltung weisen auf Folgendes ergänzend hin:
- Ein Einigungsbereich fehlt, wenn der ermittelte Mindestpreis des Leistenden über dem Höchstpreis des Leistungsempfängers liegt. Da die Geschäftsbeziehung gleichwohl zustande gekommen ist, wird man annehmen müssen, dass einer oder beide Gewinnpotenziale unzutreffend angesetzt sind.
- Der Ansatz eines wahrscheinlicheren Wertes kann durch bloße Glaubhaftmachung begründet werden. Dies ist eine deutliche Minderung der Nachweisanforderungen, die nach dem Gesetzeswortlaut sowohl von der Finanzverwaltung als auch vom Steuerpflichtigen in Anspruch genommen werden können.

Auch sonst ist die gesetzliche Regelung damit von der Bandbreitenanalyse beim direkten Vergleich (§ 1 Abs. 3 Satz 2–4 AStG) abgehoben. Eine eigentliche Bandbreite, die anzupassen und auf deren Median der Steuerpflichtige sich berufen kann, gibt es nicht. Jedoch soll aus Billigkeitsgründen von einer **Berichtigung abgesehen werden können,** wenn sich der zu überprüfende Verrechnungspreis innerhalb des festgestellten Einigungsbereichs gehalten hat (§ 1 Abs. 3 Satz 8 AStG). Dies setzt jedoch voraus, dass der Steuerpflichtige bei der Gestaltung seiner Verrechnungspreise sich tatsächlich auf eine Berechnung der Gewinnpotenziale und ihrer Aufteilung gestützt hat.

VI. Funktionsverlagerungen (im weitesten Sinne)

1. Überblick

Innerhalb von grenzüberschreitenden Unternehmen (in der Vergangenheit Konzerne, zwischenzeitlich auch mittelständische größere Unternehmenseinheiten) überprüfen im Rahmen der Optimierung der Konzernstruktur häufig Fallgestaltungen dahingehend, ob nicht größere betriebliche Einheiten von einem Teilunternehmen auf ein anderes übertragen werden. Dies stellt im Grunde keine neue betriebswirtschaftliche und steuerliche Erkenntnis dar. Die Fallgestaltungen haben sich jedoch dadurch in der Vergangenheit erhöht, dass – insbesondere im Rahmen der Erschließung der neuen Märkte in Osteuropa und in den überseeischen Schwellenländern – Konzerne und sonstige grenzüberschreitend agierende Unternehmen verstärkt aus einer Vielzahl von Gründen, wie
- Markterschließung,
- Sicherung von günstigen Beschaffungsmärkten,

– Exportmärkte,
– Nutzung von niedrigen Lohnkosten,
– optimale Beschaffung von Rohstoffen,

entschlossen haben, ihr Unternehmen auszuweiten. Dies ist in den letzten Jahrzehnten vom deutschen Fiskus – von bestimmten typischen Fallgruppen abgesehen – bisher nur sporadisch aufgegriffen worden. Lediglich die Finanzverwaltung hat versucht, anhand der klassischen Institute (wie Überprüfung der Verrechungspreise nach den Verwaltungsgrundsätzen vom 23.2.1983, Anwendung der Institute der verdeckten Gewinnausschüttung, verdeckten Einlage, Entnahme etc.) bestimmte unerwünschte fiskalische Aspekte auszubremsen.

Zum Schrifttum zur Funktionsverlagerung im internationalen Konzern vor Inkrafttreten des Unternehmensteuerreformgesetzes 2008 siehe *Burkert*, IStR 2003 S. 320 ff. und S. 356 ff.; zur Behandlung von Geschäftschancen bei grenzüberschreitenden Funktionsverlagerungen siehe *Serg*, DStR 2005 S. 1916 ff.; *Ditz*, DStR 2006 S. 1625 ff.; *Greinert/Thiele*, DStR 2011 S. 1197 ff.).

180 Eine neue Qualität ist nun dadurch entstanden, dass der Gesetzgeber im Rahmen des Unternehmensteuerreformgesetzes 2008 definitiv diese Problematik erstmalig in Gesetzesform (bzw. ergänzend durch eine Funktionsverlagerungs-Verordnung) extensiv kodifiziert hat. Hierbei dürfte die Finanzverwaltung jedoch im Rahmen der juristischen Nomenklatur über das Ziel hinausgeschossen sein. Insbesondere scheint mehr oder weniger unterstellt zu werden, dass grenzüberschreitend agierende Unternehmen ausschließlich aus steuerlichen Gründen Funktionsverlagerungen vornehmen. Dem ist jedoch nicht so. Dies ist anhand der obigen Eckwerte in Parenthese dargelegt worden. Sicherlich soll nicht bestritten werden, dass auch steuerliche Aspekte bei der Strukturierung grenzüberschreitender Aktivitäten eine wichtige Rolle spielen. Auf der Ebene des Top-Managements wird jedoch das Steuerrecht wegen seiner Intransparenz und fehlenden rechtlichen Kontinuität nicht als ausschließlicher Entscheidungsparameter gewählt, was von der deutschen Finanzverwaltung aber offenbar nicht gesehen wird.

181 Funktionsverlagerungen unterscheiden sich in folgende vier Fallgruppen (Beispiele nach *Kaminski*, RIW 2007 S. 594, 599; *Baumhoff/Ditz/Greinert*, DStR 2007 S. 1649, 1650; *Wulf*, DB 2007 S. 2280, 2282; *Günter*, WRg 2007 S. 1082 ff.; *Frotscher*, FR 2008 S. 49 ff.; *Jahndorf*, FR 2008 S. 101 ff.; *Crüger/Wintzer*, GmbHR 2008 S. 306 ff.; *Haas*, UBg 2008 S. 517 ff., *Borstell*, IStR 2009 S. 329 ff.; *Kahle*, StuB 2009 S. 557, 560 ff. *Oestreicher/Wilcke*, DB 2010 S. 173 ff.; *Kaminski*, DB 2011 S. 435 ff. Kritisch zur Atomisierung des Funktionsbegriffs *Hentschel/Kraft*, IStR 2015 S. 193 ff.; *Kraft*, AStG, § 1 Rz. 382–386; *Hofacker*, in Haase, AStG, § 1 Rz. 263; hierzu ausführlich die Monographie von *Hentschel*, Deutsche Regelungen zur internationalen Funktionsverlagerung [2014]):

– die komplette Überführung von Anlagen und Personalbeständen zur Übertragung einer bisher bereits verwirklichten und an einer Stelle lokalisierten Fertigung an eine andere Fertigungsstelle zusammen mit der Übertragung der bisher verwendeten Schutzrechte, Marken, Vertriebswege und Kundenbestände (**Vollverlagerung der gesamten Geschäftschancen, Funktionsausgliederung**);

– die Errichtung einer neuen, zusätzlichen Produktionsstraße, in die örtliches Personal anhand des bestehenden betrieblichen Erfahrungswissens eingewiesen und mit den nötigen immateriellen Fertigungsfaktoren (z. B. Patente, Warenzei-

chen) ausgestattet wird und andere Positionen (z. B. einen Kundenstamm, den Vertriebsapparat) als operative Grundlage erhält **(Funktionsverdopplung bzw. Funktionsausweitung bzw. Funktionsvervielfältigung)**;
– Übertragung der Absatzfunktionen für die eigene Produktion vom inländischen Vertrieb auf eine ausländische Vertriebsgesellschaft. Dies kann geschehen unter Zuweisung eines bloßen Kostenanteils an die ausländische Gesellschaft, d. h. unter Beibehaltung der Vertriebschancen im Inland **(Funktionsabspaltung)** oder
– durch Zuweisung von Absatzchancen und -risiken an die ausländische Gesellschaft als deren Lohnfertiger der inländische Produktionsbereich geführt wird **(Funktionsabschmelzung)**.

Arten der Funktionsverlagerung

Funktionsausgliederung	Funktionsabschmelzung
vollständige Übertragung einer Funktion mit dazugehörigen Chancen und Risiken einschließlich Wirtschaftsgütern	Übertragung eines Teils einer Funktion mit den dazugehörigen Chancen und Risiken einschließlich Wirtschaftsgütern

Funktionsabspaltung	Funktionsverdopplung bzw. Funktionsvervielfältigung
Übertragung (eines Teils) einer Funktion unter Beibehaltung der dazugehörigen Chancen und Risiken	Verdopplung bzw. Vervielfältigung einer im Inland weiterhin ausgeübten Funktion mit den dazugehörigen Chancen und Risiken einschließlich Wirtschaftsgütern

Zur speziellen Problematik der Funktionsverlagerung durch Zusammenlegung von Produktion und Vertrieb s. den Diskurs von *Zech*, IStR 2009 S. 418 ff. einerseits und *Ditz*, IStR 2009 S. 421 ff. andererseits; zu den Besonderheiten der Besteuerung von Funktionsverlagerungen im Fall von „Vertriebsabspaltungen" siehe *Bernhardt/von der Ham/Kluge*, DStR 2008 S. 1 ff.: *Kroppen/Niemtimp*, IStR 2011 S. 650 ff.; zu Praxisproblemen bei der Besteuerung von Funktionsverlagerungen eingehend *Baumhoff*, WPg 2012 S. 396 ff.; zur Optimierung von Funktionsverlagerungen mittels Lizenzierung siehe *Hagemann*, StuB 2012 S. 628 ff.; *Wellens/Schwemin*, DB 2013 S. 2881 ff.; zu praktischen Anwendungsfragen der Produktionsverlagerung ohne Funktionsverlagerung eingehend *Andresen*, IWB 2013 S. 333 ff.

Während die Funktionsausgliederung und die Funktionsabschmelzung in Übereinstimmung mit der Definition einer Funktionsverlagerung gem. § 1 Abs. 3 Satz 9 AStG stehen, ist bei einer Funktionsabspaltung keine Funktionsverlagerung in diesem Sinne gegeben. Die im Zusammenhang mit der Funktion stehenden Chancen und Risiken verbleiben nämlich bei dem Ursprungsunternehmer. Insofern vereinnahmt das Ursprungsunternehmen die entsprechenden Gewinnanteile weiterhin. Da es zu keiner Verlagerung von Gewinnen in das Ausland kommt, ist es auch nicht gerechtfertigt, eine Funktionsabspaltung als eine Funktionsverlagerung im Sinne des § 1 Abs. 3 Satz 9 AStG zu betrachten (so die Kritik von *Wassermeyer/Baumhoff/Greinert*, in F/W/B, AStG, § 1 Rdn. V 72). Nach dem Gesetzeswortlaut sollte auch eine Funktionsverdoppelung bzw. Funktionsvervielfältigung **keine** Funktionsverlagerung im Sinne des § 1 Abs. 3 Satz 9 AStG darstellen. So heißt es im Gesetz ausdrücklich „verlagert". Der Begriff „Verlagerung" impliziert nicht nur, dass eine bislang im Inland ausgeübte Funktion in der Zukunft im Ausland ausgeübt wird. Vielmehr ist es dabei auch erforderlich, dass die ursprüngliche Tätigkeit im Inland eingestellt wird. Eine Verlagerung erfordert also, dass eine bereits ausgeführte Tätigkeit vollständig an einem neuen Ort ausgeübt wird. Bei einer Funktionsverdoppelung verbleiben die Funktionen und die aus ihnen resultierenden Chancen und Risiken allerdings weiterhin im Inland (so die Gegenargumentation von *Wassermeyer/Baumhoff/Greinert*, in F/W/B, AStG, § 1 Rdn. V 73).

183 Bisher – wie gesagt – wurden derartige Fallgestaltungen nach dem Recht vor Inkrafttreten des Unternehmensteuerreformgesetzes 2008 weitgehend mit dem Institut der verdeckten Gewinnausschüttung zu lösen versucht. Die kostenträchtige (verdeckte) Entnahme von immateriellen Wirtschaftsgütern wurde in der Praxis nach altem Recht dadurch vermieden, dass Lizenzierungsverfahren zwischen der die Funktion abgebenden Mutter und der ausländischen Tochter vereinbart wurden, um so eine geballte Aufdeckung stiller Reserven zu vermeiden.

184 Im Schrifttum ist dargelegt worden, dass es zu unbeabsichtigten Funktionsverlagerungen als Ergebnis operativer Geschäftsentwicklung im konkreten Einzelfall kommen kann. Deshalb stellen die gesetzlichen Neuregelungen in § 1 AStG eine deutliche Verschärfung der bisherigen Rechtslage dar. Es gilt daher, potenzielle Funktionsverlagerungen frühzeitig zu identifizieren, zu prüfen und ggf. zu gestalten. Funktionsverlagerungen sind häufig das Ergebnis einer nicht steuerlich motivierten Geschäftsentwicklung und ihre steuerlichen Implikationen, wie die Notwendigkeit einer Ausgleichszahlung zugunsten der Inlandsgesellschaft, bleiben damit oftmals durch den Steuerpflichtigen zunächst unentdeckt. Mittels eines Schemas sind kontinuierlich potenzielle Sachverhalte auf die Verlagerung bzw. Beendigung für die Übertragung bzw. Überlassung von Chancen und Risiken sowie Wirtschaftsgüter und sonstige Vorteile auf verbundene Unternehmen hin zu prüfen. Dabei wurden die Informationspflichten des Steuerpflichtigen im Rahmen der Lageberichterstattung ausgeweitet und liefern der Betriebsprüfung zulässige Hinweise auf potenzielle Funktionsverlagerungen. Die Angaben sollten daher entsprechend geprüft und unter Einhaltung der gesetzlichen Informationspflichten ggf. angepasst werden, um irreführende, Funktionsverlagerungen suggerierende Hinweise zu vermeiden (so die ausführliche Untersuchung von *Freudenberg/Peters*, BB 2009 S. 852 ff.).

Der Gesetzgeber hat im Unternehmensteuerreformgesetz 2008 nunmehr eine gesetzliche Regelung dahingehend vor, dass

– die **Funktionsverlagerung** ähnlich wie die Verfügung über einen Betrieb oder Teilbetrieb behandelt wird; gesetzestechnisch wird dies dadurch erreicht, dass das Gesetz die gesamten Einzelübertragungen in ein die Wirtschaftsgüter und die Funktion repräsentierendes „Transferpaket" zusammenfasst;

– das Gesetz dem Verrechnungspreis die Ertragserwartungen an das „Transferpaket als Ganzes" zugrundelegt und so die Orientierung am Begriff des Wirtschaftsguts und den Grundsatz der Einzelbewertung der übertragenen Wirtschaftsgüter im Ergebnis entspricht;

– das Gesetz diesen Wert hypothetisch in der **Mitte der Gewinnpotenziale** festsetzt, die sich am alten und neuen Standort ergeben. Im Fall der Verlagerung aus Deutschland in ein steuerlich günstigeres anderes Land werden damit die ausländischen Standortvorteile mit in die deutsche Besteuerung einbezogen.

Es wird somit an die Regelung zum hypothetischen Fremdvergleich angeknüpft. Während aber dort Gewinnerwartungen Maßstab für eine mit Marktvorgängen vergleichbare Geschäftsbeziehung sind, ist hier sachlich die Übertragung der Gewinnerwartung selbst Prüfungsobjekt des Fremdvergleichs. Zugleich werden die mit der übertragenen Funktion zusammenhängenden Potenziale zukünftiger Gewinne im Zeitpunkt der Funktionsverlagerung steuerbar. Dies ist eine signifikante **Durchbrechung des Realitätsprinzips,** die steuerpolitisch, rechtstechnisch und wegen ihrer Standortwirkung zu Recht im Schrifttum kritisiert wird (siehe *Frotscher,* FR 2008 S. 49 ff.; *Wassermeyer,* FR 2008 S. 67 ff.; *Jahndorf,* FR 2008 S. 101 ff.; zur Übereinstimmung der Regelung zur Funktionsverlagerung mit dem Fremdvergleichsgrundsatz kritisch *Greil,* DStZ 2011 S. 285 ff.). Bemängelt wird insbesondere, dass die steuerliche Inanspruchnahme der nicht marktgängigen Gewinnerwartung dem Fremdvergleichsgrundsatz der Doppelbesteuerungsabkommen, dem EU-Recht und den bisherigen OECD-Standards nicht entspricht. Für die Praxis besonders relevant ist in diesem Kontext die **Funktionsverlagerungs-Rechtsverordnung (FVerlV)** vom 12.8.2008 (BGBl I 2008 S. 1680 – BStBl I 2009 S. 34, hier nach dem Text des § 1 AStG wiedergegeben, s. zum Beginn dieser Kommentierung; hierzu *Haas,* Ubg 2008 S. 517 ff., *Baumhoff/Ditz/Greinert,* DStR 2008 S. 1945 ff.; *Spatscheck/Birkenmaier,* Die AG 2008 S. 706 f., *Frischmuth,* StuB 2008 S. 864 ff.; *Ditz/Just,* DB 2009 S. 141 ff.; *Brüninghaus/Bodenmüller,* DStR 2009 S. 1285 ff.; zur Funktionsverlagerungsverordnung im Widerstreit mit internationalen Grundsätzen siehe *Welling/Tiemann,* FR 2008 S. 68 ff.; *Jahndorf,* FR 2008 S. 101, 109 ff.; zu einer Eingabe des IDW zur Änderung des FVerlV Ubg 2009 S. 599 f.; *dies.;* Ubg 2011 S. 574; zu verfassungsrechtlichen Aspekten der Besteuerung von Funktionsverlagerungen siehe *Micker,* IStR 2010 S. 829 ff.). Zur Neuerrichtung eines Auslandsengagements im Zeitalter der Funktionsverlagerungsbesteuerung instruktiv *Kaminski,* DB 2011 S. 435 ff.; zur Bestimmung von Verrechnungspreisen und Folgen von Funktionsverlagerungen siehe *Wiesch,* Steuer und Studium 2013 S. 520 ff.; zum Einfluss von Handlungsalternativen auf die Aufteilung von Synergien bei Funktionsverlagerungen siehe *Ackermann/Halbach,* DB 2013 S. 2582 ff.

In § 7 Funktionsverlagerungs-Verordnung wurde nunmehr folgende klarstellende Regelung getroffen:

Für ein verlagerndes Unternehmen, das aus der Funktion Gewinne zu erwarten hat, ergibt sich die Untergrenze des Verhandlungsrahmens (Mindestpreis des Einigungsbereichs) i. S. d. § 1 Abs. 3 Satz 6 AStG aus dem Ausgleich für den Wegfall oder die Minderung des Gewinnpotenzials zuzüglich der gegebenenfalls anfallenden Schließungskosten. Tatsächlich bestehende Handelsmöglichkeiten, die das verlagernde Unternehmen als vom übernehmenden Unternehmen unabhängiges Unternehmen hätte, sind zu berücksichtigen, ohne die unternehmerische Dispositionsbefugnis des verlagernden Unternehmens in Frage zu stellen.

In Fällen, in denen das verlagernde Unternehmen aus rechtlichen, tatsächlichen oder wirtschaftlichen Gründen nicht mehr dazu in der Lage ist, die Funktion mit eigenen Mitteln selbst auszuüben, entspricht der Mindestpreis dem Liquidationswert.

Verlagert ein Unternehmen eine Funktion, aus der es dauerhaft Verluste zu erwarten hat, wird der Verhandlungsrahmen für das verlagernde Unternehmen durch die zu erwartenden Verluste oder die ggf. anhaltenden Schließungskosten begrenzt; maßgeblich ist der niedrigere absolute Betrag. In solchen Fällen kann es dem Verhalten eines ordentlichen und gewissenhaften Geschäftsleiters entsprechen, zur Begrenzung von Verlusten ein Entgelt für die Funktionsverlagerung zu vereinbaren, das die anfallenden Schließungskosten nur teilweise deckt, oder eine Ausgleichszahlung an das übernehmende Unternehmen für die Übernahme der Verlustquelle zu leisten.

187 Häufiger Diskussionsstoff im Rahmen von Betriebsprüfungen ist die Frage der Zuordnung von im Rahmen von Funktionsverlagerungen entstehenden Aufwendungen (Schließungskosten, Stilllegungskosten). Maßgebliche Kriterien sind dabei das Veranlassungsprinzip sowie eine Nutzenanalyse. Im Schrifttum ist dies bei der Anwendung der auftretenden Probleme für die Zuordnung der Restrukturierungsaufwendungen im Blickwinkel der Funktionsverlagerungsverordnung diskutiert worden. Für den Steuerpflichtigen ist danach festzuhalten, dass auf Basis der bestehenden gesetzlichen Regelungen eine Allokation der Restrukturierungskosten beim betroffenen Unternehmen im Regelfall nicht in Frage gestellt werden kann. Weiter zu überlegen ist, ob im Wege einer vertraglichen Vereinbarung die Aufteilung der Restrukturierungsaufwendungen mit verbundenen Unternehmen vereinbart werden kann. Hier ist eine weitere Untersuchung der Anerkennung der Abzugsfähigkeit im Ausland für den Einzelfall angebracht. Die Möglichkeit, eine solche Vereinbarung anhand einer Nutzenanalyse oder des Veranlassungsprinzips ökonomisch zu begründen und entsprechend zu dokumentieren, ist im Schrifttum dargestellt worden (weitere Einzelheiten *Freudenberg/Peters*, BB 2008 S. 1424 ff.).

2. Begriff der Funktionsverlagerung

188 Satz 9 enthält eine gesetzliche Definition des Begriffs „Funktionsverlagerung". Eine gesetzliche Definition des Begriffs Funktion findet sich auch in § 1 Abs. 1 Funktionsverlagerungs-VO. Eine Funktion ist eine Geschäftstätigkeit, die aus einer Zusammenfassung gleichartiger betrieblicher Aufgaben besteht, die von bestimmten Stellen oder Abteilungen eines Unternehmens erledigt werden. Sie ist ein organischer Teil eines Unternehmens, ohne dass ein Teilbetrieb im steuerlichen Sinn vorliegen muss (*Kahle*, StuB 2009, S. 557, 558).

Als Funktionen kommen in Betracht: Geschäftstätigkeiten, die zur Geschäftsleitung, Forschung und Entwicklung, Materialbeschaffung, Lagerhaltung, Produktion, Verpackung, Vertrieb, Montage, Bearbeitung oder Veredelung von Produkten, Qualitätskontrolle, Finanzierung, Transport, Organisation, Verwaltung, Marketing, Kundendienst usw. gehören.

Zur eindeutigen Abgrenzung einer Funktion von der übrigen Geschäftstätigkeit ist es in Verlagerungsfällen notwendig, die betreffende Funktion anhand der verwendeten Wirtschaftsgüter (insbesondere der immateriellen Wirtschaftsgüter) und Vorteile sowie der mit der bestimmten Geschäftstätigkeit konkret verbundenen Chancen und Risiken tätigkeitsbezogen **und** objektbezogen zu definieren. Eine Funktion kann insoweit z. B. die Produktion eines bestimmten Produkts oder einer bestimmten Produktgruppe, der Vertrieb eines bestimmten Produkts, einer bestimmten Produktgruppe oder eine bestimmte Geschäftstätigkeit für eine

bestimmte Region sein. Nur wenn eine Einschränkung der Geschäftstätigkeit festgestellt wird, kommt es darauf an, ob diese Einstellung auf der Verlagerung einer „Funktion" beruht (so Tz. 15/16 des BMF-Schreibens vom 13.10.2010 IV B 5 – S 1341/08/10003, 2010/0598886, BStBl I 2010 S. 774). Typische Beispiele sind:
– Beendigung der Tätigkeit eines Eigenproduzenten und damit verbundene Verlagerung,
– Umstellung eines Eigenproduzenten zum Lohnfertiger,
– Auslagerung der Produktion auf einen Lohnfertiger,
– Umstellung eines Lohnfertigers zum Eigenproduzenten,
– Beendigung der Tätigkeit eines Eigenhändlers und damit verbundene Verlagerung,
– Umstellung eines Eigenhändlers zum Kommissionär,
– Umstellung eines Kommissionärs zum Eigenhändler
– Verlagerung von Forschung und Entwicklung (hierzu speziell *Scheunemann/Dennisen,* DB 2010 S. 408 ff.; *Lehmann,* DStR 2010 S. 1459, 1460).
– Verlagerung von Dienstleistungen
– Verlagerung des Einkaufs (siehe Tz. 21 i. V. m. Tz. 201 bis 222 mit ausführlichen Beispielsfällen, die aus Platzgründen nicht abgedruckt werden können, des BMF-Schreibens vom 13.10.2010 IV B 5 – S 1341/08/10003, 2010/0598886, BStBl I 2010 S. 774; zu internationalen Regelungen von Funktionsverlagerungen siehe *Wehnert/Sano,* IStR 2010 S. 53 ff.)

Die vorstehende Übersicht dürfte nicht als abschließende Aufzählung verstanden werden. Sie macht jedoch deutlich, dass es im Regelfall um die Verlagerung einer Produktions- und/oder Vertriebsfunktion geht, da diese Funktion wesentliche Auswirkung für ein Unternehmen entfalten, regelmäßig signifikante Wertschöpfungsbeiträge leisten und häufig das Know-How eines Unternehmens verkörpern. Ergänzend können auch Dienstleistungen, Forschung und Entwicklung oder der Einkauf verlagert werden. Hierbei handelt es sich jedoch häufig um eine Auslagerung (Outsourcing) von Routinefunktion mit der Folge, dass für eventuell verlagerte Wirtschaftsgüter Einzelverrechnungspreise angesetzt werden können (so *Blum/Lange,* GmbHR 2011 S. 65, 67).

Problematisch ist die Festlegung in § 1 Satz 2 Funktionsverlagerungs-VO, wonach es sich um einen organischen Teil handeln muss, der **nicht Teilbetrieb** im steuerlichen Sinne sein muss. Gleichwohl will der Gesetzgeber an die Übernahme der betrieblichen Aufgaben die Rechtsfolgen der Übertragung eines Betriebs oder Teilbetriebs knüpfen, in dem im Rahmen jeder Funktionsverlagerung ein Geschäftswert zu ermitteln ist, den es sonst nur bei einer Betriebsübertragung gibt, es sich mithin um eine fiktive Teilbetriebsveräußerung handeln soll (so *Kroppen/Rasch,* IWB, Fach 3, Gruppe 1, S. 2339, 2342).

Eine Funktionsverlagerung i. S. d. § 1 Abs. 3 Satz 9 AStG liegt vorbehaltlich der Absätze 6 und 7 vor, wenn ein Unternehmen (verlagerndes Unternehmen) einem anderen, nahe stehenden Unternehmen (übernehmendes Unternehmen) Wirtschaftsgüter und sonstige Vorteile sowie die damit verbundenen Chancen und Risiken überträgt oder zur Nutzung überlässt, damit das übernehmende Unternehmen eine Funktion ausüben kann, die bisher von dem verlagernden Unternehmen ausgeübt worden ist, und dadurch die Ausübung der betreffenden Funktion durch das verlagernde Unternehmen eingeschränkt wird. Eine Funktionsverlagerung kann auch vorliegen, wenn das übernehmende Unternehmen die Funktion nur zeitweise übernimmt. Geschäftsvorfälle, die innerhalb von fünf Wirtschaftsjahren verwirklicht werden, sind zu dem Zeitpunkt, zu dem die Voraussetzungen des Satzes 1 durch ihre gemeinsame Verwirklichung wirtschaftlich erfüllt sind, als einheitliche Funktionsverlagerung zusammenzufassen (§ 1 Abs. 2 FunktionsverlagerungsVO).

190a Die Finanzverwaltung hat nun in den neuen Verwaltungsgrundsätzen zur Funktionsverlagerung erhebliche praxisrelevante Präzisierungen vorgenommen, die höchst problematisch sind, da sie vom Wortlaut des § 1 Abs. 3 AStG bzw. der FunktionsverlagerungsVO abweichen:

Eine Funktionsverlagerung liegt nur vor, wenn das verlagernde Unternehmen aufgrund des Verlagerungsvorgangs die betreffende Funktion einstellt oder zumindest einschränkt.

Beispiel **(Einstellung):**
Ein Produkt A, das bisher ausschließlich von der inländischen Konzernmuttergesellschaft (M) hergestellt und vertrieben wurde, wird zukünftig nur noch von ihrer ausländischen Tochtergesellschaft (T) hergestellt und vertrieben. Die materiellen und die immateriellen Wirtschaftsgüter werden auf T übertragen, M entlässt das betreffende Personal.

Die Herstellung und der Vertrieb des Produkts A erfüllt den Tatbestand der Funktion. Das Tatbestandsmerkmal „Einstellung der Funktion" i. S. d. § 1 Abs. 2 FVerlV ist erfüllt, da die Funktion „Produktion und Vertrieb von Produkt A" durch M aufgrund des Vorgangs entfällt.

Die Finanzverwaltung hat nun in den neuen Verwaltungsgrundsätzen zur Funktionsverlagerung höchst problematische Präzisierungen vorgenommen, die nun im Einzelnen anhand der wichtigsten Konstellationen aufgezeigt werden.

Die Auswirkungen in der Praxis dürfen nicht unterschätzt werden: Damit ist z. B. die Lagerhaltung, die Verwaltung, die IT-Abteilung des Unternehmens oder auch die Produktion/der Vertrieb eines bestimmten Produkts oder einer bestimmten Produktgruppe für eine bestimmte Region tatsächlich eine Funktion, auf die die Grundsätze anzuwenden sind. So ist etwa die spezielle Reifenproduktion eines Automobilzulieferers in einer bestimmten Größe für den Kleinwagen eines bestimmten Automobilkonzerns eine Funktion. Im Schrifttum wird darauf hingewiesen, dass der Gesetzgeber das Problem dieser **teilweisen** Funktionsverlagerung bereits im Gesetzgebungsverfahren und den Beratungen der FVerlV gesehen hatte. Dies wird durch die historische Entwicklung bis zur endgültigen Formulierung der Rechtsverordnung belegt. Deshalb ist es nicht mehr nachzuvollziehen, dass sich nunmehr das Bundesfinanzministerium im Wege des Erlasses über den gesetzgeberischen Willen einfach hinweggesetzt und diese teilweise Funktionsausübung durch die kleinstmögliche Teilung des Funktionsbegriffs tatsächlich in die Interpretation der Finanzverwaltung eingebracht hat. Zu beachten ist noch, dass der Gesetzgeber für die Annahme einer Funktionsverlagerung vorausgesetzt hat, dass ein „organischer Teil eines Unternehmens" übergeht (vgl. Wortlaut des § 1 Abs. 1 Satz 2 FVerlV und BT-Drucks. 16/4841 S. 86 amtl. Begr.). Dieser organische Teil muss zwar nicht zwingend einen Teilbetrieb begründen, dem aber wohl sehr nahekommen. Somit ist festzustellen, dass die Atomisierung der Funktion nicht im Einklang mit dem Willen des Gesetzgebers zu bringen ist. Es ist dem Steuerpflichtigen angesichts der Praxisrelevanz zu empfehlen, im Streitfall den Rechtsweg zu beschreiten und die Atomisierung der Funktion gerichtlich klären zu lassen (so die Kritik und Empfehlung von *Kroppen/Rasch*, IWB 2010 S. 824, 825 f.).

Nach § 1 Abs. 6 Satz 1 Funktionsverlagerungs-VO liegt eine Funktionsverlagerung nicht vor, wenn es zu keiner **Einschränkung** der Tätigkeiten des verlagernden Unternehmens kommt. Es ist aber bereits fraglich, was unter Einschränkung der inländischen Funktionsausübung zu verstehen ist. Denkbar ist beispielsweise eine Einschränkung der Umsätze, der produzierten Einheiten oder der Anzahl der Mitarbeiter oder eine Kombination verschiedener Faktoren. Diese Unsicherheit ist deshalb untragbar, weil die Betroffenen gar nicht wissen, wann sie den erheblichen Rechtsfolgen einer Funktionsverlagerung ausgesetzt sind. Aus Gründen der Rechtssicherheit wäre es empfehlenswert gewesen, wenn sich der Verordnungsgeber zu genauen Kriterien etwa in Form eines safe havens hätte entschließen können, z. B. keine Verlagerung, wenn ein Absinken bestimmter Kriterien unter 75 % des Ausgangswertes nicht vorliegt (hierzu ausführlich *Kroppen/Rasch*, IWB, Fach 3, Gruppe 1, S. 2339, 2343 ff.). 191

Eine Funktionsverlagerung i. S. d. Abs. 2 liegt ebenfalls nicht vor, wenn ausschließlich Wirtschaftsgüter veräußert oder zur Nutzung überlassen werden oder wenn nur Dienstleistungen erbracht werden, es sei denn, diese Geschäftsvorfälle sind Teil einer Funktionsverlagerung. Entsprechendes gilt, wenn Personal im Konzern entsandt wird, ohne dass eine Funktion mit übergeht, oder wenn der Vorgang zwischen voneinander unabhängigen Dritten nicht als Veräußerung oder Erwerb einer Funktion angesehen würde (§ 1 Abs. 7 Funktionsverlagerungs-VO).

Beispiel (**Einschränkung**): 191a

Das Produkt A wird zukünftig **auch** von T im Ausland selbständig hergestellt und an bisherige und neue Kunden vertrieben. Für M führt dies zu einem erheblichen Produktionsrückgang und zu entsprechenden Umsatzeinbußen.

Das Tatbestandsmerkmal „Einschränkung der Funktion" i. S. d. § 1 Abs. 2 FVerlV ist erfüllt, da die Funktion „Produktion und Vertrieb von Produkt A" durch M aufgrund des Vorgangs reduziert wird (so Tz. 22 des BMF-Schreibens vom 13.10.2010 IV B 5 – S 1341/08/10003, 2010/0598886, BStBl I 2010 S. 774).

Ein Personalabbau und/oder der Wegfall einzelner Debitoren können wichtige Anhaltspunkte für den Einstieg in die Prüfung sein, ob eine Funktionsverlagerung vorliegt. Das Tatbestandsmerkmal der „Einstellung" oder „Einschränkung" der Funktion bezieht sich auf den mit der konkreten Funktion erzielten Umsatz und erfasst auch Fälle der Substitution einer Funktion durch eine andere (hierzu ausführliches Beispiel Tz. 23 des BMF-Schreibens vom 13.10.2010 IV B 5 – S 1341/08/10003, 2010/0598886, BStBl I 2010 S. 774).

Die Ansicht, dass in dieser Fallkonstellation eine Funktionsverlegung vorliegt, wird im Schrifttum nicht geteilt. Der inländische Produzent ändert seine Geschäftstätigkeit hier in keiner Weise, sondern führt diese unverändert fort. Daher ist bereits das Tatbestandsmerkmal der Verlagerung nicht erfüllt. Dies ergibt sich auch aus § 1 Abs. 7 letzter Halbsatz FVerlV, da der Vorgang zwischen fremden Dritten nicht als Veräußerung oder Erwerb einer Funktion angesehen würde. Für die

Überlassung des Produkt- und des Produktions-Know-hows wäre vielmehr eine Lizenzgebühr zu erheben, die sich am Umsatz oder Gewinn der Tochtergesellschaft orientiert. Eine doppelte ertragswertorientierte Transferpaketberechnung ist nicht erforderlich. Die Lizenzgebühr kann anhand einer Einzelbewertung zur Überlassung immaterieller Wirtschaftsgüter ermittelt werden. Nunmehr versucht die Finanzverwaltung also offensichtlich durch die unzutreffende Anwendung der Grundsätze zur Funktionsverlagerung, dieses sich aus dem Fremdvergleich ergebendende Ergebnis zu ihren Gunsten zu verändern und statt 25 % vom Gewinn des Lizenznehmers im Zweifel bzw. 50 % des Gewinns der deutschen Besteuerung zu unterwerfen. Die Differenz zwischen diesen beiden Werten, höchstens 25 % vom Gewinn und 50 % vom Gewinn, wird in der Praxis so hoch sein, dass es zu erheblichem Streit zwischen den Beteiligten und einer unabsehbaren Zahl von streitigen Verfahren kommen wird (so die Prognose von *Kroppen/Rasch*, IWB 2010 S. 824, 826 f.).

191b Auch die **zeitweise** Übernahme einer Geschäftstätigkeit, z. B. durch zeitweise Übertragung des Vertriebsrechts für **einzelne** Produkte, Märkte oder Kunden oder durch befristete Versetzung einzelner Mitarbeiter mit ihrem Aufgabenbereich will die Finanzverwaltung als Funktionsverlagerung qualifizieren (so Tz. 25 des BMF-Schreibens vom 13.10.2010 IV B 5 – S 1341/08/10003, 2010/0598886, BStBl I 2010 S. 774; hierzu kritisch *Kroppen/Rasch,* IWB 2010 S. 824, 826).

192 Eine Überlassung oder Übertragung der Funktion setzt voraus, dass diese zuvor im Inland ausgeübt wurde. Nach Auffassung der Finanzverwaltung ist die Regelung aber auch für die wichtige Fallgruppe der sog. **Funktionsverdoppelung** anzuwenden, bei der eine im Inland ausgeübte Funktion im Ausland unter Nutzung von diesen Wirtschaftsgütern und Vorteilen als Parallelfunktion aufgenommen wird, ohne dass der bisherige inländische Geschäftsbetrieb eingeschränkt wird (siehe auch *Frischmuth,* StuB 2008 S. 864, 868 f.; *Baumhoff/Ditz/Greinert,* DStR 2008 S. 1945 ff., *Borstell,* IStR 2009 S. 329 ff.). Dies wird nach herrschender Meinung im Schrifttum schroff und zutreffend abgelehnt (siehe *Frischmuth,* IWB, Fach 3, Gruppe 1, S. 2253 ff.). Der Gesetzeswortlaut ist diesbezüglich leider unklar, da ein Übertragen oder Überlassen des Wirtschaftsguts etc. ohne Weiteres mit der Verdoppelung von Funktionen möglich ist. Eine Verlagerung dagegen setzt eine Überführung von Substrat aus dem In- in das Ausland voraus. Eine solche Auslegung ist deshalb abzulehnen, weil die Gefahr einer wirtschaftlichen Doppelbesteuerung besteht und darüber hinaus diese Interpretation vom Gesetzeswortlaut nicht gedeckt ist. Zudem weicht sie von der bisherigen Rechtsprechung des Bundesfinanzhofes ab, wo das Ausnutzen neuer Marktchancen in neuen Ländern (wie z. B. Osteuropa nach der Öffnung der Mauer, Erschließung von neuen asiatischen Märkten) bisher in keiner Weise eine verdeckte Entnahme von Firmenwerten, Knowhow angenommen worden ist (vgl. BFH, Urteil vom 23.3.1995 IV R 94/93, BStBl II 1993 S. 637).

193 Die Funktionsverlagerungs-VO hat hinsichtlich der Funktionsverdoppelung nunmehr folgende klarstellende Regelung getroffen. Eine Funktionsverlagerung i. S. d. § 1 Abs. 2 Funktionsverlagerungs-VO liegt nicht vor, wenn es trotz Vorliegens der übrigen Voraussetzungen des Abs. 2 Satz 1 innerhalb von fünf Jahren nach Aufnahme der Funktion durch das ein nahe stehendes Unternehmen zu einer solchen Einschränkung der Ausübung der betreffenden Funktion durch das in Abs. 2

Satz 1 zuerst genannte Unternehmen kommt (Funktionsverdoppelung). Kommt es innerhalb dieser Frist zu einer solchen Einschränkung, liegt zum Zeitpunkt, in dem die Einschränkung eintritt, insgesamt eine einheitliche Funktionsverlagerung vor, es sei denn, der Steuerpflichtige macht glaubhaft, dass diese Einschränkung nicht im unmittelbaren wirtschaftlichen Zusammenhang mit der Funktionsverdoppelung steht (§ 1 Abs. 6 Funktionsverlagerungs-VO). Mit dieser differenzierten Regelung wird den Steuerpflichtigen die Möglichkeit gegeben, steuerliche Schäden im Rahmen einer Funktionsverdoppelung zu vermeiden. Jedoch wird hier naturgemäß erhebliches Streitpotenzial wegen unterschiedlicher Sachverhaltsinterpretationen entstehen (hierzu differenzierend *Kahle*, StuB 2009 S. 557, 562 f.).

Trotz der erlassenen Verwaltungsgrundsätze zur Funktionsverlagerung bleiben Einzelheiten der Besteuerung von Funktionsverlagerungen weiterhin strittig.

Mit der Berücksichtigung von Besteuerungseffekten greift der vorliegende Artikel einen wesentlichen Streitpunkt zwischen der deutschen Finanzverwaltung und den Steuerpflichtigen bei Funktionsverlagerungen auf. Grundsätzlich müssen folgende Effekte unterschieden werden:
– Ertragsteuern der Gesellschaften auf Funktionsgewinne
– Exit Tax
– Tax Amortisation Benefit (TAB) sowie
– Ertragsteuern der Gesellschafter auf Kapitaleinkünfte

Die uneingeschränkte Berücksichtigung der vorgenannten Effekte würde erhebliche Änderungen bei den maßgeblichen Gewinnpotenzialen der beteiligten Unternehmen begründen, so dass eine Verrechnungspreisermittlung beim hypothetischem Fremdvergleich in vielen Fällen mangels eines Einigungsbereichs unmöglich wäre (hierzu eingehend zur Problematik der Berücksichtigung von Besteuerungseffekten bei der Verrechnungspreisermittlung im Rahmen von Funktionsverlagerungen *Fischer/Freudenberg*, IStR 2012 S. 168 ff.).

Anhand des nachfolgenden Beispiels sollen die indessen immer noch bestehenden Probleme der neuen Formulierung aufgezeigt werden:

Beispiel:
Die A-GmbH ist als Zulieferer für die Automobilindustrie im Bereich der Elektronikkomponenten tätig. Die deutsche Produktion arbeitet aufgrund sehr guter Nachfrage an der Kapazitätsgrenze. Um die erhöhte Nachfrage bedienen zu können, wird entschieden, dass eine Tochter-Produktionsgesellschaft in Rumänien errichtet wird. Die rumänische Tochtergesellschaft zahlt für die Nutzung des Produktions- und Prozess-Know-hows eine fremdübliche Lizenz von 3 % des Umsatzes und verkauft eigenständig an OEMs und entwickelt sich von Anbeginn an profitabel. Die Lage der A-GmbH entwickelt sich wie folgt:

	2008	2009	2010	2011	2012	2013
Umsatz (Mio. EUR)	370	400	420	380	350	370
Mitarbeiter	1550	1450	1400	1360	1300	1200
Sachanlagen (Mio. EUR)	70	65	62	57	60	62
Gewinn (Mio. EUR)	40	38	42	25	15	16

Es sollte unstreitig eine Funktionsverdoppelung i. S. d. § 1 Abs. 6 Funktionsverlagerungs-VO vorliegen. Fraglich ist aber, ob aufgrund der Entwicklung der A-GmbH eine Einschränkung der Funktionsausübung und damit trotzdem die Anwendung der Rechtsfolgen der Funktionsverlagerung droht.

194a Die Finanzverwaltung hat die Funktionsverdoppelung in den Verwaltungsgrundsätzen zur Funktionsverlagerung wie folgt präzisiert.

Die Verdoppelung einer ausgeübten Funktion liegt z. B. vor, wenn trotz Aufnahme einer Produktion im Ausland die bisherige Produktions- und Vertriebstätigkeit des inländischen Unternehmens unverändert ausgeübt wird. Eine Funktionsverlagerung liegt dagegen vor, wenn im Ausland die Vertriebsfunktion neu aufgenommen wird und dadurch die Vertriebsfunktion des verlagernden Unternehmens eingeschränkt wird (Indikator: Umsatz), z. B. weil das übernehmende Unternehmen bisherige Kunden des verlagernden Unternehmens beliefert.

Beispiel:
Der ausländische Produktionskonzern (K) sieht in Europa kaum mehr Wachstumschancen und gründet deshalb in Asien die Vertriebstochtergesellschaft VA, die den dortigen Markt erschließen soll. Das Vermarktungskonzept für den asiatischen Markt stammt von der inländischen Vertriebsgesellschaft VI, die u. a. Vertriebskontakte nach Asien unterhält. VI beliefert auch nach Gründung der VA weiter ihre Kunden in Asien.

Es liegt eine Funktionsverdoppelung vor. Das überlassene Vermarktungskonzept ist fremdüblich zu vergüten. Es kommt allerdings zu einer Funktionsverlagerung, wenn im Laufe der nächsten fünf Jahre der Kundenstamm der VI teilweise von der VA übernommen wird und dadurch der Umsatz von VI in Asien erheblich eingeschränkt wird (Tz. 43 des BMF-Schreibens vom 13.10.2010 IV B 5 – S 1341/08/ 10003, 2010/0598886, BStBl I 2010 S. 774).

Somit begründet ein Umsatzrückgang aus der verdoppelten Funktion beim „verlagernden" Unternehmen grundsätzlich die Vermutung einer Verlagerung. Lediglich in Bagatellfällen soll hiervon eine Ausnahme gelten: Sinkt der Umsatz um nicht mehr als 1 Mio. Euro, so sollen die Regelungen zur Funktionsverlagerung nicht anzuwenden sein. Hierbei ist ein eventuelles Absinken allerdings nicht in Relation zu dem Jahr der Funktionsaufnahme zu beurteilen, sondern stets in Relation zum jeweiligen Vorjahr. Stark schwankende Umsätze können also auch dann eine Funktionsverlagerung auslösen, wenn im langfristigen Trend kein Umsatzrückgang, sondern sogar ein Umsatzzuwachs zu verzeichnen ist. Ebenso gilt die Bagatellgrenze von 1 Mio. Euro gem. § 1 Abs. 6–7 FVerlV beim Umsatz absolut – unabhängig davon, ob die Umsätze beim „verlagernden" Unternehmen jährlich 100 Td. Euro oder 100 Mio. Euro betragen haben. Die undifferenzierte Bagatellgrenze ist als zu pauschal zu kritisieren. Um diesen stark typisierenden Annahmen zu entgehen, bleibt den Unternehmen nur die Möglichkeit, andere Gründe für den Umsatzrückgang glaubhaft zu machen (*Blum/Lange,* GmbHR 2011 S. 65, 67; siehe auch das Beispiel in Tz. 49 des BMF-Schreibens vom 13.10.2010 IV B 5 – S 1341/08/ 10003, 2010/0598886, BStBl I 2010 S. 774).

Aus den obig genannten Ausführungen wird deutlich, dass die Finanzverwaltung hier nur einen sehr eingeschränkten Anwendungsbereich zulassen will. Dies gilt beispielsweise in Fallgestaltungen, in denen im Ausland ein Vertriebsunternehmen seine Tätigkeit neu aufnimmt und dadurch der Umsatz des verlagernden Unternehmens eingeschränkt wird, da Kunden des verlagernden Unternehmens nunmehr vom übernehmenden Unternehmen beliefert werden. Das will das BMF bereits nicht mehr als Funktionsverdoppelung, sondern schon als Funktionsverlagerung behandeln. Im Kern geht es um die Frage, wie eine Funktionseinschränkung i. S. d. § 1 Abs. 6 FVerlV mit dem gesetzgeberischen Willen, wie er sich aus der Gesetzeshistorie ergibt, zu vereinbaren ist. Im (endgültigen) Gesetzestext des § 1 Abs. 3 Satz 9 werden ausdrücklich nur grenzüberschreitende Funktionsverlagerungen angesprochen. Das sind die Fälle, in denen ein Unternehmen eine oder mehrere Funktionen einem anderen ausländischen Unternehmen überträgt bzw. überlässt. Funktionsverdoppelungen sind somit bereits durch den Wortlaut des § 1 Abs. 3 nicht gedeckt. Die Abgrenzung der Funktionsverdoppelung i. S. d. § 1 Abs. 6 FVerlV zur Funktionsverlagerung ist nur dann sinnvoll und kann nur mit der Vorgabe des § 1 Abs. 3 Satz 9 in Einklang gebracht werden, wenn eine Einschränkung der Funktion i. S. d. Funktionsverlagerung als **Einstellung** der Tätigkeit verstanden wird. Nur in diesem Fall kann von einer **Funktionseinschränkung i. S. des Gesetzes** gesprochen werden. Wenn man richtigerweise davon ausgeht, dass eine Funktionsverdoppelung schon vom Wortsinn gar keine Verlagerung sein kann, erschließt sich, dass die Regelung in § 1 Abs. 6 FVerlV eine **Missbrauchsverhinderungsregelung** zur Vermeidung schleichender Verlagerungen ist (so *Kroppen/Rasch*, IWB, 2010 S. 824, 828); siehe auch *Kaminski*, DB 2011 S. 435 ff.

Vom Grundsatz werden somit nach § 1 Abs. 7 Satz 2 Funktionsverlagerungs-VO auch **Personalentsendungen** nicht als Funktionsverlagerung qualifiziert. Dies ist aber nur dann der Fall, wenn mit der Personalentsendung nicht auch eine Funktion mit übergeht. Die Formulierung ist daher nicht eindeutig. Wenn Mitarbeiter versetzt werden, werden diese üblicherweise in der Vielzahl der Fälle in dem bisherigen oder vergleichbaren Arbeitsgebiet eingesetzt. Dementsprechend nehmen die Mitarbeiter ihr Wissen mit und wenden es in ähnlicher Form an, wie sie dies im Inland bis zur Entsendung getan haben. Die Begründung zu § 1 Abs. 7 Funktionsverlagerungs-VO sieht im Fall der Personalentsendung nämlich doch eine Funktionsverlagerung, wenn das entsandte Personal seinen bisherigen Zuständigkeitsbereich aus dem entsendenden Unternehmen mitnimmt und nach der Entsendung im aufnehmenden Unternehmen die gleiche Tätigkeit ausübt und infolge dessen Wirtschaftsgüter und Vorteile übertragen oder zur Nutzung überlassen werden bzw. Chancen und Risiken übergehen (zu dieser Problematik siehe Tz. 54–56 des BMF-Schreibens vom 13.10.2010 IV B 5 – S 1341/08/10003, 2010/0598886, BStBl I 2010 S. 774; *Kroppen/Rasch*, IWB, Fach 3, Gruppe 1, S. 2339, 2346 f.; *Kahle*, StuB 2009 S. 557, 559 f.; *Brinkmann/Maier/Brandstätter*, IStR 2009 S. 563, 566). **195**

Von der Funktionsverlagerung abzugrenzen sind nach § 1 Abs. 7 FVerlG die Fälle, in denen **195a**
– ausschließlich Wirtschaftsgüter veräußert oder zur Nutzung überlassen werden;
– nur Dienstleistungen erbracht werden;
– Personal im Konzern entsandt wird;
– voneinander unabhängige Dritte den Vorgang nicht als Veräußerung oder Erwerb einer Funktion ansehen würden;
– eine Geschäftstätigkeit neu aufgenommen wird, die bisher noch nicht durchgeführt wurde.

Nicht gesetzlich oder in der FVerlV geregelt ist die Neuaufnahme einer Geschäftstätigkeit (vgl. hierzu das Beispiel in Tz. 57 des BMF-Schreibens vom 13.10.2010 IV B 5 – S 1341/08/10003, 2010/0598886, BStBl I 2010 S. 774). Als problematisch an dieser Regelung erweist sich, dass häufig keine Neuaufnahme i. S. der Vorschrift vorliegen wird. Ausschlaggebend hierfür ist, dass häufig eine Weiterentwicklung von Produkten und Aktivitäten auf der Grundlage der bereits bisher wahrgenommenen erfolgt. Hingegen sind Fälle einer Diversifikation in einen bisher nicht bearbeiteten Bereich eher selten, zumal regelmäßig ein vergleichsweise hohes Risiko verbunden ist (darauf weist *Kaminski*, DB 2011 S. 435, 439 f. hin).

Wie dort zutreffend dargestellt, kann es sich dabei schon begrifflich nicht um eine Funktionsverlagerung handeln, da die vom aufnehmenden Unternehmen ausgeführte Funktion (Produktion) von dem „verlagernden" Unternehmen nicht durchgeführt wurde. Das auch bei Neuaufnahme der Geschäftstätigkeit die überlassenen oder übertragenen (immateriellen) Wirtschaftsgüter (z. B. Patente) fremdüblich vergütet werden müssen, ergibt sich bereits aus dem allgemeinen Grundsatz des Fremdvergleichs und galt schon vor der Anpassung des § 1 (*Blum/Lange*, GmbHR 2011 S. 65, 67 f.).

196 **Ein Transferpaket** i. S. d. § 1 Abs. 3 Satz 9 AStG besteht aus einer Funktion und den mit dieser Funktion zusammenhängenden Chancen und Risiken sowie den Wirtschaftsgütern und Vorteilen, die das verlagernde Unternehmen dem übernehmenden Unternehmen zusammen mit der Funktion überträgt oder zur Nutzung überlässt, und den in diesem Zusammenhang erbrachten Dienstleistungen (§ 1 Abs. 3 FunktionsverlagerungsVO).

Für den Regelfall wird angeordnet, dass das Entgelt für die Übertragung der Funktion als Ganzes („Transferpaket") zu ermitteln ist. Dies ist aus betriebswirtschaftlichen Gründen aus der Sicht des Gesetzgebers deshalb geboten, weil der Preis der einzelnen übertragenen Wirtschaftsgüter den Wert der Funktion regelmäßig nicht adäquat widerspiegelt. Für voneinander unabhängige Dritte wären die Gewinnauswirkungen der Funktionsverlagerung jeweils für das verlagernde und das übernehmende Unternehmen Grundlage für die Bestimmung des Verrechnungspreises. Im Rahmen der Bestimmung des Einigungsbereichs nach Satz 6 ist zu berücksichtigen, dass das verlagernde Unternehmen zu einer Funktionsverlagerung nur dann bereit sein wird, wenn es ein bestimmtes Mindestentgelt erzielt, und das übernehmende Unternehmen nur dann zur Übernahme bereit sein wird, wenn ein bestimmter Höchstpreis nicht überschritten wird, der dem Unternehmen auf Grundlage einer Investitionsrechnung voraussichtlich eine funktions- und risikoangemessene Kapitalverzinsung belässt.

196a Das Transferpaket mit seinen Bestandteilen muss dem verlagernden Unternehmen vor Verlagerung rechtlich oder wirtschaftlich zuzuordnen gewesen sein. Kriterien für die Zuordnung sind z. B.:

– Das verlagernde Unternehmen hat im Hinblick auf das entstandene Gewinnpotenzial Kosten getragen, für die ihm keine fremdübliche Vergütung gezahlt wurde.

– Das verlagernde Unternehmen verfügte vor der Funktionsverlagerung über alle oder zumindest die wesentlichen Wirtschaftsgüter (vor allem immaterielle Wirtschaftsgüter) und das Personal, um das Gewinnpotenzial – ggf. auch unter Einschaltung Dritter – selbst realisieren zu können.

Das Transferpaket ist regelmäßig Ausgangspunkt für die Verrechnungspreisbestimmung in Fällen von Funktionsverlagerungen. Auf die Öffnungsklauseln des § 1 Abs. 3 Satz 10 AStG wird hingewiesen (siehe auch Tz. 28/29 i. V. m. Tz. 69 ff. des BMF-Schreibens vom 13.10.2010 IV B 5 – S 1341/08/10003, 2010/0598886, BStBl I 2010 S. 774); hierzu *Kroppen*, IWB 2010 S. 316 ff.; kritisch zu den fragwürdigen Vorgaben der Finanzverwaltung bei der Grenzpreisermittlung bei Funktionsverlagerungen ins Ausland eingehend *Luckhaupt*, DStR 2012 S. 1571 ff.; *ders.*, IStR 2012 S. 916 ff.; *ders.*, DB 2013 S. 255 ff.

Im Schrifttum ist herausgearbeitet worden, dass die in den Verwaltungsgrundsätzen zur Funktionsverlagerung abgeleitete Anwendungsliste zwei äußerst wichtige praxisrelevante Sachverhalte nicht klärt: **196b**

– **Verlagerung der Produktion und der Vertriebs** auf verbundene Unternehmen in der Form des Übetragungs- oder Überlassungsfalls. Diese Fälle werden in den Verwaltungsgrundsätzen nicht unterschieden, obwohl sie sich hinsichtlich der Funktions- und Risikosituation sowie der Rechtsposition signifikant unterscheiden. Hier kommen die Begriffe „Eigen- und Lizenzproduzenten" ins Spiel, die jedoch mit Blick auf die Transferpaketbewertung stereotyp gleichbehandelt werden.

– **Verlagerung von Vertriebsfunktion bzw. Funktionsänderungen** in der konzerninternen **Vertriebsorganisation** durch Vertriebsfunktionsteilung zwischen Hersteller und Vertriebsgesellschaften. Diese Sachverhalte sind äußerst praxisgängig, werden aber in den obig genannten Verwaltungsgrundsätzen leider nur tendenziell angesprochen (hierzu eingehend *Frischmuth*, IWB 2011 S. 48, 52 ff. mit entsprechenden Lösungsansätzen; zum Praxisfall einer Funktionsverlagerung unter besonderer Berücksichtigung der Verwaltungsgrundsätze vom 13.10.2010 siehe den Disput zwischen *Ditz*, IStR 2011 S. 125 ff. [Beratersicht] und *Zech*, IStR 2011 S. 131 ff. [Sichtweise eines Finanzbeamten]).

Zu den streitbefangenen Zweifelsfragen des Anwendungsbereichs – insbesondere der dritten – Öffnungsklausel(n) ist im Schrifttum dezidiert Stellung genommen worden (*Peter, M./Wehnert/Koch/Peter, S.*, IStR 2011 S. 180 ff.); zur Heranziehung von IDW-Standards bei der Bewertung von Transferpaketen im Rahmen der Besteuerung von Funktionsverlagerungen, *IDW*, Ubg 2011 S. 747 ff.; zur Bewertung von Transferpaketen eingehend *Schilling*, DB 2011 S. 1533 ff.; *ders.*, StuB 2011 S. 708 ff.; *ders.*, StuB 2011, 868 ff.; *ders.*, BB 2012 S. 307 ff.; hierzu *Schilling/Kandels*, DB 2012 S. 1065 ff.; *dies.*, DStR 2012 S. 1099 ff.; *Ditz/Liebchen*, DB 2012 S. 1469 ff.; *Hentschel/Kraft*, IStR 2015 S. 193 (195 f.), zu der Bewertung von Transferpaketen in Funktionsverlagerungsfällen, insbesondere Anwendung eines endlosen Kapitalisierungszeitraums siehe *Eisenberg/Ollmann*, DStR 2013 S. 855 ff.

Der Fremdvergleichsgrundsatz gilt aufgrund der Doppelbesteuerungsabkommen grundsätzlich in gleicher Weise für Funktionsverlagerungen ins Ausland („Outbound-Fall") wie für Funktionsverlagerungen ins Inland („Inbound-Fall"), auch wenn Abs. 1 nur Berichtigungen zulässt, wenn die im Inland steuerpflichtigen Einkünfte fremdvergleichswidrig gemindert worden sind. Berichtigungen zugunsten des Steuerpflichtigen sind aber auch nach anderen Rechtsnormen möglich (vor allem im Rahmen der Annahme einer verdeckten Gewinnausschüttung). Sie können nur zur Aktivierung immaterieller Wirtschaftsgüter und anschließend zu erfolgs- **197** wirksamen Abschreibungen führen. Werden im Inbound-Fall immaterielle Wirtschaftsgüter aufgrund der Transfer-Betrachtung erkennbar, kann ihre Lizenzierung leichter anerkannt werden. Diese steuerlichen Vorteile können Funktionsverlagerungen ins Inland, die zum Aufbau von Wirtschaftstätigkeit und Arbeitsplätzen führen, attraktiv machen (BT-Drucks. vom 27.3.2007 16/4841, S. 86 amtl. Begr.).

198 Zum Wert des Transferpakets und zu dem Ansatz der Verrechnungspreise für seine Bestandteile haben die §§ 3–4 Funktionsverlagerungs-VO weitere Konkretisierungen getroffen, die durch Regelungen zum Kapitalisierungszinssatz (§ 5 Funktionsverlagerungs-VO) und zu dem Kapitalisierungszeitraum (§ 6 Funktionsverlagerungs-VO) auch noch ergänzt wurden (weitere Präzisierungen finden sich in den Verwaltungsgrundsätzen Funktionsverlagerung Tz. 82–113 des BMF-Schreibens vom 13.10.2010 IV B 5 – S 1341/08/10003, 2010/0598886, BStBl I 2010 S. 774; hierzu erläuternd *Kroppen/Rasch*, IWB 2010 S. 824, 837 ff.; *Blum/Lange*, GmbHR 2011 S. 65, 69 ff.; *Nestler/Schaflitzl*, BB 2011 S. 235 ff.; siehe ferner die Analyse von *Kroppen/Rasch*, IWB, Fach 3, Gruppe 1, S. 2339, 2349 f.; zur Bewertung von Transferpaketen anlässlich der grenzüberschreitenden Verlagerung von Unternehmensfunktionen anhand von zahlreichen Beispielen siehe *Kraft*, AStG, § 1 Rz. 410–435; *Hofacker*, in Haase, AStG, § 1 Rz. 277–297; *Baumhoff/Ditz/Greinert*, DStR 2007 S. 1649, 1651 ff.; *Looks/Scholz*, BB 2007 S. 2541 ff.; *Wulf*, DB 2007 S. 2280, 2282 f.: *Baumhoff/Ditz/Greinert*, DStR 2008 S. 1945, 1948 ff., *Oestreicher*, Ubg 2009 S. 80, 83 ff.; *Oestreicher/Hundeshagen*, IStR 2009 S. 145 ff.; *Greinert*, DB 2009 S. 755 ff.; ferner *Frischmuth*, StuB 2009 S. 174 ff.; *Greil*, StBp 2011 S. 154 ff.; *Diller/Grottke*, StuB 2011 S. 215 ff.); zur speziellen Problematik der Bestimmung der angemessenen Lizenzsätze bei grenzüberschreitenden Funktionsverlagerungen eingehend *Baumhoff/Greinert*, UBg 2009, S. 544 ff.; vgl. a. *Kahle*, StuB 2009 S. 557, 569 f.; *Puls*, IStR 2010 S. 89 ff.; *Greinert*, Ubg 2010 S. 101 ff.; *Vögele*, DStR 2010 S. 418 ff.; *Greil*, IStR 2010 S. 479 ff.; *Bodenmüller/Hülster*, IStR 2010 S. 650 ff., *Kühnlein/Thier*, BB 2011 S. 1180 ff. zur Berücksichtigung von Steuern bei der Transferpaketbewertung siehe *Greil*, Stbg 2011 S. 150 ff., *Greinert/Reichl*, DB 2011 S. 1182 ff.).

198a Die Finanzverwaltung geht im Anwendungsschreiben zum alten AStG davon aus, dass die Tatbestandsvoraussetzungen des § 1 AStG im Verhältnis zwischen **Stammhaus** und **Betriebsstätte** (einschl. **Personengesellschaften**) erfüllt sind (Tz. 1.4.3 des BMF-Schreibens vom 14.5.2004 IV B 4 – S 1340 – 11/04, BStBl I 2004, Sondernummer 1 S. 1; zur Funktionsverlagerung einer inländischen Personengesellschaft auf ein ausländisches Wirtschaftsgebilde siehe grundlegend *Brucker*, StuB 2010 S. 579 ff.).

Diese Formulierung ist explizit für die Personengesellschaft in Tz. 177 des BMF-Schreibens vom 13.10.2010 IV B 5 – S 1341/08/10003, 2010/0598886, BStBl I 2010 S. 774 übernommen worden. Im Hinblick auf die Gewinnabgrenzung mit ausländischen Betriebsstätten wird nunmehr Bezug darauf genommen, dass primär die DBA-Regelungen, die Art. 7 OECD-MA entsprechend gelten. Ergeben sich aufgrund von DBA-Regelungen, die Art. 7 OECD-MA entsprechen, Einschränkungen für die deutsche Besteuerung, sind diese zu beachten (Tz. 178/179 des BMF-Schreibens vom 13.10.2010 IV B 5 – S 1341/08/10003, 2010/0598886, BStBl I 2010 S. 774; ferner *Kußmaul/Ruiner/Delarber*, Ubg 2011 S. 837 ff.; *Ditz*, ISR 2012 S. 48 ff., *Schwarz*, Ubg 2014 S. 48 ff.).

Im Schrifttum ist bereits darauf hingewiesen worden, dass § 1 AStG und damit auch die Regelungen zur Besteuerung von Funktionsverlagerungen für ausländische Betriebsstätten keine Anwendung finden können (*Wassermeyer/Baumhoff/ Greinert*, in F/W/B, AStG, § 1 Rdn. V 69; *Kaminski*, StuB 2008 S. 337 f.; *Kahle*, StuB 2009 S. 557, 563; siehe auch Anm. 27a).

3. Fremdpreisbestimmung

In bestimmten Fällen ermöglicht § 1 Abs. 3 Satz 10 AStG zur Bestimmung des Verrechnungspreises anstelle bzw. zusätzlich zur Gesamtbewertung des Transferpakets von einer Einzelbewertung aller übergegangenen oder überlassenen Wirtschaftsgüter auszugehen. Dies sind zum einen Fälle geringerer Bedeutung, in denen der Steuerpflichtige glaubhaft macht, dass keine wesentlichen immateriellen Wirtschaftsgüter oder Vorteile Gegenstand der Geschäfte sind. Der Begriff „wesentliche immaterielle Wirtschaftsgüter und Vorteile" soll in der Funktionsverlagerungs-VO definiert werden vgl. a. *Kaminski*, RIW 2007 S. 594, 599 ff. Dies ist dort wie folgt geschehen. **199**

Immaterielle Wirtschaftsgüter und Vorteile sind in Fällen von Funktionsverlagerungen wesentlich i. S. d. § 1 Abs. 3 Satz 10 1. Alt. AStG, wenn sie für die verlagerte Funktion erforderlich sind und ihr Fremdvergleichspreis insgesamt **mehr als 25 %** der Summe der Einzelpreise aller Wirtschaftsgüter und Vorteile des Transferpakets beträgt und dies unter Berücksichtigung der Auswirkungen der Funktionsverlagerung, die aus den Aufzeichnungen i. S. d. § 3 Abs. 2 Satz 2 Funktionsverlagerungs-VO hervorgeht, glaubhaft ist (§ 1 Abs. 5 Funktionsverlagerungs-VO). **200**

Zum anderen sind dies die Fälle, in denen der Steuerpflichtige die Summe der Verrechnungspreise für die einzelnen materiellen und immateriellen Wirtschaftsgüter und Vorteile bestimmt und glaubhaft macht, dass nach Vornahme sachgerechter Anpassungen die Differenz zum rechnerischen Entgelt für das Transferpaket als Ganzes nach dem Fremdvergleichsgrundsatz begründet ist. Dies bedeutet, dass in jedem Falle eine Entgeltminderung nach § 1 Abs. 3 Satz 9 AStG für das Transferpaket als Ganzes vorgelegt werden muss. Außerdem muss das Gesamtentgelt für die einzelnen Wirtschaftsgüter in jedem Falle im festgestellten Einigungsbereich liegen (BT/Drucks. 16/4841 vom 27.3.2007, S. 86 amtl. Begr.). **201**

In den Fällen des Satzes 9 ist die Bestimmung von Verrechnungspreisen für alle betroffenen einzelnen Wirtschaftsgüter und Dienstleistungen nach Vornahme sachgerechter Anpassungen anzuerkennen, wenn der Steuerpflichtige glaubhaft macht, dass keine wesentlichen immateriellen Wirtschaftsgüter und Vorteile mit der Funktion übergegangen sind oder zur Nutzung überlassen worden sind oder dass das Gesamtpaket der Einzelpreisbestimmungen gemessen an der Preisbestimmung für das Transferpaket als Ganzes dem Fremdvergleichsgrundsatz entspricht. **202**

Bei dieser o. g. Regelung in § 1 Abs. 3 Satz 10 AStG handelt es sich um eine sog. **Escape-Klausel.** Es lässt in zwei Fallgruppen die Einzelbewertung der verrechenbaren Wirtschaftsgüter etc. zu. **203**

– Es sind bei der „Verlagerung" nur materielle Wirtschaftsgüter und keine „Vorteile" übergegangen; in diesem Falle braucht keine Berechnung des Transferpakets als Ganzes stattzufinden.

- Es sind immaterielle Wirtschaftsgüter und „Vorteile" übergegangen; die Einzelbewertungen durch den Steuerpflichtigen entsprechen der in ihrem Gesamtergebnis denen der Gesamtbewertung nach § 1 Abs. 3 Satz 9 AStG. Um dies festzustellen, ist also neben der Einzelbewertung zu Kontrollzwecken die Gesamtbewertung durchzuführen (**Doppelbewertung**). In dieser sind auch die Stilllegungskosten und etwaiger Folgeaufwand des überlassenden Unternehmens zu berücksichtigen. Bei der Einzelbewertung sind nur zur Nutzung überführte Wirtschaftsgüter nach allgemeinen Grundsätzen ggf. mit Lizenzgebühren, Mieten u. Ä. oder ähnlichen laufenden Entgelten anzusetzen, sofern sie dem übernehmenden Unternehmen nur zur Nutzung überlassen werden. In gleicher Weise können andere Vorteile abgegolten werden, die neben den Wirtschaftsgütern übergehen. Um die Einzel- der Gesamtwertung gegenüberstellen zu können, sind dann derartig laufend angesetzte Entgelte abzuzinsen und in die Vergleichsrechnung einzubeziehen (siehe auch *Kraft*, AStG, § 1 Anm. 440–445).

204 Die Escape-Klausel in den obig genannten Regelungen findet nur Anwendung, wenn der Steuerpflichtige die obig genannten Komponenten **glaubhaft** macht. Die „Glaubhaftmachung" ergibt sich aus dem Zivilprozess und bedeutet ein herabgesetztes Beweismaß. Der Beweisführer muss nicht wie beim Beweis dem Gericht die vollständige persönliche Überzeugung von der Richtigkeit der Tatsachenbehauptung verschaffen, sondern es reicht die Wahrscheinlichkeit. Daneben befreit die Möglichkeit der Glaubhaftmachung im Zivilprozess von der Einhaltung der Beweisform des Strengbeweises. Deshalb kann der Beweisführer sich auch auf eine eidesstattliche Versicherung (sogar seine eigene) stützen (vgl. § 294 Abs. 1 ZPO). Ihre Anerkennung im Bereich des § 1 AStG wäre allerdings ein Novum im deutschen Steuerrecht. Als Gegenstand der Glaubhaftmachung kommen folgende Alternativen in Betracht. Zum einen kann der Steuerpflichtige glaubhaft machen, dass keine wesentlichen immateriellen Wirtschaftsgüter und Vorteile mit der Funktion übergegangen sind oder zur Nutzung überlassen wurden. Zum anderen kann sich die Glaubhaftmachung darauf beziehen, dass das gesamte Ergebnis der Einzelpreisbestimmungen, bemessen an der Preisbestimmung für das Transferpaket, dem Fremdvergleichsgrundsatz entspricht. Dies wird die Praxis in der Zukunft zeigen. Die Escape-Klausel verliert jedenfalls dann ihren Charme, wenn an die Glaubhaftmachung unangemessen hohe Anforderungen gestellt werden (vgl. *Wassermeyer*, DB 2007 S. 535, 538 f.; *Wulf*, DB 2007 S. 2280, 2284; *Kroppen/Rasch/Eigelshoven*, IWB, Fach 3, Gruppe 1, S. 2201, 2216 f.); *Kaminski*, DB 2011 S. 435, 437.

204a Anwendbarkeit der Transferpaketbetrachtung – Einführung sog. Öffnungsklauseln.
Im Gesetz zur Umsetzung steuerlicher EU-Vorgaben vom 8.4.2010 wurden folgende Neuregelungen in § 1 Abs. 3 Satz 9 und 10 im Interesse der Wirtschaft eingefügt. Wird eine Funktion einschließlich der dazugehörigen Chancen und Risiken und der mit übertragenen oder überlassenen Wirtschaftsgüter und sonstigen Vorteile verlagert (Funktionsverlagerung) und ist auf die verlagerte Funktion Satz 5 anzuwenden, weil für das Transferpaket als Ganzes keine zumindest eingeschränkt vergleichbare Fremdvergleichswerte vorliegen, hat der Steuerpflichtige den Einigungsbereich auf der Grundlage des Transferpakets unter Berücksichtigung funktions- und risikoadäquater Kapitalisierungszinssätze zu bestimmen. In den Fällen des Satzes 9 ist die Bestimmung von Einzelverrechnungspreisen für alle betroffenen Wirtschaftsgüter und Dienstleistungen und nach Vornahme sachgerechter

Anpassungen anzuerkennen, wenn der Steuerpflichtige glaubhaft macht, dass keine wesentlichen immateriellen Wirtschaftsgüter und Vorteile Gegenstand der Funktionsverlagerung waren oder dass die Summe der angesetzten Einzelverrechnungspreise, gemessen an der Bewertung des Transferpaketes als Ganzes, dem Fremdvergleichsgrundsatz entspricht; macht der Steuerpflichtige glaubhaft, dass zumindest ein wesentliches immaterielles Wirtschaftsgut Gegenstand der Funktionsverlagerung ist, und bezeichnet er es genau, sind Einzelverrechnungspreise für die Bestandteile des Transferpakets anzuerkennen (sog. **Escape-Klauseln**). Liegen somit die Voraussetzungen für eine der drei – unabhängig voneinander zu prüfenden – Klauseln vor, kann der Steuerpflichtige von einer Transferpaketbetrachtung absehen. In diesem Fall sind Einzelverrechnungspreise für die von der Funktionsverlagerung betroffenen Bestandteile des Transferpakets entsprechend den allgemeinen Regelungen zu bestimmen (zum hypothetischen Fremdvergleich und Funktionsverlagerungen *Looks/Köhler*, StB 2009 S. 317 ff.; ferner *Frischmuth*, StuB 2001 S. 91 ff.; *Oestreicher/Wilcke*, Ubg 2010 S. 225 ff.; *Eigelshoven/Nientimp*, Ubg 2010 S. 233 ff.; *Pohl*, IStR 2010 S. 357 ff.; *Freudenberg/Ludwig*, BB 2010 S. 1268 ff.; *Baumhoff/Ditz/Greinert*, DStR 2010 S. 1309 ff.).

1. Alternative

Von der Transferpaketbetrachtung kann der Steuerpflichtige absehen, wenn er glaubhaft macht, dass keine wesentlichen immateriellen Wirtschaftsgüter und Vorteile Gegenstand der Transaktionen waren. Wesentlich sind immaterielle Wirtschaftsgüter und Vorteile, wenn sie für die verlagerte Funktion erforderlich sind und ihr Fremdvergleichspreis insgesamt mehr als 25 % der Summe der Einzelpreise aller Wirtschaftsgüter und Vorteile des Transferpakets beträgt (§ 1 Abs. 5 FVerlV). Bei mehreren immateriellen Wirtschaftsgütern wird eine Wesentlichkeit auch angenommen, wenn deren Wert in Summe die qualitative Grenze übersteigt (Tz. 71 des BMF-Schreibens vom 13.10.2010 IV B 5 – S 1341/08/10003, 2010/0598886, BStBl I 2010 S. 774).

2. Alternative

Dasselbe gilt, wenn die Summe der angesetzten Einzelverrechnungspreise, gemessen an der Bewertung des Transferpakets als Ganzes, dem Fremdvergleichsgrundsatz entspricht. Es stellt sich die Frage, inwieweit hierin tatsächlich eine Erleichterung für den Steuerpflichtigen zu sehen ist, wenn letztlich beide Ermittlungen (Transferpaket versus Einzelverrechnungspreise) zu identischen Ergebnissen führen. Zudem werden präzise Berechnungen für das Transferpaket verlangt (weitere Einzelheiten in Tz. 72 des BMF-Schreibens vom 13.10.2010 IV B 5 – S 1341/08/10003, 2010/0598886, BStBl I 2010 S. 774).

In der Praxis dürfte sich die Anwendung auf die Fälle beschränken, in denen der Einigungsbereich hinreichend groß ist und die Summe der Einzelverrechnungspreise für das verlagernde Unternehmen im Vergleich zum Mittelwert zu einem deutlich günstigeren Ergebnis führt, ohne dass hierdurch der Einigungsbereich verlassen wird (so das Fazit von *Blum/Lange*, GmbHR 2011 S. 65, 68).

3. Alternative

Die jüngste Öffnungsklausel ermöglicht die Anerkennung von Einzelverrechnungspreisen, wenn der Steuerpflichtige glaubhaft macht, dass zumindest ein wesentliches immaterielles Wirtschaftsgut Gegenstand der Funktionsverlagerung ist, und wenn er dieses Wirtschaftsgut genau bezeichnet (§ 1 Abs. 3 Satz 10 Halbsatz 2 AStG). Die Wesentlichkeit im Sinne dieser Klausel soll ebenfalls nach dem quantitativen Kriterium (mehr als 25 %) verstanden werden. Sind mehrere immaterielle Wirtschaftsgüter Gegenstand der Transaktion, die jedes für sich die Voraussetzungen der Wesentlichkeit nicht erfüllen, greift die Öffnungsklausel auch dann nicht, wenn die Summe der Einzelwerte die quantitative Grenze insgesamt überschreitet (Tz. 80 des BMF-Schreibens vom 13.10.2010 IV B 5 – S 1341/08/10003, 2010/0598886, BStBl I 2010 S. 774) hierzu *Kaminski,* DB 2011 S. 435, 439; *Peter, M./Wehnert/Koch/Peter, S.,* IStR 2011, S. 180 ff.

Diese Interpretation mag sich aus dem Gesetzeswortlaut ergeben, ist aber für den betroffenen Steuerpflichtigen höchst unbefriedigend, da er in diesen Fällen weder von der ersten noch von der dritten Alternative Gebrauch machen kann. Allerdings können mehrere immaterielle Wirtschaftsgüter zusammengefasst werden, sofern deren gemeinsame Bewertung sachgerecht ist und diese für die Verrechnungspreisbestimmung (und die entsprechende Bewertung) wie ein einheitliches immaterielles Wirtschaftsgut behandelt werden (Tz. 81 des BMF-Schreibens vom 13.10.2010 IV B 5 – S 1341/08/10003, 2010/0598886, BStBl I 2010 S. 774; hierzu *Blum/Lange,* GmbHR 2011 S. 65, 69; hierzu kritisch *Lenz/Rautenstrauch,* DB 2010 S. 696 ff.; *Kroppen/Rasch,* IWB 2010 S. 824, 835).

4. Anpassung an die Ertragsentwicklung

205   Der hypothetische Fremdvergleich i. S. d. § 1 Abs. 3 Satz 4 AStG ist mangels vergleichbarer Fremddaten mit erheblichen Unsicherheiten belastet. Insbesondere wenn wesentliche immaterielle Wirtschaftsgüter z. B. in Zusammenhang mit Funktionsverlagerungen übertragen werden, kann sich nachträglich herausstellen, dass die den Preis bestimmenden Faktoren in erheblichem Umfang falsch eingeschätzt worden sind. Dies hat erhebliche Auswirkungen auf die Verteilung des Besteuerungssubstrats der betroffenen Staaten, während der Gesamtgewinn des Konzerns – abgesehen von der Besteuerung – unverändert bleibt (BT/Drucks. 16/4841 vom 27.3.2007 S. 86 f. amtl. Begr.). Tritt ein solcher Fall ein, soll die Finanzverwaltung nach § 1 Abs. 3 Satz 11 AStG berechtigt sein, anzunehmen, dass zum Zeitpunkt des Geschäftsabschlusses Unsicherheiten bestanden und fremde Dritte Anpassungsregelungen in ihren Vereinbarungen getroffen hätten. Der Steuerpflichtige hat allerdings die Möglichkeit nachzuweisen, dass voneinander unabhängige Dritte in der gleichen Situation wie die beteiligten nahe stehenden Unternehmen keine Anpassungsregelungen getroffen hätten. Als Anpassungsregelungen gelten auch die Lizenzvereinbarungen, die es erlauben, den Lizenzgeber angemessen am Erfolg der Verwertung des immateriellen Wirtschaftsguts durch den Lizenznehmer zu beteiligen. Anpassungsregelungen entsprechen den OECD-Verrechnungspreisrichtlinien und stellen eine betriebswirtschaftlich zutreffende und damit dem Fremdvergleichsgrundsatz entsprechende Besteuerung sicher (BT-Drucks. 16/4841 vom 27.3.2007 S. 87 amtl. Begr.; hierzu Tz. 135–137 des BMF-Schreibens vom 13.10.2010 IV B 5 – S 1341/08/10003, 2010/0598886, BStBl I 2010 S. 774; *Kraft,* AStG, § 1 Rz. 450–463; *Hofacker,* in Haase, AStG, § 1 Rz. 298–308; *Baumhoff/Ditz/Greinert,* DStR 2007 S. 1649, 1654 f.; *Looks/Scholz,* BB 2007 S. 2541, 2542 f.; *Wulf,* DB 2007 S. 2280, 2284; *Klapdor,* StuW 2008 S. 83, 88; *Crüger/Wintzer,* GmbHR 2008 S. 306, 315; *Oestreicher,* Ubg 2009 S. 80, 87; *Kahle,* StuB 2009 S. 383 ff.; *Greil,*

IStR 2009 S. 567; *Luckhaupt*, BB 2009 S. 2358 ff.; *Schaumburg*, IStR 2009 S. 877 ff.; zum Einfluss der Preisanpassungklausel auf die Grenzpreise der Unternehmen *Luckhaupt*, IStR 2010 S. 899 ff.; zur Fremdüblichkeit von Preisanpassungsklauseln eingehend *Ebering*, IStR 2011 S. 418 ff.).

Das Fehlen vertraglicher Anpassungsregelungen, z. B. einer Lizenzierung, erlaubt es der Finanzverwaltung, nach § 1 Abs. 3 Satz 12 AStG innerhalb einer Frist von zehn Jahren nach Geschäftsabschluss einmalig eine Berichtigung vorzunehmen. Voraussetzung ist, dass der Verrechnungspreis, der unter Berücksichtigung der tatsächlich nach der Funktionsverlagerung eingetretenen Entwicklung anzusetzen gewesen wäre, erheblich von dem Verrechnungspreis abweicht, den der Steuerpflichtige der Besteuerung zugrunde gelegt hat. In der nach Satz 13 vorgesehenen Funktionsverlagerungsverordnung soll geregelt werden, dass dies der Fall ist, wenn der zutreffende Verrechnungspreis innerhalb des vom Steuerpflichtigen ermittelten Einigungsbereichs liegt. In der RVO soll auch festgelegt werden, wie der Berichtigungsbetrag zu ermitteln ist. **206**

§ 1 Abs. 3 Satz 12 AStG ist notwendig, um Ergebnisse zu vermeiden, die stark vom Fremdvergleichsgrundsatz abweichen. Durch die Regelung sollen die Steuerpflichtigen dazu veranlasst werden, von sich aus angemessene Anpassungsregelungen zu vereinbaren, denn dann ist die Vorschrift nicht anwendbar; zur Preisanpassungsklausel bei grenzüberschreitenden Funktionsverlagerungen im Konzern siehe *Thier*, BB 2011 S. 2013 ff. **207**

In der Funktionsverlagerungsverordnung ist folgende Regelung vorgesehen worden. Eine Anpassungsregelung des Steuerpflichtigen, die nachträgliche Anpassungen i. S. d. § 1 Abs. 3 Satz 11 und 12 AStG ausschließt, liegt auch dann vor, wenn im Hinblick auf wesentliche immaterielle Wirtschaftsgüter und Vorteile die Lizenzvereinbarungen getroffen werden, die die zu zahlende Lizenz vom Umsatz oder Gewinn des Lizenznehmers abhängig machen oder für die Höhe der Lizenz Umsatz und Gewinn berücksichtigen (§ 9 FunktionsverlagerungsVO). **208**

In den Fällen des § 1 Abs. 3 Satz 12 AStG liegt eine erhebliche Abweichung vor, wenn der unter Zugrundelegung der tatsächlichen Gewinnentwicklung zutreffende Verrechnungspreis außerhalb des ursprünglichen Einigungsbereichs liegt. Der neue Einigungsbereich wird durch den ursprünglichen Mindestpreis und den neu ermittelten Höchstpreis des übernehmenden Unternehmens begrenzt. Eine erhebliche Abweichung liegt auch vor, wenn der ermittelte Höchstpreis niedriger ist als der ursprüngliche Mindestpreis des verlagernden Unternehmens (§ 10 FunktionsverlagerungsVO). **209**

Eine Anpassung i. S. d. § 1 Abs. 3 Satz 12 AStG ist angemessen, wenn sie in den Fällen des § 10 Satz 1 FunktionsverlagerungsVO dem Unterschiedsbetrag zwischen dem ursprünglichen und dem neu ermittelten Verrechnungspreis entspricht oder wenn sie in den Fällen des § 10 Satz 2 FunktionsverlagerungsVO dem Unterschiedsbetrag zwischen dem ursprünglichen Verrechnungspreis und dem Mittelwert zwischen dem neuen Höchstpreis des übernehmenden Unternehmens und dem ursprünglichen Mindestpreis des verlagernden Unternehmens entspricht (§ 11 FunktionsverlagerungsVO). **210**

Die Fremdpreisbestimmung folgt bei der Funktionsverlagerung grundsätzlich den allgemeinen Regelungen des hypothetischen Fremdvergleichs. Dabei gilt jedoch Folgendes: **211**

- Der Fremdpreisbestimmung ist das gesamte „Transferpaket" zugrunde zu legen. In dieses gehen neben Wirtschaftsgütern wie Maschinen, sonstige Ausrüstungen, Lizenzgebühren, Know-how und Marken alle sonstigen „Chancen/Risiken" und „sonstige Vorteile" ein, die sich für das übernehmende Unternehmen aus dem Verlagerungsvorgang langfristig ergeben, eine Abrechnung einzelner Wirtschaftsgüter und dessen bloße Addition ist damit im Ansatz ausgeschlossen, selbst wenn sie im Wege des direkten Preisvergleichs (§ 1 Abs. 3 Satz 1–8 AStG) möglich wäre.

- Die Preisbestimmung soll – wie auch sonst beim hypothetischen Vergleich – so erfolgen, dass die Gewinnpotenziale von übertragenden und übernehmenden Unternehmen einander gegenübergestellt und das Einigungsziel (Mittelwert des Einigungsbereichs, „wahrscheinlichster Wert") festgestellt wird. Entscheidend ist hierbei nach dem Gesetzestext das beiderseitige Interesse an dem „Transferpaket", was neben dessen einzelne Wirtschaftsgüter das Interesse an der Übertragung der Funktion als Ganzer den Erwerb der mit der Funktion als Ganzer vergebenden Gewinnaussichten und den Aufwand für Betriebsschließungen usw. auf Seiten des übertragenden Unternehmens umfasst.

- Zugrunde zu legen sind Beträge, die den Zukunftswert der Gewinnpotenziale, d. h. dessen Gesamtwert wiedergeben; dies macht Hypothesen über die Gewinnentwicklung nötig; eine zeitliche Begrenzung für die Ertragserwartungen kann sich aus der zu erwartenden Lebensdauer eines zu fertigenden überlassenen Produkts u. Ä. ergeben.

- Anzusetzen sind auf Seiten des Abgebenden und des Abnehmenden dessen jeweilige Standortbedingungen. Bei der Verlagerung von einem Standort mit höherem in einen Standort mit niedrigerem Kostenniveau führt dies zu einer Erhöhung der Obergrenze des übernehmenden Unternehmens und damit des anzusetzenden Mittelpreises (*Pohl*, , in Blümich/Falk, EStG, § 1 AStG Rdn. 147–151; siehe auch *Kraft*, AStG, § 1 Rz. 470–491; ferner *Greil*, IStR 2009 S. 567 ff.; zum Einfluss der Preisanpassungsklauseln auf die Grenzpreise der Unternehmen *Luckhaupt,* IStR 2010 S. 889 ff.).

211a Zur Anwendung der Preisanpassungsregelung in § 1 Abs. 3 Satz 11 und 12 AStG ist im Schrifttum auch **außerhalb** von Funktionsverlagerungen Stellung genommen worden. Dabei ist man zu dem Ergebnis gekommen, dass die Preisanpassungsregelung gem. § 1 Abs. 3 Satz 11 und 12 AStG nicht nur im Rahmen von Funktionsverlagerungen, sondern bereits dann Anwendung findet, wenn nur ein einzelnes immaterielles Wirtschaftsgut oder ein sonstiger Vorteil übertragen oder überlassen worden ist. Eine gesonderte Prüfung der „Wesentlichkeit" des immateriellen Wirtschaftsguts bzw. des Vorteils ist in diesen Fällen entbehrlich. Anders als dies der Wortlaut nahelegt, kann zur Prüfung der weiteren Voraussetzungen des § 1 Abs. 3 Satz 11 und 12 AStG auf die (sinngemäß anzuwendenden) § 9 ff. FVerlV zurückgegriffen werden. Liegt ein Fall des § 1 Abs. 3 Satz 10 AStG vor, ist Bezugsobjekt der Preisanpassungsregelung nicht die Funktion als Ganzes, sondern die einzelnen darin enthaltenen Wirtschaftsgüter und Vorteile (so das Fazit von *Pohl,* IStR 2010 S. 690, 692).

VII. Verfahren

1. Aufzeichnungs- und Dokumentationspflichten

Grundlage der Überprüfung von Verrechnungspreisen der Finanzverwaltung bildet der allgemeine Rechtsrahmen der Abgabenordnung. Probleme, die z. B. durch Intransparenz, Unschärfen der Märkte u. Ä. entstehen, haben zur Einführung von besonderen, sanktionsbewehrten Aufzeichnungs- und Dokumentationspflichten geführt, die eine verfahrensrechtliche Sonderordnung internationaler Gewinnabgrenzung darstellen. Zu ihr gehören

– die erhöhten Mitwirkungspflichten bei internationalen Sachverhalten nach bisherigem Recht (§ 90 Abs. 2 AO, § 16 AStG),
– die seit 2003 verschärften Aufzeichnungs-, Vorlage- und Dokumentationspflichten nach § 90 Abs. 3, § 162 Abs. 3 und 4 AO und durch die danach erlassene Gewinnaufzeichnungsverordnung vom 13.11.2003, BGBl I 2003 S. 2296
– Sonderbestimmungen zur Schätzung, die sowohl die Schätzungsvoraussetzungen wie deren Höhe betreffen (§ 1 Abs. 4 AStG, § 162 Abs. 3 AO),
– der besondere Steuerzuschlag von in der Regel 5 %–10 % der Mehrsteuer bei signifikanter Verletzung bestimmter Mitwirkungspflichten nach § 162 Abs. 4 AO.

212

Zur Rechtslage bis zur Einführung des § 90 Abs. 3 AO ist auf das BMF-Schreiben vom 12.4.2005 IV B 4 – S 1341 – 1/05, BStBl I 2005 S. 570, hinzuweisen. Den Kern des obig genannten BMF-Schreibens bildet die Sachverhalts- und Angemessenheit der Dokumentation nach § 90 Abs. 3 AO die für interne Geschäftsbeziehungen vor den Wirtschaftsjahren 2003 bzw. 2003/2004 ab gefordert werden kann. Zum Verständnis der Regelung unterscheidet man zweckmäßigerweise zwischen

– dem Pool von Daten, den das Unternehmen zur Vorsorge für die Überprüfung aufzeichnen sollte (Datenbestand), und
– der „Aufzeichnung" (§ 2 Abs. 6 GewAufzVO), die auf Anfordern der Finanzbehörde in der Regel nur im Rahmen einer Außenprüfung und in Bezug auf bestimmte Geschäftsbereiche und Geschäftsbeziehungen des Steuerpflichtigen vorzulegen ist (Dokumentation) und an deren Mängel die Sanktionen in § 162 Abs. 3, 4 AO anknüpfen. Im Wesentlichen wird gefordert,
– dass der Sache nach eine Obliegenheit des Steuerpflichtigen zu verantwortungsbewusster Gestaltung der Verrechnungspreise besteht, die schon im Umfeld der Geschäftsbeziehungen bzw. bei Abgabe von Steuererklärungen ansetzt.
– Feststellungen dieser Art sind meistens nur geschäftsbegleitend möglich (hierzu eingehend Jenzen, IWB 2005 S. 3691 ff.). Geboten sind aber zeitgleiche Aufzeichnungen nur bei außergewöhnlichen Vorfällen (weitere Einzelheiten in Tz. 145–175 des BMF-Schreibens vom 13.10.2010 IV B 5 – S 1341/08/10003, 2010/0598886, BStBl I 2010 S. 774; hierzu *Kaminski*, RIW 2007 S. 594, 601 f.; *Wulf*, DB 2007 S. 2280, 2285; *Blum/Lange*, GmbHR 2011 S. 65, 74); zur Konkretisierung des Begriffs „außergewöhnlicher Geschäftsvorfall" i. S. § 90 Abs. 3 Satz 3 AO *Kircher/Stumpf*, BB 2014 S. 2776 ff.; eine Bestandsaufnahme zu 10 Jahre § 90 Abs. 3 AO findet sich bei *Kußmaul/Müller*, StB 2013 S. 432 ff.

213

Zur Bildung von **Rückstellungen** für die **steuerliche Verrechnungspreisdokumentation** ist im Schrifttum eingehend Stellung genommen worden (*Baumhoff/Liebchen/Kluge*, IStR 2012 S. 821 ff.).

214 Dies ist alles nicht im Sinne einer Verschiebung der Beweislast zu verstehen; vielmehr liegt die objektive Beweislast (Feststellungslast) für die Richtigkeit von Verrechnungspreisen nicht beim Steuerpflichtigen, sondern weiterhin bei der Finanzverwaltung.

2. Beweislast, Schätzung, Rechtsschutz

215 Die Anwendung des § 1 AStG erfolgt im allgemeinen Rahmen der AO. Die Mitwirkungspflichten des Steuerpflichtigen und griffweise Schätzungsmöglichkeiten sind jedoch stark ausgedehnt und die Schätzung mit besonderen Bestimmungen geregelt. Bei der Überprüfung der Verrechnungspreise zieht die Außenprüfung neben den betrieblichen Feststellungen sich selbst geschaffene Fremdvergleichsdaten heran. Im Grundsatz liegt die Darlegungs- und objektive Beweislast für Berichtigungen bei der Finanzbehörde (z. B. bei anderen Unternehmen beobachtete Marktdaten, Datenbanken etc.). Griffweise Annahmen zu Vergleichswerten sind grundsätzlich nur vorzunehmen, wenn der Steuerpflichtige seine Mitwirkungspflichten nach § 90 Abs. 2 AO verletzt und auf eine sachlich gerechtfertigte Anforderung von Unterlagen, Erläuterungen und Beweismitteln objektiv hinter dem ihm Möglichen und Zumutbaren zurückbleibt. Eine Schätzung ist zulässig, wenn die Tatbestandserfüllung des § 1 Abs. 1 AStG feststeht, die Höhe der Einkunftsminderung aber nicht festgestellt werden kann. Für den Bereich des § 1 AStG gelten weiterhin folgende Sonderregelungen:

– Die Mitwirkungspflichten des Steuerpflichtigen, deren Verletzung eine Schätzung auslösen, richten sich nach den in den gesetzlichen Regelungen dargelegten erweiterten Bestimmungen zur Mitwirkung, Aufzeichnung und Dokumentation und deren Vorlage.

– Nach § 162 Abs. 3 AO wird in bestimmten Fällen widerlegbar vermutet, dass bestimmte inländische Einkünfte die der Erklärung zugrunde gelegten übersteigen; diese Vermutung greift ein, wenn die angeforderten Aufzeichnungen nicht vorgelegt werden, im Wesentlichen unverwertbar sind oder Aufzeichnungen nicht in der gebotenen Weise zeitnah erstellt werden.

– Gesetzlich zugelassene Schätzungen könnten an den in § 1 Abs. 4 AStG angegebenen Schätzungsmaßstäben ausgerichtet werden (angemessene Verzinsung des Eigenkapitals, Umsatzrendite).

– Für den Fall, dass angebotene Aufzeichnungen nicht vorgelegt werden oder im Wesentlichen unverwertbar sind, sieht § 162 Abs. 4 AO Steuerstrafzuschläge vor (zur Vermeidung der Schätzung beachte die Ausführungen bei *Blum/Lange*, GmbHR 2011 S. 65, 74).

215a In diesem Kontext ist ferner zu erwähnen, dass im sog. Steuerhinterziehungsbekämpfungsgesetz vom 29.7.2009 (BGBl I 2009 S. 2302 – BStBl I 2009 S. 826) die Mitwirkungspflichten in der Abgabenordnung gegenüber sog. **Steueroasen** drastisch verschärft worden sind (zur Kodifikation von Dokumentationspflichten über die Verrechnungspreisgestaltung im multinationalen Konzern siehe *Seer*, FR 2002 S. 380 ff.; zur steuerrechtlichen Dokumentation von Verrechnungspreisen im mittelständischen Konzern *Ruiner*, DStR 2012 S. 1524 ff. und bei KMU siehe *Kiesow*, NWB 2012 S. 1502 ff.). In § 90 Abs. 2 Satz 3 AO n. F. besteht nunmehr folgende Regelung:

„Bestehen objektiv erkennbare Anhaltspunkte für die Annahme, dass der Steuerpflichtige über Geschäftsbeziehungen zu Finanzinstituten in einem Staat oder Gebiet verfügt, mit dem kein Abkommen besteht, dass die Erteilung von Auskünften entsprechend Art. 26 des Musterabkommens der OECD zur Vermeidung der Doppelbesteuerung auf dem Gebiet der Steuern vom Einkommen und vom Vermögen in der Fassung von 2005 vorsieht, oder der Staat oder das Gebiet keine Auskünfte in einem vergleichbaren Umfang erteilt oder keine Bereitschaft zu einer entsprechenden Auskunftserteilung besteht, hat der Steuerpflichtige nach Aufforderung der Finanzbehörde die Richtigkeit und Vollständigkeit seiner Angaben an Eides statt zu versichern und die Finanzbehörde zu bevollmächtigen, in seinem Namen mögliche Auskunftsansprüche gegenüber den von der Finanzbehörde benannten Kreditinstituten außergerichtlich und gerichtlich geltend zu machen; die Versicherung an Eides statt kann nicht nach § 328 AO erzwungen werden." (hierzu eingehend *Joecks/Kaminski*, IStR 2004 S. 65 ff.; *Schnitger*, IStR 2003 S. 73, 75 f.; *Hahn/Suhrbier-Hahn*, IStR 2003 S. 84 ff.; *Baumhoff/Ditz/Greinert*, DStR 2004 S. 157 ff.; *Vögele/Vögele*, IStR 2003 S. 466 ff.; *Schnorberger*, DB 2003 S. 1241 ff.; *Moebus*, BB 2003 S. 1413 f.; *Lüdicke* IStR 2003 S. 433, 435 ff.; *Andresen*, RIW 2003 S. 489 ff.; *Kaminski/Strunk*, RIW 2003 S. 561 ff.; *Schmidt/Gröger*, FR 2003 S. 813 ff.; *Schmidt/Ertle/Fölmli*, FR 2003 S. 1228 ff.; *Eigelshoven/Kratzer*, IStR 2004 S. 30 ff.; *Vögele/Brehm*, IStR 2004 S. 48 ff.).

Die Anwendung allgemeiner verfahrensrechtlicher Grundsätze trifft wegen der Natur der Sache des **Fremdpreises** auf erhebliche Schwierigkeiten. Es ist einerseits Tatbestandsmerkmal, das aus Marktdaten und aus betrieblichen Gegebenheiten abzuleiten ist. Andererseits ist die oft nur mittels stark gestreuter und anpassungsbedürftiger Marktdaten oder nur als **hypothetische Größe** feststellbar (siehe Anm. 75–79). Es sind also erhebliche Unwägbarkeiten vorhanden. Erforderlich ist daher eine Rechtsanwendung mit Augenmaß, die dem **Gesetzeszusammenhang** gerecht wird. Dabei sind die Grundlagen des AStG, der Gewinnaufzeichnungsverordnung und der Abgabenordnung miteinander in Einklang zu bringen, was künftig die Rechtsprechung in extenso beschäftigen wird. Schon wurde im Schrifttum erhebliche Kritik dahingehend geäußert, dass in Zukunft nicht mehr über die Höhe der Verrechnungspreise, sondern über die Art und Weise der Dokumentation nur noch mit der Finanzverwaltung gestritten wird und damit ein Bürokratenchaos impliziert wird, was die Finanzgerichte in hohem Maße beschäftigen wird, falls die Betroffenen (Steuerpflichtiger und Finanzbehörde) sich nicht auf eine gemeinsame Linie (z. B. im Rahmen einer tatsächlichen Verständigung) in der Betriebsprüfung einigen können. **216**

Die Verpflichtung, bei Sachverhalten, die Vorgänge mit Auslandsbezug betreffen, über die Art und den Inhalt seiner Geschäftsbeziehungen mit nahe stehenden Personen i. S. d. § 1 Abs. 2 AStG Aufzeichnungen zu erstellen und diese auf Verlangen der Finanzbehörde vorzulegen (§ 90 Abs. 3 AO) ist mit der Dienstleistungsfreiheit des Art. 49 EG vereinbar (BFH, Urteil vom 10.4.2013 I R 45/11 BStBl II 2013 S. 771 mit Anm. *Andresen*, ISR 2013 S. 347, 348 f.; *Bandtel*, StB 2013, Heft 9, S. I; *Rogge*, BB 2013 S. 2468, 2472; *Roser*, GmbHR 2013 S. 1057, 1063 f.; *Rohde*, IStR 2013 S. 710, 717 f.; *Busch*, FR 2013 S. 943 ff.; *Gläser/Birk*, IStR 2014 S. 99 ff.). **216a**

Zum Erlass von **Nachzahlungszinsen** nach Verrechnungspreiskorrekturen ist folgendes höchstrichterliches Judikat ergangen. Die Frage, ob die Festsetzung von **216b**

Zinsen unbillig ist, hängt nur von den Verhältnissen des jeweiligen Zinsschuldners ab; die Verhältnisse eines anderen Rechtssubjekts bleiben insoweit außer Betracht. Ein Zinserlass ist daher nicht geboten, wenn sich infolge einer Verrechnungspreiskorrektur einerseits die Körperschaftsteuer einer in einem anderen EU-Mitgliedsstaat ansässigen Kapitalgesellschaft mindert und diese infolge des Fehlens einer dem § 233a AO entsprechenden Regelung dort keine Erstattungszinsen beanspruchen kann, und sich anderseits infolge der Gewinnerhöhung einer inländischen (Schwester-)Mitunternehmerschaft die Einkommensteuer des inländischen Anteilseigners erhöht (BFH, Urteil vom 3.7.2014 III R 53/12, BFH/NV 2014 S. 1919 mit Anm. *Rasch*, ISR 2014 S. 374 ff.).

VIII. Gesamtbetrachtung

217 Zweifellos ist es die Aufgabe des deutschen Gesetzgebers, dafür Sorge zu tragen, dass im Inland keine unangemessenen Steuerausfälle durch Funktionsverlagerungen ins Ausland eintreten. In diesem Bestreben verdient der Gesetzgeber auch Unterstützung. Insoweit ist der Fremdvergleich ein Hilfsmittel, auf das unbeschadet seiner bestehenden Schwächen nicht verzichtet werden kann. Es gibt nichts Besseres. **Man darf aber auch die Augen nicht vor der Tatsache verschließen, dass es in der Regel den „einen" und „richtigen" Fremdvergleichspreis einfach nicht gibt.** Die Staaten dürfen Korrekturen nur dann vornehmen, wenn die Unangemessenheit des vereinbarten Preises mit einer relativ hohen Wahrscheinlichkeit feststeht. § 1 AStG n. F. erweckt jedoch den Eindruck, als wolle der deutsche Gesetzgeber alle Unsicherheiten und Unwägbarkeiten zu Lasten der Steuerpflichtigen durch Regelungen nutzen, die auf einer Umkehr der Beweislast und auf gesetzlichen Unterstellungen aufbauen. Dies ist letztlich zu kurzsichtig gedacht. Die erwarteten Mehrsteuern gehen nämlich nicht nur zu Lasten der Steuerpflichtigen, sondern vor allem zu Lasten ausländischer Fiscis. Die ausländischen Fiscis werden sich zu wehren wissen. Dadurch wird es zu einer Fülle von Verständigungs- und EU-Schiedskonventionsverfahren kommen. Es wäre daher vernünftiger, man würde sich zunächst einmal unter den Staaten (vor allem in der EU und den anderen OECD-Partnerländern) einigen, als dass die Staaten Alleingänge unternehmen, wie sie jetzt in § 1 AStG unter dem Druck des Haushaltes vorgesehen sind (siehe *Wassermeyer,* DB 2007 S. 535, 539).

Insgesamt sollte der Gesetzgeber weniger auf internationale Alleingänge wie die des § 1 Abs. 3 AStG setzen, sondern sich vielmehr auf eine gemeinschaftsrechtskonforme Gesetzgebung konzentrieren, die weniger zur Verunsicherung und Beeinträchtigung der Steuerpflichtigen auch im Hinblick auf die Attraktivität des Wirtschaftsstandorts Deutschland beiträgt (*Goebel/Küntscher*, Ubg 2009 S. 235, 243).

218 Es bleibt daher festzuhalten, dass es sich bei der gesetzlichen Regelung der Funktionsverlagerung in § 1 Abs. 3 Satz 9–13 AStG in Verbindung mit der Funktionsverlagerungs-VO nicht um eine Konkretisierung des Drittvergleichsgrundsatzes handelt. In Wirklichkeit handelt es sich um eine fiskalisch motivierte Ausdehnung des deutschen Besteuerungsanspruchs über den Drittvergleichsgrundsatz hinaus, mit dem die Bundesrepublik international nicht wettbewerbsfähige Strukturen schützen will. Regelungen mit einer solchen protektionistischen Zielsetzung haben in einem Steuergesetz nichts verloren. Sie begründen nur Doppelbesteuerungskonflikte und verhindern die notwendige strukturelle Anpassung der deutschen Wirtschaft (*Frotscher,* FR 2008 S. 49, 57).

Hinzu kommt auch noch, dass nach der bisherigen Praxis des AStG es relativ wenig Rechtsstreitigkeiten gab. Wegen der Kompliziertheit der Materie haben sich bisher die Finanzverwaltung und die Steuerpflichtigen – zumeist erst nach dramatischen Einigungsanstrengungen – in der Betriebsprüfung letztendlich geeinigt. Die neue Bestimmung des § 1 AStG in Verbindung mit der Funktionsverlagerungs-VO wird jedoch für erheblich mehr Streitkultur sorgen. Die widersprüchlichen Regelungen werden voraussichtlich dazu führen, dass es zu einer kaum überschaubaren Vielzahl von Rechtsstreitigkeiten kommt. Zudem liegt in der unausgegorenen und in sich widersprüchlichen Rechtsmaterie viel Streitstoff für Auslegungstechniken (*Kroppen/Nientimp,* IWB, Fach 3, Gruppe 1, S. 2355 ff. zu den Absonderlichkeiten bei der Funktionsverlagerung). **219**

§ 1 AStG ist ein unrühmliches Beispiel für Machtmissbrauch des Steuergesetzgebers. Es ist eine Tatsache, dass in vielen Unternehmen ernsthaft darüber diskutiert wird, neue unternehmerische Aktivitäten von Anfang an ins Ausland zu verlagern, um der Gefahr von Funktionsverlagerungen zu entgehen. Dies kann Deutschland einen Verlust an Arbeitsplätzen bereiten. Ob es dann wirklich dazu kommen wird, bleibt abzuwarten. Jeder Machtmissbrauch des Steuergesetzgebers wird aber irgendwelche Konsequenzen bei den davon betroffenen Steuerpflichtigen auslösen. Es wäre vernünftiger, wenn Steuergesetzgeber und Steuerpflichtige stärker aufeinander zugingen und nach einem vernünftigen Mittelweg suchten (so das Fazit von *Wassermeyer,* FR 2008 S. 67, 68). **220**

Ferner wird die Frage aufgeworfen, inwieweit diese Regelungen mit den Grundfreiheiten des EU-Vertrages vereinbar sind bzw. ob ein eventueller Verstoß gerechtfertigt werden kann. Die Zeit wird zeigen, ob die Neuregelungen dauerhaft Bestand haben werden. Fragwürdig ist jedoch die Vorgehensweise. Anstelle von klaren und eindeutigen gesetzlichen Vorgaben wird eine immer stärkere Aufspaltung der Materie in Gesetze, Rechtsverordnungen und Erlasse vorgenommen. Damit wird gerade für Ausländer die Handhabbarkeit negativ beeinträchtigt, so dass die Kosten für die Befolgung dieser Anforderungen sich erhöhen und damit eine europarechtliche Rechtfertigung weiter erschwert wird (*Kaminski,* RIW 2007 S. 594, 603; siehe auch *Hofacker,* in Haase, AStG, § 1 Rz. 320–325). **221**

IX. Zeitlicher Anwendungsbereich

Nach § 21 Abs. 16 gelten die Vorschriften des § 1 Abs. 1, 3 und 4 i. d. F. des Unternehmenssteuerreformgesetzes 2008 erstmals für den Veranlagungszeitraum 2008. Für Vorjahre sind dementsprechend nicht anwendbar: **222**
- § 1 Abs. 1 Satz 2 (Informationstransparenz, d. h. die Annahme, „dass die voneinander unabhängigen Dritten alle wesentlichen Umstände der Geschäftsbeziehung kennen")
- § 1 Abs. 3 Satz 7 (Mittelwert im Einigungsbereich)
- § 1 Abs. 3 Satz 9 (regelmäßige Transferpaketberechnung)
- § 1 Abs. 3 Satz 11 und 12 (gesetzliche Fiktion einer Preisanpassungsklausel)

Nach der Gesetzesbegründung zu Art. 7 (§ 1) des Unternehmensteuerreformgesetzes 2008 (BT-Drucks. 16/4841 S. 84 amtl. Begr.) hat die Gesetzesänderung aber vor allem klarstellende und präzisierende Wirkung, soweit die neuen Regelungen (auch zu Funktionsverlagerungen) Ausfluss des seit jeher geltenden Fremdvergleichsgrundsatzes sind und lediglich eine ausdrückliche Regelung dieses Grundsatzes erfolgt ist. Für Funktionsverlagerungen, die im Veranlagungszeitraum bis einschl. 2007 durchgeführt werden, sind die Ausführungen in den Verwaltungsgrundsätzen Funktionsverlagerung in Tz. 182–200 des BMF-Schreibens vom 13.10.2010 IV B 7 – S 1341/08/10003, 2010/0598886, BStBl I 2010 S. 774 zu beachten. Als Gründe hierfür werden insbesondere internationale Grundsätze der OECD zur Fremdpreisbestimmung sowie die Rechtsprechung des BFH zur verdeckten Gewinnausschüttung herangezogen.

Hierzu wird im Schrifttum zu Recht kritisch angemerkt, dass das BMF nicht davon ausgehen kann, dass es sich bei den obigen Neuregelungen um bloße Konkretisierungen der bisherigen Gesetzeslage handelt. Dementsprechend sollte sich das BMF auch nicht bemühen, im Wege einer Verwaltungsanweisung die rückwirkende Anwendung eines Gesetzes herzustellen. Es ist davon auszugehen, dass die Thematik der Zeiträume **vor 2008** in Betriebsprüfungen und nachfolgenden Gerichtsverfahren eine wichtige Rolle spielen wird (so *Kroppen/Rasch*, IWB 2010 S. 824, 839 bzw. 841; siehe auch *Reichl*, IStR 2009 S. 680 ff. bezogen auf den Entwurf zu den Verwaltungsgrundsätzen Funktionsverlagerung).

D. Besonderheiten bei der Gewinnabgrenzung zwischen in- und ausländischen Betriebsstätten (Betriebsstättengewinnaufteilungsverordnung)

I. Vorbemerkung

223 Durch die Betriebsstättengewinnaufteilungsverordnung (BsGaV) steigen ab 1.1.2015 die Anforderungen an die Dokumentation von Verrechnungspreisen. § 1 Abs. 6 AStG i. d. F. des Amtshilferichtlinie-Umsetzungsgesetzes enthält dazu die Ermächtigung des BMF zum Erlass einer Rechtsverordnung zur Anwendung des Fremdvergleichsgrundsatzes. Durch die Rechtsverordnung soll noch konkreter als durch das Gesetz möglich, sichergestellt werden, dass von Steuerpflichtigen und Verwaltung wettbewerbsneutrale und im internationalen Kontext akzeptable Lösungen gefunden werden, die auf den international anerkannten Grundsätzen für die Einkünfteaufteilung von Betriebsstätten basieren. Dies soll deutsche Besteuerungsrechte sichern und helfen, internationale Besteuerungskonflikte zu vermeiden.

224 Durch die Verordnung zur Anwendung des Fremdvergleichsgrundsatzes auf Betriebsstätten nach § 1 Abs. 5 AStG wird die **Gewinnermittlung** in- und ausländischer Betriebsstätten auf ein neues rechtliches Fundament gestellt. Insbesondere wird durch die neue Verordnung der sog. „Authorized OECD-Approach" (AOA) mit einer uneingeschränkten Anwendung der Selbständigkeitsfiktion der Betriebsstätte für Zwecke ihrer Gewinnabgrenzung in innerstaatliches Recht aufgenommen. Im Schrifttum wird die Auffassung vertreten, dass die AOA die unternehmerische Auslandstätigkeit erschweren (so das Fazit von *Gerberth*, DB 2012, Heft 31 M 1; zum missverstandenen Authorised OECD Approach bei inländischer Bankbetriebsstätte mit mehrjährigen Verlusten, *Andresen*, DB 2012 S. 879 ff,; zur Gewinnverlagerung zwischen Schwesterbetriebsstätten, *von Goldacker*, DB 2013 S. 87 ff.; zu den Wechselwirkungen mit Art. 7 OECD-MA *Baldamus*, IStR 2012 S. 317 ff,; zu den Implikationen des AOA für die deutsche Abkommenspraxis *Hemmelrath/Kepper*, IStR 2013 S. 307 ff.; ein Fallstudien-gestützter Vergleich der Rechtslage vor und nach der Transformation der AOA findet sich bei *Kraft/Dombrowski*, Ubg 2015 S. 143 ff.; zum Gründungsaufwand bei ausländischen Betriebsstätten im Blickwinkel des AOA s. *Schnorberger/Dust*, BB 2015 S. 608 ff.; zur Entstrickungsbesteuerung in der BsGaV und ihre europarechtliche Würdigung s. *Rasch/Wenzel*, ISR 2015 S. 128; zu den Änderungen des § 1 AStG und Umsetzung des AOA durch das JStG 2013, siehe *Schnittger*, IStR 2012 S. 635 ff.; *Gebhardt*, DB 2012 S. 2353 ff.; zum Verhältnis von § 1 Abs. 5 AStG zu den deutschen Doppelbesteuerungsabkommen *Neumann*, IStR 2013 S. 573 ff.).

Der von der OECD etablierte AOA, eine Betriebsstätte als eigenständiges und unabhängiges Unternehmen zu fingieren, sieht folgenden zweistufigen Prozess vor:

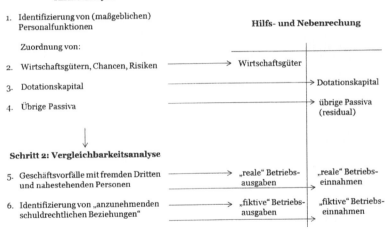

Quelle: *Kraft/Dombrowski*, FR 2014 S. 1105, 1106

Die Kernidee der AOA ist die nahezu vollständige Verselbständigung der Betriebsstätte für steuerliche Zwecke und damit die Anwendung des Fremdvergleichsgrundsatzes auf alle Leistungsbeziehungen zwischen Stammhaus und Betriebsstätte bzw. zwischen Schwesterbetriebsstätten (zu den neuen Herausforderungen bei Betriebsstätteneinkünften siehe *Ditz/Bärsch*, GmbHR 2013, R 209 f.).

Bevor die Betriebsstättengewinnverteilungsverordnung verabschiedet wurde, ging ein langwieriger Diskussionsprozess voraus. Grundlage waren mehrere Entwürfe des Bundesfinanzministeriums, die zumeist auf ein kritisches Echo im Schrifttum gestoßen waren (hierzu Stellungnahmen des IDW, Ubg 2013 S. 713 ff. und Bundessteuerberaterkammer, IStR 2013, Heft 22, S. III ff.; *Geberth/Krüger/*

Schwinger, DB 2013, Heft 38, M 8 f.; *dies.*, GmbHR 2013, R 282 f.; *Strothenke/Holtrichter*, StuB 2013 S. 730 ff.; *Andresen*, BB 2013 S. 2911 ff.; *Oestereicher/van der Ham/Andresen*, IStR 2014, Beihefter zu Heft 4, S. 1 ff.; *Kußmaul/Delarber/Müller*, IStR 2014 S. 466 ff. und S. 573 ff.; hierzu *Neumann-Tomm*, IStR 2014 S. 806 ff.). Zu den wesentlichen Änderungen zum Regierungsentwurf s. *Roeder/Friedrich*, BB 2015 S. 1053 f.

228 Mit der Betriebsstättengewinnaufteilungsverordnung ist ein außensteuerliches Großprojekt beschlossen worden. Die BsGaV schafft ein vollkommen eigenständiges Gewinnermittlungsrecht für Betriebsstätten, das Steuerpflichtige vor enorme Herausforderungen stellen wird (so das Fazit von *Quilitzsch*, BB 2014, Heft 49, S. I). Für die Steuerpflichtigen bedeutet die grenzüberschreitende Betriebsstättenbesteuerung im Rahmen des Tax Compliance eine dezidierte Prüfung, ob die bisher durchgeführten Gewinnaufteilung im Einklang mit den detaillierten neuen Regelungen steht. Der ehemalige Bundesrichter Prof. Wassermeyer hat diesbezüglich konstatiert, dass durch § 1 Abs. 5 AStG neues Recht für den Bereich der Betriebsstättengewinnermittlung geschaffen wurde. Das neue Recht gibt Anlass, die bisherige Praxis der Abgrenzung von Betriebsstättengewinnen zu überdenken. Insbesondere wird sich der BFH mit dem neuen Recht auseinandersetzen müssen und auch das bisherige Schrifttum wird prüfen müssen, ob an den bisherigen Rechtsauffassungen für den Bereich der Betriebsstättengewinnermittlung festgehalten werden kann (so das Fazit von *Wassermeyer*, IStR 2015 S. 37, 40).

Zur Anwendung des Fremdvergleichsgrundsatzes regelt die Rechtsverordnung für inländische Unternehmen mit einer in einem anderen Staat gelegenen Betriebsstätte sowie für ausländische Unternehmen mit einer inländischen Betriebsstätte unter anderem Folgendes:

– die Art und Weise der Berechnung der Betriebsstätteneinkünfte (Hilfs- und Nebenrechnung); in dieser Hilfs- und Nebenrechnung werden vor allem die der Betriebsstätte zuzuordnenden Vermögenswerte, ihr Dotationskapital und die übrigen ihr zuzuordnenden Passivposten sowie die Geschäftsvorfälle der Betriebsstätte erfasst;

– unter welchen Umständen anzunehmende schuldrechtliche Beziehungen („Dealings") sich in einer Betriebsstätte und dem übrigen Unternehmen, zu dem sie gehört, vorliegen;

– welche Besonderheiten für bestimmte Branchen, insbesondere für Banken, für Versicherungen, für Bau- und Montageunternehmen sowie für Bergbauunternehmen und für Erdöl- und Erdgasunternehmen zu beachten sind;

– in welchen Fällen zur Vermeidung von Beweisschwierigkeiten von widerlegbaren Vermutungen auszugehen ist; dies ist notwendig, da innerhalb eines Unternehmens eine rechtliche Abgrenzung auf der Basis des Zivil- oder Handelsrechts nicht möglich ist.

229, 230 *(einstweilen frei)*

II. Zurechnung von Einkünften zu einer Betriebsstätte

231 Nach § 1 Abs. 1 BsGaV ist für die steuerliche Zurechnung von Einkünften zu einer Betriebsstätte eines Unternehmens eine Funktions- und Risikoanalyse der

Geschäftstätigkeit der Betriebsstätte als Teil der Geschäftstätigkeit des Unternehmens durchzuführen. Aufbauend auf der Funktions- und Risikoanalyse ist eine Vergleichbarkeitsanalyse der Geschäftstätigkeit der Betriebsstätte durchzuführen, um für die Geschäftsbeziehungen der Betriebsstätte Verrechnungspreise zu bestimmen, die dem Fremdvergleichsgrundsatz entsprechen. Die einzelnen Schritte dieser Vorgehensweise, die inklusive Begründung zu den getroffenen Zuordnungen in einer Hilfs- und Nebenrechnung zu dokumentieren sind, stellen sich nach § 1 Abs. 2 BsGaV wie folgt dar:

– Funktions- und Risikoanalyse der Geschäftstätigkeit der Betriebsstätte;
– ausgehend von der Funktions- und Risikoanalyse: Feststellung der (maßgeblichen) Personalfunktionen;
– ausgehend von den (maßgeblichen) Personalfunktionen: Zuordnung der Vermögenswerte und Chancen und Risiken;
– ausgehend von den zugeordneten Vermögenswertem, Chancen und Risiken: Bestimmung des Dotationskapitals;
– nach Bestimmung des Dotationskapitals: Zuordnung von Passivposten (übrige Passiva);
– ausgehend vom Funktions- und Risikoprofil der Betriebsstätte und der der Betriebsstätte zuzuordnenden Vermögenswerte, Chancen, Risiken, Dotationskapital und übrigen Passiva: Zuordnung der Geschäftsvorfälle des Unternehmens mit unabhängigen Dritte und mit nahe stehenden Personen, die auf die Betriebsstätte entfallen;
– ausgehend vom Funktions- und Risikoprofil der Betriebsstätte und der der Betriebsstätte zuzuordnenden Vermögenswerte, Chancen, Risiken, Dotationskapital und übrigen Passiva: Bestimmung der anzunehmenden schuldrechtlichen Beziehungen der Betriebsstätte zum übrigen Unternehmen.

Die Funktion anzunehmender schuldrechtlicher Beziehungen ist deshalb erforderlich, weil zwischen einer Betriebsstätte und dem übrigen Unternehmen keine rechtlichen Beziehungen bestehen, die Grundlage für eine eindeutige Zuordnung sein können (darauf weisen *Höreth/Zimmermann*, DStZ 2014 S. 743, 744 hin). **232**

Die in § 1 Abs. 2 Nr. 2 BsGaV angesprochenen maßgeblichen Personalfunktionen („Significant People Function") stellen die Grundlage der Zuordnung von Risiken und Wirtschaftsgütern zu den unternehmerischen Teileinheiten dar. Diese grundsätzliche Wertung steht nicht im Einklang mit dem Gedanken der Finanzverwaltung von einer „Zentralfunktion des Stammhauses". Dies findet seine Ursache darin, dass der Betriebsstätte als fiktiv selbständigem Unternehmen Personalfunktionen, Vermögenswerte, Chancen und Risiken sowie ein Dotationskapital zugeordnet werden (so das Fazit von *Kraft/Dombrowski*, FR 2014 S. 1105, 1109). **233**

(einstweilen frei) **234, 235**

III. Begriffsbestimmungen

Zur Anwendung der Verordnung werden Definitionen fixiert. § 2 Abs. 1 BsGaV stellt nochmals klar, dass sich ein inländisches Unternehmen nur dann vorliegt, wenn sich der Ort der tatsächlichen Geschäftsleitung im Inland befindet (dasselbe gilt umgekehrt für den Ort der tatsächlichen Geschäftsleitung im Ausland). **236**

Eine Personalfunktion ist eine Geschäftstätigkeit, die von eigenem Personal des Unternehmens für das Unternehmen ausgeübt wird. Personalfunktionen sind insbesondere folgende Geschäftstätigkeiten (Nutzung, Anschaffung, Herstellung, Verwaltung, Veräußerung, Weiterentwicklung, Schutz, Risikostreuung, die Entscheidung, Änderungen von Chancen und Risiken vorzunehmen; so § 2 Abs. 3 BsGaV). § 2 Abs. 4 BsGaV definiert das eigene Personal. § 2 Abs. 5 BsGaV erläutert die Personalfunktion einer Betriebsstätte; in § 2 Abs. 6 BsGaV befindet sich die Definition von Vermögenswerten; darunter fallen materielle und immaterielle Wirtschaftsgüter, Beteiligungen und Finanzanlagen.

237, 238 *(einstweilen frei)*

IV. Hilfs- und Nebenrechnungen

239 Jeweils zu Beginn des Wirtschaftsjahres ist für eine Betriebsstätte eine Hilfs- und Nebenrechnung aufzustellen, die entsprechend inländischen Bilanzregeln laufend fortzuschreiben und zum Ende des Wirtschaftsjahres abzuschließen ist, um eine Parallelität zu rechtlich selbständigen Unternehmen herzustellen (§ 3 BsGaV). Bereits vorher war dem Grunde nach eine Einkünfteermittlung erforderlich (Rechtsgrundlage § 90 Abs. 3 Satz 4 AO und § 7 GaufzV). Solange die Betriebsstätte bilanzierungspflichtig ist bzw. freiwillig eine Bilanz erstellt, kann diese Bilanz Ausgangspunkt für die Hilfs- und Nebenrechnung sein (so der Hinweis von *Höreth/ Zimmermann*, DStZ 2014 S. 743, 745).

240 Die Hilfs- und Nebenrechnung beinhaltet alle Bestandteile, die der Betriebsstätte aufgrund ihrer Personalfunktionen zuzuordnen sind. Dazu gehören
– die Vermögenswerte, wenn sie von einem selbständigen Unternehmen in der steuerlichen Gewinnermittlung erfasst werden müssen,
– das Dotationskapital,
– die übrigen Passivposten sowie
– die mit den Bestanteilen zusammen hängenden Betriebseinnahmen und Betriebsausgaben.

241 Die Hilfs- und Nebenrechnung beinhaltet auch fiktive Betriebseinnahmen und fiktive Betriebsausgaben, die aufgrund anzunehmender schuldrechtlicher Beziehungen bestehen (Hinweis auf §§ 16, 17 BsGaV).

242 Die endgültige Regelung sieht zu Recht nur noch vor, bilanzierungsfähige Vermögenswerte in die Hilfs- und Nebenrechnung aufzunehmen. Selbst geschaffene immaterielle Vermögenswerte sind nur bei der Bestimmung von fiktiven Betriebseinnahmen und -ausgaben zu berücksichtigen (z. B. im Rahmen von Lizenz-Dealings), aber nicht mehr von vornherein anzusetzen, da der Entwicklungsaufwand voll abzugsfähige Betriebsausgaben darstellt (§ 5 Abs. 2 EStG). Kommt es jedoch zu einem Zeitpunkt nach der Schaffung zu einer Zuordnungsänderung, sind auch nicht bilanzierungsfähige immaterielle Wirtschaftsgüter mit ihrem Übertragungswert in der Hilfs- und Nebenrechnung anzusetzen (BR-Drucks. 401/14 vom 10.10.2014 S. 50; siehe auch *Busch*, DB 2014 S. 2490, 2496).

(einstweilen frei) **243 bis 245**

V. Zuordnung von Personalfunktionen

Eine Personalfunktion ist der Betriebsstätte zuzuordnen, in der die Personalfunktion ausgeübt wird. Eine Personalfunktion ist einer Betriebsstätte jedoch nicht zuzuordnen, wenn die Personalfunktion
– keinen sachlichen Bezug zur Geschäftstätigkeit der Betriebsstätte aufweist und
– an weniger als 30 Tagen innerhalb eines Wirtschaftsjahres in dieser Betriebsstätte ausgeübt wird (§ 4 Abs. 1 BsGaV).

In diesem Fall hat die Zuordnung zu derjenigen Betriebsstätte zu erfolgen, zu der die Personalfunktionen den sachlich engsten Bezug aufweist (so *Busch*, DB 2014 S. 2490, 2491).

Ist eine eindeutige Zuordnung der Personalfunktion nach vorstehend beschriebenen Kriterien nicht möglich, ist eine Zuordnung vorzunehmen, die diesen Kriterien zumindest nicht widerspricht (§ 4 Abs. 3 BsGaV). Dies bedeutet, dass das betroffene Unternehmen in solchen Fällen einen Beurteilungsspielraum hat (so *Höreth/Zimmermann*, DStZ 2014 S. 743, 746; ferner *Roeder/Friedrich*, BB 2015 S. 1053, 1054 f.).

Nach der höchstrichterlichen Rechtsprechung (siehe BFH, Urteil vom 30.10.1996 II R 12/92 BStBl II 1997 S. 12) sind „personal-Lose" Betriebsstätten denkbar. So ist der Einsatz von Personen (Unternehmer, Arbeitnehmer, weisungsabhängiges Personal, Subunternehmer) in oder an einer Geschäftseinrichtung nicht in jedem Fall zwingend erforderlich. Vielmehr reicht – insbesondere bei vollautomatisch arbeitenden Einrichtungen – das Tätigwerden des Unternehmens mit einer Geschäftseinrichtung auch ohne den Einsatz von eingesetztem Personal aus.

Nach der Grundkonzeption AOA und seiner Umsetzung in nationales Steuerrecht liegt daher der Schluss nahe, dass „personal-losen" Betriebsstätten in weitaus geringerem Maße als bisher Erfolgsbestandteile zugerechnet werden können. Je nach Belegenheit einer Betriebsstätte kann dies steuerverschärfend als auch steuermindernd wirken (so *Kraft/Dombrowski*, FR 2014 S. 1105, 1109).

Zu den Besonderheiten der Vertreterbetriebsstätte im Blickwinkel des § 39 Abs. 2 BsGaV s. *Rasch/Müller*, ISR 2014 S. 418 ff.; *Roeder/Friedrich*, BB 2015 S. 1053, 1055.

(einstweilen frei) **250**

VI. Zuordnung von Vermögenswerten

1. Materielle Wirtschaftsgüter

Für die Zuordnung eines materiellen Wirtschaftsguts zu einer Betriebsstätte ist dessen Nutzung die maßgebliche Personalfunktion. Wird dasselbe materielle Wirtschaftsgut später auf Dauer in einer anderen Betriebsstätte genutzt, so ist es ab dem Zeitpunkt der Nutzungsänderung der anderen Betriebsstätte zuzuordnen. Ändert sich die Nutzung häufig, so ist ein materielles Wirtschaftsgut der Betriebsstätte zuzuordnen, in deren Geschäftstätigkeit es überwiegend genutzt wird (§ 5 Abs. 1 BsGaV; hierzu erläuternd BR-Drucks. 401/14 vom 10.10.2014 S. 57 ff.; *Höreth/Zimmermann*, DStZ 2014 S. 743, 746).

Ändert sich die ursprüngliche Zuordnung eines Vermögenswerts, folgt daraus eine anzunehmende schuldrechtliche Beziehung i. S. d. § 1 Abs. 4 Satz 1 Nr. 2 AStG (d. h., eine fiktive Veräußerung). Dies ist beispielsweise bei einem materiellen Wirtschaftsgut dann der Fall, wenn dieses auf Dauer in einer anderen Betriebsstätte genutzt wird. Ab dem Zeitpunkt der örtlichen Nutzungsänderung ist das materielle Wirtschaftsgut der anderen Betriebsstätte zuzuordnen (§ 5 Abs. 1 Satz 2 BsGaV; hierzu *Ditz/Luckhaupt*, ISR 2015 S. 1, 6 f. mit Praxisbeispiel).

252 Unbewegliches Vermögen, in dem die Geschäftstätigkeit einer Betriebsstätte ausgeübt wird, ist stets dieser Betriebsstätte zuzuordnen (§ 5 Abs. 2 Satz 3 BsGaV).

2. Immaterielle Wirtschaftsgüter

253 Für die Zuordnung eines immateriellen Werts zu einer Betriebsstätte ist dessen Anschaffung oder dessen Erwerb die maßgebliche Personalfunktion. Werden Personalfunktionen, durch deren Ausübung ein immaterieller Wert geschaffen oder erworben wird, in verschiedenen Betriebsstätten ausgeübt, so ist der immaterielle Wert der Betriebsstätte zuzuordnen, deren Personalfunktion die größte Bedeutung für den immateriellen Wert zukommt (§ 6 Abs. 1 BsGaV, hierzu erläuternd BR/Drucks. 401/14 vom 10.10.2014 S. 60 ff.).

254 § 6 Abs. 4 Satz 2 BsGaV lässt es zu, dass ein immaterieller Wert anteilig mehreren Betriebsstätten zugeordnet wird, wenn verschiedene Personalfunktionen mit jeweils größter Bedeutung für den immateriellen Wert auf Dauer in verschiedenen Betriebsstätten ausgeübt werden. Es ist gerechtfertigt, in solchen Fällen eine anteilige Zuordnung des immateriellen Werts vorzunehmen, wenn dies zu dessen dauerhafter anteiliger Zuordnung führt und anzunehmende schuldrechtliche Beziehungen vermieden werden können. Damit gibt die Finanzverwaltung ihre bisher vertretene Auffassung, dass Wirtschaftsgüter entweder dem Stammhaus oder der Betriebsstätte zugeordnet werden können, zumindest hinsichtlich immaterieller Wirtschaftsgüter auf (vgl. Tz. 2.4 Abs. 1 des BMF-Schreibens vom 24.12.1999 IV B 4 – S 1300 – 111/99, BStBl I 1999 S. 1076).

Beispiel (nach *Ditz/Luckhaupt,* ISR 2015 S. 1, 4):
Die in Deutschland ansässige Autoglas-GmbH produziert Windschutzscheiben. Im Ausland unterhält sie eine Betriebsstätte i. S. v. Art. 5 OECD-MA. Um die Stoßfestigkeit der produzierten Scheiben zu verbessern, soll ein neues Fertigungsverfahren entwickelt werden. Die Entwicklung dieses Verfahrens soll durch erfahrene Mitarbeiter der F & E-Abteilung erfolgen, die in der ausländischen Betriebsstätte als auch bei der Autoglas-GmbH selbst angesiedelt sind. Die Gesamtverantwortung für die F & E liegt bei dem deutschen Geschäftsführer der Autoglas-GmbH. Das Patent wird nach seiner Entwicklung sowohl vom deutschen Stammhaus als auch der ausländischen Produktionsbetriebsstätte genutzt.

Lösung:
Das Fertigungsverfahren wird durch die Autoglas-GmbH sowie durch die ausländische Betriebsstätte der Autoglas- GmbH entwickelt und auch genutzt. Damit sollte ein Fall des § 6 Abs. 4 BsGaV vorliegen und das Patent anteilig dem Stammhaus sowie der Betriebsstätte zugeordnet werden können. Das Stammhaus und die Betriebsstätte bilden durch die Forschung eine (fiktive) Innengesellschaft (Forschungs-Pool). Die Aufwendungen, die im Rahmen der F & E anfallen, sind anhand eines Schlüssels, der sich nach dem Nutzen der Pool-Mitglieder bestimmt, aufzuteilen. Die Finanzverwaltung könnte jedoch die Auffassung vertreten, dass die Forschung und Entwicklung im Ausland und zum anderen die anschließende Nutzung des Patents im übrigen Unternehmen in Betracht zu ziehen ist. Die Nutzung im Anschluss an die Entwicklung könne ein ausschlaggebendes Merkmal sein, das gem. § 6 Abs. 2 BsGaV dazu führen könnte, dass das immaterielle Wirtschaftsgut der Geschäftsleitungs-Betriebsstätte zuzuordnen ist. Das Unternehmen habe in Zweifelsfällen laut § 6 Abs. 4 BsGaV einen Entscheidungsspielraum, der genutzt werden könnte.

Dem kann jedoch entgegengehalten werden, dass sich diese Handhabe in der Praxis wohl nicht durchsetzen wird und im Ergebnis vielmehr vom Verlust des deutschen Besteuerungsrechts auszugehen ist.

3. Zuordnung von Beteiligungen, Finanzanlagen und ähnlichen Vermögenswerten

Für die Zuordnung einer Beteiligung, einer Finanzanlage oder eines ähnlichen Vermögenswerts zu einer Betriebsstätte ist die Nutzung der Beteiligung, der Finanzanlage oder des ähnlichen Vermögenswerts die maßgebliche Personalfunktion. Die Nutzung ergibt sich aus dem funktionalen Zusammenhang zur Geschäftstätigkeit der Betriebsstätte. Besteht der funktionale Zusammenhang gleichzeitig zur Geschäftstätigkeit verschiedener Betriebsstätten, so ist der Vermögenswert der Betriebsstätte zuzuordnen, zu der der überwiegende funktionale Zusammenhang besteht (§ 7 Abs. 1 BsGaV); zur tatsächlichen Zugehörigkeit i. S. v. § 1 Abs. 5 AStG i. V. m. § 7 BsGaV s. *Häck*, ISR 2015 S. 113, 118 ff.

Angesichts der Modalitäten bezüglich der Zuordnung von materiellen und immateriellen Wirtschaftsgütern wäre es zu erwarten gewesen, dass Beteiligungen, Finanzanlagen und ähnliche Vermögenswerte aufgrund ihrer fehlenden physischen Greifbarkeit analog der immateriellen Wirtschaftsgüter derjenigen Personalfunktion zugeordnet werden, die die Chancen und Risiken hinsichtlich des Erwerbs, der Erstellung, des Verkaufs oder der Verwaltung zu tragen hat.

Wenngleich seitens der Finanzverwaltung ausgeführt wird, dass die unmittelbare Nutzung einer Beteiligung, Finanzanlage oder eines ähnlichen Vermögenswerts regelmäßig nicht feststellbar ist, so wird dennoch auf den mittelbaren Gebrauch aufgrund eines funktionalen Nutzens für die Geschäftstätigkeit der Betriebsstätte abgestellt. Eine Zuordnung könnte somit bereits beispielsweise aufgrund des Ertrags einer Betriebsstätte aus aktiv verwalteten Beteiligungen erfolgen, da der monetäre Ertrag die Liquidität sowie die Investitionsfähigkeit der Betriebsstätte verbessert. Dementsprechend könnte ein funktionaler Nutzen im weitesten Sinne unterstellt werden (hierzu eingehend *Kraft/Dombrowski*, FR 2014 S. 1105, 1110).

4. Zuordnung von sonstigen Vermögenswerten

257 Für die Zuordnung eines nicht in den §§ 5–7 BsGaV genannten Vermögenswerts (sonstiger Vermögenswert) zu einer Betriebsstätte ist dessen Schaffung oder dessen Erwerb die maßgebliche Personalfunktion. Werden Personalfunktionen, durch deren Ausübung ein sonstiger Vermögenswert geschaffen oder erworben wird, gleichzeitig in verschiedenen Betriebsstätten ausgeübt ist, ist der sonstige Vermögenswert der Betriebsstätte zuzuordnen, deren Personalfunktion die größte Bedeutung für diesen sonstigen Vermögenswert zukommt (§ 8 Abs. 1 BsGaV).

5. Zuordnung von Geschäftsvorfällen des Unternehmens

258 Für die Zuordnung eines Geschäftsvorfalls i. S. v. § 1 Abs. 4 Satz 1 Nr. 1 AStG, den das Unternehmen mit einem unabhängigen Dritten oder mit einer nahestehenden Person abgeschlossen hat, zu einer Betriebsstätte ist die Personalfunktion, auf der das Zustandekommen des Geschäftsvorfalls beruht, die maßgebliche Personalfunktion. Üben verschiedene Betriebsstätten gleichzeitig jeweils eine Personalfunktion aus, auf der das Zustandekommen eines solchen Geschäftsvorfalls beruht, so ist der Geschäftsvorfall der Betriebsstätte zuzuordnen, deren Personalfunktion die größte Bedeutung für den Geschäftsvorfall zukommt (§ 9 Abs. 1 BsGaV).

6. Zuordnung von Chancen und Risiken

259 Stehen Chancen und Risiken im unmittelbaren Zusammenhang mit einem Vermögenswert i. S. v. §§ 5–8 BsGaV oder mit einem Geschäftsvorfall i. S. d. § 9 BsGaV, so sind diese Chancen und Risiken der Betriebsstätte zuzuordnen, der auch der betreffende Vermögenswert oder Geschäftsvorfall zuzuordnen ist (§ 10 Abs. 1 BsGaV).

7. Zuordnung von Sicherungsgeschäften

260 In § 11 BsGaV befinden sich umfassende Ausführungen zur bilanztechnischen Behandlung von Sicherungsgeschäften, wobei Tenor ist, dass das Sicherungsgeschäft einschl. der zugehörigen Vermögenswerte, die Sicherungszwecken dienen, dieser Betriebsstätte zuzuordnen ist (nähere Einzelheiten BR-Drucks. 401/14 vom 10.10.2014 S. 73 ff.).

Zuordnung von Vermögenswerten nach §§ 5–11 BsGaV

		Zuordnungsobjekt	Vorschrift	Regelzuordnung zur Personalfunktion	Bei eindeutig überwiegender Bedeutung ist Zuordnung zu anderer Personalfunktion mit größter Bedeutung vorzunehmen, insbesondere zur	Auffangnorm
MATERIELLES WG	Allgemein	Materielles Wirtschaftsgut	§ 5 BsGaV	Nutzung	Anschaffung, Herstellung, Verwaltung, Veräußerung	Nicht widersprechende Zuordnung
		Unbewegliches Vermögen, in dem die Geschäftstätigkeit der Betriebsstätte ausgeübt wird	§ 5 Abs. 2 Satz 3 BsGaV	Belegenheit		
	Bau- und Montageunternehmen	Materielles Wirtschaftsgut, das in einer Bau- oder Montagebetriebsstätte genutzt wird	§ 31 Abs. 1 BsGaV	Nutzung, wenn zusätzlich auch Anschaffung, Herstellung, Veräußerung oder Verwertung dieses Wirtschaftsgutes in der Betriebsstätte ausgeübt wird	Greift die Regelzuordnung nicht, ist von einer unentgeltlichen Beistellung durch das übrige Unternehmen auszugehen	
IMMATERIELLE WERTE	Allgemein	Immaterielle Werte	§ 6 BsGaV	Schaffung Erwerb	Nutzung, Verwaltung, Weiterentwicklung, Schutz, Veräußerung	Nicht widersprechende Zuordnung Anteilige Zuordnung möglich
	Banken	Vermögenswerte, die Gegenstand von Bankgeschäften oder Finanzdienstleistungen sind	§ 19 BsGaV	unternehmerische Risikoübernahmefunktion (= Entstehung der Chancen und Risiken)		Kundenbeziehung Eine dem Fremdvergleichsgrundsatz besser entsprechende Zuordnung
	Versicherung	Vermögenswert, der durch Abschluss eines Versicherungsvertrags entsteht	§ 24 BsGaV	Unternehmerische Risikoübernahmefunktion (= Übernahme der Chancen und Risiken): Zeichnungsprozess Vorhandensein eines Hauptbevollmächtigten		
	Bergbau-, Erdöl- und Erdgasunternehmen	Explorationsrecht	§ 36 BsGaV	Nutzung, wenn zusätzlich auch die Anschaffung/Herstellung des Explorationsrechts oder der Vertrieb/Verwertung der Bodenschätze in der Betriebsstätte erfolgt	Greift die Regelzuordnung nicht, ist von einer unentgeltlichen Beistellung durch das übrige Unternehmen auszugehen	
SONSTIGE		Beteiligungen, Finanzanlagen, ähnliche Vermögenswerte	§ 7 BsGaV	Nutzung (funktionaler Zusammenhang)	– Anschaffung – Verwaltung – Risikosteuerung – Veräußerung	Nicht widersprechende Zuordnung
		Sonstige Vermögenswerte	§ 8 BsGaV	– Schaffung – Erwerb	– Nutzung – Verwaltung – Risikosteuerung – Veräußerung	Nicht widersprechende Zuordnung
		Zuordnung von Geschäftsvorfällen des Unternehmens	§ 9 BsGaV	Zustandekommen des Geschäftsvorfalls	– Erfüllung von Verpflichtungen aus dem Geschäftsvorfall – Verwaltung – Risikosteuerung	Nicht widersprechende Zuordnung
		Chancen und Risiken	§ 10 BsGaV	– Bei unmittelbarem Zusammenhang mit einem Vermögenswert/Geschäftsvorfall wird dessen Schicksal geteilt – Ansonsten: Zuordnung zu der Personalfunktion, auf der sie beruhen	– Verwaltung – Risikosteuerung – Realisation von Chancen und Risiken – Entscheidung bzgl. Änderungen	Nicht widersprechende Zuordnung
		Sicherungsgeschäft	§ 11 BsGaV	– Zuordnung folgt der Zuordnung der/des abzusichernden Personalfunktion/Vermögenswerts/Geschäftsvorfalls – Bei Makro-Hedges anteilige Zuordnung anhand eines sachgerechten Aufteilungsschlüssels möglich		Eine dem Fremdvergleichsgrundsatz besser entsprechende Zuordnung

Quelle: *Busch*, DB 2014 S. 2490, 2492

(einstweilen frei)

VII. Dotationskapital

265 Auf der Basis der Zuordnung von Personalfunktionen, Vermögenswerten sowie Chancen und Risiken erfolgt die Zuordnung des Eigenkapitals, das dazu dient, die Risikotragung abzudecken. Dabei legt die BsGaV für Inlands- und Auslandsbetriebsstätten – bemerkenswerterweise – jeweils eine andere Methode als Regelmethode zur Bestimmung des Dotationskapitals fest (zur Kritik bei 3., s. Anm. 269).

1. Dotationskapital inländischer Betriebsstätten ausländischer Unternehmen

266 Einer inländischen Betriebsstätte ist zu Beginn eines Wirtschaftsjahres ein Dotationskapital nach der funktions- und risikobezogenen Kapitalaufteilungsmethode zuzuordnen (d. h., ein Anteil am Eigenkapital des Gesamtunternehmens, das dem Anteil der Betriebsstätte an den Vermögenswerten sowie Chancen und Risiken im Verhältnis zum übrigen Unternehmen entspricht). Mit diesem Lösungsansatz ähnelt die Kapitalaufteilungsmethode der altbekannten „Kapitalspiegelmethode". Hier ist das Verhältnis der jeweils zuzuordnenden Aktivposten Ausgangspunkt für die Aufteilung von Eigenkapital. Allerdings ist die Kapitalaufteilungsmethode nicht starr, weil sie für die Aufteilung nicht allein bei den jeweils zuzuordnenden Aktivposten (Buchwerte) ansetzt, sondern die jeweiligen Vermögenswerte sowie die Chancen und Risiken der Geschäftstätigkeit der Betriebsstätte im Verhältnis zur Geschäftstätigkeit des übrigen Unternehmens dadurch berücksichtigt, dass dem Fremdvergleichsgrundsatz entsprechende Werte anzusetzen und damit auch die Chancen und Risiken abzubilden sind. Durch die Anwendung der Kapitalaufteilungsmethode wird vermieden, dass eine inländische Betriebsstätte eines ausländischen Unternehmens zu Lasten der deutschen Besteuerung ein zu geringes Dotationskapital aufweist.

267 Zur Anwendung der Kapitalaufteilungsmethode ist das Eigenkapital des ausländischen Unternehmens grundsätzlich nach deutschem Steuerrecht zu ermitteln (§ 12 Abs. 2 BsGaV); hierzu zu weitergehenden Vereinfachungsmethoden *Höreth/ Zimmermann*, DStZ 2014 S. 743, 748 f.; zur Bestimmung des Dotationskapitals für inländische Versicherungsbetriebsstätten eingehend *Busch*, IStR 2014 S. 757, 758 ff.

2. Dotationskapital ausländischer Betriebsstätten inländischer Unternehmen

268 Im Gegensatz dazu ist die vorrangige Bestimmungsmethode für das Dotationskapital ausländischer Betriebsstätten inländischer Unternehmen die Mindestkapitalausstattungsmethode, wobei der Steuerpflichtige die Höhe des erforderlichen Kapitals glaubhaft zu machen hat (§ 13 Abs. 1 BsGaV). Der Steuerpflichtige kann ein höheres Dotationskapital ansetzen, sofern dies dem Fremdvergleichsgrundsatz besser entspricht, wobei das Ergebnis, das aus der Anwendung der Kapitalaufteilungsmethode resultiert, den Maximalbetrag darstellt (zur Bestimmung des Dotationskapitals für ausländische Versicherungsbetriebsstätten inländischer Versicherungsunternehmen s. *Busch*, IStR 2014 S. 757, 762).

3. Kritik

269 Dieses asymmetrische bzw. opportunistische Vorgehen der Finanzverwaltung bei der Bestimmung des Dotationskapitals bei Inlands- und Auslandsbetriebsstätten dürfte mit dem EU-Recht kollidieren. Das einfache gedankliche Beispiel, dass alle Länder dem Beispiel Deutschlands folgen, zeigt jedoch, dass eine solche ungleiche Herangehensweise kein Gleichgewicht darstellt, sondern Doppelbesteuerungsfälle vorprogrammiert (so das Fazit von *Busch*, DB 2014, 2490, 2493; siehe auch *Kraft/Dombrowski*, FR 2014 S. 1105, 1112).

4. Weitere Einzelheiten

a) Zuordnung übriger Passivposten

270 Der Betriebsstätte eines Unternehmens, das nach inländischem oder ausländischem Recht buchführungspflichtig ist oder tatsächlich Bücher führt, sind nach der Zuordnung der in der Hilfs- und Nebenrechnung auszuweisenden Risiken und des Dotationskapitals die übrigen Passivposten des Unternehmen zuzuordnen, die im unmittelbaren Zusammenhang mit der Betriebsstätte zugeordneten Vermögenswerten sowie mit den ihr zugeordneten Chancen und Risiken stehen = direkte Zuordnung (§ 14 Abs. 1 BsGaV).

271 Der Betriebsstätte sind die übrigen Passivposten vorrangig nach der direkten Methode somit zuzuordnen, d. h., sie müssen mit den der Betriebsstätte zuzuordnenden Vermögenswerten sowie den ihr zugeordneten Chancen und Risiken in unmittelbarem Zusammenhang stehen. Dies ist beispielsweise bei einem Darlehen der Fall, das für die Finanzierung der Anschaffung eines Wirtschaftsgutes aufgenommen wurde, das der Betriebsstätte zugeordnet ist (hierzu *Höreth/Zimmermann*, DStZ 2014 S. 743, 749 f.).

b) Zuordnung von Finanzierungsaufwendungen

272 Finanzierungaufwendungen eines Unternehmens, die mit Passivposten zusammen hängen, die einer Betriebsstätte dieses Unternehmens nach § 14 Abs. 1 BsGaV direkt zuzuordnen sind, sind ebenfalls dieser Betriebsstätte zuzuordnen. Sind die direkt zuordnungsfähigen Passivposten nach § 14 Abs. 2 BsGaV anteilig zu kürzen, so sind auch die Finanzierungsaufwendungen, die mit diesen direkt zuordnungsfähigen Passivposten in unmittelbarem Zusammenhang stehen, entsprechend anteilig zu kürzen (§ 15 Abs. 1 und 2 BsGaV; hierzu *Busch*, BB 2014 S. 2490, 2493).

273 bis 275 *(einstweilen frei)*

VIII. Anzunehmende schuldrechtliche Beziehungen

276 Die Abrechnung von Leistungsbeziehungen zwischen Stammhaus und Betriebsstätte folgt aus der Zielsetzung einer rechtsformneutralen Einkünfteabgrenzung; sie ist der „Kern" der AOA. Ohne die Abrechnung innerbetrieblicher Leistungen würde dem leistungserbringenden Unternehmen ein zu geringer und dem leistungsempfangenden Unternehmen ein zu hoher Gewinnanteil zugeordnet werden.

277 Nach § 16 BsGaV liegen anzunehmende schuldrechtliche Beziehungen i. S. v. § 1 Abs. 4 Satz 1 Nr. 2 AStG nur vor, „wenn wirtschaftliche Vorgänge" festgestellt werden,

- die im Verhältnis zwischen der Betriebsstätte und dem übrigen Unternehmen eine Änderung der Zuordnung nach den §§ 5–11 BsGaV erforderlich machen oder
- die, wären die Betriebsstätte und das übrige Unternehmen voneinander unabhängige Unternehmen
- durch schuldrechtliche Vereinbarungen geregelt würden oder
- zur Geltendmachung von Rechtspositionen führen würden."

Dazu muss ein bestimmter wirtschaftlicher Vorgang festgestellt werden, der es im konkreten Fall rechtfertigt, die anzunehmende schuldrechtliche Beziehung anzuerkennen. Dies ist entsprechend aufzuzeichnen (§ 90 Abs. 3 AO).

278 Beispiele für anzunehmende schuldrechtliche Beziehungen (BR/Drucks. 401/14 vom 10.10.2014 S. 88):

- Eine Betriebsstätte übt unterstützende Personalfunktionen für Vermögenswerte oder Risiken aus, die einer anderen Betriebsstätte zuzuordnen sind, oder sie übt sonstige unterstützende Personalfunktionen aus (Dienstleistung).
- Ein Vermögenswert, der einer Betriebsstätte zugeordnet ist, wird durch eine andere Betriebsstätte genutzt (Nutzungsüberlassung).
- Ein Vermögenswert, der einer Betriebsstätte zugeordnet war, ist infolge einer tatsächlichen Veränderung der Personalfunktionen einer anderen Betriebsstätte zuzuordnen (Veräußerung, Übertragung).
- Warenbestände des Umlaufvermögens, die einer Betriebsstätte zuzuordnen waren, werden in eine andere Betriebsstätte überführt und sind ihr wegen der Überführung zuzuordnen (Veräußerung).

279 Darüber hinaus ist anzumerken, dass auch wirtschaftliche Vorgänge bei der Eröffnung einer Betriebsstätte oder bei deren Beendigung anzunehmende schuldrechtliche Beziehungen darstellen. So ist nach den Vorgaben der BsGaV davon auszugehen, dass die Zuordnung von Gründungs-(Aufwendungen) zur Betriebsstätte nach dem Veranlassungsprinzip durch die Verrechnung entsprechender (Gründungs-)Dienstleistungen ersetzt wird. Die Abrechnung entsprechender Leistungen setzt dabei eine ausländische Betriebsstätte als fiktiven Vertragspartner voraus. Die Zuordnung von Gründungskosten bei gescheiterten Betriebsstättengründungen sollte daher nicht mehr möglich sein (so die Schlussfolgerung von *Ditz/Luckhaupt*, ISR 2015 S. 1, 8 f.).

280 Im Übrigen liegen grundsätzlich keine anzunehmenden schuldrechtlichen Beziehungen gem. § 16 Abs. 3 BsGaV in Fällen der Nutzung von finanziellen Mitteln des übrigen Unternehmens vor (Ausnahme § 17 BsGaV). Im Ergebnis ist die Darlehensgewährung des Stammhauses an die Betriebsstätte somit grundsätzlich ausgeschlossen. Der Betriebsstätte können nur Finanzierungsaufwendungen zugerechnet werden, die mit Passivposten zusammenhängen, die ihr direkt zugeordnet werden. Nur kurzfristige Darlehensgewährungen durch die Betriebsstätte sollen möglich sein (vgl. § 16 Abs. 3 Satz 2 Nr. 2 BsGaV; so *Ditz/Luckhaupt*, ISR 2015 S. 1, 9).

281 bis 284 *(einstweilen frei)*

IX. Finanzierungsfunktion innerhalb eines Unternehmens

Die in § 17 BsGaV enthaltenen Definitionen der Finanzierungsbetriebsstätte und der Finanzierungsfunktionen innerhalb eines Unternehmens gehen den vorstehenden Regelungen vor. Die Finanzierungsfunktion umfasst die Liquiditätssteuerung des Unternehmens. Dazu gehören insbesondere die Mittelbeschaffung, die Mittelzuweisung und die externe Anlage von Liquiditätsüberhängen.

Die Ausübung einer Finanzierungsfunktion innerhalb eines Unternehmens führt im Regelfall nicht zur Annahme einer fiktiven Darlehensvereinbarung zwischen der Finanzierungsbetriebsstätte und dem übrigen Unternehmen. Sie ist vielmehr als Dienstleistung (anzunehmende schuldrechtliche Beziehung i. S. v. § 16 BsGaV) der Finanzierungsbetriebsstätte für das übrige Unternehmen zu werten (zu weiteren technischen Erläuterungen siehe *Höreth/Zimmermann*, DStZ 2014 S. 743, 750 f.).

(einstweilen frei)

X. Branchenbesonderheiten

In den §§ 18 ff. BsGaV wird auf die für bestimmte Branchen geltenden Besonderheiten eingegangen. Die Verordnung enthält diesbezüglich folgende Sonderregelungen für

– Bankbetriebsstätten,
– Versicherungsbetriebsstätten (zur diesbezüglichen Bestimmung des Dotationskapitals s. eingehend *Busch*, IStR 2014 S. 757 ff.),
– Bau- und Montagebetriebsstätten,
– Förderbetriebsstätten sowie
– Vertreterbetriebsstätte i. S. d. § 13 AO. § 39 Abs. 2 BsGaV geht davon aus, dass dem Vertretenen die Personalfunktionen des ständigen Vertreters – abweichend von § 2 Abs. 3 BsGaV – zugerechnet werden (hierzu *Rasch/Müller*, ISR 2014 S. 418 ff.; *Roeder/Friedrich*, BB 2015 S. 1053, 1054).

(hierzu instruktiv *Busch*, DB 2014 S. 2490, 2494 f.).

(einstweilen frei)

XI. Inkrafttreten

Die Verordnung ist erstmals für Wirtschaftsjahre anzuwenden, die nach dem 31.12.2014 beginnen (§ 40 BsGaV).

XII. Fazit

Mit § 1 Abs. 5 AStG und der BsGaV kommt es zu einem Paradigmenwechsel im Hinblick auf die internationale Gewinnabgrenzung bei Betriebsstätten, denn das deutsche innerstaatliche Recht enthält dazu erstmalig detaillierte Regelungen.

Die BsGaV kann insgesamt als Meisterwerk deutscher Gründlichkeit in Steuerdetail-Verliebtheit bezeichnet werden (so das Fazit von *Busch*, DB 2014 S. 2490, 2497), aber es folgen die deutschen Regelungen der Sichtweise der OECD. Im Gegensatz jedoch zum OECD-Betriebsstättenbericht, der unterschiedliche Lösungsansätze nebeneinander gelten lässt, stellt die BsGaV für vielfältige Konstellationen Regelvermutungen auf, von denen der Steuerpflichtige nur abweichen kann, indem er diese widerlegt.

Die BsGaV stellt eine erhebliche Herausforderung für die Praxis dar, nicht nur auf Seiten der Unternehmen und der Beraterschaft, sondern auch bei den Finanzbehörden und Betriebsprüfungen. Es bleibt nur zu hoffen, dass beide Seiten mit Augenmaß und Vernunft das neue Regelwerk anwenden, wobei vermutlich insbesondere die neuen Zuordnungsregelungen zu erheblichem Konfliktpotential in Betriebsprüfungen führen werden.

Vor diesem Hintergrund kommt einer zügigen Überarbeitung und Veröffentlichung des Betriebsstättenerlasses (BMF-Schreiben vom 25.8.2009 IV B 5 – S 1341/07/10004, 2009/0421117, BStBl I 2009 S. 888 besondere Bedeutung zu. Hier besteht die Möglichkeit, die oben aufgeführten Risiken zu minimieren und Rechtssicherheit für die Steuerpflichten zu schaffen (so *Roeder/Friedrich*, BB 2015 S. 1053, 1057).

Zusammenfassend kann somit wohl festgestellt werden, dass es abzuwarten gilt, wie die BsGaV in der Praxis aufgenommen und umgesetzt werden wird. Der nationale Normenkontrollrat sieht dies ähnlich und hat deshalb verlautbaren lassen, dass er die Regelung drei Jahre nach deren Inkrafttreten in Bezug auf den sich ergebenden Nachbesserungsbedarf untersuchen wird.

Zweiter Teil Wohnsitzwechsel in niedrigbesteuernde Gebiete

§ 2*
Einkommensteuer

(1) ¹Eine natürliche Person, die in den letzten zehn Jahren vor dem Ende ihrer unbeschränkten Steuerpflicht nach § 1 Abs. 1 Satz 1 des Einkommensteuergesetzes als Deutscher insgesamt mindestens fünf Jahre unbeschränkt einkommensteuerpflichtig war und

1. in einem ausländischen Gebiet ansässig ist, in dem sie mit ihrem Einkommen nur einer niedrigen Besteuerung unterliegt, oder in keinem ausländischen Gebiet ansässig ist und
2. wesentliche wirtschaftliche Interessen im Geltungsbereich dieses Gesetzes hat,

ist bis zum Ablauf von zehn Jahren nach Ende des Jahres, in dem ihre unbeschränkte Steuerpflicht geendet hat, über die beschränkte Steuerpflicht im Sinne des Einkommensteuergesetzes hinaus beschränkt einkommensteuerpflichtig mit allen Einkünften im Sinne des § 2 Abs. 1 Satz 1 erster Halbsatz des Einkommensteuergesetzes, die bei unbeschränkter Einkommensteuerpflicht nicht ausländische Einkünfte im Sinne des § 34d des Einkommensteuergesetzes sind. ²Für Einkünfte der natürlichen Person, die weder durch deren ausländische Betriebsstätte noch durch deren in einem ausländischen Staat tätigen ständigen Vertreter erzielt werden, ist für die Anwendung dieser Vorschrift das Bestehen einer inländischen Geschäftsleitungsbetriebsstätte der natürlichen Person anzunehmen, der solche Einkünfte zuzuordnen sind. ³Satz 1 findet nur Anwendung für Veranlagungszeiträume, in denen die hiernach insgesamt beschränkt steuerpflichtigen Einkünfte mehr als 16 500 Euro betragen.

(2) Eine niedrige Besteuerung im Sinne des Absatzes 1 Nr. 1 liegt vor, wenn

1. die Belastung durch die in dem ausländischen Gebiet erhobene Einkommensteuer – nach dem Tarif unter Einbeziehung von tariflichen Freibeträgen – bei einer in diesem Gebiet ansässigen unverheirateten natürlichen Person, die ein steuerpflichtiges Einkommen von 77 000 Euro bezieht, um mehr als ein Drittel geringer ist als die Belastung einer im Geltungsbereich dieses Gesetzes ansässigen natürlichen Person durch die deutsche Einkommensteuer unter sonst gleichen Bedingungen, es sei denn, die Person weist nach, daß die von ihrem Einkommen insgesamt zu entrichtenden Steuern mindestens zwei Drittel der Einkommensteuer betragen, die sie bei unbeschränkter Steuerpflicht nach § 1 Abs. 1 des Einkommensteuergesetzes zu entrichten hätte, oder
2. die Belastung der Person durch die in dem ausländischen Gebiet erhobene Einkommensteuer auf Grund einer gegenüber der allgemeinen Besteuerung eingeräumten Vorzugsbesteuerung erheblich gemindert

---

* Zuletzt geändert durch das Gesetz zur Anpassung der Abgabenordnung an den Zollkodex der Union und zur Änderung weiterer steuerlicher Vorschriften vom 22.12.2014 (BGBl I 2014 S. 2417 – BStBl I 2015 S. 58).

sein kann, es sei denn, die Person weist nach, daß die von ihrem Einkommen insgesamt zu entrichtenden Steuern mindestens zwei Drittel der Einkommensteuer betragen, die sie bei unbeschränkter Steuerpflicht nach § 1 Abs. 1 des Einkommensteuergesetzes zu entrichten hätte.

(3) Eine Person hat im Sinne des Absatzes 1 Nr. 2 wesentliche wirtschaftliche Interessen im Geltungsbereich dieses Gesetzes, wenn

1. sie zu Beginn des Veranlagungszeitraums Unternehmer oder Mitunternehmer eines im Geltungsbereich dieses Gesetzes belegenen Gewerbebetriebs ist oder, sofern sie Kommanditist ist, mehr als 25 Prozent der Einkünfte im Sinne des § 15 Abs. 1 Satz 1 Nr. 2 des Einkommensteuergesetzes aus der Gesellschaft auf sie entfallen oder ihr eine Beteiligung im Sinne des § 17 Abs. 1 des Einkommensteuergesetzes an einer inländischen Kapitalgesellschaft gehört oder

2. ihre Einkünfte, die bei unbeschränkter Einkommensteuerpflicht nicht ausländische Einkünfte im Sinne des § 34d des Einkommensteuergesetzes sind, im Veranlagungszeitraum mehr als 30 Prozent ihrer sämtlichen Einkünfte betragen oder 62 000 Euro übersteigen oder

3. zu Beginn des Veranlagungszeitraums ihr Vermögen, dessen Erträge bei unbeschränkter Einkommensteuerpflicht nicht ausländische Einkünfte im Sinne des § 34d des Einkommensteuergesetzes wären, mehr als 30 Prozent ihres Gesamtvermögens beträgt oder 154 000 Euro übersteigt.

(4) Bei der Anwendung der Absätze 1 und 3 sind bei einer Person Gewerbebetriebe, Beteiligungen, Einkünfte und Vermögen einer ausländischen Gesellschaft im Sinne des § 5, an der die Person unter den dort genannten Voraussetzungen beteiligt ist, entsprechend ihrer Beteiligung zu berücksichtigen.

(5) [1]Ist Absatz 1 anzuwenden, kommt der Steuersatz zur Anwendung, der sich für sämtliche Einkünfte der Person ergibt; für die Ermittlung des Steuersatzes bleiben Einkünfte aus Kapitalvermögen außer Betracht, die dem gesonderten Steuersatz nach § 32d Absatz 1 des Einkommensteuergesetzes unterliegen. [2]Auf Einkünfte, die dem Steuerabzug auf Grund des § 50a des Einkommensteuergesetzes unterliegen, ist § 50 Absatz 2 des Einkommensteuergesetzes nicht anzuwenden. [3]§ 43 Absatz 5 des Einkommensteuergesetzes bleibt unberührt.

(6) Weist die Person nach, daß die auf Grund der Absätze 1 und 5 zusätzlich zu entrichtende Steuer insgesamt zu einer höheren inländischen Steuer führt, als sie sie bei unbeschränkter Steuerpflicht und Wohnsitz ausschließlich im Geltungsbereich dieses Gesetzes zu entrichten hätte, so wird der übersteigende Betrag insoweit nicht erhoben, als er die Steuer überschreitet, die sich ohne Anwendung der Absätze 1 und 5 ergäbe.

Erläuterungen

Übersicht   Anm.

I. **Allgemeines** 1–30
  1. Rechtsentwicklung 1, 2
  2. Überblick über den Aufbau und wesentlichen Inhalt der Vorschrift 3
  3. Bedeutung der Vorschrift 4–6
  4. § 2 AStG im System der Steuerpflicht, Umfang der Steuerpflicht 7–8
  5. Verfassungsrechtliche Fragen 9–11
  6. EU-rechtliche Fragen 12–15
  7. Verhältnis zu DBA 16–20
  8. Rechtsfolgen, insbesondere Umfang der erweiterten beschränkten Steuerpflicht 21
  9. Ende der erweiterten beschränkten Steuerpflicht 22
     (einstweilen frei) 23–30
II. **Voraussetzungen der erweiterten beschränkten Steuerpflicht** 31–180
  1. Persönliche Voraussetzungen 31–41
     a) Natürliche Person 31
     b) Ende der unbeschränkten Steuerpflicht 32–34
     c) Fünfjährige unbeschränkte Steuerpflicht während des Referenzzeitraums ... 35–41
        aa) „nach § 1 Abs. 1 Satz 1 des Einkommensteuergesetzes unbeschränkt einkommensteuerpflichtig" 36–37
        bb) „insgesamt mindestens fünf Jahre" 38
        cc) „als Deutscher" 39–41
        (einstweilen frei) 42–50
  2. Sachliche Voraussetzungen 51–146
     a) Ansässigkeit 52–57
        aa) in einem niedrig besteuernden Gebiet ansässig 52–55
        bb) in keinem ausländischen Gebiet ansässig 56, 57
     b) Niedrige Besteuerung 58–102
        aa) Niedriges Besteuerungsniveau (§ 2 Abs. 2 Nr. 1) 58–86
           (1) Abstrakter Steuerbelastungsvergleich (Abs. 2 Nr. 1) 59–74
              (a) „Belastung einer im Geltungsbereich dieses Gesetzes ansässigen natürlichen Person durch die deutsche Einkommensteuer" ... 60–67
              (b) „die in dem ausländischen Gebiet erhobene Einkommensteuer" 68–74
           (2) ‚Gegenbeweis': Konkrete Steuerbelastung im anderen Staat ... 75–81
              (a) „Einkommensteuer, die sie (lies: die natürliche Person) bei unbeschränkter Steuerpflicht zu entrichten hätte" (sog. Schattenveranlagung) 76–79
              (b) „die von ihrem (lies: der natürlichen Person) Einkommen insgesamt zu entrichtende Steuer" (konkrete Steuerbelastung in Ansässigkeitsstaat) 80–81
           (3) Verfahrensrechtliche Fragen, Ergänzendes 82–86
              (einstweilen frei) 87–90
        bb) Ausländische Vorzugsbesteuerung (§ 2 Abs. 2 Nr. 2) 91–102
           (einstweilen frei) 103–120
     c) Wesentliche wirtschaftliche Interessen im Inland 121–146
        aa) Abs. 3 Nr. 1: gewerbliche Aktivitäten im Inland 122–136
        bb) Abs. 3 Nr. 2: wesentliche Einkünfte im Inland 137–141
        cc) Abs. 3 Nr. 3: wesentliche Vermögenswerte im Inland 142–146

	Anm.
3. Ergänzende sachliche Voraussetzungen (Abs. 4: zwischengeschaltete Gesellschaften)	147–152
(einstweilen frei)	153–160
4. Freigrenze des § 2 Abs. 1 Satz 3	161–165
(einstweilen frei)	166–180
III. Rechtsfolgen	**181–250**
1. Steuerpflicht und Umfang der erweiterten Inlandseinkünfte	182–226
a) Steuerpflicht und Umfang der erweiterten Inlandseinkünfte	182–190
b) Ermittlung der Bemessungsgrundlage	191–197
(einstweilen frei)	198–210
c) Ermittlung des Steuersatzeinkommens und des Steuersatzes	211–223
d) § 2 Abs. 5 Satz 2: Ergänzung der Regeln über die beschränkte Steuerpflicht	224–226
(einstweilen frei)	227–230
2. Begrenzung der Steuerschuld	231–236
a) Obergrenze, § 2 Abs. 6	232–235
b) Untergrenze, § 2 Abs. 5 Satz 3 a. F.	236
3. Zeitliche Begrenzung der erweiterten unbeschränkten Steuerpflicht	237, 238
(einstweilen frei)	239–250
IV. Verfahrensfragen	**251–255**
1. Erklärungspflichten	251
2. Zuständigkeit	252
3. Veranlagungsverfahren	253–254
4. Änderung von Bescheiden	255

Schrifttum: *Angermann/Anger,* Der neue Erlass zum Außensteuergesetz – erweiterte beschränkte Steuerpflicht bei Wohnsitz in Großbritannien? IStR 2005, S. 439; *Anzinger,* vgl. Schwibinger; *Apel/Oltmanns,* Diskriminiert das deutsche Steuerrecht den Zu- und Wegzug?, DB 1998 S. 2560; *Baranowski,* Überblick über die Anwendungsgrundsätze zum Außensteuergesetz, Inf. 1975, S. 56; *Beckmann,* Großbritannien: Aktuelles zum Steuervorteil „remittance basis" bei der Einkommensteuer, IStR 2009, Länderbericht, S. 44; *Bellstedt,* Wohnsitzverlegung eines GmbH-Gesellschafters ins Ausland – ein Beitrag zum Außensteuergesetz, GmbHR 1973 S. 126; *Bischoff/Kotyrba,* Wohnsitzverlegung in die Schweiz – Steuerfolgen und Steuerplanung, BB 2002 S. 382; *Carlé,* Wohnsitzverlagerung in ein Niedrigsteuerland – Gestaltungshinweise, KÖSDI 2002 S. 13432; *Cavelti,* Besteuerung nach dem Aufwand, IFF Forum für Steuerrecht, 2010, S. 144 (Schweiz); *Cottier/ Evtimov,* Die sektoriellen Abkommen der Schweiz mit der EG: Anwendung und Rechtsschutz, Zeitschrift des Bernischen Juristenvereins 139 (2003), S. 77; *Dautzenberg,* Die erweiterte beschränkte Steuerpflicht des AStG und der EG-Vertrag, IStR 1997, S. 39; *Debatin,* Anwendungsgrundsätze zum Außensteuergesetz, DB 1974, Beilage 15; *Diehm/Ling,* Wohnsitzwechsel in niedrig besteuernde Gebiete, StWa 1974, S. 49, S. 68; – *dox* –, Wegzug in „niedrig besteuernde Länder", FR 1973, S. 426; *Dreßler,* Gewinn- und Vermögensverlagerungen in Niederigsteuerländer und kein Ende?, StBp 1999, S. 253; *Egner/Heinz/Koetz,* Ausmaß der erweiterten beschränkten Steuerpflicht bei Termingeschäften – Verhältnis von § 34d Nr. 8 Buchst. b) und § 23 Abs. 1 Nr. 4 EStG, IStR 2007 S. 41; *Drüen,* Möglichkeiten und Grenzen einer gesetzlichen Limitation der Erstattung gemeinschaftswidrig erhobener Steuern, FS Schaumburg, 2009 S. 608 ff.; *Eimermann,* Steueroasen, IStR 2010, S. 561; *Englisch,* Europarechtliche Einflüsse auf den Untersuchungsgrundsatz im Strafverfahren, IStR 2009 S. 37; *Flick,* Vereinbarkeit des Steuerfluchtgesetzes mit Doppelbesteuerungsabkommen, BB 1971 S. 250; *Flick/Wassermeyer,* Das Außensteuerrecht, AG 1973, S. 77; *Flick/Wassermeyer,* Der Einführungserlass zum Außensteuergesetz (II), DStZ 1974 S. 574; *Fock,* Unternehmenssteuerreform und beschränkte Steuerpflicht, RIW 2001 S. 108; *Ganssmüller,* Eine der Unklarheiten im Außensteuergesetz, FR 1972 S. 486; *Göttsche,* Wohnsitzverlagerung natürlicher Personen ins Ausland, 2. Aufl., 2000; *Haase,* Erweiterte beschränkte Steuerpflicht nach § 2 AStG und Abgeltungsteuer, BB 2008 S. 2555; *Hahn,* Anmerkung zum EuGH-Urteil vom 11.10.2007, C-451/05, Elisa, IStR 2007 S. 894; *ders.,* Erbschaftssteuer und Gemeinschaftsrecht, ZErb 2006 S. 250; *ders.,* Nießbrauch an Gesellschaftsrechten und Steuerbefreiung nach Maßgabe der Mutter-Tochter-Richtlinie, EWS 2010 S. 22; *Hartmann,* Die komplexe Struktur der beschränkten Steuerpflicht, DB 1975 S. 319; *Hellwig,* Ausgewählte Fragen zur erweiterten beschränkten Steuerpflicht, DStZ/A 1974 S. 4; *Hindelang,* Gestufte Freiheitsverbürgung?, IStR 2010 S. 443; *International Fiscal Association,* Cahiers de droit fiscal international, Vol. LXXXVIIIb, Subject II – The tax treatment of transfer of residence by individuals, The Hague/London/New York, 2002; *Hinny,* Steuerliche Aspekte der bilateralen Verträge Schweiz – Europäische Union, in Lüdicke (Hrsg.), Europarecht – Ende der nationalen Steuersouveränität?, 2006 S. 45; *Kaligin,* Zum Progressionsvorbehalt in § 32b EStG und § 2 Abs. 5 AStG, RIW/AWD 1982 S. 32; *Kempermann,* Amtsermittlung, Mitwirkungspflichten und Beweislast bei Auslandssachverhalten, FR 1990 S. 437; *Kluge,* Außensteuergesetz und Doppelbesteuerungsabkommen, AWD 1972 S. 37; *Kobor,* Kooperative Amtsermittlung im Verwaltungsrecht, 2009; *Kolb,* Aktuelle Entwicklungen im schweizerisch-deutschen Verhältnis, FS *Wassermeyer,* 2005 S. 757; *Könemann,* Ist die erweiterte beschränkte Steuerpflicht noch zu retten?, IStR 2012 S. 560; *Kramer,* Die Frage nach der Relevanz einer Betriebsstätte im Wohnsitzstaat für die Besteuerung im Quellenstaat, IStR 2004 S. 672; *Lamensch/Servaas van Thiel,* Swiss Court Denies European Frontier Workers Their ‚Schumacker' Rights, intertax 2010 S. 93; *Leisner,* Abkommensbruch durch Außensteuerrecht, RIW 1993 S. 1013; *Liedtke,* „Beschränkte Steuerpflicht" – Ein Grundlagenbegriff oder ein Fremdbegriff (Fremdkörper) im Steuerrecht?, DB 1985 S. 671; *Linn,* Steuerumgehung und Abkommensrecht, IStR 2010 S. 542; *Löffler/Stadler,* Der gewöhnliche Aufenthalt (§ 9 AO) des weggezogenen „aktiven Gesellschafters", IStR 2008 S. 832; *Mody,* Die Besteuerung international tätiger Künstler und Sportler, 1994; *Mössner,* Verlustverrechnung beim Zusammentreffen von beschränkter und erweitert beschränkter Steuerpflicht, Zur Anwendbarkeit von § 50 Abs. 2 EStG im Rahmen von § 2 AStG; FR 1980 S. 277; *ders.,* Die Neuregelung der temporären Steuerpflicht durch die Jahressteuergesetze 1996 und 1997, IStR 1997 S. 225; *Musil/Lammers,* Die verfassungsrechtlichen Grenzen der Rückwirkung von Steuergesetzen am Beispiel der §§ 17, 23 EStG, BB 2011 S. 155; *Oesterhelt,* Quellensteuerordnung verstösst gegen die Bilateralen Abkommen, IFF Forum für Steuerrecht, 2010 S. 211 (Schweiz); *Offerhaus,* Einige Schwerpunktfragen des Entwurfs eines Steueroasengesetzes, FR 1971 S. 425; *Graf zu Ortenburg,* Abgrenzungsfragen bei der erweiterten beschränkten Einkommensteuerpflicht, DStR 1975 S. 483; *Ostertun/Reimer,* Wegzugsbesteuerung/Wegzugsberatung, 2007; *Pohl,* Die steuerliche Behandlung des Wohnsitzwechsels natürlicher Personen, IStR 2002, S. 541; *Portner,* Besteuerung von Abfindungen nach dem DBA-Großbritannien, – die

Remittance-base-Klausel, IStR 2010 S. 837; – *R* –, Die 32 000 DM-Grenze des § 2 Abs. 1 Satz 2 AStG, StBp 1977 S. 285; *Rehfeld,* Die Vereinbarkeit des Außensteuergesetzes mit den Grundfreiheiten des Vertrages, 2008; *Richter,* Auswirkungen von negativen Einkünften bei erweiterter beschränkter Steuerpflicht i. S. des Außensteuergesetzes, AWD/RIW 1974 S. 208; *ders.,* Zur Fristenberechnung bei der erweitert beschränkten Steuerpflicht, AWD/RIW 1974 S. 349; *ders.,* Praxisfragen zur erweiterten beschränkten Einkommensteuerpflicht i. S. des § 2 AStG, StBp 1976 S. 221; *Richter,* Wesentliche wirtschaftliche Inlandsinteressen im Sinne des § 2 des Außensteuergesetzes, RIW/AWD 1976 S. 571; *Ronge,* Wegzug nach Großbritannien, IStR 2003 S. 661; *Rosenau,* Das deutsche Einkommen-Außensteuerrecht im Blickpunkt der EWG, DB 1973 S. 1037; *Rüping,* Anpassung des Steuerrechts an Recht und Rechtsprechung der Europäischen Union durch Änderung der §§ 50, 50a EStG im Entwurf des Jahressteuergesetzes 2009, IStR 2009, S. 575; *Runge,* Die verfahrensmäßige Handhabung des Außensteuergesetzes, DStZ/A 1975 S. 61; *Salditt,* Steuerlast und Wanderlust, Grundsatzprobleme der Wegzugsbesteuerung nach dem Entwurf eines Außensteuergesetzes und nach dem revidierten Abkommen mit der Schweiz, StuW 1972 S. 12; *Saß,* Zur Rechtsprechung des EuGH und einige Folgerungen für das deutsche Steuerrecht, FR 1998 S. 1; *Schauhoff,* Der Umfang der erweitert beschränkten Einkommensteuerpflicht bei gewerblich tätigen Handelsvertretern, Unternehmensberatern, Fotomodellen, Sportlern und anderen umherreisenden Unternehmern, IStR 1995 S. 108; *Schauhoff/Idler,* Änderung der BFH-Rechtsprechung zur Besteuerung von Werbeverträgen mit beschränkt Steuerpflichtigen, IStR 2008 S. 341; *Schaumburg,* Besteuerung von Kapitalerträgen, in: Ebling (Hrsg.), Besteuerung von Einkommen, DStJG Bd. 24 (2001) S. 225; *ders.,* Systemdefizite im internationalen Steuerrecht, StuW 2000 S. 369; *Schön,* Der Nießbrauch am Gesellschaftsanteil, ZHR 158 (1994) S. 229; *ders.,* Europäische Kapitalverkehrsfreiheit und nationales Steuerrecht, in: GS Knobbe-Keuk, 1997 S. 743; *Schwibinger/Anzinger,* Die britische Remittance-Basis-Besteuerung nach dem Finance Act 2014 als Vorzugsbesteuerung i. S. d. § 2 Abs. 2 Nr. 2 AStG, IStR 2014 S. 225; *Seer/Gabert,* Der internationale Auskunftsverkehr in Steuersachen, StuW 2010 S. 3; *Stahl,* Die Reichweite der erweiterten beschränkten Steuerpflicht, 2013; *Strunk,* Steuerliche Aspekte beim Wohnsitzwechsel nach Österreich, Inf. 1995 S. 390; *H. Vogel,* Aktuelle Fragen des Außensteuerrechts, insbesondere des „Steueroasengesetzes" unter Berücksichtigung des Doppelbesteuerungsabkommens mit der Schweiz, BB 1971 S. 1185; *ders.,* Rückwirkung, eine festgefahrene Diskussion, FS Heckel, 1999 S. 875; *Vogel/Cortez,* Das Außensteuergesetz in Konflikt mit dem Europarecht, RIW 2011 S. 532; *Wachter,* Das Erbschaftsteuerrecht auf dem Prüfstand des Europäischen Gerichtshofs, DStR 2004 S. 540; *Waldhoff,* Kann es im europäischen Steuerrecht ein Anerkennungsprinzip geben?, IStR 2009 S. 386; *Wassermeyer,* 15 Jahre Außensteuergesetz, DStR 1987 S. 635; *ders.,* Kann die erweitert beschränkte Einkommensteuerpflicht gegenüber der normal beschränkten vorteilhafter sein?, IStR 1996 S. 30; *ders.,* Die Fortentwicklung der Besteuerung von Auslandsbeziehungen, IStR 2001 S. 113; *ders.,* Stellungnahme zu Kramer, IStR 2004 S. 672, IStR 2004 S. 676; *Weigell,* Geltung der Niederlassungsfreiheit auch in der Schweiz, IStR 2006 S. 190; *ders./Brand/Safarik,* Investitions- und Steuerstandort Schweiz, 2000; *Weller,* Die Rechtsquellendogmatik des Gesellschaftskollisionsrechts, IPrax 2009 S. 202; *Winner,* Der Kampf gegen die ‚Steueroasen': Eine ökonomische Betrachtung, StuW 2010 S. 101; *Wolff-Diepenbrock,* Zur Entstehungsgeschichte und Systematik des § 17 EStG, FS F. Klein, 1994 S. 875.

Verwaltungsanweisungen: Zum AStG hat die Verwaltung „Grundsätze" zu seiner Anwendung veröffentlicht. Derzeit ist die Fassung vom 14.5.2004 (IV B 4 – S 1340 – 11/04, BStBl I 2004, Sondernummer 1/2004 S. 3) für die Verwaltung maßgebend. Es wird bei Zitierungen im Text mit „AE" (Anwendungserlass) bezeichnet und nach seinen Textziffern („Tz.") zitiert.

I. Allgemeines

1. Rechtsentwicklung

Die Vorschrift blieb seit ihrem Inkrafttreten im Jahre 1972 im Wesentlichen **1** unverändert. Die Motive zu ihrem Erlass ergeben sich aus dem sog. Steueroasenbericht aus dem Jahre 1964 (BT-Drs. IV 2412). In konzentrierter Fassung finden sie sich in den am 17.12.1970 verabschiedeten „Leitsätzen für ein Gesetz zur Wahrung der steuerlichen Gleichmäßigkeit bei Auslandsbeziehungen und zur Verbesserung der steuerlichen Wettbewerbslage bei Auslandsinvestitionen" (DB 1971 S. 16). Hier heißt es u. a.: „Als störend werden Fälle empfunden, in denen Deutsche, die in Deutschland längere Zeit ansässig waren, in steuergünstige Gebiete verziehen. Der Gesichtspunkt der ‚Steuerflucht' in Auswanderfällen hat seinen Ansatzpunkt darin, dass der Auswanderer seine deutschen Wirtschaftsinteressen beibehält, dabei aber durch seinen Wegzug in ein steuergünstiges Gebiet eine erhebliche Minderung seiner Steuerlast erreicht. Ziel ist deshalb, eine Besteuerung festzulegen, die anteilig die Steuerlast bestehen lässt, wie sie von konkurrierenden Unternehmen und Investoren zu tragen ist." (Zur Entwicklung der Norm und zur Vorgeschichte *Salditt,* StuW 1972 S. 12; vgl. ferner das Gutachten der Steuerreformdiskussion, Schriftenreihe des Bundesministerium der Finanzen, Bd. 17, Abschn. VI, Rdnr. 90).

Wenn auch die Rahmenbedingungen sich gewandelt haben, hat sich an dieser Zielsetzung nichts geändert, was erklärt, dass auch das Gesetz selbst keine substantiellen Änderungen seither erfahren hat, vgl. dazu Bericht der Bundesregierung zur Fortentwicklung des Unternehmenssteuerrechts vom 18.4.2001, Ziff. D. I.1. Durch das ErbStRefG vom 17.4.1974 wurde § 2 Abs. 4 geändert; die Änderung war redaktioneller Natur. Durch das StEuglG vom 9.12.2000 (BGBl I 2000 S. 1790) wurde die Freigrenze des § 2 Abs. 1 Satz 2 – nunmehr Satz 3 – von 32 000 DM in eine solche von 16 500 Euro umgewandelt und der Betrag der Einkünfte in § 2 Abs. 3 Nr. 2 von 120 000 DM in einen Betrag von 62 000 Euro. Das JStG 2008 vom 20.12.2007 (BGBl I 2007 S. 3150) brachte lediglich redaktionelle Änderungen.

Durch das JStG 2009 (Gesetz vom 19.12.2008, BGBl I 2008 S. 2794; BStBl I 2009 **2** S. 74) wurden die Absätze 1 und 5 geändert. In Abs. 1 wurde ein Verweis richtig gestellt (ohne sachliche Auswirkung), indem der Ausdruck „§ 34c Abs. 1" durch den Ausdruck „34d Abs. 1" ersetzt wurde. Ferner wurde in Abs. 1 ein neuer Satz 2 eingefügt, während der bisherige Satz 2 nunmehr Satz 3 ist. Der neue Satz 2 beruht auf der Stellungnahme des Bundesrates zum Entwurf des Jahressteuergesetzes 2009 vom 7.10.2008 (BT-Drs. 16/10494) und reagiert auf das Urteil des BFH vom 19.12.2007 I R 19/06, BStBl II 2010 S. 398; IStR 2008 S. 330, m. Anm. *Grams,* (Vorinstanz: FG Düsseldorf, Urteil vom 9.2.2006, 14 K 7144/02 E; dazu *Schauhoff,* IStR 2004 S. 706; siehe auch Anm. 7, 8, 189). Ferner wurde in Abs. 5 Satz 2 zur Anpassung des Verweises an die Neufassung der §§ 50, 50a EStG (dazu *Rüping,* IStR 2009 S. 575) der Ausdruck „§ 50 Abs. 5" durch den Ausdruck „§ 50 Abs. 2" ersetzt.

Abs. 5 Satz 3 wurde ersatzlos gestrichen. Damit hat der Gesetzgeber der Rechtsprechung des EuGH (EuGH vom 12.6.2003, Gerittse, Rs. C-234/01, Slg. 2003, I-5933; IStR 2003 S. 458 m. Anm. *Grams;* ferner *Cordewener,* IStR 2004 S. 109; EuGH vom 3.10.2006, Rs. C-290/04, FKP Scorpio Konzertproduktionen GmbH, Slg. 2006, I-9461; EuGH vom 15.2.2007, Rs. C-345/04, Centro Equestre da Lezíra Grande Lda, Slg. 2007, I-1425; IStR 2007 S. 212) und der Aufnahme ihrer Ergebnisse in das interne deutsche Recht Rechnung getragen (BT-Drs. 16/10189, S. 77, Einzelbegründung zu Art. 9 Nr. 1; vgl. dazu Anm. 225, 236). Das Jahressteuergesetz 2010 sieht keine Änderungen des § 2 AStG vor.

Durch das Gesetz zur Umsetzung der Amtshilferichtlinie und zur Änderung steuerrechtlicher Vorschriften (AmshilfeRLUmsG vom 26.6.2013, BGBl I 2013 S. 1809; BStBl I 2013 S. 802) ist die Anpassung des Abs. 5 an die Systematik der Abgeltungssteuer geschaffen worden.

Im Gesetz zur Anpassung der Abgabenordnung an den Zollkodex der Union und zur Änderung weiterer steuerlicher Vorschriften vom 22.12.2014 (BGBl I 2014 S. 2417; BStBl I 2015 S. 58) wurde, wie bereits durch das JStG 2009 in Abs. 1 geschehen, nunmehr auch in den Nrn. 2 und 3 des Abs. 3 der Verweis richtiggestellt in den auf § 34d verwiesen wird; sachliche Auswirkungen hat auch diese Änderung nicht.

2. Überblick über den Aufbau und wesentlichen Inhalt der Vorschrift

3   Die Norm ist in der Weise aufgebaut, dass Abs. 1 Satz 1 den **Grundtatbestand und die Rechtsfolge** normiert. Die Sätze 2 bzw. 3 enthalten eine sachliche Konkretisierung und einen Bagatellvorbehalt. Die Norm folgt derjenigen Gesetzgebungstechnik, die zunächst den Inhalt allgemein formuliert und dann einzelne Tatbestandselemente und die Rechtsfolgen teils definiert, teils präzisiert. Die vier Elemente des Tatbestandes sind:
– Vorangegangene unbeschränkte Steuerpflicht in Deutschland während des Referenzzeitraums (s. Anm. 31 ff.);
– die deutsche Staatsangehörigkeit (s. Anm. 39 ff.);
– Ansässigkeit in einem Niedrigsteuergebiet, Abs. 2 (s. Anm. 52 ff.);
– Beibehalten wesentlicher wirtschaftlicher Interessen im Inland, Abs. 3 (s. Anm. 121 ff.).

Die Bestimmungen der **Absätze 2 und 3 enthalten Definitionen** und Konkretisierungen der Ausdrücke ‚Wohnsitz in einem Niedrigsteuergebiet' und des Ausdrucks ‚wesentliche wirtschaftliche Interessen'. Rechtstechnisch bedeutet dies, dass diese Ausdrücke in Abs. 1 nicht auslegungsbedürftig sind, weil in Abs. 2 bzw. 3 definiert. Insoweit ist mit der Subsumtion des Sachverhaltes unter diese beiden Absätze zu beginnen. **Absatz 4** dient der Ergänzung des Begriffs der wirtschaftlichen Interessen und zugleich der Missbrauchsabwehr und stellt damit ebenfalls eine Hilfsregel zur Anwendung des Abs. 1 auf.

Die **Absätze 5 und 6 ergänzen und präzisieren** die in Absatz 1 ausgesprochene **Rechtsfolge.** Absatz 5 Satz 1 enthält eine **Tarifvorschrift,** die einen Progressionsvorbehalt normiert. Dessen Satz 2 regelt, dass bestimmte Einkünfte in die **Veranlagung** (s. Anm. 224) einzubeziehen sind und dass die Abgeltungswirkung des § 50 Abs. 2 EStG teilweise nicht eintritt. Abs. 6 enthält ebenfalls eine Tarifvorschrift. Sie sieht eine Deckelung vor. Danach darf der Betrag der Steuerschuld nicht den Betrag übersteigen, der bei unbeschränkter Steuerpflicht zu entrichten wäre (s. Anm. 231).

Die Regelung enthält zudem noch **verfahrensrechtliche Aussagen:** Zum einen wird aus der Formulierung „weist die Person nach, dass" herzuleiten sein, dass die Anwendung der Norm nicht von Amts wegen erfolgt (str.). Der Steuerpflichtige muss somit selbst eine Schattenveranlagung vornehmen (s. Anm. 82–84). Zudem muss er die Tatsachen, auf der diese Schattenveranlagung beruht, darlegen und gegebenenfalls beweisen; und schließlich trägt er die objektive Beweislast, so dass sich dann, wenn Zweifel an der Richtigkeit seines Vorbringens bestehen und nicht ausgeräumt werden können, diese Zweifel sich zu seinen Lasten auswirken.

Vom Standpunkt der Arbeitsökonomie aus betrachtet kann es sich gegebenenfalls empfehlen, mit der Prüfung der **Freigrenze des Abs. 1 Satz 3,** die eine **Begatellgrenze** ist (s. Anm. 161) zu beginnen. Wenn die Einkünfte, die der erweiterten beschränkten Steuerpflicht an sich unterliegen würden, den Betrag von 16 500 € (zur Ermittlung des Betrages s. Anm. 161–166) nicht überschreiten, findet die Norm von vornherein keine Anwendung. Eine auch heute noch brauchbare schematische Darstellung bietet *Hartmann* in DB 1975 S. 319.

3. Bedeutung der Vorschrift

Die Bedeutung der Vorschrift besteht, wie sich aus den Gesetzesmaterialien (BT-Drs. VII/2883) ergibt, in einer **Verhaltenslenkung.** Das BVerfG ist diesem Verständnis gefolgt (Beschluss vom 14.5.1986, 2 BvL 2/83, BVerfGE 72 S. 200 [245 f.]). Die durch sie ausgelöste Besteuerung soll nach dieser Konzeption Grund und Anreiz für eine **Auswanderung deutscher Staatsbürger in Niedrigsteuerländer** unter Beibehaltung wirtschaftlicher Interessen in Deutschland beseitigen, indem über die ohnehin eintretende beschränkte Steuerpflicht hinaus eine Steuerbelastung begründet wird, die tendenziell derjenigen entspricht, die für den Steuerpflichtigen in Deutschland bestanden hätte. § 2 AStG bestimmt deshalb, dass die beschränkte Steuerpflicht i. S. d. § 49 EStG in der Weise erweitert wird, dass **nicht nur die in § 49 EStG** abschließend **aufgeführten** inländischen Einkünfte, sondern **darüber hinaus** auch alle diejenigen, die **nicht nach Maßgabe des § 34d ausländische Einkünfte sind,** erfasst werden. Die Norm bestimmt darüber hinaus, dass diese erweiterte Gruppe von Einkünften der Vollprogression unterworfen wird, also demjenigen Steuersatz, der sich aus dem Welteinkommen ergibt. Dementsprechend wird die **Abgeltungswirkung des Steuereinbehalts partiell beseitigt.** Konsequenz dessen ist, dass der Steuerpflichtige, der der erweiterten beschränkten Steuerpflicht unterliegt, zu veranlagen ist (s. Anm. 196 f., 253). In diesem Sinne hat sich der Ausdruck ‚erweiterte beschränkte Steuerpflicht' herausgebildet. Er macht deutlich, dass die klassische beschränkte Steuerpflicht erweitert wird. Die gelegentlich anzutreffende Bezeichnung als ‚erweitert beschränkt' ist sprachlich falsch und deshalb irreführend, da nicht die Beschränkung erweitert, sondern reduziert wird.

Die Norm beruht auf einem **äquivalenztheoretischen Grundgedanken,** also auf der Überlegung, dass die Besteuerung (jedenfalls auch) eine Gegenleistung dafür bedeutet, dass der Staat Schutz des Wirtschaftens durch seine Rechtsordnung bietet und die wirtschaftliche Betätigung des Steuerpflichtigen ermöglicht durch die bereitgestellte Infrastruktur (*Blankart*, Öffentliche Finanzen in der Demokratie, 6. Aufl. 2006 S. 4 f.). Dies zeigt sich an dem Umstand, dass nicht der Wegzug schlechthin die Anwendung des § 2 AStG auslöst, sondern die weitere Voraussetzung hinzutreten muss, dass der Steuerpflichtige wesentliche wirtschaftliche Interessen im Inland beibehält (ähnlich *Baßler* in F/W/B, § 2 AStG, Rz. 251; und bereits *Offerhaus*, FR 1971, S. 425 [428]; den 70er Jahren entsprechend etwas ideologisch eingefärbt so auch *Diehm/Ling*, StWa 1974, S. 48 [49]; a. A. *Schaumburg*, Internationales Steuerrecht, 3. Aufl., 2011, Rz. 5.284).

5   Die praktische Bedeutung der Vorschrift dürfte begrenzt sein (eingehend *Baßler* in F/W/B, § 2 Rz. 13); ein Argument, dem in der Diskussion über die rechts- und steuerpolitische Zweckmäßigkeit der Normen des AStG vielfach damit begegnet wird, den jeweiligen Normen komme zumindest ein Präventionseffekt zu. In Bezug auf die spezielle Zielsetzung des § 2 AStG scheint diese Überlegung jedoch nicht ohne Weiteres zuzutreffen, denn einerseits werden bei entsprechend angelegter Steuerplanung die Rechtsfolgen vermeidbar sein. Zum anderen ist der Anwendungsbereich des § 2 AStG insoweit begrenzt, als dem vollständigen Eintritt der von ihm vorgesehenen Rechtsfolgen in der Regel Normen der DBA entgegenstehen (s. Anm. 16–20). Sein Schwerpunkt liegt deshalb bei den Staaten, mit denen keine DBA bestehen. Dies sind denn in der Tat auch vor allem sog. Niedrigsteuerländer; mit ihnen pflegt Deutschland keine DBA abzuschließen (vgl. *Lüdicke*, Überlegungen zur deutschen DBA-Politik, 2008, S. 10 f.; zur Kritik der Norm vgl. *Klaus Vogel*, FS Heckel, 1999 S. 875 [882]; *Salditt*, StuW 1972 S. 12).

Der heute bei grenzüberschreitenden Normierungen maßgebend gewordene gemeinschaftsrechtliche Kontext lässt die Frage entstehen, ob das Ziel des § 2 AStG, gewissen Auswanderungssachverhalten entgegenzuwirken, überhaupt noch verfolgt werden darf (vgl. dazu Anm. 12–13).

6   Die Norm ist, gemessen an ihrer Zielsetzung, weit gefasst und hat deshalb insoweit einen **überschießenden Anwendungsbereich**, als sie ihrer Formulierung nach Fälle erfasst, die der Gesetzgeber an sich nicht treffen wollte (*Baßler* in F/W/B, § 2 AStG, Rz. 89). Denn es sind ohne Weiteres Sachverhalte vorstellbar, bei denen das Motiv der Steuerersparnis nicht leitend ist, sei es, dass es sich um Gründe privater Natur handelt, sei es, dass wirtschaftliche oder berufliche Gründe für eine Übersiedlung in einen Staat, der niedrig besteuert, bestehen. Indessen sind dieserart Gründe für den Wegzug ohne Relevanz, BFH vom 8.7.1998 I R 112/97, BStBl II 1999 S. 123. Divergenzen zwischen (beschränktem) Zweck einer Norm und ihrer (weiten) Formulierung werden im „lebendigen", d. h. dauernd praktizierten Recht durch teleologische Reduktion des Anwendungsbereichs, hilfsweise auch durch Billigkeitsmaßnahmen überbrückt (*Baßler* in F/W/B, § 2 AStG, Rz. 89). Eine solche Anwendungspraxis hat sich indessen im Bereich des § 2, soweit erkennbar, nicht herausgebildet. Es ist vielmehr h. A., dass die Motivation für die Wohnsitznahme in einem Niedrigsteuerland ohne Bedeutung ist (so bereits *Diehm/Ling*, StWa 1974 S. 48 [54]; *Zimmermann/Könemann* in SK/K § 2 AStG Rz. 47; zur rechtspolitischen Kritik *Pohl*, IStR 2002 S. 541; *Klaus Vogel*, FS Heckel, 1999 S. 875 [882]; *Wassermeyer* in *Vogel* (Hrsg.), Grundfragen des internationalen Steuerrechts, DStJG Bd. 8 [1985] S. 49 [75]; *Zimmermann/Könemann* in S/K/K § 2 AStG Rz. 21 und Rz. 42).

4. § 2 AStG im System der Steuerpflicht, Umfang der Steuerpflicht

7   In systematischer Hinsicht ist § 2 AStG im Zusammenhang mit den Regeln des EStG über die unbeschränkte (§ 1 Abs. 1), die beschränkte (§ 1 Abs. 4), die erweiterte unbeschränkte (§ 1 Abs. 2) und die fiktive unbeschränkte Steuerpflicht (§ 1

Abs. 3) zu sehen. Ebenso wie diese drückt die erweiterte beschränkte Steuerpflicht einen Status des Steuerpflichtigen aus (vgl. dazu § 1 EStG Anm. 5), der in erster Linie durch den Umfang der in diese Steuerpflicht einbezogenen Einkünfte bestimmt ist. Über die genaue Einordnung der Form der Steuerpflicht in das System bestanden allerdings in der Literatur unterschiedliche Ansichten (gut dargestellt bei *Carlé*, KÖSDI 2002, S. 13432 [13434], ohne eigene Stellungnahme). Die Bezeichnungen ‚Sockeltheorie' und ‚**Statustheorie**' bringen dies zum Ausdruck: Letztere von *Wassermeyer* begründete (vgl. nunmehr aber *Baßler* in F/W/B § 2 AStG, Rz. 80 [Stand Sept. 2010] zuletzt noch *Egner/Heinz/Koetz*, IStR 2007 S. 41 [43, Fn. 9] Lehre fasst die §§ 2–5 AStG als geschlossenes System auf; sie verdrängen danach als leges speciales die Regelung des § 49 EStG und begründen eine eigene Form der Steuerpflicht. Der Umfang der Steuerpflicht wird nach dieser Auffassung dadurch bestimmt, dass sie sämtliche Einkünfte umfasst, die nicht ausländische i. S. der §§ 34d, 34c EStG sind. Die sog. **Sockeltheorie** versteht den Ausdruck „Einkünfte, die bei unbeschränkter Einkommensteuerpflicht nicht ausländische Einkünfte im Sinne des § 34d des Einkommensteuergesetzes sind" in § 2 Abs. 1 Satz 1 in dem Sinne, dass er die inländischen Einkünfte i. S. des § 49 Abs. 1 EStG und zusätzlich diejenigen Einkünfte umfasst, die nicht gem. § 34d EStG ausländische sind; sie nimmt also an, dass die **beiden Formen der Steuerpflicht aufeinander aufbauen** (in diese Richtung bereits BFH vom 30.8.1995 I R10/95, BStBl II 1995 S. 868; ferner Urteil vom 30.8.1995 I R 11/95, BFH/NV 1996 S. 439, inhaltlich gleich); zu den **Auswirkungen** gibt *Wassermeyer* in IStR 1996 S. 30, ein Fallbeispiel. Die Sockeltheorie war in der Literatur herrschend (*Debatin*, DB 1974, Beilage 15, S. 13; *Hellwig*, DStZ 1974 S. 4 [5]; *Weggenmann* in Haase § 2 Rz. 127; *Reith*, Internationales Steuerrecht, 2004, Rz. 11.9; *Schaumburg*, Internationales Steuerrecht, 3. Aufl., Rz. 5.320; ähnlich wohl auch *Mössner*, FR 1980 S. 277 [280]; ferner, in historischer Betrachtung der Fragestellung *Hartmann*, DB 1985 S. 671) und war im Grundsatz **Standpunkt der Verwaltung** (AE Tz. 2.5.0.1 Nr. 1 Buchst. a).

Der BFH dürfte in seinem Urteil vom 19.12.2007 (I R 19/06, BStBl II 2010 S. 398; BFH/NV 2008 S. 672; IStR 2008 S. 330 m. Anm. *Grams*) **der Sockeltheorie beigetreten** sein. Er leitet seinen Standpunkt im Wesentlichen aus der Formulierung in Abs. 1 Satz 1 her, wonach Steuerpflichtige, die die Voraussetzungen des § 2 erfüllen, „über die beschränkte Steuerpflicht hinaus" steuerpflichtig sind. Das schließe die beschränkte Steuerpflicht ein und füge in Gestalt der erweiterten beschränkten Steuerpflicht dieser etwas hinzu. Hierfür scheint neben dem Wortlaut (aus dem freilich auch die Gegenauffassung *Wassermeyers* ein gewichtiges Argument gewinnt) die Funktion der Regelung zu sprechen, die wesentlichen im Inland verbliebenen wirtschaftlichen Interessen ‚abzubilden'. Die beiden Theorien führten in einigen Fragen zu unterschiedlichen Lösungen oder legten solche jedenfalls nahe. Vielfach wird angenommen, dass die **Kontroverse damit zu Gunsten der Sockeltheorie entschieden** ist (so z. B. *Weggenmann* in Haase § 2 Rz. 127). Wir stimmen dem zu. Für die praktische Rechtsanwendung ist von ihr auszugehen; auch diese Kommentierung beruht – ebenso wie die vorangegangene Bearbeitung – auf deren Standpunkt.

Die erweiterte beschränkte Steuerpflicht ist von der sog. **überdachenden Besteuerung** i. S. des Art. 4 Abs. 3 DBA Schweiz zu unterscheiden (vgl. dazu Lademann § 1 EStG Anm. 96; *Hamminger* in Debatin/Wassermeyer, Art. 4 DBA Schweiz, Rz. 96).

5. Verfassungsrechtliche Fragen

9 § 2 AStG hat in dem Verfahren 2 BvL 2/83, welches mit BVerfG, Beschluss vom 14.5.1986 (BVerfGE 72 S. 200; Ausgangsrechtsstreit: FG Hamburg vom 27.10.1978 III 120/76, dazu *Mössner*, FR 1980 S. 277) endete, auf dem verfassungsrechtlichen Prüfstand gestanden. Im Mittelpunkt der damaligen Prüfung stand die Rückwirkung, die das AStG und damit auch § 2 AStG sich beilegten. Insoweit ist die Entscheidung heute für § 2 AStG nicht mehr relevant. Aber die Begründung des Beschlusses ergibt (BVerfG a. a. O., S. 244), dass der Gerichtshof andere verfassungsrechtliche Aspekte mitgeprüft hat. Insbesondere hat er keine Bedenken darin gesehen, dass der Anwendungsbereich der Norm auf Deutsche beschränkt ist, weil mit ihr Lenkungszwecke verfolgt werden, insbesondere denjenigen, Deutsche mit wirtschaftlichen Interessen in Deutschland zur Rückkehr zu bewegen (BVerfG a. a. O., S. 249; kritisch hierzu *Vogel* in FS Heckel, 1999, S. 875 [882] sowie neuerdings *Könemann*, IStR 2012 S. 560 (562)).

Die Kritik sieht in der Regelung des § 2 in erster Linie eine Verletzung des **Gleichheitsgrundsatzes des Art. 3 Abs. 1 GG** wegen der Beschränkung der Norm auf Deutsche (*Zimmermann/Könemann* in S/K/K § 2 AStG Rdnr. 28); *Kraft* (§ 2 Rz. 15) verweist ergänzend hierzu auf einen Wandel der Verhältnisse namentlich hinsichtlich zunehmender Mobilität und Flexibilität der Bevölkerung. Diese Auffassung berücksichtigt nicht hinreichend, dass es sich nach dem Willen des Gesetzgebers um eine Lenkungsnorm handelt (vgl. oben Anm. 4). Die Verfolgung von Lenkungszwecken beinhaltet aber notwendigerweise eine Ungleichbehandlung, nämlich eine Besserstellung desjenigen, der sich dem Lenkungsziel entsprechend verhält. Und es gibt einen sachlichen Grund für die Beschränkung der Norm auf deutsche Staatsangehörige. Er ist darin zu sehen, dass man für Angehörige anderer Staaten, für die eine Auswanderung aus Deutschland ja eine Rückkehr in ihren Heimatstaat bedeutet, mit dieser Rückkehr keine steuerlichen Belastungen verbinden wollte. Weder die Ungleichbehandlung als solche noch das Fehlen eines sachlichen Grundes können deshalb im Hinblick auf Art. 3 Abs. 1 GG verfassungsrechtliche Bedenken begründen (vgl. z. B. BFH vom 17.10.1990 I R 182/87, BStBl II 1991 S. 136).

Unter dem Gesichtspunkt des Gleichheitssatzes wird ebenfalls ein Verstoß gegen das **Leistungsfähigkeitsprinzip** geltend gemacht (*Schaumburg*, StuW 2000 S. 369 [372]; *Zimmermann/Könemann* in S/K/K § 2 AStG Rz. 28, 29 und 42; *Könemann*, IStR 2012 S. 560). Wiederum greift die Berufung auf das Leistungsfähigkeitsprinzip, was immer es in diesem Zusammenhang bedeuten könnte, zu kurz. Wiederum ist entscheidend, dass auch dieser Grundsatz den Gesetzgeber nicht daran hindert, mit der Besteuerung auch Lenkungszwecke zu verfolgen. Das aber impliziert, dass im Bereich dieser Normen der Gesichtspunkt der Besteuerung nach der Leistungsfähigkeit dort, wo legitime Lenkungszwecke (mit verfassungskonformen Mitteln) verfolgt werden, notwendigerweise zurücktreten muss. Verfassungsrechtlich ist die Norm deshalb nicht zu beanstanden.

Eine ganz andere Frage ist die, ob der **Lenkungszweck** selbst gegen höherrangiges Recht verstößt. Das ist indessen eine Frage des Unionsrechts (vgl. Anm. 12).

10 Die Norm wird im Übrigen deshalb kritisiert, weil sie die **Niedrigbesteuerung** schlichtweg von der **Höhe der deutschen Besteuerung abhängig** macht. Das wird in der Tat umso deutlicher, je weiter man die Entwicklung dieser Relation auf der Zeitachse betrachtet, denn dann zeigt sich, dass das, was zur Zeit der Entstehung der

Norm als niedrige Besteuerung gewertet wurde, teilweise dem gegenwärtigen, als normal bewerteten Besteuerungsniveau entspricht. Die Kritik daran, die nicht deutlich macht, welchen verfassungsrechtlichen Aspekt sie als berührt ansieht, scheint jedoch unberechtigt. Eine „hohe" bzw. „niedrige" Besteuerung, womöglich auszudrücken in einer absoluten Zahl, gibt es nicht. Man kann deshalb Aussagen hierzu nur an Relationen festmachen. Das ist auch deshalb sachgemäß und damit nicht willkürlich i. S. der Rechtsprechung des BVerfG, weil die Norm das Verhalten der Steuerpflichtigen lenken soll, dieses sich aber ebenfalls nicht an absoluten Zahlen orientiert, sondern an dieser Relation; auch hier geht es um Steuerarbitrage. Wiederum ist auch hier eine weitere Frage, ob das Gemeinschaftsrecht es zulässt, einer solchen Steuerarbitrage entgegenzuwirken (vgl. Anm. 12).

Was die **Freiheitsgrundrechte** anlangt, so geht es bei der Erschwerung der Ausreise um die allgemeine Handlungsfreiheit des Art. 2 Abs. 1 GG (Art. 11 GG betrifft nur die Freizügigkeit innerhalb des Bundesgebietes). Es käme dann aber darauf an, ob der Vorgang des Wegzugs durch die von § 2 AStG ausgelöste Steuer dermaßen erschwert wird, dass die Freiheit, das Land zu verlassen, sinnvollerweise nicht ausgeübt werden kann. Dass dies so nicht ist (so z. B. auch FG Baden-Württemberg vom 4.12.2007 12 K 19/04, EFG 2008 S. 592), ergibt sich bereits aus der Überlegung, dass § 2 AStG nur die Steuerbelastung anstrebt, die der Steuerpflichtige als unbeschränkt Steuerpflichtiger ebenfalls zu tragen hat (und in diesen Fällen bis dahin tatsächlich getragen hat), und dass dessen Abs. 6 verhindert, dass diese Steuerbelastung überschritten wird.

Zu Fragen des **formellen Rechtsstaatsprinzips** (Normenklarheit, Bestimmtheit) vgl. Anm. 64, 72, 92, 93, 97, 100.

6. EU-rechtliche Fragen

In der Literatur werden in vielerlei Richtungen Zweifel an der Gemeinschaftsrechtskonformität der Norm formuliert. Es wird geltend gemacht, dass die Norm die **Freizügigkeit** i. S. d. Art. 21 AEUV (vormals Art. 18 EG) beeinträchtige (*Angermann/Anger*, IStR 2005 S. 436 [443]; *Saß*, FR 1998 S. 1 [8]). Viele Autoren sehen weitere Grundfreiheiten als betroffen an, insbesondere die **Kapitalverkehrsfreiheit** i. S. d. Art. 53 AEUV (vormals Art. 56 EG). Eine Verletzung der **Niederlassungsfreiheit** i. S. d. Art. 49, 54 AEUV (vormals Art. 43, 48 EG) wird ebenfalls angenommen (*Wassermeyer*, IStR 2001 S. 113; *Dautzenberg*, IStR 1997 S. 39). Auch in der Kommentarliteratur werden – nicht selten ohne eigene Stellungnahme – „Zweifel" angemeldet (*Elicker* in Blümich, § 2 AStG Rz. 5–8; *Kraft*, § 2 Rz. 20–23). Die Bedeutung dieser Aussagen ist schwer erkennbar. Mit Zweifeln verbindet nur das deutsche Verfassungsrecht eine Rechtsfolge: Gem. Art. 100 Abs. 1 Satz 1 GG ist die Norm, die Gegenstand des Zweifels ist, dem BVerfG vorzulegen. Im Gemeinschaftsrecht besteht ein derartiges Verwerfungsmonopol nicht. Wird die Gemeinschaftsrechtswidrigkeit einer Norm erkannt, ist dies für die Rechtsanwendungsorgane von Amts wegen zu beachten und ist ihre gemeinschaftsrechtskonforme Auslegung zu versuchen; ist dies nicht möglich, muss sie unangewendet bleiben. Eine behördliche oder gerichtliche Entscheidung, die dies übersieht, ist rechtswidrig und der Berater verpflichtet, den Steuerpflichtigen darauf hinzuweisen. Dass die Beurteilung durch solche Rechtspflegeorgane, die keine Letztentscheidung treffen, nur eine Prognose darstellen kann, versteht sich von selbst. Diese muss aber vorgenommen und Zweifel müssen beseitigt werden.

Da § 2 mit **dem Bestehen der deutschen Staatsangehörigkeit** nachteilige Rechtsfolgen verbindet, soll er diskriminieren (*Dautzenberg*, IStR 1997 S. 39; *Weggemann* in Haase, § 2 AStG, Rz. 38). Dem wurde vielfach entgegengehalten, dass es sich dann aber um eine **Diskriminierung** der Deutschen durch den deutschen Gesetzgeber handele. Eine solche Inländerdiskriminierung ist nach herrschender gemeinschaftsrechtlicher Ansicht (EuGH vom 23.2.2006, Rs. C-513/03, Hilten-van der Heijden, IStR 2006 S. 303; *Lenz* in Lenz/Borchardt (Hrsg.), EU- und EG-Vertrag, 4. Aufl., 2006, Art. 12 EGV Rz. 3) zulässig (so auch *Baßler* in F/W/B, § 2 AStG, Rz. 23). Dem begegnen einige Stimmen (*Dautzenberg*, IStR 1997, S. 39; *Angermann/Anger*, IStR 2005 S. 436 [443]; ferner *Schaumburg*, DStJG Bd. 24 [2004], S. 225 [259]) mit dem Hinweis, dass dies nur für die Fälle gelte, in denen es sich nicht um einen grenzüberschreitenden Sachverhalt handele. Im Anwendungsbereich des § 2 AStG sei aber gerade dies der Fall, so dass der Satz von der Erlaubtheit der Inländerdiskriminierung nicht zum Tragen komme. Dem kann nicht gefolgt werden. Der von diesen Autoren angesprochene Fall, in dem überhaupt kein grenzüberschreitendes Element vorliegt, fällt nicht in den Anwendungsbereich des Gemeinschaftsrechts und damit nicht in den Anwendungsbereich der gemeinschaftsrechtlichen Diskriminierungsverbote; maßgebend ist dann ausschließlich das jeweilige interne Verfassungsrecht. Sinnvollerweise kann mithin von einer Inländerdiskriminierung und der Frage ihrer Zulässigkeit als Bestandteil der Gemeinschaftsrechtsordnung nur dort gesprochen werden, wo es sich um einen grenzüberschreitenden Fall handelt (zutr. mit ähnlichen Erwägungen so auch *Baßler* in F/W/B, § 2 AStG, Rz. 23). Es handelt sich hier hingegen um eine solche gemeinschaftsrechtlich unbedenkliche Inländerdiskriminierung. Dass der Einwand auch im Übrigen nicht weiterführend ist, zeigt die Überlegung, dass, eine Verletzung des Diskriminierungsverbots unterstellt, der Gesetzgeber zwei Optionen haben würde. Er könnte die Diskriminierung beseitigen, indem er die Norm beseitigt, so dass für niemanden eine erweiterte beschränkte Steuerpflicht mehr besteht. Er könnte sie aber ebenso auch dadurch beseitigen, dass er die Beschränkung auf deutsche Staatsangehörige entfallen lässt und sie auf alle Inländer erstreckt. Es dürfte nicht bezweifelt werden können, dass die letztere Lösung den Zielvorstellungen des Gemeinschaftsrechts nicht entspricht. Sie zeigt indessen, dass **Überlegungen, die an die Diskriminierung deutscher Staatsangehöriger anknüpfen, fehlgehen.**

Es erscheint aber denkbar, dass von § 2 eine **Beschränkung der Niederlassungsfreiheit** oder der Kapitalverkehrsfreiheit ausgeht. Der Wegzugsinteressent ist in Gestalt des § 2 von einer Norm betroffen, die der Wegzugsstaat erlassen hat. Adressat der Niederlassungsfreiheit, soweit es ihren Inhalt als Diskriminierungsverbot anlangt, ist aber der Aufnahmestaat. Dieser hat, wie es auch im Wortlaut des Art. 53 AEUV (vormals Art. 56 EG) zum Ausdruck kommt, die Niederlassung in seinem Staatsgebiet unter den gleichen Bedingungen zu ermöglichen, wie sie für Inländer bestehen. Soweit sich die Niederlassungsfreiheit demgegenüber, wie hier, gegen den Wegzugsstaat richtet, ist ihr Inhalt als Beschränkungsverbot maßgeblich (EuGH vom 16.7.1998 C-264/96, ICI, Slg. 1998 I-4695, Rz. 42; EuGH vom 6.12.2007 C-298/05, Columbus Container Services, IStR 2008 S. 68, Rz. 33; *Schnitger*, FR 2005 S. 1079 (1081); *Everling* in: Gedächtnisschrift Knobbe-Keuk, 1997 S. 607; *Jarass*, RIW 1993 S. 1 ff.; *Bleckmann*, DVBl 1986 S. 69; *Steindorf*, EuR 1988 S. 19; *Streinz*, EUV/EGV, 2003 Art. 12 Rz. 60). Dass eine solche **Beschränkung gegeben ist,** scheint auf der Hand zu liegen. Tatsächlich bedeutet aber die Auffassung der Niederlassungsfreiheit (auch) als Beschränkungsverbot deren ausdehnende Auslegung. Das macht die Kontrollüberlegung deutlich, dass von jedem Unterschied im Besteuerungsniveau zwischen den Mitgliedstaaten Wirkungen auf das Verhalten der Steuerpflichtigen ausgehen, die in der einen Richtung stimulierend und in der anderen beschränkend wirken, obschon die Staaten insoweit nichts anderes tun, als von ihrer Besteuerungshoheit Gebrauch zu machen. Die Rechtsprechung musste hier eine Grenze finden. Die wichtigste Entscheidung des EuGH hierzu ist diejenige in der Rechtssache Hilten-van der Heijden (Urteil vom 23.2.2006, C-513/03, IStR 2006 S. 303; vgl. auch *Wachter*, DStR 2004 S. 540). Der Gerichtshof hat hier eine Bestimmung des niederländischen Erbschaftsteuergesetzes, die derjenigen des § 2 AStG in ihrer Wirkungsweise entsprach, als mit der Kapitalverkehrsfreiheit vereinbar angesehen (dazu *Hahn*, ZErb 2006 S. 250 [254]; *Zimmermann/Könemann*; in S/K/K, § 2 AStG Rz. 35.3-35.5). Der EuGH ist damit einer restriktiven Auslegung der Niederlassungsfreiheit gefolgt, die das Element der Beschränkung zurückdrängt und den Gesichtspunkt den Ausschlag geben lässt, dass die Staaten darin frei sind, wie sie ihre Besteuerungshoheiten abgrenzen. Die Aufrechterhaltung der in casu niederländischen Besteuerungshoheit im Umfang der bisherigen unbeschränkten Steuerpflicht für einen bestimmten Zeitraum nach Wegfall ihrer Voraussetzungen war danach Bestandteil dieser Abgrenzung und gemeinschaftsrechtlich unbedenklich. Ein Verstoß gegen die Kapitalverkehrsfreiheit lag danach nicht vor. An der Übertragbarkeit dieser Sichtweise auf das deutsche Recht bestehen keine durchgreifenden Zweifel (dazu *Hahn*, ZErb 2006 S. 250 [254]; *Zimmermann/Könemann* in S/K/K, § 2 AStG Rz. 35.3–35.5, die aber andere Folgerungen aus dem Urteil ziehen wollen, dazu sogleich; zustimmend insoweit auch *Baßler* in F/W/B, § 2 AStG Rz. 23). Unter dem Aspekt des in der Niederlassungsfreiheit enthaltenen **Beschränkungsverbots** ist deshalb die Norm des § 2 **ebenfalls nicht zu beanstanden**.

In der Kommentarliteratur haben *Zimmermann/Könemann* und *Baßler* belastbare Erwägungen zur Gemeinschaftsrechtskonformität des § 2 angestellt. Sie knüpfen u. a. an die Entscheidung in der Rechtssache Hilten-van der Heijden an, sehen aber den entscheidenden Unterschied zwischen diesem Fall und demjenigen des § 2 darin, dass die erweiterte beschränkte Steuerpflicht nur bei Wegzug in ein Niedrigsteuerland eintrete, nicht jedoch bei Wegzug in ein anderes. Damit erweitere sich (im Rahmen der **Diskriminierungsprüfung**) notwendigerweise die Betrachtung auf drei Staaten (*Zimmermann/Könemann* in S/K/K, § 2 AStG Rz. 35.3). Es stelle sich die Frage nach einer Diskriminierung in Bezug darauf, welches der Zielstaat des Wegzugsinteressenten ist. Sie läge vor, weil bei Wegzug in einen Niedrigsteuerstaat die deutsche Besteuerung im Umfang des § 2 aufrechterhalten werde, während diese andernfalls auf den Umfang des § 49 beschränkt sei (*Baßler* in F/W/B, § 2 AStG, Rz. 24; *Zimmermann/Könemann* in S/K/K, § 2 AStG Rz. 35.3). Diese Betrachtung könnte zwar dem Einwand ausgesetzt sein, dass die Situationen des Steuerpflichtigen im niedrig besteuernden Staat und im ‚normal' besteuernden Staat unterschiedlich seien mit der Konsequenz, dass nach absolut h. A. auch eine unterschiedliche steuerliche Behandlung zulässig sein müsste (z. B. EuGH vom 5.7.2005, 376/03, ‚D', Slg. 2005 I-5821, Rz. 61; vom 20.5.2008, C-194/06, Orange European Small Cap Fund NV, Slg. 2008 I-3747, Rz. 61). Aber diese Differenzierung dürfe nicht willkürlich sein, wie sich aus der Entscheidung in der Rechtssache ‚D' ergebe. Diejenige nach Maßgabe der Frage einer niedrigen oder einer ‚normalen' Besteuerung sei es aber.

Der ersteren Schlussfolgerung ist u. E. zuzustimmen. Das Kriterium einer niedrigen Besteuerung ist für sich allein auf dem Hintergrund der Wertungen vor allem der Entscheidung des EuGH in der Rechtssache Cadbury Schweppes (Urteil vom 12.9.2006, C-196/04, Slg. 2006 I-7995, dazu *Schönfeld*, IStR 2008, S. 763; *Köhler/ Eicker*, DStR 2006, S. 1871; *Hahn*, DStZ 2007, S. 201) kein zulässiges Differenzierungsmerkmal. Der Gerichtshof hat dort ausdrücklich festgestellt, dass eine Niederlassung aus rein steuerlichen Gründen, also mit dem Ziel eines niederigeren Besteuerungsniveaus, gemeinschaftsrechtlich legitim sei. Deshalb wird man hierin auch keinen zulässigen Anknüpfungspunkt für eine unterschiedliche Behandlung dieses Sachverhalts gegenüber anderen erkennen können. Das bedeutet, dass wir die Tatbestandsalternative des **§ 2 Abs. 1 i. V. mit § 2 Abs. 2 Nr. 1** mit *Baßler* (in F/W/B, § 2 AStG, Rz. 24) und *Zimmermann/Könemann* (in S/K/K, § 2 AStG Rz. 35.3) als **gegen Gemeinschaftsrecht verstoßend** anzusehen haben. Mit beiden Autoren sind wir ebenfalls der Ansicht, dass keine Rechtfertigungsgründe erkennbar sind (*Baßler* in F/W/B, § 2 AStG, Rz. 25; *Zimmermann/Könemann* in S/K/K, § 2 AStG Rz. 35.5). Anders steht es mit der Tatbestandsalternative des **§ 2 Abs. 1 i. V. mit § 2 Abs. 2 Nr. 2**. Hier geht es um Staaten, deren Steuerrecht und/oder deren Verwaltungspraxis für bestimmte Personengruppen eine Vorzugsbesteuerung vorsehen (vgl. Anm. 91 f.), die den übrigen Steuerpflichtigen dieses Staates nicht zugänglich sind. Eine Differenzierung zwischen diesen Niedrigsteuerländern und anderen ist nicht willkürlich, d. h. dort ansässige Steuerpflichtige befinden sich nicht in einer vergleichbaren Situation mit derjenigen, in denen sich Steuerpflichtige befinden, die in einem ‚normal' besteuerndem Staat ansässig sind. Sie können mithin auch anders behandelt werden. Deshalb liegt in der Tatbestandsalternative des **§ 2 Abs. 1 i. V. mit § 2 Abs. 2 Nr. 2** – insoweit sind wir anderer Auffassung als die genannten Autoren – **kein Verstoß gegen Gemeinschaftsrecht.**

13   Die Frage der **Gemeinschaftsrechtskonformität** ist **in der Praxis** bislang deshalb wohl nicht zum Austrag gekommen, weil es in der EU keine Staaten gegeben hatte, die das Kriterium der niedrigen Besteuerung i. S. des § 2 Abs. 2 erfüllten. Im Ergebnis ist aber erwartbar, dass der EuGH einen Verstoß der Norm gegen Grundfreiheiten des AEUV (bislang EG) feststellen wird, da die Beitrittsstaaten teilweise eine niedrige Besteuerung vorsehen. Die in der Literatur geäußerten Zweifel an der Gemeinschaftsrechtskonformität der Norm haben den Gesetzgeber zwar ebenfalls erreicht (Große Anfrage der FDP-Fraktion im BT vom 23.2.2005, BT-Drs. 15/4965, Nr. 65 und 66). Aber die bisherige Staatspraxis war dadurch gekennzeichnet, eine entsprechende Entscheidung des EuGH, jedenfalls aber ein Verfahren der Kommission abzuwarten. Der **Beratungspraxis** ist deshalb zu empfehlen, auf § 2 AStG gestützte **Bescheide anzufechten** bzw. offen zu halten.

Nach allgemeinen Grundsätzen (vgl. EuGH, Urteil vom 9.3.1978 106/77, Simmenthal, Slg. 1978 S. 629, Rdnr. 27-20; BVerfG, Beschluss vom 9.6.1971 2 BvR 225/ 69, BVerfGE 31 S. 145) würde eine entsprechende Entscheidung des EuGH indessen nicht zur Nichtigkeit, sondern lediglich zur Unanwendbarkeit der Norm im Verhältnis zu anderen Mitgliedstaaten (und im Verhältnis zu den EWR-Staaten) führen. Unter der Voraussetzung, dass die bislang geltenden gesetzgebungspolitischen Prämissen sich nicht ändern – wozu weder Anlässe noch Anzeichen erkennbar sind –, würde § 2 dann mit dem auf diese Weise eingeschränkten Anwendungsbereich auch künftig weiterhin gelten, also im Verhältnis zu Drittstaaten (vgl. aber Anm. 14 und 15).

Die **Kapitalverkehrsfreiheit** i. S. d. Art. 63 Abs. 1 AEUV gilt, anders als die übrigen Personenverkehrsfreiheiten, auch **im Verhältnis zu Drittstaaten.** Gleichwohl unterscheidet sich die Situation im Verhältnis zu diesen von derjenigen innerhalb der EU. Übereinstimmung zeichnet sich in der Diskussion allerdings wohl darüber ab, dass der Inhalt dieser Grundfreiheit im Verhältnis zu Drittstaaten kein anderer ist als derjenige, der ihr bei Sachverhalten innerhalb der Gemeinschaft zukommt (*Kofler*, Doppelbesteuerungsabkommen und Europäisches Gemeinschaftsrecht, S. 45) so dass die Frage, ob § 2 AStG eine Beeinträchtigung darstellt, bejaht werden kann (so wohl *Zimmermann/Könemann* in S/K/K, § 2 AStG Rz. 35.5). Aber es ist zu vermuten, dass auf der Ebene der Rechtfertigungsmöglichkeiten im Falle von Drittstaatensachverhalten Unterschiede bestehen. Es scheint einiges dafür zu sprechen, sie anders und vor allem weitergehend zu fassen als bei EU-internen Sachverhalten (grundlegend zum Steuerrecht hierzu *Schön* in GS Knobbe-Keuk, 1997 S. 743; *Bröhmer* in Callies/Ruffert, EUV.EGV, Kommentar, 3. Aufl., 2007, Art. 56 EGV Rz. 7); auch neuere Entscheidungen des EuGH weisen deutlich in diese Richtung (EuGH vom 12.12.2006 C-446/04, F II Group Litigation, Slg. 2006 I-11753, Rdnrn. 166 ff.; vom 18.12.2007, C-101/05, A, Slg. 2009 I-11531, Rdnrn. 28 ff; vom 19.11.2009 C-540/07, Kommission ./. Italien, Slg. 2009 I-10 983; Rdnr. 69; IStR 2009 S. 853; vom 28.10.2010 C-72/o9, Établissements Rimbaud, IStR 2010 S. 842 Rdnr. 40 m. Anm. *Wenz* und *Wünsche).* Die Rechtslage muss in diesem Punkte als offen betrachtet werden (so auch *Baßler* in F/W/B, § 20 Rz. 27). **14**

Die Schweiz, obwohl kein Mitgliedsstaat der EU und auch kein Vertragsstaat des EWR, ist gleichwohl kein ‚Drittstaat'. Sie ist durch eine Reihe von Verträgen mit der EU und deren Mitgliedsstaaten durch die sieben sog. sektoriellen Abkommen seit dem 1.6.2002 verbunden (dazu *Cottier/Evtimov*, ZBJV 139 [2003], S. 77 [78–81]; *Weigell*, IStR 2006 S. 190). Steuerrechtlich relevant ist von ihnen das „**Abkommen über die Freizügigkeit**", weil es für die Staatsbürger der Mitgliedsstaaten und der Schweiz Rechte auf Einreise und Aufenthalt in den Vertragsstaaten begründet und das Recht zur Aufnahme selbständiger Erwerbstätigkeiten sowie zur Ausübung nicht selbständiger Tätigkeiten, in eingeschränktem Maße auch eine Dienstleistungsfreiheit und schließlich auch das Recht begründet, ohne Erwerbstätigkeit sich in der Schweiz aufzuhalten, Letzteres mit der Einschränkung, dass der Interessent über hinreichende finanzielle Mittel verfügt. Inhaltlich gesehen entsprechen diese Freiheiten denjenigen des AEUV, insbesondere der **Niederlassungsfreiheit** (*Hinny* in Lüdicke [Hrsg.], Europarecht – Ende der nationalen Steuersouveränität?, 2006 S. 45 [50 f.]; eingehend *Weigell*, IStR 2006 S. 190 [192]). Allerdings besteht in diesem Punkte eine bedeutsame Einschränkung. Der sog. Acquis Communautaire ist in Art. 16 des Freizügigkeitsabkommens gewissermaßen festgeschrieben auf den 21.6.1999. Ab diesem Zeitpunkt ergangene Rechtsprechung des EuGH ist bei der Auslegung der Bestimmungen des Abkommens nicht zwingend zu beachten. Hinsichtlich der Auswirkungen später ergangener Rechtsprechung des EuGH auf das Abkommen besteht ein förmliches Verfahren vor einem gemischten Ausschuss, Art. 16 Abs. 2 des Freizügigkeitsabkommens. Die Schweiz hat sich mithin nicht ungeschützt den Auswirkungen (hinsichtlich derer ja durchaus nicht stets Konsensfähigkeit besteht) der Rechtsprechung und Rechtsprechungspolitik der EuGH aussetzen wollen. Gleichwohl darf angenommen werden, dass die normale und **15** erwartbare Fortentwicklung seiner Rechtsprechungslinien auch ohne förmliche Feststellung von der Rechtsprechung berücksichtigt werden wird (*Hinny*, a. a. O., § 52; wohl auch *Cottier/Evtimov*, ZBJV 139 [2003] S. 77 [107 ff.]). Ein Genfer Verwaltungsgericht hat in der Rechtssache Eheleute Boitelle in einem Entscheid vom 31.8.2009 eine Anwendung der aus dem Schumacker-Urteil sich ergebenden Rechtssätze auf das schweizerische Steuerrecht abgelehnt (*Lamentsch/van Thiel*, intertax 2010 S. 93). Durch zwei Entscheide des schweizerischen Bundesgerichts vom 26.1.2010 (2 C.319/2009 und 2 C 321/2009) ist die sog. Schumacker-Rechtsprechung des EuGH (vgl. § 1 EStG Anm. 11) auf einen grenzüberschreitenden Sachverhalt, für den die Personenverkehrsfreiheiten einschlägig waren, angewandt worden (*Oesterhelt*, IFF 2010 S. 211).

Es handelt sich bei dem „Abkommen über die Freizügigkeit" um einen (völkerrechtlichen) Staatsvertrag (der, gemeinschaftsrechtlich betrachtet, einem Assoziierungsabkommen entspricht, *Cottier/Evtimov*, ZBJV 139 [2003], S. 77 [93 ff.]). Sowohl nach schweizerischer als auch nach gemeinschaftsrechtlicher Auffassung haben **Staatsverträge Vorrang** vor den Normen des einfachen Rechts, so dass die Normen des Freizügigkeitsabkommens in Bezug auf die steuerrechtlichen Normen die gleiche Funktion erlangen können, wie es diejenigen des Verfassungsrechts und des Gemeinschaftsrechts haben: Nichtigkeit bei Verstoß im ersteren, Unanwendbarkeit im letzteren Falle. Voraussetzung dafür, dass der Steuerpflichtige sich auf das Abkommen berufen kann, ist, dass die in Frage stehende Bestimmung unmittelbar anwendbar ist. Aus der Maßgeblichkeit des Acquis Communautaire des 21.6.1999 gem. Art. 16 des Abkommens müsste sich dann die unmittelbare Anwendbarkeit der Freiheiten des Abkommens ergeben (bejahend *Hinny*, a. a. O., § 54; grundsätzlich – mit hier nicht einschlägigen Vorbehalten – auch *Cottier/Evtimov*, ZBJV 139 [2003] S. 77 [103] ff.).

Aus deutscher Sicht nimmt das Abkommen als Teil des Gemeinschaftsrechts an dessen Anwendungsvorrang teil. Mithin ist die Auslegung des Abkommens dem Vorlageverfahren gem. Art. 234 EGV zugänglich (*Cottier/Evtimov*, ZBJV 139 [2003] S. 77 [112 ff.], *Hinny*, a. a. O., S. 54; *Weigell*, IStR 2006 S. 190 [194]). Der Steuerpflichtige kann demnach einen Verstoß gegen Bestimmungen des Freizügigkeitsabkommens in jeder Verfahrenslage vor den Finanzgerichten geltend machen – wie diese auch in jeder Verfahrenslage von Amts wegen zu berücksichtigen sind – und eine Vorlage beim EuGH anregen.

7. Verhältnis zu DBA

16 § 2 AStG hat in erster Linie die Abwanderung in sog. Niedrigsteuerländer im Visier. Da Deutschland die Abkommenspolitik verfolgt, mit solchen Ländern keine DBA abzuschließen (vgl. *Lüdicke*, Überlegungen zur deutschen DBA-Politik, 2008 S. 10 f.), sind diese Nicht-DBA-Staaten der eigentliche Adressat der Vorschrift. Besteht mit dem Staat, in welchem der Steuerpflichtige sich niedergelassen hat, ein DBA, so kann § 2 AStG, nicht anders als die übrigen Normen des deutschen Steuerrechts, **nur in den Grenzen angewandt werden, die das DBA belässt** (*Egner/Heinz/Koetz*, IStR 2007 S. 41 [43]; *Wassermeyer*, DStR 1987 S. 635 [37]; *Zimmermann/Könemann* in S/K/K, § 2 AStG Rz. 24). Das **DBA** hat in diesem Sinne **Vorrang**. Aus der Sicht des jeweiligen Abkommens ist Deutschland Quellenstaat. Das DBA kann mithin ein Besteuerungsrecht des Quellenstaates gänzlich beseitigt oder betragsmäßig begrenzt haben. Beides wirkt dann auch gegenüber der erweiterten beschränkten

Steuerpflicht, (*Baßler* in F/W/S, § 2 Rz. 32; *Debatin*, DStZ/A 1971 S. 89; *ders.*, DB 1974, Beilage 15, S. 9; *Flick*, BB 1971 S. 250; *Graf zu Ortenburg*, DStR 1975 S. 483 [484]; *Kluge*, AWD 1972 S. 411 [413]). Wird z. B. das Quellenbesteuerungsrecht durch das Abkommen auf 5 % begrenzt, kann das so beschränkte Besteuerungsrecht durch § 2 nicht erweitert werden.

Teilweise wird darüber hinausgehend angenommen, dass § 2 AStG nur dann angewendet werden darf, wenn das Abkommen mit dem nunmehrigen Ansässigkeitsstaat des Steuerpflichtigen dies ausdrücklich zulässt (*Apel/Oltmanns*, DB 1998 S. 2560 [2562]; *Bellstedt*, GmbHR 1973 S. 126 [133]; *Debatin*, DStZ/A 1971 S. 89; *ders.*, DB 1974, Beilage 15 S. 3, 9; *H. Vogel*, BB 1971 S. 1181 (1187); *K. Vogel* in Vogel/Lehner, DBA, Kommentar, 5. Aufl., Art. 23, Rz. 232, 234; *Hellwig*, DStZ 1974 S. 4 [6]; FG München vom 26.6.1986 X 118/83 E, 144/82 E, EFG 1987 S. 81, rkr.). Die Bedeutung dieser Frage liegt in erster Linie wohl darin, dass der Progressionsvorbehalt des Absatz 5 (s. Anm. 212) nach dieser Ansicht nicht zum Tragen kommen kann, sofern das Abkommen ihn nicht ausdrücklich zulässt. Hierzu ist entschieden worden, dass ein Progressionsvorbehalt keiner Zulassung im DBA bedarf (BFH vom 19.12.2001 I R 63/00, BStBl II 2002 S. 660; vom 15.5.2002 I R 40/01, BStBl II 2003 S. 302). Zutreffend hatte bereits *Kluge* (AWD 1972 S. 411 [413]) zum DBA Schweiz (vgl. dazu Anm. 17) darauf hingewiesen, dass die Vereinbarung eines Progressionsvorbehalts auch keine ‚Zulassung' o. Ä. ist, sondern eine Modifikation der Zuteilung der Steuerquellen. Dem ist zu folgen, die **Anwendbarkeit** des Progressionsvorbehalts **des § 2 AStG Abs. 5 hängt nicht davon ab,** dass dies in dem jeweiligen **DBA vereinbart** wurde. (*Baßler* in F/W/B, § 2 AStG Rz. 34; *Mössner*, IStR 1997, S. 228; *Zimmermann/Könemann* in S/K/K, § 2 AStG Rz. 25; *Graf zu Ortenburg*, DStR 1975, S. 483 [484]). Diese Sichtweise steht im Einklang mit der Auffassung des OECD-MK in Nr. 56 zu Art. 23.

Im **DBA Schweiz** vom 11.8.1971 (BGBl II 1972 S. 1022, i. d. F. des Revisionsprotokolls vom 12.3.2002, BGBl II 2003 S. 68) sind im Hinblick auf § 2 AStG besondere Regelungen in Art. 4 Abs. 4 getroffen worden. Danach gilt für eine in der Schweiz ansässige natürliche Person, die nicht die schweizerische Staatsangehörigkeit besitzt und in Deutschland fünf Jahre hindurch unbeschränkt steuerpflichtig war, dass Deutschland im Jahr der Beendigung der unbeschränkten deutschen Steuerpflicht und in den folgenden fünf Jahren die aus Deutschland stammenden Einkünfte besteuern kann. Dadurch wird allerdings das schweizerische Besteuerungsrecht nicht verdrängt. Die auf diese Einkunftsteile erhobenen schweizerischen Steuern sind auf die deutschen Steuern anzurechnen (AE Tz. 2.0.2.3; BFH vom 26.2.1992 I R 85/91, BStBl II 1992 S. 937; Einzelheiten bei *Hamminger* in Debatin/Wassermeyer, Art. 4 DBA Schweiz, Rdnr. 124–142). Im Ergebnis schafft Art. 4 Abs. 4 damit Raum für die Anwendung des § 2 AStG, begrenzt die Besteuerung hiernach aber auf fünf Jahre; zu den Folgen eines Wegzugs in die Schweiz *Bischoff/Kotyrba*, BB 2002 S. 382.

Streitig ist, ob nach Ablauf des Zeitraums von fünf Jahren die erweiterte beschränkte Steuerpflicht erlischt (so *H. Vogel*, BB 1971 S. 1181 (1187)) oder ob diese nur während dieses Zeitraums verdrängt wird und nach dessen Ablauf wieder auflebt – im Rahmen dessen, was das DBA zulässt (so *Kluge*, AWD 1972 S. 411 [413]; *Graf zu Ortenburg*, DStR 1975 S. 483 [486]). Wir halten Letzteres für richtig. Der Wortlaut des Abkommens schweigt zu dieser Frage. Dann ist aber nach den allgemeinen, für die Auslegung von DBA geltenden Grundsätzen davon auszugehen, dass die Vertragsstaaten von ihren Besteuerungsrechten so wenig wie möglich preisgeben wollten, so dass hier keine definitive Aufgabe des Besteuerungsrechts, sondern dessen befristete Hemmung anzunehmen ist. Nach Ablauf von 5 Jahren greifen aber die Begrenzungen durch das Abkommen ein.

Die Anwendung des § 2 AStG ist nur möglich, wenn neben dessen Voraussetzungen auch diejenigen des Art. 4 Abs. 4 erfüllt sind (*Zimmermann/Könemann* in S/K/K, § 2 AStG Rz. 26). Liegen nur die Voraussetzungen des § 2 AStG vor, diejenigen des Art. 4 jedoch nicht, wirken die Beschränkungen, die sich aus dem Abkommen ergeben. Liegen die Voraussetzungen des Art. 4 vor, nicht jedoch die des § 2 AStG, so muss die Norm unangewendet bleiben, denn eine DBA-Norm kann nach allgemeiner Ansicht selbst keine Steuerpflicht begründen (oder eine bestehende erhöhen), sondern sie öffnet den Raum für die nationalen Rechtsvorschriften (dazu *Hahn*, IStR 2010 S. 157). Von dem (unzutreffenden, Anm. 16) Standpunkt aus, dass die Anwendung des in § 2 Abs. 5 geregelten **Progressionsvorbehalts einer Grundlage im DBA** bedarf, könnte die Norm im Anwendungsbereich des DBA Schweiz nicht greifen (*K. Vogel* in Vogel/Lehner, DBA, Kommentar, 5. Aufl., Art. 23, Rz. 232). Der deutsche Standpunkt geht indessen ebenso wie der schweizerische dahin, dass das Abkommen seiner Anwendung nicht entgegensteht.

Art. 4 Abs. 6 enthält sodann eine spezielle Regelung. Danach gelten solche Personen nicht „als in einem Vertragsstaat ansässig", die einer dort näher beschriebenen **Vorzugsbesteuerung** unterliegen. Es geht um die schweizerische Aufwandbesteuerung. Die in Art. 4 erfolgte Begrenzung der deutschen erweiterten beschränkten Steuerpflicht auf fünf Jahre greift dann nicht; denn der Steuerpflichtige gilt in diesem Falle als nicht ansässig und ist deshalb nicht abkommensberechtigt (vgl. *Hardt* in Debatin/Wassermeyer, Art. 4 DBA Schweiz, Rz. 199; BFH vom 26.2.1992 I R 85/91, BStBl II 1992 S. 937).

Art. 4 Abs. 3 enthält ferner die Regelung für den Fall, dass der Steuerpflichtige in Deutschland eine **„ständige Wohnstätte"** (vgl. *Hahn* in Lademann, § 1 EStG Anm. 96; BFH vom 23.10.1985 I R 274/82, BStBl II 1986 S. 133 [zum DBA Spanien]) hat oder beibehält. In diesem Falle wird er unabhängig von den Vorschriften des DBA in vollem Umfang als in Deutschland unbeschränkt steuerpflichtig behandelt; Einzelheiten ergeben sich aus dem Verhandlungsprotokoll vom 18.6.1971 zum DBA Schweiz, BStBl I 1975 S. 504, vgl. ferner Anm. 102.

18 Zu Großbritannien vgl. Anm. 85.

19 Das **DBA Italien** enthält eine der schweizerischen vergleichbare Regelung. Sie ergibt sich aus Abschn. 17 des Protokolls (vgl. dazu *Krabbe* in Debatin/Wassermeyer, Art. 24 DBA Italien, Rdnr. 52 ff; *Weggenmann* in Haase, § 2 AStG Rz. 23–25).

20 **Österreich** kannte eine sog. Zuzüglerbesteuerung, die zu einer niedrigeren Besteuerung führte. Sie ist ab dem Jahre 1994 entfallen, und Österreich wird von der Finanzverwaltung nicht mehr als niedrig besteuerndes Land i. S. des § 2 angesehen (BMF vom 15.3.1996 IV C 6 – S 1343 – 1/96, BStBl I 1996 S. 161). Allerdings geht die Verwaltung weiterhin davon aus, dass Zuzüglern, die in Wissenschaft und Forschung tätig sind, und solchen, die als Sportler tätig sind, steuerliche Vorzugsbehandlungen gewährt werden, vgl. § 103 Abs. 1 EStG und dazu im Einzelnen *Doralt*, EStG, Kommentar, § 103 Rz. 5 und 12, so dass für diesen Personenkreis § 2 Abs. 2 Nr. 2 einschlägig sein kann; da es sich um eine Ermessensentscheidung des BMF handelt (*Doralt*, a. a. O., Rz. 2), handelt es sich auch insoweit um einen typischen Fall des § 2 Abs. 2 Nr. 2 (vgl. Anm. 96).

8. Rechtsfolgen, insbesondere Umfang der erweiterten beschränkten Steuerpflicht

Sind die Voraussetzungen des § 2 AStG erfüllt, so ergeben sich Rechtsfolgen hinsichtlich des Umfangs der Steuerpflicht (s. Anm. 182–190) und des Steuersatzes (Progressionsvorbehalt, s. Anm. 211–223). Zum anderen löst der Status der erweiterten beschränkten Steuerpflicht Folgewirkungen in anderen Normbereichen aus. Die §§ 4 und 5 AStG nehmen auf § 2 Bezug. Bei der Hinzurechnungsbesteuerung gemäß §§ 7–14 AStG werden der erweiterten beschränkten Steuerpflicht unterliegende Personen bei der Ermittlung der sog. Inländerbeherrschung nach § 7 Abs. 2 AStG einbezogen. 21

Gem. § 2 Nr. 2 SolZG unterliegen die Einkünfte, die in die erweiterte beschränkte Steuerpflicht einbezogen sind, auch dem Solidaritätszuschlag. Durch das JStG 1996, welches explizit auch den nach § 2 AStG erweitert beschränkt Steuerpflichtigen nennt, ist das BFH-Urteil vom 30. 8. 1995 I R 10/95, BStBl II 1995 S. 868, BB 1995 S. 2515, insoweit überholt.

9. Ende der erweiterten beschränkten Steuerpflicht

Die erweiterte beschränkte Steuerpflicht endet mit dem Ablauf des zehnten Jahres nach Ablauf des Jahres, in dem die unbeschränkte Steuerpflicht geendet hat (s. Anm. 237 f.). Sie endet ferner noch während des Zehn-Jahres-Zeitraums mit der **Rückkehr** des Steuerpflichtigen, wenn dieser Wohnsitz oder gewöhnlichen Aufenthalt im Inland begründet und damit seine unbeschränkte Steuerpflicht auslöst. Sie endet weiterhin mit dem **Wegfall der wesentlichen wirtschaftlichen Interessen** i. S. des § 2 Abs. 1 Satz 1 Nr. 2, etwa durch Veräußerung, Unterschreiten der 1%-Grenze bei Beteiligungen an Kapitalgesellschaften u. Ä. Schließlich würde sie mit **Wegfall der niedrigen Besteuerung** enden, s. auch Anm. 237. 22

(einstweilen frei) 23 bis 30

II. Voraussetzungen der erweiterten beschränkten Steuerpflicht

1. Persönliche Voraussetzungen

a) Natürliche Person

§ 2 AStG erfasst nur natürliche Personen, die Deutsche (s. dazu Anm. 39) sind, zur natürlichen Person vgl. § 1 EStG Anm. 12–19. 31

b) Ende der unbeschränkten Steuerpflicht

Weitere Voraussetzung ist, dass der **Steuerpflichtige aus der unbeschränkten Einkommensteuerpflicht** gemäß § 1 Abs. 1 Satz 1 EStG **ausscheidet**. Damit ist die Beendigung der Steuerpflicht durch Aufgabe des inländischen Wohnsitzes (und ohne zugleich einen gewöhnlichen Aufenthalt zu begründen) oder durch Aufgabe des gewöhnlichen Aufenthalts im Inland (vgl. § 1 EStG Anm. 29, 89 und 121), ohne zugleich einen inländischen Wohnsitz zu begründen, gemeint. Für die Auslegung der Ausdrücke „Wohnsitz" und „gewöhnlicher Aufenthalt" gilt das Gleiche wie im 32

Rahmen des § 1 EStG (vgl. § 1 EStG Anm. 71 und 111 ff.); ebenso kann hinsichtlich der Aufgabe des Wohnsitzes (vgl. *Hahn* in Lademann, § 1 EStG Anm. 90 ff.) und hinsichtlich der Aufgabe des gewöhnlichen Aufenthalts (vgl. § 1 EStG Anm. 123) auf die Auslegung des § 1 EStG und der §§ 8 und 9 AO verwiesen werden. Der Auswanderer beendet in der Regel mit der Aufgabe seines inländischen Wohnsitzes seine unbeschränkte Steuerpflicht. Wird ein Wohnsitz (auch ein ‚Nebenwohnsitz' – eine im Übrigen steuerrechtlich irrelevante Klassifizierung, vgl. § 1 EStG Anm. 79 –) in Deutschland beibehalten (zu praktischen Fragen im Zusammenhang hiermit *Löffler/Stadler*, IStR 2008 S. 832; *Bischoff/Kotyrba*, BB 2002 S. 382 [383]), würde ein **doppelter Wohnsitz** vorliegen, vgl. dazu Anm. 37.

33 Das Tatbestandsmerkmal „Ende der unbeschränkten Steuerpflicht" hat eine **doppelte Funktion**. Zum einen ist es eine der **tatbestandlichen Voraussetzungen** für die Rechtsfolge des § 2, die erweiterte unbeschränkte Steuerpflicht. Zum anderen ist der Zeitpunkt des Endes der Steuerpflicht Ausgangspunkt für die **Fixierung des Referenzzeitraums:** Von hier aus ist taggenau 10 Jahre (*Zimmermann/Könemann* in S/K/K, § 2 AStG Rz. 45; *Richter*, AWD/RIW 1974 S. 349) zurückzurechnen. Während des so ermittelten Zeitraums muss der Steuerpflichtige mindestens fünf Jahre hindurch unbeschränkt steuerpflichtig gewesen sein. Mittelbar hat das Tatbestandsmerkmal noch eine dritte Funktion; sie betrifft die Rechtsfolge: Ab dem Ende des Jahres, in welchem das Ende der unbeschränkten Steuerpflicht liegt, besteht die erweiterte beschränkte Steuerpflicht für zehn Jahre fort.

Wegen seiner zweiten Funktion, derjenigen der Fixierung des Referenzzeitraums, ist im Prinzip das Ende der unbeschränkten Steuerpflicht taggenau zu bestimmen. Bei der Aufgabe des inländischen Wohnsitzes bzw. des gewöhnlichen Aufenthalts im Inland handelt es sich um ‚Ereignisse' i. S. d. **§ 187 Abs. 1 BGB,** der gem. § 108 AO bei der **Fristberechnung** anzuwenden ist (AE Tz. 2.1.1.). Das bedeutet, dass für einen Steuerpflichtigen, der am 1.10. des Jahres 2010 seinen inländischen Wohnsitz aufgibt (ohne danach noch einen gewöhnlichen Aufenthalt im Inland zu haben) der Referenzzeitraum am 2.10.1999 beginnt. In der Praxis wird sich der Zeitpunkt der Aufgabe des Wohnsitzes oftmals schwer eindeutig bestimmen lassen. Vielfach handelt es sich um zeitlich gestreckte Vorgänge. So wird etwa eine angemietete Wohnung geräumt in dem Moment, wo der Besitz an ihr aufgegeben wird; das geschieht in der Regel durch Übergabe der Wohnungsschlüssel an den Vermieter. Die Aufgabe des Wohnsitzes im steuerlichen Sinne kann aber schon weit vorher liegen, wenn nämlich die Wohnung nicht mehr als solche genutzt wird (vgl. § 1 EStG Anm. 92). Für den Steuerpflichtigen ergeben sich hierdurch Gestaltungsmöglichkeiten, andererseits dann aber auch die Notwendigkeit, Beweisvorsorge zu treffen.

34 Es wird teilweise die Frage diskutiert (*Kraft* § 2, Rz. 37), ob es erforderlich ist, dass der **Zuzug unmittelbar in ein niedrig besteuerndes Land** erfolgen muss bzw. welche Auswirkungen es hat, wenn der Steuerpflichtige zunächst in ein ‚hoch' besteuerndes Land zieht und im Anschluss daran in eines mit niedriger Besteuerung i. S. des § 2 Abs. 2. Dafür, dass die Rechtsfolge der erweiterten beschränkten Steuerpflicht nur dann einträte, wenn der Wegzug unmittelbar in ein niedrig besteuerndes Land erfolgt, gibt es weder eine Andeutung im Text der Norm noch fordert dies ihr Sinn (*Baßler* in F/W/B, § 2 AStG Rz. 72; – *dox* –, FR 1973, S. 426; AE Tz. 2.0.1.2). Der Ausdruck in Abs. 1 Satz 1 „in einem ausländischen Gebiet ansässig ist" zeigt vielmehr, dass es ausschließlich auf den Umstand ankommt, wo der Steuerpflichtige

(innerhalb der Zehn-Jahres-Frist) ansässig ist. Würde also ein Steuerpflichtiger am 1.10.2001 seinen deutschen Wohnsitz aufgeben (und danach auch keinen gewöhnlichen Aufenthalt in Deutschland mehr haben) und nach Frankreich umsiedeln und vom 1.7.2004 in Liechtenstein ansässig sein, so würde dies folgende Auswirkungen auf seinen steuerlichen Status haben: vom 1.1.2001 bis zum 30.9.2001 bestünde in Deutschland unbeschränkte Steuerpflicht, vom 1.10.01 bis zum 30.6.2003 bestünde im Rahmen des § 49 EStG beschränkte Steuerpflicht und vom 1.7.2003 an bestünde erweiterte beschränkte Steuerpflicht.

Unabhängig davon kann naturgemäß die Frage auftreten, ob eventuell nur ein **Scheinwohnsitz** vorliegt i. S. d. § 41 Abs. 2 Satz 1 AO (vgl. dazu *Kruse* in Tipke/Kruse, § 41 AO Rz. 70 und 71; praktische Hinweise hierzu bei *Strunk,* Inf. 1995 S. 390).

c) Fünfjährige unbeschränkte Steuerpflicht während des Referenzzeitraums

Voraussetzung für die Anwendung des § 2 ist, dass der Steuerpflichtige innerhalb des zehnjährigen Referenzzeitraums (s. Anm. 33) „**als Deutscher**" für „**insgesamt mindestens fünf Jahre**" unbeschränkt einkommensteuerpflichtig gewesen ist. **35**

aa) „nach § 1 Abs. 1 Satz 1 des Einkommensteuergesetzes unbeschränkt einkommensteuerpflichtig"

Mit diesem Kriterium wird wiederum auf § 1 EStG und damit zugleich auf die §§ 8 und 9 AO verwiesen (vgl. § 1 EStG Anm. 71 und 111). Es gelten mithin die hierzu entwickelten Grundsätze, so wohl auch AE Tz. 2.2.2. Nr. 1. Insbesondere sind die hierzu bestehenden Regelungen über kurzfristige Unterbrechungen und die dazu entwickelte Rechtsprechung (vgl. § 1 EStG Anm. 83 ff., 125 und Anm. 129 ff.) auch hier anzuwenden. Die Norm verweist ausdrücklich auf § 1 Abs. 1 EStG, also nur auf die originäre unbeschränkte Steuerpflicht. Eine erweitert unbeschränkte Steuerpflicht i. S. d. § 1 Abs. 2 EStG oder eine fiktive unbeschränkte Steuerpflicht i. S. d. § 1 Abs. 3 EStG kann demnach nicht zur Erfüllung der Voraussetzung führen (*Baßler* in F/W/B § 2 Rz. 51 *Kraft,* § 2 Rz. 32, *Weggenmann* in Haase, § 2 AStG Rz. 45; *Zimmermann/Könemann* in S/K/K, § 2 AStG Rz. 43). Die in der Vorbearbeitung vertretene Gegenansicht wird nicht übernommen. Nach § 21 Abs. 6 AStG erfüllt auch die unbeschränkte Steuerpflicht in der ehemaligen Deutschen Demokratischen Republik diese Voraussetzung. Sie steht der unbeschränkten Einkommensteuerpflicht nach § 1 Abs. 1 Satz 1 EStG gleich. Nicht erforderlich ist, dass tatsächlich Einkünfte erzielt werden oder dass eine Steuerschuld festgesetzt wird (*Kraft,* § 2 Rz. 31; *Baßler* in F/W/B, § 2 AStG Rz. 51). **36**

Denkbar sind Fälle, in denen eine natürliche Person **zwei Wohnsitze** hat (vgl. § 1 EStG Anm. 74), und somit auch solche, in denen einer von ihnen im Ausland liegt. Einen doppelten gewöhnlichen Aufenthalt i. S. des § 9 AO kann es nach in Deutschland h. A. hingegen nicht geben (vgl. § 1 EStG Anm. 115), obschon dieses Kriterium sich in vielen Rechtsordnungen findet. Wohl aber kann bei Wohnsitzbegründung im Ausland ein inländischer gewöhnlicher Aufenthalt verbleiben. Dieser Fall ist ebenso wie ein doppelter Wohnsitz zu beurteilen (zu praktischen Fragen im Zusammenhang hiermit vgl. *Löffler/Stadler,* IStR 2008 S. 832; *Bischoff/Kotyrba,* BB 2002 S. 382 [383]; vgl. auch § 1 EStG Anm. 94; zur Schweiz vgl. noch *Apel/Oltmanns,* DB 2008 S. 2560). **37**

Zu unterscheiden sind u. E. hier die Fälle, in denen mit dem Ansässigkeitsstaat des Wegziehenden **kein DBA** besteht, wie bei Niedrigsteuerländern in der Regel der Fall. In diesen Fällen besteht die unbeschränkte Steuerpflicht ohne Weiteres fort (*Debatin,* DB 1975, Beilage 15, S. 10). Für eine Anwendung des § 2 ist deshalb kein Raum und besteht auch keine Notwendigkeit. In demjenigen Fall, dass der ausländische Wohnsitz in einem **Staat** liegt, **mit dem ein DBA** besteht, entscheidet die im jeweiligen Vertrag enthaltene, der des Art. 4 OECD-MA entsprechende Klausel, insbesondere die sog. **tie-breaker-rule des Art. 4 Abs. 2 OECD-MA** (vgl. dazu § 1 EStG Anm. 94, 95), darüber, in welchem der beiden Staaten der Steuerpflichtige als ansässig zu behandeln ist und damit der unbeschränkten Steuerpflicht unterliegt.

37a Denkbar sind ferner Fälle, in denen der Steuerpflichtige einen Doppelwohnsitz dergestalt hat, dass einer von ihnen sich in einem Niedrigsteuerland befindet, der andere in einem Land (oder „Gebiet", vgl § 2 Abs. 1 Nr. 1), für welches dies nicht gilt. *Baßler* (in FWB, § 2 Rz. 60) schlägt eine teleologische Reduktion der Norm dahingehend vor, dass eine erweiterte beschränkte Steuerpflicht nicht ausgelöst werden soll. Er kann sich hierzu auf Tz. 2.2.1 des BMF-Schreibens vom 14.5.2004 (IV B 4 – 11/04, BStBl I 2004, Sondernummer) berufen, die in diesem Sinne verstanden werden kann. Tatsächlich fordert der Zweck der Norm indessen eine solche Reduktion ihres Anwendungsbereichs nicht, sondern es bleibt nach wie vor geboten zu prüfen, ob der Steuerpflichtige mit den im Niedrigsteuergebiet erzielten Einkünften einer niedrigen Besteuerung unterliegt, § 2 Abs. 2.

bb) „insgesamt mindestens fünf Jahre"

38 Die unbeschränkte Steuerpflicht während des Referenzzeitraums muss mindestens **fünf Jahre hindurch bestanden** haben. Aus dem Formulierungsteil „insgesamt" ergibt sich, dass diese zeitliche Voraussetzung nicht nur durch einen geschlossenen Zeitraum erfüllt werden kann. Es reicht vielmehr aus, wenn die **Aufaddition mehrerer Zeiträume** mit unbeschränkter Steuerpflicht zu einer Gesamtdauer von 5 Jahren führt (unstr., vgl. AE Tz. 2.1.1. Nr. 1). Da das Gesetz an die unbeschränkte Steuerpflicht angeknüpft, sind hier die gesamte Rechtsprechung, die zu § 1 EStG und zu den §§ 8, 9 AO besteht, und die daraus entstande Kasuistik einschlägig. Inlandsaufenthalte, die nicht zur unbeschränkten Steuerpflicht führen, bleiben bei der Ermittlung außer Betracht (*Debatin,* DB 1974, Beilage 15, S. 10; *Flick/Wassermeyer,* FR 1974 S. 574 [475]; *Zimmermann/Könemann* in S/K/K, § 2 AStG Rz. 45); dies gilt namentlich für kurzfristige Aufenthalte (vgl. § 1 EStG Anm. 83 ff., 125 und Anm. 129 ff.); auch insoweit sind die zu § 1 EStG entwickelten Regelungen heranzuziehen. Für die Berechnung des oder der Zeiträume gelten gem. § 108 AO die §§ 187 ff. BGB (zur Berechnung *Richter,* AWD/RIW 1974 S. 349).

cc) „als Deutscher"

39 Das deutsche öffentliche Recht kennt zwei unterschiedliche Begriffe der Staatsangehörigkeit. Nach Verwaltungsauffassung soll „Deutscher" jeder **Deutsche im Sinne des Art. 116 GG** sein (AE Tz. 2.1.1. Nr. 2); dem folgt ein Teil der Lehre (bereits *Bellstedt,* GmbHR 1973 S. 126 [131]; *Debatin,* DB 1974, Beilage 15, S. 10; *Graf zu Ortenburg,* DStR 1975 S. 483 [486]; *Weggenmann* in Haase, § 2 Rz. 46). Danach zählen die Angehörigen der dort aufgezählten Personenkreise (Flüchtlinge, Vertriebene usw.) zu den Deutschen i. S. d. Vorschrift. Eine Reihe von Autoren ist anderer Ansicht (*Baßler* in F/W/B, § 2 AStG Rz. 50, *Zimmermann/Könemann* in S/K/K, § 2

AStG Rz. 39; *Elicker* in Blümich, § 2 AStG Rz. 12). Sie verweisen darauf, dass Art. 116 GG zu ganz bestimmten Zwecken, die sich aus den Bevölkerungsbewegungen nach dem Ende des 2. Weltkrieg ergeben haben und mit der Besteuerung nichts zu tun haben, für die Angehörigen dieses Personenkreises die deutsche Staatsangehörigkeit fingiert wurde, so dass sie auch für die Anwendung des § 2 nicht maßgebend sein könne. Dem ist zuzustimmen. Die Richtigkeit dieser Auffassung ergibt sich bereits bei rein sprachlicher Betrachtung aus dem Formulierungsteil des Art. 116 GG „Deutscher im Sinne des Grundgesetzes". Die Definition ist danach nicht ohne Weiteres auf andere Gesetze übertragbar, andernfalls der Gesetzgeber des GG diese Einschränkung nicht gemacht hätte. Art. 116 GG fügt der Gruppe der Personen mit deutscher Staatsangehörigkeit im Sinne des Staatsangehörigkeitsrechts eine weitere, diejenige der sog. Statusdeutschen, hinzu. Nur „im Sinne des Grundgesetzes" sind Letztere Deutsche. Ansonsten sind es nur diejenigen, die die deutsche Staatsangehörigkeit im Sinne des Staatsangehörigkeitsrechts haben. Das entspricht dem Sprachgebrauch des Gesetzgebers und insoweit auch demjenigen des internationalen Steuerrechts, wo z. B. in Art. 4 Abs. 2 DBA Schweiz von „Staatsangehörigkeit" und in Art. 4 Abs. 4 von „schweizerischer Staatsangehörigkeit" und z. B. in Abschn. (17) des Protokolls vom 18.10.1989 zum DBA Italien im Zusammenhang mit § 2 AStG von „deutschen Staatsangehörigen" gesprochen wird. Schließlich trifft auch der Hinweis auf die gänzlich verschiedene Zielsetzung des Art. 116 GG zu. Der Zweck, der mit der Schaffung des Personenkreises der sog. Statusdeutschen verfolgt wurde: dem Personenkreis der Flüchtlinge und Vertriebenen einen gesicherten Status zu verschaffen und in allen Belangen ihre Gleichstellung mit den deutschen Staatsangehörigen zu gewährleisten (*Wittreck* in Dreier [Hrsg.], GG, Bd. III, Art. 116, Rz. 13, 30, 31), hat mit den Zwecken des Steuerrechts und näherhin des § 2 AStG nichts zu tun. Wer Deutscher i. S. der steuerrechtlichen Bestimmungen und im Kontext des internationalen Steuerrechts ist, bestimmt sich nach dem Staatsangehörigkeitsgesetz vom 15.7.1999 (BGBl I 1999 S. 1618) und **Deutscher** i. S. d. § 2 AStG ist demnach nur derjenige, der nach diesen Bestimmungen die **deutsche Staatsangehörigkeit** besitzt (so auch *Baßler* in F/W/B § 20 Rz. 50).

Die Kriterien „deutsche Staatsangehörigkeit" und „unbeschränkte Einkommensteuerpflicht" müssen während des Fünfjahreszeitraums gleichzeitig vorgelegen haben, wie sich aus dem Formulierungsteil „als Deutscher" ergibt (*Baßler* in F/W/B, § 2 AStG Rz. 8; *Zimmermann/Könemann* in S/K/K, § 2 AStG Rz. 39). **40**

Nach zutreffender Verwaltungsauffassung sind auch **Personen mit doppelter Staatsangehörigkeit** (und Mehrfachstaater) Deutsche im Sinne dieser Vorschrift, wenn eine der Staatsangehörigkeiten die deutsche ist (AStG Rz. 41; AE Tz. 2.1.1.Nr. 2; *Zimmermann/Könemann* in S/K/K, § 2 AStG Rz. 41). **41**

Der AE (Tz. 2.2.1. Nr. 2) führt des Weiteren aus, dass es der Anwendbarkeit des § 2 nicht entgegenstehe, wenn der Steuerpflichtige „die deutsche Staatsangehörigkeit aufgegeben hat, nachdem er während des maßgeblichen Zehn-Jahres-Zeitraums als Deutscher fünf Jahre unbeschränkt steuerpflichtig war." Das erscheint selbstverständlich. Von größerer Relevanz für die Steuerplanung erscheint die Frage nach den **Wirkungen der Aufgabe der Staatsangehörigkeit**, wenn diese während dieses Zeitraums erfolgt. Es lässt sich etwa an den Fall denken, dass während des Fünf-Jahres-Zeitraums nach Ablauf von einigen Jahren die deutsche Staatsangehörigkeit aufgegeben wird zum Zwecke der Vorbereitung eines Wegzugs. U. E. muss Folgendes gelten: Die Annahme oder Aufgabe einer Staatsangehörigkeit ist ein statusbegründender Verwaltungsakt mit der Folge, dass hierdurch ein Sachverhalt mit Wirkung für und gegen jedermann begründet wird, der auch der Besteuerung zu Grunde zu legen ist. Er ist deshalb auch für die Anwendung des § 2 maßgebend, im Ergebnis so auch *Bellstedt*, GmbHR 1973 S. 126 (131); bereits *Diem/Ling*, StWa 1974 S. 48 (50); a. A. – allerdings ohne Begründung – *Kraft*, § 2 Rz. 30. Dieser Gesichtspunkt erhält noch stärkeres Gewicht durch die Erwägung, dass in aller Regel mit der Aufgabe einer Staatsangehörigkeit der Erwerb einer anderen einhergeht. Deren Anerkennung ist aber nach den Grundsätzen des internationalen Verwaltungsrechts (vgl. *Dahm/Delbrück/Wolfram*, Völkerrecht, Bd. I/1, 2. Aufl., 1989, § 75, S. 485; *Meng*, ZaöRV 1984, S. 675 f.) sowie auch gemeinschaftsrechtlich (*Waldhoff*, IStR 2009 S. 386 [389]) geboten.

42 bis 50 *(einstweilen frei)*

2. Sachliche Voraussetzungen

51 Nach § 2 Abs. 1 Nr. 1 AStG ist weitere Voraussetzung für die Anwendung des § 2, dass der Auswanderer nach seinem Ausscheiden aus der deutschen unbeschränkten Steuerpflicht im niedrig besteuernden Ausland ansässig ist oder – zweite Alternative des § 2 Abs. 1 Satz 1 Nr. 1 – ‚in keinem ausländischen Gebiet ansässig ist'. Die Bestimmung des Ortes der Ansässigkeit sollte vorrangig erfolgen, weil nur auf dieser Grundlage gefragt werden kann, ob der Steuerpflichtige einer niedrigen Besteuerung unterliegt.

a) Ansässigkeit

aa) in einem niedrig besteuernden Gebiet ansässig

52 Hinsichtlich der Bedeutung des Ausdrucks „ansässig" gibt es in der Literatur unterschiedliche Standpunkte, wobei nicht ganz deutlich ist, ob es um Formulierungen oder um inhaltliche Differenzen geht; zu den Literaturauffassungen vgl. Anm. 54. U. E. sind Aussage und Formulierung der Norm eindeutig, wenn man sich die Besonderheiten des Regelungsproblems und die hierdurch erforderlich werdende Regelungstechnik vergegenwärtigt. Richtig ist zunächst zwar, dass der Ausdruck „ansässig" kein Ausdruck des internen deutschen Steuerrechts ist und dass er dort nicht definiert wird (*Weggenmann* in Haase, § 2 AStG Rz. 48). Es bedarf indessen auch keiner Definition, denn mit der Wahl dieses Ausdrucks **verweist der Gesetzgeber auf die Regelung des Art. 4 OECD-MA.** Sie findet sich in dessen Absatz 1. Danach ist der Steuerpflichtige dort ansässig, wo er „nach dem Recht dieses Staates auf Grund (seines) Wohnsitzes, (seines) ständigen Aufenthaltes oder eines anderen ähnlichen Merkmals steuerpflichtig ist." Art. 4 Abs. 1 OECD-MA spricht zwei Rechtsfolgen aus, von denen die eine – die Abkommensberechtigung – hier ohne Belang ist, während die andere diejenige ist, die der Gesetzgeber des § 2 AStG mit der Verwendung des Ausdrucks „ansässig" ausspricht: Art. 4 Abs. 1 OECD-MA **verweist auf das (Steuer-) Recht des in Betracht kommenden Staates;** nach diesem ausländischen Recht ist die Frage zu beurteilen, ob ein Rechtssubjekt in einem Staat ansässig ist [zutr. so auch *Carlé*, KÖSDI 2002 S. 13432 [13433]; *Elicker* in Blümich, § 2 AStG Rz. 16; *Baßler* in F/W/B (Mai 2014), § 2 AStG Rz. 58; zu dieser Kodifikationstechnik auch *Hahn*, IStR 2010 S. 638]. Z. B. würde das Vorhandensein einer „ständigen Wohnstätte" i. S. d. Art. 4 Abs. 4 DBA Schweiz zur Annahme der Ansässigkeit in der Schweiz führen (vgl. § 1 EStG Anm. 96, 98). Der Ausdruck „ansässig" in § 2 ist somit nicht ein Tatbestandsmerkmal, unter welches ein Lebenssachverhalt zu subsumieren wäre, sondern in § 2 Abs. 1 bedeutet der Ausdruck einen Verweis auf die anzuwendende Rechtsordnung (*Lehner* in Vogel/ Lehner, DBA, Art. 4 OECD-MA Rz. 145). Erst wenn anhand des Aufenthalts des Steuerpflichtigen die in Betracht kommende Steuerrechtsordnung bestimmt ist, kommt es anhand von deren Regeln zur Prüfung und Beantwortung der Frage (und dies dann im Wege einer echten Subsumtion des Sachverhaltes unter die anzuwendende Norm des einschlägigen ausländischen [Steuer-]Rechts), ob der Steuerpflichtige in dem in Betracht kommenden Staat ansässig ist. Daran schließt sich die Prüfung der Frage an, ob dies nach den Regeln dieses Rechts ausgelöste Rechtsfolge der deutschen unbeschränkten Steuerpflicht dem Umfang nach entspricht, ob also Merkmale erfüllt sind, die **zu einer der deutschen unbeschränkten Steuerpflicht vergleichbaren** führen.

Erforderlich ist, dass diese **Steuerpflicht eine umfassende ist**, wie sich auch aus der Klarstellung in **Art. 4 Abs. 1 Satz. 2 OECD-MA** ergibt: „Der Ausdruck umfasst jedoch nicht eine Person, die in diesem Staat nur mit Einkünften aus Quellen in diesem Staat steuerpflichtig ist." Für die Praxis der Rechtsanwendung wird dies vielfach nicht dazu führen, dass die deutsche Finanzbehörde selbst ausländisches Recht ermittelt und anwendet (obschon dies auch im Horizont europäischer Rechtsanwendung geboten wäre, *Englisch,* IStR 2009 S. 37; ferner *Kobor,* Kooperative Amtsermittlung im Verwaltungsrecht, S. 273), sondern man wird, schon im Interesse der sicheren Rechtsanwendung, sich an den Entscheidungen orientieren, die in dem anderen Staat von den dortigen Finanzbehörden getroffen worden sind (vgl. dazu *Wassermeyer* in Debatin/Wassermeyer, OECD-MA Art. 4 Rz. 26). Indem § 2 Abs. 1 Satz 1 den Ausdruck „ansässig" verwendet, macht der Gesetzgeber sich also die Regelungstechnik des internationalen Steuerrechts in Gestalt des Art. 4 Abs. 1 OECD-MA zu eigen, und somit hat der Ausdruck die gleiche Bedeutung wie dort. 53

Weitergehende Überlegungen in der Literatur, die letztendlich aber zu keinem anderen Ergebnis als dem oben in Anm. 52 und 53 dargestellten führen dürften, verkomplizieren diesen Sachverhalt eher, als dass sie ihn erklären. Es handelt sich nicht um eine Verwandschaft „der inneren Systeme" (so *Baßler* in F/W/B, § 2 AStG Rz. 58), sondern deren Normen sind anzuwenden, wobei praktisch gesehen ‚anwenden' im Durchschnittsfall bedeuten wird, der Beurteilung durch die Behörde des anderen Staates zu folgen (*Wassermeyer* in Debatin/Wassermeyer, OECD-MA Art. 4 Rz. 31). Die §§ 8, 9 AO können auch – sieht man von einer Ausnahme ab (unten a. E.) – weder „hilfsweise" (so *Weggenmann* in Haase, § 2 Rz. 49) noch „indirekt" (so *Zimmermann/Könemann* in S/K/K, § 2 AStG Rz. 50) angewendet werden. Denn entweder ist der Steuerpflichtige nach Maßgabe der Normen des ausländischen Rechts in einem Staat ansässig oder aber nicht. M. a. W.: Wenn es sich erweist, dass der Steuerpflichtige im Staate X nach dessen Regeln nicht ansässig ist, dann ist für wie eine auch immer geartete Anwendung der §§ 8, 9 AO kein Raum. Es gibt hier nicht einmal ein Beweisproblem, weil in diesem Falle davon auszugehen ist, dass er „in keinem ausländischen Gebiet ansässig ist" (vgl. Anm. 56, 57). 54

Weggenmann (in Haase, § 2 AStG Rz. 54) wendet gegen eine Heranziehung des Art. 4 Abs. 2 OECD-MA ein, dass ein solches abkommensrechtliches Verständnis nicht greife, wenn mit dem betreffenden Staat kein DBA bestehe, was aber der wichtigste Anwendungsfall des § 2 AStG sei. Letzteres trifft zu, Ersteres nicht: Die hier vertretene, mit der Verwaltungsauffassung im Ergebnis übereinstimmende Sicht ist die, dass Art. 4 Abs. 2 OECD-MA etwas über die Bedeutung des Ausdrucks „ansässig" sagt und dass dies für die Auslegung des § 2 von Bedeutung ist. Das setzt nicht voraus, dass ein entsprechendes Abkommen im konkreten Fall tatsächlich abgeschlossen wurde. Auch bei Fehlen eines DBA besagt § 2 Abs. 1 Satz 1 u. E. immer noch, dass die Frage der Ansässigkeit nach dem Recht des in Betracht kommenden Staates zu beurteilen ist.

Auch der Einwand (*Weggenmann* in Haase, § 2 AStG Rz. 54), die Begriffe des AStG müssten unabhängig vom DBA-Recht ausgelegt werden, greift gegenüber der in Anm. 52, 53 vorgeschlagenen Auslegung nicht durch. Gerade diese – durchaus für alle Staaten einheitliche – Auslegung des Ausdrucks „ansässig" ist eben die, dass für dessen nähere Bestimmung auf die jeweilige nationale Rechtsordnung verwiesen wird. Es würde denn auch keinen Sinn ergeben, wenn z. B. aufgrund einer analogen Anwendung der §§ 8, 9 AO der Steuerpflichtige als im Staat A ansässig zu gelten hätte, dies aber tatsächlich nach dem Regeln dieses Staates nicht der Fall wäre. Aus den dort herangezogenen BFH-Urteilen vom 13.10.1965 und vom 4.6.1975 (I 410/61 U, BStBl III 1965 S. 738, und I R 250/73, BStBl II 1975 S. 708) ergibt sich nichts anderes; sie sind zu § 1 EStG ergangen und betreffen die Bedeutung des Ausdrucks „Wohnsitz", während es im Rahmen des § 2 um diejenige des Ausdrucks „ansässig" geht.

55 Ein anderer Einwand geht dahin, dass einige Staaten solcherart Anknüpfungspunkte der Steuerpflicht, wie sie nach der hier vertretenen Auslegung von Art. 4 Abs. 1 OECD-MA vorausgesetzt werden, nicht kennen. Deren Rechtsordnungen verbinden bisweilen die **unbeschränkte Steuerpflicht mit der Staatsangehörigkeit.** Als Beispiel wird auf das Recht der USA verwiesen. In diesem und vergleichbaren Fällen würde tatsächlich eine Gesetzeslücke bestehen (vgl. aber Anm. 56). Dementsprechend wäre hier dann Raum für eine analoge Anwendung der §§ 8, 9 AO (*Baßler* in F/W/B, § 2 AStG Rz. 59; *Diehm/Ling*, StWa 1974 S. 49 [54]; a. A. wohl *Zimmermann/Könemann* in S/K/K, § 2 AStG Rz. 50). Eine andere Lösungsmöglichkeit bestünde darin, zu prüfen, wie die Doppelbesteuerung im Einzelnen vermieden wird. Es müsste sich dann erweisen, welcher Staat die Rolle des Quellenstaates und welcher diejenige des Ansässigkeitsstaats einnimmt. Denn diese Frage dürfte auf jeden Fall und aufgrund welcher Kriterien auch immer zu entscheiden sein, weil die Systematik der DBA dies erfordert. Diese Kriterien hätten dann auch im Rahmen des § 2 über die Ansässigkeit des Steuerpflichtigen zu entscheiden. Hinsichtlich des Beispiels der USA wird das Problem allerdings vorerst nicht zur Bearbeitung anstehen, da weder gegenwärtig noch mittelfristig die USA als Niedrigsteuerland anzusprechen sein werden.

Die Fälle von Staaten, die **keine** irgendwie mit einer **Einkommensteuer** funktionell vergleichbare Steuer **erheben,** rufen für die Anwendung des § 2 eine Gesetzeslücke hervor. Hier entspricht eine analoge Anwendung der §§ 8, 9 AO den Wertungen des Gesetzgebers. Es kann weiterhin die Frage aufgeworfen werden, ob eine der deutschen unbeschränkten Steuerpflicht vergleichbare Steuerpflicht dann gegeben ist, wenn die Besteuerung sich auf die Einkünfte aus inländischen Quellen beschränkt, hier aber umfassend ist; es würde sich dabei um ein Steuersystem handeln, in welchem das Welteinkommensprinzip durch das **Territorialprinzip** ersetzt ist (*Baßler* in F/W/B, § 2 AStG Rz. 58). Ein solches Steuersystem wäre schon deshalb einer unbeschränkten Steuerpflicht gleichzustellen, weil de facto auch die deutsche unbeschränkte Steuerpflicht ja nicht wirklich das Welteinkommen erfasst, sondern ebenfalls durch Doppelbesteuerungsabkommen und Regeln zur Anrechnung von ausländischen Steuern in gewissem Grade materiell ein Territorialprinzip verwirklicht. Es liegt eine gleiche Beurteilung also näher, als der erste Anschein vermuten lässt. Eine auf dem Territorialprinzip aufbauende Steuer ist die französische Körperschaftsteuer. Von ihr ist, soweit ersichtlich, noch nicht in Frage gestellt worden, dass bei Gesellschaften mit Sitz und Geschäftsleitung in Frankreich eine unbeschränkte Steuerpflicht besteht. Dies sollte die hier vertretene Auffassung stützen.

bb) „in keinem ausländischen Gebiet ansässig"

Die zweite Alternative **„in keinem ausländischen Gebiet ansässig"** ist im Gesetzgebungsverfahren aufgrund einer Empfehlung des Unterausschusses des Finanzausschusses in das Gesetz aufgenommen worden. Aus den Materialien (BT-Drs. 6. WP, Finanzausschuss – Unterausschuss „Außensteuergesetz", Anlage 1 zum Protokoll 1) ergibt sich, dass man mit der Formulierung sicherstellen wollte, dass auch „vagabundierende Personen" erfasst werden sollten, solche, die „kurzfristig von Land zu Land" zögen oder sich auf hoher See aufhielten. Denkbar soll auch der Fall sein, dass aufgrund von Sondervorschriften des betreffenden Staates keine Ansässigkeit besteht (*Carlé*, KÖSD, 2002 S. 13432 [13433]). Erhebliche praktische Bedeutung dürfte die Norm nicht erlangt haben. Die Formulierung als solche ist kritisiert worden (bereits *Diehm/Ling*, StWa 1974 S. 49 [54]; *Zimmermann/Könemann* in S/K/K, § 2 AStG Rz. 53). Die Kritik stellt fest, dass entgegen dem Wortlaut nur die Personen gemeint sind, die **weder im Inland** noch im Ausland ansässig sind. Die Formulierung scheint nur die Letzteren zu treffen und die Ersteren einzuschließen, was in der Tat nicht sein kann. Demnach müsste der Sachverhalt darin bestehen, dass der Steuerpflichtige im Ausland ‚umherzieht', wie die Gesetzesmaterialien formulieren.

Auch nach Richtigstellung dieser Frage des Wortlauts verbleiben Zweifel an der Bedeutung der Vorschrift, die sich in unterschiedlichen Auslegungsvarianten niederschlagen. *Baßler* (in *F/W/B*, § 2 AStG Rz. 61) nimmt an, dass die Norm einen **Umzug „unterstellt".** Mit dem Nichtvorliegen einer Ansässigkeit im Ausland verbinde sich mithin zwingend die Annahme der Ansässigkeit in einem Niedrigsteuergebiet. Ein Entlastungsbeweis sei nicht zulässig. *Baßler* kommt zu dieser Annahme durch die Überlegung, dass der Entlastungsbeweis nur aufgrund eines Vergleichs mit der im Niedrigsteuerland tatsächlich geschuldeten Steuer geführt werden könne, was aber Ansässigkeit voraussetze, so dass er hier nicht geführt werden könne; das wiederum entspreche einer unwiderleglichen Vermutung. Wir folgen dieser Auffassung, die an sich durchaus konsequent erscheint, nicht. Nach allgemeinen Grundsätzen, die auch im öffentlichen Recht gelten (OVG Münster vom 14.9.1988 14 A 1053/85, ZMR 1989 S. 394, und zwar unabhängig von der Reichweite des § 173 VwGO bzw. des § 155 FGO), kann eine unwiderlegliche Vermutung nur angenommen werden, wenn in der betreffenden Norm diese Unwiderleglichkeit ausdrücklich bestimmt ist (vgl. *Stein/Jonas/Leipold*, ZPO, 21. Aufl., § 292 ZPO Rz. 5; MünchKommZPO-*Prütting*, § 292 Rz. 4). Das ist aber hier ersichtlich nicht der Fall. Die Norm ordnet eine Unwiderleglichkeit gerade ausdrücklich an; auch *Baßler* (a. a. O.) kommt nur mittelbar aufgrund der beschriebenen Schlussfolgerung zu seinem Ergebnis.

57 Wir halten die **Verwaltungsauffassung** – in einer leicht präzisierten Form – für **zutreffend.** Diese misst der Norm eine abweichende Bedeutung bei, die ebenfalls einen beweisrechtlichen Gehalt hat. In AE Tz. 2.2.1. ist Folgendes bestimmt: „Sofern der Steuerpflichtige nicht nach Maßgabe des § 90 Abs. 2 AO darlegt, dass er in dieser Weise in einem Gebiet steuerpflichtig ist, so ist davon auszugehen, dass er in keinem Gebiet ansässig ist." Die Verwaltungsauffassung löst sich damit von dem etwas pittoresken Fall der herumvagabundierenden Personen, kommt damit aber dem gesetzgeberischen Willen, der hinter diesem Beispiel verborgen ist, näher. Es geht diesem um den Fall, in dem unklar bleibt, in welchem Gebiet der Steuerpflichtige ansässig ist. Es geht mithin nicht um die Situation, in der bereits feststeht, dass die interessierende Person aufgrund ihrer Lebensweise in keinem Land ansässig ist. Es geht um die verfahrensrechtliche Situation im Besteuerungsverfahren, in der es unklar geblieben ist, ob der Steuerpflichtige in einem bestimmten Gebiet ansässig ist. Für diese besondere Verfahrenslage sieht das Gesetz eine **Beweislastentscheidung** vor (so auch *Zimmermann/Könemann* in S/K/K, § 2 AStG Rz. 54; implizit so auch bereits *Debatin,* DB 1974, Beilage 15, S. 11, der von einer ‚Vermutung' spricht). Die Verwaltungsauffassung sieht in der Norm eine Beweislastumkehr. Dass diese Sichtweise im Einklang mit dem gesetzgeberischen Willen steht, wird dadurch bestätigt, dass ihr in der Literatur als fehlerhaft bezeichneter Wortlaut von diesem Standpunkt durchaus einen Sinn erhält, auch wenn dieser unzulänglich zum Ausdruck gebracht wurde: Die Kritik (s. Anm. 56) hält den Wortlaut für zu weit gefasst, weil er die Personen mit umschliesst, die im Inland ansässig sind. Von der im vorstehenden Sinne präzisierten Verwaltungsauffassung her gesehen erklärt sich diese Fehlformulierung ohne Weiteres: Da der Gesetzgeber die Verfahrenslage durch eine Beweislastumkehr normieren wollte, musste es für ihn selbstverständlich sein, dass in dieser Situation feststand, dass der Steuerpflichtige nicht im Inland ansässig war; denn in letzterem Falle konnte es kein Problem der Beweisführung geben, die von ihm vorausgesetzte Verfahrenslage bestünde dann überhaupt nicht. Im Ergebnis bedeutet die Bestimmung deshalb, dass dann, wenn **zwar feststeht,** dass der Steuerpflichtige **nicht im Inland ansässig** ist, **aber unbekannt** ist, **wo im Ausland er ansässig ist,** davon ausgegangen werden kann, dass sich der Steuerpflichtige in einem niedrig besteuernden Gebiet aufhält.

Anders als nach der Auffassung *Baßlers* steht ihm hier aber **die Möglichkeit offen, den Entlastungsbeweis,** der in Abs. 2 Nr. 1 und 2 vorgesehen ist, **zu führen.** Er kann dartun und unter Beweis stellen, dass er dort, wo er ansässig ist, einer Steuer unterliegt, die zwei Drittel derjenigen erreicht, die er in Deutschland zu entrichten haben würde. Der Steuerpflichtige, dem es gelänge, wie in den Gesetzesmaterialien angesprochen, durch Herumziehen die Verwirklichung der Ansässigkeitskriterien aller Steuerrechtsordnungen zu vermeiden, würde beweisfällig bleiben und das Gesetz hätte, offenbar zu Recht, vermutet, dass er jedenfalls nur einer niedrigen Besteuerung unterliegt (hiergegen mit nicht von der Hand zu weisenden Gründen *Baßler* in F/W/B, § 2 AStG Rz. 61).

U. E. ist die in dieser Weise präzisierte **Verwaltungsauffassung** auch deshalb **zutreffend,** weil sonst, würde man der Vorschrift keine Beweislastumkehr entnehmen, es bei den allgemeinen hierfür bestehenden Grundsätzen bliebe. Danach trägt die Verwaltung die Beweislast für das Vorliegen steuerbegründender und -erhöhender Umstände, während der Steuerpflichtige sie für solche trägt, aus denen eine Steuerbefreiung oder -minderung hergeleitet werden kann. Dies gilt auch für Auslandssachverhalte (*Kobor*, Kooperative Amtsermittlung im Verwaltungsrecht, 2009 S. 233; zu den Pflichten zur Ermittlung des Aufenthalts BFH vom 9.12.2009 X R 54/06, BFH/NV 2010 S. 1153, IStR 2010 S. 813, zu § 15 Abs. 1 VwZG a. F.). Und auch der Umstand, dass eine Mitwirkungspflicht verletzt wird, oder dass trotz ihrer Erfüllung ein Sachverhalt unaufgeklärt bleibt, lässt nach den allgemeinen Grundsätzen die Verpflichtung zur amtswegigen Ermittlung des Sachverhalts (auch bei Auslandssachverhalten) unberührt und lässt, für sich besehen, keine Beweislastentscheidung zu Lasten des Steuerpflichtigen zu. Dann aber müsste, wie auch die Kritik annimmt (*Baßler* in F/W/B, § 2 AStG Rz. 62; *Zimmermann/Könemann* in S/K/K, § 2 AStG Rz. 54), die Verwaltung beweisen, dass der Steuerpflichtige nirgends ansässig ist. Das wäre aber der Beweis, der auf etwas Negatives gerichtet ist, und der im Prinzip nicht geführt werden kann, jedenfalls aber seit jeher (RFH vom 30.1.1930 I A 370/29, RStBl 1930 S. 151) und auch zur Zeit des Erlasses des Gesetzes als nicht zumutbar betrachtet wird. Es kann aber nicht angenommen werden, dass der Gesetzgeber, der das Problem offenkundig erkannt hat, sehenden Auges ein nicht vollziehbares Gesetz beschließt.

Die Verwaltungsauffassung als solche wird in der Literatur kritisiert (*Baßler* in F/W/B, § 2 AStG Rz. 62; ebenso *Weggenmann* in Haase, § 2 AStG Rz. 54) und diese Kritik müsste auch die von uns in der vorbeschriebenen Weise präzisierte Verwaltungsauffassung treffen. *Baßler* vertritt die Auffassung, dass nach den allgemeinen Beweislastregeln die Finanzverwaltung die objektive Beweislast für „das Fehlen einer Ansässigkeit" trägt. Der Umstand, dass „eine negative Tatsache" zu beweisen ist, könne allenfalls zu geminderten Anforderungen an das Beweismaß führen. Die Richtigkeit des angeführten Grundsatzes ist nicht zu bezweifeln, jedoch ist aus der Verwendung der Formulierung „es sei denn, die Person weist nach, dass" zu folgern, dass er hier durchbrochen ist.

Für die Anwendung des § 2 Abs. 1 Satz 1 Nr. 1 in seiner zweiten Alternative („oder in keinem ausländischen Gebiet ansässig ist") können, folgt man der Verwaltungsauffassung nicht, die Grundsätze herangezogen werden, die für die Anwendung des § 10 Abs. 1 VwZG entwickelt worden sind. Die Norm betrifft die öffentliche Zustellung. Diese ist dann zulässig, wenn die Ermittlung des Aufenthaltsortes mit allen geeigneten und zumutbaren Maßnahmen nicht möglich war (vgl. im Einzelnen BFH vom 9.12.2009 X R 54/06, BStBl II 2010 S. 732; FG Hamburg, Urteil vom 11.4.2011 6 K 215/09, EFG 2011 S. 2047). Entsprechend könnte nach dieser Auffassung erst nach Erfüllung dieser Voraussetzung für die Anwendung des § 2 AStG davon ausgegangen werden, dass der Stpfl. „in keinem ausländischen Gebiet ansässig ist."

b) Niedrige Besteuerung

aa) Niedriges Besteuerungsniveau (§ 2 Abs. 2 Nr. 1)

Unter welchen Voraussetzungen ein Steuerpflichtiger i. S. d. Abs. 1 Satz 1 „nur einer niedrigen Besteuerung unterliegt", bestimmt Abs. 2 näher. Er nennt **zwei Kriterien,** von denen eines erfüllt sein muss: Die niedrige Besteuerung kann sowohl durch einem **abstrakten Vergleich** der steuerlichen Belastung erwiesen werden, wie er sich aus der Betrachtung der deutschen und der Steuerrechtsordnung des anderen Staates ergibt; sie kann sich aber auch daraus ergeben, dass der **Steuerpflichtige eine Vorzugsbesteuerung** genießt (vgl. *Dreßler,* StBp 1999 S. 253). Letzteres Kriterium trägt dem Umstand Rechnung, dass die wirkliche steuerliche Belastung sich nicht in allen Staaten zwingend aus dem Gesetz herleiten lassen muss, sondern bisweilen nur unter Berücksichtigung von Sonderkonditionen bestimmt werden kann, insbesondere solchen, die Steuerpflichtigen eingeräumt werden, an deren Ansiedlung der betreffende Staat ein Interesse hat. Im deutschen Recht erlaubt z. B. § 50 Abs. 4 EStG ein solches Vorgehen. Die **beiden Kriterien** stehen **selbständig nebeneinander**, so dass die Erfüllung eines von ihnen ausreicht, um die Rechtsfolge eintreten zu lassen.

(1) Abstrakter Steuerbelastungsvergleich (Abs. 2 Nr. 1)

59 Nach § 2 Abs. 2 Nr. 1 AStG liegt eine niedrige Besteuerung im Ansässigkeitsstaat vor, wenn die dortige Steuerbelastung zwei Drittel der deutschen Einkommensteuer unterschreitet. Die Norm enthält keine näheren Anweisungen zur Durchführung des Belastungsvergleichs. Es lassen sich aus ihr jedoch einige Vorgaben ableiten. Manche Detailfrage bleibt aber mangels der an sich notwendigen Regelungsdichte offen. Der **Vergleich** erfolgt **abstrakt;** gefragt ist nach dem Besteuerungsniveau als solchem. Zwei Größen werden verglichen.

Die beiden Größen sind

(a) die „Belastung einer im Geltungsbereich dieses Gesetzes ansässigen natürlichen Person durch die deutsche Einkommensteuer", wie Abs. 2 Nr. 1, 1. Hs., formuliert, vgl. dazu Anm. 60 f., und

(b) „die im ausländischen Gebiet erhobene Einkommensteuer", ebenfalls Abs. 2 Nr. 1, 1. Hs., zu entnehmen, vgl. dazu Anm. 67 ff.

Weitere Einzelheiten regelt das Gesetz nicht. Zweckmäßig wird es sein, die beiden Belastungen in einen prozentualen Ausdruck zu fassen und auf diese Weise zu ermitteln, ob die Belastung im ausländischen Gebiet **zwei Drittel der deutschen Steuerbelastung erreicht** (oder überschreitet).

Ist das nicht der Fall, spricht eine Vermutung dafür, dass eine niedrige Besteuerung vorliegt, die der Steuerpflichtige durch einen ‚**Gegenbeweis**' überwinden kann (vgl. dazu Anm. 75). Ein **Vergleich** ist auch hierbei erforderlich; er erfolgt **konkret**. Es sind zwei weitere Größen heranzuziehen. Es handet sich um

„die von ihrem (lies: der natürlichen Person) Einkommen insgesamt zu entrichtende Steuer", Abs. 2 Nr. 1, 2. Hs., vgl. dazu Anm. 79 ff., und

die „Einkommensteuer, die sie (lies: die natürliche Person) bei unbeschränkter Steuerpflicht zu entrichten hätte", Abs. 2 Nr. 1, 2. Hs., vgl. dazu Anm. 75 ff.

Erreicht der Betrag der im anderen Land vom Einkommen zu entrichtenden Steuern zwei Drittel des Betrages der deutschen Einkommensteuer (oder übersteigt er ihn), liegt ebenfalls keine Niedrigbesteuerung vor.

zu (a) „Belastung einer im Geltungsbereich dieses Gesetzes ansässigen natürlichen Person durch die deutsche Einkommensteuer"

60 Maßstab für die Beantwortung der Frage, ob in einem Gebiet eine „niedrige Besteuerung" besteht, ist das Besteuerungsniveau in Deutschland, und zwar so, wie es sich bei der Tarifstelle von 77 000 Euro aus dem Grundtarif ergibt. Die in § 2 Abs. 2 Nr. 1 als „steuerpflichtiges Einkommen" bezeichnete Größe ist, in der Terminologie des deutschen Rechts gesprochen, das zu versteuernde Einkommen i. S. des §§ 2 Abs. 5 Satz 1 Halbs. 2, 32a Abs. 1 Satz 1 EStG, diejenige **Größe** also, **auf**

die unmittelbar der Tarif anzuwenden ist (*Baßler* in F/W/B, § 2 AStG Rz. 173; *Weggenmann* in Haase, § 2 AStG Rz. 60).

Die Höhe der deutschen Besteuerung wird durch Anwendung **des Tarifs** auf ein zu versteuerndes Einkommen von 77 000 Euro ermittelt. Anzuwenden ist die **Grundtabelle,** zu berücksichtigen auch der Grundfreibetrag des § 32a Abs. 1 Nr. 1 EStG (*Zimmermann/Könemann* in S/K/K, § 2 AStG Rz. 102). Das ausländische Steuerrecht kann aber, anders als das deutsche in § 32a Abs. 1 EStG, das Existenzminimum auf der Ebene der Einkommensermittlung berücksichtigen. Bliebe dies unberücksichtigt, würde die Vergleichbarkeit der beiden Größen in einer Weise beeinträchtigt, die der gesetzgeberischen Intention nicht mehr entsprechen kann. In diesem Fall ist die dem Grundfreibetrag deutschen Rechts entsprechende Größe im Recht des anderen Staates bereits auf der Ebene der Ermittlung des Einkommens berücksichtigt worden, ist sie vor der Anwendung des Tarifs dem Betrag der Bemessungsgrundlage wieder hinzuzurechnen (zutr. *Baßler* in F/W/B, § 2 AStG Rz. 167).

Die entsprechende Steuerbelastung betrug in den VZ 2002/2003 mit 27 466 Euro 35,67 % (zwei Drittel betragen 18 310,67 Euro und 23,78 %), im VZ 2004 mit 25 805 Euro 33,51 % (zwei Drittel betragen 17 203,33 Euro und 22,34 %) in den VZ 2005 bis 2008 24 426 Euro 31,72 % (zwei Drittel betragen 16 284,00 Euro und 21,15 %), im VZ 2009 mit 24 276 Euro 31,5 % (zwei Drittel betragen 16 168 Euro und 21 %), in den VZ 2010 bis 2012 mit 24 168 Euro 31,4 % (zwei Drittel betragen 16 112 Euro und 21 %), im VZ 2013 mit 24 144 Euro 31,4 % (zwei Drittel betragen 16 096 Euro mit 20,9 %) und im VZ 2014 24 101 Euro und 16 027 Euro (zwei Drittel betragen 16 067 Euro und 20,9 %).

Ausgangspunkt ist die Belastung „durch die deutsche Einkommensteuer", § 2 Abs. 2 Nr. 1. Der BFH (Urteil vom 30.11.1988 I R 84/85, BStBl II 1989 S. 365) versteht diesen Ausdruck wörtlich, so dass hierzu nur die Steuer zu rechnen ist, die als solche bezeichnet wird und sich aus der Anwendung des EStG ergibt. Er hat es deshalb abgelehnt, die Ergänzungsabgabe, die nach Maßgabe des Gesetzes vom 21.12.1967 (BGBl I 1967 S. 1254) erhoben wurde, in den Belastungsvergleich einzubeziehen (ebenso bereits *Flick/Wassermeyer,* FR 1974 S. 574 [577]). Gleiches muss für den **Solidaritätszuschlag** gelten (ebenso *Kraft,* § 2 Rz. 53; *Zimmermann/ Könemann* in S/K/K, § 2 AStG Rz. 98). Neben das Wortlautargument, welches der BFH in den Vordergrund stellt, spricht hierfür zusätzlich die Erwägung, dass derartige Steuern und Abgaben grundsätzlich (wenn auch rechtlich und namentlich verfassungsrechtlich zwingend: BVerfG Beschluss vom 9.2.1972 1 BvL 16/69, BVerfGE 32 S. 333 [339]) zeitlich befristet erhoben werden und dazu dienen, Sonderbedarfe zu decken. Wenn aber, wie hier, ein Belastungsniveau erfasst werden soll, wird eher eine zeitraumübergreifende Betrachtung angezeigt sein, die um Sonderfaktoren zu bereinigen ist, dies zumal dann, wenn man sich den Normzweck einer Verhaltenslenkung (vgl. Anm. 4) vergegenwärtigt: Dieses wird mehr von langfristigen Tendenzen beeinflusst (ähnlich BFH vom 30.11.1988 I R 84/85, BStBl II 1989 S. 365, FR 1989 S. 521).

Die Orientierung des BFH am Wortlaut der Formulierung in § 2 Abs. 2 Nr. 1 „deutsche Einkommensteuer" schließt es ebenfalls aus, die **Gewerbesteuer** in die Betrachtung einzubeziehen, obschon sie ohne Weiteres als spezielle Einkommensteuer aufgefasst werden kann (*Baßler* in F/W/B, § 2 AStG Rz. 172).

62 Diskutiert wird, ob die **Kirchensteuer** in den Vergleich einzubeziehen ist. Der BFH (Urteil vom 30.11.1988, I R 84/85, BStBl II 1989 S. 365) konnte dies offen lassen; es ging um schweizerische Kirchensteuer. Die in Deutschland erhobenen Kirchensteuern sind nach zutreffender Verwaltungsauffassung nicht einzubeziehen (AE Tz. 2.2.4 Nr. 1, im Ergebnis so auch *Baßler* in F/W/B, § 2 AStG Rz. 172; *Weggenmann* in Haase, § 2 AStG Rdnr. 60; offen gelassen bei *Zimmermann/Könemann* in S/K/K, § 2 AStG Rz. 96). Neben dem Wortlautargument – § 2 Abs. 2 Nr. 1 spricht eben nur von der „deutsche(n) Einkommensteuer" – spricht auch ein inneres Argument hiergegen: Der erweiterten beschränkten Steuerpflicht liegt letztendlich eine äquivalenztheoretische Sichtweise zu Grunde (vgl. Anm. 4). In einem solchen Zusammenhang stehen die Kirchensteuern indessen nicht. Es besteht keine irgendwie geartete Beziehung zwischen der Existenz der Kirchen und der Ermöglichung oder Förderung wirtschaftlicher Betätigungen.

63 Bei der Bestimmung der deutschen Steuerbelastung handelt es sich auch insoweit um einen abstrakten Vergleich, als es nicht darauf ankommt, in welcher Höhe bei dem Steuerpflichtigen tatsächlich Steuern zu erheben wären. Dieser Betrag könnte z. B. dann, wenn **ausländische Steuern** anzurechnen sind oder wenn Verlustvor- oder -rückträge möglich sind, von dem aus der Grundtabelle bei der Tarifstelle von 77 000 Euro zu entnehmenden abweichen. Das wäre unbeachtlich.

64 Bis zum Inkrafttreten des UntStRefG 2008, grundsätzlich bis zum VZ 2008 einschließlich, konnte aus der Steuer, die die Tarifstelle im Grundtarif für ein zu versteuerndes Einkommen von 77 000 Euro auswies, unmittelbar auf die Steuerbelastung geschlossen werden. Dies war seither wegen der sog. **Schedulenbesteuerung von Kapitaleinkünften** gem. § 32d EStG nicht mehr möglich, weil es diese Größe nicht mehr gibt. Nunmehr ist zwar die Regelung des Abs. 5 auf die Einführung des § 32d rückwirkend abgestimmt (vgl. dazu Anm. 196), jedoch die im Rahmen des Abs. 2 Nr. 1 bestehende Frage der Bestimmung der deutschen Steuerbelastung unbeantwortet geblieben, vgl. unten Anm. 6.

65 Durch § **34a EStG** i. d. F. des UntStRefG 2008 wird ab dem VZ 2008 der nicht entnommene Gewinn auf Antrag des Steuerpflichtigen bei Vorliegen der Voraussetzungen im Übrigen einem Steuersatz von 28,25 % unterworfen (zur Begründung dieses Steuersatzes vgl. etwa *Reiß* in Kirchhof, § 34a EStG, Rz. 2). Es handelt sich um einen proportionalen Steuersatz, so dass eine **weitere Gruppe von zedulär besteuerten Einkünften entsteht.** Diese Besteuerung, die systematisch betrachtet der Besteuerung thesaurierter Gewinne bei der Besteuerung der Körperschaften entspricht, wird ergänzt durch eine Nachversteuerung, die – dieser systematischen Verortung entsprechend – der Ausschüttungsbesteuerung entspricht. Die Ausschüttungen unterliegen gem. § 34a Abs. 4 EStG einem Steuersatz von 25 %. Auch dies führt dazu, dass es gegenwärtig nicht mehr möglich ist, aus der Steuer, die die Tarifstelle im Grundtarif für ein zu versteuerndes Einkommen von 77 000 Euro ausweist, unmittelbar auf die Steuerbelastung zu schließen. Dies ist wegen des **proportionalen Tarifs des § 34a Abs. 1,** der sich ebenso wie derjenige gem. § 32d EStG wie eine Schedulenbesteuerung auswirkt, nicht mehr möglich, denn die auf einem Einkommen in Höhe dieses Betrages lastende Steuer hängt, nicht anders als im Falle des § 32d EStG, von der konkreten Zusammensetzung des jeweiligen Einkommens ab, darüber hinaus hier aber auch noch vom Entnahmeverhalten der Steuerpflichtigen.

Da es die in § 2 Abs. 2 Nr. 1 AStG vorausgesetzte Größe ‚Belastung einer im Geltungsbereich dieses Gesetzes ansässigen natürlichen Person durch die deutsche Einkommensteuer unter sonst gleichen Bedingungen', auszudrücken in einer Prozentzahl, nicht mehr gibt, stellt sich für die Rechtsanwendung zunächst ein methodisches Problem. Teilweise wird angenommen, die Regelung des Abs. 2 Nr. 1 und damit die Norm als solche werde aus diesem Grunde unbestimmt, was einen Verstoß gegen das verfassungsrechtliche Bestimmtheitsgebot bedeute und die Nichtigkeit der Regelung zur Folge habe (*Zimmermann/Könemann* in S/K/K, § 2 AStG Rz. 34, 99.2; *Schaumburg*, Internationales Steuerrecht, 3. Aufl., 2011, Rz. 5.300; *ders.*, IStR 2012 S. 560 [563]). Teilweise wird hingegen angenommen, dass die Norm lückenhaft sei (*Baßler* in F/W/B, § 2 AStG Rz. 17 ff.). Letzteres würde grundsätzlich zunächst die Notwendigkeit der Lückenschließung begründen, was Aufgabe des Rechtsanwenders wäre, in allererster Linie natürlich Pflicht der Finanzverwaltung, in letzter Instanz dann Aufgabe des BFH. Ersichtlich widersprechen sich beide Ansichten, denn dann, wenn eine Lücke vorliegt, fehlt es definitionsgemäß überhaupt an einer Norm und damit an der Möglichkeit ihrer unbestimmten Formulierung.

Die Frage, ob die Norm des § 2 Abs. 2 in verfassungsrechtlich relevanter Weise unbestimmt ist, muss indessen verneint werden. Die Maßstäbe, die das Bundesverfassungsgericht (zuletzt Beschluss vom 3.4.2004, 1 BvF 3/92, BVerfGE 110, S. 33 [56, 57]) anlegt und denen der BFH ausdrücklich folgt, sind außerordentlich großzügig und wenig bürgerfreundlich, was sich u. a. daran zeigt, dass das BVerfG kaum jemals eine Norm wegen ihrer Unbestimmtheit verworfen hat. Das Bestimmtheitserfordernis ist totes Recht und würde auch hier nicht greifen.

Nach hier vertretener Auffassung geht es indessen nicht um eine Unbestimmtheit der Norm. Es liegt vielmehr eine **Gesetzeslücke** vor. *Baßler*, der vier Möglichkeiten zu ihrer Schließung vorstellt (in F/W/B, § 2 AStG Rz. 177), weist an sich zutreffend darauf hin, dass bereits der Gesetzgeber des § 2 AStG bei Erschaffung der Norm davon ausgehen musste, dass jedenfalls in den ausländischen Rechtsordnungen von Fall zu Fall mit einer Schedulenbesteuerung zu rechnen ist; mit einer solchen Möglichkeit sei er nicht erst durch das Inkrafttreten der §§ 32d und 34a EStG konfrontiert worden. Er gehe also davon aus, dass mit dem herkömmlichen methodischen Instrumentarium eine Schließung der Lücke auch hier möglich sei. Das spreche dafür, die auf der Seite des deutschen Rechts durch die Einführung des besonderen Steuersatzes für Kapitaleinkünfte entstandene Lücke ebenfalls im Wege der Rechtsanwendung zu schließen.

Wir sehen in der Ansicht *Baßlers* lediglich die zweitbeste Lösung des Problems. Man wird davon auszugehen haben, dass der Gesetzgeber des AStG nicht mit einer Schedulenbesteuerung im deutschen Steuerrecht rechnete. Denn im Grunde genommen widerspricht eine solche Tarifregelung den steuerpolitischen Anschauungen, denen der Gesetzgeber seit jeher gefolgt ist, und lediglich die Rechtsprechung des BVerfG zur Zinsbesteuerung hat den Gesetzgeber des § 32d zu dieser als Ausnahme verstandenen Lösung greifen lassen, für deren Sonderstatus es bezeichnend ist, dass ihre Abschaffung bereits wieder diskutiert wird. Die Argumentation *Baßlers* für eine Lückenschließung durch den Rechtsanwender scheint letztendlich auch eher auf dem Umstand zu beruhen, dass in anderen Staaten mit dem Vorliegen einer Schedulenbesteuerung gerechnet werden musste. Von hier aus lässt sich aber ein Schluss darauf, der Gesetzgeber des AStG habe mit einer Lücke im deutschen Recht und ihrer Schließung durch den Rechtsanwender gerechnet, nicht ziehen. Für die deutsche steuerliche Belastung ist als Maßstabsgröße die prozentuale Größe, die sich bei der ‚Tarifbelastung' von 77 000 Euro ergibt, fixiert. Hinsichtlich der Besteuerung im niedrig besteuernden Ausland ist hingegen von der „erhobenen Einkommensteuer die Rede", was ohne weiteres auch die Belastung mit schedulären Steuern einschließen kann. Das bedeutet, dass hinsichtlich der ausländischen, auf das Einkommen erhobenen Steuern es durchaus möglich ist, die Beträge schedulärer Steuern zu addieren (oder diejenigen, die nach einem ‚normalen' Tarif besteuert werden, zu den schedulären Einkünften hinzuzuaddieren) und hieraus den Steuersatz zu ermitteln. Hinsichtlich der deutschen Einkommensteuer ist das nicht möglich, denn es ist die fixe Größe ‚Steuerbelastung bei „77 000 Euro"' als Ausdruck des deutschen Besteuerungsniveaus genannt. Diese Größe kann es aus rein rechnerischen Gründen nicht mehr geben. Die ‚Steuerbelastung bei „77 000 Euro"' ist zu einer variablen Größe geworden und hängt in ihrer Höhe von der Zusammensetzung des Einkommens ab, genauer gesagt: vom Anteil der nach § 32d bzw. § 34a EStG zu besteuernden Einkünfte am Gesamteinkommen. Das nicht mehr Existieren dieser Größe macht die Norm lückenhaft.

Es handelt sich bei dieser **Lücke** um eine Lücke **technischer Art.** Solcherart Lücken sind dadurch charakterisiert, dass der in der Norm enthaltene Gesetzesbefehl nicht (mehr) vollziehbar ist, wenn nicht eine weitere Bestimmung hinzutritt, die im Falle der technischen Lücke aber eben gerade fehlt (*F. Bydlinski*, Juristische Methodenlehre und Rechtsbegriff, 1982 S. 245 ff.; *Larenz*, Methodenlehre der Rechtswissenschaft, 3. Aufl., 1975, S. 356). Das Schließen einer solchen technischen Lücke kann, wie die in der Literatur angeführten Beispiele anschaulich machen, in der Regel nur durch einen positiven Gesetzgebungsakt erfolgen. Das Standardbeispiel der Literatur ist die Regel, die die Verzinslichkeit einer bestimmten Forderung vorschreibt ohne den Zinssatz zu nennen, oder die die Vornahme einer Rechtshandlung innerhalb einer Frist vorschreibt, aber den Beginn der Frist oder ihre Dauer nicht nennt. So liegen u. E. die Dinge hier: So, wie die fehlende Frist sich auf eine Woche oder auch auf ein Jahr belaufen und nur der Gesetzgeber die Entscheidung hierüber treffen kann, so kann Größe ‚Tarifbelastung' von 77 000 Euro den ‚normalen' Tarif unter Außerachtlassung der Einkünfte i. S. d. § 32d und/oder i. S. d. § 34a EStG meinen oder auch eine Kombination aus diesen bedeuten. Das zu bestimmen ist dem Gesetzgeber vorbehalten. Fehlt sie, ist die Norm unanwendbar.

Wir halten deshalb die Norm des **§ 2 Abs. 2 AStG für nicht anwendbar.** Für Rechtsansichten, die hier eine Abwägung zwischen dem Rechtssicherheitsinteresse der Steuerpflichtigen und dem finanziellen der öffentlichen Hand für erforderlich halten, dürfte sich nichts anderes ergeben, da das Problem seit fast einem Jahrzehnt bekannt ist und somit bewiesen ist, dass diese Interessen von den zu ihrer Wahrung Berufenen nicht als sonderlich gewichtig angesehen werden.

67 *(einstweilen frei)*

zu (b) „die in dem ausländischen Gebiet erhobene Einkommensteuer"

68 Zu dieser Größe ist die **„in dem ausländischen Gebiet erhobene Einkommensteuer"** in Beziehung zu setzen. Auf Seiten der in Betracht kommenden ausländischen Rechtsordnung stellen sich die gleichen Fragen, wie sie sich oben für die Ermittlung der deutschen Steuerbelastung gestellt haben (s. Anm. 61 ff.). Nur ist ihre Beantwortung wegen der Vielfalt der denkbaren Steuersysteme und deren

Ausgestaltung schwieriger. Letzteres erklärt den Verzicht des Gesetzgebers auf die Verwendung der deutschen Terminologie, wie sie sich aus den §§ 2, 32a EStG ergibt und sich eigentlich auch hier anbietet (vgl. auch BFH vom 30.11.1988 I R 84/85, BStBl II 1989 S. 365). Maßgebend ist nur die Steuer, die in dem ausländischen Gebiet an diesen Staat bzw. die Gebietskörperschaften zu zahlen ist. Steuern, die von Auslandseinkünften von Drittstaaten erhoben werden, bleiben außer Betracht (bereits *Diehm/Ling,* StWa 1974, S. 49 [54]). Leitlinie der Beurteilung von Einzelfragen muss es auch sein, die Größen vergleichbar zu halten. *Zimmermann/Könemann* (in S/K/K, § 2 AStG Rz. 103), ebenso *Baßler* (in F/W/B, § 2 AStG Rz. 170) verweisen z. B. darauf, dass, um die Größen vergleichbar zu halten, dann, wenn das ausländische Recht keinen Tariffreibetrag gewährt, wohl aber einen persönlichen Freibetrag, dieser zu berücksichtigen ist. Dem ist zuzustimmen.

Aus dem Urteil des BFH vom 30.11.1988 (I R 84/85, BStBl II 1989 S. 365) ergibt sich für die Schweiz, dass auch kantonale Einkommensteuern zu den im ausländischen Gebiet erhobenen Steuern rechnen. Dem ist generell zuzustimmen. Denn zum einen differenziert das Gesetz nicht danach, welcher staatlichen Ebene das Aufkommen einer Steuer zufließt. Ausschlaggebend ist allein, ob es sich um eine ‚Einkommensteuer' handelt. Zum anderen ergibt der Wortlaut der Norm einen Hinweis auf dieses Verständnis, denn er spricht von einer Besteuerung „in einem ausländischen Gebiet". Der Ausdruck ‚Gebiet' umschließt ohne Weiteres geographische Räume innerhalb eines Staatsgebietes und dementsprechend auch dessen Gebietskörperschaften wie **Kantone, Provinzen und Departements, Kommunen, Sonderwirtschaftszonen und vergleichbare Einheiten** (*Baßler* in F/W/B, § 2 AStG Rz. 54; *Kraft,* § 2 Rz. 52; BFH vom 30.11.1988 I R 84/85, BStBl II 1909 S. 365, FR 1989 S. 251). Er umschließt des Weiteren aber auch Gebiete, die einem besonderen Steuerregime unterliegen, wie dies oftmals dort der Fall ist, wo diese vormals den Status von Kolonien o. Ä. hatten und nunmehr eine beschränkte Autonomie genießen, was bisweilen auch eine Steuerautonomie einschließt. Diese im Prinzip unstreitige Einbeziehung von Steuern, die zugunsten unterstaatlicher Gebietskörperschaften erhoben werden, ist zutreffend. Letztlich ist sie darin begründet, dass es für die Frage des Besteuerungsniveaus nicht darauf ankommen kann, ob die Verteilung der Steuermittel auf die verschiedenen staatlichen Ebenen auf der Grundlage einer einzigen Steuer dann intern im Wege eines Finanzausgleichs zwischen den staatlichen Ebenen erfolgt oder – extern – über die Zuweisung von Besteuerungsrechten und Erhebung von mehreren Steuern durch die verschiedenen staatlichen Ebenen.

Es handelt sich auch insoweit um einen abstrakten Vergleich, als es **nicht darauf ankommt,** welche Steuerschuld **tatsächlich zu entrichten** ist (*Baßler* in F/W/B, § 2 AStG Rz. 198; *Weggenmann* in Haase, § 2 AStG Rz. 70), ob z. B. Verlustvor- oder -rückträge bewirken, dass keine Steuer festzusetzen ist. Dies ist nur dann von Bedeutung, wenn **ausländische Steuern** angerechnet werden. Zu den im ausländischen Gebiet erhobenen Steuern rechnen auch solche, die an Drittstaaten zu entrichten sind, und auch solche, die im Falle der beschränkten Steuerpflicht in Deutschland erhoben werden würden (*Zimmermann/Könemann* (in S/K/K, § 2 AStG Rz. 103). Insoweit kommt es auch nicht darauf an, ob diese Einkünfte in Deutschland steuerfrei sein würden (*Zimmermann/Könemann* (in S/K/K, § 2 AStG Rz. 103); es kommt auf die tatsächlich entrichtete Steuer an. Auch im Ausland auf ausländische Einkünfte entrichtete bleiben unberücksichtigt (*Baßler* in F/W/B, § 2 AStG Rz. 170).

70 Über die Frage, ob eine ausländische Steuer eine Einkommensteuer ist und anhand welcher Kriterien dies zu beurteilen ist, besteht in der Literatur keine Einigkeit. Im konkreten Einzelfall wird man aber in erheblichem Maße mit **evidenten Fällen** rechnen dürfen. Zu dieser Beurteilung berechtigt auch der Umstand, dass diese Frage im internationalen Steuerrecht auch an anderen Stellen entsteht und ihre Beantwortung keine Probleme aufgeworfen hat. Die dort entwickelten Lösungen sind auch hier heranzuziehen (zu den Maßstäben bei der Ähnlichkeitsprüfung vgl. auch *Wassermeyer* in Debatin/Wassermeyer, Art. 2 MA Rz. 70). So wird in Art. 2 Abs. 4 OECD-MA der Geltungsbereich eines Abkommens auf „Steuern gleicher oder im Wesentlichen ähnlicher Art" erstreckt, die einer der Vertragsstaaten künftig einführen wird. Die Beurteilung hat dort bislang keinerlei Probleme aufgeworfen (vgl. *Hahn* in Debatin/Wassermeyer, Art. 3 DBA Frankreich [E] Rz. 15 und 16 m. w. N.). Daneben ergeben sich Auslegungs- und Beurteilungshilfen aus den ähnlich strukturierten Bestimmungen der Art. 1 der Amtshilfe-Richtlinie (Richtlinie 77/799 EWG vom 19.12.1977; vgl. EuGH, Urteil vom 11.10.2007, Rs. C-451/05, Elisa, IStR 2007 S. 897; Anm. *Hahn*, IStR 2008 S. 320). Dem Gesetz ist ferner ein Hinweis auf eine **weite Sichtweise** zu entnehmen. Er ergibt sich aus der systematischen Betrachtung der Norm im Zusammenhang mit § 34c Abs 1 EStG (so bereits *Diehm/Ling*, StWa 1974 S. 49 [55]). Letztere Vorschrift spricht im Zusammenhang mit der Steueranrechnung von „einer der deutschen Einkommensteuer entsprechenden Steuer". Daraus ist zu schließen, dass Steuern denkbar sind, die der deutschen Einkommensteuer nicht entsprechen, gleichwohl aber zu Einkommensteuern als solchen und deshalb zu denjenigen zu rechnen sind, die in den Vergleich einbezogen werden müssen, was wiederum zu dem Schluss führt, dass der Begriff des § 2 weiter ist als der der ‚entsprechenden Steuern' i. S. des § 34c EStG. Schließlich können Kriterien herangezogen werden, die sich aus **Rechtsprechung und Lehre zu Art. 72, 105a GG** ergeben (*Wassermeyer* in Debatin/Wassermeyer, Art. 2 MA Rz. 70 m. w. N.). Dort hat ebenfalls das Kriterium der Gleichartigkeit von Steuern Bedeutung.

Für nicht zutreffend halten wir allerdings die Auffassung, dass „zentrales Kriterium (sei), dass die Bemessungsgrundlage sich auf ein nach ökonomischen Kriterien zu bestimmendes Einkommen bezieht, auf welches der Tarif anzuwenden ist." (*Kraft*, § 2, Rdnr. 52). Diese Sichtweise löst sich vom Gesetz. Nichts spricht z. B. dagegen, auch eine solche Steuer als Einkommensteuer zu qualifizieren, die das Einkommen nicht anhand ökonomischer Kriterien bestimmt, etwa anhand von Indizien, die in äußeren Merkmalen bestehen (vgl. dazu Anm. 94). Nicht ausreichen dürfte es aber, wenn eine Steuer nur funktionell eine Einkommensteuer ersetzt, also in Bezug auf die Notwendigkeit der Staatsfinanzierung. Im Ergebnis dürfte es aber meist nicht schwierig sein, eine Einkommensteuer als solche zu identifizieren. Ergibt sich anhand dieser Kriterien, dass alle in Betracht kommenden Steuern der deutschen Einkommensteuer nicht ähnlich sind, liegt der Sachverhalt vor, dass keine solche Steuer erhoben wird. Erfolgt überhaupt **keine Einkommensbesteuerung,** so liegt ebenfalls eine Niedrigbesteuerung vor.

71 Nach allgemeiner Meinung (*Baßler* in F/W/B, § 2 AStG Rz. 196; a. A. vielleicht *Flick/Wassermeyer* hinsichtlich der Zuschläge, FR 1974 S. 574 [577] sind Zuschläge und ergänzende Abgaben in die Ermittlung der Steuerbelastung einzubeziehen (BMF-AnwSchr Tz. 2.2.4. Nr. 1 zur schweizerischen Kirchensteuer). Damit sind Abgaben gemeint, die nicht autonom ausgestaltet sind und keine originäre Besteuerungsidee verkörpern, sondern an die Bemessungsgrundlage der Einkommensteuer anknüpfen („**Annexsteuern**"). Teils wird dies aus der Formulierung „insgesamt zu entrichtenden Steuern" hergeleitet (*Diehm/Ling*, StWa 1974 S. 49 [56]). Nach der hier vertretenen Ansicht gilt das aber insoweit nicht, als es sich um Steuern und Abgaben handelt, die grundsätzlich zeitlich befristet erhoben werden und dazu dienen, Sonderbedarfe zu decken (vgl. oben Anm. 61). Von diesen Zuschlägen sind solche zu unterscheiden, die andere Zwecke als solche der Aufkommenserzielung verfolgen, etwa Sanktionen darstellen oder Druck zur rechtzeitigen Steuerzahlung ausüben sollen. Sie rechnen nicht zu den Steuern im Sinne des hier anzustellenden Vergleichs.

Der BFH hat in seinem Urteil vom 30.11.1988 (I R 84/85, BStBl II 1989 S. 365) die **72** Frage angesprochen, mangels Entscheidungserheblichkeit dann aber nicht beantwortet, ob die schweizerische **Kirchensteuer** in die Ermittlung der steuerlichen Belastung einzubeziehen ist. In der Literatur wird dies befürwortet (*Baßler* in F/W/B, § 2 AStG Rz. 196; *Weggenmann* in Haase, § 2 AStG Rz. 58). Für die schweizerischen Kirchensteuern ist dies auch die Verwaltungsauffassung, AE Tz. 2.2.4 Nr. 1. Unseres Erachtens ist die Frage differenziert zu betrachten. Aus der oben dargelegten Erwägung zur adäquanztheoretischen Grundlage des § 2 AStG (s. Anm. 4 und 61) kommt man für eine den deutschen Kirchensteuern entsprechende Steuer nicht zu deren Einbeziehung (a. A. *Baßler* in F/W/B, § 2 AStG Rz. 196). Anders wird es bei solchen Systemen der Kirchenfinanzierung liegen, bei denen eine allgemeine, oftmals als ‚Kultussteuer' o. Ä. bezeichnete Zuschlagssteuer erhoben wird, und wo der Steuerpflichtige durch Ausüben eines Wahlrechts lediglich entscheidet, welcher aus einer Gruppe von Institutionen die von ihm entrichtete Steuer zufließen soll. Dieses System bewirkt, dass der Steuerpflichtige zu den Kosten der Verwaltung und Regelung bestimmter Lebensbereiche herangezogen wird, die sowohl vom Staat als auch von den Kirchen und anderen Institutionen ausgeübt werden. Der Steuerpflichtige macht also durch Ausübung seines Wahlrechts seine Steuer zu einer ‚Kirchensteuer'. Entscheidend für die Einbeziehung von Steuern dieser Art in den Anwendungsbereich des § 2 AStG ist mithin der Umstand, dass sie, anders als im deutschen System, der Finanzierung von Aufgaben der staatlichen Gemeinschaft dienen und damit im weitesten Sinne der Infrastruktur.

Eine **niedrige Besteuerung** im Ausland liegt vor, wenn die auf dieser Grundlage **73** ermittelte ausländische Tarifbelastung zu einer Steuerschuld führt, die um mehr als ein Drittel niedriger ist als die deutsche. Zur Herstellung der Vergleichbarkeit bedarf es der Umrechnung der ausländischen Bemessungsgrundlage auf den Gegenwert von 77 000 Euro. Als maßgeblichen **Umrechnungskurs** für die Bemessungsgrundlage sieht das AE Tz. 2.2.4 Nr. 4 den Stichtagskurs zum Ende des Veranlagungszeitraums vor. Der Wechselkurs am Tag der Zahlung der Steuern wird als zulässig angesehen (*Baßler* in F/W/B, § 2 AStG Rz. 200). In der Tat darf sich eine solche Pauschalierung, und um eine solche handelt es sich bei der Verwaltungsauffassung, nicht zu Lasten des Steuerpflichtigen auswirken, sofern dieser dem nicht – etwa aus Vereinfachungsgründen – zustimmt.

Eine besondere Problematik ergibt sich wiederum dann, wenn für bestimmte Ein- **74** kommensteile besondere Tarife bestehen oder wenn ein Teil der Einkünfte **einem festen Steuersatz** unterliegt. Auch von hier aus kann die Möglichkeit eines abstrakten Vergleichs der Steuerbelastungen unmöglich werden, wenn für unterschiedliche

Einkunftsarten **unterschiedliche Tarife gelten** (vgl. oben Anm. 64 und 66). Wiederum steht in diesem Falle kein Steuersatz zur Verfügung, der im anderen Staat abstrakt die Belastung zum Ausdruck bringt (*Zimmermann/Könemann* in S/K/K, § 2 AStG Rz. 99.4). *Baßler* (in F/W/B, § 2 AStG Rz. 168) vertritt hierzu die Auffassung, dass bereits dann kein niedrig besteuerndes Gebiet vorliegt, wenn wenigstens innerhalb eines der in Betracht kommenden Tarife die Zwei-Drittel-Grenze überschritten wird (zust. *Zimmermann/Könemann* in S/K/K, § 2 AStG Rz. 99.4). Wir halten die Lösung, die *Baßler* vorschlägt, für diese Situation für zutreffend. Man wird dabei allerdings voraussetzen müssen, dass in der maßgebenden Tarifzone für ein Einkommen mit einem Gegenwert von 77 000 Euro keine erheblichen Spreizungen zwischen den einzelnen Tarifen bestehen.

(2) ‚Gegenbeweis': Konkrete Steuerbelastung im anderen Staat

75 Führt die Anwendung des Abs. 2 Nr. 1 zu dem Ergebnis, dass eine niedrige Besteuerung gegeben ist, so kann die Finanzbehörde bei der Rechtsanwendung hiervon ausgehen; sie kann sich also mit dem Ergebnis dieser abstrakten Betrachtung begnügen. Der Steuerpflichtige hat aber die Möglichkeit, gewissermaßen einen ‚**Gegenbeweis**' zu führen (vgl. Anm. 82–84). Die (untechnische) Bezeichnung soll die verfahrensrechtliche Position des Steuerpflichtigen insoweit charakterisieren, als der Steuerpflichtige nun die Initiative ergreifen und gegen die Vermutung der niedrigen Besteuerung angehen muss, will er die nachteilige Rechtsfolge der erweiterten beschränkten Steuerpflicht abwenden. (Der ‚Gegenbeweis' ist hier also der Sache nach nichts anderes als ein ‚normaler' Hauptbeweis, vgl. Anm. 81 ff.). In der Norm kommt nicht zum Ausdruck, dass der Steuerpflichtige **seinen Beweis in zwei Richtungen** führen kann: In Wirklichkeit sind es zwei voneinander zu unterscheidende Beweise und es reicht aus, wenn einer von ihnen gelingt; zweckmäßigerweise wird der Steuerpflichtige im Regelfall beide zu führen versuchen.

Zum einen kann er der **Annahme entgegentreten, dass die Besteuerung um mehr als ein Drittel niedriger ist** als die deutsche bei einem steuerpflichtigen Einkommen von 77 000 Euro. Neben einer unzutreffenden Ermittlung des ausländischen Rechts (wozu die Behörde verpflichtet ist (§ 293 LPO i. V. m. § 155 FGO, vgl. BFH, Urteil vom 10.12.1992 I R 32/92, BStBl II 1993 S. 399). kann hier z. B. geltend gemacht werden, dass bestimmte Belastungen im neuen Sitzstaat bei der Bemessung der dortigen Steuerbelastung zu Unrecht unberücksichtigt geblieben sind u. Ä. Letzteres wäre ein Fehler in der Anwendung des ausländischen Rechts. Ersteres betrifft die Ermittlung des ausländischen Rechts. Hierbei werden sich die Finanzbehörden auf Informationen des Bundeszentralamts für Steuern stützen. Diese Argumente zielen auf die **Zerstörung der Vermutungsbasis**. Sie stellen deshalb einen Gegenbeweis auch im technischen Sinne dar. Logisch ist er vorrangig, die Praxis kann eine andere Folge nahelegen. Ergibt sich, dass bereits diese abstrakte Niedrigbesteuerung nicht gegeben ist, ist der Gegenbeweis mittels des Vergleichs der konkreten steuerlichen Belastungen nicht mehr relevant. Diese Möglichkeit kommt im Wortlaut der Norm nicht expressis verbis zum Ausdruck, ergibt sich aber aus den allgemein anerkannten Regeln des Verfahrensrechts.

Der **zweite Beweis** wird **mittels des Vergleichs der konkreten steuerlichen Belastungen** geführt. Die Möglichkeit hierzu ergibt sich aus dem Wortlaut des Abs. 2 Nr. 1 ausdrücklich. Er zielt nicht auf die Vermutungsbasis, sondern widerlegt die Vermutung selbst durch den Nachweis, dass die Dinge im konkreten Fall anders liegen. Verfahrenstechnisch gesehen handelt es sich hier um einen Beweis des Gegenteils, dass nämlich eine höhere Steuerbelastung besteht. Er richtet sich, wie es in Abs. 2 Nr 1 im zweiten Hs. heißt, darauf, dass die konkrete Steuerbelastung zwei Drittel derjenigen Einkommensteuer oder mehr beträgt, die sich bei unbeschränkter deutscher Einkommensteuerpflicht ergeben würde. Ist dies der Fall, liegt keine niedrige Besteuerung i. S. des Abs. 2 Nr. 1 vor. Im Kern geht es also darum, dass der Gesetzgeber das Ergebnis der abstrakten Ermittlung der Steuerbelastung nicht definitiv entscheiden lassen will, sondern die tatsächlich gegebene.

(a) „Einkommensteuer, die sie (lies: die natürliche Person) bei unbeschränkter Steuerpflicht zu entrichten hätte" (sog. Schattenveranlagung)

76 Die eine **Vergleichsgröße** besteht in der **Steuerbelastung, die sich im konkreten Fall** ergeben würde, hätte der Steuerpflichtige seinen Wohnsitz in Deutschland. Es handelt sich mithin um das Welteinkommen. Es findet eine Schattenveranlagung statt, bei der die tatsächlichen Verhältnisse des Steuerpflichtigen insgesamt zu berücksichtigen sind, wie es bei im Übrigen gleichem Sachverhalt, aber mit inländischem Wohnsitz zu geschehen hätte (*Weggenmann* in Haase, § 2 AStG Rz. 82; *Zimmermann/Könemann* in S/K/K, § 2 AStG Rz. 116). Die Höhe der Einkünfte wird nach den Regeln des deutschen Rechts bestimmt. Daraus folgt, dass dann, wenn das deutsche Steuerrecht eine Steuerbefreiung vorsieht, das auch hier gilt (AE Tz. 2.2.4. Nr. 2; *Flick/Wassermeyer,* FR 1975, 574 [577]). Gegebenenfalls sind Kinderfreibeträge und sonstige Freibeträge zu gewähren; Sonderausgaben und außergewöhnliche Belastungen sind zu berücksichtigen (*Flick/Wassermeyer,* AG 1973, S. 77 [78]; *Diehm/Ling,* StWa 1974, S. 49 [55]; *Hellwig,* DStZ 1974, S. 4; *Kraft,* § 2 Rz. 65; *Wassermeyer,* IStR 1996, S. 30; *Zimmermann/Könemann* in S/K/K, § 2 AStG Rz. 116; AE Tz. 2.2.4; *Weggenmann* in Haase, § 2 AStG Rz. 86).

Der Splittingtarif ist bei dieser Schattenveranlagung zugrunde zu legen, wenn – abgesehen von der unbeschränkten Steuerpflicht im Inland – alle übrigen Voraussetzungen vorliegen (*Flick/Wassermeyer,* AG 1973, S. 77 [78]; *Weggenmann* in Haase, § 2 AStG Rz. 86). Da es aber für die Frage der erweiterten beschränkten Steuerpflicht auf die Belastung des einzelnen Steuerpflichtigen ankommt, muss nach Durchführung der Schattenveranlagung die ermittelte Steuerschuld wieder in analoger Anwendung der §§ 268 ff. AO auf die Ehepartner aufgeteilt werden. Der auf den Steuerpflichtigen entfallende Betrag ist der maßgebliche. Es kann mithin die Situation eintreten, dass der eine Ehepartner der erweiterten beschränkten Steuerpflicht unterliegt, der andere hingegen nicht.

Grundlage des Vergleichs ist die festzusetzende Steuer i. S. des § 2 Abs. 6 EStG (*Zimmermann/Könemann* in S/K/K, § 2 AStG Rz. 116; *Weggenmann* in Haase, § 2 AStG Rz. 85).

77 Die „von ihrem Einkommen insgesamt zu entrichtenden Steuern" umfassen **die Steuern, die der Steuerpflichtige weltweit hätte entrichten müssen,** wäre er unbeschränkt steuerpflichtig. Die **deutschen Steuern** auf ausländische Einkünfte rechnen hierzu und, auch ausländische Steuern vom Einkommen (*Zimmermann/Könemann* in S/K/K, § 2 AStG Rz. 117; *Elicker* in Blümich, § 2 AStG Rz. 27; *Flick/Wassermeyer,* FR 1975 S. 574 [576]; BFH vom 26.11.1986 I R 78/81, BStBl II 1987 S. 363; *Graf von Ortenburg,* DStR 1975 S. 483 [488]; etwas anders – *dox* – FR 1973 S. 426).

Es ist mithin der Betrag der deutschen Steuer anzusetzen, der sich nach Anwendung der Freistellung aufgrund eines DBA und nach Anrechnung gem. § 34c EStG ergibt (AE Tz. 2.2.4 Nr. 2, letzter Satz; BFH vom 26.11.1986 I R 78/81, BStBl II 1987 S. 363; *Flick/Wassermeyer,* FR 1974 S. 574 [577]; *Graf zu Ortenburg,* DStR 1975 S. 483 [488].

Diskutiert wird die Frage, ob auch diejenigen ausländischen Steuern einzubeziehen sind, die durch solche ausländischen Einkünfte ausgelöst werden, die **nach deutschem Recht nicht steuerpflichtig** sein würden. Gegen ihre Berücksichtigung scheint der Gesichtspunkt der Homogenität der Vergleichsgrößen zu sprechen. Er müsste gebieten, dass nur diejenigen Steuerbelastungen verglichen werden, die auf einer vergleichbaren Bemessungsgrundlage beruhen. Dagegen wurde geltend gemacht, dass aus der Formulierung „vom Einkommen zu entrichtende Steuer" herzuleiten sei, dass die ausländische Steuer so, wie sie festzusetzen ist und ohne Modifikationen in den Vergleich eingestellt werden müsse (*Hellwig,* DStZ/A 1974, S. 4). Danach kommt eine Berücksichtigung des Umstandes, dass bestimmte Einkünfte in Deutschland nicht steuerpflichtig sein würden, nicht in Betracht. Dem folgt *Graf zu Ortenburg,* DStR 1975, S. 483 (487), der zugleich darauf hinweist, dass der als Gegenbeweis zugelassene konkrete Vergleich auf die tatsächliche Belastung abhebt. Wir halten diese Auffassung für zutreffend. Die Vermutung der Niedrigbesteuerung, die in Abs. 2 Nrn. 1 und 2 jeweils begründet ist, beruht auf einer typisierenden Betrachtung. Sie soll nach der Vorstellung des Gesetzgebers durch den Beweis des Gegenteils im konkreten Einzelfall widerlegt werden. Es verstößt deshalb gegen diesen Gesetzesbefehl, die Ermittlung der Daten des Einzelfalls durch Typisierungen oder Sonderregeln einzuschränken, wie es die erstgenannte Auffassung will. Unterstützend tritt hinzu, dass es in den letzten Jahrzehnten zu den rechtspolitischen Grundprämissen des deutschen Gesetzgebers gehörte, einen Zusammenhang zu sehen zwischen Bemessungsgrundlage und Steuersatz dergestalt, dass eine Verminderung des einen eine Erhöhung des anderen zuließ und umgekehrt mit dem Ziel, die sog. Aufkommensneutralität von Gesetzesänderungen sicherzustellen. Das lässt es unmotiviert erscheinen, einen solchen Zusammenhang bei der Bewertung des Besteuerungsniveaus im Ausland zu leugnen. Vielmehr muss auch dort gelten, dass die Steuerbelastung die Resultante aus Satz und Bemessungsgrundlage ist. Im Ergebnis halten wir deshalb die Auffassung *Hellwigs* und *Graf zu Ortenburgs* für zutreffend, wonach in den Vergleich **auch solche ausländische Steuern einzustellen** sind, die **auf Einkünfte entfallen, die in Deutschland nicht steuerpflichtig** sein würden. Das rechtfertigt es auch, den Grundsatz, dass ausländische Einkünfte im Zweifel nach den deutschen Gewinnermittlungsvorschriften ermittelt werden, zu durchbrechen und die insgesamt tatsächlich gezahlten Steuern anzusetzen.

78 Nach Auffassung einiger Autoren ist in dieser **Schattenveranlagung** gegebenenfalls auch eine **Hinzurechnungsbesteuerung** i. S. d. §§ 7–14 vorzunehmen (*Diehm/Ling,* StWa 1974 S. 49 [56]; *Kraft,* § 2 Rz. 65). Das wäre immer dann der Fall, wenn der Steuerpflichtige an einer Zwischengesellschaft i. S. der §§ 7 ff. AStG beteiligt wäre. A. A. ist *Baßler* (in F/W/B, § 2 AStG Rz. 206; kritisch bereits *Flick/Wassermeyer,* AG 1973, S. 77 [79]). Der Einwand geht dahin, dass lediglich bei der in den Vergleich eingestellten deutschen Steuerbelastung die Hinzurechnungsbesteuerung sich auswirkt, denn auf der Seite der ausländischen Steuern ist dies nicht notwendigerweise der Fall, z. B. dann nicht, wenn die Zwischengesellschaft nicht ausschüttet und keine weiteren Einkünfte im anderen Staat entstehen. Die Einbeziehung der durch die Zurechnung ausgelösten Steuern würde die Homogenität der Größen, die hier verglichen werden müssen, beeinträchtigen.

Ob der **Solidaritätszuschlag** einzubeziehen ist, ist streitig. Die Frage wird bejaht mit dem Argument, dass es um die konkrete Belastung mit deutscher Steuer vom Einkommen geht (*Zimmermann/Könemann* in S/K/K, § 2 AStG Rz. 120; *Weggenmann* in Haase, § 2 AStG Rz. 87 ff.). Der BFH hatte – allerdings im Rahmen des abstrakten Belastungsvergleichs i. S. d. § 2 Abs. 2 Nr. 1, 1. Hs. – in seinem Urteil vom 30.11.1988 (I R 84/85, BStBl II 1989 S. 365, FR 1989 S. 251) diese Frage für die Ergänzungsabgabe nach dem Gesetz vom 21.12.1967 (BGBl I 1967 S. 1254) verneint (ebenso *Flick/Wassermeyer*, AG 1973, S. 77 [78]). Einige Autoren halten die dort entwickelte Auslegung für übertragbar auf den hier interessierenden Vergleich der konkreten Belastungen (*Schaumburg*, Internationales Steuerrecht, 3. Aufl., 2011, Rz. 5.304): Der BFH stütze sich auf den Wortlaut der Norm, wobei hinzukomme, dass dem Gesetzgeber zur Zeit der Beschlussfassung die Entscheidung des BVerfG vom 9.12.1972 (1 BvL 16/69, BVerfGE 32 S. 333) zur Ergänzungsabgabe bekannt war und er sich deshalb dessen bewusst sein musste, dass nach dieser Entscheidung die Ergänzungsabgabe zwar eine Steuer vom Einkommen, jedoch mit der Einkommensteuer nicht identisch sei. Er hätte das Gesetz also anders formulieren müssen und auch können, wenn die Einbeziehung der Ergänzungsabgabe gewollt gewesen wäre. Diese Begründung müsse auch auf den konkreten Steuerbelastungsvergleich übertragen werden und gälte auch für den Solidaritätszuschlag.

Letzterem ist zweifelsfrei zuzustimmen. Der Solidaritätszuschlag ist eine Ergänzungsabgabe i. S. des Art. 106 Abs. 1 Nr. 6 GG (*Seer* in Bonner Kommentar, Art. 108 Rz. 95). Die Übertragung der Grundsätze des BFH-Urteils vom 30.11.1988 auf den konkreten Belastungsvergleich ist nicht zwingend. Denn der abstrakte Vergleich beruht auf einer Typisierung durch den Gesetzgeber. Es ist hier ohne Weiteres möglich, eine Wortauslegung vorzunehmen, wie es der BFH getan hat, und dadurch aus diesem abstrakten Maßstab bestimmte Faktoren auszuscheiden. Der hier interessierende Vergleich der konkreten Steuerbelastung zielt indessen auf das Gegenteil ab, auf die realitätsgetreue Erfassung der tatsächlichen steuerlichen Belastung. Es lässt sich aber nicht sagen, dass das, was für den abstrakten Belastungsvergleich gilt, auch für den konkret-individuellen gelten müsse. Von dem hier vertretenen Standpunkt aus sind somit **auch Zuschläge zur regulären Steuer zu berücksichtigen**; auch der unterschiedliche Zweck der Regelungen führt dazu, zum abstrakten Vergleich entwickelte Grundsätze nicht auf den konkreten zu übertragen. Wir halten somit das BFH-Urteil vom 30.11.1988 hier nicht für einschlägig. Es kommt hinzu, dass die Entscheidung des BVerfG aus heutiger Sicht nicht mehr als Stütze für das Wortlautargument der Gegenauffassung herangezogen werden kann. Denn in einem wenig später ergangenen Beschluss (Beschluss vom 2.10.1973 1 BvR 345/73, BVerfGE 36 S. 66), ergangenen zum Stabilitätszuschlag (i. S. des Stabilitätszuschlagsgesetzes – Art. 4 des Steueränderungsgesetzes 1973 vom 26.6.1973, BGBl I 1973 S. 676) hat der Gerichtshof diesen ausdrücklich als Einkommensteuer bezeichnet. Der Erkenntniswert der Rechtsprechung des BVerfG ist in diesem Punkte offensichtlich begrenzt (was auch erklärlich ist, denn es ging in beiden Verfahren um kompetenzrechtliche Fragen). Im Ergebnis ist der **Solidaritätszuschlag** deshalb **im Rahmen des konkreten Belastungsvergleichs** in diesen **einzustellen**.

(b) „die von ihrem (lies: der natürlichen Person) Einkommen insgesamt zu entrichtende Steuer" (konkrete Steuerbelastung im Ansässigkeitsstaat)

80 Die **andere Vergleichsgröße** besteht aus den im Ansässigkeitsstaat des Steuerpflichtigen von seinem „Einkommen insgesamt zu entrichtenden Steuern". Sie ist aus drei Komponenten zusammengesetzt. Es sind
- die Einkommensteuer im Ansässigkeitsstaat und
- die deutschen Steuern, die aufgrund der erweiterten beschränkten Steuerpflicht in Deutschland entstehen und
- die Einkommensteuer, die in Drittstaaten entsteht (h. L. AE Tz. 2.2.4 Nr. 1; *Weggenmann* in Haase, § 2 AStG Rz. 82).

Streitig war die Frage, ob der Ausdruck „die zu entrichtenden Steuern" in dem Sinne zu verstehen ist, dass nur die **tatsächlich entrichteten Steuern** in den Vergleich einzubeziehen sind, oder diejenigen, die bei **ordnungsgemäßer Besteuerung** zu **entrichten wären**. Letztere, gewissermaßen eine **Sollbetrachtung**, wird von der h. A. befürwortet (*Baßler* in F/W/B, § 2 AStG, Rdnr. 198). Das wird zum einen damit begründet, dass es Sinn und Zweck der Ausnahmeregelung sei, „auf Grund der Einkommensverhältnisse des Ausgewanderten die einkommensteuerliche Belastung festzustellen und je nach dem Ergebnis zu entscheiden, ob ein niedrigbesteuerndes Gebiet vorliegt oder auch nicht", (*Baßler*, a. a. O.). Andere begründen dies damit (*Graf zu Ortenburg*, DStR 1975 S. 483 [487]), dass das Abheben auf die tatsächlich entrichteten Steuern den Vergleich verfälsche, weil vielerlei Umstände denkbar seien, die Abweichungen zwischen der tatsächlich festgesetzten und der festzusetzenden Steuer verursachen können. Genannt werden unrichtige Sachbehandlung durch die Finanzbehörden oder Steuerverkürzungen durch den Steuerpflichtigen. Den hiergegen gerichteten Einwand, dass die Eröffnung der Möglichkeit dieses Vergleichs gerade darauf abziele, der konkreten Steuerbelastung gegenüber dem abstrakten Belastungsunterschied Vorrang zu verschaffen, weist *zu Ortenburg* mit der Erwägung zurück, dass der Vergleich „lediglich" darauf abziele, den „vergrößernden Einfluss jeder typisierenden Betrachtung" auszuschalten. Beiden Begründungen der h. L. können wir nicht zustimmen. Sinn und Zweck der Vorschrift besteht nicht darin, den Einfluss der Typisierung abzumildern, sondern die tatsächliche **Istbelastung löst die typisierte als Maßstab ab;** sie ist ein aliud. Deshalb kann es sein, dass bei abstrakter Betrachtung ein Staat ein Niedrigsteuerstaat ist, für den Steuerpflichtigen in seinen konkreten Verhältnissen jedoch nicht. Letztere sind dann nach dem Willen des Gesetzes maßgebend. Deshalb ist auch die erstgenannte Begründung nicht durchschlagend. Sinn und Zweck der Norm besteht hier keineswegs mehr darin, festzustellen, „ob ein niedrigbesteuerndes Gebiet vorliegt oder auch nicht". Dass dies so ist, steht vielmehr in dieser Phase der Rechtsanwendung bereits fest, andernfalls es keinen Grund gäbe, den Gegenbeweis zu eröffnen. Hier geht es nur noch darum, ob der Steuerpflichtige selbst gleichwohl einer Besteuerung unterliegt, die keine niedrige ist. Dass dies anhand anderer Daten zu entscheiden sein sollte als anhand seiner individuellen Steuerbelastung, wäre ungewöhnlich und wohl auch unlogisch, so dass für eine solche Betrachtungsweise es eines Anhaltspunktes im Gesetz bedürfte. Deshalb ist der **Betrag der tatsächlich entrichteten Steuern** maßgeblich (ausdrücklich a. A. *Baßler* in F/W/B, § 2 AStG Rz. 198 [Stand Mai 2014]).

Hier sind der Einkommensteuer ähnliche Steuern mit einzubeziehen, so auch der Solidaritätszuschlag (*Weggenmann* in Haase, § 2 AStG Rz. 79; *Baßler* in F/W/B, § 2 AStG, Rz. 196). Er entsteht hinsichtlich derjenigen Einünfte, die der deutschen beschränkten und der erweiterten beschränkten Steuerpflicht unterliegen.

Die sich hierbei ergebende Steuerbelastung ist zu vergleichen mit derjenigen, die **81** sich bei Fortbestehen der unbeschränkten Steuerpflicht ergeben hätte. Erreicht die im Ansässigkeitsstaat entrichtete Steuer mindestens zwei Drittel der hypothetischen Besteuerung als unbeschränkt steuerpflichtiger Inländer, liegt keine niedrige Besteuerung i. S. d. § 2 Abs. 2 Nr. 1 vor.

(3) Verfahrensrechtliche Fragen, Ergänzendes

Die Vorschrift hat ferner einen **verfahrens- bzw beweisrechtlichen Inhalt.** Die **82** Formulierung „es sei denn" leitet in der deutschen Rechtssprache stets einen Satzteil ein, der eine Ausnahme enthält; damit bringt sie zugleich zum Ausdruck, dass derjenige, der sie für sich geltend macht, die Beweislast dafür trägt, dass die die Ausnahme begründenden Tatsachen vorliegen. Ebenfalls kommt dies in dem Formulierungsteil „weist nach" zum Ausdruck. Hieraus ergeben sich mehrere Folgerungen: Es wird hier eine Ausnahme von dem allgemeinen Grundsatz normiert, wonach die Finanzbehörde (auch bei Auslandssachverhalten, *Kobor*, Kooperative Amtsermittlung im Verwaltungsrecht, 2009, S. 233) die objektive Beweislast für das Vorliegen solcher Tatsachen trifft, die den Steueranspruch begründen oder ihn erhöhen, und es wird durch die Regelung eine **objektive Beweislast** (*Zimmermann/ Könemann* in S/K/K, § 2 AStG Rz. 125; *Baßler* in F/W/B, § 2 AStG Rz. 192) des Steuerpflichtigen begründet. Bleiben die Umstände unklar, aus denen sich ergibt, dass er im anderen Staat einer höheren Besteuerung unterliegt, so wirkt sich diese Unklarheit zu seinen Nachteil aus, d. h. der erforderliche Nachweis ist nicht erbracht. An sich träfe für das Vorliegen einer niedrigen Besteuerung als steuerbegründendes Merkmal die Finanzverwaltung die Ermittlungspflicht und die Beweislast (*Kempermann*, FR 1990, S. 437 [441]; *Zimmermann/Könemann* in S/K/K, § 2 AStG Rz. 135). Es liegt somit eines Umkehr der objektiven Beweislast vor.

Streitig ist, ob darüber hinaus eine **Beweisführungslast** („subjektive Beweislast") **83** des Steuerpflichtigen geschaffen wird. Der Steuerpflichtige ist dann gehalten, will er die Anwendung der ihn begünstigenden Norm erreichen, durch eigenes Handeln gegenüber der Behörde darzutun, dass die Voraussetzungen für die Anwendung der Norm vorliegen. Eine Pflicht der Finanzbehörde zur Ermittlung des Sachverhalts von Amts wegen besteht nicht (der Sache nach so BFH vom 26.11.1986 I R 78/ 81, BStBl II 1987 S. 363; zutr. so wohl auch *Weggenmann* in Haase, § 2 AStG Rz. 88: „Darlegungs- und Beweislast"; *Flick/Wassermeyer*, AG 1973, S. 77 [79]; „Gegenbeweis"; a. A. *Runge*, DStZ 1975, S. 61 [63]: Mitwirkungspflicht; *Baßler* in F/W/B, § 2 AStG Rz. 192; der Unterschied zwischen subjektiver Beweislast und Mitwirkungspflicht i. S. d § 90 Abs. 2 AO besteht darin, dass Letztere eine echte Pflicht darstellt und die Ermittlungspflicht der Finanzbehörde bzw. der FG daneben fortbesteht, während im Falle der subjektiven Beweislast dem Steuerpflichtigen lediglich anheimgestellt ist, Beweise zu führen und Ermittlungspflichten der Finanzbehörde und des FG nicht bestehen). Es handelt sich um eine verfahrensrechtliche Last, d. h. der Steuerpflichtige ist zwar nicht verpflichtet, den Nachweis zu erbringen, muss aber, entfaltet er die entsprechenden Tätigkeiten nicht, den daraus resultierenden rechtlichen Nachteil in Kauf nehmen. Die Aktivitäten des Steuerpflichtigen werden sich hier auf die Durchführung der Schattenveranlagung beziehen und gegebenenfalls darauf, sofern die Finanzbehörde Zweifel an zu Grunde liegenden Umständen hat, deren Vorliegen zu beweisen. Er wird ferner seine steuerliche Belastung im anderen Staat darzulegen haben, was in aller Regel durch Vorlage der Steuerbescheide der ausländischen Finanzbehörde geschehen wird (zu einer weiteren Konsequenz vgl. Anm. 253).

A. A. ist in dieser Frage *Wassermeyer* (IStR 1996 S. 30). Er meint, dass jedenfalls dann, wenn sich bereits aus den Akten ergebe, dass die Voraussetzungen der Ausnahmevorschrift erfüllt seien, der Gegenbeweis auch ohne Zutun des Steuerpflichtigen als geführt anzusehen sei. U. E. ist die Aussage des Gesetzes klar und lässt keine Ausnahme zu. Wohl aber läge dann ein Fall vor, in dem die Finanzbehörde aufgrund des § 89 AO verpflichtet ist, gegenüber dem Steuerpflichtigen eine entsprechende Anregung zu geben. Aber auch über diesen Sonderfall hinausgehend meinen *Flick/Wassermeyer* (FR 1975 S. 574 [576]), dass den Steuerpflichtigen insoweit eine objektive Beweislast nur treffe, sofern das Gesetz dies ausdrücklich regele oder wenn er sich auf eine Ausnahmevorschrift berufe. Das aber sei hier nicht der Fall. Die Finanzverwaltung habe die „volle Beweislast für die Annahme einer Ansässigkeit in einem niedrig besteuernden Gebiet" und sie müsse „von Amts wegen diese Frage prüfen, und gegebenenfalls eigene Ermittlungen" anstellen, könne dabei aber auf die Mitwirkungspflichten des Steuerpflichtigen zurückgreifen. Wir teilen den Ausgangspunkt der Autoren, sind aber hinsichtlich der Folgerungen anderer Ansicht: Die Norm regelt die von ihnen für erforderlich gehaltene Beweislastumkehr ausdrücklich, namentlich indem von einem ‚Nachweis' durch den Steuerpflichtigen gesprochen wird.

84 Das Verständnis der Regelung Normierung einer subjektiven Beweislast erscheint vor dem Hintergrund des typischen Falles, der dem Gesetzgeber vor Augen stand, angemessen. Denn soweit der Steuerpflichtige sich bei seiner Wohnsitzwahl von steuerlichen Erwägungen leiten lässt, wird er typischerweise sachkundigen Rat einholen, insbesondere Belastungsvergleiche anstellen und damit über Informationen verfügen, die ihn in die Lage versetzen, solche Umstände auch gegenüber der Finanzverwaltung darzulegen, auf denen der Gegenbeweis beruht, deren Ermittlung aber für die Finanzbehörde schwierig, aufwendig oder gar unmöglich ist. Es wird mithin der allgemeine, die Beweislastverteilung prägende Gedanke realisiert, dass derjenige sich um die Beschaffung des Tatsachenstoffs zu bemühen hat, der ihm am nächsten steht (Verteilung der **Beweislast nach Maßgabe der Beweisnähe**). Dezidiert a. A. sind auch hier *Flick/Wassermeyer* (FR 1975 S. 574 [577]). Der vom Gesetz geforderte „absolute Steuerbelastungsvergleich mache deutlich, dass der Gesetzgeber sich weitgehend von unpersönlichen und deshalb außerhalb der Sphäre des Steuerpflichtigen liegenden Momente" habe beeinflussen lassen. Wir können dem Einwand nicht folgen. Nicht der Gegensatz zwischen subjektiven, d. h. der Personen in irgendeiner Weise anhaftenden Umständen, und objektiven, bei denen dies nicht der Fall ist, ist für die Beweislastverteilung maßgebend, sondern entscheidend ist, in wessen Kenntnis- und Zugriffssphäre die Umstände liegen, um deren Beweis es geht. Diejenigen, um die es hier geht, liegen indessen größtenteils in der Kenntnis- und Zugriffssphäre des Steuerpflichtigen.

Die Beweislastverteilung kann dort zu Härten führen, wo nicht primär steuerliche Erwägungen eine Rolle spielen, sondern ein von einer gänzlich anderen Motivationslage bestimmtes Verhalten die erweiterte beschränkte Steuerpflicht auslöst.

Hier ist der Gesetzgeber aufgerufen, die geradezu grotesk niedrige, seit Jahrzehnten unverändert beibehaltene Freigrenze des § 2 Abs. 1 Satz 3 i. H. von 16 500 Euro anzuheben. Im Übrigen werden Billigkeitsmaßnahmen in Betracht zu ziehen sein.

Die Frage, ob eine Besteuerung auf der Grundlage einer sog. **remittance-base** zu einer **niedrigen Besteuerung** i. S. d. § 2 AStG führt, kann als geklärt gelten und ist zu bejahen. Die Verwaltung hatte dies vormals verneint, im derzeit geltenden Anwendungserlass aber bejaht (AE Tz. 2.2.2); vgl. auch bereits OFD Münster, Information vom 21.2.2002, S 1301 – 1-St 13 – 34, DB 2002 S. 1192. Es handelt sich hier um ein Regelungssystem, welches im angelsächsischen Rechtskreis und in hieran sich orientierenden Rechtordnungen anzutreffen ist. Neben Großbritannien werden in der Literatur Singapur, Israel, Irland und Malta genannt. In Großbritannien, welches wir pars pro toto nehmen (dazu *Ronge*, IStR 2003 S. 661; *Portner*, IStR 2010 S. 837), ist diese Besteuerung vorgesehen für „resident not domiciled persons", d. h. für einen Personenkreis, der, grob gesprochen, dadurch gekennzeichnet ist, dass sein Aufenthalt nicht auf Dauer angelegt ist (vgl. *Beckmann* in Debatin/Wassermeyer, Art I DBA Großbritannien, Rz. 6; Art. II Rz. 55; *ders.*, IStR 2009, Länderbericht, S. 44). Die Besteuerung auf remittance-base sieht vor, dass bei bestimmten Einkünften aus ausländischen Quellen von der Besteuerung zunächst abgesehen wird, sofern sie nicht in das Inland überführt werden. Erst dann, wenn dies geschieht, erfolgt die Besteuerung. Sie unterblieb gegebenenfalls gänzlich, wenn deren Überführung in das Inland nicht erfolgte. Dieser Besteuerungsform unterliegen nur bestimmte Einkunftsarten. Im Zusammenhang mit der Zahlung von Abfindungen stellen sich Sonderfragen, die teilweise auf der Ebene des Abkommensrechts durch Vereinbarung von sog subject-to-tax-Klauseln (dazu OFD Frankfurt/Main, Vfg. vom 19.7.2006 S 1301 A-55 – St 58, DStZ 2006, S. 708) verschärft werden, vgl. dazu *Portner*, IStR 2010 S. 837; vgl. dazu auch BFH vom 29.11.2000 I R 102/99, BStBl II 2001 S. 195; IStR 2001 S. 259 m. Anm. *Buciek* und BMF vom 14.9.2006 IV B 6 – S 1300 – 367/07, BStBl I 2006 S. 532, Tz. 159; vgl. neuerdings FG Nürnberg vom 14.12.2010 1 K 1134/08, IStR 2011 S. 513.

Die Rechtslage in Großbritannien hat sich mit dem **Income Tax Act 2007** geändert und seither, zuletzt mit dem Finance Act 2014, erhebliche Änderungen erfahren. Ebenso wie die Anwendbarkeit des § 2 AStG als solche für jeden VZ gesondert zu prüfen ist, muss dies auch für die Frage geschehen, ob eine bestimmte Remittance-base-Besteuerung eine Vorzugsbesteuerung darstellt. Unterschiedliche Urteile zu dieser Frage (FG Düsseldorf vom 20.4.2010 9 K 1639/06 E, rkr., BeckRS 2010, 26030364 einerseits und FG München vom 21.11.2011 8 K 628/08, EFG 2012 S. 587 [im zweiten Rechtsgang], andererseits) dürften darauf beruhen, möglicherweise aber auch darauf, dass die Feststellungen zum britischen Recht nicht sachgerecht erfolgt sind.

Die Konditionen, unter denen der Status des resident not domiciled erlangt werden kann, haben sich geändert und sind vor allem an eine Mindeststeuerleistung in Großbritannien gebunden (30 000 Pfund, seit dem Fiskaljahr 2012: 50 000), vgl. dazu *Beckmann*, IStR 2009, Länderbericht, S. 44.

Die Frage, ob es sich um eine Vorzugsbesteuerung i. S. d. § 2 Abs. 2 Nr. 2 handelt, ist von den Finanzgerichten noch nicht geklärt, vgl. zuletzt FG München, Urteil vom 21.11.2011 8 K 626/08, EFG 2012 S. 587; dazu *Hahn*, jurisPR-SteuerR 22/2012, Anmerkung 1. Das Urteil wurde aufgehoben durch zurückverweisendes Urteil des BFH vom 26.6.2013 I R 4/12, BFH/NV 2013 S. 1925, ISR 2014 S. 7 mit Anmerkung

Hahn. Eine eingehende Erörterung des Problems unter Berücksichtigung der neueren Rechtsentwicklung geben *Schwibinger/Anzinger*, ISR 2014 S. 225; ferner *Baßler* in F/W/B, § 2 AStG Rz. 223.1.
Ferner könnte sich die abkommensrechtliche Lage durch das am 30.3.2010 unterzeichnete DBA Großbritannien ändern (BGBl II 2010 S. 1333; dazu *Portner*, IStR 2010 S. 837; *Bahns/Sommer*, IStR 2011 S. 201 [207 f.]; *Büttgen/Kaiser/Raible*, BB 2011, S. 862).

86 Im Zusammenhang mit den sog. Dublin-Docks-Fällen hat sich eine Frage gestellt, die auch im Anwendungsbereich des § 2 AStG auftreten kann. Dort hatte man, um das Tatbestandsmerkmal des § 8 Abs. 3 (im Zusammenhang mit der Hinzurechnungsbesteuerung gem. §§ 7 ff. (vgl. *Gropp*, § 8 AStG Anm. 175) nicht zu verwirklichen, Steuerzahlungen geleistet, die zu einem leicht über 25 % liegenden Besteuerungsniveau führten. Hier war streitig geworden, ob die Zahlungen eventuell deshalb keine **Steuern** waren, weil sie **aufgrund einer Wahlmöglichkeit** geleistet worden waren. Die Verwaltung nimmt an, dass hier ein Gestaltungsmissbrauch i. S. von § 42 AO vorliege (BMF-Schreiben vom 19.3.2001 IV B 4 – S 1300 – 65/01, BStBl I 2001 S. 243, Tz. 4). Richtig wird aber die Überlegung sein, dass eine freiwillige Zahlung keine Besteuerung darstellt, weil ihr das Zwangselement der hoheitlichen Auferlegung fehlt, vgl. § 3 Abs. 1 AO. Insbesondere muss der **Rechtsgrund für die Zahlung in einem Steuergesetz** liegen. Darüber, ob dies so ist, kann nur das Steuerrecht des anderen Staates bzw. der betreffenden Gebietskörperschaft entscheiden. Eine Besteuerung wird dann nicht vorliegen, wenn überhaupt kein Verwaltungsakt ergeht, der die Zahlung festsetzt und anfordert, und wenn auch kein Äquivalent gegeben ist (in dem Sinne, wie z. B. die Steueranmeldung gem. § 168 AO die Funktion eines Bescheides hat). Kriterium muss sein, ob der Steuerpflichtige nach dem Recht des anderen Staates die Zahlung durch Rechtsbehelfe abwenden oder unter dem Gesichtspunkt der ungerechtfertigten Bereicherung (vergleichbar demjenigen des § 812 BGB) oder als Erstattungsanspruch (vergleichbar demjenigen aus § 37 AO) zurückfordern könnte.

87 bis 90 *(einstweilen frei)*

bb) Ausländische Vorzugsbesteuerung (§ 2 Abs. 2 Nr. 2)

91 Eine weitere Form des abstrakten Vergleichs der Steuerbelastungen sieht Abs. 2 Nr. 2 vor. Eine Niedrigbesteuerung ist danach gegeben, wenn
– in dem ausländischen Gebiet eine Vorzugsbesteuerung eingeräumt wird und
– wenn hierdurch die erhobene Einkommensteuer gegenüber der allgemeinen Besteuerung ‚erheblich gemindert' sein kann.

Die Norm trägt dem Umstand Rechnung, dass in der Praxis der Staaten sich eine Niedrigbesteuerung nicht notwendigerweise aus den allgemeinen Regeln des Steuerrechts ergeben muss – dies ist der Fall des Abs. 2 Nr. 1 –, sondern dass sie sich aus einer speziellen Vorzugsbehandlung bestimmter Steuerpflichtiger ergeben kann. De facto richtete sich die Bestimmung vornehmlich auf die Schweiz (so bereits – *dox*–, FR 1973 S. 426), deren Steuerniveau nicht generell als niedrig angesprochen werden kann, wo aber Vorzugsbesteuerungen in unterschiedlichen Formen praktiziert werden. Wegen der prinzipiell unbegrenzten Möglichkeiten, wie eine solche

Vorzugsbehandlung im Einzelnen ausgestaltet sein bzw praktiziert werden kann, ist die Normierung des Sachverhaltes besonders schwierig.

Die Alternative des Abs. 2 Nr. 2 steht selbständig neben derjenigen des Abs. 2 Nr. 1. Es kommt also stets in Betracht, dass gleichzeitig eine generelle Niedrigbesteuerung vorliegt und eine weitere, durch die Sonderbehandlung bedingte. Es reicht aber für die Anwendung des § 2 AStG aus, wenn einer der beiden Fälle gegeben ist, während aus der Sicht des Steuerpflichtigen beide Fälle nicht gegeben sein dürfen, will er die erweiterte beschränkte Steuerpflicht vermeiden.

Der Kernbegriff ist derjenige der ‚**Vorzugsbesteuerung**'. Der Ausdruck ist den deutschen Steuergesetzen fremd und wird auch nicht definiert. Teilweise ist das **Fehlen einer Definition** kritisiert worden (*Elicker* in Blümich, § 2 AStG Rz. 22; *Kraft*, § 2, Rz. 40; *Weggemann* in Haase, § 2 AStG Rz. 69), dies zu Unrecht: Der Gesetzgeber ist weder gehalten, sich auf solche Ausdrücke zu beschränken, die im geltenden Steuerrecht bereits verwendet worden sind, noch ist er gehalten, solche Ausdrücke zu definieren. Während Ersteres selbstverständlich sein sollte, ist die Frage einer Definition eine solche der Zweckmäßigkeit. Definitionen sind entbehrlich, wenn der gebräuchliche Wortsinn das Verständnis eines Ausdrucks ermöglicht. Das ist hier der Fall. In einem Gebiet findet eine ‚Vorzugsbesteuerung' statt, wenn für einen bestimmten Personenkreis steuerliche Regeln gelten oder eine Verwaltungspraxis besteht, die sich von den allgemeinen, für jedermann in dieser Region geltenden Regeln unterscheidet und den Steuerpflichtigen günstiger stellt (*Baßler* in F/W/B, § 2 AStG Rz. 223; *Zimmermann/Könemann* in S/K/K, § 2 AStG Rz. 109). 92

Es verbleibt gleichwohl eine Reihe von Auslegungsfragen (s. dazu Anm. 95; zu weiteren Aspekten der Vorzugsbesteuerung aus der Sicht der Finanzverwaltung *Dreßler*, StBp 1999 S. 253; *Eimermann*, IStR 2010 S. 561). Das teilt die Norm mit einer stattlichen Anzahl anderer Normen und ist in verfassungsrechtlicher Hinsicht irrelevant, weil eine Auslegungsbedürftigkeit einer Norm noch nicht zu ihrer Unbestimmtheit führt (Beschluss vom 20.10.1981 1 BvR 640/80, BVerfGE 58 S. 257 [277]; Beschluss vom 3.4.2004 1 BvF 3/92, BVerfGE 110 S. 33 [56, 57]). **Insoweit** gibt es **keine Zweifel an der Verfassungsmäßigkeit** dieses Teils der Bestimmung. Zudem übersieht die Kritik, dass das DBA Schweiz in seinem Art. 4 Abs. 6 (i. d. F. des Revisionsprotokolls vom 12.3.2002, BGBl II 2003 S. 68) eine Definition bietet, die, wenn auch nicht unmittelbar anwendbar, jedoch Auskunft darüber gibt, welche Vorstellungen der deutsche Gesetzgeber hiermit verbindet, vgl. im Einzelnen dazu Anm. 95.

„**Verfassungsrechtliche Bedenken**" „aufgrund des Bestimmtheitsgebots" werden insbesondere unter dem Aspekt geltend gemacht, dass der Begriff ‚Vorzugsbesteuerung' insoweit **unbestimmt** sei, als es darauf ankomme, welchem Personenkreis aus welchem Grunde eine Vorzugsbesteuerung gewährt werde (*Zimmermann/Könemann* in S/K/K, § 2 AStG Rz. 108; vgl. auch *Kraft*, § 2 Rz. 60). Diese Bedenken treffen nicht unmittelbar zu, sind aber aus einem anderen Grund nicht von der Hand zu weisen. Der **Personenkreis** des § 2 ist zweifelsfrei exakt umschrieben. Indessen ist der Begriff der Vorzugsbesteuerung zu weit gefasst und bedarf einer Konkretisierung und einschränkenden Auslegung. Eine Bestimmung des Begriffs der Vorzugsbesteuerung umfasst dann auch zugleich eine Konkretisierung des Personenkreises, der von ihr erfasst wird. 93

94 Der Ausdruck ‚**Vorzugsbesteuerung**' ist hinreichend konkretisierbar. Dabei spielt, wie von der Kritik auch geltend gemacht, der **Grund** für die Vorzugsbesteuerung eine klärende, eingrenzende Rolle. **Die Verwaltung hat in ihrem Anwendungserlass** zum AStG (AE Tz. 2.2.2 Nr. 2) den Ausdruck ‚Vorzugsbesteuerung' durch Beispiele und einige weitere Aussagen erläutert. Sie illustrieren die Auslegungsfragen, die die Norm angesichts unterschiedlicher denkbarer Sachverhalte auslöst.

– Das **erste Beispiel** in Tz. 2.2.2 Nr. 2 ist selbsterklärend: es handelt sich um den Fall, dass aus dem Ausland zuziehende Personen **einkommensteuerfrei** gestellt sind, wie wohl hinzugefügt werden muss: unabhängig davon, ob dies befristet oder unbefristet gilt. Ohnehin verlangt der § 2 AStG eine Jahresbetrachtung, so dass jeder Veranlagungszeitraum gesondert zu prüfen ist.

– Das **zweite Beispiel** ist etwas unscharf formuliert. Eine Vorzugsbesteuerung soll vorliegen, „wenn **Steuervergünstigungen** erlangt werden können". Wörtlich und isoliert betrachtet wäre diese Aussage zweifellos falsch, denn jede Steuerrechtsordnung wird auch Vergünstigungen vorsehen; gleichwohl ist der Rest der Welt nicht als niedrig besteuerndes Gebiet zu betrachten. Die Formulierung erlangt ihren Sinn aber durch drei Klammererläuterungen:

– Der erste Fall ist die **Besteuerung nach dem Verbrauch**. In erster Linie rechnet hierzu die schweizerische Besteuerung nach dem Aufwand (vgl. *Hardt* in Debatin/Wassermeyer Art. 4 DBA Schweiz Rz. 187; *Spöri*, a. a. O., DBA Schweiz, Anh. Rz. 95 und neuerdings *Cavelti*, IFF 2010 S. 144). Manche Steuerrechtsordnungen kennen – in der Regel als Ausnahmen, bisweilen jedoch auch mit Sanktionscharakter – eine Besteuerung des Einkommens nach dem Verbrauch. In Deutschland war dies die Bestimmung des § 48 EStG, die durch Gesetz vom 18.8.1980 (BGBl I 1980 S. 1537; BStBl I 1980 S. 581) aufgehoben wurde. Der andere Fall einer solchen Besteuerung in Deutschland war die Pauschbesteuerung in den Fällen, in denen Personen durch Zuzug aus dem Ausland in Deutschland unbeschränkt steuerpflichtig wurden; der dies regelnde § 31 EStG galt bis zum VZ 1989. Eine typisierende Verbrauchsbesteuerung liegt z. B. dann vor, wenn eine Steuer erhoben wird, deren Höhe von der Wohnfläche des selbst genutzten Hauses abhängt. Gesetz- und Erlassgeber hatten hier ebenfalls den Fall der Schweiz vor Augen, wo die Aufwandsbesteuerung sich u. a. an den Wohnverhältnissen orientiert (vgl. die Hinweise bei *Bischoff/Kotyrba*, BB 2002 S. 382; *Cavelti*, IFF 2010 S. 144; *Wassermeyer* in Flick/Wassermeyer/Kempermann, Doppelbesteuerungsabkommen Deutschland-Schweiz, Art. 4 Rz. 168).

Das Bestehen einer dieser Besteuerungsformen oder anderer stellt dann keine Vorzugsbesteuerung dar, wenn der Aufwand nicht die Funktion einer echten Bemessungsgrundlage hat, sondern wenn die Möglichkeit der Besteuerung nach dem Aufwand dazu dient, Unzulänglichkeiten der Steuerdeklaration auszugleichen. In der Regel wird die Besteuerung nach dem Aufwand dann auch wegen des Sanktionscharakters ohnehin nicht zu einer niedrigen Besteuerung führen.

– Der zweite Fall nennt ‚**begünstigende Steuerverträge**', wie sie ebenfalls in der Schweiz teilweise praktiziert werden. In der Tat indiziert der Umstand, dass ‚Steuerverträge' abgeschlossen werden, also im Vorhinein konsensual eine Steuerbemessungsgrundlage oder eine Steuerschuld fixiert wird, zunächst einmal, dass es sich um eine Sonderreglung handelt, die von dem abweicht, was generell für die in dem fraglichen Gebiet Ansässigen gilt (*Zimmermann/Könemann* in S/K/K, § 2 AStG Rz. 110). Da es in aller Regel darum gehen wird, von der von Gesetzes wegen geschuldeten Steuer zu Gunsten des Steuerpflichtigen abzuweichen, liegt in diesen Fällen eine Vorzugsbehandlung vor. Der Fall ist nur ein Beispiel. Eine Vorzugsbesteuerung kann auch dann vorliegen, wenn die Steuer einseitig, durch Verwaltungsakt, abweichend festgesetzt wird.

Dass hierzu Vorgänge, die einer im Anschluss an eine Betriebsprüfung getroffenen tatsächlichen Verständigung deutschen Rechts entsprechen, nicht rechnen, dürfte evident sein. Ebenso wenig rechnen hierzu verbindliche Auskünfte als solche (die in anderen Rechtsordnungen bisweilen als echte Verträge über Steuern aufgefasst werden). Ebenso evident ist aber, dass beide Rechtsinstitute dazu genutzt werden können, eine Vorzugsbesteuerung zu gewähren. Entscheidendes Kriterium muss deshalb die Frage sein, ob ein anderer, im Lande ansässiger Steuerpflichtiger eine tatsächliche Verständigung bzw. eine verbindliche Auskunft gleichen Inhalts bei gleichem Sachverhalt erreichen könnte.

– Als dritter Fall sind „**Erlasse und Stundungen** ohne Rücksicht auf die steuerliche Leistungsfähigkeit" genannt. Sieht man einmal von dem etwas stark an deutschen Anschauungen orientierten Verweis auf die steuerliche Leistungsfähigkeit ab (der überdies nicht praktikabel ist, weil hierunter in den einzelnen Staaten Unterschiedliches verstanden werden wird), so enthält auch dieses Beispiel einen richtigen Kern: Einer Vorzugsbesteuerung unterliegt derjenige, dem Steuern ganz oder teilweise erlassen oder gestundet werden, ohne dass die Voraussetzungen hierfür vorliegen (oder auch nur geprüft werden müssten), unter denen die Steuerpflichtigen dieses Gebietes nach den allgemeinen Regeln Erlasse oder Stundungen erreichen können.

– Als **drittes Beispiel** einer Vorzugsbesteuerung wird der Fall genannt, dass „die Einkünfte aus den im Inland verbliebenen Wirtschaftsinteressen gegenüber anderen Einkünften bevorzugt besteuert werden." Auch dieses Beispiel ist in seinem Kerngedanken richtig, aber zu weit formuliert: Beruht ein Steuersystem auf der gesetzgeberischen Grundentscheidung, Einkünfte aus ausländischen Quellen zu begünstigen, so liegt darin noch keine Vorzugsbesteuerung des deutschen Steuerpflichtigen. Sie kann nur dann vorliegen, wenn eine solche Besteuerung von den allgemein geltenden Regeln abweicht. Ein Grenzfall derartiger Begünstigungen, die aber aus den soeben genannten Gründen keine Vorzugsbesteuerung darstellt, ist eine Besteuerung nach dem Territorialprinzip, eine Besteuerung also, die grundsätzlich nur die im Inland erwirtschafteten Einkünfte erfasst.

Die Erläuterungen des AE sind eher beschreibend und bieten keine Definition, lassen aber erkennen, dass und wo es einer Grenzziehung bedarf. Dabei können der Bestimmung des Art. 4 Abs. 6 DBA Schweiz (i. d. F. des Revisionsprotokolls vom 12.3.2002, BGBl II 2003 S. 68; bis dahin Art. 4 Abs. 6 Buchst. a)) Hinweise darauf entnommen werden, was der deutsche Gesetzgeber hierunter verstanden hat. Diese Bestimmung nimmt die Personen, die in einem der Vertragsstaaten – faktisch: in der Schweiz – ansässig sind und damit an sich abkommensberechtigt sein würden, von der Abkommensberechtigung aus, wenn sie in diesem Staat einer pauschalen Besteuerung unterliegen. Umschrieben wird dies mit der Formulierung, dass „eine natürliche Person, die in dem Vertragsstaat, in dem sie nach den vorstehenden Bestimmungen ansässig wäre, nicht mit allen nach dem Steuerrecht dieses Staates allgemein steuerpflichtigen Einkünften aus dem anderen Vertragsstaat den allgemein erhobenen Steuern unterliegt". Das Spezielle der besonderen Besteuerung liegt demnach darin, dass die interessierenden Regelungen gerade die Einkünfte aus dem anderen Staat betreffen und nicht der im Ansässigkeitsstaat allgemein geltenden Besteuerung unterliegen.

Wir halten diese Konkretisierung auch für die Auslegung des § 2 Abs. 2 Nr. 2 für maßgebend. Das Kriterium, dass die spezielle Besteuerungsregelung **von den allgemein geltenden Steuergesetzen des Landes abweichen** muss und für dessen Bürger grundsätzlich nicht zugänglich sein darf, ist notwendige, jedoch nicht hinreichende Bedingung für die Annahme einer Vorzugsbesteuerung. Eher ein Indiz für eine Vorzugsbesteuerung wird ferner darin zu sehen sein, wenn sie nur bestimmte Einkünfte betrifft, sei es ihrer Art nach, sei es ihrer Herkunft nach (etwa ausländische Einkünfte) bestimmte. Auch solche objektiven Steuerbefreiungen bestimmter Einkünfte bedeuten keine Vorzugsbesteuerung i. S. des § 2 Abs. 2, wenn und soweit sie jedermann zugänglich sind (*Zimmermann/Könemann* in S/K/K, § 2 AStG Rz. 109; *Baßler* in F/W/B, § 2 AStG, Rdnr. 223). Allenfalls ein Indiz, so würde eine Besteuerung nach dem Territorialprinzip als solche noch keine Vorzugsbesteuerung darstellen (*Zimmermann/Könemann* in S/K/K, § 2 AStG Rz. 109; a. A. *Schaumburg*, Internationales Steuerrecht, 3. Aufl., 2011, Rz. 5.301). **Führt man diese Kriterien jedoch zusammen,** so ergibt sich jedoch **ein allgemeiner Begriff der Vorzugsbesteuerung,** der letztendlich demjenigen des Art. 4 Abs. 6 DBA Schweiz entspricht. Es handelt sich um eine Rechtslage, die bewirkt, dass Steuerpflichtige (1) **nicht mit allen Einkünften,** die (2) **aus dem Wegzugsstaate stammen,** und **die** (3) im neuen Ansässigkeitsstaat **nach den allgemein geltenden Regelungen steuerpflichtig** wären, dieser allgemeinen Steuerpflicht unterliegen (4).

Diese Definition weist auch auf den **Grund** für eine Vorzugsbesteuerung hin: Es geht darum, zuziehende Personen zu begünstigen, also zum Zuzug zu veranlassen. Eine **Vorzugsbesteuerung** liegt damit erst dann vor, wenn solche totalen oder partiellen Befreiungen oder Begünstigungen nur für zuziehende Personen erreichbar sind (ähnlich *Baßler* in F/W/B, § 2 AStG Rdnr. 227) oder, eine recht prägnante Ausgestaltung, wenn sie nur für solche Einkünfte von diesen Personen erreichbar ist, die aus Quellen stammen, die wirtschaftliche Interessen im Abwanderungsland ausmachen (vgl. *Diehm/Ling,* StWa 1974 S. 49 [54]; *Hellwig,* DStZ 1974 S. 4).

96 Für die Anwendbarkeit der Norm ist es ohne Bedeutung, in welcher Form die „Vorzugsbesteuerung" erfolgt. Sie kann durch gesetzliche (und ihnen aufgrund des Staatsrechts des anderen Staates gleichgestellte) **Normen** erfolgen, aber auch durch **Einzelfallentscheidung** und **konsensual durch Vereinbarungen** über die Steuerleistung und schließlich auch durch **schlichte Verwaltungspraxis,** also durch Nichtvollzug bestehender Normen (zutreffend so *Weggenmann* in Haase, § 2 AStG Rz. 72; *Diehm/Ling,* StWa 1974 S. 49 [54]). Es kann, wie sich aus dem Gesetzeszweck ergibt, auch nicht darauf ankommen, ob die praktizierte Vorzugsbesteuerung nach dem Recht des Landes legal oder nur akzeptiert ist. Es handelt sich insoweit um **subjektive Steuerbefreiungen.** Eine Grenze muss erst dort angenommen werden, wo eine niedrige Besteuerung aus einem Versehen der dortigen Finanzbehörde resultiert oder aus einem Gesetzesverstoß des Steuerpflichtigen.

97 Problematischer sind diese Vorzugsbesteuerungen in Gestalt subjektiver Steuerbefreiungen im Hinblick auf das **Bestimmtheitsgebot** deshalb, weil der Kreis der durch Einzelentscheidungen und/oder durch eine auf individuelle Sachverhalte

abgestimmte Verwaltungspraxis begünstigten Steuerpflichtigen notwendigerweise nicht in der Form eines Rechtssatzes umschrieben werden kann. Gleichwohl ist es möglich, der Norm auch in dieser Konstellation eine hinreichende Kontur im Wege der Auslegung zu verleihen. Es kann nicht Regelungsziel des § 2 Abs. 2 Nr. 2 sein, jedwede Situation zu erfassen, in der es einem Steuerpflichtigen irgendwo gelungen sein mag, eine steuerliche Vorzugsbehandlung zu erreichen. M. a. W.: Der Fall, in dem es in einem Staate dem Steuerpflichtigen gelungen ist, in Hotelfoyers, Hinterzimmern etc, sei es unmittelbar mit dem Chef der örtlichen Finanzbehörde, sei es mit dem Finanzminister des Landes oder dessen Clan, an den Gesetzen des Landes vorbei ein agreement zu treffen, macht das Land nicht zu einem Niedrigsteuerland; die Norm haben diesen Fall nicht erfassen wollen, weil das Normprogramm auch nicht ansatzweise in einer dem Gleichheitssatz entsprechenden Weise vollziehbar wäre, sondern nur in gleichheitswidriger Weise Zufallsergebnisse hervorbringen würde. Die Norm bedarf vielmehr in dieser Hinsicht der teleologischen Reduktion, indem ihr ein ungeschriebenes Merkmal hinzugefügt wird. Es ist aus ihrer verhaltenslenkenden Funktion (s. Anm. 4) ableitbar. Es besteht in der Voraussetzung, dass nur die Fälle erfasst werden, in denen **die Praxis der Gewährung von Steuervorteilen** in Gestalt der erwähnten Einzelentscheidungen und Steuerverträge **allgemein bekannt** ist. Dieses Kriterium – in zivilprozessualer Terminologie gesprochen: das Kriterium der Notorietät i. S. des § 291 ZPO, der auch in der FGO Anwendung findet (*Gräber/Koch*, FGO, § 81 Rz. 3) – ist auch sachangemessen, weil nicht die Bereitschaft, Steuervorteile zu gewähren, erst das Verhalten auslöst, dem die Norm des § 2 entgegenwirken will, sondern die allgemeine Bekanntheit dieses Umstandes. Erforderlich ist mithin im Bereich des § 2 Abs. 2 Nr. 2, dass es sich bei der Bereitschaft, Steuervorteile zu gewähren, um sog. allgemeinkundige Tatsachen handelt, die im Übrigen keines Beweises bedürfen (vgl. *Leipold* in Stein/Jonas, ZPO, § 291 Rz. 5).

Durch dieses ungeschriebene Merkmal erlangt die Bestimmung des § 2 Abs. 2 Nr. 2 zwar nur einen relativ schwachen Grad der Bestimmtheit. Das wird jedoch dadurch kompensiert, dass die Norm, nicht anders als diejenige des Abs. 2 Nr. 1, in ihrem Kern eine verfahrensrechtliche, genauer noch: **beweisrechtliche Bestimmung** enthält; siehe insoweit Anm. 82–84. Hier ist es das Merkmal der Vorzugsbesteuerung, welches die Vermutungsbasis für eine Niedrigbesteuerung darstellt, und der Steuerpflichtige ist wiederum berechtigt, den ‚Entlastungsbeweis' zu führen (vgl. Anm. 75–76). Daraus folgt, dass das Merkmal ‚Vorzugsbesteuerung' mit seinem geringen Konkretisierungsgrad lediglich eine Beweislastverteilung auslöst, während die materielle Rechtsfolge erst dadurch ausgelöst wird, dass der Beweis einer höheren Besteuerung – und damit der Beweis eines absolut präzise gefassten Umstandes – im konkreten Fall misslingt. Aus diesem Grunde halten wir es auch in diesem Falle **nicht für wahrscheinlich,** dass das BVerfG die Norm wegen Unbestimmtheit als gegen das Rechtsstaatsprinzip verstoßend und damit **als verfassungswidrig** ansieht.

Aus dem Wortlaut der Norm ergibt sich des Weiteren, dass lediglich vorausgesetzt ist, dass die Besteuerung erheblich gemindert „sein kann". In der Literatur wird dementsprechend hervorgehoben, dass es auf eine **tatsächlich erfolgende Vorzugsbesteuerung nicht ankommt** (*Kraft*, § 2 Rz. 61; *Schaumburg*, Internationales Steuerrecht, 3. Aufl., 2011, Rz. 5.302; *Weggenmann* in Haase, § 2 AStG Rz. 71; *Debatin*, DB 1974, Beilage 15, S. 11; *Diehm/Ling*, StWa 1974 S. 49 [54]). Es erscheint auf einen ersten Blick hin wenig motiviert, die Rechtsfolge einer Vorzugsbesteuerung auch dann eintreten zu lassen, wenn sie gerade nicht stattfindet. Tatsächlich löst die Möglichkeit einer Vorzugsbesteuerung als solche lediglich die Vermutung einer Niedrigbesteuerung aus. Der Stpfl. kann diese Vermutung in gleicher Weise wie im Falle des § 2 Abs. 2 Nr. 1 (vgl. dazu oben Anm. 82) widerlegen, indem er nachweist, dass seine tatsächliche Steuerbelastung mindestens zwei Drittel der fiktiven deutschen Steuerbelastung beträgt. Führt er diesen Gegenbeweis, dann kommt es nicht mehr darauf an, ob er tatsächlich in den Genuss einer Vorzugsbesteuerung gelangt ist. Tut er dies nicht bzw. gelingt dieser Beweis nicht, wirkt die Vermutung der Niedrigbesteuerung gegen ihn und löst die erweiterte beschränkte Steuerpflicht aus.

Allenfalls rechtspolitisch ließe sich die Frage aufwerfen, ob mit der schlichten Möglichkeit einer Vorzugsbesteuerung bereits die Vermutung einer Niedrigbesteuerung verbunden werden kann. Die Frage dürfte zu bejahen sein: Nicht nur der Norm des § 2 AStG geht es um Verhaltenslenkung, sondern ebenso zielen die Rechtsordnungen der Aufnahmestaaten hierauf, indem sie eine Vorzugsbesteuerung vorsehen, allerdings auf eine Verhaltenslenkung in gegensinniger Richtung: auf eine Übersiedlung des Steuerpflichtigen in ihr Staatsgebiet. Deshalb ist eine gesetzliche Vermutung, dass die durch diese Rechtsordnungen offerierte Vorzugsbesteuerung dann auch so bemessen ist, dass sie eben dieses Verhalten auslösen kann, sachgerecht.

99 Aus dem Formulierungsteil „erheblich gemindert" ergibt sich, dass eine schlichte Minderbesteuerung nicht ausreichen würde. Das entspricht der der Norm insgesamt zu Grunde liegenden Wertung, wonach eine Niedrigbesteuerung einen gewissen Mindestabstand der Besteuerungsniveaus voneinander erfordert.

Die **Vergleichsgröße,** von der die Beurteilung der Frage ausgeht, ob eine Vorzugsbesteuerung vorliegt, ergibt sich aus der Formulierung „gegenüber der allgemeinen Besteuerung eingeräumt". Vergleichsgröße ist mithin das **allgemeine Besteuerungsniveau des nunmehrigen Ansässigkeitsstaates** des Steuerpflichtigen.

Die Vorzugsbesteuerung muss bewirken, dass die **Steuerbelastung „erheblich"** gegenüber der allgemeinen Besteuerung **gemindert** ist. Hierbei scheint es sich, wie ein Blick auf die Literatur zeigen würde (vgl. z. B. *Elicker* in Blümich, § 2 AStG Rz. 22; *Weggenmann* in Haase, § 2 Rz. 69), in verfassungsrechtlicher Hinsicht um die offene Flanke der Norm zu handeln, denn die Unbestimmtheit dieses Ausdrucks ist evident. *Hellwig* (DStZ 1974 S. 4) hatte dies beanstandet und dabei auch die Frage aufgeworfen, ob es sich um eine relative oder um eine absolute Erheblichkeit handele. Was letztere Frage anlangt, so ist von einer relativen Erheblichkeitsgrenze auszugehen (*Baßler* in F/W/B, § 2 AStG Rz. 227, 229). Dies zeigt heute auch die damals noch nicht überblickbare Gesetzgebungspraxis, die trotz einer erheblichen Verschiebung des deutschen Belastungsniveaus offenbar stets den Abstand des ausländischen Niveaus hiervon als legitimierenden Grund für die erweiterte beschränkte Steuerpflicht angesehen hat. Maßgebend ist insoweit mithin die Relation und nicht der absolute Abstand.

100 Die Bedeutung des Ausdrucks ‚erheblich' ist zwangsläufig umstritten. Die Auffassungen, die aus der zweifellos bestehenden Unbestimmtheit des Ausdrucks umstandslos auf eine Verfassungswidrigkeit der Norm schließen, bedenken aber mehrere Faktoren nicht. Der erste wird deutlich, wenn man sich vergegenwärtigt, dass der Ausdruck in einem quantitativen Sinne zu verstehen ist, woraus ohne Weiteres folgt, dass eine Steuerbelastung von 99 Cent gegenüber einer solchen von 1 Euro eine solche Minderung bedeutet. ‚Erheblich' kann diese Minderung nicht sein, weil in diesem Beispiel der Cent die kleinste Währungseinheit ist, Erheblichkeit daher nur vorliegen kann, wenn die Minderung dieser gegenüber ein Mehr darstellt. Das Erfordernis der „Erheblichkeit" begünstigt mithin den Steuerpflichtigen, denn es bewirkt, dass nicht jede Steuerminderung im neuen Ansässigkeitsstaat die erweiterte beschränkte Steuerpflicht auslöst. Der Bestimmtheitsgrundsatz gilt nun aber für den **belastenden Eingriff** in Freiheit und Eigentum; dieser stellt gesteigerte Anforderungen an die Bestimmtheit seiner gesetzlichen Grundlage. Hier geht es um die Minderung eines Eingriffs. Es handelt sich um eine begünstigende Norm und für diese bestehen möglicherweise solche gesteigerten Anforderungen an ihre Bestimmtheit nicht. Nur wer das Gesetzmäßigkeitsprinzip im Bereich des Steuerrechts als **umfassenden Parlamentsvorbehalt** versteht (vgl. etwa *Papier,* Die finanzrechtlichen Gesetzesvorbehalte und das grundgesetzliche Demokratieprinzip, 1973 S. 158 ff.), in dem Sinne also, dass dem Gesetzgeber auch Begünstigungen vorbehalten sind, könnte hier überhaupt zur Annahme eines **Verstoßes** gegen das Bestimmtheitsgebot kommen.

Der zweite Umstand, der bei der Beurteilung der Frage hinreichender Bestimmtheit zu berücksichtigen ist, liegt wiederum darin begründet, dass wir es auch bei Abs. 2 Nr. 2 mit einer verfahrens- bzw. beweisrechtlichen Bestimmung zu tun haben (vgl. Anm. 82 und 83), von der ein unmittelbarer Eingriff überhaupt nicht ausgeht, sondern nur eine Umkehrung der Beweislast. Erst dann, wenn dem Steuerpflichtigen der ‚Gegenbeweis' (vgl. Anm. 82), dass seine tatsächliche Steuerbelastung mindestens zwei Drittel der fiktiven deutschen Steuerbelastung beträgt, nicht gelingt, wird die erweiterte beschränkte Steuerpflicht ausgelöst. An eine solche **verfahrensrechtliche Norm** sind **nicht die Anforderungen** zu stellen wie an eine solche, von der unmittelbar ein Eingriff in die Rechtsstellung des Steuerpflichtigen ausgeht (a. A. vielleicht *Elicker* in *Blümich,* § 2 AStG Rz. 22: Die Problematik werde dadurch „nur bedingt" „entschärft"; die Bedeutung dessen ist nicht ganz klar.). Mit dem Erfordernis der Erheblichkeit ist der Verwaltung demnach ein Beurteilungsspielraum eingeräumt, der im Bereich des Verfahrensrechts ebenso unbedenklich ist, wie es z. B. die Anwendung des Grundsatzes der freien Beweiswürdigung ist. Eine Konkretisierung wäre anhand eines entsprechenden Fallmaterials möglich, welches gegenwärtig nicht vorliegt. Im Ergebnis sehen wir auch hier **keinen Verstoß gegen den Bestimmtheitsgrundsatz;** die Norm ist auch insoweit verfassungskonform.

Wer, anders als hier, das Erfordernis der Erheblichkeit als materiell-rechtliches betrachtet, muss sich mit der Frage der **Bestimmtheit** auseinandersetzen. Verfassungsrechtliche „Bedenken" äußert *Baßler* (in *F/W/B,* § 2 AStG Rz. 229) ohne Stellungnahme zur Nichtigkeitsfrage. Die h. L. scheint hingegen anzunehmen, dass keine zur Nichtigkeit führende Unbestimmtheit besteht. Zu einem Gutteil wird das auch damit zu erklären sein, dass sich der Rechtsprechung des BVerfG hierzu keine operablen Maßstäbe entnehmen lassen, dass aber eine Bereitschaft des Gerichtshofs erkennbar ist, die Erfordernisse dann zurückzunehmen, wenn die Eigenarten und Schwierigkeiten der Regelungsmaterie ursächlich für die gewählte Formulierung des Gesetzes sind. In der Tat gibt es im Anwendungsbereich des Abs. 2 Nr. 2 solche besonderen Eigenarten und Schwierigkeiten. Sie bestehen darin, dass es sich bei der Vorzugsbesteuerung um das Ergebnis mehr oder weniger individueller Vereinbarungen handelt, die sich einer generellen Umschreibung entziehen. Das löst einen erhöhten Bedarf nach Flexibilität bei der Rechtsanwendung aus, was wiederum eine Wesentlichkeitsgrenze in Gestalt des Erheblichkeitserfordernisses als sinnvoll erscheinen lässt.

In der Literatur wird eine **Erheblichkeit** dann angenommen, wenn es um **eine Abweichung von einem Drittel** oder mehr geht (bereits *Diehm/Ling*, StWa 1974 S. 49 (54); *Schaumburg*, Internationales Steuerrecht, 3. Aufl., 2011, Rz. 5.302). Diese Sicht orientiert sich an § 2 Abs. 2 Nr. 1, die eine um ein Drittel niedrigere Besteuerung voraussetzt, zustimmend *Zimmermann/Könemann* (in *S/K/K*, § 2 AStG Rz. 111). Für diese Lösung spricht der Umstand, dass eine eigene Wertung des Rechtsanwenders unterbleibt, sondern diejenige des Gesetzgebers, die in § 2 Abs. 2 Nr. 1 ihren Ausdruck gefunden hat, in die Rechtslücke, die der Ausdruck ‚erheblich‘ bedeutet, eingefügt wird.

102 In den Fällen, in denen in der **Schweiz** eine sog. **Pauschalbesteuerung nach dem Aufwand** stattfindet, werden auf der Ebene des DBA-Schweiz die Rechtsfolgen der erweiterten beschränkten Steuerpflicht durch Art. 4 Abs. 6a des Abkommens modifiziert. Danach entfällt die Abkommensberechtigung für Personen, die einer Vorzugsbesteuerung in der Schweiz unterliegen (vgl. *Wassermeyer* in *Flick/Wassermeyer/Kempermann*, Doppelbesteuerungsabkommen Deutschland-Schweiz, Art. 4 Rz. 7.1). Anderes – kein Verlust der Abkommensberechtigung – gilt dann, wenn der Steuerpflichtige für die sog. modifizierte Pauschalbesteuerung optiert (vgl. dazu *Hardt* in *Debatin/Wassermeyer* Art. 4 DBA Schweiz Rz. 188; *Spöri*, a. a. O., DBA Schweiz, Anh. Rz. 103).

103
bis *(einstweilen frei)*
120

c) Wesentliche wirtschaftliche Interessen im Inland

121 Weitere sachliche Voraussetzung für die Anwendung des § 2 AStG ist, dass der Steuerpflichtige „wesentliche wirtschaftliche Interessen im Geltungsbereich dieses Gesetzes" hat. Der Ausdruck wird in Abs. 3 in den Ziff. 1 bis 3 definiert und in Abs. 4 ergänzt durch Regeln, die einer Umgehung entgegenwirken sollen. Die drei Tatbestände in Abs. 3 stehen zueinander im Verhältnis der Alternativität. Die Bedeutung des **Ausdrucks „Geltungsbereich dieses Gesetzes"** ist im AStG nicht klargestellt. Das Schrifttum nimmt, wenn auch ohne weitere Begründung, an, dass es sich um das „Inland" handele (*Kraft*, § 2 Rz. 70). Dem ist zuzustimmen: Das AStG trifft ergänzende Regelungen zu den Normen des EStG und des KStG; insbesondere § 2 AStG knüpft an die beschränkte bzw. unbeschränkte Einkommensteuerpflicht i. S. d. § 1 EStG an. Deshalb muss der Ausdruck „Inland" hier die gleiche Bedeutung haben, die er § 1 Abs. 1 EStG hat (vgl. § 1 EStG Anm. 62).

aa) Abs. 3 Nr. 1: gewerbliche Aktivitäten im Inland

122 Das Gesetz sieht in seiner **ersten Alternative** wesentliche wirtschaftliche Interessen in einer gewerblichen Tätigkeit, wenn der Gewerbebetrieb im Inland liegt (nicht in einer land- und forstwirtschaftlichen oder selbständigen Tätigkeit, *Baßler* in *F/W/B*, § 2 AStG Rz. 262), und zwar unabhängig von der Höhe der erwirtschafte-

ten Einkünfte und der Größe des Gewerbebetriebes. Dabei reicht es aus, wenn ein **ausländischer Gewerbebetrieb im Inland eine Betriebsstätte** i. S. des § 12 AO hat (*Zimmermann/Könemann* in *S/K/K*, § 2 AStG Rz. 131; *Baßler* in *F/W/B*, § 2 AStG, Rz. 263). Auch ein ständiger Vertreter i. S. d. DBA, der die Betriebsstätteneigenschaft begründet, begründet wesentliche wirtschaftliche Interessen im Inland. Gewerbebetriebe kraft Rechtsform (§ 15 Abs. 3 Nr. 2 EStG) und solche kraft „Infektion" (§ 15 Abs. 3 Nr. 1) begründen inländische wirtschaftliche Interessen (*Baßler* in *F/W/B*, § 2 AStG, Rz. 262; *Richter*, AWD 1976 S. 571 (572), ebenso der (nach Betriebsverpachtung) fortgeführte (*Richter*, AWD 1976 S. 571 (572). Der Begriff ist derjenige des § 15 Abs. 2 EStG. Vermögensverwaltende Tätigkeiten begründen deshalb keine wesentlichen wirtschaftlichen Interessen. Der Umfang der gewerblichen Tätigkeit ist ohne Bedeutung. Es entsteht somit eine gewisse Asymmetrie insoweit, als Kommanditbeteiligungen erst ab einer Höhe von 25 % wesentliche wirtschaftliche Interessen verkörpern, während bei Vollhaftern geringfügige Beteiligungen hinreichend sind. **Maßgebend** für die Beurteilung des Bestehens inländischer wirtschaftlicher Interessen ist in dieser Alternative unstreitig der **Beginn des Veranlagungszeitraums.** Änderungen, die später eintreten, sind für den laufenden Veranlagungszeitraum ohne Relevanz.

Erfasst werden neben **Einzelunternehmern und vollhaftenden Gesellschaftern einer OHG** die Komplementäre einer KG, die Gesellschafter einer GbR i. S. d. §§ 705 ff. BGB und auch der stille Gesellschafter, sofern er steuerlich als Atypischer zu qualifizieren ist (BFH vom 16.12.2009 II R 44/08, BFH/NV 2010 S. 690; *Baßler* in *F/W/B*, § 2 AStG, Rz. 264; *Weggemann* in *Haase*, § 2 AStG Rz. 91; *Zimmermann/ Könemann* in *S/K/K*, § 2 AStG Rdnr. 131) und Unterbeteiligte (*Weggemann* in *Haase*, § 2 AStG Rz. 91). Entsprechendes gilt für atypische Unterbeteiligungen an den Gesellschaftsanteilen einer GbR, einer oHG und an der Beteiligung des Komplementärs einer KG (*Baßler* in *F/W/B*, § 2 AStG, Rz. 262) (vgl. auch Anm. 128a). **Kommanditisten** werden hingegen nur erfasst, wenn ihr Anteil an den gesamten Einkünften der Gesellschaft 25 % überschreitet (vgl. dazu Anm. 126 und 127). Für den Begriff des Gewerbebetriebes gilt die Definition des § 15 Abs. 2 EStG (*Kraft*, § 2 Rdnr. 77; *Baßler* in *F/W/B*, § 2 AStG Rz. 264; *Weggemann* in *Haase*, § 2 AStG Rdnr. 69); mithin gilt der steuerrechtliche Begriff, kein ‚wirtschaftlicher Unternehmerbegriff' (so vielleicht *Elicker* in *Blümich*, § 2 AStG Rz. 33); es bestehen in dieser Hinsicht keine Sonderregeln im Bereich des § 2. Demgegenüber werden nicht erfasst die stille Gesellschaft und stille Beteiligungen an Anteilen bei den genannten Gesellschaftsformen. Auch insoweit bestehen keinerlei Sonderregeln.

Bei allen Gesellschaftsformen ist es Voraussetzung, dass der **Gesellschafter auch Mitunternehmer** ist. In aller Regel wird dies so sein, jedoch ist es nicht zwingend so. Es ist vielmehr h. L. (*Richter/Markl* in *Lademann*, § 15 Rz. 207; *Stuhrmann* in *Blümich*, § 15 EStG, Rz. 222, jeweils m. N. d. Rspr.), dass die Mitunternehmereigenschaft zur Gesellschafterstellung hinzutreten muss. Das gilt auch hier. Es schließt die Möglichkeit von Gesellschafterstellungen ein, die nicht zur Mitunternehmerschaft führen. Sie unterfallen dem § 2 Abs. 3 Nr. 1 AStG dann nicht (so bereits *Ganssmüller*, FR 1972 S. 486; *Richter*, AWD 1976 S. 571 (572). Insoweit ist der Wortlaut eindeutig. Das Abheben auf den Begriff des Mitunternehmers i. S. d. § 15 Abs. 2 EStG schließt andererseits aber auch ein, dass die Rechtsprechung des BFH zu den sog. wirtschaftlich vergleichbaren Gemeinschaftsverhältnissen (vgl. dazu *Haep* in *Hermann/Heuer/Raupach*, § 15 EStG Rz. 334; *Richter/Markl* in *Lade-*

mann, § 15 EStG Anm. 207; *Stuhrmann* in *Blümich*, § 15 EStG, Rz. 230) anzuwenden ist, die dazu führt, dass gegebenenfalls auch andere Rechtsverhältnisse zur Anwendung des § 2 AStG führen.

123 Auch der **Nießbrauchsberechtigte** an einem solchen Gesellschaftsanteil soll wesentliche wirtschaftliche Interessen haben können, wenn er hierdurch eine Mitunternehmerstellung erlangt (*Baßler* in *F/W/B*, § 2 AStG Rdnr. 264). Die Frage dürfte gegenwärtig indessen nicht gänzlich geklärt sein, da die zivilrechtlichen Auffassungen zum Nießbrauch an Anteilen an Personengesellschaften in einem Wandlungsprozess begriffen sind und manches streitig geworden ist (vgl. *Schön*, ZHR 158 (1994) S. 229; *Reichert/Schlitt*, FS Flick, 1997 S. 223; *Hahn*, EWS 2010 S. 22), was auch auf das Steuerrecht durchschlägt (*Richter/Markl* in *Lademann*, § 15 EStG Anm. 177; differenzierend auch *Stuhrmann* in *Blümich*, § 15 EStG, Rz. 364–366). Namentlich ist zu beachten, dass aus der Systematik des § 2 Abs. 3 heraus es darauf ankommt, ob der Steuerpflichtige den Gesellschaftsgläubigern voll haftet. Sämtliche gesellschaftsrechtlichen Beteiligungen und Rechtspositionen, bei denen die Haftung auf den Betrag der Einlage beschränkt ist, vermitteln als solche keine wesentlichen wirtschaftlichen Interessen im Inland (zutr. *Baßler* in *F/W/B*, § 2 AStG Rz. 262). Die **Gestaltungsberatung** findet hier **gewisse Spielräume**, aber auch Risiken. Es sind z. B. Vertragsgestaltungen denkbar, die sowohl dem Nießbraucher als auch dem Nießbrauchsbesteller eine Mitunternehmerstellung verschaffen (*Hahn*, EWS 2010 S. 22; *Schön*, ZHR 158 (1994) S. 229), was im Rahmen des § 2 AStG nicht ohne weiteres erwünscht sein muss.

124 Der Gewerbebetrieb muss **„im Geltungsbereich dieses Gesetzes"**, also im Inland (vgl. § 1 EStG Anm. 62 ff.) belegen sein. Die Bestimmung der Belegenheit ist insoweit nicht ganz eindeutig, als der Begriff des Gewerbebetriebs in § 15 Abs. 2 EStG tätigkeitsbezogen definiert ist. Nach ganz h. L. ist zu seiner Auslegung der (im Prinzip inhaltlich gleiche) Begriff des GewStG heranzuziehen (vgl. statt aller *Markl/Zeidler* in *Lademann*, EStG, § 15 EStG Anm. 7; *Stuhrmann* in *Blümich*, § 15 EStG, Rz. 11, 12; BFH, Beschluss vom 25.6.1984 GrS 4/82, BStBl II 1984 S. 751; Urteil vom 20.12.2000 X R 1/97, BStBl 2001 S. 706). Die territoriale Radizierung des Gewerbebetriebs ergibt sich dann aus § 2 Abs. 1 GewStG, wo bestimmt ist, dass ein Gewerbebetrieb „im Inland betrieben wird", wenn und „soweit für ihn im Inland eine Betriebsstätte unterhalten wird" (vgl. auch *Kraft*, § 2 Rz. 76). Das muss auch im Rahmen des § 2 AStG gelten.

125 Die Verwendung des Ausdrucks „Mitunternehmer" in § 2 Abs. 3 Nr. 1 ist mangels irgendwelcher abweichender Regelungen in dem Sinne zu verstehen, wie es der Auslegung des § 15 Abs. 1 Satz 1 Nr. 2 EStG entspricht (*Baßler* in *F/W/B*, § 2 AStG Rz. 264). Nach ständiger Rechtsprechung (BFH vom 16.10.2002 I R 17/01, BStBl II 2003 S. 631; IStR 2003 S. 172, m. Anm. *K.B.*; Beschluss vom 7.8.2002, I R 10/01, BStBl II 2002 S. 848; vom 19.12.2007, I R 66/06, BStBl II 2008 S. 510) ist die **Betriebsstätte einer Personengesellschaft** zugleich – anteilige – Betriebsstätte ihrer Gesellschafter, so dass auch insoweit die Belegenheit der Betriebsstätte im Inland maßgebend für die Anwendung des § 2 Abs. 3 Nr. 1 ist. Das bedeutet, dass der im Ausland ansässige Gesellschafter einer ausländischen oder deutschen Personengesellschaft, sofern diese eine Betriebsstätte in Deutschland hat, die Voraussetzung des § 2 Abs. 3 Nr. 1 erfüllt.

Eine Sonderstellung im Rahmen des § 2 Abs. 3 Nr. 1 nimmt die **KG hinsichtlich ihres Kommanditisten** ein. Erforderlich ist auch hier, dass es sich zugleich um eine Mitunternehmerstellung handelt (*Richter*, RIW/AWD 1976, S. 571 (572)). Bedeutung wird diese Frage gerade bei der KG in der Praxis dann erlangen, wenn es sich um die Beteiligung von Minderjährigen an Familiengesellschaften handelt oder um Treuhandverhältnisse. Eine Kommanditistenstellung begründet nur dann wesentliche wirtschaftliche Interessen, wenn mehr als 25 % der Einkünfte i. S. d. § 15 Abs. 1 Satz 1 Nr. 2 EStG auf sie entfallen. Die Formulierung **schließt hier die Sondervergütungen ein**. Das Problem dieser Regelung liegt darin, dass die Größen, die zur Ermittlung der 25 %-Grenze zusammengefasst werden müssen – Beteiligung am Gewinn der Gesellschaft und Betrag der Sondervergütungen –, inhomogen sind. Die erstere Größe ist in der Regel abstrakt fixiert – sie ergibt sich aus dem Gesellschaftsvertrag; demgegenüber werden die Sondervergütungen oftmals variabel sein. Sie müssen es zwar nicht: die Verpachtung eines Grundstücks an die Gesellschaft wird oftmals zu einem festen Pachtzins erfolgen. Aber wenn die Vergütung einer Geschäftsführungstätigkeit erfolgsabhängig erfolgt oder wenn die Überlassung eines Patents aufgrund einer Vereinbarung über eine Gewinn- oder Umsatzbeteiligung entgolten wird, kann immer erst am Ende des Veranlagungszeitraums festgestellt werden, wie hoch das Entgelt ist, und wie hoch damit der für die Anwendung des § 2 Abs. 3 maßgebende Anteil des Gesellschafters an den Einkünften i. S. des § 15 Abs. 1 Nr. 2 EStG im zurückliegenden Geschäftsjahr war. Nach dem Gesetzeswortlaut kommt es aber auf die Verhältnisse zu Beginn des Veranlagungszeitraums an.

Teilweise wird die Vorschrift aus diesen Gründen als nicht administrierbar angesehen. Tatsächlich ist der Gesetzgeber seiner eigenen Umgehungsphobie zum Opfer gefallen. Das Merkmal „mehr als 25 Prozent der Einkünfte im Sinne des § 15 Absatz 1 Satz 1 Nr. 2" EStG verdankt seine Aufnahme in die Vorschrift der Annahme, dass es in einer Personengesellschaft möglich sei, durch Gestaltungen den Anteil eines Gesellschafters am Gewinn der Gesellschaft durch Leistungen zu substituieren, die zu Sondervergütungen führen und dadurch die Norm zu **umgehen**. Ob dies so ohne Weiteres möglich ist, daran bestehen erhebliche Zweifel. Die Norm ist indessen administrierbar.

Der Gesetzgeber muss davon ausgegangen sei, dass in diesen Fällen die Norm nur unter **Zuhilfenahme einer Schätzung** angewendet werden kann. Die Beträge der voraussichtlichen Sonderbetriebseinnahmen sind ebenso wie diejenigen der Sonderbetriebsausgaben aus dem Kenntnishorizont des Stichtages heraus zu schätzen (so auch *Richter*, RIW/AWD 1976 S. 571 [572]). Mit Erlass der Norm hat der Gesetzgeber zum Ausdruck gebracht, dass er die mit einer Schätzung notwendigerweise verbundenen Unsicherheiten bewusst in Kauf nehmen will. Daraus folgt z. B. auch, dass bessere Erkenntnisse, die am Jahresende ggf. vorliegen, eine Änderung der Werte, die zulässigerweise für den Beginn des Veranlagungszeitraums geschätzt worden sind, nicht erforderlich machen und auch nicht zulassen. Das Erfordernis einer Schätzung kollidiert mit dem Bestimmtheitsgebot und damit mit dem Rechtsstaatsprinzip. Eine Auflösung dieses Widerspruchs muss dann in der Weise erfolgen, dass die mit einer solchen Schätzung verbundene Bandbreite sich zu Gunsten des Steuerpflichtigen auswirkt, also nur der untere Wert einer bestehenden Bandbreite für die Anwendung des § 2 Abs. 3 Nr. 1 in Betracht kommt.

Es ist die Frage aufgeworfen worden (*Baßler* in F/W/B, § 2 AStG Rz. 268), ob auch für die KG der Inlandsbezug gefordert ist, der für Unternehmer und Mitunternehmer durch die Formulierung „eines im Geltungsbereich dieses Gesetzes belegenen Gewerbebetriebs" zum Ausdruck kommt. Die Frage beruht auf einer besonderen Lesart des § 2 Abs. 3 Nr. 1. Sie ist nicht zutreffend. Sämtliche Aussagen des Normtextes gelten auch für den Kommanditisten. Auch für die KG ist demnach eine inländische Betriebsstätte erforderlich. Sehr viele Rechtsordnungen kennen der Kommanditgesellschaft vergleichbare Rechtsformen; das gilt namentlich für die in Europa bestehenden Rechtsordnungen. Teilweise ist diesen Rechtsordnungen allerdings die Rechtsfigur der Gesamthandsgemeinschaft, wie sie für das deutsche Recht prägend ist, unbekannt. Die „KG" wird zudem oftmals mit Rechtsfähigkeit ausgestattet. Auch solche Gesellschaften werden in aller Regel als Kommanditgesellschaften zu behandeln sein. Sonderregeln im Bereich des § 2 gibt es hierzu nicht. Nach den allgemeinen Grundsätzen ist auf der Grundlage des sog. Typenvergleichs (st. Rspr., vgl. z. B. BFH vom 20.8.2008 I R 34/08, BStBl II 2009 S. 263; IStR 2008 S. 811 n. Anw. *Flick/Heinsen*, a. a. O. S. 781) zu bestimmen, ob eine konkrete ausländische Gesellschaft wie eine KG zu behandeln ist.

127 Den geschilderten Anwendungsproblemen suchen **Stimmen in der Literatur** dadurch zu begegnen, dass vorgeschlagen wird, zur Beantwortung der Frage, ob der 25%-Grenze überschritten worden ist, auf die Einkünfte des gesamten Veranlagungszeitraums abzuheben (*Baßler* in F/W/B, § 2 AStG Rz. 252, 267; *Zimmermann/Könemann* in S/K/K, § 2 AStG Rdnr. 133; dem folgend *Weggenmann* in *Haase*, § 2 AStG Rdnr. 95; *Schaumburg*, Internationales Steuerrecht, 3. Aufl., 2011, Rz. 5.310; *Diehm/Ling*, StWa 1974 S. 49 [57]). Dem ist (unter Aufgabe der in der Vorauflage vertretenen Meinung) zu folgen; *Elicker* in Blümich, § 2 AStG Rz. 34).

Soweit die erforderlichen Größen in diesem Zeitpunkt nicht den bestehenden Verträgen (Gesellschaftsvertrag, schuldrechtliche Verträge mit den Gesellschaftern) entnommen werden können, müssen sie, wie auch sonst im Steuerrecht, durch **geschätzte Werte ersetzt werden**. Der Umstand, dass die Vornahme einer solchen Schätzung schwieriger ist als der Vollzug regulärer Rechtsanwendungsvorgänge, macht die Norm nicht unadministrabel und führt auch nicht zu ‚sinnwidrigen Ergebnissen', was aber allein eine Auslegung gegen den Wortlaut zulassen würde (BFH vom 2.6.2005 III R 15/04, BStBl II 2005 S. 828; vom 12.12.2002 III R 33/01, BStBl II 2003 S. 322). Gegen ein Abheben auf den gesamten Veranlagungszeitraum spricht im Übrigen auch die Erwägung, dass es zu den unvermeidlichen Folgen einer Stichtagsbetrachtung gehört, dass Veränderungen der maßgeblichen Umstände, die nach dem Stichtag eintreten, für die Beurteilung nicht mehr in Betracht kommen (so z. B. die h. A. der Lehre von der Bilanzberichtigung in Gestalt des normativ-subjektiven Fehlerbegriffs, vgl. *Wied* in Blümich, § 4 EStG Rz. 983). Schätzungen sind notwendigerweise mit Unsicherheiten behaftet. Sie können sich hier, wo normalerweise keinerlei Obliegenheitsverletzungen des Steuerpflichtigen vorliegen werden, **nie zu Lasten des Steuerpflichtigen** auswirken.

128 Teilweise wird befürwortet, die für den Kommanditisten geltende 25%-Grenze auf den Fall der **(atypisch) still „an einer KG Beteiligten"** im Wege der Analogie zu übertragen (*Baßler* in F/W/B, § 2 AStG, Rz. 266; *Zimmermann/Könemann* in S/K/K, § 2 AStG Rz. 131; *Kraft*, § 2 Rz. 81; zust. *Schaumburg*, Internationales Steuerrecht, 3. Aufl., 2011, Rz. 5.309, Fn. 1), ebenso auf eine **atypische Unterbeteiligung** an einem Kommanditanteil und den **Nießbrauch** an einem solchen. Ergebnis dieser

Ansicht wäre, dass derjenige, der mit einer Beteiligung von 25 % oder weniger an einem (beliebig hohen) Gesellschaftsanteil partizipiert, keine wesentlichen wirtschaftlichen Interessen im Inland haben würde. Die Beantwortung dieser Frage in bejahendem Sinne würde erhebliche Gestaltungsspielräume eröffnen. Da sie bislang aber weder verwaltungsseitig noch durch die Finanzrechtsprechung entschieden ist, ist die Ausnutzung dieser Gestaltungsspielräume aber auch mit dem Risiko behaftet, dass die erstrebten Effekte nicht eintreten.

Als völlig offen muss ihre Beantwortung für den **Nießbrauch am Anteil an einer Personengesellschaft** (Kommanditanteil oder Anteil des persönlich Haftenden) beurteilt werden, siehe die Ausführungen in Anm. 123. Fasst man, wie es die im Vordringen begriffene moderne Lehre tat, den Nießbrauch an einem Gesellschaftsanteil als beschränktes dingliches Recht auf (*Schön*, ZHR 158 [1994] S. 229), so halten wir für die Konsequenz für zwingend, den Nießbrauch am Kommanditanteil wie den Kommanditanteil selbst zu behandeln und die Grenze von 25 % auch hier anzuwenden.

Im Übrigen bedarf es vorab einer Klarstellung, weil die in der Literatur oftmals verwendete Terminologie unklar sein dürfte. Es wird in diesem Zusammenhang von einem „mittelbar Beteiligten an einer Kommanditgesellschaft" gesprochen, vom „atypisch still an einer KG Beteiligten" und vom „Inhaber einer atypischen Unterbeteiligung an einem Kommanditanteil", schließlich vom „atypisch stillen Gesellschafter" und vom „atypisch still Beteiligten" (*Baßler* in F/W/B, § 2 AStG, Rz. 266; *Kraft*, § 2 Rz. 81). In dem Ausdruck **„mittelbare Beteiligung an einer Kommanditgesellschaft"** verstehen wir keine Beteiligungsform, sondern einen Oberbegriff für Beteiligungen an Gesellschaftsanteilen einer Kommanditgesellschaft. Hierzu rechnet dann eine **stille Gesellschaft** nicht. Hier handelt es sich um ein Gesellschaftsverhältnis i. S. der §§ 230 ff. HGB, d. h. die Beteiligung eines stillen bzw. atypisch stillen Gesellschafters am Unternehmen eines anderen (und nicht am Gesellschaftsanteil eines anderen). Sie ist Mitunternehmerschaft (BFH vom 26.11.1996 VIII R 42/94, BStBl II 1998 S. 328). Der Stille nimmt wegen § 232 Abs. 2 Satz 1 HGB an den Verlusten der Gesellschaft nicht teil und haftet nicht im Außenverhältnis. Seine Stellung entspricht insoweit derjenigen des Kommanditisten, wie sie sich aus § 171 Abs. 1 HGB ergibt. Demnach müsste die Kommanditisten-Regelung mit ihrer 25%-Grenze auch für den atypisch stillen Gesellschafter gelten. Einen **„atypisch still an einer KG Beteiligten"** dürfte es so ebenfalls nicht geben: Denn sobald der still Beteiligte in ein Rechtsverhältnis zu der Gesellschaft selbst tritt, entsteht eine Außengesellschaft (MünchKommHGB-*Wertenbruch*, § 105 Rz. 99; *Baumbach/Hopt*, HGB, § 105, Rz. 29) und damit eine ‚normale' Gesellschaft bürgerlichen Rechts i. S. der §§ 705 ff. BGB, die in der KG selbst die Stellung eines Komplementärs einnehmen würde. Steuerlich betrachtet würde es sich um eine sog. **doppelstöckige Personengesellschaft** handeln und damit um eine Mitunternehmerschaft, so dass sich insoweit die Frage einer Anwendung der Kommanditisten-Regel nicht eigentlich stellt: Wird die Komplementärstellung eingenommen, kommt nur eine Anwendung nicht in Betracht; wird sie in eine Kommanditistenstellung umgewandelt, ist sie anzuwenden.

Es verbleibt für die in der Literatur aufgeworfene Frage somit lediglich die (atypische) **Unterbeteiligung an einem Kommanditanteil**. Sie ist stille Gesellschaft und hat zum Gegenstand diesen Kommanditanteil (und nicht das Unternehmen der Gesellschaft). Sie ist stille Beteiligung an einem Gesellschaftsanteil (Münch-

KommHGB-*Karsten Schmidt*, § 230 Rz. 192; *Gehrlein* in Ebenroth/Boujong/Joost/ Strohn, HGB, Kommentar, § 230 Rz. 91). Die §§ 230 ff. HGB und damit die Regeln über die Haftung sind hier ebenfalls anzuwenden (MünchKommHGB-*Karsten Schmidt*, § 105 Rz. 227; *Gehrlein* in Ebenroth/Boujong/Joost/Strohn, HGB, Kommentar, § 230 Rz. 91). Die Literaturstimmen, die eine Anwendung der Kommanditistenregelung befürworten (*Baßler* in F/W/B, § 2 AStG Rz. 266; *Kraft*, § 2 Rz. 81), befürworten eine **analoge Anwendung der Vorschrift**, denn diese selbst benennt ausschließlich die Beteiligungsform des Kommanditisten. Als Grund für die Analogie wird angeführt, dass auch der stille Gesellschafter nicht voll haftet. Es besteht wegen § 230 HGB keine Außenhaftung. Diese Sichtweise wäre auch konsistent mit der Sichtweise des Gesetzgebers im Anwendungsbereich des § 15a EStG, wo in Abs. 5 auch Personen, deren Haftung im Außenverhältnis beschränkt ist, insbesondere auch der stille Gesellschafter dem Kommanditisten gleichgestellt ist. Gleichwohl bestehen **Bedenken gegen eine solche Analogie**. Nach den anerkannten Grundsätzen der Rechtsmethodologie setzt die Analogie das Bestehen einer Gesetzeslücke voraus. Eine solche Lücke weist die Norm nicht auf. Sie umfasst neben Einzelunternehmern alle Mitunternehmerschaften und ab einer bestimmten Beteiligungshöhe Kapitalgesellschaften und ist insoweit vollständig; und sie benennt offensichtlich als Ausnahme ausdrücklich den mit mehr als 25 % beteiligten Kommanditisten, sofern er Mitunternehmer ist. Auch auf der wertungsmäßigen Ebene besteht keine Lücke. Sofern die Gegenansicht darauf verweist, dass aus den Materialien deutlich hervorgeht, dass der Gesetzgeber die Annahme wesentlicher wirtschaftlicher Interessen mit der Eigenschaft des Vollhafters verbindet und bei beschränkt Haftenden diesem lediglich eine Beteiligung in qualifizierter Höhe gleichgestellt hat (BT-Drs. VI/2883, S. 24; Einzelbegründung zu § 2), ist darauf hinzuweisen, dass die Materialien in diesem Punkte ambivalent sind, denn es ist dort (BT-Drs. VI/2883, Tz. 58) auch gesagt, dass die Regelung „der Wertung des § 17 des Einkommensteuergesetzes folgend" die Mindestbeteiligungshöhe festgelegt worden ist. Für die Wertung des (ursprünglichen) § 17 EStG war aber die von einer mehr als 25%igen Beteiligung an einer Kapitalgesellschaft ausgehende Herrschaftsmacht über das Unternehmen maßgebend. Eine solche hat der Unterbeteiligte am Unternehmen der Gesellschaft nicht.

Zum anderen kann auch der Gedanke der Haftungsbeschränkung nicht als tragende Wertung herangezogen werden. Denn, wie soeben gezeigt, würde dieser dazu führen müssen, auch die stille Gesellschaft und jegliche Unterbeteiligung – solche an Komplementäranteilen und solche an Kommanditanteilen – in die Kommanditistenregel einzubeziehen. Im Ergebnis würde es dann durch Begründung dieser Beteiligungsformen möglich werden, in erheblichem Umfang die Hauptgesellschaften aus dem Anwendungsbereich des § 2 auszuscheiden und damit die klare Aufzählung des § 2 Abs. 3 Nr. 1 zu unterlaufen. Wir betrachten deshalb diese Vorschrift als eine **lückenlose Bestimmung der in Betracht kommenden Gesellschaftsformen,** in die die **Kommanditistenbeschränkung** mit ihrer 25%-Regelung als **nicht analogiefähige Ausnahmeregelung** eingefügt wurde.

129 Wesentliche wirtschaftliche Interessen im Inland werden auch durch das Halten einer „**Beteiligung im Sinne des § 17 Abs. 1**" **EStG** begründet. Unstreitig ist hier, dass es auf den Beginn des Veranlagungszeitraums ankommt (*Baßler* in F/W/B, § 2 AStG, Rz. 252). Es muss sich um eine inländische Kapitalgesellschaft handeln (s. Anm. 135). Der Formulierungsteil „im Sinne des § 17 Abs. 1" bedeutet in der

Gesetzessprache, dass das AStG selbst keine Definition vornimmt, sondern hierfür auf diejenige des § 17 Abs. 1 Satz 3 EStG verweist (vgl. dazu *Jäschke* in Lademann, EStG, § 17 EStG Anm. 55–60). Die Definition der Kapitalgesellschaft erfolgt dort in Satz 3 durch Benennung der Gesellschaftsformen (einschließlich einer Öffnungsklausel „ähnliche Beteiligungen", was ausländische Rechtsformen sein können). Bei **Genussscheinen und Genussrechten** kommt es für die Frage, ob sie eine Beteiligung am Kapital darstellen, auf die Ausgestaltung im Einzelnen an. Sie ergibt sich in der Regel aus den Genussscheinbedingungen (vgl. BFH vom 14.6.2005 VIII R 73/03, BStBl II 2005 S. 861; vgl. *Jäschke* in Lademann, EStG, § 17 EStG Anm. 62, 63: *Ebling* in Blümich, § 17 EStG Rz. 88; *Eilers/R. Schmidt,* in Herrmann/Heuer/Raupach, § 17 EStG Rz. 146). Für die Beurteilung sollte auch hier im Rahmen des § 2 auf die Grundsätze zurückgegriffen werden, die zu § 17 EStG sich herausgebildet haben. In der Definition des § 17 Abs. 1 EStG sind auch **mittelbare Beteiligungen** genannt. Das bedeutet, dass sie auch im Rahmen des § 2 Abs. 3 als Anteile i. S. d. § 17 EStG zu gelten haben; ebenso sind mittelbare und unmittelbare Beteiligungen bei der Prüfung der Frage, ob die 25%-Grenze überschritten ist, zusammenzurechnen (*Baßler* in F/W/B, § 2 AStG Rz. 369; *Zimmermann/Könemann* in S/K/K, § 2 AStG Rz. 134); bei mittelbaren ist aber ‚durchzurechnen': das Innehaben einer 50%igen Beteiligung am Stammkapital einer GmbH, die ihrerseits 48 % des Aktienkapitals einer AG hält, führt für die Anwendung des § 2 Abs. 2 zur Annahme einer Beteiligung von 24 % (*Diehm/Ling,* StWa 1974 S. 49 [57]). Eine ausschließlich mittelbare Beteiligung ist keine solche i. S. des § 17 EStG und damit auch keine im Sinne des § 2 Abs. 3 Nr. 1 (*Baßler* in F/W/B, § 2 AStG Rz. 269). Die Beteiligung muss die Höhe von mehr als 1 % erreichen. Daraus folgert *Baßler* (in F/W/B, § 2 AStG Rz. 269) zutreffend, dass z. B. einbringungsgeborene Anteile, die diese Höhe nicht erreichen, auch nicht unter § 2 Abs. 2 fallen. Die Anteile nahestehender Personen werden nicht zugerechnet.

(einstweilen frei) **130**

Baßler (in F/W/B, § 2 AStG Rz. 273) ist der Ansicht, dass ein **Nießbrauch** an einer Beteiligung nicht zur Annahme wesentlicher wirtschaftlicher Interessen im Inland führe, denn er begründe keine Inhaberschaft an ihr. Dem ist zuzustimmen. Es stößt sich allerdings mit denjenigen Auffassungen, die unter Hinweis auf die gesetzgeberische Wertung bei beschränkt Haftenden ab einer Beteiligungshöhe von 25 % wesentliche wirtschaftliche Inlandsinteressen anzunehmen, die Erstreckung der 25%-Regel auf stille Beteiligungen u. Ä. erstrecken wollen (vgl. Anm. 128), denn diese Wertung müsste auf den Nießbraucher ebenfalls zutreffen. Nach der hier vertretenen Auffassung, wonach es sich bei der Vorschrift des Abs. 3 Nr. 1 um eine lückenlose Bestimmung der in Betracht kommenden Gesellschaftsformen handelt, in die neben der Kommandistenbeschränkung mit ihrer 25%-Regelung die wesentliche Beteiligung als nicht analogiefähige Ausnahmeregelung eingefügt wurde, trifft dies auch hier zu. Die Möglichkeit, nach vorheriger Veräußerung der Beteiligung die Stellung eines Nießbrauchers einzunehmen und dadurch die Anwendung des Abs. 3 Nr. 1 abzuwenden, rechnet zu den **Gestaltungsmöglichkeiten,** die allenfalls eine Auseinandersetzung mit dem Missbrauchseinwand erfordern. **131**

Von dem Verweis in § 2 Abs. 3 Nr. 1 auf § 17 Abs. 1 EStG sind die Regelungen der Sätze 2 und 4 nicht erfasst. Das Vorhandensein einer **verdeckten Einlage** ist deshalb im Rahmen des § 2 irrelevant. Auch Satz 4 gehört nicht zur Definition und **132** wird deshalb im Rahmen des § 2 Abs. 3 nicht berücksichtigt. Für die **gestaltende Beratung** bedeutet dies, dass der Steuerpflichtige vor dem Stichtag und vor seinem Wegzug seinen Anteil durch Veräußerungen bzw. Teilveräußerungen auf eine Höhe von 1 % oder weniger bringen oder dies durch Kapitalerhöhungen, an denen er nicht teilnimmt, erreichen kann (*Weggenmann* in Haase, § 2 AStG Rdnr. 96).

133   **Maßgebender Zeitpunkt** für die Beurteilung der Frage, ob wesentliche wirtschaftliche Interessen im Inland bestehen, ist auch hier wiederum der „Beginn des Veranlagungszeitraums", § 2 Abs. 3 Nr. 1, d. h. gem. § 25 Abs. 1 EStG des Kalenderjahres (*Baßler* in F/W/B, § 2 AStG Rz. 252). Es kommt mithin darauf an, ob der Gewerbebetrieb oder die Mitunternehmerstellung oder die Beteiligung an einer Kapitalgesellschaft am 1. Januar eines Jahres bestanden, hinsichtlich Letzterer und hinsichtlich der Kommanditistenstellung auch, ob die erforderliche **Beteiligungshöhe** an diesem Stichtag gegeben war. Dass sich hieraus Härten ergeben können, liegt auf der Hand. Sie sind jedoch stets mit der Verwendung von Stichtagen, zeitlichen Grenzen u. Ä. verbunden, und ihre Verwendung zeigt, dass der Gesetzgeber diese Härten in Kauf genommen hat.

Aus dieser Fixierung auf den Stichtag „Beginn des Veranlagungszeitraums" folgt, dass eine **später erfolgende Veräußerung,** Teilveräußerung oder ein Hinzuerwerb von Gesellschaftsrechten oder ihre Verpfändung oder ihre Belastung mit einem Nießbrauch ohne Bedeutung sind. Teilweise wird demgegenüber die Auffassung vertreten, dass hinsichtlich der Beteiligung an inländischen Kapitalgesellschaften für die Beurteilung der Frage, ob sie eine wesentliche i. S. d. § 17 EStG ist, nicht auf den Beginn des Veranlagungszeitraums abzuheben sei (*Zimmermann/Könemann* in S/K/K, § 2 AStG Rz. 136; ihnen folgend *Weggenmann* in Haase, § 2 AStG Rz. 95; *Baßler* in F/W/B, § 2 AStG Rz. 273). Zur Begründung wird angeführt, „die zeitlichen Voraussetzungen (würden) durch § 17 EStG eigenständig definiert" und § 2 AStG verweise „lediglich" darauf. Konsequenz dessen soll sein, dass es gem. § 17 Abs. 1 Satz 1 EStG darauf ankommen würde, ob eine Beteiligung an einer Kapitalgesellschaft zu irgend einem Zeitpunkt innerhalb der letzten fünf Jahre die Grenze von 1 % überschritten hat. Dem kann nicht gefolgt werden. Zum einen enthält Abs. 3 Nr. 1 bereits seinem Wortlaut nach die Bestimmung, dass der maßgebende Zeitpunkt der „Beginn des Veranlagungszeitraums" ist. Die Formulierung bezieht sich auch auf die wesentlichen Beteiligungen i. S. d. § 17 EStG, denn diese und die übrigen Gesellschaftsbezeichnungen sind jeweils mit der Konjunktion „oder" verbunden; sie sind mithin gleichgeordnet und deshalb gilt die sich daran anschließende nähere Bestimmung „zu Beginn des Veranlagungszeitraums" für alle genannten Rechte gleichermaßen. Auch die Annahme, § 17 EStG definiere seine zeitlichen Voraussetzungen „eigenständig", greift nicht durch. Zwar macht § 17 Abs. 1 bestimmte zeitliche Voraussetzungen, unter denen eine wesentliche Beteiligung anzunehmen ist. Diese Bestimmungen verdrängen jedoch die des § 2 Abs. 3 Nr. 1 nicht, weil sie einen gänzlich anderen Inhalt haben. Hingegen verdrängt Letzterer als lex specialis die Bestimmung des § 17 EStG. Das wird auch daran deutlich, dass das Erfordernis einer in den letzten 5 Jahren erreichten Beteiligungshöhe von 1 % der Vermeidung von Missbräuchen dient und die Voraussetzung für die Steuerpflicht des Veräußerungsgewinns darstellt, während dieses Erfordernis im Kontext des § 2 Abs. 3 Ausdruck der wesentlichen wirtschaftlichen Inlandsinteressen ist; sie müssen im jeweiligen Veranlagungszeitraum bestehen. Im Ergebnis gilt also, dass eine wesentliche Beteiligung i. S. des § 17 EStG wesentliche wirtschaftliche

Interessen im Inland dann und **nur dann** begründet, wenn eine solche mindestens 1%ige **Beteiligung zu Beginn des Veranlagungszeitraums besteht** (a. A. *Baßler* in F/W/B, § 2 AStG Rz. 271; *Weggenmann* in Haase, § 2 AStG, Rz. 95).

Maßgeblich für die Beteiligungshöhe ist der Beginn des Veranlagungszeitraums, **134** d. h. gem. § 25 Abs. 1 der Beginn des Kalenderjahres. Durch das Steuerentlastungsgesetz 1999/2000/2002 vom 24.3.1999 (BGBl I 1999 S. 402) ist die Beteiligungshöhe auf „mindestens 10 %" abgesenkt worden. Das Gesetz wurde am 31.3.1999 verkündet und gilt, was die neue Fassung des § 17 EStG anlangt, für den Veranlaguggszeitraum 1999 insgesamt. Die darin liegende Rückwirkung ist durch die Beschlüsse des BVerfG vom 7.7.2010 (2 BvR 748/05, 2 BvR 753/05 und 2 BvR 1738/05, BStBl II 2011 S. 86, DStR 2010 S. 1733, HFR 2010 S. 1095; BFH-PR 2010 S. 411 m. Bespr. *Heuermann*, dazu jetzt auch *Musil/Lammers*, BB 2011 S. 155) teilweise für verfassungswidrig erklärt worden. Der Umfang der Nichtigkeit ergibt sich aus dem Tenor der Beschlüsse. Er beschränkt sich dabei auf die Frage, inwieweit Veräußerungsgewinne, die auf der Grundlage der bisherigen Rechtslage steuerfrei gewesen wären, rückwirkend in die Steuerpflicht einbezogen werden durften (dazu *Birk*, FR 2011 S. 1; *Söffing*, BB 2011 S. 917; ferner BMF vom 20.12.2010 IV C 6 – S 2244/10/10001, BStBl I 2011 S. 16). Die Wirkung der (Teil-)Nichtigkeitserklärung betrifft demnach diesen Aspekt und nicht denjenigen, der in § 2 Abs. 3 wirksam ist, nämlich das schlichte Halten der Beteiligung als Ausdruck wesentlicher wirtschaftlicher Interessen im Inland. Die beiden Aspekte sind auch nicht unlösbar miteinander verbunden.

Davon zu trennen ist die Frage, ob die Rückwirkung des Steuerentlastungsgesetzes 1999/2000/2002 dadurch, dass sie mittelbar auf die Situation des beschränkt Steuerpflichtigen einwirkt, als solche gegen das Rückwirkungsverbot verstößt und damit verfassungswidrig ist. Durch die Beschlüsse des BVerfG vom 7.7.2010 ist sie nicht präjudiziert; verfahrensrechtlich gesehen müsste ein solcher Verstoß gesondert geltend gemacht und durch Vorlage gem. Art. 100 Abs. 1 GG vor dem Verfassungsgericht geklärt werden. Wir halten einen solchen Verstoß allerdings auch im Lichte der Beschlüsse vom 7.7.2010 nicht für aussichtsreich. Durch sie ist die Lehre vom Rückwirkungsverbot zwar in dem hier in Betracht kommenden Bereich der sog. unechten Rückwirkung modifiziert worden (*Musil/Lammers*, BB 2011 S. 155; *Hahn*, BB 2011 S. 545). Indessen erfasst diese Modifikation die Situation des Steuerpflichtigen nicht, der im maßgebenden Zeitpunkt, dem Beginn des Jahres 1999, eine Beteiligung z. B. i. H. von 15 % hält. Denn ein gesteigerter Schutz gegen Rückwirkungen greift nach den zitierten Beschlüssen erst dann ein, wenn der Steuerpflichtige sein Vertrauen auf die bestehende Rechtslage betätigt hat, etwas ‚ins Werk gesetzt hat', wie dort formuliert ist, und damit eine vermögenswerte Position erlangt hat. In dieser Situation ist der Steuerpflichtige, der am Stichtag lediglich eine solche Beteiligung gehalten hat, nicht. Ein Vertrauen könnte sich hier nur allgemein auf das unveränderte Fortbestehen der Rechtslage richten. Dieses ist aber auch nach der neuen Rechtsprechung nicht schutzwürdig.

Insoweit halten wir eine gegebenenfalls vom Steuerentlastungsgesetz 1999/2000/2002 ausgehende Rückwirkung für zulässg. In vergleichbarer Form stellt sich die soeben erörterte Frage hinsichtlich der weiteren Absenkung der Beteiligungsquote auf „mindestens 1 %" durch Art. 1 Nr. 10 des StSenkG vom 23.10.2000 (BGBl I 2000 S. 1433 – BStBl I 2000 S. 1428); vgl. dazu FG Berlin-Brandenburg, Beschluss vom 2.10.2008 7 V 7111/07, DStRE 2009 S. 355).

In dem Auseinanderdriften von Wesentlichkeitsgrenze des § 17 EStG und Beteiligungshöhe bei Kommanditbeteiligungen ist keine planwidrige Lücke zu sehen (so aber *Baßler* in F/W/B, § 2 Rz. 273). Die Norm ist vollständig. Es handelt sich aber möglicherweise um einen rechtspolitischen Fehler. Praktisch relevant ist dieser Unterschied deshalb, weil Rechtsprechung und Verwaltung rechtspolitische Fehler nicht beseitigen können.

135 Es muss sich um eine „**inländische**" **Kapitalgesellschaft** handeln. Der Ausdruck ‚inländisch' hat keine spezifische Bedeutung, sondern ist eine zusammenfassende Formulierung für diejenige in § 1 Abs. 1 KStG: Es muss sich um eine Gesellschaft handeln, „die ihre Geschäftsleitung oder ihren Sitz im Inland" hat (zum Begriff „Inland" vgl. Anm. 124). Auf die Kommentierung zu § 1 KStG kann im Übrigen verwiesen werden. A. A. ist in dieser Frage *Baßler* (in F/W/B, § 2 Rz. 272), der annimmt, dass die Kapitalgesellschaft **Sitz und Ort** der Geschäftsleitung im Inland haben müsse. Diese Auffassung dürfte unter steuerplanerischen Gesichtspunkten von Interesse sein, da diesenfalls die Anwendbarkeit des § 2 durch Schaffen einer doppeltansässigen Gesellschaft vermieden werden könnte. Sie ist jedoch mit dem Gesetz nicht vereinbar. Eine inländische Kapitalgesellschaft liegt nach § 1 Abs. 1 KStG vor, wenn eine der dort genannten Gesellschaften „ihre Geschäftsleitung oder ihren Sitz" im Inland hat. Die Gegenansicht müsste einen besonderen Rechtssatz aufzeigen können, wonach die Aussage des § 1 Abs. 1 KStG im Bereich des § 2 nicht gilt.

Ergänzend ist zu erwähnen, dass aufgrund der Änderungen, die die Einwirkungen des Gemeinschaftsrechts auf die internationalen Privatrechte der Mitgliedstaaten bewirkt haben, vielfach die Möglichkeit der Verlegung des Ortes der Geschäftsleitung von ausländischen Kapitalgesellschaften nach Deutschland eröffnet worden ist (vgl. z. B. BGH vom 13.3.2003 VII ZR 370/98, BGHZ 154 S. 185; vom 19.9.2005 II ZR 372/03, GmbHR 2005 S. 1483 m. Anm. *Wachter;* zum gegenwärtigen Stand der Rechtsentwicklung *Veller*, IPrax 2009 S. 202); die Rechtsprechung kann allerdings nicht auf Drittstaaten angewandt werden (BGH, Urteil vom 27.10.2008, II ZR 158/06, IPrax 2009 S. 259 – betr. Schweiz). Das ist auch für das Steuerrecht maßgeblich (*Heger* in Gosch, KStG, 2. Aufl., 2099, § 1 Rz. 70; *Waldhoff*, IStR 2009 S. 386 [390]). Bei einer solchen, gewissermaßen ‚zugezogenen' Gesellschaft in einer Rechtsform fremden Rechts handelt es sich ebenfalls um eine Kapitalgesellschaft i. S. des § 1 Abs. 1 KStG und damit auch um eine solche i. S. des § 2 Abs. 3 Nr. 1. Dies ist im Grunde unstreitig, Uneinigkeit besteht indessen darüber, anhand welchen Maßstabes entschieden werden soll, ob ein solches Rechtsgebilde ‚Kapitalgesellschaft' i. S. d. § 1 KStG ist. Es geht vor allem hierbei um die Frage, ob der sog. Typenvergleich anzuwenden ist (befürwortend *Waldhoff*, IStR 2009 S. 386 [390], ablehnend *Hahn*, Ubg 2012 S. 738). Hierzu ist ebenfalls auf die Kommentierungen zu § 1 KStG zu verweisen; Sonderlehren im Bereich des AStG bestehen zu dieser Frage nicht.

136 **Genossenschaften, Stiftungen** und **Versicherungsvereine auf Gegenseitigkeit** sind keine Kapitalgesellschaften und fallen deshalb nicht unter § 2 Abs. 3. Hinsichtlich der Genossenschaften wird das an der Regelung des § 17 Abs. 6 EStG und daran, dass § 2 AStG sie nicht in Bezug nimmt, besonders deutlich.

bb) Abs. 3 Nr. 2: wesentliche Einkünfte im Inland

Das Gesetz sieht in seiner **zweiten Alternative** wesentliche wirtschaftliche Interessen im Inland dann, wenn die Einkünfte, die „nicht ausländische Einkünfte im Sinne des § 34d des Einkommensteuergesetzes" sind, mehr als 30 % der „sämtlichen Einkünfte" des Steuerpflichtigen ausmachen. Zur Anwendung der Norm bedarf es wiederum der Gegenüberstellung zweier Größen. 137

Ausgangspunkt ist der Betrag, den das Gesetz mit der Formulierung „**sämtliche Einkünfte**" bezeichnet. Es handelt sich um die Einkünfte, die im Falle der unbeschränkten Steuerpflicht nach Maßgabe des § 1 Abs. 1 EStG zu versteuern gewesen wären (*Weggemann* in Haase, § 2 AStG Rz. 100). Die Bedeutung des Ausdrucks „sämtliche Einkünfte" ist streitig, vgl. dazu Anm. 212–214.

Die zweite Größe sind die „Einkünfte, die bei unbeschränkter Einkommensteuerpflicht **nicht ausländische Einkünfte im Sinne des § 34d**" EStG sein würden. Nach Verwaltungsauffassung handelt es sich hierbei um **die erweiterten Inlandseinkünfte** (AE Tz. 2.3.2), wie sie auch der erweiterten beschränkten Steuerpflicht zu Grunde liegen; vgl. dazu Anm. 182–191. Demgegenüber ist eine gewichtige Gegenansicht *Baßler* in F/W/B, § 2 Rz. 283; *Zimmermann/Könemann* in S/K/K, § 2 AStG Rz. 138; *Weggemann* in Haase, § 2 AStG Rz. 98) der Ansicht, es handele sich um die Einkünfte, die sich „allein in Abgrenzung zu § 34c Abs. 1 EStG ergeben". Würde der Gesetzgeber sämtliche Einkünfte i. S. des § 2 Abs. 1 gemeint haben, würde er nach dieser Auffassung dies durch die Wahl einer entsprechenden Formulierung zum Ausdruck gebracht haben. Abs. 3 Nr. 2 enthalte aber den Zusatz „über die beschränkte Steuerpflicht hinaus", der sich in Absatz 1 finde und für dessen Auslegung entscheidend sei, nicht. Deshalb gehören hiernach nur die sog. doppelt qualifizierten Einkünfte (vgl. auch Anm. 189) zu den sämtlichen Einkünften. Nach dieser Auffassung gehören dementsprechend sämtliche Einkünfte, die sowohl aus dem Inland (§ 49 EStG) als auch aus dem Ausland (§ 34d EStG) stammten, zu denjenigen, die § 2 Abs. 3 Nr. 2 bezeichnet. 138

De facto geht es hier um die Frage, ob die sog. Sockeltheorie (vgl. Anm. 7) auch im Rahmen des § 2 Abs. 3 Nr. 2 angewendet wird (zutr. so auch *Elicker* in Blümich, § 2 AStG Rz. 35). Wir folgen deshalb der Gegenansicht nicht, weil wir der Ansicht sind, dass die **Entscheidung über den Umfang der erweiterten beschränkt steuerpflichtigen Einkünfte** für § 2 einheitlich getroffen werden muss und auch keinen Grund erkennen, im hier interessierenden Abs. 3 Nr. 2 davon abzuweichen. Da wir in diesem der Rechtsprechung des BFH folgen, der den Standpunkt der Sockeltheorie eingenommen hat (vgl. nochmals Anm. 7), erscheint es zwingend, auch hier der erstgenannten Ansicht zu folgen, wonach es sich bei dem Ausdruck „sämtliche Einkünfte" um die Summe der Einkünfte i. S. des § 2 Abs. 3 handelt (ebenso *Elicker* in Blümich, § 2 AStG Rz. 35); ausdrücklich a. A. *Baßler* in F/W/B, § 2 AStG Rz. 282 (Stand: Mai 2014). Wortlautargumenten ist zwar u. E. eine erhebliche Bedeutung beizumessen, namentlich in Bereichen, wo der Gesetzgeber willkürliche Festsetzungen trifft, die ohne Weiteres auch anders hätten getroffen werden können; auch bei Festlegung des Umfangs der erweiterten beschränkten Steuerpflicht ist von einer solchen willkürlichen Festlegung auszugehen. Sie hätten auch anders getroffen werden können. Jedoch setzt die Maßgeblichkeit des Wortlauts voraus, dass davon ausgegangen werden kann, dass der Gesetzgeber eine bewusste und zielgerichtete Wortwahl trifft. Davon kann bei der Formulierung der Einkommensbegriffe und ähnlichen Größen im Bereich des § 2 indessen keine Rede sein. Ganz deutlich wird das an dem Umstand, dass der Gesetzgeber keine Anstalten gemacht hat, die in § 2 verwendeten Begriffe in die Systematik des § 2 EStG einzufügen. Wenn man aber mit einer Wortwahl zu tun hat, die nicht rechtstechnisch bestimmt ist, verliert das Wortlautargument an Gewicht gegenüber dem Argument der einheitlichen Auslegung des § 2. Aus diesem Grunde halten wir es für richtig, der Verwaltungsauffassung und dem BFH zu folgen.

139 Die Ermittlung der Beträge erfolgt nach den Regeln des deutschen Rechts über die Ermittlung der Einkünfte (AE 2.3.1 Nr. 1; h. A. *Weggemann* in Haase, § 2 AStG Rz. 100; *Baßler* in F/W/B, § 2 Rz. 284). Es geht um die Ermittlung von Einkünften im Rahmen der beschränkten Steuerpflicht. Demzufolge besteht nur die Möglichkeit getrennter Veranlagung. Eine Verdoppelung der Freibeträge u. Ä. findet deshalb nicht statt (*Baßler* in F/W/B, § 2 AStG Rz. 283; *Kraft,* § 2 AStG Rz. 91).

Auch Einkünfte, für die die deutschen Steuergesetze eine **Befreiung** vorsehen, bleiben außer Betracht (AE Tz. 2.3.1. S. 3; *Weggemann* in Haase, § 2 AStG Rz. 101). A. A. ist hier *Baßler* (in F/W/B, § 2 AStG Rz. 284), der dies damit begründet, der Zweck der Vorschrift gebiete es nicht, z. B. Veräußerungsgewinne abzusetzen.

140 Ein **Ausgleich zwischen positiven und negativen Einkünften** eines Veranlagungszeitraums ist zulässig, sofern nicht Verrechnungsverbote entgegenstehen, die sich aus anderen Vorschriften, z. B. § 2a, § 15a EStG, ergeben (*Baßler* in F/W/B, § 2 AStG Rz. 283).

Ein **Verlustvor- oder -rücktrag** gem. § 10d EStG soll demgegenüber nicht möglich sein (*Baßler* in F/W/B, § 2 AStG Rz. 284). *Baßler* beruft sich auch hier auf den Wortlaut der Norm. *Weggemann* (in Haase, § 2 AStG Rz. 101) meint, eine solche interperiodische Verlustberücksichtigung scheide „nach Sinn und Zweck der Regelung" aus. Anderer Ansicht sind *Zimmermann/Könemann* (in S/K/K, § 2 AStG Rz. 139; ihnen beipflichtend *Kraft,* § 2 AStG Rz. 93). *Zimmermann/Könemann* konzedieren der Gegenansicht zwar, dass eine Verlustverrechnung vom Sinn und Zweck der Norm her betrachtet, die inländischen wirtschaftlichen Interessen zu quantifizieren, keinen Sinn habe, da diese auch in Verlustsituationen bestehen. Aber das positive Recht gebe keine Handhabe für den von der Gegenmeinung befürworteten Ausschluss des Verlustvor- und -rücktrags. Der letzteren Ansicht ist zu folgen. Ein **Verlustvor- und -rücktrag** ist allein deshalb **zulässig,** weil er andernfalls ausgeschlossen worden sein müsste; natürlich gelten die allgemeinen Schranken, wie sie sich etwa aus § 2a oder § 15a ergeben, jedoch bestehen keine Sonderregeln im Geltungsbereich des § 2. Sinn und Zweck der Norm gebieten nichts anderes. Der Gesetzgeber hat in Kenntnis verschiedenster Möglichkeiten des Ausschlusses von Verlustverrechnungen darauf verzichtet, sich dieser Instrumente zu bedienen. Der Umstand, dass es Wege gibt, die zur Abbildung wirtschaftlicher Interessen jedenfalls nach Ansicht ihrer Befürworter in höherem Grade geeignet sind, legitimiert keine das Gesetz korrigierende Auslegung.

141 § 2 Abs. 3 Nr. 2 AStG nennt ferner eine **absolute Grenze** – 62 000 Euro –, bei deren Überschreiten stets wesentliche wirtschaftliche Interessen im Inland gegeben sind. Insoweit kommt es auf den Betrag der Einkünfte an, die bei unbeschränkter Steuerpflicht **„nicht ausländische Einkünfte im Sinne des § 34d des Einkommensteuergesetzes"** sind; s. auch Anm. 125.

cc) Abs. 3 Nr. 3: wesentliche Vermögenswerte im Inland

Das Gesetz sieht in seiner **dritten Alternative** als weiteren Fall „wesentlicher wirtschaftlicher Interessen" im Inland den Sachverhalt, dass das **Inlandsvermögen** mehr als 30 % des Gesamtvermögens ausmacht oder den Betrag von 154 000 Euro übersteigt. Zur Anwendung der Norm bedarf es wiederum der Gegenüberstellung zweier Größen. Ausgangspunkt ist der Betrag, den das Gesetz mit der Formulierung „Gesamtvermögen" benennt. Die zweite Größe ist das Vermögen, dessen Erträge bei unbeschränkter Steuerpflicht „nicht ausländische Einkünfte im Sinne des § 34d" EStG sind. Wenn letztere Größe mehr als dreißig Prozent des Betrages des Gesamtvermögens ausmacht, dann bestehen „wesentliche wirtschaftliche Interessen" im Inland. 142

Maßgebend sind die Verhältnisse am Beginn des Veranlagungszeitraums, wie sich bereits aus dem Wortlaut ergibt. Veränderungen, die später eintreten, sind für den Veranlagungszeitraum ohne Bedeutung.

Die Ausdrücke „Vermögen" und „Gesamtvermögen" sind im AStG nicht definiert. Der **Begriff des Gesamtvermögens** fand sich bis Ende 1996 im BewG, welches aufgrund des Wegfalls der Vermögensteuer zum 1.1.1997 umfassend geändert wurde. An seine Stelle trat die Bestimmung des § 114 BewG, der seinerseits aber zum 1.1.1997 in Fortfall gekommen ist. Somit stellt hinsichtlich dieses Begriffs das BewG keine Definition bereit. Teilweise hat man sich gleichwohl an den Regeln des BewG orientiert und daraus z. B. die Konsequenz abgeleitet, dass Vermögensteile bzw. Vermögensgegenstände, die nach dessen Regeln nicht zum Vermögen im bewertungsrechtlichen Sinne gehören, auch kein ‚Vermögen' i. S. des Abs. 3 Nr. 3 darstellen. 143

Die Gesetzessystematik weist indessen in eine andere Richtung. Da die Anwendung der Norm einen Vergleich zweier Größen erfordert und da ein solcher Vergleich nur dann sinnvoll ist, wenn die zu vergleichenden Größen kompatibel sind, erscheint es zwingend, eine unzulängliche Beschreibung der einen Größe durch Heranziehen der Vergleichsgröße zu ergänzen. In der Tat ermöglicht dies die Norm. Denn deren Umschreibung umfasst das „Vermögen, dessen Erträge bei unbeschränkter Einkommensteuerpflicht nicht ausländische Einkünfte im Sinne des § 34d des Einkommensteuergesetz wären". Dadurch wird der Begriff näher bestimmt und umgrenzt. Soll der Vergleich, den § 2 Abs. 3 Nr. 3 fordert, sinnvoll sein, kann es sich bei dem ‚Gesamtvermögen' nur um die Summe der Vermögensgegenstände handeln, deren Erträge zum Welteinkommen des Steuerpflichtigen rechnen würden, wäre er unbeschränkt einkommensteuerpflichtig.

Andere Stimmen in der Literatur sind der Ansicht, dass der Umfang des Vermögens sich nach den **Vorschriften des BewG** bestimme (*Weggenmann* in Haase, § 2 AStG Rz. 103). Wir sehen hierfür keinen Anhaltspunkt und es wäre dann auch der Hinweis auf § 34d EStG nicht recht verständlich. Denn auch das Bewertungsrecht kennt ein erweitertes Inlandsvermögen, welches dadurch charakterisiert ist, dass es über das Inlandsvermögen des § 121 BewG hinausgeht (*Moench/Glier/Knobel/Viskorf,* Bewertungs- und Vermögensteuergesetz, 3. Aufl., 1989, § 121 BewG Rz. 33 ff,; *Rössler/Troll,* Bewertungsgesetz und Vermögensteuergesetz, 17. Aufl., 1995, § 121 BewG, Rz. 54 ff.). Wenn der Gesetzgeber das Bewertungsgesetz hätte in Bezug nehmen wollen, hätte es sich geradezu aufgedrängt, statt auf § 34d EStG auf § 121 BewG zu verweisen. Wenn das nicht geschehen ist, spricht das dafür, dass der Gesetzgeber nicht auf die Vermögensarten des BewG zurückgreifen wollte. Insoweit können wir denn auch *Baßler* nicht folgen, der die §§ 19 ff. BewG anwenden will (in F/W/B § 2 AStG Rz. 295).

144 Aus der konjunktivischen Formulierung „Erträge wären" ergibt sich weiterhin nach allgemeiner Ansicht (*Baßler* in F/W/B, § 2 AStG Rz. 293; *Weggenmann* in Haase, § 2 AStG Rz. 102; *Kraft*, § 2 Rz. 101; *Richter*, RIW/AWD 1976 S. 571 [572], dass es nicht darauf ankommt, ob das Vermögen tatsächlich Erträge abwirft. In der Literatur ist teilweise eine teleologische Reduktion der Norm vorgeschlagen worden. Es sollen solche Vermögensgegenstände außer Betracht bleiben, die keine Erträge abwerfen (*Weggenmann* in Haase, § 2 AStG Rz. 103) oder die „nach ihrer konkreten Verwendung" keine Erträge abwerfen (*Weggenmann* in Haase, § 2 AStG Rz. 101); z. B. Schmuck, Kunstsammlungen u. Ä. legen diese Überlegung nahe. Der Zweck des Gesetzes fordert eine solche Einschränkung nicht und der Wortlaut spricht eindeutig dagegen („Erträge wären"). Wir folgen dieser Ansicht deshalb nicht, ebenso *Baßler* (in F/W/B, § 2 AStG Rz. 293), der auf die Schwierigkeiten einer Abgrenzung hinweist.

145 Die zweite Größe des Vergleichs, der im Rahmen des § 2 Abs. 3 Nr. 3 anzustellen ist, ist das „Vermögen, dessen Erträge bei unbeschränkter Einkommensteuerpflicht **nicht ausländische Einkünfte im Sinne des § 34d" EStG wären.** Teilweise wird angenommen, es handele sich hierbei um das erweiterte Inlandsvermögen im bewertungsrechtlichen Sinne, welches über das Inlandsvermögen i. S. d. § 121 BewG hinausgeht (*Baßler* in F/W/B, § 2 AStG Rz. 294; *Schaumburg*, Internationales Steuerrecht, 3. Aufl., 2011 Rz. 5.315; für die ältere Rechtslage *Diehm/Ling*, StWa 1974 S. 49 [67]; *Wassermeyer*, DStR 1987 S. 635 [637]). Es ist zwar ohne Weiteres denkbar, dass dies in vielen oder den meisten Fällen zutrifft. Es bleibt jedoch festzuhalten (vgl. Anm. 143), dass der Gesetzgeber gerade nicht auf das BewG Bezug genommen, sondern die Norm mittels des Verweises auf § 34d EStG formuliert hat, und dies, obschon in Gestalt des § 121 BewG die Bezunahme auf das erweiterte Inlandsvermögen möglich gewesen wäre (vgl. auch AE Tz. 4.1.1.). Deshalb muss die Rechtsanwendung in der Weise erfolgen, dass von den nicht ausländischen Erträgen i. S. des § 34d ausgehend die sie generierenden Vermögensgegenstände identifiziert und in den Vergleich eingestellt werden.

146 § 2 Abs. 3 Nr. 3 AStG nennt neben der relativen Grenze von 30 % die absolute Grenze in Höhe von 154 000 Euro, bezogen auf das Vermögen zu Beginn des VZ. Es handelt sich um eine Stichtagsregelung, so dass Änderungen der einzelnen Werte, die nach dem Stichtag eintreten, nicht relevant sind.

3. Ergänzende sachliche Voraussetzungen (Abs. 4: zwischengeschaltete Gesellschaften)

147 § 2 Abs. 4 ergänzt die Regelung des Absatzes 3 im Sinne eines Umgehungsschutzes (*Bellstedt*, GmbHR 1973 S. 126; *Baßler* in F/W/B, § 2 AStG Rz. 301 [Stand: Mai 2014] zu Besonderheiten des DBA Schweiz a. a. O., S. 133). „Umgehung" ist im untechnischen Sinne gemeint, denn nicht jede Gründung einer Kapitalgesellschaft im Ausland ist bereits eine Umgehung im technischen Sinne des § 42 AO, wie für das Gemeinschaftsrecht auch die Entscheidung des EuGH in der Rechtssache Cadbury Schweppes (Urteil vom 12.9.2006, Rs. C-196/04, DStR 2006 S. 1686) deutlich gemacht hat. Insoweit sind die gesetzgeberischen Vorstellungen (vgl. BT-Drs. VI/2883 S. 24 Einzelbegründung zu § 2 Abs. 4, S. 25 Einzelbegründung zu § 5) von der

Rechtsentwicklung teilweise inzwischen überholt worden. Der vom Gesetzgeber ins Auge gefasste Sachverhalt wird umschrieben mit „Abspaltung von inländischen Wirtschaftsinteressen auf abhängige Auslandsgesellschaften". Der Standardfall, der dem Gesetzgeber vor Augen stand, war die Einbringung einer Beteiligung an einer deutschen Kapitalgesellschaft in eine im Ausland ansässige Kapitalgesellschaft (vgl. auch *Baßler* in F/W/B, § 2 AStG Rz. 301). § 2 Abs. 4, der darauf abzielt, solchen Gestaltungen die Wirkung zu nehmen, die Anwendung des § 2 zu hindern, ist unabhängig davon anzuwenden, ob eine Umgehung im Sinne des § 42 AO vorliegt.

Betroffen sind „ausländische Gesellschaften". Aus dem Verweis „im Sinne des **148** § 5" folgt, dass § 2 keine eigene Bestimmung über die ausländische Gesellschaft enthält, sondern dass auf § 5 zurückzugreifen ist (vgl. § 5 AStG Anm. 33; ferner *Baßler* in F/W/B, § 5 AStG Rz. 309). Zusammenfassend lässt sich sagen: Es handelt sich um Körperschaften, Personenvereinigungen und Vermögensmassen i. S. d. § 1 KStG, die weder Sitz noch Geschäftsleitung im Inland haben (vgl. ergänzend hierzu Anm. 135 und 136).

Die Einkünfte, die der Steuerpflichtige aus einer solchen Gesellschaft bezieht, **149** also Dividenden, Gewinnanteile u. Ä., sind stets ausländische Einkünfte, da sie von einer ausländischen Gesellschaft stammen. Sie fallen deshalb nicht unter die erweiterte beschränkte Steuerpflicht. Es könnte zwar erwogen werden, ob eine Zugehörigkeit zur erweiterten beschränkten Steuerpflicht sich unmittelbar aus § 2 Abs. 1 Satz 1 ergibt. Hiergegen sind jedoch zu Recht sprachliche und systematische Einwände erhoben worden (zutr. *Baßler* in F/W/B, § 2 AStG Rz. 302). Der systematische Einwand besteht darin, dass § 5 AStG selbst Zurechnungsregeln schafft und § 2 Abs. 4 hierauf verweist. Das sprachliche Argument liegt darin, dass § 5 AStG den zutreffenden rechtstechnischen Ausdruck „zurechnen" benutzt, während § 2 Abs. 4 eine Aussage über bereits zugerechnete Einkünfte macht und den Ausdruck „berücksichtigen" verwendet, mithin etwas anderes meint. Die Bedeutung dieser Auslegung besteht darin, dass bei der Prüfung der Frage, ob wesentliche wirtschaftliche Interessen im Inland bestehen, diese **Beteiligungen zwar zu berücksichtigen** sind. Deren **Erträge gehen jedoch nicht in die Einkünfte ein**, die der erweiterten beschränkten Steuerpflicht unterliegen (*Baßler* in F/W/B, § 2 AStG Rdnr. 308).

Es geht um „Gewerbebetriebe, Beteiligungen, Einkünfte und Vermögen" dieser **150** ausländischen Gesellschaft. Die Aufzählung bezieht sich auf die in Abs. 3 benannten Formen wirtschaftlicher Betätigungen. Es handelt sich also um einzelunternehmerische und mitunternehmerische Betätigungen sowie um Beteiligungen als Kommanditist und um solche des § 17 Abs. 1 EStG – Abs. 3 Nr. 1 –, um Einkünfte i. S. des § 3 Nr. 2 und um Vermögen i. S. des Abs. 3 Nr. 3. Daraus, dass Abs. 4 nur Umgehungen entgegenwirken will, folgt, dass seine Anwendung nicht dazu führen kann, dass der Umfang der als ‚inländisch' bewerteten Interessen über das in Absatz 3 Geregelte hinausgehen darf.

Das bedeutet z. B., dass dann, wenn die ausländische Gesellschaft einen KG-Anteil „hält" – also Kommanditistin einer KG ist, die ihrerseits die Voraussetzungen des § 2 Abs. 3 Nr. 1 erfüllt, es nicht ausreicht, wenn ihr Kommanditanteil 25 % der Einkünfte übersteigt, sondern es muss auf den Gesellschafter, um dessen erweiterte beschränkte Steuerpflicht es geht, „durchgerechnet" werden (*Zimmermann/Könemann* in S/K/K, § 2 AStG Rz. 144; *Baßler* in F/W/B, § 2 AStG Rdnr. 307). Bei einer Kommanditbeteiligung von 40 % der Gewinnanteile i. S. des § 15 Abs. 1 Satz 1 Nr. 2 EStG wäre zu prüfen, wie hoch die Beteiligung der natürlichen Personen an der zwischengeschalteten Gesellschaft ist; würde diese im Beispielsfall 50 % des Stammkapitals ausmachen, würden auf ihn 20 % der Kommanditbeteiligung entfallen und demnach nicht die in § 2 Abs. 3 Nr. 1 genannte Höhe erreichen. Entsprechendes gilt für eine wesentliche Beteiligung i. S. des § 17 Abs. 1 EStG, die in einer ausländischen Kapitalgesellschaft gehalten wird (vgl. Baßler in F/W/B, § 2 AStG Rdnr. 307).

151 Vergleichbares muss für die Einkünfte i. S. d. § 2 Abs. 3 Nr. 2 und für das Vermögen i. S. d. § 2 Abs. 3 Nr. 3 gelten. Auch hier wird durch die juristische Person der ausländischen Gesellschaft „durchgegriffen" im Sinne einer Anknüpfung der Rechtsfolgen an Umstände, die quasi im Inneren der Gesellschaft bestehen, nämlich die Zusammensetzung ihrer Einkünfte und ihres Vermögens. Wird z. B. Grundbesitz in eine ausländische Kapitalgesellschaft eingebracht, so kommt es darauf an, ob die Zwischengesellschaft Einkünfte aus dem Grundbesitz erzielt, die nicht-ausländische i. S. d. § 2 Abs. 1 S. 1 sind. Es sind die Einkünfte i. S. des § 2 Abs. 2 EStG. Sie sind für die Zwecke der Anwendung des § 2 Abs. 3 Nr. 2 nach Maßgabe der hierfür vorgesehenen Regeln – § 4 Abs. 3 EStG – zu ermitteln. Die tatsächlichen Gewinne der Gesellschaft und deren Ausschüttung sind für die Anwendung des § 2 Abs. 3 Nr. 2 nicht relevant. Ebenso kommt es im Rahmen des § 2 Abs. 3 Nr. 3 auf das inländische Vermögen an; *Baßler* in F/W/B, § 2 AStG Rz. 307.

In der Literatur wird der Fall erörtert, dass ein Steuerpflichtiger **am Kapital einer ausländischen Kapitalgesellschaft** mit weniger als 1 % beteiligt ist und die Kapitalgesellschaft **ihrerseits an einem inländischen Gewerbebetrieb beteiligt** ist. Das Problem wird darin gesehen, dass der Steuerpflichtige durch seine „mittelbare Beteiligung" schlechter gestellt sein soll, als wäre er direkt an der Kapitalgesellschaft beteiligt (*Zimmermann/Könemann* in S/K/K, § 2 AStG Rz. 145; zust. *Weggenmann* in Haase, § 2 AStG Rz. 117). Deshalb sei die Norm nach dieser Auffassung im Wege einer teleologischen Reduktion so auszulegen, dass sie diesen Fall nicht erfasst. Dem ist nicht zu folgen (*Baßler* in F/W/B, § 2 AStG Rz. 306). Bei einer unmittelbaren gewerblichen Tätigkeit im Inland hätte der Steuerpflichtige in der hier behandelten Fallkonstellation wesentliche wirtschaftliche Interessen im Inland, und dies unabhängig vom Umfang seiner gewerblichen Tätigkeit. Die ratio des Abs. 4 besteht nun darin, dass die Zwischenschaltung einer Kapitalgesellschaft diese Qualifikation nicht berührt. Das wird durch die Anwendung des § 2 Abs. 4 auch in diesem Fall erreicht. Eine teleologische Reduktion der Norm ist deshalb nicht möglich. Das Argument, bei mittelbarer Beteiligung über eine Kapitalgesellschaft werde der Steuerpflichtige schlechter gestellt als bei unmittelbarer Beteiligung, greift ebenfalls nicht durch. Denn es kommt für die rechtliche Bewertung nicht darauf an, wie der Steuerpflichtige stehen würde, hätte er sich in Form einer Kapitalgesellschaft im Inland engagiert und diese Beteiligung in eine ausländische Kapitalgesellschaft eingebracht, denn entscheidend ist, welchen Sachverhalt der Steuerpflichtige tatsächlich realisiert hat. Nur dieser und nicht ein hypothetischer anderer Sachverhalt kann nach allgemeinen Grundsätzen maßgebend sein. Das ist aber das inländische wirtschaftliche Engagement in der Form eines Einzelunternehmens.

152 Der Steuerpflichtige muss „unter den dort genannten Voraussetzungen" an der Gesellschaft beteiligt sein, d. h. unter den Voraussetzungen, die § 5 nennt (vgl. dazu § 5 AStG Anm. 27 ff.).

§ 2 Abs. 4 verweist nur auf die Absätze 1 und 3, nicht jedoch auf den Abs. 2. Die Einbeziehung des Letzteren wäre technisch möglich gewesen und hätte wohl zu einem ebenfalls sinnvollen Ergebnis geführt. Das zeigt, dass der Gesetzgeber eine solche Inbezugnahme bewusst nicht vorgenommen hat. Eine Zurechnung von Merkmalen im Rahmen des Abs. 2 ist deshalb nicht statthaft.

(einstweilen frei) **153 bis 160**

4. Freigrenze des § 2 Abs. 1 Satz 3

Zur erweiterten beschränkten Steuerpflicht kommt es nur dann, wenn die „hiernach insgesamt beschränkt steuerpflichtigen Einkünfte" mehr als 16 500 € betragen (§ 2 Abs. 1 Satz 3). Es handelt sich nach einhelliger Ansicht (*Elicker* in Blümich, § 2 AStG Rz. 37; *Baßler* in *F/W/B*, § 2 AStG Rz. 151) um eine **Freigrenze** und nicht um einen Freibetrag. Das Überschreiten des Betrages löst somit die Besteuerung insgesamt und nicht nur die des übersteigenden Betrages aus. Sie ist auf den jeweiligen Veranlagungszeitraum bezogen und deshalb jeweils erneut zu prüfen. **161**

Die Beurteilung der Frage, was Einkünfte sind wie sie von einander abzugrenzen und wie ihre Höhe zu ermitteln ist, erfolgt gem. § 2 Abs. 2 i. V. mit § 50 EStG nach Maßgabe des deutschen Steuerrechts; das gilt auch hier (*Baßler* in *F/W/B*, § 2 AStG Rz. 154).

Die Funktion der Vorschrift besteht darin, **Bagatellfälle** aus dem Anwendungsbereich der erweiterten beschränkten Steuerpflicht auszuscheiden (BT-Drs. VI/2883, Tz. 63, Einzelbegr. zu § 2). Sieht man den Zweck dieser Bagatellregelung zudem auch darin, auf Dauer Fälle auszuscheiden, die die Grenze nicht nachhaltig überschreiten, so liegt es nahe, gewissermaßen „Ausreißer" zu eliminieren. Dabei geht es *Baßler* (in *F/W/B*, § 2 AStG Rz. 154) um mehr oder weniger einmalig anfallende, außerordentliche Einkünfte, für die er vorschlägt, auch im Rahmen des § 2 Abs. 1 Satz 3 **die Freibeträge** der §§ 13 Abs. 2, 14a, und 17 Abs. 3 EStG sowie den Altersentlastungsbetrag gem. § 24a EStG anzuwenden. Die §§ 16 Abs. 4 und 24b EStG seien demgegenüber nicht anzuwenden, weil sie gem. § 50 Abs. 1 Satz 3 EStG bei beschränkt Steuerpflichtigen nicht zu gewähren seien. Diese uns auch plausibel erscheinende Überlegung scheint mit dem Grundsatz zu kollidieren, dass die Voraussetzungen der erweiterten beschränkten Steuerpflicht für jeden Veranlagungszeitraum zu prüfen sind, der Grundsatz der Abschnittsbesteuerung also auch hier wirkt. Andererseits ist nicht zu übersehen, dass die Anwendung des § 2 mit hohem Verwaltungsaufwand verbunden ist.

Der **Betrag** der „hiernach insgesamt beschränkt steuerpflichtigen Einkünfte" i. S. d. Abs. 1 Satz 3 ergibt sich aus der **Summe derjenigen Einkünfte**, die von der **beschränkten Steuerpflicht** erfasst werden, und derjenigen, die der **erweiterten beschränkten Steuerpflicht** unterliegen (*Baßler* in *F/W/B*, § 2 AStG Rz. 153; *Elicker* in *Blümich*, § 2 AStG Rz. 38; *Weggenmann* in *Haase*, § 2 AStG Rz. 109; *Zimmermann/Könemann*, in *S/K/K*, § 2 AStG Rz. 92). Hier wäre es bislang ebenfalls von Bedeutung gewesen, welcher Grundauffassung von erweiterten beschränkten Steuerpflicht man folgt. Die hier getroffene Aussage entspricht der sog. Sockeltheorie (vgl. Anm. 7), die nunmehr von Rechtsprechung und Verwaltung und ganz h. L. in der Literatur vertreten wird. Der Betrag der „hiernach insgesamt beschränkt **162** steuerpflichtigen Einkünfte" i. S. d. Abs. 1 Satz 3 ist identisch mit der Bemessungsgrundlage für die erweiterte beschränkte Steuerpflicht. Auf Anm. 182 ff. kann deshalb verwiesen werden.

Nach § 2 Abs. 5 zugerechnete Einkünfte sind zu berücksichtigen (*Baßler* in *F/W/B*, § 2 AStG Rz. 153; *Zimmermann/Könemann* in *S/K/K*, § 2 AStG Rz. 92).

163 Die hier erforderliche **Ermittlung** der Höhe der erweiterten Inlandseinkünfte folgt den **Regeln des deutschen Rechts,** und zwar denjenigen, die für die beschränkt steuerpflichtigen Einkünfte gelten, insbesondere mithin denjenigen des § 50 Abs. 1 EStG (h. A., *Baßler* in *F/W/B* § 2 AStG Rz. 154; *Zimmermann/Könemann* in *S/K/K*, § 2 AStG Rz. 85). Siehe insoweit Anm. 191 ff.

Strittig ist aber, auf welche Größe es für die Frage ankommt, ob die betragsmäßige Grenze von 16 500 Euro erreicht wird. Ausgangspunkt ist gem. § 2 Abs. 1 Satz 3 der Betrag „der insgesamt beschränkt steuerpflichtigen Einkünfte". In Betracht kommt die **Summe** aus „nicht ausländischen Einkünfte im Sinne des § 34d" EStG und gem. § 49 EStG steuerpflichtigen Einkünften, wie sie sich in entsprechender Anwendung des **§ 2 Abs. 2 EStG ergeben würde** (so bereits – *R* –, StBp 1977 S. 285 und wohl auch AE Tz. 2.0.1.3; *Baßler* in *F/W/B* § 2 AStG Rz. 153). Die Gegenauffassung (vgl. dazu *Weggenmann* in *Haase* § 2 AStG Rz. 109–111) steht auch hier (vgl. oben Anm. 138) auf dem Standpunkt, es handele sich um die Einkünfte, die inländische i. S. d. § 49 EStG sind, ohne ausländische i. S. d. § 34d EStG zu sein, als um solche, die sich „allein in Abgrenzung zu § 34c Abs. 1 EStG ergeben". Wir folgen auch hier der erstgenannten Ansicht; zur Begründung vgl. Anm. 138.

Sonderausgaben und außergewöhnliche Belastungen sind nicht zu berücksichtigen, da es sich um eine Einkommensermittlung nach Maßgabe der Regeln für beschränkt Steuerpflichtige handelt. Anderes gilt aber dann, wenn ein Arbeitnehmer gem. § 50 Abs. 5 Nr. 2 EStG für eine Veranlagung optiert (AE Tz. 2.0.1.3).

164 Eine innerperiodische **Verrechnung von Verlusten und Gewinnen zwischen den einzelnen Einkünften** ist zulässig (AE Tz. 2.0.1.3; *Baßler* in *F/W/B*, § 2 AStG, Rz. 155). Ein **Verlustausgleich** i. S. des § 10d EStG ist nach einer in der Literatur vertretenen Auffassung nicht zulässig (*Weggenmann* in *Haase* § 2 AStG Rz. 110). Hierfür wird der Wortlaut angeführt: Der Ausdruck „Einkünfte" müsse im Sinne von § 2 Abs. 4 EStG verstanden werden (*Baßler* in *F/W/B*, § 2 AStG Rz. 155; a. A. wohl *Zimmermann/Könemann* in *S/K/K*, § 2 AStG Rz. 92; *Hellwig*, DStZ/A 1974 S. 4 (5). Der letzteren Ansicht ist zu folgen. Ein Ausschluss würde eine ausdrückliche gesetzliche Bestimmung erfordern (vgl. Anm. 140).

165 Kommt es im Laufe **eines Kalenderjahrs zu einem Wechsel** von beschränkter Einkommensteuerpflicht zu erweiterter beschränkter Einkommensteuerpflicht (oder in umgekehrter Richtung), sind bei der Ermittlung der Freigrenze alle (normal und erweitert) beschränkt steuerpflichtigen Einkünfte des Kalenderjahrs zu berücksichtigen. Die Freigrenze ist auch in diesen Fällen in voller Höhe maßgeblich. Das Gesetz gibt keinerlei Anhaltspunkte für ein Abweichen von der auf den Veranlagungszeitraum bezogenen Betrachtungsweise zugunsten einer Kürzung des Betrages pro rata temporis.

Weil es sich um einen Fall der beschränkten Steuerpflicht handelt, findet keine Zusammenveranlagung statt (*Baßler* in *F/W/B*, § 2 AStG, Rz. 152). Die Freigrenze wird deshalb bei Ehegatten nicht gewissermaßen automatisch verdoppelt (*Baßler* in *F/W/B*, § 2 AStG Rz. 155), wie es bei einer Zusammenveranlagung der Fall sein würde. Sie gilt aber natürlich für jeden der Ehegatten, so dass es auf die Höhe der jeweiligen Einkünfte ankommt.

Auch in diesem Rahmen sind trotz einer einzigen, zusammengefassten Bemessungsgrundlage (vgl. § 1 EStG Anm. 42) die genaue Trennung zwischen Zeiten der unbeschränkten und denjenigen der beschränkten Steuerpflicht und die zutreffende Zuordnung von Einkünften zu diesen Zeiten erforderlich (vgl. auch *Zimmermann/Könemann* in *S/K/K*, § 2 AStG Rz. 92).

(einstweilen frei)

166 bis 180

III. Rechtsfolgen

§ 2 Abs. 5 bestimmt die Rechtsfolge der erweiterten beschränkten Steuerpflicht **181** näher. Die Vorschrift betrifft Tarif und Bemessungsgrundlage (zur Systematik s. § 1 EStG Anm. 7, 8, 34–40). § 2 Abs. 6 begrenzt wiederum diese Rechtsfolge in bestimmten Fällen. Das der Bemessungsgrundlage zu Grunde liegende sachliche Substrat ergibt sich aus § 2 Abs. 1 Satz 1 a. E. Es handelt sich um „alle Einkünfte im Sinne des § 2 Abs. 1 Satz 1, erster Halbsatz, des Einkommensteuergesetzes, die bei unbeschränkter Einkommensteuerpflicht nicht ausländische Einkünfte im Sinne des § 34d des Einkommensteuergesetzes sind". Die erweiterte beschränkte Steuerpflicht kreiert also keinerlei weitere Einkunftsarten, sondern passt sich in das System des § 2 Abs. 1 EStG ein.

1. Steuerpflicht und Umfang der erweiterten Inlandseinkünfte

a) Umfang des Besteuerungsrechts, § 2 Abs. 1 Satz 1

Der **erweiterten beschränkten Steuerpflicht** (vgl. dazu zunächst Anm. 7) unter- **182** liegen
- die inländischen Einkünften i. S. des § 49 EStG,
- alle Einkünfte, die bei unbeschränkter Steuerpflicht nichtausländische Einkünfte i. S. d. nach Maßgabe der §§ 34c, 34d darstellen.

Die **Summe dieser Einkünfte** ergibt die **Bemessungsgrundlage** für die erweiterte beschränkte Steuerpflicht, vgl. AE Tz. 2.5.0.1 und Tz. 2.5.0.2 (s. Anm. 191 ff.),

zuzüglich derjenigen Einkünfte, die nach Maßgabe der §§ 34c, 34d EStG **ausländische Einkünfte** darstellen,

Die Summe dieser Einkünfte ergibt das sog. Steuersatzeinkommen, also die **Ermittlungsgrundlage für den Steuersatz** der erweiterten beschränkten Steuerpflicht (Progressionsvorbehalt, s. Anm. 212 f.),

Der **Vorrang der DBA-Regelungen** wirkt sich hier aus (soweit sie keine spezielle, **183** auf das AStG bezogene Regel enthalten (vgl. Anm. 16), was derzeit in der Regel nicht der Fall ist): Deutschland ist in dieser Konstellation Quellenstaat. Jeweils muss geprüft werden, ob die einzelnen Einkünfte durch das einschlägige DBA Deutschland zugewiesen sind; ist das nicht der Fall, werden sie auch von der erweiterten beschränkten Steuerpflicht nicht erfasst. Ist das deutsche Besteuerungsrecht der Höhe nach beschränkt, greift diese Beschränkung auch gegenüber der erweiterten beschränkten Steuerpflicht durch (AE Tz. 2.0.2.1. Nr. 1 und 2; *Debatin*, DB 1975, Beilage 15, S. 9). Es entspricht indessen der deutschen Abkommenspolitik (vgl. *Lüdicke*, Überlegungen zur deutschen DBA-Politik, 2008, S. 10 f.), mit sog. Niedrigsteuerländern keine DBA abzuschließen – auch die in jüngster Zeit abgeschlossenen Vereinbarungen mit sog. Steueroasen betrafen lediglich Materien wie Amtshilfe, Informationsaustausch u. ä. In diesen Fällen greifen die deutschen Bestimmungen deshalb ohne weiteres ein.

184 Die Qualifizierung der Einkünfte und die Abgrenzung der Einkunftsarten erfolgen nach deutschem Recht. Die sog. **isolierende Betrachtungsweise** i. S. des § 49 Abs. 2 EStG ist zu befolgen (AE Tz. 2.5.0.2; *Weggenmann* in *Haase*, § 2 AStG Rz. 163; *Zimmermann/Könemann* in *S/K/K*, § 2 AStG Rz. 67). Danach bleiben Besteuerungsmerkmale außer Betracht, die im Ausland gegeben sind, wenn und soweit bei ihrer Berücksichtigung inländische Einkünfte nicht angenommen werden könnten. Bezieht z. B. ein Steuerpflichtiger, der der erweiterten beschränkten Steuerpflicht unterliegt, in seinem im Ausland belegenen Gewerbebetrieb Dividenden aus Deutschland und handelt es sich dabei um betrieblich vereinnahmte Dividenden, so können diese dann nicht erfasst werden, wenn der Steuerpflichtige dort keine Betriebsstätte hat. Nach Maßgabe des § 49 Abs. 2 EStG können indessen diese Dividenden gem. § 49 Abs. 1 Nr. 5 EStG in Deutschland erfasst werden ("umgekehrte isolierende Betrachtungsweise", *Baßler* in *F/W/B*, § 2 AStG Rz. 95).

185 Hinsichtlich der **inländischen Einkünfte** i. S.des § 49 Abs. 1 EStG kann auf die Kommentierung dieser Vorschrift verwiesen werden (s. Anm. 250 ff. und, enzyklopädisch, *Hidien* in *Kirchhof/Söhn/Mellinghoff*, § 49 Rz. C 1 – J 190).

186 Die Systematik des § 2 und der Begriff der **nicht ausländischen Einkünfte** bauen auf den §§ 34c, 34d EStG auf. Sie bestimmen, was **ausländische Einkünfte** sind (*Schauhoff,* IStR 1995, S. 108 (112)). Die Aufzählung des § 34d ist nach allgemeiner Ansicht abschließend (*Peter/Spohn* in *Herrmann/Heuer/Raupach*, § 34d EStG Rz. 3; *Schauhoff*, IStR 1995 S. 108 (109); OFD Frankfurt/Main, Vfg. vom 25.8.1194, S-2293 A – 55 – St II 2a/25, RIW 1995 S. 78). Die Systematik des § 2 beruht auf einem hierauf gestützten Umkehrschluss: Alle Einkünfte, die nicht solche im Sinne des § 34d EStG sind, sind – abgesehen von denjenigen, die ohnehin bereits gem. § 49 Abs. 1 EStG Einkünfte aus inländischen Quellen darstellen – die nicht ausländischen Einkünfte i. S. des § 34c, 34d EStG. Zusammen mit denjenigen des § 49 Abs. 1 EStG machen sie die Einkünfte aus, die in § 2 Abs. 1 Satz 1 als Grundlage der erweiterten beschränkten Steuerpflicht genannt sind. Das Ergebnis ihrer Ermittlung (s. dazu Anm. 191 ff.) ist die Bemessungsgrundlage für die Steuer.

Die über § 2 Abs. 4 AStG erfassten Einkünfte gehören hingegen nicht hierzu. Sie dienen lediglich der Gewichtung der wirtschaftlichen Interessen im Inland.

187 Die wichtigsten Fälle der erweiterten beschränkten Steuerpflicht sind in AE Tz. 2.5.0.1 und Tz. 2.5.0.2 aufgeführt. Ihre Struktur ist stets die Folgende, die sich am Beispiel der Einkünfte aus Gewerbebetrieb zeigen lässt:
Einkünfte aus Gewerbebetrieb sind inländische i. S. des § 49 Abs. 1 Nr. 2 Buchst. a EStG, wenn im Inland eine Betriebsstätte besteht (oder ein ständiger Vertreter bestellt ist) und die Einkünfte der Betriebsstätte zugerechnet werden können.
Einkünfte aus Gewerbebetrieb sind ausländische i. S. des § 34d Satz 2 Nr. 2

Buchst. a EStG, wenn im Ausland eine Betriebsstätte besteht (oder ein ständiger Vertreter bestellt ist) und die Einkünfte der Betriebsstätte zugerechnet werden können. Sind die letzteren Voraussetzungen nicht erfüllt, handelt es sich nicht um ausländische Einkünfte; gleichwohl brauchen sie nicht zwingend die erstgenannten Voraussetzungen des § 49 EStG zu erfüllen. Sie sind aber Einkünfte „im Sinne des § 2 Abs. 1 Satz 1 erster Halbsatz des Einkommensteuergesetzes, die bei unbeschränkter Steuerpflicht nicht ausländische Einkünfte im Sinne des § 34d des Einkommensteuergesetzes sind", § 2 Abs. 1 Satz 1 und nach dieser Vorschrift unterfallen sie der erweiterten beschränkten Steuerpflicht.

Ferner rechnen hierzu z. B. **Darlehenszinsen,** die ein inländischer Schuldner an den im Ausland ansässig gewordenen Steuerpflichtigen zahlt. Sie fallen dann nicht unter die beschränkte Steuerpflicht des § 49 EStG und sind deshalb keine inländischen Einkünfte, wenn sie nicht durch inländischen Grundbesitz (oder bestimmte, ihm gleichgestellte Rechte) gesichert sind (§ 49 Abs. 1 Nr. 5 Buchst. c, Doppelbuchst. aa) EStG). Ausländische Einkünfte wären sie aber nur dann, wenn der Schuldner seinen Wohnsitz (oder Geschäftsleitung oder Sitz) im Ausland hätte oder wenn der Rückzahlungsanspruch durch ausländischen Grundbesitz besichert wäre (§ 34d Abs. 6). Es handelt sich indessen um Einkünfte i. s. d. § 2 AStG, da sie „bei unbeschränkter Steuerpflicht nicht ausländische Einkünfte im Sinne des § 34d" EStG sein würden, vgl. BFH vom 30.8.1995 I R 10/95, BStBl II 1995 S. 868.

Theoretisch gesehen ist die Zahl der Fälle erweiterter beschränkter Steuerpflicht abgeschlossen und man kann die Auflistung im AE hierfür zur Hand nehmen. Praktisch gesehen ergeben sich ‚neue' Fälle dann, wenn neue Sachverhalte auftreten, deren steuerrechtliche Qualifikation noch nicht in den entscheidenden Einzelheiten geklärt ist. Ein Fall, der in neuerer Zeit hervorgetreten ist, ist derjenige bestimmter Termingeschäfte, vgl. dazu *Egner/Heinz/Koetz*, IStR 2007 S. 41 ff.

Es bestehen im Rahmen des § 34c EStG **Gestaltungsmöglichkeiten** (vgl. dazu auch *Carlé*, KÖSDI 2002 S. 13432 [13436 f.]). So können Darlehensforderungen dem Anwendungsbereich des § 2 entzogen werden, indem sie abgetreten werden, so dass sie als ausländische i. S. d. § 34d Nr. 6 EStG zu qualifizieren sind, die nicht unter § 49 Abs. 1 Nr. 5 Buchst. c Doppelbuchst. aa EStG fallen. Der BFH hat es in einem solchen Fall gebilligt, dass die Finanzverwaltung aufgrund der besonderen Umstände der Abtretung hierin einen Missbrauch gesehen hat (BFH vom 8.7.1998, I R 112/97, BStBl II 1999 S. 123). Zugleich hat der Gerichtshof darauf hingewiesen, dass auch die Frage hätte aufgeworfen werden können, ob die Forderung tatsächlich dem Abtretungsempfänger zuzurechnen gewesen wäre. Es bestehen hier mithin, wie stets, Grenzen der Gestaltung. Je nach theoretischem Standpunkt zum Verständnis des § 42 AO (zur Innentheorie/Außentheorie im Rahmen der Umgehungsbekämpfung vgl. *P. Fischer* in Hübschmann/Hepp/Spitaler, § 42 AO Rz. 111 ff.; *Drüen* in Tipke/Kruse, § 42 AO Rz. 8 ff.) wird dem durch Normauslegung zu begegnen sein oder durch Festsetzung der Steuern, wie sie bei angemessener Gestaltung der Verhältnisse i. S. des § 42 AO entstehen würden. **188**

Da zwischen den Regelungen der inländischen Einkünfte i. S. des § 49 EStG und der ausländischen i. S. der §§ 34c, 34d EStG kein Komplementärverhältnis, keine ‚Verzahnung' besteht, gibt es auch Überschneidungen zwischen ihnen: Sie werden in der Literatur als **‚doppelt qualifizierte'** Einkünfte bezeichnet. Ihre Struktur ist stets die Folgende, wie sie sich am Beispiel der Einkünfte aus selbständiger Tätigkeit zeigen lässt: **189**

Ein im Ausland lebender und dort auch seine Tätigkeit ausübender Schriftsteller lässt seine Bücher durch einen in Deutschand ansässigen Verlag verlegen. Der Schriftsteller bezieht inländische Einkünfte i. S. des § 49 Abs. 1 Nr. 3 EStG, denn er erfüllt den Tatbestand der Verwertung im Inland in Gestalt des Verlages seiner Bücher in Deutschland. Zugleich bezieht er aber ausländische Einkünfte, denn er übt seine Tätigkeit im Ausland aus, § 34d Nr. 3 EStG (Beispiel bei *Weggenmann* in Haase, § 2 AStG Rz. 132). In diesen Fällen hat nach h. A. die Inlandsqualifikation Vorrang, so dass diese Einkünfte im Rahmen der erweiterten beschränkten Steuerpflicht zu erfassen sind (*Baßler* in § 2 AStG Rz. 96; *Weggenmann/Kaiser* in Haase, § 2 AStG Rz. 131).

Nach ganz h. A. (AE Tz. 2.5.0.1) erfolgt die Qualifikation des Sachverhalts nach Maßgabe des deutschen Rechts (*Baßler* in F/W/B, § 2 AStG Rz. 80; *Elicker* in Blümich, § 2 AStG Rz. 40). Es handelt sich mithin hier um inländische Einkünfte, die auch der erweiterten beschränkten Steuerpflicht unterliegen.

190 § 2 Abs. 1 Satz 2 ergänzt klarstellend die Bestimmung des **Umfangs der erweiterten beschränkten Steuerpflicht.** Die Regelung betrifft eine Sonderkonstellation. Sie ist dadurch gekennzeichnet, dass der Steuerpflichtige von seinem Ansässigkeitsstaat aus eine gewerbliche Tätigkeit in Deutschland ausübt, ohne jedoch dort oder in Deutschland eine Betriebsstätte zu haben. In diesem Falle vertrat die Verwaltung (AE, Tz. 2.5.0.1 Nr. 1 Buchst. a)) die Auffassung, dass es sich bei den erzielten Einkünften um ‚**betriebsstättenlose'** **gewerbliche Einkünfte** (sog. floating income) handelt, die zugleich nicht ausländische Einkünfte i. S. d. § 34c, 34d EStG sind (zust. *Kramer,* IStR 2004 S. 672 [677]; Replik hierzu von *Wassermeyer,* IStR 2004 S. 676; Duplik *Kramer,* IStR 2004 S. 677; *Mody,* Die Besteuerung international tätiger Künstler und Sportler, 1994 S. 207). Sie wären von der erweiterten beschränkten Steuerpflicht erfasst. Diese Ansicht könnte sich auch auf die bisweilen vertretene Theorie stützen, es werde im Rahmen der erweiterten beschränkten Steuerpflicht das Fortbestehen eines inländischen Wohnsitzes fingiert; es würde sich dann um eine Art der Geschäftsleitungsbetriebsstätte handeln. Für eine solche Fiktion ergibt sich indessen kein Anhaltspunkt im Gesetz (so auch *Schauhoff,* IStR 1995 S. 108 [111]. Der BFH (Urteil vom 19.12.2007, I R 19/06, BStBl 2010 S. 398; IStR 2008 S. 330 m. Anm. *Grams*) ist dem nicht gefolgt. Er steht auf dem Standpunkt, dass betriebsstättenlose gewerbliche Einkünfte nicht möglich, sondern zwingend einer Geschäftsleitungsbetriebsstätte i. S. d. § 12 Satz 1 Nr. 1 AO zuzuordnen sind; im Zweifelsfalle sei dies die (dann im Ausland liegende) Wohnung des Steuerpflichtigen (vgl. *Schauhoff,* IStR 1995 S. 108 [109]; BFH vom 3.8.1977 I R 128/75, BStBl II 1977 S. 857). Berufssportler und Reisende z. B., die oftmals im Inland keine Betriebsstätte haben, haben sie an ihrem Wohnsitz (BFH vom 11.7.1960 V 182/58 U, BStBl III 1960 S. 376; *Birk* in Hübschmann/Hepp/Spitaler, § 12 AO Rz. 15). Der BFH ist mithin der Verwaltungsauffassung ausdrücklich entgegengetreten. Aus der Sicht des Gesetzgebers war hierdurch eine **Besteuerungslücke** entstanden. Sie ist **durch die Bestimmung des § 2 Abs. 1 Satz 2 geschlossen** worden, indem er bestimmt hat, dass dann, wenn im ausländischen Staat weder Betriebsstätte noch ein ständiger Vertreter bestehen, eine inländische Geschäftsleitungsbetriebsstätte anzunehmen ist. Konsequenz dessen ist, dass es sich um inländische Einkünfte handelt. Der Begriff der ‚Geschäftsleitungsbetriebsstätte' ist derjenige des § 12 Satz 2 Nr. 1 AO (*Schauhoff,* IStR 1995 S. 108 [109]; BFH vom 28.7.1993 I R 15/93, BStBl II 1994 S. 148; FG Düsseldorf, Urteil vom 9.2.2006 14 K 7144/02 E, EFG 2006

S. 1065, insoweit durch BFH vom 19.12.2007 I R 19/06, BStBl II 2010 S. 398, IStR 2008 S. 330, bestätigt).
Die Rechtsfolge der Norm des Satz 2 besteht mithin in der Fiktion einer inländischen Betriebsstätte. Sie hat zur Folge, dass dieser die Einkünfte zugeordnet werden, die nicht durch eine ausländische Betriebsstätte (oder einen ständigen Vertreter i. S. d. Art. 5 Abs. 5 OECD-MA) erzielt werden. Auf diese Weise werden sie zu nicht ausländischen Einkünften i. S. d. §§ 34c, 34d EStG (kritisch zur Neuregelung *H. Schmidt*, IStR 2009 S. 43; *Zimmermann/Könemann* in S/K/K, § 2 AStG Rz. 90.1).

b) Ermittlung der Bemessungsgrundlage

Die **Ermittlung** der Höhe der erweiterten Inlandseinkünfte folgt den **Regeln des deutschen Rechts,** und zwar diejenigen, die für die beschränkt steuerpflichtigen Einkünfte gelten (h. A., AE Tz. 2.5.5.1; *Baßler* in F/W/B, § 2 AStG, Rz. 86; *Weggenmann* in Haase, § 2 AStG Rz. 136; *Zimmermann/Könemann* in S/K/K, § 2 AStG Rz. 85; BFH, Urteil vom 19.12.2007 I R 19/06 BStBl II 2010 S. 398). Insbesondere führt dies zur Anwendung der Sonderregeln des § 50 EStG. Namentlich soll die Bestimmung des § 50 Abs. 1 Satz 1 EStG Anwendung finden, wonach zwischen Werbungskosten und den entsprechenden Einnahmen ein wirtschaftlicher Zusammenhang bestehen muss. Indessen hat der BFH (Beschluss vom 3.11.1982 I R 3/79, BStBl II 1983 S. 259) entschieden, dass nicht von einem strikten Grundsatz ausgegangen werden könne, wonach sämtliche Regelungen des § 50 EStG auch für den Fall der erweiterten beschränkten Steuerpflicht gelten (so bereits *Flick/Wassermeyer,* FR 1975 S. 574 [576]). Es sei vielmehr hinsichtlich jeder einzelnen Regelung, die § 50 EStG enthalte, zu prüfen, ob ihre Anwendung im Rahmen der erweiterten beschränkten Steuerpflicht deren Sinn und Zweck entspricht und mit ihren Besonderheiten vereinbar sei. 191

Soweit es bei der Anwendung von Vorschriften darauf ankommt, ob eine Zusammenveranlagung stattfindet, sind, da dies bei beschränkter Steuerpflicht nicht in Betracht kommt, die Regeln über die **Einzelveranlagung** anzuwenden. Freibeträge sind dementsprechend nicht übertragbar (*Diehm/Ling,* StWa 1974 S. 49 [69]).

Einkünfte, die nach **deutschem Steuerrecht steuerfrei** sind, bleiben außer Ansatz. Die Einkünfte müssen also stets unter die sieben Einkunftsarten des deutschen Rechts fallen (*Flick/Wassermeyer,* FR 1975 S. 574 [578]) und dürfen dort nicht befreit sein. Bis zum VZ 2008 einschließlich war der **Pauschbetrag des § 20 Abs. 4 EStG** nicht zu gewähren, weil er in § 50 Abs. 1 Satz 3 EStG in der maßgeblichen Fassung ausdrücklich ausgeschlossen war. In der ab dem VZ 2009 geltenden Fassung ist dessen **Nachfolgevorschrift, § 20 Abs. 9 EStG,** nicht mehr genannt und demzufolge auch nicht mehr ausgeschlossen und somit zu gewähren (a. A. *Weggenmann* in Haase, § 2 AStG Rz. 140). **Sonderausgaben i. S. des § 10b EStG** sind in § 50 Abs. 1 EStG ebenfalls nicht ausdrücklich genannt und deshalb auch hier zu berücksichtigen. 192

Außergewöhnliche Belastungen können somit nicht berücksichtigt werden (*Weggenmann* in Haase § 2 AStG Rz. 140; *Zimmermann/Könemann* in S/K/K, § 2 AStG Rz. 88).

Durch den Beschluss des BFH vom 3.11.1982 (I R 3/79, BStBl II 1983 S. 259) ist geklärt, dass das **Verlustausgleichsverbot** des bis zum VZ 2008 in Kraft befindli- 193 chen § 50 Abs. 2 EStG bei der erweiterten beschränkten Einkommensteuerpflicht nicht gilt (vgl. AE Tz. 2.5.1.2.; *Ronge,* IStR 2003 S. 661 [664]; *Zimmermann/Könemann* in S/K/K, § 2 AStG Rz. 89). Dem Beschluss lag der Fall zugrunde, dass positive Einkünfte, die im Rahmen der erweiterten beschränkten Steuerpflicht zu erfassen waren, negativen Einkünften i. S. d. § 49 EStG gegenüberstanden. Der Gerichtshof hat seine Beurteilung unter Bezugnahme auf die Ausführungen von *Mössner* (FR 1980 S. 277) auf den systematischen Zusammenhang zwischen Abgeltungsprinzip – § 50 Abs. 2 EStG n. F. – und Verlustausgleichsverbot gestützt. Daraus ist herzuleiten, dass insoweit, als § 2 Abs. 5 das Abgeltungsprinzip aufhebt, der Verlustausgleich möglich ist. Dabei handelt es sich um die Einkünfte, die dem Steuerabzug vom Kapitalertrag unterliegen, und um diejenigen, auf die das Abzugsverfahren des § 50a EStG anzuwenden ist. Die Begründung, die der BFH und *Mössner* (a. a. O.) gegeben haben, trägt mithin auch die anderen möglichen Fälle. Demnach können negative Einkünfte i. S. d. § 49 Abs. 1 (a. a. O.) EStG mit positiven i. S. d. § 49 Abs. 1 und mit positiven Einkünften verrechnet werden, die bei der erweiterten beschränkten Steuerpflicht zu erfassen sind. Ebenso können negative Einkünfte, die sich im Rahmen der erweiterten beschränkten Steuerpflicht ergeben, mit positiven i. S. d. § 49 Abs. 1 und auch mit positiven Einkünften verrechnet werden, die von der erweiterten beschränkten Steuerpflicht erfasst werden (AE Tz. 2.5.1.2; *Baßler* in F/W/B, § 2 AStG, Rz. 326); ältere Auffassungen (vgl. *Baranowski,* Inf. 1975 S. 56 [58]; *Hellwig,* DStZ/A 1974 S. 4 [5]; *Richter,* AWD 1974 S. 208; *Debatin,* DB 1975, Beilage 15, S. 12) sind damit aufgegeben worden.

194 Im Rahmen der Einkommensermittlung ist ein **Verlustabzug nach § 10d EStG** unter den in § 50 Abs. 1 Satz 2 EStG genannten Voraussetzungen (wirtschaftlicher Zusammenhang) uneingeschränkt möglich. Ein Verlustvor- bzw -rücktrag ist sowohl gegenüber Einkünften i. S. d. § 49 Abs. 1 EStG als auch gegenüber solchen, die von der erweiterten beschränkten Steuerpflicht erfasst werden, möglich (AE Tz. 2.5.1.2; h. A., vgl. *Weggenmann* in Haase, § 2 AStG Rz. 138; *Baßler* in F/W, § 2 AStG Rz. 326). Dies hat zur Folge, dass in Einzelfällen die erweiterte beschränkte Steuerpflicht zu einer geringeren Steuer führen kann als bei ausschließlich beschränkter Steuerpflicht nach § 1 Abs. 4 EStG. Aus dem Formulierungsteil „über die beschränkte Steuerpflicht hinaus" in § 2 Abs. 1 Satz 1 ergibt sich nach heute h. A. nichts anderes (zur älteren Auffassung vgl. die in Anm. 193 Genannten). Sie verweist nur auf den Umfang der einzubeziehenden Einkünfte, hat aber keine Auswirkungen auf die Höhe der Bemessungsgrundlage. Weder § 2 Abs. 1 AStG noch die Tarifvorschriften des § 2 Abs. 5 und 6 AStG enthalten Einschränkungen bei der Ermittlung der Bemessungsgrundlage für die erweiterte beschränkte Einkommensteuerpflicht; es gelten auch insoweit die allgemeinen Regeln.

Durch das JStG 2009 ist § 50 Abs. 1 Satz 2 EStG in Fortfall gekommen. Er machte die Möglichkeit des Verlustabzugs auch davon abhängig, dass dieser sich aus einer im Inland unterhaltenen Buchführung ergab. Diese Regelung verstieß mit sehr hoher Wahrscheinlichkeit gegen Gemeinschaftsrecht (vgl. EuGH vom 15.5.1997 C-250/95, Futura Participations, Slg. 1997 I-2471, Tz. 26), so dass – wegen der klarstellenden und damit grundsätzlichen Rückwirkung der Entscheidungen des EuGH (*Drüen* in FS Schaumburg, 2009, S. 609 ff.; *Hahn,* IStR 2005 S. 145; *ders.,* DStZ 2003 S. 489) – auch bereits vor dem Jahr 2009 der Verlust auch dann abziehbar war, wenn, das Bestehen der übrigen Voraussetzungen unterstellt, er sich aus einer im EU-Ausland geführten Buchhaltung ergab.

Teilweise wird erörtert, ob ein Verlustausgleich deshalb nicht zulässig sei, weil er **195** rechtstechnisch gesehen einen Sonderausgabenabzug darstelle, der im Rahmen der beschränkten Steuerpflicht nicht in Betracht komme (*Richter*, AWD/RIW 1974 S. 208). Demgegenüber hat *Hellwig* (DStZ/A 1974 S. 4 [5]) darauf hingewiesen, dass auch die erweiterte beschränkte Steuerpflicht ihrer Grundstruktur nach auf einer periodischen Besteuerung beruhe, die durch die Möglichkeit des Verlustvor- und -rücktrags abgemildert werde. Es bestehe kein Grund hiervon abzuweichen. Auch dem ist zuzustimmen.

Die **speziell normierten Verlustverrechnungsverbote**, wie sie sich z. B. aus den §§ 2a oder 15a EStG ergeben, sind selbstverständlich auch hier **zu beachten**; die Regeln über die erweiterte beschränkte Steuerpflicht erweitern nicht die bestehenden Verlustverrechnungs- und -ausgleichsmöglichkeiten.

In die Bemessungsgrundlage sind alle Einkünfte einzubeziehen, die dem Steuer- **196** abzug an der Quelle unterlegen haben, für welche daber dessen Abgeltungswirkung in § 2 Abs. 5 Satz 2 aufgehoben worden ist. Danach gilt im Rahmen der erweiterten beschränkten Steuerpflicht die Abgeltungswirkung nicht für Einkünfte, die dem Steuerabzug vom Kapitalertrag unterlegen haben – das sind diejenigen i. S. d. § 43 EStG –, und diejenigen, die dem Kapitalertrag aufgrund des § 50a EStG unterlegen haben. Die diesen Steuern zugrunde liegenden Einkünfte sind somit in die Veranlagung der erweitert beschränkt Stpfl. einzubeziehen. Die an der Einkunftsquelle einbehaltene Steuer wird wie eine Vorauszahlung auf die festgesetzte ESt angerechnet.

Die **Einkünfte aus Kapitalvermögen i. S. d. § 32d EStG**, die seit dem JStG 2009 dem 25%igen Steuersatz unterliegen und bei denen der Steuerabzug abgeltende **Wirkung hat**, waren in § 2 Abs. 5 nicht genannt. Durch das AmtshilfeRLUmsG vom 26.6.2013 wurde nunmehr in § 2 Abs. 2 Satz 1 ein zweiter Halbsatz eingefügt, der bestimmt, dass für die Ermittlung des Steuersatzes die Einkünfte aus Kapitalvermögen außer Betracht bleiben, für die der besondere Steuersatz des § 32d Abs. 1 EStG gilt. Die Regelung ist konsequent, wenn man sich vergegenwärtigt, dass es die Funktion des § 2 Abs. 5 ist, die Steuerbelastung der betreffenden Einkommensteile an diejenige heranzuführen, die bei beschränkter Steuerpflicht bestehen würde. Dass eine solche Regelung bislang nicht bestand, deutete auf ein legislatorisches Versehen hin, welches nunmehr behoben ist. Diese Sicht wird dadurch bestätigt, dass gem. § 21 Abs. 21 AStG auf Antrag der Steuerpflichtigen hin eine neue Regelung auch für zurückliegende Zeiträume anzuwenden ist und bestandskräftige Bescheide geändert werden können.

Gem. § 32 Abs. 6 EStG kann der Steuerpflichtige beantragen, die in Frage stehenden Kapitaleinkünfte in das Veranlagungsverfahren einzubeziehen. Damit entfällt die Abgeltungswirkung, und es entsteht dann die Frage, ob in diesem Falle die Einkünfte aus Kapitalvermögen auch in die Veranlagung aufgrund des § 2 Abs. 5 einzubeziehen sind. Sie ist u. E. zu bejahen. Daran schließt sich dann die weitere Frage an, ob auch im Rahmen der Ermittlung des Steuersatzeinkommens eine **Günstigerprüfung i. S. d. § 32d Abs. 6 EStG** durchzuführen ist. Sie ist u. E. ebenfalls zu bejahen. Dabei müssten dann auch die Auslandseinkünfte einbezogen werden; vor allem dann, wenn durch Einbeziehung ausländischer Verluste die Bestimmung wie ein negativer Progressionsvorbehalt wirkt, kann sich dies günstiger auswirken. Angesichts dessen wird der Steuerpflichtige sein Augenmerk auf die korrekte Durchführung dieser Günstigerprüfung richten.

197 Die Abgeltungswirkung bei lohnsteuerpflichtigen Einkünften wird durch § 2 Abs. 5 Satz 2 AStG nicht aufgehoben. Damit sind diese Einkünfte und die einbehaltene LSt bei der Veranlagung des erweitert beschränkt Stpfl. nicht zu berücksichtigen (h. A. *Weggenmann* in Haase, § 2 AStG Rz. 139; *Zimmermann/Könemann* in Strunk/Kaminski/Köhler, § 2 AStG Rz. 90), zum Progressionsvorbehalt vgl. Anm. 220. Somit kann ein erweitert beschränkt steuerpflichtiger ArbN entsprechend § 50 Abs. 1 Satz 5 EStG seine Werbungskosten und Sonderausgaben nur während des laufenden VZ durch Beantragung und Eintragung in die besondere Bescheinigung nach § 39d EStG berücksichtigen lassen. Eine Einkommensteuerveranlagung mit diesen Einkünften aus nichtselbständiger Arbeit kann auch auf Antrag nicht durchgeführt werden.

198 bis 210 *(einstweilen frei)*

c) Ermittlung des Steuersatzeinkommens und des Steuersatzes

211 Die Bestimmung des Abs. 5 Satz 1 erster Halbsatz bestimmt, dass für die der erweiterten beschränkten Steuerpflicht unterliegenden Einkünfte (nämlich die Einkünfte i. S. d. § 2 Abs. 1 Satz 1 erster Hs. EStG, die bei einer fiktiven unbeschränkten Steuerpflicht nicht ausländische Einkünfte i. S. d. § 34d EStG sein würden) ein besonderer Steuersatz gilt. Die Bestimmung ist ein ziemlich exakter Ausdruck der ratio der erweiterten beschränkten Steuerpflicht. Diese soll den wegziehenden Steuerpflichtigen für die Dauer von zehn Jahren annäherungsweise so stellen, als wäre der Wegzug nicht erfolgt. Dazu gehört die Bestimmung eines Steuersatzes, wie er tendenziell bei fortbestehender unbeschränkter Steuerpflicht auf das Welteinkommen anzuwenden gewesen wäre. Abs. 5 Satz 1 erster Hs. AStG stellt also eine Art Progressionsvorbehalt dar (*Baßler* in F/W/B, § 2 AStG Rz. 332). In der Konsequenz dieser Zielsetzung liegt es, dass die Basis für die Bestimmung des besonderen Steuersatzes das **Welteinkommen** des Steuerpflichtigen ist (AE Tz. 2.3.1; *Egner/Heinz/Koetz*, IStR 2007 S. 41 (42); *Elicker* in Blümich, § 2 AStG Rz. 41; *Kaligin*, RIW/AWD 1982 S. 32 (34); *Weggemann* in Haase, § 2 AStG Rz. 167).

212 Die Regelung des Abs. 5 Satz 1 zweiter Halbsatz wurde durch das AmtshilfeRLUmsG eingefügt. Danach sind die Einkünfte, die dem gesonderten Steuersatz des § 32d EStG unterliegen, bei der Ermittlung des Steuersatzes unbeachtet zu lassen. Bis zum Inkrafttreten dieser Regelung ging man davon aus (vgl. z. B. *Weggenmann* in Haase, § 2 AStG Rz. 170), dass bei der Ermittlung des besonderen Steuersatzes im Rahmen des § 2 Abs. 5 Satz 1 auch die Einkünfte aus Kapitalvermögen, die von § 32d Abs. 2 EStG erfasst werden, mit einzubeziehen waren (zur Problematik vgl. Anm. 66). Das „drückte" in Fällen hoher Progression den maßgebenden Durchschnitt. Die Neufassung des Abs. 5 Satz 1 mit seinem neuen zweiten Halbsatz gilt erstmals im Veranlagungszeitraum 2013, § 21 Abs. 21 Satz 1. Auf Antrag kann sie aber **rückwirkend angewandt** werden; bereits ergangene Bescheide können gem. § 21 Satz 2 geändert werden. Eine definitive Sperre ergibt sich aus als dem Eintritt der Festsetzungsverjährung, hier aber wohl aus dem Umstand, dass die Anlass gebende Tarifregelung des § 32 d Abs. 2 EStG im Jahre 2009 in Kraft getreten ist. Für die Zeiträume von 2009 bis 2012 besteht deshalb Raum für **Günstiger-Überlegungen**.

Eine entsprechende Anwendung der Bestimmung auf andere Einkünfte, die ebenfalls einem gesonderten Steuersatz unterliegen, ist nicht zulässig (zutr. so *Baßler* in F/W/B § 2 AStG Rz. 330.1); die Bestimmung ist vielmehr die Basis für einen Umkehrschluss. Z. B. für die in § 32 Abs. 2 EStG bezeichneten Einkünfte gilt Abs. 5 Satz 1 nicht.

Es findet deshalb eine Schattenveranlagung statt. Die Einkünfte sind nach Maßgabe der Regeln des deutschen Rechts zu ermitteln. Strittig ist die Frage, ob, falls die Voraussetzungen im Übrigen hierfür vorliegen, eine Zusammenveranlagung zugrunde zu legen ist (*Baßler* in F/W/B, § 2 AStG Rz. 327) oder ob der Steuersatz dem Einkommensteuer-Grundtarif i. S. d. § 32a Abs. 1 EStG zu entnehmen ist (*Weggenmann* in Haase, § 2 AStG Rz. 168). Zutreffend scheint die erstere Auffassung zu sein, da der Sinn der Regelung darin liegt, der realen Steuerbelastung so nahe wie möglich zu kommen, die bestehen würde, würde der Steuerpflichtige in Deutschland ansässig sein. **213**

Strittig ist ferner, wie der Ausdruck „sämtliche Einkünfte" zu verstehen ist. Die Formulierung des Abs. 5 Satz 1 ist unverständlicherweise nicht auf die einzelnen Abstufungen in § 2 EStG abgestimmt. Die Verwaltungsauffassung (AE Tz. 2.5.3.2) besagt, dass von den Sonderausgaben ausschließlich die in § 10b EStG genannten zuzulassen sind. *Weggenmann* (in Haase, § 2 AStG Rz. 169) wollen die Sonderausgaben berücksichtigen, nicht jedoch außergewöhnliche Belastungen. Da auch hier der Sinn der Regelung darin liegt, der realen Steuerbelastung so nahe wie möglich zu kommen, die bestehen würde, würde der Steuerpflichtige in Deutschland ansässig sein, ist der Veranlagung die konkrete Situation des Steuerpflichtigen zugrunde zu legen. Sonderausgaben und außergewöhnliche Belastungen müssen nach der hier vertretenen Auffassung berücksichtigt werden. Pauschalierungen hätte der Gesetzgeber vorsehen müssen, was nicht geschehen ist. Eine hiervon deutlich zu trennende Frage ist naturgemäß die, ob derartige Pauschalierungen im Wege der tatsächlichen Verständigung möglich sind. Sie würden im Konsens erfolgen, so dass der Steuerpflichtige nicht gegen seinen Willen mehr belastet wird; andererseits wird es angesichts des enormen Aufwands, den die Anwendung des § 2 AStG vielfach mit sich bringen wird, gute Gründe geben, solche Verständigungen herbeizuführen. **214**

Die **Ermittlung der Einkünfte** erfolgt nach den **Regeln des deutschen Rechts** (*Weggenmann* in Haase, § 2 AStG Rz. 159; das gilt auch für ausländische Einkünfte (Tz. 2.5.3.2; *Weggenmann* in Haase, § 2 AStG Rz. 160). Nach **h. A.** sind die **Regeln über die Ermittlung der Einkünfte bei beschränkter Steuerpflicht** (*Hellwig*, DStZ 1974 Satz 4 [5]; *Weggenmann* in Haase, § 2 AStG Rz. 160) anzuwenden. Aus der oben in Anm. 213 und 214 entwickelten Ansicht, deren Gründe auch auf die hier interessierende Frage zutreffen, sind hingegen die allgemeinen Regeln über die Einkünfteermittlung anzuwenden (*Baßler* in F/W/B, § 2 Rz. 325; zu einer vergleichbaren Frage, die sich im Zusammenhang mit dem Ausführungsgesetz Grenzgänger zum DBA Niederlande gestellt hatte, wie hier BFH, Urteil vom 12.11.1986 I R 222/82, BStBl II 1987 S. 256). Die besonderen Regeln des § 50 EStG betreffen die Ermittlung der Bemessungsgrundlage für die beschränkte Steuerpflicht, während es hier um die Ermittlung des Steuersatzeinkommens geht. Die Übertragung der Sonderregeln des § 50 EStG auf die Ermittlung des Steuersatzeinkommens bedarf eines besonderen Grundes, den die h. L. nicht liefert; zumindest müsste begründet **215** werden können, warum die Sonderregel des § 50 EStG trotz ihres Ausnahmecharakters auf die Bemessung des Steuersatzeinkommens angewandt werden können soll.

Auch **Hinzurechnungsbeträge i. S. des § 10** sind Teil der „sämtlichen Einkünfte" (*Baßler* in F/W/B, § 2 AStG, Rz. 325). Hier erlangt der Umstand Bedeutung – vorausgesetzt, dass er sich im Rahmen des Progressionsvorbehalts auswirkt –, dass gegen die Gemeinschaftsrechtskonformität der §§ 7 ff. durchgreifende gemeinschaftsrechtliche Bedenken bestehen. Es käme hierbei darauf an, ob man diese Bedenken durch die Möglichkeit des Gegenbeweises, die § 8 Abs. 2 eröffnet (vgl. § 8 AStG Anm. 145 ff.) hat, als ausgeräumt ansieht, wie es den Vorstellungen des Gesetzgebers entspricht. Wir teilen diesen Standpunkt (vgl. dazu aber § 20 AStG Anm. 213 ff.). Von diesem Standpunkt aus muss im Rahmen der Anwendung des § 2 Abs. 5 Satz 1 der Gegenbeweis zugelassen werden. Wer auf dem Standpunkt steht, dass dies nicht der Fall ist, muss in diesem Verfahren eine Vorabentscheidung des EuGH zu erreichen suchen.

Im Verhältnis zur Schweiz ist die Beantwortung der Frage erschwert, weil es darauf ankommt, ob das Freizügigkeitsabkommen (s. Anm. 15) der Anwendung der §§ 7 ff. entgegensteht. Die Frage kann als nicht geklärt gelten (vgl. *Weggenmann* in Haase, § 2 AStG Rz. 151). Zu beachten ist nunmehr auch der Umstand, dass im Verhältnis zur Schweiz und zu Liechtenstein der Auskunftsverkehr auf neue Grundlagen gestellt werden wird.

216   **Steuerbefreite Einkünfte bleiben** nach h. A. außer Betracht (*Richter*, StBp 1976 S. 221 [226]). Das gilt allerdings nicht für die Einkünfte, die aufgrund eines DBA freigestellt sind (AE Tz. 2.5.3.1. mit Tz. 2.0.2.1. Nr 3); denn die freigestellten Einkünfte unterliegen nach heute ganz h. A. aufgrund innerstaatlichen Rechts dem Progressionsvorbehalt und würden deshalb im Falle der fortbestehenden unbeschränkten Steuerpflicht den Steuersatz beeinflusst haben (*Baßler* in F/W/S, § 2 Rz. 216). Lediglich dann, wenn ausnahmsweise ein DBA ausdrücklich die Anwendung des Progressionsvorbehalts versagt, wäre er außer Betracht zu lassen. Die entgegenstehende Ansicht dürfte davon ausgehen, dass der allgemeine Progressionsvorbehalt typischerweise zu Gunsten des Ansässigkeitsstaats besteht, während in der Konstellation des § 2 Deutschland stets Quellenstaat ist (*Hellwig*, DStZ/A 1973 S. 13 [19]; *Kaligin*, RIW/AWD 1982 S. 32). Da es sich aber hier um die Bestimmung des Steuersatzeinkommes mit der oben dargelegten Zielstellung handelt (s. Anm. 213 und 214), ist die Einbeziehung der durch DBA freigestellten Einkünfte geboten.

Ausländische Steuern sind nach Verwaltungsauffassung (AE Tz. 2.5.3.2.) im Rahmen des § 50 Abs. 3 EStG zu berücksichtigen. Wiederum ist dies Konsequenz der Betrachtung des Vorgangs als Ermittlung der Einkünfte nach den Regeln über die beschränkte Steuerpflicht. Nach der hier vertretenen Auffassung (s. Anm. 213 und 214; ebenso *Baßler* in F/W/B, § 2 AStG, Rz. 323) sind die ausländischen Steuern gem. § 34c EStG zu berücksichtigen.

217   Unklar ist, wie **außerordentliche Auslandseinkünfte** zu behandeln sind. Die Regelung des § 32b Abs. 2 Satz 1 Nr. 2 EStG sieht ihre Einbeziehung im Rahmen des normalen Progressionsvorbehalts zu einem Fünftel vor. § 2 Abs. 5 enthält eine solche Einschränkung nicht. Nach h. A. soll die Regelung in den Anwendungsbereich des § 2 nicht übertragen werden können (*Weggenmann* in Haase, § 2 AStG

Rz. 163; *Zimmermann/Könemann* in S/K/K, § 2 AStG Rz. 148). Konsequenz wäre ihre volle Einbeziehung in die Ermittlung des Steuersatzeinkommens (problematisierend *Baßler* in F/W/B, § 2 AStG Rz. 328). Aufgrund der hier vertretenen Position (s. Anm. 213 u. 214) bestehen keine Bedenken gegen die Anwendung des § 32b Abs. 2 Satz 1 Nr. 2 EStG im Anwendungsbereich des § 2.

Nach ganz h. A. (*Baßler* in F/W/B, § 2 AStG, Rz. 326; *Kaligin*, RIW/AWD 1982 S. 32 [34]; *Weggenmann* in Haase, § 2 AStG Rz. 141; *Flick/Wassermeyer*, FR 1974 S. 574 [580], vgl. aber *Hellwig*, DStZ 1974 S. 4 [6]) ist der **Verlustausgleich** zwischen den einzelnen Einkunftsarten hier innerhalb des Veranlagungszeitraums unbeschränkt möglich, soweit nicht generelle Verlustverrechnungsverbote entgegenstehen. Soweit die Verluste nicht aus EU-Staaten (oder Vertragsstaaten des EWR) stammen, ist aber die **Grenze des § 2a EStG** zu beachten. **218**

Ebenfalls zulässig ist der **Verlustvor- und -rücktrag** nach § 10d EStG (*Baßler* in F/W/B, § 2 AStG Rz. 326; *Menck* in Blümich, § 2 AStG Rz. 59; *Zimmermann/Könemann* in S/K/K, § 2 AStG Rz. 146; *Weggenmann* in Haase, § 2 AStG Rz. 140). Konsequenz dessen, dass das Welteinkommen Maßstab für die Ermittlung des Steuersatzes ist (s. Anm. 213 und 214), ist die Möglichkeit, dass der Steuersatz niedriger ist, als er bei einfacher beschränkter Steuerpflicht sein würde (vgl. bereits *Flick/Wassermeyer*, FR 1974 S. 574 [579]; *Hellwig*, DStZ 1974 S. 4 [5]; *Richter*, AWD/RIW 1974 S. 208 [209]). Der Progressionsvorbehalt wirkt sich dann gegebenenfalls negativ aus; vgl. dazu z. B. BFH vom 6.10.1993 I R 32/93, BStBl II 1994 S. 113.

Grundsätzlich entspricht es der Logik des Systems, auch alle diejenigen Einkünfte bei der Ermittlung des Steuersatzeinkommens unberücksichtigt zu lassen, die bei einer normalen, den deutschen Regeln folgenden Veranlagung ohne Auswirkung auf die Progression sein würden (*Baßler* in F/W/B, § 2 AStG Rz. 326; *Zimmermann/Könemann* in S/K/K, § 2 AStG Rz. 148). **219**

Anderes gilt indessen für die **Einkünfte, die dem Lohnsteuerabzug unterlegen haben.** Sie sind zwar nicht in die Veranlagung einzubeziehen, weil diese Einkünfte in § 2 Abs. 5 Satz 2 nicht genannt werden und die Abgeltungswirkung des § 50 Abs. 2 EStG damit für sie nicht aufgehoben wird. Gleichwohl sollen sie nach h. A. in die Ermittlung des anzuwendenden Steuersatzes einzubeziehen sein (AE Tz. 2.5.2.2.; *Weggenmann* in Haase, § 2 AStG Rz. 165; *Zimmermann/Könemann* in S/K/K, § 2 AStG Rz. 148).

(einstweilen frei) **220, 221**

Aus der hieraus sich nach Maßgabe des Tarifs des § 32a Abs. 1 EStG ergebenden Steuerschuld ist der Steuersatz abzuleiten. Es ist der durchschnittliche Steuersatz, der sich bei Anwendung des Tarifs auf das Welteinkommen ergibt (*Zimmermann/Könemann* in *S/K/K*, § 2 AStG Rz. 146; *Haase*, BB 2008 S. 2555). Da es sich nach h. A. um eine Einkunftsermittlung im Rahmen der beschränkten Steuerpflicht handelt und somit keine Zusammenveranlagung vorgesehen ist, ist stets der Tarif nach der Einkommensteuer-Grundtabelle (*Baranowski*, Inf. 1975 S. 56 (58) – bis zum VZ 2008 einschließlich –, für den VZ 2009 erstmals der Grundtarif des § 32a Abs. 1 EStG (*Elicker* in *Blümich*, § 2 AStG Rz. 41; *Zimmermann/Könemann* in: *S/K/K*, § 2 AStG Rz. 147) anzuwenden. **222**

Nach der hier vertretenen Auffassung (s. Anm. 203, 204) ist es hingegen Ziel der erweiterten beschränkten Steuerpflicht, eine Belastung der ihr unterliegenden Einkünfte zu erreichen, die soweit wie möglich derjenigen entspricht, die bei Fortbestehen der unbeschränkten Steuerpflicht eintreten würde. Deshalb ist die **Ableitung des Steuersatzes nach Maßgabe des Splittingverfahrens** gem. § 32a Abs. 5 vorzunehmen, wenn – abgesehen vom inländischen Wohnsitz – die Voraussetzungen des § 26 EStG im Veranlagunszeitraum gegeben sind (so auch *Baßler* in F/W/B, § 2 AStG, Rz. 324; *Kraft*, § 2 Rz. 206; a. A. *Weggenmann* in Haase, § 2 AStG Rz. 160) und nichts Abweichendes beantragt wird, § 26 Abs. 2 EStG. Da bei der Besteuerung selbst keine Zusammenveranlagung in Betracht kommt, ist die Steuerschuld dann in analoger Anwendung des § 268 AO aufzuteilen.

223 Soweit es um Steuerpflichtige geht, die in Mitgliedstaaten der EU (oder Vertragsstaaten des EWR) ansässig sind, wirkt sich hier die sog. **Schumacker-Rechtsprechung des EuGH** (vgl. dazu § 1 EStG Anm. 11 und 221, 222) aus. Sie fordert für Konstellationen, in denen der beschränkt Steuerpflichtige sich in einer Situation befindet, die derjenigen eines unbeschränkt Steuerpflichtigen entspricht, dass dieser steuerlich wie Letzterer behandelt wird. Entscheidend sind die Kriterien, die in § 1 Abs. 3 Satz 2 EStG kodifiziert wurden sind; vgl. § 1 EStG Anm. 11 u. 221).

Im Verhältnis zur Schweiz gelten die Grundfreiheiten nicht, wohl aber die Personenverkehrsfreiheiten, die eine vergleichbare Wirkung haben können, nicht aber müssen (vgl. dazu *Epiney*, Zur Bedeutung der Rechtsprechung des EuGH für die Anwendung und Auslegung des Personenfreizügigkeitsabkommens, Zeitschrift des Bernischen Juristenvereins, 141 (2005), S. 1 ff. Die Auswirkungen der durch das Personenfreizügigkeitsabkommen entstandenen Rechtslage sind aber wohl noch nicht sicher abzuschätzen, vgl. Anm. 15.

d) § 2 Abs. 5 Satz 2: Ergänzungen der Regeln über die beschränkte Steuerpflicht

224 § 2 Abs. 5 Satz 2 hebt die Regelung des § 50 Abs. 2 EStG (bis zum Inkrafttreten des JStG 2009 § 50 Abs. 5), der die Abgeltungswirkung des Steuereinbehalts bei beschränkt Steuerpflichtigen festlegt, auf. Die Regelungstechnik des § 2 Abs. 5 Satz 2 beruht dementsprechend darauf, die Abgeltungswirkung für in § 50a abschließend benannte Einkünfte aufzuheben und sie damit in die Veranlagung zur erweiterten beschränkten Steuerplicht einzubeziehen; zur systematischen Stellung des Satz 2 vgl. Anm. 211.

225 Die Personen, die dem **Steuerabzug gem. § 50a EStG** unterliegen, sind in dessen Abs. 1 umschrieben. Es handelt sich, zusammenfassend formuliert, um Künstler, Sportler und Artisten, Bezieher von Einkünften aus Lizenzen und um Mitglieder von Aufsichtsorganen. Indem § 2 Abs. 5 Satz 2 die Abgeltungswirkung aufhebt, sind diese Einkünfte in die Veranlagung einzubeziehen. Ferner handelt es sich um **Einkünfte**, die dem „**Steuerabzug vom Kapitalertrag**" unterliegen.

Für **Einkünfte aus Kapitalvermögen,** die dem Steuersatz des **§ 32d** unterliegen, hat der Steuerabzug Abgeltungswirkung, denn § 2 Abs. 5 Satz 2 nennt diese Einkünfte nicht, so dass die Abgeltungswirkung des gesonderten Tarifs nicht aufgehoben ist (*Weggenmann* in Haase, § 2 AStG Rz. 176; *ders.*, BB 2008 S. 2555; *Zimmermann/Könemann* in S/K/K, § 2 AStG Rz. 148; zust. *Elicker* in Blümich, § 2 AStG Rz. 42). Der Steuerpflichtige kann auch hier die Günstigerprüfung des § 32d Abs. 6 EStG beantragen. Es erscheint kafkaesk, den im Rahmen des § 2 AStG anzustellenden halben Dutzend Schattenveranlagungen und sonstigen Kontrollberechnungen eine solche Günstigerprüfung noch hinzuzufügen. Ein Ausschluss dieser Möglichkeit für die Fälle der erweiterten beschränkten Steuerpflicht hätte einer ausdrücklichen Regelung im Gesetz bedurft.

Arbeitslohn wird in die Veranlagung nicht einbezogen, so dass das **Einbehaltungs- und Abzugsverfahren** hier im Bereich der erweiterten beschränkten Steuerpflicht zu einer definitiven Steuerbelastung führt (AE Tz. 2.5.2.2; *Elicker* in *Blümich*, § 2 AStG Rz. 42; *Zimmermann/Könemann* in *S/K/K*, § 2 AStG Rz. 148). Unter den Voraussetzungen des § 50 Abs. 2 Satz 2 Nr. 4 EStG – gem. Satz 7 Staatsgehörigkeit eines Mitgliedsstaats der EU oder eines Staates des EWR – kann auch hier die Veranlagung beantragt werden; und auch hier ergibt sich das daraus, dass das Gesetz diese Möglichkeit andernfalls durch ausdrückliche Regelung hätte ausschließen müssen (*Zimmermann/Könemann* in *S/K/K*, § 2 AStG Rz. 151). Es spricht einges dafür, dass als Konsequenz der Bilateralen diese Möglichkeit auch im Verhältnis zur Schweiz eingeräumt werden müsste (s. Anm. 15).

Für Einkünfte aus Kapitalvermögen bestand gem. § 50 Abs. 2 Satz 2 ebenfalls die Möglichkeit, die Abgeltungswirkung zu beseitigen. § 2 Abs. 5 Satz 2 AStG schien diese Möglichkeit wieder herzustellen, denn er erfasste auch Einkünfte aus Kapitalvermögen. Der Verweis in § 2 Abs. 5 Satz 3 auf § 43 Abs. 5 EStG stellt nunmehr klar, dass die Abgeltungswirkung im Rahmen der erweitert beschränkten Steuerpflicht nicht eintritt und die zugrunde liegenden Einkünfte in die Veranlagung einzubeziehen sind (*Baßler* in F/W/B, § 2 AStG Rz. 335). **225a**

Soweit die Einkünfte aus Kapitalvermögen und diejenigen i. S. des § 50a EStG und Einkünfte aus nichtselbständiger Arbeit in die Veranlagung einbezogen sind, sind die **einbehaltenen Steuern anzurechnen** (AE Tz. 2.5.3.3 S. 2). Soweit die Abgeltungswirkung eintritt, kommt eine Anrechnung nicht in Betracht. **226**

(einstweilen frei) **227 bis 230**

2. Begrenzung der Steuerschuld

Zwar soll nach dem Willen des Gesetzgebers der Umfang der erweiterten beschränkten Steuerpflicht weiter sein als derjenige bei ausschließlich beschränkter Steuerpflicht nach § 1 Abs. 4 EStG, er soll jedoch **nicht den Betrag überschreiten,** den der erweitert beschränkt Stpfl. schulden würde, **wäre er** unter sonst gleichen Umständen **unbeschränkt steuerpflichtig geblieben** (vgl. bereits *Debatin*, DB 1974, Beilage 15, S. 8). Durch den erweiterten Verlustausgleich bzw. Verlustabzug oder einen negativen Progressionsvorbehalt kann der erweitert beschränkt Stpfl. besser gestellt sein als ein vergleichbarer beschränkt Stpfl., der nicht unter die Vorschrift des § 2 Abs. 1 AStG fällt. **231**

a) Obergrenze und Untergrenze, § 2 Abs. 6

§ 2 Abs. 6 AStG begrenzt die erweiterte beschränkte Steuerpflicht nach oben hin. **Obergrenze** ist der Betrag der Einkommensteuer, der **bei unbeschränkter Steuerpflicht entstanden sein würde**. Die Vorschrift ist fehlerhaft redigiert, worauf bereits *Hellwig* (DStZ/A 1974, S. 4 (6), mit Berechnungsbeispiel) hinweist: Sollte, wie der Wortlaut es nahe legt, die „zusätzlich zu entrichtende Steuer insgesamt" höher sein, als die Steuer, die sich ohne die Anwendung der Absätze 1 und 5 **232** ergibt, so würde das bedeuten, dass der (zusätzliche) Betrag, der durch die erweiterte beschränkte Steuerpflicht ausgelöst wird, höher ist als der, der sich bei einfacher beschränkter Steuerpflicht ergibt. Gemeint ist dies nicht; gemeint ist, dass der Betrag nicht erhoben wird, um den die Steuer den Betrag, der bei unbeschränkter Steuerpflicht entstehen würde, übersteigt. Die Steuer ist also auf diesen Betrag festzusetzen.

233 Erforderlich ist auch hier wiederum eine **Schattenveranlagung**. Bei dieser ist von der Annnahme auszugehen, dass der Steuerpflichtige seinen Wohnsitz im Inland hat. Der Gesetzestext fügt klarstellend hinzu, dass damit zugleich davon auszugehen ist, dass der Steuerpflichtige keinen Wohnsitz im Ausland hat. Ausgangspunkt für diese Berechnung ist somit die Annahme, dass er in Deutschland mit seinen weltweiten Einkünften unbeschränkt steuerpflichtig ist; auch im Übrigen sind die tatsächlichen Verhältnisse, die für die unbeschränkte Steuerpflicht bestimmend wären, bei der Schattenveranlagung zu Grunde zu legen, namentlich also Freibeträge u. ä.; ebenso ist gegebenenfalls von einer Zusammenveranlagung auszugehen (AE Tz. 2.6.2; *Baßler* in F/W/B, § 2 AStG, Rz. 344; *Flick/Wassermeyer*, FR 1974 S. 574 [580]; *Diehm/Ling*, StWa 1974 S. 68 [69]; *Weggenmann* in Haase, § 2 AStG Rz. 179; *Zimmermann/Könemann* in S/K/K, § 2 AStG Rz. 161). Auch eine fiktive Anwendung von DBA-Regelungen kommt in Betracht (*Diehm/Ling*, StWa 1974 S. 68 [69]). Im Ergebnis stimmt die Schattenveranlagung damit mit derjenigen überein, die beim konkreten Belastungsvergleich erfolgt (s. Anm. 76 ff.).

Ebenso ist gegebenenfalls eine Hinzurechnungsbesteuerung i. S. d. §§ 7 – 14 AStG zu berücksichtigen (*Baßler* in *F/W/B*, § 2 AStG Rz. 345; *Flick/Wassermeyer*, FR 1974 S. 574 [580]; *Diehm/Ling*, StWa 1974 S. 68 [69]). Nachdem der EuGH der Hinzurechnungsbesteuerung enge Grenzen gesetzt hat (EuGH vom 12.9.2006, Rs. C-196/04, Cadbury Schweppes, Slg. 2006 I-7995), wird sie im Verhältnis zu EU-Mitgliedstaaten nicht mehr ohne weiteres in Betracht kommen, vgl. dazu Anm. 215, durchaus aber im Verhältnis zu anderen Staaten.

234 Den Stpfl. trifft für das Vorliegen der Voraussetzungen des Abs. 6 unstreitig die **objektive Beweislast** („Feststellungslast"), vgl. *Baßler* in *F/W/B*, § 2 AStG, Rz. 342; *Zimmermann/Könemann* in S/K/K, § 2 AStG Rz. 161; *Weggenmann* in *Haase*, § 2 AStG Rz. 178. Wenn also unklar bleibt, ob die steuerliche Belastung tatsächlich höher ist als die bei unbeschränkter Steuerpflicht eintretende, kann Abs. 6 nicht angewendet werden.

Streitig ist auch hier, ob den Steuerpflichtigen auch eine **subjektive Beweislast** (s. Anm. 83) trifft, d. h. dass er, will er die Anwendung des Abs. 6 erreichen, durch eigene Aktivitäten der Finanzbehörde die Kenntnis vom Vorliegen der Voraussetzungen des Abs. 6 verschaffen muss. Das würde hier im Normalfall bedeuten, dass der Steuerpflichtige die Schattenveranlagung (s. Anm. 233) vorzunehmen und der Finanzbehörde vorzulegen und gegebenenfalls ihr zugrunde liegende Tatsachen zu beweisen hat. Einige Äußerungen in der Literatur weisen in diese Richtung. *Hellwig* (DStZ/A 1974, S. 4 [6]) bemerkt, der Steuerpflichtige sei „beweispflichtig", *Zimmermann/Könemann* (in S/K/K, § 2 AStG Rz. 162) sprechen von einer „Darlegungs- und Beweislast". Der Wortlaut der Norm („Weist die Person nach") entspricht in Gestalt der Formulierung „Nachweis" bzw „nachweisen" derjenigen des Abs. 2 Nr. 1 und Nr. 2, für die wir oben begründet haben, dass hier eine subjektive Beweislast gemeint ist. Das muss auch hier im Rahmen des Abs. 6 gelten

(s. Anm. 83; a. A. *Baßler* in F/W/B, § 2 AStG, Rz. 342, wie hier wohl auch bereits *Runge*, DStZ/A 1975 S. 61 [63]).

Übersteigt der Steuerbetrag, der sich aus der erweiterten beschränkten Steuer- **235** pflicht ergibt, denjenigen, der sich bei unbeschränkter Steuerpflicht ergeben würde, „so wird der übersteigende Betrag nicht erhoben". Aus dieser Formulierung soll sich ergeben, dass Abs. 6 eine Obergrenze bestimmt, aber ihre Anwendung nicht zu einer **Erstattung** führen kann. Eine Aussage über die Höhe der Steuerschuld werde ja gerade nicht getroffen, wenn lediglich bestimmt ist, dass ein Teil der Steuer nicht zu erheben ist. U.E. wäre in einem solchen Falle eine eventuell überzahlte Steuer bei Vorliegen der Voraussetzungen im Übrigen zu erstatten, da sie ohne Rechtsgrund geleistet wäre und somit die Voraussetzungen der § 37 AO vorliegen.

b) Die Untergrenze des § 2 Abs. 5 Satz 3 a. F.

§ 2 Abs. 5 Satz 3 enthielt eine Untergrenze für die Besteuerung im Rahmen der **236** erweiterten beschränkten Steuerpflicht. Durch Art. 9 Nr. 1 Buchst. b Doppelbuchst. bb des Jahressteuergesetz 2009 (BGBl I 2008 S. 2794) wurde diese Bestimmung ersatzlos gestrichen. Gem. Art. 21 Abs. 18 AStG ist die Regelung erstmals für den VZ 2009 nicht mehr anzuwenden. Nach § 2 Abs. 5 S. 3 a. F. galt der Mindeststeuersatz für beschränkt steuerpflichtige Einkünfte gemäß § 50 Abs. 3 Satz 2 EStG in Höhe von 25 % auch für die im Rahmen der erweiterten beschränkten Steuerpflicht insgesamt zu erfassenden Einkünfte (§ 2 Abs. 5 Satz 3 AStG). Aus der Norm ergab sich eine weitere Untergrenze. Danach durfte die ESt bei der erweiterten beschränkten Steuerpflicht insgesamt nicht geringer sein als die einbehaltenen Steuerabzugsbeträge.

Der Wegfall der Untergrenze des § 2 Abs. 5 Satz 3 betrifft jedenfalls teilweise die Fälle des Steuereinbehalts im Rahmen der beschränkten Steuerpflicht. Hier hatte die Rechtsprechung des EuGH (EuGH vom 12.6.2003, Rs. C-234/01, Gerittse, Slg. 2003 I-5933; IStR 2003 S. 458 m. Anm. *Grams*; vom 3.10.2006, Rs. C-290/04, FKP Scorpio Konzertproduktionen GmbH, Slg. 2006 I-94611; vom 15.2.2007, Rs. C-345/04, Centro Equestre, IStR 2007 S. 212; teilweise Verstöße gegen Gemeinschaftsrecht festgestellt). Der Gesetzgeber des Jahressteuergesetzes 2009 vom 19.12.2008, BGBl I 2008 S. 2794) hat darauf durch Erlass der neuen §§ 50 und 50a EStG reagiert (dazu LfSt Bayern, Vfg. v. 18.2.2011, S 2411.2.1 – 23/3 St 32, IStR 2011, 236). Die durch die **Rechtsprechung des EuGH erfolgende** Auslegung des Gemeinschaftsrechts **wirkt** in dem Sinne **zurück,** dass sie den Inhalt der von ihr ausgelegten Norm bestimmt, wie er seit deren Inkrafttreten gegolten hat (*Drüen* in FS *Schaumburg*, 2009 S. 609 ff.; *Hahn*, IStR 2005 S. 145; *ders.*, DStZ 2003 S. 489). Das bedeutet hier, dass die Bestimmung, dass der Fortfall des § 2 Abs. 5 Satz 3 erst ab dem VZ 2009 wirkt, in Widerspruch zum Gemeinschaftsrecht stehen kann.

3. Zeitliche Begrenzung der erweiterten beschränkten Einkommensteuerpflicht

§ 2 Abs. 1 Satz 1 AStG enthält eine zeitliche Begrenzung der erweiterten **237** beschränkten Einkommensteuerpflicht in Gestalt eines Zeitraums von 10 Jahren. Dieser beginnt frühestens mit dem Ausscheiden aus der unbeschränkten Einkommensteuerpflicht (vgl. Anm. 20). In dem Jahr des Wegzugs sowie in den folgenden zehn Jahren kann die erweiterte beschränkte Einkommensteuerpflicht greifen. Es handelt sich während dieses Zeitraums um eine **Steuerpflicht in Latenz**, wenn im Zeitpunkt des Wegzugs nicht alle Voraussetzungen des § 2 vorliegen. Aktualisieren tut sich die erweiterte beschränkte Steuerpflicht nur in den Veranlagungszeiträumen, in denen die erforderlichen Merkmale sämtlich vorliegen. So können z. B. wirtschaftliche Interessen im Inland i. S. des Abs. 3 durch entsprechenden Beteiligungserwerb während des Zehnjahreszeitraums begründet werden und bei Vorhandensein entsprechender Einkünfte die erweiterte beschränkte Steuerpflicht von da an auslösen (vgl. Anm. 22) und sie kann entfallen, wenn während dieses Zeitraums Voraussetzungen nicht mehr bestehen.

Der Zehnjahreszeitraum **endet** mit dem **Ablauf eines Veranlagungszeitraums**, also mit Ablauf eines 31.12. Somit kann die effektive Dauer der erweiterten beschränkten Steuerpflicht z. B. 10 Jahre und 11 Monate betragen (*Richter*, AWD/RIW 1974, S. 349; *Zimmermann/Könemann* in *S/K/K*, § 2 AStG Rz. 55).

Bei Rückkehr aus dem niedrig besteuernden Ausland wird der Ablauf des Zehnjahreszeitraums nicht unterbrochen. Die erweiterte beschränkte Steuerpflicht besteht dann latent fort, löst aber keine aktuelle Steuerschuld aus.

Im Verhältnis zur Schweiz gilt das **DBA Deutschland/Schweiz** (s. dazu Anm. 17). Hier beträgt die **Frist fünf Jahre.**

238 Jeder Wegzug löst den Tatbestand des § 2 Abs. 1 aus. Im Falle des **erneuten Wegzugs** wird deshalb ein weiterer Zehnjahreszeitraum eröffnet. Erneut ist zu prüfen, nunmehr von diesem Zeitpunkt aus, ob die Voraussetzungen für die erweiterte beschränkte Steuerpflicht vorliegen. Namentlich die Referenzzeiträume (s. Anm. 35–41) sind von hier aus erneut zu bestimmen (*Flick/Wassermeyer*, AG 1973 S. 77 [78]) und zu prüfen, ob wiederum – von diesem Zeitpunkt aus betrachtet – die Voraussetzungen der Norm erfüllt sind (AE Tz. 2.1.1; *Baßler* in F/W/B, § 2 AStG Rz. 72; *Zimmermann/Könemann* in S/K/K, § 2 AStG Rz. 48; *Debatin*, DB 1974, Beilage 15, S. 8; *Flick/Wassermeyer*, AG 1973 S. 77 [78]; *Graf zu Ortenburg*, DStR 1975 S. 483 [484]). Es ist in der Literatur die Frage angeschnitten worden, ob bei einer Rückkehr und abermaligem Wegzug die Rechtsfolgen des ursprünglich gesetzten Tatbestandes wieder aufleben können. Dies ist zu bejahen (so auch *Flick/Wassermeyer*, FR 1974 S. 574 [576]; *Bischoff/Kotyrba*, BB 2002 S. 382 [383]), denn es handelt sich um einen Dauertatbestand, dessen Wirkungen die Referenzzeiträume umfassen, und dies auch dann, wenn während dieser Zeit mangels Vorliegens sämtlicher Voraussetzungen keine aktuellen Rechtsfolgen ausgelöst werden. Letzteres ist z. B. der Fall, wenn der Steuerpflichtige während des Referenzzeitraums in einen Staat zieht, der nicht niedrig besteuert, und später in den niedrig besteuernden zurückkehrt. Die neu ausgelöste Frist ersetzt mithin nicht die ursprüngliche. Vielmehr sind in diesen Fällen alle Fristläufe nebeneinander zu beachten. Hierdurch kann der Auswanderer auch mehr als elf Jahre erweitert beschränkt steuerpflichtig sein, da das Gesetz keine absolute Höchstdauer vorsieht, was z. B. durch Anrechnung von Vorzeiten möglich gewesen wäre, aber eben nicht geschehen ist.

239
bis *(einstweilen frei)*
250

IV. Verfahrensfragen

1. Erklärungspflichten

Die Erklärungspflicht des § 25 Abs. 3 Satz 1 EStG erstreckt sich auch auf Personen, die der erweiterten beschränkten Steuerpflicht unterliegen. Sie muss sich auf sämtliche Einkünfte erstrecken (AE Tz. 2.5.4.1; s. Anm. 213). **251**

2. Zuständigkeit

Die Zuständigkeit der Finanzbehörde ergibt sich aus § 19 AO. In Zweifelsfällen bestimmt das Bundesamt für Finanzen das örtlich zuständige FA (vgl. BMF-Schreiben vom 29.4.1997, BStBl I 1997 S. 541). Für im Ausland ansässige Steuerpflichtige ist die Möglichkeit, einen Bevollmächtigten (§ 80 AO) oder einen Empfangsbevollmächtigten (§ 123 AO) zu bestellen, von Bedeutung. Besonderheiten bestehen indessen auch insoweit nicht; zu beachten ist die Bekanntgabefiktion des § 123 Satz 2 AO, aber auch die zum Teil faktische Unmöglichkeit der Bekanntgabe von Verwaltungsakten im Ausland: AO-Kartei NRW, S 0284, § 122, Karte 803, IStR 1997 S. 631; wichtig zu den Pflichten zur Ermittlung des Aufenthalts ist die Entscheidung des BFH vom 9.12.2009 (X R 54/06, BFH/NV 2010 S. 1153, IStR 2010 S. 813, zu § 15 Abs. 1 VwZG a. F.)). **252**

3. Veranlagungsverfahren

Sowohl die Einkünfte, die der beschränkten Steuerpflicht i. S. d. §§ 1 Abs. 4, 49 EStG unterliegen, als auch die, die nicht nach § 34d EStG ausländische Einkünfte sind, werden veranlagt (AE Tz. 2.5.0.1) und hierbei zusammengefasst. Insoweit wird die Grundregel der §§ 49 ff. EStG durchbrochen, die im Kern die Steuererhebung durch Quelleneinbehalt vorsah und mit gewissen Einschränkungen auch heute noch vorsieht. Es handelt sich um eine einzige Veranlagung (*Zimmermann/ Könemann* in *Strunk/Kaminski/Köhler*, § 2 AStG Rz. 120; vgl. auch § 1 EStG Anm. 42–46). Lediglich die Steuern, die im Abzugswege einbehalten worden sind, für die aber die Abgeltungswirkung des Einbehalts in § 2 Abs. 5 Satz 2 nicht aufgehoben wurde, werden nicht in die Veranlagung einbezogen (BFH vom 19.12.2007 I R 19/06, IStR 2008 S. 330 m. Anm. *Grams*). **253**

Da es sich in aller Regel um Sachverhalte handeln wird, die sich auf Vorgänge außerhalb des Geltungsbereiches des deutschen Rechts beziehen, wird dann auch eine **erweiterte Mitwirkungspflicht i. S. d. § 90 Abs. 2 AO** bestehen. Hinzu kommt die Möglichkeit, hinsichtlich der konkreten Steuerbelastung i. S. des Abs. 2 Nr. 1 und 2 und der fiktiven Steuerbelastung i. S. des Abs. 6 Gegenbeweise zu führen. Die verfahrensrechtliche Würdigung dieser Sachverhalte ist nicht zuletzt wegen der Uneindeutigkeit der Terminologie im allgemeinen Sprachgebrauchs des Verfahrensrechts unklar, wie sich bereits bei der Kommentierung des materiellen Rechts zeigte (s. Anm. 81 und 232). **Einigkeit** besteht darüber, dass in diesen Fällen der Steuerpflichtige die **objektive Beweislast** trägt. Die Unerweislichkeit der Umstände, die der Steuerpflichtige in Abs. 2 Nr. 1 und 2 und Abs. 6 nachweisen kann bzw. muss, geht zu seinen Lasten; die von ihm erstrebte Rechtsfolge tritt nicht ein. Die weitere Frage ist die, ob der Steuerpflichtige zusätzlich die **subjektive Beweislast** in diesem Fällen hat. Es geht dabei um die Frage, ob er durch eigenes Handeln darauf hinwirken muss, der Finanzbehörde von diesen Umständen

Kenntnis zu verschaffen. Es würde sich dabei auch nicht um ein „Müssen" im Sinne einer Pflicht handeln, sondern um eine Last. Eine solche Last im verfahrensrechtlichen Sinne liegt vor, wenn den Belasteten gerade keine Pflicht trifft, sondern er nur die nachteiligen Folgen seines Untätigbleibens hinnehmen muss. Für das Steuerverfahrensrecht würde dies bedeuten, dass insoweit keine Mitwirkungspflicht i. S. des § 90 Abs. 2 AO besteht und für die Finanzbehörde keine Pflicht zur amtswegigen Ermittlung dieses Teils des Sachverhalts (generell zu dieser Konsequenz *Seer* in *Tipke/Kruse*, AO/FGO, § 88 Rz. 32). Die h. A. verneint das Bestehen einer solchen subjektiven Beweislast, welche ggfs. zu einer Beweislastentscheidung führen würde. Sie muss dementsprechend die Behörde als zur amtswegigen Ermittlung auch hinsichtlich der in Abs. 2 Nr. 1 und 2 und Abs. 6 genannten Sachverhaltselemente verpflichtet und den Steuerpflichtigen als zur Mitwirkung verpflichtet ansehen. Eine Verletzung von Mitwirkungspflichten löst demgegenüber keine Beweislastentscheidung aus, sondern führt in erster Linie zu einer Herabminderung des Beweismaßes (BFH, Urteil vom 15.2.1989 X R 16/86, BStBl II 1989 S. 462; Urteil vom 25.8.2009, I R 88, 89/07, BFH/NV 2009 S. 2047, BFHE 226 S. 296).

Bedeutung hat die Frage für den Steuerpflichtigen nur mittelbar, aber mit durchaus spürbaren Konsequenzen. Auch bei Annahme einer Last wird er zwar im eigenen Interesse bestrebt sein, ihm günstige Umstände der Behörde zur Kenntnis zu bringen. Geschieht dies nicht, so zeigt sich aber insoweit ein Unterschied, als die h. M. die Verletzung einer Pflicht in Gestalt der erweiterten Mitwirkungspflicht des § 90 Abs. 2 AO annehmen muss. Daraus können nach allgemeiner Auffassung im Wege der Beweiswürdigung Schlüsse gezogen werden, die nicht notwendigerweise für den Steuerpflichtigen günstige sein müssen. Versteht man mit der auch hier vertretenen (s. Anm. 82 und 232) Mindermeinung diese Fälle als solche einer subjektiven Beweislast, so liegt ein Pflichtverstoß nicht vor. Eine Untätigkeit des Steuerpflichtigen ließe allenfalls den Schluss auf den Grad der Sorgfalt zu, mit der er seine eigenen Angelegenheiten betreibt. Eine solche diligentia quam in suis ist hier aber rechtlich irrelevant. Auch im Übrigen kann die Frage, ob der Steuerpflichtige eine Pflicht verletzt oder nur eine Obliegenheit versäumt, eine Rolle spielen. Das gilt für die Möglichkeit und den Rahmen einer Schätzung und neuerdings auch für die erwähnte Steigerung der erweiterten Mitwirkungspflicht in § 90 Abs. 2 Satz 3 AO i. d. F. des SteuerHBekG vom 29.7.2009 (BGBl I 2009 S. 2302), dazu sogleich. Die dort eröffneten Möglichkeiten setzen das Bestehen einer Mitwirkungspflicht voraus.

Durch das SteuerHBekG vom 29.7.2009 (BGBl I 2009 S. 2303) ist in § 90 Abs. 2 AO ein neuer Satz 3 eingefügt worden. Unter gewissen Voraussetzungen ist die Mitwirkungspflicht erweitert. Dies kommt dort in Betracht, wo es um Geschäftsbeziehungen zu Finanzinstituten in einem Staat geht, mit dem ein Auskunftsverkehr nach dem Standard des Art. 26 des OECD-MA nicht besteht. Bei niedrig besteuernden Staaten wird das oftmals der Fall sein.

254 Wie im Falle von Zeiten unbeschränkter und beschränkter Steuerpflicht nach § 1 Abs. 4 EStG (vgl. dazu § 1 EStG Anm. 42–46; *Zimmermann/Könemann* in *Strunk/Kaminski/Köhler*, § 2 AStG Rz. 152) sind auch diese und das Hinzutreten der erweiterten beschränkten Einkommensteuerpflicht zusammen in **einer Veranlagung** zu erfassen (§ 2 Abs. 7 EStG). Praktisch gesehen ist es aber richtig, **für jeden der beiden Zeiträume** eine **eigene Einkünfteermittlung** vorzunehmen; dabei ist es von besonderer Bedeutung, die Einkünfte und die Betriebsausgaben bzw. Werbungskosten dem jeweiligen Zeitraum zuzuordnen (vgl. auch *Zimmermann/Könemann* in *Strunk/Kaminski/Köhler*, § 2 AStG Rz. 92). Erst die Ergebnisse dieser Ermittlungen sind sodann zusammenzuführen. Kritisch zu diesem Regelungskomplex (§ 32b Abs. 1 Nr. 2 EStG) auch unter verfassungsrechtlichem Gesichtspunkt *Apel/Oltmanns*, BB 1998 S. 2560.

4. Änderung von Bescheiden

Ändern sich die steuerlichen Verhältnisse im anderen Staat, soll es sich hier um Ereignisse mit steuerlicher Rückwirkung handeln, die gem. § 175 Abs. 1 Nr. 2 AO zur Änderung der Veranlagung führen (*Baßler* in *F/W/B*, § 2 AStG Rz. 199; so bereits *Diehm/Ling*, StWa 1974 S. 49 (55); *Hellwig*, DStZ 1974 S. 4). Höchstrichterlich entschieden wurde dies allerdings lediglich im Hinblick auf nachträglich festgesetzte Erbschaftsteuer. Deren Anrechnung wurde auf dem Wege über § 175 Abs. 1 Nr. 2 AO bejaht (BFH vom 22.9.2010 II R 54/09, BStBl II 2011 S. 247). Die Übertragung der Begründung auf die im Bereich des § 2 AStG möglichen Konstellationen ist nicht ohne weiteres zwingend, die Frage deshalb offen.

§ 3
(weggefallen)

§ 4*
Erbschaftsteuer

(1) War bei einem Erblasser oder Schenker zur Zeit der Entstehung der Steuerschuld § 2 Abs. 1 Satz 1 anzuwenden, so tritt bei Erbschaftsteuerpflicht nach § 2 Abs. 1 Nr. 3 des Erbschaftsteuergesetzes die Steuerpflicht über den dort bezeichneten Umfang hinaus für alle Teile des Erwerbs ein, deren Erträge bei unbeschränkter Einkommensteuerpflicht nicht ausländische Einkünfte im Sinne des § 34d des Einkommensteuergesetzes wären.

(2) Absatz 1 findet keine Anwendung, wenn nachgewiesen wird, daß für die Teile des Erwerbs, die nach dieser Vorschrift über § 2 Abs. 1 Nr. 3 des Erbschaftsteuergesetzes hinaus steuerpflichtig wären, im Ausland eine der deutschen Erbschaftsteuer entsprechende Steuer zu entrichten ist, die mindestens 30 Prozent der deutschen Erbschaftsteuer beträgt, die bei Anwendung des Absatzes 1 auf diese Teile des Erwerbs entfallen würde.

Erläuterungen
Übersicht

	Anm.
A. Allgemeines	1–19
I. Überblick über die Vorschrift	2–4
II. Rechtsentwicklung	5
III. Verhältnis zu anderen Rechtsvorschriften	6–19
1. Vorschriften des Erbschaftsteuer- und Schenkungsteuerrechts	6–11
2. Vorschriften des Außensteuerrechts	12, 13
a) § 2 AStG	12
b) § 5 AStG	13
3. Doppelbesteuerungsabkommen	14–16
4. Vereinbarkeit mit unionsrechtlichen Vorgaben	17, 18
5. Vereinbarkeit mit verfassungsrechtlichen Vorgaben	19
B. Persönliche Voraussetzungen	20–37
I. Verweis auf die erweiterte beschränkte Einkommensteuerpflicht nach § 2 Abs. 1 Satz 1 AStG	20–32
II. Verweis auf die beschränkte Erbschaft- und Schenkungsteuerpflicht nach § 2 Abs. 1 Nr. 3 ErbStG	33–37
C. Rechtsfolgen	38–56
I. Steuerpflichtiger Erwerb und Umfang des erweiterten Inlandsvermögens	38–42
II. Freibetrag und Steuertarif	43–46
III. Gestaltungen zur Vermeidung oder Reduzierung der erweiterten beschränkten Erbschafts- und Schenkungsteuerpflicht	47, 48
IV. Kein steuerpflichtiger Erwerb bei ausländischer Mindestbesteuerung	49–56
D. Verfahrensfragen	57–59

Schrifttum: *Bader*, Wohnsitzverlegung ins Ausland, INF 2002 S. 523; *Baranowski*, Besteuerung von Auslandsbeziehungen, 2. Aufl., Herne/Berlin 1996, S. 333; *Baumgartner/Grassner/Schick*, Besteuerung von grenzüberschreitenden Schenkungen, DStR 1989 S. 619; *Bellstedt*, Doppelbesteuerung bei Erwerbsvorgängen im Erbschaft- und Schenkungsteuerrecht, IWB (1996) F. 3 Gr. 9 S. 91; *Bischoff/Kotyrba*,

---

* Zuletzt geändert durch das Gesetz zur Anpassung der Abgabenordnung an den Zollkodex der Union und zur Änderung weiterer steuerlicher Vorschriften vom 22.12.2014 (BGBl I 2014 S. 2417).

Wohnsitzverlegung in die Schweiz – Steuerfolgen und Steuerplanung, BB 2002 S. 382; *Brezing u. a.*, Außensteuerrecht, Kommentar, Herne/Berlin 1991; *Dautzenberg/Brüggemann*, EG-Vertrag und deutsche Erbschaftsteuer, BB 1997 S. 123; *Ettinger*, Steuerfolgen beim Wegzug nach Großbritannien, PIStB 2005 S. 282; *ders.*, Erbschaft- und Schenkungsteuer beim Wegzug ins Ausland und danach, ZErb 2006 S. 41; *European Commission Directorate General Taxation and Customs Union, Study on Inheritance Taxes in EU Member States and Possible Mechanisms to Resolve Problems of Double Inheritance Taxation in the EU,* http://ec.europa.eu/taxation_customs/resources/documents/common/consultations/tax/2010/08/inheritance_taxes_report_2010_08_26_en.pdf; *Flick/Wassermeyer/Baumhoff*, Außensteuerrecht, Kommentar, 6. Aufl. (zit.: *F/W/B)*; *Flick/Wingert*, Durchgreifende Änderungen bei der Erbschaftsteuer für in die Schweiz Ausgewanderte, DB 1974 S. 2124; *Haase* (Hrsg.), Außensteuergesetz/Doppelbesteuerungsabkommen, Heidelberg 2009; *Hey*, Erbschaftsteuer: Europa und der Rest der Welt. Zur Europarechtskonformität des ErbStG n. F. insbesondere im Hinblick auf Drittstaatensachverhalte, DStR 2011 S. 1149; *Hild*, Wegzug in die Schweiz und Erbschaftsbesteuerung in Deutschland, DB 1999 S. 770; *Hoheisel*, Auswirkungen einer Kündigung des Erbschaftsteuer-DBA mit Österreich nach Abschaffung der österreichischen Erbschaftsteuer, IStR 2008 S. 139; *Hundt*, Besteuerung von Erbschaften im Verhältnis zur Schweiz, DB 1982 S. 1224; *Jochum*, Anmerkungen zur EuGH-Entscheidung in der Rs. van Hilten-van der Heijden, ZEV 2006 S. 460; *Jülicher*, Die beschränkte Steuerpflicht im Erbschaft- und Schenkungsteuerrecht, PIStB 2003 S. 164; *Kau*, Erbschaftsteuerliche Aspekte des Außensteuerrechts, UVR 2001 S. 13; *Koch*, Wegzug in die Schweiz: Steuerplanerische Maßnahmen bei der Erbschaftsteuer, PIStB 2001 S. 152; *Kraft*, Außensteuergesetz, München 2009; *Kußmaul/Cloß*, Der persönliche Anwendungsbereich des § 2 AStG, StuB 2010 S. 264; *dies.*, Die erweiterte beschränkte Erbschaft- und Schenkungsteuerpflicht des § 4 AStG, StuB 2010 S. 704; *Lethaus*, Die internationale Besteuerung bei Erbschaften und Schenkungen, IWB (1985) F. 3 Gr. 9 S. 67; *Mössner et al.* (Hrsg.), Außensteuerrecht, Kommentar, 2. Auflage 2011; *Lüdicke/Schulz*, Konzeptionelle Mängel des Antragsrechts auf Behandlung als unbeschränkt steuerpflichtig nach § 2 Abs. 3 ErbStG, IStR 2012 S. 417; *Petzoldt*, Erbschaft- und Schenkungsteuer für in die Schweiz Ausgewanderte, IWB (1986) F. 3 Gr. 9 S. 77; *Plewka/Watrin*, Steuerliche Strukturierung internationaler Vermögensnachfolgen, ZEV 2002, S. 253; *Real*, International-privatrechtliches zum Erbschaftsteuergesetz, RIW 1996 S. 54; *Schaumburg*, Problemfelder im Internationalen Erbschaftsteuerrecht, RIW 2001 S. 161; *Schönwetter*, Die Ausgestaltung der deutschen internationalen Erbschaftbesteuerung, StuB 2006 S. 824; *Strunk/Kaminski/Köhler*, Außensteuergesetz, Doppelbesteuerungsabkommen, Kommentar, Bonn 2004 (zit.: *S/K/K)*; *Strunk/Kaminski*, Internationale Aspekte des neuen Erbschaftsteuerrechts, Stbg 2009 S. 158; *Troll*, Was bringt das neue Erbschaftsteuergesetz für Ausländer?, BB 1973 S. 1572; *Wachter*, Überlegungen zur Reform des geltenden Erbschaft- und Schenkungsteuerrechts, DStR Beihefter 2014 S. 90; *Wacker*, Internationale Besteuerung von Schenkungs- und Erbfällen, IStR 1998 S. 33; *Werkmüller*, Der Fall „Mattner" oder: Der zunehmende Einfluss der EuGH-Rechtsprechung auf das deutsche Erbschaft- und Schenkungsteuerrecht, IStR 2010 S. 360.

Verwaltungsanweisungen: Schreiben betr. Grundsätze zur Anwendung des Außensteuergesetzes, BMF vom 14.5.2004 – IV B 4 – S 1340 – 11/04, BStBl I 2004 Sondernummer 1/2004 S. 3 (zit. BMF-AnwSchr).

A. Allgemeines

I. Überblick über die Vorschrift

§ 4 AStG regelt die erweiterte beschränkte Erbschaft- und Schenkungsteuerpflicht. Sie betrifft sowohl den Erwerb von Todes wegen als auch Schenkungen unter Lebenden. § 4 AStG ergänzt die erweiterte beschränkte Einkommensteuerpflicht des § 2 AStG auf dem Gebiet der Erbschaft- und Schenkungsteuer. Nach der Regierungsbegründung (vgl. BT-Drucks. VI/2883) erstrecke sich die geringe Ertragsteuerbelastung sog. Niedrigsteuerländer oftmals auch auf die Erbschaft- und Schenkungsteuer. Bei dem in § 2 Abs. 1 AStG beschriebenen Personenkreis soll deshalb über die erweiterte beschränkte Einkommensteuer- auch eine erweiterte beschränkte Erbschaft- und Schenkungsteuerpflicht hinsichtlich solcher Vermögensteile eingreifen, deren Erträge sich als nicht ausländisch qualifizieren. Hinsichtlich des zeitlichen Geltungsbereichs knüpft § 4 AStG an § 2 AStG an. Es handelt sich damit um einen Fall der sog. Nachlaufbesteuerung („Trailing Tax"). 1

Die erweiterte beschränkte Erbschaft- und Schenkungsteuerpflicht nach § 4 AStG überlagert die beschränkte Erbschaft- und Schenkungsteuerpflicht nach § 2 Abs. 1 Nr. 3 ErbStG. Sie kann nur dann zur Anwendung gelangen, wenn keine unbeschränkte oder die sog. erweiterte unbeschränkte Erbschaft- und Schenkungsteuerpflicht (§ 2 Abs. 1 Nr. 1 ErbStG) vorliegt. Durch das Beitreibungsrichtlinie-Umsetzungsgesetz (BeitrRLUmsG) vom 7.12.2011 (BGBl I 2011 S. 2592) ist in § 2 des ErbStG ein neuer Absatz 3 eingefügt worden, der unter bestimmten Voraussetzungen auf dem Antragsweg die Behandlung von eigentlich beschränkt steuerpflichtigen Erwerben eines Erblassers/Schenkers als unbeschränkt steuerpflichtig ermöglicht. Auch bei Geltung der auf Antrag unbeschränkten Steuerpflicht kann es hinsichtlich von Erwerben dieser Person nicht zur Anwendung des § 4 AStG kommen. 2a

Die Erweiterung der beschränkten Erbschaft- und Schenkungsteuerpflicht betrifft einerseits den Umfang des steuerpflichtigen Erwerbs und berührt andererseits auch den Steuertarif, da die Erbschaft- und Schenkungsteuer mit einem progressiven Staffeltarif ausgestaltet ist. Die gesetzliche Vermutung, dass der Tatbestand der Niedrigbesteuerung bei den Ertrag- und Erbschaftsteuern oftmals gleichlaufen, kann aber durch den Nachweis einer hinreichenden Besteuerung des Erwerbs widerlegt werden. In diesem Fall verliert die Erweiterung der beschränkten Erbschaft- und Schenkungsteuerpflicht ihre Berechtigung; 4 AStG kommt dann nicht zur Anwendung. 2b

Absatz 1 enthält die Kernbestimmung der Vorschrift. Danach wird das steuerverhaftete Inlandsvermögen bei beschränkter Erbschaft- und Schenkungsteuerpflicht von Erblassern bzw. Schenkern, denen gegenüber im Zeitpunkt der Entstehung der Steuerschuld § 2 Abs. 1 Satz 1 AStG anzuwenden war, auf alle Vermögensteile ausgedehnt, deren Erträge sich bei unbeschränkter Einkommensteuerpflicht als nicht ausländisch i. S. d. § 34c Abs. 1 EStG qualifizierten. Tatbestandlich knüpft § 4 AStG damit wesentlich an die Merkmale der erweiterten beschränkten Einkommensteuerpflicht an, die in der Person des Erblassers oder Schenkers erfüllt sein müssen. Absatz 2 eröffnet den betroffenen Steuerpflichtigen die Möglichkeit, den Gegenbeweis einer Mindestbesteuerung des Erwerbs im Ausland zu erbringen. Dies setzt eine ausländische Besteuerung des erweitert beschränkt steuerpflichtigen Erwerbsteils in Höhe von mindestens 30 % der anteiligen deutschen Steuer 3 voraus. Kann der Gegenbeweis erbracht werden, entfällt die erweiterte beschränkte Erbschaft- und Schenkungsteuerpflicht.

4 Die rechtspraktische Bedeutung der Vorschrift ist als gering zu bezeichnen. Soweit ersichtlich, existiert zu § 4 AStG keine höchstrichterliche Judikatur (so auch *Ettinger* in *Haase*, § 4 AStG Rz. 3). In der Beratungspraxis werden zahlreiche Gestaltungsansätze diskutiert, vermittels derer die erweiterte beschränkte Erbschaft- und Schenkungsteuerpflicht oftmals vermieden werden kann. §§ 2, 4 AStG scheinen insofern auf der – in Anbetracht der fortschreitenden Globalisierung durchaus fragwürdigen – Grundkonzeption zu beruhen, dass Steuerpflichtige zwar aus Gründen der Steuerersparnis das Inland verlassen können, es ihnen aber verwehrt bleibt, die inländischen Einkunftsquellen ebenfalls ins Ausland zu transferieren (vgl. auch *Kau*, UVR 2001 S. 13). In Anbetracht der Gestaltungsanfälligkeit erscheint einerseits die Verwirklichung des vom Gesetzgeber intendierten Lenkungszwecks der Norm zumindest zweifelhaft (ebenso *Zimmermann/Klinkertz* in *S/K/K*, § 4 AStG Rz. 4), andererseits vermag sich der Eindruck einer unter dem Aspekt der Gerechtigkeitsqualität gleichheitsrechtlich nicht völlig bedenkenfreien „Dummensteuer" aufzudrängen. Dessen ungeachtet wird der Geltungsbereich des § 4 AStG aus rechtssystematischen Gründen oftmals bereits aufgrund des Vorrangs der sog. erweiterten unbeschränkten Erbschaftsteuerpflicht i. S. d. § 2 Abs. 1 Satz 2 Nr. 1 Buchst. b ErbStG beschnitten (vgl. hierzu Anm. 10 f.). Nach alledem wird im Schrifttum auch aus ökonomischer Sicht die Frage diskutiert, ob der administrative Aufwand im Normvollzug nicht die infolge der Vorschrift tatsächlich erzielten Mehreinnahmen übersteigt (vgl. etwa *Kraft* in *Kraft*, AStG, § 4 Rz. 26 f.).

II. Rechtsentwicklung

5 Die Vorschrift ist mit Einfügung des AStG 1972 (BGBl I 1972 S. 1713) aufgenommen worden. § 4 AStG wurde seit seiner Einführung 1972 lediglich einmal durch Art. 4 Nr. 3 des Gesetzes zur Reform des Erbschaft- und Schenkungsteuerrechts vom 17.04.1974 (BGBl I 1974 S. 933, BStBl I 1974 S. 216) einer geringfügigen gesetzlichen Änderung unterworfen. Die in Absatz 1 kodifizierte Tatbestandsvoraussetzung der Anwendung des § 2 AStG wurde dahingehend geändert, dass nicht mehr auf § 2 Abs. 1 in Gänze, sondern bloß auf § 2 Abs. 1 Satz 1 abzustellen sei. Gegen das Vorliegen der tatbestandlichen Voraussetzungen des § 4 AStG kann seither nicht mehr mit Erfolg geltend gemacht werden, dass die erweiterte beschränkte Einkommensteuerpflicht mangels Überschreitens der in § 2 Abs. 1 Satz 3 AStG niedergelegten Freigrenze von 16 500 EUR nicht zum Tragen kommt. Die Rechtsfolgen der erweiterten beschränkten Erbschaft- und Schenkungsteuerpflicht lösen sich im Einzelfall insoweit von der konkreten Anwendung der erweiterten beschränkten Einkommensteuerpflicht. Die Entkoppelung der erweiterten beschränkten Erbschaft- und Schenkungsteuerpflicht von der de-minimis-Regelung des § 2 Abs. 1 Satz 3 AStG erscheint vor dem Hintergrund der mit der Vorschrift des § 4 AStG verfolgten Zielsetzung sachgerecht, da die vonseiten des deutschen Gesetzgebers gewährte Bagatellgrenze im Bereich der laufenden (erweitert beschränkt steuerpflichtigen) Einkünfte weder auf die eine Anknüpfung an die Erbschaft- und Schenkungsteuer rechtfertigenden Tatbestandsmerkmale im Rahmen des Wohnsitzwechsels in niedrig besteuernde Gebiete einwirkt noch sonstwie mit erbschaft- und schenkungsteuerlichen Erwerbsvorgängen konnexial in Verbindung steht.

III. Verhältnis zu anderen Rechtsvorschriften

1. Vorschriften des Erbschaftsteuer- und Schenkungsteuerrechts

Das Erbschaft- und Schenkungsteuergesetz unterscheidet bei natürlichen Personen zwischen unbeschränkter Steuerpflicht (vgl. § 2 Abs. 1 Satz 2 Nr. 1 Buchst. a ErbStG), erweiterter unbeschränkter Steuerpflicht (vgl. § 2 Abs. 1 Satz 2 Nr. 1 Buchst. b und c ErbStG) sowie beschränkter Steuerpflicht (vgl. § 2 Abs. 1 Nr. 3 ErbStG). Die unbeschränkte Erbschaft- und Schenkungsteuerpflicht tritt im Grundfall ein, wenn Erblasser bzw. Schenker oder Erwerber im Zeitpunkt des Erwerbs einen Wohnsitz oder gewöhnlichen Aufenthalt in Deutschland haben (vgl. § 2 Abs. 1 Satz 2 Nr. 1 Buchst. a ErbStG). Eine erweiterte unbeschränkte Erbschaft- und Schenkungsteuerpflicht besteht bei deutschen Staatsangehörigen, die im Zeitpunkt des Todes bzw. der Schenkung zwar keinen deutschen Wohnsitz oder gewöhnlichen Aufenthalt mehr haben, sich jedoch seit dem Wegzug noch nicht länger als fünf Jahre dauernd im Ausland aufhalten (vgl. § 2 Abs. 1 Satz 2 Nr. 1 Buchst. b ErbStG). Aufgrund des § 2 Abs. 1 Satz 2 Nr. 1 Buchst. c ErbStG besteht ferner unter bestimmten Voraussetzungen eine (erweiterte) unbeschränkte Erbschaft- und Schenkungsteuerpflicht für im Ausland beschäftigte deutsche Staatsbedienstete und deren Familienangehörige. Schließlich räumt § 2 Abs. 3 ErbStG einem Erwerber ein Antragsrecht dahingehend zu, den an sich beschränkt steuerpflichtigen Erwerb von einer Person als unbeschränkt steuerpflichtig zu behandeln. Voraussetzung ist, dass entweder der Erblasser im Todeszeitpunkt bzw. der Schenker im Zeitpunkt der Ausführung der Schenkung oder der Erwerber im Zeitpunkt der Steuerentstehung gemäß § 9 ErbStG seinen Wohnsitz in einem Mitgliedstaat der EU bzw. des EWR hat. Die Antragssteuerpflicht hat aber zur Folge, dass sämtliches von dieser Person i. S. d. ErbStG erworbenes Vermögen im Zeitraum von zehn Jahren vor und zehn Jahren nach dem Erwerb ebenfalls als unbeschränkt steuerpflichtig zu behandeln und nach Maßgabe des § 14 ErbStG zusammenzurechnen ist. In allen Fällen der unbeschränkten Steuerpflicht unterliegt – vorbehaltlich etwaiger Doppelbesteuerungsabkommen – der gesamte Vermögensanfall (unabhängig von der Belegenheit des übertragenen Vermögens) der Erbschaft- und Schenkungsteuer.

Die beschränkte Erbschaft- und Schenkungsteuerpflicht nach § 2 Abs. 1 Nr. 3 ErbStG tritt ein, wenn weder der Erblasser bzw. Schenker noch der Erwerber einen Wohnsitz oder gewöhnlichen Aufenthalt in Deutschland hat und auch nicht zum Personenkreis der erweitert unbeschränkt Steuerpflichtigen gehört. Im Rahmen der beschränkten Erbschaft- und Schenkungsteuerpflicht unterliegt nur das Inlandsvermögen gemäß § 121 BewG der Erbschaft- und Schenkungsteuer.

§ 4 Abs. 1 AStG erweitert die beschränkte Steuerpflicht nach § 2 Abs. 1 Nr. 3 ErbStG und tritt damit neben die im ErbStG genannten Fälle, wobei § 4 Abs. 1 AStG innerhalb des eigenen Regelungsbereichs als lex specialis die beschränkte Steuerpflicht überlagert (vgl. *Zimmermann/Klinkertz* in *S/K/K*, § 4 AStG Rz. 15; *F/W/B*, § 4 AStG Rz. 6; *Ettinger* in *Haase*, § 4 AStG Rz. 14). Anstelle der beschränkten Erbschaft- und Schenkungsteuerpflicht tritt bei Vorliegen der Voraussetzungen des § 4 Abs. 1 AStG dann die erweiterte beschränkte Erbschaft- und Schenkungsteuerpflicht, wodurch zusätzlich das erweiterte Inlandsvermögen erfasst wird.

§ 4 AStG ist dabei nur hinsichtlich der Verhältnisse des Erblassers bzw. Schenkers zu prüfen (vgl. *F/W/B*, § 4 AStG Rz. 9d). Dies korrespondiert mit der gesetzgeberischen Intention, die den erbschaft- oder schenkungsteuerlich motivierten Wegzug („Steuerflucht") in Niedrigsteuergebiete sanktioniert. Gegenstand der Vorschrift ist der vom Erblasser bzw. Schenker erfolgte Vermögensübergang als Teil der sanktionsbewehrten Steuerflucht. Als „Steuerflüchtling" kann sich insofern nur der Erblasser bzw. der Schenker qualifizieren.

10a Sofern hingegen ein Fall der unbeschränkten oder der erweiterten unbeschränkten bzw. der auf Antrag unbeschränkten Erbschaft- und Schenkungsteuerpflicht (§ 2 Abs. 3 ErbStG) vorliegt, kommt § 4 AStG nicht zum Tragen (vgl. Gleichlautender Erlass der obersten Finanzbehörden der Länder betr. Anwendung des § 2 Abs. 3 ErbStG vom 15.3.2012, BStBl I 2012, Tz. 1). Hierbei ist insbesondere das Vorliegen der erweiterten unbeschränkten Erbschaft- und Schenkungsteuerpflicht (vgl. § 2 Abs. 1 Nr. 1 Satz 2 Buchst. b ErbStG) zu beachten, die in den ersten fünf Jahren nach Wegzug regelmäßig die erweiterte beschränkte Erbschaft- und Schenkungsteuerpflicht verdrängt (vgl. auch BMF-AnwSchr Tz. 4.0). Zu beachten ist, dass die Fünf-Jahres-Frist der erweiterten unbeschränkten Erbschaft- und Schenkungsteuerpflicht ggf. bereits durch kurzzeitige Rückkehrphasen in Deutschland unterbrochen werden kann und sodann von Neuem zu laufen beginnt. Die Anwendungsfälle der erweiterten beschränkten Erbschaft- und Schenkungsteuerpflicht sind somit stark eingeschränkt, da sie – sofern die deutsche Staatsangehörigkeit nicht aufgegeben worden ist – lediglich während einer Zeitspanne von maximal fast sechs Kj. entstehen kann (vgl. Anm. 24). Allerdings ist dieses Subsidiaritätsverhältnis im Fünfjahreszeitraum nach Wegzug aufgrund der in § 2 Abs. 1 Nr. 1 Satz 2 Buchst. b ErbStG kodifizierten Voraussetzung der deutschen Staatsangehörigkeit nicht zwingend.

Beispiel 1:
Ein deutscher Staatsangehöriger, der bislang ausschließlich der unbeschränkten Steuerpflicht in Deutschland unterlag, verzieht am 1. Januar 2012 unter Aufgabe seines deutschen Wohnsitzes und ohne Aufrechterhaltung eines ständigen Aufenthalts im Inland in ein Niedrigsteuergebiet. Die Tatbestandsmerkmale des § 2 Abs. 1 Satz 1 AStG seien annahmegemäß erfüllt. Am 1. Dezember 2016 erfolgt eine Schenkung zugunsten seines bereits seit zehn Jahren ausschließlich im Ausland ansässigen Sohns. Der Erwerb unterliegt der unbeschränkten Erbschaft- und Schenkungsteuerpflicht nach § 2 Abs. 1 Satz 2 Nr. 1 Buchst. b ErbStG, da der schenkungsteuerbare Vorgang durch einen deutschen Staatsangehörigen innerhalb des Fünfjahreszeitraums nach seinem Wegzug erfolgte und der Beschenkte nicht mehr aufgrund seines Wohnsitzes oder ständigen Aufenthalts in Deutschland unbeschränkt steuerpflichtig war. § 4 AStG ist somit nicht einschlägig.

Beispiel 2:
In Abwandlung zu Beispiel 1 gibt der wegziehende Vater zum 1. Januar 2016 seine deutsche Staatsangehörigkeit auf. Die Voraussetzungen des § 2 Abs. 1 Satz 2 Nr. 1 Buchst. b ErbStG liegen daher nicht mehr vor. Der Erwerb unterliegt der erweiterten beschränkten Schenkungsteuerpflicht. Im Rahmen des § 4 AStG kommt es auf die Aufrechterhaltung der deutschen Staatsangehörigkeit nach dem Wegzug nicht an.

Beispiel 3:
In Abwandlung zu Beispiel 2 verlässt der Sohn gemeinsam mit seinem Vater zum 1. Januar 2012 die Bundesrepublik Deutschland. Indessen gibt der Sohn im Gegensatz zu seinem Vater die deutsche Staatsangehörigkeit zunächst nicht auf. Die Voraussetzungen des § 2 Abs. 1 Satz 2 Nr. 1 Buchst. b ErbStG liegen daher im Schenkungszeitpunkt am 1. Dezember 2016 vor, da die deutsche Staatsangehörigkeit des Beschenkten genügt und die Schenkung innerhalb des Fünfjahreszeitraums nach dessen Wegzug erfolgte. § 4 AStG ist somit nicht einschlägig.

Aber auch jenseits dieser Zeitspanne kommt die Verdrängung der erweiterten beschränkten Erbschaft- und Schenkungsteuerpflicht noch durch den Antrag nach § 2 Abs. 3 ErbStG in Betracht. Zu beachten ist hierbei, dass der Antrag durch den Erwerber gestellt werden muss. Da gemäß § 2 Abs. 3 Satz 2 ErbStG auch Vorerwerbe derselben Person als unbeschränkt steuerpflichtig behandelt werden, ist insofern auch die rückwirkende Verdrängung der Regelungen des § 4 AStG vorstellbar.

Beispiel 4:
In Abwandlung zu Beispiel 2 stellt der annahmegemäß im EU-/EWR-Gebiet ansässige Sohn einen gemäß § 2 Abs. 3 ErbStG einen Antrag auf Behandlung des Erwerbs als unbeschränkt steuerpflichtig. Die Anwendung des § 4 AStG wird hierdurch verdrängt.

Damit ergibt sich für die Anwendung des § 4 AStG folgendes Prüfschema.

nein ←	Schenker/Erblasser und/oder Erwerber haben Wohnsitz/gewöhnlichen Aufenthalt im Inland	→ ja
nein ←	Beim deutschen Schenker/Erblasser und/oder dem deutschen Erwerber liegt der Wegzug nicht länger als fünf Jahre zurück.	→ ja
nein ←	Beim deutschen Schenker/Erblasser und/oder dem deutschen Erwerber handelt es sich um einen Staatsbediensteten; die Voraussetzungen des § 2 Abs. 1 Nr. 1 Buchst. c ErbStG sind erfüllt.	→ ja
nein ←	Es liegt kein Fall der Antragssteuerpflicht nach § 2 Abs. 3 ErbStG vor.	→ ja
nein ←	Die gegenständlichen Voraussetzungen der §§ 2, 4 AStG liegen nur beim Erwerber, nicht jedoch beim Schenker/Erblasser vor.	→ ja
→ § 4 AStG ist zu prüfen		kein Fall des § 4 AStG ←

2. Vorschriften des Außensteuerrechts

a) § 2 AStG

12 § 2 AStG enthält die einkommensteuerlichen Bestimmungen der erweiterten beschränkten Steuerpflicht und stellt einen Grundtatbestand für die erweiterte beschränkte Erbschaft- und Schenkungsteuerpflicht dar. Ein Anwendungsgleichlauf der erweiterten beschränkten Einkommensteuer sowie der Erbschaft- und Schenkungsteuer ist jedoch nicht zwingend. Es ist im Einzelfall möglich, dass ein Erwerb den Regelungen der erweiterten beschränkten Erbschaft- und Schenkungsteuerpflicht zu unterwerfen ist, der Erblasser oder Schenker aber mangels Überschreitens der einkommensteuerlichen Freigrenze (vgl. § 2 Abs. 1 Satz 3 AStG) nicht gleichzeitig nach den Bestimmungen der erweiterten beschränkten Einkommensteuerpflicht besteuert wird. Die erweiterte beschränkte Erbschaft- und Schenkungsteuerpflicht ist jedoch ausgeschlossen, sofern ggü. dem Erblasser bzw. Schenker § 2 Abs. 1 Satz 1 AStG im Zeitpunkt der Entstehung der Steuerschuld nach dem ErbStG nicht anzuwenden war. Insofern entfaltet auch der Gegenbeweis einer Mindestbesteuerung nach § 4 Abs. 2 AStG keine Relevanz. Im Ergebnis kann § 4 AStG nur zur Geltung kommen, wenn der betreffende Staat auch einkommensteuerlich als Niedrigsteuergebiet zu qualifizieren ist.

b) § 5 AStG

13 Aufgrund der Regelung in § 5 Abs. 1 Satz 2 AStG wird die erweiterte beschränkte Erbschaft- und Schenkungsteuerpflicht auf bestimmte Vermögenswerte ausländischer Zwischengesellschaften i. S. d. §§ 7, 8 und 14 AStG ausgedehnt, wobei sich der Umfang der zugerechneten Vermögenswerte nach den Beteiligungsverhältnissen richtet.

3. Doppelbesteuerungsabkommen

14 Deutschland hat nur wenige Doppelbesteuerungsabkommen auf dem Gebiet der Erbschaft- und Schenkungsteuern abgeschlossen, was nicht zuletzt einer fehlenden Lobby für eine Abgrenzung der Besteuerungsbefugnisse zum Zwecke der Vermeidung von Doppelbesteuerung geschuldet sein dürfte. Teilweise ergänzen Regelungen zur Erbschaft- und Schenkungsteuer auch die von Deutschland abgeschlossenen Doppelbesteuerungsabkommen auf dem Gebiet der Ertrag- und Vermögensteuern. Derzeit finden sich entsprechende Bestimmungen in den mit Dänemark, Frankreich, Griechenland, Schweden, der Schweiz und den Vereinigten Staaten abgeschlossenen Abkommen zur Vermeidung der Doppelbesteuerung, wobei die Abkommen mit Griechenland und der Schweiz nur die Steuer auf den Erwerb von Todes wegen erfassen. Eine Übersicht enthält die Anlage des jährlich aktualisierten BMF-Schreibens zum Stand der Doppelbesteuerungsabkommen (die Schreiben sind auf der Homepage des BMF verfügbar, die Übersicht für 2012 ist in DStR 2012 S. 297 abgedruckt). Mit Finnland und Italien finden gemäß der BMF-Übersicht Verhandlungen über den Abschluss entsprechender Abkommen statt. Falls das einschlägige Doppelbesteuerungsabkommen nur den Erbanfall, nicht jedoch die Zuwendungen unter Lebenden betrifft, kann § 4 AStG insoweit bei Schenkungsvorgängen uneingeschränkt zur Anwendung kommen.

Die Bestimmungen der Doppelbesteuerungsabkommen auf dem Gebiet der Erb- **15**
schaft- und Schenkungsteuern sind zu beachten. Schließt das Doppelbesteuerungsabkommen das Besteuerungsrecht Deutschlands aus, kommt eine Zurechnung aufgrund § 4 AStG nicht in Betracht. Etwas anderes gilt, sofern das betreffende Doppelbesteuerungsabkommen eine Öffnungsklausel vorsieht. Art. 4 Abs. 4 des Doppelbesteuerungsabkommens mit der Schweiz auf dem Gebiet der Erbschaftsteuer enthält diesbezügliche Bestimmungen zum steuerlichen Wohnsitz, die Deutschland unter bestimmten Voraussetzungen abweichend von den sonstigen Regelungen des Abkommens ein Besteuerungsrecht einräumen. Allerdings sind diese Bestimmungen auf die dem Jahr der Aufgabe des deutschen Wohnsitzes folgenden fünf Jahre beschränkt. In diesem Zeitraum wird indessen die erweiterte beschränkte Erbschaftsteuerpflicht gemäß § 4 AStG regelmäßig von der erweiterten unbeschränkten Erbschaftsteuerpflicht aufgrund § 2 Abs. 1 Satz 2 Nr. 1 Buchst. b ErbStG überlagert (vgl. auch BMF-AnwSchr Tz. 4.0; *Koch*, PIStB 2001 S. 152).

Da § 4 AStG voraussetzt, dass ggü. dem Erblasser bzw. Schenker im Zeitpunkt der **16**
Steuerentstehung nach dem ErbStG die Voraussetzungen des § 2 Abs. 1 Satz 1 AStG erfüllt sein müssen, können auch Doppelbesteuerungsabkommen auf dem Gebiet der Ertragsteuern die erweiterte beschränkte Erbschaft- und Schenkungsteuerpflicht ausschließen (vgl. ebenso *Ettinger* in *Haase*, § 4 AStG Rz. 16; *Gallert* in *Mössner et al.*, Außensteuerrecht, § 4 Rz. 9, 17; *Schönwetter*, StuB 2006 S. 824). Falls die jeweiligen Doppelbesteuerungsabkommen von der erweiterten beschränkten Einkommensteuerpflicht abweichende Regelungen zur Zuordnung der Besteuerungsrechte enthalten, kann es ggü. dem Erblasser bzw. Schenker nicht zur Anwendung des § 2 Abs. 1 Satz 1 AStG kommen.

4. Vereinbarkeit mit unionsrechtlichen Vorgaben

Der EuGH hatte in einer zum niederländischen Erbschaftsteuerrecht ergangenen **17**
Entscheidung (vgl. EuGH vom 23.2.2006 Rs. C-513/03, van Hilten-van der Heijden, Slg. 2006 S. I-1957) judiziert, dass es einem Mitgliedstaat nicht verwehrt ist, seine Staatsangehörigen auch nach dem Wegzug aus seinem Hoheitsgebiet für einen Übergangszeitraum erbschaftsteuerlich weiterhin so zu besteuern, als wären die betreffenden Personen im Heimatstaat verblieben. Nach dem Erbschaft- und Schenkungsteuerrecht der Niederlande werden niederländische Staatsangehörige nach dem Wegzug ins Ausland für einen Zeitraum von zehn Jahren so besteuert, als hätten sie ihre Ansässigkeit in den Niederlanden nicht aufgegeben. Aufgrund des im streitgegenständlichen Sachverhalt einschlägigen Doppelbesteuerungsabkommens wurde eine Doppelbesteuerung seitens der Niederlande durch Anrechnung der im Ausland angefallenen Steuer vermieden. Der EuGH erachtete in der für einen Übergangszeitraum geltenden erweiterten unbeschränkten Erbschaft- und Schenkungsteuerpflicht keinen unionsrechtlich beachtlichen Eingriffstatbestand. Dasselbe entschied der EuGH hinsichtlich der Differenzierung der Regelungen nach der Staatsangehörigkeit insoweit, als eine unionsrechtlich relevante Beschränkung des Kapitalverkehrs weder in der möglichen Besserstellung eines wegziehenden ausländischen Staatsangehörigen noch darin lag, dass die niederländische Steuer so anfiel, als sei die Klägerin dort wohnen geblieben. Zur Frage der unionsrechtlichen Legitimität von Doppelbesteuerungen wird im Übrigen auf die Entscheidung in der Rs. Block verwiesen (EuGH vom 12.2.2009 Rs. C-67/08, BFH/NV 2009 S. 677, Slg. 2009 S. I-883; vgl. ferner *European Commission Directo-*

rate (Hrsg.), Study on Inheritance Taxes in EU Member States, S. 29 ff.; *Werkmüller*, IStR 2010 S. 360).

18 Im Schrifttum wird zum Teil ungeachtet festzustellender Parallelen zwischen dem niederländischen Besteuerungsregime und dem System der erweiterten beschränkten Erbschaft- und Schenkungsteuerpflicht nach § 4 AStG ein Verstoß der deutschen Regelung gegen die Kapitalverkehrsfreiheit erblickt. Ursächlich hierfür sei die in der deutschen Regelung angelegte Differenzierung danach, ob ein Wegzug in ein Niedrigsteuergebiet erfolge oder nicht. Hieraus ergebe sich eine Diskriminierung von bestimmten Inlandsinvestitionen je nachdem, von welchem Staat aus sie erfolgen würden (vgl. *Zimmermann/Klinkertz* in *S/K/K*, § 4 AStG Rz. 22; kritisch auch *Kraft* in *Kraft*, AStG, § 4 Rz. 35). Es spricht jedoch einiges dafür, dass der EuGH die deutsche Regelung, insoweit als sie letztlich unter bestimmten Voraussetzungen einen erweiterten Besteuerungszugriff anordnet, als grundsätzlich unionsrechtskonform bescheiden würde (vgl. auch *Ettinger* in *Haase*, § 4 AStG Rz. 22). Europarechtlich unzulässig ist im weiteren Zusammenhang indessen der bei beschränkter (und erweitert beschränkter) Steuerpflicht zur Geltung kommende Freibetrag des § 16 Abs. 2 ErbStG i. H. v. lediglich EUR 2 000 (vgl. EuGH vom 22.4.2010, Rs. C-510/08, Mattner, BFH/NV 2010 S. 1212, DStR 2010 S. 861; *Werkmüller*, IStR 2010 S. 360; im Hinblick auf Erbfälle im Schrifttum mit Einschränkungen, vgl. *Hey*, DStR 2011 S. 1149). Dies hat der EuGH im Hinblick auf Erbfälle mit Drittstaatenbezug ungeachtet der in unterschiedlichen Staaten belegenen Vermögensgegenstände bekräftigt (vgl. EuGH vom 17.10.2013 Rs. C-181/12, Welte, BFH/NV 2013 S. 2046, IStR 2013 S. 954). Der Gesetzgeber hatte auf die Entscheidung in der Rs. Mattner mit einiger Verzögerung durch das BeitrRLUmsG vom 7.12.2011 den § 2 des ErbStG um einen Absatz 3 ergänzt, der auf Antrag des Erwerbers eine unbeschränkte Steuerpflicht für eigentlich beschränkt steuerpflichtige Erwerbe fingiert. Der Antrag ist im Hinblick auf den Erblasser/Schenker personenbezogen ausgestaltet und entfaltet Rechtswirkungen auch hinsichtlich von Vor- und Nacherwerben im Zeitraum von jeweils zehn Jahren vor bzw. nach dem Erwerb (§ 2 Abs. 3 Satz 2 ErbStG). Wenngleich durch den Antrag gewährleistet wird, dass auch an sich der beschränkten Erbschaft- bzw. Schenkungsteuerpflicht unterworfene Steuerpflichtige in den Genuss der für unbeschränkt Steuerpflichtige geltenden Freibeträge gelangen können, wirft die Vorschrift doch im Einzelnen unionsrechtliche Bedenken auf, etwa hinsichtlich des räumlichen und persönlichen Geltungsbereichs der Antragsbesteuerung, der Zusammenrechnung von Erwerben und in Zuzugs- bzw. Wegzugsfällen, die hier aber nicht näher beleuchtet werden sollen (vgl. im Einzelnen *Lüdicke/Schulz*, IStR 2012 S. 417). Zweifel hinsichtlich des räumlichen Anwendungsbereichs im Hinblick auf Drittstaaten sind spätestens durch die zuvor zitierte Entscheidung des EuGH in der Rs. Welte dahingehend ausgeräumt worden, dass Steuerpflichtigen aus Drittstaaten der unbeschränkte Freibetrag gewährt werden muss. Das FG Düsseldorf hat in einem AdV-Beschluss überdies für beschränkt Steuerpflichtige mit EU-Bezug entschieden, dass der Freibetrag nach § 16 Abs. 2 ErbStG ungeachtet eines nicht ausgeübten Wahlrechts zugunsten des § 2 Abs. 3 ErbStG mit Unionsrecht nicht im Einklang steht (vgl. FG Düsseldorf, Beschluss vom 25.5.2012 4 V 1181/12, ZEV 2012 S. 629). Zur Frage der Unionsrechtskonformität des § 2 AStG, die qua tatbestandlicher Anknüpfung im Kontext der erweiterten beschränkten Erbschaft- und Schenkungsteuerpflicht Relevanz erfährt, wird im Übrigen auf die entsprechende Kommentierung verwiesen.

5. Vereinbarkeit mit verfassungsrechtlichen Vorgaben

§ 4 AStG erstreckt sich lediglich auf Personen, die im nach § 2 Abs. 1 Satz 1 AStG **19** maßgeblichen Betrachtungszeitraum deutsche Staatsangehörige waren. Die insoweit bestehende Beschränkung der erweiterten beschränkten Erbschaft- und Schenkungsteuerpflicht auf deutsche Staatsangehörige ist unter dem Gesichtspunkt des Gleichheitssatzes nach Art. 3 Abs. 1 GG geeignet, verfassungsrechtliche Zweifel zu nähren. Eine Rechtfertigung für diese personale Beschränkung ist vor dem Hintergrund der an Leistungsfähigkeitsaspekten orientierten Erbschaft- und Schenkungsbesteuerung nicht ohne weiteres ersichtlich (kritisch auch *Schaumburg*, RIW 2001 S. 161; *Ettinger* in *Haase*, § 4 AStG Rz. 23; *Kußmaul/Cloß*, StuB 2010 S. 264). Das BVerfG hatte zwar im Jahr 1986 die tatbestandlichen Anknüpfungspunkte des § 2 AStG auf deutsche Staatsangehörige als nicht mit dem Gleichheitssatz in Konflikt stehend beschieden (vgl. BVerfG vom 14.5.1986 2 BvL 2/83, BStBl II 1986 S. 628). In Anbetracht der heutigen Lebenswirklichkeit erscheint jedoch die vom BVerfG vorgetragene gesetzgeberische Erwägung, die Konterkarierung der im Wegzug ausländischer Staatsangehöriger erblickten Heimatrückkehr durch steuerlich lenkende (belastende) Maßnahmen zu vermeiden, nicht mehr durchweg zeitgemäß. Kritisch muten in diesem Zusammenhang auch Fälle von Ehegemeinschaften an, in denen nur ein Ehegatte die deutsche Staatsangehörigkeit besitzt und mit dem anderen Ehegatten in dessen Heimatland auswandert. In solchen Konstellationen kann die erweiterte beschränkte Erbschaft- und Schenkungsteuerpflicht ggü. dem deutschen Ehegatten zum Tragen kommen, obgleich hier das Steuerfluchtmotiv nicht im Vordergrund stehen dürfte (s. auch BMF-AnwSchr Tz. 2.1.2; *Kußmaul/Cloß*, StuB 2010 S. 264).

B. Persönliche Tatbestandsvoraussetzungen

I. Verweis auf die erweiterte beschränkte Einkommensteuerpflicht nach § 2 Abs. 1 Satz 1 AStG

§ 4 Abs. 1 AStG verweist auf die Voraussetzungen der erweiterten beschränkten **20** Einkommensteuerpflicht nach § 2 Abs. 1 Satz 1 AStG, die im Zeitpunkt des Entstehens der Erbschaft- und Schenkungsteuer in der Person des Erblassers bzw. Schenkers erfüllt sein müssen. Die erweiterte beschränkte Einkommensteuerpflicht des Erwerbers ist für § 4 Abs. 1 AStG hingegen nicht maßgeblich. Die Anknüpfung einer erbschaft- oder schenkungsteuerlichen Belastungsnorm an den Besteuerungsumfang für die Einkommensteuer ist systematisch fragwürdig, da es sich um jeweils eigenständige Regelungsbereiche handelt (vgl. ebenso *Wachter*, DStR Beihefter 2014 S. 90).

Unerheblich ist, ob die erweiterte beschränkte Einkommensteuerpflicht beim **21** Erblasser bzw. Schenker tatsächlich zu einer höheren Einkommensteuerbelastung führt (vgl. *Kraft* in *Kraft*, AStG, § 4 Rz. 64). Es kommt allein auf die Voraussetzungen des § 2 Abs. 1 Satz 1 AStG an. Auch die Freigrenze von 16 500 EUR nach § 2 Abs. 1 Satz 3 AStG ist unbeachtlich. Der Gesetzgeber hat im Zuge der Gesetzesänderung in 1974 (vgl. Anm. 5) explizit einen Verweis auf § 2 Abs. 1 Satz 1 AStG vorgenommen, da bei Schenkungen durch entsprechende Gestaltungen die Freigrenze im Jahr der Zuwendung leicht unterschritten werden kann (vgl. hierzu *F/W/B*, § 4 AStG Rz. 7 ff.).

22 Die Steuer entsteht bei einem Erwerb von Todes wegen gemäß § 9 Abs. 1 Nr. 1 ErbStG grundsätzlich mit dem Tode des Erblassers, bei einer Schenkung unter Lebenden gemäß § 9 Abs. 1 Nr. 2 ErbStG mit dem Zeitpunkt der Ausführung der Zuwendung.

23 Im Falle des Erwerbs unter einer aufschiebenden Bedingung oder unter einer Betagung bzw. einer Befristung entsteht die Steuer erst bei Eintritt der Bedingung oder des Ereignisses (vgl. § 9 Abs. 1 Nr. 1 Buchst. a ErbStG). Die Anwendung des § 2 Abs. 1 Satz 1 AStG ist daher erst in diesem Zeitpunkt zu prüfen (vgl. *F/W/B*, § 4 AStG Rz. 9c).

24 § 4 Abs. 1 AStG setzt voraus, dass ggü. dem Erblasser bzw. Schenker im Zeitpunkt der Steuerentstehung nach dem ErbStG die erweiterte beschränkte Einkommensteuerpflicht gemäß § 2 Abs. 1 Satz 1 AStG anzuwenden war. Die erweiterte beschränkte Erbschaft- und Schenkungsteuerpflicht ist daher auf Erwerbe begrenzt, die spätestens mit Ablauf des zehnten Kalenderjahrs erfolgt sind, das dem Jahr der Beendigung der unbeschränkten Einkommensteuerpflicht folgt (vgl. § 2 Abs. 1 Satz 1 AStG; s. auch BMF-AnwSchr Tz. 4.0).

25 Das in § 4 Abs. 1 AStG normierte Tatbestandsmerkmal der Anwendung des § 2 Abs. 1 Satz 1 AStG im Zeitpunkt der Steuerentstehung nach dem ErbStG ist insoweit unklar, als einkommensteuerlich die Voraussetzungen des § 2 Abs. 1 Satz 1 AStG erst mit Ablauf des Kalenderjahrs (Veranlagungszeitraum gemäß § 25 EStG) geprüft werden, mithin das erbschaft- und schenkungsteuerliche Stichtagsprinzip mit dem einkommensteuerlichen Periodizitätsprinzip konfligiert. Es könnte für die Prüfung des § 2 Abs. 1 Satz 1 AStG somit einerseits auf die Verhältnisse im Zeitpunkt der Steuerentstehung nach dem ErbStG abgestellt werden. Andererseits lässt sich § 4 Abs. 1 AStG auch dahingehend auslegen, dass die Erbschaft bzw. die Schenkung in einen Zeitraum fallen muss, in dem ggü. dem Erblasser bzw. Schenker die erweiterte beschränkte Einkommensteuerpflicht gemäß § 2 Abs. 1 Satz 1 AStG angewendet wird. Die letztere Auslegung ist zu bevorzugen (vgl. ebenso *F/W/B*, § 4 AStG Rz. 9; *Ettinger* in *Haase*, § 4 AStG Rz. 26). Die tatbestandlichen Voraussetzungen des § 2 Abs. 1 Satz 1 AStG knüpfen hinsichtlich des Vorliegens wesentlicher wirtschaftlicher Interessen oder einer Niedrigbesteuerung (vgl. § 2 Abs. 2 AStG) an veranlagungsjahrbezogene Größen an. Die Höhe der im Zuzugsstaat erhobenen Einkommensteuer etwa kann aber im Zeitpunkt der Steuerentstehung nach dem ErbStG noch nicht zuverlässig bestimmt werden. Selbst wenn jedoch unter Zugrundelegung der im Zeitpunkt der Steuerentstehung nach dem ErbStG geltenden Steuergesetze des Zuzugsstaats eine abstrakte Steuerbelastung ermittelt würde, spräche gegen die zuerst aufgeführte Auslegung, dass der Eintritt der erweiterten beschränkten Schenkungsteuerpflicht vom Zeitpunkt des Erwerbs während des Kalenderjahrs abhängen kann (vgl. hierbei die zur Identifizierung des Vorliegens wesentlicher wirtschaftlicher Interessen heranzuziehenden relativen und absoluten Einkünftegrenzen in § 2 Abs. 3 Nr. 2 AStG). Dies dürfte kaum im Einklang mit dem gesetzlichen Regelungsziel stehen. Gleichzeitig impliziert die hier präferierte Auslegung einer veranlagungsjahrbezogenen Prüfung des § 2 Abs. 1 Satz 1 AStG aber auch, dass regelmäßig erst mit Ablauf des Kalenderjahrs, in dem der Erwerb erfolgt ist, Gewissheit über die Anwendung des § 4 AStG besteht.

Die veranlagungsjahrbezogene Prüfung schließt indessen in Erbfällen (oder in **26** Schenkungsfällen bei Versterben des Schenkers im Kalenderjahr der Schenkung) auch bei dieser Auslegung nicht aus, dass der Eintritt der erweiterten beschränkten Steuerpflicht nach § 4 AStG unter Umständen vom Zeitpunkt des Erwerbs während des Kalenderjahrs abhängen kann (vgl. ebenso *Zimmermann/Klinkertz* in *S/K/K*, § 4 AStG Rz. 28; *Gallert* in *Mössner et al.*, Außensteuerrecht, § 4 Rz. 8). Denn der für die Prüfung des § 2 Abs. 1 Satz 1 AStG relevante Zeitraum ist bei Verstorbenen der Zeitraum vom Beginn des Kalenderjahrs bis zum Todeszeitpunkt.

Beispiel 4 :
Ein deutscher Staatsangehöriger ist vor sechs Jahren mit seinem Sohn in einen Niedrigsteuerstaat verzogen. Seitdem besteht kein deutscher Wohnsitz mehr, es liegt auch kein gewöhnlicher Aufenthalt in Deutschland vor. Die erweiterte beschränkte Einkommensteuerpflicht nach § 2 AStG kommt ggü. dem Vater in den vorangegangenen Veranlagungsjahren und im aktuellen Veranlagungsjahr zur Anwendung, da der Vater wesentliche wirtschaftliche Interessen im Inland in Form nicht ausländischer Einkünfte i. H. v. mehr als 62 000 EUR jährlich gemäß § 2 Abs. 3 Nr. 2 AStG aufrechterhält. Am 31. Dezember des sechsten Jahres stirbt der Vater und hinterlässt seinem Sohn Vermögenswerte, die sachlich von der erweiterten beschränkten Schenkungsteuerpflicht erfasst sind. Da auch die Voraussetzungen des § 2 Abs. 1 Satz 1 AStG erfüllt sind, unterliegen diese Vermögenswerte zusätzlich zur einfachen beschränkten Erbschaftsteuerpflicht der Erwerbsbesteuerung. Verstirbt der Vater alternativ am 1. Januar des siebten Jahres, unterliegen die ansonsten erweitert beschränkt steuerpflichtigen Vermögenswerte keiner inländischen Besteuerung, sofern die Voraussetzungen des § 2 Abs. 1 Satz 1 AStG beim Vater für das der Einkommensbesteuerung zugrunde zu legende Kalenderjahr des Versterbens nicht erfüllt sind.

Unter Berücksichtigung des voranstehenden Beispiels wird im Schrifttum die Auffassung einer möglichen Verfassungswidrigkeit vertreten (vgl. *F/W/B*, § 4 AStG Rz. 9). Die Vorschrift vermag insoweit Zweifel aufzuwerfen, ob dem verfassungsrechtlich verankerten Gleichheitsgebot hinreichend Rechnung getragen wird.

§ 4 AStG kommt nicht zur Anwendung, wenn der Erblasser bzw. Schenker nach **27** seiner Auswanderung in ein Niedrigsteuergebiet in einem nicht niedrig besteuernden Staat ansässig wird und der Erwerbsvorgang aus diesem Staat erfolgt (vgl. auch *Kraft* in *Kraft*, AStG, § 4 Rz. 64).

Beispiel 5 :
Ein deutscher Staatsangehöriger ist vor sechs Jahren mit seinem Sohn in einen Niedrigsteuerstaat verzogen. Ein deutscher Wohnsitz besteht seitdem nicht mehr, es liegt auch kein gewöhnlicher Aufenthalt in Deutschland vor.

Die erweiterte beschränkte Einkommensteuerpflicht nach § 2 AStG kommt ggü. dem Vater in den vorangegangenen Veranlagungsjahren zur Anwendung. Zum 1. Juli des sechsten Jahres verzieht der Vater in die USA. Kurz darauf verschenkt er seinem Sohn Vermögenswerte, die unter das erweiterte Inlandsvermögen fallen. Die Voraussetzungen des § 2 Abs. 1 Satz 1 AStG liegen zum Zeitpunkt der Schenkung nicht mehr vor. § 4 AStG kommt nicht zur Anwendung.

28 Aufgrund des Verweises auf § 2 Abs. 1 Satz 1 AStG müssen die dort normierten Voraussetzungen in der Person des Erblassers bzw. Schenkers erfüllt sein. Betroffen sind natürliche Personen, die in den letzten zehn Jahren vor dem Ende ihrer unbeschränkten Steuerpflicht nach § 1 Abs. 1 Satz 1 EStG als Deutsche insgesamt mindestens fünf Jahre unbeschränkt steuerpflichtig waren. Von der Norm erfasst sind natürliche Personen, die nicht mehr unbeschränkt einkommensteuerpflichtig i. S. d. § 1 Abs. 1 Satz 1 EStG sind. Bei Aufrechterhaltung eines Wohnsitzes im steuerrechtlichen Sinne (§ 8 AO) oder eines gewöhnlichen Aufenthalts (§ 9 AO) in Deutschland ist der Anwendungsbereich des § 2 AStG folglich nicht eröffnet. Dies gilt auch dann, wenn die betroffenen Personen trotz Aufrechterhaltung eines in § 1 Abs. 1 EStG genannten Bezugspunkts auf der Grundlage abkommensrechtlicher Regelungen zur Bestimmung des Ansässigkeitsstaates nicht mehr als in Deutschland ansässig gelten. Für die erweiterte beschränkte Erbschaftsteuer- und Schenkungsteuerpflicht folgt dies im Übrigen bereits aus der Subsidiarität ggü. der unbeschränkten Erbschaft- und Schenkungsteuerpflicht (vgl. Anm. 10 f.). Die Aufgabe der unbeschränkten Steuerpflicht i. S. d. § 1 Abs. 2 EStG oder der unbeschränkten Steuerpflicht auf Antrag i. S. d. § 1 Abs. 3 EStG kann nach dem Wortlaut des § 2 Abs. 1 Satz 1 AStG nicht die Anwendung der erweiterten beschränkten Einkommen- und damit der erweiterten beschränkten Erbschaft- und Schenkungsteuerpflicht auslösen (vgl. auch BMF-AnwSchr Tz. 2.1.1).

29 Die betroffenen Personen müssen in einem Zeitraum von zehn Jahren vor ihrer Auswanderung mindestens fünf Jahre als Deutsche unbeschränkt einkommensteuerpflichtig gewesen sein. Besaßen die Personen im maßgeblichen Zeitraum der unbeschränkten Steuerpflicht nach § 1 Abs. 1 Satz 1 EStG lediglich eine (oder mehrere) ausländische Staatsangehörigkeit(en), sind damit die persönlichen Tatbestandsvoraussetzungen der §§ 2, 4 AStG nicht erfüllt. Andererseits kommt es auf den Besitz der deutschen Staatsangehörigkeit im Zeitpunkt der Feststellung der Tatbestandsvoraussetzungen nicht an, so dass die Rechtsfolgen der erweiterten beschränkten Einkommen- sowie Erbschaft- und Schenkungsteuerpflicht ungeachtet einer zwischenzeitlichen Aufgabe der deutschen Staatsangehörigkeit eintreten können, sofern nur im relevanten Beobachtungszeitraum die maßgeblichen Voraussetzungen erfüllt waren.

30 Die betroffenen Personen müssen gemäß § 2 Abs. 1 Satz 1 Nr. 1 AStG entweder in einem ausländischen Gebiet ansässig sein, in dem sie einer niedrigen Besteuerung unterworfen sind, oder in keinem ausländischen Gebiet ansässig sein. Die Feststellung der Ansässigkeit vollzieht sich nach den Kriterien der ausländischen Rechtsordnung, so dass der Wegziehende ggf. auch ohne Wohnsitz oder gewöhnlichen Aufenthalt als in einem ausländischen Staat ansässig gelten kann (vgl. BMF-AnwSchr. Tz. 2.2.1).

Für die Bestimmung der maßgeblichen Steuerbelastung sind die in § 2 Abs. 2 AStG niedergelegten Kriterien heranzuziehen. Das hierbei zugrunde zu legende Einkommen enthält keine Einkünfte ausländischer Zwischengesellschaften, die ggf. über § 5 AStG zuzurechnen wären (Umkehrschluss aus § 2 Abs. 4 AStG). Dementsprechend können auch Steuern der ausländischen Zwischengesellschaft in die Berechnung der maßgeblichen Steuerbelastung nicht einfließen. Die Steuerpflichtigen sind aufgrund der Mitwirkungspflichten gemäß § 90 Abs. 2 AO gehalten, ggf. Steuererklärungen, ausländische Steuerbescheide oder vergleichbare Beweismittel vorzulegen (vgl. BMF-AnwSchr Tz. 2.2.2). Es wird im Einzelnen auf die Ausführungen in der Kommentierung zu § 2 AStG verwiesen. **31**

Die betroffenen Personen müssen ferner gemäß § 2 Abs. 1 Satz 1 Nr. 2 AStG wesentliche wirtschaftliche Inlandsinteressen nach Maßgabe des § 2 Abs. 3 AStG aufrechterhalten, wobei ggf. Gewerbebetriebe, Beteiligungen, Einkünfte und Vermögen ausländischer Zwischengesellschaften gemäß § 2 Abs. 4 AStG und § 5 AStG zu berücksichtigen sind. Im Einzelnen wird auf die Ausführungen in den Kommentierungen zu § 2 AStG und § 5 AStG verwiesen. **32**

II. Verweis auf die beschränkte Erbschaft- und Schenkungsteuerpflicht nach § 2 Abs. 1 Nr. 3 ErbStG

§ 4 Abs. 1 AStG verlangt neben dem Vorliegen der in § 2 Abs. 1 Satz 1 AStG kodifizierten Voraussetzungen das Bestehen einer (beschränkten) Erbschaftsteuerpflicht nach § 2 Abs. 1 Nr. 3 ErbStG. Nach § 2 Abs. 1 Nr. 3 ErbStG tritt beschränkte Steuerpflicht für den Anfall von Inlandsvermögen i. S. d. § 121 BewG ein. Unklar mag insofern erscheinen, ob der Verweis dahingehend zu verstehen ist, dass tatsächlich eine beschränkte Erbschaft- und Schenkungsteuerpflicht qua Übergangs von Inlandsvermögen i. S. d. § 121 BewG als Bedingung für die Erweiterung des Besteuerungsgegenstands gemäß § 4 AStG normiert wird, oder ob die abstrakte Möglichkeit einer beschränkten Erbschaft- und Schenkungsteuerpflicht aufgrund bestehenden Inlandsvermögens i. S. d. § 121 BewG genügt (vgl. F/W/B, § 4 AStG Rz. 10; *Schönwetter*, StuB 2006 S. 824). Schließlich könnte unter Zugrundelegung der grundsätzlichen Zielsetzung des § 4 AStG auch daran gedacht werden, dass es weder auf das konkrete Bestehen einer beschränkten Erbschaft- oder Schenkungsteuerpflicht noch auf das Vorliegen von Inlandsvermögen i. S. d. § 121 BewG ankommt. Im Schrifttum wird aus dem Verweis auf § 2 Abs. 1 Nr. 3 ErbStG im Ergebnis zum Teil geschlossen, dass es zu keiner erweiterten beschränkten Erbschaft- und Schenkungsteuerpflicht nach § 4 AStG kommen kann, sofern nicht auch gleichzeitig ein Vermögensanfall nach § 2 Abs. 1 Nr. 3 ErbStG vorliegt (vgl. *Zimmermann/Klinkertz* in *S/K/K*, § 4 AStG Rz. 28 ff.; vgl. auch *Kau*, UVR 2001 S. 13 sowie *Jülicher*, PIStB 2003 S. 172). *Kraft* scheint sich dieser Auslegung anzuschließen (vgl. *Kraft* in *Kraft*, AStG, § 4 Rz. 65, jedoch auch Rz. 66 letzter Satz). **33**

Beispiel 6:
Ein deutscher Staatsangehöriger, der die Voraussetzungen des § 2 Abs. 1 Satz 1 AStG erfüllt, besitzt zwar kein Inlandsvermögen i. S. d. § 121 BewG, jedoch Geldguthaben (Sparanlagen) i. H.v. 5.000.000 EUR bei einem deutschen Kreditinstitut. Im sechsten Jahr nach seinem Wegzug verschenkt er dieses Geldvermögen an eine schweizerische Nichte. Die erweiterte

beschränkte Schenkungsteuerpflicht könnte nicht zur Anwendung gelangen, obwohl es sich bei Geldguthaben um Vermögenswerte handelt, deren Erträge bei unbeschränkter Einkommensteuerpflicht nicht ausländische Einkünfte i. S. d. §§ 34c Abs. 1, 34d EStG wären. Denn mangels Anfalls von Inlandsvermögen i. S. d. § 121 BewG liegt keine beschränkte Schenkungsteuerpflicht nach § 2 Abs. 1 Nr. 3 ErbStG vor.

34 Legt man den gleichzeitigen Übergang von Inlandsvermögen i. S. d. § 121 BewG als zwingende Anwendungsvoraussetzung des § 4 AStG zugrunde, wäre der Geltungsbereich des § 4 AStG insbesondere bei Schenkungen weitgehend ausgehöhlt. Die Ausdehnung der beschränkten Steuerpflicht auf das erweiterte Inlandsvermögen könnte nicht nur durch Sachverhaltsgestaltungen im Vermögensbereich vermieden werden, sondern auch dadurch, dass lediglich erweitertes Inlandsvermögen übertragen wird, d. h. nicht gemeinsam mit Inlandsvermögen i. S. d. § 121 BewG verschenkt wird. Dies würde den ohnehin zu monierenden Charakter der erweiterten beschränkten Erbschaft- und Schenkungsteuerpflicht als „Dummensteuer" verschärfen (vgl. auch Anm. 4).

Beispiel 7:

In Abwandlung zum vorherigen Beispiel verfügt der deutsche Staatsangehörige auch über Inlandsvermögen i. S. d. § 121 BewG. Dieses Inlandsvermögen wird indessen nicht verschenkt. Es liegt somit zwar abstrakt Inlandsvermögen vor, jedoch fehlt mangels Erwerbsvorgangs eine beschränkte Steuerpflicht nach § 2 Abs. 1 Nr. 3 ErbStG. Das Geldvermögen unterliegt daher nicht der erweiterten beschränkten Schenkungsteuerpflicht nach § 4 AStG.

35 Unklar erscheint, ob das voranstehend dargestellte Verständnis eines gleichzeitigen Übergangs von Inlandsvermögen i. S. d. § 121 BewG und erweitertem Inlandsvermögen mit dem ursprünglich verfolgten gesetzgeberischen Ansinnen in Einklang zu bringen ist. Der Gesetzgeber muss sich aber zumindest vorhalten lassen, mit der von der erweiterten beschränkten Einkommensteuerpflicht in § 2 Abs. 1 Satz 1 AStG abweichenden Formulierung Missverständnisse zu erzeugen. Denn nach dem Wortlaut des § 2 Abs. 1 Satz 1 AStG sind die betroffenen Steuerpflichtigen „über die beschränkte Einkommensteuerpflicht hinaus beschränkt steuerpflichtig" mit ihren nicht ausländischen Einkünften. § 2 AStG ist daher auch dann anzuwenden, wenn keine einfache beschränkte Einkommensteuerpflicht gemäß §§ 1 Abs. 4, 49 EStG besteht.

36 Im übrigen Schrifttum nimmt diese für die Normanwendung zentrale Fragestellung, soweit ersichtlich, keine zentrale Bedeutung ein. Der Verweis auf § 2 Abs. 1 Nr. 3 ErbStG wird als Abgrenzung von unbeschränkter und erweiterter beschränkter Erbschaft- und Schenkungsteuerpflicht zur Vermeidung potentieller Konkurrenzfälle verstanden (vgl. *F/W/B*, § 4 AStG Rz. 10). Die Anwendung des § 4 Abs. 1 AStG setze aber das Vorhandensein inländischen Vermögens i. S. d. § 121 BewG voraus (vgl. *F/W/B*, § 4 AStG Rz. 10). Beizugeben ist, dass durch den Verweis auf § 2 Abs. 1 Nr. 3 ErbStG Konkurrenzen zur unbeschränkten Erbschaft- und Schenkungsteuerpflicht vermieden werden, die auftreten könnten, wenn der Erblasser bzw. Schenker Inländer i. S.v. § 2 Abs. 1 Nr. 1 Satz 2 Buchst. b oder c ErbStG und/oder der Erbe bzw. der Beschenkte Inländer i. S.v. § 2 Abs. 1 Nr. 1 Satz 2 Buchst. a, b oder c ErbStG wären. Potenzielle Konkurrenzfälle zwischen unbeschränkter und erweitert beschränkter Erbschaft- und Schenkungsteuerpflicht hätten jedoch auch durch einen anderen Gesetzeswortlaut vermieden werden können, der die voranstehend problematisieren Auslegungsschwierigkeiten obsolet macht. *Zimmermann/Klinkertz* schlagen in diesem Zusammenhang vor, als Negativabgrenzung die fehlende Inländereigenschaft des Erwerbers zu kodifizieren (vgl. *Zimmermann/Klinkertz* in *S/K/K*, § 4 AStG Rz. 32). Zudem wäre eine Negativabgrenzung zur Inländereigenschaft des Erblassers bzw. Schenkers zu überlegen (vgl. auch *F/W/B,* § 4 AStG Rz. 10a), da das Vorliegen der Tatbestandsvoraussetzungen des § 2 Abs. 1 Satz 1 AStG in der Person des Erblassers bzw. Schenkers nicht die unbeschränkte Erbschaftsteuerpflicht nach § 2 Abs. 1 Nr. 1 Satz 2 Buchst. b oder c ErbStG ausschließt.

Dagegen halten wohl *Menck* und auch die Finanzverwaltung weder das Bestehen einer gleichzeitigen Erbschaft- und Schenkungsteuerpflicht nach § 2 Abs. 1 Nr. 3 ErbStG noch das Vorliegen von Inlandsvermögen i. S. d. § 121 BewG für erforderlich (vgl. *Menck* in *Blümich,* § 4 AStG Rz. 2, 9; BMF-AnwSchr. Tz. 4.1.1. und im Umkehrschluss Tz. 4.1.3.). Es ist daher davon auszugehen, dass die Finanzverwaltung den Geltungsbereich der erweiterten beschränkten Erbschaft- und Schenkungsteuerpflicht nach § 4 AStG unabhängig vom tatsächlichen Vorliegen eines nach § 2 Abs. 1 Nr. 3 ErbStG beschränkt steuerpflichtigen Erwerbsvorgangs bestimmen wird. **37**

C. Rechtsfolgen

I. Steuerpflichtiger Erwerb und Umfang des erweiterten Inlandsvermögens

Sofern die Tatbestandsvoraussetzungen erfüllt sind, dehnt § 4 Abs. 1 AStG den steuerpflichtigen Erwerb auf das erweiterte Inlandsvermögen aus. Das erweiterte Inlandsvermögen umfasst die Vermögensteile, deren Erträge bei unbeschränkter Einkommensteuerpflicht nicht ausländische Einkünfte i. S. d. §§ 34c Abs. 1, 34d EStG wären. § 4 Abs. 1 AStG tangiert somit die Vermögenswerte, deren Erträge im Rahmen der erweiterten beschränkten Einkommensteuerpflicht nach § 2 Abs. 1 AStG ergänzend berücksichtigt werden; hinsichtlich des Umfangs der bei ausländischen Zwischengesellschaften zu berücksichtigenden Vermögensteile wird auf die Kommentierung zu § 5 AStG, Anm. 41 f., verwiesen. Damit umfasst die erweiterte beschränkte Erbschaft- und Schenkungsteuerpflicht neben dem Inlandsvermögen gemäß § 121 BewG auch die folgenden Vermögenswerte (BMF-AnwSchr. Tz. 4.1.1.): **38**

– Kapitalforderungen gegen Schuldner im Inland,
– Spareinlagen und Bankguthaben bei Geldinstituten im Inland,
– Aktien und Anteile an KapGes, Investmentfonds und offenen Immobilienfonds sowie Geschäftsguthaben bei Genossenschaften im Inland,
– Ansprüche auf Renten und andere wiederkehrende Leistungen gegen Schuldner im Inland sowie Nießbrauchs- und Nutzungsrechte an Vermögensgegenständen im Inland,
– Erfindungen und Urheberrechte, die im Inland verwertet werden,
– Versicherungsansprüche gegen Versicherungsunternehmen im Inland,
– bewegliche WG, die sich im Inland befinden,

- Vermögen, dessen Erträge nach § 5 AStG der erweiterten beschränkten Steuerpflicht unterliegen,
- Vermögen, das nach § 15 AStG dem erweitert beschränkt Steuerpflichtigen zuzurechnen ist.

39   Diese im BMF-AnwSchr genannte Aufzählung ist jedoch nicht durchweg frei von Kritik. Sind beispielsweise Erfindungen und Urheberrechte dem ausländischen Betriebsvermögen eines Selbständigen zuzurechnen und hat dieser die zugrunde liegende Tätigkeit im Ausland ausgeübt, handelt es sich um ausländische Einkünfte im Sinne von § 34d Nr. 3 EStG. Diese Erfindungen und Urheberrechte sind somit nicht Teil des erweiterten Inlandsvermögens. Falls die Erfindungen und Urheberrechte jedoch in ein deutsches Register eingetragen sind, handelt es sich bereits um Inlandsvermögen i. S. d. § 121 Nr. 5 BewG.

40   Hinsichtlich der Zurechnung von Vermögen ggü. dem erweitert beschränkt Steuerpflichtigen nach § 15 AStG ist einzuwenden, dass § 15 Abs. 1 Satz 2 AStG ausdrücklich erbschaft- und schenkungsteuerliche Implikationen ausschließt. Im Übrigen geht die Finanzverwaltung an anderer (und an nämlicher Tz. explizit in Bezug genommener) Stelle des AnwSchr selbst davon aus, dass sich die Zurechnung ggü. erweitert beschränkt steuerpflichtigen Personen ausschließlich auf das Stiftungseinkommen bezieht (vgl. BMF-AnwSchr Tz. 4.1.1. Nr. 9 i. V. m. Tz. 15.5.). Auch aus der Optik des Missbrauch bekämpfenden Steuergesetzgebers erscheint die Notwendigkeit, die Übertragung von Stiftungsvermögen im Rahmen der erweiterten beschränkten Erbschaft- und Schenkungsteuerpflicht zu erfassen, zweifelhaft, da kaum Fallgestaltungen denkbar sind, in denen es insoweit durch Einschaltung einer ausländischen Familienstiftung tatsächlich zu erbschaft- oder schenkungsteuerlichen Vorteilen kommt (vgl. § 5 AStG Anm. 75).

41   Schulden und Lasten sind entsprechend § 10 Abs. 6 Satz 2 ErbStG abzugsfähig, wenn sie in wirtschaftlichem Zusammenhang mit dem Inlandsvermögen gemäß § 121 BewG und dem erweiterten Inlandsvermögen stehen (vgl. BMF-AnwSchr Tz. 4.1.2.). Eine Saldierung von negativem Inlandsvermögen i. S. d. § 121 BewG mit positivem erweiterten Inlandsvermögen i. S. d. § 4 Abs. 1 AStG oder umgekehrt ist möglich (vgl. BMF-AnwSchr Tz. 4.1.2.).

42   Die sonstigen, die beschränkte Erbschaft- und Schenkungsteuerpflicht betreffenden Regelungen des ErbStG gelten auch für die erweiterte beschränkte Erbschaft- und Schenkungsteuerpflicht. Hierzu gehören beispielsweise die Befreiungen nach § 5 ErbStG (Zugewinnausgleich) und § 13 ErbStG sowie die Berücksichtigung mehrerer Erwerbe innerhalb von zehn Jahren gemäß § 14 ErbStG (vgl. auch BMF-AnwSchr Tz. 4.2.1.).

II. Freibetrag und Steuertarif

43   Für den erweitert beschränkt steuerpflichtigen Erwerb kann ein Freibetrag in Höhe von 2.000 EUR gemäß § 16 Abs. 2 ErbStG beansprucht werden. Der Freibetrag wird nach Auffassung der Finanzverwaltung auch dann gewährt, wenn nur erweitertes Inlandsvermögen von der erweiterten beschränkten Erbschaft- und Schenkungsteuerpflicht nach § 4 Abs. 1 AStG erfasst wird (vgl. BMF-AnwSchr Tz. 4.1.3.; zur Frage der Erbschaft- und Schenkungsteuerpflicht nach § 2 Abs. 1 Nr. 3 ErbStG

als mögliche Tatbestandsvoraussetzung des § 4 AStG vgl. aber Anm. 33 ff.). Im Einzelfall ist an die Möglichkeit der Antragstellung nach § 2 Abs. 3 ErbStG zu denken, um in den Genuss der für unbeschränkt steuerpflichtige Erwerbsvorgänge geltenden Freibeträge zu gelangen (vgl. hierzu Anm. 6, 10a und 10b). Die Antragssteuerpflicht verdrängt insoweit die Bestimmungen der (erweiterten) beschränkten Steuerpflicht.

Der Steuertarif ergibt sich aus § 19 ErbStG (Steuersätze) i. V. mit § 15 ErbStG **44** (Steuerklassen), wobei der insgesamt erweitert beschränkt steuerpflichtige Erwerb, d. h. Inlandsvermögen zuzüglich erweitertes Inlandsvermögen, zu berücksichtigen ist. Insoweit führt die erweiterte beschränkte Erbschaft- und Schenkungsteuerpflicht zu einem Progressionseffekt, da sich durch Einbezug des erweiterten Inlandsvermögens der Steuersatz für den gesamten steuerpflichtigen Erwerb ändern kann.

Abweichend von der erweiterten beschränkten Einkommensteuerpflicht kommt **45** bei der erweiterten beschränkten Erbschaft- und Schenkungsteuerpflicht kein Progressionsvorbehalt hinsichtlich des gesamten Vermögensanfalls zum Tragen (vgl. auch *Ettinger* in *Haase*, § 4 AStG Rz. 39). Das nicht bei der steuerpflichtigen Bemessungsgrundlage berücksichtigte (ausländische) Vermögen erhöht somit nicht den anzuwendenden Steuersatz bei der erweiterten beschränkten Erbschaft- und Schenkungsteuerpflicht.

Eine Anrechnung der im Ausland gezahlten Erbschaft- und Schenkungsteuer **46** scheidet aus, da § 21 ErbStG explizit nur bei unbeschränkter Erbschaft- und Schenkungsteuerpflicht gilt (unklar *F/W/B*, § 4 AStG Rz. 11d, 16). Es kann somit zu einer Doppelbesteuerung kommen, es sei denn, die Doppelbesteuerung wird durch ein DBA oder unilateral durch nationale Rechtsvorschriften des anderen Staates vermieden. Die insoweit hinsichtlich des erweiterten Inlandsvermögens mögliche Doppelbesteuerung erscheint sachlich ungerechtfertigt, da mit der Vorschrift des § 4 AStG kein Zustand einer Strafbesteuerung eintreten, sondern lediglich ein als ungerechtfertigt empfundener Steuervorteil abgeschöpft werden soll. Zwar ist die Anrechnung im Ansässigkeitsstaat zu entrichtender Steuern nach der Konzeption des § 21 ErbStG nicht Aufgabe des Staates, in dem lediglich eine beschränkte Steuerpflicht aufgrund der mit dem Inland besonders eng verbundenen Vermögensteile besteht (vgl. *F/W/B*, § 4 AStG Rz. 16). Indessen wird die Erweiterung des betroffenen Inlandsvermögens punktuell lediglich auf Erwerbsvorgänge in Niedrigsteuergebieten zum Zwecke der Abschöpfung von Steuervorteilen ausgedehnt. Eine potentielle Schlechterstellung des erweitert beschränkt Steuerpflichtigen ggü. dem in ein Hochsteuerland Wegziehenden erscheint konzeptionell daher unstimmig (kritisch auch *Zimmermann/Klinkertz* in *S/K/K*, § 4 AStG Rz. 40). Unter Berücksichtigung der Vergleichsrechnung nach § 2 Abs. 6 AStG im Rahmen der erweiterten beschränkten Einkommensteuerpflicht ist die gänzliche Verwehrung einer Steueranrechnung auch systematisch nicht über jeden Zweifel erhaben.

III. Gestaltungen zur Vermeidung oder Reduzierung der erweiterten beschränkten Erbschaft- und Schenkungsteuerpflicht

Aus der Perspektive der Steuergestaltung kommt es einerseits entscheidend **47** darauf an, die Voraussetzungen des § 2 Abs. 1 Satz 1 AStG, insbesondere das Fortbestehen wesentlicher wirtschaftlicher Inlandsinteressen, zu vermeiden. Andererseits muss in den Fokus der Gestaltungsplanung rücken, ob Vermögensteile, die vom erweiterten Inlandsvermögensbegriff erfasst sind, durch rechtzeitige Umschichtung dem Anwendungsbereich des § 4 AStG entzogen werden können. Hier ist etwa zu denken an die Umschichtung von bei inländischen Kreditinstituten gehaltenen Bankguthaben auf ausländische Kreditinstitute, die Umschichtung von nicht wesentlichen Beteiligungen an inländischen Kapitalgesellschaften in Anteile an ausländischen Kapitalgesellschaften oder den Verkauf beweglicher Wirtschaftsgüter (ggf. außerhalb der Spekulationsfrist) bzw. deren Mitnahme ins Ausland (vgl. auch *Zimmermann/Klinkertz* in *S/K/K*, § 4 AStG Rz. 35; *Kraft* in *Kraft*, AStG, § 4 Rz. 81; *Ettinger*, ZErb 2006 S. 41; *Koch*, PIStB 2001 S. 160). Die vorzeitige Veräußerung der von § 4 AStG potentiell betroffenen Vermögensteile steht dabei unter dem Vorbehalt ertrag- und verkehrsteuerlicher Vorteilhaftigkeitsüberlegungen.

48a Die Einbringung von Gegenständen des erweitert beschränkt steuerpflichtigen Inlandsvermögens in eine ausländische Kapitalgesellschaft bei anschließender Zuwendung der Gesellschaftsanteile ist hingegen aufgrund der Vorschrift des § 5 Abs. 1 Satz 2 AStG regelmäßig nicht zielführend.

48b Ferner ist bei Vorliegen der dort genannten Voraussetzungen im Einzelfall die Vorteilhaftigkeit eines Antrags nach § 2 Abs. 3 ErbStG sorgfältig zu prüfen. In Anbetracht der ggf. auch über den jeweiligen Erwerb hinausgehenden materiellen Konsequenzen sind dabei alle bereits eingetretenen oder für die Zukunft wahrscheinlichen erbschaft- und schenkungsteuerlich relevanten Tatsachen und rechtlichen Gegebenheiten sorgsam zu berücksichtigen. Hierbei ist nicht nur die konkrete deutsche Besteuerungslast im Vergleich zu errechnen, sondern auch die ggf. abweichende ausländische Besteuerungslast aufgrund differierenden Anrechnungsvolumens deutscher Steuer zu ermitteln. Eine genaue Vorteilhaftigkeitsberechnung ist letztlich nur im Erbfall möglich.

IV. Kein steuerpflichtiger Erwerb bei ausländischer Mindestbesteuerung

49 Nach § 4 Abs. 2 AStG entfällt die erweiterte beschränkte Erbschaft- und Schenkungsteuerpflicht, wenn die ausländische Steuerbelastung mindestens 30 % der deutschen Erbschaft- und Schenkungsteuerbelastung beträgt. Der Gesetzgeber trägt hiermit dem Umstand Rechnung, dass Länder mit niedrigen Ertragsteuern nicht auch zwingend niedrige Erbschaft- und Schenkungsteuersätze aufweisen (vgl. *Lempenau* in *Brezing u. a.*, § 4 Rz. 8). Die relative Steuerschwelle ist im Vergleich zur erweiterten beschränkten Einkommensteuerpflicht nach § 2 Abs. 2 AStG deutlich niedriger angesetzt.

50 Maßgeblich ist nicht eine abstrakte Steuerbelastung oder ein Vergleich der allgemeinen Steuersätze. Es kommt vielmehr auf die konkreten Verhältnisse beim erweitert beschränkt Erbschaft- und Schenkungsteuerpflichtigen an.

51 Die im Ausland zu entrichtende Steuer muss der deutschen Erbschaft- und Schenkungsteuer entsprechen. Es muss sich somit um eine Steuer auf den unentgeltlichen Erwerb von Vermögen handeln, wenngleich sich nicht zwangsläufig die steuerpflichtigen Vorgänge (Erwerb von Todes wegen und Schenkung unter Lebenden) entsprechen müssen. Unterliegt im Ausland nur einer der Vorgänge (Erwerb von Todes wegen oder Schenkung unter Lebenden) der Besteuerung, so ist der Gegenbeweis nach § 4 Abs. 2 AStG in der jeweils einschlägigen Alternative zulässig (vgl. *F/W/B*, § 4 AStG Rz. 15). Auch lokale Steuern von Kantonen und Gemeinden sind zu berücksichtigen (vgl. BMF-AnwSchr Tz. 4.2.2.). Steuervergünstigungen, die der ausländische Staat gewährt (einschließlich der Anrechnung ausländischer Steuern), sind zu berücksichtigen.

§ 4 Abs. 2 AStG stellt eine Ausnahme zur Grundregel des § 4 Abs. 1 AStG dar. **52** Der Nachweis einer ausländischen Mindestbesteuerung ist vom betroffenen Steuerpflichtigen zu führen (vgl. *F/W/B*, § 4 AStG Rz. 13; BMF-AnwSchr Tz. 4.2.1.).

Betrachtet wird ausschließlich das erweiterte Inlandsvermögen und die hierauf **53** im Inland und Ausland entfallende Durchschnittssteuerbelastung. Unterliegt das erweiterte Inlandsvermögen bzw. Teile hiervon in mehreren ausländischen Staaten der Besteuerung, so sind alle ausländischen Erbschaft- und Schenkungsteuern zu berücksichtigen. § 4 Abs. 2 AStG spricht insofern von der „im Ausland" entrichteten Steuer, so dass ggf. auch die Steuerbelastung mehrerer ausländischer Staaten zu berücksichtigen ist (vgl. ebenso *Lempenau* in *Brezing u. a.*, § 4 Rz. 8; BMF-AnwSchr Tz. 4.2.2.).

Eine Beschränkung der Vergleichsrechnung auf einzelne Vermögensteile ist – **54** auch wenn diese im Ausland unterschiedlich behandelt werden – nicht vorgesehen. Damit scheidet eine wirtschaftsgutbezogene Vergleichsrechnung der Steuerbelastung aus (vgl. *F/W/B*, § 4 AStG Rz. 14).

Die Aufteilung der inländischen und ausländischen Steuerschuld bemisst sich **55** in sinngemäßer Anwendung des § 21 Abs. 1 Satz 2 ErbStG nach den Wertansätzen der jeweiligen Vermögenswerte (vgl. BMF-AnwSchr Tz. 4.2.2.). Daher ist die deutsche Steuerschuld nach dem Verhältnis des Wertes des über § 4 AStG hinzutretenden erweiterten Inlandsvermögens zum Wert des gesamten Erwerbs aufzuteilen. Analog ist die ausländische anteilige Steuerschuld zu ermitteln. Dabei sind die Wertansätze nach ausländischem Recht maßgeblich (vgl. *F/W/B*, § 4 AStG Rz. 14a).

Entspricht die so ermittelte anteilige ausländische Steuer mindestens 30 % der **56** anteiligen deutschen Steuer, entfällt die Besteuerung des erweiterten Inlandsvermögens nach § 4 Abs. 1 AStG. Die einfache beschränkte Erbschaft- und Schenkungsteuerpflicht nach § 2 Abs. 1 Nr. 3 ErbStG bleibt davon unberührt (vgl. BMF-AnwSchr Tz. 4.2.1.). Mangels Übergangsregelung und Anrechnungsmöglichkeit kann bereits eine geringfügige Unterschreitung der 30 %-Grenze zu einer relativ unterschiedlichen Steuerbelastung führen.

Beispiel 8:
Zu einer Schenkung gehören drei Vermögenswerte. Aus deutscher Sicht wird Vermögen 1 (10 Mio. €) als Inlandsvermögen bzw. Vermögen 2 (8 Mio. €) als erweitertes Inlandsvermögen von der erweiterten beschränkten Erbschaft- und Schenkungsteuerpflicht erfasst und Vermögen 3 (15 Mio. €) als ausländisches Vermögen nicht berücksichtigt. Der Steuersatz soll bei einem steuerpflichtigen Vermögen von 18 Mio. € (= Vermögen 1 und 2) 27 % betragen. Im Staat A wird nur Vermögen 2 mit 4 % besteuert. Staat B erhebt eine Steuer von 7 % auf das Gesamtvermögen und

rechnet die im Staat A gezahlte Erbschaft- und Schenkungsteuer vollständig an. Es lassen sich somit die folgenden Steuerbeträge errechnen:

a) In Deutschland
Inlandsvermögen:	10,00 Mio. €
erweitertes Inlandsvermögen:	8,00 Mio. €
steuerpflichtiger Erwerb	18,00 Mio. €
ErbSt hierauf (27 %)	4,86 Mio. €
davon entfällt auf das erweiterte Inlandsvermögen (8 Mio. € / 18 Mio. € = 44,44 %):	2,16 Mio. €

b) In Staat A
steuerpflichtiger Erwerb	8,00 Mio. €
ErbSt hierauf (4 %)	0,32 Mio. €
davon entfällt auf das erweiterte Inlandsvermögen:	0,32 Mio. €

c) In Staat B
steuerpflichtiger Erwerb	33,00 Mio. €
ErbSt hierauf (7 %)	2,31 Mio. €
./. Steueranrechnung (Staat A)	0,32 Mio. €
	1,99 Mio. €
davon entfällt auf das erweiterte Inlandsvermögen: (8 Mio. € / 33 Mio. € = 24,24 %) 1,99 Mio. € * 24,24 % = 0,48 Mio. €)	0,48 Mio. €

Die im Ausland insgesamt zu entrichtende Erbschaft- und Schenkungsteuer, die auf das erweiterte Inlandsvermögen entfällt, beträgt somit 0,80 Mio. € (= 0,32 Mio. € + 0,48 Mio. €). Damit übersteigt die ausländische Besteuerung die 30 %-Grenze (30 % von 2,16 Mio. € = 0,648 Mio. €) und es kommt nicht zur erweiterten beschränkten Erbschaft- und Schenkungsteuerpflicht. Es bleibt in Deutschland bei der beschränkten Erbschaft- und Schenkungsteuerpflicht mit der Erfassung des Inlandsvermögens und der Anwendung eines niedrigeren Steuersatzes.

D. Verfahrensfragen

57 Die Erhebung der erweiterten beschränkten Erbschaft- und Schenkungsteuer erfolgt im Wege der Steuerveranlagung. Bezüglich der Anzeigepflichten (§§ 30, 33 und 34 ErbStG) und der Steuererklärungspflicht (§ 31 ErbStG) sind keine Ausnahmen bzw. Besonderheiten vorgesehen. Aufgrund der Auslandsbezogenheit greift die erhöhte Mitwirkungspflicht des § 90 Abs. 2 AO (vgl. auch *Kau*, UVR 2001 S. 13).

58 Die Erbschaft- und Schenkungsteuererklärung ist beim örtlich zuständigen FA einzureichen, wobei es hier nach § 35 Abs. 4 ErbStG i. V. m. § 19 Abs. 2 AO grundsätzlich auf den Ort der Belegenheit des inländischen Vermögens bzw. des wertvollsten Teils des inländischen Vermögens ankommt. Das zuständige Erbschaftsteuerfinanzamt hat eigenständig zu überprüfen, ob die Voraussetzungen des § 2 Abs. 1 Satz 1 AStG vorliegen. Die Entscheidung des für die Einkommensteuerveranlagung zuständigen Finanzamts entfaltet insofern keine Bindungswirkung (vgl. *F/W/B*, § 4 AStG Rz. 6a).

59 Die Steuer schuldet der Erbe; Schenker und Erwerber schulden die Steuer gesamtschuldnerisch (§ 20 ErbStG). Ihnen steht es frei, einen Bevollmächtigten (§ 80 AO) oder einen Empfangsbevollmächtigten (§ 123 AO) zu bestellen (zu beachten ist hierbei die Bekanntgabefiktion des § 123 Satz 2 AO, falls dem Verlangen der Finanzverwaltung nach Bestellung eines inländischen Empfangsbevollmächtigten nicht entsprochen wird).

§ 5*
Zwischengeschaltete Gesellschaften

(1) Sind natürliche Personen, die in den letzten zehn Jahren vor dem Ende ihrer unbeschränkten Steuerpflicht nach § 1 Abs. 1 Satz 1 des Einkommensteuergesetzes als Deutscher insgesamt mindestens fünf Jahre unbeschränkt einkommensteuerpflichtig waren und die Voraussetzungen des § 2 Abs. 1 Satz 1 Nr. 1 erfüllen (Person im Sinne des § 2), allein oder zusammen mit unbeschränkt Steuerpflichtigen an einer ausländischen Gesellschaft im Sinne des § 7 beteiligt, so sind Einkünfte, mit denen diese Personen bei unbeschränkter Steuerpflicht nach den §§ 7, 8 und 14 steuerpflichtig wären und die nicht ausländische Einkünfte im Sinne des § 34d des Einkommensteuergesetzes sind, diesen Personen zuzurechnen. Liegen die Voraussetzungen des Satzes 1 vor, so sind die Vermögenswerte der ausländischen Gesellschaft, deren Erträge bei unbeschränkter Steuerpflicht nicht ausländische Einkünfte im Sinne des § 34d des Einkommensteuergesetzes wären, im Fall des § 4 dem Erwerb entsprechend der Beteiligung zuzurechnen.

(2) Das Vermögen, das den nach Absatz 1 einer Person zuzurechnenden Einkünften zugrunde liegt, haftet für die von dieser Person für diese Einkünfte geschuldeten Steuern.

(3) § 18 findet entsprechende Anwendung.

Erläuterungen
Übersicht

	Anm.
A. Allgemeines	1–16
I. Überblick über die Vorschrift	1, 2
II. Rechtsentwicklung	3
III. Verhältnis zu anderen Rechtsvorschriften	4–16
1. Verhältnis zu den Zurechnungsvorschriften der AO	4, 5
2. Verhältnis zur beschränkten Steuerpflicht der ausländischen Zwischengesellschaft	6–8
3. Verhältnis zur Hinzurechnungsbesteuerung (§§ 7–14 AStG)	9–11
4. Verhältnis zur Einkommenszurechnung bei Familienstiftungen (§ 15 AStG)	12
5. Vereinbarkeit mit europarechtlichen Vorgaben	13
6. Vereinbarkeit mit verfassungsrechtlichen Vorgaben	14–16
B. Zurechnung von Einkünften und Vermögen einer ausländischen Zwischengesellschaft (Absatz 1)	17–84
I. Persönliche Voraussetzungen	17–26
II. Beteiligung an einer zwischengeschalteten Gesellschaft	27–34
III. Rechtsfolgen	35–84
1. Zurechnung von Einkünften bei der Einkommensteuer	35–73
a) Einkünfte der zwischengeschalteten Gesellschaft	35–42
b) Einkünfte von nachgeschalteten Zwischengesellschaften	43, 44
c) Zurechnungsgegenstand	45–48
d) Einschränkung der Einkünftezurechnung durch Doppelbesteuerungsabkommen	49–52
e) Zeitpunkt der Zurechnung	53

---

* Zuletzt geändert durch das Gesetz zur Anpassung der Abgabenordnung an den Zollkodex der Union und zur Änderung weiterer steuerlicher Vorschriften vom 22.12.2014 (BGBl I 2014 S. 2417).

	Anm.
f) Berücksichtigung im In- und Ausland geleisteter Steuern	54–57
g) Zurechnung von Einkommen ausländischer Familienstiftungen	58–68
h) Zurechnung im Rahmen der beschränkten Steuerpflicht	69–73
2. Zurechnung von Vermögenswerten bei der Erbschaft- und Schenkungsteuer	74–84
C. Haftung des anteiligen Vermögens der ausländischen Zwischengesellschaft (Absatz 2)	85–88
D. Verfahrensfragen (Absatz 3)	89–92

Schrifttum: *Angermann/Anger,* Der neue Erlass zum Außensteuergesetz – Erweiterst beschränkte Steuerpflicht bei Wohnsitz in Großbritannien?, IStR 2005 S. 439; *Baranowski,* Besteuerung von Auslandsbeziehungen, 2. Aufl., Herne/Berlin 1996; *Blümich,* EStG/KStG/GewStG, Kommentar, München 1989; *Brezing u.a.,* Außensteuerrecht, Kommentar, Herne/Berlin 1991; *Dautzenberg,* Die erweiterte beschränkte Steuerpflicht des AStG und der EG-Vertrag, IStR 1997 S. 39; *Drüen,* Unternehmerfreiheit und Steuerumgehung, StuW 2008 S. 154; *ders.,* „Präzisierung" und „Effektuierung" des § 42 AO durch das Jahressteuergesetz 2008?, Ubg 2008 S. 31; *Flick/Wassermeyer/Baumhoff,* Außensteuerrecht, Kommentar, 6. Aufl. (zit.: *F/W/B); Graf zu Ortenburg,* Anrechenbarkeit von Steuern der zwischengeschalteten Gesellschaft bei der Veranlagung der erweitert beschränkt steuerpflichtigen Anteilseigner?, FR 1976 S. 162; *Hecht/Lampert/Schulz,* Das Auskunftsabkommen zwischen der Bundesrepublik Deutschland und dem Fürstentum Liechtenstein – Implikationen aus steuerrechtlicher Sicht, BB 2010 S. 2727; *Hey,* Hinzurechnungsbesteuerung bei ausländischen Familienstiftungen gemäß § 15 AStG i. d. F. des JStG 2009 – europa- und verfassungswidrig!, IStR 2008 S. 181; *Kirchhain,* Neues von der Zurechnungsbesteuerung – Gedanken zur geplanten Neufassung des § 15 AStG durch das Jahressteuergesetz 2013, IStR 2012 S. 602; *Kraft,* Außensteuergesetz, München 2009; *Kraft/Schulz,* Zwischengesellschaften im Kontext ausländischer Familienstiftungen – Entwicklungen durch das Jahressteuergesetz 2013, IStR 2012 S. 897; *Lademann,* Kommentar zum Einkommensteuergesetz mit Nebengesetzen, 4. Aufl. Stuttgart 1997 ff; *Kußmaul/Cloß,* Der persönliche Anwendungsbereich des § 2 AStG, StuB 2010 S. 264; *Lüdicke* (Hrsg.), Wo steht das deutsche Internationale Steuerrecht?, Köln 2009; *Mössner et al.* (Hrsg.), Außensteuerrecht, Kommentar, 2. Auflage 2011; *Runge,* Die verfahrensmäßige Handhabung des Außensteuergesetzes, DStZ/A 1975 S. 61; *Schönfeld,* Probleme der neuen einheitlichen und gesonderten Feststellung von Besteuerungsgrundlagen für Zwecke der Anwendung des § 15 AStG (ausländische Familienstiftungen), IStR 2009 S. 16; *Strunk/Kaminski/Köhler,* Außensteuergesetz, Doppelbesteuerungsabkommen, Kommentar, Bonn 2004 (zit.: S/K/K); *Wassermeyer,* 15 Jahre Außensteuergesetz, DStR 1987 S. 635; *ders.,* Die Fortentwicklung der Besteuerung von Auslandsbeziehungen – Anmerkungen zu den derzeitigen Überlegungen zur Reform des Außensteuerrechts, IStR 2001 S. 113; *ders.,* Einkommenszurechnung nach § 15 AStG, IStR 2009 S. 191; *Wassermeyer/Schönfeld,* Die Niedrigbesteuerung i. S. des § 8 Abs. 3 AStG vor dem Hintergrund eines inländischen KSt-Satzes von 15 %, IStR 2008 S. 496; *Wienbracke,* Die Genese fiskalischen Misstrauens, DB 2008 S. 664; *Wöhrle/Schelle/Gross,* Außensteuergesetz, Kommentar, Stuttgart 1992.

Verwaltungsanweisungen: Schreiben betr. Grundsätze zur Anwendung des Außensteuergesetzes, BMF vom 14.5.2004 IV B 4 – S 1340 – 11/04, BStBl I 2004 Sondernummer 1 S. 3 (zit. BMF-AnwSchr).

A. Allgemeines

I. Überblick über die Vorschrift

Die erweiterte beschränkte Einkommensteuerpflicht nach § 2 AStG (und entsprechend die erweiterte beschränkte Erbschaft- und Schenkungsteuerpflicht nach § 4 AStG) könnte dadurch umgangen werden, dass der Auswanderer seine wesentlichen wirtschaftlichen Interessen in Deutschland auf eine von ihm beherrschte ausländische Kapitalgesellschaft überträgt. Diese Zwischenschaltung einer ausländischen Kapitalgesellschaft hätte zum Ziel, dass die Voraussetzung des § 2 Abs. 1 Satz 1 Nr. 2 AStG (wesentliche wirtschaftliche Interessen im Geltungsbereich dieses Gesetzes) in der Person des Auswandernden nicht mehr unmittelbar vorliegt (vgl. die Leitsätze der Bundesregierung bzw. die Regierungsbegründung in: BT-Drucks. VI/2883; ferner BMF-AnwSchr Tz. 5.0.1). Die Gewinnausschüttungen der ausländischen Kapitalgesellschaft könnten in Deutschland ebenso wenig erfasst werden wie die Gesellschaftsrechte an ihr im Rahmen der erweiterten beschränkten Erbschaft- und Schenkungsteuerpflicht. Um derartigen Umgehungsgestaltungen zu begegnen, verfügt § 5 AStG unter bestimmten Voraussetzungen die Durchbrechung der Abschirmwirkung der ausländischen Kapitalgesellschaft und die Zurechnung bestimmter Einkünfte und Vermögensteile gegenüber den hinter ihr stehenden Personen. Nach dem gesetzgeberischen Willen und dem Verständnis der Finanzverwaltung ergänzt die Vorschrift des § 5 AStG damit die Regelungen der erweiterten beschränkten Einkommen- sowie Erbschaft- und Schenkungsteuerpflicht und begründet insbesondere keinen eigenen Steuertatbestand (vgl. ebenso *Kraft* in Kraft, AStG, § 5 Rz. 7; *Rundshagen* in S/K/K, § 5 AStG, Rz. 5; ferner *F/W/B*, § 5 AStG, Rz. 68), wenngleich dies allein ausgehend vom Wortlaut angenommen werden könnte. § 5 AStG entfaltet in der Rechtspraxis kaum eigenständige Bedeutung. Der Bedeutungsgehalt des § 5 AStG beschränkt sich im Wesentlichen auf die prophylaktische Wirkung gegen die erfassten Rechtsgestaltungen.

Absatz 1 enthält die Kernbestimmung der Vorschrift. Demnach erfolgt unter den dort genannten persönlichen und sachlichen Voraussetzungen eine Zurechnung bestimmter Einkünfte der ausländischen Zwischengesellschaft gegenüber ihren Anteilseignern. Satz 2 erweitert die Zurechnung im Rahmen des § 4 AStG auf bestimmte Vermögenswerte der ausländischen Zwischengesellschaft. Absatz 2 normiert Haftungsregelungen für Zwecke der Einkünftezurechnung nach § 5 Abs. 1 Satz 1 AStG. § 5 Abs. 3 AStG ordnet hinsichtlich des verfahrensrechtlichen Vorgehens die entsprechende Anwendung des § 18 AStG an.

II. Rechtsentwicklung

Die Vorschrift ist mit Einfügung des AStG 1972 aufgenommen worden. § 5 AStG wurde bereits kurz nach seiner Einführung in 1972 mit dem Gesetz zur Reform des Erbschaftsteuer- und Schenkungsteuerrechts vom 17. 4. 1974 (BGBl I 1974 S. 933) grundlegend geändert (vgl. hierzu eingehend *F/W/B*, § 5 AStG Rz. 8 ff.). Die Änderung betraf sowohl die Voraussetzungen (Aufgabe des Erfordernisses wesentlicher wirtschaftlicher Interessen des Auswandernden im Inland, Relevanz auch maßgeblicher Beteiligungen an der zwischengeschalteten Gesellschaft durch eine Mehrzahl von Personen) als auch die Rechtsfolgen (Einengung der anwendbaren Vorschriften der Hinzurechnungsbesteuerung, Zurechnung von Vermögenswerten bei der Vermögensteuer und der Erbschaft- und Schenkungsteuer). Aufgrund des Wegfalls der Vermögensteuer mit Wirkung zum 1.1.1997 erfolgte mit dem Jahressteuergesetz 1997 vom 20.12.1996 (BGBl I 1996 S. 2049) eine weitere Anpassung, mit der die vermögensteuerlichen Regelungen aufgehoben wurden.

III. Verhältnis zu anderen Rechtsvorschriften

1. Verhältnis zu den Zurechnungsvorschriften der AO

4   Die Anwendung des § 5 AStG setzt voraus, dass Wirtschaftsgüter und Einkünfte der ausländischen Zwischengesellschaft dem Steuerpflichtigen nicht bereits unmittelbar (ggf. über § 39 AO) zugerechnet werden (ebenso *Rundshagen* in S/K/K, § 5 AStG Rz. 21). Insoweit bedarf es einer Zurechnung nach § 5 Abs. 1 AStG nicht mehr. Die Grundsätze des § 39 AO sind auch im Geltungsbereich der (erweiterten) beschränkten Steuerpflicht einschlägig. Eine Zurechnung über § 39 Abs. 2 Nr. 1 Satz 2 AO kommt etwa im Rahmen von Treuhandverhältnissen in Betracht. In diesen Fällen sind die Wirtschaftsgüter und Einkünfte trotz zivilrechtlichen Eigentums beim Treuhänder dem Treugeber zuzurechnen. Eine unmittelbare Zurechnung von Wirtschaftsgütern und Einkünften nach Treuhandgrundsätzen hat indessen im Verhältnis zu Kapitalgesellschaften nur eine geringe rechtspraktische Bedeutung erlangt (vgl. aus der früheren Rechtsprechung zur Vorgängernorm des § 11 Nr. 3 StAnpG BFH vom 29.1.1975 I R 135/70, BStBl II 1975 S. 553). Höhere Wirkkraft könnte eine Zurechnung nach (Treuhand-)Grundsätzen dagegen ggf. bei beherrschten ausländischen Familienstiftungen im Rahmen der entsprechenden Anwendung des § 5 AStG entfalten (vgl. BMF-Schreiben vom 20.7.2004 IV A 4 – S 1928 – 94/04, ergänzt durch BMF-Schreiben vom 16.9.2004 IV A 4 – S 1928 – 120/04, Antwort zu Frage 19). Als eine weitere mögliche Fallgruppe führt Rundshagen die Einräumung von Nutzungs- und Verwertungsrechten zugunsten des Steuerpflichtigen ins Feld, sofern der Kapitalgesellschaft hierbei nur noch sehr eingeschränkte Nutzungsrechte verbleiben (vgl. *Rundshagen* in S/K/K, § 5 AStG Rz. 21).

5   Die allgemeine Missbrauchsnorm des § 42 AO kommt grundsätzlich auch im Bereich der beschränkten Steuerpflicht zum Tragen (vgl. zur geänderten Rechtsauffassung BFH vom 29.10.1997 I R 35/96, BStBl II 1998 S. 235; BFH vom 29.1.2008 I R 26/06, BStBl II 2008 S. 978; *Hey* in Lüdicke (Hrsg.), Steuerrecht, S. 143). Innerhalb ihres tatbestandlichen Geltungsbereichs ist die Vorschrift des § 5 AStG allerdings vorrangig gegenüber der allgemeinen Missbrauchsnorm des § 42 AO anzuwenden. Dieses Rangordnungsverhältnis ist in der durch das JStG 2008 (BGBl I 2007 S. 3150) geänderten Fassung des § 42 Abs. 1 Satz 2 AO ausdrücklich gesetzlich normiert. § 42 AO hat damit über den Anwendungsbereich des § 5 AStG hinaus im Regelfall nur eine ergänzende Funktion zur Nivellierung anderer, den Tatbestand des Missbrauchs i. S. von § 42 Abs. 2 AO erfüllender Sachverhalte inne. Scheitert eine Zurechnung über § 5 Abs. 1 AStG mangels Vorliegens passiver nicht ausländischer Einkünfte, liegt auch kein Missbrauch i. S. von § 42 Abs. 2 AO vor. Scheitert eine Zurechnung mangels Erfüllung einzelner Tatbestandsmerkmale des § 5 AStG, ist grundsätzlich das Vorliegen eines Missbrauchs gemäß § 42 Abs. 1 Satz 3 AO zu prüfen. Insofern dürfte allerdings durch die Neufassung des § 42 AO im Zuge des JStG 2008 der bislang von der Rechtsprechung judizierte Wertungsvor-

rang spezialgesetzlicher Missbrauchsvermeidungsvorschriften keine Änderungen erfahren haben (vgl. *Hey* in Lüdicke (Hrsg.), Steuerrecht, S. 143 f.; *Drüen*, StuW 2008 S. 154 (161); *ders.*, Ubg 2008 S. 31 (34)). Zu beachten ist jedoch, dass die gezielte, missbrauchsgeleitete Umgehung spezialgesetzlicher Missbrauchsvorschriften den Tatbestand eines allgemeinen Missbrauchs i. S. von § 42 AO erfüllen kann (vgl. *Drüen*, StuW 2008 S. 154 (161); *ders.*, Ubg 2008 S. 31 (34); *Wienbracke*, DB 2008 S. 664 (669)).

2. Verhältnis zur beschränkten Steuerpflicht der ausländischen Zwischengesellschaft

Die beschränkte Steuerpflicht der ausländischen Zwischengesellschaft wird durch § 5 AStG nicht suspendiert (vgl. ebenso *Kraft* in Kraft, AStG, § 5 Rz. 68 f.; *Menck* in Blümich, § 5 AStG Rz. 14; *Rundshagen* in S/K/K, § 5 AStG Rz. 12; *Baranowski*, Auslandsbeziehungen, Rz. 835; dahin tendierend auch *Steierberg* in Mössner et al., Außensteuerrecht, § 5 AStG Rz. 35). Dies entspricht der steuerlichen Behandlung von Zwischengesellschaften nach den §§ 7-14 AStG (vgl. BMF-AnwSchr Tz. 7.0.3) und einer verbreiteten Auffassung der steuerlichen Behandlung von Familienstiftungen gemäß § 15 AStG. Einer wirtschaftlichen Doppelbelastung einerseits durch Besteuerung beim ausländischen Rechtsträger und andererseits durch Besteuerung beim Zurechnungsempfänger kann durch Anrechnung oder Erstattung der auf Rechtsträgerebene geleisteten Steuern begegnet werden. **6**

Eine anderweitige Auffassung riefe erhebliche rechtspraktische Probleme hervor. Man stelle sich etwa eine ausländische Zwischengesellschaft vor, deren Anteilseigner lediglich zum Teil der unbeschränkten oder erweiterten beschränkten Einkommensteuerpflicht unterliegen. Verträte man die Auffassung, dass § 5 AStG die beschränkte Steuerpflicht aufhebt, dürfte diese insoweit lediglich in Höhe der Beteiligungsquote erweitert beschränkt einkommensteuerpflichtiger Personen und auch nur hinsichtlich passiver, niedrig besteuerter Einkünfte i. S. d. § 8 AStG verdrängt werden. In Höhe der Beteiligungsquote unbeschränkt steuerpflichtiger, der Hinzurechnungsbesteuerung unterworfener Personen sowie anderer Anteilseigner wäre die beschränkte Steuerpflicht der ausländischen Zwischengesellschaft dagegen weiter zu beachten. Im Ergebnis erforderte die Veranlagung der ausländischen Zwischengesellschaft damit einen genauen Kenntnisstand der an ihr beteiligten Anteilseigner. Dies wäre verfahrenstechnisch in hohem Maße unpraktikabel (vgl. auch *Rundshagen* in S/K/K, § 5 AStG Rz. 55). **7**

Hiervon abweichend lehnen *F/W/B* das Fortbestehen einer beschränkten Steuerpflicht der ausländischen Zwischengesellschaft neben einer Zurechnung nach § 5 Abs. 1 Satz 1 AStG ab (vgl. *F/W/B*, § 5 AStG Rz. 18; ablehnend auch *Graf zu Ortenburg*, FR 1976 S. 162). Die Zurechnungsvorschriften im Ertragsteuerrecht gingen von dem Grundsatz aus, dass Einkünfte nur von einer Person verwirklicht werden könnten. Auch wenn man in § 5 Abs. 1 Satz 1 AStG eine Rechtsfolgen- und keine „Einkünfteerzielungszurechnung" erblickt, so könne doch daraus lediglich geschlossen werden, dass die steuerlichen Rechtsfolgen eben nicht bei der ausländischen Zwischengesellschaft, sondern bei den Zurechnungsempfängern gezogen würden. Der Wortlaut des § 5 Abs. 1 Satz 1 AStG und insbesondere die Einordnung der beschränkten Steuerpflicht von Zwischengesellschaften im Rahmen der Hinzurechnungsbesteuerung lassen gleichwohl eine dem von *F/W/B* vertretenen Ansatz entgegenstehende Auffassung zu (vgl. im Einzelnen auch *Rundshagen* in **8**

S/K/K, § 5 AStG Rz. 52 ff.; vgl. im Hinblick auf eine beschränkte Steuerpflicht einer ausländischen Familienstiftung im Rahmen der Zurechnungsvorschrift des § 15 AStG zudem *Wassermeyer*, IStR 2009 S. 191). Es erscheint systematisch wenig nachvollziehbar, die ausländische Zwischengesellschaft innerhalb der Hinzurechnungsbesteuerung der beschränkten Steuerpflicht unterwerfen zu wollen, diese jedoch bei Anwendung des § 5 AStG fortfallen zu lassen. Jedenfalls ist die unterschiedliche Rechtsfolgenausgestaltung in technischer Hinsicht – einerseits die Zurechnung von Einkünften, andererseits deren Transformation in einen Hinzurechnungsbetrag – nicht geeignet, eine abweichende Beurteilung der beschränkten Steuerpflicht der betroffenen ausländischen Zwischengesellschaft zu rechtfertigen.

3. Verhältnis zur Hinzurechnungsbesteuerung (§§ 7–14 AStG)

9 § 5 Abs. 1 AStG nimmt tatbestandlich Bezug auf Vorschriften der Hinzurechnungsbesteuerung. Die Zurechnung von Einkünften nach § 5 AStG schließt eine Zurechnung gegenüber unbeschränkt steuerpflichtigen Personen nach den §§ 7–14 AStG nicht aus. Beide Zurechnungsregime können parallel zur Anwendung kommen. Gegenüber der gleichen Person kann sich eine Zurechnung aber nur entweder auf § 5 AStG oder die Bestimmungen der §§ 7 bis 14 AStG stützen (vgl. auch *Kraft* in Kraft, AStG, § 5 Rz. 21).

10 Abweichend von den Regelungen der Hinzurechnungsbesteuerung wird den Steuerpflichtigen im Rahmen des § 5 AStG mangels Verweises auf § 9 AStG auch bei Unterschreiten der dort niedergelegten relativen und absoluten Freigrenzen kein Dispens von der Zurechnung gewährt.

11 Im Gegensatz zur Hinzurechnungsbesteuerung (§ 10 Abs. 2 Satz 1 AStG) unterbleibt ferner eine Transformierung der zuzurechnenden Einkünfte in Einkünfte aus Kapitalvermögen i. S. d. § 20 Abs. 1 Nr. 1 EStG. Unterschiede ergeben sich auch im Hinblick auf die Behandlung negativer Einkünfte. § 10 Abs. 1 Satz 3 AStG untersagt die Hinzurechnung negativer Einkünfte. Negative Einkünfte können lediglich innerhalb eines besonderen Verlustverrechnungskreises in entsprechender Anwendung des § 10d EStG in Abzug gebracht werden. Eine korrespondierende Verlustzurechnungsbeschränkung kennt § 5 AStG nicht. § 5 Abs. 1 Satz 1 AStG ordnet die Zurechnung von Einkünften an, so dass auch negative Einkünfte Gegenstand der Zurechnung sein können (vgl. ebenso *Kraft* in Kraft, AStG, § 5 Rz. 21; *Menck* in Blümich, § 15 AStG Rz. 10).

4. Verhältnis zur Einkommenszurechnung bei Familienstiftungen (§ 15 AStG)

12 § 5 AStG nimmt ausschließlich Bezug auf ausländische Zwischengesellschaften i. S. d. §§ 7 bis 14 AStG. Stiftungen können als mitgliederlose Organisationsformen keine Beteiligungsrechte vermitteln. Stifter und Begünstigte einer ausländischen Stiftung unterliegen daher nicht den Bestimmungen der Hinzurechnungsbesteuerung. Die Besteuerung von Stiftern und Begünstigten bestimmter ausländischer Stiftungen ist in § 15 AStG geregelt. Bis einschließlich dem Veranlagungszeitraum 2012 ordnet § 15 Abs. 5 Satz 1 AStG indessen die entsprechende Anwendung des § 5 AStG auf die vom Geltungsbereich der Norm erfassten ausländischen Stiftungen an. Im Einzelnen besteht erhebliche Unsicherheit über das Zusammenspiel der beiden Normen (vgl. hierzu die Anm. 58 ff.). Wie auch im Verhältnis zur Hinzurechnungsbesteuerung schließt eine Zurechnung gegenüber unbeschränkt steuerpflichtigen Personen nach § 15 AStG die Zurechnung aufgrund § 5 AStG nicht aus. Ab dem Veranlagungszeitraum 2013 enthält der im Zuge des Amtshilferichtlinie-Umsetzungsgesetzes vom 26.6.2013 (BGBl I 2013 S. 1809) geänderte § 15 AStG keinen Verweis mehr auf die entsprechende Anwendung des § 5 AStG. Ausweislich der Gesetzesbegründung zum ursprünglich vorgesehenen Jahressteuergesetz 2013 (vgl. BT-Drs. 17/10000 S. 67) bedürfe es eines entsprechenden Verweises auf Grund des neuen § 15 Abs. 9 AStG nicht mehr. Nach hier vertretener Auffassung wäre indessen auch nach neuer Rechtslage ein Verweis auf § 5 AStG Anwendungsvoraussetzung gewesen, denn § 15 Abs. 9 AStG trifft ausschließlich im System des § 15 AStG geltender Fassung, d. h. im Verhältnis zu unbeschränkt steuerpflichtigen Stiftern bzw. Stiftungsbegünstigten, Regelungen. Erweitert beschränkt Steuerpflichtige sind von dieser Vorschrift nicht betroffen. Im Ergebnis entfällt im Verhältnis zu beschränkt Steuerpflichtigen eine Zurechnung nach Maßgabe der Bestimmungen in den §§ 5, 15 AStG ab dem Veranlagungszeitraum 2013 (vgl. auch *Kirchhain*, IStR 2012 S. 602; *Kraft/Schulz*, IStR 2012 S. 897).

5. Vereinbarkeit mit europarechtlichen Vorgaben

§ 5 AStG begründet zwar keinen eigenen Steuertatbestand. Infolge der Zurechnung greift die Norm aber auf Einkünfte und Vermögen ausländischer Rechtsträger zu, wenngleich sich die Rechtsfolgen der Einkünftezurechnung im Rahmen der erweiterten beschränkten oder ggf. der beschränkten Einkommen- bzw. Erbschaft- und Schenkungsteuerpflicht vollziehen. Daher sind einerseits auch bei der Einordnung des § 5 AStG die allgemein gegen §§ 2, 4 AStG vorgebrachten europarechtlichen Bedenken heranzuziehen (vgl. hierzu die Kommentierung zu § 2 AStG; *Kraft* in Kraft, AStG, § 2 Rz. 20 ff.; *Zimmermann/Könemann* in S/K/K, § 2 AStG Rz. 35 ff.; *Dautzenberg*, IStR 1997 S. 39; *Wassermeyer*, IStR 2001 S. 113). Der EuGH hatte diesbezüglich noch keine Gelegenheit, speziell über die Europarechtskonformität der deutschen erweiterten beschränkten Steuerpflicht zu judizieren (vgl. aber die Entscheidung des EuGH vom 23.2.2006 C-513/03 *Hilten-van der Heijden*, BFH/NV Beilage 2006 S. 229, Slg. 2006 S. I-1957 zu einem für europarechtskonform befundenen niederländischen System der Besteuerung auf dem Gebiet der Erbschaft- und Schenkungsteuerpflicht). Andererseits macht es der Zugriff auf Einkünfte ausländischer Rechtsträger erforderlich, die Vorschriften der §§ 7 bis 14 und 15 AStG auf ihre Europarechtstauglichkeit hin zu untersuchen. Es sei hierfür auf die entsprechenden Kommentierungen zu diesen Normen hingewiesen. Durch die Einfügung von Entlastungsregelungen in §§ 8 Abs. 2 und 15 Abs. 6 AStG erscheint die diesbezügliche europarechtliche Problematik entschärft (so im Hinblick auf § 8 Abs. 2 AStG auch *Kraft* in Kraft, AStG, § 5 Rz. 23). Bedenken verbleiben insbesondere unter Berücksichtigung des Ausschlusses reiner Kapitalanlagegesellschaften i. S. d. § 7 Abs. 6, 6a AStG von der Entlastungsregelung, an denen unbeschränkt Steuerpflichtige und „Personen i. S. d. § 2 AStG" (kumulativ) nicht mehrheitlich beteiligt sind (vgl. auch BFH, Schlussurteil vom 21.10.2009 I R 114/08, BFH/NV 2010 S. 279).

6. Vereinbarkeit mit verfassungsrechtlichen Vorgaben

Die Vorschrift des § 5 AStG ist bislang nicht Gegenstand einer höchstrichterlichen verfassungsrechtlichen Prüfung gewesen, was nicht zuletzt auf die geringe

Bedeutung der Norm in der Rechtspraxis zurückzuführen sein wird. Anknüpfungspunkte einer verfassungsrechtlichen Prüfung ergeben sich im Wesentlichen im Zusammenhang mit der erweiterten beschränkten Steuerpflicht nach §§ 2 bis 4 AStG und im Hinblick auf die Durchbrechung des Trennungsprinzips aus den einschlägigen Anwendungsbestimmungen der §§ 7 bis 14 AStG. Aufgrund der entsprechenden Anwendung des § 5 AStG im Kontext ausländischer Familienstiftungen – jedenfalls bis zum Veranlagungszeitraum 2012 (vgl. -Anm. 12) – gemäß § 15 Abs. 5 Satz 1 AStG strahlen auch gegen die Vorschrift des § 15 AStG gerichtete verfassungsrechtliche Bedenken auf die Zurechnung nach § 5 AStG aus.

15 Verfassungsrechtliche Bedenken ergeben sich bezüglich der Durchbrechung des Trennungsprinzips insbesondere im Hinblick auf eine Verletzung des allgemeinen Gleichheitssatzes (Art. 3 Abs. 1 GG), wenn die betroffenen Steuerpflichtigen keine Zugriffsmöglichkeit auf die ihnen für steuerliche Zwecke zugerechneten Einkünfte haben (vgl. ebenso *Rundshagen* in S/K/K, § 5 AStG Rz. 29). Gerade die – jedenfalls bis zum Veranlagungszeitraum 2012 (vgl. Anm. 12) angeordnete – Ausdehnung der Zurechnung ggü. Destinatären einer Familienstiftung aufgrund § 15 Abs. 5 Satz 1 AStG lässt darüber hinaus keinen hinreichenden Zusammenhang mit dem verfolgten Regelungsziel des § 5 AStG erkennen. Vorstellbar ist es insofern nämlich, dass – ungeachtet der Frage einer Zugriffsmöglichkeit – Destinatären, die auf ihre Begünstigtenstellung keinen Einfluss nehmen können, Einkommen einer ausländischen Stiftung zugerechnet wird, deren Vermögensstock von anderen Personen gestiftet wurde. Insofern erscheint auch die folgerichtige Umsetzung des intendierten Regelungsziels – der Verhinderung von Gestaltungen zur Umgehung der erweiterten beschränkten Steuerpflicht – zweifelhaft (vgl. zum verfassungsrechtlich verankerten Folgerichtigkeitsgebot u. a. BVerfG, Urteil vom 9.12.2008 2 BvL 1/07, 2/07, 1/08, 2/08, BFH/NV 2009 S. 338). Dasselbe gilt etwa unter Berücksichtigung des Umstands, dass es für Zwecke der Einkommenszurechnung nach § 15 AStG tatbestandlich nicht auf das Vorliegen einer niedrigen Besteuerung ankommt (vgl. auch Anm. 60).

15a Überdies greift die Vorschrift des § 5 AStG im Ergebnis nur ggü. deutschen Staatsangehörigen, so dass sich insoweit die Frage einer Verletzung des Gleichheitssatzes stellt. Eine Rechtfertigung für diese personale Beschränkung ist vor dem Hintergrund der an Leistungsfähigkeitsaspekten orientierten Einkommensbesteuerung nicht ohne Weiteres ersichtlich (vgl. u. a. *Wassermeyer* in F/W/B, § 2 AStG Rz. 7; *Kußmaul/Cloß*, StuB 2010 S. 264). Das BVerfG hatte zwar im Jahr 1986 die tatbestandlichen Anknüpfungspunkte des § 2 AStG auf deutsche Staatsangehörige als nicht mit dem Gleichheitssatz in Konflikt stehend beschieden (vgl. BVerfG vom 14.5.1986 2 BvL 2/83, BStBl II 1986 S. 628). In Anbetracht der heutigen Lebenswirklichkeit erscheint jedoch die vom BVerfG vorgetragene gesetzgeberische Erwägung, die Konterkarierung der im Wegzug ausländischer Staatsangehöriger erblickten Heimatrückkehr durch steuerlich lenkende (belastende) Maßnahmen zu vermeiden, nicht mehr durchweg zeitgemäß. Kritisch muten in diesem Zusammenhang auch Fälle von Ehegemeinschaften an, in denen nur ein Ehegatte die deutsche Staatsangehörigkeit besitzt und mit dem anderen Ehegatten in dessen Heimatland auswandert. In solchen Konstellationen kann die erweiterte beschränkte Einkommensteuerpflicht ggü. dem deutschen Ehegatten zum Tragen kommen, obgleich hier das Steuerfluchtmotiv nicht im Vordergrund stehen dürfte (s. auch BMF-AnwSchr Tz. 2.1.2; *Kußmaul/Cloß*, StuB 2010 S. 264).

16 Weitere Bedenken ergeben sich hinsichtlich einer normativ angelegten Überbesteuerung (vgl. auch *Rundshagen* in S/K/K, § 5 AStG Rz. 30). § 5 AStG enthält keine Bestimmungen zur Vermeidung von Mehrfachbesteuerungen, die sich aus dem steuerlichen Zugriff zweier Staaten ergeben. Grundsätzlich werden die zugerechneten Einkünfte nämlich sowohl bei der ausländischen Zwischengesellschaft durch deren Ansässigkeitsstaat als auch bei den von § 5 AStG betroffenen Personen der Steuer unterworfen. Im Zeitpunkt der Auskehrung unterwirft der Ansässigkeitsstaat der von § 5 AStG betroffenen Personen die Dividenden oder Zuwendungen ggf. erneut einer Besteuerung.

B. Zurechnung von Einkünften und Vermögen einer ausländischen Zwischengesellschaft (Absatz 1)

I. Persönliche Voraussetzungen

17 In persönlicher Hinsicht verweist § 5 Abs. 1 Satz 1 AStG auf einzelne Tatbestandsvoraussetzungen des § 2 Abs. 1 AStG. Betroffen sind natürliche Personen, die in den letzten zehn Jahren vor dem Ende ihrer unbeschränkten Steuerpflicht nach § 1 Abs. 1 Satz 1 EStG als Deutsche insgesamt mindestens fünf Jahre unbeschränkt steuerpflichtig waren und die Voraussetzungen des § 2 Abs. 1 Satz 1 Nr. 1 erfüllen („Person im Sinne des § 2").

18 Von der Norm erfasst sind natürliche Personen, die nicht mehr unbeschränkt einkommensteuerpflichtig i. S. d. § 1 Abs. 1 Satz 1 EStG sind. Bei Aufrechterhaltung eines Wohnsitzes im steuerrechtlichen Sinne (§ 8 AO) oder eines gewöhnlichen Aufenthalts (§ 9 AO) in Deutschland ist der Anwendungsbereich des § 5 AStG folglich nicht eröffnet. Dies gilt auch dann, wenn die betroffenen Personen trotz Aufrechterhaltung eines in § 1 Abs. 1 EStG genannten Bezugspunkts auf der Grundlage abkommensrechtlicher Regelungen zur Bestimmung des Ansässigkeitsstaates nicht mehr als in Deutschland ansässig gelten (vgl. auch *Rundshagen* in S/K/K, § 5 AStG Rz. 33). Die Aufgabe der unbeschränkten Steuerpflicht i. S. d. § 1 Abs. 2 EStG oder der unbeschränkten Steuerpflicht auf Antrag i. S. d. § 1 Abs. 3 EStG kann nach dem Wortlaut der Vorschrift nicht die Rechtsfolgen des § 5 AStG auslösen (vgl. auch BMF-AnwSchr Tz. 2.1.1). Die Herauslösung auf Antrag unbeschränkt Steuerpflichtiger i. S. d. § 1 Abs. 3 EStG ist sachgerecht, da sich die sachliche Steuerpflicht dieses Personenkreises gemäß § 1 Abs. 3 Satz 1 EStG auf die in § 49 EStG aufgeführten Einkünfte beschränkt, eine Ausweitung auf weitere, nicht ausländische Einkünfte mithin konzeptionell unstimmig erschiene. Indessen dürften derartige Konstellationen ohnehin akademischen Denkfällen gleichkommen, zumal § 5 Abs. 1 Satz 1 AStG eine mindestens fünf Jahre während unbeschränkte Steuerpflicht als deutscher Staatsbürger voraussetzt.

19 Die betroffenen Personen müssen in einem Zeitraum von zehn Jahren vor ihrer Auswanderung mindestens fünf Jahre als Deutsche unbeschränkt einkommensteuerpflichtig gewesen sein. Besaßen die Personen im maßgeblichen Zeitraum der unbeschränkten Steuerpflicht nach § 1 Abs. 1 Satz 1 EStG lediglich eine (oder mehrere) ausländische Staatsangehörigkeit(en), sind damit die persönlichen Tatbestandsvoraussetzungen des § 5 AStG nicht erfüllt. Andererseits kommt es auf den Besitz der deutschen Staatsangehörigkeit im Zeitpunkt der Feststellung der Tatbestandsvoraussetzungen nicht an, so dass der Eintritt der Rechtsfolgen des § 5 AStG von der Aufgabe der deutschen Staatsangehörigkeit nicht beeinflusst wird, sofern nur im relevanten Beobachtungszeitraum die maßgeblichen Voraussetzungen erfüllt waren.

20 § 5 Abs. 1 Satz 1 AStG verweist zudem auf die tatbestandlichen Voraussetzungen des § 2 Abs. 1 Satz 1 Nr. 1 AStG. Die betroffenen Personen müssen daher entweder in einem ausländischen Gebiet ansässig sein, in dem sie einer niedrigen Besteuerung unterworfen sind, oder in keinem ausländischen Gebiet ansässig sein. Die Feststellung der Ansässigkeit vollzieht sich nach den Kriterien der ausländischen Rechtsordnung, so dass der Wegziehende ggf. auch ohne Wohnsitz oder gewöhnlichen Aufenthalt als in einem ausländischen Staat ansässig gelten kann (vgl. BMF-AnwSchr Tz. 2.2.1).

21 Für die Bestimmung der maßgeblichen Steuerbelastung sind die in § 2 Abs. 2 AStG niedergelegten, den Tatbestand einer Niedrigbesteuerung auslösenden Kriterien heranzuziehen. Das hierbei zugrunde zu legende Einkommen enthält keine Einkünfte der ausländischen Zwischengesellschaft, die ggf. über § 5 AStG zuzurechnen wären (Umkehrschluss aus § 2 Abs. 4 AStG; vgl. auch *F/W/B*, § 5 AStG Rz. 55). Dementsprechend können auch Steuern der ausländischen Zwischengesellschaft in die Berechnung der maßgeblichen Steuerbelastung nicht einfließen. Die Steuerpflichtigen sind aufgrund der Mitwirkungspflichten gemäß § 90 Abs. 2 AO gehalten, ggf. Steuererklärungen, ausländische Steuerbescheide oder vergleichbare Beweismittel vorzulegen (vgl. BMF-AnwSchr Tz. 2.2.2). Es wird im Übrigen auf die Ausführungen in der Kommentierung zu § 2 AStG verwiesen.

22 Anzumerken ist, dass die sog. „remittance base"-Besteuerung Großbritanniens den Tatbestand der Niedrigbesteuerung erfüllen kann (vgl. BMF-AnwSchr Tz. 2.2.2; *Angermann/Anger*, IStR 2005 S. 439).

23 Von der Berechnung der maßgeblichen Steuerbelastung im Sinne des § 2 Abs. 1 Nr. 1 i. V. m. Abs. 2 AStG abzugrenzen ist der qua Verweises auf § 8 AStG gesondert zu prüfende Niedrigbesteuerungstatbestand der ausländischen Zwischengesellschaft (vgl. hierzu Anm. 39).

24 Die bei der erweiterten beschränkten Einkommensteuerpflicht nach § 2 Abs. 1 Satz 1 Nr. 2 AStG notwendige Voraussetzung der Beibehaltung von wesentlichen wirtschaftlichen Interessen im Inland ist im Rahmen des § 5 AStG nicht erforderlich. Zielsetzung des § 5 AStG ist es, Umgehungsgestaltungen der erweiterten beschränkten Einkommensteuerpflicht zu begegnen, die sich auf eine Ausgliederung wirtschaftlicher Aktivitäten auf zwischengeschaltete ausländische Gesellschaften stützen (vgl. auch *Kraft* in Kraft, AStG, § 5 Rz. 43; BMF-AnwSchr Tz. 5.0.2). Allerdings ist die Zurechnung nach § 5 AStG, abweichend von § 2 Abs. 4 AStG, nicht an die Voraussetzung geknüpft, dass insgesamt (d. h. zusammen mit dem Anteilseigner) wesentliche wirtschaftliche Interessen vorliegen müssen. Relevanz entfaltet dies, sofern man die Rechtsfolgen des § 5 AStG auch im Geltungsbereich der einfachen beschränkten Steuerpflicht nach § 1 Abs. 4 i. V. m. § 49 EStG für anwendbar hält (vgl. hierzu Anm. 69ff.). Ferner ist darauf hinzuweisen, dass § 2 Abs. 4 AStG lediglich auf ausländische Gesellschaften, nicht aber auf ausländische Familienstiftungen Bezug nimmt. Es erscheint insofern fraglich, ob die Zurechnung aufgrund §§ 5 Abs. 1 Satz 1, 15 Abs. 5 Satz 1 AStG in solchen Konstellationen

ins Leere zu laufen droht, in denen zwar die betroffenen Steuerpflichtigen für sich betrachtet keine, jedoch unter Hinzuziehung der ausländischen Familienstiftung wesentliche wirtschaftliche Inlandsinteressen aufrechterhalten (vgl. BMF-AnwSchr Tz. 2.4.2, s. auch Anm. 59).

Abweichend von der erweiterten beschränkten Einkommensteuerpflicht nach 25 § 2 AStG beschränkt § 5 AStG die Zurechnung in zeitlicher Hinsicht nicht auf die zehn der Beendigung der unbeschränkten Steuerpflicht nachfolgenden Jahre. Auch dieser Differenzierung kommt nur im Rahmen einer möglichen Zurechnung gegenüber beschränkt steuerpflichtigen Personen Bedeutung bei.

Die Zurechnung nach § 5 AStG ist schließlich auch nicht an die Überschreitung 26 gewisser Einkünftegrenzen geknüpft. § 5 AStG enthält keinen Verweis auf § 2 Abs. 1 Satz 3 AStG, wonach die erweiterte beschränkte Steuerpflicht nur in Veranlagungszeiträumen eintritt, in denen die beschränkt steuerpflichtigen Einkünfte 16 500 EUR überschreiten.

II. Beteiligung an einer zwischengeschalteten Gesellschaft

Die „Person im Sinne des § 2" muss allein, zusammen mit anderen „Personen im 27 Sinne des § 2" oder mit unbeschränkt Steuerpflichtigen an einer ausländischen Zwischengesellschaft i. S. d. § 7 AStG beteiligt sein. Während die Rechtsfolgen des § 5 AStG nur ggü. ehemals unbeschränkt steuerpflichtigen Personen nach § 1 Abs. 1 Satz 1 EStG ausgelöst werden können, kommt es – im Einklang mit dem Wortlaut des § 7 Abs. 1 AStG – auf die Art der unbeschränkten Steuerpflicht für die anderen, noch der unbeschränkten Steuerpflicht unterworfenen Beteiligten an der ausländischen Zwischengesellschaft nicht an.

§ 7 AStG enthält seit der Gesetzänderung durch das StÄndG 1992 vom 25.2.1992 28 (BGBl I 1992 S. 297) zwei Mindestbeteiligungsgrenzen. Die ursprüngliche Mindestbeteiligung des § 7 Abs. 1 AStG von über 50 % (= Inländerbeherrschung) wurde ergänzt um eine mindestens 1 %ige (bis VZ 2001: 10%ige) Beteiligung an einer ausländischen Gesellschaft, die als Zwischengesellschaft Zwischeneinkünfte mit Kapitalanlagecharakter i. S. d. § 7 Abs. 6a AStG (bis VZ 2002: § 10 Abs. 6 Satz 2 AStG) erzielt. Erzielt die ausländische Gesellschaft ausschließlich oder nahezu ausschließlich Zwischeneinkünfte mit Kapitalanlagecharakter, genügt gemäß § 7 Abs. 6 Satz 3 AStG grundsätzlich jeder Beteiligungsumfang, d. h. auf eine Mindestbeteiligung wird in diesen Fällen nicht mehr abgestellt.

Bei der Gesetzesänderung in 1992 (und auch bei den darauf folgenden Ergänzun- 29 gen) wurde § 5 AStG nicht angepasst, so dass nunmehr auch die Bestimmungen für Zwischeneinkünfte mit Kapitalanlagecharakter zu berücksichtigen sind, obwohl dies mit der ursprünglichen Regelung und mit dem vom Gesetzgeber verfolgten Ziel (Vermeidung von unerwünschten Sachverhaltsgestaltungen bei Übertragung von wirtschaftlichen Interessen im Inland auf inländerbeherrschte ausländische Zwischengesellschaften) nicht zwingend kompatibel erscheint. In diesen Fällen ist nunmehr auch die Definition der Zwischeneinkünfte mit Kapitalanlagecharakter gemäß § 7 Abs. 6a AStG zu berücksichtigen.

30 Zu beachten ist, dass aufgrund der generellen Verweisung auf § 7 AStG die relativen und absoluten Freigrenzen des § 7 Abs. 6 AStG gelten. Hingegen erlangen die Freigrenzen des § 9 AStG keine Geltungskraft, da § 5 Abs. 1 Satz 1 AStG ausschließlich auf die §§ 7, 8 und 14 AStG Bezug nimmt.

31 Bezüglich des Zeitpunkts, in dem die Mindestbeteiligung erfüllt sein muss, stellt § 7 Abs. 2 AStG auf das Ende des Wirtschaftsjahres der ausländischen Zwischengesellschaft ab, in dem die zuzurechnenden Einkünfte erzielt wurden. Auf diesen Zeitpunkt kann jedoch nur bei der Einkünftezurechnung abgestellt werden. Dagegen muss die Vorschrift für Zwecke der Erbschaft- und Schenkungsteuer dahingehend interpretiert werden, dass es allein auf den Zeitpunkt der Entstehung der Steuer gemäß § 9 ErbStG (Tod des Erblassers oder Ausführung der Zuwendung) ankommt, da anderseits die Vorschrift ins Leere zu laufen drohte.

32 Für die Beurteilung der Tatbestandsvoraussetzungen unerheblich ist, ob die Beteiligung an der ausländischen Zwischengesellschaft bereits zum Wegzugszeitpunkt bestand. Eine Umgehung der erweiterten beschränkten Einkommensteuerpflicht durch Übertragung wesentlicher wirtschaftlicher Inlandsinteressen nach Wegzug auf eine ausländische Zwischengesellschaft ist damit nicht möglich. Auch ein nach Wegzug erfolgender Beteiligungserwerb an einer bereits bestehenden ausländischen Zwischengesellschaft ist geeignet, die Rechtsfolgen des § 5 AStG auszulösen, selbst wenn hiermit die Verlagerung wesentlicher wirtschaftlicher Inlandsinteressen nicht verbunden ist (vgl. auch *F/W/B*, § 5 AStG Rz. 40). Dagegen hält Menck eine Einkünftezurechnung nur solcher Beteiligungen iRd. § 2 AStG für möglich, die bereits während der unbeschränkten Steuerpflicht begründet wurden (vgl. *Menck* in Blümich, § 5 AStG Rz. 5).

33 Bei der zwischengeschalteten Gesellschaft muss es sich um eine (mit ihren inländischen Einkünften) beschränkt körperschaftsteuerpflichtige Gesellschaft i. S. des § 2 Nr. 1 KStG handeln, d. h. betroffen sind Körperschaften, Personenvereinigungen oder Vermögensmassen, die weder Geschäftsleitung noch Sitz im Inland haben. Für die steuerliche Einordnung ist ein Typenvergleich nach deutschem Recht durchzuführen. Entsprechend der Terminologie der Hinzurechnungsbesteuerung nach §§ 7 bis 14 AStG ist diese ausländische Gesellschaft (= zwischengeschaltete Gesellschaft i. S. d. § 5 AStG) Zwischengesellschaft nur für ihre passiven und niedrig besteuerten Einkünfte gemäß § 8 AStG.

34 Aufgrund der generellen Verweisung auf § 7 AStG sind auch die weiteren Bestimmungen dieser Vorschrift (z. B. mittelbare Beteiligungen, Weisungsgebundenheit) zu beachten. Im Zusammenhang mit § 5 AStG ergeben sich diesbezüglich keine Besonderheiten. Insoweit wird auf die Kommentierung zu § 7 AStG hingewiesen.

III. Rechtsfolgen

1. Zurechnung von Einkünften bei der Einkommensteuer

a) Einkünfte der zwischengeschalteten Gesellschaft

Die zuzurechnenden Einkünfte der zwischengeschalteten Gesellschaft müssen zwei Kriterien erfüllen. Einerseits müssen passive und niedrig besteuerte Einkünfte i. S. von § 8 AStG vorliegen, andererseits darf es sich hierbei nicht um ausländische Einkünfte i. S. von §§ 34c Abs. 1, 34d EStG handeln. 35

Die Einkünfte der zwischengeschalteten Gesellschaft stammen aus passiver Tätigkeit, wenn diese im Aktivkatalog des § 8 Abs. 1 AStG nicht aufgeführt sind. Dort erfolgt zum Zwecke der Negativabgrenzung eine Auflistung für aktiv befundener Tätigkeiten. Seit 1992 sind Zwischeneinkünfte mit Kapitalanlagecharakter gemäß § 7 Abs. 6a AStG (bis VZ 2002: § 10 Abs. 6 Satz 2 AStG) als besondere passive Einkünfte zu behandeln. Diese sind jedoch im Rahmen des § 5 AStG gesondert zu berücksichtigen, wenn die Inländerbeherrschung von über 50% gemäß § 7 Abs. 2 AStG nicht vorliegt, aber die Voraussetzung der 1%igen (bis VZ 2001: 10%-igen) Beteiligung nach § 7 Abs. 6 Satz 1 AStG erfüllt wird. Die Bagatellregelung des § 7 Abs. 6 Satz 2 AStG ist aber zu beachten. Im Falle ausschließlicher oder nahezu ausschließlicher Zwischeneinkünfte mit Kapitalanlagecharakter genügt jeder Beteiligungsumfang; auf eine Mindestbeteiligung wird in diesen Fällen nicht mehr abgestellt (§ 7 Abs. 6 Satz 3 AStG). 36

Die Entlastungsregelung des § 8 Abs. 2 AStG ist zu beachten (so auch *Steierberg* in *Mössner et al.*, Außensteuerrecht, § 5 AStG Rz. 7). § 5 AStG kommt demnach nicht zur Anwendung, wenn der Nachweis erbracht werden kann, dass die ausländische Zwischengesellschaft in ihrem Domizilstaat einer tatsächlichen wirtschaftlichen Tätigkeit nachgeht. Mit der Implementierung des § 8 Abs. 2 AStG versucht der Gesetzgeber, europarechtliche Vorgaben umzusetzen, insbesondere die Konsequenzen aus der jüngeren EuGH-Rechtsprechung in der Rechtssache *Cadbury Schweppes* (EuGH vom 12.9.2006 C-196/04, BFH/NV Beilage 2007 S. 365, Slg. 2006 S. I-7995) nachzuvollziehen. Die Entlastungsregelung erlangt nur für ausländische Gesellschaften mit Sitz oder Ort der Geschäftsleitung in einem Staat des EWR Bedeutung. Für ausländische Gesellschaften mit Sitz und Ort der Geschäftsleitung in Drittstaaten scheidet eine Exkulpation daher aus. Ferner ist die Ausnahmeregelung gemäß § 8 Abs. 2 Satz 2 AStG an die Voraussetzung geknüpft, dass zwischen Deutschland und dem Ansässigkeitsstaat der ausländischen Zwischengesellschaft auf Grund der Amtshilferichtlinie (Richtlinie 77/799/EWG vom 19.12.1977, ABl. EG 1977, L 336 S. 15) oder einer vergleichbaren bi- oder multilateralen Vereinbarung die zur Besteuerung erforderlichen Auskünfte erteilt werden. Im Anwendungsbereich der Amtshilferichtlinie gelten die erforderlichen Auskünfte dabei als erteilt (vgl. Gesetzentwurf zum JStG 2008, BT-Drucks. 16/6290 S. 93). Mit allen Staaten des EWR bestehen mittlerweile entsprechende Vereinbarungen zur gegenseitigen Amtshilfe; zuletzt ist am 28.10.2010 ein Auskunftsabkommen mit Liechtenstein in Kraft getreten (vgl. hierzu *Hecht/Lampert/Schulz*, BB 2010 S. 2727). Für weitere Einzelheiten der Entlastungsregelung wird auf die Kommentierung zu § 8 AStG hingewiesen. 37

38 Nach dem Wortlaut des § 8 Abs. 2 Satz 1 AStG kann der Nachweis einer tatsächlichen wirtschaftlichen Betätigung nur durch unbeschränkt steuerpflichtige Personen erbracht werden. Da die von der Zurechnung gemäß § 5 AStG betroffenen Personen per definitionem nicht der unbeschränkten Steuerpflicht unterliegen, erscheint die Darbringung des Entlastungsbeweises insofern prima facie ausgeschlossen. Allerdings erfolgt gemäß § 5 Abs. 1 Satz 1 AStG eine Zurechnung nur solcher Einkünfte, mit denen die betroffenen Personen nach den §§ 7, 8 und 14 AStG bei unbeschränkter Steuerpflicht der Einkommensteuer unterworfen wären. Es ist in diesen gesetzlichen Wortlaut hineinzulesen, dass eine Zurechnung auch dann unterbleibt, wenn die zur Entlastung geeigneten Umstände von durch § 5 AStG betroffenen Personen dargelegt werden. Ein Ausschluss der Entlastungsregelung für Zurechnungsempfänger des § 5 AStG wäre denn auch in hohem Maße widersinnig, europarechtlich nicht tragbar und auch mit dem verfassungsrechtlichen Folgerichtigkeitsgebot nicht zu vereinen. Die Entlastungsregelung des § 8 Abs. 2 AStG ist daher gleichermaßen für Zwecke des § 5 AStG relevant.

39 Eine niedrige Besteuerung liegt nach § 8 Abs. 3 AStG vor, wenn die Ertragsteuerbelastung im Domizilland der zwischengeschalteten Gesellschaft unter 25% (bis VZ 2000: 30%) liegt. Der maßgebliche Steuersatz berechnet sich dabei nach den gemäß deutschem Steuerrecht ermittelten passiven Einkünften und den hierauf entfallenden Ertragsteuern der ausländischen Zwischengesellschaft. Dabei sind nicht nur die im Ansässigkeitsstaat der zwischengeschalteten Gesellschaft angefallenen Steuern, sondern auch in Drittstaaten geleistete Steuern, etwa Quellensteuern, zu berücksichtigen (vgl. BMF-AnwSchr Tz. 8.3.2.1 i. V. m. Tz. 10.1.2.1; vgl. *Gropp,* § 8 AStG, Anm. 169; *Rundshagen* in S/K/K, § 5 AStG Rz. 44). Als erste Orientierungshilfe enthalten die Anlagen 1 und 2 des BMF-AnwSchr (allerdings Rechtsstand 2004) einen Überblick über die Besteuerung in einigen Staaten bzw. Gebieten.

39a Aufgrund einer gesetzlichen Neuregelung des § 8 Abs. 3 AStG durch das Jahressteuergesetz 2010 vom 8.12.2010 (BGBl I 2010 S. 1768) sind in die Belastungsberechnung auch Ansprüche einzubeziehen, die der Staat oder das Gebiet der ausländischen Gesellschaft im Fall einer Gewinnausschüttung der ausländischen Gesellschaft dem unbeschränkt Steuerpflichtigen oder einer anderen Gesellschaft, an der der Steuerpflichtige direkt oder indirekt beteiligt ist, gewährt. Hiermit begegnet der Gesetzgeber den sog. „Malta-Modellen". Vermittels der in § 5 Abs. 1 Satz 1 AStG kodifizierten Verweises auf § 8 AStG sind derartige Steueransprüche auch ggü. erweitert beschränkt Steuerpflichtigen zu berücksichtigen.

40 Die Niedrigsteuergrenze des § 8 Abs. 3 AStG berücksichtigt mangels Anpassung an die Absenkung des Körperschaftsteuersatzes auf 15 v. H. im Zuge des UntStRefG 2008 vom 14.8.2007 (BGBl I 2007 S. 1912) eine typisierte Gewerbesteuerbelastung. Dies führt dazu, dass auch solche nicht ausländischen Einkünfte latent zurechnungsgefährdet sein können, die die ausländische Zwischengesellschaft im Rahmen ihrer beschränkten Steuerpflicht in Deutschland erzielt (vgl. zur Kritik am Niedrigsteuertatbestand des § 8 Abs. 3 AStG etwa *Wassermeyer/Schönfeld,* IStR 2008 S. 496). Für weitere Einzelheiten des Niedrigbesteuerungstatbestands in § 8 Abs. 3 AStG siehe *Gropp,* § 8 AStG, Anm. 168 ff.

41 Die Einkünfte der zwischengeschalteten Gesellschaft sind nicht ausländische i. S. von §§ 34c Abs. 1, 34d EStG, wenn sie nicht in § 34d EStG aufgeführt sind. Damit ist der Umfang der einzubeziehenden Einkünfte nach dem Gesetzeswortlaut kleiner als bei der erweiterten beschränkten Einkommensteuerpflicht nach § 2 AStG, die ausdrücklich den Kanon der beschränkt steuerpflichtigen Einkünfte i. S. von § 49 Abs. 1 EStG erweitert (BFH, Urteil vom 19.12.2007 I R 19/06, BFH/NV 2008 S. 672, BFHE 220 S. 160). Inländische Einkünfte i. S. von § 49 Abs. 1 EStG, die gleichzeitig auch ausländische Einkünfte i. S. von §§ 34c Abs. 1, 34d EStG darstellen, werden zwar bei der zwischengeschalteten Gesellschaft im Rahmen ihrer beschränkten Körperschaftsteuerpflicht erfasst, sind jedoch nach dem Gesetzeswortlaut nicht Gegenstand der Zurechnung nach § 5 Abs. 1 Satz 1 AStG (vgl. ebenso *Weggenmann* in Haase, § 5 AStG, Rz. 33; diesen Aspekt übersieht dagegen wohl *Rundshagen* in S/K/K, § 5 AStG, Rz. 39; vgl. auch *Menck* in Blümich, § 5 AStG, Rz. 9).

42 Überschneidungen im Katalog der inländischen Einkünfte i. S. von § 49 EStG und der ausländischen Einkünfte i. S. von §§ 34c Abs. 1, 34d EStG können sich im Einzelfall infolge unterschiedlicher Anknüpfungspunkte für die einzelnen Einkunftstatbestände ergeben.

Beispiel 1:
Vorstellbar ist etwa, dass die ausländische Zwischengesellschaft Kapitalerträge eines im Ausland ansässigen Schuldners erzielt, wobei das Kapitalvermögen im Inland dinglich gesichert ist. In diesem Fall liegen einerseits inländische Einkünfte i. S. von § 49 Abs. 1 Nr. 5 Buchst. c Doppelbuchst. aa) EStG, andererseits ausländische Einkünfte i. S. von § 34d Nr. 6 EStG vor. Der Wortlaut des § 5 Abs. 1 Satz 1 AStG begrenzt eine Zurechnung indessen auf nicht ausländische Einkünfte, so dass eine Zurechnung ungeachtet einer Prüfung der weiteren Anwendungsvoraussetzungen des § 5 Abs. 1 Satz 1 AStG in diesem Fall zu unterbleiben hat.

Die Finanzverwaltung differenziert insoweit jedoch offenbar nicht und verweist für den Umfang zuzurechnender Zwischeneinkünfte auf die im Verwaltungserlass für Zwecke des § 2 AStG aufgeführten Einkünftegruppen (allerdings unklar vgl. BMF-AnwSchr Tz. 5.0.3 sowie Tz. 5.1.1.1 i. V. m. Tz. 2.5.0.2).

b) Einkünfte von nachgeschalteten Zwischengesellschaften

43 Neben den originären Einkünften der zwischengeschalteten Gesellschaft werden auch die entsprechenden Einkünfte von nachgeschalteten ausländischen Zwischengesellschaften i. S. von § 14 Abs. 1 bis 3 AStG (dort als Untergesellschaften bezeichnet) berücksichtigt. Es muss sich dabei ebenfalls um passive und niedrig besteuerte Einkünfte, die nicht ausländische Einkünfte i. S. von §§ 34c Abs. 1, 34d EStG sind, handeln. Bei der Mindestbeteiligung gilt die 50 %-Grenze des § 7 Abs. 2 AStG; bei Zwischeneinkünften mit Kapitalanlagecharakter gelten die dort relevanten Grenzen des § 7 Abs. 6 AStG entsprechend.

44 Die Entlastungsregelung des § 8 Abs. 2 AStG kann auch für nachgeschaltete Zwischengesellschaften i. S. d. § 14 AStG in Anspruch genommen werden. Sofern die nachgeschalteten Zwischengesellschaften weder Sitz noch Geschäftsleitung in einem Staat des EWR haben, scheidet eine Entlastung allerdings aus (§ 8 Abs. 2 Satz 3 AStG).

c) Zurechnungsgegenstand

45 Die von der zwischengeschalteten Gesellschaft erzielten passiven und niedrig besteuerten Einkünfte, die nicht ausländische i. S. von §§ 34c Abs. 1, 34d EStG sind, sowie die entsprechenden Einkünfte der nachgeschalteten Gesellschaften, sind nach deutschem Steuerrecht zu ermitteln (BMF-AnwSchr Tz. 5.0.3). Im Gegensatz zu den Bestimmungen der Hinzurechnungsbesteuerung (§ 10 Abs. 3 Satz 1 AStG) und der Einkommenszurechnung bei ausländischen Familienstiftungen (§ 15 Abs. 7 Satz 1 AStG) ist dies nicht unmittelbar im Gesetz niedergelegt.

46 Die Einkunftsart bestimmt sich aus Sicht der ausländischen Zwischengesellschaft, die als Einkünfteerzielungssubjekt anzusehen ist (vgl. BMF-AnwSchr Tz. 5.1.1.1; *F/W/B*, § 5 AStG Rz. 71; *Menck* in Blümich, § 5 AStG Rz. 10; a. A. *Steierberg* in *Mössner et al.*, Außensteuerrecht, § 5 AStG Rz. 36; *Gross* in W/S/G, § 5 Rz. 8, wonach die Art der zuzurechnenden Einkünfte aus Sicht der ausgewanderten Steuerpflichtigen bestimmt werden soll). Im Unterschied zur Hinzurechnungsbesteuerung unterbleibt eine Transformation der zuzurechnenden Einkünfte in einen die Einkünfte aus Kapitalvermögen erhöhenden Hinzurechnungsbetrag; die Hinzurechnungsbesteuerung unterstellt insofern eine fiktive Dividendenausschüttung unmittelbar nach Ende des Wirtschaftsjahrs der ausländischen Zwischengesellschaft, wobei § 10 Abs. 2 Satz 3 AStG das Teileinkünfteverfahren bzw. die Abgeltungsteuer ausdrücklich ausschließt. Bei § 5 Abs. 1 AStG werden hingegen die o. g. Einkünfte der ausländischen Zwischengesellschaft zugerechnet. Die Vorschrift des § 8 Abs. 2 KStG, die für bestimmte Körperschaftsteuersubjekte die Fiktion der Gewerblichkeit für sämtliche Einkünfte verfügt, kommt bei der Bestimmung der Einkunftsart nicht zum Tragen, da die ausländische Zwischengesellschaft per definitionem nicht der unbeschränkten Steuerpflicht unterliegt (vgl. auch BFH vom 21.1.1998 I R 3/96, BStBl II 1998 S. 468). Für ausländische Familienstiftungen (zum Geltungsbereich vgl. Anm. 12) folgt dies im Übrigen bereits aus dem Umstand, dass diese nicht zu den in § 1 Abs. 1 Nr. 1 bis 3 KStG aufgeführten Rechtsformen zählen. Die Bestimmung der jeweils einschlägigen Einkunftsart richtet sich damit nach allgemeinen steuerlichen Grundsätzen.

47 Die Zurechnung betrifft sowohl positive als auch negative Einkünfte, so dass ein Verlustausgleich mit anderen positiven Einkünften der betroffenen Personen unter Beachtung allgemeiner steuerlicher Verlustverrechnungsregelungen grundsätzlich uneingeschränkt möglich ist (vgl. BMF-AnwSchr Tz. 5.1.1.1 i. V. m. Tz. 2.5.1.2). Die in § 10 Abs. 1 Satz 3 AStG normierte Verlustzurechnungsbeschränkung greift im Rahmen des § 5 AStG somit nicht.

48 Die relevanten Einkünfte der zwischengeschalteten und nachgeschalteten Gesellschaften sind den von § 5 AStG betroffenen Personen entsprechend ihrer Beteiligung zuzurechnen. Regelmäßig wird dabei gemäß § 7 Abs. 1 AStG auf die Beteiligung am Nennkapital der ausländischen Gesellschaft abgestellt. Nach § 7 Abs. 5 AStG kann in besonders gelagerten Fällen der Maßstab für die Gewinnverteilung heranzuziehen sein.

d) Einschränkung der Einkünftezurechnung durch Doppelbesteuerungsabkommen

Grundsätzlich sind nationale Zurechnungsnormen den Doppelbesteuerungsabkommen vorgelagert, es sei denn, diese konfligieren mit ausdrücklich festgelegten vertraglichen Zurechnungsregelungen, wie etwa hinsichtlich des Nutzungsberechtigten (vgl. *Hey* in Lüdicke (Hrsg.), Steuerrecht, S. 147; BFH vom 29.10.1997 I R 35/96, BStBl II 1998 S. 235). § 5 Abs. 1 Satz 1 AStG normiert keinen eigenständigen Besteuerungstatbestand (vgl. auch Anm. 1), sondern stellt lediglich eine Einkünftezurechnungsnorm dar. Die Frage eines abkommensrechtlichen Vorrangs stellt sich nach hier vertretener Auffassung daher regelmäßig nicht auf der Stufe der Einkünftezurechnung nach § 5 Abs. 1 Satz 1 AStG, sondern erst bei der Besteuerung im Rahmen der erweiterten beschränkten (§ 2 AStG) oder ggf. der beschränkten (§ 1 Abs. 4 EStG) Steuerpflicht des Zurechnungssubjekts. Unstimmig mag dabei allerdings erscheinen, dass die Zurechnung nach § 5 Abs. 1 Satz 1 AStG zu keiner Aufhebung der beschränkten Steuerpflicht der ausländischen Zwischengesellschaft führt, so dass eine unmittelbare Vergleichbarkeit mit Zurechnungsnormen wie § 42 AO nicht vorliegt (vgl. auch *Rundshagen* in S/K/K, § 5 AStG Rz. 26). **49**

Sofern zwischen Deutschland und dem Ansässigkeitsstaat der von § 5 AStG betroffenen Person ein Doppelbesteuerungsabkommen abgeschlossen wurde, welches dem Ansässigkeitsstaat dieser Person das ausschließliche Besteuerungsrecht für die nach § 5 Abs. 1 Satz 1 AStG zugerechneten Einkünfte zuweist, darf Deutschland für diese Einkünfte sein Besteuerungsrecht nicht wahrnehmen (vgl. ebenso *Baranowski*, Auslandsbeziehungen, Rz. 814, 844; ferner *Wassermeyer*, DStR 1987 S. 635). Begrenzt das jeweilige Doppelbesteuerungsabkommen die Besteuerung des Quellenstaats (Deutschland) auf einen bestimmten Einkünfteteil, so darf Deutschland lediglich in dieser Höhe sein Besteuerungsrecht wahrnehmen. § 5 AStG verfügt nach hier vertretener Auffassung im Ergebnis keinen treaty override (vgl. auch BMF-AnwSchr Tz. 2.0.2.1; a. A. *Rundshagen* in S/K/K, § 5 AStG Rz. 24). Der Gesetzgeber hätte andernfalls klar und unmissverständlich zum Ausdruck bringen müssen, dass die materielle Verwirklichung der Einkünftezurechnung im Rahmen der erweiterten beschränkten oder beschränkten Steuerpflicht den Abkommensnormen vorgehen soll. Dies kann § 5 AStG indessen nicht entnommen werden. Auch § 20 Abs. 1 AStG ordnet einen Vorrang vor den Doppelbesteuerungsabkommen diesbezüglich lediglich für die §§ 7 bis 18 und den 20 Abs. 2 AStG an, nicht jedoch für die im zweiten Teil des AStG enthaltenen Vorschriften. Auf das mit dem Ansässigkeitsstaat der Zwischengesellschaft geschlossene Doppelbesteuerungsabkommen kann sich die von der Zurechnung betroffene Person nicht berufen (vgl. *F/W/B*, § 5 AStG Rz. 19). **50**

Etwas anderes gilt nur, wenn im jeweiligen Doppelbesteuerungsabkommen abweichende Vereinbarungen getroffen worden sind. Dies gilt etwa für das Doppelbesteuerungsabkommen mit der Schweiz, nach dessen Art. 4 Abs. 4 in der Schweiz ansässige Personen unter bestimmten Voraussetzungen ungeachtet anderslautender abkommensrechtlicher Bestimmungen in Bezug auf inlandsverhaftete Einkünfte und Vermögenswerte in Deutschland besteuert werden dürfen (vgl. BMF-AnwSchr Tz. 2.0.2.3). Sonderregelungen finden sich ferner in Nr. 17 des Protokolls zu Art. 24 und 6 bis 22 des Doppelbesteuerungsabkommens mit Italien (vgl. BMF-AnwSchr Tz. 2.0.2.4). **51**

52 Der Abkommensschutz der zwischengeschalteten Gesellschaft wird durch § 5 AStG nicht berührt. Vielmehr bleibt diese mit ihren inländischen Einkünften beschränkt steuerpflichtig. Die Zurechnung gemäß § 5 AStG führt nach hier vertretener Auffassung daher – anders als im Falle des § 42 AO – nicht zu einer steuerlichen Negierung der zwischengeschalteten Gesellschaft (vgl. ebenso *Baranowski*, Auslandsbeziehungen, Rz. 814, 844).

e) Zeitpunkt der Zurechnung

53 Der Zeitpunkt der Zurechnung wurde in § 5 Abs. 1 AStG nicht explizit geregelt. Die Zurechnung erfolgt abweichend von § 10 Abs. 2 AStG nicht unmittelbar nach Ablauf des maßgeblichen Wirtschaftsjahrs der ausländischen Zwischengesellschaft. Statt dessen gelten die von der Zwischengesellschaft erzielten Einkünfte dieser als in der letzten logischen Sekunde ihres Wirtschaftsjahrs zugeflossen und sodann den von § 5 AStG betroffenen Personen zugerechnet (vgl. BMF-AnwSchr Tz. 5.1.1.2).

f) Berücksichtigung im In- und Ausland geleisteter Steuern

54 Sowohl die zwischengeschaltete Gesellschaft als auch die nachgeschalteten Gesellschaften sind mit ihren inländischen Einkünften ggf. in Deutschland beschränkt und in ihrem Ansässigkeitsstaat unbeschränkt körperschaftsteuerpflichtig. Darüber hinaus können die von § 5 AStG betroffenen Personen im Rahmen der erweiterten oder ggf. der einfachen beschränkten Steuerpflicht in Deutschland und im Ausland aufgrund empfangener Dividendenzahlungen besteuert werden. § 5 AStG enthält keine Bestimmungen zur Abzugsfähigkeit oder Anrechenbarkeit im In- und Ausland erhobener Steuern bei den zurechnungspflichtigen Personen. Insbesondere verweist § 5 AStG explizit nicht auf die §§ 10, 12 AStG, die im Rahmen der Hinzurechnungsbesteuerung die Abzugsfähigkeit und Anrechenbarkeit zulasten der ausländischen Zwischengesellschaft erhobener Steuern regeln.

55 Die Finanzverwaltung gewährt den betroffenen Personen gleichwohl (praeter legem, so *Kraft* in Kraft, AStG, § 5 Rz. 69) die Möglichkeit einer Anrechnung und ggf. Erstattung der auf die beschränkt steuerpflichtigen Einkünfte der ausländischen Zwischengesellschaft einbehaltenen oder festgesetzten und gezahlten deutschen Steuer nach den Grundsätzen des § 36 Abs. 2 EStG (vgl. BMF-AnwSchr Tz. 5.1.1.3); im Gegensatz zur Tz. 5.1.3 Abs. 2 des AStG-Einführungsschreibens (BMF vom 11.7.1974, BStBl I 1974 S. 442) enthält das BMF-AnwSchr keine Regelung mehr dahingehend, dass eine Erstattung inländischer Steuer ausgeschlossen sei (vgl. *Baranowski*, Auslandsbeziehungen, Rz. 839). Allerdings setzt die Anrechnung bzw. Erstattung voraus, dass die von § 5 AStG betroffenen Personen auch die Voraussetzungen der erweiterten beschränkten Steuerpflicht des § 2 AStG erfüllen (vgl. BMF-AnwSchr Tz. 5.1.1.3). Durch die Berücksichtigung inländischer Steuern wird eine (nationale) Doppelbelastung mit deutschen Ertragsteuern insoweit vermieden, da die zugrunde liegenden Einkünfte andernfalls sowohl bei der ausländischen Zwischengesellschaft als auch bei der „Person im Sinne des § 2" erfasst würden.

56 Hiervon abweichend wird im Schrifttum vertreten, dass es einer gesonderten Anrechnungsregelung gar nicht bedürfe. Infolge der Zurechnung der Einkünfte falle die beschränkte Steuerpflicht der ausländischen Zwischengesellschaft fort.

Eine analoge Anwendung des § 36 Abs. 2 EStG erweise sich daher als obsolet, da die Festsetzung und Erhebung inländischer Steuern zulasten der ausländischen Zwischengesellschaft materiell falsch sei (*Graf zu Ortenburg*, FR 1976 S. 162). Nach hier vertretener Auffassung bleibt die ausländische Zwischengesellschaft dagegen beschränkt steuerpflichtig (vgl. Anm. 6 ff.), so dass es zur Vermeidung einer wirtschaftlichen Mehrfachbelastung insoweit der Berücksichtigung inländischer Steuern auf Ebene der Zurechnungsempfänger bedarf.

Eine wirtschaftliche Mehrfachbelastung kann sich aber auch aus dem Umstand ergeben, dass die ausländische Zwischengesellschaft in ihrem Ansässigkeitsstaat mit den zugerechneten Einkünften der Besteuerung unterliegt. Es erscheint nahezu ausgeschlossen, dass der (neue) Ansässigkeitsstaat den von § 5 AStG betroffenen Personen eine Anrechnung der von der ausländischen Zwischengesellschaft geleisteten Steuern gewährt (vgl. *Kraft* in Kraft, AStG, § 5 Rz. 69). Die steuerliche Gesamtbelastung verschärft sich, sofern der Ansässigkeitsstaat der von § 5 AStG betroffenen Personen die Gewinnausschüttungen der zwischengeschalteten Gesellschaft einer erneuten Besteuerung unterwirft (vgl. *Kraft* in Kraft, AStG, § 5 Rz. 68). Eine Anrechnung bzw. ein Abzug von ausländischen Ertragsteuern ist iRd. § 5 AStG indessen weder gesetzlich normiert noch seitens der Finanzverwaltung vorgesehen (vgl. BMF-AnwSchr Tz. 5.1.1.3). Die fehlende Möglichkeit der Berücksichtigung ausländischer Steuern wird im Schrifttum überwiegend kritisiert (vgl. *Kraft* in Kraft, AStG, § 5 Rz. 68 f.; *Rundshagen* in S/K/K, § 5 AStG Rz. 59 f.; *Baranowski*, Auslandsbeziehungen, Rz. 840; vgl. auch *Lempenau* in Brezing u. a., § 5 Rz. 8). Nach hier vertretener Auffassung sollte den von § 5 AStG betroffenen Personen zur Vermeidung einer wirtschaftlichen Mehrfachbelastung auch in Bezug auf ausländische Steuern ausdrücklich die Möglichkeit des Abzugs oder der Anrechnung gewährt werden. Einer expliziten gesetzlichen Regelung bedürfte es dabei insbesondere infolge fehlender Identität der mit der Steuer belasteten Person (der ausländischen Zwischengesellschaft) und des Zurechnungsempfängers (Personenidentität i. S. d. § 34c Abs. 1 Satz 1 EStG; vgl. ebenso *Steierberg* in *Mössner et al.*, Außensteuerrecht, § 5 AStG Rz. 36). Nach derzeitiger Rechtslage können von der ausländischen Zwischengesellschaft gezahlte Steuern dagegen allenfalls auf dem Wege der Schattenveranlagung nach § 2 Abs. 6 AStG berücksichtigt werden. Nach der Fiktion des § 2 Abs. 6 AStG wird die Steuerbelastung erweitert beschränkt steuerpflichtiger Personen insofern mit der unbeschränkt steuerpflichtiger Personen verglichen. Im Falle der unbeschränkten Steuerpflicht könnten auch die Bestimmungen zur Hinzurechnungsbesteuerung, und hier die Regelungen zum Abzug bzw. zur Anrechnung von Steuern gemäß §§ 10, 12 AStG, anzuwenden sein (vgl. auch *Weggenmann* in Haase, § 5 AStG Rz. 42).

g) Zurechnung von Einkommen ausländischer Familienstiftungen

Die nachfolgenden Ausführungen im Unterabschnitt B III 1. g) gelten nach hier vertretener Auffassung nur noch bis einschließlich Veranlagungszeitraum 2012. Es wird diesbezüglich auf Anm. 12 verwiesen.

§ 5 Abs. 1 AStG nimmt ausschließlich Bezug auf ausländische Zwischengesellschaften, nicht jedoch auf ausländische Familienstiftungen, deren außensteuerrechtliche Regelungen in § 15 AStG niedergelegt sind. Indessen ordnet § 15 Abs. 5 Satz 1 AStG die entsprechende Anwendung des § 5 AStG an. Nach dem schriftlichen Bericht des Finanzausschusses zur BT-Drucks. VI/3537 soll die Einbeziehung von in

Niedrigsteuergebiete Auswandernden in die Regelungen für Familienstiftungen dem Ziel dienen, Umgehungen der §§ 2 bis 5 AStG vorzubeugen. Im Einzelnen wirft der in § 15 Abs. 5 Satz 1 AStG kodifizierte Verweis eine Vielzahl von Fragestellungen auf.

59 § 2 Abs. 4 AStG, der für Zwecke der Feststellung wesentlicher wirtschaftlicher Inlandsinteressen eine Gesamtbetrachtung der Verhältnisse der Steuerpflichtigen und der ausländischen Zwischengesellschaft anordnet, nimmt ausschließlich Bezug auf Gewerbebetriebe, Beteiligungen, Einkünfte und Vermögen einer ausländischen Zwischengesellschaft i. S. des § 5 AStG. Ausländische Familienstiftungen sind dagegen nicht erfasst. § 2 Abs. 4 AStG kann zudem nicht entsprechend angewendet werden, da § 15 Abs. 5 Satz 1 AStG nur auf § 5 AStG verweist. Insofern stellt sich die Frage, ob sich die verfolgte Zielsetzung, der Umgehung der erweiterten beschränkten Steuerpflicht unter Errichtung ausländischer Familienstiftungen entgegenzutreten, tatsächlich im Gesetzestext niedergeschlagen hat oder ob die Zurechnung aufgrund §§ 5 Abs. 1 Satz 1, 15 Abs. 5 Satz 1 AStG in solchen Konstellationen ins Leere zu laufen droht, in denen zwar die betroffenen Steuerpflichtigen für sich betrachtet keine, jedoch nach Hinzuziehung der ausländischen Familienstiftung wesentliche wirtschaftliche Inlandsinteressen aufrechterhalten (vgl. auch BMF-AnwSchr Tz. 2.4.2; *Wassermeyer* in F/W/B, § 5 AStG Rz. 95). Eine Zurechnung iRd. erweiterten beschränkten Steuerpflicht aufgrund §§ 5 Abs. 1 Satz 1, 15 Abs. 5 Satz 1 AStG wäre damit auf Sachverhalte beschränkt, in denen die Zurechnungsempfänger ohnehin bereits wesentliche wirtschaftliche Inlandsinteressen hätten. Dies stellt indessen keine zielgenaue Umsetzung des beabsichtigten Regelungszwecks dar.

60 Aufgrund § 5 Abs. 1 Satz 1 AStG werden Einkünfte, nach § 15 Abs. 1 Satz 1 AStG wird hingegen Einkommen zugerechnet. Ferner erfasst § 5 Abs. 1 Satz 1 AStG ausschließlich Gesellschaften. Stiftungen fallen als mitgliederlose Organisationsform jedoch nicht unter den Gesellschaftsbegriff des § 7 AStG. M.E. ist die Verweisung des § 15 Abs. 5 Satz 1 AStG so zu verstehen, dass in persönlicher Hinsicht die Voraussetzungen des § 5 Abs. 1 AStG erfüllt sein müssen, d. h. betroffen sind nur „Personen im Sinne des § 2 AStG", in sachlicher Hinsicht hingegen allein die Tatbestandsvoraussetzungen des § 15 AStG zu prüfen sind, so dass die Tatbestandsvoraussetzungen der §§ 7 bis 14 AStG für ausländische Familienstiftungen keine Relevanz entfalten können. § 8 AStG nimmt insoweit nämlich ausschließlich auf ausländische Gesellschaften, nicht jedoch auf Stiftungen Bezug. Auf das Vorliegen passiver Einkünfte und eine niedrige Besteuerung kommt es im Rahmen der analogen Anwendung des § 5 AStG bei ausländischen Familienstiftungen demnach nicht an. Ein Rückgriff auf die in § 8 Abs. 2 AStG niedergelegte Entlastungsregelung kommt für die von der Zurechnung betroffenen Personen nicht in Betracht.

61 Die Tatbestandsvoraussetzungen des § 15 AStG sind vergleichsweise weiter gefasst als im Rahmen der Bestimmungen zur Hinzurechnungsbesteuerung. Eine Zurechnung erfolgt, sofern die Stiftung weder Sitz noch Geschäftsleitung im Inland hat und Stifter sowie die in § 15 Abs. 2 oder Abs. 3 AStG bezeichneten Personen am Einkommen oder Vermögen zu mehr als der Hälfte berechtigt sind. Zu den Tatbestandsvoraussetzungen des § 15 AStG wird auf die Kommentierung zu § 15 AStG hingewiesen.

62 Das aufgezeigte Zusammenwirken der beiden Normen §§ 5 und 15 AStG mutet vor dem Hintergrund der mit der erweiterten beschränkten Steuerpflicht verfolgten Zielsetzung zweifelhaft an. Erklärtes Ziel des Gesetzgebers ist es, Umgehungen der erweiterten beschränkten Steuerpflicht durch Zwischenschaltung niedrig besteuerter ausländischer Rechtsträger zuvorzukommen. Ungeachtet handwerklicher Unstimmigkeiten fügen sich die tatbestandlichen Voraussetzungen des § 15 AStG nicht recht in diese Konzeption, da für Zwecke der Zurechnung des Einkommens ausländischer Familienstiftungen von deren steuerliche Belastungssituation abstrahiert wird. Im Ergebnis ist auch nicht i. S. d. § 8 Abs. 3 AStG niedrig besteuertes Einkünftesubstrat latent zurechnungsgefährdet. Darüber hinaus ist die Wirkungsweise des § 15 AStG, aufgrund dessen auch Destinatäre, die weder die Stiftungserrichtung initiiert haben noch mit der Einräumung ihrer Begünstigtenstellung in Verbindung stehen, grundsätzlich geeignet, Zweifel an der Folgerichtigkeit der Einbindung in das System des § 5 AStG zu nähren.

Im Zuge des JStG 2009 vom 19.12.2008 (BGBl I 2008 S. 2794) hat der Gesetzgeber in § 15 Abs. 6 AStG eine Entlastungsregelung implementiert, um die europarechtswidrige Ausgangslage der Vorschrift zu reparieren und einem Klageverfahren vor dem EuGH zuvorzukommen. Die Rechtsfolgen der Einkommenszurechnung treten demnach nicht ein, wenn der Nachweis erbracht werden kann, dass das Vermögen einer Familienstiftung mit Sitz oder Geschäftsleitung in einem EWR-Staat der Verfügungsmacht der in den Absätzen 2 und 3 des § 15 AStG genannten Personen in rechtlicher und tatsächlicher Hinsicht entzogen ist. Die Nachweisführung richtet sich damit an die wesentlich von der Einkommenszurechnung durch § 15 Abs. 1 AStG betroffenen Personen, d. h. an den Stifter bzw. die ihm nahestehenden Bezugs- oder Anfallsberechtigten. Daneben muss der Finanzverwaltung die Überprüfung der erforderlichen Angaben aufgrund der Amtshilferichtlinie (Richtlinie 77/799/EWG vom 19.12.1977, ABl. EG 1977, L 336 S. 15) oder einer vergleichbaren zwei- oder mehrseitigen Vereinbarung ermöglicht sein. § 15 Abs. 6 AStG ist erstmals für den VZ 2009 anzuwenden (§ 21 Abs. 18 Satz 1 AStG). Zu Einzelheiten der Entlastungsregelung wird auf die Kommentierung zu § 15 AStG hingewiesen. **63**

Nach dem Wortlaut des § 15 Abs. 6 AStG erscheint es fraglich, ob der Anwendungsbereich der Entlastungsregelung auch für „Personen im Sinne des § 2 AStG" eröffnet ist. § 15 Abs. 6 AStG führt insofern explizit an, dass bei erfolgreich dargebrachtem Entlastungsbeweis „Absatz 1" nicht anzuwenden sei. Für „Personen im Sinne des § 2 AStG" bestimmen sich die Rechtsfolgen nach hier vertretener Auffassung indessen nicht nach § 15 Abs. 1 AStG, sondern nach § 5 Abs. 1 AStG. § 15 Abs. 5 Satz 1 AStG ordnet insofern die entsprechende Anwendung des § 5 AStG an. Allerdings gelten nach hier vertretener Auffassung insoweit die zur Entlastungsregelung bei zwischengeschalteten Gesellschaften getroffenen Ausführungen entsprechend (vgl. Anm. 38). Die Entlastungsregelung des § 15 Abs. 6 AStG strahlt daher gleichermaßen auf die Zurechnung nach § 5 AStG aus. Ein Ausschluss der Entlastungsregelung für die von § 5 AStG betroffenen Stifter und Destinatäre wäre europarechtlich unhaltbar und verfassungsrechtlich bedenklich. **64**

Liegen die persönlichen Voraussetzungen des § 5 AStG („Person im Sinne des § 2 AStG") und die sachlichen Tatbestandsvoraussetzungen des § 15 AStG vor, treten grundsätzlich die Rechtsfolgen der Zurechnung entsprechend den zuvor aufgezeigten Grundsätzen ein. Gegenstand der Zurechnung sind demnach die nicht ausländischen Einkünfte der Familienstiftung (vgl. BMF-AnwSchr Tz. 15.5.1). Im Schrifttum wird dagegen vertreten, dass nur nicht ausländische „Zwischeneinkünfte" (vgl. *Wassermeyer* in F/W/B, § 15 AStG Rz. 94) oder nicht ausländische und niedrigbesteuerte Einkünfte der Familienstiftung zuzurechnen seien (vgl. **65**

Rundshagen in S/K/K, § 15 AStG Rz. 74). Es erscheint jedoch fraglich, im Kontext der „entsprechenden Anwendung des § 5 AStG" bei Familienstiftungen auf die §§ 7, 8 und 14 AStG zurückzugreifen.

66 Die Höhe der Zurechnung leitet sich aus den individuellen Bezugs- und Anfallsberechtigungen der „Personen i. S. d. § 2 AStG" ab. Verzieht der Stifter ins Ausland und liegen die Voraussetzungen des § 5 AStG vor, so sollen ihm entsprechend dem in § 15 Abs. 1 Satz 1 AStG niedergelegten Subsidiaritätsverhältnis die Stiftungseinkünfte in voller Höhe zugerechnet werden (vgl. BMF-AnwSchr Tz. 15.1.4).

67 Die Finanzverwaltung versteht die entsprechende Anwendung des § 5 AStG hingegen wohl als Einkommenszurechnung ggü. den Stiftern und Destinatären der ausländischen Familienstiftung (vgl. BMF-AnwSchr Tz. 15.5.1, allerdings unklar, vgl. auch Tz. 2.5.0.1 Nr. 9). Materielle Unterschiede liegen etwa darin begründet, dass im Rahmen der Einkommensermittlung die Kürzungsvorschriften des § 8b KStG zum Tragen kommen. Das Einkommen wird für Zwecke des § 15 AStG nämlich auf Ebene einer fiktiv unbeschränkt steuerpflichtigen Stiftung ermittelt (vgl. zum Grundsatz der eigenständigen Einkommensermittlung nach den für juristische Personen geltenden Vorschriften auch BFH vom 8.4.2009 I B 223/08, BFH/NV 2009 S. 1437; im Einzelnen wird auf die Kommentierung zu § 15 AStG hingewiesen).

Beispiel 2
X errichtet vor Beendigung der unbeschränkten Steuerpflicht eine im Drittstaatsgebiet ansässige Familienstiftung i. S. von § 15 Abs. 2 AStG. X soll die persönlichen Voraussetzungen des § 5 Abs. 1 Satz 1 AStG erfüllen und der erweiterten beschränkten Steuerpflicht des § 2 AStG unterliegen. Zum Stammvermögen der Stiftung gehört u. a. die Beteiligung an einer deutschen Kapitalgesellschaft. Im Rahmen der Ermittlung des nach § 15 AStG zuzurechnenden Einkommens sind die jährlich zufließenden Ausschüttungen gemäß § 8b Abs. 1 KStG anzusetzen (die Anwendung des § 8b Abs. 5 Satz 1 KStG erscheint infolge der begrifflichen Bezugnahme auf „Betriebsausgaben" bei Stiftungen mit Überschusseinkünften dagegen fraglich, vgl. auch *Frotscher* in Frotscher/Maas, KStG, § 1 KStG Rz. 56e). Dies muss nach der von der Finanzverwaltung vertretenen Auffassung auch für Zwecke der Zurechnung über § 15 Abs. 5 Satz 1 AStG i. V. m. § 5 AStG gelten. Somit werden X im Rahmen der erweiterten beschränkten Steuerpflicht allenfalls 5 v. H. der Bruttodividende im Rahmen des § 5 Abs. 1 Satz 1 AStG zugerechnet. Die in Deutschland zulasten der Bruttodividende einbehaltene Quellensteuer wäre X analog § 36 Abs. 2 EStG zu erstatten (vgl. hierzu Anm. 55).

68 Die Verlustzuweisungsbeschränkungen des § 15 Abs. 7 Sätze 2 und 3 AStG wirken sich nach hier vertretener Auffassung auf die Zurechnung nach § 5 AStG nicht aus. Insofern gelten dieselben Grundsätze wie bei der Zurechnung von Einkünften einer ausländischen Zwischengesellschaft. Allerdings ist infolge der Einkommenszurechnung die Möglichkeit einer doppelten Verlustnutzung nicht ausgeschlossen.

Beispiel 3
X errichtet vor Beendigung der unbeschränkten Steuerpflicht eine im Drittstaatsgebiet ansässige Familienstiftung i. S. von § 15 Abs. 2 AStG. X soll die persönlichen Voraussetzungen des § 5 Abs. 1 Satz 1 AStG erfüllen und der erweiterten beschränkten Steuerpflicht des § 2 AStG unterliegen. Die Familienstiftung mit kalenderjahrgleichem Wirtschaftsjahr erzielt im Jahr 1 ausschließlich negative Einkünfte i. H. v. −100 aus einer deutschen Betriebsstätte. Der Verlust wird nach § 8 Abs. 1 KStG i. V. m. § 10d EStG gesondert festgestellt. X wird aufgrund § 5 Abs. 1 Satz 1 AStG im Rahmen der erweiterten beschränkten Steuerpflicht ein negatives Einkommen von −100 zugerechnet, das zum Ausgleich mit etwaigen positiven Einkünften genutzt werden kann. Im Jahr 2 erzielt die Familienstiftung in der deutschen Betriebsstätte ein positives Einkommen i. H. v. 100. Nach Verrechnung mit dem gemäß § 10d EStG gesondert festgestellten Verlust ergibt sich ein zuzurechnendes Einkommen von 0. Obgleich die Familienstiftung somit per saldo ein Ergebnis von 0 erzielt hat, könnte X die Verluste im Jahr 1 i. H. v. −100 nutzen.

Das Beispiel hebt die Problematik der Zurechnung eines Einkommens anstelle von Einkünften prägnant hervor. Es erscheint aber auch vor dem systematischen Vergleich mit der Behandlung zwischengeschalteter Gesellschaften nicht statthaft, die aufgezeigte Konstellation dahingehend lösen zu wollen, negatives Einkommen von der Zurechnung auszuschließen. Stattdessen könnte der Verlustabzug im Jahr 2 für Zwecke der Ermittlung des zuzurechnenden Einkommens versagt werden (vgl. im Kontext des § 15 AStG auch *Hey*, IStR 2009 S. 181).

h) Zurechnung im Rahmen der beschränkten Steuerpflicht

Die Vorschrift des § 5 AStG setzt nicht sämtliche für das Vorliegen der erweiterten beschränkten Einkommensteuerpflicht nach § 2 AStG normierten Tatbestandsmerkmale voraus. Soweit der Eintritt von Rechtsfolgen in der Literatur insgesamt vom Vorliegen der erweiterten beschränkten Einkommensteuerpflicht abhängig gemacht wird (vgl. *Steierberg* in *Mössner et al.*, Außensteuerrecht, § 5 AStG Rz. 39; *Menck* in Blümich, § 5 AStG Rz. 6; *F/W/B*, § 5 AStG Rz. 30; *Lempenau* in Brezing u. a., § 5 AStG Rz. 4), kann dem zumindest nach dem Wortlaut des derzeitigen Gesetzes nicht zugestimmt werden. Seit 1974 enthält § 5 AStG eine eigenständige Legaldefinition der „Person im Sinne des § 2", in welche nicht alle Merkmale des § 2 Abs. 1 AStG eingegangen sind. Auf die nicht einbezogenen Merkmale, d. h. die wesentlichen Inlandsinteressen, die Zehnjahresfrist, aber auch die Freigrenze des § 2 Abs. 1 Satz 2 AStG in Höhe von 16 500 Euro, kommt es bei § 5 Abs. 1 AStG nicht an.

Es ist in diesem Zusammenhang zwar der Verweis in § 2 Abs. 4 AStG zu beachten. Dieser betrifft jedoch nur den Einbezug der anteiligen Einkünfte von zwischengeschalteten Gesellschaften in die Veranlagung des erweitert beschränkt Einkommensteuerpflichtigen (Verweis auf § 2 Abs. 1 AStG) und die Ermittlung der wesentlichen Inlandsinteressen (Verweis auf § 2 Abs. 3 EStG). Insoweit kann es durch den Einbezug dieser Einkünfte erst zur erweiterten beschränkten Einkommensteuerpflicht kommen. Dies ist jedoch im Gegensatz zur erweiterten beschränkten Einkommensteuerpflicht keine Voraussetzung für die Zurechnung nach § 5 Abs. 1 AStG.

71 Somit könnte die Auffassung vertreten werden, dass § 5 AStG hinsichtlich der Ertragsbesteuerung sowohl die erweiterte beschränkte Einkommensteuerpflicht nach § 2 Abs. 1 Satz 1 AStG als auch die beschränkte Einkommensteuerpflicht nach § 1 Abs. 4 EStG ergänzt. Diese Auffassung ist im jüngeren Schrifttum offenbar vermehrt im Vordringen begriffen (vgl. *Kraft* in Kraft, AStG, § 5 Rz. 7, 90; *Rundshagen* in S/K/K, § 5 AStG Rz. 5, 39). Dagegen spricht die gesetzgeberische Zielsetzung des § 5 AStG, wonach die Vorschrift Umgehungen der erweiterten beschränkten Steuerpflicht durch Zwischenschaltung einer ausländischen Gesellschaft verhindern soll. Ein solches Auslegungsergebnis ließe sich auf dem Wege der teleologischen Reduktion erreichen. Dies wird durch die systematische Stellung der Vorschrift im zweiten Teil des AStG bekräftigt. Die Ausdehnung des § 5 AStG auf die beschränkte Steuerpflicht ist insofern aus systematischer Sicht abzulehnen. Auch die Finanzverwaltung betont im Anwendungsschreiben die Funktion des § 5 AStG als Ergänzung zur erweiterten beschränkten Einkommensteuerpflicht (vgl. BMF-AnwSchr Tz. 5.0.1). Für die Rechtspraxis kann daher davon ausgegangen werden, dass eine Ausdehnung der Zurechnungsfolgen auf die beschränkte Steuerpflicht nicht droht.

72 Gleichwohl ist anzumerken, dass das Anwendungsschreiben aus dem Jahr 2004 datiert und – abgesehen von ausländischen Familienstiftungen – wesentliche Anwendungsfälle vor Absenkung des Körperschaftsteuersatzes auf 15 v. H. im Zuge des UntStRefG 2008 vom 14.8.2007 (BGBl I 2007 S. 1912) nicht denkbar waren. Hervorzuheben ist in diesem Zusammenhang auch, dass sich die Zurechnung von Vermögenswerten nach § 5 Abs. 1 Satz 2 AStG ausdrücklich auf die erweiterte beschränkte Erbschaftsteuerpflicht nach § 4 AStG bezieht. Der Gesetzgeber hätte die Zurechnung für Zwecke des § 5 Abs. 1 Satz 1 AStG ebenfalls mit einem schlichten Verweis auf Fälle des § 2 AStG beschränken können. Daneben ist anzumerken, dass auch bei einer Eingrenzung der Zurechnung auf Fälle des § 2 AStG Besteuerungsergebnisse nicht ausgeschlossen sind, die mit der eigentlich verfolgten Zielsetzung, der Verhinderung von Umgehungsgestaltungen des § 2 AStG, nicht mehr zwangsläufig im Zusammenhang stehen. Der Gesetzeswortlaut des § 5 Abs. 1 Satz 1 AStG sieht eine Beschränkung auf die Zurechnung gegenüber erweitert beschränkt steuerpflichtigen Personen nicht vor. Ein derartiger Verweis hätte aber spätestens im Zuge der Absenkung des Körperschaftsteuersatzes auf 15 v. H. im Zuge des UntStRefG 2008 vom 14.8.2007 (BGBl I 2007 S. 1912) erfolgen müssen, da die Niedrigbesteuerungsschwelle des § 8 Abs. 3 AStG vom Gesetzgeber bewusst nicht mit angepasst worden ist und seither wesentliche praktische Anwendungsfälle für eine Zurechnung aufgrund § 5 AStG gegenüber beschränkt Steuerpflichtigen denkbar sind (mit Ausnahme von Familienstiftungen, deren Besteuerungsniveau nach dem hier vertretenen Verständnis im Rahmen des § 5 AStG ohne Belang ist, vgl. hierzu Anm. 60).

73 Praktische Relevanz könnte eine Ausdehnung des § 5 AStG auf beschränkt Steuerpflichtige etwa nach Ablauf der Zehnjahresfrist haben, wenn der Auswandernde nur noch im Rahmen seiner beschränkten Steuerpflicht in Deutschland seine inländischen Einkünfte zu versteuern hat. Daneben kommt der Zurechnung im Rahmen der beschränkten Steuerpflicht bei Fehlen wesentlicher wirtschaftlicher

Interessen oder bei Unterschreitung der Freigrenze des § 2 Abs. 1 Satz 3 AStG Bedeutung zu. Es wird derzeit jedoch davon ausgegangen werden müssen, dass die Finanzverwaltung § 5 AStG in diesen Fällen nicht anwendet.

2. Zurechnung von Vermögenswerten bei der Erbschaft- und Schenkungsteuer

Aufgrund § 5 Abs. 1 Satz 2 AStG sind dem erweitert beschränkt Steuerpflichtigen **74** i. S. von § 4 AStG Vermögenswerte der zwischengeschalteten Gesellschaft zuzurechnen. § 5 Abs. 1 Satz 2 AStG kodifiziert – ebenso wie im Rahmen der Zurechnung von Einkünften nach Satz 1 – keine eigenständige Besteuerungsgrundlage (vgl. *F/W/ B*, § 5 AStG Rz. 81). Die Regelung ergänzt die erweiterte beschränkte Erbschaft- und Schenkungsteuerpflicht um Fälle, in denen Gegenstand des Nachlasses oder der Schenkung Anteile an einer ausländischen Gesellschaft sind. § 4 AStG könnte in diesen Fällen ohne die gesetzliche Regelung des § 5 Abs. 1 Satz 2 AStG nicht zur Anwendung kommen, weil es sich bei Anteilen an einer ausländischen Gesellschaft um ausländisches Vermögen handelt. Damit könnten auf eine ausländische Gesellschaft übertragene Vermögenswerte, deren Erträge bei unbeschränkter Einkommensteuerpflicht nicht ausländische Einkünfte i. S. von §§ 34c Abs. 1, 34d EStG wären (vgl. § 4 Abs. 1 AStG), im Rahmen der erweiterten beschränkten Erbschaft- und Schenkungsteuerpflicht keine Berücksichtigung finden.

Hinsichtlich ausländischer Familienstiftungen erscheint eine analoge Anwen- **75** dung zweifelhaft, da Stiftungen keine Beteiligungsrechte vermitteln können. Es könnte allenfalls der Stifter als indirekter Schenker im Falle einer Vermögensübertragung der Stiftung angesehen werden (so für den ähnlichen Sachverhalt der unentgeltlichen Wertabgabe durch eine ausländische Zwischengesellschaft *Rundshagen* in S/K/K, § 5 AStG Rz. 73). Insofern erscheint allerdings die Notwendigkeit, die Übertragung von Stiftungsvermögen zu erfassen, bereits vor dem Hintergrund zweifelhaft, dass schon die Stiftungserrichtung der Schenkungsteuer unterlegen hat und somit kaum Fallgestaltungen denkbar sind, in denen es durch Einschaltung einer ausländischen Familienstiftung im Rahmen der erweiterten beschränkten Schenkung- und Erbschaftsteuerpflicht tatsächlich zu schenkungsteuerlichen Vorteilen kommt. Zu bedenken ist im Einzelfall ferner, inwieweit satzungsgemäße Vermögensauskehrungen im Inlandsfall überhaupt schenkung- oder erbschaftsteuerliche Implikationen auslösen können. Die Finanzverwaltung geht offenbar gleichwohl davon aus, dass im Rahmen der §§ 4, 5 AStG auch Vermögen einer ausländischen Familienstiftung zu berücksichtigen sei (BMF-AnwSchr Tz. 4.1.1 Nr. 8, 9). Ab dem Veranlagungszeitraum 2013 scheidet eine Vermögenszurechnung nach hier vertretener Auffassung aus (vgl. Anm. 12).

Bis einschließlich VZ 1996 galt die Zurechnung von Vermögenswerten nach § 5 **76** Abs. 1 Satz 2 AStG sowohl bei der Vermögensteuer als auch bei der Erbschaft- und Schenkungsteuer. Ab 1997 gilt die Vorschrift nur noch für die Erbschaft- und Schenkungsteuer. Durch die explizite Bezugnahme auf Fälle des § 4 AStG (bzw. bis 1997 auch auf § 3 AStG) wird verdeutlicht, dass durch § 5 Abs. 1 Satz 2 AStG die erweiterte beschränkte Erbschaft- und Schenkungsteuerpflicht ergänzt werden soll.

Für die Zurechnung von Vermögenswerten nach § 5 Abs. 1 Satz 2 AStG gelten **77** dieselben persönlichen Voraussetzungen wie bei der Einkünftezurechnung nach § 5 Abs. 1 Satz 1 AStG. Da § 4 Abs. 1 AStG auf sämtliche Tatbestandsmerkmale des

§ 2 Abs. 1 Satz 1 AStG rekurriert, müssen die betroffenen Personen darüber hinaus im Ergebnis über wesentliche wirtschaftliche Inlandsinteressen verfügen. Zudem kommt eine Zurechnung nur innerhalb des Zehnjahreszeitraums der erweiterten beschränkten Einkommensteuerpflicht in Betracht. Die erweiterte beschränkte Erbschaft- und Schenkungsteuerpflicht kommt dabei erst nach Ablauf der erweiterten unbeschränkten Erbschaft- und Schenkungsteuerpflicht gemäß § 2 Abs. 1 Nr. 1 Buchst. b ErbStG zum Tragen (vgl. auch BMF-AnwSchr Tz. 4.0).

78   Nach dem Wortlaut der Vorschrift sind die Vermögenswerte der ausländischen Gesellschaft, deren Erträge bei unbeschränkter Einkommensteuerpflicht nicht ausländische i. S. des §§ 34c Abs. 1, 34d EStG wären, dem Erwerb im Falle des § 4 AStG anteilig zuzurechnen. Wie bereits im Rahmen der Einkünftezurechnung nach § 5 Abs. 1 Satz 1 AStG umfasst die Zurechnung daher solche Vermögenswerte nicht, deren Erträge zwar im Kanon der beschränkt steuerpflichtigen Einkünfte des § 49 EStG aufgeführt sind, sich aber gleichzeitig bei unbeschränkter Steuerpflicht als ausländische Einkünfte i. S. des §§ 34c Abs. 1, 34d EStG qualifizieren (vgl. Anm. 41 f.). Die Finanzverwaltung folgt dem Gesetzeswortlaut insoweit jedoch offenbar nicht (allerdings undeutlich vgl. BMF-AnwSchr Tz. 5.1.2 und Tz. 5.0.3 sowie Tz. 5.1.1.1 i. V. m. Tz. 2.5.0.2).

79   Da die ausländische Gesellschaft nicht identisch ist mit der Zwischengesellschaft i. S. der § 7 Abs. 1, 6 und § 8 AStG, die nur passive, niedrig besteuerte Einkünfte erzielt, könnte die Auffassung vertreten werden, dass zunächst sämtliche Vermögenswerte der ausländischen Gesellschaft zu betrachten sind (vgl. *Gross* in W/S/G, § 5 Rz. 10; *Lempenau* in Brezing u. a., § 5 Rz. 11). In der Konsequenz wären auch solche Vermögenswerte i. R. d. § 4 AStG zuzurechnen, deren Erträge zwar als nicht ausländisch qualifiziert würden, die indessen nicht die Voraussetzungen passiver und niedrigbesteuerter Einkünfte erfüllten. Dem folgt jedoch die Finanzverwaltung nicht. Es sei danach nur das Vermögen bzw. die Vermögensteile der ausländischen Gesellschaft zu berücksichtigen, deren Erträge dem Steuerpflichtigen nach § 5 Abs. 1 AStG zuzurechnen sind (BMF-AnwSchr Tz. 4.1.1 Nr. 8, Tz. 5.1.2; zustimmend *Baranowski*, Auslandsbeziehungen, Rz. 841; vgl. auch *Rundshagen* in S/K/K, § 5 AStG Rz. 72). Nach dieser Auffassung wären auch die anteiligen Vermögenswerte nachgeschalteter (Unter-)Gesellschaften bei der erweiterten beschränkten Erbschaft- und Schenkungsteuerpflicht erfasst, was aufgrund des Wortlauts des § 5 Abs. 1 Satz 2 AStG zweifelhaft erscheint (vgl. § 5 AStG Anm. 31). Die Anteile an den nachgeschalteten Gesellschaften sind nämlich Betriebsvermögen der ausländischen Gesellschaft. Damit stellen die Erträge aus diesen Vermögenswerten (Dividenden, Veräußerungsgewinne) aber ausländische Einkünfte i. S. von §§ 34c Abs. 1, 34d EStG dar. Dies hätte nach dem Gesetzeswortlaut zur Folge, dass die Anteile an nachgeschalteten (Unter-)Gesellschaften sowie deren Vermögenswerte im Rahmen der erweiterten beschränkten Erbschaft- und Schenkungsteuerpflicht nicht berücksichtigt werden könnten.

80   Nach hier vertretener Auffassung muss eine Zurechnung iRd. § 4 AStG unterbleiben, sofern der Entlastungsnachweis des § 8 Abs. 2 AStG erbracht worden ist. Der Wortlaut der Vorschrift ist insofern undeutlich. Allerdings wäre die Versagung der Entlastungsregelung für Zwecke des § 5 Abs. 1 Satz 2 AStG im Hinblick auf das mit § 8 Abs. 2 AStG verfolgte gesetzgeberische Ansinnen der Herstellung eines europarechtskonformen steuerlichen Zugriffs zumindest zweifelhaft. Auch ist hervorzu-

heben, dass aus Sicht der Finanzverwaltung nur das Vermögen bzw. die Vermögensteile der ausländischen Gesellschaft zu berücksichtigen seien, deren Erträge dem Steuerpflichtigen nach § 5 Abs. 1 AStG zuzurechnen sind (vgl. BMF-AnwSchr Tz. 4.1.1 Nr. 8, Tz. 5.1.2).

Das zuzurechnende Vermögen der zwischengeschalteten Gesellschaft ist als Betriebsvermögen i. S. von § 97 BewG zu behandeln (BMF-AnwSchr Tz. 5.1.2; *F/W/B,* § 5 AStG Rz. 88; a. A. *Gross* in W/S/G, § 5 Rz. 11). Anteilige Schulden und sonstige Abzüge sind entsprechend § 103 BewG abzuziehen. **81**

Die Zurechnung der Vermögenswerte erfolgt beim steuerpflichtigen Erwerb entsprechend dem Beteiligungsverhältnis des Erblassers bzw. Schenkers an der zwischengeschalteten Gesellschaft. Nach § 7 Abs. 1 und 5 AStG kommt es dabei auf die Beteiligung am Nennkapital bzw. ersatzweise auf den Maßstab für die Gewinnverteilung an. **82**

Die zuzurechnenden Vermögenswerte erhöhen den steuerpflichtigen Erwerb nach § 4 Abs. 1 AStG, d. h. sie werden zusammen mit dem Inlandsvermögen und dem erweiterten Inlandsvermögen besteuert und können damit auch den anzuwendenden Steuersatz erhöhen. **83**

Die Bestimmungen der Doppelbesteuerungsabkommen auf dem Gebiet der Erbschaft- und Schenkungsteuern sind zu beachten. Schließt das Doppelbesteuerungsabkommen ein Besteuerungsrecht Deutschlands aus, kommt eine Zurechnung aufgrund §§ 4, 5 Abs. 1 Satz 2 AStG nicht in Betracht. Etwas anderes gilt, sofern das betreffende Doppelbesteuerungsabkommen eine Öffnungsklausel vorsieht. Art. 4 Abs. 4 des Doppelbesteuerungsabkommens mit der Schweiz auf dem Gebiet der Erbschaftsteuern enthält Bestimmungen zum steuerlichen Wohnsitz, die Deutschland unter bestimmten Voraussetzungen abweichend von den sonstigen Regelungen des Abkommens ein Besteuerungsrecht einräumen. Allerdings sind diese Bestimmungen auf einen Zeitraum von fünf Jahren nach Wegzug aus Deutschland beschränkt. In diesem Zeitraum wird die erweiterte beschränkte Erbschaftsteuerpflicht des § 4 AStG ohnehin regelmäßig von der erweiterten unbeschränkten Erbschaftsteuerpflicht des § 2 Abs. 1 Nr. 1 Buchst. b ErbStG überlagert (vgl. auch BMF-AnwSchr Tz. 4.0). **84**

C. Haftung des anteiligen Vermögens der ausländischen Zwischengesellschaft (Absatz 2)

85 Nach § 5 Abs. 2 AStG haftet das Vermögen der ausländischen Zwischengesellschaft für die nach § 5 Abs. 1 AStG geschuldete Einkommensteuer. Es handelt sich hierbei um eine sachlich auf die Vermögensteile beschränkte Haftung, die den dem Steuerpflichtigen zuzurechnenden Einkünften zugrunde liegen (vgl. BMF-AnwSchr Tz. 5.2). Damit betrifft die Haftung sowohl Vermögensteile der zwischengeschalteten Gesellschaft als auch der nachgeschalteten Gesellschaften. Eine Haftung tritt hingegen nicht für andere nicht ausländische Einkünfte der betroffenen Steuerpflichtigen ein, für die keine Zurechnung über § 5 Abs. 1 Satz 1 AStG erfolgt.

86 Gegenstand der Haftung sind die in einem engen wirtschaftlichen Zusammenhang mit den nach § 5 Abs. 1 Satz 1 AStG zuzurechnenden Einkünften stehenden Vermögenswerte der ausländischen Zwischengesellschaft. Vermögenswerte, die für die Einkünfteerzielung lediglich eine untergeordnete Bedeutung innehaben oder dieser nur gelegentlich dienen, stehen nicht in einem für das Eintreten der Haftung ausreichenden Zusammenhang (vgl. *F/W/B*, § 5 AStG Rz. 93; s. auch *Rundshagen* in S/K/K, § 5 AStG Rz. 78).

87 § 5 Abs. 2 AStG wurde seit Einführung im Jahre 1972 nicht geändert, obwohl die Vorschrift kurze Zeit später auf die Vermögensteuer und die Erbschaft- und Schenkungsteuer ausgeweitet wurde. Da eine Anpassung des § 5 Abs. 2 AStG an die geänderte Regelung nicht erfolgt ist, beschränkt sich die Haftung weiterhin nur auf die geschuldete Einkommensteuer (vgl. ebenso *Kraft* in Kraft, AStG, § 5 Rz. 83).

88 Die Finanzverwaltung hat gegenüber der zwischengeschalteten Gesellschaft bzw. nachgeschalteten Gesellschaft einen Haftungsbescheid im Verfahren nach § 191 AO erlassen, der jedoch auf die haftenden Vermögensteile zu beschränken ist (vgl. *Menck* in Blümich, § 5 AStG Rz. 17; *Rundshagen* in S/K/K, § 5 AStG Rz. 77, 83). Insoweit hat die ausländische Zwischengesellschaft die Vollstreckung in ihr Vermögen zu dulden. Die verfahrensrechtlichen Bestimmungen des § 76 AO gelten im Hinblick auf § 5 Abs. 2 AStG dagegen m.E. nicht, da § 76 AO ausdrücklich auf Verbrauchsteuern und Zölle beschränkt ist (vgl. *Rundshagen* in S/K/K, § 5 AStG Rz. 82; a. A. *F/W/B*, § 5 AStG Rz. 91).

D. Verfahrensfragen (Absatz 3)

89 § 5 Abs. 3 AStG verweist hinsichtlich des Besteuerungsverfahrens auf § 18 AStG. Die Besteuerungsgrundlagen für die Zurechnung nach § 5 Abs. 1 Satz 1 AStG (Einkünfte) und § 5 Abs. 1 Satz 2 AStG (Vermögenswerte) werden gesondert festgestellt. Sind mehrere „Personen im Sinne des § 2" an der zwischengeschalteten Gesellschaft beteiligt, erfolgt eine einheitliche Feststellung.

90 Im Geltungsbereich des § 15 AStG erfolgt eine einheitliche und gesonderte Feststellung nach dem Wortlaut des § 18 Abs. 4 AStG nur bei mehreren Zurechnungsempfängern, obgleich eine gesonderte Feststellung der Besteuerungsgrundlagen (etwa wegen der notwendigen Einkommensermittlung auf Ebene einer fiktiv unbeschränkt steuerpflichtigen Familienstiftung) auch bei Zurechnung gegenüber lediglich einer Person sachdienlich erscheint. Zu weiteren Einzelheiten wird auf die Kommentierung zu § 18 AStG und den Beitrag von *Schönfeld,* IStR 2009 S. 16, verwiesen.

Jede „Person im Sinne des § 2" ist grundsätzlich verpflichtet, eine Erklärung zur gesonderten Feststellung der Besteuerungsgrundlagen abzugeben. Alternativ können mehrere Beteiligte eine gemeinsame Erklärung einreichen. Sind an der zwischengeschalteten Gesellschaft auch unbeschränkt Steuerpflichtige beteiligt, so erfolgt für Zwecke der Hinzurechnungsbesteuerung nach §§ 7 bis 14 AStG eine eigenständige Feststellung der Besteuerungsgrundlagen, da hier mit dem Hinzurechnungsbetrag und dessen Aufteilung andere Besteuerungsgrundlagen zu ermitteln sind (vgl. *F/W/B,* § 18 AStG Rz. 18 ff.; a. A. *Runge,* DStZ/A 1975 S. 66). **91**

Das örtlich zuständige Finanzamt bestimmt sich entsprechend der Zuständigkeit nach den §§ 2, 4 AStG. Bei mehreren Beteiligten wird auf den Steuerpflichtigen mit der höchsten Beteiligung an der zwischengeschalteten Gesellschaft bzw. mit der höchsten Bezugs- oder Anfallsberechtigung an der ausländischen Familienstiftung abgestellt. **92**

Dritter Teil: Behandlung einer Beteiligung im Sinne des § 17 des
Einkommensteuergesetzes bei Wohnsitzwechsel ins Ausland

§ 6*
Besteuerung des Vermögenszuwachses

(1) ¹Bei einer natürlichen Person, die insgesamt mindestens zehn Jahre nach § 1 Abs. 1 des Einkommensteuergesetzes unbeschränkt steuerpflichtig war und deren unbeschränkte Steuerpflicht durch Aufgabe des Wohnsitzes oder gewöhnlichen Aufenthaltes endet, ist auf Anteile im Sinne des § 17 Abs. 1 Satz 1 des Einkommensteuergesetzes im Zeitpunkt der Beendigung der unbeschränkten Steuerpflicht § 17 des Einkommensteuergesetzes auch ohne Veräußerung anzuwenden, wenn im Übrigen für die Anteile zu diesem Zeitpunkt die Voraussetzungen dieser Vorschrift erfüllt sind. ²Der Beendigung der unbeschränkten Steuerpflicht im Sinne des Satzes 1 stehen gleich

1. die Übertragung der Anteile durch ganz oder teilweise unentgeltliches Rechtsgeschäft unter Lebenden oder durch Erwerb von Todes wegen auf nicht unbeschränkt steuerpflichtige Personen oder
2. die Begründung eines Wohnsitzes oder gewöhnlichen Aufenthalts oder die Erfüllung eines anderen ähnlichen Merkmals in einem ausländischen Staat, wenn der Steuerpflichtige auf Grund dessen nach einem Abkommen zur Vermeidung der Doppelbesteuerung als in diesem Staat ansässig anzusehen ist, oder
3. die Einlage der Anteile in einen Betrieb oder eine Betriebsstätte des Steuerpflichtigen in einem ausländischen Staat oder
4. der Ausschluss oder die Beschränkung des Besteuerungsrechts der Bundesrepublik Deutschland hinsichtlich des Gewinns aus der Veräußerung der Anteile auf Grund anderer als der in Satz 1 oder der in den Nummern 1 bis 3 genannten Ereignisse.

³§ 17 Abs. 5 des Einkommensteuergesetzes und die Vorschriften des Umwandlungssteuergesetzes bleiben unberührt. ⁴An Stelle des Veräußerungspreises (§ 17 Abs. 2 des Einkommensteuergesetzes) tritt der gemeine Wert der Anteile in dem nach Satz 1 oder 2 maßgebenden Zeitpunkt. ⁵Die §§ 17 und 49 Abs. 1 Nr. 2 Buchstabe e des Einkommensteuergesetzes bleiben mit der Maßgabe unberührt, dass der nach diesen Vorschriften anzusetzende Gewinn aus der Veräußerung dieser Anteile um den nach den vorstehenden Vorschriften besteuerten Vermögenszuwachs zu kürzen ist.

(2) ¹Hat der unbeschränkt Steuerpflichtige die Anteile durch ganz oder teilweise unentgeltliches Rechtsgeschäft erworben, so sind für die Errechnung der nach Absatz 1 maßgebenden Dauer der unbeschränkten Steuerpflicht auch Zeiträume einzubeziehen, in denen der Rechtsvorgänger bis zur Übertragung der Anteile unbeschränkt steuerpflichtig war. ²Sind die Anteile mehrmals nacheinander in dieser Weise übertragen worden, so gilt Satz 1 für jeden der Rechtsvorgänger entsprechend.

---
* Zuletzt geändert durch das Gesetz zur Anpassung der Abgabenordnung an den Zollkodex der Union und zur Änderung weiterer steuerlicher Vorschriften vom 22.12.2014 (BGBl I 2014 S. 2417).

³Zeiträume, in denen der Steuerpflichtige oder ein oder mehrere Rechtsvorgänger gleichzeitig unbeschränkt steuerpflichtig waren, werden dabei nur einmal angesetzt.

(3) ¹Beruht die Beendigung der unbeschränkten Steuerpflicht auf vorübergehender Abwesenheit und wird der Steuerpflichtige innerhalb von fünf Jahren seit Beendigung der unbeschränkten Steuerpflicht wieder unbeschränkt steuerpflichtig, so entfällt der Steueranspruch nach Absatz 1, soweit die Anteile in der Zwischenzeit nicht veräußert und die Tatbestände des Absatzes 1 Satz 2 Nr. 1 oder 3 nicht erfüllt worden sind und der Steuerpflichtige im Zeitpunkt der Begründung der unbeschränkten Steuerpflicht nicht nach einem Abkommen zur Vermeidung der Doppelbesteuerung als in einem ausländischen Staat ansässig gilt. ²Das Finanzamt, das in dem nach Absatz 1 Satz 1 oder 2 maßgebenden Zeitpunkt nach § 19 der Abgabenordnung zuständig ist, kann diese Frist um höchstens fünf Jahre verlängern, wenn der Steuerpflichtige glaubhaft macht, dass berufliche Gründe für seine Abwesenheit maßgebend sind und seine Absicht zur Rückkehr unverändert fortbesteht. ³Wird im Fall des Erwerbs von Todes wegen nach Absatz 1 Satz 2 Nr. 1 der Rechtsnachfolger des Steuerpflichtigen innerhalb von fünf Jahren seit Entstehung des Steueranspruchs nach Absatz 1 unbeschränkt steuerpflichtig, gilt Satz 1 entsprechend. ⁴Ist der Steueranspruch nach Absatz 5 gestundet, gilt Satz 1 ohne die darin genannte zeitliche Begrenzung entsprechend, wenn

1. der Steuerpflichtige oder im Fall des Absatzes 1 Satz 2 Nr. 1 sein Rechtsnachfolger unbeschränkt steuerpflichtig werden oder
2. das Besteuerungsrecht der Bundesrepublik Deutschland hinsichtlich des Gewinns aus der Veräußerung der Anteile auf Grund eines anderen Ereignisses wieder begründet wird oder nicht mehr beschränkt ist.

(4) ¹Vorbehaltlich des Absatzes 5 ist die nach Absatz 1 geschuldete Einkommensteuer auf Antrag in regelmäßigen Teilbeträgen für einen Zeitraum von höchstens fünf Jahren seit Eintritt der ersten Fälligkeit gegen Sicherheitsleistung zu stunden, wenn ihre alsbaldige Einziehung mit erheblichen Härten für den Steuerpflichtigen verbunden wäre. ²Die Stundung ist zu widerrufen, soweit die Anteile während des Stundungszeitraums veräußert werden oder verdeckt in eine Gesellschaft im Sinne des § 17 Abs. 1 Satz 1 des Einkommensteuergesetzes eingelegt werden oder einer der Tatbestände des § 17 Abs. 4 des Einkommensteuergesetzes verwirklicht wird. ³In Fällen des Absatzes 3 Satz 1 und 2 richtet sich der Stundungszeitraum nach der auf Grund dieser Vorschrift eingeräumten Frist; die Erhebung von Teilbeträgen entfällt; von der Sicherheitsleistung kann nur abgesehen werden, wenn der Steueranspruch nicht gefährdet erscheint.

(5) ¹Ist der Steuerpflichtige im Fall des Absatzes 1 Satz 1 Staatsangehöriger eines Mitgliedstaates der Europäischen Union oder eines anderen Staates, auf den das Abkommen über den Europäischen Wirtschaftsraum vom 3. Januar 1994 (EBl. EG Nr. L 1 S. 3), zuletzt geändert durch den Beschluss des Gemeinsamen EWR-Ausschusses Nr. 91/2007 vom 6. Juli 2007 (ABl. EU Nr. L 328 S. 40), in der jeweils geltenden Fassung anwend-

bar ist (Vertragsstaat des EWR-Abkommens), und unterliegt er nach der Beendigung der unbeschränkten Steuerpflicht in einem dieser Staaten (Zuzugsstaat) einer der deutschen unbeschränkten Einkommensteuerpflicht vergleichbaren Steuerpflicht, so ist die nach Absatz 1 geschuldete Steuer zinslos und ohne Sicherheitsleistung zu stunden. ²Voraussetzung ist, dass die Amtshilfe und die gegenseitige Unterstützung bei der Beitreibung der geschuldeten Steuer zwischen der Bundesrepublik Deutschland und diesem Staat gewährleistet sind. ³Die Sätze 1 und 2 gelten entsprechend, wenn

1. im Fall des Absatzes 1 Satz 2 Nr. 1 der Rechtsnachfolger des Steuerpflichtigen einer der deutschen unbeschränkten Einkommensteuerpflicht vergleichbaren Steuerpflicht in einem Mitgliedstaat der Europäischen Union oder einem Vertragsstaat des EWR-Abkommens unterliegt oder
2. im Fall des Absatzes 1 Satz 2 Nr. 2 der Steuerpflichtige einer der deutschen unbeschränkten Einkommensteuerpflicht vergleichbaren Steuerpflicht in einem Mitgliedstaat der Europäischen Union oder einem Vertragsstaat des EWR-Abkommens unterliegt und Staatsangehöriger eines dieser Staaten ist
3. im Fall des Absatzes 1 Satz 2 Nr. 3 der Steuerpflichtige, die Anteile in einen Betrieb oder eine Betriebsstätte in einem anderen Mitgliedstaat der Europäischen Union oder einem anderen Vertragsstaat des EWR-Abkommens einlegt oder
4. im Fall des Absatzes 1 Satz 2 Nummer 4 der Steuerpflichtige Anteile an einer in einem Mitgliedstaat der Europäischen Union oder in einem Vertragsstaat des EWR-Abkommens ansässigen Gesellschaft hält.

⁴Die Stundung ist zu widerrufen,

1. soweit der Steuerpflichtige oder sein Rechtsnachfolger im Sinne des Satzes 3 Nr. 1 Anteile veräußert oder verdeckt in eine Gesellschaft im Sinne des § 17 Abs. 1 Satz 1 des Einkommensteuergesetzes einlegt oder einer der Tatbestände des § 17 Abs. 4 des Einkommensteuergesetzes erfüllt wird;
2. soweit Anteile auf eine nicht unbeschränkt steuerpflichtige Person übergehen, die nicht in einem Mitgliedstaat der Europäischen Union oder einem Vertragsstaat des EWR-Abkommens einer der deutschen unbeschränkten Einkommensteuerpflicht vergleichbaren Steuerpflicht unterliegt;
3. soweit in Bezug auf die Anteile eine Entnahme oder ein anderer Vorgang verwirklicht wird, der nach inländischem Recht zum Ansatz des Teilwerts oder des gemeinen Werts führt;
4. wenn für den Steuerpflichtigen oder seinen Rechtsnachfolger im Sinne des Satzes 3 Nr. 1 durch Aufgabe des Wohnsitzes oder gewöhnlichen Aufenthalts keine Steuerpflicht nach Satz 1 mehr besteht.

⁵Ein Umwandlungsvorgang, auf den die §§ 11, 15 oder 21 des Umwandlungsteuergesetzes vom 7. Dezember 2006 (BGBl. I S. 2782, 2791) in der jeweils geltenden Fassung anzuwenden sind, gilt auf Antrag nicht als Veräußerung im Sinne des Satzes 4 Nr. 1, wenn die erhaltenen Anteile bei

einem unbeschränkt steuerpflichtigen Anteilseigner, der die Anteile nicht in einem Betriebsvermögen hält, nach § 13 Abs. 2, § 21 Abs. 2 des Umwandlungssteuergesetzes mit den Anschaffungskosten der bisherigen Anteile angesetzt werden könnten; für Zwecke der Anwendung des Satzes 4 und der Absätze 3, 6 und 7 treten insoweit die erhaltenen Anteile an die Stelle der Anteile im Sinne des Absatzes 1. [6]Ist im Fall des Satzes 1 oder Satzes 3 der Gesamtbetrag der Einkünfte ohne Einbeziehung des Vermögenszuwachses nach Absatz 1 negativ, ist dieser Vermögenszuwachs bei Anwendung des § 10d des Einkommensteuergesetzes nicht zu berücksichtigen. [7]Soweit ein Ereignis im Sinne des Satzes 4 eintritt, ist der Vermögenszuwachs rückwirkend bei der Anwendung des § 10d des Einkommensteuergesetzes zu berücksichtigen und in Anwendung des Satzes 6 ergangene oder geänderte Feststellungsbescheide oder Steuerbescheide sind aufzuheben oder zu ändern; § 175 Abs. 1 Satz 2 der Abgabenordnung gilt entsprechend.

(6) [1]Ist im Fall des Absatzes 5 Satz 4 Nr. 1 der Veräußerungsgewinn im Sinne des § 17 Abs. 2 des Einkommensteuergesetzes im Zeitpunkt der Beendigung der Stundung niedriger als der Vermögenszuwachs nach Absatz 1 und wird die Wertminderung bei der Einkommensbesteuerung durch den Zuzugsstaat nicht berücksichtigt, so ist der Steuerbescheid insoweit aufzuheben oder zu ändern; § 175 Abs. 1 Satz 2 der Abgabenordnung gilt entsprechend. [2]Dies gilt nur, soweit der Steuerpflichtige nachweist, dass die Wertminderung betrieblich veranlasst ist und nicht auf eine gesellschaftsrechtliche Maßnahme, insbesondere eine Gewinnausschüttung, zurückzuführen ist. [3]Die Wertminderung ist höchstens im Umfang des Vermögenszuwachses nach Absatz 1 zu berücksichtigen. [4]Ist die Wertminderung auf eine Gewinnausschüttung zurückzuführen und wird sie bei der Einkommensbesteuerung nicht berücksichtigt, ist die auf diese Gewinnausschüttung erhobene und keinem Ermäßigungsanspruch mehr unterliegende inländische Kapitalertragsteuer auf die nach Absatz 1 geschuldete Steuer anzurechnen.

(7) [1]Der Steuerpflichtige oder sein Gesamtrechtsnachfolger hat dem Finanzamt, das in dem in Absatz 1 genannten Zeitpunkt nach § 19 der Abgabenordnung zuständig ist, nach amtlich vorgeschriebenem Vordruck die Verwirklichung eines der Tatbestände des Absatzes 5 Satz 4 mitzuteilen. [2]Die Mitteilung ist innerhalb eines Monats nach dem meldepflichtigen Ereignis zu erstatten; sie ist vom Steuerpflichtigen eigenhändig zu unterschreiben. [3]In den Fällen des Absatzes 5 Satz 4 Nr. 1 und 2 ist der Mitteilung ein schriftlicher Nachweis über das Rechtsgeschäft beizufügen. [4]Der Steuerpflichtige hat dem nach Satz 1 zuständigen Finanzamt jährlich bis zum Ablauf des 31. Januar schriftlich seine am 31. Dezember des vorangegangenen Kalenderjahres geltende Anschrift mitzuteilen und zu bestätigen, dass die Anteile ihm oder im Fall der unentgeltlichen Rechtsnachfolge unter Lebenden seinem Rechtsnachfolger weiterhin zuzurechnen sind. [5]Die Stundung nach Absatz 5 Satz 1 kann widerrufen werden, wenn der Steuerpflichtige seine Mitwirkungspflicht nach Satz 4 nicht erfüllt.

Erläuterungen

Übersicht

	Anm.
A. Allgemeines	**1–17**
I. Überblick über die Vorschrift	1–6
II. Rechtsentwicklung	7–9a
III. Verhältnis zu anderen Rechtsvorschriften	10–17
1. Verhältnis zu anderen Vorschriften des AStG	10
2. Verhältnis zu den Doppelbesteuerungsabkommen	11–13
3. Vereinbarkeit mit europäischem Recht	14–17
B. Voraussetzungen	**18–50**
I. Persönliche Voraussetzungen	18–23
II. Beteiligung an einer Kapitalgesellschaft	24–31
III. Entstrickungstatbestände	32–50
1. Allgemeines	32, 33
2. Grundtatbestand: Ausscheiden aus der unbeschränkten Steuerpflicht	34–37
3. Ersatztatbestände	38–50
a) Übertragung der Anteile auf nicht unbeschränkt Steuerpflichtige	39–45
b) Begründung einer ausländischen DBA-Ansässigkeit	46, 47
c) Einlage in einen Betrieb oder eine Betriebsstätte in einem ausländischen Staat	48
d) Ausschluss oder Beschränkung des Besteuerungsrechts der Bundesrepublik Deutschland	49, 50
C. Rechtsfolgen	**51–63**
I. Ermittlung des Vermögenszuwachses	51–55
II. Besteuerung des Vermögenszuwachses	56–58
III. Nachfolgende Veräußerung von Anteilen	59–63
D. Milderungsvorschriften	**64–95**
I. Vorübergehender Auslandsaufenthalt	64–70
II. Steuerstundung	71–76
III. Sonderregelungen innerhalb EU- bzw. EWR-Staaten	77–95
1. Stundung der geschuldeten Steuer	77–81
2. Widerruf der Stundung	82, 83
3. Verlustberücksichtigung	84, 85
4. Mitteilungspflichten	86–88
5. Wertminderungen nach dem Wegzug	89–95

Schrifttum: *Baranowski*, Besteuerung von Auslandsbeziehungen, 2. Aufl., Herne/Berlin 1996, S. 339; *ders.*, Zur DBA-Steuerberechtigung am Veräußerungsgewinn einer wesentlichen Beteiligung, IWB (1999) Editorial v. 10.2.1999; *Baßler*, Die Bedeutung des § 6 AStG bei der Planung der Unternehmensnachfolge, FR 2008 S. 851; *ders.*, Wer ist Steuerpflichtiger in § 6 Abs. 1 Satz 2 Nr. 1 AStG?, IStR 2013 S. 22; *Becker*, Die neueste Rechtsentwicklung hinsichtlich der Auflösung stiller Reserven in wesentlichen Beteiligungen, DStZ/A 1975 S. 56; *Bellstedt*, Wohnsitzverlegung eines GmbH-Gesellschafters ins Ausland – ein Beitrag zum Außensteuergesetz, GmbHR 1973 S. 126; *Braun*, Besteuerung des Vermögenszuwachses wesentlicher Beteiligungen beim Wohnsitzwechsel ins Ausland, DB 1982 S. 2111; *Brezing* u. a., Außensteuerrecht, Kommentar, Herne/Berlin 1991; *Bron*, Das van Hilten-

Urteil des EuGH und die (Un-)Anwendbarkeit der Wegzugsbesteuerung im Verhältnis zu Drittstaaten, IStR 2006 S. 296; *ders.*, Zum Risiko der Entstrickung durch den Abschluss bzw. die Revision von DBA, IStR 2012 S. 904; *ders.*, Entstrickungsbesteuerung anlässlich DBA-Revision bzw. DBA-Abschluss und die Ergänzung des § 6 AStG durch das ZollkodexAnpG, IStR 2014 S. 918; *Crezelius*, Identitätswahrende Sitzverlegung und wesentliche Beteiligung, DStR 1997 S. 1712; *Dautzenberg*, Die Wegzugssteuer des § 6 AStG im Lichte des EG-Rechts, BB 1997 S. 180; *Donath/Zugmaier*, Finanzierung von Unternehmensakquisitionen durch steuerneutralen Aktientausch?, BB 1997 S. 2401; *Dziadkowski*, Passive Steuerentstrickung für wesentliche Beteiligungen infolge Abschlusses oder Änderung eines Doppelbesteuerungsabkommens, StBp 1976 S. 78; *Elicker*, Kommentierung zum AStG, in: *Blümich*, EStG/KStG/GewStG, Kommentar, Stand: 124. Ergänzungslieferung August 2014 (zit.: *Bearbeiter* in Blümich); *Flick/Wassermeyer/Baumhoff/Schönfeld*, Außensteuerrecht, Kommentar, Stand: 74. Ergänzungslieferung Dezember 2014 (zit.: *Bearbeiter* in F/W/B/S); *Franke*, Dient § 6 AStG nur der Klarstellung oder füllt er eine gesetzliche Lücke aus?, FR 1974 S. 33; *Frotscher*, Entnahme und Gewinnverwirklichung – Die BFH-Rechtsprechung zur Gewinnverwirklichung, DB 1973 S. 2473; *Gail/Düll/Heß-Emmerich/Fuhrmann*, Aktuelle Entwicklungen des Unternehmenssteuerrechts – Steuerliche Überlegungen zum Jahresende 1998 –, DB 1998, Beilage 19; *Grotherr*, Neuerungen bei der Wegzugsbesteuerung (§ 6 AStG) durch das SEStEG, IWB Fr. 1 Fach 3 S. 2154; *Grund*, Gibt es bereits de lege lata einen allgemeinen Rechtsgrundsatz der „Steuerentstrickung"?, BB 1972 S. 365; *Häck*, Stundung der Vermögenszuwachssteuer (§ 6 AStG) bei Wegzug in die Schweiz, IStR 2011 S. 797; *Hahn*, Von Spartanern und Athenern – zum Beschluss des BFH vom 17.12.1997 zur Vereinbarkeit des § 6 AStG mit dem EGV, zu seinen Kritikern und zugleich ein Beitrag zur Dogmatik der Grundfreiheiten des EGV –, DStZ 2000 S. 14; *Hellwig*, Die „Steuerentstrickung" in der Rechtsprechung des Bundesfinanzhofs und der Finanzgerichte, FR 1976 S. 129; *Krabbe*, Zur Steuerentstrickung bei Wohnsitzwechsel ins Ausland, Anmerkung zum BFH-Urteil vom 26.1.1977 – VIII R 109/75, BB 1977 S. 431; *ders.*, Die Olympiapferde und die Hürden des Außensteuergesetzes – Einige Fragen zur Vermögenszuwachsbesteuerung –, DStZ/A 1976 S. 4; *Hillert*, Steuerliche Entstrickung – Steuerenthaftung, FR 1972 S. 56; *Kaefer/Leenders/Toifl*, Zur verfassungs- und EG-rechtlichen Zulässigkeit der Wegzugsbesteuerung, EWS 1998 S. 228; *Kaiser*, Die „Wegzugssteuer". Verfassungsrechtliche und europarechtliche Beurteilung des § 6 Außensteuergesetz, BB 1991 S. 2052; *Kaminski/Strunk*, Neue Zweifelsfragen und Gestaltungsmöglichkeiten bei der Anwendung von § 6 AStG, RIW 2001 S. 810; *Köhler/Eicker*, Wichtige EuGH-Entscheidungen zur Hinzurechnungs- und Wegzugsbesteuerung – Anmerkungen zu den EuGH-Urteilen vom 7.9.2006, „N" und vom 12.9.2006, Cadbury Schweppes, DStR 2006 S. 1871; *Körner*, Europarecht und Wegzugsbesteuerung – das EuGH-Urteil „de Lasteyrie du Saillant", IStR 2004 S. 424; *Kraft*, Außensteuergesetz Kommentar, 2009 (zit.: *Bearbeiter* in Kraft); *Lausterer*, Die Wegzugsbesteuerung nach dem Regierungsentwurf des SEStEG, BB 2006, BB-Special 8 zu Heft 44 S. 80; *ders.*, X und Y: Neues zu den Grundfreiheiten des EG-Vertrages, IStR 2003 S. 19; *Loritz/Sessig*, Europarechtliche Schranken für die Verzinsung von Steuerforderungen bei Widerruf nach § 6 Abs. 5 Satz 4 AStG, IStR 2013 S. 288; *Mössner/Fuhrmann*, Außensteuergesetz Kommentar, 2. Auflage 2011 (zit.: *Bearbeiter* in Mössner/Fuhrmann); *Quack*, Überlegungen zum Steuerfall Sachs, DStR 1976 S. 69; *Dziadkowski*, Theoretische Überlegungen zur Steuerentstrickung bei Kapitalbeteiligungen anhand des Steuerfalls Sachs – Eine Entgegnung zu den von Quack in DStR 1976 S. 69 ff. aufgeworfene Fragen –, StBp 1976 S. 204; *Richter*, Die französische Wegzugsbesteuerung auf dem EuGH-Prüfstand, IStR 2003 S. 157; *Rolfs*, Steuerliche Aspekte einer Wohnsitzverlegung von Deutschland nach Österreich, IWB (1998) F. 5 Österreich Gr. 2 S. 405; *Runge*, Die verfahrensmäßige Handhabung des Außensteuergesetzes, DStZ/A 1975 S. 61; *Salditt*, Steuerlast und Wanderlust, Grundsatzprobleme der Wegzugsbesteuerung nach dem Entwurf eines Außensteuergesetzes und nach dem revidierten Abkommen mit der Schweiz, StuW 1972 S. 12; *Schaumburg*, Internationales Steuerrecht, 2., völlig überarbeitete und erweiterte Auflage, Köln 1998; *Scherer*, Steuerentlastungsgesetz 1999/2000/2002 und Doppelbesteuerungsabkommen. Die Änderung der Beteiligungsquote des § 17 Abs. 1 Satz 4 EStG und die abkommensrechtlichen Auswirkungen bei der Wegzugsbesteuerung, IStR 2000 S. 142; *Töben/Reckwardt*, Entstrickung und Verstrickung privater Anteile an Kapitalgesellschaften – Änderungen durch das SEStEG, FR 2007 S. 159; *Vogel*, Wohnsitzverlegung in die Schweiz und Besteuerung stiller Reserven in Anteilen an Kapitalgesellschaften, DB 1977 S. 1717; *Vogel/Lehner*, Doppelbesteuerungsabkommen, Kommentar, 5. Aufl., München 2008; *Wassermeyer*, Die Denkfehler des Gesetzgebers in § 6 AStG – Entwurf, DB 2006 S. 1390; *ders.*, Merkwürdigkeiten bei der Wegzugsbesteuerung, IStR 2007 S. 833; *ders.*, Der Meinungsstreit um die Wegzugsbesteuerung i. S. des § 6 AStG, IStR 2013 S. 1.

Verwaltungsanweisungen: Schreiben betr. Grundsätze zur Anwendung des Außensteuergesetzes, BMF vom 14.5.2004 IV B 4 – S 1340 – 11/04, BStBl I 2004 Sondernummer 1, S. 3 (zit.: BMF-AnwSchr).

BMF-Schreiben vom 8.6.2005 IV B 5 – S 1348 – 35/05, BStBl I 2005 S. 714

A. Allgemeines

I. Überblick über die Vorschrift

§ 6 soll die steuerliche Erfassung von im Inland entstandenen Vermögenszuwächsen bei Anteilen an inländischen oder ausländischen KapGes sicherstellen. Betroffen sind nur Beteiligungen, die im Privatvermögen gehalten werden. Damit ergänzt § 6 die allgemeine Vorschrift des § 17 EStG, in der die Besteuerung von realisierten Gewinnen bei der Veräußerung von Anteilen an KapGes geregelt ist, um Entstrickungstatbestände. **1**

Eine Entstrickung, d. h. die Aufdeckung und Versteuerung von stillen Reserven ohne ein zugrunde liegendes Rechtsgeschäft, wird immer dann gefordert, wenn aus einer späteren Auflösung der stillen Reserven keine Besteuerungsfolgen resultieren. Das deutsche Steuerrecht kannte bis zum Inkrafttreten des SEStEG vom 7.12.2006 (BGBl I 2006 S. 2782 – BStBl I 2007 S. 4) keinen allgemeinen **Entstrickungstatbestand.** Für grenzüberschreitende Sachverhalte bestanden bis dato in verschiedenen Einzelsteuergesetzen (neben § 6 z. B. § 12 KStG und § 21 UmwStG) bzw. basierend auf der BFH-Rechtsprechung zum sog. finalen Entnahmebegriff (zur Überführung von Wirtschaftsgütern in eine ausländische Betriebsstätte bzw. Betriebsverlegung ins Ausland vgl. BFH, Urteil vom 16.7.1969 I 266/65, BStBl II 1970 S. 175; Urteil vom 28.4.1971 I R 55/66, BStBl II 1971 S. 630 und vom 24.11.1982 I R 123/78, BStBl II 1983 S. 113; zur Aufgabe der Theorie der finalen **2**

Entnahme durch den BFH vgl. aber Urteil vom 17.7.2008 I R 77/06, BStBl 2009 S. 464 sowie Reaktionen der FinVerw im BMF-Schreiben vom 20.5.2009 IV C 6 – S 2134/07/10005, 2009/0300414, BStBl I 2009 S. 671 und des Gesetzgebers durch JStG 2010 vom 8.12.2010, BGBl I 2010 S. 1768, BStBl I 2010 S. 1394 – Ergänzung der Entstrickungstatbestände durch § 4 Abs. 1 Satz 4 EStG und § 12 Abs. 1 Satz 2 KStG) in den Betriebsstätten-Verwaltungsgrundsätzen (BMF-Schreiben vom 24.12.1999 IV B 4 – S 1300 – 111/99, BStBl I 1999 S. 1076, Tz. 2.6) Entstrickungsregelungen. Durch SEStEG wurden für den betrieblichen Bereich in § 4 Abs. 1 Satz 3 EStG und § 12 Abs. 1 KStG zentrale Entstrickungstatbestände geschaffen, die bei Verlust des deutschen Besteuerungsrechts hinsichtlich des Gewinns aus der Besteuerung des Wirtschaftsguts oder dessen Nutzung die Rechtsfolgen der Entnahme bzw. Veräußerung zum gemeinen Wert anordnen.

3   Für den Bereich des § 17 EStG verlagert § 6 die Erfassung der stillen Reserven bzw. des Vermögenszuwachses zeitlich vor.

4   Nach § 17 EStG gehören Gewinne aus der Veräußerung von Anteilen an **in- und ausländischen Kapitalgesellschaften** zu den Einkünften aus Gewerbebetrieb, wenn es sich um mindestens 1 v. H.-Beteiligungen des Privatvermögens handelt. Scheidet der Gesellschafter aus der unbeschränkten Einkommensteuerpflicht aus, unterliegen entsprechende Veräußerungsgewinne nach § 49 Abs. 1 Nr. 2 Buchst. e EStG der beschränkten Steuerpflicht, wenn eine Beteiligung i. S. von § 17 EStG an einer **inländischen Kapitalgesellschaft** veräußert wurde. Ist der Gesellschafter im Zeitpunkt der Veräußerung in einem DBA-Staat ansässig, so hat Deutschland regelmäßig kein Besteuerungsrecht, da dieses meist dem Wohnsitzstaat des Anteilseigners zugewiesen wird.

5   Ein Gesellschafter einer KapGes könnte die Versteuerung von stillen Reserven bzw. des Vermögenszuwachses somit vermeiden, indem er seinen Wohnsitz in einen DBA-Staat verlegt. In diesen Fällen greift jedoch § 6. Allerdings erfolgt die Entstrickung unabhängig davon, ob der Gesellschafter der KapGes seinen Wohnsitz in einen DBA-Staat oder einen Nicht-DBA-Staat verlegt. Darüber hinaus enthält § 6 verschiedene Ersatztatbestände, die zur Entstrickung auch ohne Wohnsitzverlegung ins Ausland führen. Hiermit soll möglichen Umgehungen vorgebeugt werden.

6   Die Entstrickung erfolgt bei dem Gesellschafter der KapGes im letzten Augenblick, bevor seine unbeschränkte Steuerpflicht endet (so auch BFH, Beschluss vom 23.9.2008 I B 92/08, BStBl II 2009 S. 524, BFH/NV 2008 S. 2085; a. A. *Wassermeyer* in F/W/B/S, § 6 Rz. 39). Der Vermögenszuwachs, d. h. der Unterschied zwischen dem aktuellen gemeinen Wert der Anteile und den historischen Anschaffungskosten, unterliegt in einem Zeitpunkt der inländischen Besteuerung, in dem dem Stpfl. kein realisierter Veräußerungsgewinn zufließt. Die geschuldete ESt muss damit aus der Substanz entrichtet werden. Zur Milderung dieses Eingriffs sehen § 6 Abs. 4 die Möglichkeit der Steuerstundung in Härtefällen sowie § 6 Abs. 5 bis 7 für Fälle des Wegzugs innerhalb der EU bzw. den Staaten des EWR-Abkommens weitergehende Stundungs- und Milderungsmaßnahmen vor.

II. Rechtsentwicklung

7   Die Einführung des § 6 1972 war die Reaktion des deutschen Gesetzgebers auf prominente Fälle, in denen Steuerpflichtige ihren Wohnsitz ins Ausland verlager-

ten und danach ihre wesentliche Beteiligung an einer KapGes – dem deutschen Besteuerungszugriff entzogen – veräußerten. Die Regelung wurde bis 2006 nur unwesentlich geändert: Von inhaltlicher Bedeutung ist der durch StMBG vom 21.12.1993 (BGBl I 1993 S. 2310 – BStBl I 1994 S. 50) an § 6 Abs. 3 Nr. 4 angefügte Satz 2, wonach die vorrangige Anwendung des § 20 Abs. 6 Satz 2 UmwStG sichergestellt wurde. Durch UmwStRÄndG vom 28.10.1994 (BGBl I 1994 S. 3267 – BStBl I 1994 S. 839) wurde diese Regelung dahin erweitert, dass die Regelungen des UmwStG insgesamt vorrangig anzuwenden waren. Eine Erweiterung des Anwendungsbereichs des § 6 ergab sich durch die Änderungen des § 17 EStG durch Steuerentlastungsgesetz 1999/2000/2002 vom 24.3.1999 (BGBl I 1999 S. 402 – BStBl I 1999 S. 304; die Absenkung der Beteiligungsquote von 25 v. H. auf 10 v. H.) sowie durch Steuersenkungsgesetz vom 23.10.2000 (BGBl I 2000 S. 1433 – BStBl I 2000 S. 1428; weitere Senkung der Beteiligungsquote auf mindestens 1 v. H.). Ferner wurde durch UntStFG vom 20.12.2001 (BGBl I 2001 S. 3858 – BStBl I 2002 S. 35) der frühere Verweis auf die Tarifermäßigung nach § 34 EStG gestrichen (§ 6 Abs. 1 Satz 4 AStG a. F.).

8 Eine wesentliche Überarbeitung hat § 6 durch das SEStEG vom 7.12.2006 (BGBl I 2006 S. 2782 – BStBl I 2007 S. 4) erfahren. Auslöser hierfür war das Urteil des EuGH vom 11.3.2004 in der Rs. C-9/02 (Hughes de Lasteyrie du Saillant) zu einer dem § 6 ähnlichen französischen Vorschrift. Der EuGH sah in der Festsetzung und sofortigen Erhebung der Steuer auf den Wertzuwachs der Anteile im Veranlagungszeitraum des Wegzugs einen Verstoß gegen die Niederlassungsfreiheit (Art. 49 AEUV, ex-Art. 43 EG-Vertrag). Die Europäische Kommission vertrat die Auffassung, dass die Grundaussagen des Urteils auch für die deutsche Wegzugsbesteuerung gelten und leitete ein Vertragsverletzungsverfahren gegen die Bundesrepublik Deutschland ein. Beide Ereignisse veranlassten den deutschen Gesetzgeber, § 6 anzupassen. Die Neuregelung soll die Vorschrift gemeinschaftsrechtskonform ausgestalten, insbesondere in dem in Fällen des Wegzugs innerhalb der EU bzw. des EWR die festgesetzte Steuer ohne Sicherheitsleistung bis zur Realisierung eines Veräußerungsgewinns oder eines gleichgestellten Sachverhaltes gestundet wird (§ 6 Abs. 5, s. Anm. 77 ff.) und Wertminderungen bei der tatsächlichen Veräußerung berücksichtigt werden können (§ 6 Abs. 6, s. Anm. 89 ff.).

9 Die Neuregelungen in § 6 Abs. 2 bis 7 sind in allen Fällen anzuwenden, in denen die ESt noch nicht bestandskräftig festgesetzt ist, § 21 Abs. 13 Satz 2. Wegen der Erweiterung des Anwendungsbereiches ist die Neuregelung des § 6 Abs. 1 erstmals für den VZ 2007 anzuwenden, § 21 Abs. 13 Satz 1.

9a Aufgrund der Änderung durch JStG 2009 vom 19.12.2008 (BGBl I 2008 S. 2794 – BStBl I 2009 S. 74) wird in § 6 Abs. 5 Satz 1 das EWR-Abkommen nunmehr im Vollzitat genannt.

9b Mit dem Gesetz zur Anpassung der Abgabenordnung an den Zollkodex der Union und zur Änderung weiterer steuerlicher Vorschriften vom 22.12.2014 (BGBl I 2014 S. 2417) wurde in § 6 Abs. 5 die seit SEStEG (vgl. Anm. 8) bestehende zinslose Stundungsregelung auch auf die Fälle des § 6 Abs. 1 Satz 2 Nr. 4 (Ausschluss oder Beschränkung des Besteuerungsrechts der Bundesrepublik Deutschland) ausgedehnt. Nach § 21 Abs. 23 ist die Anfügung des § 6 Abs. 5 Satz 3 Nr. 4 in allen Fällen anzuwenden, in denen die geschuldete Steuer noch nicht entrichtet ist.

III. Verhältnis zu anderen Rechtsvorschriften

1. Verhältnis zu anderen Vorschriften des AStG

10 § 6 ist **unabhängig** von den anderen Vorschriften des AStG zu sehen. Insbesondere wird hierdurch keine Steuerpflicht erweitert oder ergänzt, und es kommt auch nicht darauf an, dass der wesentlich Beteiligte seinen Wohnsitz in einem Niedrigsteuerland begründet. Die Vorschrift hätte auch in § 17 EStG untergebracht werden können, da sie dessen Besteuerungstatbestand erweitert und an dessen Rechtsfolgen anknüpft.

2. Verhältnis zu den Doppelbesteuerungsabkommen

11 Die Entstrickung nach § 6 wird durch die DBA nicht eingeschränkt, weil die Entstrickung als letzter Akt der unbeschränkten Steuerpflicht zu einem Zeitpunkt erfolgt, in dem der Stpfl. noch im Inland ansässig ist und ihm insoweit kein Abkommensschutz gewährt wird (vgl. auch BMF-AnwSchr Tz. 6.1.5.1; BFH, Beschlüsse vom 17.12.1997 I B 108/97, BStBl II 1998 S. 558 und vom 23.9.2008 I B 92/08, BStBl II 2009 S. 524; *Reimer* in Vogel/Lehner, Art. 13 Rz. 202 ff., a. A. *Elicker* in Blümich, § 6 Rz. 20 ff.).

12 Die Regelungen der DBA können erst bei einer **späteren Veräußerung** der Anteile greifen. Zu beachten ist dabei die unterschiedlich geregelte Zuweisung des Besteuerungsrechts für Veräußerungsgewinne. Die dem Art. 13 Abs. 5 OECD-Musterabkommen nachgebildeten Vorschriften sehen ein Besteuerungsrecht des Wohnsitzstaates vor. Wenngleich diese Regelung in die meisten DBA übernommen wurde, existieren einige DBA, die zu einer ausschließlichen Besteuerung im Sitzstaat der KapGes führen. Des Weiteren weisen andere DBA das Besteuerungsrecht für realisierte Veräußerungsgewinne sowohl dem Wohnsitzstaat des Anteilseigners als auch dem Sitzstaat der KapGes zu. In diesen Fällen erfolgt regelmäßig die Anrechnung der im Sitzstaat der KapGes gezahlten Steuern auf die im Wohnsitzstaat des Anteilseigners fällige ESt (vgl. hierzu auch die Übersicht in *Reimer* in Vogel/Lehner, Art. 13 Rz. 225 ff.).

13 Im Zusammenhang mit § 6 kann eine Doppelbesteuerung auch durch die Berücksichtigung der in Deutschland gelegten stillen Reserven bei der Veräußerungsgewinnbesteuerung im Ausland entstehen. Hier besteuert Deutschland den Wertzuwachs bis zum Entstrickungszeitpunkt und der ausländische Staat z. B. den gesamten Wertzuwachs zwischen Anschaffung und Veräußerung der Anteile. In einigen DBA (vgl. Art. 13 Abs. 5 DBA Finnland, Prot. Nr. 12 zum DBA Italien, Art. 13 Abs. 7 DBA Kanada, Prot. Nr. 5 Buchst. b zum DBA Neuseeland, Art. 13 Abs. 5 i. V. mit Art. 23 DBA Schweden, Art. 13 Abs. 4 u. 5 DBA Schweiz, Art. 13 Abs. 6 DBA USA) sind hierfür spezielle Vorschriften vorgesehen mit dem Ziel, die Doppelbesteuerung zu vermeiden. Problematisch ist jedoch die Senkung der Beteiligungsquote in § 17 Abs. 1 EStG von 25 v. H. über 10 v. H. auf nunmehr 1 v. H., da in einigen DBA (vgl. Prot. Nr. 12 zum DBA Italien und DBA Schweiz) noch eine wesentliche Beteiligung von mindestens 25 v. H. gefordert wird. Ansonsten verbleibt nur noch die Möglichkeit der Einleitung eines Verständigungsverfahrens (Art. 25 OECD-Musterabkommen; vgl. BMF-AnwSchr Tz. 6.1.5.2). In Fällen des Zuzugs aus dem Ausland wird durch den durch SEStEG eingeführten § 17 Abs. 2 Satz 3 EStG sichergestellt, dass bei der Ermittlung des Gewinns aus einer Veräußerung der

Anteile nicht die ursprünglichen Anschaffungskosten, sondern der Wert berücksichtigt wird, den der Wegzugsstaat einer vergleichbaren Wegzugsbesteuerung unterworfen hat (vgl. auch Anm. 53). Die Wertverknüpfung verhindert, dass Deutschland den Wertzuwachs vor dem Zuzug ein zweites Mal besteuert.

3. Vereinbarkeit mit Europäischem Recht

Gegen die Wegzugsbesteuerung nach § 6 in seiner bis zur Änderung durch das SEStEG geltenden Fassung wurden sowohl verfassungsrechtliche als auch europarechtliche Bedenken erhoben. Der BFH ist mit Beschluss vom 17.12.1997 (I B 108/97, BStBl II 1998 S. 558) zum Ergebnis gekommen, dass § 6 weder gegen **Verfassungsrecht** noch **europäisches Gemeinschaftsrecht** verstößt. Eine Vorlagepflicht an den EuGH (Art. 267 AEUV, ex-Art. 234 Satz 3 EGV) wurde verneint, da dem BFH lediglich ein AdV-Verfahren und nicht ein Hauptsacheverfahren zur Entscheidung vorlag. Der BFH-Beschluss wurde in der Literatur stark kritisiert (vgl. hierzu die Anmerkungen von *Dautzenberg*, FR 1998 S. 491 und IStR 1998 S. 305; *Kaefer/Leenders/Toifl*, EWS 1998 S. 228; *Lausterer*, IStR 1998 S. 303; *Thömmes*, IWB (1998) F. 3a Gr. 1 S. 684; siehe aber auch *Hahn*, IStR 1998 S. 431; *Hahn*, DStZ 2000 S. 14; *Kempermann*, FR 1998 S. 490).

14

Mittlerweile hat jedoch der EuGH in der Rs. C-9/02 (Hughes de Lasteyrie du Saillant) durch Urteil vom 11.3.2004 zu einer in der Zielsetzung unterschiedlichen, aber in ihrer verfahrensmäßigen Ausgestaltung ähnlichen französischen Vorschrift entschieden, dass in der Festsetzung und sofortigen Erhebung der Steuer auf den Wertzuwachs der Anteile im Veranlagungszeitraum des Wegzugs eine Beeinträchtigung der Rechte des Steuerpflichtigen auf Niederlassungsfreiheit innerhalb der Europäischen Gemeinschaft (Art. 49 AEUV, ex-Art. 43 EG-Vertrag) vorliegt, weil er gegenüber dem im Inland verbleibenden Steuerpflichtigen benachteiligt wird. Denn dieser wird erst im Fall der Veräußerung besteuert. Die Europäische Kommission vertrat die Auffassung, dass die Grundaussagen des Urteils auch für die deutsche Wegzugsbesteuerung gelten und leitete ein Vertragsverletzungsverfahren gegen die Bundesrepublik Deutschland ein. Beide Ereignisse führten zu einer Anpassung § 6 durch SEStEG (vgl. Anm. 8). Bis zum Inkrafttreten der gesetzlichen Neuregelung hatte die FinVerw im Erlasswege (BMF-Schreiben vom 8.6.2005 IV B 5 – S 1348 – 35/05, BStBl I 2005 S. 714) bereits für den EU- bzw. EWR-Bereich in allen Fällen, in denen die Einkommensteuer noch nicht bestandskräftig festgesetzt war, Milderungsmaßnahmen – v. a. durch Anordnung der Steuerstundung – ausgesprochen.

15

Im Rahmen der erfolgten gesetzlichen Anpassung ging der Gesetzgeber davon aus, dass der Bundesrepublik Deutschland das Recht zusteht, den Wertzuwachs wesentlicher Beteiligungen bei Wegzug von Steuerpflichtigen zu besteuern. Die Steuer soll aber erst erhoben werden, wenn der Steuerpflichtige tatsächlich einen Veräußerungsgewinn erzielt. Nach der Neuregelung wird daher im Verhältnis zu Mitgliedstaaten der EU und – unter gewissen Voraussetzungen – des EWR die Einkommensteuer nach wie vor im Veranlagungszeitraum des Wegzugs festgesetzt. Sie wird jedoch ohne Sicherheitsleistung bis zur Realisierung eines Veräußerungsgewinns oder eines gleichgestellten Sachverhaltes gestundet.

16

Zweifel an der Gemeinschaftsrechtskonformität werden auch nach der Neuregelung geäußert. Insbesondere wird kritisiert, dass die unbefristete Stundung nach

17

§ 6 Abs. 5 nicht im Verhältnis zu Drittstaaten gilt. Hierin wird ein Verstoß gegen die Kapitalverkehrsfreiheit gesehen (vgl. *Bron*, IStR 2006 S. 296 m. w. N.; *Köhler/ Eicker*, DStR 2006 S. 1871). Allerdings hat der EuGH in seiner Entscheidung in der Rs. C-513/03 (*van Hilten*; Rz. 49) zu einer Regelung des niederländischen Erbschaftsteuerrechts festgestellt, dass die bloße Verlegung des Wohnsitzes für sich genommen keine Bewegung von Kapital darstellt. Somit ist zweifelhaft, ob der Wegzug in einen Drittstaat von der Kapitalverkehrsfreiheit geschützt ist. Der BFH hat in einem Verfahren des einstweiligen Rechtsschutzes (Beschluss vom 23.9.2008 I B 92/08, BStBl II 2009 S. 524, BFH/NV 2008 S. 2085) die derzeit geltende Regelungslage jedenfalls prinzipiell und unbeschadet von Einzelfragen der gesetzlichen Ausgestaltung als den gemeinschaftsrechtlichen Anforderungen genügend angesehen und diese Auffassung in seinem Urteil vom 25.8.2009 (I R 88, 89/07, BFH/NV 2009 S. 2047, BFHE 226 S. 296) bestätigt.

B. Voraussetzungen

I. Persönliche Voraussetzungen

18 § 6 Abs. 1 gilt nur für **natürliche Personen**, die insgesamt **mindestens zehn Jahre unbeschränkt einkommensteuerpflichtig** nach § 1 Abs. 1 EStG waren. Damit sollen von der Vorschrift nur diejenigen Fälle erfasst werden, in denen der Steuerpflichtige über einen langjährigen Zeitraum mit dem deutschen Wirtschaftsbereich verbunden war. Es ist nicht erforderlich, dass die unbeschränkte Einkommensteuerpflicht ununterbrochen oder in den letzten zehn Jahren vor dem Ausscheiden aus der unbeschränkten Steuerpflicht bestanden haben muss. Mehrere Zeiten der unbeschränkten Einkommensteuerpflicht werden addiert (BMF-AnwSchr, Tz. 6.1.1.2). Die Zehnjahresfrist ist nach Kalenderjahren und nicht nach Veranlagungszeiträumen zu berechnen. Wurde die unbeschränkte Steuerpflicht unterjährig aufgegeben und zu einem späteren Zeitraum neu begründet, sind die jeweiligen Zeiträume nach Tagen bei der Berechnung der Zehnjahresfrist einzubeziehen.

19 *Beispiel*: Der in Frankreich geborene S lebte vom 1.1.1983 bis zum 10.9.1992 in Deutschland und war in dieser Zeit unbeschränkt einkommensteuerpflichtig. Anschließend wanderte er nach Frankreich aus. Am 1.9.2006 kehrte er aus beruflichen Gründen nach Deutschland zurück und begründete ab diesem Zeitpunkt in Deutschland einen Wohnsitz.

Der Zeitraum vom 1.1.1983 bis zum 10.9.1992 umfasst 9 Jahre und 254 Tage. Ab 1.9.2006 läuft die Zehnjahresfrist weiter und ist nach 111 Tagen, d. h. am 20.12.2006 erreicht. Scheidet S nach dem 20.12.2006 erneut aus der unbeschränkten Steuerpflicht aus, liegen die persönlichen Voraussetzungen des § 6 vor.

20 Aus Billigkeitsgründen bleiben die Zeiträume unberücksichtigt, bei denen die unbeschränkte Steuerpflicht vor dem 21.6.1948 (Währungsreform in den Westzonen Deutschlands) endete (BMF-AnwSchr Tz. 6.1.1.2). Zeiträume der unbeschränkten Steuerpflicht in der DDR sind nach § 21 Abs. 6 zu erfassen. Berücksichtigt werden auch Zeiten, in denen auch im Ausland ein Wohnsitz bzw. gewöhnlicher Aufenthalt bestand, selbst wenn dort nach DBA der Mittelpunkt der Lebensinteressen lag (sog. Doppelansässigkeit, *Wassermeyer* in F/W/B/S, § 6 Rz. 37).

In die Zehnjahresfrist gehen Zeiten der erweiterten unbeschränkten Einkom- 21
mensteuerpflicht nach § 1 Abs. 2 EStG und der antragsgebundenen unbeschränkten Einkommensteuerpflicht nach § 1 Abs. 3 EStG nicht ein. Das Gleiche gilt für Zeiten der fiktiven unbeschränkten Einkommensteuerpflicht nach § 1a EStG (*Wassermeyer* in F/W/B/S, § 6 Rz. 36; *Elicker* in Blümich, § 6 Rz. 34).

Im Falle des ganz oder teilweise **unentgeltlichen Erwerbs der Anteile** durch 22
Rechtsgeschäft (z. B. Erbvertrag oder Schenkung) werden nach § 6 Abs. 2 Satz 1 auch die Zeiträume der unbeschränkten Einkommensteuerpflicht des Rechtsvorgängers berücksichtigt. Bei mehreren aufeinander folgenden unentgeltlichen Erwerben wird entsprechend auf alle Rechtsvorgänger abgestellt. Zeiträume, in denen der Erwerber der Anteile und ein oder mehrere Rechtsvorgänger gleichzeitig unbeschränkt steuerpflichtig waren, werden nach § 6 Abs. 2 Satz 3 nur einmal berücksichtigt. Die persönliche Voraussetzung liegt in diesen Fällen dann vor, wenn die Anteile insgesamt mindestens zehn Jahre von einem unbeschränkt Einkommensteuerpflichtigen gehalten wurden.

Abweichend von den §§ 2 und 5 ist es für § 6 nicht erforderlich, dass der Anteils- 23
eigner als Deutscher unbeschränkt einkommensteuerpflichtig gewesen ist. Damit erfasst die Vorschrift auch **ausländische Staatsangehörige** oder **Staatenlose** (*Wassermeyer* in F/W/B/S, § 6 Rz. 36; *Elicker* in Blümich, § 6 Rz. 34; *Hecht* in Mössner/Fuhrmann, § 6 Rn. 5). Die Staatsangehörigkeit des Steuerpflichtigen ist nur im Rahmen des § 6 Abs. 5 von Bedeutung (*Elicker* in Blümich, § 6 Rz. 34).

II. Beteiligung an einer Kapitalgesellschaft

Zum Zeitpunkt der Entstrickung (z. B. bei Beendigung der unbeschränkten Ein- 24
kommensteuerpflicht) muss der Stpfl. nach § 6 Abs. 1 Satz 1 Anteile im Sinne des § 17 Abs. 1 Satz 1 EStG halten. Dies sind nach der Definition des § 17 Abs. 1 Satz 3 EStG Aktien (einschließlich solcher an einer KGaA und einer europäischen SE), GmbH-Anteile, Genussscheine und ähnliche Beteiligungen sowie Anwartschaften auf solche Beteiligungen. Als Anteile i. S.d. § 17 Abs. 1 Satz 1 EStG gelten nach § 17 Abs. 7 EStG i. d. F. d. SEStEG nunmehr auch Anteile an einer Genossenschaft einschließlich der Europäischen Genossenschaft. Diese Erweiterung des Anwendungsbereiches war erforderlich, da Anteile an nicht nach deutschem Recht gegründeten Genossenschaften und der Europäischen Genossenschaft ebenfalls veräußerbar sind.

§ 6 galt ursprünglich nur für Anteile an inländischen KapGes. Von § 6 in der durch SEStEG vom 7.12.2006 geltenden Fassung werden nunmehr auch Anteile an ausländischen Kapitalgesellschaften erfasst. Dabei ist im Wege der von der Rechtsprechung des RFH und des BFH (RFH vom 12.2.1930, RStBl 1930 S. 444; BFH, Urteil vom 17.7.1968 I 121/64, BStBl II 1968 S. 695; Urteil vom 3.2.1988 I R 134/84, BStBl II 1988 S. 588; Urteil vom 23.6.1992 IX R 182/87, BStBl II 1992 S. 972; Urteil vom 16.12.1992 I R 32/92, BStBl II 1993 S. 399) entwickelten Grundsätzen des Typenvergleichs zu ermitteln, ob das nach ausländischem Recht errichtete Gebilde einem der genannten inländischen Rechtsträger entspricht.

Dem Steuerpflichtigen müssen die Anteile nach allgemeinen Zuordnungskrite- 25
rien (§ 39 AO) zuzurechnen sein.

26 Die Beteiligung muss im **Privatvermögen** gehalten werden, da § 17 EStG auf Anteile im Betriebsvermögen nicht anwendbar ist (BFH, Urteil vom 28.2.1974 VIII R 83/69, BStBl II 1974 S. 706; R 17 Abs. 1 EStR 2012). Werden die Anteile im Betriebsvermögen gehalten, führt ein Wegzug grundsätzlich zu einer Gewinnrealisierung nach § 4 Abs. 1 S. 3 EStG. Über Gesamthandsgemeinschaften gehaltene Beteiligungen werden nur dann von § 6 erfasst, wenn die Beteiligung weder bei der Gemeinschaft noch bei dem Steuerpflichtigen zu einem inländischen Betriebsvermögen gehört.

27 Durch den Verweis in § 6 Abs. 1 Satz 1 müssen mit Ausnahme der für § 17 Abs. 1 EStG erforderlichen Anteilsveräußerung alle übrigen Voraussetzungen des § 17 EStG erfüllt sein (vgl. hierzu die Kommentierung von *Jäschke* in Lademann, § 17 EStG). Dies bedeutet, dass der Steuerpflichtige innerhalb der letzten fünf Jahre vor dem Entstrickungszeitpunkt am Kapital der Gesellschaft unmittelbar oder mittelbar zu mindestens 1 v. H. beteiligt gewesen sein muss. Die wesentliche Beteiligung muss somit nicht im Entstrickungszeitpunkt vorliegen. Es reicht aus, wenn sie nur kurze Zeit in dem Fünfjahreszeitraum bestanden hatte.

28 Bei Erlass des AStG im Jahr 1972 wurde auf eine **wesentliche Beteiligung** i. S. von § 17 Abs. 1 Abs. 3 EStG a. F., d. h. auf eine unmittelbare oder mittelbare Beteiligung von mehr als 25 v. H. am Kapital der Gesellschaft abgestellt. Dies galt unverändert bis zum VZ 1998.

29 Mit Wirkung ab dem 1.1.1999 wurde durch das **Steuerentlastungsgesetz 1999/2000/2002** vom 24.3.1999 (BGBl I 1999 S. 402 – BStBl I 1999 S. 304) die Grenze für eine wesentliche Beteiligung i. S. von § 17 Abs. 1 Satz 4 EStG a. F. von über 25 v. H. auf mindestens 10 v. H. gesenkt. Damit erweiterte der Gesetzgeber mittelbar auch den Anwendungsbereich für eine Entstrickung nach § 6.

30 Durch das **Steuersenkungsgesetz** vom 23.10.2000 (BGBl I 2000 S. 1433 – BStBl I 2000 S. 1428) erfolgte eine weitere Absenkung der Beteiligungsquote in § 17 Abs. 1 EStG von mindestens 10 v. H. auf mindestens 1 v. H.

31 Wurden die Anteile vom Steuerpflichtigen innerhalb der letzten fünf Jahre **unentgeltlich** erworben, werden die Anteile von der Wegzugsbesteuerung erfasst, wenn der Rechtsvorgänger oder, sofern der Anteil nacheinander unentgeltlich übertragen worden ist, einer der Rechtsvorgänger innerhalb der letzten fünf Jahre wesentlich beteiligt war.

III. Entstrickungstatbestände

1. Allgemeines

32 § 6 Abs. 1 unterscheidet zwischen einem Grundtatbestand (Satz 1) und vier Ersatztatbeständen (Satz 2 Nr. 1 bis 4), die gleichfalls die Rechtsfolgen des Satzes 1 auslösen.

33 Die noch im Gesetzesentwurf der Bundesregierung zum SEStEG vom 25.9.2006 (BT-Drs. 16/2710) vorgeschlagene Formulierung eines allgemeinen Entstrickungstatbestandes („das Besteuerungsrecht [...] ausgeschlossen oder beschränkt wird") erfasste nur Fälle, in denen das geltende DBA den Veräußerungsgewinn freistellt oder die Anrechnung der ausländischen Steuer auf den Veräußerungsgewinn vorsieht. Deutschland hat allerdings einige DBA abgeschlossen, nach denen Deutschland den Veräußerungsgewinn auch nach Wegzug des Anteilseigners weiterhin besteuern kann. Daneben wird das Besteuerungsrecht Deutschlands auch dann nicht ausgeschlossen, wenn durch Wegzug, Schenkung oder Einlage der Anteile kein Staat berührt ist, mit dem Deutschland ein DBA abgeschlossen hat. Es war daher erforderlich, den Tatbestand der Beendigung der unbeschränkten Steuerpflicht als Grundtatbestand aufrecht zu erhalten. Der Tatbestand des Ausschlusses oder der Beschränkung des Besteuerungsrechts nach § 6 Abs. 1 Satz 2 Nr. 4 soll als „Auffangtatbestand" nunmehr sonstige Fälle erfassen, in denen Deutschland nach einem DBA nicht besteuern darf oder die ausländische Steuer anrechnen muss.

2. Grundtatbestand: Beendigung der unbeschränkten Steuerpflicht

Grundtatbestand des § 6 Abs. 1 Satz 1 ist die Beendigung der unbeschränkten Steuerpflicht durch Aufgabe des Wohnsitzes oder gewöhnlichen Aufenthaltes. Die Begriffe „Wohnsitz" und „gewöhnlicher Aufenthalt" bestimmen sich nach den §§ 8 und 9 AO. Die Rechtsfolgen treten nach dem Gesetzeswortlaut ein im Zeitpunkt der Beendigung der unbeschränkten Steuerpflicht. Es gelten hierbei die allgemeinen Regeln, d. h. es kommt auf die Verwirklichung des Sachverhaltes an und nicht auf die An- bzw. Abmeldung bei der jeweiligen lokalen Behörde. **34**

Unerheblich ist, ob der Anteilseigner bereits in einem anderen Staat ansässig war oder er eine Ansässigkeit im Ausland erst begründet. Ebenso kommt es nicht darauf an, dass der Anteilseigner in einem Niedrig- oder Hochsteuerland, DBA-Staat oder in keinem Staat ansässig wird. **35**

Auf die Gründe des Ausscheidens aus der unbeschränkten Einkommensteuerpflicht wird nicht abgestellt. Jedoch kann nach § 6 Abs. 3 bei lediglich vorübergehender Abwesenheit der Steueranspruch rückwirkend entfallen. **36**

Bei Personen, die nach Beendigung ihres inländischen Wohnsitzes auf Antrag weiterhin nach § 1 Abs. 3 EStG fiktiv unbeschränkt steuerpflichtig bleiben, treten die Rechtsfolgen des § 6 erst ein, wenn ein entsprechender Antrag nicht mehr gestellt wird bzw. der Steuerpflichtige nicht mehr die Voraussetzungen nach § 1 Abs. 3 EStG erfüllt (für ein Eingreifen der Wegzugsbesteuerung auch dann, wenn die zweite Voraussetzung in Form des Wegfalls der unbeschränkten Steuerpflicht zeitlich später als die Aufgabe des Wohnsitzes erfolgt: *Kraft* in Kraft, § 6 Rz. 255; a. A. *Schaumburg*, IntStR Rz. 5.401 und *Wassermeyer* in F/W/B/S, § 6 Rz. 38, 40 und *ders.*, IStR 2013 S. 1, die von einer Gesetzeslücke ausgehen, welche zum Entfallen der Wegzugsbesteuerung führt sowie *Elicker* in Blümich, § 6 Rz. 44, der die unbeschränkte Steuerpflicht auf Antrag systematisch nicht als unbeschränkte Steuerpflicht im Sinne des § 6 ansieht). **37**

3. Ersatztatbestände

Neben dem Grundtatbestand der Beendigung der unbeschränkten Einkommensteuerpflicht sieht § 6 Abs. 1 Satz 2 vier Ersatztatbestände vor, die dem Grundtatbestand gleichstehen. In allen diesen Fällen behält der Anteilseigner seine unbeschränkte Einkommensteuerpflicht i. d. R. bei, die stillen Reserven in den Anteilen der inländischen KapGes können aber durch die in § 6 Abs. 1 Satz 2 genannten Rechtsakte der deutschen Besteuerung entzogen werden. Mit den Ersatztatbeständen soll der Umgehung der Entstrickung durch entsprechende Sachverhaltsgestal- **38** tungen entgegengewirkt werden. Betroffen von der Entstrickung sind somit die wie bisher in § 6 Abs. 3 a. F. einem Wegzug gleichgestellten Tatbestände der Schenkung der Anteile an Ausländer, der Zweitwohnsitznahme in einem DBA-Staat mit DBA-Ansässigkeit und der Einlage von Anteilen in einen ausländischen Betrieb oder eine ausländische Betriebsstätte des Steuerpflichtigen. Nicht mehr in § 6 geregelt ist der Tausch von Anteilen gegen Anteile an einer ausländischen Kapitalgesellschaft. § 6 Abs. 1 Satz 3 verweist insofern auf die einschlägigen Vorschriften des UmwStG, die unberührt bleiben.

a) Übertragung der Anteile auf nicht unbeschränkt Steuerpflichtige

39 Der Ersatztatbestand des § 6 Abs. 1 Satz 2 Nr. 1 erfasst die **unentgeltliche** Übertragung von Anteilen aus einem Privatvermögen an einen nicht unbeschränkt Steuerpflichtigen. Die Übertragung muss dabei durch ein ganz oder teilweise unentgeltliches Rechtsgeschäft unter Lebenden (Alt. 1) oder durch Erwerb von Todes wegen (Alt. 2) erfolgen.

40 Die erste Alternative des § 6 Abs. 1 Satz 2 Nr. 1 erfasst die Übertragung von Anteilen durch ein ganz oder teilweise unentgeltliches Rechtsgeschäft unter Lebenden. Damit fallen insbesondere Schenkungen, aber auch Fälle der Erbauseinandersetzung oder vorweggenommenen Erbfolge in den Anwendungsbereich der Vorschrift. Dabei ist der Schenker Steuerpflichtiger i. S. d. § 6 Abs. 1 und Abs. 7 (*Wassermeyer* in F/W/B/S, § 6 Rz. 62); der Empfänger muss eine beschränkt steuerpflichtige oder nicht steuerpflichtige Person sein.

41 Bei **gemischten Schenkungen** (teilweise unentgeltliches Rechtsgeschäft) ist jedoch auch die BFH-Rechtsprechung zu § 17 EStG zu beachten, wonach eine gemischte Schenkung in eine voll entgeltliche Anteilsübertragung und eine voll unentgeltliche Anteilsübertragung aufzuteilen ist (BFH, Urteil vom 17.7.1980, BStBl II 1981 S. 11; H 17 (4) – Teilentgeltliche Übertragung – EStH 2013). Dies hat zur Folge, dass auf den entgeltlichen Teil § 17 EStG und auf den unentgeltlichen Teil § 6 anzuwenden ist.

42 § 6 Abs. 1 Satz 2 Nr. 1 bezieht in seiner zweiten Alternative im Gegensatz zur Altfassung auch den Erbfall ein, weil der Gesetzgeber davon ausgeht, dass auch in dieser Situation das deutsche Besteuerungsrecht am Gewinn aus der Veräußerung der Anteile verloren gehen kann (so Gesetzesentwurf der Bundesregierung vom 25.9.2006, BT-Drs. 16/2710). Auch bei dem oder den Erben muss es sich um beschränkt steuerpflichtige oder nicht steuerpflichtige Personen handeln. Umstritten ist jedoch, wer im Fall der zweiten Alternative des § 6 Abs. 1 Satz 2 Nr. 1 Steuerpflichtiger ist. So wird teilweise in der Literatur unter Verweis auf die Parallele zu anderen Alternativtatbeständen des § 6 und die Formulierungen in § 6 Abs. 3 Satz 3 und § 6 Abs. 7 Satz 1 zutreffend davon ausgegangen, dass dies der Erblasser ist (*Baßler*, FR 2008 S. 851; *ders.*, IStR 2013 S. 22; *Elicker* in Blümich, § 6 Rz. 46). Die Gegenmeinung (*Wassermeyer* in F/W/B/S, § 6 Rz. 69; *ders.*, IStR 2007 S. 833 und IStR 2013 S. 1; *Kraft* in Kraft, § 6 Rz. 345; *Hecht* in Mössner/Fuhrmann, § 6 Rn. 26) sieht dagegen den Erben als Steuerpflichtigen an, zum Teil unter Hinweis auf die Fälle der Vor- und Nacherbschaft.

43 Ihrem Wortlaut nach erfasst die Vorschrift auch Anteilsübertragungen auf nicht natürliche Personen (*Wassermeyer* in F/W/B/S, § 6 Rz. 63; *Hecht* in Mössner/Fuhrmann, § 6 Rn. 1).

I. R. d. § 6 Abs. 1 Satz 2 Nr. 1 wird nicht darauf abgestellt, dass das Besteuerungs- **44**
recht der Bundesrepublik Deutschland bezüglich des Gewinns aus einer Veräußerung der übertragenen Anteile im Zeitpunkt der (teilweise) unentgeltlichen Übertragung tatsächlich ausgeschlossen oder beschränkt wird. Auch wenn die Anteile in einer inländischen Betriebsstätte verbleiben oder die Anteile auf einen Empfänger, der in einem Nicht-DBA-Staat ansässig ist, übertragen werden, liegt ein Entstrickungstatbestand vor. In derartigen Fällen erfolgt bei der tatsächlichen Veräußerung durch den Beschenkten bzw. Erben ein Ausgleich nach § 6 Abs. 1 Satz 5.

Abweichend von § 6 Abs. 3 Nr. 1 a. F. sieht § 6 Abs. 1 Satz 2 Nr. 1 in der durch **45**
SEStEG geltenden Fassung keine Ermäßigung bzw. keinen Erlass der Steuer nach § 6 vor, wenn die Übertragung der Anteile gleichzeitig Erbschaftsteuer auslöst. Nach der Altfassung sollte entsprechend des Grundgedankens des § 35 EStG a. F. eine Doppelbelastung mit Einkommensteuer und Erbschaftsteuer vermieden werden. § 35 EStG a. F. wurde durch das Steuerentlastungsgesetz 1999/2000/2002 vom 24.3.1999 (BGBl I 1999 S. 402) ersatzlos aufgehoben. Allerdings wurde durch das **ErbSt-Reformgesetz** (ErbStRG) vom 24.12.2008 (BGBl I 2008 S. 3018 – BStBl I 2009 S. 140) **§ 35b EStG n. F.** eingeführt, der ab VZ 2009 eine Steuerermäßigung bei Belastung mit Erbschaftsteuer vorsieht.

b) Begründung einer ausländischen DBA-Ansässigkeit

Der § 6 Abs. 3 Nr. 2 a. F. entsprechende § 6 Abs. 1 Satz 2 Nr. 2 soll in Fällen, in **46**
denen der Steuerpflichtige in einem DBA-Staat einen Wohnsitz oder gewöhnlichen Aufenthalt begründet oder ein anderes ähnliches Merkmal erfüllt und damit nach dem DBA als in diesem Staat ansässig anzusehen ist, zu einer Entstrickung führen. Hierunter fallen Fälle der doppelten Ansässigkeit, und zwar unabhängig davon, wie das Besteuerungsrecht für Gewinne aus der Veräußerung der Anteile im maßgeblichen DBA ausgestaltet ist (so auch *Kraft* in Kraft, § 6 Rz. 364; zweifelnd *Elicker* in Blümich, § 6 Rz. 52). Abkommensrechtlich kann eine Ansässigkeit in mehreren Staaten zu einer Doppelbesteuerung führen. Daher legen die DBA in derartigen Fällen fest, in welchem der beiden Staaten der Stpfl. als ansässig gilt. Die sog. „tie-breaker-clause" des Art. 4 Abs. 2 des OECD-Musterabkommens sieht eine bestimmte Reihenfolge zur abschließenden Ermittlung der Ansässigkeit einer Person vor: Wohnsitz, Mittelpunkt der Lebensinteressen, gewöhnlicher Aufenthalt und Staatsangehörigkeit.

Begründet der Anteilseigner seinen weiteren Wohnsitz oder gewöhnlichen Auf- **47**
enthalt in einem Nicht-DBA-Staat und wird zu einem späteren Zeitpunkt ein DBA abgeschlossen, kann eine Entstrickung nach § 6 Abs. 1 Satz 2 Nr. 2 nicht erfolgen, wenn der Stpfl. nach dem neu abgeschlossen DBA von Anfang an als in dem anderen Staat ansässig gilt (so auch *Elicker* in Blümich, § 6 Rz. 52; *Hecht* in Mössner/Fuhrmann, § 6 Rn. 27). Entsprechendes gilt bei einer Änderung des DBA, wenn hierdurch die ausländische Ansässigkeit zur DBA-Ansässigkeit wird. Ursächlich für die Ansässigkeit in diesen Fällen ist der Abschluss bzw. die Änderung des DBA, nicht die Begründung eines Wohnsitzes oder gewöhnlichen Aufenthaltes. § 6 Abs. 1 Satz 2 Nr. 2 stellt nur die Begründung eines Wohnsitzes usw. der Beendigung der unbeschränkten Steuerpflicht gleich. In diesem Zeitpunkt muss das Besteuerungsrecht Deutschlands ausgeschlossen sein. Zur Frage, ob der Abschluss oder die Änderung eines DBA von § 6 Abs. 1 Satz 2 Nr. 4 erfasst sein kann, vgl. Anm. 49.

c) Einlage in einen Betrieb oder eine Betriebsstätte in einem ausländischen Staat

48 Erfasst werden nach § 6 Abs. 1 Satz 2 Nr. 3 Fälle, in denen der Anteilseigner die Anteile in seinen ausländischen Betrieb oder seine ausländische Betriebsstätte einlegt, d. h. Vorgänge ohne Rechtsträgerwechsel. Anders als noch in § 6 Abs. 3 Nr. 3 a. F. ist es nicht erforderlich, dass im Zeitpunkt der Einlage das Besteuerungsrecht der Bundesrepublik Deutschland hinsichtlich des Gewinns aus der Veräußerung der Anteile durch ein DBA ausgeschlossen ist (*Kraft* in Kraft, § 6 Rz. 370; *Elicker* in Blümich, § 6 Rz. 54; *Wassermeyer* in F/W/B/S, § 6 Rz. 90). Die Frage, ob eine Betriebsstätte vorliegt, bestimmt sich ausschließlich nach nationalem Recht (§ 12 AO; *Hecht* in Mössner/Fuhrmann, § 6 Rn. 31; *Elicker* in Blümich, § 6 Rz. 54). Der Betrieb oder die Betriebsstätte kann auch erst mit der Einlage der Anteile errichtet werden (BMF-AnwSchr Tz. 6.3 Nr. 3). Es ist ohne Bedeutung, ob sich der Betrieb oder die Betriebsstätte in einem DBA-Staat befindet.

d) Ausschluss oder Beschränkung des Besteuerungsrechts der Bundesrepublik Deutschland

49 Der Auffangtatbestand setzt voraus, dass das deutsche Besteuerungsrecht im Fall einer fiktiven Anteilsveräußerung ausgeschlossen oder beschränkt wird. Die im Regierungsentwurf zum SEStEG noch als allgemeiner Entstrickungstatbestand enthaltene Regelung des jetzigen § 6 Abs. 1 Satz 2 Nr. 4 AStG soll nach dem Willen des Gesetzgebers alle sonstigen Fälle erfassen, in denen Deutschland nach einem Doppelbesteuerungsabkommen den Veräußerungsgewinn freistellen oder die ausländische Steuer anrechnen muss, zum Beispiel bestimmte Fälle, in denen das DBA dem ausländischen Staat der Ansässigkeit der Kapitalgesellschaft ein Besteuerungsrecht zuweist (so Bericht des FinA, BT-Dr. 16/3369). Dieser extrem weit gefasste Tatbestand erfasst damit sowohl Fälle, in denen die Beschränkung oder der Ausschluss des deutschen Besteuerungsrechts auf einer Handlung des Steuerpflichtigen beruht als auch Fälle, in denen der Gesetzgeber tätig wird, z. B. durch Änderung oder Neuabschluss eines DBA (*Kraft* in Kraft, § 6 Rz. 380, 382; *Wassermeyer* in F/W/B/S, § 6 Rz. 94; *Hecht* in Mössner/Fuhrmann, § 6 Rn. 36; vgl. im Übrigen auch die Gesetzesmaterialien zur Ergänzung des § 6 Abs. 5 S. 3 durch ZollkodexAnpG (vgl. Anm. 9b), in denen ebenfalls davon ausgegangen wird, dass die Beschränkung oder der Ausschluss des deutschen Besteuerungsrechts auf Grund der Änderung eines DBA eintreten kann, BT-Drs. 18/3017 S. 54; a. A. *Bron,* IStR 2012 S. 904; *ders.,* IStR 2014 S. 918).

50 Ausgeschlossen wird das deutsche Besteuerungsrecht, wenn ein DBA die Besteuerung des Veräußerungsgewinns aus dem Anteil im Inland ausschließt. Die Beschränkung des deutschen Besteuerungsrechts liegt vor, wenn im gedachten Fall der Veräußerung Deutschland nunmehr verpflichtet wäre, die ausländische Steuer, die auf den Veräußerungsgewinn erhoben wird, auf die deutsche Einkommensteuer anzurechnen (*Hecht* in Mössner/Fuhrmann, § 6 Rn. 37). Nicht ausreichend für eine Beschränkung des deutschen Besteuerungsrechts ist, wenn nach innerstaatlichem deutschen Recht von einer dem Grunde nach bestehenden Besteuerungsmöglichkeit kein Gebrauch gemacht wird.

C. Rechtsfolgen

I. Ermittlung des Vermögenszuwachses

Die Rechtsfolge des § 6 besteht in der Anwendung des § 17 EStG im Zeitpunkt 51
der Beendigung der unbeschränkten Steuerpflicht. Da von § 6 nur Fälle erfasst werden, die nicht mit einer Veräußerung der Anteile verbunden sind, tritt nach § 6 Abs. 1 Satz 4 anstelle des Veräußerungspreises der gemeine Wert im Zeitpunkt der Beendigung der unbeschränkten Steuerpflicht bzw. eines nach § 6 Abs. 1 Satz 2 gleichstehenden Sachverhaltes.

Bei der Ermittlung des gemeinen Werts der Anteile sind die §§ 9 und 11 BewG 52
anzuwenden. Der **gemeine Wert der Anteile** bestimmt sich somit durch den Preis, der im gewöhnlichen Geschäftsverkehr nach der Beschaffenheit des Wirtschaftsgutes bei einer Veräußerung zu erzielen wäre unter Berücksichtigung aller preisbeeinflussenden Umstände.

Der Vermögenszuwachs ist i. Ü. nach den allgemeinen Regelungen des § 17 EStG 53
zu ermitteln. In den Fällen des vorherigen Zuzugs eines Stpfl. aus dem Ausland wird von § 6 auch der im Ausland entstandene Wertzuwachs erfasst. Eine Ausnahme gilt nach § 17 Abs. 2 Satz 3 EStG für den Fall, dass der Stpfl. nachweist, dass ihm die Anteile im Zeitpunkt der Begründung der unbeschränkten Steuerpflicht zuzurechnen waren und dass der bis zu diesem Zeitpunkt entstandene Vermögenszuwachs im Wegzugsstaat einer dem § 6 vergleichbaren Wegzugsbesteuerung unterlegen hat (Wertverknüpfung). Anstelle der Anschaffungskosten ist dann der Wert anzusetzen, den der Wegzugsstaat bei Berechnung dieser vergleichbaren Steuer angesetzt hat, begrenzt auf den gemeinen Wert. Nach § 6 Abs. 1 Satz 2 a. F. konnte dagegen auf Antrag des Stpfl. anstelle der Anschaffungskosten ein höherer Wert angesetzt werden, wenn dem Stpfl. die Anteile bei erstmaliger Begründung der unbeschränkten Steuerpflicht bereits gehört haben. In diesen Fällen galt der gemeine Wert im Zeitpunkt der erstmaligen Ansässigkeit in Deutschland als Anschaffungskosten der Anteile.

Der Vermögenszuwachs während einer nur vorübergehenden Abwesenheit des Stpfl. nach § 6 Abs. 3 wird jedoch stets erfasst (§ 17 Abs. 2 Satz 4 EStG n. F.).

Hat der Anteilseigner die Anteile unentgeltlich erworben, sind entsprechend 54
§ 17 Abs. 2 Satz 5 EStG die Anschaffungskosten des Rechtsvorgängers maßgebend.

Die Realisierung eines fiktiven Veräußerungsverlustes ist nach § 6 nicht möglich 55
(vgl. BFH, Urteil vom 28.2.1990 I R 43/86, BStBl II 1990 S. 615; BMF-AnwSchr Tz.6.1.3.3). Dies gilt auch für die ab VZ 2007 geltende Fassung des § 6. Die Beibehaltung der bislang in § 6 Abs. 3 a. F. aufgeführten Ersatztatbestände in § 6 Abs. 1 Satz 2 sowie die Ausgestaltung des Ausschlusses bzw. der Beschränkung des deutschen Besteuerungsrechts als „Auffangtatbestand" sprechen dafür, dass lediglich der Vermögenszuwachs wesentlicher Beteiligungen bei Wegzug von Stpfl. erfasst werden soll (Gesetzesentwurf der Bundesregierung vom 25.9.2006, BT-Drs 16/2710 sowie Bericht des Finanzausschusses, BT-Drs. 16/3369; *Kraft* in Kraft, § 6 Rz. 291 ff.; a. A. *Wassermeyer* in F/W/B/S, § 6 Rz. 51; *Hecht* in Mössner/Fuhrmann, § 6 Rn. 15; *Elicker* in Blümich, § 6 Rz. 63). Dementsprechend sind nachträgliche Wertminderungen nach § 6 Abs. 6 Satz 3 auch bei den bei Wegzug als Vermögenszuwachs angesetzten Betrag beschränkt.

II. Besteuerung des Vermögenszuwachses

56 Der nach § 6 Abs. 1 ermittelte Vermögenszuwachs unterliegt beim Anteilseigner der unbeschränkten Einkommensteuerpflicht. Im Falle des Ausscheidens aus der unbeschränkten Steuerpflicht erfolgt die Entstrickung somit noch, bevor die Steuerpflicht endet. Die Besteuerung erfolgt nach Maßgabe des § 17 EStG, wobei der **Freibetrag** nach § 17 Abs. 3 EStG zu gewähren ist. Diese Freibetragsregelung bezieht sich auf sämtliche Anteile an der KapGes. Der Freibetrag reduziert sich bei geringerer Beteiligungsquote entsprechend.

57 Bei der Besteuerung des Vermögenszuwachses ist das Halbeinkünfteverfahren (§ 3 Nr. 40 Satz 1 Buchst. c i. V. m. § 3c Abs. 2 EStG, vgl. BMF-AnwSchr Tz. 6.1.3.2), ab VZ 2009 das Teileinkünfteverfahren anzuwenden.

58 Bis zum VZ 2001 (bei abweichendem Wirtschaftsjahr der KapGes vgl. § 21 Abs. 7 Satz 2 AStG, § 52 Abs. 47 Satz 2 EStG i. V. mit § 52 Abs. 4a Nr. 2 EStG) war nach § 6 Abs. 1 Satz 4 a. F. auf den Wertzuwachs die Steuertarifbegünstigung für außerordentliche Einkünfte nach § 34 EStG (bis VZ 1998: halber Durchschnittssteuersatz; ab VZ 1999: sog. Fünftelungsregelung) entsprechend anzuwenden.

III. Nachfolgende Veräußerung von Anteilen

59 Werden die Anteile nach der Entstrickung veräußert und ist der Anteilseigner im Zeitpunkt der Veräußerung unbeschränkt steuerpflichtig, greift § 17 EStG. Ist der Anteilseigner beschränkt steuerpflichtig, erfolgt eine Besteuerung unter den Voraussetzungen des § 49 Abs. 1 Nr. 2 Buchst. e EStG, wobei die Regelungen eines DBA zu berücksichtigen sind.

60 Um bei der nachfolgenden tatsächlichen Veräußerung eine doppelte Besteuerung desselben Wertzuwachses zu vermeiden, ist nach § 6 Abs. 1 Satz 5 (bis VZ 2006: § 6 Abs. 1 Satz 4 a. F.) der Gewinn aus der Veräußerung der Anteile um den bereits nach § 6 besteuerten Vermögenszuwachs zu kürzen. Diese auf der Ebene der Bemessungsgrundlage vorzunehmende Minderung um den besteuerten Vermögenszuwachs erfolgt unter Berücksichtigung der bereits im Rahmen des fiktiven Veräußerungsgewinns anerkannten Betriebsausgaben und Freibeträge.

61 Entsteht bei der nachfolgenden Veräußerung der Anteile ein Verlust (Verkauf der Anteile zu einem Wert unterhalb der ursprünglichen Anschaffungskosten) und war der Vermögenszuwachs bei Wegzug positiv, ist der Veräußerungsverlust um einen bereits besteuerten Vermögenszuwachs zu erhöhen. War der Vermögenszuwachs bei Wegzug negativ und hat die tatsächliche Veräußerung zu einem positiven Ergebnis geführt, ist bei Berechnung des Veräußerungsgewinns von den ursprünglichen Anschaffungskosten auszugehen (BMF-AnwSchr Tz. 6.1.4.2; *Hecht* in Mössner/Fuhrmann, § 6 Rn. 20).

62 *Beispiel:* In 2002 versteuert der Stpfl. beim Wegzug nach Abzug von Betriebsausgaben einen Vermögenszuwachs von 100 000 EUR. In 2007 realisiert er einen Veräußerungsgewinn von 80 000 EUR.

Im VZ 2002 ist der Stpfl. mit dem Vermögenszuwachs von 100 000 EUR unbeschränkt steuerpflichtig (§ 6). Bei Veräußerung in 2007 entsteht steuerlich ein Veräußerungsverlust von 20 000 EUR (= 100 000 EUR ./. 80 000 EUR), der faktisch aufgrund des Halbeinkünfteverfahrens zu 10 000 EUR anzusetzen ist.

Wurde der Anteil nach § 6 Abs. 1 Satz 2 Nr. 1 unentgeltlich auf einen Dritten übertragen bzw. vererbt, ist bei nachfolgender Veräußerung des Anteils durch den Dritten bei diesem die Kürzung nach § 6 Abs. 1 Satz 5 vorzunehmen (*Hecht* in Mössner/Fuhrmann, § 6 Rn. 19; *Kraft* in Kraft, § 6 Rz. 321; *Wassermeyer* in F/W/B/S, § 6 Rz. 113; *Elicker* in Blümich, § 6 Rz. 70). **63**

D. Milderungsvorschriften

I. Vorübergehender Auslandsaufenthalt

§ 6 Abs. 3 (bis VZ 2006: § 6 Abs. 4 a. F.) enthält eine Milderungsregelung bei nur vorübergehendem Auslandsaufenthalt. Eine Wegzugsbesteuerung in diesen Fällen erscheint nach dem Sinn des Gesetzes dann nicht gerechtfertigt, wenn das deutsche Besteuerungsrecht innerhalb angemessener Frist wieder begründet wird. **64**

Der Steueranspruch entsteht zunächst bei Verwirklichung eines Entstrickungstatbestandes des § 6 Abs. 1; er steht jedoch unter der **auflösenden Bedingung** der späteren Rückkehr und entfällt rückwirkend, wenn innerhalb der Fünfjahresfrist bzw. der verlängerten, maximal Zehnjahresfrist die Voraussetzungen der unbeschränkten Steuerpflicht wieder vorliegen. Nach § 6 Abs. 4 Satz 3 kann bis zum Eintritt der Bedingung die Steuer gestundet werden; ggf. unter Sicherheitsleistung, wenn der Steueranspruch gefährdet erscheint. Im Fall einer Stundung nach § 6 Abs. 5 (Sachverhalt in Bezug auf einen Mitgliedstaat der EU oder einen Vertragsstaat des EWR) entfällt der Steueranspruch unter den Voraussetzungen des § 6 Abs. 3 Satz 1 ohne die darin genannte zeitliche Beschränkung, wenn ein Veräußerungsgewinn nach § 17 EStG aufgrund der unbeschränkten Steuerpflicht des Anteilseigners bzw. seines Rechtsnachfolgers wieder besteuert werden kann oder das Besteuerungsrecht der Bundesrepublik Deutschland auf andere Weise wieder begründet wird oder nicht mehr eingeschränkt ist (§ 6 Abs. 3 Satz 4). **65**

Eine lediglich vorübergehende Abwesenheit wird angenommen, wenn der Steuerpflichtige innerhalb von fünf Jahren wieder unbeschränkt steuerpflichtig wird. Liegen berufliche Gründe für seinen Auslandsaufenthalt vor, kann das im Zeitpunkt der Begründung der Steuerpflicht nach § 19 AO zuständige FA die Frist auf bis zu zehn Jahre verlängern. Die Berechnung der Frist richtet sich nach § 108 AO. Bei vorübergehender Abwesenheit wird die Steuer endgültig oder vorläufig festgesetzt. Nach Rückkehr ist ein die Steuer festsetzender Bescheid nach § 175 Abs. 1 Satz 1 Nr. 2 AO, ein vorläufiger Bescheid nach § 165 Abs. 2 AO aufzuheben oder zu ändern (BMF-AnwSchr Tz. 6.4.3). **66**

Besteht im Zeitpunkt der Beendigung der unbeschränkten Einkommensteuerpflicht keine Rückkehrabsicht, kann die Vergünstigung nicht in Anspruch genommen werden, da die Vorschrift das subjektive Element der vorübergehenden Abwesenheit voraussetzt. Auch bei der Verlängerung der Frist von fünf auf maximal zehn Jahre wird gefordert, dass die Absicht zur Rückkehr unverändert fortbesteht (vgl. auch *Hellwig*, DStZ/A 1976 S. 4; BMF-AnwSchr Tz. 6.4.1; a. A. *Wassermeyer* in W/F/B/S § 6 Rz. 144 und *Elicker* in Blümich, § 6 Rz. 73, die zumindest bei Rück- **67** kehr innerhalb von fünf Jahren nach Beendigung der unbeschränkten Steuerpflicht nur auf das objektive Rückkehrmerkmal abstellen). Die Rückkehrabsicht ist dem zuständigen Wohnsitzfinanzamt glaubhaft zu machen. Eine bloße Absichtserklärung reicht hierzu nicht aus (BMF-AnwSchr Tz. 6.4.2).

68 Weitere Voraussetzung für das Entfallen des Steueranspruchs ist, dass der Stpfl. in der Zwischenzeit die Anteile nicht veräußert hat, keinen der Ersatztatbestände nach § 6 Abs. 1 Satz 2 Nr. 1 oder 3 erfüllt hat und im Zeitpunkt der Begründung der unbeschränkten Steuerpflicht nicht nach einem DBA als im Ausland ansässig gilt.

69 **Berufliche Gründe**, die die Verlängerung der fünfjährigen Frist auf maximal zehn Jahre rechtfertigen, liegen dann vor, wenn die Ausübung der Berufstätigkeit die vorübergehende Anwesenheit im Ausland erfordert oder begünstigt. Dies ist regelmäßig gegeben bei gewerblicher, selbständiger oder nicht selbständiger Betätigung im Wohnsitzstaat. Eine reine Vermögensverwaltung dürfte als standortelastische Betätigung nicht ausreichen (*Hecht* in Mössner/Fuhrmann, § 6 Rn. 40). Ist der Stpfl. selbst nicht berufstätig und kann dargelegt werden, dass die Gründe für seine vorübergehende Abwesenheit in der Berufsausübung eines engen Familienmitglieds liegen, wäre es sachgerecht, die Vergünstigung zu gewähren, da auch hier berufliche Gründe maßgebend sind. Hiervon betroffen können insbesondere der Ehegatte und die minderjährigen Kinder sein, die mit dem Berufstätigen in einem gemeinsamen Haushalt leben.

70 Aufgrund der Ausweitung des Steuertatbestands in § 6 Abs. 1 Satz 2 Nr. 1 auf die Erbfolge entfällt der Steueranspruch nach § 6 Abs. 3 Satz 3 auch dann, wenn der Rechtsnachfolger des Stpfl. innerhalb von fünf Jahren seit dem Erbfall unbeschränkt steuerpflichtig wird. Eine Verlängerung der Frist auf maximal zehn Jahre ist in diesen Fällen nicht möglich.

II. Steuerstundung

71 Sofern eine Stundung nach § 6 Abs. 5 (Fälle des Wegzugs innerhalb der EU bzw. EWR-Staaten) nicht möglich ist, erhält der Stpfl. nach § 6 Abs. 4 (entspricht im Wesentlichen dem § 6 Abs. 5 a. F.) einen **Rechtsanspruch** auf Stundung der durch die Entstrickung ausgelösten ESt. Die weitergehenden Voraussetzungen der allgemeinen Stundungsvorschrift gemäß § 222 AO sind hierzu nicht erforderlich. Bedingung ist lediglich, dass die Einziehung der ESt mit erheblichen Härten für den Stpfl. verbunden wäre. Da die Entstrickung nicht zu einem entsprechenden Liquiditätszufluss beim Stpfl. führt, ist die Stundung zu gewähren, wenn der Stpfl. nicht über ausreichende andere liquide Mittel verfügt (so auch *Wassermeyer* in F/W/B/S, § 6 Rz. 190; *Hecht* in Mössner/Fuhrmann, § 6 Rn. 47; a. A. *Elicker* in Blümich, § 6 Rz. 81).

72 Die Stundung ist nur auf **Antrag** zu gewähren. Für den Antrag selbst ist weder eine bestimmte Form noch Frist erforderlich. Die Stundung erfolgt gegen Gewährung einer **Sicherheitsleistung** (vgl. hierzu §§ 241 ff. AO). Von einer Sicherheitsleistung kann nach § 6 Abs. 4 Satz 3 in den Fällen einer nur vorübergehenden Abwesenheit abgesehen werden, wenn der Steueranspruch nicht gefährdet erscheint.

Die Stundung erfolgt nur bei Zahlung der geschuldeten ESt in regelmäßigen Teilbeträgen. Die Höhe der Teilbeträge und die Fälligkeiten (Vierteljahres-, Halbjahres- oder Jahresraten) richten sich nach dem Einzelfall. Bei vorübergehender Abwesenheit nach § 6 Abs. 3 Satz 1 und 2 entfällt die Erhebung von Teilbeträgen, da aufgrund der Rückkehrabsicht das Entfallen des Steueranspruchs wahrscheinlich ist. 73

Stundungszinsen in Höhe von 0,5 v. H. je voller Monat können nach § 234 AO erhoben werden (vgl. BFH-Urteil vom 16.10.1991, BStBl II 1992 S. 321; BMF-AnwSchr Tz. 6.5.1). Ein Verzicht auf Stundungszinsen ist jedoch nach § 234 Abs. 2 AO möglich, wenn die Erhebung im konkreten Fall unbillig wäre. Insbesondere in Fällen der vorübergehenden Abwesenheit und bei tatsächlicher Rückkehr innerhalb der Fünf- bzw. Zehnjahresfrist wäre die Erhebung von Stundungszinsen unbillig (zu beachten ist hier § 234 Abs. 1 Satz 2 AO). 74

Die Stundung ist nur für einen Zeitraum von höchstens fünf Jahren seit Eintritt der Fälligkeit zu gewähren. Für die Fristberechnung gilt § 108 AO. In Fällen einer nur vorübergehenden Abwesenheit nach § 6 Abs. 3 Satz 1 und 2 ist eine Stundung jeweils für die Dauer dieser Abwesenheit auszusprechen (vgl. hierzu BMF-AnwSchr Tz. 6.5.2). 75

Die Stundung ist gemäß § 6 Abs. 4 Satz 2 zu widerrufen, soweit die Anteile während des Stundungszeitraums veräußert oder verdeckt in eine Gesellschaft i. S. d. § 17 Abs. 1 Satz 1 EStG eingelegt werden oder einer der Tatbestände des § 17 Abs. 4 EStG (Auflösung einer KapGes; Kapitalherabsetzung, wenn das Kapital zurückgezahlt wird; Ausschüttung oder Rückzahlung von Beträgen aus dem steuerlichen Einlagekonto i. S. d. § 27 KStG) verwirklicht wird. 76

III. Steuerstundung innerhalb EU bzw. EWR-Staaten

1. Stundung der geschuldeten Steuer

Die durch SEStEG eingeführte umfangreiche Regelung des § 6 Abs. 5 soll die Wegzugsbesteuerung gemeinschaftsrechtskonform ausgestalten. Der Wegzug eines stpfl. Staatsangehörigen eines Mitgliedstaates der EU oder des EWR aus Deutschland in einen dieser Staaten darf nach den Vorgaben des EG-Rechts nicht behindert werden (s. Anm. 15). Daher sieht § 6 Abs. 5 eine Milderungsregelung für diese Fälle vor, in dem die geschuldete Steuer zinslos gestundet wird und die Stundung erst bei Eintritt eines Realisierungstatbestandes widerrufen wird. 77

Voraussetzung für eine Stundung nach § 6 Abs. 5 ist, dass der Stpfl. Staatsangehöriger eines Mitgliedstaates der EU oder des EWR-Abkommens ist. Drittstaatsangehörige werden somit von der Regelung nicht erfasst, was im Hinblick auf das in den DBA enthaltene Diskriminierungsverbot (Art. 24 OECD-MA) problematisch sein kann (vgl. *Wassermeyer*, IStR 2007 S. 833; *ders.* In F/W/B/S, § 6 Rz. 209; *Hecht* in Mössner/Fuhrmann, § 6 Rn. 54). Zudem wird in der Lit. diskutiert, ob die Stundungsregelung des § 6 Abs. 5 beim Wegzug in die Schweiz aufgrund des Freizügigkeitsabkommens zwischen der Schweizerischen Eidgenossenschaft und der EG vom 21.6.1999 (Abl EG 2002 Nr. L 114, 6; BGBl II 2001 S. 810) Anwendung findet (vgl. *Schönfeld* in F/WB/S, § 6 Rz. 29; *Elicker* in Blümich, § 6 Rz. 85; *Kraft* in Kraft, § 6 Rz. 494; *Häck*, IStR 2011 S. 797). Der BFH hatte in einer Entscheidung hierzu ausgeführt, dass dieses Abkommen die Reichweite der allgemeinen Freizü- 78 gigkeit, der Arbeitnehmerfreizügigkeit und der Niederlassungsfreiheit natürlicher Personen unter bestimmten Voraussetzungen auf die Schweiz erweitert und deswegen auch für § 6 AStG einschlägig sein könnte (vgl. BFH, Urteil vom 25.8.2009 I R 88/07, BFH/NV 2009 S. 2047, BFHE 226 S. 296). Das Abkommen war aber im Streitfall nicht anzuwenden, da die Kläger bereits vor Inkrafttreten des Abkommens in die Schweiz verzogen.

Der Stpfl. muss im Zuzugsstaat einer der deutschen Einkommensteuerpflicht vergleichbaren Steuerpflicht unterliegen. Die Steuerpflicht im Zuzugsstaat muss dabei grundsätzlich das gesamte Welteinkommen erfassen (*Hecht* in Mössner/Fuhrmann, § 6 Rn. 55).

79 Nach § 6 Abs. 5 Satz 2 darf die Stundung nur in den Fällen erfolgen, in denen die Amtshilfe und die Beitreibung der Steuerforderung durch den anderen Staat gewährleistet sind. Im Verhältnis zu den Mitgliedstaaten der EU ist dies anzunehmen auf Grund der geltenden EU-Amtshilferichtlinie (Richtlinie 2011/16/EU des Rates vom 15.2.2011 über die Zusammenarbeit der Verwaltungsbehörden im Bereich der Besteuerung und zur Aufhebung der Richtlinie 77/799/EWG) und der EU-Beitreibungsrichtlinie (Richtlinie 2010/24/EU des Rates vom 16.3.2010 über die Amtshilfe bei der Beitreibung von Forderungen in Bezug auf bestimmte Steuern, Abgaben und sonstige Maßnahmen; vgl. auch Gesetzesentwurf der Bundesregierung vom 25.9.2006, BT-Drs. 16/2710). Die beiden Richtlinien gelten nicht für die EWR-Mitgliedstaaten Norwegen, Island und Liechtenstein. Amtshilfe und Beitreibungsunterstützung können auch auf Grund der einschlägigen DBA gewährleistet sein. Das DBA mit Norwegen sieht entsprechende Regelungen vor (Art. 26 und 27 DBA Norwegen). Im DBA mit Island ist zumindest eine sog. kleine Auskunftsklausel enthalten. Mit Liechtenstein ist am 28.10.2010 ein Abkommen über den Informationsaustausch in Steuersachen in Kraft getreten, welches den OECD-Standard für Transparenz und effektiven Informationsaustausch in Steuersachen umsetzt. Nach diesem Abkommen sind auf Ersuchen alle Informationen – einschließlich Bankinformationen – zu erteilen, die für die Durchführung eines Besteuerungsverfahrens oder eines Steuerstrafverfahrens im ersuchenden Staat voraussichtlich erheblich sind. Es gilt für Veranlagungszeiträume ab 2010. Zudem ist am 19.12.2012 ein DBA mit Liechtenstein in Kraft getreten, welches in seinem Art. 26 eine sog. große Auskunftsklausel und in Art. 28 eine Regelung zur Beitreibungshilfe enthält. Das DBA ist gem. Art 33 Abs. 2 ab dem darauf folgenden Jahr anzuwenden, d. h. auf Steuerabzugsbeträge ab 2013 und auf die für Zeiträume ab 2013 erhobenen Steuern. Das Abkommen über den Informationsaustausch bleibt neben Art. 26 DBA Liechtenstein weiter anwendbar (s. auch Bezugnahme durch Protokoll Ziff. 9). Somit sind die Voraussetzungen des § 6 Abs. 5 Satz 2 ab 2013 nun auch im Verhältnis zu Liechtenstein erfüllt.

80 Der Stpfl. hat bei Vorliegen der in den Anm. 78 und 79 genannten Voraussetzungen einen Rechtsanspruch auf Stundung der nach § 6 Abs. 1 geschuldeten Steuer. Die Stundung ist von Amts wegen zinslos (zu gemeinschaftsrechtlichen Schranken bei der Verzinsung im Fall des Widerrufs der Stundung vgl. *Loritz/Sessig*, IStR 2013 S. 288 und FG Düsseldorf, Urteil vom 27.9.2013 1 K 3233/11 AO, EFG 2014 S. 108, IStR 2014 S. 34) und ohne Sicherheitsleistung zeitlich unbefristet auszusprechen. Die Stundung ist nicht in das Ermessen des FA gestellt und bedarf keines Antrags.

Die Stundung nach § 6 Abs. 5 Satz 1 erfasst nur die Fälle des persönlichen Wegzugs i. S. d. § 6 Abs. 1 Satz 1. § 6 Abs. 5 Satz 3 in der bis zum ZollkodexAnpG vom 22.12.2014 geltenden Fassung dehnte die Stundungsregelung unter den dort genannten Bedingungen lediglich auf die Ersatztatbestände des § 6 Abs. 1 Satz 2 Nr. 1 bis 3 aus. In der Lit. waren hinsichtlich der fehlenden Stundungsmöglichkeit bei Verwirklichung des Ersatztatbestand des § 6 Abs. 1 Satz 2 Nr. 4 (Ausschluss oder Beschränkung des Besteuerungsrechts der Bundesrepublik Deutschland) Bedenken erhoben worden (*Schönfeld* in F/W/B/S, § 6 Rz. 27.2; *Hecht* in Mössner/ Fuhrmann, § 6 Rn. 58). Mit dem ZollkodexAnpG (vgl. Anm. 9b) wurde in § 6 Abs. 5 die seit SEStEG bestehende zinslose Stundungsregelung nun auch auf die Fälle des § 6 Abs. 1 Satz 2 Nr. 4 ausgedehnt, wenn der Stpfl. Anteile an einer in einem Mitgliedstaat der EU oder in einem Vertragsstaat des EWR-Abkommens ansässigen Gesellschaft hält. Die Neuregelung ist nach § 21 Abs. 23 in allen Fällen anzuwenden, in denen die geschuldete Steuer noch nicht entrichtet ist (kritisch zur Neuregelung *Bron*, IStR 2014 S. 918). **81**

2. Widerruf der Stundung

Die Stundung ist nach § 6 Abs. 5 Satz 4 zwingend zu widerrufen, **82**
1. soweit die Anteile während des Stundungszeitraums veräußert oder verdeckt in eine Gesellschaft i. S.d. § 17 Abs. 1 Satz 1 EStG eingelegt werden oder einer der Tatbestände des § 17 Abs. 4 EStG (Auflösung einer KapGes; Kapitalherabsetzung, wenn das Kapital zurückgezahlt wird; Ausschüttung oder Rückzahlung von Beträgen aus dem steuerlichen Einlagekonto i. S. d. § 27 KStG) verwirklicht wird;
2. soweit die Anteile auf eine nicht unbeschränkt steuerpflichtige Person übergehen, die nicht in einem Mitgliedstaat der EU oder des EWR-Abkommens einer der deutschen unbeschränkten Einkommensteuerpflicht vergleichbaren Steuerpflicht unterliegt; die Stundung kann jedoch nicht allein deshalb widerrufen werden, weil der Schenkungsempfänger oder im Erbfall der Rechtsnachfolger nicht die Staatsangehörigkeit eines Mitgliedstaates der EU oder des EWR-Abkommens besitzt;
3. soweit in Bezug auf die Anteile eine Entnahme oder ein anderer Vorgang verwirklicht wird, der nach inländischem Recht zum Ansatz des Teilwerts oder gemeinen Werts führt (z. B. bei Einlage in einen ausländischen Betrieb);
4. wenn für den Stpfl. oder seinen Rechtsnachfolger durch einen weiteren Wegzug keine der deutschen unbeschränkten Einkommensteuerpflicht vergleichbare Steuerpflicht in einem EU- oder EWR-Staat mehr besteht (Fälle eines späteren Wegzugs in einen Drittstaat).

§ 6 Abs. 5 Satz 5 regelt Fälle, in denen aufgrund eines Umwandlungsvorgangs (Verschmelzung, Spaltung oder Anteilstausch) die ursprünglichen Anteile untergehen und neue Anteile erworben werden. Diese als Veräußerung zu behandelnden Vorgänge würden ohne Sonderregelung zu einem Widerruf der Stundung nach § 6 Abs. 5 Satz 4 Nr. 1 führen. Der Widerruf soll jedoch in Fällen ausgeschlossen werden können, in denen bei einem unbeschränkt stpfl. Anteilseigner nach den §§ 13 Abs. 2 und 21 Abs. 2 UmwStG die Umwandlung erfolgsneutral stattfinden kann. Auf Antrag des Stpfl. gilt ein entsprechender Vorgang daher nicht als Veräußerung mit der Folge, dass die Stundung nicht widerrufen werden darf. Die durch den **83**

Umwandlungsvorgang erworbenen Anteile ersetzen nunmehr die hingegebenen Anteile für die weitere Anwendung des § 6.

3. Verlustberücksichtigung

84 Nach § 6 Abs. 5 Satz 6 ist in den Fällen des § 6 Abs. 5 Satz 1 und 3 ein Vermögenszuwachs nach § 6 Abs. 1 für Zwecke der Anwendung des § 10d EStG nicht zu berücksichtigen. Die Regelung betrifft Fälle, bei denen der Gesamtbetrag der Einkünfte ohne Anwendung des § 6 negativ ist (zur Frage, ob dies auch in Fallgestaltungen gilt, in denen der Gesamtbetrag der Einkünfte ohne Anwendung des § 6 nicht negativ ist, aber bestandskräftig festgestellte Verlustvorträge bestehen, vgl. FG München vom 14.4.2010 9 K 680/10, EFG 2010 S. 1221 – das Revisionsverfahren – Az. des BFH: I R 36/10 – wurde nach Rücknahme der Revision eingestellt). Bei Berücksichtigung eines Vermögenszuwachses nach § 6 würde ein negativer Gesamtbetrag der Einkünfte ganz oder teilweise aufgezehrt, ein festzustellender Verlustbetrag ganz oder teilweise verloren gehen. Der Stpfl. wäre durch die Kürzung des zu berücksichtigenden Verlusts schlechter gestellt als ein vergleichbarer Stpfl. im Inlandsfall. § 6 Abs. 5 Satz 6 vermeidet diesen Nachteil in den Fällen des § 6 Abs. 5 Satz 1 und 3.

85 Erst bei einem Ereignis, welches den Widerruf der Stundung nach sich zieht (Fälle des § 6 Abs. 5 Satz 4), ist diese Vergünstigung rückwirkend zu versagen. Bereits ergangene Steuer- und Feststellungsbescheide sind zu korrigieren. Dies betrifft den Steuerbescheid des Veranlagungszeitraums vor dem Veranlagungszeitraum der Festsetzung der Wegzugsteuer sowie ggf. einen Feststellungsbescheid nach § 10d EStG und Bescheide folgender Veranlagungszeiträume. Durch die Anordnung der entsprechenden Geltung des § 175 Abs. 1 Satz 2 AO wird die Festsetzungsverjährung wie bei rückwirkenden Ereignissen gehemmt.

4. Mitteilungspflichten

86 § 6 Abs. 7 enthält für die Fälle der Stundung nach § 6 Abs. 5 umfassende Mitwirkungspflichten des Stpfl., die die Erhebung der Steuer sichern sollen.

87 Der Stpfl. oder sein Gesamtrechtsnachfolger muss dem nach § 19 AO im Zeitpunkt des Wegzugs zuständigen FA nach amtlich vorgeschriebenem Vordruck die Verwirklichung eines der Tatbestände mitteilen, der zum Widerruf der Stundung führt. Die vom Stpfl. eigenhändig zu unterschreibende Mitteilung hat innerhalb eines Monats nach dem meldepflichtigen Ereignis zu erfolgen; für die Fristberechnung gilt § 108 AO. In den Fällen des § 6 Abs. 5 Satz 4 Nr. 1 (Veräußerung) und Nr. 2 (Übertragung auf nicht unbeschränkt stpfl. Personen) ist der Mitteilung ein schriftlicher Nachweis über das Rechtsgeschäft beizufügen.

88 Zudem hat der Stpfl. jährlich seine Anschrift mitzuteilen und zu bestätigen, dass die Anteile ihm oder im Fall der unentgeltlichen Rechtsfolge unter Lebenden seinem Rechtsnachfolger weiterhin zuzuordnen sind. Die Frist zur Abgabe dieser Erklärungen läuft jeweils zum 31. Januar des Folgejahres ab. Kommt der Stpfl. dieser Mitwirkungspflicht nicht nach, ermöglicht § 6 Abs. 7 Satz 5 den Widerruf der Stundung. Es handelt sich dabei um eine Ermessensentscheidung des FA.

5. Wertminderungen nach dem Wegzug

Durch die in § 6 Abs. 6 enthaltene Milderungsvorschrift werden Wertminderungen, die nach dem Wegzug des Anteilseigners eingetreten sind und sich bei einer tatsächlichen Veräußerung realisiert haben, unter bestimmten Voraussetzungen berücksichtigt. Die Vorschrift trägt damit dem Gedanken Rechnung, dass bei rein inländischen Konstellationen nur der tatsächliche Veräußerungsgewinn von § 17 EStG erfasst wird. **89**

Die Regelung ist nur anwendbar für Fälle des § 6 Abs. 5 Satz 4 Nr. 1. Der Stpfl. muss daher Staatsangehöriger eines Mitgliedstaates der EU oder des EWR-Abkommens sein und er selbst bzw. sein Rechtsnachfolger die Anteile veräußern, verdeckt in eine Gesellschaft i. S.d. § 17 Abs. 1 Satz 1 EStG einlegen oder einen der Tatbestände des § 17 Abs. 4 EStG erfüllen. **90**

Ist der tatsächlich durch Veräußerung realisierte Gewinn niedriger als der im Zeitpunkt des Wegzugs ermittelte fiktive Veräußerungsgewinn, kommt eine Berücksichtigung der Wertminderung durch Korrektur des im Veranlagungszeitraum des Wegzugs angesetzten Wertes in Betracht. Die Wertminderung ist jedoch nur zu berücksichtigen, wenn sie vom Zuzugsstaat bei der Einkommensteuerfestsetzung nicht berücksichtigt wird. Dies ist der Fall, wenn nach den Vorschriften des Zuzugsstaates der Veräußerungsgewinn nicht besteuert wird oder der Zuzugsstaat bei der Besteuerung die historischen Anschaffungskosten und nicht den Wertansatz der deutschen Wegzugsteuer ansetzt. Die Feststellungslast für eine Nichtberücksichtigung der Wertminderung durch den Zuzugsstaat trägt der Stpfl. **91**

Beispiel: Die historischen Anschaffungskosten der Anteile betragen 100. Bei Wegzug in einen EU-Mitgliedstaat im Jahr 07 beträgt der gemeine Wert der Anteile 200. Die Wegzugsteuer nach § 6 Abs. 1 wurde zunächst für 100 festgesetzt. Im Jahr 10 werden die Anteile tatsächlich für 150 veräußert. Im Zuzugsstaat wird die Wertminderung nicht berücksichtigt, weil dieser seiner Veräußerungsgewinnbesteuerung die historischen Anschaffungskosten zugrunde legt. Nach der Veräußerung ist der Bescheid für 07 zu korrigieren um die Wertminderung nach dem Wegzug von 50 (= 200 − 150). Der deutschen Besteuerung unterliegt somit der tatsächliche Vermögenszuwachs von 50. **92**

Die Berücksichtigung der Wertminderung setzt nach § 6 Abs. 6 Satz 2 weiterhin den Nachweis durch den Stpfl. voraus, dass sie nicht durch gesellschaftsrechtliche Maßnahmen (z. B. Ausschüttung von Gewinnrücklagen) veranlasst ist. Dadurch soll vermieden werden, dass die Wertminderung durch eine vom Stpfl. gestaltbare Gewinnausschüttung, die nicht der vollen deutschen Besteuerung unterliegt, zu einer Realisierung der in den Anteilen enthaltenen stillen Reserven führt, gleichzeitig aber die eingetretene Wertminderung bei der nachträglichen Berechnung des Vermögenszuwachses berücksichtigt wird. **93**

Beruht die Wertminderung auf einer Gewinnausschüttung und erfolgt keine Korrektur der Wegzugsteuer, ermöglicht § 6 Abs. 6 Satz 4 die Anrechnung der Kapitalertragsteuer. Auf die Wegzugsteuer wird die auf die Gewinnausschüttung erhobene deutsche Kapitalertragsteuer einschließlich des hierauf entfallenden Solidaritätszuschlages angerechnet. **94**

95 Liegen die Voraussetzungen des § 6 Abs. 6 für die Berücksichtigung der Wertminderung vor, ist der ursprüngliche Steuerbescheid von Amts wegen aufzuheben oder zu ändern. Die Festsetzungsverjährung wird entsprechend § 175 Abs. 1 Satz 2 AO gehemmt.

Überblick zum vierten Teil des AStG

Übersicht	Anm.
A. Allgemeines zum vierten Teil des AStG.	1–6
B. Grundkonzeption der Hinzurechnungsbesteuerung	7–11
I. Allgemeines	7
II. Theorien zur systematischen Einordnung der Hinzurechnungsbesteuerung	8–11
C. Aufbau der Vorschriften der Hinzurechnungsbesteuerung	12–21
I. Die „normale" Hinzurechnungsbesteuerung	13–16
1. Tatbestandsvoraussetzungen	13
2. Rechtsfolgen	14–16
II. Die erweiterte Hinzurechnungsbesteuerung für Zwischeneinkünfte mit Kapitalanlagecharakter (§ 7 Abs. 6)	17–21
D. Rechtsentwicklung.	22–33
E. Verhältnis zu anderen Rechtsvorschriften.	34–50
I. Verhältnis zu §§ 39, 41 und 42 AO	34–35
II. Verhältnis zu anderen Vorschriften des AStG	36–38
III. Verhältnis zu anderen Vorschriften des deutschen Steuerrechts.	39, 40
1. Vorrang des Investmentsteuergesetzes	39
2. Verhältnis zur beschränkten Steuerpflicht der ausländischen Gesellschaft	40
IV. Verhältnis zu den Doppelbesteuerungsabkommen.	41–46
V. Vereinbarkeit mit europäischem Recht.	47–50

Schrifttum: *Baumgärtel/Perlet,* Änderungen in der Hinzurechnungsbesteuerung seit 1.1.1994, IWB Fach 3 Gr. 1 S. 1487; *Bellstedt,* Beteiligungen an ausländischen „Zwischengesellschaften" nach dem Außensteuergesetz-Entwurf, FR 1972 S. 242; *Bialek/Grillet,* Captive-Versicherung im deutschen und US-amerikanischen Körperschaftsteuerrecht, RIW 1992 S. 301; *Bialek,* Captive-Versicherung und deutsches Körperschaftsteuerrecht, Berlin 1993; *Bogenschütz,* Auswirkungen der verschärften Hinzurechnungsbesteuerung für Einkünfte mit Kapitalanlagecharakter, RIW 1992 S. 819; *Bogenschütz/Kraft,* Konzeptionelle Änderungen der erweiterten Hinzurechnungsbesteuerung und Verschärfungen im Bereich der Konzernfinanzierungseinkünfte durch das StMBG, IStR 1994 S. 153; *Brezing/Krabbe/Lempenau/Mössner/Runge,* Außensteuerrecht-Kommentar, Herne/Berlin 1991 (zit.: B/K/L/M/R); Beilage von Februar 1993 („Aktuelle Änderungen nach Drucklegung – Steueränderungsgesetz 1992"; zit.: Beilage 1993); *Brosig,* Zur steuerlichen Behandlung von Basisgesellschaften: Unzulänglichkeiten im deutschen Außensteuerrecht, Frankfurt 1993; *Debatin,* Außensteuerreformgesetz, DStZ 1972 S. 272; *Debatin,* StÄndG 1992 und „Treaty Override", DB 1992 S. 2159; *Dötsch/Pung/Möhlenbrock,* Kommentar zum KStG, UmwStG und zu den einkommensteuerrechtlichen Vorschriften der Anteilseignerbesteuerung, Stand: April 2014 (zit.: *Bearbeiter* in D/P/M); *Dueball,* Zugriffsbesteuerung der ausländischen Zwischengesellschaften nach dem Außensteuerreformgesetz, DStZ 1973 S. 561; *Ebenroth/Neiß,* Voraussetzungen der steuerlichen Abschirmwirkung für Finanzierungsgesellschaften in den Niederlanden, BB 1990 S. 145; *Fahr/Kaulbach/Bähr/Pohlmann,* Versicherungsaufsichtsgesetz, Kommentar, München 5. Auflage 2012 (zit.: *Bearbeiter* in Fahr/Kaulbach/Bähr/Pohlmann); *Farnschläder/Gummert,* Auswirkungen des Standortsicherungsgesetzes und des Mißbrauchsbekämpfungs- und

Steuerbereinigungsgesetzes auf die Konzernfinanzierung, WiB 1994 S. 337; *Flick*, Vereinbarkeit des Steuerfluchtgesetzes mit Doppelbesteuerungsabkommen, BB 1971 S. 250; *Flick*, Der Einfluß von Gewinnkorrekturen bei der neuen Hinzurechnungsbesteuerung für Zwischeneinkünfte mit Kapitalanlagecharakter, IStR 1993 S. 12; *Flick/Wassermeyer/Becker*, Kommentar zum Außensteuerrecht, Stand: 72. Ergänzungslieferung Juni 2014 (zit.: *Bearbeiter in* F/W/B); *Geiger*, Beteiligung an ausländischen Zwischengesellschaften, DStR 1973 S. 532; *Goebel/Palm*, Der Motivtest – Rettungsanker der deutschen Hinzurechnungsbesteuerung?, IStR 2007 S. 720; *Gross/Schelle*, Der Entwurf eines geänderten Anwendungsschreibens zum Außensteuergesetz, IStR 1994 S. 305; *Grothern*, International relevante Änderungen 2008 im Außensteuergesetz und in der AO, IWB Gruppe 1 Fach 3 S. 2259; *Gundel*, Auswirkungen der neuen Hinzurechnungsbesteuerung des Außensteuergesetzes auf internationale Finanzierungsgesellschaften, IStR 1993 S. 49; *Haarmann*, Wirksamkeit, Rechtmäßigkeit und Notwendigkeit der Hinzurechnungsbesteuerung im AStG, IStR 2011 S. 565; *Haase*, Außensteuergesetz/Doppelbesteuerungsabkommen, 2. Auflage 2012 (zit.: *Bearbeiter* in Haase); *Hahn*, Das ICI-Urteil des EuGH und die Hinzurechnungsbesteuerung gemäß §§ 7 ff. AStG, IStR 1999 S. 609; *ders.*, Erläuterungen und legislatorische Überlegungen zur EuGH-Entscheidung in der Rechtssache Cadbury Schweppes, DStZ 2007 S. 201; *ders.*, Bemerkungen zum EuGH-Urteil „Cadbury Schweppes", IStR 2006 S. 667; *Hammerschmitt/Rehfeld*, Gemeinschaftsrechtliche Bezüge der Änderungen des AStG durch das UntStRefG 2008 und das JStG 2008, IWB Gruppe 1 Fach 3 S. 2293; *Hauck*, Konzernklausel als Ausweg aus der Hinzurechnungsbesteuerung für Finanzierungsgesellschaften?, IStR 1992 S. 94; *Hauck/Bogenschütz*, Zum Konzernbegriff des Außensteuergesetzes, RIW 1992 S. 754; *Herzig/Dautzenberg*, Die deutsche Steuerreform ab 1999 und ihre Aspekte für das deutsche Außensteuerrecht und das internationale Steuerrecht, DB 2000 S. 12; *Jacobs*, Internationale Unternehmensbesteuerung, 6. Auflage 2007; *Kaufmann*, Controlled Foreign Companies (CFC)-Gesetzgebung – Übersicht über die Rechtslage in den EU-Mitgliedstaaten, SWI 2001, S. 16 ff.; *Kluge*, Basisgesellschaften und Doppelbesteuerungsabkommen, RIW 1975 S. 525; *Köhler*, Die neue Form der Hinzurechnungsbesteuerung für Zwischeneinkünfte mit Kapitalanlagecharakter durch das Steueränderungsgesetz 1992, BB 1993 S. 337; *ders.*, Die relevante Beteiligungshöhe für die Zurechnung von Zwischeneinkünften mit Kapitalanlagecharakter nachgeschalteter Gesellschaften im AStG, IStR 1993 S. 105; *ders.*, Die neue Hinzurechnungsbesteuerung im AStG als Instrument der Mißbrauchsbekämpfung, DB 1993 S. 558; *ders.*, Trendwende in der Hinzurechnungsbesteuerung?, RIW 1994 S. 663; *Köhler/Eicker*, Wichtige EuGH-Entscheidungen zur Hinzurechnungs- und Wegzugsbesteuerung – Anmerkungen zu den EuGH-Urteilen vom 7.9.2006, „N" und vom 12.9.2006, „Cadbury Schweppes", DStR 2006 S. 1871; *dies.*, Kritische Anmerkungen zum BMF-Schreiben „Cadbury Schweppes" vom 8.1.2007, DStR 2007 S. 331; *Köplin/Sedemund*, Das BMF-Schreiben vom 8.1.2007 – untauglich, die EG-Rechtswidrigkeit der deutschen Hinzurechnungsbesteuerung nach Cadbury Schweppes zu beseitigen!, BB 2007 S. 244; *Körner*, Europarecht und CFC-Regelungen – Anrufung des EuGH im Verfahren „Cadbury Schweppes", IStR 2004 S. 697; *Kraft*, Außensteuergesetz Kommentar, 2009 (zit.: *Bearbeiter* in Kraft); *Kraft/Bron*, Implikationen des Urteils in der Rechtssache „Cadbury Schweppes" für die Fortexistenz der deutschen Hinzurechnungsbesteuerung, IStR 2006 S. 614; *Leisner*, Abkommensbruch durch Außensteuerrecht?, RIW 1993 S. 1013; *Lüdicke*, Internationale Aspekte des

Steuervergünstigungsabbaugesetzes, IStR 2003 S. 433; *Mack/Wollweber,* § 42 AO – Viel Lärm um nichts?, DStR 2008 S. 182; *Menck,* Rechtsmechanismus und Rechtscharakter der Zugriffsbesteuerung, DStZ 1978 S. 10; *Menck/Vogt,* Kommentierung zum Außensteuergesetz, in: Blümich, EStG/KStG/GewStG, Stand: 122. Ergänzungslieferung März 2014 (zit.: *Bearbeiter* in Blümich); *Mersch,* Die Hinzurechnungsbesteuerung nach §§ 7 ff. AStG, 1986; *Möller,* Die Hinzurechnungsbesteuerung ausgewählter EU-Mitgliedstaaten – Reaktionen auf „Cadbury Schweppes", IStR 2010 S. 166; *Mössner,* Steuerrecht international tätiger Unternehmen, 3. Auflage 2005 (zit.: *Bearbeiter* in: Mössner, Steuerrecht international tätiger Unternehmen); *ders.,* Rechtsschutz bei Treaty Overriding, in: Fischer (Hrsg.), Besteuerung internationaler Konzerne, Köln 1993; *ders.,* Selbständigkeit juristischer Personen und Kapitalgesellschaften im internationalen Steuerrecht, RIW 1986 S. 210; *Mössner/Fuhrmann,* Außensteuergesetz Kommentar, 2. Auflage 2011 (zit.: *Bearbeiter* in Mössner/Fuhrmann); *Prölss,* Versicherungsaufsichtsgesetz, Kommentar, 12. Auflage, München 2005 (zit.: *Bearbeiter* in Prölss); *Rädler/Lausterer/Blumenberg,* Steuerlicher Missbrauch und EG-Recht – Verstößt die generelle Anwendung von § 42 AO auf die Beteiligung deutscher Unternehmen an Tochtergesellschaften im irischen IFSC gegen Gemeinschaftsrecht?, DB 1996, Beilage 3, S. 8; *Rättig/Protzen,* Holdingbesteuerung nach derzeit geltendem und kommendem Außensteuergesetz, IStR 2000 S. 548; *Rainer/Müller,* Hinzurechnungsbesteuerung nach dem AStG, Anmerkung zum BMF-Schreiben vom 8.1.2007, IStR 2007 S. 151; *Reischauer/Kleinhans,* Kreditwesengesetz, Kommentar, Berlin, Stand: Juni 2014 (zit.: *Bearbeiter* in Reischauer/Kleinhans); *Ritter,* Das Steueränderungsgesetz 1992 und die Besteuerung grenzüberschreitender Unternehmenstätigkeit, BB 1992 S. 361; *Rödder/Schönfeld,* Mündliche Verhandlung vor dem EuGH in der Rechtssache „Cadbury Schweppes": Wird sich der Missbrauchsbegriff des EuGH verändern?, IStR 2006 S. 49; *Roser,* Erforderliche Änderungen der Hinzurechnungsbesteuerung, IStR 2000 S. 78; *Sandler,* Tax Treaties and Controlled Foreign Company Legislation, 1998; *Sass,* Zur Rechtsprechung des EuGH und einigen Folgerungen für das deutsche Steuerrecht, FR 1998 S. 1; *Schaumburg,* Internationales Steuerrecht, Köln 1993; *Schleuder,* Die Hinzurechnungsbesteuerung im internationalen Konzern, 1985; *Schmidt/Schneider,* Die dänischen CFC-Vorschriften für Gesellschaften und ihre Vereinbarkeit mit Gemeinschafts- und Abkommensrecht, IStR 2013 S. 417, *Schön,* Hinzurechnungsbesteuerung und Europäisches Gemeinschaftsrecht, DB 2001 S. 940, 944; *ders.,* Deutsche Hinzurechnungsbesteuerung und Europäische Grundfreiheiten, IStR 2013 Beihefter, S. 1; *Schnittger,* Änderungen der grenzüberschreitenden Unternehmensbesteuerung sowie des § 42 AO durch das geplante Jahressteuergesetz 2008 (JStG 2008), IStR 2007 S. 729; *Schönfeld,* Hinzurechnungsbesteuerung und Europäisches Gemeinschaftsrecht, 2005; *ders.,* BFH entscheidet über Anwendung der §§ 7 bis 14 AStG a. F. im Verhältnis zu Drittstaaten: Konkretisierung der Fortbestandsgarantie des Art. 57 Abs. 1 EG, FR 2006 S. 586; *ders.,* Erklärungspflicht trotz „Cadbury-Schutz" in der Gestalt des § 8 Abs. 2 AStG – zu den Problemen im Zusammenhang mit der Anwendung des neuen § 18 Abs. 3 Satz 1 Halbsatz 2 AStG, IStR 2008 S. 763; *Schönfeld/Lieber,* Nun auch schwedische Hinzurechnungsbesteuerung auf dem Prüfstand des EG-Rechts, FR 2005 S. 927; *Schollmeier,* Die Vereinbarkeit der Änderungen des Außensteuergesetzes mit Internationalem Recht und Europäischem Gemeinschaftsrecht, EWS 1992 S. 137; *Schwarz/Fischer-Zernin,* Deutsches „Treaty Overriding" im Entwurf zum Steueränderungsgesetz 1992, RIW

1992 S. 49; *Sedemund*, Die mittelbare Wirkung der Grundfreiheiten für in Drittstaaten ansässige Unternehmen nach den EuGH-Urteilen Fidium Finanz AG und Cadbury Schweppes, BB 2006 S. 2781; *ders.*, Europarechtliche Bedenken gegen den neuen § 8 Abs. 2 AStG, BB 2008 S. 696; *Seer*, Grenzen der Zulässigkeit eines treaty overridings am Beispiel der Switch-over-Klausel des § 20 AStG, IStR 1997 S. 520; *Sieker*, Steuervergünstigungsabbaugesetz: Vorgesehene Verschärfungen der Rechtsfolgen der Hinzurechnungsbesteuerung, IStR 2003 S. 78; *Spengel/Jaeger/Müller*, Europarechtliche Beurteilung des Gesetzesentwurfs zur Senkung der Steuersätze und zur Reform der Unternehmensbesteuerung, IStR 2000 S. 257; *Strunk/Kaminski/Köhler*, Außensteuergesetz, Doppelbesteuerungsabkommen, Kommentar, Bonn, Stand: März 2014 (zit.: *Bearbeiter* in S/K/K); *Telkamp*, Der Außensteuergesetz-Entwurf, Kritische Stellungnahme zum Gesetzesentwurf der Bundesregierung über die Besteuerung bei Auslandsbeziehungen (Außensteuergesetz), StuW 1972 S. 97; *Tulloch*, StÄndG 1992: Die neue Hinzurechnungsbesteuerung im AStG als Instrument der Mißbrauchsbekämpfung, DB 1992 S. 1444; *ders.*, Mißbrauchsbekämpfungs- und Steuerbereinigungsgesetz: Das „Stammen aus Gesellschaften" i. S. des § 10 Abs. 6 Nr. 2 AStG, DB 1994 S. 804; *ders.*, Das neue Anwendungsschreiben zum AStG muß den Anliegen der Unternehmer und der Berater Rechnung tragen!, DB 1994 S. 1492; *Vogel*, Aktuelle Fragen des Außensteuerrechts, insbesondere des „Steueroasengesetzes" unter Berücksichtigung des neuen Doppelbesteuerungsabkommens mit der Schweiz, BB 1971 S. 1185; *ders.*, Die Gestaltung ausländischer Gesellschaften nach Inkrafttreten des Außensteuerreformgesetzes, StbJb 1972/73 S. 456 f.; *ders.*, Schwerpunkte des Außensteuerreformgesetzes in Verbindung mit dem neuen deutsch-schweizerischen Doppelbesteuerungsabkommen, DB 1972 S. 1402; *ders.*, Die Besteuerung von Auslandseinkünften, in: Vogel (Hrsg.), Grundfragen des internationalen Steuerrechts, DStJG Bd. 8 (1985), S. 13; *Vogel/Lehner*, Doppelbesteuerungsabkommen der Bundesrepublik Deutschland auf dem Gebiet der Steuern vom Einkommen und Vermögen, Kommentar auf der Grundlage der Musterabkommen, 5. Auflage 2008 (zit: *Bearbeiter* in: Vogel/Lehner, DBA, 2008); *Waldens/Sedemund*, Steuern steuern durch Prinzipalstrukturen: Ist nach Cadbury Schweppes nunmehr fast alles möglich?, IStR 2007 S. 450; *Wassermeyer*, Die Vereinbarkeit der Hinzurechnungsbesteuerung nach dem Außensteuergesetz mit dem Grundgesetz und den Vorschriften der Doppelbesteuerungsabkommen, in: Jakobs/Knobbe-Keuk/Picker/Wilhelm (Hrsg.), Festschrift für Flume, Bd. II, 1978 S. 323 ff.; *ders.*, Doppelbesteuerung, Kommentar, Stand: Mai 2014; *Wassermeyer/Schönfeld*, GmbHR, Die EuGH-Entscheidung in der Rechtssache „Cadbury Schweppes" und deren Auswirkungen auf die deutsche Hinzurechnungsbesteuerung, 2006 S. 1065; *Wichmann/Müller*, Das neue Anwendungsschreiben zum Außensteuergesetz, DStR 1995 S. 243; *Wissenschaftlicher Beirat der Ernst & Young GmbH*, Hinzurechnungsbesteuerung und gesonderte Feststellung von Besteuerungsgrundlagen, IStR 2013 S. 549; *Wolff*, National Report: Germany, in: IFA (Hrsg.), The Disregard of a Legal Entity for Tax Purposes, CDFI Vol. LXXIVa, 1989 S. 145; *ders.*, Überlegungen des Bundesfinanzministeriums zur mittelfristigen Weiterentwicklung des Außensteuergesetzes, IStR 2001 S. 440.

Verwaltungsanweisungen: BMF-Schreiben betr. Grundsätze zur Anwendung des Außensteuergesetzes, BMF vom 14.5.2004 IV B 4 – S 1340 – 11/04, BStBl I 2004 Sondernummer 1, S. 3 (zit.: BMF-AnwSchr); BMF-Schreiben vom 8.1.2007 IV B 4 – S 1351 – 1/07, BStBl I 2007 S. 99.

A. Allgemeines zum vierten Teil des AStG

Der Vierte Teil (§§ 7 bis 14) des Außensteuergesetzes regelt die sog. Hinzurechnungsbesteuerung. Nach diesen Vorschriften werden unter bestimmten Voraussetzungen natürlichen oder juristischen unbeschränkt steuerpflichtigen Personen, die ihre Aktivitäten über eine ausländische Körperschaft (sog. Zwischengesellschaft) strukturieren, die Einkünfte dieser ausländischen Zwischengesellschaft entsprechend ihrer Beteiligung hinzugerechnet und der deutschen Besteuerung unterworfen, ohne dass diese Einkünfte als Dividende nach Deutschland ausgeschüttet worden sind. Im Ergebnis wird also eine Gewinnausschüttung an den inländischen Gesellschafter fingiert. **1**

Die im Jahr 1972 mit dem AStG eingeführte Hinzurechnungsbesteuerung geht auf einen Bericht der Bundesregierung aus dem Jahr 1964 an den Bundestag über steuerliche Wettbewerbsverfälschungen zurück, die sich aus Sitzverlagerungen in das Ausland und aus dem zwischenstaatlichen Steuergefälle ergaben (sog. Oasenbericht vom 23.6.1964, BT-Drs. IV/2412). Anlass des Berichts waren die in den sechziger Jahren verstärkt aufkommenden sog. „Basisgesellschaften" im niedrigbesteuernden Ausland („Steueroasen"). Typischerweise gründete ein inländischer Unternehmer in einer Steueroase eine KapGes, durch die er bestimmte Aktivitäten leitete, so z. B. den Ein- oder Verkauf für sein inländisches Unternehmen, die Überlassung gewerblicher Schutzrechte an das inländische Unternehmen, die Verwaltung von Vermögen usw. Die dabei entstehenden Einkünfte unterlagen im Sitzstaat der Gesellschaft entweder gar keiner Steuer oder sie wurden deutlich günstiger besteuert, als dies im Inland der Fall gewesen wäre. Die Rechtsform der Körperschaft schirmte von der deutschen Besteuerung ab: Solange die Gewinne in der „Basisgesellschaft" thesauriert wurden, konnte vom Steuergefälle zwischen dem Hochsteuerland Bundesrepublik Deutschland und dem niedrigbesteuernden Ausland Gebrauch gemacht werden. Bis dahin bewirkte der Steueraufschub Zins- und Liquiditätsvorteile. Erst die Ausschüttung einer Dividende an die im Inland steuerpflichtigen Gesellschafter löste eine deutsche Besteuerung aus. **2**

Im ersten Versuch wurden derlei Gestaltungen von der FinVerw im sog. Oasenerlass (gleichlautender Ländererlass vom 14.6.1965, BStBl II 1965 S. 74) jedenfalls in vielen Fällen als rechtsmissbräuchlich i. S. des § 42 AO angesehen und in der Praxis aufgegriffen. Diese Verwaltungsvorschrift erwies sich jedoch nicht als taugliches Instrument zur Vermeidung der Einkünfteverlagerung auf Körperschaften in Niedrigsteuergebieten oder Gebieten mit speziellen Vorzugsteuersätzen, da die allgemeinen Steuerrechtsnormen wie § 42 AO nicht auf die Besonderheiten ausländischer Basisgesellschaften zugeschnitten waren. Dies veranlasste den Gesetzgeber in dem am 8.9.1972 in Kraft getretenen AStG zur Einführung der Hinzurechnungsbesteuerung. Die Vorschriften zur Hinzurechnungsbesteuerung gehen über den Anwendungsbereich des § 42 AO hinaus. Auf die Rechtsmissbräuchlichkeit der Gestaltung im Einzelfall kommt es dabei nicht an. Die Existenz wirtschaftlicher oder sonst beachtlicher Gründe für die Errichtung der ausländischen Gesellschaft schützt damit auch nicht per se vor der Hinzurechnungsbesteuerung (zu den Änderungen durch JStG 2008 – Nachweis einer tatsächlichen wirtschaftlichen Tätigkeit bei EU/EWR-Gesellschaften, vgl. Anm. 31). Gleichwohl ist das Anliegen der Vorschriften ersichtlich, grundsätzlich nur solche Einkünfte der Hinzurechnungsbesteuerung zu unterwerfen, die „künstlich" ins steuergünstige Ausland verlagert **3** werden, somit gezielt diese künstliche Einkünfteverlagerung („Steuerflucht", vgl. Begründung zu den Leitsätzen der Bundesregierung vom 17.12.1970, abgedruckt bei F/W/B, § 7 S. 25 – Stand: August 2012) zu korrigieren.

4   Vorbild für §§ 7 ff. war die Anti-Basisgesellschafts-Gesetzgebung der USA. So erließen die USA bereits 1962 die Subpart-F-Regelung des Internal Revenue Code („Subpart F", „Kennedy-Gesetzgebung", vgl. *Wassermeyer* in F/W/B, Vor §§ 7–14 Rz. 35; *Mössner/Post* in Mössner/Fuhrmann, Vor §§ 7–14, Rn. 29). Auch andere Industriestaaten reagierten mit rechtlichen Maßnahmen, die sich gegen die Einschaltung sog. „Controlled Foreign Companies" (CFC) wenden; so existieren beispielsweise in Australien, Dänemark, Finnland, Frankreich, Großbritannien, Italien, Litauen, Japan, Kanada, Portugal, Schweden, Spanien und Ungarn vergleichbare Regelungen (rechtsvergleichender Überblick bei: *Sandler*, Tax Treaties and Controlled Foreign Company Legislation, 1998 S. 223 ff.; *Kaufmann*, SWI 2001 S. 16 ff.; für die EG-Mitgliedstaaten: *Schönfeld*, Hinzurechnungsbesteuerung und Europäisches Gemeinschaftsrecht, 2005 S. 543 ff. sowie *Möller*, IStR 2010 S. 166 und *Wissenschaftlicher Beirat Steuern der Ernst & Young GmbH,* IStR 2013 S. 549; für Dänemark: *Schmidt/Schneider*, IStR 2013 S. 417 ff.).

5   Mit den 1972 eingeführten Regelungen der §§ 7 ff. verfolgte der Gesetzgeber ausweislich der Gesetzesmaterialien (BT-Drs. VI/2883) das Ziel, zur Wahrung der Gleichmäßigkeit der Besteuerung ungerechtfertigten Steuervorteilen, die sich Steuerinländer durch den Einsatz sog. „Basisgesellschaften" verschaffen können, entgegenzuwirken. Dabei wird ausländischen Rechtsgebilden die Rechtsfähigkeit nicht per se versagt, sondern lediglich die Abschirmwirkung der ausländischen Gesellschaft bei bestimmten passiven Einkünften beseitigt. Eine über die Einebnung ungerechtfertigter Steuervorteile hinausgehende Steuererschwernis sollte nach dem Willen des Gesetzgebers nicht erfolgen (s. BT-Drs. VI/2883, Rz. 32).

6   Allerdings hat sich die Hinzurechnungsbesteuerung von ihrer ursprünglichen Konzeption durch die Unternehmensteuerreform im Rahmen des StSenkG und UntStFG entfernt (s. hierzu auch Anm. 24). Seitdem kommt den §§ 7 ff. auch die Funktion zu, eine vom Halbeinkünfteverfahren bzw. der körperschaftsteuerlichen Freistellung systematisch vorausgesetzte Vorbelastung der (ausländischen) Dividenden zu sichern.

B. Grundkonzeption der Hinzurechnungsbesteuerung

I. Allgemeines

7   Die Hinzurechnungsbesteuerung wird teilweise auch als Zugriffs-, Zurechnungs- oder Durchgriffsbesteuerung bezeichnet. Da die §§ 7 ff. von ihrer Regelungstechnik her bewirken, dass ausländischen Rechtsgebilden die Rechtspersönlichkeit nicht per se versagt, die zivilrechtliche Gestaltung also ausdrücklich anerkannt wird, vielmehr lediglich die Abschirmwirkung, die von der ausländischen juristischen Person ausgeht, bei bestimmten passiven Einkünften beseitigt wird, soll es sich bei den Regelungen um eine Zugriffs- statt Durchgriffsbesteuerung handeln (so insbesondere *Menck*, DStZ 1978 S. 10; *Debatin*, DStZ 1972 S. 272; *Wolff*, National Report: Germany, in: IFA (Hrsg.), The Disregard of a Legal Entity for Tax Purposes, CDFI Vol. LXXIVa, 1989 S. 145; *Mössner*, RIW 1986 S. 210; *Geiger*, DStR 1973

S. 532; *Dueball,* DStZ 1973 S. 561). Dem wird entgegengehalten, dass in Anlehnung an zivilrechtliche Wertungen ein Verbot besteht, steuerrechtlich relevante Tatsachen, die von einem Verband als Steuersubjekt verwirklicht werden, dem Verbandsmitglied zuzurechnen. Bei Missachtung dieses Verbots handele es sich begrifflich um einen Durchgriff als besondere Form der Zurechnung (so *Wassermeyer* in: Jakobs/Knobbe-Keuk/Picker/Wilhelm (Hrsg.), Festschrift für Flume, Bd. II, 1978 S. 323 ff.; *Vogel,* StbJb 1972/73 S. 456 f.). Die Vorschriften des AStG selbst verwenden den Begriff der Hinzurechnungsbesteuerung nicht; lediglich in § 10 ist der Hinzurechnungsbetrag definiert. In der Regierungsbegründung zur Einführung des AStG (BT-Drs. VI/2883, Rz. 33, 34, 86 und 87) wird der Begriff der Zurechnungsbesteuerung benutzt. Aus dem Gesetz selbst bzw. der Reihenfolge der Paragrafen lässt sich eine einheitliche Konzeption jedenfalls nicht entnehmen. Nach Auffassung des BFH (Urteil vom 28.9.1988 I R 91/87, BStBl II 1989 S. 13) dienen die verschiedenen Begrifflichkeiten jedoch nicht der Lösung von Zweifelsfragen; vielmehr muss die Auslegung immer vom Wortlaut der Vorschrift ausgehen.

II. Theorien zur systematischen Einordnung der Hinzurechnungsbesteuerung

Zur systematischen Einordnung der Hinzurechnungsbesteuerung existieren verschiedene Theorien. Dabei geht es in der Diskussion insbesondere um die Frage, was Steuerobjekt der Hinzurechnungsbesteuerung ist. Zur völkerrechtlichen Einordnung der verschiedenen Theorien vgl. Anm. 41 ff. **8**

Die Vertreter der **Ausschüttungstheorie** sehen den beim Inländer fiktiv angenommenen Beteiligungsertrag als Steuerobjekt an (*Vogel,* Die Besteuerung von Auslandseinkünften, in: Vogel (Hrsg.), Grundfragen des internationalen Steuerrechts, DStJG Bd. 8 (1985), S. 13; *Bellstedt,* FR 1972 S. 242; *Flick,* BB 1971 S. 250; *Telkamp,* StuW 1972 S. 97; *Vogel,* BB 1971 S. 1185; *Kluge,* RIW 1975 S. 525; *Schleuder,* Die Hinzurechnungsbesteuerung im internationalen Konzern, 1985, S. 89, 195 ff.; *Mersch,* Die Hinzurechnungsbesteuerung nach §§ 7 ff. AStG, 1986, S. 131 ff.; *Tischbirek* in: Vogel/Lehner, DBA, 2008, Art. 10 Rz. 224). Nach dem körperschaftsteuerlichen Systemwechsel infolge des StSenkG wirkt die Hinzurechnungsbesteuerung nunmehr definitiv und soll auch eine ausreichende Vorbelastung der ausländischen Dividenden sicherstellen. Somit trägt der ursprüngliche, dieser Theorie zugrunde liegende Gedanke, die Hinzurechnungsbesteuerung wolle lediglich den im Ausland thesaurierten Gewinn erfassen, nicht mehr. **9**

Die **Zurechnungstheorie** setzt in erster Linie daran an, dass die betreffenden Einkünfte der ausländischen Gesellschaft dem inländischen Gesellschafter zugerechnet werden und bei ihm steuerpflichtig sind (*Wassermeyer,* in: Jakobs/Knobbe-Keuk/Picker/Wilhelm (Hrsg.), Festschrift für Flume, Bd. II, 1978 S. 326; *ders.* in F/W/B, Vor §§ 7–14 Rz. 50; *Brosig,* Zur steuerlichen Behandlung von Basisgesellschaften, 1993, S. 122 ff.; *Schaumburg,* Internationales Steuerrecht, 1998, S. 413 f. und 420; *Ebenroth/Neiß,* BB 1990 S. 145). Für diese Sichtweise spricht der Wortlaut des § 7 Abs. 1 sowie die Tatsache, dass § 8 die Steuerpflicht von der Existenz bestimmter passiver Einkünfte abhängig macht. Lediglich die technische Durchführung der Besteuerung auf der Rechtsfolgenseite wird durch das Instrument einer fiktiven Ausschüttung realisiert (*Wassermeyer* in F/W/B, Vor §§ 7–14 Rz. 55: sog. Zweistufentheorie). **10**

11 Gemäß einem dritten Ansatz, der sog. **Repräsentationstheorie**, wird in dem Zufluss von Einkünften an eine ausländische Gesellschaft eine Erhöhung der steuerlichen Leistungsfähigkeit der an ihr beteiligten Inländer gesehen, soweit es sich um gemäß §§ 7 ff. schädliche Einkünfte handelt. Diese Steigerung der Leistungsfähigkeit sei als Steuerpflicht sui generis anzusehen. Vgl. *Menck*, Rechtsmechanismus und Rechtscharakter der Zugriffsbesteuerung, DStZ/A 1978 S. 106 ff.; *Debatin*, DB 1992 S. 2159; *Runge*, IWB 1983 Fach 3 Deutschland Gruppe 1 S. 817 ff.

C. Aufbau der Vorschriften zur Hinzurechnungsbesteuerung

12 Seit In-Kraft-Treten des StÄndG 1992 bestehen zwei voneinander in wesentlicher Hinsicht unabhängige (wenn auch gesetzestechnisch ineinander verflochtene) Tatbestände der Hinzurechnungsbesteuerung:

I. Die „normale" Hinzurechnungsbesteuerung

1. Tatbestandsvoraussetzungen

13 Die „normale" Hinzurechnungsbesteuerung beruht auf folgenden Voraussetzungen:
– Ausländische Gesellschaft im Sinne des § 7 Abs. 1
– Beherrschung der ausländischen Gesellschaft durch Steuerinländer (§ 7 Abs. 1 bis 5)
– passive Einkünfte der ausländischen Gesellschaft („Zwischeneinkünfte", § 8 Abs. 1 und 2)
– Niedrige Besteuerung der Einkünfte der ausländischen Gesellschaft (§ 8 Abs. 3: Ertragsteuerbelastung von weniger als 25 Prozent)
– Überschreiten der Freigrenze des § 9

2. Rechtsfolgen

14 Bei Erfüllung aller obigen Voraussetzungen wird nach § 10 Abs. 1 ein Hinzurechnungsbetrag bestimmt. Dazu werden die ausländischen Einkünfte, die der Hinzurechnungsbesteuerung unterliegen, entsprechend den Vorschriften des deutschen Steuerrechts ermittelt, § 10 Abs. 3. Betriebsausgaben sind bei der Ermittlung der Einkünfte nur zu berücksichtigen, soweit sie mit ihnen in wirtschaftlichem Zusammenhang stehen (§ 10 Abs. 4). Die Hinzurechnung erfolgt beim inländischen Gesellschafter anteilig entsprechend seiner Beteiligung. Ausländische Steuern werden nach § 10 Abs. 1 Satz 1 abgezogen bzw. auf Antrag nach § 12 angerechnet. Ist der Hinzurechnungsbetrag negativ, erfolgt keine Hinzurechnung, § 10 Abs. 1 Satz 3. Der Hinzurechnungsbetrag zählt zu den Einkünften aus Kapitalvermögen bzw. zu den betrieblichen Einkünften, wenn die Anteile an der ausländischen Gesellschaft zu einem Betriebsvermögen gehören. Die Regelungen der §§ 3 Nr. 40 Satz 1 Buchstabe d, 32d EStG und § 8b Abs. 1 KStG werden auf den Hinzurechnungsbetrag nicht angewendet.

15 Eine spätere Ausschüttung der im Rahmen der Hinzurechnungsbesteuerung erfassten Einkünfte bleibt bei natürlichen Personen als Empfänger innerhalb eines Siebenjahres-Zeitraums nach § 3 Nr. 41 Buchstabe a EStG steuerfrei; bei Körperschaftsteuerpflichtigen gilt in diesem Fall über § 8 Abs. 1 KStG ebenfalls § 3 Nr. 41 Buchstabe a EStG, vgl. R 32 Abs. 1 Nr. 1 KStR 2004. Ausländische Steuern, die durch die tatsächliche Ausschüttung anfallen, können auf Antrag nach § 12 Abs. 3 angerechnet oder abgezogen werden.

Sonderregelungen enthalten § 14 für sog. nachgeschaltete Zwischengesellschaften und § 11 zur Vermeidung einer doppelten Hinzurechnungsbesteuerung für Gewinne der ausländischen Gesellschaft aus der Veräußerung von Anteilen an einer anderen ausländischen Gesellschaft. **16**

II. Die erweiterte Hinzurechnungsbesteuerung für Zwischeneinkünfte mit Kapitalanlagecharakter (§ 7 Abs. 6)

Die erweiterte Hinzurechnungsbesteuerung wurde durch das StÄndG 1992 eingeführt. Seitdem bestehen Sonderregelungen für Zwischeneinkünfte mit Kapitalanlagecharakter (sog. erweiterte Hinzurechnungsbesteuerung). Diese Regelungen sehen von der allgemeinen Hinzurechnungsbesteuerung teilweise abweichende Tatbestandsmerkmale und Rechtsfolgen vor. **17**

Gem. § 7 Abs. 6 Satz 1 kommt es abweichend von den Grundregelungen bereits dann zur Hinzurechnungsbesteuerung, wenn **18**
- an der ausländischen Gesellschaft wenigstens ein unbeschränkt Steuerpflichtiger zu mindestens 1 Prozent beteiligt ist und
- die ausländische Gesellschaft Einkünfte mit Kapitalanlagecharakter nach § 7 Abs. 6a erzielt.

Anders als beim Grundtatbestand erfolgt die Hinzurechnung der Einkünfte mit Kapitalanlagecharakter nur gegenüber den zu mindestens 1 Prozent Beteiligten. Eine Hinzurechnungsbesteuerung nach § 7 Abs. 6 Satz 1 entfällt im Rahmen der Bagatellregelung des § 7 Abs. 6 Satz 2.

Zur erweiterte Hinzurechnungsbesteuerung kann es auch bei Beteiligungen von weniger als 1 Prozent kommen, wenn eine nicht börsennotierte ausländische Gesellschaft ausschließlich oder fast ausschließlich Einkünfte mit Kapitalanlagecharakter erzielt, § 7 Abs. 6 Satz 3. **19**

Die erweiterte Hinzurechnungsbesteuerung erfolgt jedoch – wie die normale Hinzurechnungsbesteuerung – nur, wenn die Einkünfte einer niedrigen Besteuerung unterliegen. **20**

Liegt gleichzeitig eine Inländerbeherrschung im Sinne des § 7 Abs. 1 vor, kommt es bereits nach dieser Vorschrift zur Hinzurechnungsbesteuerung; den inländischen Beteiligten werden dann unabhängig vom jeweiligen Beteiligungsumfang sämtliche Zwischeneinkünfte einschließlich der Zwischeneinkünfte mit Kapitalanlagecharakter zugerechnet. **21**

D. Rechtsentwicklung

Die Regelungen der Hinzurechnungsbesteuerung wurden seit ihrer Einführung 1972 mehrfach überarbeitet. Zu den insbesondere seit der Unternehmensteuerreform vorgenommenen wesentlichen Änderungen vgl. Anm. 23 bis 33. Eine Überar- **22** beitung bzw. Modernisierung des Aktivitätskatalogs – wie im Rahmen des Berichts der Bundesregierung zur Fortentwicklung des Unternehmenssteuerrechts vom 19.4.2001 (veröffentlicht als Beilage zu FR 11/2001; dazu *Wolff*, IStR 2001 S. 440) in Aussicht gestellt – erfolgte bislang nicht.

23 Durch **StÄndG** vom 25.2.1992 (BGBl I 1992 S. 297 – BStBl I 1992 S. 146) wurden für sog. Zwischeneinkünfte mit Kapitalanlagecharakter Sonderregelungen eingeführt. Bei Vorliegen derartiger Einkünfte wurde u. a. die entsprechende Anwendung der DBA-Freistellung auf den Hinzurechnungsbetrag, die § 10 Abs. 5 a. F. gewährte, versagt. Die tatsächlich ausgeschüttete Dividende durfte den Hinzurechnungsbetrag nicht kürzen (§ 11 Abs. 4 Satz 1 a. F.); die Besteuerung des Hinzurechnungsbetrages in diesen Fällen erfolgte somit definitiv. Hintergrund der gesetzlichen Änderung war, dass aufgrund der damals geltenden Rechtslage durch Einschaltung von Zwischengesellschaften Einkünfte verschiedener Art in DBA-schachtelprivilegierte Dividenden „umqualifiziert" wurden und man für Zwischeneinkünfte mit Kapitalanlagecharakter den Missbrauch der DBA-Freistellung durch Zwischenschaltung von Basisgesellschaften unterbinden wollte.

24 Die **Unternehmensteuerreform** durch das StSenkG vom 23.10.2000 (BGBl I 2000 S. 1433 – BStBl I 2000 S. 1428) und das UntStFG vom 20.12.2001 (BGBl I 2001 S. 3858 – BStBl I 2002 S. 35) brachte für die Besteuerung von Beteiligungserträgen und entsprechenden Veräußerungsgewinnen einen grundlegenden Systemwechsel. Bei körperschaftsteuerpflichtigen Anteilseignern bleiben nunmehr derartige Erträge grundsätzlich von der Besteuerung ausgenommen (§ 8b Abs. 1 KStG; eine Ausnahme gilt für Streubesitzdividenden, die nach dem 28.2.2013 zufließen, vgl. § 8b Abs. 4 KStG). Bei einkommensteuerpflichtigen Anteilseignern werden nach dem sog. Halbeinkünfteverfahren (ab VZ 2009: sog. Teileinkünfteverfahren) grundsätzlich 50 Prozent (ab VZ 2009: 40 Prozent) der Dividenden von der Besteuerung freigestellt, § 3 Nr. 40 Buchst. d) EStG. In systematischer Hinsicht setzt das Halbeinkünfteverfahren bzw. die körperschaftsteuerliche Freistellung voraus, dass die ausgeschütteten Dividenden auf Ebene der ausschüttenden Körperschaft einer ausreichenden Vorbelastung unterlegen haben. Ist die steuerliche Vorbelastung einer aus dem Ausland stammenden Dividende niedriger als in Deutschland, ergibt sich im Halbeinkünfteverfahren eine steuerliche Gesamtbelastung, die unterhalb der Gesamtbelastung inländischer Dividenden liegt. Um durch ein derartiges Belastungsgefälle keinen Anreiz zu Steuergestaltungen zu bieten, soll nach dem Willen des Gesetzgebers des StSenkG (s. BT-Drs. 14/2683, S. 120, 132) bei niedrig vorbelasteten passiven ausländischen Gewinnen die Hinzurechnungsbesteuerung nach dem AStG eingreifen. Dazu wurde in § 10 Abs. 2 Satz 2 AStG in der Fassung des StSenkG die Anwendung eines einheitlichen Steuersatzes von 38 Prozent auf den Hinzurechnungsbetrag angeordnet. Dieser Vorbelastungstarif berücksichtigte in pauschaler Form den einheitlichen KSt-Satz von 25 Prozent sowie eine Gewerbesteuerbelastung von 13 Prozent. Diese und weitere Neuregelungen stießen auf erhebliche Kritik; insbesondere wurde die fehlende Möglichkeit der Verrechnung mit inländischen Verlusten bemängelt. Das UntStFG nahm diese unter Kritik geratenen Regelungen zum größten Teil wieder zurück. Da die durch UntStFG vorgenommenen Änderungen des AStG rückwirkend anwendbar sind für Zwischeneinkünfte, die die ausländische Gesellschaft ab dem 1.1.2001 erzielt hat, kamen die im StSenkG enthaltenen strittigen Änderungen des AStG nie zur Anwendung. Die wesentlichen Änderungen der Hinzurechnungsbesteuerung durch die Unterneh-

mensteuerreform in der Gesetzesfassung nach dem UntStFG lassen sich wie folgt zusammenfassen:
- Die Hinzurechnungsbesteuerung wirkt unabhängig vom Ausschüttungsverhalten stets definitiv. Auf den Hinzurechnungsbetrag ist weder § 8b KStG noch § 3 Nr. 40 Satz 1 Buchst. d) EStG anzuwenden. Die nachfolgende Ausschüttung an den Inländer ist steuerfrei, § 3 Nr. 41 EStG.
- Erweiterung des Katalogs der aktiven Einkünfte des § 8 Abs. 1 um Gewinnausschüttungen und bestimmte Beteiligungsveräußerungsgewinne
- Passive Einkünfte der ausländischen Gesellschaft sind niedrig besteuert, wenn sie einer Belastung durch Ertragsteuern von weniger als 25 Prozent (vorher: 30 Prozent) unterliegen. Dabei werden nunmehr auch Steuern sog. Drittstaaten berücksichtigt.
- Die Mindestbeteiligungsgrenze für die Hinzurechnungsbesteuerung für Zwischeneinkünfte mit Kapitalanlagecharakter wurde von 10 Prozent auf 1 Prozent herabgesetzt.
- Zurechnung der Zwischeneinkünfte nachgeschalteter Gesellschaften: Passive Einkünfte werden – unabhängig auf welcher Beteiligungsstufe sie erzielt werden – nach § 14 Abs. 1 und 3 erfasst (sog. übertragende Zurechnung). Die tatsächliche Ausschüttung der nachgeschalteten Gesellschaft an die Obergesellschaft kann nicht mehr zur doppelten Belastung der Erträge führen, da sie steuerlich nicht erfasst wird. Daher wurde die Kürzungsvorschrift des § 14 Abs. 2 aufgehoben.

Durch **StVergAbG** vom 16.5.2003 (BGBl I 2003 S. 660 – BStBl I 2003 S. 321) wurden die §§ 7 ff. im Wesentlichen wie folgt angepasst:
- Der Abkommensschutz für Einkünfte aus passiven Tätigkeiten (außerhalb der Zwischeneinkünfte mit Kapitalanlagecharakter) gem. § 10 Abs. 5 wurde vollständig aufgehoben. Durch die aufgehobene Vorschrift waren ausländische Gesellschaften vor der Hinzurechnungsbesteuerung mit ihren Einkünften aus lediglich passiven Tätigkeiten noch von bestehenden DBA ohne oder mit abweichendem Aktivitätsvorbehalt geschützt. Bereits durch StÄndG vom 25.2.1992 (s. Anm. 23) wurde die Anwendbarkeit des DBA-Schachtelprivilegs auf den Hinzurechnungsbetrag ausgeschlossen, soweit – vorbehaltlich einer Bagatellgrenze – im Hinzurechnungsbetrag Zwischeneinkünfte mit Kapitalanlagecharakter enthalten sind.
- Der Aktivitätskatalog des § 8 Abs. 1 wurde dahingehend – nach Auffassung des Gesetzgebers klarstellend – geändert, dass es nunmehr für das Vorliegen einer passiven Tätigkeit von Vertriebsgesellschaften nach § 8 Abs. 1 Nr. 4 Buchstabe a) sowie Einkaufsgesellschaften nach § 8 Abs. 1 Nr. 4 Buchstabe b) nicht mehr auf die Lieferung, sondern nur auf die Verschaffung der Verfügungsmacht ankommt. Hiernach ist es für die Überprüfung des Aktivitätskataloges nicht erheblich, ob die Waren auch physisch vom Aus- ins Inland bzw. vom In- ins Ausland geliefert werden.
- Der Begriff der „Zwischeneinkünfte mit Kapitalanlagecharakter" wird nunmehr in § 7 Abs. 6a (bislang § 10 Abs. 6 Satz 2) definiert.
- Streichung des Konzernfinanzierungsprivilegs des § 10 Abs. 7

Durch das Gesetz zur Umsetzung der Protokollerklärung der Bundesregierung zur Vermittlungsempfehlung zum StVergAbG (sog. **„Korb II"**) vom 22.12.2003

(BGBl I S. 2840 – BStBl I 2004 S. 14) wurde zum einen in § 7 Abs. 7 das Verhältnis der Hinzurechnungsbesteuerung zum AuslInvestmG (dem Vorgänger des InvStG) für Fälle geregelt, in denen nach dem AuslInvestmG die Besteuerung aufgrund eines DBA ausgeschlossen ist. Die neu eingefügte Rückausnahme in die Vorrangregelung des § 7 Abs. 7 zugunsten der Besteuerung nach dem AuslInvestmG bewirkt, dass die Vorschriften des AStG anwendbar bleiben, wenn die Besteuerung nach dem AuslInvestmG aufgrund eines DBA ausgeschlossen ist. Zum anderen wurde der „Dienenstatbestand" des § 14 Abs. 1 dahingehend konkretisiert, dass er nur gegeben ist, wenn die Tätigkeit der Untergesellschaft in einem unmittelbaren Zusammenhang mit der aktiven Tätigkeit der Obergesellschaft steht, also einen direkten Bezug zu dieser Tätigkeit hat. Ausgeschlossen wird der „Dienenstatbestand" für Einkünfte mit Kapitalanlagecharakter im Sinne des § 7 Abs. 6a.

27 Durch das Gesetz zur Modernisierung des Investmentwesens und zur Besteuerung von Investmentvermögen (**Investmentmodernisierungsgesetz**) vom 15.12.2003 (BGBl I 2003 S. 2676 – BStBl I 2004 S. 5) wurden die bisher im KAGG und im AuslInvestmG enthaltenen aufsichts- und steuerrechtlichen Regelungen vereinheitlicht und modernisiert. Nunmehr fasst das InvStG die steuerrechtlichen Vorschriften im Investmentwesen zusammen. Daher mussten auch die entsprechenden Verweise auf das KAGG und das AuslInvestmG durch Bezugnahme auf das InvStG in den Vorschriften der §§ 7 ff. ersetzt werden.

28 Durch **Richtlinien-Umsetzungsgesetz** vom 9.12.2004 (BGBl I 2004 S. 3310 [S. 3843] – BStBl I 2004 S. 1158) wurde die Regelung des § 7 Abs. 7 betreffend das Verhältnis zwischen Hinzurechnungsbesteuerung und InvStG dahingehend geändert, dass nunmehr die Hinzurechnungsbesteuerung unterbleibt, wenn auf die Einkünfte der ausländischen Gesellschaft die Vorschriften des InvStG anzuwenden sind. Die vorherige, durch Investmentmodernisierungsgesetz eingefügte verschärfte Fassung stellte dagegen auf die Steuerpflicht der Einkünfte nach dem InvStG ab. Die Hinzurechnungsbesteuerung war daher auch auf nach § 2 Abs. 3 InvStG steuerfreie Erträge eines ausländischen Investmentvermögens anzuwenden. Diese Benachteiligung von Anlagen in ausländisches Investmentvermögen wurde durch die Neuregelung rückwirkend auf den Anwendungszeitpunkt der Änderung durch das Investmentmodernisierungsgesetz beseitigt.

29 Durch das Gesetz über steuerliche Begleitmaßnahmen zur Einführung der Europäischen Gesellschaft und zur Änderung weiterer steuerrechtlicher Vorschriften (**SEStEG**) vom 7.12.2006 (BGBl I 2006 S. 2782 – BStBl I 2007 S. 4) wurde der Aktivitätskatalog ergänzt. Nunmehr werden auch Einkünfte aus Umwandlungen nach dem neuen § 8 Abs. 1 Nr. 10 unter bestimmten Voraussetzungen den aktiven Einkünften zugeordnet. Darüber hinaus wird bei der Ermittlung der dem Hinzurechnungsbetrag zugrunde liegenden Einkünfte unter bestimmten Voraussetzungen das UmwStG angewandt, § 10 Abs. 3 Satz 4.

30 Durch das Gesetz zur Schaffung deutscher Immobilien-Aktiengesellschaften mit börsennotierten Anteilen vom 28.5.2007 (**REITG**, BGBl I 2007 S. 914 – BStBl I 2007 S. 806) wurde das AStG erneut geändert. Nach der Gesetzesbegründung (s. BT-Drs. 16/4026 S. 26) sollen die Neuregelungen des AStG verhindern, dass sich unbeschränkt Stpfl. durch eine Beteiligung an einer inländischen REIT-AG über ausländische Gesellschaften ungerechtfertigte Vorteile verschaffen können. Eine durch dieses Gesetz nun auch in Deutschland eingeführte REIT-AG zeichnet sich dadurch

aus, dass nicht die Gewinne auf Gesellschaftsebene besteuert werden, sondern die Gewinnausschüttungen beim Anleger. Der REIT-Status und die damit verbundene Befreiung von der Körperschaft- und Gewerbesteuerpflicht werden nur dann gewährt, wenn die REIT-AG bestimmte Voraussetzungen erfüllt. Dazu zählen insbesondere die Vornahme von Ausschüttungen von mindestens 90 Prozent der Erträge, das Erzielen von mindestens 75 Prozent der Einkünfte aus Immobilien sowie die Anlage von mindestens 75 Prozent ihres Vermögens in Immobilien. Beteiligt sich ein unbeschränkt Stpfl. über eine niedrig besteuerte ausländische Gesellschaft an einer inländischen REIT-AG, könnten ohne die Neuregelung Ausschüttungen und Aktienveräußerungsgewinne in der niedrig besteuerten ausländischen Gesellschaft aufgefangen und im Wesentlichen steuerfrei ins Inland transferiert werden. Daher erweitert § 14 Abs. 2 den Anwendungsbereich der Hinzurechnungsbesteuerung auf Fälle, in denen die Beteiligung an einer inländischen REIT-AG von unbeschränkt Stpfl. mittelbar über eine ausländische Zwischengesellschaft gehalten wird. In diesem Fall kommt es für Zwecke des § 7 Abs. 1 nach dem neu eingefügten § 7 Abs. 8 nicht auf die Inländerbeherrschung der ausländischen Gesellschaft an (Ausnahme: Börsenklausel). Daneben wurde in § 8 Abs. 1 Nr. 9 festgelegt, dass Gewinne ausländischer Gesellschaften aus der Veräußerung inländischer REIT-Aktien nicht zu den aktiven Einkünften gehören.

31 Durch **JStG 2008** vom 20.12.2007 (BGBl I 2007 S. 3150 – BStBl I 2008 S. 218) wurden die Regelungen der §§ 7ff. erneut geändert. Kernstück ist dabei die Anpassung der Hinzurechnungsvorschriften an die Vorgaben der EuGH-Rechtsprechung (vgl. Anm. 46ff.). Nach dem neuen § 8 Abs. 2 ist die Hinzurechnungsbesteuerung nunmehr ausgeschlossen im Hinblick auf inländisch beherrschte Gesellschaften mit Sitz oder Geschäftsleitung in einem Mitgliedstaat der EU oder einem Vertragsstaat des EWR-Abkommens, wenn die Gesellschaft eine tatsächliche wirtschaftliche Tätigkeit ausübt und der Steuerpflichtige dies nachweist. Weitere Voraussetzung für die Ausnahme von der Hinzurechnungsbesteuerung ist, dass die FinVerw eine Nachprüfungsmöglichkeit durch zwischenstaatliche Amtshilfe mittels Auskunftsaustausch hat. Zwischeneinkünfte von nachgeordneten Gesellschaften aus Drittstaaten, die nach § 14 einer Gesellschaft mit Sitz oder Geschäftsleitung in einem EU/EWR-Staat zuzurechnen sind, unterliegen weiterhin der allgemeinen Hinzurechnungsbesteuerung. Entsprechendes gilt für Einkünfte, die einer Drittstaats-Betriebsstätte einer EU/EWR-Gesellschaft zuzurechnen sind. In Fällen, in denen nur die Kapitalverkehrsfreiheit betroffen sein kann (§ 7 Abs. 6), war der Gegenbeweis ebenfalls nicht möglich (vgl. aber Änderung durch das Amtshilfe-RLUmsG vom 26.6.2013, s. Anm. 33a). In der Gesetzesbegründung (BT-Drs. 16/6290 S. 91) wird zudem ausdrücklich begründet, dass mit Ausnahme der vorgenommenen Änderungen an der Hinzurechnungsbesteuerung festgehalten wird, da die Gründe für ihre Einführung (insbesondere weite Verbreitung von Niedrigsteuergebieten und deren fehlende Bereitschaft, die Standards der OECD zu Transparenz und effektivem Auskunftsaustausch zu akzeptieren) unverändert fortbestehen. Daneben wurde § 8 Abs. 3 dahingehend geändert, dass hinsichtlich der niedrigen Besteuerung nunmehr auf die tatsächlich erhobene Steuer und nicht mehr auf die rechtlich geschuldete Steuer abzustellen ist.

32 Durch **JStG 2009** vom 19.12.2008 (BGBl I 2008 S. 2794 – BStBl I 2009 S. 74) wurde der Anwendungsbereich des § 11 auch auf Gewinne aus der Veräußerung eines Anteils an einer Gesellschaft im Sinne des § 16 des REIT-Gesetzes erweitert.

33 Durch JStG 2010 vom 8.12.2010 (BGBl I 2010 S. 1768 – BStBl I 2010 S. 1394) wurde die in § 8 Abs. 3 enthaltene Definition der Niedrigbesteuerung modifiziert. Ursprünglich wurde für die Beurteilung einer Niedrigbesteuerung allein auf die Ebene der Gesellschaft abgestellt, während etwaige Steuerentlastungsansprüche der Gesellschafter im Hinblick auf ihre Beteiligung unberücksichtigt blieben. In der Praxis wurden deshalb Gestaltungsmodelle entwickelt, die sich die formale „Normalbesteuerung" der Gesellschaft zu nutze machten. Um die Umgehung der Vorschriften der Hinzurechnungsbesteuerung zu verhindern, bestimmt der neue § 8 Abs. 3 Satz 2 nunmehr, dass auch Ansprüche, die der Staat oder das Gebiet der ausländischen Gesellschaft im Fall einer Gewinnausschüttung dem unbeschränkt Stpfl. oder einer anderen Gesellschaft, an der der Stpfl. unmittelbar oder mittelbar beteiligt ist, gewährt, in die Prüfung der Niedrigbesteuerung einbezogen werden. Ergänzend sieht der neu eingefügte § 10 Abs. 1 Satz 3 vor, dass bei der Ermittlung des Hinzurechnungsbetrages die Steuerlast der ausländischen Zwischengesellschaft um diese Ansprüche zu kürzen ist. Damit soll sichergestellt werden, dass nur die effektive Steuerbelastung nach Verrechnung mit den Entlastungsansprüchen berücksichtigt wird.

33a Durch **AmtshilfeRLUmsG** vom 26.6.2013 (BGBl I 2013 S. 1809 – BStBl I 2013 S. 790) wurde § 8 Abs. 2 Satz 1 dahingehend geändert, dass der Gegenbeweis nunmehr im Rahmen der Voraussetzungen des § 8 Abs. 2 auch für Gesellschaften zugelassen wird, die nicht inländisch beherrscht sind, aber Einkünfte mit Kapitalanlagecharakter erzielen (§ 7 Abs. 6a). Zudem erfolgt nun die Definition des Begriffes „Amtshilferichtlinie" in § 8 Abs. 2 Satz 2 durch Verweis auf § 2 Abs. 2 des EU-Amtshilfegesetzes.

E. Verhältnis zu anderen Rechtsvorschriften

I. Verhältnis zu §§ 39, 41 und 42 AO

34 In Ausnahmefällen können die Voraussetzungen des § 39 Abs. 2 AO erfüllt sein, wonach WG einem anderen als dem Eigentümer zuzurechnen sind, wenn dieser andere der wirtschaftliche Eigentümer ist. Sind hiernach die WG, die im zivilrechtlichen Eigentum der ausländischen Gesellschaft stehen, steuerlich den dahinter stehenden inländischen Gesellschaftern zuzurechnen, sind diese mit den daraus stammenden Einkünften steuerpflichtig. Auch soweit im Einzelfall ein Scheingeschäft nach § 41 AO vorliegt, erfolgt ebenfalls eine unmittelbare Zurechnung beim Steuerinländer. §§ 39 und 41 AO werden somit von §§ 7 ff. nicht berührt (BMF-AnwSchr Tz. 7.0.2; *Henkel* in: Mössner, Steuerrecht international tätiger Unternehmen, Rn. E 481).

35 Hinsichtlich des Verhältnisses zu § 42 AO ist zu unterscheiden:
Rechtslage bis 31.12.2007:
Ist die Gründung bzw. die Zwischenschaltung der ausländischen Gesellschaft missbräuchlich i. S. des § 42 AO, entsteht nach dieser Vorschrift „der Steueranspruch so, wie er bei einer ... angemessenen rechtlichen Gestaltung", also ohne deren Zwischenschaltung, entstanden wäre; das Vorhandensein der ausländischen Gesellschaft wird insoweit negiert, sodass für die Anwendung der §§ 7 ff. kein Raum ist. Vgl. BFH-Urteile vom 23.10.1991 I R 40/89, BStBl II 1992 S. 1026, sowie

vom 10.6.1992 I R 105/89, BStBl II 1992 S. 1029: Danach geht § 42 AO den §§ 7 ff. AStG vor, jedoch ist das Missbrauchsverdikt auch anhand „einer Bewertung am Gesetzeszweck der §§ 7 ff. AStG" zu fällen, was insbesondere heißt, dass der Missbrauch zu verneinen ist, wenn die Unangemessenheit ausschließlich in Tatumständen liegt, die die Hinzurechnungsbesteuerung auslösen. Der durch StÄndG 2001 eingefügte § 42 Abs. 2 AO a. F. bestimmte, dass § 42 Abs. 1 AO anwendbar war, wenn seine Anwendbarkeit nicht ausdrücklich ausgeschlossen ist. Dadurch sollten nach dem Willen des Gesetzgebers neben der allgemeinen Vorschrift zur Vermeidung des Missbrauchs rechtlicher Gestaltungsmöglichkeiten des § 42 Abs. 1 AO auch spezialgesetzliche Regelungen zur Anwendung gelangen (BT-Drs. 14/7341 S. 17 f., 14/6877 S. 52). Allerdings lief nach Auffassung des BFH (Urteil vom 20.3.2002 I R 63/99, BStBl II 2003 S. 50) diese Regelung im Bereich der Hinzurechnungsbesteuerung ins Leere, da die tatbestandlichen Voraussetzungen eines Gestaltungsmissbrauchs in diesen Fällen nach § 42 Abs. 1 Satz 1 AO nicht vorliegen und damit ebenso nicht die Voraussetzungen des § 42 Abs. 2 AO. Die FinVerw ging gleichwohl von der Anwendbarkeit des § 42 AO aus, wenn durch den Missbrauch von Gestaltungsmöglichkeiten des Rechts die Vorschriften der Hinzurechnungsbesteuerung umgangen werden (BMF-AnwSchr Tz. 7.0.2, Nr. 4 unter Verweis auf § 42 Abs. 2 AO in der Fassung des StÄndG).

Rechtslage ab 1.1.2008:
Durch JStG 2008 wurde in § 42 Abs. 1 Satz 2 AO ein Anwendungsvorrang für spezialgesetzliche Regelungen zur Verhinderung von Steuerumgehungen normiert. Danach bestimmen sich die Rechtsfolgen in Fällen, in denen der Tatbestand einer solchen spezialgesetzlichen Regelung erfüllt ist, nach jener Regelung. D. h., den spezielleren Vorschriften kommt im Hinblick auf § 42 AO eine Abschirmwirkung zu, allerdings nur dann, wenn die konkreten tatbestandlichen Voraussetzungen dieser speziellen Missbrauchsvorschrift auch erfüllt sind. Andernfalls verbleibt es bei der Anwendbarkeit des § 42 Abs. 1 AO, wenn die Voraussetzungen der ebenfalls durch JStG 2008 eingeführten gesetzlichen Definition des Missbrauchs (§ 42 Abs. 2 AO n. F.) gegeben sind (kritisch zur Einschränkung der Abschirmwirkung: *Mack/Wollweber,* DStR 2008 S. 182). Liegen die Tatbestandsvoraussetzungen der Hinzurechnungsbesteuerung vor, scheidet eine Anwendbarkeit des § 42 AO somit aus.

II. Verhältnis zu anderen Vorschriften des AStG

Überschneidungen mit § 1 können sich im Einzelfall, wenn auch in einem eingeschränkten Bereich der Geschäftsbeziehungen vom Inland zum Ausland, ergeben. Nach Auffassung des BFH findet § 1 auf die Ermittlung der dem Hinzurechnungsbetrag zugrunde liegenden Einkünfte – zumindest in der vor dem UntStReformG 2008 geltenden Fassung – keine Anwendung (vgl. BFH-Urteil vom 20.4.1988 I R 41/82, BStBl. II 1988 S. 868). Der BFH begründet dies mit dem in § 1 angeordneten Vorrang anderer Korrekturvorschriften. Die FinVerw hat sich dem ausdrücklich angeschlossen (BMF-AnwSchr Tz. 10.1.1.1). Allerdings ist zu berücksichtigen, dass durch Unternehmensteuerreformgesetz 2008 vom 14.8.2007 (BGBl I 2007 S. 1912 – BStBl I 2007 S. 630) in § 1 Abs. 1 Satz 3 (entspricht nunmehr § 1 Abs. 1 Satz 4 in der durch AmtshilfeRLUmsG geltenden Fassung) ausdrücklich klargestellt wurde,

36

dass Berichtigungen nach § 1 Abs. 1 Satz 1 andere Regelungen, die unverändert grundsätzlich Vorrang haben, ergänzen, soweit die Rechtswirkungen des § 1 Abs. 1 über die Rechtswirkungen der anderen Vorschriften hinausgehen (vgl. BT-Drs. 16/4841 S. 85). Soweit jedoch aus Geschäftsbeziehungen zu der ausländischen Zwischengesellschaft beim Inlandsbeteiligten eine Einkunftsberichtigung nach § 1 AStG erfolgt, ist bei der Ermittlung der Einkünfte der Zwischengesellschaft eine entsprechende Gegenberichtigung vorzunehmen (BFH-Urteil vom 19.3.2002 I R 4/01, BStBl II 2002 S. 644; BMF-AnwSchr Tz. 10.1.1.1).

37 Der zweite Teil des Außensteuergesetzes (§§ 2 bis 5) erweitert die beschränkte Steuerpflicht auf Personen, die ihren Wohnsitz in niedrig besteuernde Gebiete verlegt haben und nicht mehr unbeschränkt steuerpflichtig sind. Diese Regelungen beziehen sich vom Grundsatz her somit auf die steuerliche Behandlung von beschränkt Steuerpflichtigen und erfassen deren nichtausländische Einkünfte. In Ergänzung dieser Vorschriften setzt die Hinzurechnungsbesteuerung am Auslandsengagement unbeschränkt Steuerpflichtiger an, wobei im Rahmen der steuerlichen Erfassung der passiven Einkünfte keine Differenzierung zwischen in- und ausländischen Einkunftsquellen vorgenommen wird.

38 Die Regelungen zu ausländischen Familienstiftungen in § 15, nach denen unter bestimmten Voraussetzungen Vermögen und Einkommen je nach Sachverhalt dem unbeschränkt steuerpflichtigen Stifter oder den unbeschränkt steuerpflichtigen Bezugs- oder Anfallsberechtigten zugerechnet werden, und die §§ 7–14 schlossen sich vor Geltung des AmtshilfeRLUmsG vom 26.6.2013 (BGBl I 2013 S. 1809 – BStBl I 2013 S. 790) aufgrund ausdrücklicher Anordnung der Nichtanwendung des Vierten Teils des AStG in § 15 Abs. 5 Satz 2 a. F. wechselseitig aus. Allerdings sollen sich aus dem Wegfall dieser Anordnung der Nichtanwendung durch das AmtshilfeRLUmsG keine Folgerungen ergeben, da § 15 die Zurechnung der Einkünfte ausländischer Familienstiftungen abschließend regelt (so BR-Drs. 302/12 S. 110 und BT-Drs. 17/10000 S. 67 zum Entwurf eines gescheiterten Jahressteuergesetzes 2013, dessen diesbezügliche Regelungen in das AmsthilfeRLUmsG aufgenommen wurden).

III. Verhältnis zu anderen Vorschriften des deutschen Steuerrechts

1. Vorrang des Investmentsteuergesetzes

39 Das Verhältnis der Hinzurechnungsbesteuerung zum Investmentsteuerrecht regelt § 7 Abs. 7. Danach sind die Regelungen der Hinzurechnungsbesteuerung nicht anzuwenden, sofern die Einkünfte, für die die Gesellschaft Zwischengesellschaft ist, nach den Vorschriften des InvStG besteuert werden. Dies gilt nicht, wenn die Ausschüttungen oder die ausschüttungsgleichen Erträge dieser Gesellschaften nach einem DBA in Deutschland steuerbefreit sind. Zu Einzelheiten vgl. § 7 AStG Anm. 44 ff.

2. Verhältnis zur unbeschränkten bzw. beschränkten Steuerpflicht der ausländischen Gesellschaft

40 Die §§ 7 ff. lassen eine eigene unbeschränkte Steuerpflicht einer ausländischen Gesellschaft im Inland unberührt (BMF-AnwSchr Tz. 7.0.2 mit Verweis auf BFH,

Urteil vom 23.6.1992 IX R 182/87, BStBl II 1992 S. 972). Die Hinzurechnungsbesteuerung greift dann nicht ein (BMF-AnwSchr Tz. 7.0.2).

Ebenso unberührt bleibt die beschränkte Steuerpflicht einer ausländischen Zwischengesellschaft hinsichtlich ihrer Inlandseinkünfte. Die davon erhobene deutsche Steuer wird nach § 12 auf die deutschen Steuern vom Hinzurechnungsbetrag angerechnet (BMF-AnwSchr Tz. 7.0.3 und 12.1.2).

IV. Verhältnis zu den Doppelbesteuerungsabkommen

Kontrovers diskutiert wird die Frage der Vereinbarkeit der §§ 7 ff. mit den von der Bundesrepublik Deutschland abgeschlossenen DBA, sofern mit dem Sitzstaat der ausländischen Gesellschaft ein DBA besteht und der inländische Steuerpflichtige abkommensberechtigt ist. **41**

Nach der **Zurechnungstheorie** (vgl. Anm. 10) verstößt die Hinzurechnungsbesteuerung ggf. gegen die Art. 7 OECD-MA entsprechende Vorschrift, wonach die Gewinne eines Unternehmens des einen Staates nur insoweit in dem anderen Staat besteuert werden dürfen, als sie in einer dort belegenen Betriebsstätte erwirtschaftet werden (vgl. *Geiger*, DStR 1973 S. 532; Kritik bei *Mössner*, Rechtsschutz bei Treaty Overriding, S. 127). **42**

Zur **Ausschüttungstheorie** (vgl. Anm. 9) wurde die Auffassung vertreten, dass die Hinzurechnungsbesteuerung gegen die Art. 10 Nr. 5 OECD-MA entsprechende Vorschrift verstößt (*Vogel*, DB 1972 S. 1402; vgl. Kritik bei *Wassermeyer* in F/W/B, Vor §§ 7–14 Rz. 103); gemäß dieser Vorschrift dürfen nichtausgeschüttete Gewinne einer KapGes nicht bei ihren Gesellschaftern besteuert werden. Nach Art. 10 OECD-MK, Tz. 37 ist Art. 10 Abs. 5 OECD-MA allerdings auf die Besteuerung an der Quelle begrenzt und wirkt sich deshalb auf eine Besteuerung am Ort des Wohnsitzes nicht aus. Außerdem betrifft die Regelung ausschließlich die Besteuerung der Gesellschaft und nicht die ihrer Anteilsinhaber. **43**

Teilweise wurde auch angenommen, dass die Vereinbarkeit der Hinzurechnungsbesteuerung mit den Doppelbesteuerungsabkommen durch § 10 Abs. 5 a. F. gerettet war und ein Verstoß gegen die Doppelbesteuerungsabkommen erstmalig mit § 10 Abs. 6 in der Fassung des StÄndG 1992 vorläge (vgl. *Vogel*, DBA, 3. Auflage 1996, Einl. Rdn. 125 c, Art. 23 Rdn. 115). Nach § 10 Abs. 5 in der bis zum StVergAbG geltenden Fassung fanden die Bestimmungen der DBA und namentlich das internationale Schachtelprivileg auf den Hinzurechnungsbetrag Anwendung. Bereits mit StÄndG 1992 wurde mit der Einfügung von § 10 Abs. 6 Satz 1 die Anwendbarkeit des DBA-Schachtelprivilegs auf den Hinzurechnungsbetrag ausgeschlossen, soweit – vorbehaltlich einer Bagatellgrenze – im Hinzurechnungsbetrag Zwischeneinkünfte mit Kapitalanlagecharakter enthalten sind. Durch das StVergAbG wurden diese Regelungen jedoch wieder aufgehoben. Begründet wurde dies damit, dass die DBA nach der unter den OECD-Mitgliedsstaaten weit vorherrschenden Auffassung der Hinzurechnungsbesteuerung nicht entgegenstünden; denn die Abkommen bezwecken die Vermeidung der Doppelbesteuerung, nicht aber die Begünstigung der Steuerausweichung. Außerdem würde die Hinzurechnungsbesteuerung von der OECD als Abwehrmaßnahme gegen unfairen Steuerwettbewerb bestimmter Staaten ausdrücklich empfohlen. Nicht zuletzt würde sich die Bundesrepublik Deutschland sowohl in der EU als auch in der OECD dem Vorwurf unfairen Steuerwettbewerbs aussetzen, wenn sie Beteiligungserträge gemäß § 8b Abs. 1 KStG uneingeschränkt freistellte und für den Fall der niedrigen Besteuerung der Beteiligungserträge, soweit sie nicht aus aktiver Betätigung stammen, keine Ausgleichsmaßnahme zur Verfügung hätte, wie sie die Hinzurechnungsbesteuerung darstellt (BT-Drs. 15/119 S. 54; vgl. Kritik bei *Lüdicke,* IStR 2003 S. 433; *Sieker,* IStR 2003 S. 78)

44 Nach der **Repräsentationstheorie** sind die Doppelbesteuerungsabkommen durch die Hinzurechnungsbesteuerung nicht berührt, weil diese einen Kapitalertrag sui generis bei einem inländischen Anteilseigner unterstelle und somit eine rein inländische Angelegenheit sei (*Debatin,* DB 1992 S. 2159).

45 Ob mit den Vorschriften der §§ 7 ff. die Bundesrepublik Deutschland gegen ihre Verpflichtungen aus den DBA verstößt bzw. ob ein solcher formeller Verstoß im Hinblick auf Missbrauchsbekämpfung zulässig ist, ist eine Frage, die das Verhältnis Deutschlands zum jeweiligen Vertragsstaat betrifft und sich ausschließlich auf völkerrechtlicher Ebene stellt. Hieraus kann der einzelne Stpfl. keine Rechte ableiten (vgl. *Mössner,* Rechtsschutz bei Treaty Overriding S. 123; ausführlich zur Problematik s. *Hahn,* § 20 AStG Anm. 4 ff.). Innerstaatlich ist nach herrschender Auffassung die Wirksamkeit der Vorschriften von einer etwaigen Unvereinbarkeit mit einem DBA unberührt (vgl. BFH, Urteil vom 13.7.1994 I R 120/93, BStBl II 1995 S. 129; *Vogel* in Vogel/Lehner, DBA, 2008, Einleitung, Rn. 200). Das AStG lässt für die Hinzurechnungsbesteuerung ein „treaty overriding" in § 20 Abs. 1 jedenfalls zu.

46 Schließlich enthalten einige DBA ausdrücklich Regelungen, nach denen Deutschland die §§ 7–14 unbeschadet entgegenstehender Vorschriften des DBA anwenden kann (z. B. Art. 29 Abs. 2b DBA Kanada, Protokoll Nr. 1d DBA Vereinigte Staaten von Amerika 1989, Protokoll Nr. 17b DBA Italien).

V. Vereinbarkeit mit europäischem Recht

47 Gegen die vor den Änderungen durch das JStG 2008 geltenden Regelungen der §§ 7 ff. wurden erhebliche europarechtliche Bedenken erhoben (*Seer,* IStR 1997 S. 520; *Rädler/Lausterer/Blumenberg,* DB 1996, Beilage 3, S. 8; *Köhler,* DB 1993 S. 558; *Leisner,* RIW 1993 S. 1013; *Schollmeier,* EWS 1992 S. 137; *Sass,* FR 1998 S. 1; *Schön,* DB 2001 S. 940; *Hahn,* IStR 1999 S. 609; *Dautzenberg,* FR 2000 S. 720; *Spengel/Jaeger/Müller,* IStR 2000 S. 257; *Herzig/Dautzenberg,* DB 2000 S. 12; *Roser,* IStR 2000 S. 78; *Lüdicke,* IStR 2000 S. 341; *Rättig/Protzen,* IStR 2000 S. 548; *Körner,* IStR 2004 S. 697). Die Bedenken richteten sich insbesondere gegen den Durchgriff der Hinzurechnungsregelungen auf die ausländische juristische Person, in dem eine prinzipielle Benachteiligung der grenzüberschreitenden Investitionen im Vergleich zur Inlandsbeteiligung und damit eine Beschränkung der Niederlassungs- bzw. Kapitalverkehrsfreiheit gesehen wurde. Unter Verweis auf die Rechtsprechung des EuGH (Urteile vom 17.7.1997, Rs. C-28/95 „Leur Bloem"; vom 17.10.1996, Rs. C-283/94 „Denkavit"; vom 16.7.1998, Rs. C-264/96 „ICI"; vom 13.4.2000 Rs. C-251/98 „Baars"; vom 6.6.2000, Rs. C-35/98 „Verkooijen"; vom 12.12.2002, Rs. C-324/00 „Lankhorst-Hohorst"; vom 18.9.2003, Rs. C-168/01 „Bosal") wurden dabei weder der Gedanke des Gestaltungsmissbrauchs noch die Niedrigbesteuerung im Ausland bzw. die Wahrung der Kohärenz des nationalen

Steuersystems als Rechtfertigung der deutschen Hinzurechnungsregelungen akzeptiert. Zur Frage der Rechtfertigung durch das Welteinkommensprinzip und das Prinzip der Kapitalexportneutralität s. *Schön*, DB 2001 S. 940 sowie Kritik bei *Körner*, IStR 2004 S. 697.

Mit Urteil vom 12.9.2006 hat sich der EuGH in der Rs. C-196/04 „Cadbury Schweppes" (BFH/NV Beilage 2007 S. 365) mit der britischen Hinzurechnungsbesteuerung auseinandergesetzt und festgestellt, dass: **48**

– eine Hinzurechnungsbesteuerung nur rein künstliche Gestaltungen erfassen darf, die dazu bestimmt sind, die normalerweise geschuldete nationale Steuer zu vermeiden,

– eine Hinzurechnungsbesteuerung dagegen insoweit nicht mit der Niederlassungsfreiheit vereinbar ist, als es sich auf der Grundlage objektiver und von dritter Seite nachprüfbarer Anhaltspunkte erweist, dass die ausländische Tochtergesellschaft ungeachtet des Vorhandenseins von Motiven steuerlicher Art tatsächlich im Aufnahmemitgliedstaat angesiedelt ist und dort wirklichen wirtschaftlichen Tätigkeiten nachgeht und

– der Nachweis einer tatsächlichen wirtschaftlichen Tätigkeit der ausländischen Gesellschaft dem inländischen Gesellschafter auferlegt werden kann.

Die britische Hinzurechnungsbesteuerung ist hinsichtlich ihrer Wirkung und Regelungstechnik der deutschen Hinzurechnungsbesteuerung vergleichbar. Daher wurde auch zu Recht davon ausgegangen, dass die §§ 7 ff. zumindest in der bis zum JStG 2008 geltenden Fassung einen Verstoß gegen Gemeinschaftsrecht darstellen (*Körner*, IStR 2006 S. 675; *Kleinert*, GmbHR 2006 S. 1055; *Wassermeyer/Schönfeld*, GmbHR 2006 S. 1065; *Sedemund*, BB 2006 S. 2119; *Lieber*, FR 2006 S. 994; *Köhler/ Eicker*, DStZ 2006 S. 1871; *Schönfeld/Lieber*, FR 2005 S. 927; *Thömmes/Nakhai*, IWB Nr. 18, 2006 S. 887; *Goebel/Palm*, IStR 2007 S. 720; BFH, Urteil vom 21.10.2009 I R 114/08, BStBl II 2010 S. 774; zur britischen Regelung vgl. *Schönfeld*, Hinzurechnungsbesteuerung und Gemeinschaftsrecht, 2005 S. 575 ff.). Zudem ist zu berücksichtigen, dass die deutschen Regelungen mit ihrem Aktivitätskatalog in der bis zum JStG 2008 geltenden Fassung im Gegensatz zu den britischen Vorschriften keine Ausnahmetatbestände insbesondere für den Fall des Nachweises der Existenz wirtschaftlicher Gründe (sog. Motivtest) zuließen.

Die deutsche FinVerw hat auf das EuGH-Urteil in der Rs. C-196/04 „Cadbury Schweppes" (BFH/NV Beilage 2007 S. 365) zeitnah mit BMF-Schreiben vom 8.1.2007 IV B 4 – S 1351 – 1/07 (BStBl I 2007 S. 99) reagiert. Danach sind bis zum Inkrafttreten einer gesetzlichen Neuregelung (durch JStG 2008 erfolgt in § 8 Abs. 2 – vgl. Anm. 31) die §§ 7–14 grundsätzlich unverändert anzuwenden. In Fällen, in denen ein inländischer Gesellschafter an einer ausländischen Gesellschaft mit Sitz oder Geschäftsleitung innerhalb der EU bzw. des EWR beteiligt ist und nachweist, dass die Gesellschaft eine wirkliche wirtschaftliche Tätigkeit in diesem Staat ausübt, finden die §§ 7 ff. keine Anwendung. Hierfür hat der Stpfl. insbesondere nachzuweisen, dass **49**

– die Gesellschaft in dem Mitgliedstaat, in dem sie ihren Sitz oder ihre Geschäftsleitung hat, am dortigen Marktgeschehen im Rahmen ihrer gewöhnlichen Geschäftstätigkeit aktiv, ständig und nachhaltig teilnimmt,

– die Gesellschaft dort für die Ausübung ihrer Tätigkeit ständig sowohl geschäftsleitendes als auch anderes Personal beschäftigt,

- das Personal der Gesellschaft über die Qualifikation verfügt, um die der Gesellschaft übertragenen Aufgaben eigenverantwortlich und selbstständig zu erfüllen,
- die Einkünfte der Gesellschaft ursächlich aufgrund der eigenen Aktivitäten der Gesellschaft erzielt werden,
- den Leistungen der Gesellschaft, sofern sie ihre Geschäfte überwiegend mit nahestehenden Personen im Sinne des § 1 Abs. 2 AStG betreibt, für die Leistungsempfänger wertschöpfende Bedeutung zukommt und die Ausstattung mit Kapital zu der erbrachten Wertschöpfung in einem angemessenen Verhältnis steht.

Von dieser Ausnahme werden wiederum die folgenden Einkünfte ausgenommen (d. h. es verbleibt bei der Anwendung der Hinzurechnungsbesteuerung):
- Einkünfte von nachgeordneten Gesellschaften außerhalb der EU bzw. des EWR, die der EU- bzw. EWR-Gesellschaft im Rahmen der übertragenden Zurechnung nach § 14 zuzurechnen sind,
- Einkünfte, die einer Drittstaaten-Betriebsstätte der EU- bzw. EWR-Gesellschaft zuzurechnen sind, sowie
- Einkünfte, die nur aufgrund des § 7 Abs. 6 (Zwischeneinkünfte mit Kapitalanlagecharakter) hinzurechnungspflichtig sind.

Das BMF-Schreiben ist in der Lit. (*Rainer/Müller*, IStR 2007 S. 151; *Köhler/Eicker*, DStR 2007 S. 331; *Köplin/Sedemund*, BB 2007 S. 244) u. a. deshalb als gemeinschaftsrechtswidrig kritisiert worden, weil die von der FinVerw in dem „Fünf-Punkte-Katalog" aufgestellten Prüfungskriterien als Nachweis für eine wirkliche wirtschaftliche Tätigkeit keine Basis in der Rechtsprechung des EuGH hätten. Daneben wird bemängelt, dass der Tätigkeitsnachweis innerhalb der EU/EWR-Staaten ausgeschlossen ist für Staaten, die keine steuerliche Amtshilfe leisten (gemeint war hier Liechtenstein, da mangels Anwendbarkeit der EG-Amtshilferichtlinie und fehlendem DBA Amtshilfe nicht geleistet wurde; zu dem seit 2010 in Kraft getretenen Abkommen über den Informationsaustausch in Steuersachen mit Liechtenstein vgl. aber § 8 AStG Anm. 154); fehlende Aussagen zu § 20 Abs. 2 sowie die generelle weitere Anwendung in Drittstaatenfällen werden ebenfalls beanstandet.

50 Im Rahmen des JStG 2008 passte der Gesetzgeber durch die Neuregelung in § 8 Abs. 2 die Hinzurechnungsbesteuerung an die Rechtsprechung des EuGH an. Die vorgenommene Gesetzesänderung basiert im Wesentlichen auf den bereits im BMF-Schreiben vom 8.1.2007, BStBl I 2007 S. 99 (vgl. Anm. 49) aufgestellten Grundsätzen und kommt damit den Vorgaben des EuGH insofern nach, als sie Stpfl. mit Beteiligungen an inländisch beherrschten ausländischen Gesellschaften mit Sitz oder Geschäftsleitung in einem Mitgliedstaat der EU oder einem Vertragsstaat des EWR-Abkommens unter bestimmten Voraussetzungen die Möglichkeit des Gegenbeweises einräumt. Zur Gemeinschaftsrechtskonformität der Voraussetzungen im Einzelnen vgl. § 8 AStG Anm. 143 ff. Ausdrücklich nicht möglich war der Gegenbeweis bis zur Änderung durch das AmtshilfeRLUmsG vom 26.6.2013 (vgl. Anm. 33a) für Fälle, in denen nur die Kapitalverkehrsfreiheit betroffen sein kann (BT-Drs. 16/6290 S. 91). Gemeint waren neben Drittstaatenfällen damit Zwischeneinkünfte mit Kapitalanlagecharakter, die (nur) nach § 7 Abs. 6 hinzurechnungspflichtig sind, d. h. Fälle, in denen von der Hinzurechnungsbesteuerung unter Umständen selbst Beteiligungen von unter 1 Prozent erfasst werden (zur diesbezüglich potentielle Europarechtswidrigkeit vgl. das obiter dictum des BFH in seiner Entscheidung vom 21.10.2009 I R 114/08, BStBl II 2010 S. 774, Rz. 26). Für Wirtschaftsjahre, die nach dem 31.12.2012 beginnen, besteht nunmehr durch den mit AmtshilfeRLUmsG erneut geänderten § 8 Abs. 2 die Möglichkeit des Gegenbeweises auch für Beteiligungen an Zwischengesellschaften, die ihren Sitz oder ihre Geschäftsleitung in einem Mitgliedstaat der EU oder einem Vertragsstaat des EWR-Abkommens haben und nicht inländisch beherrscht sind, aber Einkünfte mit Kapitalanlagecharakter erzielen (§ 7 Abs. 6a). Damit wird vermieden, dass die Möglichkeit des Gegenbeweises bei den genannten Gesellschaften für Einkünfte mit Kapitalanlagecharakter davon abhängig sein soll, ob eine Inländerbeherrschung an der ausländischen Zwischengesellschaft besteht.

Nach wie vor nicht anwendbar ist § 8 Abs. 2 auf Zwischengesellschaften in Drittstaaten, Zwischeneinkünfte von nachgeordneten Gesellschaften außerhalb der EU bzw. des EWR, die der EU- bzw. EWR-Gesellschaft im Rahmen der übertragenden Zurechnung nach § 14 zuzurechnen sind sowie Zwischeneinkünfte, die einer Drittstaaten-Betriebsstätte der EU- bzw. EWR-Gesellschaft zuzurechnen sind. Die Regelungen der deutschen Hinzurechnungsbesteuerung sind jedoch auch unter dem Aspekt der Kapitalverkehrsfreiheit (Art. 63 AEUV – ex-Art. 56 EG-Vertrag), die auch gegenüber Drittstaaten wirkt, zu betrachten. Eine Beschränkung der Kapitalverkehrsfreiheit stellt jede Steuerregelung dar, die zwischen Steuerpflichtigen nach dem Ort ihrer Kapitalanlage unterscheidet. Zweifel an der Gemeinschaftsrechtskonformität der §§ 7 ff. bestehen daher insofern, als die Hinzurechnungsbesteuerung lediglich bei ausländischen Beteiligungen Anwendung findet; es wird also eine unterschiedliche Behandlung in Abhängigkeit vom Kapitalanlageort vorgenommen. Bei Minderheitsgesellschaftern i. S. des § 7 Abs. 6 kann im Übrigen eine missbräuchliche Einschaltung der ausländische Gesellschaft, die als Rechtfertigungsgrund für eine Beschränkung der Kapitalverkehrsfreiheit vorgebracht werden könnte, nicht von vorn herein unterstellt werden. Dies sollte selbst dann gelten, wenn im Rahmen der Kapitalverkehrsfreiheit auf Rechtfertigungsebene strengere Maßstäbe als im Rahmen der Niederlassungsfreiheit anzulegen wären (so wohl EuGH, Urteile vom 12.12.2006 C-446/04 „Test Claimants in the FII Group Litigation", Rn. 170 f. und vom 18.12.2007 C-101/05, „A", Rn. 36 f., Beschluss vom 23.4.2008 C-201/05, „Test Claimants in the CFC an Dividend Group Litigation", Rn. 93). Die EuGH-Entscheidung in der Rs. C-196/04 (Cadbury Schweppes) brachte jedenfalls im Hinblick auf die Frage, ob und inwiefern die aufgestellten Grundsätze auch in Bezug auf die Kapitalverkehrsfreiheit anzuwenden sind, keine Klärung. Der EuGH sah in der genannten Entscheidung ausschließlich die Niederlassungsfreiheit als einschlägig an. Zum Verhältnis der Niederlassungsfreiheit zur Kapitalverkehrsfreiheit vgl. EuGH-Beschlüsse vom 10.5.2007 in den Rs. C-492/04 (Lasertec) und C-102/05 (A und B); EuGH-Urteil vom 24.5.2007 in der Rs. C-157/05 (Holböck); EuGH-Urteile vom 3.10.2006 in der Rs. C-452/04 (Fidium Finanz AG); vom 13.3.2007 in der Rs. C-524/05 (Test Claimants in the Thin Cap Group Litigation) und vom 13.11.2012 in der Rs. C-35/11 (Test Claimants in the FII Group Litigation II). Allerdings ist in diesem Zusammenhang auch zu berücksichtigen, dass nationales Recht, welches nicht im Einklang mit Art. 63 AEUV steht, nicht per se unanwendbar ist. Nach der sog. „Stillhalteklausel" des Art. 64 AEUV (ex-Art. 57 Abs. 1 EG-Vertrag) berührt Art. 63 AEUV (ex-Art. 56 EG-Vertrag) nicht die Anwendung derjenigen Beschränkungen des Kapitalverkehrs mit dritten Ländern, die am

31. Dezember 1993 aufgrund einzelstaatlicher oder gemeinschaftlicher Rechtsvorschriften für den Kapitalverkehr mit dritten Ländern im Zusammenhang mit Direktinvestitionen einschließlich Anlagen in Immobilien, mit der Niederlassung, der Erbringung von Finanzdienstleistungen oder der Zulassung von Wertpapieren zu den Kapitalmärkten bestehen. Der BFH hat mit Urteil vom 21.12.2005 I R 4/05, BStBl II 2006 S. 55 zu der für das Streitjahr 1994 geltenden Fassung zwar entschieden, dass es sich bei den §§ 7 ff. a. F. um Vorschriften handelt, welche am 31. Dezember 1993 bereits bestanden. Ob dies jedoch auch für ab 2001 erzielte Zwischeneinkünfte gilt, dürfte wegen der Absenkung der Mindestbeteiligungshöhe in § 7 Abs. 6 und des grundlegenden Systemwechsels in der Hinzurechnungsbesteuerung (vgl. Anm. 24) zu bezweifeln sein. Die durch die Unternehmensteuerreform erfolgten Änderungen der Hinzurechnungsbesteuerung sind derart gravierend, dass sie einer Neuregelung gleichkommen (so auch *Schönfeld*, FR 2006 S. 586; *Sedemund*, BB 2006 S. 2781; *Günkel/Lieber*, IStR 2006 S. 457, 461; *Köplin/Sedemund*, BB 2007 S. 244; *Köhler/Eicker*, DStR 2007 S. 331; *F/W/B*, Vor §§ 7–14 Rz. 82.1; a. A. wohl FG Baden-Württemberg vom 26.10.2006 – 3 V 32/05, FR 2007 S. 198). Daher bleiben im Hinblick auf die Kapitalverkehrsfreiheit auch nach den Neuregelungen des § 8 Abs. 2 durch JStG 2008 und AmtshilfeRLUmsG Zweifel an der Gemeinschaftsrechtskonformität der §§ 7 ff. bestehen (vgl. *Schön*, IStR 2013, Beihefter S. 23; *Haarmann*, IStR 2011 S. 565; *Reiche* in Haase, § 8 Rz. 153 ff.; *Vogt* in Blümich, AStG, § 8 Rz. 159; *Schönfeld* in F/W/B, § 8 Rz. 428 ff.).

Vierter Teil Beteiligung an ausländischen Zwischengesellschaften

§ 7*
Steuerpflicht inländischer Gesellschafter

(1) Sind unbeschränkt Steuerpflichtige an einer Körperschaft, Personenvereinigung oder Vermögensmasse im Sinne des Körperschaftsteuergesetzes, die weder Geschäftsleitung noch Sitz im Geltungsbereich dieses Gesetzes hat und die nicht gemäß § 3 Abs. 1 des Körperschaftsteuergesetzes von der Körperschaftsteuerpflicht ausgenommen ist (ausländische Gesellschaft), zu mehr als der Hälfte beteiligt, so sind die Einkünfte, für die diese Gesellschaft Zwischengesellschaft ist, bei jedem von ihnen mit dem Teil steuerpflichtig, der auf die ihm zuzurechnende Beteiligung am Nennkapital der Gesellschaft entfällt.

(2) ¹Unbeschränkt Steuerpflichtige sind im Sinne des Absatzes 1 an einer ausländischen Gesellschaft zu mehr als der Hälfte beteiligt, wenn ihnen allein oder zusammen mit Personen im Sinne des § 2 am Ende des Wirtschaftsjahres der Gesellschaft, in dem sie die Einkünfte nach Absatz 1 bezogen hat (maßgebendes Wirtschaftsjahr), mehr als 50 Prozent der Anteile oder der Stimmrechte an der ausländischen Gesellschaft zuzurechnen sind. ²Bei der Anwendung des vorstehenden Satzes sind auch Anteile oder Stimmrechte zu berücksichtigen, die durch eine andere Gesellschaft vermittelt werden, und zwar in dem Verhältnis, das den Anteilen oder Stimmrechten an der vermittelnden Gesellschaft zu den gesamten Anteilen oder Stimmrechten an dieser Gesellschaft entspricht; dies gilt entsprechend bei der Vermittlung von Anteilen oder Stimmrechten durch mehrere Gesellschaften. ³Ist ein Gesellschaftskapital nicht vorhanden und bestehen auch keine Stimmrechte, so kommt es auf das Verhältnis der Beteiligungen am Vermögen der Gesellschaft an.

(3) Sind unbeschränkt Steuerpflichtige unmittelbar oder über Personengesellschaften an einer Personengesellschaft beteiligt, die ihrerseits an einer ausländischen Gesellschaft im Sinne des Absatzes 1 beteiligt ist, so gelten sie als an der ausländischen Gesellschaft beteiligt.

(4) ¹Einem unbeschränkt Steuerpflichtigen sind für die Anwendung der §§ 7 bis 14 auch Anteile oder Stimmrechte zuzurechnen, die eine Person hält, die seinen Weisungen so zu folgen hat oder so folgt, dass ihr kein eigener wesentlicher Entscheidungsspielraum bleibt. ²Diese Voraussetzung ist nicht schon allein dadurch erfüllt, dass der unbeschränkt Steuerpflichtige an der Person beteiligt ist.

(5) Ist für die Gewinnverteilung der ausländischen Gesellschaft nicht die Beteiligung am Nennkapital maßgebend oder hat die Gesellschaft kein Nennkapital, so ist der Aufteilung der Einkünfte nach Absatz 1 der Maßstab für die Gewinnverteilung zugrunde zu legen.

(6) ¹Ist eine ausländische Gesellschaft Zwischengesellschaft für Zwischeneinkünfte mit Kapitalanlagecharakter im Sinne des Absatzes 6a und ist ein unbeschränkt Steuerpflichtiger an der Gesellschaft zu min-

---

* Zuletzt geändert durch das Jahressteuergesetz 2008 vom 20.12.2007, BGBl I 2007 S. 3150.

destens 1 Prozent beteiligt, sind diese Zwischeneinkünfte bei diesem Steuerpflichtigen in dem in Absatz 1 bestimmten Umfang steuerpflichtig, auch wenn die Voraussetzungen des Absatzes 1 im übrigen nicht erfüllt sind. ²Satz 1 ist nicht anzuwenden, wenn die den Zwischeneinkünften mit Kapitalanlagecharakter zugrunde liegenden Bruttoerträge nicht mehr als 10 Prozent der gesamten Bruttoerträge der ausländischen Zwischengesellschaft betragen und die bei einer Zwischengesellschaft oder bei einem Steuerpflichtigen hiernach außer Ansatz zu lassenden Beträge insgesamt 80 000 Euro nicht übersteigen. ³Satz 1 ist auch anzuwenden bei einer Beteiligung von weniger als 1 Prozent, wenn die ausländische Gesellschaft ausschließlich oder fast ausschließlich Bruttoerträge erzielt, die Zwischeneinkünften mit Kapitalanlagecharakter zugrunde liegen, es sei denn, dass mit der Hauptgattung der Aktien der ausländischen Gesellschaft ein wesentlicher und regelmäßiger Handel an einer anerkannten Börse stattfindet.

(6a) Zwischeneinkünfte mit Kapitalanlagecharakter sind Einkünfte der ausländischen Zwischengesellschaft (§ 8), die aus dem Halten, der Verwaltung, Werterhaltung oder Werterhöhung von Zahlungsmitteln, Forderungen, Wertpapieren, Beteiligungen (mit Ausnahme der in § 8 Abs. 1 Nr. 8 und 9 genannten Einkünfte) oder ähnlichen Vermögenswerten stammen, es sei denn, der Steuerpflichtige weist nach, dass sie aus einer Tätigkeit stammen, die einer unter § 8 Abs. 1 Nr. 1 bis 6 fallenden eigenen Tätigkeit der ausländischen Gesellschaft dient, ausgenommen Tätigkeiten im Sinne des § 1 Abs. 1 Nr. 6 des Kreditwesengesetzes in der Fassung der Bekanntmachung vom 9. September 1998 (BGBl. I S. 2776), das zuletzt durch Artikel 3 Abs. 3 des Gesetzes vom 22. August 2002 (BGBl. I S. 3387) geändert worden ist, in der jeweils geltenden Fassung.

(7) Die Absätze 1 bis 6 a sind nicht anzuwenden, wenn auf die Einkünfte, für die die ausländische Gesellschaft Zwischengesellschaft ist, die Vorschriften des Investmentsteuergesetzes in der jeweils geltenden Fassung anzuwenden sind, es sei denn, Ausschüttungen oder ausschüttungsgleiche Erträge wären nach einem Abkommen zur Vermeidung der Doppelbesteuerung von der inländischen Bemessungsgrundlage auszunehmen.

(8) Sind unbeschränkt Steuerpflichtige an einer ausländischen Gesellschaft beteiligt und ist diese an einer Gesellschaft im Sinne des § 16 des REIT-Gesetzes vom 28. Mai 2007 (BGBl I S. 914) in der jeweils geltenden Fassung beteiligt, gilt Absatz 1 unbeschadet des Umfangs der jeweiligen Beteiligung an der ausländischen Gesellschaft, es sei denn, dass mit der Hauptgattung der Aktien der ausländischen Gesellschaft ein wesentlicher und regelmäßiger Handel an einer anerkannten Börse stattfindet.

Erläuterungen
Übersicht

	Anm.
A. Allgemeines	1–3
I. Überblick über die Vorschrift	1
II. Rechtsentwicklung	2
III. Verhältnis zu anderen Rechtsvorschriften	3
B. Ausländische Gesellschaft	4–7
C. Inländerbeherrschung	8–23
I. Unbeschränkt Steuerpflichtige	8
II. Beteiligung im Sinne des Abs. 1	9
III. Beherrschungsbeteiligung	10–23
D. Sonderregelungen für Zwischeneinkünfte mit Kapitalanlagecharakter (Abs. 6)	24–30
E. Definition der Zwischeneinkünfte mit Kapitalanlagecharakter (Abs. 6a)	31–32
F. Rechtsfolge: Anteilige Steuerpflicht der inländischen Beteiligten	33–43
G. Vorrang des InvStG (Abs. 7)	44–46
H. Beteiligung an REIT-AG (Abs. 8)	47–49

Schrifttum: Die in der Vorkommentierung zu §§ 7–14 AStG genannten Kommentare und Gesamtdarstellungen; ferner: *Breinersdorfer/Schütz,* German Real Estate Investment Trust (G-REIT) – Ein Problemaufriss aus Sicht des Fiskus, DB 2007 S. 1487; *Bron,* Das Gesetz zur Schaffung deutscher Immobilien-Aktiengesellschaften mit börsennotierten Anteilen, BB 2007 Special Nr. 7; *Fock,* Investmentsteuerrecht und Außensteuergesetz, IStR 2006 S. 734; *Köhler,* Die relevante Beteiligungshöhe für die Zurechnung von Zwischeneinkünften mit Kapitalanlagecharakter nachgeschalteter Gesellschaften im AStG, IStR 1994 S. 105; *Lieber,* Neuregelung der Hinzurechnungsbesteuerung durch das Unternehmenssteuerfortentwicklungsgesetz, FR 2002 S. 139; *Rättig/Protzen,* Die im Entwurf eines Gesetzes zur Fortentwicklung des Unternehmenssteuerrechts vorgesehenen Änderungen der Hinzurechnungsbesteuerung der §§ 7–14 AStG, IStR 2001 S. 601; *dies.,* Die „neue Hinzurechnungsbesteuerung" der §§ 7–14 AStG in der Fassung des UntStFG – Problembereiche und Gestaltungshinweise, IStR 2002 S. 123; *dies.,* Das BMF-Schreiben – IV B 4 – S 1340 – 11/04 – (Grundsätze zur Anwendung des Außensteuergesetzes), IStR 2004 S. 625; *Sieker/Göckeler/Köster,* Das Gesetz zur Schaffung deutscher Immobilien-Aktiengesellschaften mit börsennotierten Anteilen (REITG), DB 2007 S. 933; *Wassermeyer,* Die Anwendung des AStG innerhalb des REITG, IStR 2008 S. 197.

Verwaltungsanweisungen: Schreiben betr. Grundsätze zur Anwendung des Außensteuergesetzes, BMF vom 14.5.2004 IV B 4 – S 1340 – 11/04, BStBl I 2004 Sondernummer 1, S. 3 (zit.: BMF-AnwSchr).
Schreiben betr. Grundsätze der Verwaltung für die Prüfung der Aufteilung der Einkünfte bei Betriebsstätten international tätiger Unternehmen (Betriebsstätten-Verwaltungsgrundsätze), BMF-Schreiben vom 24.12.1999 IV B 4 – S 1300 – 111/99, BStBl I 1999 S. 1076 (zit.: Betriebsstätten-Verwaltungsgrundsätze).

A. Allgemeines

I. Überblick über die Vorschrift

1 § 7 regelt in Absatz 1 den Grundtatbestand der Hinzurechnungsbesteuerung: die Steuerpflicht unbeschränkt steuerpflichtiger Gesellschafter bezüglich bestimmter Einkünfte, die von einer ausländischen Zwischengesellschaft im Sinne des § 8 erzielt werden, an der diese Gesellschafter zu mehr als der Hälfte (Mindestbeteiligungsquote) beteiligt sind.

In den Abs. 2 bis 4 werden die bei der Ermittlung der Mindestbeteiligungsquote zu berücksichtigenden Beteiligungen bestimmt.

Abs. 5 ordnet für Fälle des Fehlens von Nennkapital oder einer vom Nennkapital abweichenden Gewinnverteilung die quotale Aufteilung der Einkünfte auf die Steuerinländer nach Maßgabe der Gewinnverteilung an.

Abs. 6 enthält Sonderregelungen für sog. Zwischeneinkünfte mit Kapitalanlagecharakter, diese werden in Abs. 6a definiert.

Abs. 7 regelt das Verhältnis der §§ 7 ff. zum InvStG.

Abs. 8 enthält Bestimmungen für den Fall der Beteiligung der Zwischengesellschaft an einer inländischen REIT-AG im Sinne des § 16 des REITG.

II. Rechtsentwicklung

2 Eine wesentliche Ergänzung hat § 7 durch StÄndG 1992 erfahren. Seitdem enthält Abs. 6 Sonderregelungen für Zwischeneinkünfte mit Kapitalanlagecharakter (s. hierzu auch vor §§ 7–14 AStG Anm. 23). Durch die Unternehmensteuerreform (StSenkG und UntStFG, s. vor §§ 7–14 AStG Anm. 24) wurden diese Sonderregelungen verschärft. Gleichzeitig wurde ein neuer Abs. 7 (Verhältnis zum AuslInvestmG, dem Vorgänger des InvStG) angefügt. Durch StVergAbG wurde ein neuer Abs. 6a eingefügt, der nunmehr die Definition des bislang in § 10 Abs. 6 Satz 2 a. F. bestimmten Begriffs der Zwischeneinkünfte mit Kapitalanlagecharakter enthält. Durch das Gesetz zur Umsetzung der Protokollerklärung der Bundesregierung zur Vermittlungsempfehlung zum StVergAbG (sog. „Korb II"), das Investmentmodernisierungsgesetz und das Richtlinien-Umsetzungsgesetz wurde Abs. 7 geändert (s. vor §§ 7–14 AStG Anm. 26, 27 und 28). Durch REITG wurde Abs. 8 eingefügt (s. vor §§ 7–14 AStG Anm. 30). Durch JStG 2008 wurde in Abs. 6 Satz 2 die absolute Freigrenze von 62 000 Euro auf 80 000 Euro angehoben.

III. Verhältnis zu anderen Rechtsvorschriften

3 Die §§ 7 ff. lassen eine eigene beschränkte Steuerpflicht der ausländischen Zwischengesellschaft hinsichtlich ihrer Inlandseinkünfte unberührt. Die davon erhobene deutsche Steuer wird nach § 12 auf die deutschen Steuern vom Hinzurechnungsbetrag angerechnet (BMF-AnwSchr, Tz. 7.0.3 und 12.1.2). Zum Verhältnis der Hinzurechnungsbesteuerung zu weiteren Vorschriften s. auch vor §§ 7–14 AStG Anm. 33 ff.

B. Ausländische Gesellschaft

Ausländische Gesellschaft kann nach der Definition des § 7 Abs. 1 nur eine „Körperschaft, Personenvereinigung oder Vermögensmasse im Sinne des Körperschaftsteuergesetzes" sein. In dieser Definition ist ein Verweis auf § 1 Abs. 1 KStG zu sehen, der für eine „grundsätzlich abschließende Aufzählung" (vgl. *Graffe* in D/P/M, § 1 KStG, Rz. 9, 20) von Körperschaften, Personenvereinigungen und Vermögensmassen die unbeschränkte Steuerpflicht vorsieht, sofern sich Geschäftsleitung oder Sitz im Inland befinden. Dabei sind nicht nur die in der „abschließenden Aufzählung" namentlich erwähnten deutschen Rechtsformen maßgeblich, sondern auch ein ausländischer Rechtsträger kann „Körperschaft, Personenvereinigung oder Vermögensmasse" in diesem Sinne sein. Es ist im Wege der von der Rechtsprechung des RFH und des BFH (RFH vom 12.2.1930, RStBl S. 444; BFH, Urteil vom 17.7.1968 I 121/64, BStBl II 1968 S. 695; Urteil vom 3.2.1988 I R 134/84, BStBl II 1988 S. 588; Urteil vom 23.6.1992 IX R 182/87, BStBl II 1992 S. 972; Urteil vom 16.12.1992 I R 32/92, BStBl II 1993 S. 399) entwickelten Grundsätze des Typenvergleichs zu ermitteln, ob das nach ausländischem Recht errichtete Gebilde einem der genannten inländischen Rechtsträger entspricht. Für die Einordnung eines ausländischen Rechtsgebildes ist es unerheblich, wie ein ausländisches Wahlrecht, nachdem das Rechtsgebilde zur Besteuerung als Körperschaft oder Personengesellschaft optieren kann, ausgeübt wurde. In den Tabellen 1 und 2 des Anhangs zu den Betriebsstätten-Verwaltungsgrundsätzen ist eine Übersicht ausländischer Rechtsformen und ihre Vergleichbarkeit mit inländischen Rechtsgebilden aus Sicht der Finanzverwaltung enthalten.

§ 7 Abs. 1 setzt voraus, dass der betreffende Rechtsträger weder Sitz noch Geschäftsleitung im Inland hat. Somit ist eine ausländische Gesellschaft als Körperschaft, Personenvereinigung oder Vermögensmasse definiert, die nur deshalb nicht im Inland unbeschränkt steuerpflichtig ist, weil sie weder Sitz noch Geschäftsleitung im Inland hat. Insbesondere wird verlangt, dass sie – bei Vorhandensein von Sitz oder Geschäftsleitung im Inland – auch vor dem Hintergrund des § 3 Abs. 1 KStG steuerpflichtig wäre, was bei bestimmten nicht rechtsfähigen Gebilden nur dann der Fall ist, wenn ihr Einkommen nicht unmittelbar bei den dahinter stehenden Personen steuerpflichtig ist.

Insgesamt verhalten sich die unbeschränkte Steuerpflicht nach § 1 KStG und die Eigenschaft, ausländische Gesellschaft i. S. des § 7 AStG zu sein, zueinander komplementär.

Sog. doppelansässige Gesellschaften (s. Art. 4 Abs. 3 OECD-MA) sind auch dann keine ausländischen Gesellschaften im Sinne des § 7 Abs. 1, wenn sie nach einem DBA im Ausland als ansässig gelten. Für § 7 Abs. 1 ist in diesem Zusammenhang allein entscheidend, dass sich weder Sitz noch Geschäftsleitung im Inland befinden.

C. Inländerbeherrschung

I. Unbeschränkt Steuerpflichtige

§ 7 Abs. 1 verlangt, dass an der ausländischen Gesellschaft **unbeschränkt Stpfl.** mehrheitlich beteiligt sind. Wer unbeschränkt steuerpflichtig ist, richtet sich nach den §§ 1 Abs. 1 bis 3, 1a EStG für natürliche Personen und § 1 KStG für Körperschaften. Unerheblich ist dabei, ob tatsächlich Einkünfte erzielt werden, der Stpfl. weiß, dass er an einer Zwischengesellschaft beteiligt ist bzw. ob er andere beteiligte Steuerinländer kennt. Trotz Verwendung der Pluralform „Steuerpflichtige" ist § 7 Abs. 1 auch bei Beteiligung lediglich eines Steuerinländers anwendbar. § 7 Abs. 1 gilt auch für nach § 5 KStG steuerbefreite Körperschaften, da auch steuerbefreite juristische Personen unbeschränkt steuerpflichtig i. S. des § 7 sind (so auch BMF-AnwSchr., Tz. 7.2.1 Nr. 1a; *Mössner/Rode* in Mössner/Fuhrmann, § 7 Rn. 49; *Wassermeyer* in F/W/B, § 7 Rz. 9.4). Nicht ausdrücklich geregelt ist der Fall, dass die Beteiligung an der ausländischen Zwischengesellschaft von einer inländischen Personengesellschaften gehalten wird. Diese Gesetzeslücke ist im Wege der teleologischen Auslegung dahingehend zu schließen, dass die Beteiligung einer Personengesellschaft gleichzeitig als Beteiligung ihrer Gesellschafter anzusehen ist (*Wassermeyer* in F/W/B, § 7 Rz. 9.1).

§ 7 Abs. 1 gilt dagegen nicht für beschränkt Stpfl. Auf nach § 2 erweitert beschränkte Stpfl. sind die §§ 7 ff. ebenfalls nicht unmittelbar anzuwenden. Dies gilt unabhängig von § 7 Abs. 2, der lediglich für die Ermittlung der Beherrschungsbeteiligung die Beteiligungen erweitert beschränkter Stpfl. erfasst. Allerdings ist § 5 zu beachten, nachdem bei diesen Personen ihre nichtausländischen Einkünfte, mit denen sie bei unbeschränkter Steuerpflicht nach den §§ 7ff. steuerpflichtig wären, zuzurechnen sind.

II. Beteiligung im Sinne des Abs. 1

9 Unbeschränkt Stpfl. müssen nach Abs. 1 an der ausländischen Gesellschaft zu mehr als der Hälfte **beteiligt** sein. Es muss sich um eine gesellschaftsrechtliche Beteiligung handeln; rein schuldrechtliche Beteiligungen (z. B. Darlehen, Genussrechte, Optionsscheine) sind nicht ausreichend. Ob eine Beteiligung in diesem Sinne vorliegt, ist auf der Grundlage des ausländischen Gesellschaftsrechts zu beurteilen. In der Regel wird es sich um eine unmittelbare Beteiligung am Nennkapital handeln. Verfügt die ausländische Gesellschaft nicht über Nennkapital, so ist von einer gesellschaftsrechtlichen Beteiligung auszugehen, wenn ein Recht auf Gewinnverteilung und am Vermögensstamm besteht (*Mössner/Rode* in Mössner/Fuhrmann, § 7 Rn. 63). Abs. 5 bestimmt für diesen Fall, dass für die Aufteilung der Einkünfte der Maßstab der Gewinnverteilung zugrunde zu legen ist (s. Anm. 39).

Darüber hinaus ist eine Beteiligung am Nennkapital auch dann anzunehmen, wenn sie dem Steuerinländer steuerlich zuzurechnen ist (z. B. aufgrund der §§ 39, 41 und 42 AO; s. BMF-AnwSchr, Tz. 7.1.1).

III. Beherrschungsbeteiligung

10 Unbeschränkt Stpfl. sind nach Abs. 2 zu **mehr als der Hälfte** an einer ausländischen Gesellschaft beteiligt, wenn ihnen mehr als 50 Prozent der Anteile oder Stimmrechte an der ausländischen Gesellschaft zuzurechnen sind. Anteile, die die ausländische Gesellschaft an sich selbst oder im Ring hält, werden außer Acht gelassen (BMF-AnwSchr, Tz. 7.2.2). Gibt es bei der ausländischen Gesellschaft sowohl Anteile als auch Stimmrechte, reicht es für die Inländerbeherrschung in

diesem Sinne aus, wenn nur an den Anteilen oder nur an den Stimmrechten „unbeschränkt Steuerpflichtige ... zu mehr als der Hälfte beteiligt" sind.

Beispiel:
Der unbeschränkt Stpfl. hält als einziger Steuerinländer an einer ausländischen Zwischengesellschaft 40 Prozent der Anteile, verfügt aber gleichzeitig über 60 Prozent der Stimmrechte.
Da dem Stpfl. 60 Prozent der Stimmrechte zuzurechnen sind, handelt es sich um eine Beherrschungsbeteiligung im Sinne von Abs. 1, erster Teilsatz, Abs. 2. Nach Abs. 1 hinzugerechnet werden ihm jedoch nur 40 Prozent der Zwischeneinkünfte, da sich die quotale Aufteilung dieser Einkünfte gem. Abs. 1 letzter Teilsatz nach der Beteiligung am Nennkapital richtet (sog. Hinzurechnungsbeteiligung).

Ist bei der Gesellschaft weder ein Nennkapital vorhanden noch bestehen Stimmrechte, kommt es nach Abs. 2 Satz 3 (Auffangtatbestand) auf das Verhältnis der Beteiligungen am Vermögen der Gesellschaft an. **11**

Die einzelnen Beteiligungen sind zu addieren. Liegt die Summe über 50 Prozent, handelt es sich um eine Beherrschungsbeteiligung. Dabei kommt es weder auf die Höhe des Anteils des einzelnen Gesellschafters noch auf dessen Kenntnis der Beteiligungs- bzw. Beherrschungsverhältnisse an. **12**

Unbeschränkt Stpfl. sind nach Abs. 2 auch dann „zu mehr als der Hälfte beteiligt", wenn sie zwar zusammen über höchstens 50 Prozent der Anteile oder Stimmrechte (oder der Beteiligung am Vermögen) verfügen, jedoch neben ihnen erweitert beschränkt Stpfl. i. S. des § 2 über Anteile oder Stimmrechte verfügen und dadurch die Mindestgrenze von 50 Prozent überschritten wird. Person im Sinne des § 2 sind nach der Legaldefinition des § 5 Abs. 1 Satz 1 natürliche Personen, die in den letzten zehn Jahren vor dem Ende ihrer unbeschränkten Steuerpflicht nach § 1 Abs. 1 Satz 1 EStG als Deutscher insgesamt mindestens fünf Jahre unbeschränkt einkommensteuerpflichtig waren und die Voraussetzungen des § 2 Abs. 1 Satz 1 Nr. 1 (niedrige Besteuerung) erfüllen. Nicht erforderlich ist aufgrund des in § 5 lediglich auf § 2 Abs. 1 Satz 1 Nr. 1 enthaltenen Verweises, dass die natürliche Person wesentliche wirtschaftliche Interessen im Inland zu haben braucht. Daher ist der betreffende Personenkreis weiter als der der Personen, die gemäß § 2 der erweiterten beschränkten Steuerpflicht unterliegen. Daneben ist die Eigenschaft, „Person im Sinne des § 2" zu sein, bei wörtlicher Auslegung zeitlich nicht begrenzt; wer also hierunter fällt, infiziert ggf. lebenslang ausländische Gesellschaften zum Nachteil inländischer Stpfl. Gleichwohl geht die h. M. (*Fuhrmann* in Mössner/Fuhrmann, § 7 Rn. 87; *Wassermeyer* in F/W/B, § 7 Rz. 44.1; *Vogt* in Blümich, § 7 Rz. 27) sowie die FinVerw (BMF-AnwSchr, Tz. 7.2.1 Nr. 2) davon aus, dass die Einbeziehung von Personen im Sinne des § 2 auf den Zehnjahreszeitraum zu beschränken ist. **13**

Die Mindestbeteiligung von mehr als der Hälfte muss am Ende des Wirtschaftsjahres der ausländischen Gesellschaft bestehen, in dem die Gesellschaft die Einkünfte bezogen hat, § 7 Abs. 2 Satz 1. **14**

Die Anteile oder Stimmrechte müssen den betreffenden Personen nach deutschen steuerlichen Grundsätzen zuzurechnen sein. Somit kommt es im Zweifel auf **15** das wirtschaftliche Eigentum gemäß § 39 AO an; insbesondere sind im Falle einer Treuhand die Anteile oder Stimmrechte dem Treugeber zuzurechnen.

16 Über die allgemeinen Zurechnungsgrundsätze hinaus werden nach Abs. 2 Satz 2 und Abs. 3 auch **mittelbare Beteiligungen** an der ausländischen Gesellschaft gezählt:

17 Nach **Abs. 2 Satz 2** werden bei der Anwendung von Satz 1 auch Anteile oder Stimmrechte an einer Zwischengesellschaft „berücksichtigt", die durch eine andere Gesellschaft vermittelt werden, wobei unter „Gesellschaft" eine weitere „ausländische Gesellschaft" i. S. des Abs. 1 zu verstehen ist, die nicht selbst von Steuerinländern beherrscht sein muss. Durch die Berücksichtigung derartiger mittelbarer Beteiligungen von unbeschränkt Stpfl. oder Personen i. S. des § 2 kann sich zum einen erst eine Inländerbeherrschung ergeben, sodass sich erst hierdurch eine Steuerpflicht für die neben ihnen unmittelbar an der Zwischengesellschaft beteiligten unbeschränkt Stpfl. ergibt. Zum anderen ergibt sich auch für die derart mittelbar Beteiligten eine anteilige Steuerpflicht, die sich im Wege einer Zurechnung nach § 14 vollzieht.

18 Dies gilt nach § 7 Abs. 2 Satz 2 Halbsatz 2 entsprechend, wenn ein unbeschränkt Stpfl. oder eine Person i. S. des § 2 mehrstufig, d. h. über mehrere Gesellschaften an der ausländischen Gesellschaft beteiligt ist.

19 Nach **Abs. 3** „gelten" unbeschränkt Stpfl. als an der ausländischen Gesellschaft beteiligt, wenn ihre Beteiligung über eine oder mehrere PersGes vermittelt wird. Nach Auffassung des BFH (Urteil vom 30.8.1995 I R 77/94, BStBl II 1996 S. 122) gilt die Regelung des Abs. 3 lediglich zur Bestimmung der Beteiligung von Steuerinländern an der ausländischen Gesellschaft zu mehr als der Hälfte, nicht jedoch für die sog. Hinzurechnungsbeteiligung (a. A. *Wassermeyer* in F/W/B, § 7 Rz. 81 f.). Die Besteuerungsgrundlagen sind daher zunächst der Personengesellschaft und nicht unmittelbar den Gesellschaftern hinzuzurechnen, wenn die Personengesellschaft die Anteile unmittelbar hält. Der Feststellungsbescheid (Hinzurechnungsbescheid) ist jedoch an die Inlandsbeteiligten zu richten (s. BMF-AnwSchr Tz. 7.3 und 18.1.1.2, s. auch *Petersen*, § 18 AStG Anm. 10).

20 Daneben bestimmt **Abs. 4**, dass Anteile oder Stimmrechte auch dann einem unbeschränkt Stpfl. (nicht jedoch einer Person im Sinne des § 2) zuzurechnen sind, wenn sie von einer anderen Person gehalten werden und er gegenüber dieser Person so weisungsbefugt ist, „dass ihr kein eigener wesentlicher Entscheidungsspielraum bleibt". Entscheidend für die Entkräftung dieser besonderen Zurechnung ist somit der Nachweis eines wesentlichen verbleibenden Entscheidungsspielraumes dieser Person. Dabei muss der Entscheidungsspielraum sich auf diese Anteile oder diese Stimmrechte beziehen; irrelevant ist ein Entscheidungsspielraum, der sich aus anderen Anteilen oder Stimmrechten, bezüglich derer die Person keinen Weisungen des unbeschränkt Stpfl. folgen muss oder folgt, oder aus einem anderen Amt der Person, etwa als Geschäftsführer der ausländischen Gesellschaft, ergibt.

21 Der vorhandene Entscheidungsspielraum kann sowohl rechtlich („so zu folgen hat") oder faktisch („oder so folgt") begrenzt sein.

22 Nach Abs. 4 Satz 2 ist allein die Tatsache, dass der unbeschränkt Stpfl. an der „Person" (etwa einer weiteren Gesellschaft) beteiligt ist, noch nicht als Weisungsbefugnis i. S. des Satz 1 anzusehen. Allerdings kann insbesondere eine Mehrheitsbeteiligung eine derartige Weisungsbefugnis vermitteln.

Abs. 4 betrifft nur die Frage, in welchen Fällen von einer Beteiligung unbeschränkt Stpfl. "zu mehr als der Hälfte" (sog. Beherrschungsbeteiligung) auszugehen ist, nicht jedoch die Hinzurechnungsbeteiligung (BFH, Urteil vom 26.10.1983 I R 200/78, BStBl II 1984 S. 258; dies ist mittlerweile auch Auffassung der FinVerw s. BMF-AnwSchr, Tz. 7.4.3). Für die Hinzurechnung der Einkünfte ist vielmehr die Beteiligung am Nennkapital maßgebend. **23**

D. Sonderregelungen für Zwischeneinkünfte mit Kapitalanlagecharakter (Abs. 6)

Für Zwischeneinkünfte mit Kapitalanlagecharakter i. S. des Abs. 6a enthält Abs. 6 einen besonderen Tatbestand, der geringere Tatbestandsvoraussetzungen hinsichtlich der Mindestbeteiligungsquote aufstellt (sog. erweiterte Hinzurechnungsbesteuerung). Dabei kommt es nach Abs. 6 Satz 1 abweichend vom Grundtatbestand bereits dann zur Hinzurechnungsbesteuerung, wenn ein unbeschränkt Stpfl. an der ausländischen Gesellschaft zu mindestens 1 Prozent beteiligt ist und die ausländische Gesellschaft Zwischeneinkünfte mit Kapitalanlagecharakter nach Abs. 6a erzielt. **24**

Hintergrund der 1992 durch StÄndG eingeführten Sonderregelung ist, dass aufgrund der damals geltenden Rechtslage durch Einschaltung von Zwischengesellschaften Einkünfte verschiedener Art in DBA-schachtelprivilegierte Dividenden "umqualifiziert" wurden und man für Zwischeneinkünfte mit Kapitalanlagecharakter den Missbrauch der DBA-Freistellung durch Zwischenschaltung von Basisgesellschaften unterbinden wollte. Die reduzierte Mindestbeteiligungsquote (in der damaligen Fassung in Höhe von 10 Prozent) sollte nach dem Willen des Gesetzgebers (s. BT-Drs. 12/1506, S. 181) sicherstellen, dass die Sonderregelung dann eingreift, wenn die Schachtelfreistellung über die Grenze in Frage kommt (d. h. bei 10 Prozent und mehr). Damit sollte Umgehungen durch internationale Beteiligungsstreuung entgegengetreten werden. **25**

Durch UntStFG vom 20.12.2001 wurde die Mindestbeteiligungsgrenze für Zwischeneinkünfte mit Kapitalanlagecharakter von 10 Prozent auf 1 Prozent herabgesetzt sowie durch den neu eingefügten § 7 Abs. 6 S. 3 in bestimmten Fällen von einer Mindestbeteiligungsgrenze gänzlich abgesehen (zur zeitlichen Anwendung vgl. § 21 Abs. 7 Satz 3).

Eine Inländerbeherrschung der ausländischen Gesellschaft ist in Abs. 6 im Gegensatz zu Abs. 1 nicht erforderlich. Es kommt im Rahmen des Abs. 6 Satz 1 lediglich darauf an, dass ein unbeschränkt Stpfl. an der ausländischen Gesellschaft zu mindestens 1 Prozent beteiligt ist. Beteiligungen mehrerer unbeschränkt Stpfl. sind anders als in Abs. 1 nicht zu addieren. Abzustellen ist ausschließlich auf die unmittelbare Beteiligung des unbeschränkt Stpfl. am Nennkapital (so auch *Wassermeyer* in F/W/B, § 7 Rz. 112; *Mössner*, Steuerrecht international tätiger Unternehmen, Rz. E 423; *Protzen* in *Kraft*, § 7 Rz. 309; a. A. BMF-AnwSchr, Tz. 7.6.1 mit Verweis auf Tz. 7.2). Daneben gelten die allg. Zurechnungsvorschriften der §§ 39, 41 und 42 AO. § 7 Abs. 2 findet keine Anwendung, da diese Vorschrift ihrem Wortlaut nach nur für das Beteiligtsein i. S. des Abs. 1 ("zu mehr als der Hälfte beteiligt") gilt. **26**

27 Erzielt die ausländische Gesellschaft **ausschließlich** oder **fast ausschließlich** Bruttoerträge, die Zwischeneinkünften mit Kapitalanlagecharakter zugrunde liegen, werden auch Beteiligungen von weniger als 1 Prozent in die erweitere Hinzurechnungsbesteuerung einbezogen, § 7 Abs. 6 Satz 3. Dies gilt jedoch nicht, wenn mit der Hauptgattung der Aktien der ausländischen Gesellschaft ein wesentlicher und regelmäßiger Handel an einer anerkannten Börse stattfindet (sog. Börsenklausel). In diesen Fällen ist die Mindestbeteiligungsgrenze von 1 Prozent zu berücksichtigen. Das Tatbestandsmerkmal „fast ausschließlich" ist erfüllt, wenn die Bruttoerträge, die den Zwischeneinkünften mit Kapitalanlagecharakter zugrunde liegen, mehr als 90 Prozent der gesamten Bruttoerträge betragen (BMF-AnwSchr, Tz. 7.6.2; so auch BFH, Urteil vom 30.8.1995 I R 77/94, BStBl II 1996 S. 122 zu § 8 Abs. 2 a. F.).

28 Schließlich ist die Bagatellgrenze des Satz 2 zu beachten, wonach die Hinzurechnungsbesteuerung entfällt, wenn

– die den Zwischeneinkünften mit Kapitalanlagecharakter zugrunde liegenden Bruttoerträge der ausländischen Zwischengesellschaft nicht mehr als 10 Prozent der den gesamten Zwischeneinkünften zugrunde liegenden Bruttoerträge der betreffenden Gesellschaft betragen **(relative Grenze)**, und

– die bei der Zwischengesellschaft oder einem Steuerpflichtigen hiernach außer Ansatz zu lassenden Beträge insgesamt 80 000 Euro nicht übersteigen **(absolute Grenze)**,

Satz 2 ist an die Regelung des § 9 angelehnt, sodass im Wesentlichen auf die Kommentierung zu § 9 verwiesen werden kann. Es ergeben sich jedoch Unterschiede dahingehend, dass für die Anwendung des § 9 alle Freigrenzen eingehalten werden müssen, während nach dem Wortlaut des § 7 Abs. 6 Satz 2 lediglich eine der absoluten Freigrenzen nicht überschritten werden darf.

In Fällen, in denen eine Inländerbeherrschung i. S. des Abs. 1 vorliegt, tritt die dort geregelte Rechtsfolge (anteilige Steuerpflicht der beteiligten unbeschränkt Stpfl.) für sämtliche Zwischeneinkünfte, also auch für diejenigen mit Kapitalanlagecharakter ein.

29 Ist aber die ausländische Gesellschaft nicht inländisch beherrscht i. S. des Abs. 1, so tritt nach Abs. 6 die Rechtsfolge der anteiligen Steuerpflicht **nur für die Zwischeneinkünfte mit Kapitalanlagecharakter** und nur bei denjenigen unbeschränkt Stpfl. ein, bei denen die dort genannten Voraussetzungen erfüllt sind.

30 U. E. kommt es – wie bei der Prüfung der Inländerbeherrschung nach Abs. 1 – auf die Beteiligungshöhe am Ende des maßgebenden Wj. an.

E. Definition der Zwischeneinkünfte mit Kapitalanlagecharakter (Abs. 6a)

31 Aufgrund der Änderungen durch StVergAbG von 2003 wird der Begriff der „Zwischeneinkünfte mit Kapitalanlagecharakter" nunmehr in § 7 Abs. 6a (bislang § 10 Abs. 6 Satz 2) definiert. Danach sind Zwischeneinkünfte mit Kapitalanlagecharakter niedrig besteuerte Einkünfte der ausländischen Zwischengesellschaft, die aus dem Halten, der Verwaltung, Werterhaltung oder Werterhöhung von Zahlungsmitteln, Forderungen, Wertpapieren, Beteiligungen oder ähnlichen Vermögenswerten stammen. Somit sind insbesondere Einkünfte aus Kapitalvermögen im Sinne des § 20 EStG sowie die entsprechenden Veräußerungsgewinne und -verluste erfasst (BMF-AnwSchr, Tz. 7.6.4). Hoch besteuerte Einkünfte sowie aktive Einkünfte sind dagegen keine Zwischeneinkünfte mit Kapitalanlagecharakter. Nicht unter die erweiterte Hinzurechnungsbesteuerung fallen daher auch die in § 8 Abs. 1 Nr. 8 und 9 genannten Einkünfte aus Gewinnausschüttungen von Kapitalgesellschaften sowie der begünstigten Veräußerung von Anteilen an anderen Gesellschaften bzw. aus deren Auflösung oder Herabsetzung ihres Kapitals.

Um keine Zwischeneinkünfte mit Kapitalanlagecharakter handelt es sich nach § 7 Abs. 6a, wenn der Stpfl. nachweist, dass Einkünfte aus einer Tätigkeit stammen, die einer unter § 8 Abs. 1 Nr. 1 bis 6 fallenden eigenen Tätigkeit der ausländischen Gesellschaft dient (ausgenommen Tätigkeiten i. S. des § 1 Abs. 1 Nr. 6 KWG). Aufgrund der funktionalen Betrachtungsweise (s. auch BMF-AnwSchr Tz. 7.6.4) kommt dieser Aktivitätsklausel kaum eine eigenständige Bedeutung zu, da Einkünfte, die aus Tätigkeiten stammen, die einer aktiven Tätigkeit der ausländischen Gesellschaft dienen, ohnehin den aktiven Tätigkeiten zuzuordnen sind und somit keine Hinzurechnungsbesteuerung auslösen (s. auch *Mössner*, Steuerrecht internationaler Unternehmen, Rz. E 447). **32**

F. Rechtsfolge: Anteilige Steuerpflicht der inländischen Beteiligten

Liegt eine ausländische Gesellschaft vor und sind bei dieser die Beteiligungsvoraussetzungen des Abs. 1 oder des Abs. 6 erfüllt, ergibt sich eine anteilige Steuerpflicht der unbeschränkt Stpfl., die an der Gesellschaft beteiligt sind, hinsichtlich der betreffenden Einkünfte der Gesellschaft. Dabei tritt diese Steuerpflicht im Falle des Abs. 1 bei allen an der Gesellschaft beteiligten unbeschränkt Stpfl. ein; im Falle des Abs. 6 Satz 1 nur bei denjenigen, die zu mindestens 1 Prozent beteiligt sind bzw. im Falle des Abs. 6 Satz 3 (keine Mindestbeteiligungsquote, wenn die nicht börsennotierte Zwischengesellschaft ausschließlich oder fast ausschließlich Einkünfte mit Kapitalanlagecharakter erzielt) auch bei den weniger als zu 1 Prozent beteiligten unbeschränkt Stpfl. **33**

Technisch wird diese Steuerpflicht durch den Ansatz eines Hinzurechnungsbetrages i. S. des § 10 durchgeführt. Verfahrensrechtlich werden nach § 18 die Besteuerungsgrundlagen für die Anwendung der §§ 7–14 gesondert und ggf. einheitlich festgestellt. **34**

Nach Abs. 1 können bei den inländischen Beteiligten nur solche Einkünfte der ausländischen Gesellschaft steuerpflichtig werden, „für die diese Gesellschaft Zwischengesellschaft ist". Für diese Einkünfte hat sich die Bezeichnung „Zwischeneinkünfte" der betreffenden Gesellschaft eingebürgert; im Gesetz allerdings wird diese Bezeichnung lediglich im abgeleiteten Begriff „Zwischeneinkünfte mit Kapitalanlagecharakter" verwendet. Alle anderen Einkünfte, für die die ausländische Gesellschaft nicht Zwischengesellschaft ist, werden nicht im Rahmen der Hinzurechnungsbesteuerung bei den inländischen Beteiligten steuerpflichtig. **35**

Für welche Einkünfte die ausländische Gesellschaft Zwischengesellschaft ist, wird in § 8 geregelt. **36**

37 Sind nicht die Beteiligungsvoraussetzungen des Abs. 1, wohl aber die Voraussetzungen des Abs. 6 Satz 1 oder 3 erfüllt, sind diejenigen „Zwischeneinkünfte" der ausländischen Gesellschaft, die Zwischeneinkünfte mit Kapitalanlagecharakter sind, anteilig bei denjenigen unbeschränkt Stpfl. steuerpflichtig, bei denen diese Voraussetzungen erfüllt sind.

38 Nach § 7 werden nur bei den unbeschränkt Stpfl., die an der Gesellschaft beteiligt sind, Zwischeneinkünfte der ausländischen Gesellschaft hinzugerechnet. Personen im Sinne des § 2 – deren Beteiligung möglicherweise erst bewirkt hat, dass die unbeschränkt Stpfl. „zu mehr als der Hälfte" an der Gesellschaft beteiligt sind – werden nicht im Rahmen der Hinzurechnungsbesteuerung gemäß §§ 7 ff., sondern gegebenenfalls gemäß § 5 mit den anteiligen Zwischeneinkünften steuerpflichtig.

39 Die anteilige Steuerpflicht nach Abs. 1 (kraft Verweises auf Abs. 1 gilt der gleiche Verteilungsschlüssel, falls nicht die gesamten Zwischeneinkünfte, sondern nur diejenigen mit Kapitalanlagecharakter gemäß Abs. 6 steuerpflichtig sind) richtet sich gemäß Abs. 5 letztlich nach dem Maßstab, der für die Gewinnverteilung der ausländischen Gesellschaft maßgeblich ist. Zwar ist nach Abs. 1 Maßstab zunächst die Beteiligung des betreffenden unbeschränkt Stpfl. am Nennkapital, jedoch gilt dies nach Abs. 5 nur dann, wenn die Gesellschaft überhaupt über Nennkapital verfügt und nicht ein anderer Maßstab für die Gewinnverteilung maßgeblich ist.

40 Außer Acht bleiben Anteile, die einem unbeschränkt Stpfl. gemäß Abs. 4 zuzurechnen sind. Sind beispielsweise nach den allgemeinen Grundsätzen 30 Prozent einer ausländischen Gesellschaft einem unbeschränkt Stpfl. (als wirtschaftlichem Eigentümer) zuzurechnen, und ist er bezüglich weiterer 25 Prozent weisungsbefugt i. S. des Abs. 4 gegenüber einer anderen Person – ohne dass er hierdurch wirtschaftlicher Eigentümer dieser weiteren Anteile gemäß § 39 AO wird –, so ist diese Zurechnung gemäß Abs. 4 lediglich für die Feststellung der Inländerbeherrschung und somit für die Hinzurechnungsbesteuerung dem Grunde nach von Bedeutung. Tatsächlich hinzugerechnet werden bei diesem Stpfl. nur 30 Prozent der Zwischeneinkünfte entsprechend seiner tatsächlichen Beteiligung an der ausländischen Gesellschaft.

41 Ist der unbeschränkt Stpfl. neben seiner eigenen 30prozentigen Beteiligung nur bezüglich weiterer 15 Prozent weisungsbefugt i. S. des Abs. 4 ist und kein weiterer unbeschränkt Stpfl. und keine Person i. S. des § 2 an der ausländischen Zwischengesellschaft beteiligt, ist dieser Stpfl. ggf. mit 30 Prozent der Zwischeneinkünfte mit Kapitalanlagecharakter der Auslandsgesellschaft steuerpflichtig.

42 Hinzurechnungspflichtig sind diejenigen Steuerinländer, die am Ende des abgelaufenen Wirtschaftsjahres an der ausländischen Gesellschaft beteiligt waren (s. auch BMF-AnwSchr, Tz. 7.1.1). Werden Anteile an der ausländischen Gesellschaft vor Ende des Wirtschaftsjahres der Gesellschaft veräußert, unterliegt nicht mehr der alte, sondern nur der neuen Anteilseigner – sofern dieser Inländer ist – der Hinzurechnungsbesteuerung mit den auf ihn entfallenden Zwischeneinkünften der ausländischen Gesellschaft für das gesamte Jahr.

43 Bei einer im Inland mehrstufigen Struktur bleibt es bei der Steuerpflicht auf der untersten inländischen Stufe. Ist beispielsweise die börsennotierte XY AG an einer von Inländern beherrschten ausländischen Zwischengesellschaft beteiligt, sind nicht neben der AG auch noch deren inländische Aktionäre gemäß Abs. 1 mit ihrem Anteil an den Zwischeneinkünften steuerpflichtig.

G. Vorrang des InvStG (Abs. 7)

44 Abs. 7 regelt das Verhältnis der §§ 7 ff. zu den Regelungen des InvStG. Erstmals wurde das Konkurrenzverhältnis zwischen beiden Rechtsmaterien in § 21 Abs. 8 a. F. durch StÄndG 1992 geregelt. Danach waren die §§ 16-20 des AuslInvestmG (dem Vorgänger des InvStG) in den Fällen des § 7 nicht anwendbar. Diese Regelung wurde jedoch kurze Zeit später durch Missbrauchs- und Steuerbereinigungsgesetz vom 21.12.1993 (StMBG, BGBl I 1993 S. 2310 – BStBl I 1994 S. 50) wieder abgeschafft. Im Rahmen des UntStFG wurde in § 7 ein Abs. 7 eingefügt, der seitdem den Vorrang des AuslInvestmG regelt. In diesen Absatz wurde durch das sog. „Korb II – Gesetz" vom 22.12.2003 (s. vor §§ 7–14 AStG, Anm. 26) eine Rückausnahme eingefügt, nach der die Vorschriften des AStG anwendbar bleiben, wenn die Besteuerung nach dem AuslInvestmG aufgrund eines DBA ausgeschlossen ist. Durch Investmentmodernisierungsgesetz vom 15.12.2003 (BGBl I 2003 S. 2676 – BStBl I 2004 S. 5) wurde zudem Abs. 7 dahingehend geändert, dass der Vorrang des InvStG nur dann gelten soll, wenn die Einkünfte nach den Vorschriften des InvStG steuerpflichtig sind, die bloße Anwendbarkeit des InvStG reichte danach nicht mehr aus. Diese Änderung wurde allerdings durch Richtlinien-Umsetzungsgesetz vom 9.12.2004 (BGBl I 2004 S. 3310 [S. 3843] – BStBl I 2004 S. 1158) wieder rückwirkend aufgehoben.

45 Nach Abs. 7 unterliegen Einkünfte, für die die ausländische Gesellschaft Zwischengesellschaft ist, nicht der Hinzurechnungsbesteuerung, wenn auf sie die Vorschriften des InvStG anzuwenden sind (Ausnahme: § 19 Abs. 4 InvStG). Dabei betrifft die Regelung in Abs. 7 lediglich den Fall, dass das ausländische Investmentvermögen selbst Zwischengesellschaft ist. Nicht umfasst werden Gestaltungen, in denen eine Zwischengesellschaft einem Investmentvermögen vor- oder nachgeschaltet ist (so auch *Fock*, IStR 2006 S. 734 mit Verweis auf die Regierungsbegründung BT-Drs. 14/6882 S. 42).

46 Der Vorrang des InvStG greift allerdings dann nicht ein, wenn es sich um Ausschüttungen oder ausschüttungsgleiche Erträge handelt, die nach einem DBA von der Bemessungsgrundlage auszunehmen wären (DBA-Freistellungsmethode). Diese Regelung soll verhindern, dass Einkünfte eines ausländischen Investmentvermögens, auf die die Vorschriften der §§ 7 ff. anwendbar sind, aufgrund der Vorrangregelung zugunsten des InvStG überhaupt keiner Besteuerung unterliegen, was der Fall wäre, wenn die Steuerbefreiung aufgrund eines DBA beansprucht werden kann (DBA-Schachtelprivileg, s. auch BMF-AnwSchr, Tz. 7.7).

H. Beteiligung an REIT-AG (Abs. 8)

47 Durch das Gesetz zur Schaffung deutscher Immobilien-Aktiengesellschaften mit börsennotierten Anteilen vom 28.5.2007 (REITG, BGBl I 2007 S. 914, s. vor §§ 7–14 AStG, Anm. 30) wurde Abs. 8 eingefügt. Beteiligt sich ein unbeschränkt Stpfl. über eine niedrig besteuerte ausländische Gesellschaft an einer inländischen REIT-AG, könnten ohne die Neuregelung Ausschüttungen und Aktienveräußerungsgewinne in der niedrig besteuerten ausländischen Gesellschaft aufgefangen und im Wesentlichen steuerfrei ins Inland transferiert werden. Daher erweitert § 14 Abs. 2 den Anwendungsbereich der Hinzurechnungsbesteuerung auf Fälle, in denen die Beteiligung an einer inländischen REIT-AG von unbeschränkt Stpfl. mittelbar über eine ausländische Zwischengesellschaft gehalten wird. Dabei wird nach Abs. 8 auf das Erfordernis der Inländerbeherrschung der ausländischen Gesellschaft verzichtet (Ausnahme: Börsenklausel). Daneben wurde der Katalog der passiven Zwischeneinkünfte in § 8 Abs. 1 Nr. 9 um Gewinne ausländischer Gesellschaften aus der Veräußerung inländischer REIT-Aktien erweitert. Die Neuregelungen gelten erstmals für hinzurechnungspflichtige Einkünfte, die in einem Wirtschaftsjahr der ausländischen Gesellschaft (Zwischengesellschaft) oder Betriebsstätte entstanden sind, das nach dem 31. Dezember 2006 beginnt (§ 21 Abs. 15).

48 Abs. 8 bestimmt, dass es für Zwecke des Abs. 1 nicht auf die inländische Beherrschung der ausländischen Gesellschaft ankommt, wenn diese an einer (inländischen) Gesellschaft im Sinne des § 16 REITG beteiligt ist. § 16 REITG regelt die Steuerbefreiung der REIT-AG. Nach § 16 Abs. 1 REITG ist eine REIT-AG mit Sitz und Geschäftsleitung im Inland, die die Voraussetzungen der §§ 8–15 REITG erfüllt, unbeschränkt körperschaftsteuerpflichtig ist und nicht im Sinne eines DBA als in dem anderen Vertragsstaat ansässig gilt, von der KSt und GewSt befreit. Eine bestimmte Beteiligungsquote der ausländischen Gesellschaft an der inländischen REIT-AG ist nach Abs. 8 nicht erforderlich. Eine Hinzurechnungsbesteuerung der Zwischeneinkünfte einer ausländischen Gesellschaft ist bei Beteiligung dieser an einer inländischen REIT-AG im Sinne des § 16 REITG also auch dann vorzunehmen, wenn es an einer Inländerbeherrschung der ausländischen Gesellschaft fehlt. Es müssen allerdings die übrigen Voraussetzungen der Hinzurechnungsbesteuerung (passive Einkünfte, niedrige Besteuerung) vorliegen. Nach dem Wortlaut des Abs. 8 unterliegen sämtliche passive Einkünfte der ausländischen Gesellschaft der Hinzurechnung, unabhängig davon, ob sie im Zusammenhang mit der Beteiligung an der REIT-AG stehen. Somit wären sonstige Zwischeneinkünfte der ausländischen Gesellschaft ebenfalls von der Hinzurechnungsbesteuerung erfasst, ohne dass es auf die Inländerbeherrschung der ausländischen Gesellschaft ankommen würde. Dies schießt weit über das Ziel der Regelung hinaus, ungerechtfertigte Vorteile aus Beteiligungen an inländischen REIT-Gesellschaften, die über ausländische Gesellschaften gehalten werden, zu verhindern. Daher sollte die Rechtsfolge des Abs. 8 auf Zwischeneinkünfte aus der Beteiligung an einer REIT-AG eingeschränkt werden.

49 Abs. 8 ist dagegen nicht anzuwenden, wenn die ausländische Gesellschaft, die an der REIT-AG beteiligt ist, ihrerseits börsennotiert ist (Börsenklausel). In diesem Fall verbleibt es bei den allgemeinen Beteiligungsvoraussetzungen. Die Börsenklausel des Abs. 8 entspricht der des § 7 Abs. 6 Satz 3.

§ 8*
Einkünfte von Zwischengesellschaften

(1) Eine ausländische Gesellschaft ist Zwischengesellschaft für Einkünfte, die einer niedrigen Besteuerung unterliegen und nicht stammen aus:
1. der Land- und Forstwirtschaft,
2. der Herstellung, Bearbeitung, Verarbeitung oder Montage von Sachen, der Erzeugung von Energie sowie dem Aufsuchen und der Gewinnung von Bodenschätzen,
3. dem Betrieb von Kreditinstituten oder Versicherungsunternehmen, die für ihre Geschäfte einen in kaufmännischer Weise eingerichteten Betrieb unterhalten, es sei denn, die Geschäfte werden überwiegend mit unbeschränkt Steuerpflichtigen, die nach § 7 an der ausländischen Gesellschaft beteiligt sind, oder solchen Steuerpflichtigen im Sinne des § 1 Abs. 2 nahestehenden Personen betrieben,
4. dem Handel, soweit nicht
   a) ein unbeschränkt Steuerpflichtiger, der gemäß § 7 an der ausländischen Gesellschaft beteiligt ist, oder eine einem solchen Steuerpflichtigen im Sinne des § 1 Abs. 2 nahe stehende Person, die mit ihren Einkünften hieraus im Geltungsbereich dieses Gesetzes steuerpflichtig ist, der ausländischen Gesellschaft die Verfügungsmacht an den gehandelten Gütern oder Waren verschafft, oder
   b) die ausländische Gesellschaft einem solchen Steuerpflichtigen oder einer solchen nahe stehenden Person die Verfügungsmacht an den Gütern oder Waren verschafft, es sei denn, der Steuerpflichtige weist nach, dass die ausländische Gesellschaft einen für derartige Handelsgeschäfte in kaufmännischer Weise eingerichteten Geschäftsbetrieb unter Teilnahme am allgemeinen wirtschaftlichen Verkehr unterhält und die zur Vorbereitung, dem Abschluss und der Ausführung der Geschäfte gehörenden Tätigkeiten ohne Mitwirkung eines solchen Steuerpflichtigen oder einer solchen nahe stehenden Person ausübt,
5. Dienstleistungen, soweit nicht
   a) die ausländische Gesellschaft für die Dienstleistung sich eines unbeschränkt Steuerpflichtigen, der gemäß § 7 an ihr beteiligt ist, oder einer einem solchen Steuerpflichtigen im Sinne des § 1 Abs. 2 nahestehenden Person bedient, die mit ihren Einkünften aus der von ihr beigetragenen Leistung im Geltungsbereich dieses Gesetzes steuerpflichtig ist, oder
   b) die ausländische Gesellschaft die Dienstleistung einem solchen Steuerpflichtigen oder einer solchen nahestehenden Person erbringt, es sei denn, der Steuerpflichtige weist nach, daß die ausländische Gesellschaft einen für das Bewirken derartiger Dienstleistungen eingerichteten Geschäftsbetrieb unter Teilnahme am

---
* Zuletzt geändert durch das Amtshilferichtlinie-Umsetzungsgesetz vom 26.6.2013 (BGBl I 2013 S. 1809).

allgemeinen wirtschaftlichen Verkehr unterhält und die zu der Dienstleistung gehörenden Tätigkeiten ohne Mitwirkung eines solchen Steuerpflichtigen oder einer solchen nahestehenden Person ausübt,

6. der Vermietung und Verpachtung, ausgenommen
   a) die Überlassung der Nutzung von Rechten, Plänen, Mustern, Verfahren, Erfahrungen und Kenntnissen, es sei denn, der Steuerpflichtige weist nach, daß die ausländische Gesellschaft die Ergebnisse eigener Forschungs- oder Entwicklungsarbeit auswertet, die ohne Mitwirkung eines Steuerpflichtigen, der gemäß § 7 an der Gesellschaft beteiligt ist, oder einer einem solchen Steuerpflichtigen im Sinne des § 1 Abs. 2 nahestehenden Person unternommen worden ist,
   b) die Vermietung oder Verpachtung von Grundstücken, es sei denn, der Steuerpflichtige weist nach, daß die Einkünfte daraus nach einem Abkommen zur Vermeidung der Doppelbesteuerung steuerbefreit wären, wenn sie von den unbeschränkt Steuerpflichtigen, die gemäß § 7 an der ausländischen Gesellschaft beteiligt sind, unmittelbar bezogen worden wären, und
   c) die Vermietung oder Verpachtung von beweglichen Sachen, es sei denn, der Steuerpflichtige weist nach, daß die ausländische Gesellschaft einen Geschäftsbetrieb gewerbsmäßiger Vermietung oder Verpachtung unter Teilnahme am allgemeinen wirtschaftlichen Verkehr unterhält und alle zu einer solchen gewerbsmäßigen Vermietung oder Verpachtung gehörenden Tätigkeiten ohne Mitwirkung eines unbeschränkt Steuerpflichtigen, der gemäß § 7 an ihr beteiligt ist, oder einer einem solchen Steuerpflichtigen im Sinne des § 1 Abs. 2 nahestehenden Person ausübt,
7. der Aufnahme und darlehensweisen Vergabe von Kapital, für das der Steuerpflichtige nachweist, daß es ausschließlich auf ausländischen Kapitalmärkten und nicht bei einer ihm oder der ausländischen Gesellschaft nahestehenden Person im Sinne des § 1 Abs. 2 aufgenommen und außerhalb des Geltungsbereichs dieses Gesetzes gelegenen Betrieben oder Betriebsstätten, die ihre Bruttoerträge ausschließlich oder fast ausschließlich aus unter die Nummern 1 bis 6 fallenden Tätigkeiten beziehen, oder innerhalb des Geltungsbereichs dieses Gesetzes gelegenen Betrieben oder Betriebsstätten zugeführt wird,
8. Gewinnausschüttungen von Kapitalgesellschaften,
9. der Veräußerung eines Anteils an einer anderen Gesellschaft sowie aus deren Auflösung oder der Herabsetzung ihres Kapitals, soweit der Steuerpflichtige nachweist, dass der Veräußerungsgewinn auf Wirtschaftsgüter der anderen Gesellschaft entfällt, die anderen als den in Nummer 6 Buchstabe b, soweit es sich um Einkünfte einer Gesellschaft im Sinne des § 16 des REIT-Gesetzes handelt, oder § 7 Abs. 6a bezeichneten Tätigkeiten dienen; dies gilt entsprechend, soweit der Gewinn auf solche Wirtschaftsgüter einer Gesellschaft entfällt, an der die andere Gesellschaft beteiligt ist; Verluste aus der Veräußerung von Anteilen an der anderen Gesellschaft sowie aus deren Auflösung oder

der Herabsetzung ihres Kapitals sind nur insoweit zu berücksichtigen, als der Steuerpflichtige nachweist, dass sie auf Wirtschaftsgüter zurückzuführen sind, die Tätigkeiten im Sinne der Nummer 6 Buchstabe b, soweit es sich um Einkünfte einer Gesellschaft im Sinne des § 16 des REIT-Gesetzes handelt, oder im Sinne des § 7 Abs. 6a dienen,

10. Umwandlungen, die ungeachtet des § 1 Abs. 2 und 4 des Umwandlungssteuergesetzes zu Buchwerten erfolgen könnten; das gilt nicht, soweit eine Umwandlung den Anteil an einer Kapitalgesellschaft erfasst, dessen Veräußerung nicht die Voraussetzungen der Nummer 9 erfüllen würde.

(2) ¹Ungeachtet des Absatzes 1 ist eine Gesellschaft, die ihren Sitz oder ihre Geschäftsleitung in einem Mitgliedstaat der Europäischen Union oder einem Vertragsstaat des EWR-Abkommens hat, nicht Zwischengesellschaft für Einkünfte, für die unbeschränkt Steuerpflichtige, die im Sinne des § 7 Absatz 2 oder Absatz 6 an der Gesellschaft beteiligt sind, nachweisen, dass die Gesellschaft insoweit einer tatsächlichen wirtschaftlichen Tätigkeit in diesem Staat nachgeht. ²Weitere Voraussetzung ist, dass zwischen der Bundesrepublik Deutschland und diesem Staat auf Grund der Amtshilferichtlinie gemäß § 2 Absatz 2 des EU-Amtshilfegesetzes oder einer vergleichbaren zwei- oder mehrseitigen Vereinbarung, Auskünfte erteilt werden, die erforderlich sind, um die Besteuerung durchzuführen. ³Satz 1 gilt nicht für die der Gesellschaft nach § 14 zuzurechnenden Einkünfte einer Untergesellschaft, die weder Sitz noch Geschäftsleitung in einem Mitgliedstaat der Europäischen Union oder einem Vertragsstaat des EWR-Abkommens hat. ⁴Das gilt auch für Zwischeneinkünfte, die einer Betriebsstätte der Gesellschaft außerhalb der Europäischen Union oder der Vertragsstaaten des EWR-Abkommens zuzurechnen sind. ⁵Der tatsächlichen wirtschaftlichen Tätigkeit der Gesellschaft sind nur Einkünfte der Gesellschaft zuzuordnen, die durch diese Tätigkeit erzielt werden und dies nur insoweit, als der Fremdvergleichsgrundsatz (§ 1) beachtet worden ist.

(3) ¹Eine niedrige Besteuerung im Sinne des Absatzes 1 liegt vor, wenn die Einkünfte der ausländischen Gesellschaft einer Belastung durch Ertragsteuern von weniger als 25 Prozent unterliegen, ohne dass dies auf einem Ausgleich mit Einkünften aus anderen Quellen beruht. ²In die Belastungsberechnung sind Ansprüche einzubeziehen, die der Staat oder das Gebiet der ausländischen Gesellschaft im Fall einer Gewinnausschüttung der ausländischen Gesellschaft dem unbeschränkt Steuerpflichtigen oder einer anderen Gesellschaft, an der der Steuerpflichtige direkt oder indirekt beteiligt ist, gewährt. ³Eine niedrige Besteuerung im Sinne des Absatzes 1 liegt auch dann vor, wenn Ertragsteuern von mindestens 25 Prozent zwar rechtlich geschuldet, jedoch nicht tatsächlich erhoben werden.

Erläuterungen
Übersicht

	Anm.
A. Allgemeines	1–6
I. Überblick über die Vorschrift	1–5
II. Rechtsentwicklung	6
B. Passive Einkünfte (Abs. 1)	7–142
I. Allgemeines	7–15
II. Die einzelnen Tätigkeiten bzw. Einkünfte	16–142
1. Land- und Forstwirtschaft	16–18
2. Produktion	19–23
3. Kreditinstitute und Versicherungen	24–41
a) Kreditinstitute	25–27
b) Versicherungsunternehmen	28–32
c) Kaufmännischer Betrieb	33
d) Überwiegen von Fremdgeschäften	34–41
4. Handel	42–58
a) Begriff „Handel"	45
b) Konzerninterner Handel	46–49
c) Funktionsnachweis	50–58
5. Dienstleistungen	59–71
a) Begriff „Dienstleistung"	60
b) Bedienenstatbestand	61–64
c) Erbringungstatbestand	65–71
6. Vermietung und Verpachtung	72–96
a) Immaterielle Wirtschaftsgüter	77–82
b) Grundstücke	83–89
c) Bewegliche Sachen	90–96
7. Kapitalaufnahme und -vergabe	97–115
8. Gewinnausschüttungen von Kapitalgesellschaften	116–119
9. Veräußerung von Beteiligungen	120–131
a) Allgemeines	120
b) Veräußerung	121–122
c) Anteile an einer anderen Gesellschaft	123–124
d) Liquidation oder Kapitalherabsetzung	125
e) Nachweispflichten	126–129
f) Mehrstufige Beteiligungsstrukturen – § 8 Abs. 1 Nr. 9 TS. 2	130
g) Verluste – § 8 Abs. 1 Nr. 9 TS. 3	131
10. Umwandlungen	132–142
a) Allgemeines	132–135
b) Umwandlungen zu Buchwerten	136–139
c) Ausnahme für Umwandlungen hinsichtlich Anteilen an REIT-AG bzw. Kapitalgesellschaften mit Kapitalanlageeinkünften (Nr. 10 HS. 2)	140–142
C. Gegenbeweis (Abs. 2)	**143–160**
I. Allgemeines	**143–144**
1. Überblick	143

	Anm.
2. Rechtsentwicklung	144
II. Voraussetzungen	145–157
1. Gegenbeweis	145–153
2. Amtshilfebedingungen (S. 2)	154
3. Einkünftezuordnung und Fremdvergleichsgrundsatz (S. 5)	155–159
III. Rechtsfolge	**160**
D. Niedrigbesteuerung (Abs. 3)	**161–181**
I. Allgemeines	161–164
II. 25%-Grenze	165–167
III. Belastungsberechnung	168–181

Schrifttum: Die in der Einführung zu §§ 7–14 AStG genannten Kommentare und Gesamtdarstellungen; ferner:
Benecke/Schnitger, Letzte Änderungen der Neuregelungen des UmwStG und der Entstrickungsnormen durch das SEStEG – Beschlussempfehlung und Bericht des Finanzausschusses, IStR 2007 S. 22; *dies.,* Neuerungen im Internationalen Steuerrecht durch das JStG 2010, IStR 2010 S. 432; *Goebel/Palm,* Der Motivtest – Rettungsanker der deutschen Hinzurechnungsbesteuerung?, IStR 2007 S. 720; *Grotherr,* Verzicht auf eine Hinzurechnungsbesteuerung bei ausländischen Umwandlungen, IWB Fach 3 Gruppe 1 S. 2175; *Haarmann,* Wirksamkeit, Rechtmäßigkeit, Bedeutung und Notwendigkeit der Hinzurechnungsbesteuerung nach AStG, IStR 2011 S. 565; *Hackemann,* Kann die Niederlassungsfreiheit vor der Hinzurechnung von Drittlandseinkünften nach dem AStG schützen? – Anmerkungen zu dem EuGH-Urteil in der Rechtssache „Cadbury Schweppes" und den §§ 7 ff. AStG, IStR 2007 S. 351; *Hammerschmitt/Rehfeld,* Gemeinschaftsrechtliche Bezüge der Änderungen des AStG durch das UntStRefG 2008 und das JStG 2008, IWB Gruppe 1 Fach 3 S. 2293; *Kneip/Rieke,* Hinzurechnungsbesteuerung bei ausländischen Holdinggesellschaften nach dem Entwurf eines Unternehmenssteuerfortentwicklungsgesetzes (UntStFG), IStR 2001 S. 665; *Köhler,* Aktuelles Beratungs-Know-how Internationales Steuerrecht, DStR 2005 S. 227; *Köhler/Eicker,* Kritische Anmerkungen zum BMF-Schreiben „Cadbury Schweppes" vom 8.1.2007, DStR 2007 S. 331; *Köhler/Luckey/Kollruss,* Das Malta-Modell nach dem Regierungsentwurf des Jahressteuergesetzes 2010, Ubg 2010 S. 465; *Köhler/Tippelhofer,* Kapitalverkehrsfreiheit auch in Drittstaatenfällen? – Zugleich Anmerkung zu den Entscheidungen des EuGH in den Rechtssachen Lasertec (C-492/04) und Holböck (C-157/05) sowie zum BMF-Schreiben v. 21.3.2007 (IV B 7 – G 1421/0), IStR 2007 S. 645; *Lenz/Heinsen,* Zur Niedrigbesteuerung i. S. des Abs. 3 AStG, IStR 2003 S. 793; *Lieber,* Neuregelung der Hinzurechnungsbesteuerung durch das Unternehmenssteuerfortentwicklungsgesetz, FR 2002 S. 139; *Lorenz,* Veräußerungen und Reorganisationen im Außensteuerrecht, IStR 2001 S. 395; *Maack/Stöbener,* Die Niedrigbesteuerung des § 8 Abs. 3 AStG bei ausländischen Betriebsstätten, IStR 2008 S. 461; *Quilitzsch,* Die Hinzurechnungsbesteuerung i. d. F. des JStG 2013, IStR 2012 S. 645; *Quilitzsch/Gebhardt,* Kritische Würdigung der Änderungen im AStG durch das JStG 2010, BB 2010 S. 2212; *Rättig/Protzen,* Überblick über die Hinzurechnungsbesteuerung des AStG in der Fassung des Unternehmenssteuerfortentwicklungsgesetzes, DStR 2002 S. 241; *dies.,* Die „neue Hinzurechnungsbesteuerung" der §§ 7–14 AStG in der Fassung des UntStFG- Problembereiche und

Gestaltungshinweise, IStR 2002 S. 123; *Rödder/Schumacher*, Der Regierungsentwurf eines Gesetzes zur Fortentwicklung des Unternehmenssteuerrechts (Teil II), DStR 2001 S. 1685; *dies.*, Das kommende SEStEG – Teil I: Die geplanten Änderungen des EStG, KStG und AStG – Der Regierungsentwurf eines Gesetzes über steuerliche Begleitmaßnahmen zur Einführung der Europäischen Gesellschaft und zur Änderung weiterer steuerrechtlicher Vorschriften, DStR 2006 S. 1481; *dies.*, Das SEStEG – Überblick über die endgültige Fassung und die Änderungen gegenüber dem Regierungsentwurf, DStR 2007 S. 369; *Schaden/Dieterlen*, Vorsicht Falle: § 8 Abs. 1 Nr. 9 AStG bei hochbesteuerten Gesellschaften, IStR 2011 S. 290; *Scheipers/ Linn*, Substanzerfordernisse bei nachgeschalteten Zwischengesellschaften, IStR 2011 S. 601; *Scheunemann/Dennisen*, Änderungen im Unternehmensteuerrecht durch das Jahressteuergesetz 2010, BB 2011 S. 220; *Schmidt/Schwind*, Ausgewählte Änderungen des AStG durch das JStG 2008, NWB Fach 2 S. 9713; *Schmidtmann*, Hinzurechnungsbesteuerung bei internationalen Umwandlungen – Neuregelungen durch das SEStEG –, IStR 2007 S. 229; *Schnitger*, Änderungen der grenzüberschreitenden Unternehmensbesteuerung sowie des § 42 AO durch das geplante Jahressteuergesetz 2008 (JStG 2008), IStR 2007 S. 729; *ders.*, Auswirkungen von abweichender Einkünftezurechnung und ausländischer Gruppenbesteuerung auf die Hinzurechnungsbesteuerung, IStR 2012 S. 289; *Schnitger/Rometzki*, Ausländische Umwandlungen und ihre Folgen bei inländischen Anteilseignern, FR 2006 S. 845; *Schön*, Deutsche Hinzurechnungsbesteuerung und Europäische Grundfreiheiten, IStR 2013 Beihefter, S. 1; *Schönfeld*, Ausländische Verluste und Niedrigbesteuerung im Sinne von § 8 Abs. 3 AStG – oder: Unter welchen Voraussetzungen verhindert ein „Ausgleich mit Einkünften aus anderen Quellen" eine Hinzurechnungsbesteuerung?, IStR 2009 S. 301; *Sedemund/Sterner*, Auswirkungen von Sitzverlegungen, Satzungsänderungen und Umwandlungen von ausländischen Zwischengesellschaften auf die deutsche Hinzurechnungsbesteuerung, BB 2005 S. 2777; *Sieker*, Zur Beachtung des Fremdvergleichsgrundsatzes gemäß § 8 Abs. 2 Satz 5 AStG, IStR 2009 S. 341; *Tulloch*, Mißbrauchsbekämpfungs- und Steuerbereinigungsgesetz: Das „Stammen aus Gesellschaften" i. S. des § 10 Abs. 6 Nr. 2 AStG, DB 1994 S. 804; *Vogt*, Die Niedrigbesteuerung in den Hinzurechnungsvorschriften des AStG, DStR 2005 S. 1347; *Wassermeyer*, Die Anwendung des AStG innerhalb des REITG, IStR 2008 S. 197; *Wassermeyer/Schönfeld*, Die EuGH-Entscheidung in der Rechtssache „Cadbury Schweppes" und deren Auswirkungen auf die deutsche Hinzurechnungsbesteuerung, GmbHR 2006 S. 1066; *dies.*, Die Niedrigbesteuerung i. S. des § 8 Abs. 3 AStG vor dem Hintergrund eines inländischen KSt-Satzes von 15 %, IStR 2008 S. 496; *Zielke*, Die Unternehmensteuerreform 2007/2008 auf Malta, IWB 2007 S. 1303 – Fach 5, Gruppe 2, S. 37.

Verwaltungsanweisungen: Schreiben betr. Grundsätze zur Anwendung des Außensteuergesetzes, BMF vom 14.5.2004 IV B 4 – S 1340 – 11/04, BStBl I 2004 Sondernummer 1, S. 3 (zit.: BMF-AnwSchr);
BMF-Schreiben vom 8.1.2007 IV B 4 – S 1351 – 1/07, BStBl I 2007 S. 99.

A. Allgemeines

I. Überblick über die Vorschrift

Zu den Voraussetzungen für die Hinzurechnungsbesteuerung – sei es nach § 7 Abs. 1 oder nach § 7 Abs. 6 – gehört, dass die ausländische Gesellschaft für die betreffenden Einkünfte „Zwischengesellschaft" ist. **1**

Dieser vom Gesetzgeber gewählte Begriff zeugt von der Gedankenwelt, in der die Hinzurechnungsvorschriften entstanden sind: eine „Zwischengesellschaft" ist eine Gesellschaft, die zwischen einem inländischen Stpfl. und der Außenwelt oder zwischen Teilen einer Unternehmensgruppe geschaltet wird, um dort Einkünfte anfallen zu lassen, die ohne diese Zwischenschaltung im Inland steuerpflichtig gewesen wären. Implizit schwingt die Vorstellung mit, dass diese Einkünfte „künstlich" ins Ausland verlagert worden sind. **2**

Für welche Einkünfte eine ausländische Gesellschaft Zwischengesellschaft ist, wird in § 8 definiert. Danach handelt es sich um solche Einkünfte, **3**
– die niedrig besteuert sind (Abs. 3) und
– die nicht aus dem Katalog aktiver Tätigkeiten nach Abs. 1 stammen.

Nur wenn diese Voraussetzungen erfüllt sind, handelt es sich um eine Zwischengesellschaft; in Anbetracht der gesetzgeberischen Absicht wird in diesem Fall vermutet, dass Einkünfte „künstlich" aus dem Inland verlagert worden sind. Das Erfüllen einzelner Voraussetzungen dagegen – so z. B. die Inanspruchnahme günstiger Steuersätze in einem bestimmten Land, um dort einer aktiven Tätigkeit nachzugehen – wird nicht missbilligt, führt also nicht zur Steuerpflicht im Inland. **4**

Abs. 2 ermöglicht dem Stpfl. mittels eines Gegenbeweises die Vermutung einer künstlichen Gestaltung zu widerlegen. Die Regelung erlaubt, von einer Hinzurechnung abzusehen, wenn die ausländische Gesellschaft ihren Sitz oder ihre Geschäftsleitung innerhalb der EU bzw. des EWR hat und nachgewiesen wird, dass sie eine tatsächliche wirtschaftliche Tätigkeit ausübt. **5**

II. Rechtsentwicklung

Der Aktivitätskatalog des **Abs. 1** wurde bis zur Unternehmensteuerreform durch das UntStFG nur in wenigen Punkten geändert: durch Gesetz zur Änderung des EStG, KStG und anderer Gesetze vom 20.8.1980 (BGBl I 1980 S. 1545 – BStBl I 1980 S. 589) wurde in § 8 Abs. 1 Nr. 3 eine „Überwiegend-Klausel" aufgenommen; durch StandOG vom 13.9.1993 (BGBl I 1993 S. 1569 – BStBl I 1993 S. 774) sowie durch StMBG vom 21.12.1993 (BGBl I 1993 S. 2310 – BStBl I 1994 S. 50) erfolgten Änderungen des § 8 Abs. 1 Nr. 7 (Ausweitung auf inländische Betriebe und Betriebsstätten und kurzfristige Finanzierungen; Kapitalbeschaffung bei nahe stehenden Personen). **6**

Durch **UntStFG** vom 20.12.2001 (BGBl I 2001 S. 3858 – BStBl I 2002 S. 35) erfolgten umfangreiche Änderungen des § 8: Erweiterung des Aktivitätskatalogs um Gewinnausschüttungen (Abs. 1 Nr. 8) und bestimmten Beteiligungsveräußerungsgewinne (Abs. 1 Nr. 9), Absenkung der Grenze der Niedrigbesteuerung auf 25 Prozent und Berücksichtigung von Steuern sog. Drittstaaten (Abs. 3) sowie Streichung von Abs. 2 (Landes- und Funktionsholdingprivileg).

Durch **StVergAbG** vom 16.5.2003 (BGBl I 2003 S. 660 – BStBl I 2003 S. 321) wurde § 8 Abs. 1 Nr. 4 (Handel) – nach Auffassung des Gesetzgebers klarstellend – dahingehend geändert, dass es nunmehr für das Vorliegen einer passiven Tätigkeit von Vertriebsgesellschaften sowie Einkaufsgesellschaften nicht mehr auf die Lieferung, sondern nur auf die Verschaffung der Verfügungsmacht ankommt. Hiernach ist es für die Überprüfung des Aktivitätskataloges nicht erheblich, ob die Waren auch physisch vom Aus- ins Inland bzw. vom In- ins Ausland geliefert werden.

Durch das Gesetz zur Umsetzung der Protokollerklärung der Bundesregierung zur Vermittlungsempfehlung zum StVergAbG (sog. „**Korb II**") vom 22.12.2003 (BGBl I 2003 S. 2840 – BStBl I 2004 S. 14) wurde in § 8 Abs. 1 Nr. 4 (Handel) klar gestellt, dass zum Kreis der schädlichen Handelspartner die den inländischen Beteiligten nahe stehenden Person dann gehören, wenn sie mit ihren Einkünften aus diesen Handelsgeschäften im Inland steuerpflichtig sind.

Durch das Gesetz über steuerliche Begleitmaßnahmen zur Einführung der Europäischen Gesellschaft und zur Änderung weiterer steuerrechtlicher Vorschriften (**SEStEG**) vom 7.12.2006 (BGBl I 2006 S. 2782 – BStBl I 2007 S. 4) wurde der Aktivitätskatalog erneut ergänzt. Nunmehr werden auch Einkünfte aus Umwandlungen nach dem neuen § 8 Abs. 1 Nr. 10 unter bestimmten Voraussetzungen den aktiven Einkünften zugeordnet.

Durch das Gesetz zur Schaffung deutscher Immobilien-Aktiengesellschaften mit börsennotierten Anteilen **REITG** vom 28.5.2007 (BGBl I 2007 S. 914 – BStBl I 2007 S. 806) wurde der Katalog der passiven Zwischeneinkünfte in § 8 Abs. 1 Nr. 9 um Gewinne ausländischer Gesellschaften aus der Veräußerung inländischer REIT-Aktien erweitert.

Durch **JStG 2008** vom 20.12.2007 (BGBl I 2007 S. 3150 – BStBl I 2008 S. 218) wurde mit einem neuen Abs. 2 die Möglichkeit eines Gegenbeweises eingefügt. Die Hinzurechnungsbesteuerung ist nunmehr ausgeschlossen für inländisch beherrschte Gesellschaften mit Sitz oder Geschäftsleitung innerhalb der EU bzw. des EWR, wenn die Gesellschaft eine tatsächliche wirtschaftliche Tätigkeit ausübt und der Steuerpflichtige dies nachweist. Daneben wurde Abs. 3 dahingehend geändert, dass hinsichtlich der niedrigen Besteuerung nunmehr auf die tatsächlich erhobene Steuer und nicht mehr auf die rechtlich geschuldete Steuer abzustellen ist.

Durch **JStG 2010** vom 8.12.2010 (BGBl I 2010 S. 1768 – BStBl I 2010 S. 1394) wurde die in § 8 Abs. 3 enthaltene Definition der Niedrigbesteuerung modifiziert. Ursprünglich wurde für die Beurteilung einer Niedrigbesteuerung allein auf die Ebene der Gesellschaft abgestellt, während etwaige Steuerentlastungsansprüche der Gesellschafter im Hinblick auf ihre Beteiligung unberücksichtigt blieben. In der Praxis wurden deshalb Gestaltungsmodelle entwickelt, die sich die formale „Normalbesteuerung" der Gesellschaft zunutze machten. Um die Umgehung der Vorschriften der Hinzurechnungsbesteuerung zu verhindern, bestimmt der neue § 8 Abs. 3 Satz 2 nunmehr, dass auch Ansprüche, die der Staat oder das Gebiet der ausländischen Gesellschaft im Fall einer Gewinnausschüttung dem unbeschränkt Stpfl. oder einer anderen Gesellschaft, an der der Stpfl. unmittelbar oder mittelbar beteiligt ist, gewährt, in die Prüfung der Niedrigbesteuerung einbezogen werden.

Durch **AmtshilfeRLUmsG** vom 26.6.2013 (BGBl I 2013 S. 1809 – BStBl I 2013 S. 790) wurde § 8 Abs. 2 Satz 1 dahingehend geändert, dass der Gegenbeweis nunmehr im Rahmen der Voraussetzungen des § 8 Abs. 2 auch für Gesellschaften zugelassen wird, die nicht inländisch beherrscht sind, aber Einkünfte mit Kapitalanlagecharakter erzielen (§ 7 Abs. 6a). Zudem erfolgt nun die Definition des Begriffes „Amtshilferichtlinie" in § 8 Abs. 2 Satz 2 durch Verweis auf § 2 Abs. 2 des EU-Amtshilfegesetzes.

B. Passive Einkünfte (Abs. 1)

I. Allgemeines

§ 8 enthält keine positive Definition der passiven Einkünfte, deren Vorliegen – bei Zusammentreffen mit den übrigen Voraussetzungen – die Rechtsfolge der Hinzurechnungsbesteuerung auslöst. Vielmehr listet Abs. 1 i. S. einer Negativabgrenzung alle unschädlichen Tätigkeiten bzw. Einkünfte auf. Nur Tätigkeiten bzw. Einkünfte, die in dieser Liste vorkommen, führen zu „aktiven" Einkünften; alle anderen sind passiv. 7

Diese Vorgehensweise des Gesetzgebers birgt das Risiko, Tätigkeiten, die von der Sache her möglicherweise ähnlich „aktiv" wie die in Abs. 1 aufzählten sind, gleichwohl als passiv zu brandmarken, weil man bei der Aufstellung des Katalogs nicht an sie gedacht hat, u. U. noch nicht denken konnte; vgl. *Wassermeyer* in F/W/B, § 8 Rz. 15. 8

Gefordert wird, dass die Einkünfte aus einer der in Abs. 1 aufgezählten Tätigkeiten „stammen". Dieser Begriff kommt im AStG mehrmals vor (s. § 7 Abs. 6a, § 14 Abs. 1), ohne definiert zu werden. U. E. lässt sich eine adäquate Definition aus dem Hinweis bei *F/W/B* (§ 14 Rz. 139) gewinnen, wonach „unter Tätigkeit ... jedes aktive oder passive Verhalten ... zu verstehen (ist), das darauf ausgerichtet ist, einen Ertrag abzuwerfen"; der (Netto-)Ertrag, der in dieser Tätigkeit seinen Ursprung hat, stammt dann i. S. dieser Vorschriften aus ihr; er ist durch diese Tätigkeit veranlasst. Vgl. *Tulloch,* DB 1994 S. 804. 9

Tätigkeiten, die wirtschaftlich zusammengehören, sind als eine einheitliche Tätigkeit zu behandeln (funktionale Betrachtungsweise); vgl. BMF-AnwSchr, Tz. 8.0.2. Praktische Bedeutung gewinnt dieser Grundsatz im Falle von Tätigkeiten, die allein betrachtet nicht als aktiv im Sinne des Abs. 1 gelten würden. Dienen diese Tätigkeiten wirtschaftlich anderen Tätigkeiten, sind sie mit diesen zusammen einheitlich als aktiv oder passiv i. S. des Abs. 1 zu beurteilen. Dabei ist die Tätigkeit maßgebend, auf der nach allgemeiner Verkehrsauffassung das Schwergewicht liegt (BFH, Urteil vom 16.5.1990 I R 16/88, BStBl II 1990 S. 1049). 10

Tätigkeiten sind dann gemäß dem Grundsatz der funktionalen Betrachtungsweise zusammenzufassen, wenn sie auf eine gemeinsame Veranlassung zurückzuführen sind (*Wassermeyer* in F/W/B, § 8 Rz. 35). Ein unmittelbarer wirtschaftlicher Zusammenhang ist nicht zu fordern (ebenda). 11

Die in Abs. 1 aufgezählten Tätigkeiten schließen sich nicht gegenseitig aus und stehen auch nicht in einem Verhältnis der Subsidiarität zueinander; insofern unterscheidet sich dieser Katalog etwa von den sieben Einkunftsarten nach § 2 EStG. Vielmehr kann ein und dieselbe Tätigkeit durchaus gleichzeitig unter mehrere Nummern des Abs. 1 fallen. So kann beispielsweise die Tätigkeit einer Bank nicht nur unter Nr. 3 („Betrieb von Kreditinstituten"), sondern gleichzeitig auch unter 12

Nr. 7 (Kreditgeschäft) oder unter Nr. 5 (sonstige Finanzdienstleistungen) fallen. Umgekehrt kann es sein, dass eine Betätigung im konkreten Fall die weitergehenden einschränkenden Bedingungen einer der Nummern des Abs. 1 nicht voll erfüllt und deshalb die Qualifikation als aktiv i. S. dieser Nummer verfehlt, jedoch gleichzeitig die Qualifikation i. S. einer der anderen Nummern erreicht. Die Qualifikation im Sinne irgendeiner Nummer ist völlig ausreichend, um die Tätigkeit als „aktiv" zu werten; das noch so knappe Verfehlen der Qualifikation i. S. einer der anderen Nummern ist in diesem Fall ohne Bedeutung.

13 Eine einheitlich ausgeübte Tätigkeit kann für Zwecke des § 8 aufzuteilen und unter mehrere Nummern zu fassen sein. Vgl. das Beispiel von *Geurts* (in Mössner/Fuhrmann, § 8 Rn. 55), bei dem eine Gesellschaft, die an sich Land- und Forstwirtschaft (Nr. 1) betreibt, in erheblichem Maße die verkauften Produkte zugekauft hat und deshalb insofern Handel i. S. der Nr. 4 betreibt. A. A. *Wassermeyer* in F/W/B, § 8 Rz. 55, der in diesem Fall von einer Infektionswirkung des gewerblichen Handels ausgeht.

14 Ist die ausländische Gesellschaft an einer PersGes beteiligt, ist ihr Gewinnanteil so zu behandeln, als habe sie die Tätigkeiten und Rechtsverhältnisse der PersGes selbst ausgeübt bzw. gehalten (BFH, Urteil vom 16.5.1990 I R 16/88, BStBl II 1990 S. 1049). Ihr sind diese Tätigkeiten und Rechtsverhältnisse anteilig zuzurechnen (*Wassermeyer* in F/W/B, § 8 Rz. 22).

15 Kraft Verweises ist der Tätigkeitskatalog des Abs. 1 Nr. 1 bis 6 auch für andere Vorschriften relevant. So verweist § 9 Nr. 7 GewStG auf § 8 Abs. 1 Nr. 1 bis 6. Verweise auf § 8 waren darüber hinaus in § 26 KStG a. F. (indirekte Anrechnung ausländischer Ertragsteuern) und § 102 Abs. 2 BewG a. F. (Schachtelprivilegien) enthalten. Daneben beinhalten auch einige neuere DBA Aktivitätsvorbehalte, die auf § 8 Abs. 1 Nr. 1 bis 6 verweisen (Übersicht bei *Vogel/Lehner*, DBA, 5. Auflage 2008, Art. 23 B Rn. 75; s. hierzu auch *Hahn*, § 20 AStG Anm. 181 ff.).

II. Die einzelnen Tätigkeiten bzw. Einkünfte

1. Land- und Forstwirtschaft

16 Abs. 1 enthält als erste aktive Tätigkeit die Land- und Forstwirtschaft. Zur Abgrenzung dieser Tätigkeit kann an § 13 und § 14 EStG angelehnt werden.

17 Zur Land- und Forstwirtschaft nach § 13 EStG gehört die Bodenbewirtschaftung in einem recht weiten Sinn einschließlich der sonstigen Nutzung entsprechend § 62 BewG (vgl. § 13 Abs. 1 Nr. 2 EStG). Land- und forstwirtschaftliche Nebenbetriebe sind dann einer aktiven Tätigkeit im Sinne der Nr. 1 zuzuordnen, wenn sie in einem funktionellen Zusammenhang (s. Anm. 10) mit dem land- und forstwirtschaftlichen Tätigkeitsbereich stehen.

18 Zu den aktiven Einkünften aus Land- und Forstwirtschaft im Sinne der Nr. 1 zählen auch Gewinne aus der Veräußerung des dafür eingesetzten Vermögens.

2. Produktion

19 Die in Nr. 2 aufgezählten Aktivitäten umfassen die gesamte industrielle Tätigkeit und das Handwerk (vgl. *Wassermeyer* in F/W/B, § 8 Rz. 66). Unerheblich ist, ob die

Sachen, die Energie und die Bodenschätze für eigene Rechnung hergestellt etc. und weiterverkauft oder im eigenen Betrieb genutzt werden oder ob diese Tätigkeiten im Rahmen eines Werkvertrages oder eines sonstigen Dienstleistungsvertrages für einen anderen vollzogen werden (vgl. *Vogt* in Blümich, § 8 Rz. 20).

Wesentliches Merkmal der Herstellung, Bearbeitung, Verarbeitung und Montage von Sachen ist das Entstehen einer neuen Sache bzw. die nicht nur unwesentliche Veränderung einer vorhandenen Sache. Werden Sachen angeschafft und unverändert weiterverkauft, liegt Handel vor und ist Nr. 4 zu prüfen. **20**

Es kann sich um bewegliche oder unbewegliche Sachen handeln, nicht jedoch um Rechte oder sonstige immaterielle WG (vgl. § 90 BGB). **21**

Die **Erzeugung von Energie** umfasst die Exploration und Förderung von Energie sowie deren Umwandlung und Transport. Das **Aufsuchen und die Gewinnung von Bodenschätzen** schließt die Exploration, die Förderung und den Vertrieb ein. **22**

Die ausländische Gesellschaft muss die betreffenden Tätigkeiten selbst ausführen. Die Betriebsverpachtung ist niemals aktiv i. S. der Nr. 2. **23**

3. Kreditinstitute und Versicherungen

Nach § 8 Abs. 1 Nr. 3 ist der Betrieb von Kreditinstituten und Versicherungsunternehmen eine aktive Tätigkeit, wenn diese für ihre Geschäfte einen in kaufmännischer Weise eingerichteter Betrieb unterhalten und die Geschäfte nicht überwiegend mit den inländischen Gesellschaftern oder denen nahe stehenden Personen betrieben werden. **24**

a) Kreditinstitute

Das AStG enthält keine Legaldefinition des Begriffs des Kreditinstituts. Orientiert werden kann sich jedoch an der Definition des Kreditinstituts in § 1 Abs. 1 KWG. Danach sind Kreditinstitute Unternehmen, die Bankgeschäfte gewerbsmäßig oder in einem Umfang betreiben, der einen in kaufmännischer Weise eingerichteten Geschäftsbetrieb erfordert. Der in § 1 Abs. 1 KWG enthaltene Katalog der Bankgeschäfte ist im Rahmen der Auslegung des § 8 Abs. 1 Nr. 3 allerdings nicht als abschließend anzusehen, da AStG und KWG unterschiedliche Zielsetzungen verfolgen und der öffentlich-rechtlichen Ordnungsfunktion des KWG im Rahmen des AStG keine Bedeutung zukommt (vgl. auch BMF-AnwSchr, Tz. 8.1.3.1, wonach den Kreditinstituten auch solche gewerblichen Unternehmen zuzuordnen sind, die andere als die in § 1 Abs. 1 genannten Geschäfte, die nach der Verkehrsauffassung der Kreditwirtschaft zuzurechnen sind, in kreditwirtschaftlicher Weise betreiben). Den Tätigkeiten, die den Betrieb eines Kreditinstitutes im Sinne des AStG begründen, können daher über den Katalog der Bankgeschäfte in § 1 Abs. 1 KWG hinaus auch die Tätigkeiten der Finanzdienstleistungsinstitute i. S. d. § 1 Abs. 1a KWG und der Finanzunternehmen i. S. d. § 1 Abs. 3 KWG zugeordnet werden. Somit gehören beispielsweise auch Anlageberatung, Finanzierungsleasing sowie Factoring zu den Banktätigkeiten in diesem Sinne. **25**

Nicht erforderlich ist eine Anerkennung als Kreditinstitut im ausländischen Sitzstaat, da eine ausländische Aufsichtspflicht nicht Maßstab für die Auslegung deutscher Steuergesetze sein kann. **26**

27 Die FinVerw nimmt von den nach AStG zulässigen Tätigkeiten den Ankauf und die Einziehung von Forderungen (Factoring) aus, wenn Forderungsankauf bzw. Forderungseinziehung ausschließlich oder überwiegend von verbundenen Unternehmen erfolgen. Ebenfalls ausgenommen sind Bankgeschäfte i. S. des § 1 Abs. 1 Nr. 6 KWG a. F. (Investmentgeschäft), die Holdingtätigkeit, die Vermögensverwaltung, die Übernahme von Finanzaufgaben innerhalb eines Konzerns und vergleichbare Tätigkeiten (BMF-AnwSchr, Tz. 8.1.3.3).

b) Versicherungsunternehmen

28 Der Begriff des Versicherungsunternehmens ist im AStG ebenfalls nicht definiert. Für die Auslegung dieses Begriffes kann sich jedoch an § 1 Abs. 1 VAG und § 341 Abs. 1 HGB orientiert werden. Danach ist ein Versicherungsunternehmen ein solches, das den Betrieb von Versicherungsgeschäften zum Gegenstand hat (und kein Sozialversicherungsträger ist).

29 Von anderen Verträgen, die eine Vermögensleistung bei Eintritt eines bestimmten Ereignisses zu ihrem Gegenstand haben – wie z. B. der Bürgschaft – unterscheidet sich das **Versicherungsgeschäft** dadurch, dass es eine „Kompensation der Risiken nach den Gesetzen der Statistik" anstrebt. Diese Risikokompensation kann aus versicherungsmathematischer Sicht zum einen in der Weise geschehen, dass zu einem beliebigen Zeitpunkt eine Mehrzahl nichtkorrelierter Risiken besteht (Ausgleich über die Zahl), zum anderen aber auch in der Weise, dass ein einzelnes Risikoprofil über einen längeren Zeitraum versichert wird und der Versicherungsschutz zu unterschiedlichen Zeitpunkten in unterschiedlichem Maße in Anspruch genommen wird (Ausgleich über die Zeit). Zum Betrieb von Versicherungsgeschäften gehört zudem der „planmäßige und auf längere Dauer berechnete Zweck, fortlaufend eine unbestimmte Zahl von Verträgen abzuschließen, die die übrigen Merkmale der Versicherung tragen" (*Präve* in Prölss, § 1 VAG, Rdnr. 43; *Kaulbach* in Fahr/Kaulbach/Bähr/Pohlmann, § 1 VAG Rz. 10 ff.).

30 Ganz typisch für ein Versicherungsunternehmen (zu dem auch das Rückversicherungsunternehmen gehört) ist seine Absicherung durch den Abschluss von Rückversicherungs- bzw. Retrozessionsverträgen. Hierdurch werden die übernommenen Risiken auf viele Marktteilnehmer verteilt, worin wesentlich der volkswirtschaftliche Sinn des Versicherungssektors zu sehen ist.

31 Hiervon klar zu unterscheiden ist die Tätigkeit des Versicherungsmaklers, der lediglich den Abschluss eines Versicherungsvertrages mit einem Dritten vermittelt, ohne selbst eine Leistung im Versicherungsfall zu versprechen. Diese Tätigkeit führt nicht zum Vorliegen eines Versicherungsunternehmens.

32 Umstritten ist die Behandlung konzerneigener Versicherungsgesellschaften, sog. Captive Insurance Companies im Rahmen des § 8 Abs. 1 Nr. 3. Eine „Captive"-Versicherung dient dem Zweck, Risiken des Konzerns zu versichern, dem sie – meist als 100%ige Tochtergesellschaft – gehört. Ihr hauptsächlicher nichtsteuerlicher Vorteil liegt darin, dass sie als anerkannter Erstversicherer unmittelbar mit Rückversicherungsunternehmen kontrahieren kann, während der Konzern ansonsten die wesentlich höheren Prämien eines außen stehenden Erstversicherers bezahlen müsste. Die Frage, ob Captives Versicherungsunternehmen im Sinne des § 8 Abs. 1 Nr. 3 sind, wird in der Lit. zum Teil deshalb verneint, weil es am Merkmal des Risikoausgleichs nach Portfolio-Gesichtspunkten fehlt und die Leistung lediglich gegenüber einer begrenzten, von vornherein feststehenden Anzahl von Unternehmen erbracht wird (*Wassermeyer/Schönfeld* in F/W/B, § 8 Rz. 98). Wenn der betreffende Konzern ein entsprechendes Risikoprofil bietet, kann u. E. auch bei einer Begrenzung auf Konzernrisiken ein auf versicherungsmathematischer Grundlage basierender Risikoausgleich erfolgen, so dass auch Captives in den Anwendungsbereich von Nr. 3 fallen können (vgl. *Präve* in Prölss, § 1 Rdnr. 47). Voraussetzung für die Annahme einer aktiven Tätigkeit der Captive ist daneben das Überwiegen der Fremdgeschäfte (vgl. Anm. 34 ff.). Captives, die von einem konzernfremden Erstversicherer Risiken Nahestehender übernehmen (sog. Rückversicherungs-Captives), betreiben nach Auffassung der FinVerw (BMF-AnwSchr, Tz. 8.1.3.7) gleichwohl ihr Geschäft mit Nahestehenden, obwohl sie formal betrachtet Geschäftsbeziehungen zu fremden Erstversicherern unterhalten. Diese Auffassung ist allerdings vom Gesetzeswortlaut nicht umfasst.

c) Kaufmännischer Betrieb

Sowohl Kreditinstitute als auch Versicherungsunternehmen müssen für ihre **33** Geschäfte einen in kaufmännischer Weise eingerichteten Betrieb unterhalten. Dies ist dann der Fall, wenn sie unter Beachtung der §§ 238 ff. HGB entsprechenden ausländischen Handelsgewohnheiten Handelsbücher führen, ihre Geschäftskorrespondenz aufbewahren und eine Inventur und Bilanz aufstellen (vgl. *Wassermeyer/ Schönfeld* in F/W/B, § 8 Rz. 101; *Brogl* in Reischauer/Kleinhans, § 1 KWG Rz. 26). Das Erfordernis des in kaufmännischer Weise eingerichteten Betriebs betrifft nach Auffassung des BFH (Urteil vom 13.10.2010 I R 61/09, BFH/NV 2011 S. 331, BB 2011 S. 292) lediglich die Organisation des Betriebes. Nicht erforderlich sei dagegen, dass das Unternehmen die jeweilige Tätigkeit selbst ausübt und am Markt auftritt. Vielmehr könne ein in kaufmännischer Weise eingerichteter Betrieb eines Versicherungsunternehmens auch gegeben sein, wenn die ausländische Tochtergesellschaft durch einen Betriebsführungsvertrag ein anderes Unternehmen mit der Ausführung des Versicherungsgeschäftes betraut hat (Outsourcing von Managementleistungen). Entscheidungserheblich dabei sei, ob die aufgrund des Betriebsführungsvertrages ausgeübten Tätigkeiten der ausländischen Tochtergesellschaft nach allgemeinen ertragsteuerlichen Grundsätzen zugerechnet werden können.

d) Überwiegen von Fremdgeschäften

Kreditinstitute und Versicherungsunternehmen üben nach § 8 Abs. 1 Nr. 3 dann **34** keine aktive Tätigkeit aus („es sei denn"), wenn sie Geschäfte überwiegend mit unbeschränkt Steuerpflichtigen, die nach § 7 an ihnen beteiligt sind, oder mit denen nahe stehenden Personen betreiben.

Eingeführt wurde diese Regelung mit Gesetz zur Änderung des EStG, KStG und **35** anderer Gesetze vom 20.8.1980. Ersichtlich ist die Absicht des Gesetzgebers, durch diese Regelung sicherzustellen, dass die reine „Captive"-Versicherung (s. Anm. 32) nicht als aktiv im Sinne der Nr. 3 anzusehen ist (vgl. *Wassermeyer/Schönfeld* in F/W/B, § 8 Rz. 105). Dem ging ein BMF-Schreiben vom 10.1.1977 (IV C 5 – S 1351 – 12/76, DB 1977 S. 145) voraus, in dem der Versicherungscharakter sog. Captives verneint wurde, weil bei diesen nur ein Risikoausgleich innerhalb des Konzerns und nicht nach dem Gesetz der großen Zahl vorgenommen wurde. Die 1980 eingeführte gesetzliche Regelung wurde jedoch nicht nur auf Versicherungsunternehmen beschränkt, sondern betrifft auch Kreditinstitute.

36 Schädlich sind die betreffenden Geschäfte zunächst, wenn sie mit „**unbeschränkt Steuerpflichtigen**, die nach § 7 an der ausländischen Gesellschaft beteiligt sind", betrieben werden. Nicht erforderlich ist, dass diese unbeschränkt Steuerpflichtigen nach § 7 Abs. 2 zu mehr als der Hälfte beteiligt sind (vgl. *Geurts* in Mössner/Fuhrmann, § 8 Rn. 99; a. A. *Wassermeyer/Schönfeld* in F/W/B, § 8 Rz. 107). Das kann eine Rolle spielen, wenn eine ausländische Gesellschaft zwar nicht inländisch beherrscht i. S. des § 7 Abs. 2 ist, jedoch ein unbeschränkt Stpfl. zu mindestens 1 Prozent an ihr beteiligt ist. Bei ihm sind dann die anteiligen Einkünfte der Gesellschaft etwa aus ihrer Vermögensanlage nur dann nicht nach § 7 Abs. 6 steuerpflichtig, wenn diese Einkünfte als Nebenerträge einer aktiven Tätigkeit i. S. des § 8 Abs. 1 Nr. 3 anzusehen sind. Zur Überprüfung, ob dies der Fall ist, sind nicht nur die Geschäfte der Gesellschaft mit diesem Gesellschafter zu berücksichtigen, sondern auch ihre Geschäfte mit allen anderen unbeschränkt Stpfl., die an ihr beteiligt sind.

37 Schädlich sind auch Geschäfte, die die Gesellschaft mit **Personen** betreibt, die solchen unbeschränkt Steuerpflichtigen i. S. des § 1 Abs. 2 **nahe stehen**. Strittig ist, ob diese Nahestehenden im Inland steuerpflichtig sein müssen (bejahend im Wege der teleologischen Reduktion Geurts in Mössner/Fuhrmann, § 8 Rn. 100; a. A. *Wassermeyer/Schönfeld* in F/W/B, § 8 Rz. 108; *Vogt* in Blümich, § 8 Rz. 32). Dem Gesetzeswortlaut ist diese Einschränkung nicht zu entnehmen. Allerdings ist hier zu berücksichtigen, dass eine Erfassung auch reiner Auslandssachverhalte weit über das Ziel der Hinzurechnungsbesteuerung hinaus gehen würde. Verhindert werden soll, dass bei den in Nr. 3 genannten Geschäften Betriebsausgaben zu Lasten des inländischen Steueraufkommens getätigt werden, ohne dass ein entsprechender Gewinn im Inland gegenübersteht (*Geurts* in Mössner/Fuhrmann, § 8 Rn. 100). Daher geht die FinVerw zu Recht davon aus, dass es sich bei den Nahestehenden um unbeschränkt oder beschränkt Stpfl. handeln muss (BMF-AnwSchr, Tz. 8.1.3.5).

38 Schließlich muss die ausländische Gesellschaft „**überwiegend**" unschädliche Geschäfte betreiben, um eine aktive Tätigkeit i. S. der Nr. 3 auszuüben. Nach dem Wortlaut müssen die „Geschäfte", nicht eine andere Kennziffer wie z. B. der Umsatz, der Gewinn o. ä. überwiegen. Nach übereinstimmender Auffassung ist dies dann der Fall, wenn sie mehr als 50 Prozent der gesamten Geschäfte ausmachen (vgl. *Wassermeyer/Schönfeld* in F/W/B, § 8 Rz. 109; *Geurts* in Mössner/Fuhrmann, § 8 Rn. 94; BMF-AnwSchr, Tz. 8.1.3.5). Dabei ist es jedenfalls dann nicht sinnvoll, auf die absolute Zahl der Geschäfte abzustellen, wenn sie untereinander nicht wirtschaftlich gleichwertig sind (vgl. *Wassermeyer/Schönfeld* in F/W/B, § 8 Rz. 110).

39 Nach Auffassung der FinVerw (BMF-AnwSchr, Tz. 8.1.3.6) sind „die Geschäfte nach wirtschaftlichen Gesichtspunkten zu gewichten"; der dort ebenfalls genannte Rückgriff „auf die Bedeutung der mit ihnen zusammenhängenden WG in der Bilanz" geht bei **Versicherungsgeschäften** fehl, da diese selten mit WG, die beim Versicherungsunternehmen bilanziert werden, zusammenhängen. Eine Gewichtung anhand des bei den Versicherungsgeschäften erzielten Gewinns ist in vielen Fällen nicht ohne Willkür vorzunehmen; insbesondere dann, wenn mit Rückversicherungsverträgen Risiken aus jeweils mehreren Versicherungsgeschäften abgesichert werden oder wenn Verluste erzielt werden. U. E. ist im Hinblick auf die Zielsetzung des Gesetzgebers allenfalls eine Gewichtung nach dem Umsatz (Prämienerträge) sinnvoll. Vgl. *Wassermeyer/Schönfeld* in F/W/B, § 8 Rz. 110. Im Falle des **Kreditgeschäfts** ist ein Rückgriff auf die mit den Geschäften zusammenhängenden Bilanzposten praktikabel, er versagt aber in anderen Bereichen des Bankgeschäfts wie z. B. dem Investmentbanking, in denen es nur im Ausnahmefall, etwa bei Inanspruchnahme einer Plazierungsgarantie, zur Bilanzierung eines WG kommt. Auch die Gewichtung nach dem Gewinn (Rohgewinn, Zinsmarge) ist bei Bankgeschäften äußerst problematisch. Zwar ist im Kreditgeschäft die Zinsmarge oftmals in der Praxis bekannt; die Orientierung an ihr würde jedoch Aktiv- und Passivgeschäft miteinander vermengen, die aber getrennt erfasst werden müssen, um zu sagen, welche Geschäfte mit schädlichen und welche mit unschädlichen Personen getätigt wurden. Im Übrigen stößt die Orientierung am Gewinn auf die gleichen Bedenken wie im Falle der Versicherungsunternehmen. Schließlich wäre die Gewichtung nach dem Umsatz (erhaltene, gezahlte Bruttozinsen, Gebühren etc.) in den meisten Fällen praktikabel, sie würde jedoch in Fällen, in denen neben dem Kreditgeschäft etwa das Investmentbanking betrieben wird, zu einer völligen Überbetonung des wirtschaftlichen Gewichts des Kreditgeschäfts führen, bei dem es wirtschaftlich eben doch auf die Marge ankommt.

Nach Ansicht der FinVerw (BMF-AnwSchr, Tz. 8.1.3.5) sollen bereits dann Bank- oder Versicherungsgeschäfte überwiegend mit Gesellschaftern oder Nahestehenden betrieben werden, wenn nur das Aktivgeschäft oder nur das Passivgeschäft mit diesem Personenkreis betrieben wird. So würde beispielsweise eine Tochtergesellschaft, die im Kreditgeschäft tätig ist, zu diesem Zweck ein Niedrigsteuerland mit einem Filialnetz überzogen hat und ihre Kredite ausschließlich an fremde Dritte darreicht, gleichwohl Zwischengesellschaft i. S. des § 8 sein, wenn sie diese Tätigkeit mit Mitteln aus dem Konzern finanziert. Dieses Ergebnis ist u. E. weder mit dem Telos (Bekämpfung der künstlichen Einkünfteverlagerung) vereinbar, noch gibt es der Wortlaut her. Vielmehr müssen in der Gesamtheit des Aktiv- und des Passivgeschäfts die schädlichen Geschäfte überwiegen, um die Eigenschaft als Zwischengesellschaft zu begründen (wie hier: *Rödel* in Kraft, § 8 Rz. 204; *Reiche* in Haase, § 8 Rn. 36). **40**

In welchem Zeitraum die betreffenden Geschäfte überwiegen sollen, geht aus dem Gesetz nicht hervor. Da die Rechtsfolgen aus dem Vorliegen einer passiven Tätigkeit ggf. jeweils für ein Jahr gezogen werden, ist es erforderlich, für jedes Jahr zu prüfen, ob die Voraussetzungen gegeben sind oder nicht (so auch *Geurts* in Mössner/Fuhrmann, § 8 Rn. 96). Dass hierfür ausschließlich die Verhältnisse des jeweiligen Jahres maßgeblich sein sollen, gibt der Gesetzeswortlaut nicht ohne weiteres her. Immerhin spricht die Praktikabilität dafür; vgl. *Wassermeyer/Schönfeld* in F/W/B, § 8 Rz. 110 a. E. **41**

4. Handel

Die Durchleitung von Warenströmen – zumindest auf dem Rechnungswege – durch Einkaufs- oder Vertriebsgesellschaften in Steueroasen, um dort eine Gewinnspanne außerhalb der Reichweite des deutschen Fiskus anfallen zu lassen, ist eines der Phänomene gewesen, die den „Oasenerlass" und später die §§ 7 bis 14 AStG motiviert haben. **42**

43 Der Handel im Sinne des § 8 ist eine aktive Tätigkeit, „soweit nicht" einer der Ausnahmetatbestände der Buchstaben a) oder b) (konzerninterner Handel) gegeben ist. Hiervon wiederum wird eine Ausnahme („es sei denn") in Form eines Funktionsnachweises gemacht.

44 Nr. 4 gilt für ausländische Gesellschaften, die als Eigenhändler auftreten und die betreffende Ware für eigene Rechnung kaufen und verkaufen. Tritt eine Gesellschaft lediglich als Vermittlerin von Umsätzen auf, ist die Nr. 5 (Dienstleistungen) zu prüfen.

a) Begriff „Handel"

45 Der Begriff „Handel" ist hier umfassend zu verstehen und schließt neben dem Handel mit Waren auch den mit Rechten oder mit Grundstücken ein (vgl. *Wassermeyer* in F/W/B, § 8 Rz. 118; *Geurts* in Mössner/Fuhrmann, § 8 Rn. 113). Wesentlich ist die Anschaffung und Weiterveräußerung von Sachen und Rechten (auch in umgekehrter zeitlicher Reihenfolge – Leerverkauf oder short sale – und auch als Kommissionär), ohne sie zu ver- oder zu bearbeiten (*Wassermeyer* in F/W/B, § 8 Rz. 116; *Vogt* in Blümich, § 8 Rz. 38).

b) konzerninterner Handel

46 Entsprechend der Zielrichtung der Hinzurechnungsvorschriften, der „künstlichen Einkünfteverlagerung" entgegenzuwirken, stellt das Gesetz in Buchstaben a) und b) zunächst eine Vermutung auf, wonach bei Handelsgeschäften mit Inlandsbezug der „natürliche", nicht künstliche oder steuerlich motivierte Weg darin bestehe, dass der inländische Gesellschafter das betreffende WG selbst vom Fremdlieferanten bezieht oder an den Fremdkunden verkauft, ohne eine ausländische Gesellschaft zwischenzuschalten.

47 Eine Handelstätigkeit ist folglich nach den Buchstaben a) und b) dann nicht begünstigt, wenn ein unbeschränkt steuerpflichtiger Beteiligter i. S. des § 7 oder eine diesem i. S. des § 1 Abs. 2 nahe stehende Person der ausländischen Gesellschaft die Verfügungsmacht an den betreffenden WG verschafft (Buchstabe a) oder umgekehrt die ausländische Gesellschaft den genannten Personen die Verfügungsmacht an den WG verschafft (Buchstabe b).

48 Die nahe stehende Person muss im Inland mit ihren Einkünften aus dem Handel mit der Zwischengesellschaft entweder unbeschränkt oder beschränkt bzw. erweitert beschränkt (§ 2) steuerpflichtig sein. Dabei kommt es auf die abstrakte Steuerpflicht an. DBA-Freistellungen ändern daher an der Steuerpflicht nichts (vgl. *Mössner* in B/K/L/M/R, § 8 Rz. 60; a. A. *Wassermeyer* in F/W/B, § 8 Rz. 187; *Vogt* in Blümich, § 8 Rz. 39; *Rödel* in Kraft, § 8 Rz. 234).

49 Der inländische Beteiligte bzw. die nahe stehende Person muss der Zwischengesellschaft (bzw. umgekehrt) die **Verfügungsmacht** an den betreffenden WG verschaffen. Auf den Lieferort bzw. die Art und Weise der Lieferung kommt es dabei nicht an. Ist ein Dritter, nicht im Sinne des § 1 Abs. 2 Nahestehender in der Lieferkette zwischengeschaltet, liegt kein Fall von Buchstaben a) bzw. b) vor.

c) Funktionsnachweis

50 Selbst wenn eine der Ausnahmen der Buchstaben a) und b) gegeben ist (konzerninterne Handelsgeschäfte), kann das betreffende Geschäft gleichwohl aktiv i. S. der

Nr. 4 sein, wenn dem Stpfl. der Nachweis gelingt, dass die anschließend geregelte Ausnahme von den Ausnahmen gegeben ist: Die zunächst aufgestellte Vermutung der künstlichen Einkünfteverlagerung wird widerlegt. Dazu müssen folgende Voraussetzungen kumulativ erfüllt sein:

— **Die Gesellschaft muss einen für derartige Handelsgeschäfte in kaufmännischer Weise eingerichteten Geschäftsbetrieb unterhalten.** 51

Trotz des minimal abweichenden Wortlauts ist diese Voraussetzung so zu verstehen wie die entsprechende Voraussetzung der Nr. 3. Vgl. deshalb die Ausführungen dort (s. Anm. 33).

— **Dieser Geschäftsbetrieb muss am allgemeinen wirtschaftlichen Verkehr teilnehmen.** 52

Hierunter ist grundsätzlich das gleiche wie zu § 15 Abs. 2 EStG zu verstehen (vgl. H 15.4 EStH 2013; *Wassermeyer* in F/W/B, § 8 Rz. 142). Allerdings muss die Teilnahme am allgemeinen Wirtschaftsverkehr vom Geschäftsbetrieb der ausländischen Gesellschaft selbst ausgehen, der zu den Einkünften führt, weshalb eine Zurechnung der Tätigkeit anderer Konzerngesellschaften nicht in Frage kommt (vgl. BMF-AnwSchr, Tz. 8.1.4.2.1).

Insbesondere muss die ausländische Gesellschaft mit ihrer Handelstätigkeit 53 nach außen in Erscheinung treten und sich damit an die Allgemeinheit wenden. Dass sie nur wenige oder gar nur einen einzigen Handelspartner (Kunden oder Lieferanten) hat, ist unschädlich, wenn sich dies aus dem Gegenstand ihrer Geschäftstätigkeit ergibt oder wenn ihr Geschäftsbetrieb auf Kundenwechsel angelegt ist (vgl. BMF-AnwSchr, Tz. 8.1.4.2.3). Folglich ist es nicht ausgeschlossen, dass eine ausländische Gesellschaft auch dann aktiv i. S. des § 8 ist, wenn sie ihre Handelsgeschäfte nur mit anderen Konzerngesellschaften betreibt; vgl. *Wassermeyer* in F/W/B, § 8 Rz. 143.

Es genügt, wenn die ausländische Gesellschaft sich nur auf der Einkaufs- oder 54 nur auf der Verkaufsseite an die Allgemeinheit wendet; vgl. BMF-AnwSchr, Tz. 8.1.4.2.2.

— **An den zur Vorbereitung, zum Abschluss und zur Ausführung der Geschäfte gehörenden Tätigkeiten darf keine schädliche Person mitwirken.** 55

Zur Abgrenzung der **schädlichen Personen** (Beteiligte i. S. des § 7; nahe stehende Personen) vgl. grundsätzlich die Ausführungen zu den Kreditinstituten und Versicherungsunternehmen (s. Anm. 36 f.). Die nahe stehende Person muss allerdings bereits nach dem Gesetzeswortlaut mit ihren Einkünften aus dem Handel mit der Zwischengesellschaft im Inland steuerpflichtig sein; ob unbeschränkt, beschränkt oder erweitert beschränkt steuerpflichtig, ist unerheblich.

Die Entsendung von Mitarbeitern einer anderen Konzerngesellschaft ist regelmä- 56 ßig unschädlich, wenn diese im Rahmen eines unmittelbar mit der den Handel betreibenden ausländischen Gesellschaft begründeten Beschäftigungsverhältnisses tätig werden und nicht selbst beteiligt i. S. des § 7 sind oder einem solchen Beteiligten nahe stehen. Vgl. Schreiben des FinMin NRW vom 29.12.1978 (abgedruckt im IDW-Handbuch Außensteuerrecht, 32. Auflage, S. 1089 ff.), Fall 3.

Nur Tätigkeiten, die zur Vorbereitung, zum Abschluss oder zur Ausführung der 57 Handelsgeschäfte gehören, können schädlich sein. Erbringen Beteiligte i. S. des § 7 oder ihnen nahestehende Personen sonstige Leistungen, z. B. allgemeine Management- oder Beratungsleistungen, an die ausländische Gesellschaft, so ist dies unschädlich. Schädlich sind nur Tätigkeiten, die „funktional Teil der der ausländischen Gesellschaft zufallenden Verteiler- oder Leistungsfunktion sind" (Schriftlicher Bericht des Finanzausschusses zu BT-Drucks. VI/3537, abgedruckt bei *F/W/B*, § 8 S. 35f.).

58 Eine Verteiler- oder Leistungsfunktion fällt in dem Umfang der ausländischen Gesellschaft zu, wie sich dies aus dem zugrunde liegenden Vertragswerk ergibt. Übt also eine schädliche Person Tätigkeiten aus, die eigentlich Teil der der ausländischen Gesellschaft zugewiesenen Aufgaben sind, so scheitert der Aktivitätsnachweis nach Nr. 4. Werden diese Tätigkeiten dagegen klar aus dem vertraglich auf die ausländische Gesellschaft übertragenen Aufgabenbereich ausgeklammert, ist dies für den Aktivitätsnachweis unschädlich. Vgl. *Wassermeyer* in F/W/B, § 8 Rz. 147, insbesondere die dort aufgeführten Beispiele; ebenso *Rödel* in Kraft, § 8 Rz. 258 f.

5. Dienstleistungen

59 Aktiv i. S. der Nr. 5 sind grundsätzlich alle Dienstleistungen gleich welcher Art, die gegenüber einem anderen erbracht werden. Der Umfang der nach Nr. 5 begünstigten Tätigkeiten wird durch zwei Ausnahmetatbestände eingeschränkt. Eine aktive Tätigkeit der ausländischen Zwischengesellschaft liegt nach Nr. 5 Buchstabe a) nicht vor, soweit sie sich bei der Dienstleistung eines unbeschränkt steuerpflichtigen Beteiligten i. S. des § 7 oder einer diesem i. S. des § 1 Abs. 2 nahe stehenden Person bedient (sog. Bedienenstatbestand). Ausgenommen sind nach Nr. 5 Buchstabe b) Dienstleistungen, die gegenüber Konzernunternehmen erbracht werden (sog. Erbringungstatbestand), wobei in diesem Fall wie beim Handel der Gegenbeweis (Ausnahme von der Ausnahme) möglich ist. Aus dem Wortlaut („soweit nicht") folgt, dass alle Dienstleistungen, bei denen keine dieser beiden Ausnahmen gegeben ist, aktiv sind, auch wenn gleichzeitig andere Dienstleistungen (bzw. die gleiche Dienstleistung gegenüber anderen Abnehmern) erbracht werden, die unter eine der Ausnahmen fallen.

a) Begriff „Dienstleistung"

60 Der Begriff der Dienstleistung ist im Steuerrecht nicht näher definiert. In Anlehnung an § 611 BGB sind unter Dienstleistungen Tätigkeiten zu verstehen, bei denen die Leistung als solche und nicht das Ergebnis vertraglich geschuldet ist. Es ist gleichgültig, ob es sich um einmalige oder auf Dauer angelegte Tätigkeiten handelt. Zu den Dienstleistungen zählen daher insbesondere gewerbliche Dienstleistungen, technische Planungsleistungen, Dienstleistungen im kulturellen Bereich, die Tätigkeiten von Freiberuflern i. S. des § 18 EStG sowie die Tätigkeiten der Handelsvertreter und Makler. Die Verwaltung eigenen Vermögens ist keine Dienstleistung, da sie nicht einem anderen gegenüber erbracht wird.

b) Bedienenstatbestand

61 Zielrichtung der Ausnahme nach Buchstabe a) sind ausländische Gesellschaften, die von Inländern gegründet worden sind, um formal als Erbringer von Dienstleistungen aufzutreten, die aber faktisch wesentlich von diesen Inländern (oder ihnen nahe stehenden Personen) erbracht werden. Die dabei abgeschöpfte Gewinnspanne soll im Inland steuerlich erfasst werden.

Im Gegensatz zum Handel nach Nr. 4 (und zur zweiten Ausnahme der Nr. 5 nach **62** Buchstabe b) führt nicht jede Mitwirkung einer schädlichen Person zur Passivität der Dienstleistung. Vielmehr muss die ausländische Gesellschaft sich der betreffenden Person bewusst und freiwillig als Erfüllungsgehilfe (Subunternehmer oder Angestellter) für die Dienstleistung bedienen. Dies gilt auch, wenn die ausländische Gesellschaft sich verpflichtet hat, eine bestimmte Leistung zu verschaffen, und diese Leistung dann für Rechnung der ausländischen Gesellschaft durch eine schädliche Person erbracht wird. Ist dagegen die an sich schädliche Person neben der ausländischen Gesellschaft unmittelbar für den Kunden tätig, ist die Ausnahme nach Buchstabe a) nicht gegeben. Gleiches gilt, wenn die ausländische Gesellschaft die Dienstleistung der an sich schädlichen Person nur vermittelt oder besorgt, ohne sie selbst als solche zu schulden, und diese die Dienstleistung dann unmittelbar an den Kunden erbringt. Vgl. *Wassermeyer* in F/W/B, § 8 Rz. 181, 182.

Zur Abgrenzung der schädlichen Personen vgl. grundsätzlich die Ausführungen **63** zu den Kreditinstituten und Versicherungsunternehmen (s. Anm. 36 f.). Nach dem Gesetzeswortlaut muss die „nahe stehende Person", die nicht selbst beteiligt i. S. des § 7 ist, „mit ihren Einkünften aus der von ihr beigetragenen Leistung im Geltungsbereich dieses Gesetzes steuerpflichtig" sein; ob unbeschränkt, beschränkt oder erweitert beschränkt steuerpflichtig, ist unerheblich. Voraussetzung ist insbesondere, dass sie hieraus überhaupt Einkünfte erzielt; erbringt sie ihre Leistung unentgeltlich, ist ihre Mitwirkung unschädlich. Ebenso *Wassermeyer* in F/W/B, § 8 Rz. 186. In vielen Fällen werden allerdings bei dieser Person für steuerliche Zwecke Einkünfte angesetzt und der Besteuerung unterworfen, so z. B. nach § 1 AStG oder nach § 8 Abs. 3 KStG (verdeckte Gewinnausschüttung).

Strittig ist, ob eine nahe stehende Person auch dann „mit ihren Einkünften ... **64** steuerpflichtig" ist und i. S. des Buchstabe a) schädlich mitwirken kann, wenn diese Einkünfte gemäß einem DBA im Inland befreit sind. Da es auch hier auf die abstrakte Steuerpflicht ankommt, ändern DBA-Freistellungen an der Steuerpflicht nichts (vgl. *Mössner* in B/K/L/M/R § 8 Rz. 60; a. A. *Wassermeyer* in F/W/B, § 8 Rz. 187; *Vogt* in Blümich, § 8 Rz. 58, 39; *Rödel* in Kraft, § 8 Rz. 308).

c) Erbringungstatbestand

Zielrichtung der Ausnahme nach Buchstabe b) sind ausländische Gesellschaf- **65** ten, die gegründet worden sind, um für ihnen nahe stehende, inländische Unternehmen Dienstleistungen „einzukaufen" und damit künstlich eine Gewinnmarge ins steuergünstige Ausland zu verlagern. Diese Tätigkeit wird auch dann als passiv qualifiziert, wenn ausschließlich fremde Dritte an ihr mitwirken, jedoch kein kaufmännisch eingerichteter Geschäftsbetrieb besteht oder dieser nicht am allgemeinen wirtschaftlichen Verkehr teilnimmt.

Zu Einkünften aus passivem Erwerb führt zunächst die Erbringung einer Dienst- **66** leistung an eine schädliche Person. Die Vorschrift verweist mit dem zweimal verwendeten Wort „solchen" auf Buchstabe a); es sind also im Bereich des Buchstaben b) die gleichen Personen schädlich, wie bei Buchstabe a). Dies sind zum einen die unbeschränkt steuerpflichtigen Beteiligten i. S. des § 7 (vgl. Anm. 36), sodann die nahe stehenden Personen, wenn diese im Inland steuerpflichtig sind (vgl. BFH vom 29. 8. 1984, BStBl II 1985 S. 120). U. E. ist ferner zu verlangen, dass die nahe stehende Person die betreffende Dienstleistung im Rahmen einer im Inland steuerpflichtigen Einkunftsart empfängt, sodass die hierfür bezahlte Vergütung im Inland abzugsfähig ist. Ebenso *Wassermeyer* in F/W/B, § 8 Rz. 192.

67 Selbst wenn die Ausnahme nach Buchstabe b) gegeben ist, kann die betreffende Dienstleistung gleichwohl aktiv i. S. der Nr. 5 sein, wenn dem Stpfl. der Funktionsnachweis gelingt. Dazu müssen drei Voraussetzungen kumulativ erfüllt sein:

68 Die Gesellschaft muss einen für das Bewirken derartiger Dienstleistungen eingerichteten Geschäftsbetrieb unterhalten. Es wird nicht verlangt, dass dieser Geschäftsbetrieb „in kaufmännischer Weise" eingerichtet ist. Es kommt demnach nicht auf die kaufmännische Organisation, sondern darauf an, ob die Gesellschaft einen Geschäftsbetrieb unterhält, der faktisch imstande ist, die betreffenden Dienstleistungen selbst zu bewirken.

69 Dieser Geschäftsbetrieb muss am allgemeinen wirtschaftlichen Verkehr teilnehmen. Vgl. hierzu Anm. 52 ff.

70 Schließlich darf an den zu der Dienstleistung gehörenden Tätigkeiten keine schädliche Person mitwirken; wiederum ist diese Voraussetzung für jede an eine schädliche Person erbrachte Dienstleistung einzeln zu prüfen.

71 Wie bei Nr. 4 (Handel) sind nur Tätigkeiten schädlich, die „funktional Teil der der ausländischen Gesellschaft zufallenden Verteiler- oder Leistungsfunktion sind" (Schriftlicher Bericht des Finanzausschusses zu BT-Drucks. VI/3537, abgedruckt bei *F/W/B*, § 8 S. 35 f.). Dies ist dann der Fall, wenn eine schädliche Person Tätigkeiten ausübt, die eigentlich Teil der vertraglich der ausländischen Gesellschaft zugewiesenen Aufgaben sind. Angesichts der Vielfalt der tatsächlich in der Wirtschaft vorkommenden Erscheinungsformen der Dienstleistungen ist für eine typisierende Betrachtungsweise noch weniger Platz als bei der Nr. 4 (Handel); vgl. Mössner in *B/K/L/M/R*, § 8 Rz. 63; *Wassermeyer* in F/W/B, § 8 Rz. 195, 196 mit Beispielen.

6. Vermietung und Verpachtung

72 Formal ist Nr. 6 ähnlich aufgebaut wie die Nrn. 4 (Handel) und 5 (Dienstleistungen). Zunächst ist die Vermietung und Verpachtung grundsätzlich aktiv. Davon ausgenommen sind die in Buchstaben a), b) und c) genannten Tatbestände, deren Erfüllung zu passiven Einkünften führt. In allen drei Fällen aber gibt es schließlich Ausnahmen von den Ausnahmen, für deren Vorliegen der Stpfl. die Nachweispflicht hat und die die Aktivität wiederherstellen.

73 Allerdings sind die Ausnahmen erster Stufe derart umfassend, dass nur wenige Vermietungs- und Verpachtungstätigkeiten vorstellbar sind, die nicht unter eine von ihnen fallen. In der Praxis muss also für eine unschädliche Vermietungs- und Verpachtungstätigkeit immer eine der Ausnahmen von den Ausnahmen erfüllt sein und nachgewiesen werden können.

74 Der Begriff der Vermietung und Verpachtung in Nr. 6 orientiert sich an § 21 EStG, wobei auch gewerbliche Vermietungen und Verpachtungen sowie die gelegentliche Vermietung beweglichen Vermögens erfasst werden (*Fuhrmann* in Mössner/Fuhrmann, § 8 Rn. 152).

75 Verkauft die ausländische Gesellschaft das vermietete oder verpachtete WG, so ist diese Veräußerung hinsichtlich ihrer Aktivität oder Passivität ebenso zu behan-

deln wie vorher die Vermietung und Verpachtung. Wird also beispielsweise ein immaterielles WG, das die ausländische Gesellschaft selbst ohne schädliche Mitwirkung entwickelt hat, nach einiger Zeit der Lizenzierung verkauft, so zählt der Veräußerungsgewinn ebenso wie die Lizenzeinkünfte zu den aktiven Einkünften. Sind dagegen die Lizenzeinkünfte passiv gewesen, so ist es auch der Veräußerungsgewinn; ob dieser tatsächlich im Hinzurechnungsbetrag anzusetzen ist, ist im Rahmen des § 10 zu entscheiden. Ist schließlich ein WG – beispielsweise eine bewegliche Sache – manchmal aktiv, manchmal passiv vermietet oder verpachtet worden, etwa weil die Gesellschaft erst mit einiger Verzögerung am allgemeinen Wirtschaftsverkehr teilgenommen hat, so ist u. E. darauf abzustellen, was zuletzt der Fall gewesen ist; denn das WG wird aus der jeweils aktuellen Tätigkeit heraus verkauft, sodass die Veräußerung je nach den aktuellen Verhältnissen entweder eine aktive oder eine passive Tätigkeit abschließt. Vgl. *Fuhrmann* in Mössner/Fuhrmann, § 8 Rn. 153; *Wassermeyer* in F/W/B, § 8 Rz. 218.

Unter Umständen kann im Veräußerungsfall zu prüfen sein, ob die Voraussetzungen der Aktivität nach Nr. 4 (Handel) erfüllt sind. **76**

a) Immaterielle Wirtschaftsgüter

Ziel dieser Vorschrift ist es, die Nutzung von Patentverwertungsgesellschaften **77** u. ä. zu erschweren. Typischerweise überträgt ein inländischer Stpfl. ein derartiges immaterielles WG, wie z. B. ein Patent, ein Urheberrecht, ein Gebrauchsmuster o. ä., steuerfrei aus seinem Privatvermögen – oder zu einem relativ günstigen Preis aus einem Betriebsvermögen – auf eine von ihm beherrschte ausländische Gesellschaft, die das WG dann an das inländische Unternehmen lizenziert. Bei anderen Gestaltungen gehört das immaterielle WG niemals einem Inländer, sondern es entsteht originär in der ausländischen Gesellschaft; allerdings ist diese nicht imstande, die Entwicklung selbst durchzuführen, sondern sie beauftragt wiederum das inländische Unternehmen mit Teilaufgaben, die letztlich zum Entstehen eines lizenzierungsfähigen WG führen.

Die Aufzählung der „Rechte, Pläne, Muster, Verfahren, Erfahrungen und Kennt- **78** nisse" umfasst nahezu alle immateriellen WG, deren Nutzung überlassen werden kann. Ausnahmen sind z. B. Kundenbeziehungen (sofern es sich nicht um Rechte handelt und sofern die Beziehung über das bloße Kennen der Kunden hinausgeht) oder ein Firmenwert; die Überlassung derartiger immaterieller WG ist somit stets aktiv, da sie nicht unter die Ausnahme des Buchstaben a) fällt.

Die Lizenzierung der genannten Rechte etc. ist auch dann passiv, wenn Lizenz- **79** nehmer ein ausländisches Konzernunternehmen oder ein fremder Dritter im In- oder Ausland ist.

Zur Widerlegung der Vermutung der Passivität muss der Steuerpflichtige zum **80** einen nachweisen, dass die ausländische Gesellschaft „die Ergebnisse eigener Forschungs- oder Entwicklungsarbeit auswertet". Die Auswertung zugekaufter Ergebnisse ist nach dem Wortlaut stets passiv, auch wenn die die ausländische Gesellschaft von fremden Dritten zugekauft hat; nach *Wassermeyer* in F/W/B (§ 8 Rz. 224) ist die Schädlichkeit auf Fälle einzuschränken, in denen die ausländische Gesellschaft ein Patent etc. von einem anderen (unbeschränkt, beschränkt oder erweitert beschränkt) Stpfl. zukauft. Benutzt die ausländische Gesellschaft allerdings nur in einem bestimmten Rahmen fremde Ergebnisse und leistet sie im Übrigen eigene

Forschungs- oder Entwicklungsarbeit, in die die fremden Ergebnisse eingehen, ist der Zukauf u. E. unschädlich.

81 Ferner muss der Stpfl. nachweisen, dass diese eigene Arbeit ohne Mitwirkung einer schädlichen Person unternommen worden ist. Von den anderen Vorschriften des § 8 Abs. 1 (Nr. 3, 4, 5, 6 b und 6 c), die Geschäftsbeziehungen mit schädlichen Personen behandeln, weicht Nr. 6 a insofern ab, als hier nicht ausdrücklich von einem **unbeschränkt** Stpfl. die Rede ist, der gemäß § 7 an der Gesellschaft beteiligt ist. § 7 handelt jedoch nur von der Beteiligung unbeschränkt Stpfl.; die Prüfung, ob auch Personen i. S. des § 2 Anteile oder Stimmrechte zuzurechnen sind (§ 7 Abs. 2), erfolgt lediglich um festzustellen, ob die so Beteiligten auch „zu mehr als der Hälfte" beteiligt sind. Materiell ist hier also keine Abweichung festzustellen. Ebenso *Fuhrmann* in Mössner/Fuhrmann, § 8 Rn. 160.

82 Unter Mitwirkung ist grundsätzlich das Gleiche wie im Falle der Nrn. 4 und 5b zu verstehen; vgl. deshalb die Ausführungen dort (s. Anm. 56 f.).

b) Grundstücke

83 Passiv ist zunächst ganz allgemein die Vermietung oder Verpachtung von Grundstücken. Unter Grundstücken im Sinne dieser Vorschrift sind entsprechend dem zivilrechtlichen und bewertungsrechtlichen Begriff nach herrschender Meinung auch Gebäude und Gebäudeteile zu verstehen (vgl. *Fuhrmann* in Mössner/Fuhrmann, § 8 Rn. 163; *Vogt* in Blümich, § 8 Rz. 70; *Lehfeldt* in S/K/K, § 8 Rz. 124; implizit BMF-Anwendungsschreiben Tz. 8.1.6.1 Nr. 2; differenzierter *Wassermeyer* in F/W/B, § 8 Rz. 226).

84 Die Vermietung oder Verpachtung ist ausnahmsweise aktiv, wenn die Einkünfte daraus nach einem DBA im Inland steuerfrei wären, wenn sie die inländischen Gesellschafter direkt beziehen würden. Ist dies der Fall, führt die Zwischenschaltung der ausländischen Gesellschaft nicht zur Ersparnis inländischer Steuern, sodass kein Bedürfnis besteht, die Einkünfte im Wege der Hinzurechnung im Inland steuerpflichtig zu machen.

85 Für die Steuerfreiheit gibt es drei Möglichkeiten:
– aufgrund der Belegenheit des Grundstücks in einem DBA-Staat; die meisten von Deutschland abgeschlossenen Doppelbesteuerungsabkommen (vgl. *Wassermeyer* in F/W/B, § 8 Rz. 228) weisen dem Belegenheitsstaat das ausschließliche Besteuerungsrecht zu;
– aufgrund seiner Zugehörigkeit zu einer Betriebsstätte in einem DBA-Staat;
– oder aufgrund der Ansässigkeit des betreffenden Gesellschafters in einem DBA-Staat. Hat der Gesellschafter zwar in beiden Vertragsstaaten einen Wohnsitz, ist er jedoch im Sinne des einschlägigen DBA in dem anderen Vertragsstaat ansässig, weist das DBA in aller Regel diesem anderen Staat das ausschließliche Besteuerungsrecht für die Einkünfte aus Drittstaaten – so z. B. für Einkünfte aus der Vermietung eines in einem Drittstaat belegenen Grundstücks – zu.

86 Auf die Ansässigkeit oder die DBA-Berechtigung der ausländischen Gesellschaft kommt es nicht an.

87 Liegt das Grundstück im Inland, ist die Vermietung stets passiv. Abkommensrechtliche Regelungen kämen in diesem Fall bei direktem Bezug durch den inländischen Anteilseigner nicht zur Anwendung.

Für das Bestehen der DBA-Befreiung trägt der Steuerpflichtige die Beweislast. **88**

Gelingt dem Stpfl. der Entlastungsbeweis, so ist die Folge nicht die analoge **89** Anwendung der DBA-Vorschriften auf den Hinzurechnungsbetrag, der insoweit steuerfrei bleiben würde. Vielmehr kommt es für diese Einkünfte gar nicht zum Ansatz eines Hinzurechnungsbetrages; die Einkünfte gelten als aktiv.

c) Bewegliche Sachen

Die Vermietung und Verpachtung beweglicher Sachen ist nach § 8 Abs. 1 Nr. 6 **90** Buchstabe c) grundsätzlich eine passive Tätigkeit. Unter beweglichen Sachen im Sinne dieser Vorschrift sind körperliche Gegenstände zu verstehen (§ 90 BGB).

Um aus der Vermietung oder Verpachtung beweglicher Sachen Einkünfte zu **91** erzielen, müssen der ausländischen Gesellschaft die betreffenden Sachen nach den allgemeinen Grundsätzen zuzurechnen sein. Beim Finanzierungs-Leasing handelt es sich nicht um Vermietung und Verpachtung, soweit der Leasing-Gegenstand dem Leasing-Nehmer zuzurechnen ist (BMF-AnwSchr, Tz. 8.1.6.4). In diesem Fall können keine Einkünfte nach Nr. 6 vorliegen.

Ausnahmsweise aktiv ist die Vermietung oder Verpachtung beweglicher Sachen, **92** wenn die folgenden Voraussetzungen erfüllt sind, wofür wiederum der Stpfl. die Beweislast trägt:

– Die Gesellschaft muss einen Geschäftsbetrieb gewerbsmäßiger Vermietung oder **93**
Verpachtung unterhalten.

Im Unterschied zu Nr. 3 und Nr. 4 wird nicht darauf abgestellt, ob der Geschäftsbetrieb „in kaufmännischer Weise eingerichtet" ist. Vielmehr kommt es auf die in diesem Geschäftsbetrieb tatsächlich ausgeführte Tätigkeit an: die Vermietung oder Verpachtung muss in einer Weise durchgeführt werden, die – bei inländischer Steuerpflicht – zur Annahme von Einkünften aus Gewerbebetrieb i. S. des § 15 EStG führen würde. Hierzu gehören

– die Selbständigkeit
– die Nachhaltigkeit
– die Gewinnerzielungsabsicht
– die Beteiligung am allgemeinen wirtschaftlichen Verkehr
– die Überschreitung des Rahmens der Vermögensverwaltung.
Vgl. insbes. R 15.7 EStR 2012; *Wassermeyer* in F/W/B, § 8 Rz. 236.

– Dieser Geschäftsbetrieb muss am allgemeinen wirtschaftlichen Verkehr teil- **94**
nehmen.

Dieses Merkmal gehört bereits zur Gewerblichkeit (s. letzten Absatz). Vgl. Anm. 52 ff.

– An den zu einer solchen gewerbsmäßigen Vermietung oder Verpachtung gehö- **95**
renden Tätigkeiten darf keine schädliche Person mitwirken.

Zur Abgrenzung der schädlichen Personen vgl. die Anmerkungen zu den Kreditinstituten und Versicherungsunternehmen (s. Anm. 36f). Auch hier ist strittig, ob bei den nahe stehenden Personen die Steuerpflicht im Inland zu verlangen ist, damit ihre Mitwirkung schädlich i. S. dieser Vorschrift ist; bejahend *Fuhrmann* in Mössner/Fuhrmann, § 8 Rn. 172; *Lehfeldt* in S/K/K, § 8 Rz. 134; a. A. *Wassermeyer* in F/W/B, § 8 Rz. 237.

96 Schädlich ist nur die Mitwirkung an solchen Tätigkeiten, die „zu einer solchen gewerbsmäßigen Vermietung oder Verpachtung gehören". Andere Tätigkeiten inländischer Beteiligter oder Nahestehender wie z. B. allgemeine Management- oder Beratungsleistungen sind demnach unschädlich.

7. Kapitalaufnahme und -vergabe

97 Offenkundig ist die Unlust des Gesetzgebers, die Aufnahme und Vergabe von Kapital vorbehaltlos als aktive Tätigkeit anzuerkennen, wenn sie nicht im Rahmen eines unter Nr. 3 fallenden Kreditinstituts geschieht. Zwar führt diese Tätigkeit, wenn die Voraussetzungen der Nr. 7 erfüllt sind, zu aktiven Einkünften i. S. des § 8 Abs. 1. Andere Vorschriften jedoch (so § 9 Nr. 7 GewStG sowie einige DBA, s. Anm. 15), die einen Aktivitätsvorbehalt in Form eines Verweises auf § 8 Abs. 1 beinhalten, verweisen ausdrücklich nur auf die Nrn. 1 bis 6 und lassen die Nr. 7 bewusst weg. Auch die Nr. 7 selbst, die einen Aktivitätsvorbehalt hinsichtlich eines ausländischen Darlehensnehmers beinhaltet, erkennt dort nur die Tätigkeiten nach den übrigen Nummern 1 bis 6 als aktiv an. Insgesamt hat die Kapitalaufnahme und -vergabe nach Nr. 7 unter den aktiven Tätigkeiten den Status eines Stiefkindes.

98 Zu diesem Status passt, dass es in der Praxis vielfach unmöglich ist, die verlangten Nachweise (Nämlichkeit der Mittel; Aktivität des Darlehensnehmers) zweifelsfrei zu führen. Andererseits hat der Gesetzgeber, wie *Wassermeyer* (in F/W/B, § 8 Rz. 246) zu Recht hervorhebt, mit der Nr. 7 ausdrücklich einen siebten Aktivitätsbereich schaffen wollen; dieser Wille des Gesetzgebers darf nicht durch eine in der Praxis unerfüllbare Nachweispflicht vereitelt werden. Sind in einem praktischen Fall die Voraussetzungen der Aktivität nach Nr. 7 tatsächlich gegeben, dürfen die an den Nachweis derselben gestellten Anforderungen den Rahmen des Zumutbaren nicht übersteigen (vgl. ebenda, Rz. 246 und 262).

99 Ersichtlich will man die Finanzierungsgesellschaften begünstigen, die für den Konzern eine betriebswirtschaftlich wichtige Funktion erfüllen, indem sie ihm den Zugang zu den ausländischen Kapitalmärkten verschaffen; hierfür ist oftmals die Präsenz am ausländischen Platz mit einer eigenen Gesellschaft aus Marktgesichtspunkten erforderlich.

100 Für die Aktivität i. S. der Nr. 7 müssen vier Voraussetzungen erfüllt sein:

101 — **Das betreffende Kapital muss ausschließlich auf ausländischen Kapitalmärkten aufgenommen worden sein.**

Üblicherweise wird der Begriff „**Kapitalmarkt**" für die Märkte verwendet, auf denen längerfristige Kredite und Kapitalanlagen (Anleihen, Obligationen etc.) gehandelt werden. Nach herrschender Auffassung ist aber der Begriff i. S. der Nr. 7 weiter aufzufassen, sodass auch kurzfristige Titel wie Commercial paper, Promissory notes etc. darunter fallen (vgl. *Wassermeyer* in F/W/B, § 8 Rz. 249; *Vogt* in Blümich, § 8 Rz. 74; *Geurts* in Mössner/Fuhrmann, § 8 Rn. 191; die engere Auffassung von *Mössner* in B/K/L/M/R, § 8 Rz. 81 – leitet sich aus einer Voraussetzung ab, die inzwischen abgeschafft ist, nämlich der Vergabe der Darlehen „auf Dauer").

102 Ob auch der Aktienmarkt als ein Kapitalmarkt in diesem Sinn angesehen werden kann, erscheint weniger sicher. Zwar ist Aktienkapital zweifellos Kapital, dessen Aufnahme am allgemeinen Markt aus der Sicht der ausländischen Gesellschaft sinnvoll sein kann. Auch ist im Hinblick auf den Telos des Gesetzes (Bekämpfung der künstlichen Einkünfteverlagerung ins Ausland) nicht recht einzusehen, weshalb die Platzierung von Aktien an fremde Dritte im Ausland eine schädliche Zwischenschaltung der im Kreditgeschäft tätigen Gesellschaft sein soll, die eine anteilige Steuerpflicht im Inland auslöst. Gleichwohl wird jedoch überwiegend gefordert, dass es sich um die Aufnahme von Fremdkapital handeln muss (*Geurts* in Mössner/Fuhrmann, § 8 Rn. 185, *Wassermeyer* in F/W/B, § 8 Rz. 249; *Lehfeldt* in S/K/K, § 8 Rz. 139; ausdrücklich die Ausgabe eigener Aktien verneinend *Vogt* in Blümich, § 8 Rz. 74).

Die Kapitalmärkte müssen **ausländische** sein; der Platz muss im Ausland liegen, nicht notwendig auch die Marktteilnehmer. Bei formal organisierten Börsen u. dgl. fällt dieser Nachweis leichter als bei einer direkten Kreditaufnahme (Schuldschein). *Wassermeyer* (in F/W/B, § 8 Rz. 252) schlägt eine abgestufte Vermutungskette vor: generelle Zuordnung des Kreditgebers zu einem bestimmten Kapitalmarkt; hilfsweise Ansässigkeit des Kreditgebers; selbst bei Ansässigkeit im Inland kann im Einzelfall die Kreditaufnahme tatsächlich im Ausland abgewickelt worden sein. **103**

Nach Ansicht der FinVerw (BMF-AnwSchr, Tz. 8.1.7.2) soll eine „mittelbare Kreditaufnahme auf dem inländischen Kapitalmarkt" schädlich sein; a. A. zu Recht *Wassermeyer* in F/W/B, § 8 Rz. 255, *Geurts* in Mössner/Fuhrmann, § 8 Rn. 193 f.; *Ammelung/Kuich*, IStR 2000 S. 641 sowie Hessisches FG, Urteil vom 30.3.1987 2 K 454/80 (EFG 1987 S. 601), da es nach dem eindeutigen Wortlaut auf die Herkunft der Kapitalmittel nicht ankommt. **104**

Mittel, die nicht auf ausländischen Kapitalmärkten aufgenommen worden sind, können nicht – jedenfalls nicht unmittelbar – für eine aktive Tätigkeit i. S. der Nr. 7 eingesetzt werden; dies betrifft neben der ursprünglichen, vom inländischen Steuerpflichtigen eingezahlten Eigenkapitalausstattung der Gesellschaft nach wohl herrschender Auffassung auch die aus der aktiven Tätigkeit erwirtschafteten Zinsüberschüsse oder sonstige Liquidität (*Vogt* in Blümich, § 8 Rz. 74; *Geurts* in Mössner/Fuhrmann, § 8 Rn. 185; a. A. *Wassermeyer* in F/W/B, § 8 Rz. 248). Unschädlich ist die Investition dieser Mittel in Anlagegütern, die der Kredittätigkeit dienen. **105**

– **Das betreffende Kapital darf nicht bei einer nahe stehenden Person aufgenommen worden sein.** **106**
Diese Voraussetzung wurde durch das StMBG 1993 (s. Anm. 6) in die Vorschrift aufgenommen. Danach darf der Kapitalgeber keine nahe stehende Person sein. Ist dies der Fall, hat insoweit die ausländische Gesellschaft dem Konzern nicht den Zugang zu potentiellen Kapitalgebern an den ausländischen Märkten verschafft; denn den Zugang zu einer nahe stehenden Person hat man in der Regel bereits.

Ist das Kapital etwa durch die Platzierung von Wertpapieren am allgemeinen Markt aufgenommen worden und sind keine Anhaltspunkte dafür bekannt, dass unter den Zeichnern sowie unter den späteren Erwerbern am Markt nahe stehende Personen sind, darf u. E. zugunsten des Stpfl. vermutet werden, dass dies auch nicht der Fall ist. **107**

– **Das betreffende Kapital muss darlehensweise vergeben werden.** **108**
Kennzeichnend für das Darlehen ist die zeitlich begrenzte Überlassung des Kapitals mit Rückzahlungsverpflichtung; vgl. § 488 BGB. Die Bilanzierung beim Darle-

hensnehmer (sofern buchführungspflichtig) als Fremdkapital ist notwendige, nicht hinreichende Bedingung, da es Fremdkapitalarten gibt, die keine Darlehen sind: beispielsweise die Einlage eines typisch stillen Gesellschafters mit Verlustbeteiligung. Auf die Art der Verzinsung (fest, variabel, gewinnabhängig oder eine weitere Variante) kommt es nicht an.

109 Es muss das Kapital darlehensweise vergeben werden, für welches nachgewiesen worden ist, dass es die Voraussetzungen hinsichtlich seiner Aufnahme erfüllt. Dies verlangt den Nachweis der Nämlichkeit der aufgenommenen und der vergebenen Mittel. Falls allerdings auf ein bestimmtes Konto nur Mittel eingezahlt werden, die die Voraussetzungen hinsichtlich ihrer Aufnahme erfüllen, und von diesem Konto nur Darlehen ausbezahlt werden, die ebenfalls den betreffenden Voraussetzungen genügen, kann es auf den Nachweis des Zusammenhangs eines bestimmten Darlehens mit einem bestimmten Kapitalaufnahmevorgang nicht ankommen.

110 Hilfsweise gestattet die FinVerw (BMF-AnwSchr, Tz. 8.1.7.3) eine Verhältnisrechnung („indirekte Methode"), bei der die nicht zuordenbaren vergebenen Darlehen im Verhältnis zwischen schädlich und unschädlich aufgenommenen bzw. erwirtschafteten Mitteln aufgeteilt werden.

111 – **Die Mittel müssen inländischen oder aktiven ausländischen Betrieben oder Betriebsstätten zugeführt werden.**

Insbesondere folgt hieraus, dass der Darlehensnehmer zum einen überhaupt einen Betrieb oder eine Betriebsstätte unterhalten und zum anderen die Darlehensvaluta dort verwenden muss. Die Darlehensvergabe an eine reine Holdinggesellschaft, z. B. die eigene Muttergesellschaft im Inland, ist schädlich, auch wenn diese die Mittel an eine aktive Tochtergesellschaft weitergibt.

112 Auf die Ansässigkeit des Darlehensnehmers kommt es nicht an, sondern lediglich auf die Belegenheit des Betriebs oder der Betriebsstätte, für den oder für die er das Darlehen aufgenommen hat. Ist dieser Betrieb oder diese Betriebsstätte im Ausland belegen, müssen die dort erwirtschafteten Bruttoerträge ausschließlich oder fast ausschließlich aus aktiven Tätigkeiten i. S. der Nrn. 1 bis 6 stammen; eine Tätigkeit i. S. der Nr. 7 ist nicht ausreichend. Für den Begriff „ausschließlich oder fast ausschließlich" kann u. E. als Anhaltspunkt auf die 90%-Grenze (nicht die absolute Grenze von 80 000 Euro) entsprechend § 9 zurückgegriffen werden. Bei einem Betrieb oder einer Betriebsstätte im Inland kommt es auf die dort ausgeübte Tätigkeit nicht an, sofern diese ausreicht, um überhaupt einen Betrieb oder eine Betriebsstätte zu begründen.

113 Hinsichtlich des Zeitraums, während dessen der Aktivitätsvorbehalt erfüllt sein muss, enthält die Vorschrift keinen expliziten Hinweis. Der Wortlaut, mit dem die nach Nr. 7 aktive Tätigkeit beschrieben wird („Vergabe", „zugeführt wird"), scheint eine auf den Zeitpunkt der Kreditvergabe bezogene Betrachtung zu unterstützen; so auch *Wassermeyer* in F/W/B, § 8 Rz. 268 aus pragmatischen Erwägungen für die Kreditvergabe an Fremde. Andererseits resultieren die Einkünfte der ausländischen Gesellschaft nicht ausschließlich aus der einmaligen Kreditvergabe, sondern aus der kontinuierlichen Kapitalüberlassung bis zur Rückzahlung, sodass eine Betrachtung während der gesamten Laufzeit des Kredits ebenso möglich erscheint. Letzteres hat zur Folge, dass die Qualifikation des Kredits als aktiv oder passiv von einem Jahr zum anderen je nach Aktivitäten des Darlehensnehmers wechseln kann (so BMF-AnwSchr, Tz. 8.1.7.3).

An den Nachweis dürfen u. e. auch bei letzterer Auffassung keine übertriebenen **114** Anforderungen gestellt werden. Kann die ausländische Gesellschaft im Zeitpunkt der Kreditvergabe vernünftigerweise davon ausgehen, dass der Darlehensnehmer den Aktivitätsvorbehalt erfüllt, so muss dies u. E. in der Regel ausreichen. Vgl. *Wassermeyer* in F/W/B, § 8 Rz. 268.

Es wird nicht verlangt, dass der Darlehensnehmer keine nahe stehende Person **115** ist. Im Gegenteil ist es für die in Frage kommenden konzerneigenen Finanzierungsgesellschaften gerade typisch und ihr wirtschaftlicher Sinn, dass sie die aufgenommenen Mittel im Konzern weiterreichen.

8. Gewinnausschüttungen

Bis zur Unternehmensteuerreform galten Gewinnausschüttungen von Kapitalge- **116** sellschaften grundsätzlich als Einkünfte aus passivem Erwerb, weil sie nicht im Katalog des § 8 Abs. 1 aufgeführt waren. Durch UntStFG wurde der Katalog des Abs. 1 erweitert. Nach Nr. 8 sind seitdem auch Gewinnausschüttungen von Kapitalgesellschaften aktive, nicht von der Hinzurechnungsbesteuerung erfasste Einkünfte. Diese Erweiterung erfolgte vor dem Hintergrund, dass die Besteuerung von Beteiligungserträgen und entsprechenden Veräußerungsgewinnen durch die Unternehmensteuerreform einen grundlegenden Systemwechsel erfuhr. Bei körperschaftsteuerpflichtigen Anteilseignern sind entsprechende Erträge grundsätzlich von der Besteuerung ausgenommen (§ 8b Abs. 1 KStG; Ausnahme: § 8b Abs. 4 KStG). Bei einkommensteuerpflichtigen Anteilseignern werden nach dem sog. Halbeinkünfteverfahren (ab VZ 2009: sog. Teileinkünfteverfahren) grundsätzlich 50 v. H. (ab VZ 2009: 40 v. H.) der Dividenden von der Besteuerung freigestellt, § 3 Nr. 40 (Buchst. d) EStG. Daher sah der Gesetzgeber keinen Grund mehr, an einer generellen Qualifizierung der Einkünfte ausländischer Zwischengesellschaften aus Gewinnausschüttungen als passive Einkünfte festzuhalten. Damit wurde auch die bis dahin bestehende Benachteiligung einer mehr als dreistufigen Konzernstruktur (s. *Kessler/Teufel*, IStR 2000 S. 673) durch Einbeziehung der Dividenden in den Katalog der aktiven Einkünfte aufgehoben, da Gewinne aus aktiven Tätigkeiten nun nicht mehr über Ausschüttungen in passive Einkünfte umqualifiziert werden (s. auch Regierungsbegründung zum Gesetzesentwurf, BT-Drs. 14/6882, S. 42).

Anders als in den Nrn. 1 bis 7 handelt es sich bei Nr. 8 nicht um eine tätigkeitsbe- **117** zogene Definition der Einkünfte. Als aktiv im Sinne der Nr. 8 werden sämtliche **Gewinnausschüttungen** von Kapitalgesellschaften qualifiziert. Der Begriff der „Gewinnausschüttungen" selbst ist im AStG nicht definiert. Der Regierungsbegründung zum Gesetzesentwurf ist lediglich zu entnehmen, dass auch verdeckte Gewinnausschüttungen zu den Gewinnausschüttungen im Sinne der Nr. 8 zählen (BT-Drs. 14/6882, S. 42). Unstreitig werden zunächst Einkünfte im Sinne des § 20 Abs. 1 Nr. 1 und 2 EStG erfasst. Die FinVerw zählt zu den Gewinnausschüttungen auch Einkünfte im Sinne des § 20 Abs. 2 Satz 1 Nr. 2a EStG (Veräußerung von Dividendenscheinen, BMF-AnwSchr, Tz. 8.1.8). Zum Teil wird unter Hinweis auf die vergleichbare Zwecksetzung beider Vorschriften die Auffassung vertreten, dass der in Nr. 8 verwendete Begriff „Gewinnausschüttungen" mit dem der Bezüge im Sinne des § 8b Abs. 1 KStG identisch sei und somit auch Bezüge im Sinne des § 20

Abs. 1 Nr. 9 und 10a EStG erfasst werden (*Rättig/Protzen*, IStR 2001 S. 601; *Lehfeldt* in S/K/K, § 8 Rz. 162).

118 Nach dem Wortlaut der Nr. 8 muss es sich um Gewinnausschüttungen von **Kapitalgesellschaften** handeln. Dies sind zunächst die in § 1 Abs. 1 Nr. 1 KStG genannten Gesellschaften. Zu ihnen gehören aber auch die den inländischen Kapitalgesellschaften nach den Grundsätzen des Typenvergleichs entsprechenden ausländischen Rechtsgebilde (vgl. BMF-AnwSchr, Tz. 8.1.8; BFH Urteil vom 23.6.1992 IX R 182/87, BStBl II 1992 S. 972). Andere Körperschaften, Personenvereinigungen und Vermögensmassen werden aufgrund des insoweit eindeutigen Wortlauts nicht erfasst (a. A. *Lehfeldt* in S/K/K, § 8 Rz. 163, die auf Gewinnausschüttungen von Untergesellschaften anderer Rechtsformen, die eine übertragende Zurechnung nach § 14 auslösen können, § 8 Abs. 1 Nr. 8 analog anwenden will).

119 § 8b Abs. 5 KStG ist im Rahmen der Nr. 8 nicht anzuwenden (BMF-AnwSchr, Tz. 8.1.8). Daher sind Gewinnausschüttungen in voller Höhe, nicht nur zu 95 Prozent aktive Einkünfte. Aufwendungen, die mit Gewinnausschüttungen i. S. der Nr. 8 in wirtschaftlichem Zusammenhang stehen, dürfen nach § 10 Abs. 4 bei der Ermittlung anderer passiver Einkünfte nicht berücksichtigt werden.

9. Veräußerung von Beteiligungen

a) Allgemeines

120 Die ebenfalls durch UntStFG in § 8 Abs. 1 eingefügte Nr. 9 ergänzt Nr. 8 um Gewinne der ausländischen Zwischengesellschaft aus der Veräußerung von Anteilen an einer nachgeschalteten Gesellschaft bzw. deren Auflösung oder Herabsetzung ihres Kapitals. Die Veräußerungsgewinne sind allerdings nur unter bestimmten, vom Stpfl. nachzuweisenden Voraussetzungen aktive, nicht der Hinzurechnungsbesteuerung unterliegende Einkünfte.

b) Veräußerung

121 Unter Nr. 9 fallen zunächst Gewinne aus der Veräußerung eines Anteils an einer anderen Gesellschaft. Der Begriff der **Veräußerung** in Nr. 9 ist im steuerrechtlichen Sinn zu verstehen. Dabei kann auf die zu § 17 EStG und § 8b Abs. 2 KStG entwickelten Grundsätze zurückgegriffen werden. Unter Veräußerung ist somit die entgeltliche Übertragung wirtschaftlichen Eigentums (an einem Gesellschaftsanteil) auf einen anderen Rechtsträger zu verstehen (vgl. BFH, Urteile vom 27.7.1988 I R 147/83, BStBl II 1989 S. 271; vom 28.2.1990 I R 43/86, BStBl II 1990 S. 615; vom 7.7.1992 VIII R 54/88, BStBl II 1993 S. 331; vom 21.10.1999 I R 43, 44/98, BStBl II 2000 S. 424).

122 Nicht von Nr. 9 erfasst ist die **verdeckte Einlage**, da sie anders als in § 17 Abs. 1 Satz 2 EStG und § 8b Abs. 2 Satz 6 KStG in § 8 Abs. 1 Nr. 9 nicht ausdrücklich der Veräußerung gleichgestellt ist.

c) Anteil an einer anderen Gesellschaft

123 Gegenstand der Veräußerung ist der **Anteil an einer anderen Gesellschaft**. Zum Begriff der Gesellschaft s. § 7 Anm. 4. Beteiligungen an Personengesellschaften werden nicht von der Aktivitätsregelung für Veräußerungsgewinne erfasst.

Die Veräußerung eigener Anteile fällt nach dem insoweit eindeutigen Gesetzes- **124** wortlaut „Veräußerung eines Anteils an einer **anderen** Gesellschaft" nicht in den Anwendungsbereich der Nr. 9 (*Vogt* in Blümich, § 8 Rz. 102; a. A. *Lehfeldt* in S/K/K, § 8 Rz. 172).

d) Liquidation oder Kapitalherabsetzung

Der Veräußerung gleichgestellt sind die Auflösung der Gesellschaft und die **125** Herabsetzung ihres Kapitals. Teilweise wird gefordert, Liquidationserlöse für Zwecke der Einordnung in den Aktivitätskatalog des § 8 Abs. 1 aufzuteilen in der Nr. 9 zuzuordnende Kapitalrückzahlungen und Gewinnausschüttungen, die von Nr. 8 zu erfassen seien (*Wassermeyer/Schönfeld* in F/W/B, § 8 Rz. 296). Praktische Auswirkungen hat diese Differenzierung allerdings nicht, wenn man davon ausgeht, dass die in Nr. 9 geregelte Nachweispflicht lediglich für Veräußerungsgewinne, nicht aber für Gewinne aus der Auflösung der nachgeschalteten Gesellschaft gilt (*Lehfeldt* in S/K/K, § 8 Rz. 174).

e) Nachweispflichten

Voraussetzung für die Behandlung des Veräußerungsgewinns als aktiv im Sinne **126** der Nr. 9 ist, dass der Stpfl. bestimmte **Nachweispflichten** erfüllt. Nachgewiesen werden muss, dass der Veräußerungsgewinn auf Wirtschaftsgüter der anderen Gesellschaft entfällt, die anderen als den in § 7 Abs. 6a (Kapitalanlagetätigkeiten) bezeichneten Tätigkeiten dienen. Soweit es sich um eine Gesellschaft im Sinne des § 16 REITG handelt, muss der Stpfl. auch nachweisen, dass der Veräußerungsgewinn auf Wirtschaftsgüter entfällt, die anderen als den in § 8 Abs. 1 Nr. 6 Buchstabe b (Vermietung und Verpachtung von Grundstücken) benannten Tätigkeiten dienen. Durch die Regelung der Nachweispflichten wird zum einen festgelegt, dass Anteilsveräußerungsgewinne, die auf Wirtschaftsgüter entfallen, welche Kapitalanlagetätigkeiten dienen, der Hinzurechnungsbesteuerung unterliegen. Zum anderen gehören ebenfalls nicht zu den aktiven Einkünften Gewinne der ausländischen Gesellschaft aus der Veräußerung eines Anteils an einer inländischen REIT-AG, soweit die Gewinne auf Wirtschaftsgüter entfallen, die Vermietungstätigkeiten i. S. d. § 8 Abs. 1 Nr. 6 Buchst. b AStG dienen. Die Nachweispflichten gelten nach dem Wortlaut der Nr. 9 nur für Veräußerungsgewinne, nicht dagegen für Gewinne aus der Auflösung der Gesellschaft oder der Herabsetzung ihres Kapitals (*Rättig/Protzen*, IStR 2002 S. 123; *Lehfeldt* in S/K/K, § 8 Rz. 176; *Vogt* in Blümich, § 8 Rz. 110).

Der Stpfl. muss positiv nachweisen, dass der Veräußerungsgewinn auf Wirt- **127** schaftsgüter der Untergesellschaft entfällt, die bei dieser Gesellschaft anderen Tätigkeiten als Kapitalanlagetätigkeiten i. S. d. § 7 Abs. 6a AStG dienen. Bei den Wirtschaftsgütern, die den in § 7 Abs. 6a genannten Tätigkeiten dienen, handelt es sich zunächst um die in § 7 Abs. 6a genannten Zahlungsmittel, Forderungen, Wertpapiere, Beteiligungen sowie ähnlichen Vermögenswerte. Dabei muss der auf die offenen Reserven der Untergesellschaft entfallende Teil des Veräußerungsgewinns stets als passiv behandeln werden, da es sich hierbei nicht um ein Wirtschaftsgut handelt, für den ein Nachweis erbracht werden kann (*Rättig/Protzen,* IStR 2002 S. 123; *Rödder/Schumacher*, DStR 2001 S. 1685; a. A. wohl *Wassermeyer/Schönfeld* in F/W/B, § 8 AStG Rz. 303.1 sowie *Lehfeldt* in S/K/K, § 8 Rz. 180). Da im Veräußerungspreis enthaltene offene Rücklagen und thesaurierte Gewinne wegen § 14 bereits der Hinzurechnungsbesteuerung unterlegen haben können, wird unter den Voraussetzungen des § 11 eine Doppelerfassung beseitigt.

128 Die Einkünfte aus der Kapitalanlagetätigkeit müssen bei der Untergesellschaft auch i. S. d. § 8 Abs. 3 niedrig besteuert sein. Dies ergibt sich zwar nicht unmittelbar aus dem Gesetzeswortlaut, der lediglich darauf abstellt, ob die betreffenden Wirtschaftsgüter den in § 7 Abs. 6a bezeichneten Tätigkeiten dienen. Allerdings setzt zum Einen der in § 7 Abs. 6a verwendete Begriff der Zwischeneinkünfte eine niedrige Besteuerung voraus. Zum Anderen würde es auch dem Zweck der Hinzurechnungsbesteuerung widersprechen, Anteilsveräußerungsgewinne an hoch besteuerten Kapitalanlagegesellschaften zu erfassen (Gl. A. *Lehfeldt* in S/K/K, § 8 Rz. 178; *Wassermeyer/Schönfeld* in F/W/B, § 8 AStG Rz. 304; *Kneip/Rieke*, IStR 2001 S. 665; so wohl auch die FinVerw in BMF-AnwSchr Tz. 8.1.9, wonach nachgewiesen werden muss, dass der Veräußerungsgewinn Wirtschaftsgütern zuzuordnen ist, die nicht der Erzielung von [niedrig besteuerten] Zwischeneinkünften mit Kapitalanlagecharakter dienen; allerdings soll die Finanzverwaltung nach *Schaden/Dieterlen*, IStR 2011 S. 290 zunehmend die Auffassung vertreten, dass es auf eine Niedrigbesteuerung der Einkünfte aus Kapitalanlagetätigkeit bei der Untergesellschaft nicht ankäme).

129 Die Nachweispflicht, dass der Veräußerungsgewinn auf Wirtschaftsgüter der Untergesellschaft entfällt, die bei dieser Gesellschaft anderen Tätigkeiten als den in § 8 Abs. 1 Nr. 6 Buchstabe b genannten Vermietungstätigkeiten dienen, betrifft nur Gewinne aus der Veräußerung von Anteilen an Gesellschaften i. S. des § 16 REITG. Nach § 16 REITG sind unbeschränkt steuerpflichtige REIT-Aktiengesellschaften unter bestimmten Voraussetzungen (insbesondere die Vornahme von Ausschüttungen von mindestens 90 Prozent der Erträge, das Erzielen von mindestens 75 Prozent der Einkünfte aus Immobilien sowie die Anlage von mindestens 75 Prozent ihres Vermögens in Immobilien) von der Körperschaft- und Gewerbesteuer befreit. Ohne die Regelung in Nr. 9 könnten unbeschränkt Stpfl. zudem durch Zwischenschaltung einer niedrig besteuerten ausländischen Gesellschaft Gewinne aus der Veräußerung der REIT-Anteile im Wesentlichen steuerfrei realisieren und ins Inland transferieren.

Aufgrund der Ausrichtung einer inländischen REIT-AG auf die Immobilientätigkeit als Kerngeschäft müssen nach § 12 Abs. 2 und 3 REITG zum Ende eines jeden Geschäftsjahres mindestens 75 Prozent ihrer Aktiva zum unbeweglichen Vermögen gehören sowie mindestens 75 Prozent der Umsätze eines Geschäftsjahres aus Vermietung, Leasing, Verpachtung oder Veräußerung von unbeweglichem Vermögen stammen. Daher wird der Veräußerungsgewinn aus Anteilen an einer REIT-AG überwiegend auf „schädliche" Wirtschaftsgüter entfallen und damit passiv sein.

f) mehrstufige Beteiligungsstrukturen – § 8 Abs. 1 Nr. 9 TS. 2

130 Bei **mehrstufigen Beteiligungsstrukturen** treten nach § 8 Abs. 1 Nr. 9 Teilsatz 2 die Rechtsfolgen des § 8 Abs. 1 Nr. 9 Teilsatz 1 auch dann ein, wenn der Veräußerungsgewinn auf solche Wirtschaftsgüter einer der veräußerten Gesellschaft nachgelagerten Gesellschaft entfällt. Die Nachweispflicht erstreckt sich daher auch auf solche Wirtschaftsgüter einer Gesellschaft, an der die veräußerte Gesellschaft wiederum beteiligt ist. Dabei muss es sich nach überwiegender Auffassung um eine unmittelbare Beteiligung handeln (*Lehfeldt* in S/K/K, § 8 Rz. 181; *Vogt* in: Blümich,

§ 8 Rz. 105; *Fuhrmann* in Mössner/Fuhrmann, § 8 Rn. 255; *Rättig/Protzen*, IStR 2002 S. 123; a. A. *Lieber*, FR 2002 S. 139 (S. 145 Fn. 31); *Schönfeld*, IStR 2008 S. 392, der einen Nachweisdurchgriff bis in die letzte Beteiligungsstufe befürwortet; *Wassermeyer/Schönfeld* in F/W/B, § 8 Rz. 307 ff.; *Rödel* in Kraft, § 8 Rz. 633 ff.; kritisch auch *Schaden/Dieterlen*, IStR 2011 S. 290).

g) **Verluste – § 8 Abs. 1 Nr. 9 TS. 3**

Die in § 8 Abs. 1 Nr. 9 Teilsatz 3 enthaltene Regelung zur Berücksichtigung von **131** **Verlusten** aus der Veräußerung von Anteilen an der anderen Gesellschaft sowie aus deren Auflösung oder der Herabsetzung ihres Kapitals ist spiegelbildlich zu § 8 Abs. 1 Nr. 9 Teilsatz 1 zu sehen. Derartige Verluste können als negative passive Einkünfte nur berücksichtigt werden, als sie Wirtschaftsgütern der nachgeordneten Gesellschaft zuzuordnen sind, die Kapitalanlagetätigkeiten im Sinne des § 7 Abs. 6a bzw. soweit es sich um die Veräußerung von Anteilen einer REIT-AG im Sinne des § 16 REITG handelt, den in § 8 Abs. 1 Nr. 6 Buchstabe b (Vermietung und Verpachtung von Grundstücken) benannten Tätigkeiten dienen. Der Stpfl. hat dies nachzuweisen.

10. Umwandlungen

a) **Allgemeines**

Durch das Gesetz über steuerliche Begleitmaßnahmen zur Einführung der Euro- **132** päischen Gesellschaft und zur Änderung weiterer steuerrechtlicher Vorschriften (SEStEG) vom 7.12.2006 (BGBl I 2006 S. 2782 – BStBl I 2007 S. 4) wurde der Aktivitätskatalog ergänzt. Seitdem werden auch Einkünfte aus Umwandlungen nach dem neuen § 8 Abs. 1 Nr. 10 unter bestimmten Voraussetzungen den aktiven Einkünften zugeordnet. Ebenso wie bei den Nr. 8 und 9 handelt es sich bei Nr. 10 nicht um eine tätigkeitsbezogene Definition der Einkünfte.

Bis zur Ergänzung des Aktivitätskatalogs des Abs. 1 um Nr. 10 führten übertra- **133** gende Umwandlungsvorgänge im Ausland vielfach zu einer Hinzurechnungsbesteuerung, selbst wenn eine niedrige Besteuerung nur deshalb vorlag, weil die ausländischen Vorschriften eine steuerneutrale Umwandlung zuließen. Von der Hinzurechnungsbesteuerung wurden daher auch Fälle erfasst, die im Inland nach dem UmwStG steuerneutral hätten erfolgen können. Nach überwiegender Auffassung im Schrifttum wurden übertragende Umwandlungen, die in Wirtschaftsjahren nach dem 31.12.2000 und vor dem 1.1.2006 stattfanden, zumindest hinsichtlich der Einkünfte auf Gesellschafterebene unter den Voraussetzungen der mit UntStFG eingefügten § 8 Abs. 1 Nr. 8 und Nr. 9 als aktiv behandelt (*Lehfeldt* in S/K/K, § 8 Rz. 175; *Vogt* in Blümich, § 8 Rz. 120; *Sedemund/Sterner*, BB 2005 S. 2777; *Kneip/Rieke*, IStR 2001 S. 665; *Lieber*, FR 2002 S. 139). Die Behandlung der Einkünfte aus Umwandlungen als aktiv nach Nr. 10 ist im Hinblick auf die durch SEStEG erfolgte europaweite Öffnung des UmwStG konsequent.

Die Regelung der Nr. 10 war im ursprünglichen Gesetzesentwurf der Bundesre- **134** gierung (BT-Drs. Nr. 16/2710) noch nicht enthalten. Stattdessen sollte in § 10 Abs. 3 Satz 4 die Nichtberücksichtigung der Vorschriften des UmwStG uneingeschränkt für Zwecke der Ermittlung der dem Hinzurechnungsbetrag zugrunde liegenden Einkünfte festgeschrieben werden, auch wenn das UmwStG in der Fassung des SEStEG auch auf bestimmte grenzüberschreitende Umwandlungen ausgedehnt wurde. Im Verlauf des Gesetzgebungsverfahrens (s. BT-Drs. 16/3315 und 16/3369) wurde jedoch daran nicht mehr festgehalten. § 10 Abs. 3 Satz 4 in der nunmehr geltenden Fassung regelt, dass die Vorschriften des UmwStG nur dann nicht anzuwenden sind, soweit die Einkünfte aus einer Umwandlung nach Nr. 10 hinzuzurechnen sind (s. auch § 10 AStG Anm. 21).

135 Von Nr. 10 erfasst werden sowohl Einkünfte aus Umwandlungsvorgängen auf Gesellschaftsebene als auch auf Gesellschafterebene. Die Behandlung der Einkünfte als aktiv nach Nr. 10 ist grundsätzlich unabhängig von der Art der am jeweiligen Umwandlungsvorgang beteiligten Rechtsträger (Ausnahme: soweit Umwandlungen Anteile an einer REIT-AG i. S. d. § 16 REITG oder an Kapitalgesellschaften mit Kapitalanlageeinkünften erfassen – Nr. 10 Halbsatz 2, s. hierzu Anm. 140 ff.).

b) Umwandlungen zu Buchwerten

136 Nach Nr. 10 sind Einkünfte aus Gewinnrealisierungen im Zuge einer Umwandlung grundsätzlich als aktive Einkünfte anzusehen, wenn sie ungeachtet des § 1 Abs. 2 und 4 UmwStG zu Buchwerten vollzogen werden könnten. Aus dem Bezug auf den Vollzug der Umwandlung zu Buchwerten unabhängig von den in § 1 Abs. 2 und 4 UmwStG aufgestellten Voraussetzungen hinsichtlich der Ansässigkeit und Gesellschaftsform der beteiligten Rechtsträger folgt zunächst, dass sich für den Begriff der Umwandlung im Rahmen der Hinzurechnungsbesteuerung an den in § 1 Abs. 1 und 3 UmwStG genannten Vorgängen (Verschmelzungen, Spaltungen, Vermögensübertragungen, Formwechsel, Einbringung, Anteilstausch) orientiert werden kann.

137 Die Einschränkungen des § 1 Abs. 2 und 4 UmwStG hinsichtlich der Ansässigkeit der beteiligten Rechtsträger gilt für Zwecke der Hinzurechnungsbesteuerung nicht. D. h. die Einordnung der Einkünfte als aktiv erfolgt unabhängig davon, ob die betreffenden Rechtsträger ihren Sitz bzw. Ort der Geschäftsleitung in einem Mitgliedstaat der EU, des EWR oder einem Drittstaat haben (*Wassermeyer/Schönfeld* in F/W/B § 8 Rz. 319; *Lehfeldt* in S/K/K, § 8 Rz. 182.6; *Vogt* in Blümich, § 8 Rz. 125).

138 Die Aktivität der Einkünfte hängt davon ab, ob die Umwandlung **nach dem UmwStG zu Buchwerten** erfolgen könnte, wenn die beteiligten Rechtsträger die Voraussetzungen des § 1 Abs. 2 und 4 UmwStG erfüllen würden (vgl. auch BT-Drs. 16/3369 S. 15: „Voraussetzung ist, dass es sich um eine Umwandlung handelt, die nach den Vorschriften des UmwStG zu Buchwerten vollzogen werden könnte."). Es kommt nicht darauf an, ob tatsächlich Buchwerte angesetzt werden, sondern nur, ob eine Umwandlung zu Buchwerten möglich wäre.

139 Die Möglichkeit des antragsabhängigen Buchwertansatzes im Rahmen einer Umwandlung sieht das UmwStG in den folgenden Fällen unter den dort genannten Voraussetzungen vor:
– § 3 Abs. 2 UmwStG (Verschmelzung auf eine PersGes oder natürliche Person/ Formwechsel einer KapGes in eine PersGes),
– § 11 Abs. 2 UmwStG (Verschmelzung oder Vermögensübertragung auf eine andere Körperschaft),
– § 15 Abs. 1 UmwStG i. V. mit § 11 Abs. 2 (Aufspaltung, Abspaltung und Vermögensübertragung),

– § 20 Abs. 2 UmwStG (Einbringung in eine KapGes),
– § 21 Abs. 2 UmwStG (Anteilstausch) und
– § 24 Abs. 2 UmwStG (Einbringung in eine PersGes).

Diesen Vorschriften ist gemein, dass der Buchwertansatz nur möglich ist, soweit das Recht der Bundesrepublik Deutschland hinsichtlich der Besteuerung des Gewinns aus der Veräußerung der übertragenen Wirtschaftsgüter bzw. des eingebrachten Betriebsvermögens beim übernehmenden Rechtsträger nicht ausgeschlossen oder beschränkt wird. Im Zusammenhang mit der Hinzurechnungsbesteuerung wird bei den in der Regel rein ausländischen Umwandlungsvorgängen in den meisten Fällen vor der Umwandlung bereits kein deutsches Besteuerungsrecht hinsichtlich der Veräußerungsgewinne der jeweiligen Wirtschaftsgüter bestanden haben, so dass durch den Umwandlungsvorgang ein solches auch nicht beschränkt bzw. ausgeschlossen werden kann. In diesen Fällen sind die aus der Umwandlung resultierenden Einkünfte als aktiv im Sinne der Nr. 10 zu behandeln (vgl. aber *Wassermeyer/Schönfeld* in F/W/B – sog. „Inlandsthese", § 8 Rz. 319.1). Nach herrschender Auffassung in der Lit. spielt dabei zu Recht keine Rolle, ob ein aus der Hinzurechnungsbesteuerung abgeleitetes Besteuerungsrecht ausgeschlossen oder beschränkt wird (z. B. bei einer Verschmelzung der übernehmende Rechtsträger mangels Inländerbeherrschung zu keiner Hinzurechnungsbesteuerung führen kann), da es keinen allgemeinen Entstrickungstatbestand im Rahmen der Hinzurechnungsbesteuerung gibt (*Wassermeyer/Schönfeld* in F/W/B, § 8 AStG Rz. 319.4; *Lehfeldt* in S/K/K § 8 Rz. 182.7; *Vogt* in Blümich, § 8 Rz. 127; *Schmidtmann*, IStR 2007 S. 229). In den Fällen, in denen allerdings vor der Umwandlung ein deutsches Besteuerungsrecht bestand und aufgrund des Umwandlungsvorgangs beschränkt oder ausgeschlossen wird, sind die daraus erzielten Einkünfte nicht aktiv im Sinne von § 8 Abs. 1 Nr. 10.

c) **Ausnahme für Umwandlungen hinsichtlich Anteilen an REIT-AG bzw. Kapitalgesellschaften mit Kapitalanlageeinkünften (Nr. 10 HS. 2)**

Soweit eine Umwandlung den Anteil an einer Kapitalgesellschaft erfasst, dessen Veräußerung nicht die Voraussetzungen des § 8 Abs. 1 Nr. 9 AStG erfüllen würde, sind die entstehenden Einkünfte als Einkünfte aus passivem Erwerb zu qualifizieren (§ 8 Abs. 1 Nr. 10 Halbsatz 2). Mit dieser Regelung soll sichergestellt werden, dass das Entstehen passiver Einkünfte aus Beteiligungsveräußerungen nach § 8 Abs. 1 Nr. 9 nicht durch entsprechende Umwandlungsvorgänge umgangen werden kann. **140**

Die Ausnahmeregelung gilt nach ihrem Wortlaut nur, wenn sich im Betriebsvermögen des am Umwandlungsvorgang beteiligten Rechtsträgers Anteile an Kapitalgesellschaften befinden. Sie ist dagegen nicht anwendbar für Anteile an dem umzuwandelnden bzw. übertragenden Rechtsträger selbst (*Lehfeldt* in S/K/K, § 8 Rz. 182.11; *Vogt* in Blümich, § 8 Rz. 131). So wird beispielsweise der Übertragungsgewinn einer Zwischengesellschaft, die selbst Zwischeneinkünfte mit Kapitalanlagecharakter i. S. des § 7 Abs. 6a erzielt, nicht von der Hinzurechnungsbesteuerung erfasst (*Benecke/Schnitger*, IStR 2007 S. 22). **141**

Die Veräußerungsgewinne betreffenden Nachweispflichten des § 8 Abs. 1 Nr. 9 (s. Anm. 126 f.) gelten aufgrund des Verweises auf diese Vorschrift auch im Rahmen der Nr. 10 (so auch *Grotherr*, IWB Fach 3 Gruppe 1 S. 2175, der zu Recht auf die **142** andernfalls bestehenden Umgehungsmöglichkeiten der Nachweispflichten durch Umwandlungen hinweist).

C. Gegenbeweis (Abs. 2)

I. Allgemeines

1. Überblick

143 Abs. 2 räumt dem Stpfl. mit Beteiligungen an inländisch beherrschten ausländischen Gesellschaften mit Sitz oder Geschäftsleitung in einem Mitgliedstaat der EU oder einem Vertragsstaat des EWR-Abkommens die Möglichkeit eines Gegenbeweises ein. Der Stpfl. muss für die Ausnahme von der Hinzurechnungsbesteuerung nachweisen, dass die Gesellschaft eine tatsächliche wirtschaftliche Tätigkeit ausübt. Weitere Voraussetzung ist, dass die FinVerw eine Nachprüfungsmöglichkeit durch zwischenstaatliche Amtshilfe mittels Auskunftsaustausch hat. Zwischeneinkünfte von nachgeordneten Gesellschaften aus Drittstaaten, die nach § 14 einer Gesellschaft mit Sitz oder Geschäftsleitung in einem EU/EWR-Staat zuzurechnen sind, unterliegen weiterhin der allgemeinen Hinzurechnungsbesteuerung. Entsprechendes gilt für Einkünfte, die einer Drittstaaten-Betriebsstätte einer EU/EWR-Gesellschaft zuzurechnen sind.

2. Rechtsentwicklung

144 Ursprünglich waren in Abs. 2 Ausnahmetatbestände zur sog. Landes- und Funktionsholding enthalten. Diese Regelungen wurden infolge der Einfügung der Nrn. 8 und 9 in Abs. 1 entbehrlich und daher durch UntStFG vom 20.12.2001 (BGBl I 2001 S. 3858 – BStBl I 2002 S. 35) aufgehoben. Der durch JStG 2008 eingefügte Abs. 2 ist die Reaktion des Gesetzgebers auf die Entscheidung des EuGH in Rs. C-196/04 (Cadbury Schweppes, Slg. 2006, I-7995, BFH/NV Beilage 2007 S. 365). Dieser hatte mit Urteil vom 12.9.2006 zu den britischen Regelungen über die „controlled foreign corporations" entschieden, dass eine Hinzurechnungsbesteuerung nur rein künstliche Gestaltungen erfassen darf, die dazu bestimmt sind, die normalerweise geschuldete nationale Steuer zu vermeiden. Nach seiner Auffassung ist eine Hinzurechnungsbesteuerung dagegen insoweit nicht mit der Niederlassungsfreiheit vereinbar, als es sich auf der Grundlage objektiver und von dritter Seite nachprüfbarer Anhaltspunkte erweist, dass die ausländische Tochtergesellschaft ungeachtet des Vorhandenseins von Motiven steuerlicher Art tatsächlich im Aufnahmemitgliedstaat angesiedelt ist und dort wirklichen wirtschaftlichen Tätigkeiten nachgeht. Der Nachweis einer tatsächlichen wirtschaftlichen Tätigkeit der ausländischen Gesellschaft kann dabei dem inländischen Gesellschafter auferlegt werden. Da die Vorschriften der britischen Hinzurechnungsbesteuerung hinsichtlich ihrer Wirkung und Regelungstechnik den §§ 7 ff. vergleichbar sind, hatte die deutsche FinVerw auf das EuGH-Urteil zeitnah mit BMF-Schreiben vom 8.1.2007 IV B 4 – S 1351 – 1/07 (BStBl I 2007 S. 99) reagiert. Danach finden bis zum Inkrafttreten einer gesetzlichen Neuregelung (die durch Abs. 2 erfolgte) die §§ 7–14 unter bestimmten Voraussetzungen keine Anwendung in Fällen, in denen ein inländischer Gesellschafter an einer ausländischen Gesellschaft mit Sitz oder Geschäftsleitung innerhalb der EU bzw. des EWR beteiligt ist und nachweist, dass die Gesellschaft eine wirkliche wirtschaftliche Tätigkeit in diesem Staat ausübt. In dem BMF-Schreiben hatte die FinVerw in einem „Fünf-Punkte-Katalog" Prüfkriterien zum Nachweis einer wirklichen wirtschaftlichen Tätigkeit aufgestellt (vgl. hierzu vor §§ 7–14 AStG, Anm. 49). Die mit Abs. 2 vorgenommene Gesetzesänderung basiert im Wesentlichen auf den im BMF-Schreiben aufgestellten Grundsätzen. Die gesetzliche Neuregelung ist nach § 21 Abs. 17 erstmals für Einkünfte der ausländischen Gesellschaft, die in nach dem 31.12.2007 beginnenden Wirtschaftsjahren entstanden sind, anwendbar. Für Wirtschaftsjahre der ausländischen Gesellschaft, die vor dem 31.12.2007 begonnen haben, kann der Gegenbeweis aufgrund des BMF-Schreibens vom 8.1.2007 geführt werden, wenn die Einkommen- oder Körperschaftsteuer noch nicht bestandskräftig festgesetzt wurde.

II. Voraussetzungen

1. Gegenbeweis

145 Nach § 8 Abs. 2 Satz 1 besteht für inländische Beteiligte einer **ausländischen Gesellschaft**, die ihren **Sitz** oder ihre **Geschäftsleitung** in einem Mitgliedstaat der **EU** oder einem Vertragsstaat des **EWR**-Abkommens hat, die Möglichkeit nachzuweisen, dass die Gesellschaft einer tatsächlichen wirtschaftlichen Tätigkeit nachgeht. Der Einbezug von Gesellschaften aus EWR-Staaten ist erforderlich, da das am 2.5.1992 zwischen der EG und der European Free Association (EFTA) geschlossene Abkommen über den Europäischen Wirtschaftsraum im Wesentlichen inhaltlich mit den Grundfreiheiten des EG-Vertrages bzw. des AEUV identische Freiheiten enthält (EuGH, Urteil vom 23.9.2003, C-452/01 – Ospelt und Schlössle Weissenberg, Rn. 28, 29, Slg. 2003 I-9785; EFTA-Gerichtshof, Urteil vom 23.11.2004, Rs. E-1/04 – Fokus Bank, Rn. 23, IStR 2005 S. 55). Da die EFTA-Staaten Österreich, Finnland und Schweden zum 1.1.1995 der EU beigetreten sind und die Schweiz das EWR-Abkommen zwar ebenfalls unterzeichnet, bis heute jedoch nicht ratifiziert hat, ist es nur noch im Hinblick auf Liechtenstein, Norwegen und Island von Bedeutung.

146 Von der Nachweisregelung ausgeschlossen sind Zwischeneinkünfte von in Drittstaaten ansässigen Gesellschaften sowie nachgeordneten Gesellschaften außerhalb der EU bzw. des EWR, die der EU- bzw. EWR-Gesellschaft im Rahmen der übertragenden Zurechnung nach § 14 zuzurechnen sind (Abs. 2 Satz 3; zu den Substanzerfordernissen bei nachgeschalteten Zwischengesellschaften innerhalb des EU- bzw. EWR-Raumes vgl. *Scheipers/Linn*, IStR 2011 S. 601). Entsprechendes gilt auch für Zwischeneinkünfte, die einer Drittstaaten-Betriebsstätte der EU- bzw. EWR-Gesellschaft zuzurechnen sind (Abs. 2 Satz 4). Wird die Beteiligung an einer EU- bzw. EWR-Gesellschaft über eine in einem Drittstaat ansässige PersGes gehalten, ist der Gegenbeweis demgegenüber möglich, vgl. *Vogt* in Blümich, § 8 Rz. 154.

147 Die Möglichkeit, durch Nachweis einer tatsächlichen wirtschaftlichen Tätigkeit die Hinzurechnungsbesteuerung zu vermeiden, bestand bis zur Änderung des Abs. 2 durch das AmtshilfeRLUmsG vom 26.6.2013 (s. Anm. 6) nur für unbeschränkt Stpfl., die im Sinne des § 7 Abs. 2 an der Gesellschaft beteiligt sind. D. h., es musste eine Beteiligung von Steuerinländern zu mehr als der Hälfte an der ausländischen Gesellschaft gegeben sein. Lag eine derartige Inländerbeherrschung vor, konnte der Gegenbeweis auch für Portfoliobeteiligungen einzelner unbeschränkt

Stpfl. geführt werden; entscheidend war die Inländerbeherrschung der Gesellschaft, nicht der „beherrschende" Gesellschafter. Lag eine Inländerbeherrschung nicht vor, war der Gegenbeweis nach Abs. 2 nicht möglich. Somit war für lediglich nach § 7 Abs. 6 an einer ausländischen Gesellschaft beteiligte Stpfl. der Gegenbeweis ausgeschlossen. Gleichwohl waren Zwischeneinkünfte mit Kapitalanlagecharakter nicht generell vom Anwendungsbereich des Abs. 2 in der Fassung des JStG 2008 ausgenommen. Handelt es sich um eine im Sinne des § 7 Abs. 2 inländerbeherrschte Gesellschaft, werden Zwischeneinkünfte mit Kapitalanlagecharakter bereits nach § 7 Abs. 1 hinzugerechnet. In diesem Fall stand den unbeschränkt Stpfl. die Möglichkeit des Gegenbeweises zu. Die Einschränkung des Gegenbeweises hinsichtlich der Einkünfte, die nur aufgrund von § 7 Abs. 6 hinzurechnungspflichtig sind, enthielt bereits das BMF-Schreiben vom 8.1.2007 IV B 4 – S 1351 – 1/07 (BStBl I 2007 S. 99) in Tz. 3. Diese Einschränkung wurde in Literatur (*Goebel/Palm*, IStR 2007 S. 720, 725; *Schnitger*, IStR 2007 S. 729; *Haarmann*, IStR 2011 S. 565, 570; *Fuhrmann* in Mössner/Fuhrmann, § 8 Rn. 292; *Schönfeld* in F/W/B, § 8 Rz. 409; *Kraft* in Kraft, § 8 Rz. 790 ff.) und Rechtsprechung (vgl. das obiter dictum des BFH in seiner Entscheidung vom 21.10.2009 I R 114/08, BStBl II 2010 S. 774, Rz. 26) als europarechtlich bedenklich angesehen, da allein die Qualifikation der Einkünfte als solche mit Kapitalanlagecharakter nicht automatisch auf eine künstliche Gestaltung schließen lässt und unbeschränkt Stpfl. bei einer Beteiligung von 1 % an der ausländischen Zwischengesellschaft kaum per se unterstellt werden kann, sie wäre in missbräuchlicher Absicht eingeschaltet worden.

Für Wirtschaftsjahre, die nach dem 31.12.2012 beginnen, ist durch Ergänzung des Abs. 2 um eine Bezugnahme auf § 7 Abs. 6 durch das AmtshilfeRLUmsG vom 26.6.2013 (s. Anm. 6) der Gegenbeweis nun auch für solche Gesellschaften möglich, die zwar nicht als inländerbeherrscht gelten, jedoch bereits aufgrund der von ihnen erzielten Zwischeneinkünfte mit Kapitalanlagecharakter (§ 7 Abs. 6a) die Rechtsfolgen der Hinzurechnungsbesteuerung auslösen können (kritisch zu den praktischen Substanzerfordernissen in diesen Fällen und der zeitlichen Anwendung der Neuregelung *Quilitzsch*, IStR 2012 S. 645).

148 Es muss nachgewiesen werden, dass die ausländische Gesellschaft einer „**tatsächlichen wirtschaftlichen Tätigkeit**" nachgeht. Diese Formulierung ist an den vom EuGH im Urteil vom 12.9.2006 Rs. C-196/04 (Cadbury-Schweppes, Slg. 2006, I-7995, BFH/NV Beilage 2007 S. 365) verwendeten Ausdruck der „wirklichen wirtschaftlichen Tätigkeit" angelehnt. Da mit dem eingefügten Abs. 2 das System der Hinzurechnungsbesteuerung an die Vorgaben des EuGH angepasst wurde (BT-Drs. 16/6290 S. 91), sollte für die Auslegung des Begriffs der tatsächlichen wirtschaftlichen Tätigkeit in erster Linie auf die Rechtsprechung des EuGH zurückgegriffen werden (*Lehfeldt* in S/K/K, § 8 Rz. 182.19; *Schönfeld* in F/W/B, § 8 Rz. 461; *Köhler/Haun*, Ubg 2008 S. 73). Auch die Gesetzesbegründung nimmt auf die EuGH-Rechtsprechung, insbesondere auf das Urteil in der Rs. C-196/04 (Cadbury-Schweppes) Bezug (vgl. BT-Drs. 16/6290 S. 92). Darin stellt der EuGH zur Beurteilung, ob eine die Niederlassungsfreiheit beschränkende Norm gerechtfertigt sein kann, darauf ab, ob diese sich speziell auf rein künstliche Gestaltungen bezieht, die darauf ausgerichtet sind, der Anwendung der Rechtsvorschriften des betreffenden Mitgliedstaates zu entgehen. Das Ziel der Niederlassungsfreiheit – die Möglichkeit der stabilen und kontinuierlichen Teilnahme am Wirtschaftsleben eines anderen Mitgliedstaates – ist im Rahmen dieser Beurteilung zu berücksichtigen (Rn. 53 des

Urteils). Aufgrund dieses Ziels impliziert der Niederlassungsbegriff die tatsächliche Ausübung einer wirtschaftlichen Tätigkeit mittels einer festen Einrichtung in diesem Staat auf unbestimmte Zeit. Daher setzt sie eine tatsächliche Ansiedlung der betreffenden Gesellschaft im Aufnahmemitgliedstaat und die Ausübung einer wirklichen wirtschaftlichen Tätigkeit voraus (Rn. 54). Hängt die beherrschte ausländische Gesellschaft dagegen nur mit einer fiktiven Ansiedlung zusammen, die keine wirkliche wirtschaftliche Tätigkeit entfaltet, ist die Gründung dieser Gesellschaft als rein künstliche Gestaltung anzusehen (Rn. 68). Als Beispiele hierfür nennt der EuGH Briefkasten- und Strohfirmen.

Auch wenn der EuGH (Urteil vom 12.9.2006, Slg. 2006, I-7995, BFH/NV Beilage 2007 S. 365) selbst den Ausdruck der „wirklichen wirtschaftlichen Tätigkeit" nicht definiert, können somit folgende, vom EuGH angeführte Kriterien für das Vorliegen einer tatsächlichen wirtschaftlichen Tätigkeit herangezogen werden: **149**
- die Teilnahme am Wirtschaftsleben eines anderen Mitgliedstaates in stabiler und kontinuierlicher Weise,
- die tatsächliche Ausübung einer wirtschaftlichen Tätigkeit mittels einer festen Einrichtung in diesem Staat auf unbestimmte Zeit. Daher setzt sie eine tatsächliche Ansiedlung der betreffenden Gesellschaft im Aufnahmemitgliedstaat und die Ausübung einer wirklichen wirtschaftlichen Tätigkeit in diesem voraus.
- Greifbares Vorhandensein der beherrschten ausländischen Gesellschaft in Form von Geschäftsräumen, Personal und Ausrüstungsgegenständen.

Die Feststellung, ob diese Voraussetzungen gegeben sind, muss auf objektiven, von Dritter Seite nachprüfbaren Anhaltspunkten beruhen.

An einer **stabilen und kontinuierlichen Teilnahme am Wirtschaftsleben** eines anderen Mitgliedstaates wird es in der Regel fehlen, wenn die Kernfunktionen der Gesellschaft nicht von ihr selbst ausgeübt werden (so auch Gesetzesbegründung, BT-Drs. 16/6290 S. 92; *Schönfeld* in *F/W/B*, § 8 Rz. 476; a. A. wohl *Vogt* in Blümich, § 8 Rz. 156; *Köhler/Haun*, Ubg 2007 S. 73; differenzierend *Lehfeldt* in S/K/K, § 8 Rz. 182.21; *Fuhrmann* in Mössner/Fuhrmann, § 8 Rn. 286 und *Schön*, IStR 2013, Beihefter, S. 16, der bei sog. Outsourcing darauf abstellen will, ob dies zu einer Verlagerung des Ortes der Geschäftsleitung der Auslandsgesellschaft führt). Daneben stellt der Gesetzgeber darauf ab, dass es auch an einer stabilen und kontinuierlichen Teilnahme am Wirtschaftsleben mangelt, wenn sich die Funktionen der Gesellschaft in gelegentlicher Kapitalanlage oder in der Verwaltung von Beteiligungen ohne gleichzeitige Ausübung geschäftsleitender Funktionen erschöpfen (kritisch hierzu *Lehfeldt* in S/K/K, § 8 Rz. 182.22; *Köhler/Haun*, Ubg 2008 S. 73, *Fuhrmann* in Mössner/Fuhrmann, § 8 Rn. 287; *Quilitzsch*, IStR 2012 S. 645, 647 im Hinblick auf Gesellschaften, die Zwischeneinkünfte mit Kapitalanlagecharakter erzielen). Rein konzerninterne Leistungsbeziehungen sind im Rahmen des Abs. 2 dagegen nicht per se schädlich. Eine stabile und kontinuierliche Teilnahme am Wirtschaftsleben kann vielmehr selbst dann gegeben sein, wenn eine Gesellschaft nur gegenüber einem verbundenen Unternehmen tätig wird (Gesetzesbegründung, BT-Drs. 16/6290 S. 92). Somit kann die schädliche Mitwirkung von Nahestehenden nach § 8 Abs. 1 Nr. 4 und 5 durch Erbringung des Gegenbeweises nach Abs. 2 geheilt werden (*Schnittger*, IStR 2007 S. 729; *Lehfeldt* in S/K/K, § 8 Rz. 182.23; *Vogt* in Blümich, § 8 Rz. 156). **150**

151 Der Nachweis einer tatsächlichen wirtschaftlichen Tätigkeit nach Abs. 2 kann nach Auffassung des Gesetzgebers (BT-Drs. 16/6290 S. 92) nicht allein dadurch erbracht werden, dass auf die Erfüllung des Tatbestandsmerkmals des in kaufmännischer Weise eingerichteten Geschäftsbetriebs in § 8 Abs. 1 verwiesen wird (kritisch hierzu *Schnittger,* IStR 2007 S. 729 und *Lehfeldt* in S/K/K, § 8 Rz. 182.24).

152 Den **Nachweis** einer tatsächlichen wirtschaftlichen Tätigkeit hat der Stpfl. zu führen. Damit wird dem Stpfl. die Darlegungs- und Beweislast auferlegt. Allerdings dürften bei Minderheitsgesellschaftern keine überhöhten Anforderungen an die Darlegungs- und Beweislast zu stellen sein, da es diesen in der Regel schwer fallen wird, die entsprechenden Auskünfte von der Gesellschaft zu erhalten. Zum Teil wird in der Literatur im Hinblick auf die vom EuGH in der Rs. C-196/04 (Urteil vom 12.9.2006, Cadbury Schweppes, Slg. 2006, I 7995, BFH/NV Beilage 2007 S. 365) in Rn. 70 getroffene Aussage: „Der ansässigen Gesellschaft, die hierzu am ehesten in der Lage ist, Beweise für die tatsächliche Ansiedlung der beherrschten ausländischen Gesellschaft und deren tatsächliche Tätigkeit vorzulegen" demgegenüber bei Minderheitsgesellschaftern die in § 8 Abs. 2 enthaltene Beweislastumkehr als gemeinschaftsrechtlich bedenklich angesehen (*Sedemund,* BB 2008 S. 696; kritisch zur Beweislastverteilung im Hinblick auf die Beibehaltung des Aktivkatalogs *Hammerschmitt/Rehfeld,* IWB Gruppe 1, Fach 3 S. 2293).

153 Als Beweismittel kommen die in § 92 AO aufgeführten in Betracht. Wird der Nachweis von einem Anteilseigner erbracht, gilt er für alle an der ausländischen Gesellschaft Beteiligten, da die gesonderte Feststellung bei mehreren unbeschränkt steuerpflichtigen Beteiligten nach § 18 einheitlich vorgenommen wird.

2. Amtshilfebedingungen

154 Nach Abs. 2 Satz 2 ist weitere Voraussetzung für den Gegenbeweis, dass zwischen Deutschland und dem betreffenden Staat aufgrund der EU-Amtshilferichtlinie in ihrer jeweils geltenden Fassung oder vergleichbarer Vereinbarungen Auskünfte zur Durchführung der Besteuerung erteilt werden. Dadurch soll die FinVerw die Möglichkeit erhalten, eine tatsächliche wirtschaftliche Tätigkeit der ausländischen Gesellschaft nachprüfen zu können. Nach dem Wortlaut der Vorschrift reicht eine völkerrechtliche Vereinbarung hinsichtlich der Auskunftserteilung nicht aus; vielmehr muss sie auch tatsächlich durchgeführt werden („Auskünfte erteilt werden"). Allerdings ist nach der Gesetzesbegründung (BT-Drs. 16/6290 S. 93) bei Vorliegen einer Rechtsgrundlage zum Auskunftsaustausch (EU-Amtshilferichtlinie, DBA bzw. andere Vereinbarung, die einen umfassenden, nicht auf Anwendung der Vorschriften des DBA beschränkten Auskunftsaustausch vorsehen) die tatsächliche Auskunftserteilung zu unterstellen. Durch den mit AmtshilfeRLUmsG vom 26.6.2013 (s. Anm. 6) eingefügten Verweis wird nunmehr zur Definition der Amtshilferichtlinie auf § 2 Abs. 2 des EU-Amtshilfegesetzes Bezug genommen. Nach dieser Vorschrift ist mit Amtshilferichtlinie die Richtlinie 2011/16/EU des Rates vom 15.2.2011 über die Zusammenarbeit der Verwaltungsbehörden im Bereich der Besteuerung und zur Aufhebung der Richtlinie 77/799/EWG in der jeweils geltenden Fassung gemeint. Die EG-Amtshilfe-Richtlinie 77/799/EWG, auf die die Fassung des Abs. 2 vor der Änderung durch das AmtshilfeRLUmsG Bezug nahm, wurde zum 1.1.2013 durch die EU-Amtshilferichtline 2011/16/EU aufgehoben. Die EU-Amtshilferichtlinie gilt in allen EU-Mitgliedstaaten, nicht jedoch im Verhältnis zu den Vertragsstaaten des EWR Liechtenstein, Island und Norwegen. Zu den vergleichbaren Vereinbarungen gehören auch DBA, da sich eine Verpflichtung zur Auskunftserteilung auch auf Grund der einschlägigen DBA ergeben kann. Das DBA mit Norwegen sieht entsprechende Regelungen vor (Art. 26 DBA Norwegen). Im DBA mit Island ist zumindest eine sog. kleine Auskunftsklausel enthalten (Art. 26 DBA Island; *Vogt* in Blümich, § 8 Rz. 157). Mit Liechtenstein ist am 28.10.2010 ein Abkommen über den Informationsaustausch in Steuersachen in Kraft getreten, welches den OECD-Standard für Transparenz und effektiven Informationsaustausch in Steuersachen umsetzt. Nach diesem Abkommen sind auf Ersuchen alle Informationen – einschließlich Bankinformationen – zu erteilen, die für die Durchführung eines Besteuerungsverfahrens oder eines Steuerstrafverfahrens im ersuchenden Staat voraussichtlich erheblich sind. Es gilt für Veranlagungszeiträume ab 2010. Somit ist der Gegenbeweis nach Abs. 2 ab 2010 nun auch im Verhältnis zu Liechtenstein möglich. Zudem ist am 19.12.2012 ein DBA mit Liechtenstein in Kraft getreten, welches in seinem Art. 26 eine sog. große Auskunftsklausel enthält. Das DBA ist gem. Art 33 Abs. 2 ab dem darauf folgenden Jahr anzuwenden, d. h. auf Steuerabzugsbeträge ab 2013 und auf die für Zeiträume ab 2013 erhobenen Steuern. Das Abkommen über den Informationsaustausch bleibt neben Art. 26 DBA Liechtenstein weiter anwendbar (s. auch Bezugnahme durch Protokoll Ziff. 9; vgl. *Hardt* in Wassermeyer, Liechtenstein Art. 26 Rz. 25, Art. 33 Rz. 3).

3. Einkünftezuordnung und Fremdvergleichsgrundsatz (Satz 5)

155 Weist der Stpfl. nach, dass die ausländische Gesellschaft eine tatsächliche wirtschaftliche Tätigkeit ausübt, gilt nach § 8 Abs. 2 Satz 5 die Ausnahme von der Hinzurechnungsbesteuerung nur für denjenigen Teil der Einkünfte der ausländischen Gesellschaft, die

– durch eine tatsächliche wirtschaftliche Tätigkeit der Gesellschaft erzielt worden sind und
– dies nur insoweit, als dass der Fremdvergleichsgrundsatz (§ 1) beachtet worden ist.

156 Mit dieser Regelung soll der Gegenbeweis zum einen nur für diejenigen Einkünfte der ausländischen Gesellschaft möglich sein, die einer **eigenen tatsächlichen wirtschaftlichen Tätigkeit** zuzuordnen sind. Der Gesetzgeber geht davon aus, dass bei nicht dieser Tätigkeit zuzuordnenden Einkünften insoweit eine künstliche Gestaltung gegeben ist (BT-Drs. 16/6290, S. 93). Diese separierende Betrachtung wird in der Literatur unter gemeinschaftsrechtlichen Gesichtspunkten als bedenklich angesehen (*Vogt* in Blümich, § 8 Rz. 158; *Lehfeldt* in S/K/K, § 8 Rz. 182.30; *Köhler/Haun*, Ubg 2008 S. 73; *Grotherr*, IWB Fach 3 Gruppe 1, 2259; *Schmidt/Schwind*, NWB Fach 2, 9713, *Haarmann*, IStR 2011 S. 565, 571). In der Tat stellt der EuGH in seiner Entscheidung in der Rs. C-196/04 (Urteil vom 12.9.2006, Cadbury-Schweppes, Slg. 2006, I-7995, BFH/NV Beilage 2007 S. 365) nicht hinsichtlich jeder einzelnen Tätigkeit, sondern lediglich insgesamt darauf ab, ob eine tatsächliche Ansiedlung im Aufnahmemitgliedstaat zur Ausübung einer wirtschaftlichen Tätigkeit oder aber eine rein künstliche Konstruktion vorliegt.

157 Einer eigenen tatsächlichen wirtschaftlichen Tätigkeit können jedoch auch **Nebenerträge** zugeordnet werden, die im Zusammenhang mit der Tätigkeit anfallen, vorausgesetzt diese Nebenerträge gehören nach der Verkehrsauffassung zu der Tätigkeit (BT-Drs. 16/6290, S. 93).

158 Erbringt die ausländische Gesellschaft Leistungen gegenüber in- oder ausländischen Nahestehenden, werden zum anderen solche, an sich nach Abs. 2 aus der Hinzurechnungsbesteuerung auszunehmende Einkünfte gleichwohl erfasst, insoweit sie den Betrag übersteigen, den die ausländische Gesellschaft unter Beachtung des **Fremdvergleichsgrundsatzes** erzielt hätte. Insoweit besteht nach Ansicht des Gesetzgebers kein Schutz aufgrund der Niederlassungsfreiheit (BT-Drs. 16/6290 S. 93).

159 Durch den in Form eines Klammerzusatzes verwendeten Verweis auf § 1 ist der Fremdvergleichsgrundsatz im Sinne dieser Vorschrift auch für Zwecke des Gegenbeweises nach § 8 Abs. 2 anzuwenden. Bei der Ermittlung der dem Hinzurechnungsbetrag zugrunde liegenden Einkünfte findet demgegenüber nach Auffassung von Rechtsprechung (BFH, Urteil vom 20.4.1988 I R 41/82, BStBl II 1988 S. 868) und FinVerw (BMF-AnwSchr, Tz. 10.1.1.1) § 1 keine Anwendung. Sind dagegen die Einkünfte eines Inlandsbeteiligten aus Geschäftsbeziehungen zu der ausländischen Gesellschaft nach § 1 berichtigt worden, so ist bei der ausländischen Gesellschaft für Zwecke der Hinzurechnungsbesteuerung ohnehin eine entsprechende Gegenberichtigung vorzunehmen (BFH-Urteil vom 19.3.2002 I R 4/01, BStBl II 2002 S. 644; BMF-AnwSchr, Tz. 10.1.1.1). In diesem Fall werden somit nur die angemessenen Einkünfte erfasst, so dass § 8 Abs. 2 Satz 5 faktisch leer läuft (*Schönfeld* in F/W/B, § 8 Rz. 571; *Lehfeldt* in S/K/K, § 8 Rz. 182.31; *Köhler/Haun*, Ubg 2008 S. 73)

III. Rechtsfolge

160 Rechtsfolge des Abs. 2 ist, dass eine Gesellschaft nicht Zwischengesellschaft für Einkünfte ist, für die der Nachweis der tatsächlichen wirtschaftlichen Tätigkeit erbracht wird. Diese Einkünfte unterliegen damit nicht der Hinzurechnungsbesteuerung. Die Pflicht zur Abgabe der Erklärung zur gesonderten Feststellung entfällt nach § 18 Abs. 3 Satz 1 jedoch nicht deshalb, weil § 8 Abs. 2 anwendbar ist (zu EG-rechtlichen Zweifeln vgl. *Köhler/Haun*, Ubg 2008 S. 73; *Hammerschmitt/Rehfeld*, IWB Gruppe 1, Fach 3 S. 2293; *Schönfeld*, IStR 2008 S. 763; vgl. auch *Petersen*, § 18 Rz. 17).

D. Niedrigbesteuerung (Abs. 3)

I. Allgemeines

161 Die in Abs. 3 geregelte „niedrige Besteuerung" ist unerlässliche Voraussetzung der Hinzurechnungsbesteuerung nach dem AStG, denn mit den Vorschriften der §§ 7 bis 14 soll die **steuermotivierte** Einkünfteverlagerung bekämpft werden. Liegt eine niedrige Besteuerung nicht vor, erübrigt sich jede – u. U. mühsame und mit Zweifeln behaftete – Prüfung, ob aktive Einkünfte, passive Einkünfte oder Zwischeneinkünfte mit Kapitalanlagecharakter vorliegen, da in diesem Fall gemäß § 8 Abs. 1 die Hinzurechnungsbesteuerung ausgeschlossen ist.

162 Allerdings ist zu beachten, dass die Prüfung, ob eine niedrige Besteuerung vorliegt, jeweils getrennt für die verschiedenen Einkünfte der betreffenden ausländischen Gesellschaft vorzunehmen ist. Hat eine ausländische Gesellschaft sowohl aktive als auch passive Einkünfte, kommt es nur dann zur Hinzurechnungsbesteuerung bezüglich der passiven Einkünfte, wenn diese für sich betrachtet niedrigbesteuert sind. Dies folgt aus dem Wortlaut des Abs. 3: Niedrigbesteuerung ist, wenn „die Einkünfte", also diejenigen, die nicht aus aktiven Tätigkeiten nach Abs. 1 stammen, einer Steuerbelastung von weniger als 25 Prozent unterliegen, „ohne dass dies auf einem Ausgleich mit Einkünften aus anderen Quellen beruht".

163 Aus diesem Grund empfiehlt es sich in der Praxis, zunächst festzustellen, ob die betreffende Gesellschaft Einkünfte hat, die passiv i. S. des § 8 Abs. 1 sein könnten. Ist dies der Fall, sollte sodann festgestellt werden, ob diese Einkünfte niedrigbesteuert i. S. des Abs. 3 sind. Erst wenn auch das der Fall ist, lohnt sich die abschließende Überprüfung, ob tatsächlich passive Einkünfte vorliegen.

164 Im Fall nachgeschalteter Zwischengesellschaften i. S. des § 14 ist die Feststellung, ob die Einkünfte aus passivem Erwerb niedrig besteuert werden, für jede Gesellschaft gesondert zu treffen. Die Einkünfte aus passivem Erwerb sowie darauf entfallende Ertragsteuern nachgeschalteter Zwischengesellschaften sind daher bei der Ermittlung der Ertragsteuerbelastung der Obergesellschaft nicht zu berücksichtigen.

II. 25-Prozent-Grenze

165 Eine niedrige Besteuerung liegt nach § 8 Abs. 3 Satz 1 dann vor, wenn die Einkünfte der ausländischen Gesellschaft einer Belastung von Ertragsteuern von weniger als **25 Prozent** unterliegen, ohne dass dies auf Ausgleich mit Einkünften aus anderen Quellen beruht.

166 Vor der Absenkung durch StSenkG vom 23.10.2000 (BGBl I 2000 S. 1433 – BStBl I 2000 S. 1428) betrug die Grenze der Niedrigbesteuerung 30 Prozent. Durch die Änderung erfolgte eine Angleichung an den ebenfalls durch die Unternehmensteuerreform von 40 auf 25 Prozent abgesenkten deutschen KSt-Satz. Obwohl der KSt-Satz durch UntStRG 2008 vom 14.8.2007 (BGBl I 2007 S. 1912 – BStBl I 2007 S. 630) auf nunmehr 15 Prozent gesenkt wurde, erfolgte keine weitere Anpassung der Niedrigsteuergrenze des § 8 Abs. 3. Begründet wurde dies damit, dass eine Verringerung der nominalen Steuerbelastung bei KapGes von rund 39 Prozent auf knapp unter 30 Prozent eine Senkung der Niedrigsteuergrenze auf unter 25 Prozent nicht rechtfertige (Gesetzesentwurf der Bundesregierung zum JStG 2008, BT-Drs. 16/6290, S. 91). Die nominale Steuerbelastung von knapp 30 Prozent ergibt sich unter Berücksichtigung der Gewerbesteuer bei einem Gewerbesteuerhebesatz von 400 Prozent sowie des Solidaritätszuschlags. Allerdings führt in Fällen, in denen die ausländische Steuerbelastung über 15, aber unter 25 Prozent liegt, die Beibehaltung der Niedrigsteuergrenze von 25 Prozent dazu, dass bei KapGes eine höhere Steuerbelastung als die vergleichbare inländische Belastung entsteht, da ausländische Steuern nur bis zu 15 Prozent auf die deutsche KSt und daneben nicht auf die GewSt angerechnet werden können. Diese über die Einebnung ungerechtfertigter Steuervorteile hinausgehende Steuererschwernis entspricht nicht der ursprünglichen Intention des Gesetzgebers bei Einführung der Hinzurechnungsbesteuerung (vgl. BT-Drs. VI/2883 Rz. 32).

167 Nach dem durch JStG 2008 eingefügten § 8 Abs. 3 Satz 2 (nach der Änderung durch JStG 2010 nunmehr Satz 3) kommt es für die Feststellung, ob eine niedrige Besteuerung vorliegt, darauf an, ob die Einkünfte **tatsächlich** niedrig besteuert werden. Die Steuerbelastung, die bei zutreffender Besteuerung angefallen wäre (rechtlich geschuldete Steuer), ist dagegen nicht ausschlaggebend. Diese Gesetzesänderung ist eine Reaktion auf die Entscheidung des BFH vom 9.7.2003 (I R 82/01, BStBl II 2004 S. 4). Darin hatte der BFH entgegen der Auffassung der FinVerw zur Feststellung der ausländischen Steuerbelastung auf die rechtlich geschuldete Steuer abgestellt. Somit konnte die Hinzurechnungsbesteuerung vermieden werden, wenn die rechtlich geschuldete ausländische Steuer zwar die Belastungsgrenze des § 8 Abs. 3 überstieg, aber so nicht erhoben wurde. Um dies zu vermeiden, wurde Satz 2 mit Wirkung für hinzurechnungspflichtige Einkünfte, die die ausländische Gesellschaft in nach dem 31.12.2007 beginnenden Wirtschaftsjahren erzielt, eingefügt (§ 21 Abs. 17 Satz 1).

III. Belastungsberechnung

168 Eine niedrige Besteuerung liegt nach Abs. 3 vor, wenn „die Einkünfte" mit einer Steuer von weniger als 25 Prozent belastet sind. Damit ist der Einkünftebegriff des Abs. 1 gemeint, somit also die Einkünfte, die gegebenenfalls der Hinzurechnungsbesteuerung unterliegen würden. Diese Einkünfte sind nach deutschen Grundsätzen zu ermitteln (vgl. § 10 Abs. 3 Satz 1; vgl. auch *Fuhrmann* in Mössner/Fuhrmann, § 8 Rn. 315).

169 Den so ermittelten Einkünften ist die ausländische Steuer gegenüberzustellen, soweit sie auf diese Einkünfte entfällt; liegt diese Steuer unter 25 Prozent der so ermittelten Einkünfte, ist der Tatbestand der niedrigen Besteuerung erfüllt. Berücksichtigungsfähig sind nur Ertragsteuern. Zu ihnen zählen insbesondere die Einkommen- und Körperschaftsteuer einschl. regionaler und kommunaler Steuern auf das Einkommen, Steuern vom Gewinn aus der Veräußerung beweglichen und unbeweglichen Vermögens sowie der Steuern vom Vermögenszuwachs. Berücksichtigungsfähig sind sämtliche Ertragsteuern, unabhängig in welchem Staat sie anfallen und in welcher Form (Veranlagung, Steuerabzug, Pauschalsteuer) sie erhoben werden. Substanzsteuern, Verkehrsteuern und andere Steuern sind bei der Belastungsberechnung nicht einzubeziehen. Ebenso außer Ansatz bleiben Steuern, die von der ausländischen Gesellschaft zu Lasten Dritter einbehalten werden wie z. B. Kapitalertragsteuern.

170 In die Belastungsberechnung auch einzubeziehen sind Ansprüche, die der Staat oder das Gebiet der ausländischen Gesellschaft im Fall einer Gewinnausschüttung der ausländischen Gesellschaft dem unbeschränkt Stpfl. oder einer anderen Gesellschaft, an der der Stpfl. direkt oder indirekt beteiligt ist, gewährt (§ 8 Abs. 3 Satz 2). Diese durch JStG 2010 eingefügte Norm durchbricht die bisherige Regelungstechnik der Steuerbelastungsberechnung, bei der zwischen dem Anteilseigner und der ausländischen Zwischengesellschaft strikt getrennt und isoliert auf die ausländische Zwischengesellschaft abgestellt wurde (kritisch im Hinblick auf die Systematik der Neuregelung *Köhler/Luckey/Kollruss*, Ubg 2010 S. 465, 468 sowie *Quilitzsch/Gebhardt*, BB 2010 S. 2212, 2213). Diese ursprüngliche Rechtslage eröffnete Gestaltungsmöglichkeiten, die sich die formale „Normalbesteuerung" der ausländischen Gesellschaften zunutze gemacht haben. Der neue § 8 Abs. 3 Satz 2 zielt insbesondere auf das sog. "**Malta-Modell**" ab, auch wenn dies in der Begründung des Gesetzesentwurfs der Bundesregierung zum JStG 2010 (BT-Drs. 17/2249) nicht direkt zum Ausdruck kommt (die Begründung des Referentenentwurfs enthielt dagegen noch einen Hinweis auf das maltesische Körperschaftsteueranrechnungssystem). Maltesische Kapitalgesellschaften unterliegen mit ihren Gewinnen in Malta einer Körperschaftsteuerbelastung von 35 Prozent. Im Fall einer Gewinnausschüttung werden jedoch bis zu 6/7 (d. h. bis zu 30 Prozent) dem Anteilseigner vergütet (ausführlich hierzu *Zielke*, IWB Fach 5, Gruppe 2, S. 37). Dieses System bewirkte im Ausschüttungsfall trotz bestehender formaler Hochbesteuerung der Gesellschaft de facto eine Niedrigbesteuerung der Einkünfte (effektive Ertragsteuerbelastung von ca. 5 Prozent). Da ursprünglich allein auf die Ertragsteuerbelastung der Gesellschaft abgestellt wurde, fanden die §§ 7 ff. mangels niedriger Besteuerung keine Anwendung (vgl. auch *Jacobs*, Internationale Unternehmensbesteuerung, 6. Auflage 2007, S. 1122 f.). Mit dem neu eingefügten § 8 Abs. 3 Satz 2 wird im Rahmen der Belastungsberechnung zu einer wirtschaftlichen Betrachtungsweise übergegangen, die neben der Ebene der Gesellschaft auch die Steuerentlastungsansprüche der Gesellschafter bzw. anderer Gesellschaften, an denen der Stpfl. unmittelbar oder mittelbar beteiligt ist, einbezieht. Ergänzt wird die Regelung durch einen neuen § 10 Abs. 1 Satz 3, nachdem bei der Ermittlung des Hinzurechnungsbetrages die Steuerlast der ausländischen Zwischengesellschaft um diese Entlastungsansprüche zu kürzen ist. Damit soll sichergestellt werden, dass nur die effektive Steuerbelastung nach Verrechnung mit den Entlastungsansprüchen berücksichtigt wird (vgl. § 10 AStG, Anm. 48).

Der durch JStG 2010 eingefügte § 8 Abs. 3 Satz 2 schweigt zu der Problematik, **171** wie die Belastungsberechnung bei sog. **gemischten Einkünften** durchzuführen ist, d. h. in Fällen, in denen die ausländische Gesellschaft neben ihren passiven Einkünften auch aktive Einkünfte i. S. des § 8 Abs. 1 erzielt. Praktische Schwierigkeiten ergeben sich hier im Zusammenhang mit der Frage, aus welchen Bestandteilen – aktive oder passive Einkünfte – sich die Gewinnausschüttung zusammensetzt. Denn nur die Entlastungsansprüche aufgrund von Gewinnausschüttungen passiver Einkünfte können Berücksichtigung finden. In der Lit. wird deshalb vorgeschlagen, im Zweifelsfall zugunsten des Stpfl. davon auszugehen, dass zunächst aktive Gewinne der ausländischen Gesellschaft als ausgeschüttet bzw. die darauf geschuldeten Steuern als erstattet gelten (*Köhler/Luckey/Kollruss*, Ubg 2010 S. 465, 468; *Vogt* in Blümich, § 8 Rz. 204).

Keine Aussage enthält § 8 Abs. 3 Satz 2 zudem zu der Frage, in welchem **Zeit-** **172** **punkt** etwaige Entlastungsansprüche einzubeziehen sind, wenn die Gewinnausschüttung zeitlich versetzt nach Ablauf des Wirtschaftsjahres der Erzielung der passiven Einkünfte durch die Gesellschaft erfolgt und der Entlastungsanspruch hinsichtlich der Gewinnausschüttung auf Ebene der Gesellschafter und damit die „faktische" Niedrigbesteuerung erst zu einem späteren Zeitpunkt entsteht. Denkbar wäre, zu einem späteren Zeitpunkt entstandene Entlastungsansprüche im Rahmen des § 8 Abs. 3 Satz 2 rückwirkend im Wirtschaftsjahr der Erzielung der passiven Einkünfte nach § 175 Abs. 1 Satz 1 Nr. 2 AO zu berücksichtigen (*Benecke/Schnitger*, IStR 2010 S. 432, 437; für eine Berücksichtigung erst im Zeitpunkt der Steuerermäßigung auf Gesellschafterebene dagegen *Köhler/Luckey/Kollruss*, Ubg 2010 S. 465, 468 f. und *Vogt* in Blümich, § 8 Rz. 204).

173 Liegen nach Anwendung des § 8 Abs. 3 Satz 2 niedrig besteuerte Einkünfte vor, kann die Anwendung der Hinzurechnungsbesteuerung gleichwohl durch den Nachweis der tatsächlichen wirtschaftlichen Tätigkeit nach Maßgabe des § 8 Abs. 2 vermieden werden (vgl. BT-Drs. 17/2249 S. 144).

174 Die durch JStG 2010 eingefügte Regelung des § 8 Abs. 3 Satz 2 gilt erstmals für hinzurechnungspflichtige Einkünfte, die in einem Wirtschaftsjahr der Zwischengesellschaft entstanden sind, das nach dem 31.12.2010 beginnt (§ 21 Abs. 19). Hat die ausländische Zwischengesellschaft ein dem Kalenderjahr entsprechendes Wirtschaftsjahr, kommt eine Anwendung der Neuregelung erstmals ab Veranlagungs- bzw. Erhebungszeitraum 2011 in Betracht. Bei abweichendem Wirtschaftsjahr der Zwischengesellschaft erfolgt die erstmalige Anwendung ab dem Veranlagungs- bzw. Erhebungszeitraum 2012.

175 **Freiwillige Steuerzahlungen** sind nach Auffassung der FinVerw nicht zu berücksichtigen (BMF-AnwSchr Tz. 8.3.2.1). Die Frage, was unter freiwilligen Steuerzahlungen zu verstehen ist, stellte sich insbesondere im Zusammenhang mit den sog. „Dublin-Docks-Fällen": In Irland errichtete KapGes, deren Unternehmensgegenstand die Verwaltung und der Handel mit Kapitalanlagen war, unterlagen in Irland einem (ermäßigten) KSt-Satz von 10 Prozent. Um deutsche Investoren wegen der drohenden Hinzurechnungsbesteuerung nicht von einem Engagement in Irland abzuhalten bzw. bestehende Engagements zu beenden, wurde dem irischen Finanzminister unter Mitwirkung des Stpfl. die Möglichkeit eingeräumt, die Ermäßigung des KSt-Satzes zu begrenzen und damit sicherzustellen, dass die Gesellschaften als aktiv im Sinne der Hinzurechnungsbesteuerung gelten. Der BFH (Urteil vom 3.5.2006 I R 124/04, BFH/NV 2006 S. 1729, BFHE 214 S. 80) entschied, dass die über den Vorzugssteuersatz von 10 Prozent hinaus gezahlte irische KSt keine freiwillige Zahlung, sondern Ertragsteuer im Sinne des § 8 Abs. 3 ist. Dies auch, wenn der ausländischen Steuerfestsetzung ein behördliches Verfahren vorausgegangen ist, in dem auf gesetzlicher Grundlage und unter Mitwirkung des Stpfl. der Umfang einer Steuerermäßigung festgelegt wurde. Eine derartige Mitwirkung macht aus der späteren – auf der Grundlage eines Leistungsgebots erfolgten – Zahlung keine freiwillige Leistung. Der BFH stellte in seinem Urteil auf die allgemeine Definition einer „Steuer" in § 3 Abs. 1 AO ab. Somit sind im Ausland erhobene Steuern, die die in § 3 Abs. 1 AO genannten Kriterien erfüllen, bei der Ermittlung der Ertragsteuerbelastung nach § 8 Abs. 3 AStG zu berücksichtigen. Die FinVerw schloss sich dem mittlerweile an (BMF-Schreiben vom 13.4.2007 IV B 4 – S1300/07/0020, BStBl I 2007 S. 440).

176 Eine Niedrigbesteuerung liegt nicht schon deshalb vor, weil die Einkünfte der ausländischen Gesellschaft im Rahmen einer **Gruppenbesteuerung** (Organschaft o. Ä.) bei einem anderen Steuersubjekt besteuert werden (*Lehfeldt* in S/K/K, § 8 Rz. 196; *Fuhrmann* in Mössner/Fuhrmann, § 8 Rn. 321; *Vogt* in Blümich, § 8 Rz. 187; *Wassermeyer/Schönfeld* in F/W/B, § 8 Rz. 724; BMF-AnwSchr, Tz. 8.3.1.2; Lenz/*Heinsen*, IStR 2003 S. 793; *Rödder/Schumacher*, DStR 2001 S. 1685; ausführlich dazu *Schnitger*, IStR 2012 S. 289; a. A. wohl *Lieber*, FR 2002 S. 139; *Rättig/Protzen*, DStR 2002 S. 241). Vielmehr sind in Fällen, in denen eine Zwischengesellschaft einem Konsolidierungskreis angehört, die auf die Einkünfte dieser Gesellschaft entfallenden Steuern des „Organträgers" zu berücksichtigen.

177 Eine Niedrigbesteuerung der passiven Einkünfte kann sich auch aus temporären Differenzen zwischen der Einkünfteermittlung nach ausländischem und deutschem Steuerrecht ergeben. Dies ist beispielsweise dann der Fall, wenn das Ausland die Bildung einer Rückstellung gestattet, die in Deutschland steuerlich nicht anerkannt wird. Im Jahr der Zuführung sind die Einkünfte im Ausland geringer, dafür im Jahr der Inanspruchnahme oder der Auflösung höher als im Inland. Letztlich werden die gleichen Einkünfte im In- wie im Ausland besteuert, allerdings zum Teil in unterschiedlichen Jahren. Entsprechendes gilt, wenn das Ausland eine in Deutschland abzugsfähige Rückstellung nicht anerkennt, oder wenn die Abschreibungssätze im Ausland von den deutschen abweichen.

178 Solche bloß zeitlichen Differenzen sind u. E. für Zwecke der Belastungsberechnung unschädlich (gl. A. *Fuhrmann* in Mössner/Fuhrmann, § 8 Rn. 317; *Wassermeyer/Schönfeld* in F/W/B, § 8 Rz. 712; *Lehfeldt* in S/K/K, § 8 Rz. 193; *Lenz/Heinsen,* IStR 2003 S. 793; etwas eingeschränkt BMF-AnwSchr, Tz. 8.3.1.1). In solchen Fällen ist diejenige ausländische Steuer zu ermitteln und in die Belastungsberechnung einzubeziehen, die sich ergeben würde, wenn das ausländische Steuerrecht **insoweit** mit dem inländischen übereinstimmen würde.

179 Lässt dagegen das Ausland den Abzug eines Postens zu, der in Deutschland niemals abgezogen werden kann, führt dies zu einer permanenten Differenz zwischen den im Ausland steuerpflichtigen und den nach deutschen Grundsätzen ermittelten Einkünften. Diese Differenz ist schädlich (so auch *Fuhrmann* in Mössner/Fuhrmann, § 8 Rn. 319; *Lehfeldt* in S/K/K, § 8 Rz. 193).

180 Eine an sich hohe ausländische Steuer kann ferner gemindert sein, weil **Verluste** ausgeglichen bzw. vor- oder zurückgetragen worden sind. Nach dem Wortlaut des § 8 Abs. 3 Satz 1 ist es für die Beurteilung der niedrigen Besteuerung unbeachtlich, wenn diese „auf einem Ausgleich" mit Einkünften aus anderen Quellen beruht. Somit ist im Fall des (unterjährigen) Verlustausgleichs für Zwecke der Belastungsberechnung die Steuer zu berücksichtigen, die ohne den Verlustausgleich auf die passiven Einkünfte zu erheben wäre. Gleiches muss auch für den Verlustabzug (Verlustvor- und -rücktrag) gelten, da sich insoweit – über die Totalperiode betrachtet – kein Unterschied der Bemessungsgrundlagen ergibt (BMF-AnwSchr, Tz. 8.3.2.5; *Fuhrmann* in Mössner/Fuhrmann, § 8 Rn. 324; *Lehfeldt* in S/K/K, § 8 Rz. 198; *Schönfeld,* IStR 2009 S. 301). Ein Unterschied ergibt sich dagegen, wenn
- das ausländische Steuerrecht im Verlustjahr Posten zum Abzug zugelassen hat, die im Inland nicht abzugsfähig wären. Somit ist der vor- oder zurückgetragene Verlust höher als ein Verlustabzug nach inländischem Steuerrecht. Diese Abweichung ist schädlich.
- Lässt das ausländische Steuerrecht allerdings einen Verlustrücktrag über mehr als zwei Jahre zu, dann ist dieser Fall u. E. vergleichbar mit den Differenzen aufgrund abweichender Abschreibungssätze oder Rückstellungen: insgesamt werden die nach deutschen Grundsätzen ermittelten Einkünfte auch im Ausland besteuert. Diese Differenz ist deshalb unschädlich.

181 Hat die ausländische Gesellschaft neben ihren passiven auch aktive Einkünfte i. S. des § 8 Abs. 1 und erzielt sie im passiven Bereich Gewinne, im aktiven aber Verluste, wird es in der Regel bei der Ermittlung der ausländischen Steuer zu einer Saldierung kommen, sodass die tatsächlich entstehende Steuer u. U. weniger als 25 Prozent der (positiven) passiven Einkünfte allein ausmachen kann. Dieser Fall ist nach dem eindeutigen Wortlaut („ohne dass dies auf einem Ausgleich mit Einkünften aus anderen Quellen beruht") unschädlich. Deshalb ist hier eine Korrektur erforderlich, indem diejenige ausländische Steuer ermittelt und zu den passiven Einkünften ins Verhältnis gesetzt wird, die sich ergeben würde, wenn das ausländische Recht diesen Verlustausgleich nicht gestatten würde.

§ 9*
Freigrenze bei gemischten Einkünften

Für die Anwendung des § 7 Abs. 1 sind Einkünfte, für die eine ausländische Gesellschaft Zwischengesellschaft ist, außer Ansatz zu lassen, wenn die ihnen zugrunde liegenden Bruttoerträge nicht mehr als 10 Prozent der gesamten Bruttoerträge der Gesellschaft betragen, vorausgesetzt, dass die bei einer Gesellschaft oder bei einem Steuerpflichtigen hiernach außer Ansatz zu lassenden Beträge insgesamt 80 000 Euro nicht übersteigen.

Erläuterungen
Übersicht

	Anm.
A. Allgemeines	1–7
B. Relative Freigrenze	8–10
C. Absolute Freigrenze	11–21
I. Absolute Freigrenze auf der Ebene der Gesellschaft	12–16
II. Absolute Freigrenze auf der Ebene des einzelnen Steuerpflichtigen	17–21
D. Rechtsfolge	22–23

Schrifttum: Die in der Vorkommentierung zu §§ 7–14 AStG genannten Kommentare und Gesamtdarstellungen; ferner: *Brenner*, Bagatellregelungen der §§ 8, 9 AStG enthalten keinen allgemein anwendbaren Grundsatz, KFR 2005 S. 255; *Gocke*, Der Begriff „Bruttoerträge" im Außensteuerrecht, BB 1973 S. 887; *Meilicke*, Der Begriff der Bruttoeinkünfte im Außensteuerrecht, FR 1985 S. 318; *Menck*, Das Zusammentreffen von „aktiven" und „passiven" Einkünften im Außensteuerrecht, DStZ/A 1975 S. 251.

Verwaltungsanweisungen: BMF-Schreiben betr. Grundsätze zur Anwendung des Außensteuergesetzes, BMF vom 14.5.2004 IV B 4 – S 1340 – 11/04, BStBl I 2004 Sondernummer 1 S. 3 (zit.: BMF-AnwSchr)

---

* Zuletzt geändert durch das Jahressteuergesetz 2008 vom 20.12.2007 (BGBl I 2007 S. 3150 – BStBl I 2008 S. 218).

A. Allgemeines

1 § 9 beinhaltet eine Freigrenze für sog. gemischte Einkünfte. So ist die Erzielung von Einkünften aus passivem Erwerb durch eine an sich aktive ausländische Gesellschaft unschädlich, soweit diese passiven Einkünfte eine dreifach gezogene Freigrenze nicht überschreiten. Damit soll verhindert werden, dass in jedem Bagatellfall das Verfahren der Hinzurechnungsbesteuerung in Gang gesetzt wird, ohne andererseits den Stpfl. zu erlauben, durch Verteilung ihrer passiven Einkünfte auf jeweils mehrere Gesellschaften Bagatellfälle vorzuspiegeln und somit die Hinzurechnungsbesteuerung zu umgehen. Ob § 9 große praktische Bedeutung zukommt, ist allerdings angesichts der verhältnismäßig niedrigen Grenzen der Vorschrift zweifelhaft.

2 Nach § 9 bleiben Einkünfte aus passivem Erwerb einer dem Grunde nach aktiven ausländischen Gesellschaft für Zwecke der Hinzurechnungsbesteuerung unberücksichtigt, wenn

– die passiven Bruttoerträge nicht mehr als 10 Prozent der gesamten Bruttoerträge der ausländischen Gesellschaft betragen (**relative Freigrenze**) und

– die bei einem Steuerpflichtigen oder der Gesellschaft hiernach außer Ansatz zu lassenden Beträge insgesamt 80 000 Euro nicht übersteigen (**absolute Freigrenze**).

3 Da es sich um Freigrenzen handelt, entfällt die Vergünstigung bei Überschreiten dieser Grenzen. Damit die betreffenden Einkünfte gem. § 9 „außer Ansatz" gelassen werden, müssen beide Freigrenzen, also sowohl die relative (10 Prozent der Bruttoerträge) als auch die absolute (80 000 Euro), eingehalten werden. Übersteigen die inkriminierten Bruttoerträge 10 Prozent der gesamten Bruttoerträge, ist der Hinzurechnungsbetrag auf jeden Fall zu erfassen, auch wenn bei der Gesellschaft und jedem Stpfl. die betreffenden Einkünfte jeweils weit unter 80 000 Euro betragen. Eine allgemeine „Bagatellgrenze" sehen die Vorschriften der Hinzurechnungsbesteuerung dagegen nicht vor (BFH, Urteil vom 15.9.2004 I R 102-104/03, BStBl II 2005 S. 255).

4 Sind Tätigkeiten, die für sich genommen nicht aktiv sind, gemäß der funktionalen Betrachtungsweise (vgl. § 8 AStG Anm. 10) als Teil einer einheitlich aktiven Tätigkeit anzusehen, ist die ausländische Gesellschaft für die daraus stammenden Einkünfte nicht Zwischengesellschaft; in diesem Fall braucht § 9 nicht bemüht zu werden.

5 § 9 gilt nur „für die Anwendung des § 7 Abs. 1", also für die „normale" Hinzurechnungsbesteuerung. Der gesonderte Tatbestand der Hinzurechnungsbesteuerung für Zwischeneinkünfte mit Kapitalanlagecharakter nach § 7 Abs. 6 hat eine eigene, dort geregelte Freigrenze; die entsprechende Regelung ist zwar an § 9 angelehnt. Es ergeben sich allerdings Unterschiede dahingehend, dass für die Anwendung des § 9 alle Freigrenzen eingehalten werden müssen, während nach dem Wortlaut des § 7 Abs. 6 Satz 2 lediglich eine der absoluten Freigrenzen nicht überschritten werden darf.

6 Die relative Freigrenze und die absolute Freigrenze auf Gesellschaftsebene sind auch auf der Stufe der nachgeschalteten Zwischengesellschaften (§ 14) gesondert anzuwenden (vgl. BMF-AnwSchr Tz. 14.1.3 sowie § 14 AStG Anm. 20; a. A. Wassermeyer in F/W/B, § 9 Rz. 30; *Geurts* in Mössner/Fuhrmann, § 8 Rn. 18; *Vogt* in Blümich, § 8 Rz. 9).

§ 9 wurde seit der erstmaligen Anwendung des Gesetzes nur geringfügig geändert. So erfolgte durch **UntStFG** vom 20.12.2001 (BGBl I 2001 S. 3858 – BStBl I 2002 S. 35) eine Anpassung an die Streichung des § 13. Nach der ursprünglichen Fassung des § 9 waren die Bruttoerträge der ausländischen Zwischengesellschaft zunächst um Schachteldividenden im Sinne des § 13 Abs. 1 zu kürzen, bevor die relative Freigrenze von 10 Prozent ermittelt wurde. Durch die Streichung des § 13 (Schachteldividenden werden nunmehr als aktive Einkünfte nach § 8 Abs. 1 Nr. 8 behandelt) erhöhte sich somit auch die Ausgangsgröße zur Ermittlung der relativen Freigrenze. Durch **JStG 2008** vom 20.12.2007 (BGBl I 2007 S. 3150 – BStBl I 2008 S. 218) wurde der Betrag der absoluten Freigrenze von 62 000 Euro (ehemals 120 000 DM) auf 80 000 Euro angehoben. 7

B. Relative Freigrenze

Um die relative Freigrenze zu überprüfen, sind die gesamten Bruttoerträge der ausländischen Gesellschaft zu den Bruttoerträgen aus passivem Erwerb ins Verhältnis zu setzen. 8

Für die Berechnung der inkriminierten Bruttoerträge sind **alle** Einkünfte relevant, für die die ausländische Gesellschaft Zwischengesellschaft ist (so *Vogt* in Blümich, § 9 Rz. 6; *Edelmann* in Kraft, § 8, Rz. 70), nicht dagegen nur die auf inländische Stpfl. entfallenden Einkünfte. 9

Unter Bruttoerträgen sind die „Solleinnahmen" ohne durchlaufende Posten und ohne eine evt. gesondert ausgewiesene Umsatzsteuer, bei Überschussrechnung die „Isteinnahmen" zu verstehen (Tz. 9.0.1 des BMF-AnwSchr). Verdeckte Einlagen lösen keine Bruttoerträge im Sinne des § 8 Abs. 1 Nr. 1 bis 7 aus (BFH, Urteil vom 1.7.1992 I R 6/92, BStBl II 1993 S. 222). 10

C. Absolute Freigrenze

Voraussetzung für das Außeransatzlassen von Zwischeneinkünften wegen Nichtüberschreitens der relativen Freigrenze ist, dass auch die absolute Freigrenze nicht überschritten wird. Diese absolute Freigrenze darf zugleich auf zwei Ebenen nicht überschritten werden: 11

I. Absolute Freigrenze auf Ebene der Gesellschaft

Einerseits dürfen „die bei einer Gesellschaft... hiernach außer Ansatz zu lassenden Beträge" die absolute Freigrenze von 80 000 Euro nicht überschreiten. 12

Hier sind sämtliche Einkünfte zusammenzuzählen und der Freigrenze gegenüberzustellen, für die die betreffende ausländische Gesellschaft Zwischengesellschaft ist, soweit sie auf Personen entfallen, die damit nach § 7 Abs. 1 steuerpflichtig wären. Die FinVerw stellt demgegenüber nicht auf die Zwischeneinkünfte, sondern auf die Hinzurechnungsbeträge i. S. des § 10 Abs. 1 ab (BMF-AnwSchr Tz. 9.0.2.1 und 9.0.2.2 Nr. 1). Diese Erlassregelung ist für den Stpfl. aufgrund der 13

Kürzung um abziehbare Steuern nach § 10 Abs. 1 günstiger und wird in der Lit. daher als Billigkeitsmaßnahme gewertet (*Wassermeyer* in F/W/B, § 9 Rz. 40).

14 Hierzu gehören nicht die Einkünfte, die anteilig auf Personen entfallen, die damit nach § 5 steuerpflichtig wären. Nach § 5 sind solchen Personen zwar diejenigen Einkünfte der ausländischen Gesellschaft zuzurechnen, mit denen sie „nach den §§ 7, 8 und 14 steuerpflichtig wären", wenn sie denn unbeschränkt steuerpflichtig wären. Im Rahmen des § 5 kommt es jedoch nicht zu einer analogen Anwendung des § 9 (vgl. *Wassermeyer* in F/W/B, § 5 Rz. 41), sodass auf solche Personen entfallende Beträge nicht „hiernach außer Ansatz" gelassen werden.

15 Nicht relevant sind schließlich auch die Einkünfte, die anteilig auf andere (ausländische) Gesellschafter der ausländischen Gesellschaft entfallen. Diese Einkünfte sind schon gar nicht nach § 7 Abs. 1 zu erfassen und bleiben deshalb nicht erst nach § 9 außer Ansatz.

16 Die absolute Freigrenze auf Gesellschaftsebene richtet sich nach dem für die Gesellschaft maßgebenden Wirtschaftsjahr (BMF-AnwSchr Tz. 9.0.2.3).

II. Absolute Freigrenze auf Ebene des einzelnen Steuerpflichtigen

17 Andererseits dürfen die „bei einem Stpfl. hiernach außer Ansatz zu lassenden Beträge" die absolute Freigrenze von 80 000 Euro nicht überschreiten.

18 Die absolute Freigrenze des einzelnen Inlandsbeteiligten betrifft dessen Beteiligung an weiteren ausländischen Zwischengesellschaften, die weder rechtlich noch wirtschaftlich voneinander abhängig zu sein brauchen. Für die Ermittlung dieser Grenze sind sämtliche für den jeweiligen VZ zur Hinzurechnung anstehenden Beträge des einzelnen Inlandsbeteiligten zusammenzuzählen, die für ein Außeransatzlassen nach § 9 in Frage kommen. Ist der Stpfl. allerdings an einer ausländischen Gesellschaft beteiligt, die bereits wegen Überschreitens der relativen Freigrenze oder der absoluten Freigrenze auf Ebene der Gesellschaft für ein Außeransatzlassen nach § 9 nicht in Frage kommt, brauchen sie für die Überprüfung der absoluten Freigrenze auf Ebene des einzelnen Stpfl. nicht berücksichtigt zu werden. Somit kann es durchaus sein, dass ein und derselbe Stpfl. Einkünfte aus der einen Zwischengesellschaft zu versteuern hat, während Einkünfte aus anderen Zwischengesellschaften nach § 9 bei ihm außer Ansatz bleiben.

19 Für die Anwendung der absoluten Freigrenze auf Gesellschafterebene sind bei einem Inlandsbeteiligten alle unmittelbar und über § 14 in die Hinzurechnung gelangenden Zwischeneinkünfte zusammenzurechnen (vgl. BMF-AnwSchr Tz. 14.1.3).

20 Ist die absolute Freigrenze bei einem der Inlandsbeteiligten überschritten, ist dies für andere an dieser ausländischen Zwischengesellschaft beteiligte Inländer unerheblich (BMF-AnwSchr Tz. 9.0.2.2).

21 Die absolute Freigrenze auf Gesellschafterebene bezieht sich auf den Hinzurechnungsbetrag, der nach § 10 Abs. 1 anzusetzen wäre, wenn die Freigrenze nicht bestünde (BMF-AnwSchr Tz. 9.0.2.1).

D. Rechtsfolge

Sind beide Freigrenzen nicht überschritten, sind die betreffenden Einkünfte „für die Anwendung des § 7 Abs. 1 ... außer Ansatz zu lassen", und zwar bei dem inländischen Stpfl., bei dem sie ansonsten zu versteuern wären. Sie bleiben zwar dogmatisch Zwischeneinkünfte, sie werden aber nicht in einem Hinzurechnungsbetrag erfasst. Im Ergebnis werden sie also wie aktive Einkünfte oder wie auf ausländische Gesellschafter entfallende Einkünfte behandelt, für die es gar nicht erst zum Ansatz eines Hinzurechnungsbetrages nach § 10 kommt. **22**

Einkünfte, die nach § 8 Abs. 1 aktiv sind, sind keine Zwischeneinkünfte und brauchen deshalb § 9 nicht, um außer Ansatz gelassen zu werden. **23**

§ 10*
Hinzurechnungsbetrag

(1) Die nach § 7 Abs. 1 steuerpflichtigen Einkünfte sind bei dem unbeschränkt Steuerpflichtigen mit dem Betrag, der sich nach Abzug der Steuern ergibt, die zu Lasten der ausländischen Gesellschaft von diesen Einkünften sowie von dem diesen Einkünften zugrunde liegenden Vermögen erhoben worden sind, anzusetzen (Hinzurechnungsbetrag). Soweit die abzuziehenden Steuern zu dem Zeitpunkt, zu dem die Einkünfte nach Absatz 2 als zugeflossen gelten, noch nicht entrichtet sind, sind sie nur in den Jahren, in denen sie entrichtet werden, von den nach § 7 Abs. 1 steuerpflichtigen Einkünften abzusetzen. In den Fällen des § 8 Absatz 3 Satz 2 sind die Steuern um die dort bezeichneten Ansprüche des unbeschränkt Steuerpflichtigen oder einer anderen Gesellschaft, an der der Steuerpflichtige direkt oder indirekt beteiligt ist, zu kürzen. Ergibt sich ein negativer Betrag, so entfällt die Hinzurechnung.

(2) Der Hinzurechnungsbetrag gehört zu den Einkünften aus Kapitalvermögen im Sinne des § 20 Abs. 1 Nr. 1 des Einkommensteuergesetzes und gilt unmittelbar nach Ablauf des maßgebenden Wirtschaftsjahres der ausländischen Gesellschaft als zugeflossen. Gehören Anteile an der ausländischen Gesellschaft zu einem Betriebsvermögen, so gehört der Hinzurechnungsbetrag zu den Einkünften aus Gewerbebetrieb, aus Land- und Forstwirtschaft oder aus selbständiger Arbeit und erhöht den nach dem Einkommen- oder Körperschaftsteuergesetz ermittelten Gewinn des Betriebs für das Wirtschaftsjahr, das nach dem Ablauf des maßgebenden Wirtschaftsjahrs der ausländischen Gesellschaft endet. Auf den Hinzurechnungsbetrag sind § 3 Nr. 40 Satz 1 Buchstabe d, § 32d des Einkommensteuergesetzes und § 8b Abs. 1 des Körperschaftsteuergesetzes nicht anzuwenden. § 3c Abs. 2 des Einkommensteuergesetzes gilt entsprechend.

(3) Die dem Hinzurechnungsbetrag zugrunde liegenden Einkünfte sind in entsprechender Anwendung der Vorschriften des deutschen Steuerrechts zu ermitteln; für die Ermittlung der Einkünfte aus Anteilen an einem inländischen oder ausländischen Investmentvermögen sind die Vorschriften des Investmentsteuergesetzes vom 15. Dezember 2003 (BGBl. I S. 2676, 2724) in der jeweils geltenden Fassung sinngemäß anzuwenden, sofern dieses Gesetz auf das Investmentvermögen anwendbar ist. Eine Gewinnermittlung entsprechend den Grundsätzen des § 4 Abs. 3 des Einkommensteuergesetzes steht einer Gewinnermittlung nach § 4 Abs. 1 oder § 5 des Einkommensteuergesetzes gleich. Bei mehreren Beteiligten kann das Wahlrecht für die Gesellschaft nur einheitlich ausgeübt werden. Steuerliche Vergünstigungen, die an die unbeschränkte Steuerpflicht oder an das Bestehen eines inländischen Betriebs oder einer inländischen Betriebsstätte anknüpfen und die Vorschriften des § 4h des Einkommensteuergesetzes sowie der §§ 8a, 8b Abs. 1 und 2 des Körperschaftsteuergesetzes bleiben unberücksichtigt; dies gilt auch für die Vorschriften des Umwandlungssteuergesetzes, soweit Einkünfte aus einer

---
* Zuletzt geändert durch das Jahressteuergesetz 2010 vom 8.12.2010, BGBl I 2010 S. 1768.

Umwandlung nach § 8 Abs. 1 Nr. 10 hinzuzurechnen sind. Verluste, die bei Einkünften entstanden sind, für die die ausländische Gesellschaft Zwischengesellschaft ist, können in entsprechender Anwendung des § 10d des Einkommensteuergesetzes, soweit sie die nach § 9 außer Ansatz zu lassenden Einkünfte übersteigen, abgezogen werden. Soweit sich durch den Abzug der Steuern nach Absatz 1 ein negativer Betrag ergibt, erhöht sich der Verlust im Sinne des Satzes 5.

(4) Bei der Ermittlung der Einkünfte, für die die ausländische Gesellschaft Zwischengesellschaft ist, dürfen nur solche Betriebsausgaben abgezogen werden, die mit diesen Einkünften in wirtschaftlichem Zusammenhang stehen.

(5) bis (7) *(weggefallen)*

Erläuterungen

Übersicht

	Anm.
A. Allgemeines	1–4
I. Überblick über die Vorschrift	1–3
II. Rechtsentwicklung	4
B. Ermittlung und Abgrenzung der passiven Einkünfte	5–40
I. Allgemeines	5–9
II. Ermittlungsarten	10–13
III. Ermittlungszeitraum	14–16
IV. Nichtanwendbare Vorschriften	17–21
V. Betriebsvermögensvergleich	22–25
VI. Einnahmenüberschussrechnung	26
VII. Abzug von Betriebsausgaben bzw. Werbungskosten	27–31
VIII. Abgrenzung zu Einkünften anderer Personen	32–33
IX. Verluste	34–39
X. Umrechnung in inländische Währung	40
C. Abzug von Personensteuern der ausländischen Gesellschaft	41–48
D. Hinzurechnungsbetrag	49–58
I. Allgemeines	49–51
II. Einordnung in die Einkunftsarten	52–54
III. Zeitpunkt des Zuflusses	55, 56
IV. Hinzurechnungsbetrag und DBA (Abs. 5 a. F.)	57
V. Sonderregelungen für Zwischeneinkünfte mit Kapitalanlagecharakter (Abs. 6 und 7 a. F.)	57

Schrifttum: Die in der Einführung zu §§ 7–14 AStG genannten Kommentare und Gesamtdarstellungen; ferner: *Eicker/Rouenhoff,* Europarechtskonforme Auslegung des § 3c EStG in Bezug auf den Hinzurechnungsbetrag nach §§ 7, 10 AStG, IStR 2005 S. 128; *Goebel/Haun,* § 4h EStG und § 8a KStG (Zinsschranke) in der Hinzurechnungsbesteuerung, IStR 2007 S. 768; *Kessler/Teufel,* Läuft die Hinzurechnungsbesteuerung bei Beteiligungserträgen und Veräußerungsgewinnen leer? – Überlegungen zur Anwendbarkeit von § 8b Abs. 1 und 2 KStG n. F. im Rahmen des § 10 Abs. 3 Satz 1 AStG, IStR 2000 S. 545; *Krebs,* Die Wirkung der Zugriffsbesteuerung nach dem Außensteuergesetz auf die Gliederung des verwendbaren

Eigenkapitals nach dem Körperschaftsteuergesetz 1977, BB 1977 S. 640; *Menck,* Die Ermittlung des anzusetzenden Hinzurechnungsbetrages bei reinen Zwischengesellschaften, DStZ/A 1975 S. 43; *Schönfeld,* Probleme beim Zusammenwirken von Hinzurechnungsbesteuerung und Abgeltungsteuer nach dem UntStRefG 2008 und dem RegE-JStG 2008, IStR 2007 S. 666; *Wassermeyer,* Die Ermittlung von Auslandsgewinnen nach dem Außensteuergesetz, FR 1973 S. 236; *ders.*, Die Behandlung der Gewinnberichtigung nach § 1 AStG und des Hinzurechnungsbetrags nach § 10 Abs. 2 AStG bei der Gliederung des verwendbaren Eigenkapitals nach dem KStG 1977, FR 1979 S. 345; *Wendt,* Ermittlung der der Zugriffsbesteuerung unterliegenden Einkünfte, Inf. 1976 S. 385

Verwaltungsanweisungen: Schreiben betr. Grundsätze zur Anwendung des Außensteuergesetzes, BMF vom 14.5.2004 IV B 4 – S 1340 – 11/04, BStBl I 2004 Sondernummer 1, S. 3 (zit.: BMF-AnwSchr).

A. Allgemeines

I. Überblick über die Vorschrift

§ 10 bestimmt im Einzelnen, mit welchem Betrag der Inlandsbeteiligte nach § 7 Abs. 1 steuerpflichtig ist (**Hinzurechnungsbetrag**), und welche **Rechtsfolgen** der Ansatz dieses Betrags bei dem Inlandsbeteiligten auslöst. Im Mittelpunkt steht die Ermittlung des Hinzurechnungsbetrags, insbesondere jedoch der diesem zugrunde liegenden Einkünfte (§ 10 Abs. 3 und 4). **1**

Der **Hinzurechnungsbetrag** wird in **zwei Schritten ermittelt**. Erster Schritt ist die **Ermittlung der ihm zugrunde liegenden Einkünfte** (§ 10 Abs. 3 und 4). Als zweiter Schritt folgt dann der **Abzug der mit diesen Einkünften zusammenhängenden Einkommen- und Vermögensteuern** der ausländischen Gesellschaft (§ 10 Abs. 1). Zu beachten ist jedoch, dass sich der Hinzurechnungsbetrag nach den §§ 11 und 12 noch erhöhen oder vermindern kann. Man unterscheidet auch zwischen dem Hinzurechnungsbetrag i. S. des § 10 Abs. 1 Satz 1 und dem **anzusetzenden Hinzurechnungsbetrag** nach § 10 Abs. 2. Eine weitere Besonderheit ergibt sich bei mittelbaren Hinzurechnungen nach § 14; hierdurch können sich ebenfalls beim Hinzurechnungsbetrag Veränderungen ergeben (s. Erläuterungen zu § 14 AStG). **2**

Da der Hinzurechnungsbetrag und der daraus abgeleitete anzusetzende Hinzurechnungsbetrag den einzelnen Inlandsbeteiligten betreffen, wäre es denkbar, die zugrunde liegenden passiven Einkünfte und die von diesen abzuziehenden Steuern der ausländischen Gesellschaft jeweils anteilig für jeden Inlandsbeteiligten getrennt zu ermitteln. Aus Zweckmäßigkeitsgründen und im Interesse der einheitlichen Behandlung erfolgt jedoch bei mehreren Beteiligten eine **einheitliche Ermittlung** mit anschließender Verteilung der Besteuerungsgrundlagen auf die einzelnen Beteiligten (zur gesonderten und ggf. einheitlichen und gesonderten Feststellung s. § 18). Die Ableitung des anzusetzenden Hinzurechnungsbetrags aus dem Hinzurechnungsbetrag, der sich für den einzelnen Inlandsbeteiligten ergibt, kann jedoch nicht mehr einheitlich erfolgen, da die Modifikationen des Hinzurechnungsbetrags sich jeweils aus den Verhältnissen des einzelnen Inlandsbeteiligten ergeben. **3**

II. Rechtsentwicklung

4 Der Kerngedanke des § 10 ist seit Inkrafttreten des AStG unverändert. Durch **StÄndG** vom 25.2.1992 (BGBl I 1992 S. 297 – BStBl I 1992 S. 146) wurden für sog. Zwischeneinkünfte mit Kapitalanlagecharakter Sonderregelungen eingeführt. Dabei wurde in § 10 ein Abs. 6 eingefügt, der für Zwischeneinkünfte mit Kapitalanlagecharakter die DBA-Freistellung auf den Hinzurechnungsbetrag (§ 10 Abs. 5 a. F.) versagte. Der durch **UntStFG** vom 20.12.2001 (BGBl I 2001 S. 3858 – BStBl I 2002 S. 35) eingefügte Abs. 7 a. F. enthielt die ursprünglich in Abs. 6 Satz 3 a. F. geregelte Steuerermäßigung für Zwischeneinkünfte mit Konzernfinanzierungscharakter. Durch **StVergAbG** vom 16.5.2003 (BGBl I 2003 S. 660 – BStBl I 2003 S. 321) wurden die Abs. 5 bis 7 gestrichen (wobei die Definition des bislang in Abs. 6 Satz 2 bestimmten Begriffs der Zwischeneinkünfte mit Kapitalanlagecharakter seitdem in § 7 Abs. 6a enthalten ist).

Die durch StSenkG vom 23.10.2000 (BGBl I 2000 S. 1433 – BStBl I 2000 S. 1428) in § 10 Abs. 2 geplante Definitivsteuer auf den Hinzurechnungsbetrag von 38 Prozent (s. vor §§ 7–14 AStG, Anm. 24) wurde mit UntStFG wieder aufgegeben.

Durch **Investmentmodernisierungsgesetz** vom 15.12.2003 (BGBl I 2003 S. 2676 – BStBl I 2004 S. 5) wurde § 10 hinsichtlich des Verweises auf das InvStG geändert. Durch das Gesetz über steuerliche Begleitmaßnahmen zur Einführung der Europäischen Gesellschaft und zur Änderung weiterer steuerrechtlicher Vorschriften (**SEStEG**) vom 7.12.2006 (BGBl I 2006 S. 2782 – BStBl I 2007 S. 4) wurde der Aktivitätskatalog ergänzt. Nunmehr werden auch Einkünfte aus Umwandlungen nach dem neuen § 8 Abs. 1 Nr. 10 unter bestimmten Voraussetzungen den aktiven Einkünften zugeordnet. Bei der Ermittlung der dem Hinzurechnungsbetrag zugrunde liegenden Einkünfte wird daher unter bestimmten Voraussetzungen das UmwStG angewandt, § 10 Abs. 3 Satz 4. Weitere Änderungen ergaben sich durch **JStG 2008** vom 20.12.2007 (BGBl I 2007 S. 3150 – BStBl I 2008 S. 218). Durch die Änderung in Abs. 2 Satz 3 wird nunmehr geregelt, dass auf den Hinzurechnungsbetrag der Pauschalsteuersatz des § 32d EStG (Abgeltungsteuer) nicht anzuwenden ist. Daneben wird durch den neuen Abs. 2 Satz 4 bestimmt, dass für Aufwendungen, die im Zusammenhang mit einer Beteiligung stehen, die zu einer Hinzurechnung führt, § 3c Abs. 2 EStG anwendbar bleibt sowie in Abs. 3 Satz 4 die Anwendung der Regelungen der Zinsschranke (§ 4h EStG und § 8a KStG) bei der Ermittlung der Einkünfte, die dem Hinzurechnungsbetrag zugrunde liegen, ausgeschlossen.

Durch **JStG 2010** vom 8.12.2010 (BGBl I 2010 S. 1768 – BStBl I 2010 S. 1394) wurde die in § 8 Abs. 3 enthaltene Definition der Niedrigbesteuerung modifiziert. Ursprünglich wurde für die Beurteilung einer Niedrigbesteuerung allein auf die Ebene der Gesellschaft abgestellt, während etwaige Steuerentlastungsansprüche der Gesellschafter im Hinblick auf ihre Beteiligung unberücksichtigt blieben. In der Praxis wurden deshalb Gestaltungsmodelle entwickelt, die sich die formale „Normalbesteuerung" der Gesellschaft zunutze machten. Um die Umgehung der Vorschriften der Hinzurechnungsbesteuerung zu verhindern, bestimmt der neue § 8 Abs. 3 Satz 2 nunmehr, dass auch Ansprüche, die der Staat oder das Gebiet der ausländischen Gesellschaft im Fall einer Gewinnausschüttung dem unbeschränkt Stpfl. oder einer anderen Gesellschaft, der er un- oder mittelbar oder mittelbar beteiligt ist, gewährt, in die Prüfung der Niedrigbesteuerung einbezogen werden. Ergänzend sieht der neu eingefügte § 10 Abs. 1 Satz 3 vor, dass bei der Ermittlung des Hinzurechnungsbetrages die Steuerlast der ausländischen Zwischengesellschaft um diese Ansprüche zu kürzen ist. Damit soll sichergestellt werden, dass nur die effektive Steuerbelastung nach Verrechnung mit den Entlastungsansprüchen berücksichtigt wird.

B. Ermittlung und Abgrenzung der passiven Einkünfte

I. Allgemeines

Für die Ermittlung und Abgrenzung der dem Hinzurechnungsbetrag zugrunde liegenden Einkünfte sind ausführliche Verwaltungsanweisungen ergangen (s. BMF-AnwSchr, Tz. 10.1, 10.3 und 10.4). Die **Ermittlungspflicht trifft nicht die ausländische Gesellschaft, sondern** den oder **die Inlandsbeteiligten**. Wenn im Folgenden von der Hinzurechnungsbilanz oder Hinzurechnungs- Einnahmenüberschussrechnung die Rede ist, so handelt es sich daher nicht um die Bilanz bzw. Einnahmenüberschussrechnung der ausländischen Gesellschaft, sondern des oder der Inlandsbeteiligten. Sie stützen sich jedoch auf das Rechenwerk der Gesellschaft, das nach § 17 auf Verlangen der Finanzverwaltung vorzulegen ist (zur Sachverhaltsaufklärung im Einzelnen s. Erläuterungen zu § 17 AStG). **Einkünfteerzielungssubjekt** ist dagegen die ausländische Gesellschaft (s. BFH, Urteil vom 2.7.1997 I R 32/95, BStBl II 1998 S. 176). 5

Die Ermittlung der passiven Einkünfte bezieht sich auf die **einzelne ausländische Gesellschaft**. Ist ein Steuerinländer an mehreren ausländischen Gesellschaften mit passiven Einkünften beteiligt, so sind mehrere Ermittlungen durchzuführen. Zu beachten ist jedoch, dass passive Einkünfte **nachgeschalteter Zwischengesellschaften** i. S. des § 14 zwar zunächst ebenfalls gesondert ermittelt, dann aber auf die ausländische Obergesellschaft hochgerechnet werden (s. im Einzelnen die Erläuterungen zu § 14 AStG). 6

Die Ermittlung der passiven Einkünfte richtet sich weder nach ausländischem Handels- noch nach ausländischem Steuerrecht, vielmehr ist **das deutsche Steuerrecht entsprechend anzuwenden** (§ 10 Abs. 3 Satz 1 Halbsatz 1). Dies schließt nicht aus, die Einkünfte aus der Handels- oder Steuerbilanz nach ausländischem Recht abzuleiten. Für die Ermittlung der Einkünfte aus Anteilen an einem in- oder ausländischen Investmentvermögen zählen zu den anzuwendenden Vorschriften des deutschen Steuerrechts auch die Vorschriften des InvStG (§ 10 Abs. 3 Satz 1 Halbsatz 2). 7

Da die Verhältnisse bei ausländischen Gesellschaften recht unterschiedlich sein können, hängt die Einkunftsermittlung stark von den jeweiligen Verhältnissen ab. Das Gesetz selbst lässt neben der Ermittlung durch **Bestandsvergleich** auch die Ermittlung durch **Einnahmenüberschussrechnung** zu (§ 10 Abs. 3 Satz 2). Die Verwaltungsanweisungen (BMF-AnwSchr, Tz. 10.3 und 10.4) unterscheiden darüber hinaus zwischen der Gewinnermittlung bei **reinen Zwischengesellschaften** und der Gewinnermittlung bei **Zwischengesellschaften mit gemischten Einkünften** und tragen den Besonderheiten der letztgenannten durch flexible Regelungen Rechnung. 8

9   Sind die Einkünfte zu schätzen, so ist auch § 17 Abs. 2 zu beachten (s. Erläuterungen zu § 17 AStG).

II. Ermittlungsarten

10   Da die Einkunftsermittlungsvorschriften des deutschen Steuerrechts entsprechend anzuwenden sind (§ 10 Abs. 3 Satz 1), sind die Einkünfte entweder als Gewinn (§ 2 Abs. 2 Nr. 1 EStG) oder als Überschuss der Einnahmen über die Werbungskosten (§ 2 Abs. 2 Nr. 2 EStG) zu ermitteln. Da jedoch auch § 8 Abs. 2 KStG entsprechend anzuwenden ist und somit bei **ausländischen Körperschaften,** die den dort genannten Körperschaften entsprechen, alle Einkünfte als Einkünfte aus Gewerbebetrieb zu behandeln sind, dürfte die Ermittlung als Gewinn, die für Einkünfte aus Gewerbebetrieb vorgeschrieben ist, die Regel sein (vgl. *Fuhrmann* in Mössner/Fuhrmann, § 10 Rn. 138 und 168; a. A. *Wassermeyer/Schönfeld* in F/W/B, § 10 Rz. 217 und 301, die davon ausgehen, dass auf das Vorliegen der unbeschränkte Körperschaftsteuerpflicht, auf die § 8 Abs. 2 KStG abstellt, auch nicht aufgrund der Verweisung des § 10 Abs. 3 Satz 1 auf die Vorschriften des deutschen Steuerrechts verzichtet werden kann). Die vor dem SEStEG bis VZ 2005 geltende Fassung des § 8 Abs. 2 KStG stellte dagegen für die Anwendung der Vorschrift auf die Buchführungspflicht nach deutschem HGB ab, was in der Regel bei ausländischen Zwischengesellschaften nicht der Fall war. Daraus wurde geschlussfolgert, § 8 Abs. 2 KStG a. F. komme regelmäßig nicht zur Anwendung (BFH, Urteil vom 21.1.1998 I R 3/96, BStBl II 1998 S. 468; BFH, Beschluss vom 30.8.1989 I B 39/89, BFH/NV 1990 S. 161; *Wassermeyer/Schönfeld* in F/W/B, § 10 Rz. 217; a. A. BMF-AnwSchr, Tz. 10.1.1.2, wobei nach Auffassung der FinVerw die Zwischeneinkünfte dann nach § 2 Abs. 2 Nr. 2 EStG zu ermitteln sind, wenn die Gesellschaft nur Vermögensverwaltung betreibt und die Anteile an der Gesellschaft im Privatvermögen des Gesellschafters gehalten werden).

11   Bei Gewinneinkünften ist neben der Gewinnermittlung durch Betriebsvermögensvergleich die **Einnahmenüberschussrechnung** entsprechend § 4 Abs. 3 EStG auch dann zugelassen, wenn an sich die Gewinnermittlung durch Betriebsvermögensvergleich geboten wäre oder von der ausländischen Gesellschaft tatsächlich angewendet wird. Umgekehrt kann bei Überschusseinkünften kein Wahlrecht zugunsten §§ 4 Abs. 1, 5 EStG ausgeübt werden, da ein derartiges Wahlrecht Gewinneinkünfte voraussetzt. Bei mehreren Beteiligten kann das **Wahlrecht** zugunsten der Einnahmenüberschussrechnung nur einheitlich ausgeübt werden (§ 10 Abs. 3 Satz 3). Können sich die Beteiligten nicht einigen, so bleibt es bei dem vorrangigen Betriebsvermögensvergleich (BMF-AnwSchr, Tz. 10.3.1.1). Das Wahlrecht kann bis zur Abgabe der Erklärung für die einheitliche und gesonderte Feststellung nach § 18 ausgeübt werden (BMF-AnwSchr, Tz. 10.3.1.1; a. A. *Wassermeyer/Schönfeld* in F/W/B, § 10 Rz. 329: bis zur letzten Tatsacheninstanz).

12   **Zwischen den Gewinnermittlungen nach § 4 Abs. 1 und § 5 EStG** besteht **kein Wahlrecht.** § 5 EStG ist anzuwenden, wenn die ausländische Gesellschaft nach deutschen Vorschriften verpflichtet ist, Bücher zu führen und regelmäßig

Abschlüsse zu machen oder wenn ohne eine solche Verpflichtung Bücher geführt und regelmäßig Abschlüsse gemacht werden. In der Regel wird es aber für die ausländische Zwischengesellschaft an einer derartigen Verpflichtung zur Buchführung nach deutschem Handelsrecht fehlen (zur Buchführungspflicht nach ausländischem Handelsrecht vgl. *Neumann-Tomm* in Lademann, § 5 EStG Anm. 245).

Handelt es sich bei der ausländischen Gesellschaft um eine Körperschaft, deren gesamte Einkünfte solche aus Gewerbebetrieb sind (s. Anm. 10), so kommt nur eine einzige Gewinnermittlungsart für alle passiven Einkünfte in Betracht. Ansonsten ist jedoch auf die jeweilige Einkunftsart abzustellen. Mehrere ausländische Gesellschaften sind stets getrennt zu sehen, auch wenn es sich um nachgeschaltete Gesellschaften i. S. des § 14 handelt. 13

III. Ermittlungszeitraum

Da die deutschen Einkunftsermittlungsvorschriften entsprechend anzuwenden sind, gilt auch das **Jahresprinzip**. Die passiven Einkünfte sind daher für jeweils ein Jahr zu ermitteln, was bei mehrjährigen Ermittlungszeiträumen nach ausländischem Recht eine Aufteilung erforderlich macht. 14

Der **Abschlusszeitpunkt** braucht nicht dem Ende des Kalenderjahres zu entsprechen. § 7 Abs. 4 KStG, der einen abweichenden Abschlusszeitpunkt zulässt, ist entsprechend anzuwenden. Wird anstelle der an sich gebotenen Gewinnermittlung durch Betriebsvermögensvergleich aufgrund der Erleichterungsregelung des § 10 Abs. 3 Satz 2 eine Einnahmeüberschussrechnung angestellt, so lässt dies den Abschlusszeitpunkt entsprechend § 7 Abs. 4 KStG unberührt. 15

Entsteht bei Vorliegen der sonstigen Voraussetzungen der Hinzurechnungsbesteuerung eine Mehrheitsbeteiligung von Steuerinländern an der ausländischen Gesellschaft erst während des laufenden Wirtschaftsjahres, so ist die **eröffnende Hinzurechnungsbilanz** gleichwohl zu **Beginn des Wirtschaftsjahrs** aufzustellen, da die „Ausschüttungsfiktion" des § 10 Abs. 2 die gesamten passiven Einkünfte des maßgebenden Wirtschaftsjahres und nicht nur die während der Mehrheitsbeteiligung von Inländern angefallenen Einkünfte erfasst (s. auch BMF-AnwSchr Tz. 10.3.3.1; *Wassermeyer/Schönfeld* in F/W/B, § 10 Rz. 280, die dagegen für den Fall, dass erst während des laufenden Wirtschaftsjahres passive Einkünfte begründet werden, die Bilanz zu Beginn der Tätigkeit aufstellen wollen; a. A. *Fuhrmann* in Mössner/Fuhrmann, § 10 Rn. 198 f., der eine Billigkeitsregelung fordert und nach den entsprechenden Vorschriften des deutschen Steuerrechts ein Rumpfwirtschaftsjahr bilden will; ebenso *Vogt* in Blümich, § 10 Rz. 84). Entsprechend greift die Hinzurechnungsbesteuerung nicht mehr ein, wenn während des laufenden Wirtschaftsjahres der ausländischen Gesellschaft die Mehrheitsbeteiligung von Steuerinländern endet. 16

IV. Nichtanwendbare Vorschriften

17 Grundsätzlich sind sämtliche Einkunftsermittlungsvorschriften des deutschen Steuerrechts bei der Ermittlung der passiven Einkünfte anzuwenden. Ausdrücklich ausgeschlossen sind jedoch **steuerliche Vergünstigungen, die an die unbeschränkte Steuerpflicht oder an das Bestehen eines inländischen Betriebs oder einer inländischen Betriebsstätte anknüpfen.** Angesprochen sind nur Einkunftsermittlungsvorschriften, nicht z. B. Tarifvorschriften wie § 34c EStG. Unter Steuervergünstigungen sind dabei nicht nur Anreizmaßnahmen (Steuersubventionen) zu verstehen, sondern Steuerbefreiungen, Verschiebungen der Besteuerung und Abzüge, die abweichend vom normalen Steuerrecht gewährt werden (für Beschränkung auf Steuersubventionen: *Wassermeyer/Schönfeld* in F/W/B, § 10 Rz. 342). Die Frage, ob eine Steuervergünstigung vorliegt, kann allerdings oft dahingestellt bleiben, wenn für die Anwendung der Vorschrift weder unbeschränkte Steuerpflicht noch das Bestehen einer inländischen Betriebsstätte oder eines inländischen Betriebs vorausgesetzt wird.

18 Setzt eine **Steuervergünstigung einen Inlandssachverhalt voraus**, den die ausländische Gesellschaft nicht erfüllt, ist sie schon der Sache nach nicht anwendbar. Andererseits ist eine Vergünstigungsvorschrift auch dann, wenn sie eine inländische Betriebsstätte voraussetzt, anzuwenden, sofern die ausländische Gesellschaft selbst diese inländische Betriebsstätte unterhält und es sich bei den Zwischeneinkünften um solche aus der Betriebsstätte handelt. Insoweit sind die deutschen Einkunftsermittlungsvorschriften unmittelbar anwendbar und die Anordnung ihrer entsprechenden Anwendung mit dem daraus folgenden Ausschluss bestimmter Steuervergünstigungen geht ins Leere (*Wassermeyer/Schönfeld* in F/W/B, § 10 Rz. 344). Aus diesem Grund ist § 6b EStG insoweit anwendbar, als es sich um stille Reserven aus einer inländischen Betriebsstätte handelt, die die ausländische Gesellschaft unterhält (a. A. Erlass FinMin NW vom 25.11.1975, BStBl I 1976 S. 15, wonach § 6b EStG stets unanwendbar ist).

19 Unberücksichtigt bleiben auch die Regelungen zur **Zinsschranke** (§ 4h EStG/ § 8a KStG). Durch die im Rahmen des JStG 2008 in § 10 Abs. 3 Satz 4 eingefügte Bezugnahme auf § 4 h EStG und § 8a KStG sollen Doppelbesteuerungen vermieden werden, durch die es aufgrund der Anwendung deutscher Fremdfinanzierungsregelungen auf Verhältnisse, die in ihrer Gesamtheit im Ausland liegen, kommen kann (BT-Drs. 16/6290 S. 94). Die Finanzverwaltung hatte § 8a KStG in der Fassung vor Unternehmensteuerreformgesetz 2008 vom 14.7.2007 (BGBl I 2007 S. 1912 – BStBl I 2007 S. 630) bereits nicht angewandt (BMF-AnwSchr, Tz. 10.1.1.1).

20 Die Steuerbefreiungen gem. **§ 8b Abs. 1 und 2 KStG** finden im Rahmen der Ermittlung der passiven Einkünfte ebenfalls keine Anwendung. Nach § 8 Abs. 1 Nr. 8 gelten Gewinnausschüttungen ohnehin als aktive Einkünfte und unterliegen nicht der Hinzurechnungsbesteuerung. Beteiligungsveräußerungsgewinne können dagegen unter bestimmten Voraussetzungen gem. § 8 Abs. 1 Nr. 9 hinzurechnungspflichtig sein. Insofern ist die ausdrückliche Erwähnung des § 8b Abs. 2 KStG von Bedeutung.

21 Durch SEStEG wurde § 10 Abs. 3 Satz 4 dahingehend ergänzt, dass die Vorschriften des **UmwStG**, soweit Einkünfte aus einer Umwandlung nach § 8 Abs. 1 Nr. 10 hinzuzurechnen sind, ausdrücklich unberücksichtigt bleiben. Nach der vor den

Änderungen durch SEStEG geltenden Rechtslage waren die Vorschriften des UmwStG wegen der Anknüpfung an die unbeschränkte Steuerpflicht im Rahmen der Ermittlung der dem Hinzurechnungsbetrag zugrunde liegenden Einkünfte grundsätzlich nicht anwendbar. Nach der nunmehr geltenden Fassung des § 10 Abs. 3 Satz 4 sind die Vorschriften des UmwStG nur dann nicht anzuwenden, soweit die Einkünfte aus einer Umwandlung nach Nr. 10 hinzuzurechnen sind (s. hierzu § 8 AStG Anm. 132 ff.), d. h. im Umkehrschluss sind damit die Regelungen des UmwStG grundsätzlich anwendbar. Im ursprünglichen Gesetzesentwurf der Bundesregierung (BT-Drs. 16/2710) sollte in § 10 Abs. 3 Satz 4 die Nichtberücksichtigung der Vorschriften des UmwStG uneingeschränkt für Zwecke der Ermittlung der dem Hinzurechnungsbetrag zugrunde liegenden Einkünfte festgeschrieben werden, auch wenn das UmwStG in der Fassung des SEStEG auch auf bestimmte grenzüberschreitende Umwandlungen ausgedehnt wurde. Im Verlauf des Gesetzgebungsverfahrens wurde jedoch daran nicht mehr festgehalten und neben der Ergänzung des § 10 Abs. 3 Satz 4 auch die Regelung des § 8 Abs. 1 Nr. 10 eingefügt.

V. Betriebsvermögensvergleich

22 Werden die passiven Einkünfte durch Betriebsvermögensvergleich ermittelt, so muss eine **Hinzurechnungsbilanz** erstellt werden, die ggf. aus der Bilanz der ausländischen Gesellschaft abgeleitet werden kann. Eine **eröffnende Hinzurechnungsbilanz** ist erforderlich, wenn die Voraussetzungen für eine Hinzurechnung erstmals oder nach einer Unterbrechung neu eintreten (vgl. auch § 21 Abs. 3). Bei ausländischen Gesellschaften mit passiven und aktiven Einkünften bezieht sich die Gewinnermittlung nur auf den passiven Bereich; zur praktischen Bewältigung kommen jedoch neben der **Sonderermittlung der passiven Einkünfte die Gesamtermittlung unter Aussonderung der aktiven Einkünfte** in Betracht. Können die Einkünfte aus aktiver Tätigkeit nicht gesondert ausgewiesen werden, weil aktive Tätigkeiten und passiver Erwerb so eng miteinander verbunden sind, ist die Aufteilung der gesamten Einkünfte nach dem Umsatz zulässig (BMF-AnwSchr, Tz. 10.4.2).

23 In der Hinzurechnungsbilanz sind die **Wirtschaftsgüter nach Maßgabe des deutschen Steuerrechts anzusetzen und zu bewerten.** Bewertungswahlrechte, z. B. der Ansatz des niedrigeren Teilwerts, können ausgeübt werden; dies muss jedoch einheitlich geschehen. § 6 Abs. 1 EStG als steuerliche Gewinnermittlungsvorschrift ist zu beachten.

24 Auch für die **eröffnende Hinzurechnungsbilanz** sind die Bilanzansätze und Bewertungen des deutschen Steuerrechts maßgebend. Entsprechend dem Grundgedanken, bestimmte Einkünfte eines laufenden Betriebs zu erfassen (vgl. auch § 21 Abs. 3), sind die WG dabei nicht als Einlagen zu behandeln; vielmehr sind die Werte anzusetzen, die sich ergeben würden, wenn seit Übernahme der WG durch die ausländische Gesellschaft die Vorschriften des deutschen Steuerrechts angewendet worden wären. Verfassungsrechtliche Bedenken dagegen sind nicht gerechtfertigt (s. BFH Urteil vom 12.7.1989 I R 46/85, BStBl II 1990 S. 113). Wenn die Finanzverwaltung (BMF-AnwSchr, Tz. 10.3.3.2 Nr. 1 und 2) den Ansatz des etwaigen niedrigeren Teilwerts zum Zeitpunkt der Eröffnungsbilanz für zwingend hält, so ist fraglich, ob diese Auffassung nach Inkrafttreten des BilMoG noch aufrechterhalten werden kann (vgl. *Fuhrmann* in Mössner/Fuhrmann, § 10 Rn. 201 mit Verweis auf BMF-Schreiben vom 12.3.2010 IV C 6 – S 2133/09/10001, BStBl I 2010 S. 239 Tz. 13 ff.).

25 Wird die **Hinzurechnungsbesteuerung** unterbrochen, z. B. weil in einzelnen Jahren keine passiven Einkünfte anfallen, so ist gleichwohl der Bilanzzusammenhang zu wahren (BMF-AnwSchr, Tz. 10.3.2.2). Die Bilanzansätze sind daher nach deutschem Steuerrecht fortzuführen. Dies entspricht der Erstellung einer neuen eröffnenden Hinzurechnungsbilanz nach der Unterbrechung.

VI. Einnahmenüberschussrechnung

26 Wird die Gewinnermittlung entsprechend § 4 Abs. 3 EStG gewählt, so entfällt die Aufstellung einer eröffnenden Hinzurechnungsbilanz (*Wassermeyer/Schönfeld* in F/W/B, § 10 Rz. 277). Die Vorschriften über die Absetzung für Abnutzung oder Substanzverringerung sind zu befolgen; dabei sind Ausgangswerte die ursprünglichen Anschaffungs- oder Herstellungskosten, ggf. vermindert um die AfA bis zum erstmaligen Eingreifen der Hinzurechnungsbesteuerung. Auch die Aufstellung einer Schlussbilanz entfällt. Allerdings kommen Gewinnkorrekturen nach R 4.6 EStR 2012 beim Wechsel der Gewinnermittlungsart in Betracht. Wegen des Beginns und des Endes der Gewinnermittlung, wenn die Beherrschung durch Inländer im Laufe des Wirtschaftsjahres eintritt oder wegfällt, vgl. Anm. 16.

VII. Abzug von Betriebsausgaben bzw. Werbungskosten

27 Der Abzug von Betriebsausgaben bzw. Werbungskosten richtet sich nach deutschem Steuerrecht; er ist Bestandteil der Einkunftsermittlungsvorschriften, die entsprechend anzuwenden sind. Bei der Ermittlung der passiven Einkünfte dürfen nur solche Betriebsausgaben abgezogen werden, die mit diesen Einkünften in **wirtschaftlichem Zusammenhang** stehen (§ 10 Abs. 4). Falls ausnahmsweise keine Gewinneinkünfte (s. Anm. 10) vorliegen, gilt Entsprechendes auch für Werbungskosten, obwohl insoweit eine ausdrückliche Regelung fehlt.

28 Bei der Feststellung des wirtschaftlichen Zusammenhangs sind die Grundsätze der §§ 34d und 50 EStG für die Ermittlung ausländischer bzw. inländischer Einkünfte anzuwenden. Ist eine **unmittelbare (direkte) Zuordnung von Betriebsausgaben** bzw. Werbungskosten nicht möglich, ist eine **mittelbare (indirekte) Zuordnung** nach einem angemessenen Schlüssel geboten.

29 Vom Abzug ausgeschlossen sind Betriebsausgaben bzw. Werbungskosten, soweit sie nicht der ausländischen Gesellschaft, sondern einer anderen Person zuzuordnen sind. Die Abgrenzung zu Einkünften anderer Personen (s. Anm. 32) ist vorrangig. **Verdeckte Gewinnausschüttungen** der Zwischengesellschaft dürfen daher die passiven Einkünfte nicht mindern.

30 **Abzugsverbote**, die sich aus dem deutschen Steuerrecht ergeben, sind auch bei der Ermittlung der passiven Einkünfte zu beachten. Dies gilt beispielsweise für

Aufwendungen i. S. des § 4 Abs. 5 EStG sowie für Aufwendungen bei Liebhaberei, z. B. Kunstsammlungen. **Aufwendungen ohne Betriebsausgaben- oder Werbungskostencharakter**, die auch nicht auf die Gewerbesteuer durchschlagen, sind ebenfalls nicht abziehbar, z. B. Aufwendungen i. S. des § 10 KStG, z. B. vorbehaltlich des § 10 Abs. 1 Personalsteuern (*Wassermeyer/Schönfeld* in F/W/B, § 10 Rz. 311). Da dem Hinzurechnungsbetrag die passiven Einkünfte im steuerlichen Sinne und nicht die ausschüttbaren Einkünfte zugrunde liegen, kann hiergegen nicht eingewendet werden, die geleisteten Aufwendungen stünden für Ausschüttungszwecke nicht zur Verfügung.

Aufwendungen für das Aufstellen einer Hinzurechnungsbilanz sind nicht bei der Ermittlung der Zwischeneinkünfte zu berücksichtigen. Sie können jedoch Werbungskosten bei den Einkünften aus Kapitalvermögen sein (BFH, Urteil vom 15.3.1995 I R 14/94, BStBl II 1995 S. 502; BMF-AnwSchr, Tz. 10.1.3). **31**

VIII. Abgrenzung zu Einkünften anderer Personen

Zu den entsprechend anzuwendenden deutschen Einkunftsermittlungsvorschriften gehören auch die Bestimmungen über die Abgrenzung zu Einkünften anderer Personen. Die Grundsätze der **verdeckten Gewinnausschüttung und verdeckten Einlage** sind daher auch bei der Ermittlung der passiven Einkünfte **anzuwenden** (BFH, Urteil vom 2.7.1997 I R 32/95, BStBl II 1998 S. 176). Die passiven Einkünfte sind deshalb ggf. zu erhöhen. **32**

Sind die Einkünfte eines Inlandsbeteiligten aus Geschäftsbeziehungen zu der ausländischen Gesellschaft nach § 1 berichtigt worden, so ist bei der ausländischen Gesellschaft für Zwecke der Hinzurechnungsbesteuerung eine entsprechende **Gegenberichtigung** vorzunehmen (BFH-Urteil vom 19.3.2002 I R 4/01, BStBl II 2002 S. 644; BMF-AnwSchr, Tz. 10.1.1.1). Wegen des Verhältnisses der Hinzurechnungsbesteuerung zu § 1 s. im Übrigen vor §§ 7–14 AStG, Anm. 36. **33**

IX. Verluste

Nur innerhalb der Zwischeneinkünfte ist der **Verlustausgleich** zulässig. Dabei wird jedoch auf jede einzelne Gesellschaft abgestellt. **Negative Zwischeneinkünfte**, die sich bei einer Gesellschaft ergeben haben, können nicht mit positiven Zwischeneinkünften einer anderen Gesellschaft ausgeglichen werden (BMF-AnwSchr, Tz. 10.1.1.3). Negative Zwischeneinkünfte einer Obergesellschaft können jedoch mit positiven Zwischeneinkünften einer nachgeschalteten Gesellschaft i. S. des § 14 AStG verrechnet werden (s. § 14 AStG Anm. 22). **34**

Der **Verlustabzug** nach § 10d EStG hat keinen Betriebsausgaben- oder Werbungskostencharakter und mindert die Zwischeneinkünfte nicht. Er ist daher nur insoweit möglich, als ihn § 10 Abs. 3 Satz 5 ausdrücklich zulässt. Dabei wird wiederum auf die einzelne Gesellschaft abgestellt. **35**

Verluste aus Wirtschaftsjahren, in denen mangels Inländerbeherrschung die Hinzurechnungsbesteuerung noch nicht eingriff, sind unberücksichtigt zu lassen (*Vogt* **36** in Blümich § 10 AStG Rz. 98; a. A. *Wassermeyer/Schönfeld* in F/W/B, § 10 Rz. 369; *Fuhrmann* in Mössner/Fuhrmann, § 10 Rn. 221). Im Übrigen ist der sachliche und zeitliche Geltungsbereich der jeweiligen Fassung des § 10d EStG maßgebend. Der zeitliche Rahmen gilt auch dann, wenn zwischenzeitlich keine Zwischeneinkünfte anfallen. Der Verlust muss sich insgesamt bei den passiven Einkünften des maßgebenden Wirtschaftsjahres der ausländischen Gesellschaft ergeben haben. Der Verlustausgleich innerhalb des Wirtschaftsjahres bleibt unberührt.

37 Nach § 10 Abs. 3 Satz 6 ist der Verlust zu erhöhen, soweit sich nach **Abzug der Personensteuern** der ausländischen Gesellschaft nach § 10 Abs. 1 Satz 1 ein negativer Betrag ergibt, d. h. die abziehbaren Personensteuern erhöhen den abzugsfähigen Verlust (BMF-AnwSchr, Tz. 10.3.5.1).

38 Der Verlustabzug wird durch Verrechnung mit passiven Einkünften, die unter den Freigrenzen des § 9 liegen, verbraucht. Andererseits kann jedoch der Verlustabzug dazu führen, dass Zwischeneinkünfte die **Bagatellgrenzen** unterschreiten.

39 **Ändern sich die Beteiligungsverhältnisse** an der ausländischen Gesellschaft, sei es, dass Inlandsbeteiligte wegfallen, sei es, dass sie hinzutreten, so hat dies auf den Verlustabzug keinen Einfluss. Der verrechnete Verlust wird jedoch anteilig nur den Inlandsbeteiligten „zugerechnet", denen die Zwischeneinkünfte, auf die der Verlust übertragen worden ist, anteilig zugeordnet werden (*Wassermeyer/Schönfeld* in F/W/B, § 10 Rz. 359).

X. Umrechnung in inländische Währung

40 Die FinVerw lässt die Erstellung der Hinzurechnungsbilanz in ausländischer Währung zu, wenn in dieser Währung die Bücher der ausländischen Gesellschaft geführt werden (BMF-AnwSchr, Tz. 10.3.2.3). Die Einkünfte aus passivem Erwerb sind dann nach dem Kurs zu dem Zeitpunkt umzurechnen, an dem der Hinzurechnungsbetrag als zugeflossen gilt. Die FinVerw beanstandet es nicht, wenn für die Umrechnung ein Jahresdurchschnittskurs verwendet wird (BMF-AnwSchr, Tz. 10.1.1.4).

C. Abzug von Personensteuern der ausländischen Gesellschaft

Der Abzug von Personensteuern der ausländischen Gesellschaft nach § 10 Abs. 1 **41** und die alternative Anrechnung dieser Steuern nach § 12 dienen der **Milderung bzw. Beseitigung der wirtschaftlichen Doppelbesteuerung**, die eintritt, wenn einmal die passiven Einkünfte und die zugrunde liegenden Vermögenswerte auf der Ebene der ausländischen Gesellschaft und zum anderen die Zwischeneinkünfte im Rahmen der Hinzurechnungsbesteuerung bei dem oder den Inlandsbeteiligten besteuert werden. Dabei behandelt das Gesetz die Steuern vom Einkommen und vom Vermögen der ausländischen Gesellschaft als Einheit. Naturgemäß ist die Steueranrechnung günstiger für den Stpfl.; er wird daher regelmäßig den **Antrag nach § 12** stellen. Das Gesetz sieht als Grundmaßnahme im Gegensatz zu § 34c EStG allerdings den Abzug der Steuern von den passiven Einkünften vor.

Der Abzug von Steuern nach § 10 Abs. 1 schließt sich logisch an die Ermittlung **42** der passiven Einkünfte nach § 10 Abs. 3 an. Sein Ergebnis ist, ggf. nach Aufteilung auf mehrere Inlandsbeteiligte, der Hinzurechnungsbetrag, der der deutschen Besteuerung zugrunde liegt. Ergibt sich ein **negativer Betrag**, so entfällt die Hinzurechnungsbesteuerung. Wegen der Personensteuern nachgeschalteter Zwischengesellschaften s. § 14 AStG Anm. 24 ff.

Abziehbar sind alle Steuern vom Einkommen und vom Vermögen oder von Tei- **43** len des Einkommens oder Vermögens. Es muss sich jedoch um **Personensteuern** handeln. Abziehbar sind nicht nur Personensteuern des Ansässigkeitsstaats, sondern auch deutsche Steuern und **Steuern dritter Staaten**, z. B. Abzugsteuern, die zu Lasten der ausländischen Gesellschaft erhoben worden sind. Steuern, die freiwillig entrichtet wurden, sind nicht zu berücksichtigen (BMF-AnwSchr, Tz. 10.1.2.1).

Wird die abziehbare **Steuer** auch **von anderen als den passiven Einkünften** oder **44** dem diesen zugrunde liegenden Vermögenswerten erhoben, so ist nur der Teil abziehbar, der auf die passiven Einkünfte oder die diesen zugrunde liegenden Vermögenswerten entfällt. Dieser Teil ist hinsichtlich der Ertragsteuern wie folgt zu ermitteln: für die im Ausland freigestellten, begünstigten oder erhöht besteuerten Einkünfte ist die ausländische Steuer mit dem Betrag anzusetzen, der unter Berücksichtigung dieser Vor- bzw. Nachteile tatsächlich auf sie entfällt; für die verbleibenden Einkünfte ist die Reststeuer anteilig zu berücksichtigen. Die FinVerw beanstandet es nicht, wenn das Verhältnis der Ertragsteuern auch bei der Aufteilung der Vermögensteuer zugrunde gelegt wird (BMF-AnwSchr, Tz. 10.1.2.2).

Die abziehbaren Steuern können nur im Wirtschaftsjahr der Entrichtung abgezo- **45** gen werden (genauer: sie müssen im Zuflusszeitpunkt i. S. des § 10 Abs. 2, d. h. unmittelbar nach Ablauf des Wirtschaftsjahres, bezahlt sein). Es gilt somit ein **strenges Abflussprinzip**.

Ändern sich die Beteiligungsverhältnisse an der ausländischen Gesellschaft, sei **46** es, dass Steuerinländer wegfallen, sei es, dass sie neu hinzutreten, so hat dies auf den Abzug von Steuern keinen Einfluss, auch soweit die Steuern auf Wirtschaftsjahre entfallen, in denen abweichende Beteiligungsverhältnisse vorlagen; denn der Steuerabzug bezieht sich auf die Gesamtverhältnisse der einzelnen Zwischengesellschaft vor Aufteilung auf die Inlandsbeteiligten (*Wassermeyer/Schönfeld* in F/W/B, § 10 Rz. 106).

47 Für die **Umrechnung von Steuerbeträgen** in Euro gelten die gleichen Grundsätze wie für die Ermittlung der Zwischeneinkünfte (s. Anm. 40). Werden die Zwischeneinkünfte in Euro ermittelt, so sind ausländische Steuern nach dem Kurs am Tage ihrer Zahlung in Euro umzurechnen.

48 Durch JStG 2010 vom 8.12.2010 (BGBl I 2010 S. 1768 – BStBl I 2010 S. 1394) wurde ergänzend zur Modifizierung der in § 8 Abs. 3 enthaltenen Definition der Niedrigbesteuerung ein neuer Satz 3 in § 10 Abs. 1 eingefügt. Diese erst im Laufe des Gesetzgebungsverfahrens aufgenommene Regelung (vgl. BR-Drs. 318/1/10 vom 28.06.2010, S. 78f.) sieht vor, dass bei der Ermittlung des Hinzurechnungsbetrages die Steuerlast der ausländischen Zwischengesellschaft um die in § 8 Abs. 3 Satz 2 bezeichneten Steuerentlastungsansprüche zu kürzen ist. Die Regelung ist im Zusammenhang mit der ebenfalls durch JStG 2010 in § 8 Abs. 3 Satz 2 vorgenommenen Änderung zu sehen (vgl. hierzu § 8 AStG Anm. 170 ff.). Danach werden in die Prüfung der Niedrigbesteuerung nunmehr auch Ansprüche einbezogen, die der Staat oder das Gebiet der ausländischen Gesellschaft im Fall einer Gewinnausschüttung dem unbeschränkt Stpfl. oder einer anderen Gesellschaft, an der der Stpfl. unmittelbar oder mittelbar beteiligt ist, gewährt. Nach § 10 Absatz 1 ergibt sich der Hinzurechnungsbetrag nach Kürzung der Einkünfte um die zu Lasten der Gesellschaft erhobenen Steuern. Ohne die Neuregelung in Satz 3 des § 10 Abs. 1 wären Entlastungsansprüche auf Gesellschafterebene dabei nicht zu berücksichtigen. Die Ergänzung zielt darauf ab, dass der Stpfl. nur die nach Verrechnung mit derartigen Steuerentlastungsansprüchen verbleibende effektive Steuerlast vom Hinzurechnungsbetrag abziehen kann. Dies gilt durch die Verweisung in § 12 Abs. 1 auch für den Fall der Versteuerung unter Anrechnung der Steuer. Erstmals anzuwenden ist die Regelung ebenso wie die Neufassung des § 8 Abs. 3 Satz 2 für hinzurechnungspflichtige Einkünfte, die in einem Wirtschaftsjahr der Zwischengesellschaft entstanden sind, das nach dem 31.12.2010 beginnt (§ 21 Abs. 19).

D. Hinzurechnungsbetrag

I. Allgemeines

49 Die nach § 7 Abs. 1 begründete **Steuerpflicht** des oder der Inlandsbeteiligten wird nach § 10 Abs. 1 **mit dem Hinzurechnungsbetrag konkretisiert**. Der Hinzurechnungsbetrag ist bei jedem Inlandsbeteiligten das anteilige Ergebnis der Ermittlung der passiven Einkünfte und des Abzugs der Personensteuern der ausländischen Gesellschaft.

50 Ergibt sich **ein negativer Betrag**, entfällt die Hinzurechnung (§ 10 Abs. 1 Satz 4). Der Ausgleich eines negativen Hinzurechnungsbetrags von einer ausländischen Gesellschaft mit positiven Hinzurechnungsbeträgen von anderen ausländischen Gesellschaften oder mit anderen Einkünften des Stpfl. ist daher ausgeschlossen. Verluste, die bei Zwischeneinkünften einer nachgeschalteten Gesellschaft eingetreten sind, können allerdings mit **positiven Zwischeneinkünften der Obergesellschaft verrechnet** werden; § 10 Abs. 1 Satz 4 findet auf die Zurechnung nach § 14 keine Anwendung (so BFH, Urteil vom 20.4.1988 I R 41/82, BStBl II 1988 S. 868

zu der entsprechenden Regelung des § 10 Abs. 1 Satz 3 a. F.; s. § 14 AStG Anm. 22).

Von dem Hinzurechnungsbetrag ist **der anzusetzende Hinzurechnungsbetrag** 51 zu unterscheiden. Dies ist der Betrag, der sich ergibt, wenn der Hinzurechnungsbetrag i. S. des § 10 Abs. 1 Satz 1 nach § 12 modifiziert wird (s. Erläuterungen zu § 12). Der anzusetzende Hinzurechnungsbetrag wird bei mehreren Inlandsbeteiligten für jeden von ihnen getrennt aus dem Hinzurechnungsbetrag abgeleitet, da die Korrekturen von den jeweiligen persönlichen Verhältnissen abhängig sind.

II. Einordnung in die Einkunftsarten

Der Hinzurechnungsbetrag gehört seiner Art nach zu den Einkünften aus Kapi- 52 **talvermögen** i. S. des § 20 Abs. 1 Nr. 1 EStG. Gehören die Anteile an der ausländischen Gesellschaft zum Privatvermögen, so erhöht er die Einkünfte aus Kapitalvermögen. Gehören die Anteile hingegen zu einem Betriebsvermögen, so erhöht der Hinzurechnungsbetrag den Gewinn (vgl. § 10 Abs. 2 Satz 2 AStG, § 20 Abs. 8 EStG). **Werbungskosten bzw. Betriebsausgaben des oder der Inlandsbeteiligten**, ggf. die Werbungskostenpauschale, sind abziehbar (vgl. BFH, Urteil vom 15.3.1995 I R 14/94, BStBl II 1995 S. 502; nicht zu verwechseln mit dem Abzug von Betriebsausgaben der ausländischen Gesellschaft nach § 10 Abs. 3). Nicht anwendbar auf den Hinzurechnungsbetrag sind § 3 Nr. 40 Satz 1 Buchst. d EStG (Halbeinkünfteverfahren bzw. ab 2009 Teileinkünfteverfahren; zur Anwendung des Halbeinkünfteverfahrens auf den Hinzurechnungsbetrag im VZ 2001 vgl. BFH, Urteil vom 11.2.2009 I R 40/08, BFH/NV 2009 S. 1028, DStRE 2009 S. 622) und § 8b KStG (körperschaftsteuerliche Ausschüttungsfreistellung). Ebenfalls nicht auf den Hinzurechnungsbetrag anzuwenden ist der Pauschalsteuersatz des § 32d EStG (Abgeltungsteuer).

Gehören die Anteile an der ausländischen Gesellschaft **zu einem Betriebsver-** 53 **mögen**, so zählt der Hinzurechnungsbetrag zu den Einkünften aus Gewerbebetrieb, Land- und Forstwirtschaft oder selbständiger Arbeit und erhöht den gewerblichen oder sonstigen Betriebsgewinn. Der Ansatz des Hinzurechnungsbetrages erfolgt **außerhalb der Steuerbilanz** (BFH, Urteil vom 7.9.2005 I R 118/04, BStBl II 2006 S. 537; R 29 KStR 2004; *Wassermeyer/Schönfeld* in F/W/B, § 10 Rz. 183; *Luckey* in S/K/K, § 10 Rz. 43; *Vogt* in Blümich, § 10 Rz 36; *Krebs*, BB 1977 S. 640).

Durch den durch JStG 2008 eingefügten Abs. 2 Satz 4 wird § 3c Abs. 2 EStG für 54 anwendbar erklärt. D.h. Aufwendungen, die im Zusammenhang mit einer Beteiligung stehen, die zu einer Hinzurechnung führt, sind bei einkommensteuerpflichtigen Anteilseignern nur zur Hälfte (ab 2009: zu 60 Prozent) abziehbar. Da der Hinzurechnungsbetrag allerdings der vollen Besteuerung beim Anteilseigner unterliegt, wird die teilweise Abzugsbeschränkung von Werbungskosten bzw. Betriebsausgaben in der Literatur zu Recht als Überbesteuerung angesehen (*Vogt* in Blümich, § 10 Rz. 40).

III. Zeitpunkt des Zuflusses

55 Der Hinzurechnungsbetrag gilt unmittelbar **nach Ablauf des maßgebenden Wirtschaftsjahres** (s. Anm. 14) der ausländischen Gesellschaft als zugeflossen. Stimmt das Wirtschaftsjahr mit dem Kalenderjahr überein, so findet der Zufluss im neuen Kalenderjahr, bei abweichendem Wirtschaftsjahr der ausländischen Gesellschaft im neuen Wirtschaftsjahr statt. Wann dieser so zugeflossene Hinzurechnungsbetrag bei dem oder den Inlandsbeteiligten zu versteuern sind, richtet sich nach deren bzw. dessen Verhältnissen. Gehören die **Anteile zum Privatvermögen,** so sind sie im Kalenderjahr des Zuflusses zu besteuern. **Gehören sie zu einem Betriebsvermögen** und wird der Gewinnermittlung ein abweichendes Wirtschaftsjahr zugrunde gelegt, so ist der Hinzurechnungsbetrag Bestandteil des Gewinns des Wirtschaftsjahres des Inlandsbeteiligten, in dem er diesem zufließt (§ 10 Abs. 2 Satz 2). Je nach den Verhältnissen der Inlandsbeteiligten kann der Fall eintreten, dass der Hinzurechnungsbetrag bei den einzelnen Inlandsbeteiligten in verschiedenen VZ erfasst wird.

56 Werden **Anteile** an der ausländischen Gesellschaft zum Ende des Wirtschaftsjahres der Gesellschaft **veräußert,** so kann der Hinzurechnungsbetrag nach seinem Wesen nicht mehr dem alten, sondern nur dem neuen Anteilseigner zufließen, sofern dieser Inländer ist. Der alte Anteilseigner hat den nicht ausgeschütteten Gewinn im Veräußerungsgewinn realisiert (a. A. *Wassermeyer/Schönfeld* in *F/W/B,* § 10 Rz. 157; *Luckey* in S/K/K, § 10 Rz. 51 die trotz des Wortlauts des § 10 Abs. 2 auf den nach § 7 maßgebenden Zeitpunkt der Inländerbeherrschung abstellen).

IV. Hinzurechnungsbetrag und DBA (Abs. 5 a. F.)

57 § 10 Abs. 5 a. F. nahm Zwischeneinkünfte von der Hinzurechnungsbesteuerung aus, wenn diese Einkünfte im Fall ihrer Ausschüttung an den Stpfl. aufgrund von DBA steuerbefreit gewesen wären. Dadurch wurde zwar grundsätzlich an der Besteuerung im Inland festgehalten. Soweit allerdings die Voraussetzungen für eine Steuerfreistellung von Dividenden nach dem jeweiligen DBA vorlagen, war der entsprechende Hinzurechnungsbetrag von der inländischen Besteuerung freigestellt. Die Vorschrift wurde durch StVergAbG (s. Anm. 4) gestrichen. Nunmehr erfolgt die Besteuerung des Hinzurechnungsbetrages unabhängig von bestehenden DBA.

V. Sonderregelungen für Zwischeneinkünfte mit Kapitalanlagecharakter (Abs. 6 und 7 a. F.)

58 Durch **StÄndG** wurde in § 10 ein Abs. 6 eingefügt, der für Zwischeneinkünfte mit Kapitalanlagecharakter die DBA-Freistellung auf den Hinzurechnungsbetrag (§ 10 Abs. 5 a. F., s. Anm. 57) versagte. Durch die Aufhebung des Abs. 5 durch **StVergAbG** (s. Anm. 4 und 57) wurde Abs. 6 obsolet und gleichfalls gestrichen. Die Definition des bislang in Abs. 6 Satz 2 bestimmten Begriffs der Zwischeneinkünfte mit Kapitalanlagecharakter ist seitdem in § 7 Abs. 6a enthalten. Die in Abs. 7 a. F. geregelte Steuerermäßigung für Zwischeneinkünfte mit Konzernfinanzierungscharakter wurde durch StVergAbG ebenfalls aufgehoben.

§ 11*
Veräußerungsgewinne

(1) Gewinne, die die ausländische Gesellschaft aus der Veräußerung der Anteile an einer anderen ausländischen Gesellschaft oder einer Gesellschaft im Sinne des § 16 des REIT-Gesetzes sowie aus deren Auflösung oder der Herabsetzung ihres Kapitals erzielt und für die die ausländische Gesellschaft Zwischengesellschaft ist, sind vom Hinzurechnungsbetrag auszunehmen, soweit die Einkünfte der anderen Gesellschaft oder einer dieser Gesellschaft nachgeordneten Gesellschaft aus Tätigkeiten im Sinne des § 7 Abs. 6a für das gleiche Kalenderjahr oder Wirtschaftsjahr oder für die vorangegangenen sieben Kalenderjahre oder Wirtschaftsjahre als Hinzurechnungsbetrag (§ 10 Abs. 2) der Einkommensteuer oder Körperschaftsteuer unterlegen haben, keine Ausschüttung dieser Einkünfte erfolgte und der Steuerpflichtige dies nachweist.

(2) und (3) *(weggefallen)*

Erläuterungen
Übersicht

	Anm.
A. Allgemeines	1–4
I. Überblick über die Vorschrift	1, 2
II. Rechtsentwicklung	3, 4
B. Anteilsveräußerungsgewinne	5–7
C. Hinzugerechnete Einkünfte aus Tätigkeiten i. S. d § 7 Abs. 6a	8–10
D. 8-Jahreszeitraum	11
E. Keine Ausschüttung	12, 13
F. Nachweis	14
G. Rechtsfolge	15

Schrifttum: Die in der Einführung zu §§ 7–14 AStG genannten Kommentare und Gesamtdarstellungen; ferner: *Lieber,* Neuregelung der Hinzurechnungsbesteuerung durch das Unternehmenssteuerfortentwicklungsgesetz, FR 2002 S. 139; *Rättig/Protzen,* Die „neue" Hinzurechnungsbesteuerung der §§ 7–14 AStG in der Fassung des UntStFG – Problembereiche und Gestaltungshinweise, IStR 2002 S. 123; *Sieker,* Steuervergünstigungsabbaugesetz: Vorgesehene Verschärfungen der Rechtsfolgen der Hinzurechnungsbesteuerung, IStR 2003 S. 78.

Verwaltungsanweisungen: BMF-Schreiben betr. Grundsätze zur Anwendung des Außensteuergesetzes, BMF vom 14.5.2004 IV B 4 – S 1340 – 11/04, BStBl I 2004 Sondernummer 1, S. 3 (zit.: BMF-AnwSchr.).

---

* Zuletzt geändert durch das Jahressteuergesetz 2009 vom 19.12.2008 (BGBl I 2008 S. 2794 – BStBl I 2009 S. 74).

A. Allgemeines

I. Überblick über die Vorschrift

1 § 11 AStG bezweckt die **Vermeidung einer Doppelbesteuerung** auf Ebene der ausländischen Zwischengesellschaft. Die Vorschrift ist im Zusammenhang mit § 8 Abs. 1 Nr. 9 und § 14 zu sehen: Ein nicht nach § 8 Abs. 1 Nr. 9 begünstigter Gewinn aus der Veräußerung von Anteilen an einer Untergesellschaft wird von der Hinzurechnungsbesteuerung erfasst. Werden durch den Veräußerungspreis für den Anteil auch bislang thesaurierte Gewinne der veräußerten Untergesellschaft mit abgegolten, die ihrerseits im Rahmen der übertragenden Zurechnung nach § 14 der Hinzurechnungsbesteuerung unterlegen haben, kann es zu einer Doppelbesteuerung kommen. Zur Vermeidung sieht § 11 unter bestimmten Voraussetzungen vor, dass entsprechende Veräußerungsgewinne vom Hinzurechnungsbetrag auszunehmen sind. Es handelt sich bei § 11 um eine sachliche Steuerbefreiungsvorschrift, da § 11 auf der Ebene der Ermittlung der Zwischeneinkünfte ansetzt (*Schmidt* in S/K/K, § 11 Rz. 37.2).

2 Gewinne aus der Veräußerung von Anteilen an einer anderen ausländischen Gesellschaft oder einer Gesellschaft im Sinne des § 16 des REIT-Gesetzes sowie aus deren Auflösung oder Kapitalherabsetzung sind nach § 11 dann vom Hinzurechnungsbetrag auszunehmen, soweit

- die Einkünfte der anderen Gesellschaft oder einer ihr nachgeordneten Gesellschaft aus Kapitalanlagetätigkeiten (§ 7 Abs. 6a) für das gleiche Kalender- oder Wirtschaftsjahr oder die vorangegangenen sieben Kalender- oder Wirtschaftsjahre im Hinzurechnungsbetrag erfasst wurden,
- keine Ausschüttung dieser Einkünfte erfolgte und
- der Stpfl. dies nachweist.

II. Rechtsentwicklung

3 Die Regelung des § 11 erhielt ihre derzeitige Fassung durch UntStFG vom 20.12.2001 (BGBl I 2001 S. 3858 – BStBl I 2002 S. 35) sowie durch JStG 2009 vom 19.12.2008 (BGBl I 2008 S. 2794 – BStBl I 2009 S. 74). § 11 a. F. diente ebenfalls der Beseitigung einer doppelten Besteuerung. Allerdings setzte die Vorgängervorschrift auf Ebene des Steuerinländers an für den Fall der Ausschüttung hinzugerechneter Beträge durch die Zwischengesellschaft. Da Gewinnausschüttungen nach den durch die Unternehmensteuerreform eingeführten Regelungen unter den Voraussetzungen des § 8b KStG bzw. § 3 Nr. 41 EStG steuerfrei bleiben, war die durch § 11 a. F. zu vermeidende doppelte steuerliche Erfassung von ausgeschütteten und bereits zuvor im Wege der Hinzurechnungsbesteuerung erfassten Einkünften ausgeschlossen. § 11 a. F. konnte daher entfallen.

4 Die durch UntStFG eingeführte Regelung erfuhr durch **StVergAbG** vom 16.5.2003 (BGBl I 2003 S. 660 – BStBl I 2003 S. 321) eine redaktionelle Änderung hinsichtlich des Verweises auf § 7 Abs. 6a (bislang § 10 Abs. 6 Satz 2). Durch **JStG 2009** vom 19.12.2008 (BGBl I 2008 S. 2794 – BStBl I 2009 S. 74) wurde der Anwendungsbereich des § 11 auch auf Gewinne aus der Veräußerung eines Anteils an einer Gesellschaft im Sinne des § 16 des REIT-Gesetzes erweitert.

B. Anteilsveräußerungsgewinne

Von § 11 begünstigt sind Gewinne, die die ausländische Gesellschaft aus der Veräußerung von Anteilen an **5**
- einer anderen ausländischen Gesellschaft oder
- einer Gesellschaft im Sinne des § 16 des REIT-Gesetzes (s. § 8 AStG Anm. 129) erzielt und für die die ausländische Gesellschaft Zwischengesellschaft ist.

Den Gewinnen aus der Veräußerung von Anteilen an den genannten Gesellschaften gleichgestellt sind **Gewinne aus deren Auflösung oder Kapitalherabsetzung**. Nach der hier vertretenen Auffassung sind Gewinne aus der Auflösung oder Kapitalherabsetzung nach § 8 Abs. 1 Nr. 9 unabhängig von der Erfüllung der dort genannten Nachweispflichten stets den aktiven Einkünften zuzuordnen (s. § 8 AStG Anm. 125) und werden somit nicht von der Hinzurechnungsbesteuerung erfasst. Eine Herausnahme dieser Gewinne aus dem Hinzurechnungsbetrag ist daher nicht möglich; § 11 geht insofern ins Leere (gl. A. *Schmidt* in S/K/K, § 11 Rz. 30; *Fuhrmann* in Mössner/Fuhrmann, § 11 Rn. 8; *Vogt* in Blümich, § 11 Rz. 14). **6**

Anders als § 8 Abs. 1 Nr. 9, der ausdrücklich auch die Berücksichtigung von Verlusten aus der Veräußerung von Anteilen an der anderen Gesellschaft sowie aus deren Auflösung oder der Herabsetzung ihres Kapitals regelt, werden nach dem eindeutigen Wortlaut des § 11 von der Vorschrift lediglich Gewinne, nicht jedoch **Verluste** erfasst (*Wassermeyer* in F/W/B, § 11 Rz. 32; *Fuhrmann* in Mössner/Fuhrmann, § 11 Rn. 8). **7**

C. Hinzugerechnete Einkünfte aus Tätigkeiten i. S. des § 7 Abs. 6a

Die Veräußerungsgewinne sind aus dem Hinzurechnungsbetrag auszunehmen, soweit die Einkünfte der anderen Gesellschaft bzw. deren nachgeordneten Gesellschaft „aus **Tätigkeiten im Sinne des § 7 Abs. 6a** als Hinzurechnungsbetrag" der ESt oder KSt unterlegen haben, d. h. zu Zwischeneinkünften mit Kapitalanlagecharakter geführt haben. Zwischeneinkünfte mit Kapitalanlagecharakter im Sinne des § 7 Abs. 6a sind niedrig besteuerte Einkünfte der ausländischen Zwischengesellschaft, die aus dem Halten, der Verwaltung, Werterhaltung oder Werterhöhung von Zahlungsmitteln, Forderungen, Wertpapieren, Beteiligungen oder ähnlichen Vermögenswerten stammen, vgl. § 7 AStG Anm. 31 f. **8**

Der Hinzurechnungsbetrag muss der ESt oder KSt unterlegen haben. Dies ist dann der Fall, wenn er bei der Ermittlung der Einkünfte angesetzt worden ist. Ob tatsächlich Einkommen- oder Körperschaftsteuer angefallen ist und/oder entrichtet wurde, ist dagegen unerheblich (*Schmidt* in S/K/K, § 11 Rz. 45; BMF-AnwSchr Tz. 11.1 und 18.1.5.2). So kann beispielsweise die Verrechnung mit inländischen Verlusten dazu führen, dass eine effektive Belastung mit festgesetzter ESt oder KSt nicht besteht, obwohl der Hinzurechnungsbetrag bei der Einkunftsermittlung berücksichtigt wurde. **9**

Vom Hinzurechnungsbetrag nach § 11 ausgenommen werden nicht nur Anteilsveräußerungsgewinne, soweit die Einkünfte der anderen (veräußerten) Gesellschaft zu Zwischeneinkünften mit Kapitalanlagecharakter geführt haben, sondern auch soweit es sich um entsprechende Einkünfte einer der anderen Gesellschaft **nachgeordneten** Gesellschaft handelt. Anders als der Wortlaut des § 8 Abs. 1 Nr. 9, **10** der auf die (unmittelbare) Beteiligung an der anderen Gesellschaft abstellt, werden von dem in § 11 verwendeten Begriff der nachgeordneten Gesellschaft auch mittelbare Beteiligungen erfasst (Gl. A. *Wassermeyer* in F/W/B, § 11 Rz. 51; *Schmidt* in S/K/K, § 11 Rz. 52).

D. 8-Jahreszeitraum

11 § 11 nimmt Anteilsveräußerungsgewinne aus dem Hinzurechnungsbetrag nur so weit aus, als die Kapitalanlageeinkünfte der anderen Gesellschaft bzw. der ihr nachgeordneten Gesellschaft im selben und den sieben vorangegangenen Jahren (8-Jahreszeitraum) als Hinzurechnungsbetrag der ESt oder KSt unterlegen haben. Bei der Berechnung des 8-Jahreszeitraums ist darauf abzustellen, wann die Einkünfte beim Steuerinländer der Hinzurechnungsbesteuerung unterlegen haben, nicht dagegen, wann sie von der Gesellschaft erzielt wurden. Die Frage nach dem Sinn dieser zeitlichen Begrenzung der Begünstigung des § 11 wird vor dem Hintergrund der dem Stpfl. ohnehin auferlegten Nachweispflicht hinsichtlich der Erfassung der Beträge von der Hinzurechnungsbesteuerung in der Lit. zu Recht gestellt (vgl. *Schmidt* in S/K/K, § 11 Rz. 43; *Lieber*, FR 2002 S. 139).

E. Keine Ausschüttung

12 Die innerhalb des 8-Jahreszeitraums der Hinzurechnungsbesteuerung unterworfenen Kapitalanlageeinkünfte dürfen schließlich bis zum Zeitpunkt der Veräußerung nicht an die veräußernde Gesellschaft ausgeschüttet worden sein. Diese Regelung ist vor dem Hintergrund zu sehen, dass ausgeschüttete Gewinne nicht durch den Veräußerungspreis der Anteile abgegolten werden, daher nicht in einem nach § 8 Abs. 1 Nr. 9 als passiv zu behandelnden Veräußerungsgewinn enthalten sein können und es folglich nicht zu einer Doppelbelastung – die § 11 vermeiden will – kommen kann. Die Regelung ist sprachlich insofern verunglückt, als dass allenfalls Gewinne, nicht aber Einkünfte ausgeschüttet werden können (vgl. *Wassermeyer* in F/W/B, § 11 Rz. 55).

13 Praktische Schwierigkeiten bestehen im Hinblick auf die Frage, ob und in welchem Umfang den ausgeschütteten Gewinnen Zwischeneinkünfte mit Kapitalanlagecharakter zugrunde liegen und wie der Nachweis der Nichtausschüttung durch den Stpfl. zu führen ist. Dies kann beispielsweise dann problematisch werden, wenn eine Gesellschaft neben Zwischeneinkünften mit Kapitalanlagecharakter auch andere, unschädliche Einkünfte erzielt und nicht der gesamte Gewinn ausgeschüttet wird. Zur Lösung wird in der Lit. hierzu eine sog. „Ausschüttungsfiktion" vorgeschlagen, nach der zunächst die unschädlichen Einkünfte als ausgeschüttet gelten sollen (*Wassermeyer* in F/W/B, § 11 Rz. 55; *Schmidt* in S/K/K, § 11 Rz. 48; *Vogt* in Blümich, § 11 Rz. 12).

F. Nachweis

14 Der Stpfl. hat die Hinzurechnungsbesteuerung und die Nichtausschüttung nachzuweisen. Die vom Stpfl. zu erbringenden Nachweise müssen Angaben zur steuerlichen Erfassung der Hinzurechnungsbeträge (Wohnsitzfinanzamt oder Betriebsfinanzamt, Datum des Steuerbescheids) enthalten (vgl. BMF-AnwSchr Tz. 11.1 und 18.1.5.3). Zu den bestehenden Schwierigkeiten im Hinblick auf den Nachweis der Nichtausschüttung s. Anm. 13.

G. Rechtsfolge

Der Anteilsveräußerungsgewinn ist aus dem Hinzurechnungsbetrag auszunehmen, soweit die Einkünfte aus Tätigkeiten im Sinne des § 7 Abs. 6a stammen und die weiteren Voraussetzungen erfüllt sind. Durch die Verwendung des Wortes „soweit" wird sichergestellt, dass andere als die genannten passiven Einkünfte nicht vom Hinzurechnungsbetrag auszunehmen sind. Ein nach § 8 Abs. 1 Nr. 9 passiver Veräußerungsgewinn kann daher in einen steuerpflichtigen und einen steuerfreien Teil aufzuteilen sein.

§ 12*
Steueranrechnung

(1) Auf Antrag des Steuerpflichtigen werden auf seine Einkommen- oder Körperschaftsteuer, die auf den Hinzurechnungsbetrag entfällt, die Steuern angerechnet, die nach § 10 Abs. 1 abziehbar sind. In diesem Fall ist der Hinzurechnungsbetrag um diese Steuern zu erhöhen.

(2) Bei der Anrechnung sind die Vorschriften des § 34c Abs. 1 des Einkommensteuergesetzes und des § 26 Abs. 1 und 6 des Körperschaftsteuergesetzes entsprechend anzuwenden.

(3) Steuern von den nach § 3 Nr. 41 des Einkommensteuergesetzes befreiten Gewinnausschüttungen werden auf Antrag im Veranlagungszeitraum des Anfalls der zugrunde liegenden Zwischeneinkünfte als Hinzurechnungsbetrag in entsprechender Anwendung des § 34c Abs. 1 und 2 des Einkommensteuergesetzes und des § 26 Abs. 1 und 6 des Körperschaftsteuergesetzes angerechnet oder abgezogen. Dies gilt auch dann, wenn der Steuerbescheid für diesen Veranlagungszeitraum bereits bestandskräftig ist.

Erläuterungen

Übersicht

	Anm.
A. Allgemeines	1–3
B. Steueranrechnung (Abs. 1 und 2)	4–8
C. Auswirkungen auf die Gewerbesteuer	9
D. Anrechnungsverfahren bei nachfolgenden Gewinnausschüttungen (Abs. 3)	10–15

Schrifttum: *Desens,* Der neue Anrechnungshöchstbetrag in § 34c Abs. 1 Satz 2 EStG – ein unionsrechts- und verfassungswidriges, fiskalisches Eigentor, IStR 2015 S. 77; Die in der Einführung zu §§ 7–14 AStG genannten Kommentare und Gesamtdarstellungen; ferner: *Grotherr,* Erneute Reform der Hinzurechnungsbesteuerung durch das UntStFG, IWB Fach 3 Deutschland Gruppe 1 S. 1883; *Günkel/Lieber,* Anm. zu BFH I R 4/05 (Erhöhung des Hinzurechnungsbetrags gem. § 12 Abs. 1 S. 2 AStG a. F. auch bei der GewSt), IStR 2006 S. 459; *Hechtner,* Ertragsteuerliche Aspekte des „Jahressteuergesetzes 2015", NWB 2014 S. 2834; *Ismer,* Verwirrung beim Anrechnungshöchstbetrag: Unionsrechtliche Probleme der geplanten Neufassung des § 34c EStG, IStR 2014 S. 925; *Kollruss,* Keine gewerbesteuerliche Doppelbesteuerung unbeschränkt Körperschaftsteuerpflichtiger bei der Hinzurechnungsbesteuerung, INF 2005 S. 902; *ders.,* Fiktive Anrechnung ausländischer Steuern im System der neuen Hinzurechnungsbesteuerung: Lässt sich die Hinzurechnung durch Gewinnausschüttungen der ausländischen Zwischengesellschaft vermeiden, IStR 2006 S. 513; *Lieber,* Neuregelungen der Hinzurechnungsbesteuerung durch das Unternehmenssteuerfortentwicklungsgesetz, FR 2002 S. 139; *Möller,* Update zum Zollkodex-AnpG: Das „verkappte JStG 2015" ist in Kraft, BB 2015 S. 97; *Rättig/Protzen,* Die „neue Hinzurechnungsbesteuerung" der §§ 7–14 AStG in der Fassung des UntStFG – Problembereiche und Gestaltungshinweise, IStR 2002

---

* Zuletzt geändert durch das Jahressteuergesetz 2008 vom 20.12.2007 (BGBl I 2007 S. 3150 – BStBl I 2008 S. 218).

S. 123; *Wurster*, Die Anrechnungsoption nach § 12 Außensteuergesetz, Ein Entscheidungskalkül mit Hilfe der Teilsteuerrechnung, StuW 1981 S. 351;

Verwaltungsanweisungen: Schreiben betr. Grundsätze zur Anwendung des Außensteuergesetzes, BMF vom 14.5.2004 IV B 4 – S 1340 – 11/04, BStBl I 2004 Sondernummer 1, S. 3 (zit.: BMF-AnwSchr).

A. Allgemeines

1 Zur **Beseitigung der wirtschaftlichen Doppelbesteuerung** auf der Ebene der ausländischen Gesellschaft und des inländischen Anteilseigners sieht § 12 vor, dass (ausländische und deutsche) Personensteuern der ausländischen Gesellschaft statt durch Abzug von der Bemessungsgrundlage gem. § 10 Abs. 1 auf Antrag durch Anrechnung auf die Steuer vom Hinzurechnungsbetrag berücksichtigt werden. Die Steueranrechnung wird für den Stpfl. regelmäßig günstiger sein als der Steuerabzug.

2 **Steuerabzug** nach § 10 Abs. 1 **und Steueranrechnung** nach § 12 sind beides Methoden zur Vermeidung der Doppelbesteuerung, die im Wesentlichen den in § 34c EStG verankerten Grundsätzen entsprechen. Allerdings ist im Vergleich zu § 34c EStG das Verhältnis zwischen Regelfall und Antragsfall im AStG vertauscht: Während § 34c EStG im Regelfall die Steueranrechnung vorsieht und den Abzug von der Bemessungsgrundlage auf Antrag des Stpfl. zulässt, geht § 10 in der Regel vom Steuerabzug aus, während § 12 die Steueranrechnung auf Antrag ermöglicht. Steuerabzug nach § 10 und Steueranrechnung nach § 12 **schließen sich gegenseitig aus**. Wird der Antrag gestellt, so wird der Abzug von der Bemessungsgrundlage nach § 12 Abs. 1 Satz 2 rückgängig gemacht, damit die Steuern nicht mehr als einmal berücksichtigt werden; der Hinzurechnungsbetrag ist insoweit zu erhöhen.

3 Seit der erstmaligen Anwendung des AStG wurde § 12 neben redaktionellen Änderungen zunächst durch **StÄndG** vom 25.2.1992 (BGBl I 1992 S. 297 – BStBl I S. 146) durch Ergänzung eines Abs. 3 angepasst. Die darin enthaltene Sonderregelung für Zwischeneinkünfte mit Kapitalanlagecharakter zur Anrechnung ausländischer Quellensteuer wurde wieder aufgehoben. Durch **UntStFG** vom 20.12.2001 (BGBl I 2001 S. 3858 – BStBl I 2002 S. 35) wurde erneut ein Abs. 3 eingefügt, nachdem Steuern auf spätere Gewinnausschüttungen auf Antrag auf die Hinzurechnungsteuer angerechnet oder vom entsprechenden Hinzurechnungsbetrag abgezogen werden können. Diese Ergänzung wurde erforderlich, da infolge der Steuerfreistellung der späteren Gewinnausschüttungen (§ 3 Nr. 41 EStG) keine inländische, zur Anrechnung zur Verfügung stehende Steuer erhoben wird. Durch **JStG 2008** vom 20.12.2007 (BGBl I 2007 S. 3150 – BStBl I 2008 S. 218) wurde in Abs. 3 zudem ein Verweis auf § 26 Abs. 1 und 6 KStG aufgenommen um klarzustellen, dass die Steuern von den nach § 3 Nr. 41 EStG befreiten Einkünften auch auf die KSt anzurechnen sind. Die Finanzverwaltung hatte bereits entsprechend verfahren (BMF-AnwSchr, Tz. 12.3.4).

B. Steueranrechnung (Abs. 1 und 2)

4 Anrechenbar sind nur die nicht als Betriebsausgaben zu behandelnden tatsächlich erhobenen Steuern, die nach § 10 Abs. 1 abziehbar sind (s. im Einzelnen § 10

Anm. 41 ff.). Unerheblich ist dabei, ob die Steuern im Veranlagungs- oder Abzugswege erhoben worden sind. Erzielt die Gesellschaft gemischte Einkünfte, ist der Teil der Steuer anrechenbar, der auf die der Hinzurechnungsbesteuerung unterliegenden Einkünfte entfällt (BMF-AnwSchr, Tz. 12.2.1 und 8.3.3).

Wegen der Durchführung der Steueranrechnung verweist § 12 Abs. 2 auf die **Vorschriften des EStG und KStG** über die direkte Steueranrechnung (§ 34c Abs. 1 EStG, § 26 Abs. 1 und 6 KStG; der Verweis auf § 26 Abs. 6 KStG geht seit der Änderung des § 26 KStG durch das Gesetz zur Anpassung des nationalen Steuerrechts an den Beitritt Kroatiens zur EU und zur Änderung weiterer steuerlicher Vorschriften vom 25.7.2014 – BGBl I 2014 S. 1266; BStBl I 2014 S. 1126 – allerdings ins Leere). Das bedeutet, dass

a) die Anrechnung nur auf den Teil der deutschen Steuer erfolgt, der auf den Hinzurechnungsbetrag entfällt.

Ursprünglich war der Höchstbetrag für jeden einzelnen Hinzurechnungsbetrag gesondert wie folgt zu berechnen

$$\text{Höchstbetrag} = \frac{\text{deutsche ESt/KSt} \times \text{anzusetzender Hinzurechnungsbetrag}}{\text{Summe der Einkünfte}}$$

Der BFH hatte jedoch mit seinem Urteil vom 18.12.2013 (I R 71/10, BFH/NV 2014 S. 759) nach Vorabentscheidungsersuchen an den EuGH (vgl. EuGH vom 28.2.2013 C-168/11, Rs. Beker, BFH/NV 2013 S. 889) entschieden, dass die Berechnung des Anrechnungshöchstbetrages nach Maßgabe des § 34c Abs. 1 Satz 2 EStG 2002 im Hinblick auf das unionsrechtliche Gebot, das subjektive Nettoprinzip vorrangig im Wohnsitzstaat zu verwirklichen, gegen die Kapitalverkehrsfreiheit verstößt. Durch die bisherige Berechnungsformel entfielen vor allem solche privat veranlassten Ausgaben der Lebensführung, die vom Steuerpflichtigen im Inland steuerlich als Sonderausgaben und außergewöhnliche Belastungen berücksichtigt werden können teilweise auch auf die ausländischen Einkünfte und minderten dadurch das Anrechnungsvolumen. Nach der genannten Rechtsprechung ist es jedoch grundsätzlich Sache des Wohnsitzstaates, dem Stpfl. sämtliche an seine persönliche und familiäre Situation geknüpften steuerlichen Vergünstigungen zu gewähren. Somit sind nach Auffassung des BFH im Nenner des Bruches der Berechnungsformel nicht die Summe der Einkünfte, sondern die Summe der Einkünfte gemindert um private Abzüge (Sonderausgaben, außergewöhnliche Belastungen) und gemindert um den Grundfreibetrag zu verwenden. Durch das Gesetz zur Anpassung der Abgabenordnung an den Zollkodex der Union und zur Änderung weiterer steuerlicher Vorschriften vom 25.12.2014 (BGBl I 2014 S. 2417) wurde die Berechnung des Anrechnungshöchstbetrages in § 34c Abs. 1 EStG neu geregelt. Der Anrechnungshöchstbetrag wird **ab VZ 2015** in der Weise ermittelt, dass ausländische Steuern höchstens mit der durchschnittlichen tariflichen deutschen Einkommensteuer auf die ausländischen Einkünfte angerechnet werden (zu unionsrechtlichen Bedenken der Neuregelung vgl. *Ismer*, IStR 2014 S. 925; *Möller*, BB 2015 S. 97; *Desens*, IStR 2015 S. 77). Nach § 52 Abs. 34a EStG ist **bis einschließlich VZ 2014** in allen noch offenen ESt-Fällen folgende Berechnungsformel zu verwenden:

$$\text{Höchstbetrag} = \frac{\text{deutsche ESt} \times \text{ausländische Einkünfte}}{\text{Summe der Einkünfte abzgl. des Altersentlastungsbetrages, des Entlastungsbetrages für Alleinerziehende, der Sonderausgaben, der außergewöhnlichen Belastungen, der berücksichtigten Freibeträge für Kinder und des Grundfreibetrages}}$$

Für **Körperschaften** wird gem. § 26 Abs. 2 Satz 1 KStG idF des Gesetzes zur Anpassung der Abgabenordnung an den Zollkodex der Union und zur Änderung weiterer steuerlicher Vorschriften vom 25.12.2014 (BGBl I 2014 S. 2417) an der bisherigen Berechnungsformel (Anknüpfung an die Summe der Einkünfte) festgehalten. Die Berechnungsweise wird für Körperschaftsteuersubjekte somit von der Einkommensteuer gelöst. Nach Auffassung des Gesetzgebers lässt die Entscheidung des EuGH in der Rs. C-168/11 die Anrechnung nach § 26 KStG unberührt, da Körperschaftsteuersubjekte über keine Privatsphäre verfügen (so Gesetzesbegründung, BT-Drs. 18/3017 S. 52; zweifelnd im Hinblick auf Spenden *Hechtner*, NWB 2014 S. 2834, 2839; zu verfassungsrechtlichen Bedenken der Abkopplung der Berechnungsmethoden vgl. *Desens*, IStR 2015 S. 77).

Die Gesetzesänderung ist auch im Rahmen des § 12 Abs. 2 zu berücksichtigen.

b) das Wahlrecht nach § 12 ebenso wie der alternative Abzug von der Bemessungsgrundlage nach § 34c Abs. 2 EStG nur einheitlich für den Gesamtbetrag der anrechenbaren Steuer auf den jeweiligen Hinzurechnungsbetrag ausgeübt werden kann; eine Beschränkung auf einen Teil der ausl. Steuer ist nicht möglich (vgl. *Vogt* in: Blümich, § 12 Rz 10; *Sonntag* in S/K/K, § 12 Rz. 7; a. A. *Wassermeyer* in *F/W/B*, § 12 Rz. 30);

c) ein etwaiger Anrechnungsüberhang nicht anderweitig, etwa in Bezug auf weitere Einkünfte aus dem Herkunftsland der Zwischeneinkünfte, berücksichtigt werden kann und

d) § 34c Abs. 1 Satz 3 EStG zu berücksichtigen ist: Sind im Hinzurechnungsbetrag ausländische Einkünfte enthalten, die in dem Staat, aus dem sie stammen, nicht besteuert werden, sind diese Einkünfte bei der Berechnung des Anrechnungshöchstbetrages nicht zu berücksichtigen, d. h. der Hinzurechnungsbetrag ist entsprechend zu mindern.

6 Die Pauschalierungsvorschrift des § 34c Abs. 5 EStG ist auf die der Hinzurechnungsbesteuerung unterliegenden Zwischeneinkünfte nicht anwendbar, da § 12 Abs. 2 die Verweisung auf § 34c Abs. 1 EStG und auf § 26 Abs. 1 und 6 KStG beschränkt (BFH, Urteil vom 20.4.1988 I R 197/84, BStBl II 1988 S. 983).

7 Die Anrechnung auf die deutsche ESt oder KSt, die auf einen in diesem Jahr anzusetzenden Hinzurechnungsbetrag entfällt, kann nur in dem VZ erfolgen, in dem die Steuern der ausländischen Gesellschaft tatsächlich entrichtet wurden. Dies kann zu einer Doppelbelastung führen: der Hinzurechnungsbetrag gilt unmittelbar nach Ablauf des maßgebenden Wirtschaftsjahres der ausländischen Gesellschaft als zugeflossen, § 10 Abs. 2 Satz 1. Die ausländischen Steuern können aber sowohl bereits während des Wirtschaftsjahres (z. B. als Vorauszahlungen) oder erst in einem späteren Wirtschaftsjahr entrichtet worden sein. Somit sind Fälle denkbar, in denen im Jahr der Entrichtung der ausländischen Steuern kein Hinzurechnungsbetrag als zugeflossen gilt oder im Jahr des Zuflusses des Hinzurechnungsbetrages keine ausländischen Steuern entrichtet wurden. Zur Vermeidung einer derartigen Doppelbelastung wird in der Lit. ein Billigkeitsantrag gem. § 163 Satz 2 AO empfohlen (*Sonntag* in S/K/K, § 12 Rz. 11; *Vogt* in Blümich, § 12 Rz. 14).

Der Antrag auf Anrechnung nach § 12 Abs. 1 kann bei mehreren Inlandsbeteiligten von jedem unterschiedlich ausgeübt werden (im Feststellungsverfahren nach § 18 AStG oder bei der Veranlagung durch den jeweiligen inländischen Steuerpflichtigen). Der Antrag kann bis zum Schluss der letzten mündlichen Verhandlung vor dem FG, im Verfahren ohne Rechtsbehelf bis zur bestandskräftigen Veranlagung gestellt werden. **8**

C. Auswirkungen auf die Gewerbesteuer

Die Steueranrechnung ist auf die Einkommen- und Körperschaftsteuer beschränkt. Wie auch sonst findet eine Anrechnung auf die Gewerbesteuer nicht statt. Andererseits vermindert nach den Grundsätzen des § 34c EStG eine anrechenbare Steuer den Gewinn nicht und fließt damit unmittelbar in den Gewerbeertrag ein (§ 7 GewStG, s. auch BFH, Urteil vom 21.12.2005 I R 4/05, BStBl II 2006 S. 555; FG Düsseldorf, Urteil vom 28.11.2013 16 K 2513/12 G, EFG 2014 S. 304, Revision anhängig unter I R 10/14; kritisch hierzu *Wassermeyer* in F/W/B, § 12 Rz. 16, 49; *Vogt* in Blümich, § 12 Rz. 17). **9**

D. Anrechnungsverfahren bei nachfolgenden Gewinnausschüttungen (Abs. 3)

Nach § 12 Abs. 3 können Steuern, die auf nach § 3 Nr. 41 EStG befreite Gewinnausschüttungen erhoben werden, auf Antrag im VZ des Anfalls der zugrunde liegenden Zwischeneinkünfte als Hinzurechnungsbetrag auf die auf den Hinzurechnungsbetrag erhobene Steuer angerechnet bzw. von den ausgeschütteten Zwischeneinkünften abgezogen werden. Steuerabzug bzw. Steueranrechnung erfolgen bei Einkommensteuerpflichtigen in entsprechender Anwendung des § 34c Abs. 1 und 2 EStG, bei Körperschaftsteuerpflichtigen in entsprechender Anwendung des § 26 Abs. 1 und 6 KStG (wie in § 12 Abs. 1 geht allerdings der Verweis auf § 26 Abs. 6 KStG seit der Änderung des § 26 KStG durch das Gesetz zur Anpassung des nationalen Steuerrechts an den Beitritt Kroatiens zur EU und zur Änderung weiterer steuerlicher Vorschriften – BGBl I 2014 S. 1266; BStBl I 2014 S. 1126 – ins Leere). **10**

Der durch UntStFG ins Gesetz aufgenommene Abs. 3 wurde erforderlich, da infolge der Einführung des Halbeinkünfteverfahrens die Hinzurechnungsbesteuerung definitiv wirkt. Spätere Gewinnausschüttungen von den bereits im Rahmen der Hinzurechnungsbesteuerung erfassten Zwischeneinkünften sind nach § 3 Nr. 41 EStG (bei Körperschaftsteuerpflichtigen über § 8 Abs. 1 KStG, vgl. R 32 Abs. 1 Nr. 1 KStR 2004) steuerfreigestellt. Der Steuerinländer kann aber einer zusätzlichen Belastung mit ausländischer Quellensteuer unterliegen. Infolge der Freistellung der Gewinnausschüttungen wird keine inländische, zur Anrechnung zur Verfügung stehende Steuer erhoben. Um eine zusätzliche Doppelbelastung mit ausländischer Quellensteuer zu vermeiden, ermöglicht § 12 Abs. 3 daher eine ggf. rückwirkende Steueranrechnung bzw. einen Steuerabzug. **11**

12 Die Vorschrift des § 12 Abs. 3 ist ihrem Wortlaut nach nur für nach § 3 Nr. 41 EStG steuerbefreite Gewinnausschüttungen anzuwenden. Für körperschaftsteuerpflichtige inländische Anteilseigner ergibt sich die Steuerbefreiung nachfolgender Gewinnausschüttungen allerdings grundsätzlich aus § 8b KStG. In der Lit. und von der FinVerw wird dazu vertreten, dass § 3 Nr. 41a EStG technisch über § 8 Abs. 1 KStG auch für Körperschaften gilt und somit ausländische Quellensteuer im Rahmen nachfolgender Gewinnausschüttungen auch bei Körperschaften zu berücksichtigen ist (R 32 Abs. 1 Nr. 1 KStR 2004; *Rättig/Protzen,* IStR 2002 S. 123; *Schönfeld,* DStR 2006 S. 1217). Durch JStG 2008 wurde mittlerweile in Abs. 3 ein Verweis auf § 26 Abs. 1 und 6 KStG aufgenommen, um klarzustellen, dass die Steuern von den nach § 3 Nr. 41 EStG befreiten Einkünften auch auf die KSt anzurechnen sind (zum unzutreffenden Verweis vgl. Anm. 10). Die Finanzverwaltung hatte bereits entsprechend verfahren (BMF-AnwSchr, Tz. 12.3.4).

13 Die Steueranrechnung nach § 12 Abs. 3 löst – anders als die Steueranrechnung nach § 12 Abs. 1 – keine Erhöhung des Hinzurechnungsbetrages aus (vgl. BMF-AnwSchr, Tz. 18.1.2.5; a. A. R 29 Abs. 1 Nr. 11 KStR 2004).

14 Für die Berücksichtigung ausländischer Quellensteuer nach § 12 Abs. 3 ist ein **Antrag** erforderlich. Dieser ist im Rahmen der Feststellung nach § 18 zu stellen, wobei vom Stpfl. anzugeben ist, ob die Anrechnung oder der Abzug beantragt wird (BMF-AnwSchr, Tz. 12.3.1; vgl. auch § 18 AStG Anm. 15). Das Antragsrecht kann bei mehreren Inlandsbeteiligten von jedem unterschiedlich ausgeübt werden.

15 Der Steuerabzug erfolgt im Feststellungsverfahren. Liegt das Feststellungsjahr der Ausschüttung zeitlich nach dem Jahr der Feststellung der zugrunde liegenden Einkünfte, erfolgt im Ausschüttungsjahr eine gesonderte Feststellung der abzuziehenden Steuern. Der entsprechende Feststellungsbescheid ist dann Grundlagenbescheid für die Änderung des bereits vorliegenden Feststellungsbescheids des früheren VZ (BMF-AnwSchr, Tz. 18.1.2.3 Buchst. e).

§ 13
(weggefallen)

§ 14*
Nachgeschaltete Zwischengesellschaften

(1) Ist eine ausländische Gesellschaft allein oder zusammen mit unbeschränkt Steuerpflichtigen gemäß § 7 an einer anderen ausländischen Gesellschaft (Untergesellschaft) beteiligt, so sind für die Anwendung der §§ 7 bis 12 die Einkünfte der Untergesellschaft, die einer niedrigen Besteuerung unterlegen haben, der ausländischen Gesellschaft zu dem Teil, der auf ihre Beteiligung am Nennkapital der Untergesellschaft entfällt, zuzurechnen, soweit nicht nachgewiesen wird, dass die Untergesellschaft diese Einkünfte aus unter § 8 Abs. 1 Nr. 1 bis 7 fallenden Tätigkeiten oder Gegenständen erzielt hat oder es sich um Einkünfte im Sinne des § 8 Abs. 1 Nr. 8 bis 10 handelt oder dass diese Einkünfte aus Tätigkeiten stammen, die einer unter § 8 Abs. 1 Nr. 1 bis 6 fallenden eigenen Tätigkeit der ausländischen Gesellschaft dienen. Tätigkeiten der Untergesellschaft dienen nur dann einer unter § 8 Abs. 1 Nr. 1 bis 6 fallenden eigenen Tätigkeit der ausländischen Gesellschaft, wenn sie in unmittelbarem Zusammenhang mit dieser Tätigkeit stehen und es sich bei den Einkünften nicht um solche im Sinne des § 7 Abs. 6a handelt.

(2) Ist eine ausländische Gesellschaft gemäß § 7 an einer Gesellschaft im Sinne des § 16 des REIT-Gesetzes (Untergesellschaft) beteiligt, gilt Absatz 1, auch bezogen auf § 8 Abs. 3, sinngemäß.

(3) Absatz 1 ist entsprechend anzuwenden, wenn der Untergesellschaft weitere ausländische Gesellschaften nachgeschaltet sind.

(4) *(weggefallen)*

Erläuterungen
Übersicht

	Anm.
A. Allgemeines	**1–7**
I. Überblick über die Vorschrift	1–3
II. Rechtsentwicklung	4
III. Verhältnis zwischen Hinzurechnung und Zurechnung	5–7
B. Unmittelbare Nachschaltung von Gesellschaften (Abs. 1)	**8–32**
I. Ausländische Gesellschaft (Obergesellschaft)	8
II. Andere ausländische Gesellschaft (Untergesellschaft)	9
III. Beteiligungsvoraussetzungen	10–11
IV. Funktionsprivileg	12–14
V. Aktivitätsnachweis	15–16
VI. Ermittlung des Zurechnungsbetrags	17–28
1. Allgemeines	17
2. Zuzurechnende Einkünfte	18–19
3. Freigrenzen nach § 9	20
4. Verluste	21–23
5. Personensteuern	24–26
6. Ausgleich mit Ausschüttungen	27–28
VII. Wirkung der Zurechnung	29–31

---

* Zuletzt geändert durch das Jahressteuergesetz 2008 vom 20.12.2007 (BGBl I 2007 S. 3150 – BStBl I 2008 S. 218).

	Anm.
VIII. Verfahren	32
C. Mittelbare Nachschaltung von Gesellschaften (Abs. 3)	33–36
I. Beteiligungsvoraussetzungen	33, 34
II. Ermittlung des Zurechnungsbetrags und Wirkung der Zurechnung	35, 36
D. Beteiligung an REIT-AG (Abs. 2)	37–39

Schrifttum: Die in der Einführung zu §§ 7–14 AStG genannten Kommentare und Gesamtdarstellungen; ferner: *Breinersdorfer/Schütz*, German Real Estate Investment Trust (G-REIT) – Ein Problemaufriss aus Sicht des Fiskus, DB 2007 S. 1487; *Bron*, Das Gesetz zur Schaffung deutscher Immobilien-Aktiengesellschaften mit börsennotierten Anteilen, BB 2007, Spezial Nr. 7; *Debatin*, Die Erfassungsspannweite der deutschen Zugriffsbesteuerung auf Auslandsbeteiligungen, DB 1978 S. 1195 und 1240; *Funk*, Zur Beteiligung an Zwischengesellschaften über zwischengeschaltete Gesellschaften, AWD BB 1973 S. 614; *Kessler/Teufel*, Hinzurechnungsbesteuerung bei mehrstufigen Beteiligungsstrukturen – derzeitige Rechtslage, künftige Rechtslage, Gestaltungsansätze, IStR 2000 S. 673; *Köhler*, Die relevante Beteiligungshöhe für die Zurechnung von Zwischeneinkünften mit Kapitalanlagecharakter nachgeschalteter Gesellschaften im AStG, IStR 1994 S. 105; *ders.*, Unternehmenssteuerreform 2001: Auswirkungen des Steuersenkungsgesetzes auf deutsche Auslandsinvestitionen, DStR 2000 S. 1849; *Kraft/Bron*, Das REIT-Gesetz im europarechtlichen Fadenkreuz – Grundfreiheitliche Problematiken und Verbesserungsbedarf im Gesetz zur Schaffung deutscher Immobilien-Aktiengesellschaften mit börsennotierten Anteilen, IStR 2007 S. 377; *Kraft/Richter/Moser*, Systeminkonsistenzen bei nachgeschalteten Zwischengesellschaften – offene Fragenkreise der maßgeblichen Beteiligungsquote, IStR 2013 S. 810; *Lempenau*, Hinzurechnung bei nachgeschalteten Zwischengesellschaften, DB 1973 S. 2013; *Lieber*, Neuregelung der Hinzurechnungsbesteuerung durch das Unternehmenssteuerfortentwicklungsgesetz, FR 2002 S. 139; *Lüdicke*, Internationale Aspekte des Steuervergünstigungsabbaugesetzes, IStR 2003 S. 433; *Müller*, Hinzurechnung bei nachgeschalteten Zwischengesellschaften, DB 1973 S. 985; *ders.*, Stellungnahme zu den Anmerkungen von Lempenau und Wassermeyer, DB 1973 S. 2015; *Menck*, Mehrstufige Beteiligungen im Außensteuergesetz – Zur Anwendung des § 14 AStG, DStZ/A 1976 S. 291; *Moebus*, Verschärfung der Zugriffsbesteuerung, IWB Fach 3 Deutschland Gr. 1 S. 607; *Rättig/Protzen*, Holdingbesteuerung nach derzeit geltendem und kommendem Außensteuergesetz, IStR 2000 S. 548; *dies.*, Zur Hinzurechnungsbesteuerung von sog. „gemischten Einkünften" im mehrstufigen Konzern nach §§ 7–14 AStG in der derzeit geltenden Fassung und nach Steuersenkungsgesetz, IStR 2000 S. 743; *dies.*, Die „neue Hinzurechnungsbesteuerung" der §§ 7–14 AStG in der Fassung des UntStFG – Problembereiche und Gestaltungshinweise IStR 2002 S. 123; *dies.*, Das BMF-Schreiben vom 14.5.2004 – IV B 4 – S 1340 – 11/04 – (Grundsätze zur Anwendung des Außensteuergesetzes) – Analyse und Kritik der wesentlichen Anordnungen im Bereich der Hinzurechnungsbesteuerung der §§ 7 bis 14 AStG, IStR 2004 S. 625; *Rödder/Schumacher*, Erster Überblick über die geplanten Steuerverschärfungen und -entlastungen für Unternehmen zum Jahreswechsel 2003/2004, DStR 2003 S. 1725; *Sieker*, Steuervergünstigungsabbaugesetz: Vorgesehene Verschärfung der Rechtsfolgen der Hinzurechnungsbesteuerung, IStR 2003 S. 78; *Sieker/Göckeler/Köster*, Das Gesetz zur Schaffung deutscher Immobilien-Aktiengesellschaften mit börsennotierten Anteilen (REITG), DB 2007

S. 933; *Wassermeyer*, Hinzurechnungsbesteuerung bei nachgeschalteten Zwischengesellschaften im Außensteuergesetz, FR 1973 S. 472; *ders.*, Die im Entwurf eines Steuersenkungsgesetzes vorgesehenen Änderungen der Hinzurechnungsbesteuerung, IStR 2000 S. 193; *ders.*, Die Zurechnung von Einkünften einer ausländischen Untergesellschaft gegenüber ihrer ausländischen Obergesellschaft nach § 14 AStG, IStR 2003 S. 665; *ders.*, Die Anwendung des AStG innerhalb des REITG, IStR 2008 S. 197.

Verwaltungsanweisungen: Schreiben betr. Grundsätze zur Anwendung des Außensteuergesetzes, BMF vom 14.5.2004 IV B 4 – S 1340 – 11/04, BStBl I 2004 Sondernummer 1, S. 3 (zit.: BMF-AnwSchr).

A. Allgemeines

I. Überblick über die Vorschrift

Wäre die Hinzurechnungsbesteuerung auf die passiven Einkünfte der ausländischen Gesellschaft beschränkt, an der die unmittelbare Beteiligung des Inländers besteht, wäre sie leicht zu umgehen, indem **Wirtschaftsgüter oder Tätigkeiten auf nachgeschaltete Zwischengesellschaften verlagert** und Einkünfte dort thesauriert werden. § 14 AStG bezieht aus diesem Grunde auch nachgeschaltete Zwischengesellschaften in die Regelung ein. Zwischeneinkünfte solcher Gesellschaften werden danach auf die ausländische Obergesellschaft entsprechend deren Beteiligung hochgerechnet und gelangen von dort über § 10 Abs. 2 AStG in die deutsche Besteuerung. 1

Das Gesetz spricht in § 14 AStG von der **Zurechnung** der Zwischeneinkünfte der nachgeschalteten Gesellschaft, während in § 10 AStG hinsichtlich der Zwischeneinkünfte der Obergesellschaft von Hinzurechnung bzw. vom Hinzurechnungsbetrag, der unmittelbar nach Ablauf des maßgebenden Wj. der Obergesellschaft als zugeflossen gilt, die Rede ist. Wegen dieses Unterschieds kann der Zurechnungsbetrag i. S. des § 14 AStG nicht als fiktive Ausschüttung und damit als unmittelbar nach Ablauf des Wj. der nachgeschalteten Gesellschaft der Obergesellschaft zugeflossen angesehen werden. Auf der anderen Seite werden jedoch die Tätigkeiten der nachgeschalteten Gesellschaft anders als z. B. bei einer Zurechnung nach § 39 AO nicht wie Tätigkeiten der Obergesellschaft angesehen (Tatbestandszurechnung); vielmehr werden Zwischeneinkünfte als Ergebnis der Tätigkeiten lediglich in der letzten logischen Sekunde des Wj. der nachgeschalteten Gesellschaft (BFH, Urteil vom 28.9.1988 I R 91/87, BStBl II 1989 S. 13; BMF-AnwSchr, Tz. 14.1.5; *Wassermeyer* in F/W/B, § 14 Rz. 24; *Geurts* in Mössner/Fuhrmann, § 14 Rn. 82) hochgerechnet (Rechtsfolgenzurechnung). Dementsprechend sind die **passiven Einkünfte für Ober- und Untergesellschaft getrennt zu ermitteln** und gesonderte Feststellungen, ggf. einheitlich und gesonderte Feststellungen, nach § 18 AStG für Ober- und Untergesellschaft getrennt zu treffen (BFH, Urteil vom 6.2.1985 I R 11/83, BStBl II 1985 S. 410). 2

Sind der ausländischen Obergesellschaft nicht nur unmittelbar, sondern auch **mittelbar weitere Gesellschaften nachgeschaltet,** so werden nach § 14 Abs. 3 AStG zur Vermeidung von Umgehungen auch die Zwischeneinkünfte der mittelbar nach- 3 geschalteten Gesellschaften von der Hinzurechnungsbesteuerung erfasst. Dabei ist es gleichgültig, auf welcher mittelbaren Beteiligungsstufe die Zwischeneinkünfte anfallen. Auch die Zwischeneinkünfte der mittelbar nachgeschalteten Gesellschaften werden auf die Obergesellschaft hochgerechnet und gelangen von dort nach § 10 Abs. 2 AStG in die Hinzurechnungsbesteuerung.

II. Rechtsentwicklung

4 Seit Inkrafttreten des AStG wurde § 14 mehrfach geändert. Da die Zwischeneinkünfte nachgeschalteter ausländischer Gesellschaften stets über die ausländische Obergesellschaft in die Hinzurechnungsbesteuerung gelangen, kam es bei der entsprechenden Anwendung von DBA-Bestimmungen nach § 10 Abs. 5 a. F., insbesondere des DBA-Schachtelprivilegs, auch für die hochgerechneten Beträge grundsätzlich auf das DBA mit dem Sitzstaat der Obergesellschaft an. Um zu verhindern, dass durch Vorschaltung von Obergesellschaften in DBA-Staaten, insbesondere auch in Hochsteuerländern, die Hinzurechnungsbesteuerung wie bis dahin weitgehend umgangen wird, wurde § 14 durch **Änderungsgesetz** vom 20.8.1980 (Gesetz zur Änderung des EStG, des KStG und anderer Gesetze, BGBl I 1980 S. 1545 – BStBl II 1980 S. 589) mit Wirkung vom VZ 1980 um Absatz 4 ergänzt. Danach wurde die DBA-Befreiung auf die nach § 14 hochgerechneten Beträge grundsätzlich nur noch angewandt, wenn eine DBA-Befreiung auf diese Beträge auch bei unmittelbarer Beteiligung anzuwenden gewesen wäre.

Eine wesentliche Änderung hat die Vorschrift im Rahmen der **Unternehmensteuerreform** 2001 durch StSenkG vom 23.10.2000 (BGBl I 2000 S. 1433 – BStBl I 2000 S. 1428) und UntStFG vom 20.12.2001 (BGBl I 2001 S. 3858 – BStBl I 2002 S. 35) erfahren. Da Gewinnanteile nicht mehr als Einkünfte aus passivem Erwerb gelten, wurde die Kürzungsvorschrift des § 14 Abs. 2 a. F., die eine Doppelbelastung bei Ausschüttungen der Untergesellschaft vermeiden sollte, gestrichen. Daneben wurde in § 14 Abs. 1 dem Stpfl. eine Nachweispflicht für aktive Einkünfte der nachgeordneten Gesellschaft auferlegt.

Durch **StVergAbG** vom 16.5.2003 (BGBl I 2003 S. 660 – BStBl I 2003 S. 321) wurde u. a. der Abkommensschutz für Einkünfte aus passiven Tätigkeiten gem. § 10 Abs. 5 vollständig aufgehoben. Durch die Abschaffung des § 10 Abs. 5 war auch die durch Änderungsgesetz vom 20.8.1980 eingefügte Regelung des § 14 Abs. 4, nachdem die in § 10 Abs. 5 festgeschriebene Anwendung der DBA eingeschränkt wurde, nicht mehr erforderlich und wurde gestrichen.

Durch das Gesetz zur Umsetzung der Protokollerklärung der Bundesregierung zur Vermittlungsempfehlung zum StVergAbG (sog. „**Korb II**") vom 22.12.2003 (BGBl I 2003 S. 2840 – BStBl I 2004 S. 14) wurde der „Dienenstatbestand" des § 14 Abs. 1 durch Einfügung eines neuen Satzes 2 dahingehend konkretisiert, dass er nur gegeben ist, wenn die Tätigkeit der Untergesellschaft in einem unmittelbaren Zusammenhang mit der aktiven Tätigkeit der Obergesellschaft steht, also einen direkten Bezug zu dieser Tätigkeit hat. Ausgeschlossen wird der „Dienenstatbestand" für Einkünfte mit Kapitalanlagecharakter im Sinne des § 7 Abs. 6a.

Durch das Gesetz zur Schaffung deutscher Immobilien-Aktiengesellschaften mit börsennotierten Anteilen vom 28.5.2007 (**REITG**, BGBl I 2007 S. 914 – BStBl I 2007 S. 806; s. Anm. 37 ff. und Vor §§ 7–14 AStG, Anm. 30) wurde Abs. 2 eingefügt und der Anwendungsbereich der Hinzurechnungsbesteuerung auf Fälle ausgedehnt, in denen die Beteiligung an einer inländischen REIT-AG von unbeschränkt Stpfl. mittelbar über eine ausländische Zwischengesellschaft gehalten wird.

Durch **JStG 2008** vom 20.12.2007 (BGBl I 2007 S. 3150 – BStBl I 2008 S. 218) wird nunmehr in § 14 auch auf den durch SEStEG eingefügten § 8 Abs. 1 Nr. 10 verwiesen. Nach dieser Vorschrift werden Einkünfte aus Umwandlungen unter bestimmten Voraussetzungen den aktiven Einkünften zugeordnet. Die Neuregelung stellt sicher, dass § 8 Abs. 1 Nr. 10 auch auf nachgeschaltete Zwischengesellschaften anzuwenden ist.

III. Verhältnis zwischen Hinzurechnung und Zurechnung

Für die Frage, ob eine ausländische Gesellschaft i. S. des § 7 inländerbeherrscht ist, werden zwar auch mittelbare Beteiligungen berücksichtigt, **Hinzurechnungsbeträge** ergeben sich nach den §§ 7 und 10 AStG jedoch **nur aus der unmittelbaren Beteiligung** (s. § 7 AStG Anm. 38). Soweit Zwischeneinkünfte auf mittelbare Beteiligungen entfallen, können sie nur über § 14 AStG in die Hinzurechnungsbesteuerung gelangen.

Die **Zurechnung nach § 14 AStG geht der Hinzurechnung** nach den §§ 7 und 10 AStG **im Range nach**. Soweit ein Inländer jedoch sowohl unmittelbar als auch mittelbar an einer ausländischen Gesellschaft beteiligt ist, können Hinzurechnung und Zurechnung nebeneinander greifen; in diesem Falle gelangen Zwischeneinkünfte einer ausländischen Gesellschaft teilweise unmittelbar und teilweise mittelbar über zwei oder mehrere andere ausländische Gesellschaften in die Hinzurechnungsbesteuerung.

Die Nachrangigkeit des mittelbaren Zugriffs nach § 14 AStG gilt auch in den Fällen, in denen einem Inländer die Beteiligung an einer ausländischen Gesellschaft nach **§ 39 AO** zuzurechnen ist; denn insoweit liegt eine unmittelbare Beteiligung vor (vgl. BMF-AnwSchr, Tz. 14.0.2). Da **§ 7 Abs. 4 AStG** nur die Zurechnung für die Feststellung der Inländerbeherrschung, nicht jedoch für die Rechtsfolge betrifft (s. § 7 AStG Anm. 23), kommt allenfalls der mittelbare Zugriff nach § 14 AStG in Betracht.

B. Unmittelbare Nachschaltung von Gesellschaften (Abs. 1)

I. Ausländische Gesellschaft (Obergesellschaft)

Voraussetzung von Abs. 1 ist, dass eine **ausländische Gesellschaft** allein oder zusammen mit unbeschränkt Steuerpflichtigen gemäß § 7 an einer anderen ausländischen Gesellschaft (Untergesellschaft) beteiligt ist (so auch *Geurts* in Mössner/Fuhrmann, § 14 Rn. 22; *Wassermeyer* in F/W/B, § 14 Rz. 35). Als Obergesellschaften kommen somit nur solche Gesellschaften in Betracht, die die Voraussetzungen des § 7 Abs. 1 erfüllen. Andernfalls erfolgt weder eine Zurechnung nach § 14 noch treten die Rechtsfolgen der Hinzurechnungsbesteuerung beim Steuerinländer ein. Nicht erforderlich ist dagegen, dass die Obergesellschaft selbst niedrig besteuerte Zwischeneinkünfte erzielt (BMF-AnwSchr, Tz. 14.0.1).

II. Andere ausländische Gesellschaft (Untergesellschaft)

9   Abs. 1 enthält die Legaldefinition der Untergesellschaft als andere ausländische Gesellschaft. Aufgrund der Anknüpfung an den Begriff der ausländischen Gesellschaft in § 7 Abs. 1 sind damit korporal verfasste Rechtsgebilde gemeint, die körperschaftsteuerpflichtig wären, wenn sie Sitz oder Geschäftsleitung im Inland hätten (vgl. § 7 AStG Anm. 4 ff.).

III. Beteiligungsvoraussetzungen

10   § 14 verlangt für die Untergesellschaft, dass die Obergesellschaft an ihr allein oder zusammen mit unbeschränkt Stpfl. gemäß § 7 beteiligt ist. Trotz der missverständlichen Formulierung „gemäß § 7", die sich auch auf die unbeschränkt Stpfl. beziehen könnte, ist damit der Bezug auf das Beteiligtsein gemeint. Dies bedeutet, dass eine bestimmte Beteiligungsquote (mehr als die Hälfte) am Ende des Wj. der Untergesellschaft erforderlich ist und dass dabei auch mittelbare Beteiligungen mitzählen. Die Untergesellschaft muss von Inländern beherrscht sein (a. A. *Debatin*, DB 1978 S. 1195; *Kraft/Richter/Moser*, IStR 2013 S. 810). Das Gleiche gilt auch für die Obergesellschaft; andernfalls würde die Hochrechnung nach § 14 AStG ins Leere gehen. Es braucht sich bei beiden Gesellschaften nicht um dieselben Inlandsbeteiligten zu handeln. Die Beteiligung der Obergesellschaft ist quotal mit dem Anteil zu berücksichtigen, mit dem Steuerinländer an ihr beteiligt sind (BMF-AnwSchr, Tz. 14.0.1). Erweitert beschränkt Steuerpflichtige werden bei der Berechnung der Beherrschung in den Kreis der Beteiligten einbezogen (BMF-AnwSchr, Tz. 14.0.1; *Wassermeyer* in F/W/B, § 14 Rz. 61; *Geurts* in Mössner/Fuhrmann, § 14 Rn. 55; a. A. *Debatin*, DB 1978 S. 1195 und 1240).

11   Umstritten ist, welches Beteiligungsverhältnis an der Untergesellschaft maßgeblich ist, wenn **Zwischeneinkünfte mit Kapitalanlagecharakter** vorliegen, d. h. ob § 7 Abs. 6 im Rahmen des § 14 anwendbar ist. So wird die Auffassung vertreten, dass in diesem Fall eine Zurechnung nach § 14 bereits ab einer Beteiligungshöhe von 1 Prozent (§ 7 Abs. 6 Satz 1) bzw. ohne Berücksichtigung einer Mindestbeteiligungshöhe (§ 7 Abs. 6 Satz 3) erfolgt (BMF-AnwSchr, Tz. 14.0.4; *Köhler*, IStR 1994 S. 105). Nach zutreffender Ansicht darf eine Zurechnung bei Zwischeneinkünften mit Kapitalanlagecharakter allerdings nur dann erfolgen, wenn eine Inländerbeherrschung im Sinne des § 7 Abs. 2 vorliegt. Auch wenn man aus der Bezugnahme in § 14 auf § 7 vom Wortlaut her auch auf die Einbeziehung des § 7 Abs. 6 schließen könnte, enthält § 7 Abs. 6 richtigerweise keine Definition der Beteiligung, sondern begründet unter den dort genannten Voraussetzungen eine besondere Art der Hinzurechnung allein für Zwischeneinkünfte mit Kapitalanlagecharakter. Daher ist eine Einbeziehung des § 7 Abs. 6 in den Anwendungsbereich des § 14 nicht zulässig (so auch *Henkel* in: Mössner, Steuerrecht international tätiger Unternehmen, E 473; *Wassermeyer* in F/W/B, § 14 Rz. 71; *Vogt* in Blümich, § 14 Rz. 7; *Rättig/Protzen*, IStR 2002 S. 123; *dies.*, IStR 2004 S. 625; a. A. BMF-AnwSchr, Tz. 14.0.4; *Geurts* in Mössner/Fuhrmann, § 14 Rn. 37 f.).

IV. Funktionsprivileg

12   Soweit die Einkünfte der Untergesellschaft nicht bereits nach § 8 Abs. 1 aktiver Art sind, können sie aufgrund des Funktionsprivilegs des § 14 Abs. 1 außer Betracht bleiben. Dabei wird der **Nachweis** vorausgesetzt (Umkehrung der objekti-

ven Beweislast), dass sie aus Tätigkeiten oder Gegenständen stammen, die einer unter § 8 Abs. 1 Nrn. 1 bis 6 fallenden eigenen Tätigkeit der Obergesellschaft dienen. Im Bericht des Finanzausschusses zur BT-Drucks. VI/3537 S. 5 heißt es dazu, dass damit passive Einkünfte der Untergesellschaft von der Zurechnung verschont bleiben sollen, wenn die besondere Situation eintritt, dass aktiv tätige ausländische Gesellschaften sich in wirtschaftlichem Zusammenhang mit ihren aktiven Tätigkeiten Untergesellschaften angliedern. Das Funktionsprivileg ist Ausdruck der funktionalen Betrachtungsweise (s. § 8 AStG Anm. 10f.).

Das Funktionsprivileg erstreckt sich auf Einkünfte der nachgeschalteten Gesellschaft, die zwar für sich betrachtet passiver Art sind, z. B. Lizenzgebühren, aber aktiven Tätigkeiten der Obergesellschaft i. S. des § 8 Abs. 1 Nrn. 1 bis 6 zugeordnet und von diesen abgespalten sind, wobei die Obergesellschaft derartige Tätigkeiten nicht ausschließlich oder fast ausschließlich auszuüben braucht. Eine solche **funktionale Zuordnung** („dienen") wird man annehmen können, wenn die aktiven Tätigkeiten der Obergesellschaft zusammen mit den Tätigkeiten und Gegenständen der Untergesellschaft insgesamt aktiven Charakter haben. **13**

> *Beispiel:*
> G ist eine Produktionsobergesellschaft, die ein Patent entwickelt hat und dieses in eine nachgeschaltete Patentverwertungsgesellschaft U einlegt. Die Lizenzgebühren, die U einnimmt, sind aufgrund des Funktionsprivilegs aktiv.

Nach dem durch das Gesetz zur Umsetzung der Protokollerklärung der Bundesregierung zur Vermittlungsempfehlung zum StVergAbG (sog. „**Korb II**") vom 22.12.2003 eingefügten Satz 2 wurde der „Dienenstatbestand" dahingehend konkretisiert, dass er nur gegeben ist, wenn die Tätigkeit der Untergesellschaft in einem unmittelbaren Zusammenhang mit der aktiven Tätigkeit der Obergesellschaft steht, also einen direkten Bezug zu dieser Tätigkeit hat. Dies ist nicht der Fall, wenn zwischen beiden Gesellschaften kein aufeinander abgestimmtes Geschäft besteht (BMF-AnwSchr, Tz. 14.1.2). Dadurch wollte der Gesetzgeber Fallgestaltungen verhindern, in denen durch Gründung einer nachgeschalteten Gesellschaft beispielsweise zum Zweck der Verwaltung von Kapitalanlagen ohne aufeinander abgestimmtes Geschäft zwischen Ober- und Untergesellschaft die Hinzurechnungsbesteuerung umgangen wird (s. BT-Drucks. 15/1518 S. 16). Ausgeschlossen wird der „Dienenstatbestand" für Einkünfte mit Kapitalanlagecharakter im Sinne des § 7 Abs. 6a, weil sich hier nach Ansicht des Gesetzgebers im Einzelfall nur schwer feststellen lasse, ob die damit zusammenhängende Tätigkeit der Obergesellschaft dient oder eine davon losgelöste eigenständige Tätigkeit darstellt. Missbräuche könnten deshalb nur durch Ausschluss des „Dienenstatbestands" für Einkünfte mit Kapitalanlagecharakter vermieden werden. Allerdings weisen *Rödder/Schumacher* (DStR 2003 S. 1725) darauf hin, dass dies über das Ziel hinausschieße, da § 14 Abs. 1 letzter Halbsatz AStG nur besonderer Ausdruck der funktionalen Betrachtungsweise ist und diese auch bei Kapitalanlageeinkünften gilt. **14**

V. Aktivitätsnachweis

Aufgrund der durch UntStFG in Abs. 1 eingefügten Nachweispflicht für aktive Einkünfte der nachgeordneten Gesellschaft (sog. Aktivitätsnachweis) muss der **15**

Steuerpflichtige den Nachweis erbringen, dass die Untergesellschaft die Einkünfte aus Tätigkeiten oder Gegenständen erzielt hat, die unter § 8 Abs. 1 Nr. 1 bis 7 fallen oder es sich um Einkünfte im Sinne des § 8 Abs. 1 Nr. 8 bis 10 handelt. Der vom Steuerpflichtigen verlangte Nachweis für die aktiven Einkünfte der nachgeordneten Gesellschaft wurde nach Auffassung des Gesetzgebers (s. BT-Drucks. 14/6882 S. 44) wegen des Wegfalls der Erfassung von Beteiligungserträgen als Einkünfte aus passivem Erwerb notwendig. Nachgewiesen werden muss, dass die betreffenden Einkünfte als aktive Einkünfte im Sinne des § 8 gelten. Gelingt der Nachweis, werden die aktiven Einkünfte nicht zugerechnet. Wird der Nachweis nicht erbracht, sind die niedrig besteuerten Einkünfte der Untergesellschaft der Obergesellschaft zuzurechnen, wobei in den so zugerechneten Einkünften auch aktive Einkünfte enthalten sein können. Die Nachweispflicht trifft den Steuerinländer, nicht die Ober- oder Untergesellschaft.

16 Der Gesetzeswortlaut sieht die Zurechnung für alle niedrig besteuerten Einkünfte vor, für die der Aktivitätsnachweis nicht erbracht wird (anders noch die vor Einführung des Aktivitätsnachweises durch UntStFG geltende Fassung des § 14 Abs. 1, nach dessen Wortlaut die Untergesellschaft für die zuzurechnenden Einkünfte Zwischengesellschaft sein musste). Daraus wird in der Lit. z. T. geschlossen, dass im Feststellungsbescheid zu den der Obergesellschaft zuzurechnenden Einkünften keine Feststellungen enthalten sein können, ob es sich bei den zuzurechnenden Einkünften um Zwischeneinkünfte handelt (*Hauswirth* in S/K/K, § 14 Rz. 73) bzw. dass das für die Feststellung der zuzurechnenden Einkünfte der Untergesellschaft zuständige Finanzamt im Feststellungsbescheid zum Ausdruck bringen muss, ob es niedrig besteuerte Zwischeneinkünfte oder niedrig besteuerte Einkünfte zurechnet (*Wassermeyer*, IStR 2003 S. 665). Die Voraussetzung für eine Hinzurechnung zugerechneter Einkünfte ergibt sich aber ausschließlich aus § 14 Abs. 1; ein zusätzliches Abstellen auf § 7 und damit auf das Vorliegen von Zwischeneinkünften ist gerade nicht erforderlich. Dies bedeutet, dass im weiteren Verfahren über die Hinzurechnung eine Prüfung, ob es sich um aktive Einkünfte der Untergesellschaft handelt, nicht mehr erfolgt. Andernfalls wäre der auf Ebene der Untergesellschaft nach § 14 Abs. 1 erforderliche Aktivitätsnachweis ohne Nutzen, da bei unmittelbarer Beteiligung auf der Ebene der Obergesellschaft das Finanzamt die objektive Beweislast dafür trägt, dass die ausländische Gesellschaft Einkünfte aus passivem Erwerb erzielt hat.

VI. Ermittlung des Zurechnungsbetrags

1. Allgemeines

17 Das Gesetz schweigt darüber, wie der Zurechnungsbetrag auf der Ebene der nachgeschalteten Gesellschaft zustande kommt. Es erklärt die §§ 7 bis 12 für die Untergesellschaft nicht ausdrücklich für anwendbar, sondern sagt lediglich, dass die niedrig besteuerten Einkünfte der Untergesellschaft, die nicht nachweislich aus einer aktiven Tätigkeit stammen oder auf Grund des Funktionsprivilegs auszunehmen sind, der Obergesellschaft für die Anwendung der **§§ 7 bis 12 AStG** – ggf. anteilig – zuzurechnen sind. Aus dem Zweck der Regelung folgt jedoch, dass die **§§ 7 bis 12** auch für die Ermittlung des Zurechnungsbetrags **entsprechend anzuwenden** sind, soweit sich nicht aus § 14 ausdrücklich etwas anderes ergibt. Aus dem Wesen der Zurechnung i. S. des § 14 als einer Rechtsfolgenzurechnung (s. Anm. 2) ergibt sich ferner, dass der Zurechnungsbetrag **nach den Verhältnissen der einzelnen Untergesellschaft getrennt** von den Verhältnissen der Obergesellschaft oder anderer Untergesellschaften zu ermitteln ist.

2. Zuzurechnende Einkünfte

Erster Schritt ist wie bei der Obergesellschaft die **Ermittlung der zuzurechnenden Einkünfte**. Zuzurechnen sind nach dem Wortlaut des § 14 Abs. 1 die niedrig besteuerten Einkünfte, die nicht nachweislich aus einer aktiven Tätigkeit stammen oder auf Grund des Funktionsprivilegs auszunehmen sind. Ob Einkünfte niedrig besteuert werden, ist nach den Verhältnissen jeweils der einzelnen Untergesellschaft zu ermitteln (BMF-AnwSchr, Tz. 14.1.3). 18

Die **Ermittlungsvorschriften** des § 10 Abs. 3 und 4 sind auch auf der Ebene der nachgeschalteten Gesellschaft anzuwenden. Eine Bindung an die **Gewinnermittlungsart**, die bei der Obergesellschaft angewendet wird, tritt nicht ein (BMF-AnwSchr, Tz. 14.1.4; *Wassermeyer* in F/W/B, § 14 Rz. 116). 19

3. Freigrenzen nach § 9

Die **relative Freigrenze** sowie die **absolute gesellschaftsbezogene Freigrenze** des § 9 sind nach ihrem Zweck (s. § 9 AStG Anm. 1) auf die nachgeschaltete Gesellschaft gesondert anzuwenden (BMF-AnwSchr, Tz. 14.1.3, widersprüchlich insoweit die Aussage in Tz. 9.0.2.1, wonach Zwischeneinkünfte einer nachgeschalteten Zwischengesellschaft, die der Obergesellschaft nach § 14 zuzurechnen sind, im Rahmen der absoluten Freigrenze zu berücksichtigen seien; a. A. *Wassermeyer* in F/W/B, § 9 AStG Rz. 30). Andererseits bedeutet dies, dass die Hochrechnung auf die Obergesellschaft deren relative und gesellschaftsbezogene absolute Freigrenze nicht beeinflusst (keine Infektionswirkung). 20

4. Verluste

Verluste, die bei Zwischeneinkünften der nachgeschalteten Gesellschaft eintreten, werden zunächst mit positiven Zwischeneinkünften dieser Gesellschaft ausgeglichen. Soweit der **Verlustausgleich** nicht möglich ist, wird der Verlust entsprechend § 10 Abs. 3 Satz 5 von positiven Zwischeneinkünften abgezogen, die die Gesellschaft in anderen Wj. erzielt. 21

Verluste, die bei Zwischeneinkünften einer nachgeschalteten Gesellschaft eingetreten sind, können mit **positiven Zwischeneinkünften der Obergesellschaft verrechnet** werden; § 10 Abs. 1 Satz 4 findet auf die Zurechnung nach § 14 keine Anwendung (so BFH vom 20.4.1988 I R 41/82, BStBl II 1988 S. 868 zu der entsprechenden Regelung in § 10 Abs. 1 Satz 3 a. F.). Ist der **Verlust** bei **Zwischeneinkünften der Obergesellschaft** entstanden, so können die nach § 14 hochgerechneten Beträge von Untergesellschaften damit verrechnet werden. 22

Aufgrund der Zurechnung auch der negativen Einkünfte der Untergesellschaft bei der Obergesellschaft besteht jedoch ein Konflikt mit der Regelung des § 10 Abs. 3 Satz 5 auf Ebene der Untergesellschaft. Im Ergebnis dürfen positive und negative Einkünfte der Ober- und Untergesellschaften nur einmal bei der Hinzurechnungsbesteuerung berücksichtigt werden. Dabei hat nach Auffassung der Fin- 23

Verw der Abzug bei der Untergesellschaft Vorrang. In Fällen des Verlustvor- und -rücktrags wird aus Vereinfachungsgründen jedoch zugelassen, dass es beim Verlustabzug bei der Obergesellschaft verbleibt und dafür vom Abzug des Verlustes von den Einkünften der Untergesellschaft abgesehen wird, wenn sich keine wesentlichen steuerlichen Auswirkungen ergeben (BMF-AnwSchr, Tz 14.1.7; a. A. *Wassermeyer* in FWB, § 14 Rz. 119; *Vogt* in Blümich, § 14 Rz. 24 und *Hauswirth* in S/K/K, § 14 Rz. 66, die den Verlustvor- und -rücktrag nur auf der Ebene der Obergesellschaft vornehmen wollen).

5. Personensteuern

24 Wie die Personensteuern, die auf Zwischeneinkünfte der nachgeschalteten Gesellschaft oder dem zugrunde liegenden Vermögen erhoben werden, zu behandeln sind, ist ausdrücklich nicht geregelt. Nach dem Zweck der Regelung wird man jedoch § **10 Abs. 1 und § 12** jedenfalls entsprechend anzuwenden haben. Personensteuern der nachgeschalteten Gesellschaft werden ebenso wie die Zwischeneinkünfte nach § 14 hochgerechnet.

25 Die **Zusammenfassung der Personensteuern von Ober- und Untergesellschaft** führt einerseits zu einem Ausgleich hoher und niedriger Steuern. Der Antrag auf Steueranrechnung nach § 12 kann andererseits nicht auf die Steuern der Unteroder Obergesellschaft beschränkt werden (vgl. § 12 AStG Anm. 5).

26 Unterliegen die passiven Einkünfte der Untergesellschaft einer **der deutschen Hinzurechnungsbesteuerung vergleichbaren Besteuerung im Staat der Obergesellschaft**, so wird man nach dem Zweck der Regelung, eine doppelte Besteuerung im In- und Ausland zu vermeiden bzw. zu mildern, auch diese Steuer berücksichtigen müssen, wobei es regelmäßig gleichgültig ist, ob sie als zu Lasten der Ober- oder der Untergesellschaft erhoben anzusehen ist.

6. Ausgleich mit Ausschüttungen

27 § 14 Abs. 2 a. F. sah einen Ausgleich des Zurechnungsbetrags mit Ausschüttungen der nachgeschalteten Gesellschaft vor. Dieser Ausgleich war von dem Ausgleich nach § 11 a. F. zu unterscheiden, der sich auf Ausschüttungen der Obergesellschaft bezog. Während § 14 Abs. 2 a. F. eine **doppelte Erfassung im Rahmen der Hinzurechnungsbesteuerung vermeiden** sollte, diente § 11 a. F. der Vermeidung der Doppelbesteuerung durch Hinzurechungsbesteuerung einerseits und durch normale Besteuerung der Gewinnausschüttungen bzw. Veräußerungsgewinne andererseits. Der Ausgleich nach § 14 Abs. 2 a. F. vollzog sich in der Weise, dass Ausschüttungen der nachgeschalteten Gesellschaft vom Zurechnungsbetrag abgezogen wurden. Hierbei galten die Grundsätze des § 11 Abs. 1 a. F. entsprechend.

28 Nach dem infolge der Unternehmensteuerreform Gewinnausschüttungen von Kapitalgesellschaften nach § 8 Abs. 1 Nr. 8 grundsätzlich zu den aktiven Einkünften gehören und somit nicht von der Hinzurechnungsbesteuerung erfasst werden, kann es folglich nicht mehr zu einer doppelten Belastung der Erträge kommen. Daher wurde die Vorschrift des § 14 Abs. 2 a. F. durch UntStFG vom 20.12.2001 gestrichen.

VII. Wirkung der Zurechnung

Da das Gesetz ausdrücklich **nicht** von **Hinzurechnung, sondern** nur von **Zurechnung** spricht, wird der Zurechnungsbetrag i. S. des § 14 anders als der Hinzurechnungsbetrag nach § 10 Abs. 2 **in der letzten logischen Sekunde** des Wj. der nachgeschalteten Gesellschaft auf die Obergesellschaft hochgerechnet (s. Anm. 2). Die Hochrechnung bedeutet nicht, dass insoweit eigene Einkünfte der Obergesellschaft entstehen (**keine Infektionswirkung**); sie hat nur **Durchlauffunktion** (*Wassermeyer* in F/W/B, § 14 Rz. 100; *Vogt* in Blümich, EStG, § 14 Rz. 17). Der hochgerechnete Betrag ergibt zusammen mit dem ggf. eigenen Hinzurechnungsbetrag der Obergesellschaft den gesamten Hinzurechnungsbetrag, der nach Maßgabe des § 10 Abs. 2 zu versteuern ist. Sind die eigenen Zwischeneinkünfte der Obergesellschaft negativ, so findet insoweit ein Verlustausgleich statt (s. Anm. 22). Die Personensteuern von Ober- und Untergesellschaft werden zusammengefasst (s. Anm. 24). 29

Der **Zurechnungsbetrag** der nachgeschalteten Gesellschaft wird der Obergesellschaft **zu dem Teil zugerechnet, der auf** die ihr zuzurechnende **Beteiligung** am Nennkapital der nachgeschalteten Gesellschaft **entfällt** (vgl. § 7 Abs. 1). Falls für die Gewinnverteilung der nachgeschalteten Gesellschaft nicht die Beteiligung am Nennkapital maßgebend ist oder die Gesellschaft kein Nennkapital hat, ist § 7 Abs. 5 anzuwenden. 30

Stimmen die Wj. der Ober- und Untergesellschaft überein, so hat die Zurechnung in der letzten logischen Sekunde des Wj. der Untergesellschaft zur Folge, dass der hochgerechnete Betrag im gleichen Wj. der Obergesellschaft erfasst wird. Weichen die Wj. von Ober- und Untergesellschaft voneinander ab, so wird der Zurechnungsbetrag in dem Wj. der Obergesellschaft erfasst, in dem das Wj. der Untergesellschaft endet. 31

Beispiel:
Die Untergesellschaft hat ein Wj. vom 1.5. bis 30.4. und die Obergesellschaft ein dem Kalenderjahr entsprechendes Wj. Die Zurechnung erfolgt am 30.4.

VIII. Verfahren

Die nach § 14 von einer nachgeschalteten Zwischengesellschaft der vorgeschalteten ausländischen Obergesellschaft zuzurechnenden Besteuerungsgrundlagen sind gesondert gem. § 18 festzustellen. Sind Einkünfte mehrerer Untergesellschaften zuzurechnen, ist für jede einzelne Untergesellschaft ein gesondertes Feststellungsverfahren durchzuführen. Die Feststellung zu den gemäß § 14 der Obergesellschaft zuzurechnenden Einkünften ist für die weitere Feststellung zu den beim Steuerinländer hinzuzurechnenden Einkünften bindend (BFH, Urteil vom 20.4.1988 I R 41/82, BStBl II 1988 S. 868). Im Verhältnis zwischen den Feststellungsbescheiden ist der die Zurechnung betreffende Bescheid Grundlagenbescheid und der die Hinzurechnung betreffende Bescheid Folgebescheid. Die Einkünfte der nachgeschalteten Zwischengesellschaft i. S. des § 14 dürfen nicht in dem Bescheid festgestellt werden, in dem über die Hinzurechnung von Einkünften der Obergesellschaft bei dem inländischen Anteilseigner entschieden wird (BFH, Urteil vom 18.7.2001 I R 62/00, BStBl II 2002 S. 334; vgl. auch *Petersen*, § 18 AStG Anm. 8). 32

C. Mittelbare Nachschaltung von Gesellschaften

I. Beteiligungsvoraussetzungen

33 Mittelbar nachgeschaltete ausländische Gesellschaften, die zur **Vermeidung von Umgehungen der Hinzurechnungsbesteuerung** nach § 14 Abs. 3 ebenfalls in die Hinzurechnungsbesteuerung einbezogen werden, sind nach älterer Ansicht solche, an denen die Obergesellschaft (Brückenkopfgesellschaft) allein oder zusammen mit unbeschränkt Stpfl. gemäß § 7 beteiligt ist (*Debatin*, DB 1978 S. 1195, 1240). Die h. M. (*Wassermeyer* in F/W/B, § 14 Rz. 208; *Protzen* in Kraft, § 14 Rz. 202) **bezieht** das **Beteiligungserfordernis** nicht **auf die Brückenkopfgesellschaft**, sondern zu Recht auf die jeweils vorgeschaltete Gesellschaft, wobei ausgehend von der Auslegung, dass die Worte „beteiligt gemäß § 7" die jeweilige Gesellschaft charakterisieren, auf jeder Stufe Inländerbeherrschung erforderlich ist.

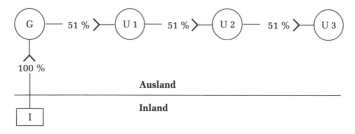

Beispiel 1
Nach beiden Auffassungen werden die Zwischeneinkünfte von U 2 und U 3 nicht erfasst, da diese Gesellschaften weder von G beherrscht noch inländerbeherrscht sind.

Beispiel 2

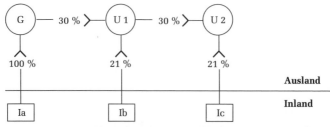

Auch in diesem Fall unterliegen die Zwischeneinkünfte von U 2 nach beiden Auffassungen nicht der Hinzurechnungsbesteuerung, da diese Gesellschaft weder von G beherrscht noch inländerbeherrscht ist.

34 Von der Frage, ob auf die Beteiligung an der Brückenkopfgesellschaft oder der jeweils vorgeschalteten Gesellschaft abgestellt werden muss, ist die Frage zu trennen, inwieweit die Zwischeneinkünfte der mittelbar nachgeschalteten Gesellschaft zugerechnet werden. Die **Zurechnung** erfolgt jeweils **nur auf Beteiligungsschienen zwischen Gesellschaften, bei denen die Beteiligungsvoraussetzungen erfüllt sind.**

Ist dies bei einer vorgeschalteten Gesellschaft im Beteiligungsnetz nicht der Fall, so mag die über diese Gesellschaft gehaltene Beteiligung zwar zur Feststellung der erforderlichen Mindestbeteiligung an einer nachgeschalteten Gesellschaft mitzählen, die Gesellschaft wirkt jedoch als Sperre für die Hochrechnung.

Beispiel 3

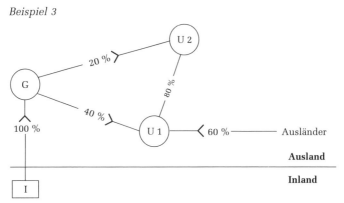

Die über U 1 gehaltene Beteiligung zählt zwar mit zur Feststellung der Beherrschung der U 2 durch G; da U 1 aber selbst nicht von Inländern beherrscht wird, kann sie nicht Durchlaufstation für die Zurechnung sein. Der Zurechnung unterliegen nur 20 Prozent der Zwischeneinkünfte von U 2.

II. Ermittlung des Zurechnungsbetrags und Wirkung der Zurechnung

Die **Ermittlung des Zurechnungsbetrags entspricht derjenigen bei unmittelbar nachgeschalteten Gesellschaften** (s. Anm. 17 ff.). Verfahrensmäßig finden auch auf der Stufe der mittelbar nachgeschalteten Gesellschaft gesonderte und ggf. einheitliche und gesonderte Feststellungen statt (BMF-AnwSchr, Tz. 18.1.4.3). 35

Der **Zurechnungsbetrag**, der sich bei einer mittelbar nachgeschalteten Gesellschaft ergeben hat, wird nach Auffassung der FinVerw (BMF-AnwSchr, Tz. 14.3; so auch *Debatin*, DB 1978 S. 1195, 1240) in **der letzten logischen Sekunde des Wirtschaftsjahrs** dieser Gesellschaft auf die Brückenkopfgesellschaft **hochgerechnet** und dort Bestandteil des Hinzurechnungsbetrags. Eine Hochrechnung Stufe für Stufe mit evtl. zeitlichen Verschiebungen findet nach dieser Auffassung nicht statt. Nach einer anderen Ansicht (sog. Stufentheorie; *Wassermeyer* in F/W/B, § 14 Rz. 203 ff.; *Geurts* in Mössner/Fuhrmann, § 14 Rn. 149 f.) erfolgt die Zurechnung von Stufe zu Stufe in der jeweils letzten logischen Sekunde des Kalenderjahrs/Wirtschaftsjahrs der Untergesellschaft. Unterschiede zwischen beiden Auffassungen ergeben sich im Fall unterschiedlicher Wirtschaftsjahre der untereinander stehenden Gesellschaften. Allerdings lässt die FinVerw in einem solchen Fall zu, dass die Weiterrechnung von der unteren auf die obere Stufe in der jeweils letzten logischen Sekunde des Wirtschaftsjahrs der übergeordneten Gesellschaft erfolgt, wenn dies nicht zu schwerwiegenden zeitlichen Verschiebungen führt (BMF-AnwSchr, Tz. 14.3) 36

D. Beteiligung an REIT-AG (Abs. 2)

37 Durch das Gesetz zur Schaffung deutscher Immobilien-Aktiengesellschaften mit börsennotierten Anteilen vom 28.5.2007 (REITG, BGBl I 2007 S. 914 – BStBl I 2007 S. 806; s. Vor §§ 7–14 AStG Anm. 30) wurde Abs. 2 eingefügt. Beteiligt sich ein unbeschränkt Stpfl. über eine niedrig besteuerte ausländische Gesellschaft an einer inländischen REIT-AG, könnten ohne die Regelung Ausschüttungen und Aktienveräußerungsgewinne in der niedrig besteuerten ausländischen Gesellschaft aufgefangen und im Wesentlichen steuerfrei ins Inland transferiert werden. Daher erweitert Abs. 2 den Anwendungsbereich der Hinzurechnungsbesteuerung auf Fälle, in denen die Beteiligung an einer inländischen REIT-AG von unbeschränkt Stpfl. mittelbar über eine ausländische Zwischengesellschaft gehalten wird. Dabei wird nach § 7 Abs. 8 auf das Erfordernis der Inländerbeherrschung verzichtet (Ausnahme: Börsenklausel). Die Regelung gilt erstmals für hinzurechnungspflichtige Einkünfte, die in einem Wirtschaftsjahr der ausländischen Gesellschaft (Zwischengesellschaft) oder Betriebsstätte entstanden sind, das nach dem 31. Dezember 2006 beginnt (§ 21 Abs. 15).

38 Abs. 2 enthält als Tatbestandsvoraussetzung die Beteiligung einer ausländischen Gesellschaft (Obergesellschaft) gem. § 7 an einer Gesellschaft im Sinne des § 16 REITG (Untergesellschaft). Dabei ist § 7 Abs. 8 zu beachten, der von dem Erfordernis der Inländerbeherrschung in Bezug auf die Beteiligung inländischer Stpfl. an der ausländischen Gesellschaft absieht, es sei denn, dass mit der Hauptgattung der Aktien der ausländischen Gesellschaft ein wesentlicher und regelmäßiger Handel an einer anerkannten Börse stattfindet (sog. Börsenklausel). Z. T. wird davon ausgegangen, dass der Verzicht auf das Beherrschungserfordernis in § 7 Abs. 8 nur in Bezug auf die ausländische Gesellschaft gilt (*Wassermeyer*, IStR 2008 S. 197). Das heißt, dass eine (mittelbare) Inländerbeherrschung der REIT-AG vorliegen muss. Allerdings kann dagegen eingewandt werden, dass der Wortlaut des Abs. 2 selbst keine Mindestbeteiligungsquote enthält; die Formulierung einer Beteiligung „gemäß § 7" ist insofern nicht eindeutig und könnte auch § 7 Abs. 8 einschließen. Darüber hinaus wäre – worauf *Hauswirth* (S/K/K, § 14 Rz. 76.4) zutreffend hinweist – eine (mittelbare) Inländerbeherrschung aufgrund der Börsennotierung der Anteile der REIT-AG praktisch schwer feststellbar.

39 Die Rechtsfolge des Abs. 2 besteht in der entsprechenden Anwendung des § 14 Abs. 1 auf Einkünfte nachgeschalteter Gesellschaften im Sinne des § 16 REITG (steuerbefreite REIT-AG). Im Ergebnis gelten die Einkünfte einer solchen Gesellschaft trotz Ansässigkeit der Gesellschaft im Inland als passive Einkünfte (§ 8 Abs. 1 Nr. 6 Buchstabe b), die unter den Voraussetzungen des § 8 Abs. 3 (niedrige Besteuerung) der ausländischen Obergesellschaft zuzurechnen sind und von dort aus der Hinzurechnung unterliegen. Eine niedrige Besteuerung nach § 8 Abs. 3 ist aufgrund der Steuerfreiheit der inländischen REIT-AG anzunehmen.

Fünfter Teil Familienstiftungen

§ 15*
Steuerpflicht von Stiftern, Bezugsberechtigten und Anfallsberechtigten

[Fassung ab VZ 2013 (Hinweis: Abs. 1 Satz 2, Abs. 2 bis 4 und Abs. 6 mit Ausnahme des geänderten Verweises auf die Amtshilferichtlinie unverändert ggü. Fassung bis VZ 2012):]

(1) Vermögen und Einkünfte einer Familienstiftung, die Geschäftsleitung und Sitz außerhalb des Geltungsbereichs dieses Gesetzes hat (ausländische Familienstiftung), werden dem Stifter, wenn er unbeschränkt steuerpflichtig ist, sonst den unbeschränkt steuerpflichtigen Personen, die bezugsberechtigt oder anfallsberechtigt sind, entsprechend ihrem Anteil zugerechnet. Dies gilt nicht für die Erbschaftsteuer.

(2) Familienstiftungen sind Stiftungen, bei denen der Stifter, seine Angehörigen und deren Abkömmlinge zu mehr als der Hälfte bezugsberechtigt oder anfallsberechtigt sind.

(3) Hat ein Unternehmer im Rahmen seines Unternehmens oder als Mitunternehmer oder eine Körperschaft, eine Personenvereinigung oder eine Vermögensmasse eine Stiftung errichtet, die Geschäftsleitung und Sitz außerhalb des Geltungsbereichs dieses Gesetzes hat, so wird die Stiftung wie eine Familienstiftung behandelt, wenn der Stifter, seine Gesellschafter, von ihm abhängige Gesellschaften, Mitglieder, Vorstandsmitglieder, leitende Angestellte und Angehörige dieser Personen zu mehr als der Hälfte bezugsberechtigt oder anfallsberechtigt sind.

(4) Den Stiftungen stehen sonstige Zweckvermögen, Vermögensmassen und rechtsfähige oder nichtrechtsfähige Personenvereinigungen gleich.

(5) § 12 Absatz 1 und 2 ist entsprechend anzuwenden. Für Steuern auf die nach Absatz 11 befreiten Zuwendungen gilt § 12 Absatz 3 entsprechend.

(6) Hat eine Familienstiftung Geschäftsleitung oder Sitz in einem Mitgliedstaat der Europäischen Union oder einem Vertragsstaat des EWR-Abkommens, ist Absatz 1 nicht anzuwenden, wenn
1. nachgewiesen wird, dass das Stiftungsvermögen der Verfügungsmacht der in den Absätzen 2 und 3 genannten Personen rechtlich und tatsächlich entzogen ist und
2. zwischen der Bundesrepublik Deutschland und dem Staat, in dem die Familienstiftung Geschäftsleitung oder Sitz hat, auf Grund der Amtshilferichtlinie gemäß § 2 Absatz 2 des EU-Amtshilfegesetzes oder einer vergleichbaren zwei- oder mehrseitigen Vereinbarung, Auskünfte erteilt werden, die erforderlich sind, um die Besteuerung durchzuführen.

(7) Die Einkünfte der Stiftung nach Absatz 1 werden in entsprechender Anwendung der Vorschriften des Körperschaftsteuergesetzes und des

---

* Zuletzt geändert durch das Amtshilferichtlinie-Umsetzungsgesetz vom 26.6.2013 (BGBl I 2013 S. 1809).

Einkommensteuergesetzes ermittelt. Bei der Ermittlung der Einkünfte gilt § 10 Absatz 3 entsprechend. Ergibt sich ein negativer Betrag, entfällt die Zurechnung.

(8) Die nach Absatz 1 dem Stifter oder der bezugs- oder anfallsberechtigten Person zuzurechnenden Einkünfte gehören bei Personen, die ihre Einkünfte nicht nach dem Körperschaftsteuergesetz ermitteln, zu den Einkünften im Sinne des § 20 Absatz 1 Nummer 9 des Einkommensteuergesetzes. § 20 Absatz 8 des Einkommensteuergesetzes bleibt unberührt; § 3 Nummer 40 Satz 1 Buchstabe d und § 32d des Einkommensteuergesetzes sind nur insoweit anzuwenden, als diese Vorschriften bei unmittelbarem Bezug der zuzurechnenden Einkünfte durch die Personen im Sinne des Absatzes 1 anzuwenden wären. Soweit es sich beim Stifter oder der bezugs- oder anfallsberechtigten Person um Personen handelt, die ihre Einkünfte nach dem Körperschaftsteuergesetz ermitteln, bleibt § 8 Absatz 2 des Körperschaftsteuergesetzes unberührt; § 8b Absatz 1 und 2 des Körperschaftsteuergesetzes ist nur insoweit anzuwenden, als diese Vorschrift bei unmittelbarem Bezug der zuzurechnenden Einkünfte durch die Personen im Sinne des Absatzes 1 anzuwenden wäre.

(9) Ist eine ausländische Familienstiftung oder eine andere ausländische Stiftung im Sinne des Absatzes 10 an einer Körperschaft, Personenvereinigung oder Vermögensmasse im Sinne des Körperschaftsteuergesetzes, die weder Geschäftsleitung noch Sitz im Geltungsbereich dieses Gesetzes hat und die nicht gemäß § 3 Absatz 1 des Körperschaftsteuergesetzes von der Körperschaftsteuerpflicht ausgenommen ist (ausländische Gesellschaft), beteiligt, so gehören die Einkünfte dieser Gesellschaft in entsprechender Anwendung der §§ 7 bis 14 mit dem Teil zu den Einkünften der Familienstiftung, der auf die Beteiligung der Stiftung am Nennkapital der Gesellschaft entfällt. Auf Gewinnausschüttungen der ausländischen Gesellschaft, denen nachweislich bereits nach Satz 1 zugerechnete Beträge zugrunde liegen, ist Absatz 1 nicht anzuwenden.

(10) Einer ausländischen Familienstiftung werden Vermögen und Einkünfte einer anderen ausländischen Stiftung, die nicht die Voraussetzungen des Absatzes 6 Satz 1 erfüllt, entsprechend ihrem Anteil zugerechnet, wenn sie allein oder zusammen mit den in den Absätzen 2 und 3 genannten Personen zu mehr als der Hälfte unmittelbar oder mittelbar bezugsberechtigt oder anfallsberechtigt ist. Auf Zuwendungen der ausländischen Stiftung, denen nachweislich bereits nach Satz 1 zugerechnete Beträge zugrunde liegen, ist Absatz 1 nicht anzuwenden.

(11) Zuwendungen der ausländischen Familienstiftung unterliegen bei Personen im Sinne des Absatzes 1 nicht der Besteuerung, soweit die den Zuwendungen zugrunde liegenden Einkünfte nachweislich bereits nach Absatz 1 zugerechnet worden sind.

[Fassung bis einschließlich VZ 2012:]

(1) *Vermögen und Einkommen einer Familienstiftung, die Geschäftsleitung und Sitz außerhalb des Geltungsbereichs dieses Gesetzes hat, werden dem Stifter, wenn er unbeschränkt steuerpflichtig ist, sonst den unbeschränkt steuerpflichtigen Per-*

sonen, die bezugsberechtigt oder anfallsberechtigt sind, entsprechend ihrem Anteil zugerechnet. Dies gilt nicht für die Erbschaftsteuer.

(2) *Familienstiftungen sind Stiftungen, bei denen der Stifter, seine Angehörigen und deren Abkömmlinge zu mehr als der Hälfte bezugsberechtigt oder anfallsberechtigt sind.*

(3) *Hat ein Unternehmer im Rahmen seines Unternehmens oder als Mitunternehmer oder eine Körperschaft, eine Personenvereinigung oder eine Vermögensmasse eine Stiftung errichtet, die Geschäftsleitung und Sitz außerhalb des Geltungsbereichs dieses Gesetzes hat, so wird die Stiftung wie eine Familienstiftung behandelt, wenn der Stifter, seine Gesellschafter, von ihm abhängige Gesellschaften, Mitglieder, Vorstandsmitglieder, leitende Angestellte und Angehörige dieser Personen zu mehr als der Hälfte bezugsberechtigt oder anfallsberechtigt sind.*

(4) *Den Stiftungen stehen sonstige Zweckvermögen, Vermögensmassen und rechtsfähige oder nichtrechtsfähige Personenvereinigungen gleich.*

(5) *Die §§ 5 und 12 sind entsprechend anzuwenden. Im Übrigen finden, soweit Absatz 1 anzuwenden ist, die Vorschriften des Vierten Teils dieses Gesetzes keine Anwendung.*

(6) *Hat eine Familienstiftung Geschäftsleitung oder Sitz in einem Mitgliedstaat der Europäischen Union oder einem Vertragsstaat des EWR-Abkommens, ist Absatz 1 nicht anzuwenden, wenn*

1. *nachgewiesen wird, dass das Stiftungsvermögen der Verfügungsmacht der in den Absätzen 2 und 3 genannten Personen rechtlich und tatsächlich entzogen ist und*

2. *zwischen der Bundesrepublik Deutschland und dem Staat, in dem die Familienstiftung Geschäftsleitung oder Sitz hat, auf Grund der Richtlinie 77/799/EWG oder einer vergleichbaren zwei- oder mehrseitigen Vereinbarung, Auskünfte erteilt werden, die erforderlich sind, um die Besteuerung durchzuführen.*

(7) *Das nach Absatz 1 zuzurechnende Einkommen ist in entsprechender Anwendung der Vorschriften des deutschen Steuerrechts zu ermitteln. Ergibt sich ein negativer Betrag, entfällt die Zurechnung. § 10d des Einkommensteuergesetzes ist entsprechend anzuwenden.*

Übersicht

Inhaltsübersicht	Anm.
A. Allgemeines	1–22
I. Überblick über die Vorschrift	1, 2
II. Rechtsentwicklung	3–6a
III. Verhältnis zu anderen Rechtsvorschriften	7–22
1. Verhältnis zu den Zurechnungsvorschriften der AO	7–9a
2. Verhältnis zur beschränkten Steuerpflicht der ausländischen Familienstiftung	10
3. Vereinbarkeit mit unionsrechtlichen Vorgaben	11–17
4. Vereinbarkeit mit verfassungsrechtlichen Vorgaben	18–22
B. Zurechnung von Einkünften und Vermögen einer Familienstiftung (Absatz 1)	23–50b
I. Allgemeines	23–25b

	Anm.
II. Kreis der Zurechnungsempfänger	26–30a
1. Begriff des Stifters	26–26b
2. Begriff des Bezugsberechtigten	27–28
3. Begriff des Anfallsberechtigten	29–30a
III. Ermittlung der Zurechnungsquote	31–39
1. Subsidiaritätsverhältnis innerhalb des Kreises der Zurechnungsempfänger	31–33
2. Bestimmung der maßgeblichen Zurechnungsquote	34–39
IV. Einkünftezurechnung	40–50b
1. Allgemeines	40–44c
2. Einkünfteermittlung	45–50b
a) Einkünfteermittlungssubjekt	45–45d
b) Bedeutung von Doppelbesteuerungsabkommen	46–47
c) Einzelfragen der Einkünfteermittlung	48–50b
aa) Einkünfteberichtigung nach § 1 AStG	48
bb) Hinzurechnungsbesteuerung nach §§ 7–14 AStG	49–50b
C. Familienstiftungen (Absatz 2)	51–54
D. Unternehmensstiftungen (Absatz 3)	55
E. Zweckvermögen, Vermögensmassen und Personenvereinigungen (Absatz 4)	56, 57
F. Entsprechende Anwendung des § 12 AStG (Absatz 5)	58–61
I. Erfassung erweitert beschränkt steuerpflichtiger Personen (bis einschließlich Veranlagungszeitraum 2012)	58
II. Berücksichtigung ausländischer und inländischer Steuern	59–60c
III. Sonstige Bestimmungen der §§ 7–14 AStG	61
G. Entlastungsbeweis durch Nachweis rechtlicher und tatsächlicher Vermögenstrennung (Absatz 6)	62–68
I. Allgemeines	63–63a
II. Anforderungen an den Entlastungsbeweis (§ 15 Abs. 6 Nr. 1 AStG)	64–65
III. Anforderungen an die Nachprüfmöglichkeit (§ 15 Abs. 6 Nr. 2 AStG)	66–68
H. Anwendung deutscher Einkommensermittlungsvorschriften und Verbot der Zurechnung negativer Einkünfte (Absatz 7)	69–72
I. Anwendung deutscher Einkünfteermittlungsvorschriften	69
II. Entsprechende Anwendung des § 10 Abs. 3 AStG	69a–69l
III. Verbot der Zurechnung negativer Einkünfte	70–72
I. Qualifikation der zugerechneten Einkünfte (Absatz 8)	73–78
J. Beteiligung an ausländischen Gesellschaften (Absatz 9)	79–93
I. Allgemeines	79–81
II. Tatbestand	82–85
III. Rechtsfolgen	86–93
1. Zugehörigkeit der Einkünfte der ausländischen Gesellschaft zu den Einkünften der ausländischen Stiftung	86–89
2. Steuerfreistellung späterer Gewinnausschüttungen der ausländischen Gesellschaft	90–93
K. Nachgeordnete Stiftungen (Absatz 10)	94–101
I. Allgemeines	94
II. Tatbestand	95–97
III. Rechtsfolgen	98–101

	Anm.
1. Zurechnung der Einkünfte der Stiftung	98–100
2. Steuerfreistellung späterer Zuwendungen der Stiftung	101
L. Steuerbefreiung nachträglicher Zuwendungen	**102–107**
M. Verfahrensfragen	**108**

Schrifttum: *Birnbaum*, Doppelbesteuerung von Ausschüttungen liechtensteinischer Stiftungen, ZEV 2014 S. 482; *Blümich*, EStG/KStG/GewStG, Kommentar, München 1989; *Brezing u. a.*, Außensteuerrecht, Kommentar, Herne/Berlin 1991; *Felix*, Die Auslegung des § 12 Außensteuergesetz (Familienstiftungen), DB 1972 S. 2275; *Flick/Wassermeyer/Baumhoff*, Außensteuerrecht, Kommentar, 6. Auflage (zit.: *F/W/B*); *Grotherr (Hrsg.)*, Handbuch der internationalen Steuerplanung, Herne/Berlin 2003; *Haas*, Die Besteuerung der Destinatäre der Familienstiftung, DStR 2010 S. 1011; *Habammer*, Der ausländische Trust im deutschen Ertrag- und Erbschaft-/Schenkungsteuerrecht, DStR 2002 S. 425; *Hahn*, Wie effizient ist § 42 AO neuer Fassung? – Praktische, dogmatische und rechtspolitische Beobachtungen –, DStZ 2008 S. 483; *Hecht/Lampert/Schulz*, Das Auskunftsabkommen zwischen der Bundesrepublik Deutschland und dem Fürstentum Liechtenstein – Implikationen aus steuerrechtlicher Sicht, BB 2010 S. 2727; *Hey*, Hinzurechnungsbesteuerung bei ausländischen Familienstiftungen gemäß § 15 AStG i. d. F. des JStG 2009 – europa- und verfassungswidrig!, IStR 2009 S. 181; *ders.*, Gestaltungsmissbrauch im Steuerrecht nach der Neufassung des § 42 AO und dem dazu ergangenen BMF-Erlass, BB 2009 S. 1044; *Jülicher*, Der Trust: Untaugliches Gestaltungsmittel der Vermögensnachfolge in Deutschland, ZEV 1999, S. 37; *Kellersmann/Schnitger*, Europarechtliche Bedenken hinsichtlich der Besteuerung ausländischer Familienstiftungen, IStR 2005 S. 253; *Kessler/Müller*, Zahlungen einer Familienstiftung an Familienangehörige als Einkünfte aus Kapitalvermögen – Schuldner der Kapitalertragsteuer, DStR 2011 S. 614; *Kinzl*, Nachfolgeplanung mit Familienstiftungen: § 15 AStG zwischen Hindernis und Europarechtswidrigkeit, IStR 2005 S. 624; *Kirchhain*, Stiftungsbezüge als Kapitaleinkünfte?, BB 2006 S. 2387; *ders.*, Neues von der Zurechnungsbesteuerung – Gedanken zur geplanten Neufassung des § 15 AStG durch das Jahressteuergesetz 2013, IStR 2012 S. 602; *Kleinert/Podewils*, Die Neufassung von § 15 AStG durch das Jahressteuergesetz 2009 – nur ein Beispiel für verfassungswidrige Rückwirkungsgesetze im Steuerrecht; *Kraft*, Außensteuergesetz, München 2009; *Kraft/Hause*, Die Gemeinschaftsrechtswidrigkeit des § 15 AStG zur Besteuerung ausländischer Familienstiftungen aus dem Blickwinkel der EuGH-Rechtsprechung, DB 2006 S. 414; *Kraft/Kraft*, Führung eines steuerlichen Einlagekontos durch privatnützige Stiftungen, DStR 2011 S. 1837; *Kraft/Moser/Gebhardt*, Neukonzeption der Besteuerung ausländischer Familienstiftungen durch das JStG 2013 – Systematische Würdigung, strukturelle Defizite und Gestaltungsüberlegungen, DStR 2012 S. 1773; *Kraft/Schulz*, Systematische Verwerfungen im Rahmen der Besteuerung ausländischer Familienstiftungen nach dem neu eingefügten § 15 Abs. 6 AStG, ZSt 2009 S. 122; *dies.*, The Compatibility of the German Taxation of Foreign Private Foundations with EU Law, ET 2010 S. 215; *dies.*, Zwischengesellschaften im Kontext ausländischer Familienstiftungen – Entwicklungen durch das Jahressteuergesetz 2013, IStR 2012 S. 897; *Lademann*, Kommentar zum Einkommensteuergesetz mit Nebengesetzen, 4. Auflage, Stuttgart 1997; *von Löwe*, Österreichische Privatstiftung mit Stiftungsbeteiligten in Deutschland,

IStR 2005 S. 577; *Martin*, Zur Besteuerung der inländischen Anfalls- und Bezugsberechtigten ausländischer Familienstiftungen nach dem Außensteuergesetz, GmbHR 1972 S. 228; *Milatz/Herbst*, Die Besteuerung der Destinatäre einer ausländischen Familienstiftung − Zugleich Urteilsbesprechung der Entscheidung des BFH vom 3.11.2010 − I R 98/09, BB 2011 S. 1500; *Moser/Gebhardt*, Diskussionsanstöße zu einer grundlegenden Reform des § 15 AStG nach dem Scheitern des Jahressteuergesetzes 2013, ISR 2013 S. 84; *dies.*, Ungereimtheiten und Übergangsprobleme durch die systematischen Änderungen in § 15 AStG im Rahmen des Amtshilferichtlinie-Umsetzungsgesetzes, DStZ 2013 S. 754; *Mössner et al.* (Hrsg.), Außensteuerrecht, Kommentar, 2. Auflage 2011; *Rehm/Nagler*, Zurechnungsbesteuerung bei ausländischen Familienstiftungen (§ 15 AStG) und die Empfängerbenennung (§ 160 AO) auf dem Prüfstand des Gemeinschaftsrechts, IStR 2008 S. 284; *Richter/Wachter* (Hrsg.), Handbuch des internationalen Stiftungsrechts, Angelbachtal 2007 (zit. Hb. IStiftR); *Schaumburg*, Internationales Steuerrecht, 2., völlig überarbeitete und erweiterte Auflage, Köln 1998 (zit. IntStR); *Schönfeld*, Probleme der neuen einheitlichen und gesonderten Feststellung von Besteuerungsgrundlagen für Zwecke der Anwendung des § 15 AStG (ausländische Familienstiftungen), IStR 2009 S. 16; *ders.*, Auskunftserteilung in Steuersachen als (neue) einfachgesetzliche Voraussetzung für die Inanspruchnahme der EG-Grundfreiheiten, DB 2008 S. 2217; *Schulz*, Die Besteuerung ausländischer Familienstiftungen nach dem Außensteuergesetz: Analyse und Perspektiven, 2010; *Strunk/Kaminski/Köhler*, Außensteuergesetz, Doppelbesteuerungsabkommen, Kommentar, Bonn 2004 (zit.: *S/K/K*); *Wachter*, Steueroptimale Nachlassplanung mit einer österreichischen Privatstiftung, DStR 2000 S. 1037; *Wassermeyer*, Einkommenszurechnung nach § 15 AStG, IStR 2009 S. 191; *Werder/Dannecker*, Änderungen bei der Zurechnungsbesteuerung nach § 15 AStG, BB 2012 S. 2278; *Werner*, Die liechtensteinische Familienstiftung, IStR 2010 S. 589; *Wilke*, Die Änderungen bei der Besteuerung der Familienstiftung nach § 15 AStG, PIStB 2012 S. 122; *Winter/Heppe*, Zum Willen des Steuergesetzgebers bei ausländischen Familienstiftungen, BB 2013 S. 2775; *Wöhrle/Schelle/Gross*, Außensteuergesetz, Kommentar, Stuttgart 1992.

Verwaltungsanweisungen: BMF-Schreiben betr. Grundsätze zur Anwendung des Außensteuergesetzes, BMF vom 14.5.2004 IV B 4 − S 1340 − 11/04, BStBl I 2004 Sondernummer 1/2004 S. 3 (zit. BMF-AnwSchr); BMF-Schreiben betr. Vereinbarkeit des § 15 AStG mit EU Recht; Vertragsverletzungsverfahren der EU-Kommission, BMF vom 14.5.2008 IV B 4 − S 1361/07/0001, BStBl I 2008 S. 638.

A. Allgemeines

I. Überblick über die Vorschrift

1   Nach § 15 AStG werden Einkünfte und Vermögen von Familienstiftungen, Unternehmensstiftungen und diesen gleichgestellten Gebilden den ihnen nahestehenden Personen zugerechnet, obgleich die betroffenen Rechtsträger nach allgemeinen Grundsätzen selbständige Körperschaftsteuersubjekte darstellen. Die Vorschrift bezweckt nach dem Willen des Gesetzgebers, der Verlagerung von Vermögen und Einkünften auf die bezeichneten Rechtsträger entgegenzuwirken. Aufgrund ihres prohibitiven Charakters ist die Norm nur vereinzelt Gegenstand richterlicher

Würdigung gewesen. Nachdem die Vorschrift infolge der im Zuge des StraBEG abgegebenen Erklärungen (vgl. BMF-Schreiben vom 20.7.2004 IV A 4 – S 1928 – 94/04, ergänzt durch BMF-Schreiben vom 16.9.2004 IV A 4 – S 1928 – 120/04, Antwort zu Frage 19) bereits vermehrt in den Fokus geraten war, kommt ihr nunmehr aufgrund der in jüngerer Zeit insbesondere infolge des Aufkaufs sog. „Daten-CDs" durch die Finanzverwaltung erheblich angestiegenen Selbstanzeigefälle mit Auslandsbezug erhöhte Aufmerksamkeit zu. In diesem Zusammenhang sind auch das allgemein zunehmende Interesse an Stiftungen etwa als Instrument der Nachfolgeplanung sowie die zunehmende grenzüberschreitende Mobilität von Stiftern und Begünstigten hervorzuheben, die die Vorschrift in das Blickfeld betroffener Steuerpflichtiger und der Beratungspraxis rücken können.

Absatz 1 enthält die Kernbestimmung der Vorschrift. Demnach erfolgt gegenüber unbeschränkt steuerpflichtigen Stiftern, subsidiär quotal gegenüber unbeschränkt steuerpflichtigen Bezugs- oder Anfallsberechtigten eine Zurechnung von Vermögen und Einkünften ausländischer Familienstiftungen. Absatz 2 kodifiziert für Zwecke der Vorschrift eine Definition des Terminus Familienstiftung. Absatz 3 erweitert den Anwendungsbereich der Norm auf bestimmte Unternehmensstiftungen und hält entsprechende Tatbestandsmerkmale bereit. Absatz 4 ordnet unter den bei Familien- und Unternehmensstiftungen geltenden Voraussetzungen eine Zurechnung auch bei sonstigen Zweckvermögen, Vermögensmassen sowie rechtsfähigen oder nichtrechtsfähigen Personenvereinigungen an. Absatz 5 erklärt die Regelungen zur Steueranrechnung des § 12 Abs. 1 und 2 AStG für entsprechend anwendbar und verfügt in Satz 2, dass die Regelungen zur Anrechnung von Quellensteuern auf nachträgliche Auskehrungen in § 12 Abs. 3 AStG für Zuwendungen i. S. d. § 15 Abs. 11 AStG entsprechend gelten. Absatz 6 eröffnet im Falle von im EWR ansässigen Stiftungen eine Entlastungsmöglichkeit zur Vermeidung der Zurechnungsfolgen. Die Rechtsfolgenausnahme ist an die Voraussetzungen geknüpft, dass im Verhältnis zwischen Stiftung und Zurechnungsempfängern eine rechtliche und tatsächliche Vermögenstrennung nachgewiesen wird und die Finanzverwaltung eine Nachprüfmöglichkeit aufgrund der Amtshilferichtlinie oder eines vergleichbaren Abkommens hat. Absatz 7 normiert, dass sich die Ermittlung der zuzurechnenden Einkünfte nach den Vorschriften des Einkommensteuer- und Körperschaftsteuergesetzes richtet, wobei die Vorschriften des § 10 Abs. 3 AStG entsprechend angewandt werden sollen. Ein negativer Betrag wird nach Satz 3 nicht zugerechnet. Absatz 8 enthält Bestimmungen zur Zuordnung und Qualifikation der zugerechneten Einkünfte und bestimmt vorbehaltlich der Subsidiaritätsklausel in § 20 Abs. 8 EStG bzw. der Vorschrift des § 8 Abs. 2 KStG insbesondere deren Zugehörigkeit zu den Einnahmen aus Kapitalvermögen i. S. d. § 20 Abs. 1 Nr. 9 EStG. In den Genuss der Abgeltungsteuer (§ 32d EStG) bzw. der Vergünstigungen des Teileinkünfteverfahrens nach § 3 Nr. 40 EStG und der Steuerbefreiung nach § 8b KStG gelangen nach Absatz 8 nur solche Zurechnungssubjekte, die diese Vergünstigungen auch bei unmittelbarem Bezug beanspruchen könnten. Absatz 9 enthält Regelungen zur Berücksichtigung von Einkünften nachgeordneter ausländischer Gesellschaften und zur Vermeidung einer Doppelerfassung in Gestalt späterer Dividendenausschüttungen. Im Absatz 10 ordnet die Vorschrift die Zurechnung von Einkünften bestimmter nachgeordneter Stiftungen an. Nachträgliche Stiftungsauskehrungen an Begünstigte unterliegen unter den Voraussetzungen des Absatzes 11 keiner (erneuten) Besteuerung.

II. Rechtsentwicklung

3 § 15 AStG ist als Nachfolgevorschrift des § 12 StAnpG vom 16.10.1934 (RGBl I 1934 S. 924) in das AStG 1972 aufgenommen worden. § 12 StAnpG beruhte seinerseits auf den §§ 2, 3 der Steueramnestieverordnung vom 23.8.1931 (RGBl I 1931 S. 449). In der amtlichen Begründung zur Steueramnestieverordnung führte der Gesetzgeber als Motive die Verhinderung von Steuer-, aber auch explizit Kapitalflucht auf. § 12 StAnpG lag eine unveränderte Motivlage zugrunde (vgl. die amtliche Begründung zur Einführung des § 12 StAnpG, RStBl 1934 S. 1398).

4 Im Gegensatz zur Vorgängervorschrift des § 12 StAnpG erfasst § 15 AStG auch von Ausländern auf ausländischem Gebiet errichtete Stiftungen.

5 Die von § 15 AStG angeordnete Vermögenszurechnung erweist sich infolge der vom BVerfG (vgl. BVerfG, Beschluss vom 22.6.1995 2 BvL 37/91, BStBl II 1995 S. 655) festgestellten Verfassungswidrigkeit der Vermögensteuer als bedeutungslos. Mangels Erstreckung des § 15 AStG auf die Erbschaft- und Schenkungsteuer (vgl. § 15 Abs. 1 Satz 2 AStG) kommt der Vermögenszurechnung auch für erbschaft- und schenkungsteuerliche Übertragungsvorgänge keine Bedeutung zu. Es mutet indessen seltsam an, dass der Gesetzgeber noch immer keine redaktionelle Überarbeitung vorgenommen hat, sondern im Gegenteil im Zuge des Amtshilferichtlinie-Umsetzungsgesetzes auch in Absatz 10 die Zurechnung des Vermögens nachgeordneter Stiftungen vorsieht.

6 Durch das JStG 2009 vom 19.12.2008 (BGBl I 2008 S. 2794) hat § 15 AStG erstmals seit seiner Einführung Anpassungen erfahren. Mit der Einfügung des Absatzes 6, der für Familienstiftungen im EWR-Gebiet eine Entlastungsmöglichkeit normiert, reagiert der Gesetzgeber auf das von der EU-Kommission eingeleitete Vertragsverletzungsverfahren (Az. 2003/4610 der EU-Kommission). Die EU-Kommission hatte in einer mit Gründen versehenen Stellungnahme als zweitem Schritt des Vertragsverletzungsverfahrens gemäß Art. 226 EGV die Bundesregierung um eine Anpassung des § 15 AStG ersucht, da die Zurechnungsbesteuerung der Kapitalverkehrsfreiheit nach Art. 56 EGV sowie dem Freizügigkeitsrecht nach Art. 18 EGV zuwiderliefe. Das BMF hatte daraufhin zunächst auf dem Erlassweg die Nichtanwendung der Zurechnungsbesteuerung unter bestimmten Voraussetzungen verfügt (vgl. BMF-Schreiben vom 14.5.2008, BStBl I 2008 S. 638). Die im bezeichneten Erlass niedergelegten Bedingungen sind weitgehend deckungsgleich mit den durch das JStG 2009 implementierten Voraussetzungen (vgl. Anm. 62 ff. = Gliederungspunkt G). Die EU-Kommission hat aufgrund der im Zuge des JStG 2009 vorgenommenen gesetzlichen Anpassungen das Vertragsverletzungsverfahren zwischenzeitlich eingestellt. Gleichzeitig schloss der durch das JStG 2009 neu eingefügte Absatz 7 eine Verlustzurechnung aus und erklärt diesbezüglich § 10d EStG für entsprechend anwendbar.

6a Durch das Amtshilferichtlinie-Umsetzungsgesetz (AmtshilfeRLUmsG) vom 26.6.2013 (BGBl I 2013 S. 1809) ist die Vorschrift umfassend ergänzt bzw. geändert worden. Gemäß der Anwendungsbestimmung in § 21 Abs. 21 Satz 4 AStG sollen die Neuregelungen erstmals im Veranlagungszeitraum 2013 Geltung erlangen. Die gesetzlichen Änderungen bringen mithin eine – verfassungsrechtlich noch zulässige – unechte Rückwirkung mit sich. Die Neuregelungen betreffen insbesondere die Art und Qualifikation des Zurechnungsgegenstands, die Einkünfteerfassung von Zwischengesellschaften sowie die Erfassung von Einkünften nachgeordneter Stiftungen und enthalten eine Rechtsgrundlage für die Freistellung späterer Zuwendungen aus Familienstiftungen, soweit die zugrunde liegenden Einkünfte bereits einer Zurechnung unterlegen haben. Das geltende Konzept der Einkommenszurechnung soll durch eine Einkünftezurechnung ersetzt werden. Die zugerechneten Einkünfte sind grds. als Kapitaleinkünfte i. S. d. § 20 Abs. 1 Nr. 9 EStG zu qualifizieren. Die Steuervergünstigungen des § 8b KStG, das Teileinkünfteverfahren oder der Abgeltungsteuertarif sollen dabei beansprucht werden können, soweit diese Vorschriften bei den Zurechnungssubjekten im Falle unmittelbaren Bezugs der Einkünfte auch angewendet würden.

III. Verhältnis zu anderen Rechtsvorschriften

1. Verhältnis zu den Zurechnungsvorschriften der AO

7   Die Zurechnungsvorschriften der AO haben grundsätzlich Vorrang vor der Anwendung des § 15 AStG (ebenso *Vogt* in *Blümich*, § 15 AStG Rz. 1).

8   § 39 Abs. 2 Nr. 1 AO wird durch § 15 AStG nicht im Sinne einer lex specialis-Regelung verdrängt (ebenso *Rundshagen* in *S/K/K*, § 15 AStG Rz. 23; *Wassermeyer*, IStR 2009 S. 191; s. auch BFH, Urteil vom 5.11.1992 I R 39/92, BStBl II 1993 S. 388; nunmehr explizit für § 15 AStG a. F. vor dem JStG 2009 BFH, Urteile vom 22.12.2010 I R 84/09, BFH/NV 2011 S. 1069, vom 22.12.2010 I R 85/09, vom 22.12.2010 I R 86/09, BFH/NV 2011 S. 1140 und vom 22.12.2010 I R 87/09; a. A. *Runge* in *Brezing u. a.*, Außensteuerrecht, § 15 AStG Rz. 2). Den Vorschriften § 39 Abs. 2 Nr. 1 AO und § 15 AStG liegen unterschiedliche Regelungsbereiche zugrunde. Während § 39 Abs. 2 Nr. 1 AO eine umfassende Zuordnung der Wirtschaftsgüter und ggf. daraus abgeleiteter Einkünfte beim wirtschaftlichen Eigentümer verfügt, ordnet § 15 AStG lediglich eine Einkünftezurechnung von Familienstiftungen bei den dahinter stehenden Personen an, ohne die Zuweisung der Wirtschaftsgüter zu ändern. Wenn die Einkünfte erzeugenden Wirtschaftsgüter aber bereits nach allgemeinen Grundsätzen den hinter der Familienstiftung stehenden Person zuzurechnen sind, bleibt für die Anwendung des § 15 AStG kein Raum. Dies ist etwa im Falle „kontrollierter" Treuhandstiftungen und Trusts zu prüfen (s. auch BMF-Schreiben vom 16.9.2004 IV A 4 – S 1928 – 120/04, Antwort zu Frage 19, vgl. Anm. 57).

8a   Zwar ließe die Ausgestaltung der im Zuge des JStG 2009 in § 15 Abs. 6 AStG neu eingefügten Entlastungsregelung (vgl. hierzu Anm. 64 ff.) prima facie Raum für eine gegenteilige Rechtsauffassung (mangels Entscheidungserheblichkeit vom BFH in den Urteilen vom 22.12.2010, I R 84/09, BFH/NV 2011 S. 1069, vom 22.12.2010 I R 85/09, vom 22.12.2010 IR 86/09, BFH/NV 2011 S. 1140 und vom 22.12.2010 I R 87/09, offen gehalten). Bei Nichtvorliegen der in § 15 Abs. 6 Nr. 1 AStG niedergelegten Vermögenstrennung liegen nach hier vertretener Auffassung aber unverändert die Voraussetzungen einer unmittelbaren Zurechnung ggü. dem wirtschaftlichen Eigentümer vor. Aufgrund der Regel-Ausnahme-Konzeption der Vorschrift erschiene im Umkehrschluss zwar auch die Anwendung des § 15 Abs. 1 AStG nicht ausgeschlossen. Diese Betrachtungsweise ist jedoch nicht nur aus systematischen Erwägungen abzulehnen (vgl. Anm. 8 und BMF-AnwSchr Rz. 7.0.2 zur Abgrenzung der §§ 39 AO, 7–14 AStG), sondern sähe sich auch unionsrechtlichen

Zweifeln ausgesetzt. Die Rechtsfolgen des § 15 AStG können insofern unter verschiedenen Gesichtspunkten eine Schlechterstellung im Vergleich mit der unmittelbaren Einkünftezurechnung bewirken. Hier sind etwa die in § 15 Abs. 7 AStG niedergelegten Beschränkungen einer Zurechnung von Verlusten oder die mögliche Ausdehnung der Rechtsfolgen des § 15 AStG auf andere Personen als den wirtschaftlichen Eigentümer anzuführen (vgl. hierzu *Kraft/Schulz*, ET 2010 S. 215).

9 § 15 AStG setzt kein subjektives Missbrauchsmoment des Stifters voraus (vgl. auch BFH, Urteil vom 2.2.1994 I R 66/92, BStBl II 1994 S. 727; BFH, Urteil vom 25.4.2001 II R 14/98, BFH/NV 2001 S. 1457; BFH, Urteile vom 22.12.2010 I R 84/09, BFH/NV 2011 S. 1069, vom 22.12.2010 I R 85/09, vom 22.12.2010 IR 86/09, BFH/NV 2011 S. 1140 und vom 22.12.2010 I R 87/09). Die Einkünftezurechnung erfolgt losgelöst von der Motivlage des Stifters, sofern die Tatbestandsvoraussetzungen der Norm erfüllt sind. Die Rechtsfolgen der von § 15 AStG erfassten Sachverhalte bestimmen sich grundsätzlich ausschließlich nach dieser Vorschrift. Ein steuerlicher Missbrauch i. S. d. § 42 AO kann nicht allein deshalb vorliegen, weil die gewählte Gestaltung zu einem Unterschreiten der in § 15 Abs. 2, 3 AStG genannten Berechtigungsgrenzen führt (vgl. zum Verhältnis des § 42 AO zu den spezialgesetzlichen Vorschriften *Hahn*, DStZ 2008 S. 483; *Hey*, BB 2009 S. 1044; offen gelassen von *Wachter*, DStR 2000 S. 1037).

9a Ein steuerlicher Missbrauch kann aber im Falle der Einräumung von „Scheinberechtigungen" vorliegen, soweit die Einräumung oder Übertragung derartiger Berechtigungen nach dem einschlägigen Zivil- und Gesellschaftsrecht möglich ist (vgl. auch BFH, Urteil vom 8.7.1998 I R 112/97, BStBl II 1999 S. 123 zu einem Gestaltungsmissbrauch durch verdeckte entgeltliche Abtretung einer verzinslichen Forderung mit dem Ziel, den Eintritt der erweiterten beschränkten Steuerpflicht zu vermeiden). Scheingeschäfte sind überdies bereits aufgrund § 41 Abs. 2 AO für die Besteuerung unerheblich. Anknüpfungspunkte für § 42 AO können sich nach Auffassung des Schrifttums auch aus der Zwischenschaltung inländischer oder ausländischer juristischer Personen ergeben (vgl. *Hennemann-Raschke* in W/S/G, § 15 AStG Rz. 21; *Bremer* in *Grotherr (Hrsg.)*, Steuerplanung, S. 1598). Hier ist zu unterscheiden. Im Fall einer inländischen juristischen Person kann diese grds. als Stifterin in Betracht kommen mit der Konsequenz, dass die Rechtsfolgen des § 15 AStG ggf. unmittelbar auf Ebene der juristischen Person eintreten. § 42 AO wäre insofern u. a. nur einschlägig, wenn mit dieser Gestaltung „gesetzlich nicht vorgesehene" Steuervorteile erzielt würden. Im Fall einer ausländischen juristischen Person käme es im Vergleich dazu aus dem Blickfeld des deutschen Steuerrechts zur Vermeidung der steuerlichen Zurechnung nach § 15 AStG. Ein Zugriff auf die Einkünfte der ausländischen juristischen Person wäre ohne Anwendung des § 42 AO nur aufgrund der Hinzurechnungsbesteuerung gem. §§ 7–14 AStG möglich. Bei bloßer Zwischenschaltung einer ausländischen juristischen Person ist der Anwendungsbereich des § 42 AO mithin grds. zu prüfen. Vertretbar erscheint hier indessen, dass die in § 42 Abs. 1 Satz 2 AO angeordnete Subsidiarität ggü. spezialgesetzlichen Missbrauchsverhinderungsvorschriften – hier namentlich die Regelungen zur Hinzurechnungsbesteuerung – die Anwendung des § 42 AO ausschließt. Für den umgekehrten Fall der Nachschaltung einer ausländischen juristischen Person hinter eine ausländische Familienstiftung vgl. Tz. 49 f., s. auch Anm. 79 ff. = Gliederungspunkt J.

2. Verhältnis zur beschränkten Steuerpflicht der ausländischen Familienstiftung

Die beschränkte Steuerpflicht der ausländischen Familienstiftung wird durch **10** § 15 AStG nicht suspendiert (ebenso *Rundshagen* in *S/K/K*, § 15 AStG Rz. 10, 59 ff.; dahin tendierend nunmehr *Wassermeyer*, IStR 2009 S. 191; a. A. noch *Wassermeyer* in *F/W/B*, § 15 AStG Rz. 61; *Kirchhain* in *Mössner et al.*, Außensteuerrecht, § 15 AStG Rz. 19; *Runge* in *Brezing u. a.*, Außensteuerrecht (1. Auflage), § 15 AStG Rz. 2; *Schaumburg*, IntStR Rz. 11.6). Für eine abweichende Auffassung fehlt es an einer Rechtsgrundlage. Durch die Vorschrift werden die – ggf. in Deutschland erzielten – Einkünfte der ausländischen Familienstiftung den unbeschränkt steuerpflichtigen Stiftern oder Destinatären zugerechnet. Die originär Einkünfte erzielende Subjekt bleibt aber die ausländische Familienstiftung. Dies entspricht der steuerlichen Behandlung von Zwischengesellschaften nach den §§ 7–14 AStG. Für diese Auffassung spricht ferner, dass die zulasten der ausländischen Familienstiftung erhobenen inländischen und ausländischen Steuern bei den Zurechnungsempfängern angerechnet werden können (vgl. dazu Anm. 59 f. = Gliederungspunkt F II). In der Steuerfreistellung nachträglicher Zuwendungen von unter die Vorschrift fallenden Stiftungen nach Absatz 11 kann ebenfalls ein Argument für die fortbestehende beschränkte Steuerpflicht erblickt werden, da steuerlich beachtliche Zuwendungen die vorherige Erzielung dieser Einkünfte durch den zuwendenden Rechtsträger bedingen (vgl. *Kirchhain*, IStR 2012 S. 602). Letztlich spricht dafür auch die Qualifikation der zugerechneten Einkünfte gemäß Abs. 8 dafür. Eine anderweitige Auffassung ruft im Übrigen praktische Probleme hervor. Man stelle sich etwa eine Stiftung vor, deren Einkünfte nur zum Teil unbeschränkt oder erweitert beschränkt steuerpflichtigen Begünstigten zugerechnet werden können. Vertritt man die Auffassung, dass § 15 AStG die beschränkte Steuerpflicht aufhebt, träte diese insoweit lediglich in Höhe der Berechtigungsquote unbeschränkt oder erweitert beschränkt steuerpflichtiger Personen zurück.

3. Vereinbarkeit mit unionsrechtlichen Vorgaben

§ 15 AStG i. d. F. vor dem JStG 2009 verstieß eklatant gegen Unionsrecht (vgl. **11** aus der Literatur *Kellersmann/Schnitger*, IStR 2005 S. 253; *Kraft/Hause*, DB 2006 S. 414). Insbesondere stand die Vorschrift nicht im Einklang mit der Kapitalverkehrsfreiheit. Der EuGH rekurriert zur Bestimmung der geschützten Kapitalverkehrsvorgänge in ständiger Rechtsprechung auf die Nomenklatur der Kapitalverkehrsrichtlinie (Richtlinie 88/361/EWG vom 24.6.1988, ABl. EG 1988, L 178 S. 5). Stiftungen, gleich welcher Art, zählen explizit zum Kapitalverkehr mit persönlichem Charakter (vgl. Anhang I, XI B der Kapitalverkehrsrichtlinie a. a. O.). Für liechtensteinische Trusts hat der EFTA in der Rechtssache Olsen die Anwendbarkeit der europäischen Grundfreiheiten bejaht (vgl. Urteil vom 9.7.2014 [Cases E-3/13 and E-20/13], abrufbar unter dem Internetauftritt des EFTA: http://www.eftacourt.int/uploads/tx_nvcases/3_13_20_13_Judgment_EN.pdf).
Die Einkünftezurechnung durch § 15 AStG stellt zwar keine unmittelbare Belastung des Errichtungsvorgangs dar. Nach der Rechtsprechung des EuGH (vgl. u. a. EuGH vom 6.6.2000 Rs. C-35/98 Verkooijen, Slg. 2000 S. I-4071) genügt jedoch bereits eine abschreckende Wirkung gegenüber dem betroffenen Kapitalverkehrsvorgang, die im Rahmen des § 15 AStG zweifellos zu konstatieren ist. § 15 AStG a. F. begründete damit einen Eingriff in den grundfreiheitsrechtlich geschützten

Kapitalverkehr, da eine äquivalente Einkünftezurechnung im Falle der Errichtung einer inländischen Familienstiftung nicht erfolgt. Der Eingriff erwies sich in den meisten Konstellationen auch keiner Rechtfertigung zugänglich, zumal die Vorschrift unabhängig vom Vorliegen eines Missbrauchs zur Anwendung gelangte. Obgleich dem deutschen Zivil- und Gesellschaftsrecht das Rechtsgebilde eines Trusts nicht bekannt ist, genießen auch Trusts den Grundfreiheitsschutz (vgl. Urteil des EFTA vom 9.7.2014, a. a. O.). Neben dem Trust können sich dabei auch die Begünstigten auf die Grundfreiheiten berufen.

12 In jüngeren (weitgehend) identischen Entscheidungen (BFH, Urteile vom 22.12.2010 I R 84/09, BFH/NV 2011 S. 1069, vom 22.12.2010 I R 85/09, vom 22.12.2010 I R 86/09, BFH/NV 2011 S. 1140 und vom 22.12.2010 I R 87/09) konnte der BFH in der früheren Anwendung der Vorschrift ggü. Liechtenstein lediglich aufgrund der mangelnden Amtshilfe im Ergebnis keinen ungerechtfertigten Verstoß gegen die europäischen Grundfreiheiten erkennen (einschlägig war insoweit das EWR-Abkommen). Er berief sich dabei auf das vom EuGH in zwei Entscheidungen ggü. Drittstaaten geprägte besondere Rechtfertigungsmoment fehlender zwischenstaatlicher Kooperation in Steuerangelegenheiten (vgl. EuGH vom 28.10.2010 Rs. C-72/09 *Rimbaud*, BFH/NV 2010 S. 2376, IStR 2010 S. 842 und EUGH vom 19.11.2009 Rs. C-540/07 *Kommission/Italien*, BFH/NV 2010 S. 143, IStR 2009 S. 853).

13 Neben der Kapitalverkehrsfreiheit ist im Schrifttum die Verletzung der Niederlassungsfreiheit (vgl. *Kinzl*, IStR 2005 S. 624; *Kraft/Hause*, DB 2006 S. 414) und des Rechts auf Freizügigkeit (vgl. *Kellersmann/Schnitger*, IStR 2005 S. 253) moniert worden. Die EU-Kommission hatte in ihrer mit Gründen versehenen Stellungnahme keine Beeinträchtigung der Niederlassungsfreiheit, gleichwohl aber eine potentielle Beeinträchtigung des Freizügigkeitsrechts gerügt. Der Schutzbereich der Niederlassungsfreiheit kann aber im Einzelfall ebenfalls eröffnet sein, wenn die rechtliche oder tatsächliche Struktur dem Stifter einen beherrschenden Einfluss einräumt und die Stiftung eine entgeltliche, marktbezogene Tätigkeit ausübt (vgl. zur Abgrenzung der Grundfreiheit auch Urteil des EFTA vom 9.7.2014, a. a. O., zu einem liechtensteinischen Trust). Das Freizügigkeitsrecht ist insoweit tangiert, als der Stifter oder Destinatär einer ausländischen Familienstiftung aufgrund der nachteilhaften Rechtsfolgen der Einkünftezurechnung vom Zuzug nach Deutschland abgehalten werden kann.

14 Durch Einfügung des Entlastungsbeweises in Absatz 6 i.R.d. JStG 2009 hat der Gesetzgeber den Versuch unternommen, die Unionsrechtswidrigkeit des § 15 AStG zu beheben. Die EU-Kommission sieht die Unionsrechtswidrigkeit aufgrund der gesetzlichen Anpassungen als geheilt und hat das Vertragsverletzungsverfahren zwischenzeitlich eingestellt (vgl. Internetauftritt der EU-Kommission).

15 Es verbleiben aber unionsrechtliche Bedenken (vgl. *Hey*, IStR 2009 S. 181; *Kraft/Schulz*, ET 2010 S. 215). So ist die Grundkonzeption der Norm – die Zurechnung von Einkünften eines eigenständigen Rechtsträgers bei bloßem Vorliegen des Tatbestands einer Familienstiftung – unverändert beibehalten worden. Die Regel-Ausnahme-Konzeption entspricht nicht unionsrechtlichen Vorgaben; vielmehr hätte die im Entlastungsbeweis zum Ausdruck kommende missbräuchlich „kontrollierte Stiftung" den Regeltatbestand für das Eingreifen der Zurechnung bilden müssen.

Der räumliche Anwendungsbereich des Entlastungsbeweises qua Beschränkung **16** auf den EWR erweist sich als untauglich, die Verletzung der grundsätzlich auch Kapitalverkehrsvorgänge zwischen Mitglied- und Drittstaaten schützenden Kapitalverkehrsfreiheit zu heilen. Die Ausnahmeregelung des Art. 57 EGV („Grandfather-Rule") ist vorliegend nicht einschlägig, da die Errichtung einer Stiftung nicht als Direktinvestition betrachtet werden kann (a. A. *Rehm/Nagler*, IStR 2008 S. 284). Unionsrechtliche Bedenken rufen nicht zuletzt die einseitige und im Einzelfall in Ermangelung von Auskunftsrechten unverhältnismäßige Beweislastumkehr zulasten des Steuerpflichtigen, die zeitliche Beschränkung des Entlastungsbeweises auf Veranlagungszeiträume ab 2009 gemäß § 21 Abs. 18 Satz 1 AStG (vgl. auch *Hey*, IStR 2009 S. 181) und die Einschränkungen der Verlustzurechnung hervor.

Mit Liechtenstein ist am 2.9.2009 ein Auskunftsabkommen unterzeichnet worden, **17** das im Wesentlichen dem OECD-Musterabkommen für Informationsaustausch (OECD-MA TIEA) folgt. Das Abkommen ist am 28.10.2010 in Kraft getreten. Es gewährleistet den gegenseitigen Informationsaustausch auch für Zwecke des jeweiligen innerstaatlichen Steuerrechts des ersuchenden Staats und gilt für Veranlagungszeiträume ab 2010 (zum Abkommensinhalt und dessen Implikationen vgl. im Einzelnen *Hecht/Lampert/Schulz*, BB 2010 S. 2727). Die Abkommensregelungen erfüllen die Voraussetzungen des § 15 Abs. 6 Nr. 2 AStG (vgl. hierzu Anm. 66 ff.). Ab dem Veranlagungszeitraum 2010 können sich daher auch Stifter und Begünstigte liechtensteinischer Stiftungen auf die Entlastungsregelung berufen.

4. Vereinbarkeit mit verfassungsrechtlichen Vorgaben

Gegen die Einkünftezurechnung nach § 15 AStG sind in der Vergangenheit wiederholt **18** verfassungsrechtliche Bedenken geäußert worden (vgl. etwa *Felix*, DB 1972 S. 2275; *Martin*, GmbHR 1972 S. 228; *Wassermeyer* in F/W/B, § 15 AStG Rz. 12 ff.). Diese zielen auf Art. 3 (Gleichheitsgrundsatz), 6 (Schutz der Ehe und Familie) und 14 GG (Eigentumsgarantie). Daneben wird ein Verstoß gegen das Rechtsstaatsgebot erblickt, weil die Norm nicht hinreichend bestimmt sei.

Zumindest in Fällen, in denen überhaupt keine Missbrauchsabsicht vorliegt – **19** z. B. bei Zuzug eines Ausländers, der in seinem Heimatland eine Familienstiftung errichtet hat –, erscheint der steuerrechtliche Durchgriff im Hinblick auf Art. 3 GG zweifelhaft (so auch *Vogt* in Blümich, § 15 AStG Rz. 4).

Das hessische FG hatte in mehreren Verfahren eine Sachverhaltskonstellation zu **19a** beurteilen (2 K 952/09, 2 K 953/09, 2 K 954/09, 2 K 955/09), bei der eine ausländische Familienstiftung durch einen später ins Inland zuziehenden Steuerausländer errichtet wurde. Das FG zeigte sich für die Argumentation der Kläger, § 15 AStG könne in diesen Fällen mangels Vorliegens eines Missbrauchs nicht zur Anwendung gelangen, grundsätzlich offen und diskutierte eine mögliche teleologische Reduktion des Geltungsbereichs der Norm. Der BFH hat diese Argumentationslinie jedoch nicht weiter verfolgt (Urteile vom 22.12.2010 I R 84/09, BFH/NV 2011 S. 1069, vom 22.12.2010 I R 85/09, vom 22.12.2010 I R 86/09, BFH/NV 2011 S. 1140 und vom 22.12.2010 I R 87/09) und lediglich festgestellt, dass die Anwendung des § 15 AStG a. F. nicht vom tatsächlichen Vorliegen einer Steuer- oder Kapitalflucht abhängig sei. Es stellt sich gleichwohl die Frage, mit welchem Rechtfertigungsargument dann überhaupt noch eine den Gleichheitssatz und insbesondere das Folgerichtigkeitsgebot beachtende Durchbrechung des Trennungsprinzips erfolgen kann. Für die Beratungspraxis bedeutet die aktuelle Rechtsprechung, dass auch in missbrauchsfreien Mandatsbeziehungen – etwa in Zuzugsfällen von Ausländern – die außensteuerrechtlichen Zurechnungsbestimmungen des § 15 AStG im Blickfeld sein müssen.

19b Auch die etwa durch rechtliche Einschränkungen von Auskünften ggü. Destinatären bedingte mangelhafte Belastungsgleichheit im steuerlichen Vollzug ist geeignet, verfassungsrechtliche Zweifel zu nähren (vgl. *Kellersmann/Schnitger* in *Richter/Wachter* (Hrsg.), Hb. IStiftR, § 23 Rz. 64). Bedenken hinsichtlich einer Verletzung des Gleichheitssatzes hat sich der BFH in den ihm bislang vorgelegten streitgegenständlichen Sachverhalten nicht anschließen wollen (vgl. BFH, Urteil vom 5.11.1992 I R 39/92, BStBl II 1993 S. 388; BFH, Urteil vom 2.2.1994 I R 66/92, BStBl II 1994 S. 727; BFH, Urteil vom 25.4.2001 II R 14/98, BFH/NV 2001 S. 1457).

20 In seinem Urteil vom 25.4.2001 hatte der BFH überdies bereits entschieden, dass die durch § 15 AStG angeordnete Vermögenszurechnung auch bei mangelndem tatsächlichen Zufluss von Stiftungsleistungen nicht gegen Art. 14 GG verstoße (vgl. BFH, Urteil vom 25.4.2001 II R 14/98, BFH/NV 2001 S. 1457). Vielmehr könne zur Herstellung von Einzelfallgerechtigkeit ggf. auf Billigkeitsmaßnahmen (§§ 163, 222, 227 AO) zurückgegriffen werden. Sofern neben Anfalls- auch Bezugsberechtigte (zu den Begriffen s. Anm. 27–30) vorhanden seien, könne § 15 Abs. 1 AStG verfassungskonform so ausgelegt werden, dass eine primäre Zurechnung bei den Bezugsberechtigten erfolge.

21 Der BFH hat aber offen gehalten, ob der Norm in bestimmten Konstellationen bei der Ermittlung der Bezugsberechtigung dem Grunde und/oder der Höhe nach die erforderliche Bestimmtheit fehlt (vgl. BFH, Urteil vom 2.2.1994 I R 66/92, BStBl II 1994 S. 727). Tatsächlich vermag die Norm in zahlreichen Praxisfällen erhebliche (ggf. unlösbare) Anwendungsprobleme hervorzurufen (vgl. auch Anm. 34 ff.).

22 In jüngster Zeit entzündete sich Kritik an dem durch das JStG 2009 eingefügten (durch das AmtshilfeRLUmsG jedoch wieder geänderten) Absatz 7, der eine originäre Verlustzurechnung untersagt. Gemäß § 21 Abs. 18 Satz 2 AStG gilt diese Neuregelung für alle noch nicht bestandskräftigen Veranlagungen. Hierin wird ein Verstoß gegen das Verbot der echten Rückwirkung gesehen (vgl. *Kleinert/Podewils*, BB 2008 S. 1819; *Hey*, IStR 2009 S. 181). Bestätigung findet diese Kritik nunmehr in der im Beschluss vom 19.11.2008 geäußerten Rechtsauffassung des FG Baden-Württemberg (Beschluss vom 19.11.2008 13 V 3428/08, Beschwerde eingelegt, IStR 2009 S. 70); der BFH musste hierzu keine Stellung beziehen, vgl. Beschluss vom 8.4.2009 I B 223/08, BFH/NV 2009 S. 1437). Nach Ansicht des FG konnte § 15 AStG a. F. ein Verlustzurechnungsverbot nämlich nicht entnommen werden. Auch das FG Hessen geht in seiner Entscheidung vom 14.12.2012 (10 K 625/08, DStR 2013 S. 1011, rkr.) von einer verfassungsrechtlich unzulässigen echten Rückwirkung des Verlustzurechnungsverbots aus. Im Streitfall brauchte die Norm dem BVerfG mangels Entscheidungserheblichkeit jedoch nicht vorgelegt werden.

B. Zurechnung von Einkünften und Vermögen einer Familienstiftung (Absatz 1)

I. Allgemeines

Absatz 1 enthält den Kern der Vorschrift. Einkünfte und Vermögen einer ausländischen Familienstiftung i. S.d. Absatzes 2 (vgl. Anm. 51 ff. = Gliederungspunkt C) werden dem unbeschränkt steuerpflichtigen Stifter, ansonsten den unbeschränkt steuerpflichtigen Bezugs- oder Anfallsberechtigten entsprechend ihrem Anteil zugerechnet. Der Verwendung des Singulars im Gesetzestext („dem Stifter") kommt keine Bedeutung zu. **23**

Bis einschließlich dem Veranlagungszeitraum 2012 ordnete § 15 AStG die Zurechnung des Stiftungs*einkommens* an. Aus systematischer Sicht begegnete die bis zum Veranlagungszeitraum 2012 vorgenommene Einkommenszurechnung Bedenken. Mit der Zurechnung von Einkünften verfolgt der Gesetzgeber ausweislich der Gesetzesbegründung (vgl. BT-Drs. 17/10000 S. 67) nunmehr u. a. das Ziel einer weiteren systematischen Annäherung an die Hinzurechnungsbesteuerung der §§ 7–14 AStG. Diese Zielsetzung wird indessen nicht erreicht, da i.R.d. Hinzurechnungsbesteuerung die hinzuzurechnenden Einkünfte in einen Hinzurechnungsbetrag nach § 10 AStG transformiert werden. Während auf diesen Hinzurechnungsbetrag gemäß § 10 Abs. 2 Satz 3 AStG der Abgeltungsteuertarif, das Teileinkünfteverfahren nach § 3 Nr. 40 EStG sowie die Steuerbefreiung nach § 8b KStG nicht anwendbar sind, können die Zurechnungssubjekte des § 15 AStG nach dem ebenfalls mit dem Jahressteuergesetz 2013 eingefügten Absatz 8 durchaus in den Genuss der bezeichneten Regelungen gelangen, sofern diese bei unmittelbarem Einkünftebezug zur Anwendungen kommen würden (vgl. Anm. 73 ff. = Gliederungspunkt I). Die Gesetzesbegründung erläutert die konzeptionelle Änderung ferner mit dem – in der Praxis zwar kaum relevanten, aber aus steuerrechtlicher Sicht nichtsdestotrotz beklagenswerten – Befund, dass infolge der Zurechnung des ermittelten Stiftungseinkommens auf der Stufe der Einkommensermittlung ein negativer Gesamtbetrag der Einkünfte im Wege des Verlustabzugs auch insoweit steuerlich abziehbar bleibt, als ein positives Stiftungseinkommen hinzugerechnet wurde (vgl. hierzu auch Anm. 72). **23a**

Mangels Erhebung der Vermögensteuer läuft die Zurechnung des Stiftungsvermögens ins Leere (vgl. auch Anm. 5). Die Finanzverwaltung rekurriert im Kontext der erweiterten beschränkten Erbschaft- und Schenkungsteuerpflicht gleichwohl auf eine vermeintliche Vermögenszurechnung aufgrund des § 15 Abs. 1 Satz 1 AStG (vgl. BMF-AnwSchr Rz. 4.1.1 Nr. 9). Diesbezüglich ist zum einen einzuwenden, dass § 15 Abs. 1 Satz 2 AStG ausdrücklich erbschaft- und schenkungsteuerliche Implikationen der Einkünfte- und Vermögenszurechnung ausschließt. Zum anderen geht die Finanzverwaltung an anderer (und an nämlicher Rz. explizit in Bezug genommener) Stelle des AnwSchr selbst davon aus, dass sich die Zurechnung ggü. erweitert beschränkt steuerpflichtigen Personen auf das Stiftungs*einkommen* bezieht (vgl. BMF-AnwSchr Rz. 4.1.1 Nr. 9 i. V. m. Rz. 15.5). **23b**

Für die Anwendung des § 15 AStG genügt die unbeschränkte Steuerpflicht auf Antrag gemäß §§ 1 Abs. 3, 1a EStG; das Gesetz normiert insoweit keine Ausnahme. Eine teleologische Reduktion erscheint zwar vor dem Hintergrund der verfolgten Zielsetzung – Verhinderung der Kapital- und Steuerflucht – angebracht (so auch **24**

Kraft in *Kraft*, AStG, § 15 Rz. 196), scheitert aber am Umstand, dass § 15 AStG explizit auch Anwendung findet, wenn die Stiftung ursprünglich durch einen beschränkt Steuerpflichtigen errichtet worden ist (vgl. BMF-AnwSchr Rz. 15.1.3, zu diesbezüglichen verfassungsrechtlichen Bedenken vgl. Anm. 19 ff.).

25 Sowohl der Stifter als auch die Destinatäre können im Falle einer Familienstiftung (§ 15 Abs. 2 AStG) nur natürliche Personen sein (vgl. Anm. 51 ff. = Gliederungspunkt C).

25a Durch § 15 AStG werden nur die Einkünfte jener Stiftungen erfasst, deren Sitz und Ort der Geschäftsleitung sich nicht im Inland befinden. Andernfalls wäre die Stiftung bereits nach § 1 Abs. 1 KStG im Inland unbeschränkt steuerpflichtig. Dies gilt es im Besonderen bei „Mandatsstiftungen" oder kontrollierten Stiftungen zu bedenken. Je nach Grad der „Kontrolle" bzw. der Weisungsabhängigkeit und -gebundenheit des Geschäftsleitungsorgans der Stiftung (etwa des Stiftungsrats) wird hier zu prüfen sein, ob sich der Ort der Geschäftsleitung, verstanden als Ort der geschäftlichen Oberleitung der Stiftung, nicht bereits im Inland befindet, so dass die Anwendung der Norm von vornherein ausscheidet (vgl. hierzu auch BFH, Urteile vom 22.12.2010 I R 84/09, BFH/NV 2011 S. 1069, vom 22.12.2010 I R 85/09, vom 22.12.2010 I R 86/09, BFH/NV 2011 S. 1140 und vom 22.12.2010 I R 87/09).

25b § 15 AStG greift im Übrigen auch dann nicht ein, wenn eine Familienstiftung mit Sitz im Inland aufgrund abkommensrechtlicher Bestimmungen (insbesondere bei einem ausländischen Geschäftsleitungsort) als im Ausland ansässig gilt.

II. Kreis der Zurechnungsempfänger

1. Begriff des Stifters

26 Die Vorschrift definiert den Begriff des Stifters nicht. Stifter ist, auf wessen Rechnung das Stiftungsgeschäft durchgeführt wird (BFH, Urteil vom 5.11.1992 I R 39/92, BStBl II 1993 S. 388), wer wie ein Stifter Vermögen auf den errichteten Rechtsträger transferiert oder wem unter wirtschaftlichen Gesichtspunkten das Stiftungsgeschäft zuzurechnen ist (vgl. BFH, Urteil vom 25.4.2001 II R 14/98, BFH/NV 2001 S. 1457; BMF-AnwSchr Rz. 15.2.1). Als Stifter dürften auch Personen gelten, die Zustiftungen in den bestehenden Vermögensstock der Stiftung vornehmen.

26a Bei der Bestimmung des Stifters i. S.d. Vorschrift sind wirtschaftliche Anhaltspunkte zu berücksichtigen, da ansonsten leicht Umgehungsmöglichkeiten geschaffen werden könnten. Wird die Stiftung über einen Treuhänder errichtet, ist das Stiftungsgeschäft dem Treugeber zuzurechnen. Unerheblich ist, ob bei der Errichtung – ggf. mehrere – juristische Personen eingeschaltet sind, sofern das Stiftungsgeschäft auf dem Willen einer anderen Person beruht (vgl. BFH, Urteil vom 25.4.2001 II R 14/98, BFH/NV 2001 S. 1457). In Betracht kommt auch die Errichtung durch eine andere ausländische Familienstiftung. In diesem Fall können sich nach Auffassung des BFH der Stifter oder auch die Begünstigten der errichtenden Stiftung als Stifter qualifizieren (vgl. BFH, Urteil vom 25.4.2001 II R 14/98, BFH/NV 2001 S. 1457). Dies gilt es auch für Zwecke des Abs. 10 zu beachten, der durch das AmtshilfeRLUmsG eingefügt wurde (vgl. Anm. 100).

Wird eine Stiftung von Todes wegen aufgrund letztwilliger Verfügung gegründet, **26b**
ist in jedem Fall der Erblasser als Stifter anzusehen (vgl. *Wassermeyer* in F/W/B,
§ 15 AStG Rz. 27).

2. Begriff des Bezugsberechtigten

Auch der Begriff des Bezugsberechtigten wird in der Norm nicht definiert. Im **27**
Stiftungsrecht werden unter den Begriff der Bezugsberechtigung sowohl einklagbare Rechtspositionen auf Stiftungsleistungen als auch solche ohne einen einklagbaren Rechtsanspruch subsumiert (vgl. BFH, Urteil vom 25.8.1987 IX R 98/82, BStBl II 1988 S. 344 m. w. N.). Die Finanzverwaltung folgt grundsätzlich diesem Begriffsverständnis (vgl. BMF-AnwSchr Rz. 15.2.1; a. A. *Wassermeyer* in F/W/B, § 15 AStG Rz. 34, der für das Vorliegen einer Bezugsberechtigung prinzipiell einen Rechtsanspruch voraussetzt; ebenfalls a. A. *Schaumburg*, IntStR Rz. 11.23). Eine Bezugsberechtigung liegt danach vor, wenn eine Person (in der Gegenwart oder zukünftig) Vermögensvorteile aus den Stiftungserträgen erhält oder erhalten wird oder aufgrund der Satzung erwarten kann. Auch bei zunächst weitgehender oder gar vollumfänglicher Thesaurierung kann daher eine Bezugsberechtigung vorliegen, wenn zukünftig eine Partizipation an den Erträgen der Familienstiftung zu erwarten ist.

Bei sog. Zufallsdestinatären ist eine Bezugsberechtigung zu verneinen (vgl. BMF- **27a**
AnwSchr Rz. 15.2.1). Eine nähere Konkretisierung erfolgt nicht. In Abgrenzung zur Bezugsberechtigung muss es sich um Personen handeln, deren Bezugsberechtigung bloß spekulativer Natur ist.

Nach der Rechtsprechung des BFH genügt es, wenn die Anfallsberechtigung auf- **27b**
schiebend bedingt oder betagt ist; Gleiches gilt bei diesem Verständnis auch für die Bezugsberechtigung (vgl. BFH, Urteil vom 25.4.2001 II R 14/98, BFH/NV 2001 S. 1457). Abweichend von § 158 BGB können die Zurechnungsfolgen demnach bereits vor Realisation der Bedingung eintreten (vgl. auch *Kraft* in *Kraft*, AStG, § 15 AStG Rz. 216). Eine Zurechnung muss aber jedenfalls dann ausscheiden, wenn völlig ungewiss ist, ob die Bedingungen erfüllt werden.

Die Zusammensetzung des Stiftungsrats kann bei der Bestimmung der Bezugsbe- **28**
rechtigung zwar Indizwirkung entfalten. Schließt die Satzung aber jeden Rechtsanspruch auf Stiftungsleistungen aus und fehlen Vorgaben über die Auswahl der Begünstigten, liegt auch keine Bezugsberechtigung vor (vgl. auch *Wassermeyer* in F/W/B, § 15 AStG Rz. 34).

3. Begriff des Anfallsberechtigten

§ 15 AStG enthält schließlich auch keine Definition des Begriffs der Anfallsbe- **29**
rechtigung. In Abgrenzung zur Bezugsberechtigung erfasst die Anfallsberechtigung die (ggf. partielle) Auskehrung aus dem Vermögensstamm der Familienstiftung, insbesondere bei Auflösung der Stiftung (vgl. *Vogt* in *Blümich*, § 15 AStG Rz. 15).

Das FG München weist zu Recht auf die Schwierigkeiten der trennscharfen **29a**
Abgrenzung von Anfalls- und Bezugsberechtigung hin (vgl. FG München vom 25.11.1997 12 K 2629/94, EFG 1998 S. 850). Im Falle einer (teilweise) thesaurierenden Stiftung kann sich eine Rechtsposition an den zurückgelegten Erträgen als

Anfallsberechtigung qualifizieren (ebenso *Rundshagen* in *S/K/K*, § 15 AStG Rz. 37).

30 Nach Auffassung der Finanzverwaltung liegt eine Anfallsberechtigung vor, wenn die Übertragung des Stiftungsvermögens rechtlich verlangt oder tatsächlich erwirkt werden kann (vgl. BMF-AnwSchr Rz. 15.2.1). Wie der BFH (vgl. BFH, Urteil vom 25.4.2001 II R 14/98, BFH/NV 2001 S. 1457) hält die Finanzverwaltung einen Rechtsanspruch nicht für erforderlich. Der Begriff der Anfallsberechtigung ist deshalb nicht strikt aus dem bürgerlich-rechtlichen Verständnis der §§ 45, 46, 88, 1942 BGB auszulegen (vgl. BFH, Urteil vom 25.4.2001 II R 14/98, BFH/NV 2001 S. 1457).

Daher können auch rein tatsächliche Rechtspositionen den Tatbestand der Anfallsberechtigung erfüllen, etwa wenn durch Besetzung der relevanten Stiftungsgremien mit Familienmitgliedern eine Beeinflussung des Vermögenszuflusses möglich erscheint und auch tatsächlich erfolgt (vgl. *Vogt* in *Blümich*, § 15 AStG Rz. 15; a. A. *Wassermeyer* in *F/W/B*, § 15 AStG Rz. 35; *Schaumburg*, IntStR Rz. 11.23).

30a Eine Anfallsberechtigung ist nicht dadurch zu verneinen, dass der Vermögensanfall aufschiebend bedingt oder betagt ist. Der Vermögensanfall wird sich nämlich regelmäßig erst zu einem zukünftigen Zeitpunkt verwirklichen. Ungewissheit über den Eintritt des Vermögensanfalls ist für das Vorliegen einer Anfallsberechtigung unerheblich (vgl. auch *Wassermeyer* in *F/W/B*, § 15 AStG Rz. 52). Zufallsdestinatäre werden aber wie bei der Bezugsberechtigung nicht erfasst.

III. Ermittlung der Zurechnungsquote

1. Subsidiaritätsverhältnis innerhalb des Kreises der Zurechnungsempfänger

31 Gemäß § 15 Abs. 1 Satz 1 AStG werden die Einkünfte der Familienstiftung vorrangig dem unbeschränkt steuerpflichtigen Stifter zugerechnet. Maßgeblich für die Beurteilung der Steuerpflicht ist dabei der Zeitpunkt der Einkünftezurechnung, nicht der Errichtungszeitpunkt der Familienstiftung. Das Gesetz unterstellt mit der primären, unabhängig von der konkreten Ausgestaltung des Stiftungsgeschäfts vorgenommenen Einkünftezurechnung gegenüber dem Stifter ein Näheverhältnis zwischen Stifter und Stiftung. Ist der Stifter nicht unbeschränkt steuerpflichtig, erfolgt hingegen eine quotale Zurechnung gegenüber den unbeschränkt steuerpflichtigen Bezugs- oder Anfallsberechtigten. Zumindest zu Lebzeiten des Stifters ist dieses Subsidiaritätsverhältnis aufgrund des normimpliziten Näheverhältnisses zwischen Stiftung und Stifter widersprüchlich. Im Hinblick auf die Bezugs- und Anfallsberechtigten unterstellt das Gesetz im Übrigen kein Näheverhältnis. Eine Zurechnung erfolgt daher entsprechend der tatsächlichen Bezugs- oder Anfallsberechtigung.

32 Mehreren unbeschränkt steuerpflichtigen Stiftern werden die Stiftungseinkünfte anteilig zugerechnet. Unterliegen einzelne Stifter der beschränkten Steuerpflicht, erhöhen die ihrem Anteil entsprechenden Einkünfte nicht den Zurechnungsbetrag unbeschränkt steuerpflichtiger Stifter, sondern werden ggf. den unbeschränkt steuerpflichtigen Bezugs- oder Anfallsberechtigten bis zur Höhe ihrer tatsächlichen Bezugs- oder Anfallsberechtigung zugewiesen. Eine ersatzweise alleinige Zurechnung bei den unbeschränkt steuerpflichtigen Stiftern entbehrt jeder inhaltlichen Rechtfertigung.

33 Zwischen den Bezugs- und Anfallsberechtigten besteht für Zwecke der Einkünftezurechnung nach dem Wortlaut der Norm kein Subsidiaritätsverhältnis (so auch BFH, Urteil vom 25.4.2001 II R 14/98, BFH/NV 2001 S. 1457; BMF-AnwSchr Rz. 15.1.4). Um Härten abzumildern, die sich im Rahmen der Begleichung aus § 15 AStG resultierender Steuerforderungen ergeben können (z. B. wenn den Anfallsberechtigten bis zum Vermögensanfall keine Stiftungsleistungen zufließen), kann § 15 Abs. 1 AStG nach Auffassung des BFH ggf. verfassungskonform im Sinne einer primären Zurechnung bei den Bezugsberechtigten ausgelegt werden (vgl. BFH, Urteil vom 25.4.2001 II R 14/98, BFH/NV 2001 S. 1457). Eine vorrangige Zuordnung bei den Bezugsberechtigten erscheint jedenfalls insoweit geboten, als sich das Stiftungsvermögen aufgrund laufender Auskehrungen der erzielten Einkünfte nicht erhöht.

2. Bestimmung der maßgeblichen Zurechnungsquote

34 Solange die Stiftungseinkünfte einem unbeschränkt steuerpflichtigen Stifter zugerechnet werden können, erweist sich die Bestimmung einer Quote als unnötig (soweit die Bestimmung einer Quote nicht ohnehin auf der Vorstufe bei der Frage des Vorliegens einer Familienstiftung i. S.d. § 15 Abs. 2 AStG erfolgt ist, vgl. Anm. 52 f.), da dem Stifter die gesamten Stiftungseinkünfte zugerechnet werden. Bei mehreren Stiftern ermittelt sich der Zurechnungsschlüssel nach dem Verhältnis ihrer Vermögensbeiträge zugunsten der Stiftung zum Wert des gesamten Vermögensstocks der Stiftung im Zeitpunkt der Errichtung (ebenso *Kraft* in *Kraft*, § 15 AStG Rz. 181; *Runge* in *Brezing u. a.*, Außensteuerrecht, § 15 AStG Rz. 20).

35 Falls zu einem späteren Zeitpunkt von einem (ggf. neu hinzutretenden) Stifter Zustiftungen vorgenommen werden, ist für die Berechnung der Stifteranteile der Stichtagswert ihrer Vermögensbeiträge zum Stichtagswert des gesamten Vermögensstocks der Stiftung in Relation zu setzen.

Beispiel 1
A und B errichten im Jahr 2010 eine Stiftung und führen dem Vermögensstock je 50 000 EUR zu. Der Zurechnungsschlüssel beträgt 50 v. H. Das Stiftungsvermögen erhöht sich in den kommenden 10 Jahren um 50 v. H. auf 150 000 EUR. Im Jahr 2020 überträgt A weitere 50 000 EUR auf die Stiftung und erhöht den Vermögensstock der Stiftung damit auf 200 000 EUR. Sein Anteil erhöht sich dadurch auf (50 000 / 200 000) + ((50 000 × 1,5) / 200 000) = 62,5 v. H. Der Anteil des B sinkt auf ((50 000 × 1,5) / 200 000) = 37,5 v. H.

36 Soweit die Einkünfte der ausländischen Familienstiftung unbeschränkt steuerpflichtigen Stiftern nicht zugerechnet werden können, ist die Ermittlung eines Zurechnungsschlüssels gegenüber den unbeschränkt steuerpflichtigen Bezugs- oder Anfallsberechtigten erforderlich. Als problematisch kann sich dabei einerseits die Bestimmung der einzelnen Berechtigungen dem Grunde und/oder der Höhe nach erweisen (vgl. auch BFH, Urteil vom 2.2.1994 I R 66/92, BStBl II 1994 S. 727). Andererseits vermag der fehlende innere Zusammenhang zwischen beiden Formen der Berechtigung Schwierigkeiten aufzuwerfen (vgl. auch *Wassermeyer* in *F/W/B*, § 15 AStG Rz. 42).

37 Als Bezugsgröße zur Bestimmung der jeweiligen Bezugs- oder Anfallsberechtigung sollen nicht die Einkünfte oder das Vermögen, sondern die Summe aller Bezugs- oder Anfallsberechtigungen herangezogen werden (vgl. BMF-AnwSchr Rz. 15.2.3).

Beispiel 2
A erhält gemäß der Stiftungssatzung 30 v. H. der laufenden Stiftungserträge. Die verbleibenden 70 v. H. erhöhen das Stiftungsvermögen, das bei Auflösung der Stiftung dem B zugutekommen soll. A ist zu 100 v. H. bezugsberechtigt, B zu 100 v. H. anfallsberechtigt. Eine andere Auslegung ergäbe sich, wenn man die (End-)Berechtigung des B in Bezug auf die zurückgelegten Erträge als laufende Bezugsberechtigung im Umfang von 70 v. H. auffassen würde. Diese Auslegung unterschlägt aber, dass die finale Auskehrung zum Anfall des Stiftungsvermögens führt.

38 Als unproblematisch erweist sich die Ermittlung der Bezugsquote, wenn laut Stiftungssatzung eindeutig bezeichnete Destinatäre zum gleich bleibenden Bezug definierter Einkünfteanteile berechtigt sind. Ist dieser Personenkreis in gleicher Höhe auch anfallsberechtigt, hat dies keine Auswirkungen auf den Zurechnungsschlüssel. Bei voneinander abweichenden Bezugs- und Anfallsberechtigungen sollte in Fällen vollständiger Einkünfteverwendung der Stiftung auf die Bezugsberechtigung abgestellt werden, da den Anfallsberechtigten mangels Thesaurierung kein Einkünfteanteil verbleibt. Eine partielle Einkünftethesaurierung auf Stiftungsebene könnte den Anfallsberechtigten entsprechend ihrer Quote zuzurechnen sein (zur verfassungsrechtlichen Problematik vgl. auch Anm. 20).

Beispiel 3
A und B sind zu je 50 v. H. an den laufenden Stiftungserträgen berechtigt. Bei Auflösung der Stiftung soll A 30 und B 70 v. H. des Stiftungsvermögens erhalten. Die jährlichen Stiftungseinkünfte werden A und B je zur Hälfte zugerechnet. Die abweichende Anfallsberechtigung wirkt sich nach hier vertretener Auffassung auf die Einkünftezurechnung nicht aus, da der Vermögensstock mangels Thesaurierung unverändert bleibt.

Beispiel 4
Laut Stiftungssatzung wird ein Anteil von 30 v. H. der jährlichen Stiftungseinkünfte den Rücklagen zugeführt. An den verbleibenden Stiftungserträgen sind A und B zu je 50 v. H. berechtigt. Bei Auflösung der Stiftung soll A 30 und B 70 v. H. des Stiftungsvermögens erhalten. Die jährlichen Stiftungseinkünfte werden A und B aufgrund ihrer Bezugsberechtigung zu je 35 v. H. (70 v. H. × 50 v. H.) zugerechnet. A müssten nach hier vertretener Auffassung aufgrund seiner Anfallsberechtigung zusätzlich 9 v. H. (30 v. H. × 30 v. H.), B 21 v. H. (30 v. H. × 70 v. H.) der Stiftungseinkünfte zugerechnet werden.

39 Bei im Zeitablauf variablen Bezügen und variablem Vermögensanfall müsste zum Zwecke der Vergleichbarkeit der Zeitfaktor durch Diskontierung der Bezüge und des Anfalls berücksichtigt werden. Dazu wären Barwerte der individuellen Bezüge und des individuellen Anfalls zu bilden und in Beziehung zum Barwert der Gesamtbezüge bzw. des Gesamtanfalls zu setzen (vgl. ähnlich *Menck* in *Blümich*,

§ 15 AStG Rz. 18, 20 [April 1998]). Hinweise zur Vorgehensweise liefert weder das Gesetz noch die Finanzverwaltung. Auch die Rechtsprechung musste hierzu bislang nicht Stellung nehmen. In solchen Fällen verstößt die Vorschrift in bedenklicher Weise gegen das rechtsstaatliche Gebot der Normenklarheit und -bestimmtheit. Dasselbe gilt, sofern aus den Stiftungsstatuten überhaupt keine Berechtigungsquoten ermittelt werden können, dem Grunde nach aber abstrakt feststeht, dass eine Familienstiftung vorliegt. Die für die Auslegung der Vorgängervorschrift § 12 StAnpG als maßgeblich angesehenen Durchführungsbestimmungen zur Steueramnestieverordnung vom 24.8.1931 (RGBl I 1931 S. 449) sahen in solchen Fällen vor, auf die im vorangegangenen Jahr gewährten Bezüge abzustellen und hilfsweise eine Verteilung nach Köpfen vorzunehmen (so auch *Krabbe*, Kommentierung § 15 AStG in der Vorauflage, Dez. 1983). Diese willkürgleiche Vorgehensweise dürfte indessen kaum im Einklang mit verfassungsrechtlichen Vorgaben stehen.

IV. Einkünftezurechnung

1. Allgemeines

Durch § 15 Abs. 1 AStG werden die Einkünfte einer ausländischen Familienstiftung dem unbeschränkt steuerpflichtigen Stifter, subsidiär den unbeschränkt steuerpflichtigen Bezugs- oder Anfallsberechtigten entsprechend ihrem Anteil zugerechnet. Die Bezugs- oder Anfallsberechtigung i. S. d. § 15 Abs. 1 AStG geht in persönlicher Hinsicht über jene des Absatzes 2 hinaus. Im Gegensatz zu § 15 Abs. 2 AStG ist es nach dem Wortlaut nämlich nicht erforderlich, dass die unbeschränkt steuerpflichtigen Bezugs- oder Anfallsberechtigten in einem Verwandtschaftsverhältnis zum Stifter stehen. Bei Vorliegen einer ausländischen Familienstiftung erfolgt daher eine Zurechnung gegenüber sämtlichen unbeschränkt steuerpflichtigen Bezugs- oder Anfallsberechtigten. **40**

§ 15 Abs. 1 Satz 2 enthält zur Klarstellung den Hinweis, dass die Zurechnung nur für ertragsteuerliche, nicht jedoch für erbschaftsteuerliche Zwecke gilt. Insbesondere kommt die Erbersatzsteuer für ausländische Familienstiftungen nicht zur Anwendung. Daneben verdrängt § 15 AStG auch nicht etwaige schenkungsteuerliche Folgen freigebiger (etwa satzungsfremder) Stiftungszuwendungen; Leistungen von Familienstiftungen stellen dabei im Grundsatz keine Schenkung dar (vgl. BGH vom 7.10.2009 Xa ZR 8/08, NJW 2010 S. 234). Der qua gesetzlicher Anordnung schenkungsteuerlich beachtliche Tatbestand des § 7 Abs. 1 Nr. 9 Satz 2 ErbStG bleibt von § 15 AStG unberührt. Jedoch ist zu beachten, dass nach Systematik, Gesetzeshistorie und unions- sowie verfassungsrechtlichen Erwägungen die Anwendung jedenfalls auf ausländische Familienstiftungen entgegen der Auffassung einzelner Finanzämter ausscheiden muss (vgl. diesbezüglich auch BFH vom 21.7.2014 II B 40/14, BFH/NV 2014 S. 1554; *Birnbaum*, ZEV 2014 S. 482). **41**

In zeitlicher Hinsicht ist den Zurechnungsempfängern nach Auffassung der Finanzverwaltung das Einkommen (ab Veranlagungszeitraum 2013 die Einkünfte) zuzurechnen, welches der Familienstiftung im betreffenden Veranlagungszeitraum zugeflossen ist (vgl. BMF-AnwSchr Rz. 15.1.2). Nach überzeugender Gegenansicht richtet sich der Zurechnungszeitpunkt hingegen nach dem Wirtschaftsjahr des Einkünfteerzielungssubjekts, d. h. der ausländischen Familienstiftung (vgl. *Wassermeyer* in F/W/B, § 15 AStG Rz. 58; *Schaumburg*, IntStR Rz. 11.14). Die Zurechnung **42** erfolgt in der letzten logischen Sekunde des jeweiligen Veranlagungszeitraums und damit nicht zeitversetzt wie bei der Hinzurechnungsbesteuerung gemäß § 10 Abs. 2 Satz 1 AStG. Die Einkünfteermittlung erfolgt dann für den gesamten Veranlagungszeitraum, eine phasengleiche Einkünfteermittlung und -zurechnung findet nicht statt.

42a Die zugerechneten Einkünfte gelten bei natürlichen Personen als Zurechnungssubjekten gemäß Abs. 8 Satz 1 und Satz 2 1. Halbsatz vorbehaltlich des § 20 Abs. 8 EStG als Einnahmen aus Kapitalvermögen i. S. d. § 20 Abs. 1 Nr. 9 EStG (vgl. auch Anm. 74). Bei körperschaftsteuerpflichtigen Zurechnungssubjekten bleibt die Umqualifikation in gewerbliche Einkünfte durch § 8 Abs. 2 KStG gemäß Abs. 8 Satz 3 1. Halbsatz unberührt. Zur Anwendung des Abgeltungsteuertarifs, des Teileinkünfteverfahrens bzw. der Steuerbefreiung nach § 8b KStG vgl. Anm. 73 ff. = Gliederungspunkt I. Der Wechsel von der Einkommens- zu einer Einkünftezurechnung durch das AmtshilfeRLUmsG ermöglicht im Einzelfall grundsätzlich die Erfassung der zugerechneten Einkünfte i. R. d. Gewerbesteuer. Eine Anrechnung etwaig gezahlter Gewerbesteuer der ausländischen Familienstiftung nach § 35 EStG kommt mangels Verweises nicht in Betracht (zum bisherigen Verständnis der Finanzverwaltung vgl. BMF-AnwSchr Rz. 15.1.4).

43 *Rechtslage bis einschließlich Veranlagungszeitraum 2012: Das zugerechnete Einkommen wird beim Zurechnungssubjekt keiner bestimmten Einkunftsart zugeordnet, sondern erhöht dessen Einkommen i. R. d. Ermittlung des zvE (vgl. im Einkommensermittlungsschema R 2 Abs. 1 Zeile 12 EStR 2008; Wassermeyer in F/W/B, § 15 AStG Rz. 53). Es erhöht daher auch nicht den Gewerbeertrag, wirkt sich also nicht auf die Höhe einer etwaig anfallenden Gewerbesteuer aus.*

43a *Auf den Einkommenserhöhungsbetrag (vgl. Zeile 12 in R 2 EStR 2008) findet der spezielle Tarif des § 32d EStG keine Anwendung, da insoweit keine Einkünfte, sondern ein Einkommenssaldo zugerechnet wird (vgl. ebenso Kirchhain in Mössner et al., Außensteuerrecht, § 15 AStG Rz. 104). Zur Besteuerung nachträglich erfolgter Zuwendungen vgl. Anm. 44 bis 44b.*

44 *Zur Vermeidung der Doppelbesteuerung unterliegt die Auskehrung von Stiftungsleistungen keiner Besteuerung, ist also weder nach § 20 Abs. 1 Nr. 9 EStG noch nach § 22 Nr. 1 Satz 2 EStG steuerpflichtig, soweit Einkommen bereits nach § 15 AStG besteuert worden ist (vgl. BFH, Urteil vom 2.2.1994 I R 66/92, BStBl II 1994 S. 727; BMF-AnwSchr Rz. 15.1.1). § 15 AStG ist insoweit lex specialis zu den bezeichneten Vorschriften. Es stimmt indessen bedenklich, dass die Steuerbefreiung späterer Zuwendungen im Gegensatz zu den Regelungen der Hinzurechnungsbesteuerung (§ 3 Nr. 41 EStG, §§ 7–14 AStG) erst durch das AmtshilfeRLUmsG erstmalig in Abs. 11 gesetzlich normiert worden ist (vgl. hierzu Anm 102 ff. = Gliederungspunkt L). Die Finanzverwaltung setzt für die Steuerbefreiung wohl personelle Identität zwischen dem Zurechnungssubjekt und dem Empfänger späterer Stiftungsleistungen voraus (vgl. BMF-AnwSchr Rz. 15.1.5). Diese Auffassung ist unter dem Gesichtspunkt eines möglicherweise mehrfachen Zugriffs auf dasselbe Steuersubstrat kritisch zu beurteilen. Für Veranlagungszeiträume ab 2013 gilt ein derartiges Erfordernis nach dem Wortlaut des neuen Abs. 11 nicht mehr (vgl. Anm. 103).*

44a Sofern § 15 AStG nicht einschlägig ist oder trotz Zurechnung durch § 15 AStG gem. den in Rz. 44 niedergelegten Grundsätzen bzw. ab dem Veranlagungszeitraum 2013 mangels Vorliegens der Voraussetzungen des Abs. 11 (vgl. hierzu Anm. 95 ff.) keine Steuerfreistellung erfolgt, sollen nach – allerdings im Schrifttum nicht unumstrittener – Auffassung der Finanzverwaltung Zuwendungen aus Stiftungserträgen regelmäßig als Einkünfte aus Kapitalvermögen gem. § 20 Abs. 1 Nr. 9 EStG der Steuer unterworfen werden (vgl. BMF vom 27.6.2006, DStR 2006 S. 1227; hierzu kritisch etwa *Kirchhain*, BB 2006 S. 2387). Aufgrund der im Zuge des JStG 2010 (BGBl I 2010 S. 1768) erfolgten Aufnahme des Satzes 2 in § 20 Abs. 1 Nr. 9 EStG sind nunmehr eindeutig auch Zuwendungen ausländischer Familienstiftungen erfasst. Für nach dem 31.12.2008 zufließende Erträge gilt insoweit grds. der spezielle Steuertarif des § 32d Abs. 1 EStG. Mangels Verpflichtung der ausländischen Familienstiftung zum Kapitalertragsteuereinbehalt sind die Kapitalerträge im Rahmen der Veranlagung nach § 32d Abs. 3 EStG zu erklären.

44b § 20 Abs. 1 Nr. 9 EStG soll Einnahmen aus Leistungen einer nicht körperschaftsteuerbefreiten Stiftung betreffen, die Gewinnausschüttungen i. S. d. § 20 Abs. 1 Nr. 1 EStG wirtschaftlich vergleichbar sind. Der BFH hat diesbezüglich in einer jüngeren Entscheidung für eine Familienstiftung über die Frage befunden, ob Zuwendungen im Hinblick auf das fehlende mitgliedschaftsrechtliche Band zwischen Stiftung und Destinatären eine Vergleichbarkeit mit Gewinnausschüttungen angenommen werden kann. Danach liegen jedenfalls Einkünfte aus Kapitalvermögen vor, sofern die Destinatäre einer Stiftung unmittelbar oder mittelbar Einfluss auf das Ausschüttungsverhalten der Stiftung nehmen können. Der fehlenden mitgliedschaftsrechtlichen Beteiligung kommt insoweit hingegen keine Bedeutung zu. Im Streitfall sollten die Erträge und das Vermögen der Familienstiftung ausschließlich bestimmten Personen des familiären Umfelds zukommen. Über die Verwendung der Stiftungserträge wurde auch durch ein Kuratorium entschieden, dem zumindest ein Familienmitglied angehören sollte. Weiterhin konnten Kuratoriumsmitglieder jederzeit durch Mehrheitsbeschluss der stimmberechtigten Familienmitglieder abberufen werden. Der BFH sah hierin eine gesellschafterähnliche Stellung der Destinatäre und bejahte die Anwendung des § 20 Abs. 1 Nr. 9 EStG (vgl. BFH, Urteil vom 3.11.2010 I R 98/09, BFH/NV 2011 S. 671; die dagegen gerichtete Verfassungsbeschwerde ist vom BVerfG, Az. 2 BvR 812/11, zurückgewiesen worden; ablehnend noch Vorinstanz FG Berlin-Brandenburg, Urteil vom 16.9.2009 8 K 9250/07, EFG 2010 S. 55; für die Geltung des § 20 Abs. 1 Nr. 9 EStG jedenfalls im Falle gesellschafterähnlicher Stellung der Destinatäre – im Streitfall Möglichkeit zur Beeinflussung der Zuwendungen – Schleswig-Holsteinisches FG, Urteil vom 7.5.2009 5 K 277/06, EFG 2009 S. 1558, rkr.). Der BFH hat nunmehr auch für Zuwendungen ausländischer Familienstiftungen die Anwendbarkeit des § 20 Abs. 1 Nr. 9 Satz 2 EStG inzidenter bejaht (vgl. BFH vom 21.7.2014, II B 40/14, BFH/NV 2014 S. 1554). Im Entscheidungsfall wies die schweizerische Stiftung, soweit ersichtlich, kein einem Kuratorium entsprechendes Organ oder eine gesellschafterähnliche Mitwirkungsmöglichkeit auf.

44c Bei konsequenter Anwendung der BFH-Rechtsprechung wird man auch die Führung des steuerlichen Einlagekontos nach § 27 KStG bei ausländischen Familienstiftungen bejahen können (so auch *Kraft/Kraft*, DStR 2011 S. 1837). Unter den Voraussetzungen des § 27 Abs. 8 KStG besteht auch für in einem Mitgliedstaat der EU unbeschränkt steuerpflichtige ausländische Stiftungen die zumindest theoretische Möglichkeit, ein solches Einlagekonto zu führen. Soweit ausländische Familienstiftungen der Vorschrift des § 15 AStG unterfallen, erscheint ein praktischer Anwendungsbereich indessen nur in wenigen Ausnahmefällen denkbar, etwa bei Auskehrung von Stiftungserträgen an ggü. den Zurechnungssubjekten personenverschiedene Destinatäre unter Zugrundelegung der entsprechenden Auffassung der Finanzverwaltung (vgl. Anm. 44).

2. Einkünfteermittlung

a) Einkünfteermittlungssubjekt

45 Dem Gesetzeswortlaut kann nicht unmittelbar entnommen werden, nach wessen Verhältnissen die Einkünfte bestimmt werden. Zum Teil wird im (v. a. älteren) Schrifttum in Bezug auf § 15 AStG i. d. F. vor dem AmtshilfeRLUmsG die Auffassung vertreten, dass hierbei auf die Zurechnungssubjekte abzustellen sei (vgl. *Runge* in Brezing u. a., Außensteuerrecht, § 15 AStG Rz. 23; *Schelle/Gross* in W/S/G, § 15 AStG Rz. 17 [Stand 25. Ergänzungslieferung]). Diese Ansicht ist zwischenzeitlich überholt. Sowohl Rechtsprechung als auch Finanzverwaltung gehen von einer fiktiv unbeschränkt steuerpflichtigen Familienstiftung als Einkommensermittlungssubjekt aus (vgl. BFH, Urteil vom 5.11.1992 I R 39/92, BStBl II 1993 S. 388; BFH, Beschluss vom 8.4.2009 I B 223/08, BFH/NV 2009 S. 1437; FG Niedersachsen, Urteil vom 15.7.1999 XIV 347/93, EFG 2000 S. 742; BMF-AnwSchr Rz. 15.1.1). Abs. 7 Satz 1 i. d. F. des AmtshilfeRLUmsG spricht von Einkünften der Stiftung, so dass auch unter der neuen Rechtslage kaum Zweifel daran bestehen, dass sich die Einkünfte nach den Verhältnissen der Stiftung bestimmen. Bei der Einkünfteermittlung sind deshalb die Vorschriften des Einkommensteuer- und Körperschaftsteuergesetzes zu beachten.

45a *Rechtslage bis einschließlich Veranlagungszeitraum 2012: § 8b KStG findet bei der Einkommensermittlung Anwendung (ebenso Edelmann in Kraft, § 15 AStG Rz. 171; Rundshagen in S/K/K, § 15 AStG Rz. 54; von der Rechtsprechung nunmehr bestätigt vgl. FG München, Urteil vom 26.11.2014 9 K 2275/14, EFG 2015 S. 356; offen gehalten von Kellersmann/Schnitger in Richter/Wachter (Hrsg.), Hb. IStiftR, § 23 Rz. 49; ablehnend vgl. Antwort der Bundesregierung auf eine parlamentarische Anfrage BT-Drs. 17/12113 S. 11 ff., hiergegen mit überzeugenden Argumenten Winter/Heppe, BB 2013 S. 2775), so dass Dividendenerträge und Veräußerungsgewinne im Ergebnis grds. mit 5 v. H. in die Zurechnungsgröße eingehen, während Veräußerungsverluste unberücksichtigt bleiben. Hingewiesen wird auf in der Literatur geäußerte Kritik an der Hinzurechnung von 5 v. H. gemäß § 8b Abs. 3 und 5 Satz 1 KStG bei Stiftungen mit Überschusseinkünften infolge der begrifflichen Bezugnahme auf „Betriebsausgaben" (vgl. Frotscher in Frotscher/Maas, KStG, § 1 KStG Rz. 56e, ablehnend wohl FG München, Urteil vom 26.11.2014 9 K 2275/14, EFG 2015 S. 356). Im Einzelfall ist indessen zu prüfen, ob eine steuerliche Freistellung an den persönlichen und sachlichen Voraussetzungen des § 8b Abs. 7 Satz 2 KStG scheitert. In persönlicher Hinsicht sollen etwa vermögensverwaltende Kapitalgesellschaften dieser Vorschrift unterfallen (vgl. BMF-Schreiben vom 25.7.2002 IV A 2 – S 2750 a – 6/02, BStBl I 2002 S. 712; BFH, Urteil vom 12.10.2011 I R 4/11, BFH/NV 2012 S. 453), so dass auch für vermögensverwaltende Familienstiftungen der Anwendungsbereich nicht grds. verschlossen sein dürfte. Allerdings müsste hierzu in quantitativer und qualitativer Hinsicht der Handel mit Wertpapieren die*

Hauptbetätigung bilden (zu den Maßstäben vgl. auch FG Hamburg, Urteil vom 14.12.2010 3 K 40/10, EFG 2011 S. 1186, rkr. durch BFH, Urteil vom 12.10.2011 I R 4/11, BFH/NV 2012 S. 453).

Satzungsgemäße Zuwendungen an Bezugs- oder Anfallsberechtigte können infolge § 10 Nr. 1 KStG nicht vom Einkommen abgesetzt werden. **45b**

Bei der Einkommensermittlung können aber Pauschbeträge, z. B. der Sparer-pauschbetrag nach § 20 Abs. 9 EStG, in Abzug gebracht werden (vgl. BFH, Urteil vom 2.2.1994 I R 66/92, BStBl II 1994 S. 727). Dies gilt nicht für den Freibetrag unbeschränkt steuerpflichtiger Körperschaften nach § 24 KStG, da dieser einerseits gemäß dem Einkommensermittlungsschema für Körperschaften erst nach der Ermittlung des Einkommens in Abzug gebracht wird (vgl. R 29 Abs. 1 KStR 2004), andererseits nur unbeschränkt steuerpflichtigen Personen gewährt wird. **45c**

Rechtslage ab Veranlagungszeitraum 2013: Infolge des Verweises auf § 10 Abs. 3 AStG im neu eingefügten Abs. 7 S. 2 ist die Steuerfreistellung des § 8b KStG bei der Ermittlung der zuzurechnenden Einkünfte nicht mehr anzuwenden (vgl. auch Rz. 69 f). Einkünftepauschbeträge können unverändert in Abzug gebracht werden. **45d**

b) Bedeutung von Doppelbesteuerungsabkommen

§ 20 Abs. 1 AStG ordnet an, dass die Bestimmungen des § 15 AStG durch Doppelbesteuerungsabkommen nicht berührt werden. Unklar ist die Reichweite dieser Regelung. Vor Einführung des § 20 Abs. 1 AStG hatte es der BFH ausdrücklich offen gelassen, ob die Einkommenszurechnung nach § 15 AStG durch Doppelbesteuerungsabkommen beschränkt werden kann (vgl. BFH, Urteil vom 2.2.1994 I R 66/92, BStBl II 1994 S. 727). Neuere Rechtsprechung zum Verhältnis des § 15 AStG zu den Doppelbesteuerungsabkommen liegt nicht vor. Auch die Finanzverwaltung hat hierzu nicht Stellung genommen (vgl. *Hahn*, § 20 AStG Anm. 124–129). **46**

Eine am Normzweck orientierte Auslegung verlangt aber ein Besteuerungsergebnis, das die Zurechnungssubjekte des § 15 AStG in abkommensrechtlicher Hinsicht nicht schlechter stellt als bei unmittelbarer Einkünfteerzielung. Erzielt die ausländische Familienstiftung demzufolge etwa Einkünfte, die nach dem Belegenheits- oder Betriebsstättenprinzip aus deutscher Sicht ausschließlich im jeweiligen Quellenstaat besteuert werden dürfen, erscheint es geboten, diese Aufteilung der Besteuerungsbefugnisse zu beachten (vgl. auch *Vogt* in *Blümich*, § 15 AStG Rz. 262). **47**

c) Einzelfragen der Einkünfteermittlung

aa) Einkünfteberichtigung nach § 1 AStG

Rechtslage bis einschließlich Veranlagungszeitraum 2012: Die ausländische Familienstiftung kann als nahestehende Person einer unbeschränkt steuerpflichtigen Person aufgefasst werden. Je nach den tatsächlichen rechtlichen und tatsächlichen Gegebenheiten könnte der in § 1 Abs. 2 Nr. 1 AStG aufgeführte Tatbestand des beherrschenden Einflusses erfüllt sein, wobei in diesen Fällen nach den Grundsätzen eines Treuhandverhältnisses ggf. bereits eine originäre steuerliche Zuordnung der Einkünfte beim Stifter erfolgen kann (vgl.Anm. 8). Mit dem Stiftungszweck der Familienversorgung mögen auch die in § 1 Abs. 2 Nr. 3 AStG bezeichneten Möglichkeiten verknüpft sein, infolge außerhalb der Geschäftsbeziehung begründeter **48**

Einflüsse oder Interessenidentität marktunübliche Entgelte zu vereinbaren. Da die Anwendung des § 1 AStG nicht in jedem Fall allein aufgrund der Anwendung des § 15 AStG verdrängt wird (vgl. zur Hinzurechnungsbesteuerung nach den §§ 7–14 AStG BFH, Urteil vom 19.3.2002 I R 4/01, BStBl II 2002 S. 644), droht infolge der Zurechnung eine Doppelbesteuerung. Die Finanzverwaltung kürzt bei gleich gelagerten Fällen innerhalb der Hinzurechnungsbesteuerung (§§ 7–14 AStG) den Hinzurechnungsbetrag. Zur Vermeidung der Doppelbesteuerung ist auch i.R.d. § 15 AStG analog zu verfahren.

bb) Hinzurechnungsbesteuerung nach §§ 7–14 AStG

49 *Rechtslage bis einschließlich Veranlagungszeitraum 2012:* Gemäß § 15 Abs. 5 Satz 2 AStG finden die Vorschriften zur Hinzurechnungsbesteuerung – mit Ausnahme der entsprechenden Steueranrechnung nach § 12 AStG – im Zusammenhang mit § 15 AStG keine Anwendung. Beteiligt sich die ausländische Familienstiftung an einer passiv tätigen Gesellschaft, ist § 7 Abs. 1 AStG mangels unbeschränkter Steuerpflicht der ausländischen Familienstiftung nicht einschlägig. Die Einschaltung einer ausländischen Familienstiftung ermöglicht daher grundsätzlich die Vermeidung der Rechtsfolgen der Hinzurechnungsbesteuerung. Indessen könnte ein Missbrauch i. S. d. § 42 AO vorliegen, der jedoch durch den spezialgesetzlichen Vorrang des § 15 AStG verdrängt werden kann. Im Schrifttum wird zum Teil argumentiert, eine Hinzurechnung könne unter dem Gesichtspunkt erfolgen, dass das Einkommen auf Ebene einer fiktiv unbeschränkt steuerpflichtigen Stiftung ermittelt werde und damit das Erfordernis der Beteiligung einer unbeschränkt steuerpflichtigen Person an der passiv tätigen Gesellschaft erfüllt sei (vgl. Kellersmann/Schnitger in Richter/Wachter (Hrsg.), Hb. IStiftR, § 23 Rz. 50). Dagegen könnte eingewendet werden, dass sich die Fiktion der unbeschränkten Steuerpflicht nur auf die Anwendung nationaler Einkommensermittlungsvorschriften bezieht, nicht aber den steuerlichen Status der ausländischen Familienstiftung selbst tangiert (vgl. weiter Kraft/Schulz, IStR 2012 S. 897).

50 *Die Finanzverwaltung will die Regelungen zur Hinzurechnungsbesteuerung unmittelbar bei dem in § 15 Abs. 1 AStG bezeichneten Personenkreis gelten lassen* (vgl. BMF-AnwSchr Rz. 15.5.3; ebenso Runge in Brezing u. a., Außensteuerrecht, § 15 AStG Rz. 23; Rundshagen in S/K/K, § 15 AStG Rz. 16). Mit der Rechtsauffassung einer unmittelbaren Anwendung des Regelungskanons der Hinzurechnungsbesteuerung bei Stiftern bzw. Destinatären begibt sich die Finanzverwaltung in Widerspruch zur ausdrücklichen Anordnung des Gesetzes in § 15 Abs. 5 Satz 2 AStG (ebenso Kraft in Kraft, § 15 AStG Rz. 380). Zudem fehlt es bei dieser Auffassung am Beteiligungserfordernis des § 7 AStG. Eine Stiftung als mitgliederlose Organisationsform kann keine Beteiligungsrechte vermitteln. Für die Fiktion der unmittelbaren Beteiligung von Stiftern und/oder Begünstigten fehlt es an einer Rechtsgrundlage.

50a *Auffällig ist, dass sich der Verweis im BMF-AnwSchr lediglich auf die §§ 7, 8 und 14 AStG bezieht.* Dies ist u. a. insoweit systematisch verfehlt, als spätere Auskehrungen der Zwischengesellschaft in Ermangelung einer vorangegangenen Erfassung eines Hinzurechnungsbetrags nach § 10 Abs. 2 AStG bei wörtlicher Auslegung nicht unter die sachgemäße Steuerbefreiung des § 3 Nr. 41 EStG fallen würden.

50b Rechtslage ab Veranlagungszeitraum 2013: Durch das AmtshilfeRLUmsG ist Abs. 9 eingefügt worden, der sich der Problematik nachgeordneter ausländischer Gesellschaften widmet. Vgl. hierzu Anm. 79 ff. = Gliederungspunkt J.

C. Familienstiftungen (Absatz 2)

51 Absatz 2 enthält eine Definition des Begriffs Familienstiftung. Für die Prüfung des Vorliegens einer Familienstiftung muss zunächst festgestellt werden, ob es sich beim betreffenden Rechtsträger nach inländischem Verständnis um eine Stiftung handelt. Dazu ist ggf. ein Typenvergleich durchzuführen, d. h. es muss geprüft werden, ob die Stiftung nach ihrem rechtlichen Aufbau und ihrer wirtschaftlichen Stellung einer inländischen Stiftung entspricht (vgl. BFH, Urteil vom 25.4.2001 II R 14/98, BFH/NV 2001 S. 1457). Dabei ist nicht nur abstrakt das dem ausländischen Rechtsträger zugrunde liegende zivilrechtliche Regelungsgerüst, sondern auch auf die tatsächlichen Umstände abzustellen. Eine nach liechtensteinischem Recht dort wirksam errichtete Familienstiftung ist zwar grds. mit einer deutschen Stiftung vergleichbar (vgl. BFH a. a. O.). Fehlt es aber an einer verbindlichen Erklärung des Stifters zur Ausstattung der Stiftung mit einem zur Bestreitung des Stiftungszwecks ausreichenden Vermögen und wird dieses Vermögen nicht übertragen, soll bereits nach deutschem zivilrechtlichen Verständnis keine Stiftung vorliegen mit der Folge, dass § 15 AStG von vornherein nicht einschlägig ist (vgl. FG Baden-Württemberg, Urteil vom 30.3.2011 4 K 1723/09, DStRE 2012 S. 315. Bestimmende Merkmale einer inländischen Stiftung sind insbesondere eine nicht verbandsmäßige Organisation und die Verselbständigung eines gewidmeten Vermögens zur Erfüllung eines bestimmten Zwecks.

51a Vermittelt das betreffende ausländische Rechtsgebilde mitgliedschaftliche Rechte, kann nach deutschem Verständnis keine Stiftung vorliegen (ebenso *Wassermeyer* in *F/W/B*, § 15 AStG Rz. 63.1). Insofern wäre aber die Einschlägigkeit der §§ 7–14 AStG zu prüfen. In Betracht kommt dies etwa für liechtensteinische Anstalten.

51b Die gesetzlichen Voraussetzungen müssen zum Zeitpunkt der Zurechnung, d. h. zum Ende des Veranlagungszeitraums, vorliegen. Liegen die Voraussetzungen dagegen nur zeitweise im Veranlagungszeitraum vor, kommt es nach hier vertretener Auffassung nicht zur Einkünftezurechnung. Zwar enthält § 15 AStG keine dem § 7 Abs. 2 Satz 1 AStG entsprechende Vorschrift, nach der die Beteiligungsvoraussetzungen zum Ende des Wirtschaftsjahrs der ausländischen Zwischengesellschaft vorliegen müssen. Der Normzusammenhang spricht jedoch nicht dafür, die Voraussetzungen einer Familienstiftung laufend zu prüfen und die Einkünfte entsprechend zuzurechnen. Auch die Finanzverwaltung scheint davon auszugehen, wenn im Außensteuererlass ausgeführt wird, dass dem Zurechnungsempfänger das Einkommen zuzurechnen ist, das der Familienstiftung während des betreffenden Veranlagungszeitraums zugeflossen ist (vgl. BMF-AnwSchr Tz. 15.1.2).

52 Eine Familienstiftung i. S. d. Absatzes 2 erfordert über die vorstehenden Grundsätze hinaus eine Bezugs- oder Anfallsberechtigung von Stifter, seinen Angehörigen oder (die Vorschrift setzt an dieser Stelle irrtümlich ein „und"; *Wassermeyer* in *F/W/B*, § 15 AStG Rz. 65) deren Abkömmlingen von mehr als 50 v. H. (vgl. auch BFH, Urteil vom 5.11.1992 I R 39/92, BStBl II 1993 S. 388). Unmaßgeblich ist – anders als bei den Zurechnungsfolgen nach § 15 Abs. 1 AStG – der steuerliche Status, d. h. die Frage der unbeschränkten oder beschränkten Steuerpflicht, des erfassten Personenkreises. Zum Angehörigenbegriff sei auf § 15 AO, zum Begriff der Abkömmlinge auf § 1589 BGB verwiesen. Da juristische Personen keine Angehörigen kennen, kann eine Familienstiftung i. S. d. § 15 Abs. 2 AStG nicht vorliegen, sofern die Stifter keine natürliche Personen sind (vgl. aber Anm. 55 zur sog. Unternehmensstiftung = Gliederungspunkt D).

Die maßgeblichen Berechtigungsquoten werden analog der Anteilsermittlung nach § 15 Abs. 1 AStG bestimmt. Bezugsgröße der Berechtigungsquoten sind demnach nicht die Einkünfte oder das Vermögen der Familienstiftung, sondern die Summe aller Bezugs- bzw. Anfallsberechtigungen. Es wird insofern auf die Ausführungen im Gliederungspunkt B (s. Anm. 23 ff.) verwiesen. Eine Familienstiftung liegt bereits vor, wenn nur eine der Berechtigungen der in Absatz 2 bezeichneten Personen 50 v. H. überschreitet. **53**

Beispiel 5
Eine Stiftung wendet gemäß Satzung den Angehörigen des Stifters 30 v. H. ihrer Erträge zu. Im Falle der Auflösung soll das Vermögen vollständig gemeinnützigen Zwecken zukommen. Die Anfallsberechtigung im Sinne des Absatzes 2 beträgt 0 v. H., die Bezugsberechtigung indessen 100 v. H., da die Angehörigen die einzigen Bezugsberechtigten sind. Eine andere Auslegung ist nur möglich, wenn man auch die Berechtigung an den thesaurierten Erträgen im Fall der Auflösung der Stiftung als Bezugsberechtigung versteht. In diesem Fall würde eine Familienstiftung per definitionem nicht vorliegen. Diese Auslegung unterschlägt aber, dass die finale Auskehrung zum Anfall des Stiftungsvermögens führt.

Als problematisch erweisen sich Konstellationen uneindeutiger oder in der Zeitstruktur wechselnder Bezugs- oder Anfallsberechtigungen. Die Vorschrift begegnet diesbezüglich im Hinblick auf ihre Bestimmtheit erheblichen verfassungsrechtlichen Zweifeln (vgl. Anm. 21 und 39; ebenso *Kraft* in *Kraft*, § 15 AStG Rz. 240). Ist eine Stiftung etwa zunächst für viele Jahre vorwiegend gemeinnützig tätig, um sodann für den gleichen Zeitraum und in gleicher Höhe ausschließlich Familienangehörige zu unterstützen, müsste die Zeitstruktur der Zuwendungen im Rahmen einer Barwertermittlung in die Ermittlung der Bezugs- oder Anfallsberechtigungsquoten einfließen (vgl. auch *Wassermeyer* in *F/W/B*, § 15 AStG Rz. 66, der sich hierbei offenbar auf die Finanzverwaltung beruft). Schließlich muss auch bedacht werden, dass sich die Bezugs- oder Anfallsberechtigungsquoten im Zeitablauf ändern können. Daher kann der Status einer Familienstiftung nach § 15 Abs. 2 AStG durchaus Änderungen unterworfen sein (ebenso *Kraft* in *Kraft*, § 15 AStG Rz. 240; *Vogt* in *Blümich*, § 15 AStG Rz. 19). Schwierigkeiten bereiten zudem Fälle absolut fixer Bezüge an ausgewählte Destinatäre, während andere Destinatäre – ggf. subsidiär – mit relativ fixen Anteilen an den Erträgen berechtigt werden sollen. Solche Konstellationen erfordern die „Übersetzung" bzw. eine Vergleichbarmachung der fixen und relativen Anteile bzw. andersherum, um eine gemeinsame Gesamtberechtigung als Berechnungsmaßstab zu ermitteln. Der Vorschrift muss auch insoweit ein erschütternder Mangel an Rechtspraktikabilität und in letzter Konsequenz an Steuergerechtigkeit attestiert werden. **54**

D. Unternehmensstiftungen (Absatz 3)

55 Absatz 3 dehnt die Rechtsfolgen der Einkünftezurechnung auf ausländische Stiftungen aus, die im Rahmen eines Unternehmens errichtet worden sind. Gesetzgeberische Intention ist es hierbei, auch solche Personen zu erfassen, die aus anderen als familiären Gründen in einem Näheverhältnis zum Stifter stehen. Betroffen ist sowohl die Errichtung einer Stiftung durch eine natürliche Person im Rahmen ihres Einzelunternehmens oder als Mitunternehmer als auch die Stiftungsgründung durch eine Körperschaft. Der Verwendung des Singulars im Gesetzestext („ein Unternehmer", „als Mitunternehmer") ist keine Bedeutung beizumessen. Ähnlich wie bei der Familienstiftung setzt eine Unternehmensstiftung die Bezugs- oder Anfallsberechtigung von mehr als 50 v. H. voraus. Absatz 3 enthält aber einen abweichenden Personenkreis der Bezugs- oder Anfallsberechtigten. Eine Unternehmensstiftung liegt demnach vor, wenn Stifter, seine Gesellschafter (z. B. bei einer Stiftungserrichtung durch eine Kapitalgesellschaft), von ihm abhängige Gesellschaften (bei unmittelbarer oder mittelbarer Mehrheitsbeteiligung), Mitglieder (z. B. bei Vereinen), Vorstandsmitglieder (Organe der Geschäftsführung), leitende Angestellte (Prokuristen und sonstige Personen mit eigenem erheblichen Entscheidungsspielraum) oder (vgl. Anm. 52 zum abweichenden Gesetzeswortlaut) Angehörige dieser Personen (zum Begriff vgl. § 15 AO) zu mehr als 50 v. H. bezugs- oder anfallsberechtigt sind. Bezugs- oder Anfallsberechtigungen anderer als der abschließend aufgeführten Personen sind mangels Aufzählung nicht zu berücksichtigen, bspw. Aufsichtsratsmitglieder oder gewöhnliche Arbeitnehmer. Die Rechtsfolgen entsprechen denen einer Familienstiftung (vgl. dazu Anm. 23 ff., 40 ff. im Gliederungspunkt B).

E. Zweckvermögen, Vermögensmassen und Personenvereinigungen (Absatz 4)

56 Gemäß Absatz 4 stehen sonstige Zweckvermögen, Vermögensmassen und rechtsfähige oder nichtrechtsfähige Personenvereinigungen den Stiftungen gleich. Der Gesetzgeber bringt damit zum Ausdruck, dass bei der Beurteilung der Voraussetzungen des § 15 AStG eine wirtschaftliche Betrachtungsweise beizubringen ist. Es kommt nicht auf die Bezeichnung, sondern auf Funktion und Zweck des Rechtsträgers an, die stiftungsähnlichen Charakter aufweisen müssen. Bei den betreffenden Rechtsgebilden muss es sich aber um Körperschaftsteuersubjekte handeln (vgl. auch BFH, Urteil vom 2.2.1994 I R 66/92, BStBl II 1994 S. 727; ebenso *Rundshagen* in *S/K/K*, § 15 AStG Rz. 23). Außerdem dürfen gegenüber dem Rechtsträger aufgrund des Konkurrenzverhältnisses zwischen § 15 AStG und den §§ 7–14 AStG keine mitgliedschaftlichen Rechte bestehen.

57 Unerheblich ist die Rechtsfähigkeit der Stiftung; auch nichtrechtsfähige Stiftungen können Körperschaftsteuersubjekte darstellen. Der BFH hatte demgemäß einen auf New Jersey errichteten Trust als Familienstiftung beurteilt (vgl. BFH, Urteil vom 5.11.1992 I R 39/92, BStBl II 1993 S. 388; vgl. auch BFH, Urteil vom 2.2.1994 I R 66/92, BStBl II 1994 S. 727). Eine nichtrechtsfähige Stiftung bildet nach deutschem Verständnis ein Körperschaftsteuersubjekt, wenn sie einem bestimmten Zweck dient, eigene Einkünfte erzielt und das gestiftete Vermögen aus dem Eigentum des Stifters ausgeschieden ist (vgl. BFH, Urteil vom 5.11.1992 I R 39/92, BStBl II 1993 S. 388). Dem Treugeber („settlor") eines Trusts sind die Einkünfte dagegen unmittelbar zuzurechnen, wenn er sich eine sehr starke Rechtsposition zurückbehalten hat. Dies wird zu bejahen sein, wenn ihm ein jederzeitiges Kündigungsrecht zusteht, er Einfluss auf die Anlage des Treuhandvermögens nehmen kann und der Treuhänder an seine Weisungen gebunden ist (vgl. auch *Jülicher*, ZEV 1999 S. 37; *Habammer*, DStR 2002 S. 425). Trustkonstruktionen, bei denen der Treugeber selbst zwar formal keine Einflussmöglichkeiten auf die Vermögensverwendung hat, jedoch zu einem „trustee" bestellt ist, können ebenfalls nach § 39 Abs. 2 Nr. 1 Satz 2 AO dem Treugeber zuzurechnen sein (vgl. *Rundshagen* in *S/K/K*, § 15 AStG Rz. 71).

F. Entsprechende Anwendung des § 12 AStG (Absatz 5)

I. Erfassung erweitert beschränkt steuerpflichtiger Personen (bis einschließlich Veranlagungszeitraum 2012)

58 § 15 Abs. 5 Satz 1 AStG ordnet die entsprechende Anwendung des § 5 AStG an. Damit soll die Umgehung der erweiterten beschränkten Steuerpflicht nach § 2 AStG durch Einschaltung einer ausländischen Familienstiftung verhindert werden. Die entsprechende Anwendung wirft eine Reihe von Problemfeldern auf. So ordnet § 5 AStG die Zurechnung von Einkünften und nicht Einkommen an. Die Finanzverwaltung will hingegen Einkommen zurechnen (vgl. BMF-AnwSchr Rz. 15.5.1). Das in § 5 Abs. 1 Satz 1 AStG enthaltene Beteiligungserfordernis an einer Gesellschaft i. S. d. § 7 AStG schlägt fehl, da eine Stiftung als mitgliederlose Organisationsform keine Beteiligungsrechte vermitteln kann. Auch die weiteren Voraussetzungen der §§ 7, 8 AStG dürften für die entsprechende Anwendung nach § 15 Abs. 5 Satz 1 AStG unmaßgeblich sein. So kommt es auf das Steuerniveau der ausländischen Familienstiftung nicht an, obgleich hierin ein systematischer Bruch mit dem Regelungszweck der erweiterten beschränkten Steuerpflicht erblickt werden kann. Auch sind die auf Stiftungsebene erfassten Einkünfte nicht durch die Negativabgrenzung des § 8 Abs. 1 AStG begrenzt. Hingegen können nach § 5 AStG nur nicht ausländische Einkünfte (vgl. § 34c Abs. 1 EStG i. V. m. § 34d EStG) berücksichtigt werden.

§ 5 AStG gelangt nur gegenüber natürlichen Personen zur Anwendung. Die Rechtsfolgen betreffen lediglich Deutsche, die in den letzten zehn Jahren vor Beendigung der unbeschränkten Steuerpflicht mindestens fünf Jahre unbeschränkt einkommensteuerpflichtig waren. Darüber hinaus müssen die in § 2 Abs. 1 Satz 1 Nr. 1 AStG genannten Voraussetzungen erfüllt sein. Nicht erforderlich ist dagegen das Bestehen wesentlicher wirtschaftlicher Interessen im Inland. Zu weiteren Einzelheiten der entsprechenden Anwendung des § 5 AStG auf ausländische Familienstiftungen wird auf die Kommentierung zu § 5 AStG hingewiesen.

II. Berücksichtigung ausländischer und inländischer Steuern

59 Zur Vermeidung wirtschaftlicher Doppelbesteuerung auf Ebene der ausländischen Familienstiftung und beim Zurechnungssubjekt nach § 15 Abs. 1 AStG sieht § 15 Abs. 5 Satz 1 AStG durch einen Verweis auf die entsprechende Anwendung des § 12 AStG die Anrechnung zulasten der Stiftung angefallener inländischer und ausländischer Steuern vor. Im Gegensatz zur Hinzurechnungsbesteuerung nach den §§ 7–14 AStG besteht kein Wahlrecht zwischen Steuerabzug und Steueranrechnung. Es kommt insofern nur die Anrechnung in Betracht. Die in § 12 Abs. 1 Satz 2 AStG bei Optierung zur Steueranrechnung vorgesehene Hinzurechnung abgezogener Steuerbeträge läuft ins Leere. Die Anrechnung bedarf entsprechend § 12 Abs. 1 Satz 1 AStG eines Antrags. Infolge der Anknüpfung an das Stiftungs*ein-kommen* als Saldogröße bis einschließlich dem Veranlagungszeitraum 2012 war für Zwecke des Anrechnungshöchstbetrags nicht nach dem Grundsatz der per country limitation zu verfahren. Vielmehr bestimmte sich der – auf die anteilige, zulasten der Stiftung erhobene inländische und ausländische Steuer begrenzte – Höchstbetrag anrechenbarer Steuern nach der beim einzelnen Zurechnungssubjekt auf das ihm zugerechneten Stiftungseinkommen entfallenden Steuer (vgl. BMF-AnwSchr Rz. 15.5.2 i. V. m. Rz. 12.1.3).

59a In der ab dem Veranlagungszeitraum 2013 anzuwendenden Fassung werden nunmehr Stiftungseinkünfte zugerechnet. Hier mag vertreten werden, dass auch die Stiftungseinkünfte unverändert einheitlich zugerechnet werden. Originär werden die Einkünfte demnach von der Stiftung erzielt. Die Zurechnung der erzielten Einkünfte erfolgt insgesamt auf einer nachgelagerten Stufe. Die Einkünfte qualifizieren nach Abs. 8 Satz 1 einheitlich als Kapitalerträge i. S. d. § 20 Abs. 1 Nr. 9 EStG. Es ist jedoch zu beachten, dass Abs. 8 u. a. die Anwendung der Abgeltungsteuer für Kapitaleinnahmen vorsieht, die bei unmittelbarem Bezug auch in deren Anwendungsbereich fielen. Sofern danach das Abgeltungsteuerregime zum Tragen kommt, wären auch etwaige ausländische Quellensteuern pro Kapitalertrag entsprechend § 32d Abs. 5 EStG anzurechnen. Insoweit sind die hierauf entfallenden Quellensteuern aus dem übrigen Quellensteuersaldo auszuscheiden. Ansonsten gelten die Bestimmungen des § 34c EStG bzw. des § 26 Abs. 1, 6 KStG entsprechend.

60 Vor dem AmtshilfeRLUmsG blieb unklar ist, ob zulasten späterer Zuwendungen im Ansässigkeitsstaat der ausländischen Familienstiftung einbehaltene Abzugsteuern nachträglich angerechnet werden können. Für eine analoge Anwendung des § 12 Abs. 3 AStG i. V. m. § 3 Nr. 41 EStG fehlte letztlich eine Rechtsgrundlage (für den konstitutiven Charakter der Rechtsänderung spricht das Verständnis des Gesetzgebers in der Begründung zum Gesetzentwurf, vgl. BT-Drs. 17/10000 S. 67). Damit verbunden war eine Schlechterstellung der Begünstigten einer Familienstiftung im Vergleich zu den Anteilseignern einer Zwischengesellschaft i. S. d. §§ 7–14 AStG.

60a Das AmtshilfeRLUmsG erklärt im Hinblick auf spätere steuerbefreite Stiftungszuwendungen i. S. d. Abs. 11 (vgl. hierzu Anm. 62 ff. = Gliederungspunkt G) nunmehr § 12 Abs. 3 AStG für entsprechend anwendbar. Die Neuregelung gilt gemäß § 21 Abs. 21 Satz 4 AStG erstmals für den Veranlagungszeitraum 2013. Den Zurechnungssubjekten steht im Hinblick auf die betroffenen Stiftungszuwendungen damit ein Antragsrecht zu, etwaig einbehaltene Quellensteuern auf zuvor zugerechnete Einkünfte nachträglich im Wege der Steueranrechnung zu berücksichtigen. Die in § 12 Abs. 3 AStG vorgesehene alternative Minderung als Abzugsbetrag läuft im Kontext des § 15 AStG ins Leere. Entsprechend § 12 Abs. 3 S. 2 AStG steht ein bereits bestandskräftiger Steuerbescheid für das Jahr der Einkünftezurechnung der Berücksichtigung nicht im Wege. Der Antrag erfolgt im Rahmen der Feststellungserklärung nach § 18 Abs. 4 AStG (vgl. BMF-AnwSchr Rz. 12.3.1).

60b Im Kontext der Hinzurechnungsbesteuerung wird die nachträgliche Steueranrechnung in zeitlicher Hinsicht durch die Präklusionsfrist des § 3 Nr. 41 EStG von höchstens acht Jahren eingeschränkt. Im Verhältnis zur Einkünftezurechnung nach § 15 AStG kommt diese Frist nicht zum Tragen, vielmehr wird § 3 Nr. 41 EStG durch die in Bezug genommene Vorschrift des Abs. 11 ersetzt, die indessen keine zeitliche Beschränkung normiert. Aus Gründen der Rechtssicherheit erfährt die Aufbewahrung der Feststellungsbescheide damit gesteigerte Bedeutung.

60c Die Finanzverwaltung vertritt im Außensteuererlass zur Vorschrift des § 12 Abs. 3 AStG die Auffassung, dass Quellensteuern zuerst dem zeitlich am längsten zurückliegenden Hinzurechnungsbetrag zuzurechnen seien (vgl. BMF-AnwSchr Rz. 12.3.2). Dies hängt auch mit den Tatbestandsanforderungen des § 3 Nr. 41 EStG zusammen, der die Steuerbefreiung von Dividendenausschüttungen nicht davon abhängig macht, dass die der Dividende konkret zugrunde liegenden Einkünfte einer Hinzurechnung unterworfen waren. Da Abs. 11 im Kontrast dazu diese Voraussetzung aufstellt und § 15 Abs. 11 AStG auf den Veranlagungszeitraum des Anfalls der zugrunde liegenden Einkünfte abstellt, wird der Berücksichtigungszeitraum durch diesen Veranlagungszeitraum konkretisiert. In personeller Hinsicht kann die Steueranrechnung damit einem anderen Zurechnungsempfänger zugutekommen als dem Zuwendungsempfänger. In solchen Konstellationen kann der Anreiz der am Feststellungsverfahren beteiligten Personen zur Antragstellung fehlen, ohne dass dem zwischenzeitlich möglicherweise nicht mehr am Verfahren beteiligten ehemaligen Zurechnungsempfänger eine Einflussmöglichkeit zugestanden wird. Dies läuft der mit der Regelung verbundenen Zielsetzung entgegen. Der gesetzgeberischen Zielsetzung laufen im Übrigen die zu eng gestrickten und nicht rechtspraktikablen Voraussetzungen des Abs. 11 entgegen.

III. Sonstige Bestimmungen der §§ 7–14 AStG (bis einschließlich Veranlagungszeitraum 2012)

61 § 15 Abs. 5 Satz 2 AStG stellt klar, dass die Regelungen der Hinzurechnungsbesteuerung mit Ausnahme der in Satz 1 genannten Bestimmungen nicht zur Anwendung gelangen. Die gewählte Formulierung („soweit") ist missglückt. Zu Rechtsträgern i. S.d. Vorschrift können keine mitgliedschaftlichen Beziehungen bestehen, so dass die Regelungen zur Hinzurechnungsbesteuerung aus der Natur der Sache nicht zum Tragen kommen können. Im Übrigen siehe Anm. 49 f.

G. Entlastungsbeweis durch Nachweis rechtlicher und tatsächlicher Vermögenstrennung (Absatz 6)

I. Allgemeines

Absatz 6 der Vorschrift ist mit dem JStG 2009 vom 19.12.2008 (BGBl I 2008 S. 2794) als Reaktion auf die Unionsrechtswidrigkeit des § 15 AStG a. F. eingefügt worden. Die Rechtsfolgen der Einkünftezurechnung treten demnach nicht ein, wenn der Nachweis erbracht werden kann, dass das Vermögen einer Familienstiftung mit Sitz oder Geschäftsleitung in einem EWR-Staat der Verfügungsmacht der in den Absätzen 2 und 3 genannten Personen in rechtlicher und tatsächlicher Hinsicht entzogen ist. Die Nachweisführung richtet sich an die von der Einkünftezurechnung betroffenen Personen, d. h. an den Stifter bzw. die Bezugs- oder Anfallsberechtigten. Daneben muss der Finanzverwaltung die Überprüfung der erforderlichen Angaben aufgrund der Amtshilferichtlinie (Richtlinie 77/799/EWG vom 19.12.1977, ABl. EG 1977, L 336 S. 15) oder einer vergleichbaren zwei- oder mehrseitigen Vereinbarung ermöglicht sein. § 15 Abs. 6 AStG ist erstmals für den VZ 2009 anzuwenden (§ 21 Abs. 18 Satz 1 AStG). **62**

Nach dem ausdrücklichen Wortlaut des § 15 Abs. 6 AStG und entgegen der ursprünglichen Verwaltungsanweisung (vgl. BMF vom 14.5.2008 – IV B 4 – S 1361/ 07/0001, BStBl I 2008 S. 638) ist der Anwendungsbereich des Entlastungsbeweises bereits eröffnet, sofern sich Sitz **oder** Geschäftsleitung der ausländischen Familienstiftung in einem EWR-Staat befindet. Somit können auch Familienstiftungen mit statutarischem Sitz in einem Drittstaat grundsätzlich unter die Ausnahmeregelung des § 15 Abs. 6 AStG fallen, wenn der Ort der Geschäftsleitung, verstanden als Mittelpunkt der geschäftlichen Oberleitung i. S. d. § 10 AO, in einem EWR-Staat gelegen ist. **63**

Die jüngere Zivilgerichtsjudikatur hatte sich mit Ausprägungsformen liechtensteinischer Stiftungen zu beschäftigen (vgl. OLG Düsseldorf vom 30.4.2010 I 22 U 126/06, ZEV 2010 S. 528). Als wesentlicher Eckpfeiler dieser Rechtsprechung tritt die zivilrechtliche Aberkennung der Rechtsfähigkeit solcher Stiftungen unter bestimmten Voraussetzungen hervor. Dabei wird zum einen auf das innerstaatliche liechtensteinische Recht verwiesen, wonach zu weit gehende Eingriffsrechte des Stifters in die Stiftungsbelange der Anerkennung liechtensteinischer Stiftungen unter dem Gesichtspunkt eines Scheingeschäfts entgegenstehen würden. Zum anderen soll bei offenkundiger Steuerhinterziehung als Primärzweck der Stiftungserrichtung der in Art. 6 EGBGB statuierte ordre public-Vorbehalt greifen und der Stiftung aus diesem Blickwinkel heraus die Rechtsfähigkeit aberkannt werden. Beiden Fällen gemein ist, dass auch in steuerlicher Hinsicht derartige Stiftungen als nichtexistent zu behandeln sind, mithin ein Besteuerungszustand eintritt, wie er ohne Errichtung der Stiftung bestünde. Eines Rückgriffs auf spezialgesetzliche Zurechnungsvorschriften bedarf es insofern nicht. **63a**

II. Anforderungen an den Entlastungsbeweis (§ 15 Abs. 6 Nr. 1 AStG)

Ausweislich der Begründung zum Gesetzentwurf des JStG 2009 (BT-Drs. 16/ 10189 S. 78) orientieren sich die Anforderungen an den Entzug rechtlicher und tatsächlicher Verfügungsmacht über das Stiftungsvermögen am Leitbild des zur **64**

Schenkungsteuer ergangenen BFH-Urteils vom 28.6.2007 (BFH, Urteil vom 28.6.2007 II R 21/05, BStBl II 2007 S. 669). Im Streitfall hat der BFH entschieden, dass die Vermögensübertragung zugunsten einer liechtensteinischen Stiftung dann keine schenkungsteuerlichen Folgen auslöst, wenn die Stiftung nach den getroffenen Regelungen und Vereinbarungen im Verhältnis zum Stifter über das Vermögen rechtlich und tatsächlich nicht frei verfügen kann. Im Gegensatz zum Ertragsteuerrecht ist für die Beurteilung der Schenkungsteuerpflicht grundsätzlich allein die zivilrechtliche Lage maßgeblich. Der BFH hat den zivilrechtlichen Übergang des Vermögens auf die liechtensteinische Stiftung in der nämlichen Entscheidung verneint, da dem Stifter aufgrund der konkreten Ausgestaltungen des Reglements und des zwischen ihm und einer dem Verwaltungsrat der Stiftung angehörigen Gesellschaft abgeschlossenen Mandatsvertrags zu Lebzeiten umfassende Herrschaftsbefugnisse zustanden. Diese drückten sich in der Möglichkeit zum jederzeitigen Widerruf, zur jederzeitigen Änderung des Reglements und Einflussnahme auf die Stiftungsgeschäfte aus. Gemäß den Vereinbarungen im Mandatsvertrag durfte die dem Verwaltungsrat angehörige Gesellschaft darüber hinaus ohne Instruktionen des Stifters nicht selbständig tätig werden. Im Ergebnis konnte der Stifter über das auf die Stiftung übertragene Vermögen wie über ein Bankkonto verfügen. Der BFH stellt in Übereinstimmung mit seiner ständigen Rechtsprechung zur Schenkungsteuer klar, dass ein alleiniger Widerrufsvorbehalt der Entstehung eines schenkungsteuerlich beachtlichen Tatbestands nicht entgegensteht. Erst in Verbindung mit zusätzlichen schuldrechtlichen Vereinbarungen, wie sie im streitgegenständlichen Sachverhalt vorlagen, ist ein zivilrechtlicher Vermögensübergang zu verneinen.

64a Derartige Vereinbarungen können sich auch aus mündlichen Abreden ergeben. In einer beachtlichen Zahl bekannt gewordener Praxisfälle insbesondere aus dem schweizerischen und liechtensteinischen Raum sind von den involvierten Kreditinstituten in Absprache mit den Kunden Stiftungen nach stets ähnlichem Schema errichtet worden, bei dem den Stiftungsorganen nach den im Außenverhältnis formal getroffenen Vereinbarungen durchaus diskretionäre Entscheidungsbefugnisse zustehen sollten. Gerade bei Involvierung liechtensteinischer Stiftungen ist jedenfalls seit 2005 eine Tendenz zu erkennen, die tatsächlich getroffenen Abreden im Innenverhältnis nach außen nicht mehr allzu offensichtlich schriftlich zu fixieren. Im Innenverhältnis zwischen den beteiligten Parteien bestanden in einschlägigen Fällen dagegen überhaupt keine Zweifel daran, dass den „Stiftern" weiterhin ein jederzeitiger und vollumfänglicher Zugriff auf das zugewandte Vermögen gleichsam wie über ein eigenes Bankkonto möglich war. Tatsächliche Verfügungen und Umschichtungen nebst Einflussnahme auf die Vermögensanlagepolitik und ggf. Umstrukturierung zugunsten anderer Rechtsträger in möglicherweise für noch „sicherer" erachteten Jurisdiktionen geben Beleg dafür. Die Errichtung derartiger Stiftungen verfolgte regelmäßig gänzlich andere Zielsetzungen als die Überführung und Begebung von Vermögen zugunsten wohldefinierter Zwecke. Häufig ging es dabei um die Optimierung steuerlicher Verschleierung. Auch Steuern nach der EU-Zinsrichtlinie konnten durch Einschaltung solcher Rechtsträger vermieden werden. Für die Beurteilung derartiger Stiftungen ist die BFH-Entscheidung vom 28.6.2007 m.E. uneingeschränkt übertragbar, auch wenn sich die maßgeblichen internen Vereinbarungen aus den bewusst abweichend formulierten schriftlichen Dokumenten nicht unmittelbar ableiten lassen. Für ertragsteuerliche Zwecke bedeutsam ist, dass auch in diesen Fällen eine unmittelbare Zurechnung über die Grundsätze des § 39 AO systematisch vorrangig ist (vgl. Anm. 8 f.).

Die Finanzverwaltung hat sich vor Umsetzung des JStG 2009 in ihrem zum Vertragsverletzungsverfahren der EU-Kommission ergangenen Schreiben vom 14.5.2008 (BMF vom 14.5.2008 IV B 4 – S 1361/07/0001, BStBl I 2008 S. 638) dahingehend geäußert, dass ein Widerrufsvorbehalt schädlich für die Nichtanwendung des § 15 AStG sei. Das BMF-Schreiben erlangt allerdings nur „bis zu einer gesetzlichen Neuregelung" Geltungskraft. Legt man dagegen die vom BFH (BFH, Urteil vom 28.6.2007 II R 21/05, BStBl II 2007 S. 669) zum Ausdruck gebrachten und vom Gesetzgeber ausweislich der Gesetzesbegründung zum JStG 2009 in Bezug genommenen Leitlinien zugrunde, ist ein Widerrufsvorbehalt des Stifters allein der Erbringung des Entlastungsbeweises noch nicht abträglich. Es müssen vielmehr weitere schuldrechtliche Umstände hinzutreten, die eine tatsächliche Herrschaft des Stifters über das Stiftungsvermögen indizieren, so dass die Stiftung über dieses in rechtlicher und tatsächlicher Hinsicht nicht frei verfügen kann (vgl. auch BMF-Schreiben vom 16.9.2004 IV A 4 – S 1928 – 120/04, Antwort zu Frage 19, s. auch Anm. 64). Unter diesen Voraussetzungen würden die Einkünfte der Stiftung nach hier vertretener Auffassung aber ohnehin unmittelbar dem dahinter stehenden Stifter zugerechnet werden. Zur Einkünftezurechnung nach § 15 AStG käme es von vornherein nicht. Andererseits will der Gesetzgeber ausweislich der Gesetzesbegründung offenbar trotz gleichzeitigen Verweises auf das BFH-Urteil vom 28.6.2007 widerrufliche Trusts und Familienstiftungen nicht vom Entlastungsbeweis erfasst sehen (vgl. Gesetzentwurf zum JStG 2009, BT-Drs. 16/10189 S. 78). Obgleich sich der Wille des Gesetzgebers m.E. nicht hinreichend konkret in der Vorschrift niedergeschlagen hat, muss gleichwohl eine unsichere Rechtslage konstatiert werden (vgl. ebenso *Kraft* in *Kraft*, § 15 AStG Rz. 405). Eine Zurechnung aufgrund eines bloßen Widerrufsvorbehalts käme im Ergebnis m.E. nur in Betracht, wenn dies bereits aus allgemeinen steuerlichen Zurechnungsgrundsätzen folgen würde (so unter Bezugnahme auf die BFH-Entscheidung mit dem Az. VIII R 196/84, BStBl II 1989, 877 *Schönfeld* in *F/W/B*, § 15 AStG Rz. 196; die Entscheidung betrifft nicht den Fall einer juristischen Person als Treuhänderin, sondern die steuerliche Zurechnung von Kommanditanteilen minderjähriger Kinder zu den Eltern, deren Übereignung jederzeit widerruflich ist). Insofern bestehen nach hier vertretener Auffassung jedoch zumindest im Falle eines bedingten Widerrufsrechts Zweifel (vgl. weitergehend auch *Habammer*, DStR 2002 S. 425). Darüber hinaus dürften statutarisch festgelegte Befristungen oder auflösende Bedingungen (jedenfalls bei Zweckerreichung) m.E. weder unter die tatbestandlichen Anknüpfungspunkte des § 15 Abs. 6 Nr. 1 AStG zu subsumieren sein noch nach allgemeinen Zurechnungsgrundsätzen zu einer steuerlichen Erfassung bei den hinter der Stiftung stehenden Personen führen können.

III. Anforderungen an die Nachprüfmöglichkeit (§ 15 Abs. 6 Nr. 2 AStG)

§ 15 Abs. 6 Nr. 2 AStG kodifiziert als weitere Voraussetzung für die Nichtanwendung der Einkünftezurechnung nach § 15 Abs. 1 AStG, dass die Finanzverwaltung die für die Besteuerung erforderlichen Auskünfte über ein zwischenstaatliches Auskunftsabkommen erlangen kann. In Betracht kommen die Amtshilferichtlinie oder vergleichbare zwei- oder mehrseitige Vereinbarungen. Als vergleichbare Vereinbarungen gelten etwa DBA mit sog. großen Auskunftsklauseln (vgl. Gesetzentwurf zum JStG 2009, BT-Drs. 16/10189 S. 78). Mit allen Staaten des EWR bestehen mittlerweile entsprechende Vereinbarungen zur gegenseitigen Amtshilfe; zuletzt ist am 28.10.2010 ein Auskunftsabkommen mit Liechtenstein in Kraft getreten (vgl. hierzu im Einzelnen *Hecht/Lampert/Schulz*, BB 2010 S. 2727; vgl. zum Informationsaustausch ferner *Schönfeld*, DB 2008 S. 2217).

67 Der Vorschriftswortlaut legt nahe, dass die formale Möglichkeit des Informationsaustausches allein nicht genügt. Vielmehr kann die Vorschrift auch so verstanden werden, dass die erforderlichen Auskünfte tatsächlich erteilt werden müssen. Bedeutung erlangt dies beispielsweise, wenn ein Mitgliedstaat sich auf Art. 8 Abs. 1 der Amtshilferichtlinie beruft, wonach die Verpflichtung zur Auskunftserteilung entfällt, sofern Rechtsvorschriften oder die Verwaltungspraxis des auskunftserteilenden Staats der Übermittlung von Informationen entgegenstehen. Der EuGH hat jedoch wiederholt betont, dass der Vorbehalt des Art. 8 Abs. 1 der Amtshilferichtlinie keine Benachteiligungen rechtfertigt (vgl. etwa EuGH vom 11.10.2007 Rs. C-451/05 (ELISA), Slg. 2007 S. I-8251). In der Begründung zum Gesetzentwurf des JStG 2009 (BT-Drs. 16/10189 S. 78) heißt es denn auch, dass davon auszugehen sei, dass der jeweilige Staat Zugang zu den relevanten Informationen hat und die Auskünfte auch tatsächlich erteilt. Es ist daher davon auszugehen, dass bei Bestehen eines entsprechenden Auskunftsabkommens keine weiteren Voraussetzungen an die tatsächliche Auskunftsbereitschaft gerichtet sind (vgl. auch *Schönfeld*, DB 2008 S. 2217). Dem Vernehmen nach ist auch die Finanzverwaltung der Auffassung, dass es den betroffenen Steuerpflichtigen nicht zum Nachteil gereichen soll, wenn der andere Vertragsstaat den vereinbarten Amtshilfeverpflichtungen nicht nachkommt.

68 Bei einer doppelansässigen Stiftung (etwa mit Sitz in einem Dritt- und Ort der Geschäftsleitung in einem EWR-Staat) genügt nach dem Wortlaut des § 15 Abs. 6 Nr. 2 AStG ein Auskunftsabkommen mit einem der Ansässigkeitsstaaten. Dies ist sachgerecht, da die erforderlichen Dokumente regelmäßig auch an den Ort der Geschäftsleitung der Stiftung beigebracht werden können.

H. Anwendung deutscher Einkünfteermittlungsvorschriften und Verbot der Zurechnung negativer Einkünfte (Absatz 7)

I. Anwendung deutscher Einkünfteermittlungsvorschriften

Nach dem im Zuge des Jahressteuergesetzes 2013 neu gefassten § 15 Abs. 7 Satz 1 AStG sind die gemäß Absatz 1 zuzurechnenden Einkünfte der Stiftung nach den Vorschriften des Körperschaftsteuer- und Einkommensteuergesetzes zu ermitteln. Bis einschließlich dem Veranlagungszeitraum 2012 ordnete Abs. 7 Satz 1 die Anwendung der Vorschriften des deutschen Steuerrechts an. Wesentliche materielle Änderungen ergeben sich aus dem geänderten Wortlaut nicht. Die erst durch das JStG 2009 erstmalig eingefügte Vorschrift des § 15 Abs. 7 Satz 1 AStG diente nach Auffassung des seinerzeitigen Gesetzgebers (vgl. Gesetzentwurf zum JStG 2009, BT-Drs. 16/10189 S. 78) der Klarstellung. Tatsächlich bestand bereits grundsätzlich Einvernehmen über die Anwendung deutsch-steuerlicher Grundsätze bei der Ermittlung des zuzurechnenden Einkommens (vgl. etwa BFH, Urteil vom 5.11.1992 I R 39/92, BStBl II 1993 S. 388). Insoweit wird auf die Ausführungen zur Bestimmung der Zurechnungsgröße verwiesen (vgl. Anm. 45–50). Aus der nunmehr durch das AmtshilfeRLUmsG neu gefassten Vorschrift ergibt sich wegen der Bezugnahme auf die „Einkünfte der Stiftung" nunmehr deutlicher, wer als Einkünfteermittlungssubjekt fungiert (vgl. Anm. 45).

69

II. Entsprechende Anwendung des § 10 Abs. 3 AStG

Der mit dem AmtshilfeRLUmsG in § 15 Abs. 7 Satz 2 AStG enthaltene Verweis ordnet die entsprechende Anwendung der Regelungen des § 10 Abs. 3 AStG an. Die Neuregelung gilt gemäß § 21 Abs. 21 Satz 4 AStG erstmals für den Veranlagungszeitraum 2013. Ausweislich der Gesetzesbegründung (vgl. BT-Drs. 17/10000 S. 67) impliziert der Verweis, dass bestimmte Steuerbefreiungen, etwa in § 8b Abs. 1 und 2 KStG, nicht anwendbar seien.

69a

§ 10 Abs. 3 Satz 1 1. Halbsatz AStG entspricht § 15 Abs. 7 Satz 1 AStG i. d. F. des JStG 2009, indem es i.R.d. Hinzurechnungsbesteuerung die entsprechende Anwendung der Vorschriften des deutschen Steuerrechts bestimmt. Da insoweit das AmtshilfeRLUmsG in § 15 Abs. 7 Satz 1 AStG für die Ermittlung der zuzurechnenden Einkünfte eine eigenständige Regelung trifft (vgl. Anm. 69), kommt dem Verweis auf § 10 Abs. 3 Satz 1 1. Halbsatz AStG keine eigenständige Bedeutung bei.

69b

§ 10 Abs. 3 Satz 1 2. Halbsatz AStG bestimmt, dass bei der Ermittlung von Einkünften aus inländischen oder ausländischen Investmentanteilen die Vorschriften des InvStG sinngemäß zu beachten sind. Die Ergänzung in § 10 Abs. 3 AStG sollte dazu dienen, die Anwendbarkeit des InvStG für die Hinzurechnungsbesteuerung zu verdeutlichen (vgl. *Vogt* in *Blümich*, § 10 AStG Rz. 71). Die entsprechende Anwendung i.R.d. § 15 AStG stellt insofern lediglich eine inhaltliche Klarstellung dar. Auch für Veranlagungszeiträume vor 2013 ist nicht ersichtlich, dass ausgeschüttete oder thesaurierte Erträge aus Investmentvermögen für Zurechnungszwecke unbeachtet bleiben.

69c

§ 10 Abs. 3 Satz 2 AStG lässt ungeachtet der tatsächlichen Buchführung der ausländischen Zwischengesellschaft für Gewinneinkunftsarten wahlweise eine

69d

Gewinnermittlung nach § 4 Abs. 3 EStG oder §§ 4, 5 EStG zu. Das in § 10 Abs. 3 Satz 2 AStG enthaltene Wahlrecht kann jedoch nicht so verstanden werden, dass auch im Hinblick auf Überschusseinkunftsarten diese Gewinnermittlungsarten zugrunde gelegt werden dürfen (vgl. *Vogt* in *Blümich*, § 10 AStG Rz. 82). Das Wahlrecht ist i.R.d. Abgabe der Feststellungserklärung nach § 18 Abs. 4 AStG auszuüben (vgl. BMF-AnwSchr Rz. 10.3.1.1). Ausländische Stiftungen unterhalten in aller Regel keinen Gewerbebetrieb, sondern erzielen Überschusseinkunftsarten, so dass sich die Einkünfteermittlung nach § 2 Abs. 2 Satz 1 Nr. 2 EStG richtet; hierbei kommt es m.E. nicht darauf an, in welcher Sphäre (Privat- oder Betriebssphäre) die Destinatäre bezugs- oder anfallsberechtigt sind, da Stiftungen von vornherein auch bei unbeschränkter Steuerpflicht nicht unter § 8 Abs. 2 KStG fallen (für Zwischengesellschaften vom BFH offen gelassen, vgl. BFH, Urteil vom 21.1.1998 I R 3/96, BStBl II 1998 S. 468; aus Sicht der Finanzverwaltung vgl. BMF-AnwSchr Rz. 10.1.1.2). Bei im Einzelfall vorgenommener Gewinnermittlung nach §§ 4, 5 EStG für Gewinneinkünfte sind die Rz. 10.3.2-10.3.3 des BMF-AnwSchr zu beachten. Das Wahlrecht zur Einkünfteermittlungsart bei Gewinneinkünften gilt erstmals für den Veranlagungszeitraum 2013. Zu weiteren Einzelheiten wird auf die Kommentierung zu § 10 AStG verwiesen.

69e § 10 Abs. 3 Satz 4 AStG erklärt bestimmte Vergünstigungen, die an die unbeschränkte Steuerpflicht oder an das Bestehen eines inländischen Betriebs oder einer inländischen Betriebsstätte anknüpfen, sowie die Vorschriften des § 4h EStG und der §§ 8a, 8b Abs. 1 und 2 KStG für nichtanwendbar. Die Nichtanwendung der Zinsschrankenregelungen dürfte bei ausländischen Stiftungen nur in sehr seltenen Konstellationen von Bedeutung sein, da von der Zinsschrankenregelung zum einen nur Betriebe erfasst würden, zum anderen Stiftungen regelmäßig nicht als Unternehmensträgerstiftungen direkt agieren, sondern ihren Einfluss in Gestalt von Beteiligungen an den Zielunternehmen ausüben (Beteiligungsträgerstiftungen). Sofern es sich bei diesen Zielunternehmen um ausländische Kapitalgesellschaften handelt, die nicht als Zwischengesellschaften zu qualifizieren sind, hätten die Zinsschrankenregelungen wiederum von vornherein keine Bedeutung.

69f Von größerer Relevanz ist die normierte Nichtanwendung des § 8b Abs. 1, 2 KStG, die dazu führt, dass (insbesondere) Dividenden und Veräußerungsgewinne aus Kapitalgesellschaften bei der Einkünfteermittlung steuerlich nicht freizustellen sind (zur Rechtslage vor dem AmtshilfeRLUmsG vgl. Anm. 45a). Obgleich die betroffenen Einkünftebestandteile in den zuzurechnenden Stiftungseinkünften damit ungekürzt enthalten sind, räumt Abs. 8 den Destinatären insoweit steuerliche Vergünstigungen ein, wie sie bei unmittelbarem Einkünftebezug ebenfalls gewährt würden (vgl. hierzu Anm. 77 f.).

69g § 10 Abs. 3 Satz 5 AStG regelt, dass negative Einkünfte in entsprechender Anwendung des § 10d EStG abgezogen werden können. Die Bedeutung liegt darin, dass gemäß § 15 Abs. 7 Satz 3 AStG eine Hinzurechnung eines negativen Einkünftebetrags unterbleibt. Die Verlustfeststellung erfolgt im Verfahren nach § 18 Abs. 4 AStG. Dem Verweis auf § 9 AStG kommt keine Bedeutung zu. § 10 Abs. 3 Satz 6 AStG gilt mangels Abzugs von ausländischen Steuern im System des § 15 AStG ebenfalls nicht.

69h Für die Einkünfteermittlung gelten die Vorschriften des EStG bzw. KStG. Besondere Verlustverrechnungsbeschränkungen sind daher auch bei der Einkünfteermittlung der ausländischen Familienstiftung zu beachten, so etwa die besonderen Beschränkungen in § 20 Abs. 6 EStG. Darüber hinaus erzielte positive Einkünfte unterliegen demgemäß unverändert der Zurechnung.

Ein negativer Einkünftesaldo nachgeordneter Stiftungen (vgl. Anm. 94 ff. = Gliederungspunkt K mit Kommentierung zu Abs. 10) kann nach hier vertretener Auffassung mit einem positiven Einkünftesaldo der (Ober-)Stiftung ausgeglichen werden. Dieses Verständnis entspricht der Behandlung negativer Einkünfte von Untergesellschaften nach § 14 AStG (vgl. BFH, Urteil vom 20.4.1988 I R 41/82, BStBl II 1988 S. 868). Erst ein danach verbleibender negativer Saldo wird entsprechend § 10 Abs. 3 Satz 5 AStG behandelt. Im Verhältnis zu nachgeordneten (Zwischen-)Gesellschaften ist die Möglichkeit des Ausgleichs von Gewinnen und Verlusten mit der Stiftung als Anteilseignerin ebenso geboten. Gleichwohl lässt die gesetzliche Anordnung in Abs. 9 einen Ausgleich insofern zweifelhaft erscheinen, als die entsprechende Berücksichtigung der Einkünfte der Zwischengesellschaft nach Maßgabe der §§ 7–14 AStG technisch als Hinzurechnung eines Hinzurechnungsbetrags verstanden werden kann, der in eigenständiger Anwendung des § 10 Abs. 3 Satz 5 AStG ermittelt wird, mithin die Zwischengesellschaft als Obergesellschaft eines eigenen Verlustverrechnungskreises fungiert. Selbstverständlich könnten aber auch in diesem Fall Gewinne und Verluste von Untergesellschaften miteinander verrechnet werden. **69i**

Negative Einkünfte können auf Stiftungsebene entsprechend der Regelung des § 10d EStG vor- und zurückgetragen werden. Verluste können damit bis zu einer Höhe von EUR 511.500 in das vorangegangene Jahr zurückgetragen werden. Der Antrag wird im Verfahren nach § 18 Abs. 4 AStG zu stellen sein. Für den Verlustabzug in Folgejahren gelten die Regelungen des § 10d Abs. 2 EStG zur Mindestbesteuerung, so dass Verluste bis zu einer Höhe von EUR 1.000.000 unbegrenzt, darüber hinaus nur zu 60 v. H. des Gesamtbetrags der Stiftungseinkünfte in Abzug gebracht werden können. Soweit positive Stiftungseinkünfte durch den Verlustabzug ausgeglichen werden, entfällt eine Zurechnung gegenüber dem Stifter bzw. den Bezugs- oder Anfallsberechtigten. Bei einem Verlustrücktrag reduziert sich die Zurechnungsgröße des Vorjahres entsprechend. **69j**

Der Verlustabzug erfordert in Ermangelung einer Regelung keine personelle Identität der Zurechnungsempfänger. Ebenso kann es bei wechselndem Begünstigtenkreis nicht analog § 8c KStG zu einem Verlustuntergang kommen, da zum einen Stiftungen als mitgliederlose Organisationsformen keinen Anteilseignerwechsel kennen und auch keine anderweitig vergleichbaren Vorgänge ersichtlich erscheinen (a. A. offenbar BMF vom 4.7.2008 IV C 7 – S 2742-a/07/10001, BStBl I 2008 S. 718, Rz. 1), zum anderen die Anwendung des § 8c KStG nicht ausdrücklich angeordnet wird (vgl. für die Hinzurechnungsbesteuerung BMF-AnwSchr Rz. 10.3.5.3). **69k**

Auch bei einem (temporären) Wegfall der Voraussetzungen einer Einkünftezurechnung nach § 15 AStG in einzelnen Veranlagungszeiträumen bleiben die festgestellten Verluste im Wege des Verlustvortrags nutzbar, sofern zu einem späteren Zeitpunkt wieder eine Einkünftezurechnung erfolgt (vgl. für den Wegfall von passiven Einkünften in einem späteren Jahr im System der Hinzurechnungsbesteuerung BMF-AnwSchr Rz. 10.3.5.2). **69l**

III. Verbot der Zurechnung negativer Einkünfte

70 § 15 Abs. 7 Satz 3 AStG normiert ein Zurechnungsverbot bei negativen Einkünften. Er entspricht Abs. 7 Satz 2 bis einschließlich dem Veranlagungszeitraum 2012, der eine Zurechnung negativen Stiftungseinkommens ausschloss. Auf negative Einkünfte sind jedoch die Vorschriften des § 10d EStG entsprechend anzuwenden (vgl. hierzu die vorherigen Anm. 69i–69l).

71 *Rechtslage bis einschließlich Veranlagungszeitraum 2012: Auf Stiftungsebene können Verluste entsprechend der Regelung des § 10d EStG vor- und zurückgetragen werden. Verluste können damit bis zu einer Höhe von EUR 511 500 in das vorangegangene Jahr zurückgetragen werden. Für den Verlustabzug in Folgejahren gelten die Regelungen des § 10d Abs. 2 EStG zur Mindestbesteuerung, so dass Verluste bis zu einer Höhe von EUR 1 000 000 unbegrenzt, darüber hinaus nur zu 60 v. H. des Stiftungseinkommens in Abzug gebracht werden können. Soweit Stiftungsgewinne durch den Verlustabzug ausgeglichen werden, entfällt eine Zurechnung gegenüber dem Stifter bzw. den Bezugs- oder Anfallsberechtigten. Bei einem Verlustrücktrag reduziert sich die Zurechnungsgröße des Vorjahres entsprechend. Der Verlustabzug erfordert in Ermangelung einer Regelung keine personelle Identität der Zurechnungsempfänger.*

71a *Im Gegensatz zur Ansicht des Gesetzgebers, der diese Regelung lediglich als Klarstellung verstanden wissen wollte (vgl. Gesetzentwurf zum JStG 2009, BT-Drs. 16/10189 S. 78 f.), bestand in der Literatur weitestgehend Einigkeit darin, dass § 15 AStG auch die Zurechnung negativen Einkommens anordnete (vgl. Wassermeyer in F/W/B, § 15 AStG Rz. 57; Hey, IStR 2009 S. 181). Das FG Baden-Württemberg ist dieser Ansicht in einer jüngeren Entscheidung beigetreten (FG Baden-Württemberg, Beschluss vom 19.11.2008 13 V 3428/08, IStR 2009 S. 70). Auch das FG Hessen geht in seiner Entscheidung vom 14.11.2012 (10 K 625/08, DStR 2013 S. 1011, rkr.) von einer verfassungsrechtlich unzulässigen echten Rückwirkung des Verlustzurechnungsverbots aus. Im Streitfall brauchte die Norm dem BVerfG mangels Entscheidungserheblichkeit jedoch nicht vorgelegt werden. Das Verbot der Zurechnung negativen Einkommens sollte für alle noch offenen Veranlagungen gelten (§ 21 Abs. 18 Satz 2 AStG).*

71b *Für negatives Einkommen, das bis einschließlich dem Veranlagungszeitraum 2012 festgestellt und nicht ausgeglichen wurde, besteht eine Regelungslücke. Ab dem Veranlagungszeitraum 2013 ist die Konzeption des § 15 AStG auf die Zurechnung von Einkünften umgestellt worden, so dass der Gesetzgeber hier in einer m.E. planwidrigen Regelungslücke vergessen hat, Bestimmungen über den Ausgleich mit zukünftigen positiven Einkünften zu implementieren. Die Regelungslücke ist dahingehend zu schließen, dass „Altverluste" nach Maßgabe des § 10 Abs. 3 Satz 5 AStG mit zukünftig anfallenden positiven Einkünften verrechnet werden dürfen (vgl. insofern auch Moser/Gebhardt, DStZ 2013 S. 753).*

72 Aus systematischer Sicht ist das Verlustzurechnungsverbot abzulehnen. Die durch § 15 AStG angeordnete Durchbrechung des Trennungsprinzips muss konsequenterweise auch in Verlustfällen zur Anwendung gelangen. Es kann nicht angeführt werden, dass § 15 AStG nur die Thesaurierung von Gewinnen zu verhindern beabsichtigt, da der Vorschriftswortlaut von einer Einkünftezurechnung spricht. Unabhängig von dem systematisch fragwürdigen Verlustzurechnungsverbot des

§ 15 Abs. 7 AStG führte die Einkommenszurechnung nach dem bis einschließlich Veranlagungszeitraum 2012 geltenden System bei Zurechnungsempfängern mit negativem Gesamtbetrag der Einkünfte zu sachlich unbefriedigenden Ergebnissen. Soweit sich das zugerechnete Einkommen aufgrund eines etwaigen negativen Gesamtbetrags der Einkünfte steuerlich nicht auswirkt, konnte es zu einer doppelten Verlustnutzung kommen, da der Verlustausgleich durch die Einkommenszurechnung die Höhe des nach § 10d festgestellten Betrags nicht mindert.

I. Qualifikation der zugerechneten Einkünfte (Absatz 8)

73 Der durch das AmtshilfeRLUmsG neu eingefügte Abs. 8 enthält Regelungen zur Qualifikation der zugerechneten Einkünfte bei den Zurechnungssubjekten. Bis einschließlich dem Veranlagungszeitraum 2012 wurde das Stiftungseinkommen als Saldogröße zugerechnet. Aufgrund dieser Zurechnungstechnik war es zum einen nicht notwendig, die Zurechnungsgröße einer bestimmten Einkunftsart zuzuordnen, zum anderen konnten steuerliche Vergünstigungen in der Einkünfteermittlungssphäre bzw. dem Tarifbereich nicht gewährt werden. Nachdem durch das AmtshilfeRLUmsG konzeptionell nunmehr Einkünfte anstelle von Einkommen zugerechnet werden, bedarf es einer Regelung zu deren Qualifikation und Behandlung bei den Zurechnungssubjekten.

74 Als Grundsatz ordnet Abs. 8 Satz 1 die zugerechneten Stiftungseinkünfte bei natürlichen Personen den Einnahmen aus Kapitalvermögen i. S. d. § 20 Abs. 1 Nr. 9 EStG zu. Die Einkünfte werden mithin, insoweit ähnlich wie bei der Hinzurechnungsbesteuerung der Hinzurechnungsbetrag in eine fiktive Dividende transformiert wird (vgl. § 10 Abs. 2 Satz 1 AStG), grundsätzlich wie Zuwendungen von Leistungen aus einer Stiftung behandelt. Der Abgeltungsteuertarif kann davon abweichend jedoch nur unter bestimmten Voraussetzungen angewandt werden (vgl. hierzu Anm. 76). Die Zuordnung zu den Einnahmen aus Kapitalvermögen gilt auch im Hinblick auf zugerechnete Einkünfte nachgeordneter ausländischer Zwischengesellschaften i. S. d. Abs. 9 und nachgeordneter Stiftungen i. S. d. Abs. 10.

75 Für die in der Praxis eher seltenen Fälle einer Zurechnung der Stiftungseinkünfte zu einer anderen Einkünftesphäre, namentlich der gewerblichen Sphäre, ordnet Abs. 8 Satz 2 1. Halbsatz die Anwendung der Subsidiaritätsklausel in § 20 Abs. 8 EStG an. Dies kann dazu führen, dass die Stiftungseinkünfte als gewerbliche Einkünfte i. S. d. § 15 EStG qualifizieren.

76 Abs. 8 Satz 2 2. Halbsatz schränkt im Hinblick auf natürliche Personen als Zurechnungssubjekte den Geltungsbereich des § 32d EStG bzw. des § 3 Nr. 40 Satz 1 Buchst. d EStG (sofern § 20 Abs. 8 EStG greift) ein, indem diese Vorschriften nur insoweit zur Anwendung kommen sollen, wie sie auch bei unmittelbarem Bezug der zuzurechnenden Einkünfte durch die Zurechnungssubjekte eröffnet wären.

Beispiel 6

Die in Deutschland unbeschränkt steuerpflichtige natürliche Person A hat eine ausländische Familienstiftung errichtet. Im Veranlagungszeitraum 2013 erzielt die Stiftung Vermietungseinkünfte i. H. v. 50 000 EUR und Zins- und Dividendenerträge in gleicher Höhe. Sämtliche dem Stifter zugerechnete Einkünfte gelten als Kapitaleinnahmen i. S. d. § 20 Abs. 1 Nr. 9 EStG. Der Abgeltungsteuertarif kann indessen nur für die Zins- und Dividendenerträge in Anspruch genommen werden.

Gesetzgeberische Intention ist ausweislich der Begründung (vgl. BT-Drs. 17/10000 S. 68) die Gleichstellung mit dem unmittelbaren Einkünftebezug. Dieses gesetzgeberische Ziel ist jedoch nicht in jeder Hinsicht erreicht worden. So erscheint zweifelhaft, ob etwa § 3 Nr. 40 Satz 1 Buchst. *a* EStG für den Fall, dass die Stiftungseinkünfte über § 20 Abs. 8 EStG zu gewerblichen Einkünften umqualifiziert werden, zur Geltung kommen kann. Fraglich erscheint auf der anderen Seite, ob zugerechnete positive Stiftungseinkünfte, die nach Abs. 8 Satz 1 den Einnahmen aus Kapitalvermögen als zugehörig gelten, für die jedoch nach Abs. 8 Satz 2 2. Halbsatz die Abgeltungsteuer nicht greift, mit negativen Kapitaleinnahmen, die unter die Abgeltungsteuer fallen, nach § 20 Abs. 6 EStG im Veranlagungsverfahren verrechnet werden können. Die bloße Anordnung, dass § 32d EStG insoweit nicht gilt, führt nämlich nicht zwangsläufig zu einem Dispens des § 20 Abs. 6 EStG.

Soweit es sich beim Stifter oder der bezugs- oder anfallsberechtigten Person um Personen handelt, die ihre Einkünfte nach dem Körperschaftsteuergesetz ermitteln, soll gemäß Abs. 8 Satz 3 1. Halbsatz § 8 Abs. 2 KStG unberührt bleiben. Körperschaftsteuerpflichtige Zurechnungssubjekte i. S. d. § 1 Abs. 1 Nr. 1-3 KStG werden somit auch im Hinblick auf die ausländische Stiftung gewerbliche Einkünfte zugerechnet. Möglicherweise lückenhaft geregelt scheinen (die eher seltenen) Konstellationen, in denen Zurechnungssubjekt Körperschaftsteuerpflichtige sind, die ihre Einkünfte nicht gemäß § 8 Abs. 2 KStG ermittelt. Abs. 8 Satz 1 gilt nach seinem Wortlaut nur für Steuerpflichtige, die ihre Einkünfte nicht nach dem KStG ermitteln, mithin nicht für Körperschaftsteuerpflichtige. Abs. 8 Satz 3 trifft hingegen mit Ausnahme des Vorbehalts von § 8 Abs. 2 KStG keine Regelung zur Qualifikation der zugerechneten Stiftungseinkünfte. Diese Regelungslücke wird man (mit der Gesetzesbegründung, vgl. BT-Drs. 17/10000 S. 68) durch eine entsprechende Anwendung des Abs. 8 Satz 1, d. h. der Zuordnung der Stiftungseinkünfte zu den Einnahmen i. S. d. § 20 Abs. 1 Nr. 9 EStG, schließen müssen. 77

Abs. 8 Satz 3 2. Halbsatz schränkt die Anwendung des § 8b Abs. 1, 2 KStG ein, indem die darin normierten Vergünstigungen nur insoweit zur Anwendung gelangen sollen, als sie bei unmittelbarem Bezug der zuzurechnenden Einkünfte durch die Zurechnungssubjekte anzuwenden wären. Die Regelung führt dazu, dass (insbesondere) Dividenden und Veräußerungsgewinne, die im Rahmen der Einkünfteermittlung gemäß Abs. 7 Satz 2 i. V. m. § 10 Abs. 3 Satz 4 AStG (vgl. Anm. 69f) zunächst ungekürzt in die zuzurechnenden Einkünfte fließen, bei körperschaftsteuerpflichtigen Stiftern und Berechtigten letztlich doch unter § 8b Abs. 1, 2 KStG fallen. Die in § 8b Abs. 4 KStG geregelte Suspendierung der Steuerbefreiung von Portfoliodividenden ist zu beachten. 78

J. Beteiligung an ausländischen Gesellschaften (Absatz 9)

I. Allgemeines

79 Mit dem AmtshilfeRLUmsG werden konkrete gesetzliche Vorgaben für die Erfassung der Einkünfte nachgeordneter ausländischer Gesellschaften geschaffen, die erstmalig im VZ 2013 zum Tragen kommen. Mit der Einfügung des Absatzes 9 schließt der Gesetzgeber eine Regelungslücke, da die Berücksichtigung nicht ausgeschütteter Einkünfte von nachgeordneten ausländischen Gesellschaften bislang kaum eine tragfähige Stütze im geltenden Recht fand. Zur Rechtslage vor dem VZ 2013 siehe Anm. 49 f. Ungeachtet der nunmehr ergänzten Regelungen bei Beteiligung an ausländischen Gesellschaften hat es der Gesetzgeber versäumt, treffsicher den umgekehrten Fall einer durch eine ausländische Stiftung begünstigten ausländischen Gesellschaft steuerrechtlich einzuordnen. Eine im Zugriff mündende Lösung verbleibt hier allenfalls über das im jeweiligen Einzelfall zu prüfende Instrumentarium der §§ 39–42 AO (vgl. diesbezüglich Anm. 9a).

80 Absatz 9 Satz 1 enthält den Kern der Neuregelung. Bei Beteiligung einer Familienstiftung oder einer anderen Stiftung i. S. des Abs. 10 (vgl. dazu die Anm. 94 ff.) an einer Körperschaft, Personenvereinigung oder Vermögensmasse i. S. des KStG, die weder Geschäftsleitung noch Sitz im Geltungsbereich dieses Gesetzes hat und die nicht gemäß § 3 Abs. 1 KStG von der Körperschaftsteuerpflicht ausgenommen ist (ausländische Gesellschaft), erfolgt in entsprechender Anwendung der §§ 7–14 AStG eine Zurechnung der Einkünfte dieser Gesellschaft zu den Einkünften der Familienstiftung. Die Zurechnung beschränkt sich auf den Teil der Einkünfte, der auf die Beteiligung der Stiftung am Nennkapital der Gesellschaft entfällt. Absatz 9 Satz 2 trifft Regelungen zur Vermeidung einer Doppelbesteuerung bei späterer Ausschüttung von Gewinnen der ausländischen Gesellschaften.

81 Durch die Bezugnahme auf sämtliche Vorschriften zur Hinzurechnungsbesteuerung wird insoweit prima facie grundsätzlich ein Gleichlauf mit der Hinzurechnungsbesteuerung herbeigeführt. Die Neuregelung weicht damit vom bisherigen, rechtlich fragwürdigen Verständnis der Finanzverwaltung im Hinblick auf den Kreis anzuwendender Rechtsvorschriften ab (vgl. hierzu Anm. 50). Qua entsprechender Anwendung der §§ 7–14 AStG ist auch die Exkulpationsklausel des § 8 Abs. 2 AStG zu beachten. Als Nachweisträger dürften dabei in der Praxis die Zurechnungssubjekte des § 15 AStG fungieren.

II. Tatbestand

82 Die umständliche Mischung aus tatbestandlicher Anknüpfung an § 7 Abs. 1 AStG, der entsprechenden Anwendung der §§ 7–14 AStG und eigener Regelungstechnik birgt für die Rechtspraxis gravierende Unsicherheiten (vgl. hierzu im Einzelnen *Kraft/Schulz*, IStR 2012 S. 897). Insbesondere lässt die Regelungsdiktion, die tatbestandlich gerade nicht eine mehrheitliche Beteiligung an einer Zwischengesellschaft verlangt, Klarheit darüber vermissen, ob ein Rechtsgrund- oder ein Rechtsfolgenverweis vorliegt. Im Ergebnis ließe sich mit dem Gesetzeswortlaut vereinbaren, jede noch so geringfügige Beteiligung an einer ausländischen Gesellschaft als geeignet anzusehen, die Rechtsfolgen der Einkünftezurechnung herbeizuführen, und zwar unabhängig davon, ob es sich bei der betrachteten Gesellschaft um eine Kapitalanlagegesellschaft i. S. d. § 7 Abs. 6, 6a AStG handelt, für die auch im regulären Hinzurechnungsbesteuerungskonzept verminderte Beteiligungsgrenzen vorgesehen sind. Der Gesetzesbegründung lassen sich hierzu keine abschließenden Auslegungshinweise entnehmen. Zweifellos vermag aber die Beteiligung einer ausländischen Familienstiftung an einer Zwischengesellschaft nicht als Rechtfertigung dienen, den Anwendungsbereich der Hinzurechnungsbesteuerung ins Uferlose auszudehnen. Das der Hinzurechnungsbesteuerung inhärente Regelungskonzept einer mehrheitlichen – oder im Falle einer Kapitalanlagegesellschaft auch geringeren – Beteiligung ist aus diesem Grunde entweder mittels Rückgriffs auf die analoge Anwendung der §§ 7–14 AStG oder im Wege der teleologischen Reduktion auch für die Neuregelung maßgeblich. Nach dem Regelungsverständnis des § 7 AStG, der für die Prüfung der Beteiligungsvoraussetzungen nicht danach fragt, ob die Anteilseigner einander nahestehen, so dass insbesondere auch die Anteile fremder Dritter zusammengerechnet werden, wird man für die entsprechende Anwendung der §§ 7–14 AStG indessen sowohl die Beteiligung der Stiftung als auch jene weiterer unbeschränkt oder erweitert beschränkt steuerpflichtiger Personen aggregiert zu betrachten haben.

Konsequenterweise sollten bei der Prüfung der Beteiligungsvoraussetzungen auch die in § 7 Abs. 1, 2 AStG festgehaltenen Anforderungen an den Steuerstatus der Hinzurechnungsbesteuerungssubjekte berücksichtigt werden. Wenn nämlich bei unmittelbarer Beteiligung an der ausländischen Zwischengesellschaft lediglich die Anteile unbeschränkt steuerpflichtiger oder erweitert beschränkt steuerpflichtiger Personen zur Prüfung eines Mehrheits- oder (im Falle von Kapitalanlagegesellschaften) geringeren Beteiligungsumfangs zusammengerechnet werden, gebietet es eine stringente Rechtsanwendung, die Höhe der steuerlichen Zurechnung der Stiftungseinkünfte ggü. den inländischen Zurechnungssubjekten als regelungsspezifisches Äquivalent zur Beteiligungshöhe im Falle unmittelbarer Beteiligung bei Prüfung der Tatbestandsvoraussetzungen mit zu bewerten. Bei alleiniger Orientierung an der Höhe der Beteiligung der ausländischen Familienstiftung ohne Berücksichtigung der Höhe der steuerlichen Zurechnung der Stiftungseinkünfte ggü. inländischen Steuerpflichtigen käme es andernfalls wiederum zu einer ungerechtfertigten Ausdehnung des Anwendungsbereichs der Hinzurechnungsbesteuerung. **83**

> *Beispiel 7*
> Eine ausländische Familienstiftung hat zwei Destinatäre A und B, die mit jeweils 50 % an Vermögen und Erträgen der Stiftung begünstigt sind. Der Stifter lebt in den USA und hat keinen steuerlichen Bezug zu Deutschland. Destinatär A ist in Deutschland ansässig und unterliegt demzufolge der unbeschränkten Steuerpflicht. Destinatär B ist in Spanien ansässig und hat keine steuerlichen Berührungspunkte zu Deutschland. Die Stiftung hält eine 20 %-Beteiligung an einer ausländischen Gesellschaft, für die die geminderten Beteiligungsvoraussetzungen des § 7 Abs. 6, 6a AStG nicht gelten sollen. Destinatär A ist an dieser Gesellschaft ebenfalls mit 31 % beteiligt. Stellt man, wie hier vertreten, auch im Hinblick auf den Gesellschaftsanteil der Stiftung darauf ab, ob insgesamt eine Mehrheitsbeteiligung vorliegt, ist es sachgerecht, den 20 %-Anteil der Stiftung lediglich insoweit zu berücksichtigen, als die Einkünfte der Stiftung auch im Inland steuerpflichtigen Personen, hier dem Destinatär A, zugerechnet werden. Infolge der nur

hälftigen Begünstigung des A fließt der 20 %-Anteil im Ergebnis nur mit 10 % in die Berechnung ein, so dass trotz unmittelbarer Beteiligung des A an der ausländischen Gesellschaft mit 31 % die 50 %-Grenze nicht überschritten wird.

Auch nach bisherigem Verständnis der Finanzverwaltung (vgl. BMF-AnwSchr Rz. 15.5.3) wäre dem inländischen Destinatär die Beteiligung der Familienstiftung an der ausländischen Gesellschaft entsprechend seinem Anteil an den Zuwendungen aus der Stiftung mit 10 % zuzurechnen.

84 Der Gesetzeswortlaut des § 15 Abs. 1 AStG nimmt im Hinblick auf den Kreis der von der Zurechnung betroffenen Personen keine Differenzierung zwischen Bezugs- und Anfallsberechtigten vor. Stellt man sich auf den zuvor erläuterten Standpunkt, dass der Beteiligungsumfang der Stiftung auch in Abhängigkeit von der Höhe der Zurechnung der Stiftungseinkünfte ggü. inländischen Steuerpflichtigen zu würdigen ist, vermag sich die Fallkonstellation ergeben, dass unterschiedlichen Zurechnungssubjekten nur entweder eine Bezugs- oder eine Anfallsberechtigung eingeräumt wurde.

Beispiel 8
Eine ausländische Familienstiftung ist zu 100 % an einer Zwischengesellschaft beteiligt. Dem Destinatär A wurde eine 50 %-Bezugsberechtigung eingeräumt. Destinatär B ist lediglich zu 50 % anfallsberechtigt. Nach dem Regelungswortlaut des § 15 Abs. 1 AStG wird beiden Destinatären jeweils die Hälfte der Stiftungseinkünfte zugerechnet. Für die Frage des Beteiligungsumfangs liegt es bei Ausrichtung an den individuellen Stiftungsanteilen nahe, vom Vorliegen einer Mehrheitsbeteiligung auszugehen, so dass auch die Einkünfte der ausländischen Gesellschaft in die Zurechnungsgröße eingehen.

85 Sofern unbeschränkt steuerpflichtige Stifter in Deutschland Adressaten der Zurechnungsbesteuerung des § 15 AStG sind, ist für die Frage des Beteiligungsumfangs von Bedeutung, ob für die Bemessung der Beteiligungshöhe auf den Umstand abgestellt wird, dass Stifter ungeachtet ihrer tatsächlichen Begünstigung nach der Konzeption des § 15 Abs. 1 AStG in vollem Umfang die Stiftungseinkünfte wie eigene Einkünfte zu versteuern haben, oder ob diesbezüglich die konkrete Begünstigung bestimmend sein soll. Nach bisheriger Rechtsauffassung der Finanzverwaltung (vgl. BMF-AnwSchr Rz. 15.5.3) gilt jedenfalls auch für Stifter eine Zurechnung der Anteile an der ausländischen Gesellschaft nach Maßgabe ihres „Anteils", also ihrer Begünstigung. Zielführende Bestimmungen, die dieses Verständnis untermauern, lassen sich in der Neuregelung indessen nicht verorten. § 15 Abs. 9 AStG führt mithin in nicht unwesentlichen Fragen der Gesetzesanwendung zu einem beträchtlichen Grad an Rechtsunsicherheit.

III. Rechtsfolgen

1. Zugehörigkeit der Einkünfte der ausländischen Gesellschaft zu den Einkünften der ausländischen Stiftung

§ 15 Abs. 9 Satz 1 AStG trifft keine Ausführungen zum Umfang und zur Behandlung der zugerechneten Einkünfte der ausländischen Gesellschaft. Die entsprechende Anwendung der §§ 7–14 AStG wird so ausgelegt werden müssen, dass lediglich passive, niedrig besteuerte Einkünfte Gegenstand der Zurechnung sein können. Ein weiter gehender Zugriff stünde im diametralen Gegensatz zur Hinzurechnungsbesteuerung. **86**

Durch das AmtshilfeRLUmsG sind in § 15 Abs. 8 AStG Regelungen aufgenommen worden, wonach sich die Anwendung der Abgeltungsteuer, des Teileinkünfteverfahrens und des § 8b KStG daran ausrichtet, ob diese Vergünstigungen auch bei unmittelbarem Einkünftebezug von den Zurechnungspflichtigen in Anspruch genommen werden könnten (vgl. die Ausführungen in Anm. 73 ff.). Im Hinblick auf die der Stiftung zugerechneten Einkünfte von der ausländischen Gesellschaft erhebt sich die Frage der entsprechenden Geltung. Nach dem Gesetzeswortlaut gehören die Einkünfte der ausländischen Gesellschaft zu den Einkünften der Stiftung, die nach § 15 Abs. 1 AStG unbeschränkt steuerpflichtigen Stiftern und Destinatären zugerechnet werden. Der Anwendungsbereich des § 15 Abs. 8 AStG ist damit grundsätzlich eröffnet. Die steuerliche Behandlung unterschiede sich von der unmittelbaren Beteiligung an einer ausländischen Zwischengesellschaft dadurch, dass gemäß Gesetzeswortlaut des § 10 Abs. 2 Satz 3 AStG die Vergünstigungen der Abgeltungsteuer, des Teileinkünfteverfahrens und des § 8b KStG im Rahmen der Hinzurechnungsbesteuerung nicht zum Tragen kommen. **87**

Zu einem anderen Ergebnis gelangt, wer die in § 15 Abs. 9 Satz 1 AStG gesetzlich angeordnete „entsprechende Anwendung der §§ 7–14 AStG" so auslegt, dass die als der Stiftung zugehörig betrachteten Einkünfte der ausländischen Gesellschaft in technischer Hinsicht wie ein Hinzurechnungsbetrag i. S. d. § 10 Abs. 2 Satz 1 AStG behandelt werden (vgl. auch *Kraft/Moser/Gebhardt*, DStR 2012 S 1773 [1777]). Bei Anwendung des § 15 Abs. 8 AStG käme die Inanspruchnahme der Vergünstigungen der Abgeltungsteuer, des Teileinkünfteverfahrens und des § 8b KStG bei unmittelbarem Bezug für den Hinzurechnungsbetrag nach § 10 Abs. 2 Satz 3 AStG nicht in Betracht. **88**

Auf der Rechtsfolgenseite des § 15 Abs. 9 Satz 1 AStG fällt auf, dass der auf Konstellationen nicht am Nennkapital orientierter Gewinnverteilungsabreden (diskongruente Gewinnverteilungsabreden) zugeschnittene § 7 Abs. 5 AStG offenbar gesetzestechnisch nicht berücksichtigt worden ist. Nach dem Wortlaut werden die Einkünfte der ausländischen Gesellschaft nur insoweit bei der ausländischen Familienstiftung erfasst, als dies der Beteiligung der Stiftung am Nennkapital der Gesellschaft entspricht. **89**

Beispiel 9
Eine ausländische Familienstiftung ist mit 75 % an einer Zwischengesellschaft beteiligt. Der einzige Begünstigte lebt in Deutschland. Die Gewinnverteilung unter den Gesellschaftern der ausländischen Gesellschaft ist so vereinbart, dass der Stiftung 95 % der Gewinne zustehen sollen. Infolge der

75 %-Beteiligung an der Zwischengesellschaft und der alleinigen Begünstigung des inländischen Destinatärs sind die Beteiligungsvoraussetzungen zweifellos erfüllt. Der Gesetzeswortlaut lässt sich jedoch so verstehen, dass nur 75 % der Einkünfte der Zwischengesellschaft mittelbar beim Begünstigten erfasst werden können, obwohl der Stiftung nach der Gewinnverteilungsabrede 95 % der Gewinne zustehen.

2. Steuerfreistellung späterer Gewinnausschüttungen der ausländischen Gesellschaft

90   Zur Vermeidung einer Doppelbesteuerung werden nachträgliche Gewinnausschüttungen der ausländischen Gesellschaft an die ausländische Familienstiftung als Anteilseignerin nicht über § 15 Abs. 1 AStG zugerechnet. Voraussetzung ist, dass den Gewinnausschüttungen bereits nach § 15 Abs. 9 Satz 1 AStG zugerechnete Beträge zugrunde liegen und dass dies nachgewiesen wird. Nachweispflichtig sind zwar grundsätzlich Stifter bzw. Destinatäre. Es wird aber zu berücksichtigen sein, dass Informationen über die relevanten Besteuerungsgrundlagen der ursprünglichen Zurechnung nach § 15 Abs. 9 Satz 1 AStG nicht selten in der Sphäre der Finanzbehörden liegen (gesonderte und einheitliche Gewinnfeststellung nach § 18 Abs. 4 AStG). Gerade bei wechselndem Kreis der Destinatäre und in Zuzugs- und Wegzugssituationen mag es den jeweils Begünstigten unmöglich sein, von sich aus Kenntnis über die relevanten Feststellungen zu erlangen.

91   Die Steuerbefreiung setzt dem Grunde nach voraus, dass in einem vorherigen Veranlagungszeitraum Einkünfte der ausländischen Familienstiftung über § 15 Abs. 1 AStG zugerechnet wurden, da andernfalls der Zurechnungsmechanismus des § 15 Abs. 9 Satz 1 AStG nicht greift. Auf die Personenidentität der betroffenen Zurechnungssubjekte im Jahr der ursprünglichen Zurechnung und dem Jahr der späteren Gewinnauskehrung der ausländischen Gesellschaft kommt es nach der gesetzlichen Diktion nicht an.

92   Der Höhe nach nimmt die Steuerfreistellung des § 15 Abs. 9 Satz 2 AStG indessen Bezug auf die nach § 15 Abs. 9 Satz 1 AStG auf der ersten Stufe zugerechneten Beträge und nicht auf die tatsächlich über § 15 Abs. 1 AStG in Abhängigkeit vom Steuerstatus bzw. der Begünstigung von Stiftern und Destinatären zugerechneten Einkünfte. Damit kann es nach dem Gesetzeswortlaut zu einer Besteuerungssituation kommen, bei der in einem früheren Jahr ggü. einem Begünstigten geringere Beträge zugerechnet werden, als in einem späteren Jahr zugunsten eines anderen Begünstigten freigestellt werden.

Beispiel 10
Begünstigter einer ausländischen Familienstiftung im Umfang von 50 % ist der in Deutschland residierende A. Der Stifter ist bereits verstorben. Die Begünstigung des A umfasst lediglich die laufenden Bezüge, nicht den Anfall. Die ausländische Familienstiftung ist Alleingesellschafterin einer ausländischen Gesellschaft, die lediglich Kapitalanlagen i. S. d. § 7 Abs. 6, 6a AStG tätigt. Das Vermögen der ausländischen Familienstiftung erschöpft sich in der Beteiligung an der ausländischen Gesellschaft. Im Betrachtungsjahr 1 generiert die ausländische Gesellschaft Erträge i. H. v. 50.000 EUR. Nach dem Zurechnungsmechanismus des § 15 Abs. 9 Satz 1 AStG gehören

die Erträge der ausländischen Gesellschaft zu den Einkünften der ausländischen Familienstiftung. Die steuerliche Erfassung beim Destinatär A erfolgt über § 15 Abs. 1 Satz 1 AStG und umfasst aufgrund der individuellen Begünstigung von 50 % einen Betrag von 25.000 EUR. Im Betrachtungsjahr 2 verstirbt der A und hinterlässt sein Kind B, das nach den Stiftungsstatuten zu 80 % an den laufenden Bezügen der Stiftung begünstigt sein soll. B ist wiederum nicht anfallsberechtigt. Die ausländische Gesellschaft kehrt ihre im Betrachtungsjahr 1 erzielten Gewinne i. H. v. 50.000 EUR zum Ende des Betrachtungsjahrs 2 nach Versterben des Begünstigten A aus. Gemäß § 15 Abs. 9 Satz 2 AStG unterbleibt die Zurechnung der Gewinne ggü. Destinatär B nach § 15 Abs. 1 AStG in vollem Umfang, denn der Gewinnausschüttung liegen nachweislich Beträge zugrunde, die bereits nach § 15 Abs. 9 Satz 1 AStG erfasst wurden.

Zu einer endgültigen Steuerfreistellung kommt es in Fallkonstellationen wie der voranstehend dargestellten jedoch nicht, sondern lediglich zu einer temporären Verlagerung des Steuerzugriffs. Fließt nämlich die an die ausländische Familienstiftung ausgekehrte Dividende im Wege späterer Stiftungszuwendungen im Inland steuerpflichtigen Personen zu, werden diese Zuwendungsbeträge über § 20 Abs. 1 Nr. 9 Satz 2 EStG steuerlich erfasst.

93 § 15 Abs. 9 Satz 2 AStG enthält keine Regelungen für den Fall, dass der Ansässigkeitsstaat betroffener ausländischer Gesellschaften spätere Gewinnausschüttungen mit Quellensteuern belastet. Die Anrechnung dieser ausländischen Quellensteuern scheitert daran, dass die zugrunde liegenden Erträge steuerlich freigestellt werden und § 34c Abs. 1 EStG keinen Anrechnungsvortrag kennt. § 15 Abs. 5 AStG eröffnet auch nicht die Möglichkeit des Steuerabzugs. Es verbleibt in Bezug auf derartige Quellensteuern mithin bei einer definitiven Belastung späterer Auskehrungen.

K. Nachgeordnete Stiftungen (Absatz 10)

I. Allgemeines

94 § 15 Abs. 10 AStG wurde durch das AmtshilfeRLUmsG eingefügt und gilt erstmals ab dem VZ 2013. Ziel der gesetzlichen Regelung ist die Erfassung bestimmter doppelstöckiger Stiftungsstrukturen, bei denen eine ausländische Familienstiftung Begünstigte einer weiteren ausländischen Familienstiftung ist. Damit soll verhindert werden, dass die Einkünftezurechnung nach § 15 AStG ins Leere läuft, weil die Einkünfte in einer nachgeordneten Stiftung erzielt werden.

II. Tatbestand

95 § 15 Abs. 10 AStG setzt tatbestandlich zunächst eine ausländische Familienstiftung voraus. Auch im (selteneren) Falle ausländischer Stiftungen i. S. d. § 15 Abs. 3 AStG oder bei Trusts und ähnlichen Gebilden gilt § 15 Abs. 10 AStG aufgrund der begrifflichen Verweisungen der Absätze 3 und 4 entsprechend. Die ausländische Familienstiftung muss darüber hinaus Begünstigte einer weiteren ausländischen Stiftung sein. Die Begünstigung kann sich sowohl auf den laufenden Stiftungsgenuss als auch auf den Vermögensanfall beziehen. In jedem Fall bedarf es aber einer mehr als hälftigen Berechtigung am Ertrag oder Vermögen, wobei nicht allein auf den Anteil der ausländischen Familienstiftung selbst abzustellen ist, sondern auch die Anteile der in § 15 Abs. 2 und Abs. 3 AStG genannten Personen miteinzubeziehen sind.

96 § 15 Abs. 10 AStG findet keine Anwendung auf ausländische Stiftungen, für die der Entlastungsbeweis des § 15 Abs. 6 geführt wurde. Der gesetzliche Verweis auf § 15 Abs. 6 *Satz 1* AStG beruht auf einem redaktionellen Versehen des Gesetzgebers, da der ursprünglich noch geplante Satz 2 im Laufe des Gesetzgebungsverfahrens aus unionsrechtlichen Erwägungen weggefallen ist (vgl. hierzu *Kraft/Schulz*, IStR 2012 S. 904). § 15 Abs. 6 AStG verlangt insbesondere den Nachweis, dass das Stiftungsvermögen der Verfügungsmacht von Begünstigten i. S. d. Absätze 2–3 rechtlich und tatsächlich entzogen ist. Nicht als Begünstigte i. S. d. Absätze 2–3 dürfte jedoch die ausländische Familienstiftung gelten, so dass sich die Frage stellt, ob die Anforderungen an den Entlastungsbeweis erfüllt werden können, obgleich die ausländische Familienstiftung Verfügungsmacht über das Vermögen der nachgeordneten Stiftung hat. Da § 15 AStG jedoch aus systematischen Erwägungen nachrangig gegenüber § 39 AO zur Anwendung kommen sollte (vgl. Anm. 8 f.), wären die Einkünfte der nachgeordneten Stiftung in diesem Fall über § 39 AO der ausländischen Familienstiftung zuzurechnen.

97 Nach dem ausdrücklichen Gesetzeswortlaut genügt eine mittelbare Begünstigung der ausländischen Familienstiftung. Mehrstöckige Stiftungsstrukturen sollen damit grundsätzlich keine Abschirmwirkung entfalten können. Etwas anderes mag jedoch gelten, sofern mehrere ausländische Familienstiftungen jeweils mit einem geringen Teil an Ertrag oder Vermögen einer nachgeordneten ausländischen Stiftung berechtigt sind und die zusammengerechneten Anteile der Stiftung sowie der in den Absätzen 2 und 3 genannten Personen keine mehrheitliche Berechtigung versprechen. Nach der gesetzlichen Diktion werden nämlich die Anteile der (anderen) ausländischen Stiftungen bei der Ermittlung der maßgeblichen Berechtigung nicht zusammengezählt (so auch *Kirchhain*, IStR 2012 S. 605).

III. Rechtsfolgen

1. Zurechnung der Einkünfte der Stiftung

Als Rechtsfolge ordnet § 15 Abs. 10 AStG die Zurechnung von Vermögen und Einkünften der anderen ausländischen Stiftung entsprechend ihrem Anteil an. Es fällt auf, dass auch der Steuergesetzgeber 2013 an der Zurechnung des *Vermögens* festhält, obgleich in Deutschland keine Vermögensteuer mehr erhoben wird. **98**

Rechtstechnisch weist die Zurechnung Parallelen zu § 14 AStG auf, bei dem ebenfalls die Einkünfte nachgeordneter Zwischengesellschaften der Obergesellschaft zugerechnet werden. Es ist davon auszugehen, dass die Einkünfte im Ergebnis auf Ebene der ausländischen Familienstiftung ermittelt und steuerlich wie von dieser selbst erzielte Einkünfte behandelt werden (vgl. weiter *Kraft/Moser/Gebhardt*, DStR 2012 S. 1779). Ausländische Steuern, die zulasten der nachgeordneten Stiftung erhoben wurden, sind danach wie eigene Steuerbeträge i.R.d. § 15 Abs. 5 Satz 1 AStG anzurechnen (vgl. auch *Kirchhain*, IStR 2012 S. 605). **99**

In verschiedenen Konstellationen droht nach § 15 Abs. 10 AStG eine Doppelerfassung derselben Einkünfte im System des § 15 AStG. So ist vorstellbar, dass ein unbeschränkt steuerpflichtiger Stifter zwei ausländische Familienstiftungen errichtet hat, wobei der einen Familienstiftung ein Anteil am Stiftungsgenuss oder Vermögen der anderen Familienstiftung zusteht. Nach der Regelungssystematik des § 15 Abs. 1 AStG werden dem Stifter die Einkünfte beider Familienstiftungen aufgrund seines Steuerstatus zugerechnet. Gleichzeitig sind die Einkünfte der anderen Familienstiftung entsprechend der Bezugs- oder Anfallsberechtigung der ersten Familienstiftung und von dort wiederum dem Stifter zugerechnet. Dies gilt entsprechend bei Errichtung der beiden Familienstiftungen durch zwei unbeschränkt steuerpflichtige Stifter. Zur Vermeidung einer verfassungswidrigen Doppelbesteuerung ist § 15 Abs. 10 Satz 1 AStG in solchen Konstellationen daher teleologisch einschränkend auszulegen (ebenso *Kirchhain*, IStR 2012 S. 605). Bei der Beurteilung, wer als Stifter der ausländischen Familienstiftung qualifiziert, ist nach der Rechtsprechung dabei auf die Person abzustellen, auf deren Rechnung das Stiftungsgeschäft durchgeführt wird, der wie ein Stifter Vermögen auf den errichteten Rechtsträger transferiert oder dem unter anderen wirtschaftlichen Gesichtspunkten das Stiftungsgeschäft zuzurechnen ist (vgl. BFH, Urteil vom 5.11.1992 I R 39/92, BStBl II 1993 S. 388; BFH, Urteil vom 25.4.2001 II R 14/98, BFH/NV 2001 S. 1457; vgl. auch BMF-AnwSchr Rz. 15.2.1). **100**

2. Steuerfreistellung späterer Zuwendungen der Stiftung

Zur Vermeidung einer Doppelerfassung späterer Zuwendung der nachgeordneten ausländischen Stiftung verfügt § 15 Abs. 10 Satz 2 AStG im Gleichlauf mit der Regelung des § 15 Abs. 9 Satz 2 AStG, dass derartige Zuwendungen nicht im Rahmen des § 15 Abs. 1 AStG erneut Gegenstand einer Zurechnung werden. Siehe Anm. 90 ff., die entsprechend gelten. Soweit § 15 Abs. 10 Satz 1 AStG qua teleologischer Reduktion nicht angewendet wurde (siehe Anm. 100), dürfte eine Freistel- **101** lung zwar ausscheiden. Gleichwohl gebietet es das Ziel der Vermeidung von Doppelbesteuerung, dass Zuwendungen von Stiftungen, deren Einkünfte bereits nach § 15 Abs. 1 AStG im Inland der Besteuerung unterlegen haben, erneut steuerpflichtig werden. Zu diesem Zweck ist m. E. § 15 Abs. 11 AStG entsprechend anzuwenden und die betreffenden Stiftungszuwendungen sind auch aus den zugerechneten Einkünften nach § 15 Abs. 1 AStG auszuscheiden.

L. Steuerbefreiung nachträglicher Zuwendungen

102 § 15 Abs. 11 AStG wurde durch das AmtshilfeRLUmsG eingefügt und gilt erstmals ab dem VZ 2013. Kern der gesetzlichen Regelung ist die Steuerfreistellung von Zuwendungen ausländischer Familienstiftungen, deren Einkünfte bereits zuvor im Wege des steuerlichen Zugriffs nach § 15 Abs. 1 AStG zugerechnet worden sind. Die Steuerbefreiung derartiger Zuwendung dient der Vermeidung von Doppelbesteuerung und knüpft im Regelungsbegehren an die bereits in geltender Rechtspraxis erfolgte Steuerbefreiung nach § 15 Abs. 1 AStG erfasster Zuwendungen an (vgl. auch BT-Drs. 17/13033 S. 89). Zu den Einzelheiten der Rechtsanwendung bis zum VZ 2012 siehe Anm. 44. Soweit im Schrifttum zum Problem erhoben wird, dass die Freistellung wortlautgemäß auf nachträgliche Zuwendungen von bereits zugerechneten „Einkünften" und nicht auch von im Rahmen der alten Rechtslage zugerechnetem Einkommen beschränkt ist (vgl. *Moser/Gebhardt*, DStZ 2013 S. 754), wird dem durch analoge Anwendung, hilfsweise durch Gewährung der nach der Rechtsprechung des BFH verfassungsrechtlich gebotenen Freistellung (vgl. Anm. 44), begegnet werden müssen.

103 Voraussetzung der Steuerbefreiung nach § 15 Abs. 11 AStG ist, dass die den Zuwendungen zugrunde liegenden Einkünfte nachweislich bereits nach § 15 Abs. 1 AStG zugerechnet worden sind. Der einengende Gesetzeswortlaut birgt infolge der Bezugnahme auf die „den Zuwendungen zugrunde liegenden Einkünfte" jedoch die Gefahr, den verfolgten Regelungszweck zu konterkarieren. Zwar ist es zu begrüßen, dass die von der Finanzverwaltung im BMF-AnwSchr (Rz. 15.1.1) wohl noch geforderte Personenidentität zwischen den ursprünglich nach § 15 Abs. 1 AStG Zurechnungsverpflichteten und den zu späterer Zeit in den Genuss von Stiftungszuwendungen gelangenden Destinatären keinen Niederschlag in der Vorschrift des § 15 Abs. 11 AStG gefunden hat. Änderungen im Kreis der Destinatäre, seien es statutarisch oder rein tatsächlich durch Wegzug oder Versterben bedingte, können mithin grundsätzlich nicht mehr zu einem Wegfall der Steuerbefreiung führen. Gleichwohl erscheint bedauerlich, dass nunmehr mit dem Erfordernis einer Nämlichkeit von Zuwendungen und zugerechneten Einkünften ein in der Rechtspraxis nicht praktikables Tatbestandselement Eingang in die Gesetzesdiktion gefunden hat.

104 Bei enger Gesetzesauslegung verlangt die geforderte Objektidentität von Zuwendung und zugerechneten Einkünften den Stiftungsorganen im Prinzip eine dem Handelsrecht ihrer Jurisdiktionen fremde deutsch-steuerlich motivierte Rechnungslegung ab, deren Informationsgrad es ermöglichen müsste, für in einzelnen Wirtschaftsjahren erzielte (und nach deutschem Steuerrecht ermittelte) Einkünfte gesonderte Rücklagen bilden zu können. Denn nur insofern erscheint es nachvollziehbar und steht es einem Nachweis offen, zu einem späteren Zeitpunkt gezielt bestimmte Rücklagen zwecks Zuwendung von Stiftungsleistungen aufzulösen und den Destinatären Informationen anhand zu stellen, die für den Nachweis nach § 15 Abs. 11 AStG tauglich sind. Tatsächlich ist der Gesetzeswortlaut verfehlt und in keiner Weise praktikabel. Insbesondere ist eine objektbezogene Steuerbefreiung von Auskehrungen auch dem System der Hinzurechnungsbesteuerung fremd. § 3 Nr. 41 EStG fordert lediglich die vorherige Versteuerung eines Hinzurechnungsbetrags. § 15 Abs. 11 AStG muss daher einschränkend so ausgelegt werden, dass es zur Steuerbefreiung ausreicht, wenn zuvor Einkünfte nach § 15 Abs. 1 AStG zugerechnet worden sind.

105 Die Steuerfreistellung späterer Zuwendungen unterliegt in zeitlicher Hinsicht keiner Präklusion. Insbesondere bei wechselndem Destinatärskreis oder zeitlich großem Abstand zwischen der Einkünftezurechnung und der späteren Zuwendung von Stiftungsleistungen verschiebt sich aber die Nachweismöglichkeit zu den beteiligten Finanzbehörden, soweit über die vorherigen Zurechnungen gesonderte und einheitliche Gewinnfeststellungen erfolgt sind.

106 Quellensteuern, die der Domizilstaat der ausländischen Familienstiftung auf spätere Zuwendungen erhebt, blieben im Grundsatz mangels im Inland steuerpflichtiger Einkünfte unbeachtlich. Um insofern eine als ungerechtfertigt angesehene Mehrfachbelastung zu vermeiden, räumt der Gesetzgeber in § 15 Abs. 5 Satz 2 AStG jedoch die nachträgliche Berücksichtigung der Quellensteuern auf die zugerechneten Einkünfte ein. Siehe insofern Anm. 60 ff.

107 Bei Nichtvorliegen der Voraussetzungen des § 15 Abs. 11 AStG unterliegen die Zuwendungsbeträge in der Regel der Besteuerung nach § 20 Abs. 1 Nr. 9 EStG. Siehe insofern Anm. 44a ff.

M. Verfahrensfragen

108 Die Zurechnungsempfänger unterliegen der erweiterten Mitwirkungspflicht nach § 90 Abs. 2 AO und der Sachverhaltsaufklärungspflicht nach § 17 AStG. Kommen die Zurechnungsempfänger den sich hieraus ergebenden Mitwirkungspflichten nicht nach, ist die Finanzverwaltung zur Schätzung der Besteuerungsgrundlagen nach § 162 AO befugt (vgl. *Rundshagen* in *S/K/K*, § 15 AStG Rz. 76 f.). Bis einschließlich dem Veranlagungszeitraum 2012 galt, dass bei einer Mehrzahl von Zurechnungsempfängern die Besteuerungsgrundlagen gemäß § 18 Abs. 4 AStG einheitlich und gesondert festzustellen waren (vgl. *Schönfeld*, IStR 2009 S. 16). Ab dem Veranlagungszeitraum 2013 verpflichtet § 18 Abs. 4 AStG auch im Fall nur eines Zurechnungsempfängers zur Abgabe einer Feststellungserklärung. Für nähere Einzelheiten zum Feststellungsverfahren wird auf die Kommentierung zu § 18 AStG verwiesen.

109 Ist die ausländische Familienstiftung an einer inländischen Personengesellschaft beteiligt, unterbleibt nach (geänderter) Auffassung des BFH eine gesonderte und einheitliche Feststellung der Besteuerungsgrundlagen, sofern die Beteiligung nicht zu beschränkt steuerpflichtigen Einkünften führt (vgl. BFH vom 13.5.2013 I R 39/11, BFH/NV 2013 S. 1284; vgl. zuvor BFH vom 8.4.2009 I B 223/08, BFH/NV 2009 S. 1437). § 180 Abs. 1 Nr. 2 Buchst. a AO ist nicht einschlägig, die enumerative Aufzählung von Feststellungssachverhalten sei als abschließend zu verstehen, eine Erweiterung aufgrund der Gesetzesformulierung („insbesondere") komme nur durch einzelgesetzliche Bestimmungen in Betracht. Da die Zurechnungsbesteuerung des § 15 AStG das Steuersubjekt Stiftung nicht verdrängt, können auch nicht analog die Zurechnungspflichtigen als Subjekte der Feststellungserklärungen herangezogen werden. Die Besteuerungsgrundlagen müssen insofern im Rahmen der einheitlichen und gesonderten Feststellungserklärungen nach § 18 Abs. 4 AStG ermittelt werden. Etwas anderes gilt dagegen bei beschränkter Steuerpflicht der ausländischen Familienstiftung etwa im Rahmen einer gewerblich tätigen oder geprägten Personengesellschaftsbeteiligung (a. A. *Rohde*, IStR 2013 S. 581). Die vom BFH entschiedene Rechtslage gestaltet sich auch nach Anpassung des § 15 AStG im Zuge des Amtshilferichtlinie-Umsetzungsgesetzes vom 26.6.2013 (BGBl I 2013 S. 1809) unverändert.

Sechster Teil Ermittlung und Verfahren

§ 16
Mitwirkungspflicht des Steuerpflichtigen

(1) Beantragt ein Steuerpflichtiger unter Berufung auf Geschäftsbeziehungen mit einer ausländischen Gesellschaft oder einer im Ausland ansässigen Person oder Personengesellschaft, die mit ihren Einkünften, die in Zusammenhang mit den Geschäftsbeziehungen zu dem Steuerpflichtigen stehen, nicht oder nur unwesentlich besteuert wird, die Absetzung von Schulden oder anderen Lasten oder von Betriebsausgaben oder Werbungskosten, so ist im Sinne des § 160 der Abgabenordnung der Gläubiger oder Empfänger erst dann genau bezeichnet, wenn der Steuerpflichtige alle Beziehungen offenlegt, die unmittelbar oder mittelbar zwischen ihm und der Gesellschaft, Person oder Personengesellschaft bestehen und bestanden haben.

(2) Der Steuerpflichtige hat über die Richtigkeit und Vollständigkeit seiner Angaben und über die Behauptung, daß ihm Tatsachen nicht bekannt sind, auf Verlangen des Finanzamts gemäß § 95 der Abgabenordnung eine Versicherung an Eides Statt abzugeben.

Erläuterungen
Übersicht

	Anm.
I. Allgemeines	**1–9**
1. Systematische Einordnung der §§ 16, 17 AStG und Verhältnis zu anderen Vorschriften	1, 2
2. Inhalt und Zweck der Regelung des § 16 AStG – Verhältnis zu § 160 AO	3–5
3. Anwendungsbereich	6
4. Europarechtliche Fragen	7–9
II. Voraussetzungen	**10–18**
1. Geltendmachung von Abzugsbeträgen	10
2. Ausländische Geschäftsbeziehungen	11–13
3. Keine oder nur unwesentliche Besteuerung	14–16
4. Verlangen nach genauer Bezeichnung des Gläubigers oder Empfängers	17, 18
III. Mitwirkungspflichten	**19–28**
1. Offenbarungspflicht	19–24
2. Versicherung an Eides statt	25–28
IV. Rechtsfolgen der Nichterfüllung der Mitwirkungspflichten	**29–31**

Schrifttum: *Becker,* Mitwirkungspflichten bei Auslandsbeziehungen, JbFfSt 1977/78 S. 132; *Crezelius,* Steuerrechtliche Verfahrensfragen bei grenzüberschreitenden Sachverhalten, IStR 2002 S. 433; *Dreßler,* Auskunftserteilung zu internationalen Sachverhalten, StBp 1982 S. 205; *ders.,* Unbeachtlichkeit ausländischer Auskunftsverbote im deutschen Steuerrecht, StBp 1992 S. 149; *ders.,* Gewinn- und Vermögensverlagerungen in Niedrigsteuerländer und ihre steuerliche Überprüfung, 4. Aufl. 2007; *Frotscher,* Mitwirkungs-, Nachweis- und Dokumentationspflichten im Internationalen Steuerrecht, in: Lüdicke (Hrsg.), Fortentwicklung der Internationalen Unternehmensbesteuerung, 2002, S. 167; *Hagen,* Sachverhalte mit Auslandsbezug: Erhöhte Mitwirkungs- und Aufzeichnungspflichten, NWB Fach 2,

S. 9907; *Jansen*, Die Sachverhaltsaufklärung bei internationalen Steuerfällen, StBp 1977 S. 97; *Kempermann*, Amtsermittlung, Mitwirkungspflichten und Beweislast bei Auslandssachverhalten, FR 1990 S. 437; *S. Korts/P. Korts*, Ermittlungsmöglichkeiten deutscher Finanzbehörden bei Auslandssachverhalten, IStR 2006 S. 869; *Lindenthal*, Mitwirkungspflichten des Steuerpflichtigen und Folgen ihrer Verletzung, 2006; *Müller*, Steuerliche Mitwirkungspflichten des Außensteuergesetzes, DB 2011 S. 2743; *Neubauer*, Mitwirkungspflichten bei Auslandsbeziehungen, JbFfSt 1977/78 S. 110; *Schmidt*, Rechts- und Geschäftsbeziehungen zu Domizilgesellschaften, IStR 1999 S. 398; *Schmitz*, Empfängerbenennung bei Auslandssachverhalten – § 16 AStG oder § 160 AO, IStR 1997 S. 193; *Thesling*, Steuerliches Verfahrensrecht und Europarecht, DStR 1997 S. 848; *Wassermeyer/Wagner*, Zur Sachverhaltsaufklärung nach dem Außensteuergesetz, RIW/AWD 1975 S. 406.

Verwaltungsanweisungen: BMF, AnwSchr vom 14.5.2004 IV B 4 – S 1340 – 11/04, BStBl I 2004 Sonder-Nr. 1 (zitiert als *BMF-AnwSchr*).

I. Allgemeines

1. Systematische Einordnung der §§ 16, 17 AStG und Verhältnis zu anderen Vorschriften

1 § 16 bildet zusammen mit §§ 17, 18 den **verfahrensrechtlichen Teil** des AStG. Dabei regelt § 18 die einheitliche und gesonderte Feststellung der Besteuerungsgrundlagen für die Anwendung der §§ 7–14, während die in §§ 16, 17 enthaltenen Bestimmungen in erster Linie der Aufklärung des Steuersachverhalts dienen. § 16 erlegt dem Steuerpflichtigen, der Abzüge im Zusammenhang mit ausländischen Geschäftsbeziehungen geltend machen will, Pflichten zu genauen Angaben zum Gläubiger oder Empfänger der Abzugsbeträge und zur eidesstattlichen Versicherung seiner Angaben auf, bei deren Verletzung ihm der Abzug in der Regel versagt wird. § 17 Abs. 1 verpflichtet den Steuerpflichtigen zur Erteilung der zur Anwendung der §§ 5 und 7–15 notwendigen Auskünfte. Mit der Auferlegung besonderer Mitwirkungs- und Aufklärungspflichten in §§ 16, 17 trägt der Gesetzgeber dem Umstand Rechnung, dass die Finanzbehörden bei Auslandssachverhalten meist nur eingeschränkte Ermittlungsmöglichkeiten haben. Auf die besonderen Pflichten nach §§ 16, 17 muss der Steuerberater den Steuerpflichtigen bei Auslandssachverhalten **hinweisen** (KG, Urteil vom 17.11.2006 13 U 16/06, DStR 2007 S. 1499).

Die besonderen Pflichten nach §§ 16, 17 lassen die **allgemeinen Ermittlungs-** **2** **grundsätze nach der AO unberührt.** Es gelten also auch in den von §§ 16, 17 erfassten Fällen der Amtsermittlungsgrundsatz nach § 88 AO (dazu *Dreßler*, Gewinn- und Vermögensverlagerungen, S. 415 ff.), die allgemeine Pflicht zur Mitwirkung bei der Sachverhaltsermittlung nach § 90 Abs. 1 AO und auch die bei Vorgängen mit Auslandsbezug bestehenden besonderen Aufklärungs-, Beweismittelbeschaffungs- und Aufzeichnungspflichten nach § 90 Abs. 2, 3 AO (*Ruge* in Haase, § 16 Rz. 2; *Vogt* in Blümich, § 16 Rz. 2 f., 13).

2. Inhalt und Zweck der Regelung des § 16 AStG – Verhältnis zu § 160 AO

Nach § 160 Abs. 1 Satz 1 AO sind Schulden und andere Lasten, Betriebsausga- **3** ben, Werbungskosten und andere Ausgaben steuerlich regelmäßig nicht zu berücksichtigen, wenn der Steuerpflichtige dem Verlangen der Finanzbehörde nicht nachkommt, die Gläubiger oder die Empfänger genau zu benennen. Die Regelung des § 160 Abs. 1 Satz 1 AO soll die Finanzverwaltung in die Lage versetzen, die Angaben des Steuerpflichtigen in Bezug auf Abzugsposten auch beim Gläubiger oder Empfänger zu überprüfen, um sicherzustellen, dass Posten, die der Steuerpflichtige steuerlich in Abzug bringt, beim Gläubiger oder Empfänger einkommenserhöhend berücksichtigt werden (BFH, Urteil vom 1.4.2003 I R 28/02, BStBl II 2007 S. 855; BFH, Urteil vom 11.7.2013 IV R 27/09, BStBl II 2013 S. 989, BB 2013 S. 3041, Rz. 31).

Für bestimmte Auslandssachverhalte enthält § 16 Abs. 1 eine die Vorschrift des **4** § 160 AO ergänzende Regelung. § 16 Abs. 1 betrifft den Fall, dass ein Steuerpflichtiger die Absetzung von Schulden oder anderen Lasten oder von Betriebsausgaben oder Werbungskosten unter Berufung auf Geschäftsbeziehungen mit einer ausländischen Gesellschaft oder einer im Ausland ansässigen Person oder Personengesellschaft beantragt, die mit ihren Einkünften, die in Zusammenhang mit den Geschäftsbeziehungen zu dem Steuerpflichtigen stehen, nicht oder nur unwesentlich besteuert wird. Der Gläubiger oder Empfänger ist in einem solchen Fall erst genau bezeichnet i. S. d. § 160 Abs. 1 Satz 1 AO, wenn der Steuerpflichtige alle Beziehungen offenlegt, die unmittelbar oder mittelbar zwischen ihm und der Gesellschaft, Person oder Personengesellschaft bestehen und bestanden haben. § 16 Abs. 1 **konkretisiert** also für die von seinem Anwendungsbereich erfassten Fälle das Tatbestandsmerkmal „genaue Benennung" des § 160 Abs. 1 Satz 1 AO (BFH, Urteil vom 1.4.2003 I R 28/02, BStBl II 2007 S. 855, 857; *S. Korts/P. Korts*, IStR 2006 S. 869, 872). Über die Richtigkeit und Vollständigkeit der aufgrund des § 16 Abs. 1 gemachten Angaben sowie über die Behauptung, dass ihm Tatsachen nicht bekannt sind, hat der Steuerpflichtige nach § 16 Abs. 2 auf Verlangen des Finanzamts gem. § 95 AO eine Versicherung an Eides statt abzugeben.

§ 16 verfolgt im Unterschied zu § 160 AO allein den Zweck, die zutreffende **5** Besteuerung des Steuerpflichtigen selbst sicherzustellen und **unzulässige Gewinn- und Vermögensverlagerungen ins Ausland zu verhindern.** Dem Schutz ausländischer Steueraufkommen dient § 16 nicht; denn die Vorschrift greift nur in Fällen ein, in denen die aus den Abzugsposten resultierenden Einkünfte des ausländischen Geschäftspartners nicht oder nur unwesentlich besteuert werden (*Frotscher* in Lüdicke, S. 167, 219; *Korts* in S/K/K, § 16 Rz. 53; *Ruge* in Haase, § 16 Rz. 1 f.; *Wassermeyer* in F/W/B/S, § 16 Rz. 4 f., 46). Letztlich bezweckt § 16 die Durchsetzung der Gleichmäßigkeit der Besteuerung und der Steuergerechtigkeit auch bei grenzüberschreitenden Sachverhalten (*Vogt* in Blümich, § 16 Rz. 9).

3. Anwendungsbereich

6   § 16 dient der Sachverhaltsaufklärung sowohl in Fällen einer verdeckten Gewinnausschüttung oder verdeckten Einlage als auch in den Fällen des § 1, aber auch der §§ 5, 7–15. Insbesondere soll § 16 der Finanzbehörde die Feststellung ermöglichen, ob ein unter § 1 fallender Sachverhalt der Berichtigung von Einkünften oder ein von §§ 5, 7–15 erfasster Tatbestand der Hinzurechnungsbesteuerung gegeben ist. Im Unterschied zu § 17, der auf die Fälle des § 5 und der §§ 7–15 beschränkt ist, erfasst § 16 damit **alle in den Anwendungsbereich des AStG fallenden Tatbestände** (*Korts* in S/K/K, § 16 Rz. 4; *Krause* in Kraft, § 16 Rz. 2; *Polatzky* in W/S/G § 16 Rz. 10; wohl auch *Frotscher* in Lüdicke, S. 167, 221 f.; a. A. *Crezelius*, IStR 2002 S. 433, 436; *Wassermeyer* in F/W/B/S, § 16 Rz. 4: § 16 gelte wegen Vorrangs des § 17 nicht für Fälle des § 5 und der §§ 7–15). Das Abzugsverbot nach § 16 i. V. m. § 160 Abs. 1 Satz 1 AO kann sich nicht nur auf die Einkommen- oder Körperschaftsteuer, sondern auch auf die Erbschaftsteuer auswirken (*Korts* in S/K/K, § 16 Rz. 3; *Ruge* in Haase, § 16 Rz. 1).

4. Europarechtliche Fragen

7   In europarechtlicher Hinsicht ist § 16 am Maßstab der im AEUV verbürgten **Grundfreiheiten** zu messen (vgl. dazu *Schönfeld,* StuW 2005 S. 158 ff.). Die von § 16 erfassten Sachverhalte können in den Anwendungsbereich der Niederlassungsfreiheit (Art. 49 AEUV), der Kapitalverkehrsfreiheit (Art. 63 AEUV), der Warenverkehrsfreiheit (Art. 34 AEUV) und auch der Dienstleistungsfreiheit (Art. 56 AEUV) fallen (siehe *Lindenthal,* a. a. O. S. 43 f.; *Thesling*, DStR 1997 S. 848, 856). Die erweiterten Mitwirkungspflichten nach § 16 gelten nicht bei rein inländischen Sachverhalten, sondern knüpfen an Geschäftsbeziehungen mit ausländischen Geschäftspartnern an. Ausgaben im Zusammenhang mit derartigen Geschäftsbeziehungen können nur bei Erfüllung der im Vergleich zu den allgemeinen Pflichten nach der AO erweiterten Mitwirkungspflichten steuerlich geltend gemacht werden. Hierdurch können in EU-Mitgliedstaaten ansässige Rechtssubjekte davon abgehalten werden, grenzüberschreitende Geschäftsbeziehungen aufzunehmen. Zwar gilt § 16 unterschiedslos für in- und ausländische Rechtssubjekte. Die Grundfreiheiten verbieten aber nicht nur offene, unmittelbar an die Staatsangehörigkeit anknüpfende, sondern auch indirekte Diskriminierungen, die unmittelbar an andere Merkmale als die Staatsangehörigkeit anknüpfen, aber mittelbar zu einer Schlechterstellung der Angehörigen eines ausländischen Mitgliedstaates führen und hierdurch deren Grundfreiheiten beeinträchtigen (siehe speziell zu steuerlichen Benachteiligungen EuGH, Urteil vom 28.10.1999 C-55/98, BB 2000 S. 288, Tz. 15 ff. – Vestergaard; EuGH, Urteil vom 12.12.2002 C-324/00, NJW 2003 S. 573, Tz. 26 ff. – Lankhorst-Hohorst; EuGH, Urteil vom 13.12.2005 C-446/03, BB 2006 S. 23, Tz. 29 ff. – Marks & Spencer). Danach schränkt § 16 **mittelbar** die einschlägigen Grundfreiheiten ein (so auch *Korts* in S/K/K, § 16 Rz. 8 f.; *Lindenthal,* a. a. O. S. 47 ff.; a. A. *Ruge* in Haase, § 16 Rz. 5).

8   Eingriffe in die Grundfreiheiten können durch zwingende Gründe des Allgemeininteresses **gerechtfertigt** sein (EuGH, Urteil vom 12.9.2006 C-196/04, DStR

2006 S. 1686, Tz. 47 – Cadbury Schweppes). § 16 soll einer Verkürzung der Bemessungsgrundlage inländischer Steuerpflichtiger durch Geschäftsbeziehungen ins Ausland entgegenwirken und mithin das inländische Steueraufkommen sichern. Allein fiskalische Interessen und das Ziel der Verhinderung von Steuermindereinnahmen sind allerdings als Rechtfertigungsgründe nicht ausreichend (EuGH, Urteil vom 8.3.2001 C-397/98 und C-410/98, RIW 2001 S. 467, Tz. 59 – Metallgesellschaft und Hoechst; EuGH, Urteil vom 11.3.2004 C-9/02, NJW 2004 S. 2439, Tz. 60 – de Lasteyrie du Saillant). Zwar kann das Ziel der Verhinderung von missbräuchlichen steuerlichen Gestaltungen einen Eingriff in Grundfreiheiten rechtfertigen. Eine diesem Ziel dienende freiheitsbeschränkende Regelung ist aber nur verhältnismäßig, wenn sie sich auf Fälle beschränkt, in denen eine hinreichend große Missbrauchswahrscheinlichkeit besteht, und eine Widerlegung der Missbrauchsvermutung zulässt (EuGH, Urteil vom 12.9.2006 C-196/04, DStR 2006 S. 1686, Tz. 55 ff. – Cadbury Schweppes; BFH, Urteil vom 21.10.2009 I R 114/08, BStBl II 2010 S. 774, Tz. 26). § 16 erfasst indes nicht nur Sachverhalte, in denen die konkrete Gefahr einer missbräuchlichen Verkürzung der inländischen Bemessungsgrundlage gegeben ist, sondern sämtliche Sachverhalte, in denen Rechtsbeziehungen mit einem Niedrigsteuerland bestehen.

9 Ein zwingender Grund des Allgemeininteresses, der eine Beschränkung der Grundfreiheiten rechtfertigen kann, ist auch das Erfordernis, die Wirksamkeit der Steueraufsicht zu gewährleisten. Jedoch ist auch eine beschränkende Maßnahme, die dieses Ziel verfolgt, nur dann verhältnismäßig, wenn sie nicht über das erforderliche Maß hinausgeht (EuGH, Urteil vom 27.1.2009 C-318/07, NJW 2009 S. 823, Tz. 52 – Persche). Den EU-Mitgliedstaaten stehen mit der Möglichkeit von Auskunftsersuchen an ausländische Finanzbehörden nach der EU-Amtshilfe-Richtlinie (RL 2011/16/EU vom 15.2.2011, ABl EU L 64 vom 11.3.2011, S. 1) und den zu ihrer Umsetzung ergangenen Vorschriften des nationalen Rechts mildere Mittel zur Verfügung (*v. Brocke/Tippelhofer*, IWB Gruppe 2 Fach 11, S. 949, 953 f.; *S. Korts/ P. Korts*, IStR 2006 S. 869, 872; *Lindenthal*, a. a. O. S. 46 f.; *Vogt* in Blümich, Vor §§ 16–18 Rz. 9). § 16 ist daher als **europarechtswidrig** anzusehen (ebenso *Korts* in S/K/K, § 16 Rz. 10 ff.; *Krause* in Kraft, § 16 Rz. 5; *Lindenthal*, a. a. O. S. 47 ff.; *Polatzky* in W/S/G, § 16 Rz. 13 ff.; *Thesing*, DStR 1997 S. 848, 856 f.; a. A. *Crezelius*, IStR 2002 S. 433, 438; *Frotscher* in Lüdicke, S. 167, 222 ff.; *Ruge* in Haase, § 16 Rz. 5).

II. Voraussetzungen

1. Geltendmachung von Abzugsbeträgen

10 § 16 setzt zunächst einmal voraus, dass ein **Steuerpflichtiger** (§ 33 AO) die Absetzung von Schulden oder anderen Lasten oder von Betriebsausgaben oder Werbungskosten geltend macht. Für die Anwendung des § 16 ist es gleichgültig, ob es sich um einen unbeschränkt, beschränkt oder erweitert beschränkt Steuerpflichtigen handelt (*Wassermeyer* in F/W/B/S, § 16 Rz. 8). Entgegen dem Wortlaut der Vorschrift bedarf es insoweit keines förmlichen Antrags des Steuerpflichtigen; es genügt, wenn der Steuerpflichtige ausdrücklich oder konkludent zu verstehen gibt, dass er bestimmte Beträge einkommens- oder vermögensmindernd ansetzen will (*Vogt* in Blümich, § 16 Rz. 15; *Wassermeyer* in F/W/B/S, § 16 Rz. 6). Unter Lasten und Schulden fallen alle Verpflichtungen zu – bei Schulden einmaligen – Leistungen, bspw. Rentenverpflichtungen oder Verpflichtungen aus einem Nießbrauch (*Ruge* in Haase, § 16 Rz. 17). Betriebsausgaben (§ 4 Abs. 4 EStG) können z. B. Zahlungen eines Kaufpreises, von Lizenzgebühren, von Honoraren für Dienstleistungen oder von Zinsen sein (*Vogt* in Blümich, § 16 Rz. 19). Als Betriebsausgaben i. S. d. § 16 sind dabei auch Ausgaben für den Erwerb eines Wirtschaftsguts anzusehen, die sich nicht unmittelbar gewinnmindernd auswirken, sondern infolge einer zunächst stattfindenden Aktivierung erst später zu einer Gewinnminderung führen, insbesondere in Gestalt von Teilwertabschreibungen (s. zu § 160 AO BFH, Urteil vom 11.7.2013 IV R 27/09, BStBl II 2013 S. 989, BB 2013 S. 3041, Rz. 33 ff.). Für Werbungskosten gilt die Begriffsbestimmung in § 9 Abs. 1 EStG. Wenn die Betriebsausgaben, deren Abzug begehrt wird, nach § 4 Abs. 5–6 EStG ohnehin nicht abzugsfähig sind, greift § 16 nicht ein (*Ruge* in Haase, § 16 Rz. 17).

2. Ausländische Geschäftsbeziehungen

11 Die Abzugsposten müssen unter Berufung auf Geschäftsbeziehungen mit einer ausländischen Gesellschaft oder einer im Ausland ansässigen Person oder Personengesellschaft geltend gemacht werden. Der Begriff „Person" bezeichnet sowohl natürliche Personen als auch juristische Personen, z. B. Stiftungen (*Polatzky* in W/S/G, § 16 Rz. 25; *Krause* in Kraft, § 16 Rz. 20). Die Bezeichnung „Personengesellschaften" ist nicht auf Personenvereinigungen beschränkt, die den Personengesellschaften deutschen Rechts entsprechen, sondern umfasst alle vertraglichen Zusammenschlüsse von mehreren Personen zur Erreichung eines gemeinsamen Zwecks (*Wassermeyer* in F/W/B/S, § 16 Rz. 17). Um eine **ausländische Gesellschaft** handelt es sich, wenn sich weder der Sitz noch die Geschäftsleitung im Inland befindet (§ 7 Abs. 1, siehe dazu § 7 AStG Anm. 4 ff.). Entsprechendes gilt für die Frage der Auslandsansässigkeit einer **Personengesellschaft** (*Wassermeyer* in F/W/B/S, § 16 Rz. 20; a. A. *Korts* in S/K/K, § 16 Rz. 24; *Ruge* in Haase, § 16 Rz. 9: Ansässigkeit der Mitunternehmer sei maßgeblich). Eine **natürliche Person** ist im Ausland ansässig, wenn sie weder ihren Wohnsitz noch ihren gewöhnlichen Aufenthalt im Inland hat (siehe auch *Krause* in Kraft, § 16 Rz. 22; abweichend *Korts* in S/K/K, § 16 Rz. 22; *Wassermeyer* in F/W/B/S, § 16 Rz. 18: Ansässigkeit im Ausland, wenn die natürliche Person im Ausland nach Maßgabe des dort geltenden Rechts einer Art unbeschränkter Steuerpflicht unterliegt.

12 Zu der Gesellschaft, Person oder Personengesellschaft muss eine **Geschäftsbeziehung** des Steuerpflichtigen bestehen. Für den Begriff der Geschäftsbeziehung ist § 1 Abs. 5 maßgeblich (*Ruge* in Haase, § 16 Rz. 8; siehe auch *Wassermeyer* in F/W/B/S, § 16 Rz. 11). Danach sind Geschäftsbeziehungen alle den Einkünften zugrunde liegenden schuldrechtlichen Beziehungen, die keine gesellschaftsvertraglichen Vereinbarungen sind und entweder beim Steuerpflichtigen oder bei der Gesellschaft, Person oder Personengesellschaft Teil einer Tätigkeit sind, auf die §§ 13, 15, 18 oder 21 EStG anzuwenden sind oder bei Tätigkeit im Inland anzuwenden wären (näher dazu § 1 AStG Anm. 26 ff.). Eine Beteiligung an einer ausländischen Gesellschaft ist danach für sich genommen noch keine Geschäftsbeziehung (*Wassermeyer* in F/W/B/S, § 16 Rz. 11). Wohl aber kann ein neben einer gesellschaftsrechtlichen Beteiligung bestehendes schuldvertragliches Verhältnis eine Geschäftsbeziehung darstellen.

Die Abzugsposten müssen unter Berufung auf die ausländischen Geschäftsbezie- 13
hungen geltend gemacht werden, d. h. sie müssen mit ihr in einem **wirtschaftlichen
Zusammenhang** stehen (*Ruge* in Haase, § 16 Rz. 10; *Wassermeyer* in F/W/B/S, § 16
Rz. 13, 14). Ausreichend ist es, wenn die Aufwendungen bei wirtschaftlicher
Betrachtung durch die Geschäftsbeziehungen zumindest mitveranlasst worden
sind; § 16 wirkt sich dann aber nur auf den Teil der Aufwendungen aus, der ohne
die ausländischen Geschäftsbeziehungen nicht angefallen wäre (*Korts* in S/K/K,
§ 16 Rz. 17; *Ruge* in Haase, § 16 Rz. 11).

3. Keine oder nur unwesentliche Besteuerung

Weiter setzt § 16 Abs. 1 voraus, dass die ausländische Gesellschaft bzw. die im 14
Ausland ansässige Person oder Personengesellschaft mit ihren Einkünften, die im
Zusammenhang mit den Geschäftsbeziehungen zu dem Steuerpflichtigen stehen,
nicht oder nur unwesentlich besteuert wird. Diese Voraussetzung muss von der
Finanzverwaltung nachgewiesen werden (*Korts* in S/K/K, § 16 Rz. 25; *Wassermeyer* in F/W/B/S, § 16 Rz. 22, 29.1; *Müller*, DB 2011 S. 2743, 2744). Mit **„Einkünften"** ist die nach dem jeweiligen ausländischen Recht maßgebliche Bemessungsgrundlage gemeint (*Korts* in S/K/K, § 16 Rz. 26; *Wassermeyer* in F/W/B/S, § 16
Rz. 30; *Schmitz*, IStR 1997 S. 193, 196; a. A. *Krause* in Kraft, § 16 Rz. 25: fiktive
deutsche Bemessungsgrundlage). Dabei sind zur Ermittlung der Bemessungsgrundlage von den mit der Geschäftsbeziehung zusammenhängenden Einnahmen
die mit ihr im Zusammenhang stehenden Ausgaben abzuziehen (näher dazu *Wassermeyer* in F/W/B/S, § 16 Rz. 32 ff.). Für den erforderlichen **Zusammenhang** ist es
ausreichend, wenn bei wirtschaftlicher Betrachtung eine wenigstens mittelbare
Verbindung der Einkünfte mit den Geschäftsbeziehungen besteht.

Eine unwesentliche Besteuerung kann – jedenfalls nach Absenkung des Körper- 15
schaftsteuersatzes auf 15 % (§ 23 Abs. 1 KStG in der erstmals für den VZ 2008 geltenden Fassung) – nur bei einer **Steuerlast von höchstens 10 %** der maßgeblichen
Bemessungsgrundlage bejaht werden (zutreffend *Korts* in S/K/K, § 16 Rz. 34 ff.;
Ruge in Haase, § 16 Rz. 14; *Vogt* in Blümich, § 16 Rz. 17; *Wassermeyer* in F/W/B/S,
§ 16 Rz. 25; *Wassermeyer/Wagner*, RIW/AWD 1975 S. 406, 407). Eine niedrige
Besteuerung i. S. d. § 8 Abs. 3 Satz 1, die bereits bei einer Ertragsteuerlast von
weniger als 25 % vorliegt (siehe dazu § 8 AStG Anm. 161 ff.), genügt also für die
Anwendbarkeit des § 16 nicht (a. A. BMF-AnwSchr, Tz. 16.1.2; *Polatzky* in W/S/G,
§ 16 Rz. 29 f.; *Runge* in B/K/L/M/R, § 16 Rz. 10; im Ergebnis auch *Schmitz*, IStR
1997 S. 193, 195).

Maßgeblich ist die Steuerlast, die sich für Einkünfte der in Rede stehenden Art 16
aus dem für sie geltenden **ausländischen Steuersatz** unter Berücksichtigung von
persönlichen und sachlichen Steuerbefreiungen und ggf. von Steuerprivilegien
ergibt. Es reicht für die Anwendung des § 16 **nicht** aus, wenn in einem Wirtschaftsjahr nur infolge eines **Verlusts** oder einer Verlustverrechnung keine oder lediglich
eine unwesentliche Steuer gezahlt werden muss (*Polatzky* in W/S/G, § 16 Rz. 33;
Ruge in Haase, § 16 Rz. 13; im Ergebnis auch *Wassermeyer* in F/W/B/S, § 16
Rz. 27 f.). Ebenso wenig genügt es für § 16, dass der ausländische Geschäftspartner
die Einkünfte aus den Geschäftsbeziehungen – womöglich mittels einer Steuerhinterziehung – nachweislich nicht versteuert hat, obwohl sie einer nicht nur unwesentlichen Steuerbelastung unterliegen (*Krause* in Kraft, § 16 Rz. 28; differenzierend *Wassermeyer* in F/W/B/S, § 16 Rz. 29).

4. Verlangen nach genauer Bezeichnung des Gläubigers oder Empfängers

17 Schließlich bedarf es, damit die Mitwirkungspflichten nach § 16 eingreifen, eines Verlangens der Finanzbehörde nach genauer Bezeichnung des Gläubigers oder Empfängers. Diese Voraussetzung folgt aus § 160 Abs. 1 Satz 1 AO, der durch § 16 nur ergänzt wird. Das Verlangen nach § 160 Abs. 1 Satz 1 AO ist **kein eigenständiger Verwaltungsakt**, sondern ein unselbständiger Teil der Steuerfestsetzung. Es kann daher nicht gesondert angefochten werden, sondern wird nur bei Anfechtung des Steuer- oder Festsetzungsbescheids, dessen Vorbereitung es dient, inzident auf seine Rechtmäßigkeit überprüft (BFH, Urteil vom 12.9.1985 VIII R 371/83, BStBl II 1986 S. 537, 538 f.; BFH, Beschluss vom 25.8.1986 IV B 76/86, BStBl II 1987 S. 481, 482; BFH, Urteil vom 20.4.1988 I R 67/84, BStBl II 1988 S. 927 f.; BFH, Urteil vom 11.7.2013 IV R 27/09, BStBl II 2013 S. 989, BB 2013 S. 3041, Rz. 30; *Polatzky* in W/S/G, § 16 Rz. 45; *Hagen*, NWB Fach 2, S. 9907, 9927; a. A. *Ruge* in Haase, § 16 Rz. 19; *Runge* in B/K/L/M/R, § 16 Rz. 15; *Wassermeyer* in F/W/B/S, § 16 Rz. 47).

18 Das Verlangen steht im **Ermessen** der Finanzbehörde. Bei der Ausübung ihres Ermessens hat die Finanzbehörde die allgemeinen Ermessensgrenzen, insbesondere die Schranken der **Verhältnismäßigkeit** und der Zumutbarkeit der Mitwirkung einzuhalten (BFH, Beschluss vom 25.8.1986 IV B 76/86, BStBl II 1987 S. 481, 482; BFH, Urteil vom 9.8.1989 I R 66/86, BStBl II 1989 S. 995, 996; BFH, Urteil vom 11.7.2013 IV R 27/09, BStBl II 2013 S. 989, BB 2013 S. 3041, Rz. 30; *Polatzky* in W/S/G, § 16 Rz. 41; *Müller*, DB 2011 S. 2743, 2744). Aus Gründen der Verhältnismäßigkeit kommt ein Mitwirkungsverlangen nur in Betracht, wenn und soweit die Finanzverwaltung den Sachverhalt nicht durch eigene Ermittlungen aufklären kann (*Wassermeyer* in F/W/B/S, § 16 Rz. 46.1). Für die Verhältnismäßigkeit des Verlangens können insbesondere Schwierigkeiten bei der Ermittlung des Sachverhalts durch die Finanzbehörde selbst sprechen, etwa wegen einer besonders komplizierten Gestaltung der Geschäftsbeziehungen oder wegen fehlender Amtshilfe des betreffenden ausländischen Staates (*Polatzky* in W/S/G, § 16 Rz. 41). Dagegen kann ein Offenbarungsverlangen unverhältnismäßig sein, wenn die Erteilung der Auskünfte nach dem Recht des betreffenden ausländischen Staates strafbar ist und eine Bestrafung auch tatsächlich droht (FG Düsseldorf, Urteil vom 8.10.1980 XV/X 16/75 K, EFG 1981 S. 148 f.; *Vogt* in Blümich, Vor §§ 16–18 Rz. 8; a. A. *Ruge* in Haase, § 16 Rz. 19; siehe dazu noch unten Anm. 22).

III. Mitwirkungspflichten

1. Offenbarungspflicht

19 Bei Vorliegen der genannten Voraussetzungen hat der Steuerpflichtige **alle Beziehungen** – also nicht nur Geschäftsbeziehungen (siehe Anm. 12) – offenzulegen, die unmittelbar oder mittelbar zwischen ihm und der Gesellschaft, Person oder Personengesellschaft bestehen und bestanden haben und die nach den Umständen rechtlich erheblich sind. Um **mittelbare** Beziehungen handelt es sich, wenn zwischen dem Steuerpflichtigen und der Gesellschaft, Person oder Personengesellschaft eine weitere Person oder Gesellschaft eingeschaltet worden ist, etwa ein Treuhänder oder eine Tochtergesellschaft. Zu diesen muss der Steuerpflichtige ebenfalls Angaben machen (*Dreßler,* StBp 1982 S. 205, 213; *Polatzky* in W/S/G, § 16 Rz. 48).

Offenzulegen sind zum einen Umstände, die die ausländische Gesellschaft, juristische Person oder Personengesellschaft betreffen, insbesondere ihr Name und ihre Anschrift, ihre Rechtsform sowie Einzelheiten ihrer Gründung (BFH, Urteil vom 1.4.2003 I R 28/02, BStBl II 2007 S. 855; *Dreßler,* StBp 1982 S. 205, 213). Anzugeben sind auch die wechselseitigen unmittelbaren und mittelbaren **Beteiligungen** und ggf. ein Näheverhältnis (§ 1 Abs. 2, siehe dazu § 1 AStG Anm. 29 ff.), die zwischen dem Steuerpflichtigen und der ausländischen Gesellschaft, juristischen Person oder Personengesellschaft bestehen (BFH, Urteil vom 1.4.2003 I R 28/02, BStBl II 2007 S. 855, 857; *Ruge* in Haase, § 16 Rz. 21 f.; *Wassermeyer* in F/W/B/S, § 16 Rz. 56). Darüber hinaus muss der Steuerpflichtige auch Angaben zu dem **Geschäftsverkehr** machen, den er oder eine ihm nahestehende Person mit der Gesellschaft, juristischen Person oder Personengesellschaft oder mit ihr nahestehenden Personen unterhält, und mitteilen, welche Vertragsverhältnisse mit welchem Inhalt (z. B. Preisvereinbarungen, Zahlungsbedingungen) bestehen (*Wassermeyer* in F/W/B/S, § 16 Rz. 56). Dagegen müssen keine Angaben zu Beziehungen zwischen dem ausländischen Geschäftspartner und fremden Dritten gemacht werden (BFH, Urteil vom 1.6.1994 X R 73/91, BFH/NV 1995 S. 2, 3; BFH, Urteil vom 1.4.2003 I R 28/02, BStBl II 2007 S. 855, 857; *Wassermeyer* in F/W/B/S, § 16 Rz. 67).

Schließlich gehören zu den offenzulegenden Umständen auch Angaben, die den **Empfänger oder Gläubiger** der Beträge betreffen, deren Abzug geltend gemacht wird (BFH, Urteil vom 1.4.2003 I R 28/02, BStBl II 2007 S. 855, 856; *Ruge* in Haase, § 16 Rz. 21; *Wassermeyer* in F/W/B/S, § 16 Rz. 52). Empfänger ist dabei derjenige, dem der in der Betriebsausgabe enthaltene wirtschaftliche Wert übertragen worden ist (BFH, Urteil vom 1.6.1994 X R 73/91, BFH/NV 1995 S. 2, 3; BFH, Urteil vom 17.10.2001 I R 19/01, BFH/NV 2002 S. 609, 610). Bei einer **Domizilgesellschaft,** also einer Gesellschaft, die ihren satzungsmäßigen Sitz im (niedrig besteuerten) Ausland hat und sich nicht eigenwirtschaftlich betätigt (siehe *Schmidt,* IStR 1999 S. 398), ist Empfänger in der Regel nicht die Domizilgesellschaft, sondern der Gesellschafter oder die sonstige Person, an den bzw. die die Domizilgesellschaft die Zahlungen weitergeleitet hat (BFH, Beschluss vom 24.3.1987 I B 156/86, BFH/NV 1988 S. 208, 209 f.; BFH, Urteil vom 10.11.1998 I R 108/97, BStBl II 1999 S. 121, 122; BFH, Urteil vom 17.10.2001 I R 19/01, BFH/NV 2002 S. 609, 610; BFH, Urteil vom 1.4.2003 I R 28/02, BStBl II 2007 S. 855 f.; BFH, Urteil vom 11.7.2013 IV R 27/09, BStBl II 2013 S. 989, BB 2013 S. 3041, Rz. 31; *Polatzky* in W/S/G, § 16 Rz. 53). Bei Geschäftsbeziehungen mit einer Domizilgesellschaft müssen daher auch die an ihr bestehenden unmittelbaren und mittelbaren Beteiligungen offengelegt und ggf. auch die Empfänger benannt werden, die keine Anteilseigner sind (BFH, Beschluss vom 24.3.1987 I B 156/86, BFH/NV 1988 S. 208, 210; BFH, Urteil vom 10.11.1998 I R 108/97, BStBl II 1999 S. 121, 122; BFH, Urteil vom 11.7.2013 IV R 27/09, BStBl II 2013 S. 989, BB 2013 S. 3041, Rz. 31; *Wassermeyer* in F/W/B/S, § 16 Rz. 55).

Offenzulegen hat der Steuerpflichtige nicht nur solche Umstände, von denen er Kenntnis hat, sondern auch Umstände, von denen er sich in zumutbarer Weise **Kenntnis verschaffen** kann (*Vogt* in Blümich, § 16 Rz. 2; siehe auch BFH, Urteil vom 10.11.1998 I R 108/97, BStBl II 1999 S. 121, 123; BFH, Urteil vom 11.7.2013 IV R 27/09, BStBl II 2013 S. 989, BB 2013 S. 3041, Rz. 31). Wie sich aus § 90 Abs. 2 Satz 4 AO ergibt, kann der Steuerpflichtige sich bei einem Auslandssachverhalt nicht darauf berufen, dass er diesen nicht aufklären kann, wenn er sich nach Lage des Falles bei der Gestaltung seiner Verhältnisse die Möglichkeit dazu hätte verschaffen oder einräumen lassen können. Ihn trifft also auch im Rahmen des § 16 Abs. 1 eine erhöhte **Beweisvorsorgepflicht** (BMF-AnwSchr, Tz. 16.0, 16.1.3; *Polatzky* in W/S/G, § 16 Rz. 43; *Wassermeyer* in F/W/B/S, § 16 Rz. 57; s. auch BFH, Urteil vom 11.7.2013 IV R 27/09, BStBl II 2013 S. 989, BB 2013 S. 3041, Rz. 31, 49; a. A. *Krause* in Kraft, § 16 Rz. 51; offenbar auch *Korts* in S/K/K, § 16 Rz. 47). Dies gilt insbesondere dann, wenn Zahlungen an **Domizilgesellschaften** als Betriebsausgaben geltend gemacht werden. Es geht dann zu Lasten des Steuerpflichtigen, wenn die Domizilgesellschaft Angaben zur Person des Empfängers verweigert (BFH, Urteil vom 10.11.1998 I R 108/97, BStBl II 1999 S. 121, 123). Auch entlastet es den Steuerpflichtigen grundsätzlich nicht, wenn die Erteilung der notwendigen Auskünfte **nach dem Recht des ausländischen Staates verboten** ist (BFH, Urteil vom 16.4.1980 I R 75/78, BStBl II 1981 S. 492, 493; BFH, Urteil vom 16.4.1986 I R 32/84, BStBl II 1986 S. 736, 738 f.); in einem solchen Fall kann das Offenbarungsverlangen des Finanzamts aber unverhältnismäßig sein (siehe Anm. 18).

23   Die von der Offenlegungspflicht erfassten Daten müssen auch ohne ausdrückliche Nachfrage der Finanzbehörde offengelegt werden, soweit sie für die Aufklärung des für den jeweiligen Steuertatbestand relevanten Sachverhalts von Bedeutung sind (*Dreßler*, StBp 1982 S. 205, 213; *Korts* in S/K/K, § 16 Rz. 46). Keine Offenlegungsbzw. Nachweispflicht besteht in Bezug auf **negative Tatsachen**. Die Finanzverwaltung darf daher nicht aus dem bloßen Umstand, dass Geschäftsbeziehungen zu einer Gesellschaft in einem Niedrigsteuerland bestehen, die Schlussfolgerung ziehen, dass der Steuerpflichtige an dieser Gesellschaft unmittelbar oder mittelbar beteiligt ist, und dann von ihm den Nachweis fordern, dass dies nicht der Fall ist (BFH, Urteil vom 1.6.1994 X R 73/91, BFH/NV 1995 S. 2, 3 f.; *Korts* in S/K/K, § 16 Rz. 47).

24   Eine besondere **Form** der Offenlegung ist nicht vorgeschrieben. Soweit dies für die Aufklärung des Sachverhalts erforderlich ist, kann die Finanzverwaltung auch die **Vorlage von Urkunden** und Belegen verlangen (*Wassermeyer* in F/W/B/S, § 16 Rz. 60).

2. Versicherung an Eides statt

25   Auf Verlangen des Finanzamts hat der Steuerpflichtige nach § 16 Abs. 2 die Richtigkeit und Vollständigkeit seiner im Rahmen des § 16 Abs. 1 gemachten Angaben und ggf. die Behauptung, dass ihm Tatsachen nicht bekannt sind, gem. § 95 AO an Eides statt zu versichern. Die eidesstattliche Versicherung nach § 16 Abs. 2 dient dazu, letzte Zweifel an der zwar möglich erscheinenden, aber nicht zweifelsfrei feststehenden Richtigkeit und Vollständigkeit der Angaben des Steuerpflichtigen auszuräumen und so ein Eingreifen des Abzugsverbots nach § 16 Abs. 1 i. V. m. § 160 Abs. 1 Satz 1 AO zu vermeiden.

26   Auch das Verlangen nach eidesstattlicher Versicherung steht im pflichtgemäßen **Ermessen** des Finanzamts (*Ruge* in Haase, § 16 Rz. 27 f.; *Vogt* in Blümich, § 16 Rz. 31). Dabei soll nach § 95 Abs. 1 Satz 2 AO eine Versicherung an Eides statt nur gefordert werden, wenn andere Mittel zur Erforschung der Wahrheit nicht vorhanden sind, zu keinem Ergebnis geführt haben oder einen unverhältnismäßigen Aufwand erfordern (siehe *Korts* in S/K/K, § 16 Rz. 61 f.; *Wassermeyer* in F/W/B/S, § 16 Rz. 77). Auch ist von einem Verlangen nach eidesstattlicher Versicherung abzusehen, wenn von vornherein deren Wahrheitsgehalt angezweifelt werden muss (siehe

RFH, Urteil vom 11.10.1922 III A 294/22, RStBl 1923 S. 14). Ermessen hat das Finanzamt nicht nur bei der Entscheidung, ob überhaupt eine eidesstattliche Versicherung verlangt wird, sondern auch hinsichtlich des **Umfangs** der Versicherung; es kann eine eidesstattliche Versicherung also für alle, aber auch nur für einen Teil der nach § 16 Abs. 1 gemachten Angaben fordern (*Wassermeyer* in F/W/B/S, § 16 Rz. 74).

Verfahren und Form der eidesstattlichen Versicherung richten sich nach § 95 **27** Abs. 2–5 AO. Nach § 95 Abs. 6 AO kann die eidesstattliche Versicherung **nicht mit Zwangsmitteln** erzwungen werden. Den Steuerpflichtigen trifft also insoweit keine zwangsweise durchsetzbare Pflicht (*Korts* in S/K/K, § 16 Rz. 58; *Wassermeyer* in F/W/B/S, § 16 Rz. 71). Wenn er die eidesstattliche Versicherung auf Verlangen nicht abgibt, gilt aber in Bezug auf die Posten, deren Abzug er geltend macht, in der Regel ein Abzugsverbot (siehe Anm. 29 ff.). Bei Abgabe der eidesstattlichen Versicherung sind die von ihr erfassten Angaben des Steuerpflichtigen als **glaubhaft gemacht** anzusehen; sofern keine konkreten Anhaltspunkte für die Unrichtigkeit der Versicherung bestehen, entfällt insoweit die Grundlage für das Abzugsverbot nach § 16 Abs. 1 i. V. m. § 160 Abs. 1 Satz 1 AO (*Krause* in Kraft, § 16 Rz. 78; *Wassermeyer* in F/W/B/S, § 16 Rz. 80; *Müller*, DB 2011 S. 2743, 2745).

Der Steuerpflichtige kann die eidesstattliche Versicherung **nicht von sich aus** **28** abgeben (vgl. RFH, Urteil vom 11.10.1922 III A 294/22, RStBl 1923 S. 14; BFH, Urteil vom 17.1.1956 I 242/54 U, BStBl III 1956 S. 68, 69; *Krause* in Kraft, § 16 Rz. 74). Er kann aber beim Finanzamt beantragen, ihn zur Abgabe einer Versicherung zuzulassen. Das Finanzamt hat dann nach pflichtgemäßem Ermessen zu entscheiden, ob und in welchem Umfang es nach § 16 Abs. 2 eine eidesstattliche Versicherung verlangt (*Ruge* in Haase, § 16 Rz. 27; *Wassermeyer* in F/W/B/S, § 16 Rz. 75).

IV. Rechtsfolgen der Nichterfüllung der Mitwirkungspflichten

Die Rechtsfolgen bei einer Nichterfüllung der Mitwirkungspflichten nach § 16 **29** ergeben sich aus der in § 16 Abs. 1 in Bezug genommenen Vorschrift des § 160 AO (BFH, Urteil vom 1.4.2003 I R 28/02, BStBl II 2007 S. 855, 857; *Frotscher* in Lüdicke, S. 167, 219; *Wassermeyer* in F/W/B/S, § 16 Rz. 46.1). Nach § 160 Abs. 1 Satz 1 AO sind die Schulden, anderen Lasten, Betriebsausgaben oder Werbungskosten, deren Abzug der Steuerpflichtige begehrt, **in der Regel nicht zu berücksichtigen.** Dies gilt sowohl im Fall, dass der Steuerpflichtige bereits die Offenlegungspflicht nach § 16 Abs. 1 nicht erfüllt, als auch im Fall, dass die notwendigen Angaben zwar gemacht werden, jedoch die eidesstattliche Versicherung nach § 16 Abs. 2 verweigert wird (*Vogt* in Blümich, § 16 Rz. 24).

Der Finanzbehörde steht bei Verletzung der Mitwirkungspflichten hinsichtlich **30** der Berücksichtigung der Abzugsposten wiederum ein **Ermessen** zu, das im Regelfall aber dahin auszuüben ist, dass ein Abzug nicht zugelassen wird (BFH, Urteil vom 9.8.1989 I R 66/86, BStBl II 1989 S. 995, 996; BFH, Urteil vom 1.4.2003 I R 28/02, BStBl II 2007 S. 855; *Ruge* in Haase, § 16 Rz. 23; BFH, Urteil vom 11.7.2013 IV R 27/09, BStBl II 2013 S. 989, BB 2013 S. 3041, Rz. 51). In **Ausnahmefällen** kann der Abzug aber trotz Nichterfüllung der Mitwirkungspflichten gewährt werden (*Ruge* in Haase, § 16 Rz. 23; a. A. *Korts* in S/K/K, § 16 Rz. 56), so etwa bei üblichen Handelsgeschäften mit Domizilgesellschaften, wenn davon auszugehen ist, dass die Mittel tatsächlich abgeflossen sind und die Hinzurechnungsbesteuerung nicht eingreift (*Vogt* in Blümich, § 16 Rz. 24). Von der Anwendung des Abzugsverbots kann auch dann abgesehen werden, wenn mildere, gleich wirksame Mittel zur Gewährleistung einer zutreffenden Besteuerung des Steuerpflichtigen in Betracht kommen, etwa eine Bewertung der Sachlage auf der Grundlage der vom Steuerpflichtigen gemachten, wenn auch unvollständigen Angaben (*Ruge* in Haase, § 16 Rz. 23; *Vogt* in Blümich, § 16 Rz. 24; a. A. *Korts* in S/K/K, § 16 Rz. 56; wohl auch BMF-AnwSchr, Tz. 16.1.4; *Runge* in B/K/L/M/R, § 16 Rz. 26).

31 Nach § 160 Abs. 1 Satz 2 AO bleibt das Recht der Finanzbehörde, bei Nichterfüllung der Mitwirkungspflichten den **Sachverhalt selbst zu ermitteln,** unberührt. Zu einer eigenen Ermittlung des Sachverhalts ist die Finanzbehörde aber nur berechtigt, nicht jedoch verpflichtet (BFH, Urteil vom 11.7.2013 IV R 27/09, BStBl II 2013 S. 989, BB 2013 S. 3041, Rz. 51; *Ruge* in Haase, § 16 Rz. 24).

§ 17
Sachverhaltsaufklärung

(1) ¹Zur Anwendung der Vorschriften der §§ 5 und 7 bis 15 haben Steuerpflichtige für sich selbst und im Zusammenwirken mit anderen die dafür notwendigen Auskünfte zu erteilen. ²Auf Verlangen sind insbesondere
1. die Geschäftsbeziehungen zu offenbaren, die zwischen der Gesellschaft und einem so beteiligten unbeschränkt Steuerpflichtigen oder einer einem solchen im Sinne des § 1 Abs. 2 nahestehenden Person bestehen,
2. die für die Anwendung der §§ 7 bis 14 sachdienlichen Unterlagen einschließlich der Bilanzen und der Erfolgsrechnungen vorzulegen. ²Auf Verlangen sind diese Unterlagen mit dem im Staat der Geschäftsleitung oder des Sitzes vorgeschriebenen oder üblichen Prüfungsvermerk einer behördlich anerkannten Wirtschaftsprüfungsstelle oder vergleichbaren Stelle vorzulegen.

(2) Ist für die Ermittlung der Einkünfte, für die eine ausländische Gesellschaft Zwischengesellschaft ist, eine Schätzung nach § 162 der Abgabenordnung vorzunehmen, so ist mangels anderer geeigneter Anhaltspunkte bei der Schätzung als Anhaltspunkt von mindestens 20 Prozent des gemeinen Werts der von den unbeschränkt Steuerpflichtigen gehaltenen Anteile auszugehen; Zinsen und Nutzungsentgelte, die die Gesellschaft für überlassene Wirtschaftsgüter an die unbeschränkt Steuerpflichtigen zahlt, sind abzuziehen.

Erläuterungen

Übersicht Anm.

I. **Allgemeines** **1–4**
II. **Auskunftspflicht** **5–15**
  1. Person des Auskunftspflichtigen 5
  2. Auskunftsverlangen 6, 7
  3. Inhalt und Umfang der Auskunftspflicht 8–11
  4. Offenbarung der Geschäftsbeziehungen 12
  5. Vorlage sachdienlicher Unterlagen 13, 14
  6. Rechtsfolgen bei Nichterfüllung der Auskunftspflicht . 15
III. **Schätzungsmaßstab** **16–22**
  1. Anwendungsvoraussetzungen 16–18
  2. Ermittlung des Schätzbetrags 19–20
  3. Abzug von Zinsen und Nutzungsentgelten 21, 22

Schrifttum: Siehe die Angaben zu § 16.

Verwaltungsanweisungen: BMF, AnwSchr vom 14.5.2004 IV B 4 – S 1340 – 11/ 04, BStBl I 2004 Sonder-Nr. 1 (zitiert als *BMF-AnwSchr*).

I. Allgemeines

1 § 17 gehört zusammen mit den §§ 16, 18 zum **verfahrensrechtlichen Teil** des AStG (siehe auch § 16 Anm. 1). In Ergänzung der Regelungen der §§ 90 Abs. 2, 93 AO erlegt § 17 Abs. 1 dem Steuerpflichtigen Mitwirkungspflichten bei der Sachverhaltsaufklärung zum Zwecke der Anwendung der §§ 5, 7–15 auf. § 17 Abs. 2 ergänzt die Regelung des § 162 AO und legt einen Schätzungsmaßstab für Zwischeneinkünfte i. S. d. §§ 5, 7–14 fest. Die Auskunftspflicht nach § 17 Abs. 1 bezieht sich allein auf Umstände, die für die Tatbestände der §§ 5, 7–15 relevant sind. Im Hinblick auf § 1 gilt § 17 nicht; wohl aber findet insoweit § 16 Anwendung.

2 In seinem Anwendungsbereich **verdrängt § 17 den § 16 nicht.** Vielmehr kann das Finanzamt auch für die Sachverhaltsaufklärung zum Zwecke der Anwendung der §§ 5, 7–15 die Vorschrift des § 16 heranziehen (*Krause* in Kraft, § 17 Rz. 1; a. A. *Ruge* in Haase, § 16 Rz. 4; *Wassermeyer* in F/W/B/S, § 16 Rz. 4). Aufgrund seines ergänzenden Charakters berührt § 17 auch nicht die **allgemeinen Verfahrens- und Ermittlungsgrundsätze** der AO (siehe § 16 Anm. 2 sowie *Hans* in Haase, § 17 Rz. 4 f.; *Vogt* in Blümich, § 17 Rz. 2). Die Behörde hat daher auch im Anwendungsbereich des § 17 von Amts wegen zu ermitteln und kann zur Aufklärung des Sachverhalts Auskünfte bei Dritten einholen (BMF-AnwSchr, Tz. 17.1.4, 17.1.6).

3 Unberührt bleiben auch die Möglichkeiten der **internationalen Amts- und Rechtshilfe** (ausführlich dazu *Dreßler,* Gewinn- und Vermögensverlagerungen, S. 462 ff.). Die Finanzbehörden können daher auch im Anwendungsbereich des § 17 auf der Grundlage von DBA ein internationales Auskunftsgesuch an die Finanzbehörden im Sitzstaat der ausländischen Gesellschaft sowie in Drittstaaten stellen (siehe Art. 26 OECD-MA 2014). Zwischen den EU-Mitgliedstaaten gelten für Auskunftsersuchen – vorrangig im Verhältnis zu DBA – die EG-Amtshilfe-Richtlinie (RL 2011/16/EU vom 15.2.2011, ABl EU L 64 vom 11.3.2011, S. 1) und die zu ihrer Umsetzung erlassenen Vorschriften des nationalen Rechts (*Vogt* in Blümich, Vor §§ 16–18 Rz. 6).

4 § 17 erlegt dem Steuerpflichtigen bei Auslandssachverhalten jedenfalls insoweit Belastungen auf, die über die Belastungen bei reinen Inlandssachverhalten hinausgehen, als ein Zusammenwirken mit anderen gefordert und ein Mindestschätzbetrag statuiert wird (*Frotscher* in Lüdicke, S. 167, 177). Ebenso wie die Regelung des § 16 (siehe dazu § 16 Anm. 7 ff.) ist auch die des § 17 geeignet, Rechtssubjekte anderer EU-Mitgliedstaaten von der Ausübung ihrer im AEUV verbürgten Grundfreiheiten abzuhalten. Für diese mittelbare Einschränkung der Grundfreiheiten des AEUV besteht auch bei § 17 keine Rechtfertigung. Wie § 16 ist darum auch § 17 als **europarechtswidrig** anzusehen (ebenso *Frotscher* in Lüdicke, S. 167, 183 ff.; *Krause* in Kraft, § 17 Rz. 3; *Lindenthal,* a. a. O. S. 50 f.; *Polatzky* in W/S/G, § 17 Rz. 8; *Romswinkel* in S/K/K, § 17 Rz. 9).

II. Auskunftspflicht

1. Person des Auskunftspflichtigen

Nach § 17 Abs. 1 Satz 1 haben Steuerpflichtige zur Anwendung der Vorschriften 5
der §§ 5, 7–15 für sich selbst und im Zusammenwirken mit anderen die dafür notwendigen Auskünfte zu erteilen. Zur Auskunft verpflichtet sind alle Personen, die an einer ausländischen Gesellschaft beteiligt bzw. bei einer ausländischen Familienstiftung bezugs- oder anfallsberechtigt und nach §§ 5, 7–15 steuerpflichtig sind (*Hans* in Haase, § 17 Rz. 8; *Romswinkel* in S/K/K, § 17 Rz. 11; *Müller*, DB 2011 S. 2743, 2745). Die ausländische Gesellschaft oder Stiftung selbst ist nicht auskunftspflichtig (*Vogt* in Blümich, § 17 Rz. 4; *Wassermeyer* in F/W/B/S, § 17 Rz. 11).

2. Auskunftsverlangen

Die Auskunftspflicht setzt ein entsprechendes Verlangen der Finanzbehörde 6
voraus (siehe § 17 Abs. 1 Satz 2). Der Finanzbehörde steht hinsichtlich des Ob sowie des Umfangs des Verlangens ein **Ermessen** zu, für das die allgemeinen Grenzen der **Verhältnismäßigkeit** und der Zumutbarkeit gelten (*Hruschka*, IStR 2013 S. 389, 390; *Romswinkel* in S/K/K, § 17 Rz. 19; *Wassermeyer* in F/W/B/S, § 17 Rz. 23). Daher ist ein Auskunftsverlangen der Finanzbehörde nach § 17 Abs. 1 erst zulässig, wenn sie den Sachverhalt nicht anders, insbesondere nicht durch eigene Ermittlungen, durch Auskunftsverlangen an Dritte oder im Wege internationaler Amtshilfe, aufklären kann (*Vogt* in Blümich, § 17 Rz. 2; *Polatzky* in W/S/G, § 17 Rz. 11; siehe auch *Wassermeyer* in F/W/B/S, § 17 Rz. 22). Die verlangte Auskunft darf für den Steuerpflichtigen auch nicht zu Aufwand und Kosten führen, die außer Verhältnis zu dem steuerlichen Interesse stehen. Das Verlangen muss zudem die gewünschten Auskünfte und Unterlagen **hinreichend bestimmt** bezeichnen (*Krause* in Kraft, § 17 Rz. 13; *Wassermeyer* in F/W/B/S, § 17 Rz. 24).

Anders als das Verlangen nach § 16 Abs. 1 (dazu § 16 AStG Anm. 17) wird das 7
Auskunftsverlangen nach § 17 Abs. 1 überwiegend als eigenständiger **Verwaltungsakt** angesehen, der gesondert angefochten werden kann (BMF-AnwSchr, Tz. 17.1.1; *Hans* in Haase, § 17 Rz. 15; *Romswinkel* in S/K/K, § 17 Rz. 16; *Runge* in B/K/L/M/R, § 17 Rz. 10; *Vogt* in Blümich, § 17 Rz. 7; *Müller*, DB 2011 S. 2743, 2745). Das Verlangen soll nach dieser h. M. von der Finanzverwaltung mit den Zwangsmitteln der §§ 328 ff. AO durchgesetzt werden können. Dies überzeugt nicht. Das Auskunftsverlangen dient lediglich der Vorbereitung des Steuerbescheids. Wenn der Steuerpflichtige dem Auskunftsverlangen der Behörde nicht nachkommt, kann diese die Zwischeneinkünfte nach § 17 Abs. 2 schätzen (dazu unten Anm. 16 ff.) oder sonst für den Steuerpflichtigen nachteilige Folgerungen in Bezug auf die Anwendung der §§ 5, 7–15 ziehen und auf dieser Grundlage einen Steuerbescheid erlassen. Dieser Steuerbescheid ist dann anfechtbar, wobei im Rahmen des Einspruchs- oder Klageverfahrens inzident die Rechtmäßigkeit des Auskunftsverlangens nach § 17 Abs. 1 zu prüfen ist. Wie bei § 16 Abs. 1 ist das Auskunftsverlangen aber auch bei § 17 Abs. 1 kein selbständig anfechtbarer Verwaltungsakt. Eine andere Beurteilung ist nur dann gerechtfertigt, wenn die Behörde zu erkennen gibt, dass sie ihr Auskunftsverlangen notfalls mit Zwangsmitteln durchsetzen wird, weil das Verlangen dann als eigenständige belastende Regelung erscheint (so auch *Wassermeyer* in F/W/B/S, § 17 Rz. 17.1).

3. Inhalt und Umfang der Auskunftspflicht

8 Die Auskunftspflicht bezieht sich nicht nur auf Umstände, die dem Steuerpflichtigen bereits bekannt sind. Vielmehr muss der Steuerpflichtige, um sich zur Auskunft in die Lage zu versetzen, gem. § 90 Abs. 2 Satz 2 AO alle für ihn bestehenden rechtlichen und tatsächlichen Möglichkeiten zur **Beschaffung der erforderlichen Informationen** und Beweismittel ausschöpfen. Nach § 90 Abs. 2 Satz 4 AO kann sich der Steuerpflichtige auch in Bezug auf seine Auskunftspflicht nach § 17 Abs. 1 Satz 1 nicht darauf berufen, dass er den Sachverhalt nicht aufklären kann, wenn er sich nach Lage des Falls bei der Gestaltung seiner Verhältnisse die Möglichkeit dazu hätte verschaffen oder einräumen lassen können (*Hans* in Haase, § 17 Rz. 13; siehe auch *Wassermeyer* in F/W/B/S, § 17 Rz. 14; a. A. *Waldhoff*, StuW 2013 S. 121, 141 f., der § 17 als abschließende Spezialvorschrift ansieht). Begrenzt wird die Auskunftspflicht des Steuerpflichtigen aber durch die allgemeinen Schranken der **Verhältnismäßigkeit** und Zumutbarkeit (*Vogt* in Blümich, § 17 Rz. 1; *Müller*, DB 2011 S. 2743, 2745; siehe dazu schon oben Anm. 6).

9 Über die Pflichten nach § 90 Abs. 2 AO hinaus muss der Steuerpflichtige nach § 17 Abs. 1 Satz 1 zum Zwecke der Aufklärung des relevanten Sachverhalts auch **mit anderen zusammenwirken.** Andere i. S. d. § 17 Abs. 1 Satz 1 können vom Steuerpflichtigen abhängige Rechtssubjekte, etwa Tochtergesellschaften, aber auch von ihm unabhängige Personen sein. Erfasst werden nicht nur andere Steuerpflichtige (siehe Anm. 5), sondern **auch nicht steuerpflichtige Personen,** die in der Lage und bereit sind, im Zusammenwirken mit dem Steuerpflichtigen die Auskünfte zu erteilen (*Hans* in Haase, § 17 Rz. 14; *Wassermeyer* in F/W/B/S, § 17 Rz. 13). Das Zusammenwirken kann bspw. in der gemeinschaftlichen Ausübung von Gesellschafterrechten oder der gemeinsamen Beschaffung von Unterlagen bestehen (*Hans* in Haase, § 17 Rz. 13; *Müller*, DB 2011 S. 2743, 2745). Solange es dem Steuerpflichtigen möglich und zumutbar ist, die notwendigen Informationen und Beweismittel durch Zusammenwirken mit anderen zu beschaffen, kann er sich nicht darauf berufen, dass er den Sachverhalt nicht aufklären könne (*Dreßler*, StBp 1982 S. 205, 214).

10 Die Aufklärungspflicht erstreckt sich auf **sämtliche Umstände,** die für die Tatbestände der §§ 5, 7–15 relevant sind; dazu gehören auch die Tatsachen, aus denen sich ergibt, ob überhaupt eine Zwischengesellschaft oder eine Niedrigbesteuerung vorliegt (BFH, Urteil vom 16.4.1986 I R 32/84, BStBl II 1986 S. 736, 738; *Wassermeyer* in F/W/B/S, § 17 Rz. 10, 18). § 17 Abs. 1 Satz 2 nennt nur beispielhaft („insbesondere") die Geschäftsbeziehungen, die zwischen der Gesellschaft und dem unbeschränkt Steuerpflichtigen oder einer ihm nahestehenden Person bestehen (Nr. 1), sowie die für die Anwendung der §§ 7–14 sachdienlichen Unterlagen einschl. der Bilanzen und der Erfolgsrechnungen der ausländischen Gesellschaft (Nr. 2). Darüber hinaus gehören zu den offenzulegenden Umständen die bestehenden Beteiligungen an der ausländischen Gesellschaft, die Art ihrer Betätigung sowie Art und Höhe ihrer Einkünfte (*Wassermeyer* in F/W/B/S, § 17 Rz. 18).

11 Zur Auskunft und Vorlage von Unterlagen ist ein Steuerpflichtiger stets nur im Rahmen des ihm – ggf. im Zusammenwirken mit anderen – **Möglichen und Zumutbaren** verpflichtet (*Crezelius*, IStR 2002 S. 433, 436). Einem Steuerpflichtigen, der eine Mehrheitsbeteiligung an einer ausländischen Gesellschaft hält, ist es ohne Weiteres möglich, die sich auf die Gesellschaft beziehenden Angaben zu machen und Unterlagen vorzulegen. Dagegen hat eine deutsche Tochtergesellschaft in der Regel nicht die Möglichkeit, an Unterlagen der ausländischen Muttergesellschaft zu gelangen (BFH, Beschluss vom 10.5.2001 I S 3/01, BFH/NV 2001 S. 957, 959). Der Umstand, dass die Auskunftserteilung oder Vorlage von Unterlagen **nach ausländischem Recht strafbar** ist, schließt eine diesbezügliche Verpflichtung des Steuerpflichtigen nicht aus (BFH, Urteil vom 16.4.1980 I R 75/78, BStBl II 1981 S. 492, 493; BFH, Urteil vom 16.4.1986 I R 32/84, BStBl II 1986 S. 736, 738 f.), kann aber das entsprechende Verlangen der Finanzbehörde ermessensfehlerhaft machen, wenn tatsächlich mit einer Bestrafung zu rechnen ist (*Polatzky* in W/S/G, § 17 Rz. 13; *Hans* in Haase, § 17 Rz. 16; *Krause* in Kraft, § 17 Rz. 20; abweichend *Wassermeyer* in F/W/B/S, § 17 Rz. 25.2: Auskunftsverlangen rechtmäßig, aber nicht erzwingbar). Unberührt bleibt auch in einem solchen Fall die Befugnis der Behörde, die Zwischeneinkünfte nach § 162 AO i. V. m. § 17 Abs. 2 zu schätzen (siehe auch *Wassermeyer* in F/W/B/S, § 17 Rz. 25.4).

4. Offenbarung der Geschäftsbeziehungen

Die Pflicht zur Offenbarung von Geschäftsbeziehungen nach § 17 Abs. 1 Satz 2 **12** Nr. 1 betrifft in erster Linie die Tatbestände des § 8 Abs. 1 Nr. 3–6 (näher dazu *Hans* in Haase, § 17 Rz. 21; *Wassermeyer* in F/W/B/S, § 17 Rz. 34 f.). Für den Begriff der Geschäftsbeziehungen ist § 1 Abs. 5 maßgeblich (*Vogt* in Blümich, § 17 Rz. 11). Danach sind Geschäftsbeziehungen alle den Einkünften zugrunde liegenden schuldrechtlichen Beziehungen, die keine gesellschaftsvertraglichen Vereinbarungen sind und entweder beim Steuerpflichtigen bzw. der ihm nahestehenden Person oder bei der Gesellschaft Teil einer Tätigkeit sind, auf die §§ 13, 15, 18 oder § 21 EStG anzuwenden sind oder bei Tätigkeit im Inland anzuwenden wären (näher dazu § 1 Anm. 26 ff.). Entscheidend ist, ob die Geschäftsbeziehung in dem jeweiligen VZ bestanden hat (*Wassermeyer* in F/W/B/S, § 17 Rz. 50). Auskünfte sind nur über Geschäftsbeziehungen zwischen der ausländischen Gesellschaft und einem unbeschränkt steuerpflichtigen Gesellschafter – dem Steuerpflichtigen selbst oder einem Mitgesellschafter (*Wassermeyer* in F/W/B/S, § 17 Rz. 47) – oder einer diesem nahestehenden Person (§ 1 Abs. 2, siehe dazu § 1 Anm. 29 ff.) zu erteilen, nicht hingegen über Geschäftsbeziehungen zwischen der Gesellschaft und fremden Dritten (*Polatzky* in W/S/G, § 17 Rz. 17).

5. Vorlage sachdienlicher Unterlagen

Zu den nach § 17 Abs. 1 Satz 2 Nr. 2 vorzulegenden sachdienlichen Unterlagen **13** können – neben **Bilanzen und Erfolgsrechnungen** (Gewinn- und Verlust- sowie Einnahmen-Überschuss-Rechnungen) – bspw. auch Satzungen, Gewinnverteilungsvereinbarungen, Prüfungsberichte, Protokolle von Gesellschafterversammlungen, ausländische Steuerbescheide, Buchführungsbelege oder Geschäftsberichte der ausländischen Gesellschaft und nachgeschalteten Gesellschaft gehören (näher dazu *Wassermeyer* in F/W/B/S, § 17 Rz. 53 f.; siehe auch *Hans* in Haase, § 17 Rz. 23). Vorzulegen sind neben Unterlagen, die der Steuerpflichtige selbst erhalten hat oder ihm zugänglich sind, auch solche Unterlagen, die er sich im Zusammenwirken mit anderen Beteiligten beschaffen kann (*Vogt* in Blümich, § 17 Rz. 12). Sind diese in einer ausländischen Sprache abgefasst, so kann die Finanzbehörde nach Maßgabe des § 87 Abs. 2 AO und in den Grenzen der Verhältnismäßigkeit eine deutsche **Übersetzung** verlangen (*Polatzky* in W/S/G, § 17

Rz. 22; *Wassermeyer* in F/W/B/S, § 17 Rz. 55; a. A. *Krause* in Kraft, § 17 Rz. 40; *Waldhoff*, StuW 2013 S. 121, 141 f.: Rückgriff auf § 87 Abs. 2 AO wegen abschließenden Charakters des § 17 ausgeschlossen).

14 Nach § 17 Abs. 1 Satz 2 Nr. 2 Satz 2 sind die Unterlagen zudem auf Verlangen der Finanzbehörde mit dem im Staat der Geschäftsleitung oder des Sitzes vorgeschriebenen oder üblichen **Prüfungsvermerk** einer behördlich anerkannten Wirtschaftsprüfungsstelle oder vergleichbaren Stelle vorzulegen. Dabei muss die Wirtschaftsprüfungs- oder vergleichbare Stelle von einer Behörde desjenigen Staates anerkannt worden sein, in dem die ausländische Gesellschaft ihren Sitz hat (siehe dazu *Wassermeyer* in F/W/B/S, § 17 Rz. 67). Auch hinsichtlich des Verlangens nach einem Prüfungsvermerk steht der Finanzbehörde ein **Ermessen** zu, bei dessen Ausübung die Behörde namentlich den Nutzen und die Kosten eines Testats abwägen muss (*Polatzky* in W/S/G, § 17 Rz. 24; *Wassermeyer* in F/W/B/S, § 17 Rz. 61 f.). Wenn ein Prüfungsvermerk weder vorgeschrieben noch üblich ist, die Zwischengesellschaft sich aber freiwillig hat prüfen lassen, kann die Finanzbehörde ebenfalls die Vorlage mit dem Prüfungsvermerk verlangen (*Romswinkel* in S/K/K, § 17 Rz. 20).

6. Rechtsfolgen bei Nichterfüllung der Auskunftspflicht

15 Kommt der Steuerpflichtige seiner Auskunfts- und Vorlagepflicht nicht nach und ist auch eine anderweitige Sachverhaltsaufklärung nicht möglich, so darf die Behörde im Hinblick auf das Eingreifen und die Anwendung des jeweils einschlägigen Steuertatbestands für den Steuerpflichtigen nachteilige Schlussfolgerungen ziehen (siehe *Dreßler,* Gewinn- und Vermögensverlagerungen, S. 440 f.; *Krause* in Kraft, § 17 Rz. 45; *Runge* in B/K/L/M/R, § 17 Rz. 27; *Wassermeyer* in F/W/B/S, § 17 Rz. 42). Soweit die Höhe der steuerpflichtigen Einkünfte infolge der Nichterfüllung der Auskunfts- und Vorlagepflicht nicht ermittelt werden kann, kann eine Schätzung nach § 162 AO i. V. m. § 17 Abs. 2 vorgenommen werden (siehe dazu sogleich Anm. 16 ff.).

III. Schätzungsmaßstab

1. Anwendungsvoraussetzungen

16 Nach § 162 Abs. 1 Satz 1 AO hat die Finanzbehörde die Besteuerungsgrundlagen zu schätzen, soweit sie sie nicht ermitteln oder berechnen kann. Eine Schätzung hat insbesondere dann zu erfolgen, wenn der Steuerpflichtige Auskunfts-, Vorlage- oder sonstige Mitwirkungspflichten verletzt. Wenn eine Schätzung nach § 162 AO für **Zwischeneinkünfte** vorzunehmen ist, dann ist gem. § 17 Abs. 2 mangels anderer geeigneter Anhaltspunkte von einem Betrag von mindestens 20 % des gemeinen Werts der von den unbeschränkt Steuerpflichtigen gehaltenen Anteile auszugehen, wobei Zinsen und Nutzungsentgelte, die die Gesellschaft für überlassene Wirtschaftsgüter an die unbeschränkt Steuerpflichtigen zahlt, abzuziehen sind (kritisch dazu *Krause* in Kraft, § 17 Rz. 73: verfassungswidrige Substanzbesteuerung). § 17 Abs. 2 **ergänzt** somit die Vorschrift des § 162 AO, indem für Zwischeneinkünfte ein Schätzungsmaßstab statuiert wird (*Müller*, DB 2011 S. 2743, 2745).

17 § 17 Abs. 2 ist nur auf Zwischeneinkünfte und damit nur im Hinblick auf die **Tatbestände der §§ 7–14** anwendbar (*Wassermeyer* in F/W/B/S, § 17 Rz. 73.1; 87;

abweichend *Hans* in Haase, § 17 Rz. 29: auch auf § 5 anwendbar). **Zwischeneinkünfte** sind alle Einkünfte, für die eine ausländische Gesellschaft Zwischengesellschaft ist und die nach § 7 Abs. 1 steuerpflichtig sind (*Wassermeyer* in F/W/B/S, § 17 Rz. 73). Der Begriff der ausländischen Gesellschaft ergibt sich aus § 7 Abs. 1; für welche Einkünfte die ausländische Gesellschaft Zwischengesellschaft ist, ist in § 8 Abs. 1 geregelt. Die Voraussetzungen für das Vorliegen von Zwischeneinkünften müssen, damit § 17 Abs. 2 zur Anwendung kommen kann, feststehen (*Romswinkel* in S/K/K, § 17 Rz. 22).

Der Schätzungsmaßstab des § 17 Abs. 2 kann freilich **nur als letztes Mittel** herangezogen werden, wenn keine anderen Anhaltspunkte gegeben sind (BFH vom 20.12.2000 I R 50/00, BStBl II 2001 S. 381, 383; *Polatzky* in W/S/G, § 17 Rz. 31). Die Finanzbehörde muss daher, bevor sie den Schätzungsmaßstab nach § 17 Abs. 2 anwenden darf, im Rahmen der Sachverhaltsermittlung von Amts wegen alle anderen ihr in zumutbarer Weise zugänglichen Erkenntnisquellen ausschöpfen, etwa Unterlagen über die Einkünfte des Steuerpflichtigen auswerten oder die in der betreffenden Branche üblichen Renditen oder Handelsspannen zugrunde legen (siehe *Vogt* in Blümich, § 17 Rz. 16; *Wassermeyer* in F/W/B/S, § 17 Rz. 76 ff.). Aus den so beschafften Informationen kann sich bei der Schätzung auch ein unter dem Wert von 20 % liegender Betrag ergeben, da dieser Wert nur einen Anhaltspunkt bildet (*Polatzky* in W/S/G, § 17 Rz. 30 f.).

2. Ermittlung des Schätzbetrags

Bei Fehlen anderer geeigneter Anhaltspunkte – insbesondere, wenn der Steuerpflichtige jegliche Angaben verweigert oder irreführende Angaben macht – gilt der Maßstab des § 17 Abs. 2; danach ist der **gemeine Wert der insgesamt von unbeschränkt Steuerpflichtigen gehaltenen Anteile** maßgeblich, die zur Steuerpflicht nach §§ 7–14 führen (*Wassermeyer* in F/W/B/S, § 17 Rz. 85). Unter dem gemeinen Wert ist nach § 9 Abs. 2 Satz 1 BewG der Preis zu verstehen, der im gewöhnlichen Geschäftsverkehr nach der Beschaffenheit des Wirtschaftsguts bei einer Veräußerung zu erzielen wäre. Für Gesellschaftsanteile richtet sich die Wertbestimmung nach §§ 11 Abs. 2, 109 Abs. 2 BewG i. d. F. des ErbStRG vom 24.12.2008 (BGBl I 2008 S. 3018; näher zu dieser Wertbestimmung *Polatzky* in W/S/G, § 17 Rz. 34). Maßgeblich ist der gemeine Wert **zu Beginn des Wirtschaftsjahres** (*Vogt* in Blümich, § 17 Rz. 16).

Im Fall, dass die ausländische Gesellschaft neben den Zwischeneinkünften **auch andere Einkünfte** erzielt, ist der Wert nur auf der Grundlage des passiven Teils des Vermögens der Gesellschaft zu ermitteln. Sofern eine **nachgeschaltete Gesellschaft** i. S. d. § 14 existiert, sind in die Schätzung auch die Anteile der vorgeschalteten ausländischen Gesellschaft an ihr einzubeziehen (*Vogt* in Blümich, § 17 Rz. 16). Wenn der gemeine Wert **für zwei aufeinanderfolgende Jahre** und damit die in dem Zeitraum eingetretene Wertänderung ermittelbar ist, kann hierin allerdings ein geeigneter Anhaltspunkt für eine vom Schätzungsmaßstab des § 17 Abs. 2 abweichende Schätzung der Zwischeneinkünfte liegen, so dass dieser letztlich nicht zur Anwendung kommt (*Romswinkel* in S/K/K, § 17 Rz. 28; siehe auch *Hans* in Haase, § 17 Rz. 28, 31).

3. Abzug von Zinsen und Nutzungsentgelten

21 Zinsen und Nutzungsentgelte, die die Gesellschaft für überlassene Wirtschaftsgüter an unbeschränkt steuerpflichtige Gesellschafter zahlt, sind von dem Schätzbetrag abzuziehen (kritisch zu dieser Bestimmung *Romswinkel* in S/K/K, § 17 Rz. 32: Zinsen und Entgelte würden so zweimal berücksichtigt). **Zinsen** sind dabei Entgelte für die Nutzung von als Fremdkapital anzusehenden Geldmitteln, während **Nutzungsentgelte** Vergütungen für die Überlassung von beweglichen oder unbeweglichen Sachen, immateriellen Wirtschaftsgütern, Know-how usw. sind (*Romswinkel* in S/K/K, § 17 Rz. 33 f.). Voraussetzung für den Abzug ist, dass die Gesellschaft das Kapital bzw. die Wirtschaftsgüter tatsächlich nutzt und dass die Entgelte den unbeschränkt steuerpflichtigen Gesellschaftern tatsächlich zufließen (*Wassermeyer* in F/W/B/S, § 17 Rz. 94, 96).

22 Die Summe der Zinsen und Nutzungsentgelte, die an alle unbeschränkt steuerpflichtigen Gesellschafter gezahlt werden, wird von dem Gesamtschätzbetrag von 20 % des Wertes aller Anteile der unbeschränkt steuerpflichtigen Gesellschafter abgezogen, und der verbleibende Schätzbetrag wird dann nach Beteiligungsquoten den einzelnen Steuerpflichtigen zugewiesen (*Romswinkel* in S/K/K, § 17 Rz. 37; *Wassermeyer* in F/W/B/S, § 17 Rz. 97). Die Zins- und Entgeltbeträge werden also **nicht nur bei dem einzelnen Steuerpflichtigen** in Abzug gebracht, dem sie zufließen. Bei Bestehen einer **nachgeschalteten Gesellschaft** mindern Zinsen und Entgelte, die diese an die vorgeschaltete Gesellschaft gezahlt hat, den Schätzwert für die vorgeschaltete Gesellschaft (a. A. *Hans* in Haase, § 17 Rz. 35; *Polatzky* in W/S/G, § 17 Rz. 45).

§ 18*
Gesonderte Feststellung von Besteuerungsgrundlagen

(1) ¹Die Besteuerungsgrundlagen für die Anwendung der §§ 7 bis 14 und § 3 Nr. 41 des Einkommensteuergesetzes werden gesondert festgestellt. ²Sind an der ausländischen Gesellschaft mehrere unbeschränkt Steuerpflichtige beteiligt, so wird die gesonderte Feststellung ihnen gegenüber einheitlich vorgenommen; dabei ist auch festzustellen, wie sich die Besteuerungsgrundlagen auf die einzelnen Beteiligten verteilen. ³Die Vorschriften der Abgabenordnung, mit Ausnahme des § 180 Abs. 3, und der Finanzgerichtsordnung über die gesonderte Feststellung von Besteuerungsgrundlagen sind entsprechend anzuwenden.

(2) ¹Für die gesonderte Feststellung ist das Finanzamt zuständig, das bei dem unbeschränkt Steuerpflichtigen für die Ermittlung der aus der Beteiligung bezogenen Einkünfte örtlich zuständig ist. ²Ist die gesonderte Feststellung gegenüber mehreren Personen einheitlich vorzunehmen, so ist das Finanzamt zuständig, das nach Satz 1 für den Beteiligten zuständig ist, dem die höchste Beteiligung an der ausländischen Gesellschaft zuzurechnen ist. ³Lässt sich das zuständige Finanzamt nach den Sätzen 1 und 2 nicht feststellen, so ist das Finanzamt zuständig, das zuerst mit der Sache befasst wird.

(3) ¹Jeder der an der ausländischen Gesellschaft beteiligten unbeschränkt Steuerpflichtigen und erweitert beschränkt Steuerpflichtigen hat eine Erklärung zur gesonderten Feststellung abzugeben; dies gilt auch, wenn nach § 8 Abs. 2 geltend gemacht wird, dass eine Hinzurechnung unterbleibt. ²Diese Verpflichtung kann durch die Abgabe einer gemeinsamen Erklärung erfüllt werden. ³Die Erklärung ist von dem Steuerpflichtigen oder von den in § 34 der Abgabenordnung bezeichneten Personen eigenhändig zu unterschreiben.

(4) Die Absätze 1 bis 3 gelten für Einkünfte und Vermögen im Sinne des § 15 entsprechend.

Erläuterungen
Übersicht   Anm.
I. Allgemeines 1, 2
II. Feststellung von Besteuerungsgrundlagen 3–11
III. Zuständigkeit 12, 13
IV. Erklärungspflicht 14–20
V. Ausländische Familienstiftungen 21, 22

---

* Zuletzt geändert durch das Amtshilferichtlinie-Umsetzungsgesetz vom 26.6.2013 (BGBl I 2013 S. 1809).

Schrifttum: *Blümich,* EStG/KStG/GewStG, Kommentar (Loseblattwerk), München, Stand: März 2014 (122. Aktualisierungslieferung); *Brezing/Krabbe/Lempenau/Mössner/Runge,* Außensteuerrecht, Kommentar, Herne/Berlin 1991, zit.: B/K/L/M/R; *Flick/Wassermeyer/Baumhoff,* Außensteuerrecht, Kommentar (Loseblattwerk), Köln, Stand: September 2009 (65. Aktualisierungslieferung), zit.: F/W/B; *Haarmann,* Wirksamkeit, Rechtsmäßigkeit, Bedeutung und Notwendigkeit der Hinzurechnungsbesteuerung im AStG, IStR 2011 S. 565; *Haase,* Außensteuergesetz/Doppelbesteuerungsabkommen, Kommentar, 2. Auflage, Heidelberg/Hamburg 2012; *Hammerschmitt/Rehfeld,* Gemeinschaftsrechtliche Bezüge des AStG durch das UntStRefG 2008 und das JStG 2008, IWB 2008 Fach 3 S. 2293; *Köhler/Haun,* Kritische Analyse der Änderungen der Hinzurechnungsbesteuerung durch das JStG 2008, Ubg 2008 S. 73; *Kraft,* Außensteuergesetz, Kommentar, München 2009; *ders.,* Steuererklärungspflichten im Kontext der Hinzurechnungsbesteuerung, IStR 2011 S. 897; *Schönfeld,* Probleme der neuen einheitlichen und gesonderten Feststellung von Besteuerungsgrundlagen für Zwecke der Anwendung des § 15 AStG (ausländische Familienstiftungen), IStR 2009 S. 16; *ders.,* Erklärungspflicht trotz „Cadbury-Schutz" in der Gestalt des § 8 Abs. 2 AStG – zu den Problemen im Zusammenhang mit der Anwendung des neuen § 18 Abs. 3 Satz 1 Halbsatz 2 AStG, IStR 2008 S. 763; *Strunk/Kaminski/Köhler,* Außensteuergesetz/Doppelbesteuerungsabkommen, Kommentar (Loseblattwerk), Bonn 2004; *Wassermeyer,* Verfahrensrechtliche Probleme zum Außensteuergesetz aus gewerbesteuerlicher Sicht, DStR 1975 S. 543; *Wöhrle/Schelle/Gross,* Außensteuergesetz, Kommentar (Loseblattwerk), Stuttgart, Stand: März 2013 (30. Aktualisierungslieferung); *Wissenschaftlicher Beirat Steuern der Ernst & Young GmbH,* Hinzurechnungsbesteuerung und gesonderte Feststellung von Besteuerungsgrundlagen, IStR 2013 S. 549.

Verwaltungsanweisungen: BMF, Schreiben vom 14.5.2004 IV B 4 – S 1340 – 11/04, BStBl I 2004 Sondernummer 1/2004 S. 3 betr. Grundsätze zur Anwendung des Außensteuergesetzes, Tz. 18 ff., zit.: BMF-AnwSchr; BMF, Schreiben vom 8.1.2007 IV B 4 – S 1351 – 1/07, BStBl I 2007 S. 99 betr. Hinzurechnungsbesteuerung nach dem Außensteuergesetz (AStG); BMF, Schreiben vom 6.2.2012 IV B 6 – S 1509/07/10001, BStBl I 2012 S. 241 betr. zentrale Sammlung und Auswertung von Unterlagen über steuerliche Auslandsbeziehungen; Beziehungen eines Steuerinländers zum Ausland und eines Steuerausländers zum Inland.

I. Allgemeines

1   Für die Anwendung der **§§ 7 bis 12 und 14 AStG** werden die Steuerbemessungsgrundlagen gemäß § 18 Abs. 1 Satz 1 AStG in einem gesonderten Verfahren festgestellt. Sind an der ausländischen Gesellschaft mehrere unbeschränkt Stpfl. beteiligt, erfolgt diese Feststellung einheitlich, § 18 Abs. 1 Satz 2 AStG. Die **Zweistufigkeit** der Erfassung der Einkünfte im Feststellungs- und Veranlagungsverfahren für Zwecke der Hinzurechnungsbesteuerung wurde bereits in der ersten Fassung des AStG verankert (s. Art. 1 ABezStGlG vom 8.9.1972, BGBl I 1972 S. 1713 – BStBl I 1972 S. 450). Sie dient der Erleichterung des Besteuerungsverfahrens und Vereinheitlichung der Rechtsanwendung. So sollen die Veranlagungsstellen von Mehrarbeit weitestgehend befreit werden, die eine spezielle fachliche Kompetenz im Bereich der Besteuerung bei Auslandsbeziehungen erfordert (s. BMF, Schreiben

betr. Grundsätze zur Anwendung des Außensteuergesetzes, vom 11.7.1974 IV C 1 – S 1340 – 32/74, BStBl I 1974 S. 442, Anlage 4, Tz. 1); zugleich stellt § 18 Abs. 1 Satz 2 AStG sicher, dass über die Besteuerungsgrundlagen, die für Steuerfestsetzungen gegenüber mehreren Beteiligten maßgebend sind, einheitliche Entscheidungen getroffen werden (BFH, Urteil vom 6.2.1985 I R 11/83, BStBl II 1985 S. 410). Die örtliche Zuständigkeit für die gesonderte Feststellung richtet sich nach § 18 Abs. 2 AStG. Die Verpflichtung zur Abgabe einer Feststellungserklärung ergibt sich aus § 18 Abs. 3 AStG (eingefügt mit Art. 6 des StBerG 1985 vom 14.12.1984, BGBl I 1984 S. 1493 – BStBl I 1984 S. 659, ergänzt durch Art. 24 des JStG 2008 vom 20.12.2007, BGBl I 2007 S. 3150 – BStBl I 2008 S. 218).

Im Zusammenhang mit dem Übergang vom Anrechnungs- zum Halbeinkünfteverfahren wurde § 18 Abs. 1 AStG mit dem Zusatz „und **§ 3 Nr. 41 EStG**" ergänzt (s. Art. 5 des UntStFG vom 20.12.2001, BGBl I 2001 S. 3858 – BStBl I 2002 S. 35). Um verwaltungstechnische Schwierigkeiten für die Veranlagungsstellen bei der Ermittlung, ob und inwieweit Gewinnausschüttungen oder Gewinne aus der Veräußerung eines Anteils an einer Zwischengesellschaft bereits als Hinzurechnungsbetrag versteuert wurden und daher freizustellen sind, zu vermeiden, hat der Gesetzgeber die Prüfung der Voraussetzungen des § 3 Nr. 41 EStG ebenfalls an die für die Feststellung nach § 18 AStG zuständigen Finanzämter übertragen. Ferner findet § 18 AStG entsprechende Anwendung in Fällen des **§ 5 AStG** (gesonderte und ggf. auch einheitliche Feststellung, § 5 Abs. 3 AStG, eingefügt durch Art. 4 des ErbStRG vom 17.4.1974, BGBl I 1974 S. 933 – BStBl I 1974 S. 216) und des **§ 15 AStG** (gesonderte und ggf. auch einheitliche Feststellung, § 18 Abs. 4 AStG i. d. F. des Art. 6 des AmtshilfeRLUmsG vom 26.6.2013, BGBl I 2013 S. 1809). **2**

II. Feststellung von Besteuerungsgrundlagen

Für das Feststellungsverfahren nach § 18 AStG gelten die **Vorschriften der AO und FGO** über die gesonderte Feststellung von Besteuerungsgrundlagen. Die Ausnahmeregelung des § 180 Abs. 3 AO ist jedoch nicht anzuwenden. Die gesonderte Feststellung ist auch in Fällen von geringer Bedeutung erforderlich. **3**

Welche **Besteuerungsgrundlagen** für die Anwendung der §§ 5, 7 bis 12, 14, 15 AStG und § 3 Nr. 41 EStG gesondert und ggf. auch einheitlich festgestellt werden müssen, bestimmt § 18 AStG nicht ausdrücklich. Der Umfang der gesondert festzustellenden Besteuerungsgrundlagen ist vielmehr anhand des Zwecks der gesonderten Feststellung im Allgemeinen und der gesonderten Feststellung des § 18 Abs. 1 Satz 1 AStG im Besonderen zu ermitteln (BFH, Urteil vom 5.11.1992 I R 38/92, BStBl II 1993 S. 177). Nach nunmehr ständiger Rspr. ist in einem **Feststellungsbescheid** festzustellen (BFH, Urteil vom 6.2.1985 I R 11/83, BStBl II 1985 S. 410; BFH, Urteil vom 20.4.1988 I R 41/82, BStBl II 1988 S. 868; Hessisches FG, Urteil vom 16.5.2000 4 K 243/98, EFG 2000 S. 979, rkr.): **4**

a) **ob** und **was** (hin-)zugerechnet wird (sachlicher Regelungsbereich),
b) **wem** (hin-)zugerechnet wird (persönlicher Regelungsbereich) und
c) **wann** (hin-)zugerechnet wird (zeitlicher Regelungsbereich).

Im Einzelnen müssen insbesondere folgende Besteuerungsgrundlagen in Form einer gesonderten Feststellung ermittelt werden (in Anlehnung an das BMF-AnwSchr, Tz. 18.1.2.2 f.): **5**

a) die dem Hinzurechnungs- oder Zurechnungsbetrag zugrunde liegenden stpfl. Einkünfte (bzw. vor dem VZ 2013: Einkommen für Zwecke des § 15 AStG) mit Angabe der vom (Hin-)Zurechnungsbetrag auszunehmenden Gewinne (§ 11 AStG), der abziehbaren/anzurechnenden Steuern (§ 10 Abs. 1 AStG, § 12 Abs. 1 AStG) und der Höhe des Verlustabzugs (§ 10 Abs. 3 Satz 5 AStG i. V. m. § 10d EStG; zu der gesonderten Feststellung von Verlusten in einem eigenständigen Verfahren s. BMF-AnwSchr, Tz. 18.1.2.7),
b) die nach § 3 Nr. 41 EStG steuerfreien Beträge (s. § 3 Nr. 41 Satz 2 EStG) und die anrechenbaren/abzuziehenden Steuern von den nach § 3 Nr. 41 EStG befreiten Gewinnausschüttungen (§ 12 Abs. 3 AStG) bzw. die Zuwendungen i. S. d. § 15 Abs. 10 Satz 2 und Abs. 11 AStG sowie Gewinnausschüttungen i. S. d. § 15 Abs. 9 Satz 2 AStG,
c) Angaben zum Über- bzw. Unterschreiten der Freigrenze i. S. d. § 9 AStG (s. BMF-AnwSchr, Anlage 3, Schemata I Zeile 11; die abschließende Prüfung der Anwendung der Freigrenze i. S. d. § 9 AStG erfolgt im Rahmen des Veranlagungsverfahrens, s. hierzu BMF-AnwSchr, Tz. 18.1.2.6; zur Freigrenze nach § 9 AStG s. *Gropp* in Lademann, § 9 AStG Anm. 8 ff.),
d) (Hin-)Zurechnungsempfänger und (Hin-)Zurechnungszeitpunkt.

5a Ein Hinzurechnungsbescheid (Feststellungsbescheid) ist als **Grundlagenbescheid** für **Folgebescheide** (Festsetzungsbescheide) gemäß § 182 Abs. 1 Satz 1 AO bindend. Das für die Steuerfestsetzung zuständige FA hat die im Feststellungsbescheid getroffenen Feststellungen grds. ohne sachliche Überprüfung zu übernehmen. Einwendungen gegen die Feststellungen eines Hinzurechnungsbescheids können gemäß § 351 Abs. 2 AO nur durch einen Einspruch gegen diesen geltend gemacht werden. Entsprechend sind Einwendungen gegen einen Zurechnungsbescheid oder gegen einen Verlustfeststellungsbescheid nach § 10d EStG nur im Rahmen der Anfechtung dieser Grundlagenbescheide – und nicht des Hinzurechnungsbescheids (als Folgebescheid für diese Bescheide) – vorzubringen. Bei der einheitlichen und gesonderten Feststellung – soweit kein Fall i. S. d. § 352 Abs. 1 Nr. 3 bis 5 AO bzw. § 48 Abs. 1 Nr. 3 bis 5 FGO vorliegt – steht dem Empfangsbevollmächtigten die ausschließliche **Einspruchs- und Klagebefugnis** gemäß § 352 Abs. 1 Nr. 1 zweite Alternative AO i. V. m. § 352 Abs. 2 AO bzw. § 48 Abs. 1 Nr. 1 zweite Alternative FGO i. V. m. § 48 Abs. 2 FGO zu. Ist kein Empfangsbevollmächtigter vorhanden, kann der Einspruch gegen den Feststellungsbescheid von jedem Beteiligten eingelegt werden, § 352 Abs. 1 Nr. 2 AO (im Klageverfahren: s. § 48 Abs. 1 Nr. 2 FGO). Legt nur ein Beteiligter Einspruch ein, sind die übrigen Beteiligten zum Einspruchsverfahren gemäß § 360 Abs. 3 AO notwendig hinzuziehen (im Klageverfahren: s. § 60 Abs. 3 FGO; BFH, Urteil vom 28.2.1990 I R 156/86, BStBl II 1990 S. 696).

5b Ist ein **Organträger** nur mittelbar – über eine Organgesellschaft – an einer ausländischen Gesellschaft beteiligt, entfaltet der Feststellungsbescheid der Organgesellschaft grundsätzlich keine Bindungswirkung für die Steuerfestsetzung des Organträgers. Im Urteil vom 6.3.2008 IV R 74/05 (BStBl II 2008 S. 663) hat der BFH entschieden, dass aus einem Gewinnfeststellungsbescheid für eine Tochterpersonengesellschaft einer Organgesellschaft keine Folgen innerhalb des Organkreises gezogen werden können, denn der Feststellungsbescheid entfaltet seine Bindungswirkung nur gegenüber demjenigen Stpfl., dem der Gegenstand der Feststellung zuzurechnen ist (§ 179 Abs. 2 Satz 1 AO). Einkommen- bzw. körperschaftsteuerliche Rechtsfolgen aus den Beteiligungen der Organgesellschaft können aufgrund der Zurechnung nach § 14 KStG im Ergebnis zwar nur bei dem Organträger eintreten, dies sei jedoch keine unmittelbare Folge der Bindungswirkung des Feststellungsbescheids (BFH, Urteil vom 6.3.2008 IV R 74/05, BStBl II 2008 S. 663). Der Organträger hatte daher seine Einwendungen gegen die festgestellten Besteuerungsgrundlagen erst im Rahmen eines Einspruchs gegen seinen Festsetzungsbescheid vorzubringen. Für die Feststellungszeiträume i. S. d. § 14 Abs. 5 KStG, die nach dem 31.12.2013 beginnen (s. hierzu § 34 Abs. 9 Nr. 9 KStG), werden das dem Organträger zuzurechnende Einkommen der Organgesellschaft und damit zusammenhängende andere Besteuerungsgrundlagen gegenüber dem Organträger und der Organgesellschaft gesondert und stets einheitlich festgestellt, § 14 Abs. 5 Satz 1 KStG i. d. F. des Gesetzes zur Änderung und Vereinfachung der Unternehmensbesteuerung und des steuerlichen Reisekostenrechts vom 20.2.2013 (BGBl I 2013 S. 285 – BStBl I 2013 S. 188). Da diese Feststellungen für die Besteuerung des Organträgers gemäß § 14 Abs. 5 Satz 2 KStG bindend sind und den Organträger somit auch beschweren können, ist der Organträger befugt, dagegen Einspruch einzulegen. Enthält also der Feststellungsbescheid nach § 14 Abs. 5 KStG (hier: als Folgebescheid) die Ergebnisse einer gesonderten Feststellung nach § 18 AStG für die Organgesellschaft (hier: als Grundlagenbescheid), ist der Organträger grundsätzlich befugt, Einspruch gegen den o. g. Folgebescheid einzulegen, da dieser zugleich ein Grundlagenbescheid für seinen Festsetzungsbescheid ist.

6 Nicht jedes Besteuerungsmerkmal bedarf einer gesonderten Feststellung oder kann **mit bindender Wirkung** im Feststellungsverfahren nach § 18 AStG festgestellt werden. Für Folgebescheide nicht bindend sind die im Feststellungsbescheid enthaltenen Angaben zu den Besteuerungsgrundlagen, die:
a) für den jeweiligen Folgebescheid nicht von Bedeutung sind,
b) ihrem Wesen nach der Feststellung in einem besonderen Verfahren unterliegen (wie z. B. nach § 10d Abs. 4 EStG oder § 180 Abs. 1 Nr. 2 AO) und im Feststellungsbescheid lediglich rechnerisch aufgeführt werden,
c) kein Gegenstand der Feststellung sind und nur nachrichtlich mitgeteilt werden.

6a Der **Hinzurechnungsbetrag** wird als solcher nach § 18 AStG nicht gesondert festgestellt (BFH, Urteil vom 17.7.1985 I R 104/82, BStBl II 1986 S. 129; BFH, Urteil vom 19.5.1998 I R 86/97, BStBl II 1998 S. 715). Seine (rechnerische) Angabe im Feststellungsbescheid hat nur nachrichtlichen Charakter (BFH, Urteil vom 15.3.1995 I R 14/94, BStBl II 1995 S. 502). In diesem Zusammenhang erscheint die Formulierung des BMF-Schreibens vom 8.1.2007 (BStBl I 2007 S. 99) „... dürfen die Hinzurechnungsbeträge dennoch nicht nach § 18 AStG festgestellt werden, wenn ..." – nicht korrekt, wenn auch auslegungsfähig (gemeint sein dürfte die Unzulässigkeit der [gesonderten] Feststellung der für die Berechnung der Hinzurechnungsbeträge erforderlichen Besteuerungsgrundlagen nach § 18 AStG).

6b Die Grundsätze des obigen BMF-Schreibens waren auf alle Fälle anzuwenden, in denen die ESt oder KSt noch nicht bestandskräftig festgesetzt war (für alle nach dem 31.12.2008 verwirklichten Steuertatbestände wurde das BMF-Schreiben vom 8.1.2007 aufgehoben, s. BMF, Schreiben vom 23.4.2010 IV A 6 – O 1000/09/10095, BStBl I 2010 S. 391 betr. Eindämmung der Normenflut; für Feststellungszeiträume ab 2009 – für § 5 AStG ggf. bereits ab 2008 – s. die gesetzliche Regelung in § 8 Abs. 2

AStG i. V. m. § 21 Abs. 17 Satz 1 AStG unter Berücksichtigung der Zuflussfiktion nach § 10 Abs. 2 AStG). Auf die Bestandskraft der Feststellungsbescheide kommt es offenbar nicht an (so auch *Schönfeld* in F/W/B, Vor §§ 7-14 AStG Rz. 320; a. A. OFD Koblenz, Verfügung vom 16.1.2007 S 1351 A St 33 3, Hinweis zu 5, NWB DokID: BAAAC-37632): Konnte der Stpfl. im Rahmen des Festsetzungsverfahrens nachweisen, dass die ausländische Gesellschaft einer wirklichen wirtschaftlichen Tätigkeit nachgeht, stand das BMF-Schreiben der Berücksichtigung der nach § 18 AStG bestandskräftig festgestellten Besteuerungsgrundlagen – ggf. in Anlehnung an § 163 AO – in noch nicht bestandskräftigen Folgebescheiden entgegen. Dies ist im Hinblick auf den Billigkeitscharakter der Regelung gerechtfertigt.

6c   Eine entsprechende Korrektur von bestandskräftigen Feststellungsbescheiden ist dabei i. d. R. nicht zulässig. Ob und inwieweit es geboten ist, bestandskräftige Bescheide in eine **Rückwirkungsanordnung** einzubeziehen und daher aufzuheben bzw. in negative Feststellungsbescheide abzuändern, bestimmt das BMF-Schreiben vom 8.1.2007 (BStBl I 2007 S. 99) nicht. Fehlt es an einer wirksamen ausdrücklichen (gesetzlichen) Regelung zur Durchbrechung der Bestandskraft der Feststellungsbescheide, so könnte deren Änderung bzw. Aufhebung nur durch die Anwendung der allgemeinen Änderungs- bzw. Ergänzungsvorschriften der §§ 172 ff. AO erreicht werden (BFH, Urteil vom 9.8.1990 X R 5/88, BStBl II 1991 S. 55). Eine (ggf. analoge oder sinngemäße) Anwendung von § 173 Abs. 1 Nr. 2 AO ist abzulehnen, da das für die Feststellung von Besteuerungsgrundlagen zuständige FA auch bei rechtzeitiger Kenntnis des Vorliegens einer tatsächlichen wirtschaftlichen Tätigkeit der ausländischen Gesellschaft bei der ursprünglichen Feststellung zu einer Notwendigkeit der gesonderten Feststellung von Besteuerungsgrundlagen gelangt wäre, denn es hätte die (damals) geltende gesetzliche Regelung anwenden müssen (vgl. BFH, Beschluss vom 23.11.1987 GrS 1/86, BStBl II 1988 S. 180). Auch die Korrekturvorschrift des § 175 Abs. 1 Satz 1 Nr. 2 AO findet keine Anwendung. Ihr Geltungsbereich betrifft nur Veränderungen der zu beurteilenden Sachlage, nicht aber die Kriterien einer solchen Beurteilung (BFH, Urteil vom 9.8.1990 X R 5/88, BStBl II 1991 S. 55). Der Erlass eines Ergänzungsbescheids nach § 179 Abs. 3 AO mit einer Feststellung zur wirklichen wirtschaftlichen Tätigkeit kann den positiven Regelungsinhalt des ursprünglichen Feststellungsbescheids (die sachliche Entscheidung, ob hinzuzurechnen ist) ebenfalls nicht neutralisieren.

7   Eine besondere Feststellung von Besteuerungsgrundlagen für die **Gewerbesteuer** ist aus Sicht der Finanzverwaltung nicht erforderlich (s. BMF-AnwSchr, Tz. 18.1.2.1). Im Schrifttum wird dagegen die getrennte Feststellung von Besteuerungsgrundlagen für gewerbesteuerliche Zwecke gefordert (so *Romswinkel* in Strunk/Kaminski/Köhler, AStG/DBA, § 18 AStG Rz. 12; ebenso *Hendricks/Schönfeld* in F/W/B, § 18 AStG Rz. 133; a. A. *Vogt* in Blümich, EStG/KStG/GewStG, § 18 AStG Rz. 9). Ergeht kein separater Bescheid für Gewerbesteuerzwecke, soll zumindest ein Hinweis zu der Geltung der Besteuerungsgrundlagen auch für die Gewerbesteuer in den Feststellungsbescheid mit aufgenommen werden (s. *Wassermeyer*, DStR 1975 S. 543, 545).

8   In den durch **§ 14 AStG** erfassten Fällen sind der Umfang der maßgebenden Besteuerungsgrundlagen sowie das Verhältnis zwischen der Unter- und Obergesellschaft einerseits und dasjenige zwischen der Obergesellschaft und dem inländischen Beteiligten andererseits jeweils voneinander zu trennen. Die im Tenor des

Zurechnungsbescheids enthaltenen Feststellungen zu den Besteuerungsgrundlagen bei der nachgeschalteten Untergesellschaft sind Grundlage für die Feststellungen bezüglich der Obergesellschaft im Hinzurechnungsbescheid. Auf die gesonderte Feststellung von Besteuerungsgrundlagen für die Untergesellschaft kann dabei grds. nicht verzichtet werden (BFH, Urteil vom 6.2.1985 I R 11/83, BStBl II 1985 S. 410; BFH, Urteil vom 18.7.2001 I R 62/00, BStBl II 2002 S. 334).

Die gesonderte Feststellung erfolgt für das Kj., in dem der (Hin-)Zurechnungsbetrag als zugeflossen gilt (s. BMF-AnwSchr, Tz. 18.1.3.1, Tz. 15.1.2, s. hierzu auch *Gropp* in Lademann, § 10 AStG Anm. 55 f., *dies.* in Lademann, § 14 AStG Anm. 31, *Schulz* in Lademann, § 15 AStG Anm. 42). Für die Ermittlung der Einkünfte gelten die Grundsätze des deutschen Steuerrechts (§ 10 Abs. 3 Satz 1 1. HS AStG und § 15 Abs. 7 Satz 1 f. AStG). Ist eine Verteilung der festgestellten Einkünfte und der abziehbaren Steuern auf mehrere inländische Beteiligte notwendig, so sind zumindest die entsprechenden **Beteiligungsquoten** (Verteilungsschlüssel) anzugeben (BFH, Urteil vom 2.7.1997 I R 32/95, BStBl II 1998 S. 176). Bei einer Beteiligung von sowohl unbeschränkt als auch erweitert beschränkt Stpfl. an einer ausländischen Gesellschaft müssen die für die unbeschränkt und für die erweitert beschränkt Stpfl. jeweils maßgebenden Besteuerungsgrundlagen stets abgegrenzt werden (zur Notwendigkeit der Durchführung getrennter Feststellungen s. *Krause* in Kraft, AStG, § 18 AStG Rz. 51; ebenso *Hendricks/Schönfeld* in F/W/B, § 18 AStG Rz. 191). 9

Verfahrensbeteiligte sind Inlandsbeteiligte i. S. d. § 7 Abs. 1 AStG, erweitert beschränkt Stpfl. in Fällen des § 5 AStG und unbeschränkt bzw. erweitert beschränkt stpfl. Stifter oder Begünstigte einer Familienstiftung i. S. d. § 15 AStG. Bei einer nur mittelbaren Beteiligung an einer ausländischen Zwischengesellschaft sind der Hinzurechnungsempfänger und der Adressat eines Feststellungsbescheids zu unterscheiden: Halten die Stpfl. ihre Beteiligung an einer ausländischen Gesellschaft über eine **PersGes.**, so sind die Besteuerungsgrundlagen der PersGes. hinzuzurechnen, wenn diese die Beteiligung unmittelbar hält; die PersGes. selbst ist die Hinzurechnungsempfängerin, die Adressaten des Hinzurechnungsbescheids sind die Inlandsbeteiligten (BFH, Urteil vom 30.8.1995 I R 77/94, BStBl II 1996 S. 122; zu einer Ober(kapital)gesellschaft als Zurechnungsempfängerin und den mittelbar beteiligten Inländern als Adressaten des Zurechnungsbescheids s. BFH, Urteil vom 6.2.1985 I R 11/83, BStBl II 1985 S. 410). Abweichendes gilt bei den sog. „Treuhandmodellen": Ist neben der Komplementärin nur eine Kommanditistin an der PersGes. beteiligt und hält diese Kommanditistin ihren Kommanditanteil an der PersGes. treuhänderisch für die Komplementärin, stellt die PersGes. einkommensteuerrechtlich keine Mitunternehmerschaft dar und kann auch nicht als Empfängerin des Hinzurechnungsbetrages auftreten (zur Behandlung einer Treuhand-KG für Gewerbesteuerzwecke s. BFH, Urteil vom 3.2.2010 IV R 26/07, BStBl II 2010 S. 751). Hält der Inlandsbeteiligte seine Beteiligung an der ausländischen Zwischengesellschaft über eine **Organgesellschaft**, so ist der Feststellungsbescheid nach § 18 AStG an die Organgesellschaft selbst und nicht an den Organträger zu richten (BFH, Urteil vom 29.8.1984 I R 21/80, BStBl II 1985 S. 119; s. auch Anm. 5b). 10

Der **Inhaltsadressat** eines Feststellungsbescheids nach § 18 AStG muss sich klar und eindeutig aus dem Verwaltungsakt ergeben. Ein Feststellungsbescheid ist 11 dabei ausreichend adressiert, wenn der Bescheid **mit Wirkung für und gegen alle Feststellungsbeteiligten** ergeht und die Feststellungsbeteiligten in einer Anlage zum Bescheid als solche aufgeführt sind (s. BFH, Urteil vom 20.12.2000 I R 50/00, BStBl II 2001 S. 381; BFH, Beschluss vom 18.6.2003 I B 172/02, BFH/NV 2004 S. 491). Im Falle des § 18 Abs. 2 Satz 2 AStG sind die Feststellungsbeteiligten verpflichtet, einen im Inland wohnenden gemeinschaftlichen **Empfangsbevollmächtigten** i. S. d. § 183 AO zu bestellen (BMF-AnwSchr, Tz. 18.1.1.3; kritisch hierzu *Krause* in Kraft, AStG, § 18 AStG Rz. 21 sowie *Hendricks/Schönfeld* in F/W/B, § 18 AStG Rz. 206). Bei der Bekanntgabe an einen Empfangsbevollmächtigten ist insbesondere zu prüfen, ob der Bescheid einen Hinweis i. S. d. § 183 Abs. 1 Satz 5 AO enthält und die Bekanntgabe somit tatsächlich mit Wirkung für und gegen alle Feststellungsbeteiligten erfolgt.

III. Zuständigkeit

12   Für die **gesonderte Feststellung** ist das FA zuständig, das bei dem unbeschränkt Stpfl. für die Ermittlung der aus der Beteiligung bezogenen Einkünfte nach §§ 18 bis 20 AO örtlich zuständig ist. Einige Bundesländer haben **zentrale Zuständigkeiten** für die gesonderte Feststellung nach § 18 AStG festgelegt (s. z. B. § 17 der Verordnung über die Zuständigkeiten der hessischen Finanzämter vom 16.12.2008, GVBl I 2008 S. 1050; § 1 Nr. 11 der Finanzämter-Zuständigkeitsverordnung BW vom 30.11.2004, GBl 2004 S. 865; Anlage 3 der Verordnung über Organisation und Zuständigkeiten in der Bayerischen Steuerverwaltung vom 1.12.2005, GVBl 2005 S. 596).

13   Für die **einheitliche und gesonderte Feststellung** ist das FA zuständig, das für den Beteiligten mit der höchsten Beteiligung am Nennkapital der ausländischen Gesellschaft (vgl. *Runge* in B/K/L/M/R, § 18 AStG Rz. 22; ebenso *Hendricks/Schönfeld* in F/W/B, § 18 AStG Rz. 330; kritisch hierzu *Romswinkel* in Strunk/Kaminski/Köhler, AStG/DBA, § 18 AStG Rz. 23; zu einer differenzierten Betrachtung s. auch *Uterhark* in Haase, AStG/DBA, § 18 AStG Rz. 42) bzw. für die Person mit dem höchsten Anteil am Vermögen oder Ertrag im Falle des § 15 AStG zuständig ist. Sind die Beteiligten in einer Gemeinschaft verbunden, wird das zuständige FA nach § 18 AO bestimmt (das Feststellungsverfahren nach § 180 Abs. 1 Nr. 2 Buchst. a AO wird das Feststellungsverfahren nach § 18 AStG dabei nicht ersetzen). Halten sich mehrere Finanzämter für örtlich zuständig – z. B. bei zwei Beteiligten an einer ausländischen Gesellschaft mit einem Anteil von jeweils 50 % – und hat sich ein FA mit der Sache bereits befasst, so ist dieses FA als örtlich zuständig anzusehen. In Zweifelsfällen – z. B. wenn kein FA sich für örtlich zuständig hält – wird das zuständige FA vom Bundeszentralamt für Steuern bestimmt (BMF, Schreiben vom 6.2.2012 IV B 6 – S 1509/07/10001, BStBl I 2012 S. 241 betr. zentrale Sammlung und Auswertung von Unterlagen über steuerliche Auslandsbeziehungen, Tz. 1.2; BMF-AnwSchr, Tz. 18.2).

IV. Erklärungspflicht

14   Jeder der an der ausländischen Gesellschaft beteiligten unbeschränkt und erweitert beschränkt Stpfl. (im Falle des § 18 Abs. 4 AStG: Stifter bzw. Anfalls-/Bezugs-

berechtigte) hat eine **Erklärung zur gesonderten (und ggf. einheitlichen) Feststellung** abzugeben. Die Feststellungserklärung ist eine Jahreserklärung, die nach einem amtlich vorgeschriebenen Vordruck einzureichen ist. Die mit dem Steuerbürokratieabbaugesetz vom 20.12.2008 (BGBl I 2008 S. 2850 – BStBl I 2009 S. 124) in § 181 Abs. 2a AO aufgenommene Verpflichtung zur elektronischen Abgabe der Feststellungserklärungen betrifft nur die beiden in § 180 Abs. 1 Nr. 2 AO genannten Fälle. Eine dem § 14a Satz 1 GewStG, § 31 Abs. 1a Satz 1 KStG und § 25 Abs. 4 Satz 1 EStG entsprechende Weisung zur elektronischen Abgabe der Erklärungen enthält § 18 AStG nicht. Die Abgabe der Feststellungserklärung nach § 18 AStG ist daher weiterhin nur in **Papierform** möglich.

Im Verfahren über die gesonderte Feststellung nach § 18 AStG sind alle zur Feststellung der Besteuerungsgrundlagen erforderlichen Angaben zu machen und die erforderlichen Anträge zu stellen (BMF-AnwSchr, Tz. 18.3.3). Dazu gehören u. a.: **15**
a) Angaben zum Gewinn der Zwischengesellschaft oder zu den Einkünften (bzw. vor dem VZ 2013: Einkommen) der Familienstiftung nach ausländischem Handels- bzw. Steuerrecht (Bilanz und Gewinn- und Verlustrechnung sind der Erklärung beizufügen);
b) Angaben zu den nach deutschem Steuerrecht ermittelten Einkünften der Zwischengesellschaft (die Einkünfte jeder nachgeschalteten Gesellschaft sind einzeln zu ermitteln; zur Wahl der Gewinnermittlungsart s. § 10 Abs. 3 Satz 2 f. AStG; zur elektronischen Übermittlung von Bilanzen und Gewinn- und Verlustrechnungen s. § 5b EStG, zur elektronischen Übermittlung von Einnahmenüberschussrechnungen s. § 60 Abs. 4 Satz 1 EStDV) bzw. zu den nach deutschem Steuerrecht ermittelten Einkünften (bzw. vor dem VZ 2013: Einkommen) der Familienstiftung;
c) Angaben zu der steuerlichen Erfassung der Einkünfte der ausländischen Gesellschaft bzw. Familienstiftung im Ausland (zu den Unterlagen über Steuerbeträge s. § 68b EStDV) zzgl. Angaben zu Ansprüchen i. S. d. § 8 Abs. 3 Satz 2 AStG;
d) Antrag auf Anrechnung oder Abzug der Steuern nach § 12 Abs. 3 AStG (BMF-AnwSchr, Tz. 12.3.1; dabei ist es ausreichend, die entsprechenden Felder in den Zeilen 45 und 46 des Formulars ASt 1 B (11) auszufüllen; ein gesonderter Antrag ist insoweit nicht erforderlich; zum Antrag nach § 12 Abs. 1 AStG siehe *Gropp* in Lademann, § 12 AStG Anm. 8);
e) Nachweise der aktiven Tätigkeit der ausländischen Zwischengesellschaft (Umkehr der Beweispflicht gemäß § 8 Abs. 1 Nr. 4 ff. AStG);
f) Nachweise einer tatsächlichen wirtschaftlichen Tätigkeit der ausländischen Gesellschaft und des Umfangs der damit im Zusammenhang stehenden Einkünfte für EU/EWR-Fälle (Umkehr der Beweispflicht gemäß § 8 Abs. 2 AStG, siehe hierzu *Gropp* in Lademann, § 8 AStG Anm. 145 ff.). Da die in einem Feststellungsbescheid getroffenen Feststellungen keine periodenübergreifende Wirkung für Folgejahre haben, sind diese Nachweise jährlich zu erbringen. Der Grundsatz der Verhältnismäßigkeit gebietet dem FA, den Umfang der vom Stpfl. vorzulegenden Unterlagen bei gleichartigen und sich wiederholenden Sachverhalten überschaubar zu halten und auf Nachweise zu begrenzen, die der Stpfl. ohne erheblichen Zusatzaufwand erbringen kann.

Zum Inhalt der Erklärung im Einzelnen s. die **Vordrucke** ASt 1 B (11) (Erklärung zur gesonderten – und einheitlichen – Feststellung nach § 18 Abs. 1–3 AStG), **16**

Anlage ASt-FB (11) (Angaben über die Beteiligten), Anlage ASt 1 B-1 (11) (für Gesellschaften mit gemischten Einkünften und Einkünften mit Kapitalanlagecharakter), Anlage ASt 1 B-3 (11) (für Gesellschaften mit erweitert beschränkt stpfl. Gesellschaftern), Anlage ASt 1, 2, 3 B (11) (zur Ermittlung des verbleibenden Hinzurechnungsbetrages für Zwecke des § 3 Nr. 41 EStG), Anlage ASt 2, 3 B-1 (11) (für unbeschränkt Stpfl.), Anlage ASt 2, 3 B-2 (11) (für Personen i. S. d. § 2 AStG), Anlage ASt 2, 3 B-St (11) (zur Feststellung der nach § 12 Abs. 3 AStG i. V. m. § 34c Abs. 1 und 2 EStG und des § 26 Abs. 1 und 6 KStG zu berücksichtigenden Steuern), ASt 1 C (11) FamStfg (Erklärung zur gesonderten und einheitlichen Feststellung nach § 18 Abs. 4 AStG), Anlage ASt-FB-FamStfg (11) (Angaben über die Feststellungsbeteiligten), Anlage ASt Stifter, Bezugs- und Anfallsberechtigte FamStfg (11) (Angaben über die Stifter, Bezugs- und Anfallsberechtigten), Anlage ASt 1, 2, 3 C FamStfg (11) (Angaben über die Aufteilung der Besteuerungsgrundlagen auf die Feststellungsbeteiligten) i. V. m. § 150 AO. Die Vordrucke wurden in 2011 bzw. 2013 überarbeitet und berücksichtigen die Gesetzesänderungen der letzten Jahre (z. B. Angaben im Zusammenhang mit § 7 Abs. 8 AStG, § 8 Abs. 2 AStG, § 8 Abs. 3 Satz 2 AStG). Die mit dem AmtshilfeRLUmsG vom 26.6.2013 (BGBl I 2013 S. 1809) erfolgten Änderungen des AStG sind in den Vordrucken noch nicht abgebildet. Es ist mit einer zeitnahen Aktualisierung der Formulare durch die Finanzverwaltung zu rechnen.

17   Auch im Falle der Unterschreitung der **Freigrenze** i. S. d. § 9 AStG ist der Beteiligte verpflichtet, die Feststellungserklärung abzugeben. Die Ergänzung des § 18 Abs. 3 AStG durch das JStG 2008 vom 20.12.2007 (BGBl I 2007 S. 3150 – BStBl I 2008 S. 218) stellt ferner ausdrücklich fest, dass die Pflicht zur Abgabe der Erklärung auch im Falle der Anwendung des **§ 8 Abs. 2 AStG** nicht entfällt (s. BT-Drucks. 16/6290 S. 94; kritisch hierzu aus europarechtlichen Gesichtspunkten *Hammerschmitt/Rehfeld,* IWB 2008 Fach 3 S. 2293, 2302; *Köhler/Haun,* Ubg 2008 S. 73, 85; s. auch *Haarmann,* IStR 2011 S. 565, 571; zu den verfahrens- und strafrechtlichen Konsequenzen einer Verletzung der Erklärungspflicht speziell für die Fälle des § 8 Abs. 2 AStG s. *Schönfeld,* IStR 2008 S. 763, 765; zu den weiteren Kritikpunkten an dem § 18 Abs. 3 AStG s. *Wissenschaftlicher Beirat,* IStR 2013 S. 549, 552 f.). Machen die Feststellungsbeteiligten geltend, dass die Gesellschaft nach **§ 8 Abs. 2 AStG** nicht Zwischengesellschaft ist, sind die Angaben zu den Ausschüttungen, Veräußerungsgewinnen und Hinzurechnungsbeträgen (§ 3 Nr. 41 EStG) sowie zu den entrichteten Steuern und zur Verlustberücksichtigung nicht erforderlich (Vordruck ASt 1 B (11), Fußnote 3).

18   Die Erklärung ist von jedem Stpfl. bzw. von den in § 34 AO bezeichneten Personen **eigenhändig** zu unterschreiben, § 18 Abs. 3 Satz 3 AStG. Auf diese Anforderung ist insbesondere im Hinblick auf den Beginn der Feststellungsfrist zu achten: Eine nicht vom Beteiligten selbst, sondern z. B. von seinem rechtsgeschäftlichen Vertreter (Bevollmächtigten) unterzeichnete Feststellungserklärung stellt aufgrund der formellen Mängel keine Erklärung i. S. d. § 170 Abs. 2 Satz 1 Nr. 1 AO dar und kann daher die Feststellungsfrist nicht in Lauf setzen (vgl. BFH, Urteil vom 10.11.2004 II R 1/03, BStBl II 2005 S. 244), zu den Ausnahmen s. § 150 Abs. 3 AO.

19   Die Beteiligten können auch eine **gemeinsame Erklärung** abgeben. Im Hinblick auf die Umkehr der Beweispflicht gemäß § 8 Abs. 1 Nr. 4 ff., § 8 Abs. 2 und § 14 Abs. 1 AStG ist die Abgabe einer gemeinsamen Erklärung auch zweckmäßig, um

die Notwendigkeit der mehrfachen Nachweiserbringung zu vermeiden. Insbesondere Stpfl. mit geringen Anteilen an ausländischen Gesellschaften werden davon profitieren, dass die von einem Beteiligten in einer gemeinsamen Erklärung erbrachten Nachweise der einheitlichen und gesonderten (negativen) Feststellung zugrunde gelegt werden. Wird ein Nachweis nach § 8 Abs. 2 AStG durch einen Gesellschafter im Rahmen seiner Feststellungserklärung erbracht, entfällt die Erklärungs- und Nachweispflicht der verbleibenden Inlandsbeteiligten nicht. Eine analoge oder sinngemäße Anwendung des § 181 Abs. 2 Satz 3 AO wäre allerdings insbesondere dann zu begrüßen, wenn die übrigen Beteiligten sich die bereits erbrachten Nachweise durch eine ausdrückliche Zustimmung gegenüber dem FA zu eigen machen würden (s. auch *Schönfeld*, IStR 2008 S. 763, 764).

20 Die Erklärung ist bis zum 31.5. bzw. 31.12. des Folgejahres beim FA einzureichen (§ 149 Abs. 2 AO, gleichlautende Ländererlasse vom 2.1.2014 o. Az., BStBl I 2014 S. 64; so auch *Polatzky* in Wöhrle/Schelle/Gross, AStG, § 18 AStG Rz. 59; a. A. *Hendricks/Schönfeld* in F/W/B, § 18 AStG Rz. 434). Kommt der Beteiligte seiner Verpflichtung nicht nach, kann das FA zur Abgabe der Erklärung auffordern; §§ 152 und 328 ff. AO sowie § 162 AO ggf. i. V. m. § 17 Abs. 2 AStG (s. hierzu *Stöber/Kleinert* in Lademann, § 17 AStG Anm. 16 ff.) finden entsprechende Anwendung. Als Anhaltspunkte für die Notwendigkeit einer Aufforderung dienen die Angaben in den Einkommen- bzw. Körperschaftsteuererklärungen der Stpfl., die Daten der Informationszentrale für steuerliche Auslandsbeziehungen (IZA) des Bundeszentralamtes für Steuern (s. BMF, Schreiben vom 6.2.2012 IV B 6 – S 1509/07/10001, BStBl I 2012 S. 241 betr. zentrale Sammlung und Auswertung von Unterlagen über steuerliche Auslandsbeziehungen) sowie Mitteilungen nach § 138 Abs. 2 Nr. 3 AO (zur Meldepflicht nach § 138 Abs. 2 Nr. 3 AO bei mittelbaren Beteiligungen s. Nr. 7 der Erläuterungen zum Vordruck BZSt 2; zum Fehlen einer Informationspflicht der Beteiligten über die Mitgesellschafter bei Anteilserwerb s. *Kraft*, IStR 2011 S. 897, 902).

V. Ausländische Familienstiftungen

21 In der Praxis werden die Einkünfte (vor dem VZ 2013: Einkommen) ausländischer **Familienstiftungen** häufig mehreren Personen zugerechnet, so dass die einheitliche und gesonderte Feststellung der Besteuerungsgrundlagen aus Gründen der Vereinheitlichung zweckmäßig ist. Bis 2008 war die einheitliche und gesonderte Feststellung nach § 18 AStG für die Fälle des § 15 AStG gesetzlich allerdings nicht vorgesehen (s. Niedersächsisches FG, Urteil vom 15.7.1999 XIV 347/93, EFG 2000 S. 742, rkr.). Die mit der Durchführung eines gesonderten Feststellungsverfahrens verbundene Durchbrechung des Grundsatzes der Einheit des Steuerfestsetzungsverfahrens stand der einheitlichen und gesonderten Feststellung nach § 18 AStG in Fällen des § 15 AStG entgegen. Selbst durch Zweckmäßigkeitserwägungen konnte ein gesetzlicher Vorbehalt i. S. d. § 179 Abs. 1 AO nicht ersetzt werden (BFH, Beschluss vom 11.4.2005 GrS 2/02, BStBl II 2005 S. 679 m. w. N.; BFH, Beschluss vom 4.8.2006 VIII B 239/05, BFH/NV 2006 S. 2228).

22 Mit dem JStG 2008 vom 20.12.2007 (BGBl I 2007 S. 3150 – BStBl I 2008 S. 218) hat der Gesetzgeber die Rechtsgrundlage für die Anwendung des § 18 AStG auf die Fälle des § 15 AStG geschaffen: War das Einkommen i. S. d. § 15 Abs. 1 AStG mehreren unbeschränkt bzw. erweitert beschränkt stpfl. Personen (§ 15 Abs. 5 i. V. m. § 5 AStG) zuzurechnen, so wurden die Besteuerungsgrundlagen in entsprechender Anwendung des § 18 Abs. 1 bis 3 AStG **einheitlich und gesondert** festgestellt (zur zeitlichen Anwendung des § 18 Abs. 4 AStG a. F. s. § 21 Abs. 17 Satz 5 AStG i. d. F. des Art. 9 des JStG 2009 vom 19.12.2008, BGBl I 2008 S. 2794 – BStBl I 2009 S. 74). Eine nur gesonderte Feststellung von Besteuerungsgrundlagen bei nur einem unbeschränkt bzw. erweitert beschränkt stpfl. Begünstigten oder Stifter war dagegen weiterhin nicht vorgesehen (kritisch hierzu *Schönfeld*, IStR 2009 S. 16, 19). Die Neufassung des § 18 Abs. 4 AStG durch Art. 6 des AmtshilfeRLUmsG vom 26.6.2013 (BGBl I 2013 S. 1809) hat diese Lücke für die VZ ab 2013 geschlossen. Die grundsätzliche Beschränkung des Anwendungsbereichs des § 18 AStG auf die Fälle mit mehreren beteiligten Personen ist entfallen. Die Besteuerungsgrundlagen sind somit für Zwecke des § 15 AStG gesondert (und ggf. wie bisher auch einheitlich) festzustellen. Die Ausführungen zu § 18 Abs. 1 bis 3 AStG gelten entsprechend.

**§ 19
(weggefallen)**

§ 20*
Bestimmungen über die Anwendung von Abkommen zur Vermeidung der Doppelbesteuerung

(1) Die Vorschriften der §§ 7 bis 18 und der Absätze 2 und 3 werden durch die Abkommen zur Vermeidung der Doppelbesteuerung nicht berührt.

(2) Fallen Einkünfte in der ausländischen Betriebsstätte eines unbeschränkt Steuerpflichtigen an und wären sie ungeachtet des § 8 Abs. 2 als Zwischeneinkünfte steuerpflichtig, falls diese Betriebsstätte eine ausländische Gesellschaft wäre, ist insoweit die Doppelbesteuerung nicht durch Freistellung, sonder durch Anrechnung der auf diese Einkünfte erhobenen ausländischen Steuern zu vermeiden. Das gilt nicht, soweit in der ausländischen Betriebsstätte Einkünfte anfallen, die nach § 8 Abs. 1 Nummer 5 Buchst. a als Zwischeneinkünfte steuerpflichtig wären.**

Erläuterungen

Übersicht	Anm.
I. Allgemeines	1–50
1. Rechtsentwicklung	1, 2
2. Praktische Bedeutung der Regelung	3
3. Problem des sog. Treaty Overriding	4–50
a) Das Phänomen, seine Verfassungs- und Gemeinschaftsrechtskonformität	4–30
aa) Systematik der Norm	4
bb) Begriff des Treaty Overriding	5–11
cc) Vereinbarkeit des Treaty Overriding mit Gemeinschaftsrecht	12–20
dd) Vereinbarkeit des Treaty Overriding mit Verfassungsrecht	21–30
b) Gründe, die ein Treaty Overriding ausschließen	31–50
aa) Allfällige Änderungen des nationalen Rechts	31
bb) Spezielle Vorbehalte	32
cc) Spezielle Missbrauchsvorbehalte	33
dd) Allgemeiner Missbrauchsvorbehalt	34–37
ee) Zur praktischen Relevanz	38
II. Auslegung des Absatz 1	51–160
1. Praktische Bedeutung: Stellung der Norm in der Fallprüfung	51
2. Bedeutung der Norm: ihre Funktion	52–70
3. Sachlicher Anwendungsbereich im Allgemeinen	71, 72
4. Die Regelung im Einzelnen	73–160
a) Die Regelung im Einzelnen: §§ 7 – 14 AStG	73–120
aa) Kollision mit DBA	74–100
bb) Spezielle Vorbehalte	101–120
b) Die Regelung im Einzelnen: § 15 AStG	121–140
c) Die Regelung im Einzelnen: § 20 Abs. 2 AStG	141–160

---

* Zuletzt geändert durch das Jahressteuergesetz 2010 (JStG 2010) vom 8.12.2010 (BGBl I 2010 S. 1768 – BStBl I 2010 S. 1394).

** Satz 2 angfügt durch JStG 2010; gem. § 21 Abs. 19 Satz 2 i. d. F. des JStG 2010 ist § 20 Abs. 2 in dieser Fassung auf alle Veranlagungen anzuwenden, die noch nicht bestandskräftig festgesetzt sind.

	Anm.
III. Auslegung des Absatz 2	161–236
1. Zweck der Regelung	161
2. Treaty Overriding?	162
3. Praktische Bedeutung der Norm	163
4. Vereinbarkeit mit höherrangigem Recht	164–180
5. Aktivitätsvorbehalte, Missbrauchsvorbehalte	181–200
6. Die Voraussetzungen im Einzelnen	201–230
a) Tatbestand der Norm	201–230
aa) Rechtssubjekte	201–207
bb) Einkünfte: „ ... in der ... Betriebsstätte... ".	208
cc) Hypothetische Prüfung: als Zwischeneinkünfte steuerpflichtig?.	209–212
dd) Möglichkeit des Entlastungsbeweises: „ ... ungeachtet des § 8 ..."	213–219
ee) Einzelheiten zum Entlastungsbeweis	220–230
7. Rechtsfolgen der Norm	231–236

Schrifttum: *Aigner, Hans Jörgen,* Hinzurechnungsbesteuerung und DBA-Recht, 2004; *Becker/Sydow,* IStR 2010 S. 195; *Benecke/Schnitger,* Neuerungen im internationalen Steuerrecht durch das JStG 2010, IStR 2010 S. 432; *von Brocke/Hackemann,* BFH: Die Niederlassungsfreiheit beschränkt die Hinzurechnungsbesteuerung, DStR 2010 S. 368; *Brombach-Krüger,* Treaty override aus europa- und verfassungsrechtlicher Sicht, Ubg 2008 S. 324; *dies.,* Das Verfahren „Columbus Container" – Entscheidung des FG Münster und kein Ende in Sicht?, BB 2009 S. 924; *Bron,* Das Treaty Override im deutschen Steuerrecht vor dem Hintergrund aktueller Entwicklungen, IStR 2007 S. 431; *ders.,* Kommentar zu EuGH vom 6.12.2007 C-298/05, Columbus Container Services, EWS 2008 S. 42; *Buciek,* Kommentar zu BFH vom 21.10.2009 I R 114/08, FR 2010 S. 397; *Busching/Trompeter,* Der G-Reit und die Steuerpflicht ausländischer Anteilseigner, IStR 2005 S. 510; *Daragan (Wohlschlegel),* Nochmals Treaty override Grundgesetz, IStR 1998 S. 225; *Debatin,* Neugestaltung der deutsch-schweizerischen Steuerbeziehungen, DStZ 1971 S. 385; *ders.,* Der deutsch-schweizerische Steuervertrag (II), DB 1972 S. 1983; *ders.,* Subjektiver Schutz unter Doppelbesteuerungsabkommen, BB 1989, Beilage 2; *ders.,* StÄndG 1992 und „Treaty Override", DB 1992 S. 2159; *Eckert,* Rechtsschutz gegen „Treaty Overriding", RIW 1992 S. 386; *Flick,* Vereinbarkeit des Steuerfluchtgesetzes mit Doppelbesteuerungsabkommen, BB 1971 S. 250; *Forsthoff,* Treaty Override und Europarecht, IStR 2006 S. 509; *Franck,* § 20 Abs. 2 AStG auf dem Prüfstand der Grundfreiheiten, IStR 2007 S. 489; *Frotscher,* Treaty Override und § 50 d Abs. 10 EStG, IStR 2009 S. 593; *ders.,* Zur Zulässigkeit des „Treaty Override", FS Schaumburg, 2009 S. 687 ff.; *ders.,* Treaty Overide ohne Grenzen ?, StbJb 2009/2010 S. 151; *Früchtl,* Vermögensverwaltende Dienstleistungen und Außensteuerrecht, IStR 2009 S. 482; *Gebhardt,* § 50d Abs. 9 Satz 1 Nr. 1 EStG in der europa- und verfassungsrechtlichen Kritik, IStR 2011 S. 58; *Gebhardt/Quilitzsch,* Aktivitätsvorbehalte im Abkommensrecht – Kann § 20 Abs. 2 die Freistellung aufrecht erhalten, IStR 2011 S. 169; *Göbel/Ungemach/Schmidt/Siegmund,* Outbound-Investitionen über ausländische Personengesellschaften im DBA-Fall unter Inanspruchnahme des Thesaurierungsmodells i. S. des § 24a EStG, IStR 2007 S. 877; *Gosch,* Über das Treaty Overriding, IStR 2008 S. 413; *ders.,* Die Zwischengesellschaft nach „Hilversum I und II", „Cadbury Schweppes" und nach den Jahressteuergesetzen 2007 und 2008, FS Reiß, 2008 S. 597; *Gudmundsson,* European Tax Law in the Relations with EFTA-Countries, intertax, 2006 S. 58; *Gundel,* Finanzierungsgestaltungen über das Ausland, Teil I, IStR 1994 S. 211; Teil II IStR 1994 S. 263; *Günther/Simander/Tüchler,* Bericht vom D-A-CH Steuerkongress 2009, IStR 2009 S. 492; *Haase,* Ungereimtheiten der sog. Mitwirkungstatbestände des Außensteuergesetzes, IStR 2007 S. 437; *ders.,* Die atypische stille Gesellschaft in der Hinzurechnungsbesteuerung, IStR 2008 S. 312; *ders.* Hinzurechnungsbesteuerung bei doppelansässigen Gesellschaftern, IStR 2008 S. 695; *ders.* Der Wechsel zwischen aktiven und passiven Tätigkeiten in § 8 Abs. 1 AStG, IStR 2009 S. 24; *Hahn,* Das ICI – Urteil und die Hinzurechnungsbesteuerung gem. §§ 7ff. AStG, IStR 1999 S. 609; *ders,* Erläuterungen und legislatorische Überlegungen zur EuGH-Entscheidungen in der Rechtssache Cadbury Schweppes, DStZ 2007 S. 201; *ders.,* Zur Auslegung von Doppelbesteuerungsabkommen: Der Grundsatz der Entscheidungsharmonie im Crash-Test, in FS *Wassermeyer,* 2005 S. 631; *ders.,* Gestaltungsmissbrauch und europäisches Steuerrecht, ÖStZ 2006 S. 399; *ders.,* Die deutsche oHG aus der Sicht des französischen Steuerrechts, RIW 2008 S. 812; *Haun/Käshammer/Reiser,* Das BMF-Schreiben vom 8.1.2007 zur Hinzurechnungsbesteuerung – eine erste Analyse, GmbHR 2007 S. 184; *Hey,* Hinzurechnungsbesteuerung bei ausländischen Familienstiftungen gem. § 15 AStG i. d. F. des JStG 2009, IStR 2009 S. 181; *Holthaus,* Steuerliche Behandlung von Einkünften aus Slowenien, Kroatien und den übrigen Folgestaaten Jugoslawiens, IStR 2007 S. 506; *Institut „Finanzen und Steuern",* Die Vereinbarkeit von Normen des deutschen internationalen Steuerrechts mit EG-Recht, IFSt-Schrift Nr. 378, 1999; *Jansen/Weidmann,* Treaty Overriding und Verfassungsrecht, IStR 2010 S. 926; *Kaminski/Strunk,* § 20 Abs. 2 AStG i. d. F. des JStG 2010: (Nicht-) Freistellung von Betriebsstätteneinkünften in DBA-Fällen, IStR 2011 S. 137; *Kaminski/Strunk/Haase,* Anmerkung zu § 20 Abs. 2 AStG i. d. F. des Jahressteuergesetzes 2008, Stbg 2007 S. 577; *Kellersmann/Schnitger,* Europarechtliche Bedenken hinsichtlich der Besteuerung ausländischer Familienstiftungen, IStR 2005 S. 253; *Kempf/Bandl,* Hat Treaty Override in Deutschland eine Zukunft? DB 2009 S. 1377; *Kessler/Becker,* Die atypisch stille Gesellschaft als Finanzierungsalternative zur Reduzierung der Steuerbelastung aus der Hinzurechnungsbesteuerung, IStR 2005 S. 505; *Kleutgens/Sinewe,* Das geänderte Doppelbesteuerungsabkommen zwischen USA und Deutschland, RIW 2006, Beilage 2 zu Heft 12, S. 2; *Kluge,* Außensteuergesetz und Doppelbesteuerungsabkommen, AWD 1972 S. 411; *Klein,* Anmerkung zu BVerfG, Beschluss vom 14.10.2004 – 2 BvR 1481/04; JZ 2004 S. 1176; *Kluge,* Das Internationale Steuerrecht, 4. Aufl., 2000; *Köhler,* Die neue Form der Hinzurechnungsbesteuerung für Zwischeneinkünfte mit Kapitalanlagecharakter durch das Steueränderungsgesetz 1992, BB 1993 S. 337; *Köhler/Eicker,* Kritische Anmerkungen zum BMF-Schreiben „Cadbury Schweppes" vom 8.1.2007, DStR S. 2007 S. 331; *dies.,* Wichtige EuGH-Entscheidungen zur Hinzurechnungs- und Wegzugsbesteuerung, DStR 2006 S. 1871; *Köhler/Haun,* Kritische Analyse der Änderungen der Hinzurechnungsbesteuerung durch das JStG 2008, Ubg. 2008 S. 73; *Körner,* Europarecht und CFC-Regelungen – Anrufung des EuGH im Verfahren „Cadbury Schweppes", IStR 2004 S. 697; *Kollruss,* Hinzurechnungsbesteuerung bei doppelt ansässigen Kapitalgesellschaften, IStR 2008 S. 316; *ders./Buße/Braukmann,* Doppelt ansässige Gesellschaften, Zentralfunktionsthese des Stammhauses und Hinzurechnungsbesteuerung nach dem AStG, IStR 2011 S. 13; *Krabbe,* Missbrauch von Doppelbesteuerungsabkommen, StbJb 1985/1986 S. 403; *Kraft,* Die Auswirkung des TIEA Deutschland-Liechtenstein auf die deutsche Hinzurechnungsbesteuerung, IStR 2010 S. 440; *Kraft/Bron,* Implikationen des Urteils in der Rechtssache „Cadbury Schweppes" für die Fortexistenz der deutschen Hinzurechnungsbesteuerung, IStR 2006,

S. 614; *Lampe*, Missbrauchsvorbehalte in völkerrechtlichen Abkommen am Beispiel der Doppelbesteuerungsabkommen, 2006; *Lang, M.*, CFC-Gesetzgebung und Gemeinschaftsrecht, IStR 2002 S. 217; *ders.*, CFC-Regelungen und DBA, IStR 2002 S. 717; *Langbein*, Doppelbesteuerungsabkommen im Spannungsfeld zwischen nationalem Recht und Völkerrecht, RIW 1984 S. 531; *Lehner*, Wettbewerb der Steuersysteme im Spiegel europäischer und US-amerikanischer Steuerpolitik, StuW 1998 S. 159; *Leisner*, Abkommensbruch durch Außensteuerrecht, RIW 1993 S. 1013; *Lennert/Blum*, Der Durchgriff durch ausländische Stiftungen aufgrund des deutschen ordre public, IStR 2011 S. 492; *Lieber*, Anmerkung zu FG Münster, Urteil vom 11.11.2008, 15 K 1114/99 F, EW, IStR 2009 S. 35; *dies.*, Ei des Columbus gefunden – BFH beendet das mehrschichtige Verfahren zu „Columbus Container Services", IStR 2010 S. 142; *Linn*, Steuerumgehung und Abkommensrecht, IStR 2010 S. 542; *Lüdicke*, Überlegungen zur deutschen DBA-Politik, 2008; *Maack/Stöbener*, Die Niedrigbesteuerung des § 8 Abs. 3 AStG bei ausländischen Betriebsstätten, IStR 2008 S. 461; *Malherbe/François*, Die belgischen Koordinierungsstellen, Teil I, IStR 1997 S. 73; Teil II, IStR 1997 S. 102; *Meilicke/Portner*, Grenzen für den Übergang von der Freistellungs- zur Anrechnungsmethode, IStR 2004 S. 397; *Menck*, Rechtsmechanismus und Rechtscharakter der Zugriffsbesteuerung, DStZ 1978 S. 106; *Menhorn*, § 50d Abs. 3 EStG und der stillschweigende Missbrauchsvorbehalt in Doppelbesteuerungsabkommen, IStR 2005 S. 325; *Mitschke*, Streitpunkt § 50 d Abs. 10 EStG – ein Tiger mit scharfen Zähnen, DB 2010 S. 303; *Milatz/Herbst*, Die Besteuerung der Destinatäre einer ausländischen Familienstiftung, BB 2011 S. 1500; *Möller*, Die Hinzurechnungsbesteuerung ausgewählter EU-Mitgliedstaaten, IStR 2010 S. 166; *Mössner*, Selbständigkeit juristischer Personen und Kapitalgesellschaften im internationalen Steuerrecht, RIW 1986 S. 208; *ders.*, Doppelbesteuerungsabkommen und Nationales Steuerrecht, in Liber Amicorum Seidl-Hohenveldern, 1998 S. 459; *Musil*, Deutsches Treaty Overriding und seine Vereinbarkeit mit Europäischem Gemeinschaftsrecht, 2000; *ders.*, Spielräume des deutschen Gesetzgebers bei der Verhütung grenzüberschreitender Steuerumgehung, RIW 2006 S. 287; *Papier*, Umsetzung und Wirkung der Entscheidung des Europäischen Gerichtshofs für Menschenrechte aus der Perspektive der nationalen deutschen Gerichte, EuGRZ 2006 S. 2; *Payandeh*, Die verfassungsrechtliche Stärkung der internationalen Gerichtsbarkeit: Zur Bindung deutscher Gerichte an Entscheidungen des Internationalen Gerichtshofs, AVR 45 (2007), S. 244; *Prinz*, Wirren der Rechtsprechung im Columbus Container-Fall, FR 2010 S. 378; *Quilitzsch/Gebhard*, Kritische Würdigung der Änderungen im AStG durch das JStG 2010, BB 2010 S. 2212; *Rainer/Müller*, Anmerkung zu BMF vom 8.1.2007- Hinzurechnungsbesteuerung nach dem AStG, IStR 2007 S. 151; *Rehfeld*, Die Vereinbarkeit des Außensteuergesetzes mit den Grundfreiheiten des EG-Vertrages, 2008; *Rehm/Feyerabend/Nagler*, Die Renaissance der grenzüberschreitenden Verlustverrechnung, IStR 2007 S. 7; *Richter*, Conseil d‚État bestätigt Vorrang des DBA-Rechts vor nationaler Hinzurechnungsbesteuerung, IStR 2002. S. 653; *Riesenhuber/Domröse*, Richtlinienkonforme Rechtsfindung und nationale Methodenlehre, RIW 2005 S. 47; *Ritter*, Das Steueränderungsgesetz 1992 und die Besteuerung grenzüberschreitender Unternehmenstätigkeit, BB 1992 S. 361; *Rödder/Schumacher;* Unternehmenssteuerfortentwicklungsgesetz: Wesentliche Änderungen des verkündeten Gesetzes gegenüber dem Regierungsentwurf, DStR 2002 S. 105; *dies.*, Das Steuervergünstigungsabbaugesetz 2003 S. 805; *Rosenthal*, Die steuerliche Beurteilung von Auslandssachverhalten im Spannungsfeld zwischen Abkommensrecht und Europarecht, IStR 2007 S. 610; *Rüd*, DBA und Rechtsanwendungsmethodik, IStR

2010 S. 275; *Rust,* Die Hinzurechnungsbesteuerung, 2007; *Rust/Reimer,* Treaty Override im deutschen Internationalen Steuerrecht, IStR 2005 S. 843; *Schalast,* Das Abzugsverfahren für Einkünfte beschränkt Steuerpflichtiger, FR 1990 S. 212; *Scheipers/Maywald,* Zur Vereinbarkeit des § 20 Abs. 2 AStG mit EG-Recht unter Berücksichtigung der Ausführungen des Generalanwalts Léger in der Rechtssache Cadbury Schweppes, IStR 2006 S. 472; *Scherer,* Doppelbesteuerung und Europäisches Gemeinschaftsrecht, 1995; *Scheunemann/Dennisen,* Änderungen im Unternehmenssteuerrecht durch das Jahressteuerrecht 2010, BB 2011 S. 220; *Schnitger,* Internationale Aspekte des Entwurfs eines Gesetzes zum Abbau von Steuervergünstigungen und Ausnahmeregelungen (Steuervergünstigungsabbaugesetz – StVergAbG); IStR 2003 S. 73; *ders.,* § 20 Abs. 2 und 3 AStG a. F. vor dem EuGH – Meistbegünstigung „Reloaded"? FR 2005 S. 1079; *Schön,* Hinzurechnungsbesteuerung und Europäisches Gemeinschaftsrecht, DB 2001 S. 940; *Schönfeld,* Erklärungspflicht trotz „Cadbury-Schutz" in der Gestalt des § 8 Abs. 2 AStG, IStR 2008 S. 763; *ders.,* Hinzurechnungsbesteuerung und Europäisches Gemeinschaftsrecht, 2005; *ders.,* Probleme der neuen einheitlichen und gesonderten Feststellung von Besteuerungsgrundlagen für Zwecke der Anwendung des § 15 AStG bei ausländischen Familienstiftungen, IStR 2009 S. 16; *Schollmeier,* Die Vereinbarkeit der Änderungen des Außensteuergesetzes mit Internationalem Recht und Europäischen Gemeinschaftsrecht, EWS 1992 S. 137; *Schwarz/Fischer-Zernin,* Deutsches „Treaty Overridung" im Entwurf zum Steueränderungsgesetz 1992, RIW 1992 S. 49; *Seer,* Grenzen und Zulässigkeit eines treaty overriding am Beispiel der Switch-over-Klausel des § 20 AStG, Teil I, IStR 1997 S. 481, Teil II, IStR 1997 S. 520; *Selling,* Die Abschirmwirkung ausländischer Basisgesellschaften gegenüber dem deutschen Fiskus, DB 1988 S. 930; *ders.,* Ausländische Holding-, Vermögens- und Dienstleistungsgesellschaften im Licht des § 42 AO, RIW 1991 S. 235; *Shanon,* Die ‚savings-clause' in der amerikanischen Abkommenspolitik und Praxis, RIW 1987 S. 368; *Sieker,* Steuervergünstigungsabbaugesetz: Vorgesehene Verschärfungen der Rechtsfolgen der Hinzurechnungsbesteuerung, IStR 2003 S. 78; *Stein,* Völkerrecht und nationales Steuerrecht im Widerstreit?, IStR 2006 S. 505; *Sydow,* Anmerkung zur BFH-Entscheidung I R 114/08 vom 21.10.2009 (Nachfolge „Columbus Container"), IStR 2009 S. 174; *Tulloch,* StÄndG 1992: Die neue Hinzurechnungsbesteuerung im AStG als Instrument der Mißbrauchsbekämpfung, DB 1992 S. 1444; *Vogel,* Steuerumgehung nach innerstaatlichen Recht und nach Abkommensrecht, StuW 1985 S. 369; *ders.,* Abkommensbindung und Missbrauchsabwehr, in: Festschrift für Ernst Höhn, 1995 S. 461; *ders.,* Wortbruch im Verfassungsrecht, JZ 1997 S. 161; *ders.,* Völkerrechtliche Verträge und innerstaatliche Gesetzgebung, IStR 2005 S. 29; *ders.,* Neue Gesetzgebung zur DBA-Freistellung, IStR 2010 S. 225; *ders.,* Völkerrechtliche Verträge und innerstaatliche Gesetzgebung, IStR 2005 S. 29; *Vogt,* Die Niedrigbesteuerung in den Hinzurechnungsvorschriften des AStG, DStR 2005 S. 1347; *Wassermeyer,* Die Hinzurechnungsbesteuerung als Qualifikationsproblem des nationalen und internationalen Steuerrechts, RIW 1983 S. 352; *ders.,* Einkünftezurechnung nach § 15 AStG, IStR 2009 S. 191; *ders.,* Die Vermeidung der Doppelbesteuerung im Europäischen Binnenmarkt, in: *Lehner* (Hrsg.), Steuerrecht im Europäischen Binnenmarkt, DStJG Bd. 19, 1996 S. 151; *Wassermeyer/Schönfeld,* Die EuGH-Entscheidung in der Rechtssache „Cadbury Schweppes" und deren Auswirkungen auf die deutsche Hinzurechnungsbesteuerung, GmbHR 2006 S. 1065; *dies.,* Die Niedrigbesteuerung i. S. des § 8 Abs. 3 AStG vor dem Hintergrund eines inländischen KSt-Satzes von 15%, IStR 2008

S. 496; *Weigell,* „Treaty Override" durch § 20 Abs. 2 AStG?, IStR 2009 S. 636; *ders.,* Das Verhältnis der Vorschrift des § 2a EStG zu den Doppelbesteuerungsabkommen, RIW 1987 S. 122; *Werner,* Die liechtensteinische Familienstiftung, IStR 2010 S. 589.

I. Allgemeines

1. Rechtsentwicklung

1   Die Vorschrift des § 20 AStG ist deutlich jünger als das AStG als solches, welches aus dem Jahre 1972 datiert. Sie wurde **durch das Steueränderungsgesetz 1992 (StÄndG 1992,** Gesetz vom 25.2.1992, BGBl I 1992 S. 297) in das Gesetz eingefügt. Der Entwurf zu diesem Gesetz („Entwurf eines Gesetzes zur Entlastung der Familien und zur Verbesserung von Rahmenbedingungen für Investitionen und Arbeitsplätze (Steueränderungsgesetz 1992 – StÄndG 1992)", BT-Drs. 12/1108) sah zunächst keine solche Bestimmung vor, ebensowenig die Stellungnahme des Bundesrats hierzu (BT-Drs. 12/1368). Erst auf die Beschlussempfehlung und den Bericht des Finanzausschusses (7. Ausschuss – BT-Drs. 12/1506) hin wurde durch einen Art. 13 Nr. 9 der Inhalt des damaligen § 20 nach § 21 transferiert – es handelte sich um die Anwendungsbestimmungen – und der heutige § 20 in das Gesetz eingefügt. Die Fassung des **Absatz 1 ist bis heute unverändert.** Zur Begründung ist lediglich ausgeführt (BT-Drs. 12/1506 S. 181, Einzelbegründung zu Art. 13): *„Klärend wird in § 20 Abs. 1 AStG festgestellt, dass die Vorschriften über den Einsatz ausländischer Rechtsträger – in Übereinstimmung mit vorliegenden Berichten des OECD-Steuerausschusses – durch die Abkommen zur Vermeidung der Doppelbesteuerung nicht berührt werden."* **Zu Absatz 2** heißt es in der **Gesetzesbegründung** (a. a. O.): *„Eine besondere Regelung stellt sicher, dass die Neuregelung überall eingreift, wo die Schachtelfreistellung über die Grenze in Betracht kommt, d. h. bei Beteiligungen von 10 vom Hundert oder mehr (§ 7 Abs. 6 AStG); damit wird Umgehungen durch internationale Beteiligungsstreuung entgegengetreten./ Diese Regelung kann umgangen werden, indem zur Umqualifizierung nicht ausländische Gesellschaften, sondern ausländische Betriebsstätten (einschließlich Personengesellschaften) eingesetzt werden. Ein solches missbräuchliches Unterlaufen unter Berufung auf Doppelbesteuerungsabkommen schließt § 20 Abs. 2 AStG aus; dies folgt aus dem Grundsatz, dass Abkommen nicht missbräuchlich beansprucht werden können."*

Der Anwendungsbereich der Vorschrift war zunächst auf sog. Einkünfte mit Kapitalanlagecharakter i. S. d. § 10 Abs. 6 Satz 2 beschränkt. Im Visier standen dabei die sog. Dublin-Docks-Gesellschaften („International Financial Services Centres', dazu *Rädler/Lausterer/Blumenberg,* DB-Beilage 3/1996 S. 1 (11); *Debatin,* DB 1992 S. 2159; *Tulloch,* DB 1992 S. 1444 (1445)) und um belgische Coordination Centers (Arrêté royal Nr. 187 vom 30.12.1982, Moniteur bèlge, 13.1.1983; dazu *Gundel,* IStR 1994 S. 211 (216); *Malherbe/Francois,* IStR 1997 S. 74, 102). Die Regelung diente damit der Verhinderung von Umgehungen der §§ 7-14 AStG, sofern sie dadurch erfolgten, dass Einkünfte – zunächst nur solche mit Kapitalanlagecharakter i. S. des § 7 Abs. 6a, später sämtliche passiven Einkünfte – in Betriebsstätten verlagert wurden, die in einem DBA-Staat belegen waren und für welche kein Aktivitätsvorbehalt vereinbart worden ist (BT-Drs. 12/1506, 181, Bericht des Finanzausschusses). Durch die **Neufassung** der Norm **durch das Steuervergünstigungsab-**

baugesetz aus dem **Jahre 2003** (StVergAG vom 16.5.2003, BGBl I 2003 S. 660; zur Entstehung der Regelung *Rödder/Schumacher,* DStR 2003 S. 817) wurde sein Anwendungsbereich auf sämtliche passiven Einkünfte erstreckt, die einer niedrigen Besteuerung unterliegen.

Eine weitere Änderung trat sodann durch das **JStG 2008** vom 20.12.2007 (BGBl I 2007 S. 3150) mit Wirkung vom 1.1.2008 an ein: Durch die Einfügung der Formulierung „ungeachtet des § 8 Abs. 2" in Abs. 2 reagierte der Gesetzgeber auf die Entscheidung des EuGH in der Rechtssache Columbus Container Services (Urteil vom 6.12.2007, C-298/05, Slg. 2007, I-10451; IStR 2008 S. 63 m. Anmerkung *Rainer;* RIW 2008 S. 161; EWS 2008 S. 39 m. Anmerkung *Bron*); danach soll der „**Entlastungsbeweis**" des § 8 Abs. 2 i. d. F. des JStG 2008 im Rahmen des § 20 Abs. 2 nicht möglich sein (vgl. Anm. 213–217). Das JStG 2009 führte zu keinen Änderungen.

Durch das **Jahressteuergesetz 2010** (JStG 2010) vom 8.12.2010 (BGBl I 2010 S. 1768) wurde die Rechtsfolge des § 20 Abs. 2 durch einen neu angefügten Satz 2 modifiziert. Bei Einkünften i. S. d. § 8 Abs. 1 Nr. 5a wird entgegen der Regelung des § 20 Abs. Satz 1 die Freistellungsmethode beibehalten, vgl. zur Neufassung *Kaminski/Strunk,* IStR 2011 S. 137; *Quilitzsch/Gebhard,* BB 2010 S. 2212, und BT-Drs. 17/2249.

Der frühere Absatz 3 betraf die Vermögensteuer und ist wegen deren Wegfall aufgrund des Gesetzes vom 20.12.1996 (BStBl I 1996 S. 1523) aufgehoben worden.

Die Gesetzesbegründungen machen bereits deutlich, dass die Vorschrift nicht **2** nur redaktionstechnisch in zwei Absätze zerfällt, sondern auch materiell: Die **beiden Absätze** haben jeweils **unterschiedliche Inhalte.** Abs. 1 trifft Bestimmungen zum Verhältnis zwischen Normen der Doppelbesteuerungsabkommen einerseits und bestimmten Normen des AStG andererseits. Abs. 2 enthält eine Bestimmung darüber, welche der Methoden zur Vermeidung von Doppelbesteuerungen unter bestimmten Voraussetzungen anzuwenden ist. Die Zusammenfassung der beiden Bestimmungen in einem einzigen Paragraphen erscheint deshalb als Schönheitsfehler. Unterschiedlich sind aber nicht nur die Inhalte, sondern auch die Bedeutung der beiden Absätze für die **praktische Rechtsanwendung.** Während diejenige des Abs. 1 nur unter sehr engen Voraussetzungen für den Steuerpflichtigen wirklich bedeutsam ist (vgl. Anm. 30, 38; 51 u. 163), hat diejenige des Absatzes 2 eine erhebliche Anwendungsbreite, wo es um die Besteuerung von Betriebsstätten in Niedrigsteuerländern geht. So besehen gehört § 20 Abs. 2 an sich auch nicht in die Schlussvorschriften, sondern hätte seinen systematisch richtigen Ort am Ende des Vierten Teils, z. B. als § 15a.

2. Praktische Bedeutung der Regelung

Die Regelung des § 20 Abs. 1 ist, soweit wir sehen, im deutschen Steuerrecht **3** insoweit ein Unikat, als dass die Norm zwar ihre Aussage als solche einigermaßen deutlich erkennen lässt, nicht aber, was sie für den einzelnen Steuerpflichtigen bedeutet; insbesondere ist nicht ohne weiteres deutlich, ob überhaupt und gegebenenfalls welche Rechte er aus ihr herleiten kann. Das hängt zunächst einmal damit zusammen, dass die Geltung der Norm schlechthin in Frage gestellt werden kann. Die Diskussion betrifft dabei das sog. Treaty Overriding, also eines Widerspruchs zwischen dieser Norm und den Bestimmungen von DBA (vgl. Anm. 5). Dies kann als Verletzung eines völkerrechtlichen Vertrages gewertet werden. Daraus würden sich zwar auf der Ebene der Vertragspartner, der beteiligten Staaten des jeweiligen DBA, Folgen ergeben (s. Anm. 7), **nicht aber ohne weiteres auf der Ebene des Steuerpflichtigen** (*Frotscher*, FS Schaumburg 2009 S. 687 (703); *ders.*, 2009/2010 S. 151 (162)). Ihre mögliche Wirkung auf die Rechtsstellung des Steuerpflichtigen lässt sich erst durch eine Reihe zusätzlicher rechtlicher Erwägungen und nach Beantwortung weiterer Vorfragen erschließen, die großenteils ihrerseits noch nicht geklärt sind; teilweise dürften letztere zudem auf Rechtsgebieten liegen, mit denen oftmals der Steuerpraktiker, der nicht gerade hier den Schwerpunkt seiner Tätigkeiten hat, nicht besonders vertraut sein wird. Dass es zu diesen Problemen, insbesondere zu dem des sog. Treaty Overriding, eine nicht mehr überschaubare Menge – oftmals recht beachtlicher – wissenschaftlicher Stellungnahmen gibt, vermag demjenigen, der mit dem konkreten Steuerfall konfrontiert ist, nicht wesentlich zu helfen. Hier soll versucht werden, schema-artig die **gedanklichen Schritte** zu formulieren, in die sich die Anwendung des § 20 einfügt und deutlich zu machen, **an welchen Stellen** innerhalb dieser Gedankenfolge und **unter welchen Voraussetzungen die Norm Relevanz haben kann** oder sich als irrelevant erweist (s. Anm. 51 für § 20 Abs. 1, s. Anm. 163 für § 20 Abs. 2); vorbereitend ist die Systematik des § 20 zu verdeutlichen. Demgegenüber kann sich die Kommentierung nicht die Aufgabe stellen, die Diskussion in allen ihren Verästelungen und hinsichtlich aller ihrer Vorfragen darzustellen; sie will insoweit nur die Hauptthesen anführen und ihre Relevanz für die praktische Fallbearbeitung verdeutlichen sowie eine Argumentensammlung ermöglichen.

3. Das Problem des sog. Treaty Overriding (Verfassungs- und Gemeinschaftsrechtskonformität)

a) Das Phänomen, seine Verfassungs- und Gemeinschaftsrechtskonformität

aa) Systematik der Norm

4 Um die Systematik des § 20 transparent zu machen ist es erforderlich, zwischen seinen beiden Absätzen klar zu trennen und innerhalb des Abs. 1 weiterhin drei unterschiedliche Bestandteile zu unterscheiden. Zum einen geht es um die §§ 7 – 14 AStG (vgl. Anm. 73 ff.) – die Hinzurechnungsbesteuerung (HZB) – zum anderen um die Steuerpflicht der Familienstiftungen gem. § 15 AStG (vgl. Anm. 121) und schließlich um den in § 20 Abs. 1 an letzter Stelle genannten § 20 Abs. 2 (s. hierzu Anm. 4, a. E. und Anm. 141). Zwischen ihnen einerseits und der der sog. Switch over-Klausel des § 20 Abs. 2 (s. Anm. 161 ff.) andererseits besteht der systematische Unterschied, dass die letztere **mit den Methodenvorschriften eines DBA in Konflikt** treten kann (s. dazu Anm. 162), während die Hinzurechnungsbesteuerung einschließlich derjenigen des § 15 in **Konflikt zu den Verteilungsnormen eines DBA** treten können; missverständlich ist es, wenn der Zusammenhang zwischen den beiden Vorschriften damit beschrieben wird, das Treaty Overriding werde auf § 20 Abs. 2 „ausgeweitet": § 20 Abs. 2 stellt gegen über § 20 Abs. 1, 3. Alt., ein aliud dar.

Dieser Konflikt besteht darin, dass Regelungen, die in einem DBA vereinbart worden sind, nicht bzw. nicht in vollem Umfang in das interne deutsche Recht eingehen, wozu das DBA als völkerrechtlicher Vertrag die Bundesrepublik aber verpflichtet. Diese Einschränkung der inneren Wirksamkeit eines Abkommens, genauer gesagt: die Möglichkeit hierzu, geht von § 20 aus. Wie dies in den einzelnen Fällen wirkt, ist weiter unten darzustellen. Ein einfaches Beispiel bietet § 20 Abs. 2 i. V. m. § 20 Abs. 1, 3. Alt.: In einem konkreten DBA möge mit dem anderen Staat für Unternehmenseinkünfte die Freistellungsmethode, wie sie Art. 23 A OECD-MA entspricht, vereinbart sein. Damit ist für den Fall, dass Deutschland Ansässigkeitsstaat des Unternehmens ist, seine Verpflichtung begründet, die Doppelbesteuerung durch Freistellung der im anderen Vertragsstaat erzielten Betriebsstätteneinkünfte zu vermeiden. Diese Verpflichtung hat als solche noch keinerlei Wirkung auf das interne deutsche Recht. Das sie begründende DBA bedarf als völkerrechtlicher Vertrag gem. Art. 59 Abs. 2 Satz 2 GG der Überführung in das innerstaatliche Recht durch ein sog. Zustimmungsgesetz. Da nun aber § 20 Abs. 1, 3. Alt., bestimmt, dass § 20 Abs. 2 unter den dort geregelten Voraussetzungen die Anwendung der Anrechnungsmethode erlaubt, wird die völkerrechtliche Verpflichtung nur eingeschränkt in das innerstaatliche Recht umgesetzt. Darin wird eine Verletzung der völkerrechtlichen Verpflichtung gesehen.

Sowohl die Regelungen des § 20 Abs. 1 als auch diejenige des § 20 Abs. 2 sind in der Literatur unter den Aspekten der **Vereinbarkeit mit Gemeinschaftsrecht und Verfassungsrecht** problematisiert worden. Es handelt sich um ineinander verschachtelte Fragen, deren Verständnis erleichtert wird, wenn sie deutlich von einander separiert werden.

Unmittelbar betroffen von der Frage des Gemeinschaftsrechtskonformität und der **Verfassungskonformität** sind sowohl Absatz 1 als auch Absatz 2, weil sie beide ein sog. Treaty Overriding bedeuten können. Der Ausdruck Treaty Overriding beschreibt als solcher zunächst einmal nur ein Phänomen (s. hierzu und zum Begriff Anm. 5). Diskutiert wird die Frage, ob hierin ein Verstoß gegen die Verfassung oder gegen den Unionsvertrag liegt. Zu diesen Fragen siehe Anm. 12 bis 17 (Gemeinschaftsrechtsverstoß) und Anm. 21 bis 31 (Verfassungsverstoß).

Mittelbar betroffen (nur) von der Frage des Gemeinschaftsrechtskonformität sind sowohl der Absatz 1 als auch der Absatz. 2, weil sie auf die §§ 7 bis 14 Bezug nehmen, Absatz 1 zudem noch auf § 15. Das ist die Konsequenz dessen, dass die letztgenannten Normen als solche substantiierten gemeinschaftsrechtlichen Bedenken unterliegen, die hinsichtlich der §§ 7–14 aus der Rechtsprechung des EuGH abzuleiten sind (vgl. Anm. 166). Hinsichtlich dieser Fragen ist auf die Kommentierung der betreffenden Vorschriften zu verweisen. Hier wird auf sie nur soweit eingegangen, wie es für die Auslegung des § 20 von Bedeutung ist.

Die Inbezugnahme der §§ 16 bis 18 durch § 20 Abs. 1 scheint demgegenüber auf einem Redaktionsversehen zu beruhen (*Kraft*, § 20 Rz. 11), ist jedenfalls ohne derzeit erkennbare Bedeutung und wird uns nicht weiter beschäftigen.

bb) Begriff des sog. Treaty Overriding

Ein Treaty Overriding kommt dadurch zustande, dass Vorschriften eines später erlassenen Gesetzes in **Kollision treten mit** Bestimmungen eines bereits **in Geltung befindlichen DBA** (*Scherer*, Doppelbesteuerung und Europäisches Gemeinschaftsrecht, S. 13); genauer gesagt und auf das deutsche Staatsrecht bezogen tritt diese Kollision ein zwischen dem späteren Gesetz einerseits und andererseits dem Zustimmungsgesetz (i. S. des Art. 59 Abs. 1 Satz 2 GG), welches das DBA innerstaatlich anwendbar gemacht hatte. Eine Kollision liegt dann vor, wenn zwei Normen unterschiedliche Rechtsfolgen aussprechen, von denen (gleichzeitig) nur eine befolgt werden kann. Ein unmittelbar einleuchtendes Beispiel im Bereich des § 20 ist die Regel seines Absatz 2, der (unter bestimmten Voraussetzungen) die Beseitigung der Doppelbesteuerung durch Anrechnung der ausländischen Steuer auch dann vorsieht, wenn im einschlägigen DBA deren Beseitigung durch Freistellung vereinbart ist, – die Rechtsfolge ‚Freistellung' und die Rechtsfolge ‚Anrechnung' schließen einander aus. Das Charakteristische des Treaty Overriding besteht darin, dass die durch das DBA begründete völkerrechtliche Verpflichtung durch den späteren Erlass der innerstaatlichen Norm verletzt wird. Das wird dadurch möglich, dass nach deutschem Staatsrecht (und auch dem Staatsrecht anderer Staaten) das Recht der völkerrechtlichen Verträge und das interne Recht als zwei voneinander getrennte Rechtskreise betrachtet werden. Die völkerrechtliche Verpflichtung aus dem DBA besteht in diesen Fällen fort und es entsteht somit eine Rechtslage, die einen Verstoß gegen Völkerrecht bedeutet, vgl. *Wassermeyer/Schönfeld* in *F/W/S*, § 20 Rz. 22; *Kluge*, Das Internationale Steuerrecht, S. 651. Dies ist der Ausgangspunkt der Kontroversen über die verfassungsrechtliche und gemeinschaftsrechtliche Zulässigkeit eines solchen Verfahrens und über die Folgen einer Unzulässigkeit.

In Literatur und Rechtsprechung werden für das Phänomen des Treaty Overriding Beschreibungen gegeben, die sich in ihrem Kern ähneln. Auf der Ebene des internationalen Steuerrechts wird vielfach auf die Definition des Steuerausschusses der OECD verwiesen (OECD Committee on Fiscal Affairs, Report on Tax Treaty Overrides; *OECD*, Model Tax Convention on Income and on Capital II (2000); dazu *Avery Jones*, BIFD 2002 S. 268). Danach ist hierunter der Vorgang zu verstehen, dass der Gesetzgeber mit Wissen und Wollen eine Norm erlässt, die in Widerspruch zu den durch DBA begründeten Verpflichtungen steht. Es handele sich um „ ... solche gesetzliche Regelungen... , die der Gesetzgeber in Abweichung vom Zustimmungsgesetz erlässt und dabei hinreichend deutlich macht, dass er das DBA einseitig in Teilen außer Kraft setzen will", eingehend dazu *Frotscher*, FS Schaumburg 2009 S. 687 (689); *Brombach-Krüger*, Ubg 2008 S. 342; *dies.*, BB 2009 S. 924; *Musil*, RIW 2006 S. 287 (289); *Schütte* in *Haase*, Art. 1 MA Rz. 29. Nicht zur Definition im engeren Sinne gehört eine Formulierung, wonach sich die später erlassene Norm in Widerspruch zu dem Inhalt einer nach Maßgabe der Art. 31 ff. WÜRV ausgelegten Norm eines Doppelbesteuerungsabkommens setzen muss (*Musil*, RIW 2006 S. 287 (288); *Stein*, IStR 2006 S. 505 (507)), sie hebt aber einen wichtigen Aspekt hervor. Sie macht deutlich, dass die Auslegung der Abkommensbestimmung Vorrang vor einer Feststellung eines Treaty Overriding hat (zum korrespondierenden Erfordernis einer völkerrechtskonformen Auslegung auf der Ebene der später erlassenen Norm des einfachen Rechts s. Anm. 75).

Die Beschreibungen unterscheiden sich darin, dass die einen den Willen des Gesetzgebers bzw. dessen Erkennbarkeit im Gesetzestext als Bestandteil der Definition ansehen (*Drüen* in *Tipke/Kruse*, AO, § 2 AO, Rz. 2; *Frotscher*, IStR 2009 S. 593 (597); *ders.* in: FS Schaumburg, 2009 S. 687 (702); *ders.*, StbJb 2009/2010 S. 151 (158); *Gosch*, IStR 2008 S. 413 (418); *Kempf/Bandl*, DB 2009 S. 1377; *Langbein*, RIW 1984 S. 351; *Schalast*, FR 1990 S. 212 (218); *Musil*, RIW 2006 S. 287; *Seer*, IStR 1997 S. 481 (485); *Wassermeyer* in *Debatin/Wassermeyer*, Art. 1 MA Rz. 12), noch weitergehend *Eckert* (RIW 1992 S. 386) und *Leisner* (RIW 1993 S. 1013 (1019)), die eine analoge Anwendung des Art. 19 Abs. 1 S. 2 GG fordern, mithin so etwas wie ein Zitiergebot annehmen (letzteres zu Recht ablehnend *Frotscher*, StbJb 2009/2010 S. 151 (158, 168); *Seer*, IStR 1997 S. 481 (485)). Widerspricht ein Gesetz demgegenüber „unbewusst" einer Abkommensnorm, soll ein Treaty Overriding nicht vorliegen (vgl. *Gosch*, IStR 2008 S. 413 (414). Die Rechtsprechung des BFH stellt dieses Erfordernis ebenfalls auf (vgl. z. B. BFH vom 13.7.1994 I R 120/93, BStBl II 1995 S. 129; vom 20.3.2002 I R 38/00, BStBl II 2002 S. 819). Andere Autoren nehmen ein solches Begriffsmerkmal nicht an (vgl. z. B. *Vogel* in *Vogel/Lehner*, DBA, 5. Aufl., Einl. Rz. 194-205; *Wassermeyer/Schönfeld* in *F/W/B*, § 20 Rz. 22; *Kluge*, Das Internationale Steuerrecht, S. 651; *Rehfeld*, Die Vereinbarkeit des Außensteuergesetzes mit den Grundfreiheiten des EG-Vertrages, S. 435). Die Frage ist von Bedeutung, weil die Auffassung, die die Ersichtlichkeit als Merkmal des Treaty Overriding ansieht, im Umkehrschluss dazu kommen müsste, dann, wenn sie fehlt, dessen Nichtvorliegen anzunehmen. Diese Konsequenz wird indessen nur vereinzelt gezogen, z. B. von *Tulloch* (DB 1992 S. 1444 (1445): der Gesetzgeber müsse „seine Absicht klar zum Ausdruck bringen, gegen völkerrechtliche Vereinbarungen zu verstoßen,"; ebenso *Ritter* (BB 1992 S. 361 (364) und *Schollmeier* (EWS 1992 S. 137 (140)), mit einer im Grunde absurden Konsequenz: weil sich aus den Gesetzesmaterialien zum AStG ergebe, dass der Gesetzgeber der Meinung gewesen sei, nicht gegen DBA zu verstoßen, habe er diese Absicht nicht haben können, weshalb denn auch kein Treaty Overriding vorliege (*Ritter*, a. a. O.; *Schollmeier*, a. a. O.) bzw. die Norm des § 20 Abs. 2 sei „unwirksam", (*Ritter*, a. a. O.). Dem kann nicht gefolgt werden.

Merkmal eines Treaty Overriding ist lediglich eine Normenkollision zwischen DBA-Normen und den Normen des nationalen Rechts, hier derjenigen über die Hinzurechnungsbesteuerung bzw. des § 15 bzw. des § 20 Abs. 2. Eine solche Normenkollision liegt vor, wenn zwei Normen mit dem gleichen Tatbestand bei ein und demselben Adressaten (gleichzeitig) unterschiedliche Rechtsfolgen verbinden (*März* in *von Mangoldt/Klein/Starck*, GG, Kommentar, 6. Aufl., 2010, Art. 31 Rz. 40; *Nettesheim*, AöR 119 (1994), S. 261 ff. (268); *Sannwald* in *Schmidt-Bleibtreu/Hofmann/Hopfauf*, GG, 12. Aufl., 2011, Rz. 21). Dies hängt nicht von einem Willen des Gesetzgebers ab. Es ist eine andere, von dieser aber deutlich zu trennende Frage, unter welchen Voraussetzungen eine solche Normenkollision mit der Folge der Verdrängung der Abkommensvorschrift überhaupt eintreten kann. Hier kann der kundgemachte Wille des späteren Gesetzes eine Rolle spielen, vgl. dazu Anm. 58, 59. Das setzt, wie *Frotscher* (in FS *Schaumburg*, S. 687 (701)) zutreffend darlegt, das Bestehen von Regeln voraus, die ohne diese ausdrückliche Erklärung des gesetzgeberischen Willens ohne weiteres eingreifen würden. Diese Situation ergibt sich hier aus der Vorschrift des § 2 Abs. 1 AO (vgl. dazu Anm. 53 ff).

Eine **Typologie** der Normen, die ein Treaty Overriding darstellen, skizziert *Gosch* in IStR 2008 S. 413 (414-418); zur rechtlichen Relevanz der unterschiedlichen Typen *Jansen/Weidmann*, IStR 2010 S. 596; eine Auflistung findet sich ferner auch bei *Kempf/Bandl*, DB 2009 S. 1377, wobei die Qualifizierung einer Norm als Treaty Overriding naturgemäß im Einzelfall streitig sein kann.

Das **Treaty Override** ist **abzugrenzen** gegenüber Rechtslagen, die ihm namentlich darin ähneln, dass Rechtsfolgen, die „eigentlich" aus dem Abkommensrecht herzuleiten sind, in concreto aufgrund besonderer Umstände ganz oder teilweise nicht eintreten. Die in Betracht kommenden Fälle sind jeweils dem Grunde wie auch ihrer Abgrenzung nach recht unterschiedlich und im Einzelnen teilweise umstritten. Sie werden unten in den Zusammenhängen, in denen sie Relevanz erlangen, erörtert (Anm. 101). Danach handelt es sich nicht um ein Treaty Override, wenn ein

6

später ergehendes Gesetz lediglich eine Rechtsprechung oder eine Auslegung des Abkommens korrigiert (krit. *Vogel* in FS *Höhn*, S. 461 (466); *Gosch*, IStR 2008 S. 413 (414)). Ein Treaty Overriding liegt ferner dann nicht vor, wenn ein Staat sein internes Recht ändert und hierdurch eine Normenkollision entsteht (*Musil*, RIW 2006 S. 487 (488)), wobei vorausgesetzt ist, dass die Änderung ‚Geist und Sinn des Abkommens' nicht widerspricht. So soll § 15 S. 2 KStG eine „sachgerechte Anpassung der Vorschriften des DBA an die Besonderheiten der Organschaft" enthalten und dementsprechend kein Treaty Overriding darstellen (*Frotscher* in FS *Schaumburg*, S. 687 (702)). Schließlich soll es nicht vorliegen, wenn das DBA einen entsprechenden Vorbehalt enthält (BFH vom 22.10.1986 I R 261/82, BStBl II 1987 S. 171 (zu § 50 d EStG); *Eckert*, RIW 1992 S. 386; *Kleutgens/Sinewe*, RIW-Beilage 2006 Nr. 2; zur amerikanischen Praxis solcher Vorbehalte *Shannon*, RIW 1987 S. 368).

Weiterhin wird angenommen, dass jedes **DBA unter einem ungeschriebenen Vorbehalt** stehe, wonach eine missbräuchliche Inanspruchnahme die Anwendung des Abkommens ausschließt (*Vogel*, StuW 1985 S. 369 (377)). Eine Rechtsnorm, die diesen Vorbehalt ausfüllt, kann nach dieser Auffassung kein Treaty Overriding darstellen. Gleiches gilt erst recht, wenn ein **ausdrücklicher Vorbehalt** zu Gunsten spezieller Missbrauchsnormen besteht (*Frotscher* in FS *Schaumburg*, S. 687 (689); *Vogel* in FS *Höhn*, 1995 S. 461). Man kann diese Rechtslagen, deren Nennung hier nicht abschließend ist, als negative Merkmale betrachten, deren Erfüllung die Annahme eines Treaty Overriding von vornherein ausschließt, und deren Prüfung deshalb vorangestellt werden sollte.

7   Liegt ein Treaty Overiding vor, wird die derzeit sehr umstrittene Rechtsfrage bedeutsam, welche Folgen dies hat. Kaum bestritten ist allerdings zunächst einmal, dass das Treaty Overriding den Bruch des DBA bedeutet, es also um den **Bruch eines völkerrechtlichen Abkommens** geht (*Fischer-Zernin* in G/K/G, DBA, Grundlagen, Teil I Abschn. 3 Rz. 37; *Prokopf* in S/K/K, § 20 Rz. 53; *Wassermeyer/Schönfeld* in F/W/S, § 20 Rz. 22; *Vogel* in *Vogel/Lehner*, DBA, Einl. Rz. 194 – Rz. 205; aus dem älteren Schrifttum *Leisner*, RIW 1993 S. 1013 (1015); *Vogel*, JZ 1997 S. 161); aus dem neueren *Musil*, RIW 2006 S. 287 (288)); *Rust/Reimer*, IStR 2005 S. 843); abwegig insoweit demgegenüber *Tulloch*, DB 1992 S. 1444: Es sei „nach ganz herrschender Auffassung (sic!) jeder souveräne Staat imstande, durch einseitige gesetzgeberische Maßnahmen ein gültiges DBA teilweise oder ganz außer Kraft zu setzen." Auch über die Folgen einer solchen Vertragsverletzung ist man sich in einem Teilbereich einig, nämlich dass sich diese vorbehaltlich besonderer Vereinbarungen im jeweiligen Abkommen aus Art. 60 der WÜRV ergeben. Sie bestehen in einer Reihe von Rechten des jeweils anderen Staates, vor allem desjenigen zur Kündigung des Vertrages, zu seiner Suspension u. ä. Es handelt sich dabei indessen entsprechend der Rechtsnatur der Doppelbesteuerungsabkommen als Verträge zwischen zwei Völkerrechtssubjekten um Rechte der beteiligten Staaten auf der Ebene des Völkerrechts. Der Steuerpflichtige kann keine Rechte daraus herleiten, insbesondere keinen Anspruch darauf, dass die günstigere Abkommensnorm angewendet werde.

Der eigentliche Kern der Kontroverse liegt dementsprechend auf der Frage, ob und welche Auswirkungen die Verletzung von Bestimmungen eines DBA auf das interne Recht des Staates, von dessen Normen diese Verletzungen ausgehen, hat. Aus dem Umstand, dass nach ganz herrschender staatsrechtlicher Lehre (vgl.

Anm. 8) es sich bei Völkerrecht und innerstaatlichem Recht um zwei voneinander getrennte Rechtskreise handelt, leitet die wohl heute noch h. L. im Steuerrecht ab, dass ein Treaty Overriding für die rechtliche Situation des Steuerpflichtigen ohne Bedeutung ist (*Fischer-Zernin*, in *G/K/G*, DBA, Grundlagen Teil 1 Abschn. 3 Rz. 38; *Langbein*, RIW 1984 S. 531 (537); *Prokopf* in *S/K/K*, AStG/DBA, § 20 AStG, Rz. 11, 26 ff.; *Rupp* in *Haase*, § 20 Rz. 23; *Schnitger*, IStR 2003 S. 73 (77); *Seer*, IStR 1997 S. 481 (484); *Wassermeyer/Schönfeld* in *F/W/B*, § 20 AStG Rz. 41; *Vogt* in Blümich, § 20 AStG Rz. 10; eingehend *Frotscher*, StbJb 2009/2010 S. 151 (156)). Er kann hieraus keine Rechte herleiten. Auch BFH und Finanzgerichte (aus neuester Zeit FG Rheinland-Pfalz, Urteil vom 11.10.2007, 6 K 1611/07, EFG 2009 S. 1954; IStR 2008 S. 632, Az. BFH: I R 48/08; FG Münster, Urteil vom 11.11.2008 – 15 K 1114/99, F/ EW, EFG 2009 S. 309 (Rev. I R 114/08); FG München vom 30.7.2009 1 K 1816/09, IStR 2009 S. 864 m. Anmerkung *Frotscher* (Rev. I R 74/09) stehen auf diesem Standpunkt.

Auf der Grundlage des Art. 25 OECD-MA besteht zwar für den Steuerpflichtigen die Möglichkeit der Einleitung eines Verständigungsverfahrens, für den anderen Staat diejenige der Einleitung einer Konsultationsverfahrens (*Rupp* in *Haase*, § 20 AStG Rz. 16). Aber auch hieraus entsteht für den Steuerpflichtigen nur ein Anspruch auf fehlerfreie Ermessensausübung hinsichtlich der Eröffnung eines solchen Verfahrens (BFH vom 26.5.1982 I R 16/78, BStBl II 1982 S. 583; FG Hamburg, Urteil vom 13.7.2000 V 2/97, EFG 2001 S. 27 m. Anmerkung *Valentin*, (rkr.); *Frotscher* in FS Schaumburg, 2009 S. 687 (694). Eine vertragskonforme Besteuerung kann er auch auf diesem Wege nicht herbeiführen.

Möglich wird diese Rechtslage im deutschen Staatsrecht durch die Auffassung, **8** dass Völkerrecht, soweit es sich um Völkervertragsrecht handelt, und innerstaatliches Recht zwei unterschiedliche Rechtskreise darstellen. Ausdruck dessen ist Art. 59 Abs. 2 S. 1 GG, wonach ein **völkerrechtlicher Vertrag innerstaatliche Wirksamkeit** erst **durch das Zustimmungsgesetz** erlangt (vgl. Anm. 10). Durch das Zustimmungsgesetz wird der Befehl zur Anwendung des völkerrechtlichen Vertrages im innerstaatlichen Bereich erteilt. Nur der Inhalt des Zustimmungsgesetzes stellt innerstaatliches, von Gerichten und Behörden zu beachtendes und für den Rechtsunterworfenen Rechte begründendes Recht dar. Ein Verstoß des Zustimmungsgesetzes gegen den völkerrechtlichen Vertrag, hier also gegen das DBA, lässt dessen Geltung unberührt. Daraus folgt, so hat der BFH in mehreren Entscheidungen (vom 13.7.1994 I R 120/93, BStBl II 1995 S. 129; Beschluss vom 17.5.1995 I B 138/59, BStBl II 1995 S. 781; vom 20.3.2002 I R 38/00, BStBl II 2002 S. 819) festgestellt, dass das maßgebende nationale Recht auch dann anzuwenden ist, wenn es in Widerspruch zu einer korrespondierenden, durch das DBA begründeten völkerrechtlichen Verpflichtung steht (BFH vom 22.10.1986 I R 261/82, BStBl II 1987 S. 171; für den Fall des § 20 Abs. 2 so FG Münster, Urteil vom 11.11.2008 15 K 1114/99, F, EW, IStR 2009 S. 31 m. Anmerkung *Lieber*). Damit ist das Treaty Overriding zwar nicht als zulässig anzusehen; es liegt ein Verstoß gegen die entsprechende völkerrechtliche Verpflichtung vor. Aber diese Bewertung beschränkt sich auf den Rechtskreis des Völkerrechts und berührt die Wirksamkeit der nationalen Norm, die diesem Rechtskreis gerade nicht angehört, nicht. Die h. L. im Steuerrecht ist dem gefolgt (eingehende Auseinandersetzung mit dieser Frage *Scherer*, Doppelbesteuerung und Europäisches Gemeinschaftsrecht, S. 22 m. w. N.; a. A. aber vor allem *Vogel* in *Vogel/Lehner*, DBA, 5. Aufl., Einl. Rz. 205; *ders.*, JZ 1997 S. 161;

Nachweise der abw. Stimmen bei *Drüen* in *Tipke/Kruse*, § 2 AO Rz. 5a). Wir teilen die Auffassung der herrschenden Lehre.

9 Für die **Beratungspraxis** ist aber zu beachten, dass die h. L., die die innerstaatliche Unbeachtlichkeit des Treaty Overriding und die innerstaatliche Wirksamkeit des Gesetzes annimmt, welches dieses bewirkt, zunehmend in Zweifel gezogen wird (*Gosch*, IStR 2008 S. 413) und dass der **BFH in einem Beschluss vom 19.5.2010** (I B 191/09, BStBl II 2011 S. 156, RIW 2010 S. 811; IStR 2010 S. 530, dazu *Gerhardt*, IStR 2011 S. 58) Aussetzung der Vollziehung gewährt hat; hinsichtlich dieses Beschlusses ist allerdings zu beachten, dass die Entscheidung über die Aussetzung der Vollziehung auf mehrere Gründe gestützt und nicht erkennbar ist, ob das Vorliegen eines Treaty Overriding für sich allein eine solche Entscheidung hätte begründen können. Andererseits signalisiert der Umstand, dass der Beschluss auch diese Frage anführt, dass der BFH bereit sein könnte, mit seiner ständigen Rechtsprechung zu brechen. Das Schlimmste, was den Steuerpflichtigen passieren könnte, wäre eine Entscheidung des BFH in der Hauptsache, die nicht erkennen ließe, ob der Umstand eines Treaty Overriding für sich allein und isoliert betrachtet zur Nichtigkeit des Gesetzes, welches ihn auslöst, führt. Zur (nicht immer gegebenen) praktischen Relevanz der Problematik im Einzelfall s. Anm. 4, 38 und 163.

10 Zur **Bedeutung des Zustimmungsgesetzes** i. S. d. Art. 59 Abs. 2 Satz 1, durch welches das DBA innerstaatliche Wirkung erlangt, sind im wesentlichen zwei Auffassungen vertreten worden, die im Schrifttum als ‚Transformationstheorie' einerseits und andererseits als ‚Vollzugstheorie' bezeichnet werden, für die aber auch andere Bezeichnungen gebräuchlich sind. Sie erklären den Vorgang, durch den ein völkerrechtliches Abkommen, welches ja zunächst nur die Staaten selbst, die es abgeschlossen haben, bindet, auch innerstaatlich Geltung erlangt. Innerstaatliche Geltung bedeutet, dass es deren Organe – Verwaltungsbehörden und Gerichte – bindet. Für die steuerliche Rechtsanwendung kommt nur in Betracht, die Ergebnisse der staats- und völkerrechtlichen Diskussion zur Kenntnis zu nehmen und bei der Rechtsanwendung der dort h. L. zu folgen. H. L. ist heute die **Vollzugstheorie**. Sie fasst den Vorgang des Erlangens innerstaatlicher Geltung dahingehend auf, dass durch das Zustimmungesgesetz i. S. des Art. 59 Abs. 2 Satz 1 GG den staatlichen Rechtsanwendungsorganen der Befehl erteilt wird, den völkerrechtlichen Vertrag anzuwenden (*Steinberger* in *Isensee/Kirchhof* (Hrsg.), Handwörterbuch des Staatsrechts, Bd. VII, 1992, § 173 Rz. 42), im hier interessierenden Kontext also: die Normen des DBA anzuwenden. Auch der Rechtsprechung des BVerfG liegt die Vollzugstheorie zugrunde (z. B. Beschluss vom 8.4.1987 – 2 BvR 687/85, BVerfGE 75 S. 223 (244); a. A. *Vogel*, IStR 2005 S. 29: Das Gericht halte dies „in der Schwebe"); der Standpunkt des BFH scheint nicht ganz deutlich zu sein. Es ist aber einerseits nicht zu erwarten, dass sich der BFH von einer im Staatsrecht herrschenden Lehre lösen und hierzu steuerliche Sonderauffassungen entwickeln wird, und andererseits scheint es sogar so zu sein, dass der Inhalt beider Theorien auf die Beantwortung der im Zusammenhang mit § 20 und dem Treaty Overriding streitigen Fragen ohne Einfluss ist (*Henkel* in *G/K/G*, DBA, Grundlagen Teil 1 Abschn. 4 Rz. 10; *Daragan*, IStR 1998 S. 225; *Klein*, JZ 2004 S. 1176; *Stein*, IStR 2006 S. 505 (506)).

Letzteres ist allerdings von *Rüd* (IStR 2010 S. 275 (729), ähnlich bereits *Daragan*, IStR 1998 S. 225 (226); ähnlich *Tillmanns/Mössner* in *Mössner*, B 437) in Zweifel gezogen worden. Er leitet aus der Vollzugstheorie her, dass das Abkommen so, wie es völkerrechtlich wirksam geworden ist, angewendet werden müsse und nicht eingeschränkt oder modifiziert werden könne. Diesen Schluss zieht die h. L. nicht. Zutreffend weist *Gosch* darauf hin, dass es zwar zutreffe, dass ein Vertragsschluss nur insgesamt abgelehnt oder akzeptiert werden könne, aber dass dies eben nur für die völkerrechtliche Ebene gilt (*Gosch*, IStR 2008 S. 413 (418)). Wir folgen auch in diesem Punkte der h. L.

Die Beschreibung der h. L. in Anm. 8 zeigt, dass es von ihrem Standpunkt aus bei dem Treaty Override nur darum gehen kann, ob der Staat als Partner des völkerrechtlichen Vertrages sich so verhalten darf und welche Rechte dem anderen Staat hieraus erwachsen, und dass die Beantwortung dieser Fragen ohne Einfluss auf die Rechtstellung des Steuerpflichtigen ist und die Rechtsanwendung durch Finanzbehörden und Finanzgerichte nicht berührt. Es geht mithin um staatliches Handeln, welches ohne unmittelbares Interesse für den Steuerpflichtigen ist. Anders würden die Dinge liegen, wenn die derzeit im Vordringen begriffene Mindermeinung (s. Anm. 9, 13) Eingang in die Rechtsprechung findet und damit de facto herrschende Meinung werden würde. Diese sieht im Treaty Overriding einen **Verstoß gegen höherrangiges Recht,** nämlich gegen Verfassungs- oder Gemeinschaftsrecht. Im Fall des Verfassungsverstoßes wäre die Norm nichtig – § 78 BVerfGG –, im Falle der Gemeinschaftsrechtswidrigkeit wäre die Norm – im Verhältnis zu Mitgliedstaaten der EU und zu Vertragsstaaten des EWR – aufgrund des Anwendungsvorrangs des Gemeinschaftsrechts unanwendbar (statt aller *Schroeder* in *Streinz*; EUV/EGV, 2003, Art. 249 EGV, Rz. 45). Beides würde die Rechtslage des betroffenen Steuerpflichtigen verändern. Behörden und Gerichte hätten sie unbeachtet zu lassen. Der Steuerpflichtige könnte sich hierauf berufen (zur systematischen Stellung dieser Argumente vgl. auch Anm. 38). **11**

cc) **Vereinbarkeit des Treaty Overriding mit Gemeinschaftsrecht**

In der Literatur wird oftmals nicht deutlich genug herausgestellt, dass es sich im Rahmen des § 20 AStG um mehrere Punkte handelt, hinsichtlich derer die Vereinbarkeit der Norm mit Verfassungsrecht und/oder Gemeinschaftsrecht in Frage gestellt werden kann. Zum einen geht es um das Treaty Overriding, und hier wiederum unterschieden zwischen den Bestimmungen des § 20 Abs. 1 und Abs. 2 (methodisch zutreffend *von Brocke/Hackemann*, DStR 2010 S. 368 (369); *Frotscher*, StbJb 2009/2010 S. 151 (163); *Brombach-Krüger*, Ubg. 2008 S. 324 (326, Fn. 9); *Lieber*, IStR 2009 S. 35 (36); *Scheipers/Maiwald*, IStR 2006 S. 472 (474), die dies für unterschiedliche Fälle regeln. Davon zu trennen sind die Fragen, ob – abgesehen von diesen Treaty Overriding – die Bestimmungen des § 20 auch aus anderen Gründen gegen Gemeinschaftsrecht verstoßen; in erster Linie sind dies die Grundfreiheiten des AEUV (vormals EG), vor allem die Niederlassungs- und die Kapitalverkehrsfreiheit. Die Frage ist dann nicht die, ob ein Treaty Overriding zulässig ist, sondern ob ein Verstoß gegen eben diese Grundfreiheiten vorliegt (zutr. *Bron*, IStR 2007 S. 431 (434); *Forsthoff*, IStR 2006 S. 509, *Frotscher* in FS *Schaumburg*, S. 687 (706 f)). Letztere Frage ist nach den allgemeinen Grundsätzen zu beantworten. Dies mag sich nicht bereits auf den ersten Blick hin aufdrängen, ihre Gebotenheit wird jedoch ohne weiteres deutlich, wenn man sich vergegenwärtigt, dass das Treaty Overriding als Verstoß gegen einen völkerrechtlichen Vertrag bereits für sich besehen einer rechtlichen Bewertung unterliegt, unabhängig davon, welcherart Wirkungen hiervon ausgehen. Und daneben können diese Grundfreiheiten verletzen, **12** zutr. *Scherer,* Doppelbesteuerung und Europäisches Gemeinschaftsrecht, S. 35. Man kann den Unterschied auch durch eine Analogie zur Theorie der Ethik oder der Moraltheologie erschließen, wo zwischen Aktunwert und Erfolgsunwert unterschieden wird.

Die Frage der Verfassungs- bzw. Gemeinschaftsrechtskonformität des Treaty Overriding als solchen stellt sich einheitlich für beide Absätze des § 20. Wir erörtern sie deshalb gewissermaßen vor die Klammer gezogen an dieser Stelle (s. Anm. 13 ff.). An welcher Stelle bei der Prüfung eines Falles diese Überlegungen Bedeutung erlangen können – also die Frage ihrer praktischen Bedeutung –, ergibt sich für § 20 Abs. 1 aus den Ausführungen in Anm. 38 und für § 20 Abs. 2 aus denjenigen in Anm. 163.

Fragen der Gemeinschaftsrechtskonformität wegen möglicher Verletzungen von Grundfreiheiten stellen sich auch hinsichtlich der Normen, auf die § 20 Abs. 1 Bezug nimmt. Es geht dabei also um diejenige der Hinzurechnungsbesteuerung nach Maßgabe der §§ 7 ff. und derjenigen des § 15. Was deren Gemeinschaftsrechtskonformität als solche anlangt, ist auf die Kommentierung zu den §§ 7 ff. und zu § 15 zu verweisen (s. *Gropp,* Einführung §§ 7–14 AStG Anm. 47–50; s. außerdem *Schulz,* § 15 AStG Anm. 11–15). Wir sprechen sie im Folgenden nur an, soweit dies zum Verständnis des § 20 geboten ist.

13 Die **Vereinbarkeit** des Treaty Overriding, welches von **§ 20 Abs. 2** ausgeht, **mit dem Gemeinschaftsrecht** war in der Vergangenheit vielfach bestritten worden (*Musil,* Deutsches Treaty Overriding, S. 114 ff.; *Kofler,* SWI 2006 S. 62; *Stein,* IStR 2006 S. 505). In der Rechtssache Columbus Container Services kam es deshalb zu dem Vorlagebeschluss des FG Münster (Beschluss vom 5.7.2005 15 K 1114/99 F, EW, EFG 2005 S. 1512). Der EuGH hat in seinem Urteil vom 6.12.2007, C-298/05, Columbus Container Services, Slg. 2007 I-10451, IStR 2008 S. 63 m. Anmerkung *Rainer*; EWS 2008 S. 39 m. Anmerkung *Bron*) entschieden, dass Art. 49 AEUV (bislang Art. 43 EG) und Art. 53 AEUV (bislang Art. 56 EG) – sie regeln die Niederlassungs- und die Kapitalverkehrsfreiheit – dahingehend auszulegen sind, dass sie der Regelung des § 20 Abs. 2 nicht entgegen stehen.

Teilweise ist die Entscheidung in dem Sinne verstanden worden, dass der EuGH das Treaty Overriding gebilligt habe und es gemeinschaftsrechtlich nicht zu beanstanden sei (*Gosch,* IStR 2008 S. 413 (420); *Kohlruss,* IStR 2008 S. 316 (317); *Vogel* in *Vogel/Lehner,* DBA, 5. Aufl., Einl. Rz. 199). Das ist indessen nicht der Fall. Vielmehr hat der Gerichtshof ausgeführt (Rdnr. 46 der Erwägungsgründe), dass er im Rahmen des Art. 267 AEUV (bislang Art. 234 EG) nicht dafür zuständig sei, festzustellen, ob ein Mitgliedstaat ein völkerrechtliches Abkommen verletzt hat (zutr. *Schönfeld/Wassermeyer* in *F/W/B,* § 20 AStG Rz. 51; *Brombach-Krüger,* Ubg. 2008 S. 324 (326): „treaty override eines DBA nicht als gemeinschaftsrechtlich relevanten Vorgang angesehen"; *Bron,* EWS 2008 S. 42), wobei als ‚Merkposten' festzuhalten bleibt, dass der EuGH seine Aussage durch die Formulierung „in diesem Verfahren", d. h. im Vorlageverfahren nach Art. 267 AEUV (bislang Art, 234 EG) etwas einschränkt. Für die hier allein interessierende Ableitung subjektiv-öffentlicher Rechte der Steuerpflichtigen dürften aber andere Verfahrensarten keine Ergebnisse erwarten lassen. Angesichts dessen erweisen sich Spekulationen darüber, was der EuGH „unausgesprochen unterstellt" – nämlich dass der Satz pacta sunt servanda gemeinschaftsrechtlich gelte (*Rosenthal,* IStR 2007 S. 610 (614) – als gegenstandslos. Der Standpunkt des Gerichtshofs erscheint auch konsequent und die Kritik daran nicht durchgreifend; die Einwendungen *Krafts* (§ 20 Rz. 74) stehen u. E. nicht in Einklang mit der Grundfreiheitendogmatik, die sich in der Rechtsprechung herausgebildet hat (vgl. dazu *Franck*, IStR 2007 S. 489). Wenn, wie der Gerichtshof unter Hinweis (Rdnr. 45 der Erwägungsgründe) auf die Entscheidung in der Rechtssache Kerckhaert & Morres (Urteil vom 14.11.2006, C-513/04, Slg. 2006 I-10967, Rdnr. 22), aber auch im Einklang mit einer abundanten Rechtsprechung (Urteil vom 12.5.1998 C 336/96, Gilly, Slg. 1998 I-2793) betont, dass die Mitgliedstaaten in der Verteilung und Abgrenzung der Besteuerungsrechte frei sind, ist auch eine Beurteilung dieser Frage durch den Gerichtshof nicht geboten.

Eine ganz andere und **hiervon deutlich zu trennende Frage** (zutr. *Bron*, IStR 2007 S. 431, *Brombach-Krüger*, Ubg. 2008 S. 324 (326)) ist die, ob durch das sog. switch over eine **Grundfreiheit beeinträchtigt** wird, ob hierfür Rechtfertigungsgründe bestehen oder ob sie zu einer Verletzung der Grundfreiheiten führen. Sie kann nicht allgemein, sondern muss für jede Norm gesondert beantwortet werden, zu § 20 Abs. 1 vgl. Anm. 72 und zu § 20 Abs. 2 vgl. Anm. 173.

Es ist die Frage erörtert worden, ob im Treaty Overriding eine Verletzung der **14** **Pflicht** der Mitgliedstaaten **zur loyalen Zusammenarbeit** nach Art. 5 EG liegt (bej. *Seer*, IStR 1997 S. 520 (522); *Kofler*, Doppelbesteuerungsabkommen und Europäisches Gemeinschaftsrecht, S. 607; *Scheipers/Maywald*, IStR 2006 S. 472 (473); *Schnitger*, FR 2005 S. 1079 (1082)). Diese Pflicht ist gegenwärtig in Art. 4 Abs. 3 EUV kodifiziert. Sie beinhaltet auch den Satz pacta sunt servanda (wohl auch *Rosenthal*, IStR 2007 S. 610 (614). Ihre Reichweite geht indessen nicht so weit, die Pflicht zur Erfüllung von völkerrechtlichen Verträgen zwischen einzelnen Mitgliedstaaten zu sanktionieren (so auch *Forsthoff*, IStR 2006 S. 509 (510); *Brombach-Krüger*, Ubg. 2008 S. 324 (325)). Ihr Inhalt dürfte eher in der Pflicht zur Rücksichtnahme bestehen (vgl. etwa *Hatje* in *Schwarze* (Hrsg.), EU-Kommentar, Art. 10 EGV RZ. 58 u. 59; *Zuleeg* in *von der Groeben/Schwarze*, Vertrag zur Gründung der Europäischen Gemeinschaft, 6. Aufl., 2003, Art. 10 Rz. 12). Eine Verletzung der Pflicht ist aber auch an Voraussetzungen gebunden, die ein Treaty Overriding als solches nicht erfüllt. Erforderlich ist, dass die durch das in Frage stehende Verhalten verletzte Verpflichtung der Funktionsfähigkeit der Gemeinschaft in ihrem Verhältnis zu den Mitgliedstaaten dient; dabei ist ein enger Zusammenhang vorausgesetzt. Das kann bei einem bilateralen DBA nicht angenommen werden (vgl. nochmals *Forsthoff*, IStR 2006 S. 509 (510); *Brombach-Krüger*, Ubg. 2008 S. 324 (325)).

Auch die Annahme *Koflers* (a. a. O., S. 607), die Beseitigung der Doppelbesteuerung gehöre zu den Zielen der Gemeinschaft, begründet jedenfalls, wie die Entscheidung des EuGH in der Rechtssache Gilly (EuGH, Urteil vom 12.5.1998 C 336/96, Gilly, Slg. 1998 I-2793) ausdrücklich in Rz. 16 ihrer Erwägungsgründe ausspricht, keine subjektiven öffentlichen Rechte des Steuerpflichtigen, und schließlich führt ein Treaty Override auch nicht notwendigerweise zu einer Doppelbesteuerung (so auch *Brombach-Krüger*, Ubg. 2008 S. 324 (325); *Forsthoff*, IStR 2006 S. 509, *Frotscher* in FS Schaumburg, 687 (700)). Die Entscheidung des EuGH in der Rechtssache Kerckhaert u. Morres (Urteil vom 14.11.2006, C-513/04, Slg. 2006 I-10967, Rdnr. 22) hat diesen Standpunkt nochmals bestätigt. Der kommentarlose Fortfall der Norm der Art. 293 EGV – sie ist im AEUV nicht mehr enthalten – bestätigt im Nachhinein, dass diese Ansätze sich im Ergebnis als nicht fundiert erwiesen haben, insbesondere aber, dass die Wirksamkeit der DBA keine Voraussztung für die Funktionsfähigkeit der Gemeinschaft ist.

15 Teilweise wurde angenommen, dass der frühere Art. 293 EG einem Treaty Overriding entgegenstehe; verletzt werde der Satz pacta sunt servanda (*Rosenthal*, IStR 2007 S. 610 (614)); dem ist aus den von *Bron* (IStR 2007 S. 431(434); *Forsthoff*, IStR 2006 S. 509 (510)) dargelegten Gründen nicht zu folgen. Hinzu kommt, dass Art. 293 EG keinerlei Pflichten oder Kompetenzen begründete, sondern es den beteiligten Staaten überließ, ob und mit welchem Inhalt DBA abgeschlossen wurden (EuGH, Urteil vom 12.5.1998 C 336/96, Gilly, Slg. 1998 I-2793). Das steht bereits der Möglichkeit entgegen, dass der Einzelne aus dieser Norm Rechte herleiten kann (*Wassermeyer/Schönfeld* in *F/W/B*, AStG, § 20 AStG, Rz. 51 ff), zum Fortfall des Art. 293 EG vgl. auch Anm. 14.

16 *Gosch* (IStR 2008 S. 413 (420)) hat den Gedanken entwickelt, dass ein Treaty Overriding das **dem Abkommen zu Grunde liegende Reziprozitätsverhältnis** störe. Hierin liegt auf einen ersten Blick hin, wie auch *Gosch* nicht verkennt, kein Umstand, der gemeinschaftsrechtliche Relevanz haben könnte. Er weist aber darauf hin, dass nach der Rechtsprechung des EuGH (z. B. EuGH vom 12.12.2002, C-385/00, de Groot, IStR 2003 S. 58 m. Anmerkung *Hahn*; vom 23.2.2006, C-513/03, van Hilten – van der Heijden, IStR 2006 S. 309) die Übereinstimmung einer DBA-Norm mit der entsprechenden des OECD-MA für die Angemessenheit der dort zwischen den Staaten getroffenen Regelung spricht. So besehen habe die Reziprozität des jeweiligen Abkommens gemeinschaftsrechtliche Relevanz. Wir folgen dem nicht. Es erscheint zwar denkbar, dass eine solche Störung das Reziprozitätsverhältnisses gegen die Angemessenheit der Verteilung der Besteuerungsrechte spricht. Darin würde jedoch kein Verstoß gegen Gemeinschaftsrecht liegen, da deren Aufteilung in Rahmen der Autonomie der Mitgliedstaaten liegt (st. Rspr. EuGH vom 12.5.1998 Rs. C-336/96, Gilly, Slg. 1998 I-2793, Rdnr. 46-54; Urteil vom 12.12.2006 C-374/04, The Test Claiments in Class IV of the ACT Group Litigation, IStR 2007 S. 138 Rdnr. 81).

17 Im Ergebnis sprechen nach dem derzeitigen Stand des Gemeinschaftsrechts **keine Gründe** für die Annahme, ein **Treaty Overriding als solches verstoße** gegen dessen Bestimmungen. Hiervon zu unterscheiden ist die Frage, ob im jeweiligen konkreten Fall durch das Treaty Overriding **Grundfreiheiten beeinträchtigt** werden, dazu zu § 20 Abs. 1 vgl. Anm. 25, zu § 20 Abs. 2 vgl. Anm. 164. Die Norm des § 20 weist darüber hinaus dadurch eine Gemengelage mit anderen gemeinschaftsrechtlichen Fragestellungen auf, dass sie sowohl in ihrem Absatz 1 als auch in ihrem Absatz 2 auf die §§ 7 ff. verweist, deren Gemeinschaftsrechtskonformität ihrerseits fraglich ist.

18 bis 20 *(einstweilen frei)*

dd) Vereinbarkeit des Treaty Overriding mit Verfassungsrecht

21 Die Diskussion der verfassungsrechtlichen Zulässigkeit eines Treaty Overriding geht ganz überwiegend (vgl. aber Anm. 25) vom Rechtsstaatsprinzip aus. Hinsichtlich des von der Kritik herangezogenen Teilgehalts des Rechtsstaatsprinzips des Vorrangs des Gesetzes, dass also der Staat bei der Ausübung der Staatsgewalt an Gesetz und Recht gebunden ist und gegen sie nicht verstoßen darf (vgl. *Sommermann* in *von Mangoldt/Klein/Starck*, GG Art. 20 Abs. 3 Rz. 271), ist die Argumentation freilich zirkulär. Diese Kritik wird meist dahingehend formuliert (*Vogel*, JZ 1997 S. 161; ausdrücklich zustimmend *Mössner*, in Liber Amicorum Seidl-Hohenveldern, S. 459 (461); *Vogel*. FS Höhn, 1995 S. 461; *ders.* in *Vogel/Lehner*, 5. Aufl., 2005, Einl. Rz. 205; *Weigel*, IStR 2009 S. 636 (639)); *Rust/Reimer*, IStR 2005 S. 843; *Wohlschlegel*, FR 1993 S. 48), es verstoße gegen das **Rechtsstaatsprinzip des Art. 20 Abs. 3 GG,** wenn staatliche Organe Rechtsnormen vollziehen und anwenden, die einen Verstoß gegen Völkerrecht darstellen. Das führe zur Nichtigkeit entsprechender Normen. Die Zirkularität dieser Argumentation beruht darauf, dass die Bindung an Recht und Gesetz diejenige an Art. 59 Abs. 2 Satz 1 GG zwangsläufig einschließt. Aus dieser Norm folgt aber, dass völkerrechtliche Verträge im internen Recht den Rang einfachen Rechts erlangen und nach der Regel lex posterior derogat legi priori verdrängt werden können (Nachweise der steuerlichen Literatur und Rechtsprechung in Anm. 6, zur übereinstimmenden h. L. im Verfassungsrecht *Hopfauf* in *Schmidt-Bleibtreu/Hofmann/Hopfauf*, GG, Kommentar, 12. Aufl., 2011, Art. 59 Rz. 117; *Kemper* in *von Mangoldt/Klein/Starck,* GG, Kommentar, 6. Aufl., 2010, Art. 59 Abs. 2 Rz. 93; a. A. *Daragan,* IStR 1998 S. 225 (226)). Die Bindung an diese Verfassungsnorm ist keine geringere als diejenige an den jeweiligen völkerrechtlichen Vertrag.

Diese Zirkularität der Argumentation lässt sich dadurch beseitigen, dass man zwar die Lehre von den zwei Rechtskreisen – demjenigen des Völkerrechts und demjenigen des nationalen – akzeptiert, sich aber gewissermaßen auf die Seite des **Rechtskreises des Völkerrechts** schlägt. Die Argumentation ist dann die Folgende: Nach ganz h. L. sind die allgemeinen Grundsätze des Völkerrechts ohne weiteres Bestandteil des internen deutschen Rechts. Anders als die völkerrechtlichen Verträge bedarf es insoweit keines Zustimmungsgesetzes. Zu diesen allgemeinen Grundsätzen des Völkerrechts rechnet der Satz pacta sunt servanda. Daraus wäre zu folgern, dass dieser Satz ohne weiteres Bestandteil des deutschen innerstaatlichen Rechts ist und eine Verletzung eines DBA die Verletzung dieses Satzes des innerstaatlichen Rechts bedeutet. Das wiederum wäre die Verletzung des Rechtsstaatsprinzips mit seinem Teilgehalt der Bindung staatlichen Handelns an Gesetz und Recht (z. B. *Eckert,* RIW 1992 S. 386 (387)). Dem ist entgegengehalten worden, dass der Umstand, dass der Satz pacta sunt servanda Bestandteil der allgemeinen Völkerrechts ist, nicht bewirkt, dass die Einzelbestimmungen eines konkreten Abkommens selbst zu solchen allgemeinen Regeln gehören. Das entspricht völkerrechtlicher (*Berber,* Lehrbuch des Völkerrechts, Bd. I, 1975 S. 102) und staatsrechtlicher (*Hopfauf* in *Schmidt-Bleibtreu/Hofmann/Hopfauf,* GG, Kommentar, 12. Aufl., 2011, Art. 59 Rz. 116; *Kemper* in *von Mangoldt/Klein/Starck,* GG, Kommentar, 6. Aufl., 2010, Art. 59 Abs. 2 Rz. 92) Lehre und der Rechtsprechung des BVerfG (Urteil vom 26.3.1957, 2 BvG 1/55, BVerfGE 6 S. 309; Beschluss vom 9.6.1971 2 BvR 225/69, BVerfGE 31 S. 145 (177); ähnlich BVerfG vom 17.12.1975 1 BvR 548/68, BVerfGE 41 S. 88 (120)), die uns überzeugend erscheinen (zust. auch *Brombach-Krüger,* Ubg. 2008 S. 324 (329); *Frotscher,* StbJb 2009/2010 S. 151 (156); *ders.,* in FS *Schaumburg,* S. 687 (698); *Gosch,* IStR 2008 S. 413 (418); *Scherer,* Doppelbesteuerung und Europäisches Gemeinschaftsrecht, S. 34). Die einzelnen DBA-Normen erlangen somit keinen höheren Rang als denjenigen einfachen Rechts und ihre Verletzung durch nationales Recht bedeutet deshalb keinen Verstoß gegen höherrangiges Recht. Die aus Art. 59 Abs. 2 Satz 1 hergeleitete Argumentation beruht zugleich auf einem Umkehrschluss aus Art. 25 GG, wonach nur die allgemeinen Grundsätze des Völkerrechts ohne weiteres Bestandteil des innerstaatlichen Rechts darstellen. Hiergegen wendet sich *Vogel* (JZ 1997 S. 161 (165)). Er vertritt die Ansicht, dass Art. 25 GG nicht ausschließe, dass „bestimmte besondere Regeln aufgrund anderer verfassungsrechtlicher Gesichtspunkte den Gesetzen ebenfalls vorgehen" können und damit am Vorrang der Verfassung teilnehmen (abweichend BFH vom 13.7.1994 I R 120/93, BStBl II 1995 S. 129).

23 Man kann ebenfalls versuchen, die **Verbindung zwischen Völkerrecht und internem Recht** durch eine **wertende Betrachtung** herzustellen. In diese Richtung weisen diejenigen Auffassungen, die auf den **Grundsatz der Völkerrechtsfreundlichkeit des GG** zurückgreifen, wie er in dessen Art. 25 zum Ausdruck gebracht wird. (a. A. *Langbein*, RIW 1984 S. 531 (539): es handele sich nur um einen unverbindlichen Gedanken). Er soll nach der Ansicht einiger Autoren (*Eckert*, RIW 1992 S. 386 (387)) eine Unzulässigkeit des Treaty Overriding begründen. *Vogel* (in *Vogel/Lehner*, 5. Aufl., 2005, Einl. Rz. 205) zieht diesen Grundsatz als ein die Auslegung der Art. 20, 28 GG leitendes Prinzip heran. Das Ergebnis dieser Überlegungen müsste in einem Verständnis des Rechtsstaatsprinzips für den speziellen Fall der völkerrechtlichen Verträge sein, welches in den Ausdruck „Gesetz und Recht" in Art. 20 Abs. 2 GG die völkerrechtlichen Verträge in den Kreis des internen Rechts einbezieht und die Beachtung des Art. 59 Abs. 2 Satz 1 suspendiert. Demgegenüber wird darauf hingewiesen, dass der Grundsatz der Völkerrechtsfreundlichkeit ein die Auslegung leitendes Prinzip ist. Seine Reichweite werde überschritten, wenn es dafür in Anspruch genommen werde, die Geltung von Normen, wie hier derjenigen des Art. 59 Abs. 2 GG, zu beseitigen oder zu begrenzen (*Musil*, RIW 2006 S. 287 (289); *Eckert*, RIW 1992 S. 386 (387)). Wir halten letzteren Einwand für durchgreifend, denn die auslegungsleitende Wirkung eines Rechtsprinzips setzt voraus, dass Auslegungsspielräume bestehen, und deren Grenzen sind auch diejenigen seines Wirkungsbereichs. Eine solche Grenze setzt indessen Art. 59 Abs. 2 Satz 1 GG. Der Grundsatz der Völkerrechtsfreundlichkeit kann nicht so weit reichen, dass er die Regelung des Art. 59 Abs. 2 Satz 1 GG in Teilen unanwendbar macht (ähnlich *Brombach-Krüger*, BB 2009 S. 924 (925)). In diesen Rahmen gehört auch die Überlegung, ein Treaty Overriding sei nur zulässig, wenn hierfür sachliche Gründe von besonderem Gewicht vorliegen, zu denen jedoch das Ziel der Missbrauchsabwehr und dasjenige der Deckung des staatlichen Finanzbedarfs nicht rechneten (*Daragan*, IStR 1998 S. 225 (226f). Es bedürfe insoweit jeweils einer Abwägung (*Drüen* in *Tipke/Kruse*, § 2 AO Rz. 5a). Aus den genannten Gründen ist auch dieser Argumentation nicht zu folgen. Durch Abwägungen kann positives Recht nicht überspielt werden, sondern sie kann nur stattfinden in den Räumen, die das positive Recht hierfür offen lässt. Die Anwendungsbreite des Grundsatzes der Völkerrechtsfreundlichkeit des GG, den die Vertreter dieser Ansichten ihm beilegen müssen, überspielt die Bestimmung des Art. 25 GG (*Brombach-Krüger*, Ubg. 2008 S. 324 (329); *Scherer*, Doppelbesteuerung und Europäisches Gemeinschaftsrecht, S. 36).

24 Die Diskussion über die verfassungsrechtliche Zulässigkeit des Treaty Overriding ist zum vorläufig letzten Mal belebt worden durch den **Beschluss des BVerfG** in der **Rechtssache Görgülü** (vom 14.10.2004, BvR 1481/04, BVerfGE 111 S. 307; JZ 2004 S. 1171 m. Anmerkung *Klein;* IStR 2005 S. 31, und *Vogel*, IStR 2005 S. 29; vgl. auch BVerfG, Beschluss vom 26.10.2004, 2 BvR 955/00, 1028/01, BVerfGE 112 S. 1). Aus dem Urteil ergibt sich nach Ansicht Vieler (*Gosch*, IStR 2008 S. 413 (414); *Rust/Reimer*, IStR 2005 S. 843 (848); *Stein*, IStR, 2006 S. 505 (508); *Vogel*, IStR 2005

S. 39; *Weigell*, IStR 2009 S. 636)), dass die innerstaatlichen Organe grundsätzlich auch das Vertragsvölkerrecht beachten müssten; an sich zulässige Ausnahmen kämen bei DBA nicht in Betracht. Das Urteil betrifft die Europäische Menschenrechtskonvention und damit eine Situation, die derjenigen der DBA entspricht, denn auch sie hat im internen deutschen Recht den Rang einfachen Rechts. Dem Beschluß des BVerfG wird insoweit die Aussage entnommen, dass ein Treaty Overriding nur dann zulässig ist, wenn „nur auf diese Weise ein Verstoß gegen tragende Grundsätze der Verfassung abzuwenden ist". Daraus zieht diese Ansicht den Umkehrschluss dahingehend, dass im übrigen der Gesetzgeber von Verfassungs wegen gehalten sei, völkerrechtliche Verträge zu beachten, so dass ein Treaty Overriding einen Verstoß gegen das Rechtsstaatsprinzip des Art. 20 Abs. 3 GG bedeute und die Norm des innerstaatlichen Rechts deshalb nichtig sei (*Stein*, IStR 2006 S. 505 (509); *Vogel*, IStR 2005 S. 29; *Kempf/Bandl*, DB 2007 S. 1377 (1381)); bei Vorliegen wichtiger Gründe könne dies anders sein, aber dann müsse hinzukommen, dass eine dadurch gebotene Beendigung nicht rechtzeitig erreichbar sei (*Rust/Reimer*, IStR 2005 S. 843 (848f)); dafür, dass letzteres in der Regel bei DBA nicht in Betracht komme, weisen sie auf die in aller Regel kurzen Kündigungsfristen in den DBA hin. Die Validität der Argumentation steht und fällt mit der Richtigkeit des Umkehrschlusses, der sich auf eine Formulierung aus den Begründungserwägungen der Görgülü-Entscheidung stützt. Gegen diese Inanspruchnahme dieser Entscheidung für die referierten Auffassungen spricht der Umstand, dass nach Auffassung anderer Autoren (*Klein*, JZ 2004 S. 1176; *Papier*, EuGRZ 2006 S. 1 (2)) die Entscheidung eine ständige Rechtsprechung des Gerichts zur völkervertragsfreundlichen Auslegung des einfachen Rechts fortführt und nur die Frage, ob jene Entscheidung „geltendes Recht in grundrechtsrelevanter Weise nicht beachtet habe" der verfassungsgerichtlichen Überprüfung über die Rüge einer Verletzung des Rechtsstaatsprinzips zugänglich gemacht hat (*Papier*, EuGRZ 2006 S. 1 (2)). Das BVerfG konnte so vorgehen, weil es die Aussagen der EGMR zu Art. 8 der EMRK als Inhaltsbestimmungen auch des Art. 6 GG betrachtete, dies ebenfalls in Einklang mit einer ständigen Rechtsprechung. Es ist dementsprechend nicht der völkerrechtliche Vertrag (in Gestalt der EMRK), der den Prüfungsmaßstab abgegeben hatte, sondern das GG (zutr. *Weidmann/Jansen*, IStR 2010 S. 596 (599) vgl. auch *Meyer-Ladewig*, NJW 2005 S. 15 (19)). In den hier interessierenden Konstellationen des Treaty Overriding gibt es demgegenüber eine einschlägige Verfassungsnorm nicht. Dementsprechend ist auch die Berechtigung eines Umkehrschlusses auf einer solchen Grundlage bestritten worden. Wir teilen letztere Auffassung im Einklang mit Stimmen der Literatur (*Musil*, IStR 2006 S. 287 (289); *Forsthoff*, IStR 2006 S. 509; *Frotscher* in FS *Schaumburg*, S. 687 (704)), ohne dass dies hier im einzelnen begründet werden kann, kritisch zur Übertragung von Entscheidungen, die zur EMRK ergangen sind, auf die Stellung der DBA *Brombach-Krüger*, Ubg. 2008 S. 324 (329): sie weist auf den inhaltlichen Unterschied zwischen Normen der DBA und solchen des „humanitären Völkerrechts" hin.

Eine beachtliche Argumentation, die freilich die läuternde Wirkung der wissenschaftlichen Diskussion noch nicht durchschritten hat, richtet sich nicht generell gegen das Treaty Overriding, kann sie aber treffen. Sie richtet sich gegen solche Bestimmungen, die „in die **subjektiv-öffentlichen Rechte** der Steuerpflichtigen in grundrechtlich relevanter Weise eingreifen" (*Frotscher*, IStR 2009 S. 593 (598); *ders.*, StbJb 2009/2010 S. 151 (163ff); *ders.*, in FS *Schaumburg*, S. 687 (704, 707); **25**

Daragan, IStR 1998 S. 225 (226); mit eingehenden Argumentationen diese Überlegungen weiterführend *Weidmann/Jansen*, IStR 2010 S. 596 (596); beachtliche Gegengründe bietet *Mitschke*, DB 2010 S. 303 (305). Der Steuerpflichtige habe z. B. in bestimmten Konstellationen aufgrund des in Frage stehenden DBA ein Recht auf Vermeidung der Doppelbesteuerung; eine durch ein Treaty Overriding gleichwohl ausgelöste Doppelbesteuerung verletze ihn dann u. U. in seinen Rechten aus Art. 14 GG. Diese Überlegungen sind bereits angelegt in der Argumentation der verfassungsgerichtlichen Rechtsprechung (z. B. BVerfG, Beschluss vom 14.5.1986, 2 BvL 2/83, BVerfGE 72 S. 200), die im Zusammenhang mit der Bestimmung der Grenzen der Rückwirkung auf die grundrechtlich geschützten Positionen des Steuerpflichtigen abhebt. Es entspricht dies ebenfalls der Sichtweise, die die Judikatur des Europäischen Gerichtshofs für Menschenrechte im Zusammenhang mit der Rückwirkung entwickelt hat. Die hiermit verbundenen Fragen können derzeit noch nicht als geklärt angesehen werden.

26 Eine **Stellungnahme** muss indessen – besonders für die Rechtspraxis – zwei unterschiedliche Gedankenkreise berücksichtigen, einen **juristischen** und einen mehr **rechtspolitischen bzw. rechtsprechungspolitischen** (s. dazu Anm. 30). Vom juristischen Standpunkt aus erscheinen die Einwendungen gegen die (noch) h. L. sämtlich nicht überzeugend. Ihr und der Rechtsprechung folgend (BFH vom 13.7.1994 I R 120/93, BStBl II 1995 S. 129; vom 20.3.2002 I R 38/00, BStBl II 2002 S. 819) müsste deshalb davon ausgegangen werden, dass ein **Treaty Overriding nicht gegen Verfassungsrecht verstößt** und die innerstaatlichen Normen, von denen ein solches ausgeht, uneingeschränkt anzuwenden sind (so *Brombach-Krüger*, Ubg. 2008 S. 324 (329); *Bron*, IStR 2007 S. 431 (434); *Busch/Trompeter*, IStR 2005 S. 510 (513); *Frotscher*, IStR 2009 S. 593 (598); *ders.*, StJb 2009/2010 S. 151 (163 ff.); *ders.*, in FS *Schaumburg*, S. 687 (704, 707); *Wassermeyer* in Debatin/Wassermeyer, Art. 1 OECD-MA Rz. 12). Dabei ist die Kritik in einem entscheidenden Punkte noch weitergehend in Frage zu stellen, als dies bislang in der Diskussion geschehen ist.

27 Das Treaty Overriding wird in der Literatur umstandslos als Vertragsbruch i. S. d. Art. 60 WÜRV bezeichnet (*Bron*, IStR 2007 S. 431 (435); *Busching/Trompeter*, IStR 2005 S. 510; *Frotscher*, StbJb 2009/2010 S. 151 (160); *Leisner*, RIW 1993 S. 1013 (1015); *Linn*, IStR 2010 S. 542; *Musil*, Deutsches Treaty Overriding, S. 40; *ders.*, RIW 2006 S. 287 (288); *Schollmeier*, EWS 1992 S. 137 (140); *Vogel*, JZ 1997 S. 161 (162); *ders.*, IStR 2005 S. 29). Maßgebend für die Frage, ob ein Vertragsbruch vorliegt, ist, wie die Literaturstimmen teilweise auch nicht verkennen, jedoch nicht weiter erörtern (z. B. *Musil*, Deutsches Treaty Overriding, S. 40) die Bestimmung des Art. 60 WÜRV. Erforderlich ist nach dessen Absatz 1 eine „erhebliche" Verletzung: ein „material breach", eine „violation substantielle". Dieses Erfordernis, welches auch bereits in der älteren völkerrechtlichen Lehre aufgestellt worden war (*Berber*, Lehrbuch des Völkerrechts, Bd. I, 1960, § 70, S. 456), zwingt zu einer klaren Differenzierung: Es „ist eine leichte Verletzung von wesentlichen Bestimmungen bzw. eine schwerwiegende Verletzung von Randbestimmungen nicht ausreichend" (*Dahm/Delbrück/Wolfrum*, Völkerrecht, 2. Aufl., 2002, Bd. I/3, S. 735; ähnlich *Brownlie*, Principles of Public International Law, 7. Aufl., 2008, S. 622). Nach herrschender Auffassung dient dieses qualifizierende Erfordernis der Stabilisierung der Verträge. Es soll dem entgegenwirken, dass allfällige Vertragsverletzungen unterhalb dieser Schwelle es dem anderen Staat ermöglichen, sich seinerseits den

Verpflichtungen aus dem Vertrag zu entziehen, etwa im Wege der als Rechtsfolge von Art. 60 Abs. 1 WÜRV an sich vorgesehenen Suspension. Nach dessen Absatz 3 liegt, soweit hier in Betracht kommend, „eine erhebliche Verletzung im Sinne dieses Artikels" in einer Verletzung „ b) einer für die Erreichung des Vertragsziels oder des Vertragszwecks wesentlichen Bestimmung" (Nachweise der Judikatur bei *Ipsen*, Völkerrecht, 4. Aufl., 1999, § 15 Rz. 9). Am Erfülltsein dieser Voraussetzung bestehen für die in § 20 geregelten Fälle erhebliche Zweifel. Sie ergeben sich zum einen daraus, dass das Besteuerungsrecht des anderen Staates in der Regel nicht beeinträchtigt sein wird. Zum anderen werden die von ihm erhobenen Steuern angerechnet, so dass eine Doppelbesteuerung tendenziell vermieden wird, was zugleich bedeutet, dass die Zwecke des DBA nicht beeinträchtigt werden (unzutreffend *Schollmeier*, EWS 1992 S. 137 (140), der dies sieht, aber als unerheblich ansieht). Aus diesen Gründen steht bereits die Prämisse der Kritik, die in der Annahme besteht, es liege ein Vertragsbruch i. S. d. Art. 60 WÜRV vor, auf völlig ungesicherter Grundlage. In dem einschlägigen Verfahren vor dem EuGH, in der Rechtssache Columbus Container Services (Urteil vom 6.12.2007, C-298/05, Slg. 2007 I-10451, IStR 2008 S. 63 m. Anmerkung *Rainer*), hat Belgien, der vom deutschen Treaty Overriding betroffene Staat, dies denn auch nicht gerügt. Auch generell erlaubt eine Vertragsverletzung der betroffenen Vertragsseite lediglich, das Verfahren i. S. d. Art. 65 ff. WÜRV einzuleiten, welches zur Feststellung der entsprechenden Rechtsfolgen führt. Seine Einleitung steht im Belieben des Vertragsstaats (*Simma*, Universelles Völkerrecht, 3. Aufl., 1984, S. 812; *Doehring*, Völkerrecht, 2. Aufl., 2004, S. 371). Er kann mithin, wie es denn auch in der Praxis geschieht, die Vertragsverletzung hinnehmen. Da dem Steuerpflichtigen aus einem DBA aber nicht mehr Rechte zuwachsen können, als dieses für die beteiligten Staaten begründet, ist nicht zu erkennen, wie sich aus einem Treaty Overriding für diesen Rechte ergeben können, die der betroffene Staat nicht geltend macht.

Die Divergenz zwischen völkerrechtlichem Rechtsverstoß und innerstaatlicher Rechtmäßigkeit ist als solche Konsequenz des Art. 59 Abs. 2 Satz 1 GG und der hierin zum Ausdruck gekommenen Theorie, die das Verhältnis zwischen Völkerrecht und Landesrecht als das zweier voneinander getrennter Rechtskreise versteht. Die Aussage der Norm ist in dieser Hinsicht eindeutig. Der Gesetzgeber des Grundgesetzes hat sie bewusst rezipiert, denn die zu Grunde liegende Problematik war ebenso wie die völkerrechtlichen Doktrinen, die zu ihrer Lösung bereit standen, zum Zeitpunkt der Schaffung des Art. 59 GG jedermann, der sich mit diesen Fragen zu befassen hatte, bekannt und selbstverständlich auch den Teilnehmern der verfassungsgebenden Versammlung (und schon längst Gegenstand klassischer Abhandlungen geworden, etwa *Triepels* „Völkerrecht und Landesrecht" – aus dem Jahre 1899; *Kelsens* „Das Problem der Souveränität und die Theorie des Völkerrechts" von 1920). Es liegt mithin eine **bewusste Entscheidung des Grundgesetzgebers** vor, und über dessen in dieser Weise deutlich ausgesprochenen Willen zur (Teil-) Rezeption der sog. (gemäßigt) dualistischen Theorie kann sich die Auslegung der Norm nicht hinwegsetzen (*Scherer*, Doppelbesteuerung und Europäisches Gemeinschaftsrecht, S. 22). Wenn der Verfassungsgeber die Gerechtigkeitsdefizite ebenso drängend empfinden sollte, wie es die Kritik derzeit tut, bietet sich die Änderung der Art. 25 und Art. 59 Abs. 2 GG jederzeit an. 28

29 Was andererseits den mehr **rechtspolitischen Gedankenkreis** anlangt, so steht die Rechtsanwendung unter einem erheblichen Druck und dies mit zunehmender Tendenz – so konstatieren es *Drüen* in *Tipke/Kruse*, § 2 AO Rz. 5a und *Bron*, IStR 2007 S. 431 (434). Gegen die herrschende und auch hier vertretene Lehre sprechen sich *Fischer-Zernin* in *G/K/G*, DBA-Kommentar, Grundlagen Teil 1 Abschn. 3 Rz. 45; *Leisner*, RIW 1993 S. 1013; *Rust/Reimer*, IStR 2005 S. 843; *Vogel*, JZ 1997 S. 161; *ders.*, in *Vogel/Lehner*, 5. Aufl., 2005, Einl. Rz. 205 aus; a. A. aber z. B. *Wassermeyer* in *Debatin/Wassermeyer*, MA, Vor Art. 1 Rz. 9.

Gosch (IStR 2008 S. 413 (414)) führt zu den oben erwähnten Entscheidungen des BVerfG aus, diese seien zwar zur EMRK und dem deutschen innerstaatlichen Recht ergangen; sie veranlassten aber „zu hinterfragen, ob die bisherigen Positionen zum Rangverhältnis von DBA einerseits und dieses überlagernden unilateralem Recht andererseits so ohne weiteres aufrechterhalten bleiben können". Hieraus folge die „Verpflichtung aller Staatsorgane, die Bundesrepublik bindenden Völkerrechtsnormen zu befolgen und Verletzungen nach Möglichkeit zu unterlassen." Der Gesetzgeber selbst sei „von Verfassungs wegen (und damit basierend auf dem Rechtsstaatsgebot des Art. 20 Abs. 3) in die Pflicht genommen, Völkervertragsrecht zu beachten; ...".

In Konsequenz dessen hat der **BFH** in einem **Beschluss vom 19.5.2010** (I B 191/09, BStBl II 2011 S. 156, RIW 2010 S. 811; IStR 2010 S. 530, dazu *Gerhardt*, IStR 2011 S. 58) seine Entscheidung neben anderen Gründen auch auf ernstliche Zweifel daran gestützt, ob das dort vorliegende Treaty Overriding verfassungsgemäß sei. Bislang noch nicht erörterte Gesichtspunkte enthalten die Beschlussgründe, wie in einem auf die Gewährung vorläufigen Rechtsschutzes gerichteten Verfahren auch nicht erwartbar, nicht. Auch ist die Entscheidung in der Hauptsache dadurch nicht vorbestimmt. Gleichwohl ist die Bereitschaft des Gerichtshofs erkennbar, von seiner bisherigen Rechtsprechung abzuweichen, andernfalls er sich auf einen Verweis auf seine bisherige Rechtsprechung hätte beschränken können. Für die **Beratungspraxis** ergibt sich daraus eine etwas diffuse Situation. Steht fest, dass im konkreten Fall tatsächlich ein Treaty Overriding vorliegt (vgl. zu Fallprüfung Anm. 38), wird sich der Steuerpflichtige die Kritik zu eigen zu machen und mit den oben referierten Begründungen die hierauf beruhenden **Bescheide anfechten**. Er muss andererseits in Rechnung stellen, dass die Verwaltung nahe liegender Weise keinen Anlass sehen wird, aufgrund einer in einem Eilverfahren ergangenen Entscheidung von der bislang herrschenden Meinung abzuweichen. Die Rechtsansicht der Kritik kann mithin allenfalls im Hauptsacheverfahren durchgesetzt werden. In Bezug auf ein Hauptsacheverfahren ist ebenfalls in Rechnung zu stellen, dass es der Verwaltungspraxis entspricht, die Rechtsfrage einer Entscheidung durch den BFH zuzuführen; der Steuerpflichtige muss also zwei Instanzen in Rechnung stellen. Der BFH wäre zunächst gehalten, käme es im zu entscheidenden Fall ausschließlich auf die Zulässigkeit eines Treaty Overriding an, eine **verfassungskonforme Auslegung der Norm** zu versuchen (dazu *Rust/Reimer*, IStR 2005 S. 843 (845 f)). Diese Möglichkeit hat Vorrang vor der Vorlage beim BVerfG. Nur dann, wenn dies nicht möglich ist, wird der BFH die Frage nach Maßgabe des Art. 100 Abs. 1 Satz 1 GG dem BVerfG vorlegen.

Für die Beurteilung durch das BVerfG gilt die oben beschriebene Tendenz nicht. Weder hat sich bislang ein Mitglied des BVerfG öffentlich geäußert, noch spricht eine überwiegende Wahrscheinlichkeit dafür, dass es von seiner Rechtsprechung in der Rechtssache Görgülü (vom 14.10.2004, BvR 1481/04, BVerfGE 111 S. 307; JZ 2004 S. 1171 m. Anmerkung *Klein;* IStR 2005 S. 31; ferner auch BVerfG, Beschluss vom 26.10.2004, 2 BvR 955/00, 1028/01, BVerfGE 112 S. 1) abrücken wird (vgl. Anm. 24), die aber nicht zur Annahme der Verfassungswidrigkeit führt, sondern eine Pflicht zur ‚Berücksichtigung' von Entscheidungen des EGMRK angenommen hat (zur Beurteilung aus verfassungsrechtlicher Sicht *Papier,* EuGRZ 2006 S. 2).

b) Gründe, die ein Treaty Overriding ausschließen

Unter bestimmten Voraussetzungen liegt trotz einer Kollision der §§ 7 ff., 15 oder 20 Abs. 2 kein Treaty Overriding vor. Bevor mithin in eine Erörterung der damit verbundenen komplizierten und strittigen Fragen eingetreten wird, empfiehlt es sich für die Praxis die Gründe zu prüfen, die sein Vorliegen ausschließen. **30**

aa) Allfällige Änderungen des nationalen Rechts

Nach allgemeiner Auffassung stellen **Änderungen des internen Rechts, die sich im Rahmen des Abkommens halten,** kein Treaty Overriding dar (*Vogel* in *Vogel/Lehner,* DBA, Einl. Rz. 182 und Art. 23 Rz. 138; *Wassermeyer* in *Debatin/Wassermeyer,* Art. 1 Rz. 58; *Gosch,* IStR 2008 S. 413 (414); *Musil,* Deutsches Treaty Overriding, S. 34; *Stein,* IStR 2006 S. 505 (507); *Tulloch,* DB 1992 S. 1444; *Richter,* IStR 2002 S. 653 (654)). Das ist die Konsequenz der elementaren Einsicht, dass jede Änderung einer Norm des internen Rechts Auswirkungen auf die Anwendung des jeweiligen Abkommens haben und auch Änderungen der ursprünglich vereinbarten Verteilung der Besteuerungsmaterie bewirken kann. Würde man hierin stets eine Vertragsverletzung sehen, so käme es zu einer „Versteinerung" der Rechtsordnungen, die deren Funktionsfähigkeit beeinträchtigen würde (*Langbein,* RIW 1984 S. 531). Mit der Abgrenzung zwischen allfälligen Änderungen des internen Rechts und dem eigentlichen Treaty Overriding ist ein Abgrenzungsproblem angesprochen, welches (jedenfalls in der Theorie) schwierig ist und für welches bisher kein allgemein akzeptierter Grundsatz formuliert werden konnte. So wird die Bestimmung des § 15 KStG teils als solche allfällige Anpassung gesehen (*Frotscher,* StbJb 2009/2010 S. 151), teils als Treaty Overridimg (*Kempf/Bandl,* DB 2007 S. 1377). In der Literatur behilft man sich mit der Formel, dass Änderungen, die nicht gegen den Geist des DBA verstoßen, zulässig sind und deshalb kein Treaty Overriding darstellen. Eine solche Grenze, innerhalb derer eine Änderung des internen Rechts deshalb unbedenklich ist, wird in den DBA ohne weiteres vorausgesetzt. In Art. 2 Abs. 4 S. 3 des OECD-MA z. B. wird den Staaten vorgeschlagen zu vereinbaren, dass die zuständigen Behörden der Vertragsstaaten einander „die in ihren Steuergesetzen eingetretenen bedeutsamen Änderungen mit(teilen)." **31**

Zu dieser Kategorie gehören auch solche Normen, die den Inhalt des Abkommens **lediglich klarstellen.** Auch sie stellen kein Treaty Overriding dar. *Frotscher* (StbJb 2009/2010 S. 151 (152)) macht den Vorbehalt, dass dies nur dann gelte, wenn dieses Auslegungsergebnis im Rahmen „international anerkannter Auslegungsregeln" erreichbar sei. Dem ist zuzustimmen.

bb) Spezielle Vorbehalte

Ein Treaty Overriding liegt dann nicht vor, wenn Deutschland sich durch entsprechende Klauseln im einschlägigen DBA z. B. **die Anwendung der Hinzurechnungsbesteuerung vorbehalten hat** (*Gosch,* IStR 2008 S. 413 (414); *Prokopf* in **32**

S/K/K, § 20 Rz. 47; *Rust/Reimer*, IStR 2005 S. 843 (846)). Im DBA USA vom 28.12.2007 ist z. B. in Art.1 Nr. 6 des Änderungsprotokolls vom 1.6.2006 (BGBl II 2006 S. 1184) die Anwendung des § 20 Abs. 2 AStG vorbehalten (*Wolff/Eimermann*, IStR 2006 S. 837). Im DBA Schweiz ist dies zeitgleich mit dem Inkrafttreten des AStG geschehen (dazu *Flick*, BB 1971 S. 250; *H. Vogel*, DB 1972 S. 1402 (1407)). Unter Berufung hierauf hat der BFH die Anwendung der Vorschriften der §§ 7ff im Verhältnis zur Schweiz als unproblematisch angesehen (BFH vom 9.11.1983 I R 120/79, BStBl II 1984 S. 468; vom 29.8.1984 I R 68/81, BStBl II 1985 S. 120; vom 12.7.1989 I R 46/85, BStBl II 1990 S. 113). Gleiches gilt, wenn ein sog. **Aktivitätsvorbehalt** (vgl. Anm. 183) besteht und eine innerstaatliche Norm diesen ausfüllt.

cc) Spezielle Missbrauchsvorbehalte

33 Der Steuerpflichtige befindet sich auch dann **nicht im Anwendungsbereich eines DBA** und die Anwendung einer Norm des nationalen Rechts kann konsequenterweise nicht mit einer Abkommensnorm kollidieren, wenn ein **Fall des Abkommensmissbrauchs** vorliegt. Deshalb ist es unzutreffend, wenn in der Literatur ausgeführt wird, wegen der ohnehin bestehenden innerstaatlichen Wirksamkeit des Treaty Overriding seien die Missbrauchsvorbehalte ohne Bedeutung (*Linn*, IStR 2011 S. 542 (546)). Das Gegenteil ist der Fall. Soweit sich die gesetzliche Regelung im Rahmen dieses Vorbehalts hält, liegt ein Treaty Overriding nicht vor. Die Beurteilung der Frage des Abkommensmissbrauchs ist im Einzelnen strittig. Die erste streitige Frage ist bereits die nach der Grundlage für eine solche Einschränkung des Anwendungsbereichs des Abkommens.

Die Frage der Rechtsgrundlage ist freilich gegenstandslos, wo das Abkommen eine **ausdrückliche Vorbehaltsklausel** enthält (*Frotscher*, StbJb 2009/2010 S. 151; *Gosch*, IStR 2008 S. 413 (414, 419); *Jansen/Weidmann*, IStR 2010 S. 596 (598); *Menhorn*, IStR 2005 S. 325 (327)). Das DBA Schweiz enthält z. B. in seinem Art. 23 eine solche Klausel, die durch die Protokollerklärung Nr. 2 ergänzt wird. Art. 28 DBA-USA vom 29.8.1989 (BGBl II 1991 S. 355 in der Fassung der Neubekanntmachung vom 4.6.2008 (BGBl II 2008 S. 611) enthält in seinem Art. 28 eine ausformulierte Missbrauchsklausel. Ist die Anwendung von Missbrauchsvorschriften im Abkommen ausdrücklich zugelassen, ist in einem weiteren Schritt zu prüfen, ob die konkrete Norm, um deren Anwendung es geht, von diesem Vorbehalt gedeckt ist. Teils sind die Klauseln so gefasst, dass sie die jeweiligen Normen ausdrücklich benennen. Anwendungsfragen entstehen dann nicht. Teils werden in den **Abkommen eigene Missbrauchstatbestände** formuliert, z. B. Art. 28 DBA-USA. Hier kommt es darauf an, ob die Abkommensnorm diesen Sachverhalt (ganz oder teilweise) erfasst; ist dies nicht der Fall, stellt sich die Frage, ob diese die Missbrauchsfälle, die zur Nichtanwendung der Norm berechtigen, abschließend nennt, so dass der Rückgriff auf weitere Grundsätze (des nationalen oder des Abkommensrechts) ausgeschlossen ist. Bei einer detaillierten und ausformulierten Klausel wird man im Zweifel vermuten müssen, dass die Vertragsstaaten die Frage abschließend regeln wollten (*Menhorn*, IStR 2005 S. 325 (327). Andererseits wird angenommen, dass eine durchaus detaillierte Klausel, wie es diejenige des Art. 28 DBA-USA ist, die Anwendundung der beiderseitigen nationalen Umgehungsregeln nicht ausschließt (*Wolff* in *Debatin/Wassermeyer*, Art. 28 DBA-USA, Rz. 7–9). Auch für Art. 23 DBA Schweiz wird die Frage als ungeklärt angesehen (*Zwosta* in *Debatin/Wassermeyer*,

Art. 23 DBA Schweiz, Rz. 8). Feste Regeln bestehen mithin nicht; es kommt auf die Auslegung des jeweiligen Abkommens an.

Teilweise sind die Vorbehalte aber auch so formuliert, dass auf das interne Recht des jeweiligen Anwenderstaates verwiesen wird. Dann bestimmt sich der Umfang des Vorbehalts nach dessen Normen und sonstigen Lehren zum Rechtsmissbrauch und in deren Umfang wäre ein Treaty Overriding ausgeschlossen.

dd) Allgemeiner Missbrauchsvorbehalt

Besteht ein solcher spezieller Vorbehalt nicht, so kommt der Rückgriff auf ein **allgemeines, ungeschriebenes Missbrauchsverbot** in Betracht. Hier ist vieles strittig. Das liegt daran, dass die verschiedenen Rechtsquellen bzw. Rechtsgrundlagen, die hierfür in Betracht kommen, auch nicht immer klar von einander geschieden werden; bereits aus diesem Grunde ist es zweckmässig, bei der Fallprüfung zuerst die in Anm. 33 erörteren speziellen Vorbehalte zu prüfen. Teilweise wird angenommen, das **Völkerrecht enthalte ein generelles Verbot des Rechtsmissbrauchs** und der Umgehung von Normen, welches auch für den Bereich des Steuerrechts gelte. Diese Annahme wird darauf gestützt, dass in allen Staaten ein solches Verbot bestehe (*Prokisch* in *Vogel/Lehner*, DBA, Kommentar, 5. Aufl., Art. 1 Rz. 117; *Vogel* in *Vogel/Lehner*, a. a. O., Einl. Rz. 198; *ders.*, FS Höhn, 461 (467); *ders.*, StuW 1985 S. 369; *ders.*, IStR 2007 S. 225 (226); *Merthan*, RIW 1992 S. 927 (931)). Die Richtigkeit dieser Auffassung wird aus mehreren Gründen bezweifelt. Es wird nicht so sein, dass alle Rechtsordnungen ein solches Verbot gleichen Inhalts kennen (eingehend zu den Bestimmungen in Europa *Böing*, Steuerlicher Gestaltungmissbrauch in Europa, 2005; *Hahn*, IStR 2007 S. 323; *ders.*, ÖStZ 2006 S. 399). Will man aus den vielerlei denkbaren und auch in anderen Rechtsordnungen auffindbaren Instrumenten zur Missbrauchsabwehr durch Abstraktion ein allgemeines Prinzip gewinnen, wird dieses notwendigerweise so allgemein formuliert werden, dass es bei einer Anwendung in der internen deutschen Rechtsordnung dem rechtsstaatlichen Bestimmtheitsgebot nicht mehr genügt. Wir folgen den Autoren, die die Existenz oder aber die Anwendbarkeit (*Wassermeyer* in *D/W*, Art. 1 MA Rz. 57) eines solchen Rechtssatzes des Völkerrechts bezweifeln (*Kraft*, Die missbräuchliche Inanspruchnahme von Doppelbesteuerungsabkommen, 1991; *P. Lampe*, Missbrauchsvorbehalte in völkerrechtlichen Abkommen am Beispiel der Doppelbesteuerungsabkommen, S. 156; *Piltz*, BB-Beilage 1987 Heft 14; *Fischer-Zernin*, RIW 1987 S. 362).

Eine andere Ansicht – es ist wohl die **herrschende** – besagt, dass alle **DBA unter einem ungeschriebenen Missbrauchsvorbehalt** stehen; die speziellen stellten nur Konkretisierungen dieses allgemeinen Grundsatzes dar. Letzterer ergibt sich nach dieser Ansicht aus dem Völkerrecht (*Birk* in *Hübschmann/Hepp/Spitaler*, AO, § 2 Rz.; 92; *Krabbe*, StbJb 1993/94, 31 (35); *Menhorn* IStR 2005 S. 325 (327); *Wassermeyer* in *D/W*, Art. 1 MA Rz. 57; *Vogel*, StuW 1985 S. 369; *Prokisch*, in *Vogel/Lehner*, Art. 1 Rz. 117; etwas anders *Mössner* (RIW 1986 S. 208 (211): Eine „übereinstimmende Vetragspraxis" führe „im Maße der gemeinsamen Vorstellungen zu einer dem Abkommen inhärenten Rechtsmißbrauchsregelung"; kritisch zu *Mössners* Ansatz *Fischer-Zernin*, RIW 1987 S. 362 (365): Es sei die Grenze der Abkommensauslegung überschritten.). Das ist auch die Sichtweise der **höchstrichterlichen Rechtsprechung** (BFH vom 5.3.1986 I R 201/82, BStBl II 1986 S. 496; vom 20.3.2002 I R 38/00, BStBl II 2002 S. 819, IStR 2002 S. 597; Urteil vom 29.1.2008, I

34

35

R 26/06, IStR 2008 S. 364, unter Berufung auf BT-Drucks. 12/5764 S. 26; BT-Drs. 12/5630, Art. 1 Nr. 41). Demnach enthalten alle DBA unabhängig von einer schriftlichen Fixierung einen generellen Vorbehalt des Missbrauchs; ebenso z. B. die schweizerische Rechtsprechung (neuestens (schweiz.) Bundesverwaltungsgericht, Urteil vom 30.10.2008, A-2163, 2007). Auch der Gesetzgeber scheint hiervon auszugehen (BT-Drucks., 12/5764 S. 26), der sich durch die Aussage in Nr. 7 ff. des OECD-MK 1992 zu Art. 1 bestätigt sehen kann. Auch die deutsche Finanzverwaltung folgt dem (ebenso z. B. die österreichische, vgl. *Jirousek* in *Günther/Simander/Tüchler*, Bericht vom D-A-CH Steuerkongress 2009, IStR 2009 S. 492). Auch der **OECD-MK** steht auf diesem Standpunkt (Art. 1 Nr. 7.1; 9.2 und 22.1).

Aus praktischer Sicht wird man hiervon auszugehen haben. Gleichwohl kann bei der Beurteilung grenzüberschreitender Sachverhalte die Sichtweise anderer Staaten nicht ausgeblendet werden. Die Auffassung vom ungeschriebenen Missbrauchsvorbehalt wird z. B. von Gerichten, die vom angelsächsischen Rechtsdenken geprägt sind, nicht ohne weiteres geteilt werden; ein Urteil des Tax Court of Canada wird dargestellt und zustimmend bespr. von *H.-J. Aigner*, SWI 2007 S. 31. Aber auch der Conseil d'État hat in der Rechtssache Sté Schneider (CE ass., 28 juin 2002, Sté Schneider Electric, n. 232276, Droit Fiscal, 2002, n. 36, comm. 657; Droit Fiscal 2002, n. 36 étude 28; dazu auch *Richter*, IStR 2002 S. 653; *Aigner*, SWI 2002 S. 407) entschieden, dass das Ziel der Bekämpfung von Missbräuchen es nur dann erlaubt, Bestimmungen eines DBA unangewendet zu lassen, wenn letzteres dies ausdrücklich vorsieht. Auch im deutschen Recht gibt es gewichtige Gegenansichten (*Lampe*, Missbrauchsvorbehalte in völkerrechtlichen Abkommen am Beispiel der Doppelbesteuerungsabkommen, S. 153 ff.; *Merthan*, RIW 1992 S. 927 (928); *Mössner*, RIW 1986 S. 208 (213); *Musil*, Deutsches Treaty Overriding und seine Vereinbarkeit mit Europäischem Gemeinschaftsrecht, S. 218; *ders.*, RIW 2006 S. 287 (288); *Piltz*, BB-Beilage 1987 Heft 14; *Stein*, IStR 2006 S. 505 (507); *Jansen/Weidmann*, IStR 2010 S. 596 (598)), denen wir zustimmen.

Eine weitere Auffassung geht dahin, es bedürfe zur Annahme eines solchen Missbrauchsvorbehalts „keiner ausdrücklichen Mißbrauchsvorschrift", er bestehe „unabhängig davon, welcher Rechtsgrundlage man zuneigt" (*Becker* in *G/K/G*, DBA, Grundlagen, Teil I, Abschn. 5 Rz. 49). Dem kann nicht gefolgt werden. Die Einschränkung von Abkommensvorteilen ohne konkrete, d. h. näher identifizierte Rechtsgrundlage dürfte unzulässig sein.

36 Geht man mit der ganz h. L. von der Existenz eines ungeschriebenen, jedem DBA aber vorgeschalteten Missbrauchsvorbehalts aus, stellt sich eine weitere, ebenso gewichtige Frage. Es ist die nach dem Inhalt eines solchen Vorbehalts bzw. seines Missbrauchsbegriffs. *Wassermeyer* (in *D/W*, Art. 1 MA Rz. 57) beantwortet sie, wie es auch logisch erscheint, damit, es müsse der gemeinsame Kern der jeweiligen nationalen Missbrauchsvorschriften sein, gewissermaßen die Schnittmenge der Rechtssätze. Vom Standpunkt der h. L. aus erscheint dies richtig, ebenso wie wir die weitere Beobachtung *Wassermeyers* für richtig halten, dass nämlich in Ermangelung der hier erforderlich werdenden Kenntnisse des jeweils anderen Rechts und seiner Missbrauchsvorschriften **die Praxis sich mit der Anwendung des § 42 AO behilft** (*Wassermeyer* in *D/W*, Art. 1 MA Rz. 58). Teilweise wird auch im Hinblick auf die §§ 7 ff. ohne weiteres die Anwendbarkeit des § 42 AO angenommen *(Tulloch*, DB 1992 S. 1444 (1447). Dem ist nur dann zu folgen, wenn die einschlägige Abkommensnorm dies zulässt, sei es, dass sie diese (oder weitere) Normen ausdrücklich benennt, sei es, dass generell auf die jeweiligen nationalen Normen verwiesen wird.

Der Problemkreis ist noch nicht geklärt. Die unterschiedlichen Aussagen weisen Inkonsistenzen auf: Wenn z. B. angenommen wird, dass der Inhalt eines ungeschriebenen Missbrauchsvorbehalts in dem gemeinsamen Kern der Missbrauchsvorschriften der beiden Staaten besteht, dann bedeutet das im Ergebnis, dass unterstellt wird, dass der jeweils andere Vertragspartner diese kennt oder sich von ihnen Kenntnis verschaffen könnte, und dass dies ausreicht, um einen solchen Vorbehalt als vom Konsens der Vertragsstaaten umfasst anzusehen, eine Sichtweise, die durchaus einleuchtet. Stellt man sich auf diesen Standpunkt, so ist es aber nicht mehr einleuchtend, wenn man dann nicht auch die interne Hinzurechnungsbesteuerung, im Falle Deutschlands also die §§ 7 ff., als von diesem Konsens umfasst betrachtet. Das würde aber die Annahme eines Treaty Overriding von vornherein ausschließen.

Von der Frage, ob ein solcher allgemeiner Missbrauchsvorbehalt besteht, ist wiederum diejenige zu unterscheiden, ob die konkrete Norm, um die es geht, von diesem gedeckt ist. Das ist jeweils im Einzelfall zu prüfen (*Duss* in *Günther/Simander/Tüchler*, IStR 2009 S. 490). Im Hinblick auf die §§ 7 ff. ist dies durch die Möglichkeit des ‚Entlastungsbeweises' nach h. A. und Rechtsprechung ohnehin geboten (s. Anm. 213, 214). Wird dies nicht beachtet, kommt es zu Unklarheiten (z. B. *Daragan*, IStR 1998 S. 225 (227)). Es sollte nicht ernstlich fraglich sein, dass die Staaten berechtigt sind, Vorschriften zur Missbrauchsbekämpfung zu erlassen. Davon zu unterscheiden ist die Frage, ob ein in dieser Absicht konzipierter Tatbestand tatsächlich ein missbräuchliches Verhalten normiert (s. Anm. 106, 185). **37**

ee) Zur praktischen Relevanz

Für die **Beratungspraxis** dürfte aus den bisherigen Überlegungen Folgendes abzuleiten sein: **38**
- Gemeinschaftsrechtliche Bedenken gegen das durch § 20 Abs. 1 und Abs. 2 ermöglichte Treaty Overriding bestehen nach dem derzeitigen Stand des Gemeinschaftsrechts nicht;
- Ob ein Verfassungsverstoß vorliegt, ist umstritten und wird von der derzeit noch h.A. verneint; in einem auf Gewährung vorläufigen Rechtsschutzes gerichteten Verfahren hat der BFH aber Zweifel an der Verfassungsmäßigkeit eines Treaty Overriding geäußert; eine höchstrichterliche, in einem Hauptsacheverfahren ergangene Entscheidung liegt gegenwärtig nicht vor.
- Relevant wird die Frage seiner Verfassungsmässigkeit nur dann, wenn im Einzelfall überhaupt feststeht, dass ein Treaty Overriding in Bezug auf das konkrete Abkommen vorliegt. Das ist dann nicht der Fall, wenn die Bestimmung des internen Rechts, von der die Verdrängung der Abkommensnorm ausgehen könnte (im Anwendungsbereich des § 20 demnach die §§ 7 ff, §§ 7 ff, 15 und 20 Abs. 2), in speziellen, im jeweils einschlägigen Abkommen enthaltenen Bestimmungen zugelassen ist.

(einstweilen frei) **39 bis 50**

II. Auslegung des Absatzes 1

1. Praktische Bedeutung: Stellung des § 20 Abs. 1 in der Fallprüfung

51 Die oben (s. Anm. 4) beschriebene Systematik der Norm mit ihrer Verschachtelung der Fragen der Anwendung der Norm mit solchen, die ihre Geltung überhaupt betreffen, legen eine gewisse Strukturierung der Fallprüfung nahe, wenn aufwändigen Umwegen vorgebeugt werden soll.

(1) Beruht eine Veranlagung auf den Normen der §§ 7–14 AStG, so wird zuallererst (ungeachtet der Diskussion über deren Gemeinschaftsrechtskonformität, s. dazu *Gropp*, Einführung §§ 7–14 AStG Anm. 47–50) geprüft werden, ob die Besteuerung auf der Ebene der schlichten Anwendung des einfachen Rechts korrekt ist.

(2) Die nächste Verteidigungslinie des Steuerpflichtigen ergibt sich aus § 8 Abs. 2. Es ist die Möglichkeit des sog. Entlastungsbeweises nach Maßgabe des § 8 Abs. 2 Satz 1 zu prüfen (vgl. dazu *Gropp*, § 8 AStG Anm. 145–153; s. auch nachfolgend Anm. 214 ff.). Diese Möglichkeit ist aber auf Gesellschaften mit Sitz oder Geschäftsleitung im Gebiet eines Mitgliedstaates der EU oder eines Vertragsstaates des EWR-Abkommens beschränkt. Zur Drittstaaten-Problematik vgl. dazu *Gropp*, § 8 AStG Anm. 146; ferner auch Anm. 219. Kann der „Entlastungsbeweis" i. S. d. § 8 Abs. 2 Satz 1 geführt werden, sind alle weiteren Fragen gegenstandslos.

(3) Kann der ‚Entlastungsbeweis' des § 8 Abs. 2 Satz 1 nicht geführt werden, spielt es wiederum eine Rolle, ob es sich um eine Gesellschaft **mit Sitz oder Geschäftsleitung im Gebiet eines Mitgliedstaates der EU** oder eines Vertragsstaates des EWR-Abkommens handelt. Ist dies der Fall, werden **drei Fragen relevant;** der deutsche Gesetzgeber hat durch die Einführung des sog. ‚Entlastungsbeweises' in § 8 Abs. 2 Satz 2 versucht, den gemeinschaftsrechtlichen Bedenken gegen die Hinzurechnungsbesteuerung Rechnung zu tragen. Daran, ob dies gelungen ist, werden teilweise Zweifel geäußert.

– zum einen geht es darum, ob die **Umschreibung der passiven Tätigkeiten** in § 8 Abs. 1 und die damit verbundene Beweislastverteilung in allen Einzelheiten gemeinschaftsrechtskonform ist. Auf die Diskussion hierzu muss hier verwiesen werden (s. Anm. 221).

– zum anderen geht es darum, ob die **Beweisregel** des § 8 Abs. 2 gemeinschaftsrechtskonform ist. Auch hierzu bestehen im Schrifttum Meinungsverschiedenheiten; auch hierzu muss auf die Diskussion verwiesen werden (s. Anm. 220).

– zu beachten ist schließlich noch, dass es unstreitig ist, dass eine **Verwaltungspraxis** zur Verletzung von Grundfreiheiten führen kann. Unter diesem Aspekt ist von Bedeutung, wie die Beweisführung und insbesondere die Beweiswürdigung durch die Behörden der Finanzverwaltung und der Finanzgerichte als Tatsacheninstanz gehandhabt wurde, so dass eine misslungene Beweisführung im Rahmen des § 8 Abs. 2 unter diesem Aspekt zu überprüfen ist. Hier wird der Grundsatz der institutionellen und verfahrensrechtlichen Autonomie des Gemeinschaftsrechts relevant (vgl. dazu *Schroeder*, AöR 129 (2004), S. 3; *Everling* in DStJG 11, S. 1 ff.; aus spezifisch steuerrechtlicher Sicht *Hahn/Suhrbier-Hahn*, DStZ 2002 S. 632); aus dem sich die Maßstäbe für die Gemeinschaftsrechtskonformität des Verfahrensrechts ergeben. Praktische Erfahrungen zur Anwendung des § 8 Abs. 2 scheinen noch nicht vorzuliegen.

Soweit es sich um eine Gesellschaft aus einem EWR-Staat handelt gilt der Sache nach grundsätzlich das Gleiche, denn die Grundfreiheiten sind im Wesentlichen inhaltsgleich (eingehend *Gudmundsson*, intertax 2006 S. 58).

(4) Wenn im Bereich des Entlastungsbeweises keine Bedenken bestehen, wird die weitere Frage relevant, ob die Hinzurechnungsbesteuerung als solche gegen Gemeinschaftsrecht verstößt. Auch insoweit ist auf die Kommentierung zu den §§ 7 ff. zu verweisen (s. auch Anm. 166).

(5) Gesellschaften **ohne Sitz oder Geschäftsleitung im Gebiet eines Mitgliedstaates der EU** oder eines Vertragsstaates des EWR-Abkommens können aus diesen gemeinschaftsrechtlichen Überlegungen keine Folgerungen für sich herleiten. Für sie stellt sich sofort die Frage, ob in der Anwendung der Hinzurechnungsvorschriften der §§ 7 ff. ein Treaty Overriding liegt.

(6) Der Prüfung dieser Frage sollte die Prüfung der Gründe, die ein Treaty Overriding ausschließen können, vorangestellt werden (vgl. Anm. 30–37). Im Bereich der §§ 7 ff. gilt dann insbesondere Folgendes:
– Die Hinzurechnungsbesteuerung darf nicht als solche im einschlägigen Abkommen zugelassen sein (vgl. Anm. 32, 101–102).
– Die Hinzurechnungsbesteuerung darf nicht durch Erfordernis der Missbrauchsabwehr gedeckt sein (vgl. Anm. 103–108);
 – sei es auf Grund eines speziellen Missbrauchsvorbehalts (Anm. 32);
 – sei es auf Grund des ungeschriebenen, allen DBA vorgeschalteten Mißbrauchsvorbehalts (Anm. 33).

(7) Liegt danach ein Treaty Overriding vor, so erlangt die Frage Bedeutung, ob darin ein Verstoß gegen Verfassungsrecht, namentlich gegen das Rechtsstaatsprinzip liegt oder – nach einer neueren Auffassung – die Verletzung subjektiver Rechte (s. Anm. 25). Für denjenigen, der mit einer Mindermeinung der Ansicht ist, das Treaty Overriding verstoße gegen Gemeinschaftsrecht (vgl. Anm. 12, 13) kommt es dann auch darauf an. Wäre die eine oder das andere zu bejahen, wäre die das Abkommensrecht verdrängende Norm entweder nicht anwendbar (bei Gemeinschaftsrechtsverstoß) oder nichtig (bei Verfassungsverstoß). Die verdrängte DBA-Norm wäre anzuwenden. Ein Bescheid, der sie unberücksichtigt lässt, wäre rechtswidrig. Wir halten weder den einen noch den anderen Verstoß für gegeben (vgl. aber Anm. 29).

Natürlich liegt hierin lediglich ein Hinweis darauf, wie die auf unterschiedlichen Ebenen gelagerten Argumentationen in eine transparente Ordnung gebracht werden können. Dass der konkrete Fall eine völlig andere Disposition nahe legen kann, liegt auf der Hand.

2. Bedeutung der Vorschrift: ihre Funktion

Die Bedeutung der Norm, ihre Funktion, erschließt sich am ehesten, wenn man ihre Rechtsfolge näher betrachtet. Sie ist mit der Formulierung zum Ausdruck gebracht, dass die dort genannten Vorschriften des AStG durch die DBA „nicht berührt" werden. Sprachlich gesehen ist dies fehlerhaft. Der Ausdruck „nicht berührt" bedeutet in der Rechtssprache, jedenfalls in derjenigen der Steuergesetze, dass zwei Normen nebeneinander angewandt werden (zutr. *Kraft*, § 20 Rz. 20; *Schwarz/Fischer-Zernin*, RIW 1999 S. 49 (50)). Gemeint ist unstreitig das Gegenteil: § 20 soll „den Vorrang" der in ihm genannten Normen „sichern" (*Gosch*, IStR

2008 S. 413 (415); *Kraft*, § 20 Rz. 20; *Rupp* in *Haase*, § 20 Rz. 1; *Schwarz/Fischer-Zernin*, RIW 1999 S. 49 (50)). Teils ist auch die Rede davon, (*Vogt* in *Blümich*, § 20 AStG Rz. 1) durch die Norm solle „Einwendungen gegen die Vereinbarkeit der Hinzurechnungsbesteuerung und der Zurechnung nach § 15 mit den DBA bei der innerstaatlichen Rechtsanwendung allgemein ‚der Boden entzogen' werden" (ebenso *Rupp* in *Haase*, § 20 AStG Rz. 11), Nach einer etwas problematischeren Formulierung soll § 20 auch eine „Klarstellung" dahingehend enthalten, dass „der deutsche Gesetzgeber nicht gewillt ist, missbräuchliche Inanspruchnahmen von DBA hinzunehmen" (*Rupp* in *Haase*, § 20 AStG Rz. 11). Dafür ist dem Gesetz ebenso wenig etwas zu entnehmen wie den Gesetzesmaterialien (vgl. Anm. 2). Dass die Gesetzesmaterialien keinen Aufschluss geben, hängt damit zusammen, dass die Norm erst im letzten Moment während des Gesetzgebungsverfahrens in den Entwurf eingefügt worden ist. Die Vorstellungen ihres Urhebers sind deshalb nicht eruierbar. Sie steht aber ersichtlich in einem systematischen Zusammenhang zu § 2 Abs. 1 AO. Hieraus lässt sich ihre Bedeutung erschließen, sie ist enger als die zitierten Umschreibungen, betrifft aber in der Tat das **Rangverhältnis zwischen Normen.**

53 Die **systematische Auslegung des § 20 Abs. 1** wird bestimmt durch den **Zusammenhang mit § 2 Abs. 1 AO.** § 20 Abs. 1 modifiziert teilweise Rechtsfolgen, die sich aus § 2 Abs. 1 AO ergeben. Dies im Einzelnen zu bestimmen setzt zunächst voraus, dass die Bedeutung der letzteren Vorschrift feststeht. Das ist ebenfalls nicht der Fall. Einigkeit besteht nur hinsichtlich einer negativen Aussage: Die Überschrift der Bestimmung lautet zwar „Vorrang völkerrechtlicher Vereinbarungen", was auf den Willen des Gesetzgebers schließen lässt und an sich ein Interpretationshinweis sein könnte. § 2 AO selbst trifft hierzu die Aussage, dass in innerstaatliches Recht überführte „völkerrechtliche Verträge im Sinne des Artikels 59 Abs. 2 des Grundgesetzes über die Besteuerung" den Steuergesetzen „vorgehen". Aber die heute wohl h.A. ist sich darin einig (*Busching/Trompeter*, IStR 2005 S. 510 (512); *Drüen* in *Tipke/Kruse*, AO, § 2 AO Rz. 1; *Fischer-Zernin* in *G/K/G*, DBA, Grundlagen, Teil I, Abschn. 3 Rz. 35); *Frotscher*, StbJb 2009/2010 S. 151 (158); *ders.*, in FS *Schaumburg*, S. 687 (700)); *Kempf/Bandl*, DB 2007 S. 1377 (1379); *Köhler*, DB 1993 S. 337 (341); *Scherer*, Doppelbesteuerung und Europäisches Gemeinschaftsrecht, S. 23, 30; *Schollmeier*, EWS 1992 S. 137 (140); *Vogel* in *Vogel/Lehner*, DBA, 5. Aufl., Einl. Rz. 202), dass die Norm auf einer Fehlvorstellung des damaligen Gesetzgebers beruht, der annahm, dass eine Norm wie diejenige des § 2 AO den DBA Vorrang gegenüber den Normen des einfachen Rechts verschaffen können würde (BT-Drs. 7/4292 S. 15). Das ist indessen deshalb nicht möglich, weil die Vorschrift selbst nur einfaches Recht darstellt und somit nicht gewissermaßen „aus eigener Kraft" anderen Normen einen höheren Rang vermitteln kann. Eine Mindermeinung nimmt hingegen an, dass § 2 Abs. 2 AO völkerrechtlichen Verträgen einen höheren Rang verleiht (*Busching/Trompeter*, IStR 2005 S. 510 (512); *Prokopf* in *S/K/K*, § 20 AStG Rz. 22; *Seer*, IStR 1997 S. 481 (483); *Wassermeyer* in *D/W*, Art. 1 MA Rz. 12; *Wohlschlegel*, FR 1993 S. 48; *ders.*, IStR 1998 S. 225).

Daraus, dass sie auf einer Fehlvorstellung des Gesetzgebers beruht, folgt jedoch nicht, dass die Bestimmung gegenstandslos wäre. Der Ausdruck „Vorrang" ist sprachlich mehrdeutig. Es kann sich um einen **normenhierarchischen Vorrang** handeln, wie er z. B. im Verfassungsrecht seinen Ausdruck findet in dem Grundsatz „Bundesrecht bricht Landesrecht"; es kann sich aber auch um einen **Vorrang im untechnischen Sinne handeln,** der auf der gleichen Stufe einer Normenhierarchie bestehen kann und die Konkurrenz zwischen einzelnen Normen löst, wie es in den Rechtsordnungen die lex specialis-Regel, die lex posterior-Regel oder andere spezielle Regeln tun. Der juristische Sprachgebrauch geht etwa im Zivilrecht im Bereich des § 812 BGB dahin, vom „Vorrang der Leistungskondiktion vor der Eingriffskondiktion" zu sprechen – zweifelsfrei ist dies kein normenhierarchischer.

Der normenhierarchische Vorrang ist dadurch charakterisiert, dass eine Norm nur unter speziellen, in der Regel erhöhten Voraussetzungen geändert werden kann, zeitlich nachfolgendes Recht niederen Ranges es nicht derogieren kann und die Regelungsmaterie gegenüber Rechtssetzungsakten auf der niederen Ebene versperrt ist. Einen Vorrang in diesem Sinne kann § 2 Abs. 1 AO nicht begründen, weil es sich um eine Regelung auf der Ebene des Verfassungsrechts handeln würde. Einen **Vorrang, der eine ‚schlichte Regel zur Rechtsanwendung** bedeuten würde, könnte aber § 2 Abs. 1 AO begründen. Das dürfte *Vogt* meinen (in *Blümich*, § 20 Rz. 10), wenn er von einem „materiellen Vorrang" spricht. Es käme dann zur Bestimmung seines Inhalts darauf an, die entsprechende Regel zu identifizieren.

Wie ein solcher schlichter Vorrang im Einzelnen beschaffen ist, ist wiederum **54** streitig. Die wohl h. L. versteht die Norm des § 2 Abs. 1 AO dahingehend, dass sie auch diejenigen Normen, die aus der Überführung von DBA in nationales Recht hervorgegangen sind (s. Anm. 10), den allgemeinen Regeln unterstellt, die in der Rechtsordnung für Normenkollisionen gelten. Das sind vor allem die lex specialis-Regel und die lex posterior-Regel (*Drüen* in *Tipke/Kruse*, AO, § 2 AO Rz. 2; *Fischer-Zernin* in *G/K/G*, DBA, Grundlagen, Teil I, Abschn. 3 Rz. 35; *Gosch*, IStR 2008 S. 413 (418); *Rüd*, (IStR 2010 S. 275 (729); *Seer*, IStR 1997 S. 481 (484). Sie sei deklaratorisch, ihre Bedeutung erschöpfe sich darin, dass ein Treaty Overriding nur dann angenommen werden könne, wenn der Gesetzgeber dies ausdrücklich erklärt (*Drüen* in *Tipke/Kruse*, AO, § 2 AO Rz. 2; *Frotscher*, in FS *Schaumburg*, S. 687 (700); *Jansen/Weidmann*, IStR 2010 S. 596 (597). Das entspricht im Ausgangspunkt der Ansicht, die im staatsrechtlichen Schrifttum herrschend ist und die auch diejenige der Rechtsprechung ist, dass nämlich der Rang der in das innerstaatliche Recht überführten völkervertraglichen Norm dem Rang der Einbeziehungsnorm, d. h. dem des Zustimmungsgesetzes, entspricht, mithin derjenige des einfachen Rechts ist (*Streinz*, in *Sachs*, GG, Kommentar, 5. Aufl., 2009, Art. 59 Rz. 51) und damit auch ihrerseits dessen allgemeinen Kollisionsregeln unterliegt (*Streinz*, in *Sachs*, GG, Kommentar, 5. Aufl., 2009, Art. 59 Rz. 63; *Kempen* in *von Mangoldt/Klein/Starck*, GG, Kommentar, 5. Aufl., 2005, Art. 59 Abs. 2 Rz. 93). Aus alledem folgt, dass ein späteres (d. h. nach Ergehen des Zustimmungsgesetzes zu einem konkreten DBA ergehendes) Gesetz die Normen des DBA als lex posterior derogiert (*Drüen* in *Tipke/Kruse*, AO, § 2 AO Rz. 2; *Busching/Trompeter*, IStR 2005 S. 510 (513); *Frotscher* in FS *Schaumburg*, S. 687 (701).

Innerhalb dieser Kollisionsregeln werden dem § 2 Abs. 1 AO wiederum von den **55** Vertretern dieser Auffassung unterschiedliche Aussagen beigelegt. Um die Frage des Treaty Overiding hier einordnen und Streitpunkte ausscheiden zu können, die im hier interessierenden Zusammenhang keine Relevanz haben, ist es nützlich, sich an einer Zeitachse zu orientieren. Ordnet man das DBA in der Mitte, sozusagen in der Gegenwart an, so stellt sich die Frage der Kollisionsregeln in zwei Richtungen: zum einen in die Vergangenheit gerichtet; hier handelt es sich um die Frage nach dem **Verhältnis der ‚jüngeren' DBA zu den bestehenden ‚älteren' Regeln des**

internen Rechts. Zum anderen stellt sich die Frage nach den Kollisionsregeln in **Richtung auf künftig zu erlassene Gesetze.**
In Bezug auf das bestehende interne Recht, auf welches ein nunmehr in innerstaatliches Recht überführtes DBA trifft, werden zwei unterschiedliche Auffassungen vertreten. Dies ist an sich nicht der Problemkreis des Treaty Overriding, aber seine Erörterung dient dem Verständnis des § 2 Abs. 1 AO. Der ‚Vorrang' des DBA (im untechnischen Sinne, s. Anm. 53 a. E.) ergibt sich gegenüber den Normen des internen Rechts aus der Regel lex specialis derogat legi generali, so die Auffassung der Rechtsprechung (FG Rheinland-Pfalz vom 26.6.1985 1 K 75/84, EFG 1985 S. 562; BFH vom 18.9.1968 I R 56/67, BStBl II 1968 S. 797) und vieler Autoren (*Birk* in *Hübschmann/Hepp/Spitaler*, § 2 AO; *Drüen* in *Tipke/Kruse*, § 2 AO Rz. 1; *Eckert*, RIW 1992 S. 386; *Frotscher* in FS *Schaumburg*, S. 687 (700); *Kluge*, Das internationale Steuerrecht, S. 159; *Langbein*, RIW 1984 S. 537; *Leisner*, RIW 1993 S. 1013 (1018)). Die Norm des § 2 Abs. 1 wäre dann ohne Bedeutung und ihre Aussage rein deklaratorisch. Andere Stimmen sind der (u. E. zutreffenden) Auffassung, dass die Frage, ob ein DBA tatsächlich lex specialis im Verhältnis zu den allgemeinen steuerrechtlichen Normen sei, nicht eindeutig beantwortet werden könne (*Rust/Reimer*, IStR 2005 S. 843 (845); *Kempf/Bandl*, DB 2007 S. 1377 (1379). Von diesem Standpunkt aus hat § 2 Abs. 1 AO eine selbständige Bedeutung indem er bestimmt, dass die Normen der DBA leges speciales sind oder doch als solche zu gelten haben (*Busching/Trompeter*, IStR 2005 S. 510; *Debatin*, DStR 1992, Beihefter 23, S. 2; *Kluge*, Internationales Steuerrecht, 4. Aufl., S. 650; *Langbein*, RIW 1984 S. 351 (359); *Leisner*, RIW 1993 S. 1013 (1018); *Rupp* in *Haase*, § 20 AStG Rz. 19; *Scherer*, Doppelbesteuerung und Europäisches Gemeinschaftsrecht, S. 27; *Tillmanns/Mössner* in *Mössner*, Steuerrecht international tätiger Unternehmen, 3. Aufl., 2005, Tz. B 432; *Vogel* in *Vogel/Lehner*, 5. Aufl., 2005, Einl. Rz. 203; *Wassermeyer*, StuW 1990 S. 404 (411); *Weigell*, RIW 1987 S. 122 (125); *Woring* in *Beermann/Gosch/Woring*, § 2 Rz. 5). Schließlich wird noch der Ansicht vertreten, dass der ‚Vorrang' (im untechnischen Sinne, Abschn. 53 a. E.) nicht aus der lex specialis-Regel folge, denn die Regeln von DBA seien keine leges speciales, sondern schlichtweg Normen anderer Art, ‚leges aliae' (*Birk* in *Hübschmann/Hepp/Spitaler*, § 2 AO Rz. 174; *Seer*, IStR 1997 S. 481 (484); *Rust/Reimer*, IStR 2005 S. 843 (845)). Von diesem Standpunkt aus erlangen die DBA gegenüber den vorangehenden Normen ihren Vorrang aufgrund des Satzes lex posterior generalis non derogat legi priori speciali (*Leisner*, RIW 1993 S. 1013 (1015); *Tulloch*, DB 1992 S. 1444; *Köhler*, BB 1993 S. 337). In dieser Konstellation spielt § 2 Abs. 1 AO je nach dem, welcher Auffassung man folgt, entweder keine Rolle oder lediglich die einer deklaratorischen Vorschrift.

56 Die Konstellation, in der § 2 Abs. 1 AO Bedeutung erlangt und in der ausschließlich ein Treaty Overriding entstehen kann, ist die, in der das in internes Recht überführte DBA das frühere ist und in der ein späteres Gesetz in Kollision zu seinen Bestimmungen tritt. Auch in dieser Konstellation sind naturgemäß die allgemeinen Kollisionsregeln zur Anwendung berufen, insbesondere die lex posterior-Regel und die lex specialis-Regel. Wäre die Regelungsabsicht des Gesetzgebers des § 2 AO rechtlich realisierbar gewesen (vgl. Anm. 53), so wäre eine solche Kollision nicht aufgetreten, denn im normenhierarchischen Sinne höherrangiges Recht wird durch nachfolgendes Recht niederneren Ranges nicht derogiert; ein späteres Gesetz könnte mithin nicht in Kollision zu früheren Abkommen treten. Da indessen die

Norm nach h. A. diese Wirkung nicht haben kann, stellt sich hier die Frage, ob und welche Bedeutung § 2 Abs. 1 AO für diese Konstellation hat und welche Folgerungen hieraus für die Bedeutung des § 20 Abs. 1 zu ziehen sind.

Eine starke Mindermeinung verneint die Ansicht der h. L., dass die Normen eines DBA lex specialis seien (*Birk* in *Hübschmann/Hepp/Spitaler*, § 2 AO Tz. 165, 171; *Seer*, IStR 1997 S. 481 (484); *Tillmanns/Mössner* in *Mössner*, Steuerrecht international tätiger Unternehmen, 3. Aufl., 2005, B 432; *Wassermeyer* in: DStjG, Bd. 19, S. 151 (154)), so dass auch ein später ergehendes Gesetz nicht auf Grund der lex specialis-Regel Vorrang erlangen kann. Darin, diesen Vorrang (im untechnischen Sinne, vgl. Anm. 53 a. E.) gleichwohl zu sichern, liegt die Funktion des § 2 Abs. 1 AO (*Birk* in *Hübschmann/Hepp/Spitaler*, § 2 AO Rz. 171, 174; *Kluge*, Das Internationale Steuerrecht, S. 650; *Pahlke* in *Pahlke/Koenig*, § 2 Rz. 19; *Seer*, IStR 1997 S. 481). Ausgehend von der Überlegung, dass die Norm auf einer gesetzgeberischen Fehlvorstellung beruht und einen Vorrang im normhierarchischen Sinne nicht begründen kann (vgl. Anm. 53), erstrebt diese Ansicht damit eine Auslegung, die so weit wie möglich das gesetzgeberische Ziel zu erreichen sucht. Dementsprechend sieht sie den weiteren Regelungsgehalt des § 2 AO darin, dass er in Bezug auf DBA die lex posterior-Regel suspendiert. Diese Auffassung sieht dementsprechend § 2 Abs. 1 AO nicht als deklaratorisch an. In der Situation, dass ein späteres allgemeines Steuergesetz in Widerspruch zu dem Abkommen tritt, hat letzteres Vorrang, nicht anders, als es auch bei einem normenhierarchischen Vorrang der Fall wäre. Alle bestehenden und die künftig noch abzuschließenden DBA gehen den Steuergesetzen vor (*Birk* in *Hübschmann/Hepp/Spitaler*, § 2 AO Tz. 169; *Busching/Trompeter*, IStR 2005 S. 510 (513); *Langbein*, RIW 1984 S. 351 (359). Gewissermaßen als allgemeine Regel, als Aussage in einem „allgemeinen Teil", drücke § 2 AO damit etwas aus, was auch vor jeder einzelnen gesetzlichen Regel normiert werden könnte, nämlich einen Vorbehalt bestehender und künftiger DBA. Die Regelung ist damit – anders, als die h. L. annimmt – nicht deklaratorisch, sondern konstitutiv (*Langbein*, RIW 1984 S. 351 (359).

Wir halten diese Auffassung für zutreffend, zu ihrer Auswirkung auf das Verständnis des § 20 Abs. 1 (vgl. Anm. 58). Der Wille des Gesetzgeber des § 2 AO 1977 ergibt sich mit Eindeutigkeit aus den Materialien (*Scherer*, Doppelbesteuerung und Europäisches Gemeinschaftsrecht, S. 31). Die Norm sollte einen Vorrang der DBA begründen. Wenn der Gesetzgeber sich ebenso wie eine ältere Rechtsprechung des BFH über die Möglichkeit hierzu täuschte, so bedeutet das nicht, dass die Norm keinerlei Wirkung hat, sondern es bedeutet, dass diejenige Auslegung der Norm zutreffend ist, die dem gesetzgeberischen Willen am nächsten kommt. Durch die ursprünglich intendierte Begründung eines normenhierarchisch höheren Ranges wollte der Gesetzgeber erzielen, dass die DBA in den Anwendungsbereich desjenigen Grundsatzes gelangen, der besagt, dass ein ranghöheres Gesetz durch ein späteres, aber rangniedrigeres nicht derogiert wird. Es kommt in der Norm auch hinreichend zum Ausdruck. Dies bindet die Auslegung. Diese auf ein subjektives Verständnis des Auslegungsziels gestütze Auslegung lässt sich zusätzlich auf eine objektivierende Betrachtung stützen: *Seer* (IStR 1997 S. 481 (484)) weist darauf hin, dass die Auslegung auch dem Gebot der völkerrechtsfreundlichen Auslegung des innerstaatlichen Rechts entspreche (*Scherer*, Doppelbesteuerung und Europäisches Gemeinschaftsrecht, S. 40 und bereits *Eckert*, RIW 1992 S. 386). Vom Standpunkt der hier referierten Ansicht aus wäre dies allerdings nicht relevant, weil die konkretere Regel des § 2 Abs. 1 AO besteht und sie als solche vorrangig anzuwenden ist.

Einen im Ergebnis hiermit überein stimmenden Standpunkt nimmt *Drüen* (in *Tipke/Kruse*, AO, § 2 AO Rz. 2) insoweit ein, als er zwar annimmt, dass § 2 Abs. 1 AO keinen Vorrang der DBA begründe, wohl aber führe der dem Art. 25 GG zu entnehmende Grundsatz der völkerrechtsfreundlichen Auslegung dazu, dass die Bestimmungen eines DBA auch einem später erlassenen Gesetz vorgehen.

58 Sowohl von der h. A. aus (Anm. 54) als auch von der Mindermeinung (vgl. Anm. 57) her lässt sich **die Bedeutung des § 20 Abs. 1** ohne weiteres und präzise **bestimmen.** Aus der Sicht beider Auffassungen liegt das Problem des § 2 Abs. 1 AO darin, dass er als Norm des einfachen Rechts jederzeit durch nachfolgendes Recht derogiert werden kann. Gerade dies unterscheidet den hier gegebenen einfachen Vorrang gegenüber einem normenhierarchischen. Folglich kann eine Vorschrift des einfachen Rechts auch einen Vorrang derart, wie ihn § 2 Abs. 1 AO nach dieser Auffassung den DBA vermittelt, wieder beseitigen (*Birk* in *Hübschmann/Hepp/Spitaler*, § 2 AO Tz. 169; *Eckert*, RIW 1992 S. 386; *Köhler*, BB 1993 S. 337 (341); *Langbein*, RIW 1984 S. 531 (537); *Wassermeyer* in DStjG, Bd. 19, S. 151 (154)). Vom **Standpunkt der h. L.** aus betrachtet wirkt die lex posterior-Regel ohne weiteres, so dass jedes später abgeschlossene Abkommen entgegenstehendes Recht derogiert. Ein neu abgeschlossenes DBA würde den Bestimmungen der §§ 7 ff., § 15 und § 20 Abs. 2 allein aufgrund dieser Regel vorgehen. § 20 Abs. 1 **hebt aus der Sicht der h. L. diese Wirkung der lex posterior-Regel auf** (*Rupp* in *Haase*, § 20 AStG Rz. 12) und sichert diese Regelungen gegenüber künftigen DBA ab. Vom **Standpunkt der Mindermeinung** (vgl. Anm. 57) aus, der auch wir folgen, ist das Ergebnis letztlich kein anderes. Hiernach besteht allerdings die Rechtsfolge der Norm darin, dass sie den DBA einen Vorrang (verstanden im untechnischen Sinne, s. Anm. 53 a. E.) einräumt. Aber auch insoweit kann eine Vorschrift des einfachen Rechts auch den Vorrang der DBA wieder beseitigen (*Birk* in *Hübschmann/Hepp/Spitaler*, § 2 AO Tz. 169). Ein neu abgeschlossenes DBA würde den Bestimmungen der §§ 7 ff., § 15 und § 20 Abs. 2 allein aufgrund der lex posterior-Regel (trotz dieses Vorrangs) vorgehen. § 20 Abs. 1 hebt hier diese von § 2 Abs. 1 AO ausgehende **Wirkung des Vorrangs der DBA insoweit auf** und sichert diese Regelungen gegenüber künftigen DBA ab.

Hingegen scheint uns eine Deutung des § 20 Abs. 1 dahingehend, dass er „im Wege des Treaty Overriding sicher(stelle), dass die Regeln über die Hinzurechnungsbesteuerung auch dann anwendbar sind, wenn ein DBA besteht" (*Reiche* in *Haase*, § 7 AStG Rz. 20), nicht zutreffend. Denn bestehenden DBA gehen die Normen der §§ 7 ff. bereits aufgrund der lex posterior-Regel vor (s. Anm. 55). Will man dies unter eine gemeinsame Formulierung bringen, dann lässt sich sagen, dass § 20 Abs. 1 **die Geltung der in ihm genannten Normen auch gegenüber künftig in Kraft tretenden Gesetzen einschließlich Zustimmungsgesetzen zu künftig abzuschließenden DBA sicherstellt.**

Übersetzt auf die Ebene der praktischen Rechtsanwendung bedeutet dies, dass gegen die Anwendung der §§ 7 ff., 15 und § 20 Abs. 2, wie *Vogt* (in *Blümich*, § 20 AStG Rz. 1) zutreffend bemerkt, der Einwand, es trete dadurch ein Widerspruch zu Bestimmungen des einschlägigen DBA ein, nicht durchgreift. § 20 Abs. 1 lässt ihn nicht entstehen (*Birk* in *Hübschmann/Hepp/Spitaler*, § 2 AO Tz. 175). Anders wäre es hingegen, wenn § 20 Abs. 1 wegen des von ihm ausgehenden Treaty Overriding wegen Verstoßes gegen höherrangiges Recht nichtig oder nicht anwendbar wäre. In diesem Falle wären die verdrängten Abkommensregeln wieder anwendbar. In diesem Punkte zeigt sich mithin die Bedeutung, die die Auseinandersetzung über die Frage der Verfassungs- und Gemeinschaftsrechtskonformität des Treaty Override bzw. des § 20 Abs. 1 erlangen kann.

Nach ganz h. A. muss die Durchbrechung der Regel des § 2 Abs. 1 AO ausdrücklich erfolgen (*Birk* in *Hübschmann/Hepp/Spitaler*, § 2 AO Tz. 174, 175; *Scherer*, Doppelbesteuerung und Europäisches Gemeinschaftsrecht, S. 40; *Frotscher*, StbJb 2009/2010 S. 151 (158); *Busching/Trompeter*, IStR 2005 S. 510 (512); *Langbein*, RIW 1984 S. 531 (539); *Wassermeyer* in DStJG, Bd. 19, S. 151 (155); BFH vom 13.7.1994 I R 120/93, BStBl II 1995 S. 129, BFH/NV 2002 S. 774; FG Baden-Württemberg vom 22.5.2001 4 K 97/98, EFG 2002 S. 410; FG Rheinland-Pfalz vom 11.10.2007 6 K 1611/07, EFG 2008 S. 385. So verfährt die Gesetzgebungspraxis z. B. in § 50d Abs. 1, Abs. 8 und Abs. 9 EStG und in § 8b Abs. 1 Satz 3 KStG, indem die Formulierung „ungeachtet des Abkommens" verwendet wird – der BFH hat sie als hinreichend betrachtet (BFH vom 13.7.1994 I R 120/93, BStBl II 1995 S. 129) –, ebenso z. B. in den Absätzen 8 und 9 des § 50d EStG. Diese **Funktion hat in § 20 Abs. 1 der Formulierungsteil „werden durch die Abkommen zur Vermeidung der Doppelbesteuerung nicht berührt".** Ob es gerade der Grundsatz der Völkerrechtsfreundlichkeit ist, der dies gebietet (*Musil*, RIW 2006 S. 287 (290)), kann nach den vorstehenden Ausführungen bezweifelt werden: Die lex-specialis-Regel und die lex-posterior-Regel sind Rechtsregeln oder juristische Kunstregeln – auch das braucht hier nicht beantwortet werden –, deren Geltung bzw. Anwendung die deutschen Gesetzgeber seit jeher stillschweigend vorausgesetzt haben, so dass es Bestandteil ihrer Regelungstechnik ist, die Nichtgeltung dieser Grundsätze als Ausnahmen kenntlich zu machen. 59

(einstweilen frei) 60 bis 70

3. Sachlicher Anwendungsbereich im Allgemeinen

§ 20 Abs. 1 regelt **Kollisionen zwischen Normen von DBA** einerseits und den §§ 7–14, dem § 15 und dem § 20 Abs. 2 AStG andererseits, indem er den Vorrang der letztgenannten Normen auch gegenüber später abgeschlossenen DBA bzw. den Zustimmungsgesetzen anordnet. **Hinsichtlich der übrigen Vorschriften** des AStG bleibt es dabei, dass die Normen der DBA den Anwendungsbereich derjenigen des nationalen Rechts und damit des AStG einschränken (*Rupp* in *Haase*, § 20 Rz. 12; *Scherer*, IStR 2000 S. 142 (143)). Insbesondere die erweiterte beschränkte Steuerpflicht des § 2 greift nur im Rahmen dessen, was die jeweiligen DBA zulassen, ein (vgl. § 2 AStG Anm. 16–18); entsprechendes gilt für die Wegzugsbesteuerung des § 6. Die Nennung der §§ 16–18 betrifft Vorschriften des Verfahrensrechts. Die DBA enthalten in aller Regel keine Verfahrensrecht oder doch nur vereinzelte und punktuelle Regelungen, so dass sich normalerweise die Vorrangfrage nicht stellt. Das kann anders sein, wenn ein DBA einmal verfahrensrechtliche Reglungen enthält. Fälle dieser Art haben die Praxis bislang nicht erreicht. Der Verweis ist mithin gegenstandslos (*Kraft*, § 20 Rz. 11). 71

Der Vorrang, den § 20 Abs. 1 sichert, wirkt gewissermaßen in alle Richtungen, d. h. es kommen nicht nur diejenigen DBA in Betracht, die zwischen Deutschland und dem Staat der Zwischengesellschaft i. S. des § 8 bzw. der Betriebsstätte (s. Anm. 208) bestehen, sondern auch andere (*Vogt* in *Blümich*, § 20 Rz. 9). Letzteres kann in den sog. Dreiecksfällen („Triangular cases", vgl. dazu *Lehner* in: *Vogel/ Lehner*, DBA, 5. Aufl., Art. 21. Rz. 5 und 44 ff.) der Fall sein.

72 In der Literatur finden sich vielfach Formulierungen, die dahingehend verstanden werden können, dass § 20 Abs. 1 ohne wenn und aber ein Treaty Overriding darstellt (*Gosch*, IStR 2008 S. 413 (414); *Kempf/Bandl*, DB 2007 S. 1377; *Linn*, IStR 2010 S. 542 (543); *Schwarz/Fischer-Zernin*, RIW 1999 S. 49 (50). Das anzunehmen wäre methodisch nicht ganz richtig (vgl. die Ausführungen in Anm. 6). Es kommt vielmehr darauf an, ob die entsprechende Bestimmung aus der Normengruppe der §§ 7 – 14 oder ob § 15 oder § 20 Abs. 2 mit einer Bestimmung des **im konkreten Fall anzuwendenden DBA kollidieren** (*Musil*, RIW 2006 S. 287 (288)). Das lässt sich nicht ohne weiteres abstrakt bejahen. Aus dem Begriff des Treaty Overriding (vgl. dazu oben Anm. 5) ergibt sich vielmehr, dass dieser Fall nur dann gegeben sein kann, wenn eine Normenkollision vorliegt (*Frotscher*, StbJb 2009/2010 S. 151; *Musil*, RIW 2006 S. 287 (288); *Prokopf* in *S/K/K*, § 20 Rz. 31). Das setzt voraus, dass der Steuerpflichtige sich überhaupt im Anwendungsbereich des Abkommens befindet. Das ist z. B. dann nicht der Fall, wenn die Berufung auf das Abkommen missbräuchlich ist (s. Anm. 33–37). Eine Kollision mit Normen des DBA z. B. liegt auch dann nicht vor, wenn der Vorrang der §§ 7 ff. im Abkommen vereinbart ist (s. Anm. 32). Und schließlich liegt ein Treaty Overriding dann nicht vor, wenn es sich um allfällige Änderungen des internen Rechts handelt (s. Anm. 31).

4. Die Regelung im Einzelnen

a) Die Regelung im Einzelnen: §§ 7–14

73 Im Rahmen des § 20 Abs. 1 entsteht die Frage nach der **Gemeinschaftsrechtskonformität der §§ 7 ff.** Sie ist einerseits deutlich von derjenigen zu trennen, ob ein in § 20 Abs. 1 angeordnetes Treaty Overriding gemeinschaftsrechtskonform ist (Anm. 12–17), andererseits ist sie logisch vorrangig: Stünde die Gemeinschaftsrechtswidrigkeit der §§ 7 ff. fest, entfiele die Anwendbarkeit der §§ 7 ff. im konkreten Fall und § 20 Abs. 1 liefe insoweit leer und ein Treaty Overriding könnte nicht eintreten. Hierzu ist auf die Kommentierung zu § 7 zu verweisen (vgl. *Gropp*, Einführung §§ 7–14 AStG Anm. 47–50). Es gibt eine Anzahl weiterer Zusammenhänge zwischen den §§ 7 ff. und derjenigen des § 20 AStG. Sie betreffen den Regelungsgehalt des Abs. 2 und werden dort erörtert.

Die Rechtsfolge der §§ 7 ff. besteht in der sog. Hinzurechnungsbesteuerung. Soweit in diesem Zusammenhang interessierend ist sie dadurch charakterisiert, dass Gewinne von Tochtergesellschaften unter den besonderen Voraussetzungen, die diese Normen aufstellen, insbesondere derjenigen der „niedrigen Besteuerung" i. S. d. § 8 Abs. 1 und Abs. 3 (vgl. *Gropp*, § 8 AStG Anm. 161–181) und derjenigen der sog. passiven Einkünfte i. S. d. § 8 Abs. 1 (vgl. *Gropp*, § 8 AStG), bei der Muttergesellschaft in Gestalt des Hinzurechnungsbetrages besteuert werden; insoweit ist auf die Kommentierung des § 8 zu verweisen. Ob tatsächlich eine Kollision zwischen DBA-Normen und den §§ 7 AStG und damit ein Treaty Overriding vorliegt, hängt von einer Auslegung der §§ 7 ff. AStG und der in Betracht kommenden Normen der DBA ab.

aa) Kollision mit DBA

74 Für die Annahme eines Treaty Overriding ist eine **Normenkollision** erforderlich (s. Anm. 5; *Musil*, RIW 2006 S. 287 (288); es muss ein Widerspruch zwischen einer Bestimmung des DBA und einer der in den §§ 7 ff. bestimmten Rechtsfolgen bestehen. Aus praktischen Gründen – die Qualifikation ist aufwendig – schlagen *Wassermeyer* und *Schönfeld* (in *F/W/B*, Vor §§ 7-14, Rz. 104) vor, vorab zu prüfen, ob sich Deutschland die Anwendung der Hinzurechnungsbesteuerung im einschlägigen Abkommen vorbehalten hat, was sich in der Tat empfehlen dürfte. Bejahendenfalls besteht keine Kollision. Wenn diese nicht besteht, weil die Hinzurechnungsbesteuerung das anwendbare Abkommen nicht berührt, läuft § 20 Abs. 2 in dieser Konstellation leer; es ist aber missverständlich, sie deshalb als ‚deklaratorisch' zu bezeichnen (*Protzen* in *Kraft*, § 7 Rz. 150), denn sie kann ohne weiteres in anderen Fallkonstellationen eine Kollision auslösen. Es stellt sich damit zunächst in jedem einzelnen Fall die Frage, ob eine Kollision vorliegt. Dabei kommt es auf die Bestimmungen des jeweils einschlägigen DBA an. Auf der Ebene des DBA geht es dabei um die nach Maßgabe der Art. 31 ff. WÜRV ausgelegte Norm des Doppelbesteuerungsabkommens (vgl. Anm. 4). Im Rahmen unserer Kommentierung legen wir das OECD-MA zu Grunde. Wir abstrahieren damit in uns vertretbar erscheinender Weise von den Rechtslagen, die im Einzelfall bestehen können, denn die von Deutschland abgeschlossenen DBA folgen meist hinsichtlich der hier interessierenden Bestimmungen dem OECD-MA.

Ebenso ist die Norm des nationalen Rechts auszulegen. Ein Widerspruch besteht, wenn die zwei in dieser Weise ausgelegten Normen **mit dem gleichen Tatbestand zur gleichen Zeit einander ausschließende Rechtsfolgen** (vgl. Anm. 4) verbinden.

75 Zu beachten ist in diesem Zusammenhang, dass es notwendig ist, die Norm des nationalen Rechts **DBA-konform auszulegen** (zutr. so *Langbein*, RIW 1984 S. 531 (538); *Leisner*, RIW 1993 S. 1013 (1020); *Rust/Reimer*, IStR 2005 S. 843 (848); *Vogel*, IStR 2007 S. 225 (228); BVerfG, Urt. vom 14.10.2004, BvR 1481/04, BVerfGE 111 S. 307; JZ 2004 S. 1171 m. Anmerkung *Klein;* IStR 2005 S. 31, *Frotscher* in FS Schaumburg, S. 687 (712)); *Schaumburg*, Internationales Steuerrecht, Rz. 3.27). Ein solches Gebot der DBA-konformen Auslegung ist aber nichts anderes als ein Anwendungsfall des generell anerkannten Gebots der völkerrechtskonformen Auslegung des nationalen Rechts: Von mehreren in Betracht kommenden Auslegungsvarianten ist diejenige zu wählen, die den Konflikt mit dem DBA vermeidet.

76 Hinsichtlich der §§ 7 bis 14 liegt das besondere Problem darin, dass die **Qualifikation der HZB** und ihr Verhältnis zu den Verteilungsnormen der DBA **in Lehre und Rechtsprechung strittig** sind. Hiervon dürfte es aber abhängen, ob ein Treaty Overriding anzunehmen ist (*Protzen* in *Kraft*, § 7 Rz. 151). Anderer Ansicht sind hierzu *Prokopf* (in *S/K/K*, § 20 Rz. 45) und *Reiche* (in *Haase*, § 7 Rz. 20): die Zuordnung könne offen bleiben, da nach sämtlichen dieser Abkommensnormen Normenkollisionen entstehen können. Auch bei der an sich denkbaren Behandlung des Hinzurechnungsbetrags als Unternehmensgewinn komme es nicht auf die Qualifikation an, denn eine Besteuerung im anderen Staat setze das Vorhandensein einer Betriebsstätte voraus, was ja gerade nicht der Fall sei. U. E. kann dies aus mehreren Gründen nicht zutreffen, zum einen bereits deshalb nicht, weil von der Art der betroffenen Abkommensbestimmung abhängen kann, ob im konkreten Abkommen z. B. ein Vorbehalt (vgl. Anm. 32) vereinbart ist oder ob eine Umgehung vorliegt

(vgl. Anm. 33–36). Zum anderen setzt das Gebot der völkerrechtskonformen Auslegung voraus, dass die Norm identifiziert wird, zu der ein Konflikt eintreten kann und an der die Auslegung der Norm des internen Rechts sich zu orientieren hat.

77 Der **Gesetzgeber** des AStG ging davon aus, dass die internationalen Pflichten Deutschlands Vorrang haben und dass die §§ 7 ff. mit ihnen nicht in Konflikt träten (vgl. BT-Drs. VI/2883, Tz. 10; ferner BMF vom 11.7.1974, BStBl I 1974 S. 442, Tz. 1.14). Diese Annahme wird auf die Überlegungen zur Zurechnung gestützt (vgl. Anm. 78 bis 80). Sie ist bestritten. Nach anderen Auffassungen ist der Hinzurechnungsbetrag dem Dividendenartikel der Abkommen zuzuordnen (vgl. Anm. 81 und 82) oder dem Artikel über die Unternehmensgewinne (vgl. Anm. 85). Während die ersten beiden Auffassungen zu dem Ergebnis führen, dass keine Kollision mit DBA-Bestimmungen besteht, führt die Letztere zur Annahme einer solchen und damit – bei Vorliegen der übrigen Voraussetzungen – zur Annahme eines Treaty Overriding. Das Meinungsbild hierzu lässt keine herrschende Ansicht erkennen, ebenso wenig die Rechtsprechung (vgl. Anm. 80). So besehen liegt hier ein Fall vor, in dem sich für den Steuerpflichtigen der Theorienstreit gewissermaßen als Arsenal für Argumente darstellt.

78 Nach einer vielfach vertretenen Ansicht fällt die Hinzurechnungsbesteuerung deshalb nicht in den Anwendungsbereich eines DBA, weil es sich bei ihr um die Anwendung von **Zurechnungsregeln** handele. Da nach herrschender Ansicht die Abkommen keine Regeln über die Zurechnung enthalten (BFH vom 18.12.1986 I R 52/83, BStBl II 1988 S. 521; BFH vom 4.4.2007 I R 110/05, BStBl II 2007 S. 521; IStR 2007 S. 516; *Debatin*, BB 1989 Beilage 2, S. 2; *Krabbe*, StbJb 1985/86, S. 403 (412); *Menhorn*, IStR 2005 S. 325 (327); *Selling*, RIW 1991 S. 235 (237); *Wassermeyer* in *Debatin/Wassermeyer*, Art. 3 MA Rz. 81 ff.; *Piltz* in *Debatin/Wassermeyer*, Art. 7 MA Rz. 82), würde ein Rückgriff gem. Art. 3 Abs. 2 OECD-MA zur Anwendung der jeweiligen nationalen Zurechnungsregeln führen. Es tritt von diesem Standpunkt aus deshalb keine Kollision der Normen über die Hinzurechnungsbesteuerung mit Normen der DBA ein (*Debatin*, DB 1972 S. 1983; *ders.*, DB 1992 S. 2159; *Kluge*, AWD 1972 S. 411 (415); *Frotscher*, StbJb 2009/2010 S. 151 (154); *Kraft*, § 20 Rz. 23; *Musil*, RIW 2006 S. 287 (288); *Linn*, IStR 2010 S. 542 (543); die Norm des § 20 Abs. 1 hat von diesem Standpunkt aus gesehen insoweit lediglich deklaratorischen Charakter (z. B. *Kraft*, § 20 Rz. 24; *H. Vogel*, DB 1974 S. 1401 (1405); anders aber anscheinend *Gosch*, der zwar einerseits eine Veränderung der Zurechnung, gleichwohl aber ein Treaty Overriding annimmt (IStR 2008 S. 413 (417); ebenso *ders.* in FS Reiß, S. 597 (601)). Bei alledem handelt es sich um Aussagen auf der Basis der Annahme von Abkommen, die dem OECD-MA entsprechen. Bei der Rechtsanwendung ist im konkreten Fall zu prüfen, ob das einschlägige Abkommen tatsächlich keine Zurechnungsregeln enthält; deren Vereinbarung steht natürlich den Vertragsstaaten frei und geschieht bisweilen auch.

Wie nicht anders zu erwarten ist die Deutung der §§ 7 ff. als Zurechnung umstritten. Teilweise wird die Grundlage dieser Auffasung in Frage gestellt, dass nämlich hinsichtlich der Zurechnung die DBA lückenhaft seien (*Schönfeld/Wassermeyer* in F/W/B, § 20 AStG Rz. 23; *Lang*, IStR 2002 S. 717 (719). Ferner wird ihr entgegengehalten, dass damit eine Auslegung erfolge, die dem Zweck des DBA entgegenliefe (vgl. *Leisner*, RIW 1993 S. 1013 (1016); *Köhler*, BB 1993 S. 337 (340); *Fischer-Zernin*, RIW 1987 S. 362 (366f); *ders.*, RIW 1992 S. 49; *ders.*, RIW 1992 S. 361). *Prokopf* (in S/K/K, § 20 Rz. 39) begründet die Bedenken mit der weiteren Erwägung, „dass es damit DBA-Partnerstaaten freistehen könnte, mit einer derartigen Begründung auch jenseits anerkannter (oder behaupteter) Mißbrauchsfälle Einkünfte (oder Vermögen) mehr oder weniger willkürlich irgendwelchen Steuerpflichtigen zuzurechnen und damit die DBA letztendlich ‚auszuhöhlen'". *Fischer-Zernin* (in *G/K/G*, DBA, Grundlagen, Teil I, Abschn. 3 Rz. 41) schließlich ist der Ansicht, die Zurechnungstheorie verstoße gegen den Grundsatz der Völkerrechtsfreundlichkeit i. S. des Art. 25 GG.

Wir pflichten dieser Kritik bei. Legislatorische Technik und zugrunde liegende Besteuerungsidee beruhen darauf, aus Sachverhalten, die das Abkommen geschlossen und lückenlos regelt – Dividendenausschüttung, Art. 10 OECD-MA, einerseits und Unternehmensgewinne andererseits, Art. 7 OECD-MA – Teilelemente, wie es dasjenige der Zurechung darstellt, herauszulösen, sie sodann isoliert zu betrachten, um hernach festzustellen, dass sie im Abkommen nicht geregelt sind (was nur dem Buchstaben, nicht der Sache nach der Fall ist) und sie als Hebel zu verwenden, um bestimmte Sachverhalte dem Anwendungsbereich des DBA zu entziehen. Gewichtige Kritik haben ferner *Schönfeld* und *Wassermeyer* vorgetragen, auf die nur verwiesen werden kann. Im Ergebnis geht somit von der Hinzurechnungsbesteuerung eine Normenkollision aus, die – sofern keine besonderen legitimierenden Gründe vorliegen (vgl. Anm. 101 ff) – ein Treaty Overriding darstellen (*Prokopf* in *S/K/K*, § 20 Rz. 48; *Schönfeld/Wassermeyer* in *F/W/B*, § 20 AStG Rz. 27).

Aus der Argumentation, die auf der Annahme einer Zurechnung im abkommensfreien Raum beruht, wird ein weiteres Argument hergeleitet (*Debatin*, DB 1992 S. 2159; *Kluge*, AWD 1972 S. 411 (415)). Es wird darauf verwiesen, dass die Hinzurechnungsbesteuerung die Gesellschafter erfasse und nicht die ausländische Gesellschaft. Das ist im Zusammenhang mit der Frage eines Abkommensverstoßes auch deshalb von Bedeutung, weil damit nach dieser Auffassung dargetan ist, dass ein Eingriff „in die rechtliche Eigenexistenz ausländischer Gesellschaften" vermieden werde (*Debatin*, DB 1992 S. 2159), was als Abkommensverstoß zu werten sein würde. Es handele sich deshalb um eine „eigenständige Steuerpflicht, die sich gegenständlich aus den bei der Auslandsgesellschaft nicht oder nur gering besteuerten passiven Einkünften ableitet, aber nicht mit ihnen identisch ist." Letzteres folge daraus, dass der „Gegenstand der in §§ 7 ff. AStG auferlegten Steuerpflicht (nicht) die Einkünfte der Auslandsgesellschaft als solcher treffe, sondern ein gesetzlich **eigenständig definierter Steuerpflichtbetrag** – „Hinzurechnungsbetrag" genannt – (ist), dessen Ermittlung zwar an die Zwischeneinkünfte der Auslandsgesellschaft anknüpft."

Bei der Zurechnung des Gewinns an den hinter der ausländischen Gesellschaft stehenden Gesellschafter i. S. des § 7 liegt nach dieser Auffassung die spezifische Situation, die DBA regeln wollen, nicht vor und ist dessen Anwendungsbereich nicht berührt, weil letztere nur die Doppelbesteuerung bei ein und demselben Steuersubjekt verhindern sollen. Eine solche Situation liege bei der Hinzurechnungsbesteuerung nicht vor, weil der Gewinn der Gesellschaft zwar (partiell) in der Hand des Gesellschafters ein weiteres Mal besteuert werde, aber eben nicht beim gleichen Steuersubjekt. Es ist deutlich, dass von diesem Standpunkt aus ein Treaty Overriding nicht angenommen werden kann. Auch er beruht indessen auf einer Interpretation der §§ 7 ff. als Zurechnungsnormen, die den gleichen Einwänden ausgesetzt ist, wie sie oben (s. Anm. 78) dargelegt wurden.

80 Entscheidungen des BFH vom 23.10.1991 (I R 40/89, BStBl II 1992 S. 1026), vom 20.3.2002 (I R 63/99, DStR 2002 S. 1100) und vom 25.2.2004 (I R 42/02, BStBl II 2005 S. 14 m. Anmerkung – *sch* – in DStR 2004 S. 1286) weisen ebenfalls in die Richtung auf die These, dass die §§ 7 ff. Zurechnungsregeln darstellen. Wiederum würde das zugleich bedeuten, dass keine Kollision zwischen den Normen des DBA und der Hinzurechnungsbesteuerung besteht, und demnach kein Treaty Override vorliegt. Ausdrücklich ist allerdings weder das eine noch das andere entschieden worden, denn die Urteile betrafen das Verhältnis zwischen § 42 AO und der Hinzurechnungsbesteuerung. Auch hier ist die Frage nach der Qualifikation der letzteren noch nicht definitiv geklärt worden.

81 Die Hinzurechnungsbesteuerung wird von einer anderen Auffassung als Besteuerung einer Ausschüttung verstanden. Die Frage ihrer Kompatibilität mit den DBA ist hiernach anhand von dessen **Dividendenartikel** zu beantworten. Konsequenz einer Qualifikation des Hinzurechnungsbetrags als Dividende i. S. des Art. 10 Abs. 3 OECD-MA ist, dass dem Ansässigkeitsstaat das Besteuerungsrecht über ausgeschüttete Dividenden zusteht. Die deutschen Bestimmungen würden dann mit den DBA nicht kollidieren, weil das Besteuerungsrecht hinsichtlich von Dividenden der Zwischengesellschaft Deutschland zusteht. Es würde dementsprechend kein Treaty Overriding vorliegen (*Kraft*, § 20 Rz. 23).

Das Problem dieser Auffassung liegt darin, dass tatsächlich keine Dividende fließt, wie ihre Vertreter auch nicht verkennen. Sie formulieren dementsprechend, dass es sich um die **fiktive Ausschüttung einer Dividende** handele (*Kluge*, AWD 1972 S. 411 (415); *Köhler/Haun*, Ubg 2008 S. 73 (86); *Langbein*, RIW 1984 S. 531 (537); *Mössner* in *Brezing*, Vor §§ 7–14 AStG Rz. 35; *Wassermeyer*, RIW 1983 S. 352; *Tischbirek* in *Vogel/Lehner*, DBA, 5. Aufl., Art. 10 Rz. 224), die kraft Beherrschung zugerechnet werde (*Mössner*, RIW 1986 S. 208 (211), ebenso *Wassermeyer* in *Flick/Wassermeyer/Baumhoff*, Vor. §§ 7–14 AStG, Rz. 50 im Rahmen der von ihm zur Diskussion gestellten Zweistufentheorie, s. dazu Anm. 82).

Einige Autoren nehmen an, dass es für die abkommensrechtliche Einordnung des Hinzurechnungsbetrages entscheidend, aber auch ausreichend sei, dass es sich für den Steuerpflichtigen, indem dessen Einkommen sich erhöhe, um einen Ausfluss aus seiner Beteiligung an der ausländischen Zwischengesellschaft handele. Nach dieser Auffassung (*Tischbirek* in *Vogel/Lehner*, DBA, Art. 10 Rz. 224; vgl. bereits *Kluge*, AWD 1972 S. 411 (415)) „stammt" dieses Einkommen aus seinen „Gesellschaftsanteilen" i. S. d. des Art. 10 OECD-MA und „ist deswegen als ‚Dividende' anzusehen;" der Hinzurechnungsbetrag sei als „Ausfluss aus einer Beteiligung an der ausländischen Gesellschaft" und damit als Dividende i. S. des Art. 10 Abs. 3 zu betrachten (*Tischbirek* in *Vogel/Lehner*, DBA, Art. 10 Rz. 224 m. w. N.; *Lang*, IStR 2002 S. 717 (721)). Einige Autoren halten das Nicht-Zufließen einer Dividende für unerheblich, weil es sich um eine Fiktion handele (*Reiche* in *Haase*, § 7 Rz. 20): Wer die Fiktion einer Dividende annehme, müsse in der Konsequenz dessen auch die Zuflussfiktion des § 10 Abs. 2 Satz 1 akzeptieren. Dem ist u. E. bereits aus rechtslogischen Gründen nicht zu folgen. Eine Fiktion ist bereits ihrem Wesen nach etwas Willkürliches, indem das Gesetz anordnet, einen bestimmten Lebenssachverhalt so zu behandeln, als wäre es ein anderer, obschon es nicht ist. Aus einer solchen Gleichsetzung kann keinerlei Konsequenz hergeleitet werden, weil sie selbst willkürlich ist. In sachlicher Hinsicht greift die Überlegung deshalb nicht, weil es nicht um den fehlenden Zufluß geht, sondern – unabhängig von der

Fälligkeit einer Zahlung – um das Fehlen einer Vermögensminderung auf der Seite der Zwischengesellschaft und einer Vermögensmehrung auf Seiten der Gesellschaft.

Dementsprechend wird von Teilen der Literatur angenommen, dass es zum Begriff der Dividende gehöre, dass sie auch zufließt, weshalb der Hinzurechnungsbetrag keine sei (*Protzen* in *Kraft,* § 7 Rz. 151; *Wassermeyer* in *F/W/B,* Vor §§ 7–14 AStG, Rz. 101; wohl auch *Fischer-Zernin* in *G/K/G,* DBA, Grundlagen, Teil I, Abschn. 3 Rz. 40). Wir folgen dem. Ertrag einer Beteiligung kann nur dasjenige sein, was aus dem Vermögen der Kapitalgesellschaft durch einen hierauf gerichteten Beschluss abgesondert und in das Vermögen des Gesellschafters überführt wird. Eine andere Sicht verstößt gegen die Systematik des Rechts der juristischen Person und verletzt insbesondere das Trennungsprinzip. Die Sichtweise ist ferner auch denjenigen Bedenken ausgesetzt, die gegenüber der Zurechnungstheorie geltend gemacht wurden (s. Anm. 78): Es liegt deshalb auch vom Standpunkt dieser Auffassung aus eine Kollision mit den Abkommensnormen vor und damit – sofern die übrigen Voraussetzungen vorliegen – ein Treaty Overriding.

Auch bei wirtschaftlicher Betrachtung handelt es sich nicht um Beteiligungserträge (so aber *Köhler,* BB 1993 S. 337). Die wirtschaftliche Struktur und Funktion von Kapitalgesellschaften beruht gerade auf einer strikten Trennung von Gesellschaftsvermögen und dem ihrer Gesellschafter. Von einem Ertrag einer Beteiligung lässt sich deshalb erst dann sprechen, wenn ein Teil des Vermögens aus demjenigen der Gesellschaft ausgeschieden ist und sich verselbständigt hat, so dass er den Gesellschaftern zugeordnet werden kann. Das ist bei zivilrechtlicher Betrachtung im Moment des Ausschüttungsbeschlusses der Fall. Bis dahin ist nichts vorhanden, was sinnvollerweise dem Inhaber der Beteiligung zugeordnet werden könnte. Von da an besteht der Anspruch auf Ausschüttung der Dividende; die Vermögensminderung der Gesellschaft findet ihren Ausdruck in der Passivierung der Ausschüttungsverpflichtung. Eine wirtschaftliche Betrachtung kann allenfalls gewisse faktische Zwänge oder andere Verhaltensweisen, die auf Wiederholung angelegt sind, als maßgebend ansehen, wie es im deutschen Recht z. B. im Falle des beherrschenden Gesellschafter-Geschäftsführers geschieht. Bei den Zwischengesellschaften besteht eine solche Situation indessen gerade nicht, worauf ja auch gerade ihre Missbilligung durch den Gesetzgeber beruht. Er wird thesauriert. Das schlichte Faktum, dass eine Kapitalgesellschaft einen Vermögenszuwachs erwirtschaftet hat, kann indessen nicht als Gewinn der Gesellschafter angesehen werden.

Die Auffassung der Hinzurechnungsbesteuerung als Besteuerung einer fiktiven Dividende betrifft zugleich die Frage, ob es mit dem Abkommen vereinbar ist, wenn Sachverhalte dadurch, dass das interne Recht eines Staates entsprechende Fiktionen aufstellt, dem Anwendungsbereich einer DBA-Norm entzogen werden (zutr. so auch *Vogt* in *Blümich,* § 20 AStG Rz. 14). *Leisner* meint, dass mit Fiktionen dieser Art nicht gearbeitet werden dürfe. Es werde dadurch das Gesetz gegen seinen ‚Primärsinn' ausgelegt und das Abkommen auf diese Weise umgangen (*Leisner,* RIW 1993 S. 1013 (1016)). Gewissermaßen stellt sich hier die Missbrauchsfrage aus einer anderen Perspektive als derjenigen, aus der man den Problemkreis üblicherweise betrachtet, nämlich in der Form, dass es sich hier um einen Missbrauch des Abkommens durch einen Vertragsstaat handelt. Grenzen können sich hier aus dem bona-fides-Gedanken des Art. 26 WÜRV ergeben (*Busching/Trompeter,* IStR 2005 S. 510 (512); *Reimer* in *Vogel/Lehner,* DBA, 5. Aufl., Art. 6 Rz. 70; *Vogel,* a. a. O.

Einl. Rz. 188 ff.; *Kraft*, § 20 Rz. 20). Wir teilen diese Bedenken, die denjenigen entsprechen, die wir auch gegenüber der Zurechnungstheorie hatten (vgl. Anm. 78).

82 Die sog. Zweistufentheorie *Wassermeyers* (in *F/W/B*, Vor §§ 7–14 AStG, Rz. 55) geht von der Beobachtung aus, dass der Tatbestand der Hinzurechnungsbesteuerung auf zwei etwas disparaten Elementen beruht und versucht, diese widerspruchsfrei zu kombinieren. Zum einen handele es sich nach Maßgabe einer Zurechnungskonzeption um die Ermittlung des Hinzurechnungsobjekts: das sind die Zwischengewinne. Auf der zweiten Stufe findet eine Umqualifizierung dieser Beträge in Beteiligungserträge mit Wirkung für das innerstaatliche Recht statt. Weiterhin folgert die Theorie, dass, weil die passiven Tätigkeiten der Zwischengesellschaft Besteuerungsgegenstand der Hinzurechnungsbesteuerung seien (und die daraus erzielten Einkünfte lediglich deren Bemesssungsgrundlage), die Grundlage für die abkommensrechtliche Qualifikation die Art der von der Zwischengesellschaft erzielten Einkünfte ist. Das bedeutet, dass der Hinzurechnungsbetrag gegebenenfalls nach Maßgabe der von der Zwischengesellschaft ausgeführten Tätigkeiten aufgespalten wird und die Einkünfte den jeweiligen Abkommensartikeln zuzuordnen sind. Je nach dem, welcher angesprochen ist, kommt es zur Kollision mit dem Abkommen und zum Treaty Overriding (*Wassermeyer* in *D/W*, Art. 1 MA Rz. 78). Dies abzusichern ist Funktion des dann (hier als konstitutiv zu betrachtenden) § 20 Abs. 2.

Diese Theorie ist als solche überzeugend, und vor allem leistet sie hier das, was eine gute juristische Theorie leisten muss: Sie erklärt die disparaten und inhomogenen Elemente der Regelung der §§ 7 ff. Insbesondere sehen wir die Bedenken nicht, die *Tischbirek* (in *Vogel/Lehner*, DBA, Art. 10 Rz. 224) gegen die eventuelle Aufspaltung des Gewinns in die unterschiedlichen abkommensrechtlichen Einkunftsarten hat, zumal diese Betrachtungsweise der Hinzurechnungsbesteuerung in Gestalt der Aufgliederung der Einkünfte in § 8 Abs. 1 systemimmanent ist. Wenn wir ihr nicht folgen, so deshalb, weil wir bereits aus den oben dargestellten Gründen eines ihrer Grundelemente, dasjenige der Zurechnung, nicht als abkommensrechtlich zutreffend ansehen.

83 In der Literatur hat noch die sog. Repräsentationstheorie Einfluss gewonnen. Ebenso wie die in Anm. 82 dargestellte Zweistufentheorie *Wassermeyers* geht sie von zwei aus den §§ 7 ff. eruierbaren Systemelementen aus, der Zurechnung und der Ausschüttung (*Menck* DStZ/A 1978 S. 106 (107); *Debatin*, DStZ/A 1971 S. 385 (398)). Ihre Vertreter leiten daraus her, dass der Hinzurechnungsbetrag keiner der in den DBA aufgeführten Kategorien von Einkünften zuzurechnen sei; es handele sich um Einkünfte eigener Art. Die Repräsentationstheorie gelangt damit zu der Folgerung, dass die Abkommen diese Art Einkünfte überhaupt nicht anspricht und deshalb von ihrer Besteuerung durch Deutschland nicht berührt sind (*Debatin*, DB 1992 S. 2159; *ders.*, DStZ 1971 S. 385 (399); *Selling*, DB 1988 S. 930 (936); ausdrücklich a. A. *Mössner*, RIW 1986 S. 208 (211). § 20 Abs. 1 liefe vom Standpunkt dieser Auffassung demnach leer. Auch aus dem Umstand, dass es sich lediglich um eine fiktive Dividende handele, wird der Schluss gezogen, dass der Hinzurechnungsbetrag unter keine Abkommensvorschrift falle, mit dem Abkommen also nicht kollidiere (*Protzen* in *Kraft*, § 7 Rz. 151, 152). Auch gegen diese Auffassung besteht u. a. das oben formulierte Bedenken gegen die Annahme einer Zurechnung, die auch sie machen muss. Wir folgen ihr nicht.

Die wichtigste Gegenposition zu den hier dargestellten Ansichten sieht in der **84** Hinzurechnungsbesteuerung die Besteuerung **von Unternehmensgewinnen i. S. des Art. 7 OECD-MA** *(Fischer-Zernin* in *G/K/G,* DBA, Grundlagen, Teil I, Abschn. 3 Rz. 40, 42; *Schaumburg,* Internationales Steuerrecht, Rz. 10.201; *Rehfeld,* Die Vereinbarkeit des Außensteuergesetzes mit den Grundfreiheiten des EG-Vertrages, S. 310 ff. 438; *Schollmeier,* EWS 1992 S. 137 (139); *Wassermeyer,* RIW 1983 S. 352; tendenziell so bereits *Schwarz/Fischer-Zernin,* RIW 1992 S. 49). Von diesem Ausgangspunkt aus wäre ein Widerspruch zum Abkommensrecht darin zu sehen, dass das Besteuerungsrecht an den Gewinnen eines Unternehmens nur dem Staat zusteht, in dem das Unternehmen seinen Sitz hat – vgl. Art. 7 Abs. 1 OECD-Must-Abk. –, es sei denn, dass im anderen Vertragsstaat eine Betriebsstätte besteht. Gerade letzteres ist in den Konstellationen, die Hinzurechnungsbesteuerung erfassen will, in der Regel nicht der Fall. Folglich steht das Besteuerungsrecht dem Ansässigkeitsstaat der Zwischengesellschaft zu und die Besteuerung nach Maßgabe der §§ 7 ff. bedeutet – bei Vorliegen der Voraussetzungen im übrigen – ein Treaty Overriding.

Ergänzend wird argumentiert, aus der Systematik des DBA und aus dem dem Art. 7 Abs. 7 OECD-MA – der sog. Anti-Organ-Klausel – zugrunde liegenden Gedanken ergebe sich, dass durch die schlichte Beherrschung einer Gesellschaft keine Betriebsstätte entsteht. Dieser Gedanke impliziere eine Trennung zwischen dem (nicht ausgeschütteten) Gewinn der Gesellschaft und der Dividende *(Flick,* BB 1971 S. 250; gegen *Flick: Kluge,* AWD 1972 S. 411 (415); *Flick* zust.: *H. Vogel,* BB 1974 S. 1401 (1405), *Wassermeyer/Schönfeld* in: F/W/S, § 20 Rz. 24; ähnlich *Lang,* IStR 2002 S. 717 (721)). Mithin stehe dem Ansässigkeitsstaat der Gesellschaft das Besteuerungsrecht zu. Die Hinzurechnungsbesteuerung tritt demnach in Kollision mit dem jeweiligen DBA in Gestalt seines Art. 7 *(Schönfeld/Wassermeyer* in F/W/B, § 20 AStG Rz. 27; *Prokopf* in *S/K/K,* § 20 Rz. 48; ferner auch *Wassermeyer* in *D/W,* Art. 1 MA Rz. 78; a. A. *Reiche* in *Haase,* § 7 Rz. 20). Wir folgen dieser Auffassung. Sie wird vom Cons. d'État in seiner Entscheidung in der Rechtssache Schneider Electric zur französischen Hinzurechnungsbesteuerung ebenfalls vertreten (CE ass., 28 juin 2002, Sté Schneider Electric, n. 232276, Droit Fiscal, 2002, n. 36, comm. 657; Droit Fiscal 2002, n. 36 étude 28).

(einstweilen frei)

85 bis 100

bb) Spezielle Vorbehalte

Die DBA können spezielle **Vorbehalte** (vgl. dazu Anm. 6, 32) **zu Gunsten der Hin- 101 zurechnungsbesteuerung** enthalten, die diese ausdrücklich zulassen. Sie sind unterschiedlich formuliert. Teilweise werden die §§ 7 ff. direkt genannt oder es wird das „Außensteuergesetz" genannt.

Letzteres ist z. B. in Art. 27 Abs. 1 des DBA Kuwait vom 27.2.2000 (BGBl II 2000 S. 390, 391) geschehen. Es heißt dort: *„Es besteht Einvernehmen darüber, dass das Abkommen nicht so auszulegen ist, als hindere es die Bundesrepublik Deutschland daran, die Beträge zu besteuern, die nach dem Vierten Teil des Deutschen Außensteuergesetzes zu den Einkünften einer in der Bundesrepublik Deutschland ansässigen Person gehören."* Im DBA Schweiz vom 11.8.1971 (BGBl II 1972 S. 1022) ergibt sich die Zulässigkeit der Anwendung der §§ 7 ff. aus dem Verhandlungsprotokoll vom 29.9.1971 (BStBl I 1975 S. 505). Es heißt dort: „*Zu Artikel 3 Absatz 2 (wird, HH) festgestellt, dass nicht ansässige Gesellschaften zu keinen Sondersteuern von nicht ausgeschütteten Gewinnen herangezogen werden dürfen, dass aber diese Bestimmung nicht ausschließt, dass einer in einem Vertragsstaat ansässigen Person Gewinne einer in einem andern Vertragsstaat ansässigen Person nach Maßgabe des Rechtes des erstgenannten Staates zugerechnet werden. Eine solche Zurechnung wird auch nicht durch die Bestimmung des Abkommens ausgeschlossen, die die Besteuerung der im anderen Staat ansässigen Gesellschaft regeln.*" Im Hinblick auf diese Klausel hat der BFH die Anwendung der §§ 7 ff. im Verhältnis zur Schweiz als unproblematisch angesehen (BFH vom 9.11.1983 I R 120/79, BStBl II 1984 S. 468). Auslegungsfragen entstehen in solchen Fällen naturgemäß kaum.

In späteren Entscheidungen hat sich der BFH auf Art. 4 Abs. 11 DBA Schweiz gestützt (BFH vom 29.8.1984 I R 68/81, BStBl II 1985 S. 120; vom 12.7.1989 I R 46/85, BStBl II 1990 S. 113). Hier ist der Fall der Hinzurechnungsbesteuerung nicht ausdrücklich angesprochen. In diesen und vergleichbaren Fällen, in denen die §§ 7 ff. nicht ausdrücklich oder durch Verweis auf das „Außensteuergesetz" o. ä. identifizierbar sind, ist durch Auslegung der Vorschrift, die nach den allgemeinen abkommensrechtlichen Grundsätzen zu erfolgen hat, zu entscheiden, ob deren Anwendung von der Klausel gedeckt ist.

Derzeit enthalten folgende Abkommen Bestimmungen diese Art: Prot. (17) Buchst. a) DBA **Italien** vom 18.10.1989, BGBl II 1990 S. 742, BStBl I 2002 S. 396; DBA **Kanada** vom 19.4.2001, Art. 29 Abs. 2 Buchst. b, BGBl II 2002 S. 671; BStBl I 2002 S. 505; DBA **Kirgisistan** vom 1.12.2005, BGBl II 2006 S. 1066; BStBl I 2007 S. 244, Protokoll Nr. 3 Buchst. a, Doppelbst. bb; DBA **Polen** vom 14.5.2003, Art. 30 Abs. 1 Buchst. b, BGBl II 2004 S. 1303; BStBl I 2005 S. 349; DBA **Rumänien** vom 4.7.2001, Art. 28 Abs. 1 i. V. m. Protokoll Nr. 4; DBA **Vereinigte Arabische Emirate** vom 9.4.1995, BGBl I 1996 S. 518 (außer Kraft getreten mit Ablauf des 9.8.2008; das neue wurde am 1.7.2010 unterzeichnet und bedarf nunmehr noch der Transformation in innerstaatliches Recht).

102 Aus der neueren Rechtsprechung des BFH (z. B. Urteil vom 2.9.2009 I R 90/08, BStBl II 2010 S. 394, IStR 2009 S. 817) ergibt sich in allen Fällen ein Problem, in denen solche Klauseln nicht im Abkommen selbst, sondern in den Dokumenten, die dieses ergänzen, vereinbart sind. Der BFH hat entschieden, dass Vereinbarungen zwischen den beteiligten Finanzverwaltungen, die über eine Auslegung des Abkommens hinausgehen, rechtlich nicht bindend sind, sofern sie nicht durch das gem. Art. 59 Abs. 2 Satz 1 GG erforderliche Zustimmungsgesetz in das innerstaatliche Recht überführt worden sind (z. B. BFH vom 11.11.2009 I R 15/09, BStBl II 2010 S. 602, IStR 2010 S. 180). Wenn also, was die Regel sein wird, dieserart Dokumente nicht vom jeweiligen Zustimmungsgesetz erfasst sind, dürften sie keine rechtlichen Wirkungen entfalten (zutr. *Brandis* in *Debatin/Wassermeyer*, DBA Schweiz, Art. 1 Rz. 56; *Wassermeyer* in F/W/S, Vor §§ 7–14, Rz. 62). Damit wäre der Vorbehalt unwirksam und deshalb nicht geeignet, ein Treaty Overriding auszuschließen. Der Gesetzgeber hat darauf in Gestalt des § 2 Abs. 2 AO reagiert. Abs. 2 ist durch JStG 2010 dem § 2 angefügt worden und enthält eine Ermächtigung zum Erlass von Rechtsverordnungen. Hierdurch sollen Konsultations- und Verständigungsvereinbarungen i. S. des Art. 25 OECD MA in nationales (Verordnungs-) Recht umgesetzt werden können. Zweifelhaft bleibt vorerst, ob eine Heilung mit

Wirkung für die Vergangenheit möglich ist (bej. wohl *Benecke/Schnitger,* IStR 2010 S. 432 (438)).

103 Ganz überwiegend wird angenommen, dass die **§§ 7 ff. der Verhinderung von Missbräuchen** dienen (*Debatin,* DStZ 1971 S. 385 (399); *Gosch* in FS Reiß, S. 597 (607 f.); *Mössner* in *Brezing/Krabbe/Lempenau/Mössner/Runge,* Außensteuerrecht, Kommentar, 1991, Vor §§ 7–14 AStG Rz. 36; *ders.,* RIW 1986 S. 208 (211)), und zwar, rechtstechnisch gesehen, in der Form einer typisierenden Regelung, ausdrücklich so der BFH in seinem Urteil vom 21.10.2009 (I R 114/08, BStBl II 2010 S. 774, Tz. 22; IStR 2010 S. 149). Neben den Fällen, in denen die Abkommen Bestimmungen enthalten, die speziell auf die Hinzurechnungsbesteuerung verweisen und diese zulassen (Anm. 32, 101), treten diejenigen, in denen lediglich spezielle Missbrauchsvorbehalte bestehen (vgl. Anm. 33) oder in denen auf den allgemeinen ungeschriebenen Missbrauchsvorbehalt (vgl. Anm. 34, 35) zurückzugreifen ist. **Typisierende Missbrauchsnormen** sind **durch einen überschießenden Anwendungsbereich** charakterisiert (grundlegend zur Typisierung auch heute noch *Isensee,* Die typisierende Verwaltung, 1976 eingehend *Drüen* in Tipke/Kruse, § 4 AO Rz. 385 ff.), d. h. der Tatbestand ist so formuliert, dass auch Fälle von ihm erfasst werden, die bei individueller Würdigung, z. B. am Maßstab des § 42 AO oder des § 50 Abs. 3 EStG, nicht als missbräuchlich zu qualifizieren sein würden. In einem solchen Falle ist die Anwendung der §§ 7 ff. allein auf der Grundlage des Missbrauchsvorbehalts nicht zulässig. Es kommt in diesen Fällen vielmehr darauf an, ob tatsächlich ein Missbrauch vorliegt (*Vogel,* FS Höhn, 1995 S. 473, vgl. auch Anm. 37, 108).

104 Auch die **besonderen Missbrauchsvorschriften der DBA** können **unterschiedlich formuliert** sein. Teilweise wird der Missbrauch in ihnen selbständig umschrieben. Ein signifikanter Fall ist die Vorschrift des Art. 28 DBA-USA vom 29.8.1989 (BGBl II 1991 S. 345, 355 in der Fassung der Neubekanntmachung vom 4.6.2008 (BGBl II 2008 S. 611). Nur teilweise ähneln die Umschreibungen des Missbrauchs denjenigen des deutschen Rechts, wie es in Art. 28 Abs. 2 DBA Österreich vom 24.8.2000 (BGBl II 2002 S. 734) der Fall ist. Seine Erläuterung im Protokoll lautet: *„(15) Eine ‚missbräuchliche Gestaltung' ist eine solche, die im Hinblick auf den angestrebten wirtschaftlichen Erfolg ungewöhnlich und unangemessen ist und ihre Erklärung in der Absicht der Steuervermeidung findet. Sie liegt in Fällen vor, in denen der gewählte Weg nicht mehr sinnvoll erscheint, wenn man den abgabensparenden Effekt wegdenkt oder wenn er ohne das Resultat der Steuerminderung einfach unverständlich wäre."* Die Formulierung ist ersichtlich auf den § 42 AO bzw. den § 22 (österr.) BAO abgestimmt. Teilweise verweisen Vorschriften des DBA ohne weiteres auf das jeweilige innerstaatliche Recht, so z. B. Art. 23 Abs. 1 des DBA Schweiz. Er lautet: *„Dieses Abkommen ist nicht so auszulegen, als hindere es einen Vertragsstaat, seine innerstaatlichen Rechtsvorschriften zur Verhinderung der Steuerumgehung oder Steuerhinterziehung anzuwenden."* In allen diesen Fällen muss der konkrete Sachverhalt geprüft werden, ob er die maßgebenden Merkmale des Missbrauchs aufweist (*Vogel,* FS Höhn, 1995 S. 473).

In den Fällen ausformulierter eigenständiger Missbrauchsvorschriften stellt sich die Frage, ob neben ihnen gleichwohl noch diejenigen des internen Rechts angewendet werden können. Eine einheitliche Auffassung hierzu hat sich noch nicht herausgebildet. An sich wäre aus konkret formulierten Klauseln der Schluss zu ziehen, dass die Vertragsstaaten damit die Missbrauchsfälle abschließend umschreiben wollten, so dass daneben der Rückgriff auf das nationale Recht nicht zulässig ist. Das gilt aber nicht durchweg. Z. B. können nach Auffassung beider Vertragsteile neben der Bestimmung des Art. 28 DBA-USA die jeweiligen nationalen Bestimmungen angewendet werden (*Wolff* in *Debatin/Wassermeyer*, Art. 28 DBA-USA Rz. 7–9).

Weitere spezielle Vorbehalte enthalten das DBA Aserbeidschan, Art. 28 Abs. 1; DBA Belgien, Schlussprotokoll Nr. 17; DBA Dänemark, Art. 45 Abs. 2a; DBA Finnland, Protokoll Nr. 6; DBA Kanada, Art. 29 Abs. 6; DBA Kasachstan, Art. 28 Abs. 1; DBA Korea, Art. 27 Abs. 1 Buchst. a; DBA Kuwait, Art. 23 Abs. 3; DBA Rumänien. Art. 28 Abs. 1; DBA Neuseeland, Protokoll Nr. 7c; DBA Schweden, Art. 43 Abs. 2a; DBA Singapur, Art. 29 Abs. 1; DBA Usbekistan, Art. 28 Art. 28 Abs. 1.

Auch hier ergibt sich bezüglich solcher Klauseln, die nicht im Abkommen selbst enthalten sind, dass oben (vgl. Anm. 102) angesprochene Problem, dass Protokolle u. ä. Dokumente oftmals nicht vom Zustimmungsgesetz erfasst sind mit der Folge, dass sie keine Geltung entfalten.

105 Wenn das konkrete anzuwendende DBA keine spezielle Missbrauchsnorm enthält (die auch so gefasst sein müsste, dass sie die Hinzurechnungsbesteuerung mit umfasst), kann deren Anwendung gleichwohl noch durch den **allgemeinen ungeschriebenen Missbrauchsvorbehalt** legitimiert sein, von dessen Geltung die h. L. ausgeht (s. Anm. 35). Auch dieser soll die Anwendung der Hinzurechnungsbesteuerung zulassen (*Prokisch*, in *Vogel/Lehner*, Art. 1 Rz. 117 ff., 120k ff.; *Wassermeyer* in *Debatin/Wassermeyer*, Art. 1 MA Rz. 59 f) so dass insoweit kein Abkommensverstoß und damit kein Treaty Overriding vorliegen kann. In der Literatur wurde von *Debatin* (DB 1992 S. 2159 (2160) darauf hingewiesen, dass der Gesetzgeber des AStG „in Übereinstimmung mit den vorliegenden Berichten des OECD-Steuerausschusses" agiert habe; die Norm des § 20 stehe gewissermaßen im Einklang mit dem Ratsbeschluss der OECD vom 2.10.1989 und dem OECD-Bericht vom 29.6.1989. Inhalt dieses Beschlusses war, dass zur Abwehr von Missbräuchen „schnelle, einseitige" Maßnahmen gerechtfertigt seien. Mit der Kennzeichnung als ‚schnelle' dürften die Urheber des Beschlusses haben hervorheben wollen, dass sie in den von ihnen betrachteten Situationen den Weg der Nachverhandlungen bestehender DBA als zu langwierig erachteten. Welche rechtliche Qualität einer solchen Verlautbarung zukommt, ist nicht klar und wird auch von den Stimmen, die sich hierauf berufen, nicht geklärt.

Inzwischen steht der **OECD-MK** explizit auf dem Standpunkt, die Anwendung der sog. CFC-Legislation – und damit auch die Hinzurechnungsbesteuerung – stehe aufgrund des allgemeinen Missbrauchsvorbehalts im Einklang mit den DBA (MK Art. 1 Nr. 23). Auch die Rechtsqualität des Musterkommentars ist umstritten, was im Einzelnen hier nicht dargestellt werden kann (vgl. *Wassermeyer* in *Debatin/ Wassermeyer*, Vor Art. 1 MA Rz. 31 ff.; *Vogel* in *Vogel/Lehner*, Einl. Rz. 123 ff) Man darf aber feststellen, dass auch eine Aussage des OECD-MK nichts anderes ist, als die Rechtsmeinung von Angehörigen der Finanzverwaltungen. Dem entspricht es, dass gerade in der hier interessierenden Frage der Conseil d'État in der Entscheidung in der Rechtssache Sté Schneider anders entscheiden hat (vgl. Anm. 84). Auch in der Literatur ist strittig, ob es einen solchen allgemeinen Vorbehalt gibt, und es wird von wichtigen Stimmen in der Literatur verneint (*Fischer-Zernin*, RIW 1987 S. 362; *Kraft*, Die missbräuchliche Inanspruchnahme von Doppelbesteuerungsabkommen, 1991; *P. Lampe*, Missbrauchsvorbehalte in völkerrechtlichen

Abkommen am Beispiel der Doppelbesteuerungsabkommen, S. 156; *Musil*, RIW 2006 S. 287 (288); *Piltz*, BB-Beilage 1987 Heft 14). Unter praktischem Gesichtspunkt weist *Wassermeyer* auch auf die fehlende Konkretisierung eines solchen Rechtssatzes hin und stellt fest, dass in der Praxis kaum mit ihm argumentiert werde (in *Debatin/Wassermeyer*, Art. 1 MA Rz. 57), was freilich gegen seine Geltung als Satz des Völkerrechts spräche, denn eine gewohnheitsrechtliche Geltung setzt voraus, dass er in der Überzeugung, damit Recht zu üben, tatsächlich angewendet wird.

Auch in dieser Hinsicht ist somit die Rechtslage noch keineswegs geklärt. Der Steuerpflichtige kann sich gegebenenfalls mit guten Gründen darauf berufen, dass die Anwendung der §§ 7 ff. ein Treaty Overriding bedeutet und dass dieses gegen das Rechtsstaatsprinzip verstößt.

Die Sachverhalte, die die §§ 7 ff. erfassen, stellen **nicht ohne weiteres** auch **Missbrauchsfälle** dar, sondern letztere verkörpern lediglich eine Teilmenge aus der Menge ihrer Anwendungsfälle. Der Vorgang der Errichtung von Tochtergesellschaften im niedrig besteuernden Ausland kann als solcher nicht als Missbrauch angesprochen werden (*Gosch* in FS *Reiß*, S. 597 (602); *Lang*, IStR 2002 S. 217 (219), *ders.*, IStR 2002 S. 717 (718); *Leisner*, RIW 1993 S. 1013 (1017); *Schön*, DB 2001 S. 940 (944); *Schwarz/Fischer-Zernin*, RIW 1992 S. 49; *Tulloch*, DB 1992 S. 1444 (1445); *Seer*, IStR 1997 S. 481 (482); *Selling*, DB 1988 S. 930 (932); *Vogt*, DStR 2005 S. 1347; eingehend *Institut „Finanzen und Steuern"*, IFSt-Schrift Nr. 378, 1999 S. 153 ff.; vgl. auch BFH vom 25.4.2001 (II R 14/98, BFH/NV 2001 S. 1457; IStR 2001 S. 589 m. Anmerkung *Maier*); ebenso wenig führt der Umstand, dass sog. passive Tätigkeiten ausgeführt werden, zwingend zu dieser Annahme (vgl. bereits *Hahn*, IStR 1999 S. 609). Schon die Materialien zum AStG lassen erkennen, dass der Gesetzgeber davon ausging, dass die damals zur Verfügung stehenden Instrumente zur Missbrauchsbekämpfung wichtige Fälle, die das AStG erfassen will, nicht erfassen konnten (BT-Drs. VI/2883 S. 16 Tz. 12-14; insbes. Tz. 14: „Ungerechtfertigte Steuervorteile entstehen nicht allein aus Gestaltungen, die sich als Rechtsmissbrauch qualifizieren: ..."). Sie kommt ebenfalls im Anwendungserlass zum AStG aus dem Jahr 1974 deutlich zum Ausdruck: In Tz. 7.02 des BMF-Schreibens vom 11.7.1974 IV C 1 – S 1340-32/74 (BStBl I 1974 S. 442) ist gesagt: „Die Zugriffsbesteuerung erfasst nicht die Einkünfte, die den Steuerpflichtigen auf Grund anderer Vorschriften zuzurechnen sind (z. B. nach den §§ 5, 6 und 11 StAnpG) ..." (die genannten Normen des Steueranpassungsgesetzes enthielten Normen zur Mißbrauchsabwehr, § 6 StAnpG insbesondere die Regelung, die heute § 42 AO aufgenommen hat; vgl. auch BMF-Schreiben vom 14.5.2004 IV B 4 – S 1340 – 11/04, BStBl I 2004, Sondernummer 1 S. 3, Tz. 7.02 Nr. 3). **106**

Im allgemeinen wird angenommen, dass die Existenz eines Missbrauchsvorbehalts im Abkommen bereits als solches die Anwendung der §§ 7 ff. zulässt (vgl. Anm. 105). So besehen sind die Literaturauffassungen, die die Frage generell dahingehend stellen und zu beantworten suchen, ob die §§ 7 ff. AStG Missbrauchsvermeidungsvorschriften darstellen, nicht unbedenklich. So scheint *Musil* diese Frage ohne weiteres zu bejahen und kommt zu dem Ergebnis, dass die Anwendung der §§ 7 ff. kein Treaty Overriding bedeutet (RIW 2006 S. 287 (288)), ebenso wohl (*Debatin*, DStZ 1971 S. 385 (399); *Linn*, IStR 2010 S. 542), *Mössner* in Brezing/Krabbe/Lempenau/Mössner/Runge, Außensteuerrecht, Kommentar, 1991, Vor §§ 7-14 AStG Rz. 36; *Mössner*, RIW 1986 S. 206 (216); *Vogt* in *Blümich*, § 20 AStG **107**

Rz. 14; a. A. *Schwarz/Fischer-Zernin*, RIW 1987 S. 362). Das war vielleicht auch die Bewertung des Gesetzgebers des StÄndG 1992 (BT-Drs. 12/1506 S. 163, 181; so jedenfalls *Debatin*, DB 1992 S. 2159 (2162), die der Norm des § 20 zugrunde liegt, aber der Standpunkt des Gesetzgebers ist in dieser Hinsicht nicht ganz eindeutig (vgl. Anm. 106).

Dem ist nur teilweise zuzustimmen. Es handelt sich bei diesen Vorschriften um eine **typisierende Missbrauchsvorschrift** (vgl. Anm. 103), die zwangsläufig auch **Fälle einschließt, bei denen kein Missbrauch vorliegt** (vgl. Anm. 106). Es muss dementsprechend hier eine Teilmenge von Sachverhalten geben, die zwar die Anwendung der §§ 7 ff. AStG auslösen, die aber keinen Missbrauch darstellen. Hinsichtlich der letzteren Fälle könnten die §§ 7 ff. nur dann nicht gegen ein DBA verstoßen, wenn dieses ausdrücklich deren Anwendung zulässt, also einen speziellen Vorbehalt (vgl. Anm. 32, 101) enthält. Nur dann also, wenn dies der Fall ist, kann davon ausgegangen werden, dass die Vertragstaaten ihre Bestimmungen auch unter einen typisierten Missbrauchsvorbehalt stellen wollten. Wo generell und ohne die Hinzurechnungsbesteuerung ausdrücklich zu benennen die Anwendung von Missbrauchsvorschriften zugelassen wird (vgl. Anm. 33) oder bei Rückgriff auf einen allgemeinen Missbrauchsvorbehalt völkerrechtlicher Art (vgl. Anm. 35) kann hiervon nicht ausgegangen werden. Damit die Anwendung der §§ 7 ff. von einem Missbrauchsvorbehalt gedeckt ist, muss in diesem Fall **der konkrete Sachverhalt den Tatbestand des Missbrauchs erfüllen**, ähnlich wohl *Vogel* in *Vogel/Lehner*, Einl. Rz. 198; sinngemäß bereits so *Vogel*, FS *Höhn*, 1995 S. 461 (475); *Bron*, IStR 2007 S. 431 (432); *Mössner*, RIW 1986 S. 208 (211). Diese Überlegungen haben Auswirkungen für die **praktische Rechtsanwendung** auch deshalb, weil für das Vorliegen solcher Umstände, aus denen das Vorliegen eine Missbrauchs abgeleitet wird, die Finanzbehörde nach den allgemeinen Grundsätzen die **Beweislast** trägt, freilich gegebenenfalls abgemildert durch die **erweiterten Mitwirkungspflichten des § 90 Abs. 2 AO.**

108 bis 120 *(einstweilen frei)*

b) Die Regelung im Einzelnen: § 15 AStG

121 § 15 AStG bestimmt, dass Vermögen und Einkommen im Ausland ansässiger Familienstiftungen **dem unbeschränkt steuerpflichtigen Stifter** oder, ist letzterer nicht unbeschränkt steuerpflichtig, **den Bezugs- oder Anfallsberechtigten zugerechnet** werden, sofern diese es sind. Diese Zurechnung erfolgt unabhängig davon, ob Stifter oder Destinatäre tatsächlich Bezüge erhalten haben. Die Hinzurechnung nach § 15 ähnelt derjenigen nach den §§ 7 ff., weicht aber in zwei für die Hinzurechnungsbesteuerung charakteristischen Punkten ab: Es kommt nicht auf eine Niedrigbesteuerung i. S. d. § 8 Abs. 2 an, und sie ist nicht auf passive Einkünfte i. S. d. § 8 Abs. 1 beschränkt (vgl. im Übrigen *Schulz*, § 15 AStG Anm. 49–50).

Die Regelung ist nach einer in der Literatur vertretenen Auffassung eine „Missbrauchsnorm, die Steuerflucht und Steuervermeidung durch Errichtung von ausländischen (Familien-) Stiftungen verhindern" soll (so *Kraft/Edelmann* in *Kraft*, § 15 Rz. 40; ebenso bereits *Brezing/Krabbe/Lempenau/Mössner/Runge*, Außensteuerrecht, Kommentar 1991, § 15 AStG Rz. 6). Die Entscheidung des BFH vom

2.2.1994 (I R 66/92, BStBl II 1994 S. 227) lässt dies ausdrücklich offen, während dies in einem Urteil vom 25.4.2001 (II R 14/98, BFH/NV 2001 S. 1457; IStR 2001 S. 589 m. Anmerkung *Maier*) bejaht wird.

122 Einer der praktisch bedeutsamen Anwendungsfälle betraf die **Stiftungen liechtensteinischen Rechts** (vgl. *Schulz*, § 15 AStG Anm. 17). Hinsichtlich der neuen zivilrechtlichen und steuerrechtlichen Lage im Fürstentum Liechtenstein ist auf *Werner*, (IStR 2010 S. 589) *Wagner*, (RIW 2010 S. 105) zu verweisen. Eine gewisse Unsicherheit ist durch zwei oberlandesgerichtliche Urteile entstanden (OLG Stuttgart vom 29.6.2009 5 U 40/09, ZEV 2010 S. 265 mit Anm. *Blum/Lennert*; OLG Düsseldorf vom 30.4.2010 I-22 U 126/06, IStR 2011 S 475; dazu *Lennert/Blum*, IStR 2011 S. 492). Sie lassen die Tendenz erkennen, auf die hinter der Stiftung stehenden Personen zuzugreifen, eine Tendenz, die dem Einsatz der Stiftung zu Zwecken der Gestaltung entgegenwirken könnte. Entsprechend der deutschen Abkommenspolitik, die einen Abschluss von DBA mit Niedrigsteuerstaaten nicht vorsieht, besteht auch mit Liechtenstein kein solches, so dass kein Raum für die Anwendung des § 20 Abs. 1 besteht.

Allerdings gibt es das seit dem Jahr 2010 geltende sog. TIEA mit Liechtenstein („Tax Information Exchange Agreement"). Das Abkommen regelt den Auskunftsverkehr zwischen Deutschland und dem Fürstentum Liechtenstein (Näheres bei *Kraft*, IStR 2010 S. 440 *Seer/Gabert* StuW 2010 S. 3 (9f)). Es enthält damit zwar eine Regelungsmaterie, die in den DBA in aller Regel ebenfalls geregelt wird, vgl. Art. 26 OECD-MA. Gleichwohl handelt es sich bei dem TIEA, welches keinerlei Bestimmungen über die Zuteilung der Besteuerungsrechte enthält, nicht um ein „Abkommen zur Vermeidung der Doppelbesteuerung", wie es § 20 Abs. 1, der im Übrigen als Ausnahmeregelung auch eng ausgelegt werden muss, voraussetzt.

123 § 15 war seit langem erheblichen gemeinschaftsrechtlichen Bedenken ausgesetzt (*Kraft/Edelmann* in *Kraft*, § 15 Rz. 100 ff.; *Hey*, IStR 2009 S. 181; *Schulz*, § 15 AStG Anm. 3, 11 ff.). Die **EU-Kommission** hatte in § 15 einen Verstoß gegen die Verpflichtungen aus Art. 21 AEUV vormals (Art. 18 EG) und Art. 61 AEUV (vormals Art. 56 EG) und, soweit Norwegen und Island betroffen sind, gegen Art. 40 EWR-Vertrag gesehen. Inzwischen ist durch das JStG 2009 (Jahressteuergesetz 2009 vom 19.12.2008, BGBl I 2008 S. 2794 – BStBl I 2009 S. 74) die Norm durch die Hinzufügung der Absätze 6 und 7 an den Erfordernissen des Gemeinschaftsrechts ausgerichtet worden (vgl. BT-Drs. 16/10189 sowie *Schulz*, § 15 AStG Anm. 6), so dass gemeinschaftsrechtliche Bedenken nicht mehr bestehen (*Wassermeyer* in *F/W/S*, § 15 Rz. 12; *Milatz/Blum*, BB 2011 S. 1500 (1502); a. A. *Hey*, IStR 2009 S. 181; *Schulz*, § 15 AStG Anm. 14,15). Danach wird bei Familienstiftungen mit Sitz und Geschäftsleitung in der EU oder in einem der Vertragsstaaten des EWR (einschließlich Liechtensteins) von einer anteiligen Zurechnung des Einkommens abgesehen. Vorausgesetzt ist, dass „nachgewiesen wird, dass das Stiftungsvermögen unwiderruflich auf die Stiftung übertragen und die Verfügungsmacht den in § 15 Abs. 2 und 3 genannten Personen rechtlich und tatsächlich entzogen ist", Abs. 6 Nr. 1 (zu diesen Merkmalen BFH vom 25.4.2001 (II R 14/96, BFH/NV 2001 S. 1457; IStR 2001 S. 589 m. Anmerkung *Maier*; BFH vom 28.6.2007 II R 21/05, BStBl II 2007 S. 669). Voraussetzung ist weiter, dass zwischen Deutschland und dem jeweiligen Staat aufgrund der Richtlinie 77/799/EWG des Rates vom 19.12.1977 (ABl. E Nr. L 336, S. 15) oder einer entsprechenden Vereinbarung zwischen den Staaten „Auskünfte erteilt werden, die erforderlich sind, um die Besteuerung durchzuführen", Abs. 6 Nr. 2 (dazu auch BMF vom 25.1.2006 IV B 1 – S 1320 – 11/06, BStBl I 2006 S. 26).

Mit Liechtenstein ist ein ‚Abkommen zwischen Deutschland und Liechtenstein über den Informationsaustausch in Steuersachen' vom 2.9.2009 abgeschlossen worden, welches zum 1.1.2010 in Kraft getreten ist. Seine Regelungen werden als Erfüllung der Voraussetzungen des § 15 angesehen (*Kraft*, IStR 2010 S. 440; *Werner*, IStR 2010 S. 589 (594)).

Die neue Fassung des § 15 gilt erstmals für den Veranlagungszeitraum 2009, § 21 Abs. 18. Für die Zwischenzeit hatte die **Verwaltung eine vorläufige Regelung** getroffen (BMF-Schreiben vom 14.5.2008 IV B 4 – S 1361/07/0001, BStBl I 2008 S. 638). Nach dieser Verwaltungsregelung war die Anwendung des neuen Abs. 6 auf alle noch offenen Fälle vorgesehen. Diese Auffassung ist zutreffend, denn soweit es darum geht, einen gemeinschaftsrechtskonformen Rechtszustand herzustellen, muss dies auch für die Vergangenheit geschehen, es sei denn es handele sich um bestandskräftig bzw. rechtskräftig abgeschlossene Fälle oder verjährte Ansprüche. Dementsprechend verstößt die Regelung des § 21 Abs. 18 gegen Gemeinschaftsrecht (kritisch zu den gesetzlichen Regeln des Inkrafttretens auch *Hey*, IStR 2009 S. 181 (186)).

124 Wiederum gilt auch hier (vgl. Anm. 32), dass bestimmte DBA-Normen die Anwendung des § 15 AStG zulassen. Z. B. belässt Art. 23 Abs. 3 lit. a und **Abs. 4 des DBA USA** von 1989 vom 29.8.1989 (BGBl II 1991 S. 354) i. d. F. des Änderungsprotokolls vom 1.7.2006 (berichtigt durch Notenaustausch vom 17.8.2006) die Möglichkeit zur Besteuerung von Zwischengesellschaften als auch zur Besteuerung i. S. des § 15 (vgl. dazu *Kleutgens/Sinewe*, RIW 2006, Beilage 2 zu Heft 12, S. 2). In diesen Fällen liegt keine Kollision mit dem betreffenden DBA vor und es kommt kein Treaty Overriding in Betracht.

125 Grundsätzlich birgt die Bestimmung des § 15 **zwei Möglichkeiten einer Normenkollision** in sich. Die eine betrifft die Stiftung als solche. Vorausgesetzt, sie ist aus einem Abkommen zwischen Deutschland und dem Staat ihres Sitzes oder ihrer Geschäftsleitung berechtigt, geht es um ihre laufende Besteuerung, vgl. *Schulz*, § 15 AStG Anm. 10. Nach h. A., die auch der Verwaltungsauffassung entspricht (BMF vom 14.5.2004 IV C 7 – S 1340, BStBl I 2004, Sondernummer 1 S. 3, Tz. 15.1.1), werden die Bestimmungen eines solchen Abkommens durch § 15 nicht berührt (*Wassermeyer* in *F/W/S*, § 15 Rz. 226; unter Berufung auf BFH vom 2.2.1994 I R 66/92, BStBl II 1994 S. 727; *Kellersmann/Schnitger*, IStR 2005 S. 253; a. A. *Schaumburg*, Internationales Steuerrecht, Rz. 11.7). Die Rechtsprechung des BFH war hier in der Vergangenheit nicht ganz eindeutig. In einer Entscheidung vom 5.11.1993 (I R 39/92, BStBl II 1993 S. 338) hat der Gerichtshof den Regelungsgehalt des § 15 lediglich als ‚Zurechnung' bezeichnet, was aber offen lässt, was zugerechnet wird (vgl. *Wassermeyer*, IStR 2009 S. 191 (193). In seinem Urteil vom 2.2.1994 I R 66/92 lässt der Gerichtshof ausdrücklich offen, „ob die DBA grundsätzlich geeignet sind, die Rechtsfolgen aus § 15 Abs. 1 und 4 AStG einzuschränken". In einem Beschluß vom 8.4.2009 (I B 223/08, BFH/NV 2009 S. 1437; IStR 2009 S. 503 m. Anmerkung *Wassermeyer*) kommt der BFH aufgrund systematischer Erwägungen zu der Auffassung, dass der Stiftung nicht Einkünfte zugerechnet werden, sondern ein Einkommen (*Schulz*, § 15 AStG Anm. 43, 45; *Schaumburg*, Das internationale Steuerrecht, Rz. 11.15). Hierfür spricht vor allem die Bestimmung des § 12, welcher die Anrechnung der von der Stiftung entrichteten Steuern vorsieht (vgl. auch *Wassermeyer*, IStR 2009 S. 191 (192)). Daraus, dass § 15 das von der Stiftung erzielte Einkommen dieser zurechnet, müsste zu folgern sein, dass insoweit § 15 die DBA nicht berührt. Auf den Fall inländischen Grundbesitzes einer ausländischen Stiftung wären die dem Art. 6 OECD-MA entsprechenden Abkommensbestimmungen anzuwenden. Für ein Treaty Overriding wäre dann kein Raum; § 20 Abs. 1 wäre nicht betroffen.

Die Auffassung, dass § 15 das Einkommen der Stiftung zurechnet, ist nicht unbestritten. Teile der Literatur nehmen an, dass auch § 15 eine Zurechnung der Einkünfte anordnet (zu den unterschiedlichen Auffassungen und ihren Auswirkungen *Schönfeld*, IStR 2009 S. 16 [17]), *Milatz/Herbst*, BB 2011 S. 1500 (1502).

126 Die andere Konstellation, in der die Möglichkeit einer Normenkollision besteht, betrifft die **abkommensrechtliche Stellung des unbeschränkt (oder erweitert beschränkt) steuerpflichtigen Stifters bzw. Destinatärs** einer solchen Stiftung. Aus der Sicht des Abkommens kommt der Zurechnung die Bedeutung zu, dass Einkommen bei Destinatären bzw. Stiftern kreiert wird. Zur Beantwortung der Frage, ob eine Verletzung des Abkommens in Betracht kommt, kommt es auf die Qualifizierung dieses zugerechneten Einkommens an. In einer Entscheidung vom 5.11.1993 I R 39/92 (BStBl II 1993 S. 338) hat der Gerichtshof den Vorgang lediglich als ‚Zurechnung' bezeichnet, was aber u. a. offen gelassen hat, wie das, was zugerechnet wird, zu qualifizieren ist (vgl. *Wassermeyer*, IStR 2009 S. 191 (193). In seinem Urteil vom 2.2.1994 I R 66/92 (BStBl II 1994 S. 727) hat der BFH dann entschieden, dass die Norm des § 15 AStG lex specialis gegenüber den an sich in Betracht kommenden §§ 20 und 22 Nr. 1 EStG ist, eine Entscheidung, der gewichtige Stimmen in der Literatur gefolgt sind (*Schulz*, § 15 AStG Anm. 44 ff.; *Wassermeyer* in *F/W/S*, § 15 Rz. 41; *Schönfeld*, IStR 2009 S. 16 (18)). Lex specialis gegenüber Normen, die eine bestimmte Einkunftsart betreffen, kann aber nur eine Norm sein, die selbst dieser Einkunftsart angehört. Zwar blieb offen, welcher der beiden genannten Einkunftsarten die Bezüge zuzuordnen waren. Aber es konnte gefolgert werden, dass die Einkünfte aus § 15 Einkünfte aus Kapitalvermögen seien, für die abkommensrechtlich eine Regelung in Gestalt des Art. 10 OECD-MA besteht. Dem ist u. E. zuzustimmen. Durch das JStG 2010 hat der Gesetzgeber die Klarstellung vorgenommen und in **§ 20 Abs. 1 Nr. 9 S. 2 EStG** bestimmt, dass Einnahmen aus Leistungen einer solchen Körperschaft Einkünfte aus Kapitalvermögen darstellen. Anderer Ansicht hierzu ist *Schaumburg* (Das internationale Steuerrecht, Rz. 11.15): Die Zurechnungsempfänger erzielten keine originären Einkünfte, es werden ihnen lediglich saldierte Rechengrößen zugerechnet.

Abkommensrechtlich würde dies bedeuten, dass Deutschland in der von § 15 erfassten Fallkonstellationen das Besteuerungsrecht zusteht, sofern das einschlägige Abkommen dem Regelungsvorschlag des Art. 10 OECD-MA folgt. Insoweit tritt keine Kollision mit dem Abkommensrecht ein. Demnach liefe § 20 Abs. 1 insoweit leer.

127 U. E. kann dem nicht gefolgt werden. Auch hier liegt in der Zurechnung der Einkünfte an die den unbeschränkt (oder erweitert beschränkt) steuerpflichtigen Stifter bzw. an die Destinatäre ein Überspielen der vom jeweiligen Abkommen vorausgesetzten Zurechnung. Entgegen der h. A. ist hierin ein Eingriff in die Abkommenslage zu sehen, und § 15 würde, von diesem Standpunkt aus betrachtet, in Kollision zu dem zwischen Deutschland und dem Staat der Stiftung bestehenden Abkommen treten (so wohl auch *Kellersmann/Schnitger,* IStR 2005 S. 253 (259, Fn. 66). Zugleich würde darin eine Durchbrechung der Abschirmwirkung der juristischen Persönlichkeit der Stiftung und damit ein Abkommensverstoß liegen (so auch *Hey,* IStR 2009 S. 181 (182). Zur Begründung verweisen wir auf unsere Darlegungen in Anm. 78). § 20 Abs. 1 hat von diesem Standpunkt aus betrachtet die Funktion, den Vorrang des § 15 auch gegenüber künftigen DBA zu sichern (s. Anm. 58).

128 Wiederum (s. Anm. 33, 34) würde dann von dem hier vertretenen Standpunkt aus gelten, dass spezielle, in den Abkommen enthaltene Vorbehalte, insbesondere spezielle Missbrauchsvorbehalte oder ein allgemeiner, ungeschriebener Missbrauchsvorbehalt die Anwendung des § 15 ermöglichen, ohne dass damit gegen das Abkommen verstoßen wird. Die Meinungen, die in § 15 eine Norm zur Vermeidung von Missbräuchen sehen, und die zugleich der Auffassung folgen, wonach jedem DBA ein (ungeschriebener) Missbrauchsvorbehalt inhärent sei, kommen konsequenterweise auch hier zu der Beurteilung, dass eine Kollision mit Abkommensrecht nicht möglich ist (*Runge* in *Brezing/Krabbe/Lempenau/Mössner/Runge,* Außensteuerrecht, Kommentar, 1991, § 15 AStG Rz. 6). Die Judikatur des BFH scheint teilweise die Norm als typisierende Missbrauchsvorschrift aufzufassen (Urteil vom 25.4.2001 II R 14/96, BFH/NV 2001 S. 1457; IStR 2001 S. 589 m. Anmerkung *Maier;* Urteil vom 2.2.1994 I R 66/92, BStBl II 1994 S. 727). Sie hält einen Rückgriff auf tatbestandliche Voraussetzungen des § 42 AO, namentlich auf eine Missbrauchsabsicht nicht für geboten, verweist vielmehr die Missbrauchsvermeidung in den Bereich der Motive des Gesetzgebers und wendet § 15 AStG hiervon losgelöst an. Wir halten die Ansicht, dass § 15 ohne Einschränkung einen missbräuchlichen Tatbestand normiert, für nicht zutreffend (zur Begründung Anm. 106; im Ergebnis wie hier *Hey,* IStR 2009 S. 181 (182, 184)) im Rahmen der Untersuchung der Gemeinschaftsrechtskonformität der Norm), sondern nehmen auch hier eine typisierende Missbrauchsvorschrift an. Das führt wiederum zu der in Anm. 106 erörterten Situation, dass die Fälle des Missbrauchs lediglich eine Teilmenge aus der Menge der Anwendungsfälle des § 15 darstellen. Der Umstand, dass die Errichtung von ausländischen Familienstiftungen ein Instrument zur legitimen Vermeidung und wohl noch mehr zur illegitimen Hinterziehung von Steuern ist, ist gewiss mit Recht für eine Vielzahl von Maßnahmen, beginnen mit solchen der Abkommenspolitik und bis in die Verwaltungspraxis hinein handlungsleitend. Für die Auslegung des § 15 ist er ohne Bedeutung. Erforderlich ist deshalb, dass im konkreten Fall ein Missbrauch vorliegt (so etwas beiläufig auch *Kellersmann/ Schnitger,* IStR 2005 S. 253 (261), die sich damals auf die Entscheidung des EuGH in der Rechtssache Leur-Bloem vom 17.7.1997 C-28/95, Slg. 1997 I-4161 berufen haben; heute würde dies auf der Rechtsprechung des EuGH in Sachen Cadbury Schweppes – s. Anm. 166 – beruhen). Nur insoweit ist die Anwendung des § 15 auf Stifter und Destinatäre von eventuellen Missbrauchsvorbehalten im Abkommen zugelassen. In der Anwendung auf Fälle, in denen ein solcher Missbrauch nicht festgestellt werden kann, wäre sie dann zulässig, wenn die Anwendung des § 15 als solche ausdrücklich zugelassen wäre. Im Übrigen bestünde ein Treaty Overriding, welches durch § 20 Abs. 1 zugelassen sein muss und dessen Wirksamkeit von dessen Verfassungsmäßigkeit abhängt (s. Anm. 21–30).

129 Sofern ein einschlägiges Abkommen eine **vom OECD-MA abweichende Regelung** enthält, ist ebenfalls eine Kollision nicht ausgeschlossen. Hierbei wäre zu berücksichtigen, dass gem. § 15 Abs. 4 die Bestimmung des § 12 anwendbar ist, so dass eine Anrechnung der Steuern der Stiftung erfolgt. Eine Doppelbesteuerung würde hiermit in der Regel vermeidbar sein, so dass auch dann jedenfalls nicht der Zweck des Abkommen beeinträchtigt wird.

(einstweilen frei) 130 bis 140

c) Die Regelung im Einzelnen: § 20 Abs. 2

§ 20 Abs. 1 stellt sicher, dass auch die Regelung des Abs. 2 künftigen Abkommen vorgeht (vgl. zum Inhalt der Regelung vgl. Anm. 58). Diese Funktion ist zu unterscheiden von derjenigen des § 20 Abs. 2, der die Voraussetzungen und den Inhalt des Treaty Overriding näher bestimmt, und dessen Vorrang Abs. 1 sicherstellt. Diese, dogmatisch betrachtet, gebotene scharfe Trennung erlangt im Zusammenhang mit der Auslegung der Norm keine besondere Bedeutung. Die Erörterung der damit verbundenen Fragen verbinden wir mit der Erläuterung des Abs. 2.

Technisch unterscheiden sich die Mechanismen der in § 20 Abs. 1 geregelten Fälle der §§ 7 ff. und § 15 einerseits und des § 20 Abs. 2 andererseits deutlich. Die Hinzurechnungsbesteuerung der §§ 7 ff. und des § 15 beruht auf der Durchbrechung der Selbständigkeit der juristischen Person, während im Rahmen des § 20 Abs. 2 die Methode der Vermeidung der Doppelbesteuerung geändert wird.

(einstweilen frei) 142 bis 160

III. Auslegung des Absatz 2

1. Zweck der Regelung

Zur Gesetzesgeschichte und den Materialien vgl. Anm. 1, ferner *Sieker*, IStR 2003 S. 78. § 20 Abs. 2 bestimmt, dass unter den dort näher bestimmten Voraussetzungen in bestimmten Fällen die Doppelbesteuerung nicht durch Freistellung vermieden wird, sondern durch Anrechnung der vom anderen Staat erhobenen Steuern. Die Norm will dem entgegenwirken, dass die Hinzurechnungsbesteuerung der §§ 7 ff. dadurch ausgeschaltet wird, dass niedrig besteuerte passive Einkünfte nicht bei einer Kapitalgesellschaft generiert werden, sondern in einer Betriebsstätte, die in dem niedrig besteuernden Staat belegen ist. In diesem Falle wäre die Voraussetzung des § 7 Abs. 1 S. 1 nicht erfüllt, der das Vorliegen einer Mehrheitsbeteiligung an einer „Körperschaft, Personenvereinigung oder Vermögensmasse im Sinne des Körperschaftsteuergesetzes" voraussetzt. Wenn das DBA, wie bei den von Deutschland abgeschlossenen in aller Regel der Fall, die Freistellung der Betriebsstättengewinne vorsieht und es keine Aktivitätsklausel enthält, kann auf diese Weise ein vergleichbarer Effekt erzielt werden, wie er durch eine dort unterhaltene Tochtergesellschaft erreicht werden würde. Die Gesetzesmaterialien sind dahingehend zu verstehen, dass den soeben beschriebenen **Umgehungen** entgegengewirkt werden soll (BT-Drs. 12/1506 S. 161, 181). Dementsprechend wird von der ganz h. L. der Zweck der Vorschrift in der Sicherung der Umgehungsnormen der §§ 7 ff. AStG gegen Umgehungen gesprochen (BFH vom 21.10.2009 I R 114/08, BStBl II 2010 S. 774, Rz. 22; IStR 2010 S. 149; *Buciek*, FR 2010 S. 397; *Debatin*, DB 1992 S. 2159 (2162); *Henkel* in *Mössner*, Steuerrecht international tätiger Unternehmen, 3. Aufl., 2005, E 490; *Köhler*, BB 1993 S. 337 (342); *Musil* RIW 2006 S. 287 (288); *Prokopf* in S/K/K, § 20 Rz. 126; *Scheipers/Maywald*, IStR 2006 S. 472 ff.; *Wassermayer/Schönfeld* in *F/WB*, § 20 AStG Rz. 12.

Überraschenderweise scheinen jedoch über den Zweck der Norm und ihre Qualifikation unterschiedliche Auffassungen zu bestehen. Anders sieht es z. B. *Gosch*. Eine Missbrauchsabwehr liege – anders als bei § 20 Abs. 1 – bei § 20 Abs. 2 „eher fern. Hier (werde) nur die DBA-Freistellung als unerwünscht verdrängt und vertraglich weggegebenes Besteuerungspotential unilateral zurückgeholt" (*Gosch*, IStR 2008 S. 413 (416); ebenso wohl *Brombach-Krüger*, BB 2009 S. 925).

Wir folgen der h. A.: Wer in dem Ziel der Vermeidung von Missbräuchen die ratio legis der §§ 7 ff. sieht (statt aller *Mössner* in *Brezing/Krabbe/Lempenau/Mössner/Runge*, Außensteuerrecht, Kommentar, 1991, Vor §§ 7 – 14 AStG, Rz. 32), wird konsequenterweise dies auch für § 20 Abs. 2 annehmen. Eine ganz andere Frage ist naturgemäß die, ob die Normen so gefasst sind, dass sie nur Missbräuche erfassen; es handelt sich um ein Problem der Typisierung (vgl. Anm. 106, 107 und 165).

2. Treaty Overriding?

162 Der Sachverhalt des § 20 Abs. 2 ist dadurch gekennzeichnet, dass Einkünfte in einer Betriebsstätte erzielt werden, deren Gewinne aufgrund des einschlägigen DBA steuerbefreit sind, und die, wären sie unter sonst gleichen Umständen von einer Kapitalgesellschaft erzielt worden, eine Hinzurechnungsbesteuerung ausgelöst hätten. Die Vorschrift fordert dementsprechend eine hypothetische Betrachtung derart, dass an die Stelle der Betriebsstätte eine ausländische Kapitalgesellschaft tritt und gefragt wird, ob und in welchem Umfang diese bei sonst gleichen Umständen einer Hinzurechungsbesteuerung unterliegen würde. Wenn und soweit dies zu bejahen ist, tritt an die Stelle der in einem DBA vereinbarten Freistellung der Betriebsstättengewinne deren Erfassung vom deutschen Besteuerungsrecht unter Anrechnung der ausländischen Steuer.

Bei diesem Methodenwechsel handelt es sich um ein im internationalen Steuerrecht vielfach eingesetztes Instrument. Das Spezifikum des § 20 Abs. 2 liegt aber in dem Umstand, dass dieser **Methodenwechsel hier einseitig erfolgt**. In dem Falle, in dem, wie es die Regel ist, das einschlägige DBA bei Betriebsstättengewinnen die Freistellungsmethode vorsieht, setzt sich die Regelung in Widerspruch dazu. Gem. § 20 Abs. 1 geht der § 20 Abs. 2 den Normen der Doppelbesteuerungsabkommen vor (BFH, Urteil vom 20.3.2002 I R 38/00, BStBl II 2002 S. 819; FG Münster, Urteil vom 11.11.2008, 15 K 1114/99 F, EW, Rev., IStR 2009 S. 31 m. Anmerkung *Lieber*). Dies bedeutet grundsätzlich (vgl. aber Anm. 31–36) ein Treaty Overrriding (*Brombach-Krüger*, Ubg 2008 S. 324; *dies.*, BB 2009 S. 924; *Frotscher*, StbJb 2009/2010 S. 151 (159, 163); *Gosch*, IStR 2008 S. 413 (415); *Henkel* in *Mössner*, Steuerrecht international tätiger Unternehmen, 3. Aufl., 2005, E 490; *Kempf/Bandl*, DB 2009 S. 1377; *Köhler*, BB 1993 S. 337 (342); *Körner*, IStR 2004 S. 697; *Leisner*, RIW 1993 S. 1014 (1016); *Lieber*, IStR 2009 S. 34; *Linn*, IStR 2010 S. 542 (544); *Prokopf* in S/K/

K, § 20 Rz. 125; *Rehfeld*, Die Vereinbarkeit des Außensteuergesetzes mit den Grundfreiheiten des EG-Vertrages, 2008 S. 433 ff); *Rosenthal*, IStR 2007 S. 610 (614); *Rupp* in Haase, § 20 AStG Rz. 33; *Scheipers/Maywald*, IStR 2006 S. 472 (474); *Schwarz/Fischer-Zernin*, RIW 1992 S. 49 (53); *Seer*, IStR 1997 S. 481 (482); *Vogel* in *Vogel/Lehner*, DBA, Einl. Rz. 197; *Vogt* in *Blümich*, § 20 AStG Rz. 25). Tatsächlich liegt hier diese Annahme viel eindeutiger als in den Fällen des § 20 Abs. 1, denn der Konflikt als solcher ist unbestreitbar und – anders als bei der Hinzurechnungsbesteuerung – nicht von der Auslegung bzw. einer zugrunde liegenden Theorie abhängig. *Ritter* (BB 1992 S. 361 (364) hielt aus Gründen, die hier nicht zu diskutieren sind, die Norm für unwirksam; dem ist nicht zu folgen (vgl. Anm. 5).

3. Praktische Bedeutung der Norm

(1) Der mit einem auf § 20 Abs. 2 beruhenden Methodenwechsel konfrontierte Stpfl. wird zunächst auf der Ebene des einfachen Rechts prüfen, **163**
– ob die Voraussetzungen des §§ 20 Abs. 2 gegeben sind und
– ob die fiktive Anwendung der §§ 7–14 dazu führt, dass passive Zwischeneinkünfte anzunehmen wären, wäre die Betriebsstätte eine Kapitalgesellschaft.

(2) Sind diese Voraussetzungen gegeben, so kommt es darauf an, ob der Sache nach Gegenbeweis gem. § 8 Abs. 2 geführt werden könnte (s. dazu unten Anm. 221–223); ist dies so, wird die Frage relevant,
– ob der Ausschluss dieses Gegenbeweises gemeinschaftsrechtlich zulässig ist (s. dazu unten Anm. 214 ff.),
– ob die Beweisregeln so gehandhabt worden sind, dass sie in Einklang mit dem Gemeinschaftsrecht stehen (s. Anm. 220).

(3) Erst an letzter Stelle scheint uns die Frage des Treaty Overriding zu diskutieren zu sein, unterstellt, dass das einschlägige Abkommen die Freistellung vorsieht:
– Es kommt dann darauf an, ob die von uns so bezeichneten negativen Voraussetzungen vorliegen (vgl. Anm. 31–37, 181–184),
– liegt danach ein Treaty Overriding vor, so kann die Frage aufgeworfen werden, ob hierin ein Verstoß gegen höherrangiges Recht (vgl. Anm. 12–30) zu sehen ist.

Natürlich liegt hierin lediglich ein Hinweis darauf, wie die auf unterschiedlichen Ebenen gelagerten Argumentationen in eine transparente Ordnung gebracht werden können. Dass der konkrete Fall eine völlig andere Disposition nahe legen kann, liegt auf der Hand.

4. Vereinbarkeit mit höherrangigem Recht

In der Diskussion der Frage, ob und in wieweit § 20 Abs. 2 mit höherrangigem Recht vereinbar ist, sind zwei Fragen zu trennen (vgl. Anm. 12). Zum einen lässt sich diejenige aufwerfen, ob seine Rechtsfolge, der **Methodenwechsel,** Wirkungen hat, **Grundrechte des GG oder Grundfreiheiten des EAUV** verletzen; und zum anderen diejenige, ob in dem Umstand, dass dieser **Methodenwechsel** die Verletzung einer **Verpflichtung aus einem völkerrechtlichen Vertrag** (Treaty Overriding) bedeutet – genauer: unter gewissen Umständen bedeuten kann –, zugleich ein Verstoß gegen Gemeinschaftsrecht oder eine Verletzung von Grundrechten liegt. **164**

Was Letzteres anlangt, so liegt hierzu die Entscheidung des EuGH in der Rechtssache Columbus Container Services (Urteil vom 6.12.2007, C-298/05, Slg. 2007 I-10451, IStR 2008 S. 63 m. Anmerkung *Rainer;* RIW 2008 S. 161; EWS 2008 S. 39) vor. Das Treaty Overriding als solches berührt danach das Gemeinschaftsrecht nicht (vgl. auch Anm. 12 und 13). Nach der hier vertretenen Auffassung, die der derzeit noch h. L. entspricht (vgl. Anm. 28–29), bedeutet es auch keinen Verstoß gegen Verfassungsrecht.

Was die zuerst genannte Frage anlangt, nämlich ob der **Methodenwechsel** Wirkungen hat, die **Grundrechte oder Grundfreiheiten des EAUV** verletzen, so ist durch die Entscheidung in der Rechtssache Columbus Container Services geklärt, dass eine Verletzung von Grundfreiheiten nicht vorliegt. Hierzu scheint die Entscheidung des EuGH in der Rechtssache **Cadbury Schweppes** (EuGH vom 12.9.2006, Rs. C-196/04, Slg. 2006, I-7995; *Schönfeld,* IStR 2008 S. 763; *Hahn,* DStZ 2007 S. 201; *Köhler/Eicker,* DStR 2006 S. 1871) in Widerspruch zu stehen, wenn aus dieser Entscheidung gefolgert werden kann, dass auch die Hinzurechnungsbesteuerung deutschen Rechts gemeinschaftsrechtswidrig ist (vgl. Anm. 167, 168) und wenn diese Beurteilung auch den § 20 Abs. 2 treffen sollte (vgl. Anm. 169), eine Frage, die sich bereits deshalb aufdrängt, weil § 20 Abs. 2 die §§ 7 ff. in Bezug nimmt. Der BFH hat in einem Urteil vom 21.10.2009 I R 114/08, BStBl II 2010 S. 774) dies so gesehen (vgl. Anm. 171, 172 und 213).

Für die unmittelbare, **praktische Rechtsanwendung** ist die Rechtslage, wie sie sich aus diesem **Urteil des BFH vom 21.10.2009** ergibt, **maßgebend;** siehe daher Anm. 213. Kommt es in einem Rechtsbehelfsverfahren oder einem Rechtsstreit zur Erörterung grundsätzlicher Fragen, dürfte das Verständnis des Verhältnisses der soeben erwähnten Entscheidungen zueinander eine erhebliche Rolle spielen; zur Stellung der Argumente in der Fallprüfung vgl. auch Anm. 163.

165 Hinsichtlich der Möglichkeit der **Grundrechtsverletzung** durch den Methodenwechsel haben *Frotscher* (IStR 2009 S. 593; StbJb 2009/2010 S. 151 (163, 166); FS *Schaumburg,* S. 687) und hieran anschließend *Jansen* und *Weidmann* (IStR 2010 S. 596) diese Fragestellung aufgearbeitet, vgl. zunächst Anm. 25. In Bezug auf § 20 Abs. 2 hat *Frotscher* sie dahingehend präzisiert, ob ein aus den Grundrechten fließendes „subjektiv-öffentliches Recht des Steuerpflichtigen (darauf bestehe), dass eine mögliche Doppelbesteuerung durch die Freistellungs- an Stelle der Anrechnungsmethode beseitigt wird", diese Frage aber verneint und die weitere formuliert, ob allein durch ein Treaty Overriding ein Eingriff in Grundfreiheiten ausgelöst werde, was er ebenfalls verneint hat (*Frotscher,* FS *Schaumburg,* S. 687 (706). Es gibt keinen Anspruch auf Anwendung der Freistellungsmethode. Die Anordnung des switch over gehöre, verfassungsdogmatisch betrachtet, zur Inhaltsbestimmung des Eigentums und sei dementsprechend kein Eingriff; in besonderen Fällen sei allerdings eine Grundrechtsverletzung denkbar (vgl. ergänzend Anm. 174).

Wir halten diese Ansätze für bedenkenswert. Man muss allerdings sehen, dass sie zum einen, wie die Autoren auch nicht verkennen, nur in besonderen Konstellationen zum Tragen kommen; sie erlauben keine allgemeinen Aussage zur Konformität des § 20 Abs. 2 mit höherrangigem Recht. Zum anderen machen sie Abwägungsvorgänge erforderlich, die ebenfalls tendenziell allgemeine Aussagen erschweren und eine rechtssichere Handhabung nicht zulassen. Gleichwohl dürften diese

Überlegungen in einem konkreten Rechtsstreit Bedeutung erlangen können. Die Rechtsprechung hat sich mit ihnen noch nicht auseinandersetzen können.

Ausgangspunkt für die Untersuchung der Frage, ob **§ 20 Abs. 2 gemeinschaftsrechtskonform** ist in der gegenwärtigen Diskussion die Entscheidung des **EuGH in der Rechtssache Cadbury Schweppes** (EuGH vom 12.9.2006, Rs. C-196/04, Cadbury Schweppes, Slg. 2006, I-7995; *Schönfeld*, IStR 2008 S. 763; *Hahn*, DStZ 2007 S. 201; *Köhler/Eicker*, DStR 2006 S. 1871). Der EuGH hat hier entschieden, dass von den britischen Regeln über die Hinzurechnungsbesteuerung an sich ein Verstoß gegen die Niederlassungsfreiheit ausgeht, der indessen unter dem Gesichtspunkt der Abwehr von Missbräuchen gerechtfertigt sein kann, dies auch dann, wenn bei der Wahl des Ortes der Niederlassung steuerliche Erwägungen bestimmend waren. Vorausgesetzt ist dabei, dass im Aufnahmestaat tatsächlich wirtschaftliche Tätigkeiten entfaltet werden. Dabei hat der Gerichtshof die den britischen Regeln zugrunde liegende Betrachtung, die man, in den Kategorien des deutschen Rechts gedacht, als typisierende Mißbrauchsvorschriften bezeichnen würde, als zulässig angesehen unter der **Voraussetzung**, dass **dem Steuerpflichtigen der Gegenbeweis** dahingehend **offen steht**, dass ein Missbrauch nicht vorliegt, sondern dass eine solche tatsächliche Wirtschaftstätigkeit im Staat der Niederlassung gegeben ist. Bei Vorliegen der entsprechenden Merkmale kann mithin zunächst einmal von einem Missbrauch ausgegangen werden und eine Hinzurechnungsbesteuerung ohne Gemeinschaftsrechtsverstoß erfolgen, wenn nur der Steuerpflichtige zum Gegenbeweis zugelassen wird. In dieser Sichtweise des EuGH liegt eine markante Abwendung von seiner bisherigen Rechtsprechung (EuGH in der Rechtssache Leur-Bloem vom 17.7.1997 C-28/95, Slg. 1997 I-4161), die generell typisierende Mißbrauchsregelnungen als gemeinschaftsrechtswidrig angesehen hatte (*Hahn*, DStZ 2007 S. 201). **166**

Die Besonderheit der Norm des § 20 Abs. 2 liegt darin, dass sie in ihren **Tatbestand Voraussetzungen** aufnimmt, **die ihrerseits** in Gestalt der §§ 7 bis 14 AStG **gemeinschaftsrechtlich zu beanstanden** sind. Sie setzt voraus, dass die Einkünfte der Betriebsstätte „als Zwischeneinkünfte steuerpflichtig" wären, wären sie unter sonst gleichen Umständen von einer Kapitalgesellschaft erwirtschaftet worden. Bei diesen Zwischeneinkünften handelt es sich um die passive Einkünfte i. S. des § 8 Abs. 1. Die enge Verknüpfung des § 20 Abs. 2 mit der Hinzurechnungsbesteuerung der §§ 7 – 14 zeigt sich auch daran, dass es sein erklärtes Ziel ist, der Umgehung der Letzteren entgegenzuwirken.

Die zentrale Frage ist demnach die, welche Schlüsse aus der Entscheidung in der Rechtssache Cadbury Schweppes für die Beurteilung des § 20 Abs. 2 gezogen werden können, wobei das Problem dadurch etwas komplexer wird, dass dieser Entscheidung notwendigerweise und unbestritten die Annahme zugrunde liegt, dass die Hinzurechnungsbesteuerung die Niederlassungsfreiheit beeinträchtigt, während der EuGH in der Rechtssache Columbus Container Services (Urteil vom 6.12.2007, C-298/05, Slg. 2007 I-10451, IStR 2008 S. 63 m. Anmerkung *Rainer;* RIW 2008 S. 161; EWS 2008 S. 39 m. Anmerkung *Bron)* durch § 20 Abs. 2 keine Beeinträchtigung von Grundfreiheiten angenommen hat. Es ist in diesem Zusammenhang aber erneut der Hinweis angezeigt, dass für die **praktische Rechtsanwendung allein das Resultat** von Bedeutung ist, zu welchem der BFH in dieser Frage gelangt ist. In seinem Urteil vom 21.10.2009 I R 114/08 (BStBl II 2010 S. 774; IStR 2010

S. 149; BB 2010 S. 618; *von Brocke/Hackemann*, DStR 2010 S. 368; *Buciek*, FR 2010 S. 393; *Prinz*, FR 2010 S. 378; *Kraft*, IStR 2010 S. 377) hat er die Cadbury Schweppes-Grundsätze auf § 20 Abs. 2 übertragen und entschieden, dass die Norm des § 20 Abs. 2 in der Weise angewandt werden muss, dass dem Steuerpflichtigen hier, ebenso wie im Falle der britischen Regelung, der Nachweis zu eröffnen ist, dass im Niederlassungsstaat tatsächlich eine wirtschaftliche Tätigkeit stattfinde (zu den Einzelheiten des Beweises vgl. Anm. 220).

167 Die Frage der Übertragbarkeit der Cadbury Schweppes-Rechtsprechung auf § 20 Abs. 2 wird nach dem gegenwärtigen Stand der Rechtsprechung nur noch dann bedeutsam, wenn es um die Gemeinschaftsrechtskonformität des Letzteren in grundsätzlicher Weise geht, für die praktische Rechtsanwendung wohl nur dann, wenn der **Entlastungsbeweis des § 8 Abs. 2 nicht zugelassen** ist (vgl. Anm. 163, 214) oder wenn er im Einklang mit der Entscheidung des BFH vom 21.10.2009 (I R 114/08, IStR 2010 S. 149; BStBl II 2010 S. 774; BB 2010 S. 618; IStR 2010 S. 432; *von Brocke/Hackemann*, DStR 2010 S. 368; *Buciek*, FR 2010 S. 393; *Prinz*, FR 2010 S. 378; *Kraft*, IStR 2010 S. 377) zwar zugelassen wird, aber **misslingt.** Nur dann erlangt für den Steuerpflichtigen die Möglichkeit Bedeutung, einen Gemeinschaftsrechtsverstoß geltend machen zu können. Die Frage, ob ein solcher tatsächlich vorliegt, ist komplex, ihre Beantwortung deshalb teilweise strittig, und sie wird am ehesten überschaubar, wenn man sie in drei Teilfragen zerlegt.

Die erste Teilfrage ist die nach der **Gemeinschaftsrechtswidrigkeit der §§ 7 ff.** Sie wurde bereits früh diskutiert (*Hahn*, IStR 1999 S. 609) und monographisch untersucht (*Rust*, Die Hinzurechnungsbesteuerung, 2007; *Schönfeld*, Hinzurechnungsbesteuerung und Europäisches Gemeinschaftsrecht, 2005). Sie ist auch gegenwärtig strittig (vgl. *Vogt* in *Blümich*, Vorb. §§ 7 – 14 AStG Rz. 53 ff.; *Kluge*, Das Internationale Steuerrecht, S. 419, Rz. 396). Siehe insoweit *Gropp*, Einführung §§ 7–14 AStG Anm. 47–50. Sie ist vom EuGH noch nicht direkt beantwortet worden. Die zweite Teilfrage ist folglich die, ob aus den Aussagen der Entscheidung des EuGH in der Rechtssache Cadbury Schweppes zu den Regeln des britischen Rechts, die in Funktion und Ausgestaltung denjenigen der §§ 7 ff. entsprachen – aber auch Letzteres wird noch streitig diskutiert –, für die deutsche Hinzurechnungsbesteuerung etwas zu entnehmen ist. Die dritte richtet sich auf die Übertragbarkeit dieser Aussagen auf § 20 Abs. 2 AStG.

168 Zur ersten Teilfrage hält eine enge Auffassung es für ausschlaggebend, dass der Entscheidung des EuGH in der Rechtssache Cadbury Schweppes britisches Recht zugrunde lag, so dass zu den §§ 7 ff. als solchen letztlich noch nichts entschieden sei (so wohl FG Münster, Urteil vom 11.11.2008, 15 K 1114/99 F, EW, Rev., IStR 2009 S. 31 m. Anmerkung *Lieber*). Dem wird schon deshalb nicht zu folgen sein, weil diese Sichtweise nicht in Einklang mit der Rechtsprechung des EuGH steht. Dieser ist bereits in seiner Entscheidung in der Rechtssache CILFIT (Urteil vom 6.10.1982 Rs. 283/81, Slg. 1982, 3415) davon ausgegangen, dass eine Frage der Auslegung des Gemeinschaftsrechts auch dadurch beantwortet sein kann – in casu mit der Folge des Entfallens der Vorlagepflicht durch das nationale Gericht – , dass sie in einem anderen Verfahren geklärt wurde. Das impliziert, dass dieser Anlassfall aus einer anderen Rechtsordnung stammen kann (zutr. *Prinz*, FR 2010 S. 378 (379); vgl. jüngst EuGH, Beschluss vom 6.10.2010, C-487/09, INMOGOLFA SA, IStR 2010 S. 846).

Eine auf den Inhalt der Normen abhebende Variante dieses Arguments bestreitet diese Möglichkeit an sich nicht, hält aber in concreto die Übertragbarkeit der Beurteilung der britischen Regelungen, wie sie in der Rechtssache Cadbury Schweppes erfolgt ist, auf die §§ 7 ff. nicht für möglich (*Sydow,* IStR 2009 S. 174). Das FG Münster beschränkte sich in seinem Urteil vom 11.11.2008 insoweit auf die Feststellung, die englischen Vorschriften und diejenigen des AStG seien „nicht vergleichbar gewesen", ohne dies näher zu bergünden. Der BFH hat hingegen in seinem Urteil vom 21.10.2009 I R 114/08 (BStBl II 2010 S. 774; IStR 2010 S. 149) angenommen, dass die Normen vergleichbar sind, freilich ebenfalls ohne Begründung (zust. *Kraft/Bron,* IStR 2006 S. 614 (615); *Scheipers/Maywald,* IStR 2006 S. 472 (476)).

Schließlich ergibt sich als dritte Teilfrage diejenige nach der **Übertragbarkeit der Grundsätze aus der Entscheidung in der Rechtssache Cadbury Schweppes auf § 20 Abs. 2.** Dies wird teilweise verneint mit der Begründung, dass der EuGH in seinem Urteil in der Rechtssache Columbus Container Services (Urteil vom 6.12.2007, C-298/05, Slg. 2007, I-10451; IStR 2008 S. 63 m. Anmerkung *Rainer)* ja gerade den Übergang von der Freistellungs- zur Anrechnungsmethode als gemeinschaftsrechtlich unbedenklich qualifiziert hat (*Sydow,* IStR 2010 S. 174 (176)). Dieses Argument weist aber zugleich auf einen ungeklärten Widerspruch zur Entscheidung in der Rechtsache Cadbury Schweppes. Die Vertreterin dieser Auffassung entwickelt dementsprechend das flankierende Argument, der EuGH habe in Columbus Container Sevices inzident über die Hinzurechnungsbesteuerung mit entschieden und sie dementsprechend – jedenfalls im Rahmen des § 20 Abs. 2 – als gemeinschaftsrechtlich unbedenklich angesehen. Dieses Argument kann indessen bereits aus prozessualen Erwägungen nicht zutreffen, die insoweit im Verfahrensrecht des EuGH keine anderen sind, als die entsprechenden der nationalen Verfahrensrechte: Der EuGH entscheidet nur über die – gegebenenfalls umformulierten, aber im sachlichen Kern unveränderten – Fragen, die ihm vorgelegt werden (ähnlich *Vogt* in *Blümich,* § 20 AStG Rz. 26). Demgegenüber entscheidet er nicht über Folgewirkungen, was an sich bereits aus praktischen Erwägungen – Arbeitsbelastung des Gerichtshofs – selbstverständlich sein sollte, aber eben auch aus prozessualen Grundsätzen abgeleitet werden kann (im Ergebnis ebenso *von Brocke/Hackemann,* DStR 2010 S. 368 (369)). Im Ausgangsverfahren (FG Münster, Beschluss vom 5.7.2005, 15 K 1114/99, F, EW, IStR 2005 S. 631 m. Anmerkung *Körner* und Anmerkung *Ribbrock*) richtete die Vorlagefrage sich ausschließlich darauf, ob die Rechtsfolge des ‚switch over' in § 20 Abs. 2 gemeinschaftsrechtlich zu beanstanden sei. 169

Das FG Münster (Urt. v .11.11.2008, 15 K 1114/99 F, EW, Rev., IStR 2009 S. 31 m. Anmerkung *Lieber*) hält den Unterschied zwischen den Normen für ausschlaggebend dafür, dass eine Übertragung der Cadbury-Schweppes Grundsätze nicht möglich sei. Er bestehe darin, dass es bei den §§ 7 ff. um die Einbeziehung der Bemessungsgrundlage des beherrschten ausländischen Unternehmens in diejenige der inländischen Gesellschafter gehe, während § 20 Abs. 2 die Einbeziehung des Gewinns der Betriebsstätte in die Bemessungsgrundlage des inländischen Stammhauses regele. Ein weiterer Gesichtspunkt, der gegen eine Übertragung der Rechtsprechung Cadbury Schweppes auf § 20 Abs. 2 ins Feld geführt wird, ist der, dass Letzterer eine andere Struktur habe. Anders als die §§ 7 ff. erfolge hier kein Durchgriff durch die ausländische juristische Person, sondern es werden ausländische

Einkünfte unmittelbar den inländischen Steuerpflichtigen zugerechnet (*Sydow,* IStR 2010 S. 174 (177)). Andere Stimmen weisen demgegenüber auf eine Ähnlichkeit der damaligen britischen und der deutschen Hinzurechnungsbesteuerung hin (*von Brocke/Hackemann,* DStR 2010 S. 368 (369); *Wagner,* DStZ 2005 S. 325 (331)). Alles dies beantwortet u. E. die entscheidende Frage nicht und macht lediglich deutlich, dass die Kunst der Präjudizienverwertung noch verbessert werden kann. Denn es kann hier nicht auf Strukturen und Ähnlichkeiten ankommen, sondern der EuGH prüft die Verletzung von Grundfreiheiten. Solche Verletzungen gehen aber nicht von den Strukturen der Normen aus, sondern von deren Rechtsfolgen. Bereits dies weist in die Richtung, dass die Cadbury-Schweppes-Grundsätze nicht auf § 20 Abs. 2 übertragbar sind, denn die Rechtsfolgen sind unterschiedlich: In letzterer Vorschrift besteht sie im Wechsel von der Freistellungsmethode zur Anrechnungsmethode, während sie im Falle Cadbury-Schweppes-Entscheidung in der Hinzurechnung besteht. Mithin ist auch der in Teilen der Literatur angenomme Widerspruch zwischen den beiden Entscheidungen des EuGH nicht gegeben.

170 Für die Übertragung der Cadbury Schweppes-Grundsätze auf die Bestimmung des § 20 Abs. 2 wird in erster Linie ein Argument ins Feld geführt, welches von einer „Annexwirkung" spricht (*Lieber,* IStR 2009 S. 34), die wegen der Gemeinschaftsrechtwidrigkeit der §§ 7 ff. auch zur Unanwendbarkeit des § 20 Abs. 2 führe (*Köhler/Eicker,* DStR 2007 S. 331 (334); *Köhler/Haun,* Ubg 2008 S. 73 (78f); *Körner,* IStR 2004 S. 697 (705); *ders.,* IStR 2005 S. 636 (637); *Prinz,* FR 2010 S. 378 (380); *Rainer/Müller,* IStR 2007 S. 151 (152); *Schnitger,* FR 2005 S. 1079; *Wassermeyer/Schönfeld* in *F/W/S,* § 20 AStG Rz. 151.6; *Schönfeld,* IStR 2009 S. 16 (18)). Die Vorstellung, die sich mit der Bezeichnung als Annex verbindet, ist indessen nicht ganz klar. Müsste sie so verstanden werden, als bestünde gewissermaßen ein Automatismus derart, dass die Geltung des § 20 Abs. 2 von derjenigen der §§ 7 ff. abhängen würde, könnte dem nicht gefolgt werden. Dies wäre nur dann der Fall, wenn die Gemeinschaftsrechtwidrigkeit der §§ 7 ff. zu deren Nichtigkeit führen würde, denn nur eine solche Nichtigkeit wirkt in alle Richtungen (zivilrechtlich gedacht: ‚dinglich') und ist geeignet, die Geltung von Normen zu beeinträchtigen, die auf sie Bezug nehmen. Tatsächlich hat sie diese Wirkung jedoch nicht. Folge einer Gemeinschaftsrechtwidrigkeit ist, dass die Norm in ihrer speziellen Konstellation, in der sie mit diesem kollidiert, verdrängt wird, im Übrigen indessen weiter gilt (statt aller *Schroeder* in *Streinz;* EUV/EGV, 2003, Art. 249 EGV, Rz. 45). Für eine Übertragung der Entscheidung Cadbury Schweppes wird auch angeführt, dass § 20 Abs. 2 eine in ihrem Tatbestand unvollständige Norm sei, die durch denjenigen der §§ 7 ff. ergänzt werde (*Lieber,* IStR 2009 S. 34; *Scheipers/Maywald,* IStR 2006 S. 472 (476); so wohl auch der BFH in seinem Urteil vom 21.10.2009 I R 114/08, BStBl II 2010 S. 774, IStR 2010 S. 149; der in Tz. 29 ausdrücklich von einer ‚Rechtsgrundverweisung' spricht). Das ziehe die Anwendbarkeit der Cadbury-Schweppes-Grundsätze nach sich. Auch dem kann indesssen nicht gefolgt werden, denn der Tatbestand des § 20 Abs. 2, (der im Übrigen ja auch nicht mit demjenigen der §§ 7 ff. dadurch identisch wird, dass er hierauf verweist), ist als solcher für die Beurteilung der Übertragbarkeit nicht maßgebend. Der Grund hierfür liegt darin, dass es für die Vereinbarkeit mit Gemeinschaftsrecht auf die Rechtsfolge der Regelung ankommt. Von ihr und nur von ihr gehen Eingriffe in die Grundfreiheit aus (inzident so EuGH vom 23.2.2006, Rs. C-253/03, CLT-UFA SA, FR 2006 S. 590, und explizit so *Pezzer* in seiner Kommentierung des Urteils, FR 2007 S. 188). Daraus, dass die Rechtsfolge der §§ 7 ff. die Hinzurechnungsbesteuerung auslöst und dies gegen Gemeinschaftsrecht verstößt, kann nicht geschlossen werden, dass die (andere) Rechtsfolge des § 20 Abs. 2, der Übergang zur Anrechnungsmethode, ebenfalls einen solchen Verstoß bedeutet. Die Grundsätze des Urteils in Sachen Cadbury Schweppes sind demnach nicht auf die Bestimmung des § 20 Abs. 2 übertragbar (*Rehfeld,* Die Vereinbarkeit des Außensteuergesetzes mit den Grundfreiheiten des EG-Vertrages, S. 338).

In der Frage der Übertragbarkeit der Grundsätze des Urteils in Sachen Cadbury Schweppes auf die Bestimmung des § 20 Abs. 2 **weichen wir** damit **von der Betrachtungsweise des BFH** in seinem Urteil vom 21.10.2009 I R 114/08 (BStBl II 2010 S. 774; IStR 2010 S. 149) **ab** und stimmen der von (*Sydow,* IStR 2010 S. 174) vertretenen Auffassung zwar nicht in der Herleitung, wohl aber im Ergebnis zu (ähnlich wie hier auch *Buciek,* FR 2010 S. 397). Maßgebend ist u. E. die Sichtweise des EuGH in der Rechtssache Columbus Container Services. Diese selbst steht im Einklang mit seiner ständigen Rechtsprechung (zutreffende Kritik der entgegengesetzten Schlussanträge des Generalanwalts und Analyse der Problematik durch *Franck* (IStR 2007 S. 489); zur weiteren Diskussion dieser Frage vgl. Anm. 173.   **171**

Die Frage, ob die Grundsätze des Urteils in Sachen Cadbury Schweppes auf die Bestimmung des § 20 Abs. 2 übertragen werden können oder ob, wie wir mit der Mindermeinung annehmen, dies nicht möglich ist, könnte als mehr akademische und deshalb hier nicht zu erörternde angesehen werden, wenn nicht der Gesetzgeber aus diesen Grundsätzen eine Konsequenz hergeleitet und in **§ 8 Abs. 2** eine entsprechende Regelung getroffen hätte, die erhebliche praktische Bedeutung hat. Es handelt sich um den sog. **Entlastungsbeweis,** den die Norm vorsieht (dazu Anm. 213 ff.). Der Gesetzgeber ging dabei davon aus, dass die Grundsätze des Urteils in Sachen Cadbury Schweppes auf den Bereich der §§ 7 ff. beschränkt sind – womit die hier vertretene Ansicht (s. Anm. 171) in Einklang steht – und stellte durch die Einfügung der Formulierung „ungeachtet des § 8 Abs. 2" in § 20 Abs. 2 klar, dass der Entlastungsbeweis des § 8 Abs. 2 in seinem Rahmen nicht anwendbar ist. Vom Standpunkt der h.A. aus muss die Aussage des Urteils in Sachen Cadbury Schweppes, es liege (nur) dann in der britischen Hinzurechnungsbesteuerung kein Verstoß gegen die Niederlassungsfreiheit, wenn der Entlastungsbeweise eröffnet werde, in Verbindung mit der Annahme, dass diese Aussage auch für § 20 Abs. 2 gilt, zu dem Schluss führen, dass dort auch der Entlastungsbeweis möglich ist. Das ist denn auch die Aussage des Urteils des BFH vom 21.10.2009 I R 114/08 (BStBl II 2010 S. 774; IStR 2010 S. 149), vgl. dazu Anm. 213 ff., 220.   **172**

In der Literatur wurde und wird bisweilen noch angenommen, das Treaty Overriding „verschärfe" die Steuerbelastung und **beeinträchtige dadurch die Niederlassungsfreiheit** (*Seer,* IStR 1997 S. 520 (521). Eine Auswirkung auf die Niederlassungsfreiheit liege mithin darin, dass die Gründung und Aufrechterhaltung von Tochtergesellschaften bzw. Betriebsstätten durch die HZB ihren Reiz verliert (*Körner,* IStR 2004 S. 697 (707); *Kraft,* § 20 Rz. 72). Dagegen wird eingewandt, dass die Umschaltung (das sog. switch over) letztendlich nichts anderes bewirkt, als die ‚Konservierung' des deutschen Besteuerungsniveaus, so dass hierdurch gerade   **173** keine Erhöhung der Steuerlast ausgelöst wird; es liege mithin keine Diskriminierung vor (*Brombach-Krüger*, Ubg. 2008 S. 324 (327); *Schnitger* FR 2005 S. 1079 (1081); BFH Urteil vom 21.10.2009 I R 114/08, BStBl II 2010 S. 774). In der Literatur wird ferner zutreffend unter Bezugnahme auf die Entscheidung des EuGH in der Rechtssache Manninen (Urteil vom 7.9.2004 C-319/02, IStR 2004 S. 680) darauf hingewiesen, dass die Anrechnungsmethode als solche gemeinschaftsrechtlich nicht zu beanstanden ist (*Schnitger*, FR 2005 S. 1079 (1081); *ders.*, FR 2005 S. 1079 (1081); *Wagner*, DStZ 2005 S. 325 (331)). Ebenso wurde im Einklang mit der Rechtsprechung des EuGH (z. B. EuGH vom 12.5.1998 Rs. C- 336/96, Gilly, Slg. 1998 I-2793, Rdnr. 46-54; Urteil vom 12.12.2006 Rs. C-374/04, The Test Claiments in Class IV of the ACT Group Litigation, IStR 2007 S. 138 Rdnr. 81) argumentiert, in der Wahl der Methode zur Vermeidung der Doppelbesteuerung seien die Mitgliedstaaten frei. Es bestehe auch keine Verpflichtung im Verhältnis zum anderen Mitgliedstaat die Kapitalexportneutralität zu sichern (*Rehm/Feyerabend/Nagler*, IStR 2007 S. 7 (13); *Franck*, IStR 2007 S. 489 (494f). Der EuGH hat in der Rechtssache Columbus Container Services (Urteil vom 6.12.2007, C-298/05, Slg. 2007 I-10451, IStR 2008 S. 63 m. Anmerkung *Rainer;* RIW 2008 S. 161; EWS 2008 S. 39) diesen Standpunkt ebenfalls eingenommen. Entscheidend war für den Gerichtshof, dass durch das switch-over die Betriebsstättengewinne (bei Anrechnung der im anderen Staat gezahlten Steuern) lediglich der Steuerbelastung unterworfen wurden, der auch eine inländische Betriebsstätte unterworfen wäre. Die Wirkungen des Treaty Overriding sind deshalb gemeinschaftsrechtlich nicht zu beanstanden (zust. *Brombach-Krüger*, Ubg. 2008 S. 324 (327); *dies.*, BB 2009 S. 924 (925)); *Schnitger*, FR 2005 S. 1079 (1081); a. A. z. B. *Rosenthal*, IStR 2007 S. 610 (614)).

174 Vom (hier nicht geteilten) Standpunkt ausgehend, die ein Treaty Overriding als **verfassungsrechtlich unzulässig** ansieht (vgl. Anm. 21 – 24), ist an dieser Stelle diejenige Spielart in Betracht zu ziehen, die die Verfassungswidrigkeit von einem Abwägungsvorgang abhängig machen will und annimmt, dass das Abweichen von den Bestimmungen des DBA das Vorliegen gewichtiger Gründe voraussetzt (vgl. Anm. 23). Z. B. ist *Gosch* (IStR 2008 S. 413 (419) der Ansicht, das Rechtsstaatsprinzip fordere, dass es einer besonderen Rechtfertigung bedarf, wenn innerstaatliches Recht das Abkommen abändert. Von diesem Standpunkt aus wäre dann zu fragen, ob die Bekämpfung von Missbräuchen und Umgehungen ein solcher gewichtiger Grund ist, denn die Umgehungsbekämpfung ist der tragende Grund des § 20 Abs. 2, vgl. Anm. 161. Das FG Münster (Urteil vom 11.11.2008 15 K 1114/99, F, EW, IStR 2009 S. 31 (Rev. I R 114/08) m. Anmerkung *Lieber*) hat diese Frage gesehen, sie aber offen gelassen und angenommen, dass darin, dass erst die Anrechnungsmethode zur Gleichbehandlung der im Inland und der im Ausland erzielten Einkünfte eines unbeschränkt Steuerpflichtigen führe, ein solcher wichtiger Grund liege, eine Begründung, die nicht belastbar ist.

175 bis 180 *(einstweilen frei)*

5. Aktivitätsvorbehalte, Missbrauchsvorbehalte

Die in Anm. 31–38 erläuterten Gründe, deren Vorliegen ein Treaty Overriding ausschließen würde, gelten mit einer Ausnahme auch hier: Da § 20 Abs. 2 direkt auf die Methode der Vermeidung der Doppelbesteuerung einwirkt, kommt der Gesichtspunkt einer allfälligen Änderung des internen Rechts, wie er im Rahmen der §§ 7 und § 15 zum Tragen kommen kann (vgl. Anm. 31), nicht in Betracht. Die Gründe der Missbrauchsbekämpfung und ein expliziter Vorbehalt im Abkommen kommen indessen in Betracht, und es erlangen die sog. Aktivitätsklauseln in diesem Zusammenhang Bedeutung (s. Anm. 183). **181**

Explizite Vorbehalte liegen vor, wenn im einschlägigen DBA der Übergang von der Freistellungsmethode zur Anrechnungsmethode ausdrücklich vorbehalten ist. Das ist z. B. in Art. 1 Abs. 6 DBA USA 1989 in der Fassung des Protokolls vom 1.6.2006 DBA geschehen. Ferner lässt Art. 23 Abs. 4 Buchst. c des DBA-USA vom 29.8.1989 (BGBl II 1991 S. 355 in der Fassung der Neubekanntmachung vom 4.6.2008 (BGBl II 2008 S. 611) i. d. F. des Änderungsprotokolls vom 1.6.2006 den Übergang zur Anrechnungsmethode zu. Eine switch over-Klausel enthält ferner Art. 23 Abs. 1 Bst. c) des am 30.10.2010 in Kraft getretenen DBA mit Großbritannien (dazu *Bahns/Sommer*, IStR 2011, S. 201). In den Aktivitätsvorbehalten sind jeweils die Voraussetzungen für das switch over formuliert. Die Anwendung des § 20 Abs. 2 ist durch diese Klauseln nur dann gedeckt und es liegt kein Treaty Overriding vor, wenn diese Voraussetzungen erfüllt sind (*Frotscher*, StbJb 2009/2010 S. 151 (166)). In diesem Sinne stellen Aktivitätsvorbehalte leges speciales gegenüber § 20 Abs. 2 dar (Anm. 184). **182**

Im Verhältnis zu Kanada räumt Abschn. 10 des Protokolls zum DBA Kanada vom 19.4.2001 (BGBl II 2002 S. 670) der deutschen Seite das Recht ein, bei nicht näher benannten Einkünften „nach gehöriger Konsultation" und auf dem diplomatischen Wege erfolgter Notifikation von der an sich in Art. 23 vereinbarten Freistellungsmethode zur Anrechnungsmethode überzugehen. Derartige Regelungen sind naturgemäß unter vielerlei Gesichtspunkten nicht unproblematisch, auf die hier nicht eingegangen werden kann (vgl. *W. Wassermeyer* in *Debatin/Wassermeyer*, DBA Kanada, Art. 23 Rz. 181). Jedenfalls aber kann es sich bei einer Anwendung des § 20 Abs. 2 in diesem Falle nicht um ein Treaty Overriding handeln, sondern sie wäre durch den Vorbehalt gedeckt.

Sog. **Aktivitätsklauseln** können in Konkurrenz zu § 20 Abs. 2 treten (*Fischer-Zernin* in *G/K/G, DBA*, Grundlagen, Teil I, Abschn. 3, Rz. 40; *Linn*, IStR 2010 S. 542 (545); *Rupp* in *Haase*, § 20 Rz. 43; *Prokopf* in *S/K/K*, § 20 Rz. 166; *Scherer*, Doppelbesteuerung und Europäisches Gemeinschaftsrecht, S. 212). In ihnen wird vereinbart, dass die Doppelbesteuerung durch Freistellung nur dann erfolgt, wenn die Einkünfte aus bestimmten, näher benannten oder durch Bezugnahme auf § 8 Abs. 1 AStG definierten „aktiven" Tätigkeiten resultieren (zu den unterschiedlichen Formulierungen *Kaminski/Strunk*, IStR 2011 S. 137 (138)), und dass im verneinenden Falle die Vertragsstaaten oder einer von ihnen zur Anrechnungsmethode übergehen. Eine solche Aktivitätsklausel enthält z. B. Art. 23 Abs. 2 Buchst. c des DBA Kanada vom 19.4.2001 (BGBl II 2002 S. 670). Danach geht die deutsche Seite zur Anrechnung über, wenn die Betriebsstätte „ihre Bruttoerträge ausschließlich oder fast ausschließlich aus unter § 8 Absatz 1 Nummern 1 bis 6 des deutschen Außen- **183** steuergesetzes fallenden Tätigkeiten oder aus unter § 8 Abs. 2 dieses Gesetzes fallenden Beteiligungen bezieht". Liegen diese tatbestandlichen Voraussetzungen vor – „fast ausschließlich" bedeutet mindestens 90% der Bruttoerträge, BFH vom 30.8.1995 I R 10/95, BStBl II 1996 S. 123 – bedeutet die Anwendung des § 20 Abs. 2 keinen Treaty Override; zu weiteren Klauseln *Holthaus*, IStR 2007 S. 506.

Die Aktivitätsklauseln in den von Deutschland abgeschlossenen DBA sind unterschiedlich formuliert. Teilweise umschreiben sie ihre Voraussetzungen unmittelbar, teilweise duch Bezugnahme auf § 8 AStG. Für die letzteren Fälle ist im Schrifttum erneut die Frage problematisiert worden, auf welche Fassung des § 8 ein solcher in einer Aktivitätsklausel enthaltener Verweis bezieht (*Kaminski/Strunk*, IStR 2011 S. 137 (138)). Die Frage stellt sich angesichts der Änderungen des § 8, insbesondere auch des § 8 Abs. 2. Ihre Beantwortung kann Bedeutung erlangen, wenn die unterschiedlichen Fassungen jeweils in einem anderen Verhältnis zu § 20 Abs. 2 stehen. Mit der h. L., die auch diejenige der Rechtsprechung ist, gilt, dass der Verweis als dynamischer zu verstehen ist, wenn sich aus dem konkreten DBA nichts Abweichendes ausdrücklich ergibt. Mithin ist ein Verweis auf diejenige Fassung des § 8 anzunehmen, die in dem Zeitpunkt der Anwendung des Abkommens gilt (statt aller *Vogel* in *Vogel/Lehner*, Art. 23 MA Rz. 75; Einl. Rz. 186; im Ergebnis auch *Kaminski/Strunk*, IStR 2011 S. 137 (139).

184 Zwischen § 20 Abs. 2 und den Aktivitätsklauseln besteht ein partielles Konkurrenzverhältnis. Es ist evident, dass auf der Tatbestandsseite die Voraussetzungen der jeweiligen Aktivitätsklausel erfüllt sein können, ohne dass es die entsprechenden des § 20 Abs. 2 sind, denn die ersteren können nach Umfang und Anforderungen unter denjenigen des § 8 Abs. 1 liegen. Auch die Rechtsfolgen unterscheiden sich. Rechtsfolge der Aktivitätsklauseln beziehen sich in der Regel auf die Betriebsstätteneinkünfte insgesamt, während sich die Rechtsfolgen des § 20 Abs. 2 auf die passiven Einkünfte beschränken (s. Anm. 209). Neuerdings wird angenommen, dem liege ein Wertungswiderspruch zu Grunde (*Gebhardt/Quilitzsch*, IStR 2011 S. 169). Diesen Angang halten wir nicht für zutreffend, denn da es bei den Aktivitätsvorbehalten um Abkommensrecht geht und hierzu zwei Vertragsstaaten gehören, kommt eine Realisierung von Wertungen – wessen Wertungen? – nicht in Betracht; im völkerrechtlichen Verkehr werden denn auch keine gemeinsamen Wertungen realisiert, sondern gegenläufige Interessen verfolgt. Das Konkurrenzverhältnis ist deshalb nach allgemeinen Grundsätzen zu lösen. Danach kommt eine **Anwendung des § 20 Abs. 2 dann nicht in Betracht, wenn die Aktivitätsklausel greift** (*Wassermeyer/Schön* in *F/W/B*, § 20 AStG Rz. 133). Dies ergibt sich aus dem Wortlaut der Norm: Es muss eine „Doppelbesteuerung ... durch Freistellung" an sich beseitigt werden. Wird die Freistellung bereits aufgrund einer Aktivitätsklausel nicht gewährt, liegt der Tatbestand des § 20 Abs. 2 nicht vor (ebenso im Ergebnis *Gebhardt/Quilitzsch*, IStR 2011 S. 169 (172).

Kritisiert wird ferner (*Kaminski/Strunk*, IStR 2011 S. 137 (141)) das Zusammenspiel des § 20 Abs. 2 mit den Aktivitätsvorbehalten; zutreffend weist *Linn* (IStR 2010 S. 542 (545)) auf die unterschiedlichen tatbestandlichen Voraussetzungen hin. Angesichts dessen, dass ein ‚Zuschneiden' der Neufassung des § 20 Abs. 2 auf dessen trennscharfe Abgrenzung seiner Regelung und von den Aktivitätsvorbehalten nicht erforderlich, wohl auch gar nicht möglich ist, wird man entgegen *Kaminski/Strunk* hier schwerlich von einem legislatorischen Fehler sprechen können.

Die Autoren werfen sodann die Frage auf, ob die (nicht im Einzelnen bezeichnete) EuGH-Rechtsprechung „zur Interpretation der Grundfreiheiten" dazu führe, dass die „abkommensrechtlichen Aktivitätsklauseln in den EU- und EWR-Fällen nicht anzuwenden sind". Die Autoren erkennen indessen, dass der Rechtsprechung des EuGH eher entgegengesetzte Anhaltspunkte zu entnehmen sind; gleichwohl lägen die Dinge ihrer Ansicht nach letztendlich anders, da die Möglichkeit des Entlastungsbeweises i. S. des § 8 Abs. 2 einerseits und dessen Fehlen im Rahmen des § 20 Abs. 2 andererseits zu einer Ungleichbehandlung und damit zu einem Verstoß gegen Art. 3 Abs. 1 GG führe. Dieser im Übrigen ebenfalls nicht näher begründeten Annahme ist nicht zu folgen. Ein Verfassungsverstoß liegt nicht vor. Aus der Sicht der von der h. L. vertretenen Auffassung (vgl. Anm. 214) stellt sich diese Frage allerdings auch deshalb nicht, weil diese § 8 Abs. 2 als im Rahmen des § 20 Abs. 2 anwendbar betrachtet.

§ 20 Abs. 2 dient nach ganz h. A. dazu, **Umgehungen** der Hinzurechnungsbesteuerung durch Einsatz einer Betriebsstätte an Stelle einer Tochtergesellschaft entgegenzuwirken (vgl. Anm. 161). Der Gesetzgeber hat sich hierfür auf den allen Abkommen inhärenten unbeschriebenen Vorbehalt berufen, wonach Abkommen nicht missbräuchlich in Anspruch genommen werden dürfen (BT-Drs. 12/1506 S. 161, 181). Diese Auffassung entspricht, wie oben dargelegt (s. Anm. 35), der h. A. in Deutschland. In Bezug auf § 20 Abs. 2 wurde dem teilweise entgegengehalten, seine Rechtsfolge ziele nicht darauf, die angemessene steuerliche Belastung herbeizuführen (*Scheipers/Maywald*, IStR 2006 S. 472 (473); bereits *Seer*, IStR 1997 S. 481 (482)), also die Rechtsfolge, die § 42 AO ausspricht und die der Missbrauchsabwehr exakt entspricht: die Besteuerung so vorzunehmen, wie sie bei angemessener Gestaltung zu erfolgen hätte. Wir halten dieses Argument nicht für durchschlagend. Dem Einwand ist zwar zuzugeben, dass dies die ‚normale' Rechtsfolge eines Missbrauchs ist. Jedoch lässt sich der Übergang zur Anrechnungsmethode als Spezialfall der allgemeinen Umgehungsregel begreifen und sagen, dass eben gerade der Übergang zur Anrechnung ein Fall der Festsetzung der Steuer nach Maßgabe der „angemessenen wirtschaftlichen Gestaltung" ist, denn auf diese Weise wird der Abschirmeffekt der Betriebsstättenfreistellung, der das Spiegelbild des entsprechenden, von der Tochterkapitalgesellschaft ausgehenden Abschirmeffektes ist, beseitigt.

Aber die Norm des **§ 20 Abs. 2** stellt in gleicher Weise, wie es die §§ 7 ff. sind, eine **typisierende Missbrauchsvorschrift** dar (vgl. Anm. 37, 106). Auch in ihrem Anwendungsbereich ist durchaus fraglich, ob die Gründung und Unterhaltung einer Betriebsstätte in einem niedrig besteuernden Staat stets einen Missbrauch darstellen. Als typisierende Missbrauchsvorschrift schließt § 20 Abs. 2 zwangsläufig die Fälle ein, bei denen kein Missbrauch vorliegt; es muss dementsprechend hier eine Teilmenge von Sachverhalten geben, die zwar die Anwendung des § 20 Abs. 2 auslösen, die aber keinen Missbrauch darstellen. Hinsichtlich der letzteren Fälle könnte § 20 Abs. 2 nur dann ohne gegen das jeweilige DBA zu verstoßen angewendet werden, wenn dieses ausdrücklich seine Anwendung zulässt, also einen speziellen Vorbehalt (s. Anm. 32) enthält (*Kluge*, Das internationale Steuerrecht, S. 730). Nur dann also, wenn die Anwendung des § 20 Abs. 2 ausdrücklich vorbehalten ist, kann davon ausgegangen werden, dass die Vertragstaaten ihre Bestimmungen auch unter einen solchen typisierten Missbrauchsvorbehalt stellen wollten, zutr. *Kluge,* Das internationale Steuerrecht, S. 731. Wo generell und ohne den § 20 Abs. 2 ausdrücklich zu benennen die Anwendung von Missbrauchsvorschriften zugelassen wird (s. Anm. 33) oder bei Rückgriff auf einen allgemeinen Missbrauchsvorbehalt völkerrechtlicher Art (s. Anm. 35), kann davon nicht ausgegangen werden. Damit die Anwendung des § 20 Abs. 2 von einem Missbrauchsvorbehalt gedeckt ist, muss in diesem Fall der konkrete Sachverhalt den Tatbestand des Missbrauchs erfüllen, ähnlich wohl *Vogel* in *Vogel/Lehner,* Einl. Rz. 198; sinngemäß bereits so *Vogel,* FS *Höhn,* 1995 S. 461 (475); *Bron,* IStR 2007 S. 431 (432); *Mössner,* RIW 1986 S. 208 (211); *Seer,* IStR 1997 S. 520 (523)). Diese Überlegungen haben Auswirkungen für die **praktische Rechtsanwendung** auch deshalb, weil für das Vorliegen solcher Umstände, aus denen das Vorliegen eines Missbrauchs abgeleitet wird, die Finanzbehörde nach den allgemeinen Grundsätzen die **Beweislast** trägt, freilich gegebenenfalls abgemildert durch die **erweiterten Mitwirkungspflichten des § 90 Abs. 2 AO.**

186 bis 200 *(einstweilen frei)*

6. Die Voraussetzungen im Einzelnen

a) Tatbestand der Norm

aa) Rechtssubjekte

201 Normadressaten sind zunächst inländische **Kapitalgesellschaften** mit Betriebsstätten im Ausland. Hinsichtlich der in § 7 Abs. 1 geforderten Beteiligungshöhe bedeutet die Beteiligungsfiktion des § 20 Abs. 2, dass diese Situation einer fiktiven 100%igen Beteiligung entspricht (*Wassermeyer/Schön* in *F/W/B,* § 20 AStG Rz. 132); es kommt also nicht auf die Beteiligung von deren Gesellschafter an. Vergleichbares gilt für den **Einzelunternehmer,** der über eine Betriebsstätte im Ausland verfügt (*Vogt* in Blümich, § 20 AStG Rz. 28; *Wassermeyer/Schönfeld* in *F/W/B,* § 20 Rz. 123). Die zu § 7 Abs. 1 streitig gewordene Frage, ob angesichts der Pluralform „unbeschränkt Steuerpflichtige" die Norm auch dann greift, wenn es sich nur um einen Gesellschafter handelt, dessen Beteiligung die geforderte Höhe von „mehr als der Hälfte" erreicht, ist auch hier mit der h.A. zu bejahen (*Wassermeyer* in *F/W/S,* § 7 Rz. 9.2; *Mössner* in *Brezing/Krabbe/Lempenau/Mössner/Runge,* § 7 Rz. 25).

Auch eine **doppelt ansässige Kapitalgesellschaft** fällt in den Anwendungsbereich des § 20 Abs. 2. Es sind zwei Fälle zu unterscheiden. Hat die Gesellschaft ihren Sitz im Ausland und ihre Geschäftsleitung im Inland, so ist sie nach Maßgabe der in Art. 4 Abs. 3 OECD-MA niedergelegten Regel (sog. tie-breaker-rule) in Deutschland unbeschränkt steuerpflichtig, so dass sie an einer ausländischen Gesellschaft i. S. des § 7 Abs. 2 beteiligt sein kann. Hat die Gesellschaft ihre Geschäftsleitung im Ausland und ihren Sitz in Deutschland, ist die Gesellschaft nach den Regeln des Art. 4 Abs. 3 i. V. m. Art. 21 Abs. 1 OECD-MA im anderen Staat unbeschränkt steuerpflichtig. Der Anwendung des § 20 Abs. 2 auf diesen Fall könnte der Normzweck entgegenstehen, der darin besteht, die §§ 7 ff. gegen Umgehungen zu sichern (vgl. Anm. 161). Denn die Hinzurechnungsbesteuerung erfasst nur unbeschränkt Steuerpflichtige; Rechtssubjekte, die es nicht sind, unterfallen den §§ 7 ff nicht, so dass auch deren Umgehung in dieser Konstellation nicht möglich ist. Dagegen steht jedoch der Wortlaut des § 20 Abs. 2. Er benutzt den Ausdruck „ist insoweit die Doppelbesteuerung zu vermeiden", und er differenziert nicht danach, ob Deutschland als Ansässigkeitsstaat aufgrund einer dem Art. 23 OECD-MA entsprechenden Norm freistellt oder bereits auf der Ebene der Verteilungsnormen, weil das Besteuerungsrecht ausschließlich dem anderen Staat zugewiesen ist (zutr. so *Kollruss*, IStR 2008 S. 316 (319)). Gilt die Gesellschaft als Folge der Anwendung der einer dem Art. 4 Abs. 3 OECD-MA entsprechenden Norm als im Ausland ansässig, steht das Besteuerungsrecht am Betriebsstättengewinn gem. Art. 21 Abs. 1 OECD-MA dem anderen Staat zu (zum gestaltenden Einsatz doppelt ansässiger Kapitalgesellschaften *Kollruss/Buße/Braukmann*, IStR 2011 S. 13).

Zum Einsatz der atypisch stillen Gesellschaft *Haase*, IStR 2008 S. 312.

Im Falle einer **Personengesellschaft** ist diejenige Situation unproblematisch, in **202** der es sich um eine deutsche Personengesellschaft handelt, bei welcher alle Gesellschafter unbeschränkt steuerpflichtig sind. Auch hier wird die Betriebsstätte der Personengesellschaft als solcher zugerechnet; in diesem fiktiven Sinne liegt eine 100%ige Beteiligung vor. Auch eine sog. **doppelstöckige Personengesellschaft** kommt für die Anwendung des § 20 Abs. 2 in Betracht, vgl. BFH vom 21.10.2009 (I R 114/08, BStBl II 2010 S. 774, Tz. 20, IStR 2010 S. 149, BB 2010 S. 618).

Im Falle der Beteiligung **ausländischer Gesellschafter** verlangt die Fiktion, die insoweit eine Gleichsetzung der Betriebsstätte mit einer Kapitalgesellschaft erfordert, dass die unbeschränkt steuerpflichtigen Gesellschafter mehrheitlich i. S. des § 7 Abs. 3 an der Gesellschaft beteiligt sind (*Wassermeyer/Schönfeld* in *F/W/B*, § 20 Rz. 123). Die in § 7 Abs. 2 vorausgesetzte Beteiligungshöhe ist erreicht, wenn die Mehrheit ihrer Gesellschafter sie erreicht (*Vogt* in *Blümich*, § 20 AStG Rz. 28; *Wassermeyer/Schönfeld* in *F/W/B*, § 20 Rz. 123).

Es ist schließlich der Fall zu beurteilen, in dem ein unbeschränkt Steuerpflichti- **203** ger an einer **Personengesellschaft mit Sitz im Ausland** beteiligt ist. Die Entscheidung des BFH in Sachen Columbus Container Services (BFH vom 21.10.2009 I R 114/08, BStBl II 2010 S. 774, BB 2010 S. 618, Tz. 18) betraf z. B. eine Kommanditgesellschaft belgischen Rechts.

Maßgebend für die Beurteilung der Frage, ob das ausländische Rechtsgebilde eine Kapitalgesellschaft oder eine Personengesellschaft ist, ist das Ergebnis des **Typenvergleichs,** wie er auch sonst im internationalen Steuerrecht angewendet wird (vgl. z. B. BMF vom 19.3.2004, BStBl I 2004 S. 411). Auch in der Rechtssache Columbus Container Services wurde er – knapp, weil dort unproblematisch – vorgenommen (BFH vom 21.10.2009 I R 114/08, BStBl II 2010 S. 774; BB 2010 S. 618, Tz. 18; ebenso die Vorinstanz: FG Münster, Urteil vom 11.11.2008, 15 K 1114/99 F, EW, EFG 2009 S. 309; IStR 2009 S. 31 m. Anmerkung *Lieber*). Die Rechtslage unter dem DBA Belgien vom 11.4.1967 (BGBl II 1969 S. 18) bietet in Verbindung mit den Bestimmungen über die sog. Koordinationszentren einige Besonderheiten, die in der Entscheidung nur angedeutet sind. Zum einen wurde die Klägerin, eine KG belgischen Rechts, dort nach den Regeln über die juristischen Personen behandelt und unterlag als solche der belgischen Körperschaftsteuer. Auf sie wurden die Sonderregeln über die belgischen Koordinationszentren angewandt, was zur Niedrigbesteuerung führte.

Der BFH hat im Einklang mit der h. L. aus dem Typenvergleich (st. Rspr., zuletzt BFH vom 4.4.2007 I R 110/05, BStBl II 2007 S. 521, und vom 20.8.2008 I R 34/08, BStBl II 2009 S. 263; IStR 2008 S. 781 m. Anmerkung *Flick/Heinse*) abgeleitet, dass die KG belgischen Rechts wie eine deutsche Personengesellschaft **als transparent zu behandeln** ist, mithin nur deren Gesellschafter besteuert werden und nicht die Gesellschaft selbst (zur Transparenz bei Personengesellschaften *Hahn*, RIW 2008 S. 812). Der Umstand, dass die Klägerin nach belgischem Recht als juristische Person behandelt wurde und der Körperschaftsteuer unterlag, ist für die Beurteilung durch die deutsche Seite ohne Belang. Insoweit bestehen demnach auch im Rahmen des § 20 Abs. 2 keine Sonderregeln (vgl. dazu *Schnitger*, FR 2005 S. 1079). Daraus ist zu schließen, dass dann, wenn der Typenvergleich ergeben hätte, dass die ausländische Gesellschaft einer Kapitalgesellschaft deutschen Rechts entspricht, die Hinzurechnungsbesteuerung unmittelbar nach Maßgabe der §§ 7 ff. in Betracht gekommen und § 20 Abs. 2 unanwendbar gewesen wäre.

204 Nach den allgemeinen Regeln zur Besteuerung von Personengesellschaften im internationalen Steuerrecht, wonach die Betriebsstätte einer Personengesellschaft anteilig den Gesellschaftern zugerechnet wird (BMF-Schreiben vom 16.4.2010, BStBl I 2010 S. 354; BFH vom 26.2.1992 I R 85/91, BStBl 1992 S. 937; vom 23.8.2000 I R 98/96, BStBl II 2002 S. 207; vom 16.10.2002 I R 17/01, BStBl II 2003 S. 631; Urteil vom 19.12.2007 I R 66/06, BStBl II 2008 S. 510) – sie gelten auch im Rahmen des § 20 Abs. 2 (*Wassermeyer* in *F/W/B* § 20 Rz. 178; *Prokopf* in *S/K/K*, § 20 Rz. 128) – kommt man zur Annahme einer Betriebsstätte des jeweiligen unbeschränkt steuerpflichtigen Gesellschafters.

Bei Vorhandensein auch beschränkt steuerpflichtiger Gesellschafter kommt es darauf an, ob der oder die unbeschränkt Steuerpflichtigen ‚mehrheitlich' i. S. des § 7 Abs. 1 i. V. m. Abs. 2 beteiligt ist. § 7 Abs. 2 definiert, wann Steuerpflichtige **„zu mehr als der Hälfte beteiligt"** sind i. S. des § 7 Abs. 1. Maßgebend sind die ‚Anteile' oder die ‚Stimmrechte'.

Der Ausdruck ‚Anteile' hat seinen Sitz im Recht der Kapitalgesellschaften und bedeutet dort nach allgemeiner Auffassung die **Beteiligung am Nennkapital** (*Reiche* in *Haase*, § 7 Rz. 51). Die primär auf Kapitalgesellschaften zugeschnittene Regelung des § 7 Abs. 1 hebt dementsprechend ausdrücklich hierauf ab. Gemeint ist das Kapital, welches satzungsgemäß der Gesellschaft als Grund- oder Stammkapital zuzuführen ist, einer besonderen Bindung unterliegt und nur durch ein förmliches Verfahren und unter Beachtung der Regeln der Registerpublizität erhöht, vermindert oder gänzlich zurückgezahlt werden kann.

Die **Übertragung dieser Regelung auf eine Personengesellschaft** hat zu unterschiedlichen Aussagen in der Literatur geführt, die zu einer gewissen Unklarheit geführt haben. Ausgangspunkt ist die in der Literatur oftmals anzutreffende Annahme, dass Personengesellschaften kein Nennkapital haben und deshalb gewissermaßen für die Anwendung des § 20 Abs. 2 ein Ersatzmaßstab gefunden werden müsse. Das ist weder gänzlich unzutreffend noch gänzlich zutreffend: Was die Personengesellschaften deutschen Rechts anlangt, so sehen das vom Gesetz normierte Modell der oHG und der KG, soweit es nicht um den Kommanditisten geht, keinen festen Kapitalanteil vor. Der gesamthänderische Anteil am Gesellschaftsvermögen lässt sich in der Tat nicht als Anteil des Nennkapitals begreifen, ohne dass es auf den Begriff der Gesamthand im Einzelnen ankäme. Dabei handelt es sich jedoch nur um das dispositive Regelstatut. Die Gesellschafter können Anderes vereinbaren, mithin auch feste Kapitalanteile; in der Praxis werden sie meist als Konten ausgedrückt und erlangen durch die Vereinbarung, sie als **feste Konten** zu führen, die **Eigenschaft von Nennkapital.** Geschieht dies, dann muss u. E. auf dieses Nennkapital abgehoben werden, weil nur so in diesem Punkte die Bestimmung des Gesetzgebers, wie sie in § 7 Abs. 1 ihren Ausdruck findet, befolgt wird; die Norm differenziert nicht danach, ob die Bildung von Nennkapital für eine Rechtsform zwingend oder fakultativ ist.

Für die ebenfalls bei der Anwendung des § 20 Abs. 2 in Betracht kommenden **Personengesellschaften ausländischer Rechtsordnungen** wird noch mehr als in der deutschen mit dem Vorhandensein von Nennkapital zu rechnen sein, weil namentlich den Personengesellschaften der romanischen Rechte die Vorstellungen der Gesamthandsgemeinschaft fremd sind und die an ihrer Stelle stehende Vorstellung vom Miteigentum diejenige von quotenmäßigen Anteilen nach sich zieht. Auch in einem solchen Falle gebietet die gesetzliche Regelung, das Verhältnis der Anteile am Nennkapital zugrunde zu legen.

Wenn in der Literatur unter Verweis auf § 7 Abs. 5 ausgeführt wird, maßgeblich sei der gesellschaftsrechtlich vereinbarte Gewinnverteilungsschlüssel (so z. B. *Kraft*, § 20 Rz. 44; *Wassermeyer/Schönfeld* in *F/W/B*, § 20 Rz. 185), so setzt dies voraus, dass die in Frage stehende Gesellschaft kein Nennkapital hat. Unter dieser Voraussetzung ist dem zu folgen, aber sie ist nach dem soeben Ausgeführten erst dann gegeben, wenn auch gesellschaftsvertraglich kein Nennkapital vereinbart ist.

Eine weitere Auffassung vertreten *Prokopf* (in *S/K/K*, § 20 Rz. 145) und ähnlich auch *Rupp* (in *Haase*, § 20 Rz. 79): Beide Auffassungen arbeiten jedoch mit Vorstellungen bzw. Begriffen, die entweder mit dem klaren Wortlaut des Gesetzes nicht übereinstimmen oder mit solchen, die es überhaupt nicht gibt. Was den letzteren Fall anlangt, so soll Maßstab zur Aufteilung das **Verhältnis der „Anteile an der Betriebsstätte"** zueinander sein; derartige gibt es indessen nicht. Ein **Verhältnis der Beteiligungen am ‚Vermögen der ausländischen Betriebsstätte'** ist zwar vorstellbar, weil es ein Vermögen der Betriebsstätte geben kann, dies allerdings nur in steuerlicher Hinsicht. Zivilrechtlich ist das Vermögen einer Betriebsstätte ein Teil des Gesamthandsvermögens der Personengesellschaft bzw. des Vermögens der (ausländischen) rechts- und damit vermögensfähigen Gesellschaft. Da aber § 7 Abs. 1 und Abs. 2 eindeutig auf zivilrechtliche Begriffe und Bestimmungen Bezug nehmen, kann nicht auf rein steuerliche Vorstellungen abgehoben werden ohne in Widerspruch zum Gesetz zu treten. Die Auffassung von *Prokopf* (in *S/K/K*, § 20 Rz. 143) scheint auf der Annahme zu beruhen, dass § 7 Abs. 5, der an sich bei Fehlen eines Nennkapitals zum Maßstab der Gewinnverteilung führen würde, nicht anwendbar sei; er diene lediglich der Aufteilung der Einkünfte nach § 7 Abs. 1, sei also ein Hilfsmaßstab für die Ermittlung der Hinzurechnungsquote. Dem wäre indessen nicht zu folgen, da das Vorhandensein einer Mehrheit von Anteilen, wie es § 7

Abs. 2 voraussetzt, seinerseits die Existenz eines Nennkapitals praktisch voraussetzt. Der theoretisch denkbare Fall einer Gesellschaft mit variablem Kapital kann nicht ernstlich dem entgegengehalten werden, da § 7 ersichtlich ‚normale' Fälle regeln will und sich nicht auf exzeptionelle Formen bezieht.

Denkbar erscheint allerdings, dass die Gewinnverteilungsabrede einer Personengesellschaft so ausgestaltet wird, dass deren Gewinn in verschiedene Teile zerlegt wird, nämlich in einen, den die Betriebsstätte erwirtschaftet, und in einen, den das Stammhaus erwirtschaftet, und dass an den Gewinnteilen den Gesellschaftern unterschiedliche Quoten zustehen (**disquotale Gewinnbeteiligung**). Das erscheint möglich und auch in dem Sinne handhabbar, dass z. B. für Betriebsstätte und Stammhaus jeweils gesonderte Gewinnermittlungen erfolgen und unterschiedliche Quoten vereinbart werden. Steuerlich liegt die Annahme eines Missbrauchs nahe. Dieser Einwand wird aber entsprechend den allgemeinen Grundsätzen nicht durchgreifen, wenn vernünftige außersteuerliche Gründe, in der Regel also wirtschaftliche, hierfür bestehen (offen gelassen bei *Rupp* in *Haase*, § 20 AStG Rz. 78). Die im Rahmen des § 20 Abs. 2 erforderliche Fiktion, die an die Stelle der Betriebsstätte eine Kapitalgesellschaft stellt, würde es nahe legen, für die Frage der Beteiligungshöhe dementsprechend auf die Gewinnbeteiligung am Betriebsstättengewinn abzuheben. Im Ergebnis dürfte dies jedoch nicht möglich sein. Eine solche Aufspaltung eines einheitlichen Gewinns bedeutet lediglich die Vereinbarung einer Modalität seiner Berechnung, die in der Aufspaltung des Unternehmens in Betriebsteile und Zuweisung bestimmter Quoten besteht. Dass es sich lediglich um eine Berechnungsmodalität handelt, wird daran deutlich, dass gleichwohl nur ein einziger Anspruch auf Auszahlung des Gewinns entstehen kann. Bestehen von einander getrennte Ansprüche, so bestehen zwei Gesellschaften.

206 § 20 Abs. 2 nimmt Bezug auf § 7 und differenziert hierbei nicht zwischen Personen, die i. S. des § 7 Abs. 2 beteiligt sind und solchen, die es i. S. des § 7 Abs. 6 sind; im letzteren Falle, demjenigen des Bezugs von **Zwischeneinkünften mit Kapitalanlagecharakter**, reicht eine Beteiligung i. H.v. mindestens einem Prozent aus, um die Hinzurechnungsbesteuerung auszulösen. Auch in diesem Falle erfolgt demnach ein switch over. Die Frage, ob hier der Gegenbeweis des § 8 Abs. 2 zugelassen werden muss, ist hier ebenfalls streitig, vgl. unten Anm. 217.

207 Im Rahmen der Fiktion der Kapitalgesellschaft gelten auch §§ 7 Abs. 2 S. 1, 10 Abs. 2. Danach sind für die Beurteilung der „Beteiligungsverhältnisse" die **Verhältnisse am Ende des Wirtschaftsjahres** maßgebend (BFH vom 21.10.2009 I R 114/08, BStBl II 2010 S. 774 Tz. 19).

bb) „Einkünfte ... in der ausländischen Betriebsstätte ..."

208 Die Einkünfte müssen in einer ausländischen Betriebsstätte anfallen (*Wassermeyer/Schönfeld*, in *F/W/B*, § 20 AStG, Rz. 121). Maßgebend ist nach h.A. der **Begriff der Betriebsstätte,** wie er sich aus **§ 12 AO** ergibt, denn es geht um die Anwendung der deutschen Regeln über die Gewinnermittlung, nicht um die Anwendung des jeweils einschlägigen Doppelbesteuerungsabkommens (BFH vom 26.2.1992 I R 85/91, BStBl II 1992 S. 937; BFH vom 21.10.2009 I R 114/08, BStBl II 2010 S. 774 Tz. 20; *Kraft*, § 20 Rz. 41; *Prokopf* in *S/K/K*, § 20 Rz. 127; *Rupp* in

Haase, § 20 Rz. 50; *Vogt* in *Blümich*, § 20 AStG Rz. 28; *Wassermeyer/Schönfeld*, in *F/W/B*, § 20 AStG, Rz. 123, 129). Die Frage kann von Bedeutung sein, weil der abkommensrechtliche Betriebsstättenbegriff und derjenige des § 12 AO sich aufgrund ihrer unterschiedlichen Funktionen unterscheiden; der abkommensrechtliche hat diejenige, das Besteuerungsrecht zuzuordnen (BFH vom 26.2.1992 I R 85/91, BStBl II 1992 S. 937). Die Frage, ob im Sinne des jeweils einschlägigen DBA eine Betriebsstätte vorliegt, hat im Rahmen des § 20 Abs. 2 insoweit Bedeutung, als dass nach allgemeiner Auffassung die **Freistellung**, die die Norm voraussetzt, **auf dem Abkommen beruhen** muss (*Wassermeyer/Schönfeld*, in *F/W/B*, § 20 AStG, Rz. 129, 153, zust. *Prokopf* in *S/K/K*, § 20 Rz. 165; *Kaminski/Strunk*, IStR 2011 S. 137 (140); FG Münster, Urteil vom 11.11.2008, 15 K 1114/99 F, EW, (Rev.), EFG 2009 S. 309; IStR 2009 S. 31 m. Anmerkung *Lieber*). Allerdings muss der Grund für die Freistellung nicht zwingend der Betriebsstätten-Artikel sein. In Betracht kommen z. B. die Art. 6 und 13 des OECD-MA. Aus dem Gesetzestext folgt das Erfordernis nicht. *Wassermeyer* und *Schönfeld* leiten es aus der Überschrift her. Die praktische Bedeutung zeigt sich in dem Fall, in dem der Betriebstätte eine ausländische Kapitalgesellschaft nachgeschaltet ist. In diesem Falle kommt § 20 Abs. 2 nicht zur Anwendung, weil in einem solchen Fall die Freistellung auf der Bestimmung des § 8b Abs. 1 KStG beruht. Bedeutung hat diese Unterscheidung ferner im Rahmen der sog. Aktivitätsvorbehalte (vgl. Anm. 183). Soweit es auf den Betriebsstättenbegriff des § 12 AO ankommt, ist auf die Kommentierungen des § 12 AO zu verweisen; Besonderheiten gelten hierzu bei der Anwendung des § 20 Abs. 2 nicht.

cc) Hypothetische Prüfung: als Zwischeneinkünfte steuerpflichtig?

Erforderlich ist, dass die fiktive Prüfung der Betriebsstätteneinkünfte zu dem Ergebnis führt, dass sie, wären sie von einer Kapitalgesellschaft erzielt worden, die Hinzurechnungsbesteuerung gem. §§ 7 ff. ausgelöst hätten. Eine Hinzurechnungsbesteuerung i. S. der §§ 7 ff. setzt voraus, dass die in Frage stehende Gesellschaft „Zwischengesellschaft" ist. Das ist eine Gesellschaft für solche Einkünfte, die niedrig besteuert sind (§ 8 Abs. 3) und die aus passivem Erwerb stammen (§ 8 Abs. 1). Die Betriebstätteneinkünfte müssten, wären sie von einer Kapitalgesellschaft bezogen, **als Zwischeneinkünfte steuerpflichtig** sein; es muss sich also um **passive Einkünfte i. S. des § 8 Abs. 1 Nr. 1 – 8** handeln (*Prokopf* in *S/K/K*, § 20 Rz. 148; *Wassermeyer/Schönfeld* in *F/W/S*, § 20 Rz. 113). Auch die hierzu von der Rechtsprechung entwickelten Grundsätze gelten im Bereich des § 20 Abs. 2, *Rupp* in *Haase*, § 20 Rz. 81; auf die Kommentierung zu § 8 ist an dieser Stelle zu verweisen. Die Einkünfte müssten als solche der fiktiven Kapitalgesellschaft sachlich der Körperschaftsteuerplicht unterliegen. Dass es zu einer tatsächlichen Festsetzung kommen würde, ist nicht gefordert (*Wassermeyer/Schönfeld* in *F/W/S*, § 20 Rz. 131). Was passive Einkünfte sind, ergibt sich aus § 8 Abs. 1 AStG. Auf dessen Kommentierung ist zu verweisen.

Die Einkünfte müssen **niedrig besteuert** sein i. S. des § 8 Abs. 3. Ihre Höhe ist nach den Regeln des deutschen Rechts zu bestimmen; es bestehen im Bereich des § 20 Abs. 2 insoweit keine Sonderregeln (*Wassermeyer/Schönfeld* in *F/W/S*, § 20 Rz. 131); auch insoweit ist auf die Kommentierung zu § 8 zu verweisen.

210 Betriebsstätten i. S. des § 12 AO sind nicht nur solche, in denen eine gewerbliche Tätigkeit i. S. d. § 15 EStG ausgeübt wird, sondern auch die Einrichtungen, in denen Steuerpflichtige **Land- und Forstwirtschaft** betreiben oder **freiberufliche Tätigkeiten** ausüben (*Kruse* in *Tipke/Kruse*, AO, § 12 Rz. 17; *Musil* in *Hübschmann/Hepp/Spitaler*, AO, § 12 Rz. 20). Auch für § 20 Abs. 2 gilt dies (*Rupp* in *Haase*, § 20 Rz. 52; *Wassermeyer/Schönfeld* in *F/W/B*, § 20 Rz. 121). Land- und forstwirtschaftliche Tätigkeiten werden freilich in aller Regel unter § 8 Abs. 1 Nr. 1 fallen, so dass es sich um aktive Tätigkeiten handelt und es damit bei der Freistellung bleibt. Werden an sich der Land- und Fortswirtschaft zuzuordnende Tätigkeiten durch Personen- oder Kapitalgesellschaften betrieben, kommt in Betracht, dass es sich um gewerbliche Einkünfte handelt i. S. des § 15 EStG. Ebenso können an sich land- und forstwirtschaftliche Tätigkeiten aufgrund des § 8 Abs. 2 KStG als gewerblich zu qualifizieren sein. Abkommensrechtlich handelt es sich dann um Einkünfte i. S. des Art. 6 OECD-MA, um Einkünfte aus unbeweglichem Vermögen. Die Abkommen sehen hier in der Regel die Freistellung vor. Für die Anwendung des § 20 Abs. 2 reicht dies aus, d. h. es ist nicht erforderlich, dass die Freistellung aufgrund des Betriebsstättenartikels erfolgt (*Wassermeyer/Schönfeld* in *F/W/B*, § 20 Rz. 135).

Bei **Produktionstätigkeiten** i. S. des § 8 Abs. 1 Nr. 2 ist die Frage erörtert worden, ob bei im Inland gefertigten Gegenständen, die durch die Betriebsstätte vertrieben werden, einerseits eine Produktionstätigkeit und andererseits – in der Betriebsstätte – eine Handelstätigkeit vorliegt, so dass letztere selbständig nach § 8 Abs. 1 Nr. 4 zu beurteilen wäre. Die Regelung des § 20 Abs. 2 führt hier nicht zu einer Trennung einer einheitlichen Tätigkeit. Es liegt in dieser Konstellation demnach ein einheitlicher Vorgang der Produktion und der Veräußerung produzierter Gegenstände vor, der ausschließlich der Bestimmung des § 8 Abs. 2 Nr. 2 unterfällt.

Zum Tatbestand des § 8 Abs. 1 Nr. 5 **(Dienstleistungen)** vgl. unten Anm. 235. Für gemischte Einkünfte gilt die Freigrenze des § 9 (*Rupp* in *Haase*, § 20 Rz. 82).

211 Es ist erforderlich, dass die Einkünfte in der ausländischen Betriebsstätte anfallen. Da für den Begriff der Betriebsstätte § 12 AO maßgebend ist, richtet sich die Frage, ob Einkünfte der Betriebsstätte zugerechnet werden können, nach h.A. nach den Bestimmungen des deutschen Rechts (BMF vom 14.5.2004 IV C 7 – S 1340 – 11/04, BStBl I 2004, Sondernummer 1, S. 3, Tz. 8.01; BFH vom 1.7.1992 I R 9/92, BStBl II 1993 S. 222). Für die Frage, ob die Betriebsstätte Einkünfte erzielt, gilt das Veranlassungsprinzip des § 4 Abs. 4 EStG (*Prokopf* in *S/K/K*, § 20 Rz. 130; *Wassermeyer/Schönfeld* in *F/W/B*, § 20 Rz. 129). Im Rahmen des § 20 Abs. 2 findet dann auch keine funktionale Betrachtungsweise statt (z. B. *Kollruss/Buße/Braukmann*, IStR 2011 S. 13 (16)); für die Einzelheiten ist auch auf die Kommentierungen zu § 12 AO zu verweisen.

212 Es wird in der Literatur die Frage erörtert, wie ein **Betriebsstättenverlust** zu behandeln ist. *Wassermeyer und Schönfeld* (in *F/W/B*, § 20 AStG, Rz. 126; zust. *Prokopf* in *S/K/K*, § 20 Rz. 131) entnehmen die Antwort der Systematik des Gesetzes: Die Hinzurechnung entfällt gem. § 10 Abs. 1 S. 3, wenn sich ein negativer Hinzurechnungsbetrag ergeben würde. Da § 20 Abs. 2 die Anwendung der Hinzurechnungsbesteuerung gegen Umgehungen sichern soll, können sich seine Rechtsfolgen hieran orientieren und brauchen dementsprechend nicht weiter zu reichen, als diejenige, die § 10 für diese festlegt. Somit sind negative Betriebsstättenergebnisse unbeachtlich.

dd) Möglichkeit des Entlastungsbeweies: „ungeachtet des § 8"

Der BFH hat in seiner Entscheidung des Falles Columbus Container Services (Urteil vom 21.10.2009 I R 114/08, BStBl II 2010 S. 774, Tz. 27, BB 2010 S. 618, IStR 2010 S. 432; von Brocke/Hackemann, DStR 2010 S. 368; Buciek, FR 2010 S. 393; Prinz, FR 2010 S. 378; Kraft, IStR 2010 S. 377 (381); kritisch dazu Sydow, IStR 2009 S. 174) die Cadbury Schweppes-Grundsätze auf § 20 Abs. 2 übertragen und entschieden, dass die Norm des § 20 Abs. 2 in der Weise angewandt werden muss, dass dem Steuerpflichtigen hier, ebenso wie im Falle der britischen Regelung, der Nachweis zu eröffnen ist, dass im Niederlassungsstaat tatsächlich eine wirtschaftliche Tätigkeit stattfindet. Der BFH ging in seiner Entscheidung davon aus, dass aus der Entscheidung des EuGH in der Rechtssache Cadbury Schweppes sich auch die Gemeinschaftsrechtswidrigkeit des § 20 Abs. 2 ergebe, der durch eine solche gemeinschaftsrechtskonforme Auslegung zu begegnen sei (Anm. 171, 172). **213**

Generell formuliert besteht das Ergebnis des Urteils in der Feststellung, dass auch § 20 Abs. 2 nicht anzuwenden ist, wenn der Steuerpflichtige beweist, dass in der Betriebsstätte eine wirtschaftliche Tätigkeit stattfindet. Durch das Urteil des BFH sind eine Reihe von Fragen aufgeworfen, die teils seine zeitliche Anwendung, teils die Beweisführung als solche betreffen.

Hinsichtlich der Hinzurechnungsbesteuerung hat der deutsche Gesetzgeber im JStG 2008 (BGBl I 2007 S. 3150) durch Neufassung des § 8 Abs. 2 die Konsequenz aus der Entscheidung des EuGH in der Rechtssache Cadbury Schweppes gezogen, die durch das Urteil ja überaus nahegelegt wurde: Die **Hinzurechnung findet nicht statt**, wenn zum einen „die **Gesellschafter nachweisen,** dass die Gesellschaft insoweit **einer tatsächlichen wirtschaftlichen Tätigkeit"** in ihrem Sitzstaat nachgeht, § 8 Abs. 2 Satz 1. Zum anderen muss in einer in § 8 Abs. 2 Satz 2 näher geregelten Weise Amtshilfe zwischen Deutschland und dem Staat der Zwischengesellschaft stattfinden. Zugleich wurde durch das JStG 2008 in § 20 Abs. 2 der Formulierungsteil „ungeachtet des § 8 Abs. 2" eingefügt. **214**

Der Gesetzgeber war der Ansicht, dass es sich hierbei um eine Klarstellung handele, denn er glaubte (zu recht) der Entscheidung des EuGH in der Rechtssache Columbus Container Services entnehmen zu können, dass § 20 Abs. 2 gemeinschaftsrechtskonform ist und wollte die Anwendbarkeit der Norm ohne Einschränkung aufrecht erhalten. Die Neufassung sollte dies klarstellen. Damit tritt ein Widerspruch zwischen der Sichtweise des Gesetzgebers und derjenigen des BFH, wie sie sich aus dem **Urteil vom 21.10.2009** ergibt, ein. Denn der BFH glaubte, die Entscheidung des EuGH in der Rechtssache Cadbury Schweppes so verstehen zu müssen, dass sie auch auf die Fälle des § 20 Abs. 2 anwendbar wäre. Danach müsste die Möglichkeit des Entlastungsbeweises i. S. des § 8 Abs. 2 auch im Anwendungsbereich des § 20 Abs. 2 bestehen.

Zweifelsfragen können sich aus der Frage des **zeitlichen Beginns dieser Möglichkeit** ergeben sowie aus der Frage ihres **persönlichen** und ihres **räumlichen Anwendungsbereichs.** Da es weder Hinweise auf eine Selbstkorrektur des BFH, noch auf eine weitergehende Klarstellung durch den Gesetzgeber gibt, ist, **rechtspraktisch** gesehen, für die Beantwortung der weiteren Fragen auf die dem Steuerpflichtigen ohnehin günstigere **Sichtweise des BFH** abzuheben.

215 **Vor Inkrafttreten des JStG 2008** mit der Neufassung des § 8 Abs. 2 erging eine Verwaltungsregelung, die den Entlastungsbeweis im Bereich der Hinzurechnungsbesteuerung zuließ (BMF-Schreiben vom 8.1.2007 IV B 4 – S 1351 – 1/07, BStBl 2007 S. 99). Auch diese Übergangsregelung wurde erwartungsgemäß von einigen Stimmen in der Literatur als gemeinschaftsrechtwidrig bezeichnet (*Köplin/ Sedemund*, BB 2007 S. 244; *Köhler/Eicker*, DStR 2007 S. 331); insbesondere der dort formulierte Kriterienkatalog wird teilweise als zu restriktiv beurteilt (*Prinz*, FR 2010 S. 378 (380f)). Die Kritik ist gegenstandslos (geworden), denn die Verwaltungsverlautbarung ist durch die Gesetzesänderung ihrerseits gegenstandslos geworden. Die Kritik richtete sich naturgemäß aber auch darauf, dass die Regelung nicht für den Bereich des § 20 Abs. 2 gelten sollte.

Aus der Sicht des BFH, die diesen Überlegungen bereits aus praktischen Gründen als Grundlage zu dienen hat, muss § 20 Abs. 2 aus den gleichen Gründen gegen Gemeinschaftsrecht verstoßen wie die §§ 7 ff. Wenn dieses gebietet, im Wege der gemeinschaftsrechtskonformen Auslegung der §§ 7 ff. den Entlastungsbeweis zuzulassen um eine Rechtslage herzustellen, die hiermit im Einklang steht, muss gleiches für § 20 Abs. 2 gelten. Es stellt sich sodann die Frage, ob vor Inkrafttreten die Übertragung der Verwaltungsregelung auf den Fall des § 20 Abs. 2 möglich ist. Es würde sich aus der Sicht des BFH um eine gemeinschaftsrechtkonforme Auslegung der Norm handeln. Diese findet nach gemeinschaftsrechtlicher Ansicht (vgl. aus neuerer Zeit *Riesenhuber/Domröse*, RIW 2005 S. 47) ihre Grenze am Wortlaut der Norm. Wir sind der Ansicht, dass sie hier zulässig ist. Wenn der Gesetzgeber selbst es für erforderlich hielt, die Bedeutung des § 20 Abs. 2 klarzustellen, muss sie zuvor unklar gewesen sein, so dass eine Grenze des klaren Wortlauts nicht besteht. Vor Inkrafttreten der Neufassung § 20 Abs. 2 durch das JStG 2008 ist damit der Entlastungsbeweis zugelassen.

Da die Entscheidungen des EuGH deklaratorisch den Inhalt der Norm des Gemeinschaftsrechts feststellen, wie er seit Inkrafttreten der Norm gegeben war (st. Rspr. vgl. aus neuerer Zeit EuGH vom 12.2.08, Rs. C – 2/06, Kempter ./. HZA Hamburg-Jonas, JZ 2008 S. 464 m. Anmerkung *Ludwigs*), wirken sie zurück und finden ihre Grenze erst an der Rechtskraft bzw. Bestandskraft (vgl. statt aller *Everling*, DStJG 11, S. 51 ff. (69); speziell zum Steuerrecht *Hahn*, DStZ 2003 S. 489). Daraus folgt, dass auch im Anwendungsbereich des § 20 Abs. 2 jedenfalls bis zum Inkrafttreten des JStG 2008 der Entlastungsbeweis zugelassen werden muss, sofern nicht die Bestandskraft der Veranlagungen entgegensteht.

Vor Inkrafttreten des JStG 2008 mit der Neufassung des § 20 Abs. 2 setzt sich aus der Sichtweise des BFH (vgl. Anm. 213, 214) die Neuregelung des § 8 Abs. 2 in Widerspruch zu Gemeinschaftsrecht. Die Ansichten hierzu sind indessen geteilt. Die Möglichkeit hierzu verneinen *Wassermeyer und Schönfeld* (in *F/W/B*, § 20 AStG, Rz. 151.2) und *Rupp* (in *Haase*, § 20 Rz. 96). Sie wird bejaht von *Gosch*, Ubg. 2009 S. 73 (77); *Vogt* (in Blümich § 20 Rz. 27), *Kraft* (IStR 2010 S. 377; unentschieden wohl noch in *Kraft*, § 20 Rz. 75 a. E.), *Lieber* (IStR 2010 S. 142 (143)), *Prinz* (FR 2010 S. 378). Den Standpunkt der Mehrheitsansicht wird der Steuerpflichtige zweckmäßigerweise auch hier einnehmen. **Auch nach Inkrafttreten der neuen Fassung des § 20 Abs. 2** ist entgegen dem Wortlaut der Norm **der Entlastungsbeweis zuzulassen.**

Es ist aber der Hinweis angezeigt, dass dieses Ergebnis im Wege einer gemeinschaftsrechtskonformen Auslegung nicht erreichbar ist. Denn die gemeinschaftsrechtskonforme Auslegung findet nach h.A. (vgl. *Riesenhuber/Domröse*, RIW 2005 S. 47) ihre Grenze am Wortlaut der Norm. Dieser lässt indessen den Entlastungsbeweis gerade nicht zu. Wortlaut der Norm und Motive des Gesetzgebers weisen in die entgegengesetzte Richtung.

Die Rechtslage ist gleichwohl unbefriedigend, denn den Entlastungsbeweis **216** zuzulassen gäbe es durchaus sachliche Gründe. Sie ergeben sich aus der engen Verbindung der §§ 7 ff. und des § 20 Abs. 2 auf Grund des Zweckes des Letzteren. Auch der BFH stellt in seinem Urteil vom 21.10.2009 (BStBl II 2010 S. 774) diese enge Verbindung in das Zentrum seiner Begründungserwägungen (zutr. *vom Brocke/Hackemann*, DStR 2010 S. 368 (369). Er besteht darin, der Umgehung der §§ 7 ff. entgegenzuwirken. Wenn aber der Anwendungsbereich der Norm, die gegen Umgehungen geschützt werden soll, in dieser Weise durch die Möglichkeit des Entlastungsbeweises eingeschränkt wird, ist es auch durch den Normzweck des Umgehungsschutzes nicht mehr geboten, dem § 20 Abs. 2 einen weiteren Anwendungsbereich zu belassen, als ihn die Norm hat, die er schützen soll. Vom Zweck des § 20 Abs. 2 her gesehen benötigt er lediglich einen Anwendungsbereich, der mit demjenigen der §§ 7 ff. kongruent ist. Wird letzterer, wie geschehen, durch die Möglichkeit des Entlastungsbeweises eingeschränkt, müsste das bei § 20 Abs. 2 ebenfalls geschehen. Was also erforderlich ist, wäre eine teleologische Reduktion des § 20 Abs. 2. Auch sie findet indessen nach h. L. ihre Grenze am Wortlaut der Norm: derjenige des § 20 Abs. 2 lässt sie nicht zu. Es könnte somit nur der Gesetzgeber tätig werden.

Hinsichtlich des **persönlichen Anwendungsbereichs** ergeben sich offene Fragen **217** hinsichtlich der Steuerpflichtigen, die **Einkünfte mit Kapitalanlagecharakter** beziehen. Die Verwaltung lehnte bereits im BMF-Schreiben vom 8.1.2007 IV B 4 – S 1551 – 1/07, BStBl I 2007 S. 99, Tz. 3; IStR 2007 S. 151 m. Anmerkung *Rainer* und *Müller*) die Anwendung der sich aus dem Urteil des EuGH in der Rechtssache Cadbury Schweppes ergebenden Grundsätze auf die Einkünfte i. S. des § 7 Abs. 6 ab. Die Möglichkeit des Entlastungsbeweises sollte insoweit also nicht bestehen (kritisch hierzu *Köhler/Eicker* (DStR 2007 S. 331 (333). In der Fassung des § 8 Abs. 2 durch das JStG 2008, mit der die Möglichkeit des Entlastungsbeweises eingeführt wurde, ist dieser für „ die unbeschränkt Steuerpflichtige(n), die im Sinne des § 7 Abs. 2 an der Gesellschaft beteiligt sind", eröffnet. Dabei handelt es sich um die Steuerpflichtigen, die mit mehr als 50 Prozent an der Zwischengesellschaft beteiligt sind. Der Personenkreis des § 7 Abs. 6, der Beteiligungen an Gesellschaften mit Einkünften mit Kapitalanlagecharakter hat und bei welchem eine Beteiligungshöhe von mindestens einem Prozent vorliegt, ist damit anscheinend nicht angesprochen und es würde im Anwendungsbereich des § 20 Abs. 2 nichts anderes gelten können. Der Gesetzgeber war, wie sich auch aus den Gesetzesmaterialien ergibt (BT-Drucks. 16/6290 S. 92), der Auffassung, dass die Kapitalanlage ohne Ausübung geschäftsleitender Funktionen keine stabile und kontinuierliche Teilnahme am Wirtschaftsleben des aufnehmenden Staates darstelle, wie es die Rechtsprechung als Voraussetzung für die Anwendbarkeit der Niederlassungsfreiheit fordere. Die Niederlassungsfreiheit sei also nicht betroffen, sondern es sei die Kapitalverkehrsfreiheit angesprochen. Das Urteil des EuGH in der Rechtssache Cadbury Schweppes habe indessen lediglich eine Aussage über den Inhalt der Niederlassungsfreiheit getroffen (BT-Drs. 16/6290 S. 91). Deshalb könne es hier bei der typisierenden Annahme des Gesetzes bleiben, die bis zum Ergehen der Entscheidung des EuGH in der Rechtssache Cadbury Schweppes auch den §§ 7 ff. zu Grunde lag, dass nämlich die Erzielung sog. passiver Einkünfte i. S. d. § 8 Abs. 1 in niedrig besteuernden Staaten eine Umgehung der Steuerpflicht in Deutschland bedeute, so dass auch keine Notwendigkeit bestehe, den Entlastungsbeweis zuzulassen.

Lieber (IStR 2010 S. 142 (144)) nimmt an, dass § 7 Abs. 2 auch hier gelte, denn der dort benannte Personenkreis umschließe denjenigen des § 7 Abs. 6. Dagegen spricht aber, dass es sich bei § 7 Abs. 1 und 2 einerseits und § 7 Abs. 6 um in persönlicher und sachlicher Hinsicht gesonderte Tatbestände handelt (a. A. wohl *Kraft,* IStR 2010 S. 377 (380)). Wir dürften es hier mit einem veritablen gesetzgeberischen Fehler zu tun haben: Der Gesetzgeber beschreibt die unterschiedlichen Normadressaten durch Bestimmung von Mindestbeträgen (ihrer jeweiligen Beteiligungshöhe) und bedenkt dabei anscheinend nicht, dass dadurch eine gemeinsame Schnittmenge von Fällen entsteht, bei denen sowohl die eine als auch die andere Gruppe erfasst ist. Es entsteht dann ein Normwiderspruch, der darin liegt, dass zwei Gruppen von Normadressaten partiell nur durch gleiche Merkmale definiert sind, obschon sie zwei Gruppen bilden, für welche unterschiedliche Rechtsfolgen eintreten sollen. Indessen ist der Wille des Gesetzgebers deutlich, wenn auch nicht der Wortlaut, so dass diesem Willen des Getzgebers Geltung verschafft werden muss. Wir halten deshalb die Ansicht *Liebers* nicht für zutreffend. Die unklare Formulierung hat eine weitere Auslegung begünstigt: *Schönfeld* (in *F/W/B,* § 8 Rz. 449) nimmt an, dass der **Entlastungsbeweis** jedenfalls bei einer **Beteiligungshöhe von mehr als 50% zulässig** sein müsste. Das scheint in Widerspruch zu der Ansicht zu stehen, es handele sich um zwei Kategorien von Beteiligungen, die in auch in Bezug auf diese Frage unterschiedlich zu behandeln sein müssten. Wenn wir der Ansicht *Schönfelds* gleichwohl folgen, dann deshalb, weil sie durch den Wortlaut der Norm, auf den der Steuerpflichtige sich verlassen können muss, geboten ist.

218 Die Regelung ist starker Kritik ausgesetzt, weil überwiegend angenommen wird (*vom Brocke/Hackemann,* DStR 2010 S. 368 (370); *Goebel/Palm,* IStR 2007 S. 720; *Gosch* in FS *Reiß,* S. 597 (607) *Kaminski/Strunk,* IStR 2007 S. 726; *dies./Haase,* Stbg. 2007 S. 77; *Kraft,* IStR 2010 S. 377 (381); *Quilitzsch/Gebhardt,* BB 2010 S. 2212 (2214); *Vogt* in *Blümich* § 20 Rz. 27), dass die Grundsätze der Cadbury-Schweppes-Entscheidung gewissermaßen 1:1 auf die deutsche Hinzurechnungsbesteuerung zu übertragen sind und damit auch die Möglichkeit des Entlastungsbeweises. *Kraft* (IStR 2010 S. 377 (380)) verweist auf Ergebnisse, die bei einer Versagung des Entlastungsbeweises eintreten könnten und die ihm unmotiviert erscheinen. Das dort gebildete Beispiel ist indessen nicht überzeugend. Dass Betragsgrenzen stets zu unterschiedlicher Behandlung von Sachverhalten führen, deren einziger Unterschied darin besteht, dass die vom Gesetzgeber gewählte Grenze um ein Minimales erreicht oder verfehlt wird, ist dem Begriff einer Betragsgrenze inhärent und kein „merkwürdig anmutendes Ergebnis". Die Kritik scheint denn auch eine rechtspolitische zu sein.

Eine kritische Betrachtung der Norm unter dem Aspekt ihrer Gemeinschaftsrechtskonformität führt zu einer Reihe von Fragen, für die im Rahmen eines Kommentars Lösungen nicht erarbeitet werden können. Wegen der Bedeutung, die sie ohne weiteres und jederzeit in einem Besteuerungsverfahren erlangen können, ist aber eine knappe Analyse der Probleme von Nutzen. Zu hinterfragen ist als erstes die Annahme des Gesetzgebers, dass der EuGH in der Rechtssache Cadbury Schweppes nicht über die Kapitalverkehrsfreiheit entschieden habe. Wäre dies zu verneinen, so wäre wegen der faktischen Bindung, die von seinen Urteilen ausgeht, die Frage im Sinne der Kritik zu beantworten, die eine 1:1 Übertragung der Urteilsgrundsätze postuliert. Dies hat zum einen einen verfahrensrechtlichen Aspekt, zum anderen aber auch einen materiellrechtlichen. Letzterer betrifft die überaus streitige Frage nach dem Verhältnis zwischen der Kapitalverkehrsfreiheit und der Niederlassungsfreiheit. Die Annahme des Gesetzgebers, der EuGH habe lediglich über die Niederlassungsfreiheit entschieden, würde seine Entscheidung nicht tragen können, wenn beide Grundfreiheiten eine vergleichbare Struktur hätten. Eine sehr einflussreiche Ansicht hat dies unter der Bezeichnung ‚Konvergenz der Grundfreiheiten' bejaht (*Cordewener*, Europäische Grundfreiheiten und nationales Steuerrecht, 2002). Von diesem Standpunkt aus würde es bereits näher liegen anzunehmen, dass die Grundsätze der Cadbury Schweppes-Entscheidung trotz ihrer eventuellen Beschränkung auf die Niederlassungsfreiheit auch auf die Einkünfte mit Kapitalanlagecharakter zu übertragen sind (in diesem Sinne zutreffend wohl auch *Kraft* (IStR 2010 S. 377 (381)). Der BFH hat in diesem Sinne angenommen, dass Mehrheitsbeteiligungen, die an sich der Niederlassungsfreiheit unterfallen, im Verhältnis zu Drittstaaten unter die Kapitalverkehrsfreiheit fallen (BFH, Urteil vom 9.8.2006 I R 95/05, BStBl II 2007 S. 279, IStR 2006 S. 864). Es kann mithin nicht davon ausgegangen werden, dass die Niederlassungsfreiheit die Kapitalverkehrsfreiheit verdrängt.

Schließlich setzt die gesetzliche Regelung voraus, dass im Falle von Einkünften mit Kapitalanlagecharakter die Niederlassungsfreiheit deshalb nicht berührt ist, weil es sich um Tätigkeiten handele, die im wesentlichen eine passive Vermögensverwaltung bedeuten. Die Grenze ist in diesem Bereich indessen nicht eindeutig bestimmt, aber man wird sagen können, dass der Bereich der Niederlassungsfreiheit auf einer relativ niedrigen Schwelle der Aktivitäten beginnt. Zutreffend weist *Lieber* dementsprechend darauf hin, dass es sich in der Rechtssache Cadbury Schweppes um eine Konzernfinanzierungsgesellschaft gehandelt habe (*Lieber*, IStR 2010 S. 142 (144)) habe, um eine Gesellschaft also, deren Aktivitäten durchaus schwach entwickelt gewesen sein könnten.

Für die **Beratungspraxis** muss ohnehin eine vorläufige Einschätzung ausreichen, weil die Praxis der Finanzverwaltung wohl nach wie vor dahin geht, eine Entscheidung des EuGH herbeizuführen. Unsere Einschätzung geht dahin, dass die ganz überwiegenden Gründe für eine Gemeinschaftsrechtswidrigkeit sprechen. Sollte es überhaupt zutreffen, dass Einkünfte mit Kapitalanlagecharakter nicht in den Bereich der Niederlassungsfreiheit fallen, dann könnte jedenfalls die Kapitalverkehrsfreiheit ebenfalls nur dann beeinträchtigt werden, wenn hierfür eine Rechtfertigung in Gestalt der Vermeidung von Missbräuchen besteht, und da diese nicht in typisierender Weise geschehen darf (Anm. 106, 185), ist der Entlastungsbeweis i. S. des § 8 Abs. 2 auch hier zuzulassen.

219 Hinsichtlich ihres **räumlichen Anwendungsbereichs** ist die Frage diskutiert worden, ob die Grundsätze der Cadbury Schweppes-Rechtsprechung auch für Steuerpflichtige mit Zwischengesellschaften i. S. des § 8 Abs. 1, die **weder ihren Sitz noch ihre Geschäftsleitung im Gebiet eines Mitgliedstaats der EU** oder eines

Vertragsstaates des EWR-Abkommens, sondern in Drittstaaten haben, anwendbar ist. Nach dem Willen des Gesetzgebers ist dies nicht der Fall, wie aus der Formulierung des § 8 Abs. 2 mit Eindeutigkeit hervorgeht.

Gleichwohl stellt sich die Frage, ob nicht anderes gelten muss, unter drei Aspekten. Der erste und wichtigste ergibt sich aus der **Kapitalverkehrsfreiheit.** Hier besteht im Grundsatz kein Zweifel daran, dass sie auch im Verhältnis zu Drittstaaten gilt. Es ist aber fraglich, ob sie im Verhältnis zu Drittstaaten uneingeschränkt gilt (befürwortend *Rainer/Müller,* IStR 2007 S. 151 (152); *Prinz,* FR 2010 S. 378 (381); einschränkend *Rehfeld,* Die Vereinbarkeit des Außensteuergesetzes mit den Grundfreiheiten des EG-Vertrages, S. 436). Zunächst stellt sich hier die Vorfrage, ob die sog. Fortbestandsgarantie des Art. 64 AEUV (bislang Art. 57 EG) einer Anwendung der Kapitalverkehrsfreiheit entgegensteht. Danach berührt diese nicht die Anwendung derjenigen Beschränkungen des Kapitalverkehrs mit dritten Ländern, die am 31.12.1993 bereits bestanden. In einem Urteil des BFH vom 21.12.2005 I R 4/05 (BStBl II 2006 S. 555, IStR 2006 S. 291; dazu *Buciek* Inf 2006 S. 450; *Günkel/Lieber,* IStR 2006 S. 459; *Schönfeld,* FR 2006 S. 260) wurde entschieden, dass dies auch für die Hinzurechnungsbesteuerung gilt, also die Kapitalverkehrsfreiheit ihrer Anwendung im Verhältnis zu Drittstaaten nicht entgegensteht. Schwierigkeiten der Beurteilung resultieren daraus, dass die Normen des AStG seit dem 31.12.1993 teilweise gewichtigen Änderungen unterlegen haben, insbesondere durch das UntStFG vom 20.12.2001 (BGBl I 2001 S. 3058). Wie diese zu bewerten sind in Hinsicht auf die Frage, ob eine Norm am 31.12.1993 bestanden hat, ist problematisch (vgl. dazu FG Baden-Württemberg, Beschluss vom 26.10.2006 3 V 32/05, FR 2007 S. 198 m. Anmerkung *Schönfeld*). Speziell hinsichtlich des § 8 Abs. 2 und seiner Änderung durch das JStG 2008 wird das Urteil des EuGH vom 12.12.2006 Rs. C-446/04, Test Claimants in the FII Group Litigation (Slg. 2006 I-11753, Tz. 196) von Bedeutung sein. Danach ist Art. 64 Abs. 1 AEUV dahin auszulegen, „dass im Fall, dass ein Mitgliedstaat vor dem 31. Dezember 1993 Rechtsvorschriften erlassen hat, die nach Artikel 56 EG verbotene Beschränkungen der Kapitalverkehrsfreiheit mit dritten Ländern enthalten, und nach diesem Zeitpunkt Maßnahmen erlässt, die zwar ebenfalls eine Beschränkung des Kapitalverkehrs darstellen, die nur ein Hindernis, dass nach der früheren Regelung der Ausübung der gemeinschaftlichen Rechte und Freiheiten entgegenstand, abmildern oder beseitigen, die Anwendung der letzteren Maßnahmen auf Drittländer nicht gegen Art. 56 EG verstößt, sofern sie auf Kapitalbewegungen im Zusammenhang mit Direktinvestitionen angewandt werden." Die Änderung des § 8 Abs. 2 diente einer solchen Abmilderung eines Hindernisses, indem der Entlastungsbeweis zugelassen wurde. Das scheint dafür zu sprechen, dass der Vorbehalt des Art. 64 AEUV (Art. 57 EG) hier zum Tragen kommt. Die Rechtslage wird demnach dahingehend zu beurteilen sein, dass § 8 Abs. 2 nicht zu beanstanden ist und die Möglichkeit des Entlastungsbeweises in Drittstaaten-Fällen nicht besteht (*Schönfeld/Wassermeyer* in *F/W/B,* § 20 Rz. 151.3; *Buciek,* FR 2010 S. 398))

Die Schweiz ist im Verhältnis zur EU und zu den EWR-Staaten kein Drittstaat im eigentlichen Sinne. Es besteht das Abkommen zwischen der Schweizerischen Eidgenossenschaft einerseits und der Europäischen Gemeinschaft und ihren Mitgliedstaaten andererseits über die Freizügigkeit vom 21.6.1999 (ABl. E Nr. L 114 vom 30.4.2002 S. 0006-0072). Die in ihm vereinbarten Personenverkehrsfreiheiten entsprechen auch im Kern den Grundfreiheiten des AEUV. Es ist indessen in diesem Abkommen vereinbart, dass dies hinsichtlich der Judikatur des EuGH nur für diejenigen Urteile gilt, die am 21.6.1999, dem Datum der Unterzeichnung des Abkommens bestanden. Deshalb können weder die Entscheidung des EuGH in Sachen Cadbury Schweppes noch diejenige in Sachen Columbus Container Services herangezogen werden; zu den Auswirkungen des Freizügigkeitsabkommens vgl. ferner § 2 AStG Anm. 15.

In der Literatur sind Überlegungen angestellt worden, ob auf der Basis der **Diskriminierungsverbote** der DBA (Art. 24 OECD-MA) und besonderer Staatsverträge zwischen einem Mitgliedstaat und dem Drittstaat eine Gleichbehandlung mit anderen Mitgliedstaaten erreicht werden kann. Aus diesen ergibt sich jedoch lediglich ein Verbot der offenen Diskriminierung, vgl. jüngst FG Berlin-Brandenburg, Urteil vom 6.5.2010 13 K 6429/06 B, IStR 2010 S. 919). Ein Urteil des BFH, welchem Überlegungen dieser Art zugrunde lagen, hat überwiegend Widerspruch gefunden und der BFH (Urteil vom 29.1.2003 I R 6/99, BStBl II 2004 S. 1043, IStR 2003 S. 422; Urteil vom 19.11.2008 I R 22/02, BStBl II 2004 S. 560, IStR 2004 S. 379) hat diese Rechtsprechung, soweit erkennbar, nicht fortgesetzt; *Gosch* (Ubg 2009 S. 73 (74) stimmt dieser Rechtsprechung allerdings ausdrücklich zu und moniert, dass dieser Weg „bei den gesetzlichen Differenzierungen zwischen EU- und Nicht-EU-Staaten ... oftmals nicht hinreichend im Auge behalten wird." Die weitere Entwicklung lässt sich mithin noch nicht überblicken. Konkrete Rechtspositionen für die Steuerpflichtigen sind gegenwärtig nicht auszumachen.

Im Ergebnis bleibt es mithin für Betriebsstätten in Drittstaaten bei der uneingeschränkten Anwendbarkeit des Gemeinschaftsrechts.

Im Verhältnis zu Drittstaaten findet demnach die ‚klassische' Hinzurechnungsbesteuerung ohne Möglichkeit des Gegenbeweises findet mithin statt (kritisch *Rainer/Müller*, IStR 2007 S. 151), und entsprechend hat § 20 Abs. 2 hier seinen Anwendungsbereich.

ee) Einzelheiten zum Entlastungsbeweis

Die Frage, ob **§ 8 Abs. 2 i. d. F. des JStG 2008** seinerseits den **Vorgaben des Gemeinschaftsrechts** entspricht, wie sie sich auch aus der Rechtssache Cadbury Schweppes ergeben, ist naturgemäß ebenfalls bestritten; Bedenken werden vorgetragen u. a. von *Schaumburg*, Internationales Steuerrecht, Rz. 10.135; *Köhler/Haun*, Ubg. 2008 S. 73 (84); *Köhler* in *Strunk/Kaminski/Köhler*, § 2 AStG, Rz. 22 – 22.2; *Vogt* in *Blümich*, § 20 Rz. 150. Grundsätzlich keine Bedenken sieht *Gosch* (in FS *Reiß*, S. 597 (612); offen gelassen im BFH-Urteil vom 21.10.2009 I R 114/08 (BStBl II 2010 S. 774 Rz. 26). Sonderaspekte dieser Frage, die nur bei der Anwendung des § 8 Abs. 2 im Rahmen des § 20 Abs. 2 bestünden, sind derzeit nicht erkennbar. Wir können deshalb auf die dortige Kommentierung verweisen (s. *Gropp*, § 8 AStG Anm. 152).

Hält man den Ausschluss des § 8 Abs. 2 für gemeinschaftsrechtswidrig (s. Anm. 215), so ist der Formulierungsteil „... ungeachtet des § 8 Abs. 2 ..." als ungeschrieben zu betrachten und der Entlastungsbeweis zuzulassen. Es stellt sich dann eine Reihe von Fragen hinsichtlich des genauen Inhalts der Regelung. Die erste betrifft **die Verteilung der Beweislast** als solche. Teilweise wird angenommen, es ergebe sich aus der Entscheidung Cadbury Schweppes, dass es bei den allgemeinen Grundsätzen bleibe, „dass zunächst die Finanzverwaltung den Fall der missbräuchlichen Einschaltung einer ausländischen Gesellschaft zu beweisen habe, namentlich die Beweislastumkehr des Passivitätskatalogs des § 8 Abs. 1 (verstoße) gegen Gemeinschaftsrecht" (*Köhler/Eicker*, DStR 2007 S. 331 (334). Es handelt sich hier um ein Bündel recht unterschiedlicher Aussagen, die zweckmäßigerweise deutlich voneinander getrennt werden: Sowohl der sog. Passivitätskatalog des § 8 Abs. 1 als auch § 8 Abs. 2 enthalten Beweislastregeln. Hinsichtlich des Erstgenannten ergibt sich dies aus den verschiedenen Regel-Ausnahme-Rückausnahmeverhältnissen. Ob die die Beweislast betreffenden Elemente dieser Regelungen innerhalb des Passivitätskatalogs gemeinschaftsrechtskonform sind, kann durchaus bezweifelt werden, ob aus den Grundsätzen der Entscheidung Cadbury Schweppes hierzu etwas hergeleitet werden kann, bedarf der Prüfung im Einzelnen. Die Frage ist Teil des Gesamtkomplexes der Gemeinschaftsrechtskonformität der §§ 7 ff. Auf die Kommentierung zu § 8 wird verwiesen (s. *Gropp*, § 8 AStG Anm. 152).

Die zweite Frage betrifft **die Verteilung der Beweislast in § 8 Abs. 2** hinsichtlich des sog. Entlastungsbeweises (vgl. dazu auch *Schönfeld*, IStR 2008 S. 763). Die Beweislast ist hier ausdrücklich in dem Sinne normiert, dass der Steuerpflichtige den Beweis führen kann, „dass die Gesellschaft insoweit einer tatsächlichen wirtschaftlichen Tätigkeit in diesem Staat nachgeht." Die Verwaltung hat hier keinerlei Beweislast, sondern sie ist berechtigt, ihre Entscheidung gegebenenfalls auf die typisierte Missbrauchsvermutung zu stützen, die in den §§ 7 ff. zum Ausdruck kommt. Der Steuerpflichtige trägt die objektive Beweislast in dem Sinne, dass dann, wenn er das Vorhandensein „einer tatsächlichen wirtschaftlichen Tätigkeit in diesem Staat" nicht nachweisen kann, die Verwaltung ohne weiteres zur Anrechnungsmethode übergehen kann. Eine Beweislastverteilung dieser Art stand in der Rechtssache Cadbury Schweppes zur Überprüfung und wurde vom Gerichtshof als **vereinbar mit dem Gemeinschaftsrecht** angesehen; es ging dort um den sog. motive-test des britischen Rechts.

222 Eine dritte Frage betrifft den **Gegenstand des Beweises**, die Frage also, welche Tatsachen zur Gewissheit des Rechtsanwenders feststehen müssen, wenn er als geführt betrachtet werden soll (eingehend dazu *Haun/Käshammer/Reiser*, GmbHR 2007 S. 184). Teilweise wird angenommen, er richte sich darauf, dass ‚wirtschaftliche oder sonst beachtliche außersteuerliche Gründe' für die Einschaltung der Zwischengesellschaft bestehen (*Kraft*, (IStR 2010 S. 377 (380); *Köhler/Eicker*, DStR 2007 S. 331 (334). Es handelt sich dabei um die Formel, die aus der Rechtsprechung des BFH zu § 42 AO abgeleitet worden ist. Dieser Ansicht kann nicht gefolgt werden. Wie sich aus den Begründungserwägungen der Entscheidung in der Rechtssache Cadbury Schweppes (EuGH vom 12.9.2006, Rs. C-196/04, Cadbury Schweppes, Slg. 2006, I-7995, Rdnr. 54; *Schönfeld*, IStR 2008 S. 763; *Hahn*, DStZ 2007 S. 201; *Köhler/Eicker*, DStR 2006 S. 1871) ergibt, kommt es darauf an, dass der Steuerpflichtige in dem anderen Staat einer „wirklichen wirtschaftlichen Tätigkeit" nachgeht. Die deutsche Gesetzesfassung hat daraus eine „tatsächliche wirtschaftliche Tätigkeit" gemacht und damit etwas unbeholfen – nicht tatsächliche Tätigkeiten wird es nicht geben – aber im Kern zutreffend zum Ausdruck gebracht, dass eine schlichte wirtschaftliche Tätigkeit ausreicht (in diesem Sinne *Lieber*, IStR 2010

S. 142 (143); eingehend *Becker/Sydow*, IStR 2010 S. 195 (197)). Das Urteil des EuGH kontrastiert sie mit „rein künstlichen, jeder wirtschaftlichen Realität baren Gestaltungen" (Rdnr. 55 der Erwägungsgründe). Eines wirtschaftlichen Grundes oder eines sonstigen beachtlichen Grundes bedarf es nicht; diese Vorstellung gehört einer anderen Kategorie von Missbrauchstheorien an. Dass die Gegenansicht nicht zutreffen kann, ergibt sich zudem aus der Erwägung, die der Gerichtshof klar (Rdnr. 109 der Erwägungsgründe) ausgesprochen hat, dass auch rein steuerlich induzierte Verlagerungen von Unternehmen in andere Mitgliedstaaten unter den Schutz der Niederlassungsfreiheit fallen (zutr. *Schönfeld* in *F/W/B*, § 8 Rz. 466), dass aber das Vorbringen wirtschaftlicher Gründe im internen deutschen Recht gerade die Funktion hat, den Verdacht ausschließlich steuerlich induzierter Gestaltungen auszuräumen.

Genügt der Nachweis des Vorhandenseins einer wirtschaftlichen Tätigkeit, so sind auch die zum innerstaatlichen deutschen Recht entwickelten Anschauungen zu den sog. Substanzerfordernissen im Rahmen des § 50 d Abs. 3 hier nicht anwendbar (so aber vielleicht auch *Lieber*, IStR 2010 S. 142 (143); *Rainer/Müller*, IStR 2007 S. 151(152); ablehnend, aber zu weit gehend *Haun/Käshammer/Reiser*, GmbHR 2007 S. 184 (185); weitergehend auch *Gosch*, FS *Reiß*, S. 597 (612). Insbesondere werden nicht die Anforderungen gestellt werden können, die § 50 d Abs. 3 aufstellt (zutr. *Haun/Käshammer/Reiser*, GmbHR 2007 S. 184 (185)). Diese Überlegungen versuchen, im Anschluss an die Rechtsprechung des BFH zu konkretisieren, in welchem Umfang ein Unternehmen noch sächliche und personelle Mittel aufweisen muss, um als tatsächlich ansässige Kapitalgesellschaft angesehen werden zu können (neuere Darstellung der Rechtsprechung *Kaiser*, IStR 2009 S. 212; *Gosch*, FS *Reiß*, S. 571 (589)). Das Vorliegen solcher Umstände, wie sie in Gestalt der Substanzanforderungen erarbeitet worden sind, mag als Indiz für das Vorhandensein eines Unternehmens gelten. Eine Folgerung im umgekehrten Sinne, nämlich dass das Verfehlen dieser Anforderungen die Annahme einer Umgehung begründen könnte, erscheint angesichts der eindeutigen Aussage und auch der eindeutigen Formulierung des Gesetzes nicht zulässig.

Der Wortlaut des § 8 Abs. 2 Satz 1 sagt, es sei nachzuweisen, dass die Gesellschaft „insoweit" einer tatsächlichen wirtschaftlichen Tätigkeit nachgeht. Der Konjunktion „insoweit" fehlt zwar grammatikalisch gesehen der Bezugspunkt. Er lässt sich jedoch aus dem Sinn des Gesetzes erschließen. Er ist auf die ‚Einkünfte' zu beziehen. Sie sind nur insoweit nicht **Einkünfte** einer Zwischengesellschaft, als sie **auf die tatsächliche wirtschaftliche Tätigkeit** in der Gesellschaft **zurückgehen**, ähnlich *Schönfeld* in *F/W/B*, § 8 Rz. 486. Ausdrücklich a. A. sind *Haun/Käshammer/Reiser* (GmbHR 2007 S. 184 (186): Es handele sich bei dieser Formulierung um ein Merkmal der Gewinnabgrenzung, welches „mit einer rein künstlichen Gestaltung nichts zu tun" habe und deshalb „nicht in Einklang mit dem EuGH-Urteil" stehe. Die Lektüre des Urteils bestätigt dies nicht, kritisch auch *Schönfeld* in *F/W/B*, § 8 Rz. 477).

Die nähere Beschreibung dessen, was diese „tatsächliche wirtschaftliche Tätigkeit" ist, steht noch aus. Die maßgebenden Kommentatoren (*Schönfeld* in *F/W/B*, § 8 Rz. 462; *Rupp* in *Haase*, § 20 Rz. 94) empfehlen eine Orientierung der Auslegung an der Umschreibung, die sich im BMF-Schreiben vom 8.1.2007 IV B 4 – S 1551 – 1/07, BStBl I 2007 S. 99, Tz. 3; IStR 2007 S. 151 m. Anmerkung *Rainer* und

Müller) findet. Dem ist zum einen deshalb zu folgen, weil seine Verfasser bestrebt sein mussten, die Aussage des Urteils in Sachen Cadbury Schweppes in ihren Formulierungen zu fassen, zum anderen aber auch deshalb, weil die Verwaltung sich daran orientieren wird. Für den Fall des Konfliktes mit der Verwaltung hilft die Empfehlung natürlich nicht weiter. Eine erste Richtung der Überlegungen zeigt Schönfeld (in *F/W/B*, § 8 Rz. 461), indem er darauf verweist, dass der Begriff „autonom gemeinschaftsrechtlich" auszulegen sei. Wir hatten bereits darauf verwiesen, dass in der Terminologie der gesamten Rechtsprechung des EuGH diese Situationen auch mit dem Gegenbegriff der „künstlichen Gestaltung" beschreibt (bereits EuGH vom 16.7.1998, Rs. C-264/96, ICI, Slg. 1998 I-4695; dazu *Rainer*, IStR 1998 S. 470; *Sass*, EWS 1998 S. 347; *de Weerth*, IStR 1998 S. 470; *Hahn*, IStR 1999 S. 609; Urteil vom 11.3.2004, Rs. C-9/02, de Lasteyrie du Saillant, Slg. 2004 I-2409; *Lausterer*, DStZ 2004 S. 299; *Thömmes*, GmbHR 2004 S. S: 504; *Kraft/Müller*, RIW 2004 S. 366; Urteil vom 21.2.2006, Rs. C-255/02, Halifax plc, BFH/NV Beilage 2006 S. 260; IStR 2006 S. 276 m. Anmerkung *Hahn*; *Fischer*, FR 2006 S. 297; *Widmann*, DStR 2006 S. 736), so dass viel dafür spricht, dass sich hier eine eigene Begrifflichkeit des Gemeinschaftsrechts herauszubilden im Begriff ist. Für die praktische Rechtsanwendung bedeutet dies, dass ein Vorgehen durch **Vergleich der entschiedenen Fälle** versucht werden muss, den Ausdruck auf den zu beurteilenden Sachverhalt hin zu konkretisieren.

224 bis 230 *(einstweilen frei)*

7. Rechtsfolgen der Norm

231 Die Rechtsfolge des § 20 Abs. 2 ist gewissermaßen doppelseitig, indem sie einerseits die Anwendung der Freistellungsmethode ausschließt und andererseits bestimmt, dass die **Anrechnungsmethode** zur Vermeidung einer Doppelbesteuerung **anzuwenden** ist. Diese Rechtsfolge, die Umschaltung („switch over"), bezieht sich nur auf die passiven Einkünfte, so dass die Situation eintreten kann, dass es bezüglich der aktiven Einkünfte bei der Freistellung bleibt, während für die passiven es zur deutschen Besteuerung und Anrechnung der hierauf entrichteten ausländischen Steuern kommt (*Rupp* in Haase, § 20 Rz. 112). **Gemischte Einkünfte**, die in der Betriebsstätte anfallen, sind deshalb aufzuteilen (*Wassermeyer/Schön* in F/W/B, § 20 AStG Rz. 131). Auch die Freigrenze des § 9 ist nach allgemeiner Ansicht im Bereich des § 20 Abs. 2 anzuwenden (*Prokopf* in S/K/K, § 20 Rz. 152; *Rupp* in Haase, § 20 AStG Rz. 82). Da die sog. Aktivitätsvorbehalte teilweise weitergehende Rechtsfolgen haben, stellen sich im Konkurrenzfalle besondere Probleme (s. dazu Anm. 183).

232 Die Norm des Abs. 2 bestimmt, dass eine Doppelbesteuerung durch die **Anrechnungsmethode** zu vermeiden ist. Es gelten die **allgemeinen Regeln** (BMF vom 14.5.2004 IV C 7 – S 1340 – 11/04, BStBl I 2004, Sondernummer 1, S. 3 Tz. 20.2, S. 5; *Rupp* in Haase, § 20 Rz. 108), also die §§ 34 c EStG und 26 KStG. Auch die von Drittstaaten erhobenen Steuern sind nach den allgemeinen Regeln anrechenbar (*Vogt* in Blümich, § 20 AStG Rz. 29). Der Steuerpflichtige hat ferner auch die Möglichkeit, gem. § 34c Abs. 2 die Behandlung der Steuern als Betriebsausgaben zu beantragen, denn es wird allgemein auf die „Anrechnung" verwiesen und nicht nur auf einzelne Absätze der Bestimmung (*Wassermeyer/Schön* in *F/W/B*, § 20 AStG Rz. 155). § 12 kann hingegen nicht angewendet werden, denn er gilt nur im Rahmen der Hinzurechnungsbesteuerung (*Wassermeyer/Schön* in *F/W/B*, § 20 AStG Rz. 154).

Hinsichtlich des durch das UntStRefG 2008 in das EStG eingefügten **§ 34a EStG** stellt sich die Frage, ob diese **Thesaurierungsbegünstigung** auch im Falle des § 20 Abs. 2 in Anspruch genommen werden kann. Sie wird von einigen Autoren auf Grund von Aussagen in den Gesetzesmaterialien im Ergebnis bejaht (*Goebel/Ungemach/Schmidt/Siegmund*, IStR 2007 S. 877 (878); zust. *Vogt* in *Blümich*, § 20 AStG Rz. 29). Dem ist jedenfalls im Ergebnis zu folgen. Die Anwendbarkeit folgt u. E. aber auch bereits daraus, dass die Norm keine diesbezügliche Einschränkung enthält.

233 Ungeklärt ist die Behandlung negativer Einkünfte (zu den Lösungen vgl. *Wassermeyer* in *F/W/B*, § 20 Rz. 126). Die Problematik resultiert daraus, dass die Anwendung des § 20 Abs. 2 lediglich die passiven Betriebsstätteneinkünfte betrifft (s. Anm. 209). Der sog. switch over führt mithin nicht zur Besteuerung nach Maßgabe des Welteinkommens. Nur dann wäre die Berücksichtigung negativer Einkünfte aus systematischen Gründen geboten, wenn auch nur in den allgemeinen Grenzen, wozu auch diejenigen zu rechnen wären, die sich aus § 2a EStG ergeben. Die Erfassung des Welteinkommens ist indessen durch § 20 Abs. 2 weder intendiert noch wird dies von ihm ohne weiteres erreicht. Legt man den Überlegungen den Gedanken zu Grunde, dass § 20 Abs. 2 einer Umgehung der §§ 7 ff. entgegenwirken soll, dann liegt es nahe, seine Rechtsfolgen denjenigen anzunähern, die sich aus diesen Normen ergeben. Damit träte § 10 Abs. 1 Satz 3 in das Blickfeld. Die Norm deutet in die Richtung, dass negative passive Einkünfte nicht berücksichtigt werden können. Käme man zu diesem Ergebnis, würde sich allerdings die Frage nach der Gemeinschaftskonformität stellen und speziell der Fragenkreis der Rechtsprechung beührt sein, in deren Zentrum die Entscheidung des EuGH in der Rechtssache Lidl Belgium steht (Urteil vom 15.5.2008 C-414/06, Slg. 2008 I-3601; dazu *Lüdicke/Kempf/Brink* (Hrsg.), Verluste im Steuerrecht, 2010; *Braunagl*, IStR 2010 S. 165).

234 Eine Niedrigbesteuerung i. S. d. § 8 Abs. 3 liegt vor, wenn die „Belastung durch Ertragssteuern weniger als 25 Prozent" beträgt. Da im Rahmen des § 20 Abs. 2 natürliche Personen in Betracht kommen, entsteht die Frage nach dem maßgeblichen Steuersatz deshalb in besonderer Zuspitzung, weil diese oftmals einem progressiven Steuersatz unterliegen. Unzuträglichkeiten ergeben sich auch daraus, dass je nach Höhe der Einkünfte – die naturgemäß jährlich schwanken kann – bei im übrigen gleichem Sachverhalt in einen Jahr eine niedrige Besteuerung vorliegen kann, am anderen eine höhere, wobei wobei die Diskrepanz durch die mittelbaren Wirkungen noch verstärkt wird: Bei niedrigen Einkünften kommt es zum switch over und damit zum Heraufschleusen auf den deutschen Steuersatz, während es bei höheren bei der Freistellung und damit beim Niveau des Niedrigsteuerlandes bleibt (vgl. ferner das Beispiel bei *Kraft*, IStR 2010 S. 377 (383); *Vogt*, DStR 2005 S. 1350). Die im Bereich der Kapitalgesellschaften erfolgende Orientierung an einem linearen Tarif dürfte Hintergrund der Regelung des § 8 Abs. 3 gewesen sein, so dass die Norm nicht auf die Fälle des § 20 Abs. 2 ausgerichtet ist. *Wassermeyer* und *Schönfeld* (IStR 2008 S. 496 (499)) wollen mit der Anwendung des § 8 Abs. 3 Satz 2 helfen. Danach liegt eine niedrige Besteuerung vor, wenn eine Steuer nach einem Satz von 25% oder mehr geschuldet, tatsächlich aber nicht entrichtet wird. Die Autoren sehen natürlich, dass eine Anwendung oder auch nur analoge Anwendung dieser Norm nicht in Betracht kommt. Aber es ist einleuchtend, den Gedanken, dass es auf die tatsächlich durchgeführte Besteuerung ankommt, auch auf die Fälle anzuwenden, in denen ein anderer Maßstab fehlt.

235 Durch das **Jahressteuergesetz 2010** (JStG 2010) vom 8.12.2010 (BGBl I 2010 S. 1768) wurde die Rechtsfolge des § 20 Abs. 2 durch einen neu angefügten S. 2 modifiziert. Bei Einkünften i. S. d. § 8 Abs. 1 Nr. 5a wird entgegen der Regelung des § 20 Abs. 2 S. 1 die Freistellungsmethode beibehalten (BT-Drs. 17/2249), vgl. zur Neufassung *Quilitzsch/Gebhard*, BB 2010 S. 2212; *Scheunemann/Denissen*, BB 2011 S. 220 (222)). Es handelte sich um eine überschießende Wirkung der Norm, die weder von der Absicht des Gesetzgebers noch vom Zweck der Norm geboten war. Zweck der Norm ist (in ihrer ersten Alternative) sicherzustellen, dass die in Frage stehende Dienstleistung tatsächlich im Ausland erbracht wird; „schädliche" Zwischeneinkünfte liegen somit dann vor, wenn sich die ausländische Gesellschaft zur Erbringung der Dienstleistungen ihres in Deutschland ansässigen Gesellschafters bedient, der i. S. des § 7 an ihr beteiligt ist. Die zweite Alternative betrifft die Möglichkeit, dass sich die Zwischengesellschaft zur Erbringung der Dienstleistung einer dem Steuerpflichtigen nahe stehende Person (§ 1 Abs. 2) bedient, die mit den von ihr erbrachten Leistungen Einkünfte erzielt (*Früchtl*, IStR 2009 S. 482 (484); zu diesem Spezialproblem im Bereich der sog. Mitwirkungstatbestände des AStG, hier des § 8 Abs. 1 Nr. 5 Buchst. a AStG, vgl. *Haase*, IStR 2007 S. 437. Gem. § 8 Abs. 1 Nr. 5 Buchst. a) liegen Zwischeneinkünfte auch dann vor, wenn eine ausländische Gesellschaft für die Erbringung der Dienstleistung sich eines Steuerpflichtigen bedient, der i. S. des § 7 an ihr beteiligt ist und der mit den hieraus resultierenden Einkünften nicht im Inland steuerpflichtig ist; es handelt sich um einen der sog. Mitwirkungstatbestände.

Übertragen auf den Sachverhalt des § 20 Abs. 2 würde das bedeuten, dass eine natürliche Person, die im Ausland über eine Betriebsstätte verfügt, aufgrund der Fiktion des § 20 Abs. 2 so zu behandeln wäre, als sei sie an einer Kapitalgesellschaft beteiligt und sei mit den der Betriebsstätte zuzurechnenden Einkünften nicht, wie es § 8 Abs. 1 Nr. 5 fordert, im „Geltungsbereich dieses Gesetzes" unbeschränkt steuerpflichtig. Dies würde dazu führen, dass der Stpfl. so zu behandeln ist, als würde er passive Einkünfte erzielen. Das harmoniert nicht mit dem Zweck des Gesetzes. Die Neufassung des § 20 Abs. 1 schließt deshalb den Eintritt der Rechtsfolge des § 20 Abs. 2 für diese Fälle aus.

Kritisiert wird, dass eine solche Einschränkung der Rechtsfolgen nicht auch für den § 8 Abs. 1 Nr. 4 und Nr. 5 Buchst. b) vorgenommen worden ist, für die die Gründe gleichermaßen gelten (*Benecke/Schnitger*, IStR 2010 S. 432 (437)).

236 Die Hinzurechnung auf der Grundlage des § 20 Abs. 2 bewirkt nicht, dass der Hinzurechnungsbetrag der **Gewerbesteuer** unterliegt, was aus § 9 Nr. 3 GewStG hergeleitet wird (vgl. *Rupp* in *Haase*, § 20 Rz. 68; *Gosch* in *Blümich*, § 9 GewStG

Rz. 221 a; *Köhler*, DB 1993 S. 337 (343); *Rödder/Schumacher*, DStR 2002 S. 105 (112); *Sieker*, IStR 2003 S. 78 (79); *Wassermeyer/Schön* in *F/W/B*, § 20 AStG Rz. 153)).

§ 21*
Anwendungsvorschriften

(1) Die Vorschriften dieses Gesetzes sind, soweit in den folgenden Absätzen nichts anderes bestimmt ist, wie folgt anzuwenden:
1. für die Einkommensteuer und für die Körperschaftsteuer erstmals für den Veranlagungszeitraum 1972;
2. für die Gewerbesteuer erstmals für den Erhebungszeitraum 1972;
3. *weggefallen*
4. für die Erbschaftsteuer auf Erwerbe, bei denen die Steuerschuld nach dem Inkrafttreten dieses Gesetzes entstanden ist.

(2) Die Anwendung der §§ 2 bis 5 wird nicht dadurch berührt, daß die unbeschränkte Steuerpflicht der natürlichen Person bereits vor dem 1. Januar 1972 geendet hat.

(3) Soweit in Anwendung des § 10 Abs. 3 Wirtschaftsgüter erstmals zu bewerten sind, sind sie mit den Werten anzusetzen, die sich ergeben würden, wenn seit Übernahme der Wirtschaftsgüter durch die ausländische Gesellschaft die Vorschriften des deutschen Steuerrechts angewendet worden wären.

(4) § 13 Abs. 2 Nr. 2 ist erstmals anzuwenden
1. für die Körperschaftsteuer für den Veranlagungszeitraum 1984;
2. für die Gewerbesteuer für den Erhebungszeitraum 1984.

§ 1 Abs. 4, § 13 Abs. 1 Satz 1 Nr. 1 Buchstabe b und Satz 2 in der Fassung des Artikels 17 des Gesetzes vom 25. Februar 1992 (BGBl. I S. 297) sind erstmals anzuwenden:
1. für die Einkommensteuer und für die Körperschaftsteuer für den Veranlagungszeitraum 1992;
2. für die Gewerbesteuer für den Erhebungszeitraum 1992.

(5) § 18 Abs. 3 ist auch für Veranlagungszeiträume und Erhebungszeiträume vor 1985 anzuwenden, wenn die Erklärungen noch nicht abgegeben sind.

(6) Bei der Anwendung der §§ 2 bis 6 für die Zeit nach dem 31. Dezember 1990 steht der unbeschränkten Steuerpflicht nach § 1 Abs. 1 Satz 1 des Einkommensteuergesetzes die unbeschränkte Steuerpflicht nach § 1 Abs. 1 des Einkommensteuergesetzes der Deutschen Demokratischen Republik in der Fassung vom 18. September 1970 (Sonderdruck Nr. 670 des Gesetzblattes) gleich. Die Anwendung der §§ 2 bis 5 wird nicht dadurch berührt, daß die unbeschränkte Steuerpflicht der natürlichen Personen bereits vor dem 1. Januar 1991 geendet hat.

(7) § 7 Abs. 6, § 10 Abs. 6, § 11 Abs. 4 Satz 1, § 14 Abs. 4 Satz 5 und § 20 Abs. 2 in Verbindung mit § 10 Abs. 6 in der Fassung des Artikels 12 des Gesetzes vom 21. Dezember 1993 (BGBl. I S. 2310) sind erstmals anzuwenden

---
* Zuletzt geändert durch das Gesetz zur Anpassung der Abgabenordnung an den Zollkodex der Union und zur Änderung weiterer steuerlicher Vorschriften vom 22.12.2014 (BGBl I 2014 S. 2417).

AStG §§ 21, 22

1. für die Einkommen- und Körperschaftsteuer für den Veranlagungszeitraum,
2. mit Ausnahme des § 20 Abs. 2 und 3 für die Gewerbesteuer, für die der Teil des Hinzurechnungsbetrags, dem Einkünfte mit Kapitalanlagecharakter im Sinne des § 10 Abs. 6 Satz 3 zugrunde liegen, außer Ansatz bleibt, für den Erhebungszeitraum,

für den Zwischeneinkünfte mit Kapitalanlagecharakter im Sinne des § 10 Abs. 6 Satz 2 und 3 hinzuzurechnen sind, die in einem Wirtschaftsjahr der Zwischengesellschaft oder der Betriebsstätte entstanden sind, das nach dem 31. Dezember 1993 beginnt. § 6 Abs. 1 in der Fassung des Artikels 5 des Gesetzes vom 20. Dezember 2001 (BGBl. I S. 3858) ist erstmals anzuwenden, wenn im Zeitpunkt der Beendigung der unbeschränkten Steuerpflicht auf Veräußerungen im Sinne des § 17 des Einkommensteuergesetzes § 3 Nr. 40 Buchstabe c des Einkommensteuergesetzes anzuwenden wäre. § 7 Abs. 6 in der Fassung des Artikels 5 des Gesetzes vom 20. Dezember 2001 (BGBl. I S. 3858) ist erstmals anzuwenden

1. für die Einkommen- und Körperschaftsteuer für den Veranlagungszeitraum,
2. für die Gewerbesteuer für den Erhebungszeitraum,

für den Zwischeneinkünfte hinzuzurechnen sind, die in einem Wirtschaftsjahr der Zwischengesellschaft entstanden sind, das nach dem 15. August 2001 beginnt. § 12 Abs. 2 in der Fassung des Artikels 12 des Gesetzes vom 23. Oktober 2000 (BGBl. I S. 1433) sowie § 7 Abs. 7, § 8 Abs. 1 Nr. 8 und 9 und Abs. 3, § 9, § 10 Abs. 2, 3, 6, 7, § 11, § 12 Abs. 1, § 14 und § 20 Abs. 2 in der Fassung des Artikels 5 des Gesetzes vom 20. Dezember 2001 (BGBl. I S. 3858) sind erstmals anzuwenden

1. für die Einkommen- und Körperschaftsteuer für den Veranlagungszeitraum,
2. für die Gewerbesteuer für den Erhebungszeitraum,

für den Zwischeneinkünfte hinzuzurechnen sind, die in einem Wirtschaftsjahr der Zwischengesellschaft oder der Betriebsstätte entstanden sind, das nach dem 31. Dezember 2000 beginnt. § 12 Abs. 3, § 18 Abs. 1 in der Fassung des Artikels 5 des Gesetzes vom 20. Dezember 2001 (BGBl. I S. 3858) sind erstmals anzuwenden, wenn auf Gewinnausschüttungen § 3 Nr. 41 des Einkommensteuergesetzes in der Fassung des Artikels 1 des Gesetzes vom 20. Dezember 2001 (BGBl. I S. 3858) anwendbar ist. § 8 Abs. 2 in der Fassung des Artikels 6 des Gesetzes vom 6. September 1976 (BGBl. I S. 2641), § 13 in der Fassung des Artikels 17 des Gesetzes vom 25. Februar 1992 (BGBl. I S. 297) sind letztmals anzuwenden

1. für die Einkommen- und Körperschaftsteuer für den Veranlagungszeitraum,
2. für die Gewerbesteuer für den Erhebungszeitraum,

für den Zwischeneinkünfte hinzuzurechnen sind, die in einem Wirtschaftsjahr der Zwischengesellschaft entstanden sind, das vor dem 1. Januar 2001 beginnt. § 11 in der Fassung des Artikels 12 des Gesetzes vom 21. Dezember 1993 (BGBl. I S. 2310) ist auf Gewinnausschüttungen der Zwischengesellschaft oder auf Gewinne aus der Veräußerung der

§§ 21, 22 AStG

Anteile an der Zwischengesellschaft nicht anzuwenden, wenn auf die Ausschüttungen oder auf die Gewinne aus der Veräußerung § 8 b Abs. 1 oder 2 des Körperschaftsteuergesetzes in der Fassung des Artikels 3 des Gesetzes vom 23. Oktober 2000 (BGBl. I S. 1433) oder § 3 Nr. 41 des Einkommensteuergesetzes in der Fassung des Artikels 1 des Gesetzes vom 20. Dezember 2001 (BGBl. I S. 3858) anwendbar ist.

(8) § 6 Abs. 3 Nr. 4 in der Fassung des Gesetzes vom 21. Dezember 1993 (BGBl. I S. 2310) ist erstmals auf Einbringungen anzuwenden, die nach dem 31. Dezember 1991, und letztmals auf Einbringungen anzuwenden, die vor dem 1. Januar 1999 vorgenommen wurden.

(9) § 8 Abs. 1 Nr. 7 und § 10 Abs. 3 Satz 6 in der Fassung des Artikels 7 des Gesetzes vom 13. September 1993 (BGBl. I S. 1569) sind erstmals anzuwenden

1. für die Einkommensteuer und Körperschaftsteuer für den Veranlagungszeitraum,
2. für die Gewerbesteuer für den Erhebungszeitraum,

für den Zwischeneinkünfte hinzuzurechnen sind, die in einem Wirtschaftsjahr der Zwischengesellschaft entstanden sind, das nach dem 31. Dezember 1991 beginnt. § 10 Abs. 3 Satz 1 in der Fassung dieses Gesetzes ist erstmals anzuwenden

1. für die Einkommensteuer und Körperschaftsteuer für den Veranlagungszeitraum,
2. für die Gewerbesteuer für den Erhebungszeitraum,

für den Zwischeneinkünfte hinzuzurechnen sind, die in einem Wirtschaftsjahr der Zwischengesellschaft entstanden sind, das nach dem 31. Dezember 1993 beginnt.

(10) § 2 Abs. 1 Satz 2, Abs. 2 Nr. 1 und Abs. 3 Nr. 2 und 3 sind in der Fassung des Artikels 9 des Gesetzes vom 19. Dezember 2000 (BGBl. I S. 1790) erstmals für den Veranlagungszeitraum 2002 anzuwenden. § 7 Abs. 6 Satz 2, § 9 und § 10 Abs. 6 Satz 1 sind in der Fassung des Artikels 9 des Gesetzes vom 19. Dezember 2000 (BGBl. I S. 1790) erstmals anzuwenden

1. für die Einkommensteuer und die Körperschaftsteuer für den Veranlagungszeitraum,
2. für die Gewerbesteuer für den Erhebungszeitraum,

für den Zwischeneinkünfte hinzuzurechnen sind, die in einem Wirtschaftsjahr der Zwischengesellschaft entstanden sind, das nach dem 31. Dezember 2001 beginnt.

(11) § 1 Abs. 4 in der Fassung des Artikels 11 des Gesetzes vom 16. Mai 2003 (BGBl. I S. 660) ist erstmals für den Veranlagungszeitraum 2003 anzuwenden. § 7 Abs. 6 und 6 a, § 8 Abs. 1 Nr. 9, §§ 10, 11, 14, 20 Abs. 2 in der Fassung des Artikels 11 des Gesetzes vom 16. Mai 2003 (BGBl. I S. 660), § 7 Abs. 7, § 8 Abs. 1 Nr. 4 und § 14 Abs. 1 in der Fassung des Artikels 5 des Gesetzes vom 22. Dezember 2003 (BGBl. I S. 2840) sind erstmals anzuwenden

AStG §§ 21, 22

1. für die Einkommen- und Körperschaftsteuer für den Veranlagungszeitraum,
2. für die Gewerbesteuer für den Erhebungszeitraum,

für den Zwischeneinkünfte hinzuzurechnen oder in einer Betriebsstätte angefallen sind, die in einem Wirtschaftsjahr der Zwischengesellschaft oder der Betriebsstätte entstanden sind, das nach dem 31. Dezember 2002 beginnt.

(12) § 10 Abs. 3 in der am 1. Januar 2004 geltenden Fassung, § 7 Abs. 7 in der Fassung des Artikels 11 des Gesetzes vom 9. Dezember 2004 (BGBl. I S. 3310) sind erstmals anzuwenden

1. für die Einkommen- und Körperschaftsteuer für den Veranlagungszeitraum,
2. für die Gewerbesteuer für den Erhebungszeitraum,

für den Zwischeneinkünfte hinzuzurechnen oder in einer Betriebsstätte angefallen sind, die in einem Wirtschaftsjahr der Zwischengesellschaft oder der Betriebsstätte entstanden sind, das nach dem 31. Dezember 2003 beginnt.

(13) § 6 Abs. 1 in der Fassung des Artikels 7 des Gesetzes vom 7. Dezember 2006 (BGBl. I S. 2782) ist erstmals für den Veranlagungszeitraum 2007 anzuwenden. § 6 Abs. 2 bis 7 in der Fassung des Gesetzes vom 7. Dezember 2006 (BGBl. I S. 2782) ist in allen Fällen anzuwenden, in denen die Einkommensteuer noch nicht bestandskräftig festgesetzt ist.

(14) § 8 Abs. 1 Nr. 10 und § 10 Abs. 3 Satz 4 in der Fassung des Artikels 7 des Gesetzes vom 7. Dezember 2006 (BGBl. I S. 2782) ist erstmals anzuwenden

1. für die Einkommen- und Körperschaftsteuer für den Veranlagungszeitraum,
2. für die Gewerbesteuer für den Erhebungszeitraum,

für den Zwischeneinkünfte hinzuzurechnen oder in einer Betriebsstätte angefallen sind, die in einem Wirtschaftsjahr der Zwischengesellschaft oder der Betriebsstätte entstanden sind, das nach dem 31. Dezember 2005 beginnt.

(15) § 7 Abs. 8, § 8 Abs. 1 Nr. 9, § 11 Abs. 1 und § 14 Abs. 2 in der Fassung des Artikels 3 des Gesetzes vom 28. Mai 2007 (BGBl. I S. 914) sind erstmals anzuwenden für

1. die Einkommen- und Körperschaftsteuer für den Veranlagungszeitraum sowie
2. die Gewerbesteuer für den Erhebungszeitraum,

für den Zwischeneinkünfte hinzuzurechnen sind, die in einem Wirtschaftsjahr der Zwischengesellschaft oder der Betriebsstätte entstanden sind, das nach dem 31. Dezember 2006 beginnt.

(16) § 1 Absatz 1, 3 Satz 1 bis 8 und Satz 11 bis 13 und Absatz 4 in der Fassung des Artikels 7 des Gesetzes vom 14. August 2007 (BGBl. I S. 1912) und § 1 Absatz 3 Satz 9 und 10 in der Fassung des Artikels 11 des Gesetzes vom 8. April 2010 (BGBl. I S. 386) sind erstmals für den Veranlagungszeitraum 2008 anzuwenden.

§§ 21, 22 AStG

(17) § 7 Abs. 6 Satz 2, § 8 Abs. 2 und 3, §§ 9, 10 Abs. 2 Satz 3, § 18 Abs. 3 Satz 1 und § 20 Abs. 2 in der Fassung des Artikels 24 des Gesetzes vom 20. Dezember 2007 (BGBl. I S. 3150) sind erstmals anzuwenden
1. für die Einkommen- und Körperschaftsteuer für den Veranlagungszeitraum,
2. für die Gewerbesteuer für den Erhebungszeitraum,
für den Zwischeneinkünfte hinzuzurechnen sind, die in einem Wirtschaftsjahr der Zwischengesellschaft oder der Betriebsstätte entstanden sind, das nach dem 31. Dezember 2007 beginnt. § 8 Abs. 1 Nr. 9 in der Fassung des Artikels 24 des Gesetzes vom 20. Dezember 2007 (BGBl. I S. 3150) ist erstmals anzuwenden
1. für die Einkommen- und Körperschaftsteuer für den Veranlagungszeitraum,
2. für die Gewerbesteuer für den Erhebungszeitraum,
für den Zwischeneinkünfte hinzuzurechnen sind, die in einem Wirtschaftsjahr der Zwischengesellschaft oder der Betriebsstätte entstanden sind, das nach dem 31. Dezember 2006 beginnt. § 12 Abs. 3 Satz 1 in der Fassung des Artikels 24 des Gesetzes vom 20. Dezember 2007 (BGBl. I S. 3150) ist erstmals für Zeiträume anzuwenden, für die § 12 Abs. 3 in der am 25. Dezember 2001 geltenden Fassung erstmals anzuwenden ist. § 14 Abs. 1 Satz 1 in der Fassung des Artikels 24 des Gesetzes vom 20. Dezember 2007 (BGBl. I S. 3150) ist erstmals anzuwenden
1. für die Einkommen- und Körperschaftsteuer für den Veranlagungszeitraum,
2. für die Gewerbesteuer für den Erhebungszeitraum,
für den Zwischeneinkünfte hinzuzurechnen sind, die in einem Wirtschaftsjahr der Zwischengesellschaft oder der Betriebsstätte entstanden sind, das nach dem 31. Dezember 2005 beginnt. § 18 Abs. 4 in der am 29. Dezember 2007 geltenden Fassung ist für die Einkommen- und Körperschaftsteuer erstmals für den Veranlagungszeitraum 2008 anzuwenden.

(18) § 2 Abs. 1 und 5 und § 15 Abs. 6 in der Fassung des Artikels 9 des Gesetzes vom 19. Dezember 2008 (BGBl. I S. 2794) sind für die Einkommen- und Körperschaftsteuer erstmals für den Veranlagungszeitraum 2009 anzuwenden. § 15 Abs. 7 in der Fassung des Artikels 9 des Gesetzes vom 19. Dezember 2008 (BGBl. I S. 2794) ist in allen Fällen anzuwenden, in denen die Einkommen- und Körperschaftsteuer noch nicht bestandskräftig festgesetzt ist.

(19) § 8 Absatz 3 und § 10 Absatz 1 Satz 3 in der Fassung des Artikels 7 des Gesetzes vom 8. Dezember 2010 (BGBl. I S. 1768) sind erstmals anzuwenden
1. für die Einkommen- und Körperschaftsteuer für den Veranlagungszeitraum,
2. für die Gewerbesteuern für den Erhebungszeitraum,
für den Zwischeneinkünfte hinzuzurechnen sind, die in einem Wirtschaftsjahr der Zwischengesellschaft oder der Betriebsstätte entstanden sind, das nach dem 31. Dezember 2010 beginnt. § 20 Absatz 2 in der Fas-

sung des Artikels 7 des Gesetzes vom 8. Dezember 2010 (BGBl. I S. 1768) ist in allen Fällen anzuwenden, in denen die Einkommensteuer noch nicht bestandskräftig festgesetzt ist.

(20) § 1 Absatz 1 Satz 2 erster Halbsatz und Absatz 3 und 6 in der Fassung des Artikels 6 des Gesetzes vom 26. Juni 2013 (BGBl. I S. 1809) ist erstmals für den Veranlagungszeitraum 2013 anzuwenden. § 1 Absatz 1 Satz 2 zweiter Halbsatz in der Fassung des Artikels 6 des Gesetzes vom 26. Juni 2013 (BGBl. I S. 1809) gilt für alle noch nicht bestandskräftigen Veranlagungen. § 1 Absatz 4 und 5 in der Fassung des Artikels 6 des Gesetzes vom 26. Juni 2013 (BGBl. I S. 1809) ist erstmals für Wirtschaftsjahre anzuwenden, die nach dem 31. Dezember 2012 beginnen.

(21) § 2 Absatz 5 in der Fassung des Artikels 6 des Gesetzes vom 26. Juni 2013 (BGBl. I S. 1809) ist erstmals für den Veranlagungszeitraum 2013 anzuwenden. Auf Antrag ist § 2 Absatz 5 Satz 1 und 3 in der Fassung des Artikels 6 des Gesetzes vom 26. Juni 2013 (BGBl. I S. 1809) bereits für Veranlagungszeiträume vor 2013 anzuwenden, bereits ergangene Steuerfestsetzungen sind aufzuheben oder zu ändern. § 8 Absatz 2 in der Fassung des Artikels 6 des Gesetzes vom 26. Juni 2013 (BGBl. I S. 1809) ist erstmals anzuwenden
1. für die Einkommen- und Körperschaftsteuer für den Veranlagungszeitraum,
2. für die Gewerbesteuer für den Erhebungszeitraum,

für den Zwischeneinkünfte hinzuzurechnen sind, die in einem Wirtschaftsjahr der Zwischengesellschaft oder der Betriebsstätte entstanden sind, das nach dem 31. Dezember 2012 beginnt. § 15 Absatz 1, 5 bis 11 sowie § 18 Absatz 4 sind in der Fassung des Artikels 6 des Gesetzes vom 26. Juni 2013 (BGBl. I S. 1809) für die Einkommen- und Körperschaftsteuer erstmals anzuwenden für den Veranlagungszeitraum 2013.

(22) § 1 Absatz 4 in der am 31. Dezember 2014 geltenden Fassung ist erstmals für den Veranlagungszeitraum 2015 anzuwenden.

(23) § 6 Absatz 5 Satz 3 in der am 31. Dezember 2014 geltenden Fassung ist in allen Fällen anzuwenden, in denen die geschuldete Steuer noch nicht entrichtet ist.

§ 22*
Neufassung des Gesetzes

Das Bundesministerium der Finanzen kann den Wortlaut dieses Gesetzes in der jeweils geltenden Fassung im Bundesgesetzblatt bekannt machen.

---

* Zuletzt geändert durch das Jahressteuergesetz 2007 (JStG 2007) vom 20.12.2007 (BGBl I 2007 S. 3150 – BStBl I 2008 S. 218).

SACHREGISTER AStG

Abschirmwirkung Einführung Anm. 5, 6; § 5 Anm. 1; Einführung §§ 7–14 Anm. 5, 7
Aktivitätsklausel Einführung Anm. 1; § 20 Anm. 183 f.
Aktivitätsnachweis § 14 Anm. 15 f.
Allgemeiner wirtschaftlicher Verkehr Teilnahme am § 8 Anm. 52, 69
Amtshilfe § 6 Anm. 79; § 8 Anm. 143, 154; § 15 Anm. 62, 66 f.
Anlageberatung § 8 Anm. 25
Anrechnungsmethode § 20 Anm. 165, 169 f., 173 f., 182–185, 221, 231
Ansässigkeit
 ausländische in Nicht-DBA-Staat § 6 Anm. 47
 ausländische nach Doppelbesteuerungsabkommen § 6 Anm. 46 f.
 doppelte s. Doppelansässigkeit
 im niedrig besteuernden Ausland § 2 Anm. 52–55; § 4 Anm. 30; § 5 Anm. 20
 in keinem ausländischen Gebiet § 2 Anm. 56 f.; § 4 Anm. 30; § 5 Anm. 20
 Umfang der Steuerpflicht Anm. 52
Anteilsveräußerungsgewinn s. unter Veräußerungsgewinn
Anwendungsbereich des § 1 AStG § 1 Anm. 222
Arbeitnehmerentsendung § 8 Anm. 56
 grenzüberschreitende § 1 Anm. 142 ff.
Assistenzleistungen § 1 Anm. 111 f., 113, 124
Auskunftspflicht § 17 Anm. 5–15
 Auskunftsverlangen der Finanzbehörde § 17 Anm. 6 f.
 Ermessen der Finanzbehörde § 17 Anm. 6
 Geschäftsbeziehungen offenbaren § 17 Anm. 12
 Inhalt und Umfang § 17 Anm. 8–11
 Nichterfüllung § 17 Anm. 15
 sachdienliche Unterlagen, Vorlage § 17 Anm. 13 f.
Ausländische Einkünfte § 2 Anm. 186 f.
 bei der Bestimmung des Steuersatzeinkommens Anm. 186 f.
Ausländische Gesellschaft
 Hinzurechnungsbesteuerung § 7 Anm. 4–7
 Obergesellschaft s. unter Nachgeschaltete Zwischengesellschaft
 Untergesellschaft s. unter Nachgeschaltete Zwischengesellschaft

Ausschüttungstheorie Einführung §§ 7–14 Anm. 9, 43
Börsenklausel § 7 Anm. 27, 47, 49
Bandbreiten s. unter Fremdvergleich
Bankgeschäfte § 8 Anm. 25
Basisgesellschaft Einführung Anm. 5, 6; Einführung §§ 7–14 Anm. 2 ff.
Bedienentatbestand s. unter Hinzurechnungsbesteuerung (§§ 7–14 AStG)
Beendigung der unbeschränkten Steuerpflicht § 6 Anm. 34–37
Beherrschender Einfluss § 1 Anm. 33 ff.
Beitreibung durch anderen Staat § 6 Anm. 79
Belastungsberechnung § 8 Anm. 168–181
 Entlastungsanspruch § 8 Anm. 170, 172
 freiwillige Steuerzahlung § 8 Anm. 175
 gemischte Einkünfte § 8 Anm. 171
 Gruppenbesteuerung § 8 Anm. 176
 temporäre Differenzen bei Einkünfteermittlung § 8 Anm. 177 f.
 Verlustausgleich § 8 Anm. 180 f.
 Verlustvor- und -rücktrag § 8 Anm. 180
Belastungsvergleich
 abstrakter § 2 Anm. 59–74
 Annexsteuern § 2 Anm. 71
 außergewöhnliche Belastungen § 2 Anm. 76
 ausländische erhobene Steuer § 2 Anm. 68–74
 ausländische Steuern, Anrechnung von § 2 Anm. 63, 77
 Beweislast § 2 Anm. 82–84
 Departementsteuern § 2 Anm. 68
 Drittstaaten § 2 Anm. 69
 Einkommensteuer, Begriff § 2 Anm. 70
 Ergänzungsabgaben § 2 Anm. 61, 71, 79
 Existenzminimum § 2 Anm. 60
 Freibeträge § 2 Anm. 60, 68, 76
 Gegenbeweis § 2 Anm. 57, 75–81
 Gewerbesteuer § 2 Anm. 61
 Hinzurechnungsbesteuerung § 2 Anm. 78
 kantonale Steuern § 2 Anm. 68
 Kirchensteuer § 2 Anm. 62, 72
 Kirchensteuer, schweizerische § 2 Anm. 71 f.
 Kommunalsteuern § 2 Anm. 68
 konkreter § 2 Anm. 75–81
 niedrige Besteuerung Anm. 38 f., 73

653

Provinzsteuern § 2 Anm. 68
Schattenveranlagung § 2 Anm. 60 ff., 76 ff.
Solidaritätszuschlag § 2 Anm. 61, 79 f.
Sonderausgaben § 2 Anm. 76
Sonderwirtschaftszone § 2 Anm. 68
Splitting § 2 Anm. 76
Umrechnungskurs § 2 Anm. 73
Verlustvor- oder -rückträge § 2 Anm. 69
Welteinkommen § 2 Anm. 76
zu entrichtende Steuern § 2 Anm. 80 f.
Zuschläge § 2 Anm. 71, 79
Zwischengesellschaft § 2 Anm. 78
Beratungsleistung § 8 Anm. 57, 96
Beschränkte Erbschaft- und Schenkungsteuerpflicht § 4 Anm. 33–37
Beteiligung an Kapitalgesellschaft § 6 Anm. 24 ff.
Beteiligung an Zwischengesellschaft § 5 Anm. 27–34
Freigrenzen § 5 Anm. 30
Mindestbeteiligung § 5 Anm. 28, 31
Zeitpunkt § 5 Anm. 32
Zwischeneinkünfte mit Kapitalanlagecharakter § 5 Anm. 28 f.
beschränkte erweiterte Steuerpflicht
§ 2 Ende Anm. 22, 23
Rechtsfolgen Anm. 21
Voraussetzungen Anm. 31 ff.
Betriebsstätte § 20 Anm. 208, 210
inländische § 2 Anm. 122, 124, 190
Betriebsvermögensvergleich s. unter Passive Einkünfte
Betriebsverpachtung § 8 Anm. 23
Beweislast
ausländische Mindestbesteuerung § 4 Anm. 52
erweiterte beschränkte Steuerpflicht (§§ 2–5 AStG) § 2 Anm. 253
Niedrigbesteuerung § 2 Anm. 82–84
Voraussetzungen des § 2 Abs. 6 AStG § 2 Anm. 234
Vorzugsbesteuerung § 2 Anm. 97 f., 100
Billigkeitsmaßnahmen § 2 Anm. 6
Block § 4 Anm. 17
Bodenbewirtschaftung § 8 Anm. 17
Bodenschätze § 8 Anm. 22 f.
Brückenkopfgesellschaft § 14 Anm. 33, 34
Cadbury Schweppes § 2 Anm. 12, 147; § 5 Anm. 37; Einführung §§ 7–14 Anm. 48–50; § 8 Anm. 144, 148 f., 152, 156; § 16 Anm. 8; § 20 Anm. 164–173, 213 f., 217 ff.
Captive-Versicherung § 8 Anm. 32, 35

CFC s. Controlled Foreign Company
Columbus Container Services § 20 Anm. 13, 28, 164–173, 213
Controlled Foreign Company Einführung §§ 7–14 Anm. 4; § 8 Anm. 144
Controlled Foreign Corporation s. Controlled Foreign Company
Darlehen § 8 Anm. 108–110
eigenkapitalersetzendes § 1 Anm. 27a
konzerninternes § 1 Anm. 101 ff.
Teilwertabschreibung § 1 Anm. 27a, 48
Währungsrisiko § 1 Anm. 107 ff.
zinsloses an Angehörige § 1 Anm. 43 f.
zinsloses Gesellschafter- § 1 Anm. 27a f.
DBA s. Doppelbesteuerungsabkommen
Dealing-at-arm's-length s. Fremdvergleichsgrundsatz
Deutsche Staatsangehörigkeit § 2 Anm. 39–41; § 4 Anm. 29; § 5 Anm. 19
Dienstleistungen § 1 Anm. 110 ff.; § 8 Anm. 59–71
Assistenzleistungen § 1 Anm. 111 f., 113
Bedienentatbestand § 8 Anm. 59, 61–64
Begriff § 8 Anm. 60
Erbringungstatbestand § 8 Anm. 59, 65–71
Forschung und Entwicklung § 1 Anm. 117
Kontrollleistungen § 1 Anm. 111 f., 115
Managementleistungen § 1 Anm. 111 f., 114
verwaltungsbezogene § 1 Anm. 117
Währungsrisiko § 1 Anm. 118 ff.
Dokumentationspflicht
Umlagevertrag § 1 Anm. 147
Verrechnungspreis § 1 Anm. 212 ff.
Doppelansässige Gesellschaft § 7 Anm. 7, 201
Doppelansässigkeit § 6 Anm. 20, 46
Doppelbesteuerungsabkommen
Änderung oder Neuabschluss § 6 Anm. 49
Amtshilfe und Beitreibungsunterstützung § 6 Anm. 79
Diskriminierungsverbot § 6 Anm. 78
Doppelstiftung § 15 Anm. 94 ff.
Erbschaft- und Schenkungsteuer § 4 Anm. 14–16
Familienstiftung § 15 Anm. 46 f.
Hinzurechnungsbesteuerung Einführung §§ 7–14 Anm. 41–46; § 20 Anm. 32, 73 ff.

Sachregister AStG

Italien § 2 Anm. 19; § 5 Anm. 51; § 6 Anm. 13
Missbrauchsvorbehalt § 20 Anm. 33–37, 104–107
Progressionsvorbehalt § 2 Anm. 16
Schiedsverfahren § 1 Anm. 7
Schweiz Einführung Anm. 1; § 2 Anm. 17, 91 f., 94 f., 102, 237; § 4 Anm. 14 f.; § 5 Anm. 51, 84; § 6 Anm. 13; § 20 Anm. 32, 33, 101, 104
Treaty Override s. dort
USA § 6 Anm. 13; § 20 Anm. 33, 104, 124
Verhältnis zu § 2 AStG § 2 Anm. 16, 183
Verständigungsverfahren § 1 Anm. 7; § 6 Anm. 13
Wegzugsbesteuerung § 6 Anm. 11 ff, 33
Zurechnung bei Zwischengesellschaft § 5 Anm. 49–52, 84
Doppelt qualifizierte Einkünfte § 2 Anm. 189
Doppelte Staatsangehörigkeit § 2 Anm. 41
Doppelter Wohnsitz § 2 Anm. 37, 37a
Einfluss
außerhalb der Geschäftsbeziehung begründet § 1 Anm. 39 ff.
Einigungsbereich s. unter Fremdvergleich
Einkünfte
betriebsstättenlose gewerbliche § 2 Anm. 190
Einkünfte aus Kapitalvermögen § 2 Anm. 196, 212, 221, 225
Einkünfteverlagerung Einführung Anm. 5
Einnahmenüberschussrechnung s. unter Passive Einkünfte
Energieerzeugung § 8 Anm. 22 f.
Entlastungsbeweis s. Gegenbeweis
Entsendung von Mitarbeitern s. Arbeitnehmerentsendung
Entstrickung Einführung Anm. 6; § 6 Anm. 2, 5, 6, 11
Entstrickungstatbestände § 6 Anm. 32 ff.
Erbfall
Wegzugsbesteuerung § 6 Anm. 42, 70, 82
Erbringungstatbestand s. unter Hinzurechnungsbesteuerung (§§ 7–14 AStG)
Erweiterte beschränkte Steuerpflicht (§§ 2–5 AStG) Einführung Anm. 6; § 2 Anm. 4, 7, 182 ff.; § 4 Anm. 20–32; § 5 Anm. 17–26, 69; § 15 Anm. 58
16 500 Euro-Grenze § 2 Anm. 161–165; § 4 Anm. 5, 12, 21; § 5 Anm. 26

außergewöhnliche Belastungen § 2 Anm. 213, 219
außerordentliche Auslandseinkünfte § 2 Anm. 217
ausländische Einkünfte § 2 Anm. 186 f., 213
ausländische Mindestbesteuerung § 4 Anm. 49 ff.
ausländische Steuern § 2 Anm. 216; § 4 Anm. 46
Belastungsvergleich s. dort
Bemessungsgrundlage § 2 Anm. 182, 186, 191 ff.
Beweislast § 2 Anm. 234, 253; § 4 Anm. 52
Doppelbesteuerungsabkommen § 2 Anm. 16, 183
doppelt qualifizierte Einkünfte § 2 Anm. 189
Einkünfte aus Kapitalvermögen § 2 Anm. 212, 221, 225
Einkünfte ausländischer Zwischengesellschaft § 5 Anm. 21
Ende § 2 Anm. 22
Entlastungsbeweis § 2 Anm. 57, 75
Erfindungen § 4 Anm. 39
erweitertes Inlandsvermögen s. unter Inlandsvermögen
Fünf-Jahres-Zeitraum § 2 Anm. 35, 38; § 4 Anm. 10, 28 f.; § 5 Anm. 17–19
Freibetrag § 4 Anm. 43
Gegenbeweis § 2 Anm. 75–81; § 4 Anm. 3, 49 ff.
Hinzurechnungsbesteuerung § 2 Anm. 233
Hinzurechnungsbeträge § 2 Anm. 215
Inlandsvermögen s. dort
isolierende Betrachtungsweise § 2 Anm. 184
Lasten § 4 Anm. 41
lohnsteuerpflichtige Einkünfte § 2 Anm. 197, 220, 225 f.
Mitwirkungspflicht § 2 Anm. 253; § 4 Anm. 31, 57; § 5 Anm. 21
Progressionsvorbehalt § 2 Anm. 16, 212 ff.; § 4 Anm. 45
Referenzzeitraum § 2 Anm. 33–50, 238
Saldierung von Inlandsvermögen und erweitertem Inlandsvermögen § 4 Anm. 41
Schattenveranlagung § 2 Anm. 233
Schulden § 4 Anm. 41
Sonderausgaben § 2 Anm. 213, 219
Spenden § 2 Anm. 219
Splitting § 2 Anm. 222
steuerbefreite Einkünfte § 2 Anm. 216

655

Steuersatz § 2 Anm. 182, 211–223; § 4 Anm. 43–46
Stiftungseinkommen § 4 Anm. 40
Stiftungsvermögen § 4 Anm. 40
Umfang § 2 Anm. 190, 231–236
Urheberrecht § 4 Anm. 39
Verlustausgleich § 2 Anm. 164, 193 ff., 218
Verfassungskonformität § 2 Anm. 9
Verlustvor- oder -rücktrag § 2 Anm. 140, 194 f., 218
Zehn-Jahres-Zeitraum § 2 Anm. 33–50, 237 f.; § 4 Anm. 24–30; § 5 Anm. 17–19, 25
Erweiterte Hinzurechnungsbesteuerung
Einführung §§ 7–14 Anm. 17–21; § 7 Anm. 24–32
Börsenklausel § 7 Anm. 27
Erweitertes Inlandsvermögen s. unter Inlandsvermögen
Escape-Klausel § 1 Anm. 2, 199 ff.
Europarecht
Treaty Override § 20 Anm. 12–17
Vereinbarkeit mit § 1 Anm. 2a, 53, 221; § 2 Anm. 12 f.; § 4 Anm. 17 f.; § 5 Anm. 13; § 6 Anm. 8, 14–17; Einführung §§ 7–14 Anm. 47–51; § 15 Anm. 11–17; § 16 Anm. 7–9; § 17 Anm. 4; § 20 Anm. 164–173
Factoring § 8 Anm. 25, 27
Familienstiftung
Anfallsberechtigung § 15 Anm. 29 f.
Auskünfte § 15 Anm. 66–68
Ausschüttung § 15 Anm. 102 ff.
Begriff § 15 Anm. 51–54
Bezugsberechtigung § 15 Anm. 27 f.
Doppelbesteuerungsabkommen § 15 Anm. 46 f.; § 20 Anm. 121–129
Einkünfteberichtigung nach § 1 AStG § 15 Anm. 48
Einkommenszurechnung § 15 Anm. 40–50
Entlastungsbeweis § 15 Anm. 62–65
Feststellung von Besteuerungsgrundlagen § 18 Anm. 21 f.
Hinzurechnungsbesteuerung nach §§ 7–14 AStG § 15 Anm. 49 f., 61
kontrollierte § 15 Anm. 25
Liechtenstein § 20 Anm. 122 f.
Mandatsstiftung § 15 Anm. 25
Mitwirkungspflicht § 15 Anm. 73
negatives Einkommen § 15 Anm. 69–72
Personenvereinigung § 15 Anm. 56 f.
Steueranrechnung § 15 Anm. 59 f.
Treaty Override § 15 Anm. 46 f.; § 20 Anm. 121–129

Trust § 15 Anm. 57
Unternehmensstiftung § 15 Anm. 55
Vermögensmasse § 15 Anm. 56 f.
Vermögenszurechnung § 15 Anm. 5, 23 f.
wesentliche wirtschaftliche Interessen im Inland § 5 Anm. 24, 59
Zufallsdestinäre § 15 Anm. 27, 30
Zurechnungsquote § 15 Anm. 31–39
Zweckgesellschaft § 5 Anm. 12, 58–68, 75
Zweckvermögen § 15 Anm. 56 f.
Feststellung von Besteuerungsgrundlagen § 18 Anm. 1 ff.
Beteiligungsquoten § 18 Anm. 9
Bindungswirkung § 18 Anm. 5a, 6
eigenhändige Unterschrift § 18 Anm. 18
einheitliche und gesonderte Feststellung § 18 Anm. 1
Einspruchsbefugnis § 18 Anm. 5a
Empfangsbevollmächtigter § 18 Anm. 5a, 11
Familienstiftungen § 18 Anm. 21 f.
Feststellungsbescheid § 18 Anm. 4, 6
Feststellungserklärung § 18 Anm. 14 ff.
Feststellungsfrist § 18 Anm. 18
Feststellungsjahr § 18 Anm. 9
gemeinsame Erklärung § 18 Anm. 19
gesonderte Feststellung § 18 Anm. 1, 5
Gewerbesteuer § 18 Anm. 7
Hinzurechnungsbescheid § 18 Anm. 5a
Hinzurechnungsbetrag § 18 Anm. 6a ff.
Inhaltsadressat § 18 Anm. 11
Klagebefugnis § 18 Anm. 5a
Nachweise § 18 Anm. 15, 19
Obergesellschaft § 18 Anm. 8
Organschaft § 18 Anm. 5b, 10
Personengesellschaft § 18 Anm. 10
Rechtsbehelf § 18 Anm. 5a
Untergesellschaft § 18 Anm. 8
Verfahrensbeteiligte § 18 Anm. 10
Zurechnungsbescheid § 18 Anm. 8
Zuständigkeit § 18 Anm. 12 f.
Feststellungsverfahren
Hinzurechnungsbesteuerung § 18 Anm. 1, 3 ff.
Finale Entnahme § 6 Anm. 2
Finanzdienstleistung § 8 Anm. 25
Finanzierung
konzerninterne § 1 Anm. 101 ff.
Finanzierungsleasing § 8 Anm. 25
Finanzunternehmen § 8 Anm. 25
Floating Income s. Einkünfte, betriebsstättenlose gewerbliche
Forderungsankauf s. Factoring

Forderungseinziehung s. Factoring
Forschung und Entwicklung § 1 Anm. 117, 145; § 8 Anm. 80
Freigrenze des § 9 AStG § 14 Anm. 20; § 20 Anm. 231
absolute § 9 Anm. 2 f., 11–21
Feststellungserklärung § 18 Anm. 17
relative § 9 Anm. 2 f., 8–10
Freistellungsmethode § 7 Anm. 46; § 20 Anm. 1, 4, 162, 165, 169, 182, 231, 235
Freizügigkeitsabkommen Schweiz § 2 Anm. 15
Freizügigkeitsrecht (Art. 21 AEUV) § 15 Anm. 6, 12
Fremdvergleich § 1 Anm. 13a, 51 ff.
Anpassungsregelung § 1 Anm. 205 ff.
Bandbreite § 1 Anm. 156 f.
direkter Marktvergleich § 1 Anm. 59
Einigungsbereich § 1 Anm. 163–167, 176–178
ex-ante-Betrachtung § 1 Anm. 60
Fremdvergleichswerte § 1 Anm. 62 ff., 156, 161 ff.
Funktionsanalyse § 1 Anm. 61, 154 f.
Funktionsverlagerung § 1 Anm. 199–211a
Gegenstand § 1 Anm. 23a
Gewinnpotenzial § 1 Anm. 171–175
hypothetischer Fremdvergleich § 1 Anm. 59, 76, 83, 151–178
Methodik § 1 Anm. 61 ff.
ordentlicher und gewissenhafter Geschäftsleiter § 1 Anm. 51, 152, 176
Palettenbetrachtung § 1 Anm. 158–160
Preisband § 1 Anm. 70 ff.
Standardmethoden s. dort
tatsächlicher Fremdvergleich § 1 Anm. 83
Verrechnungspreis s. dort
Vorteilsausgleich § 1 Anm. 158–160
Fremdvergleichsgrundsatz § 1 Anm. 13a
Einführung Anm. 6; § 1 Anm. 4, 5
Funktionsverlagerung § 1 Anm. 185, 197
Fristberechnung § 2 Anm. 33
Hinzurechnungsbesteuerung (§§ 7–14 AStG) § 8 Anm. 155–159
Funktionsanalyse s. unter Fremdvergleich
Funktionsnachweis § 8 Anm. 50–58, 67–71
Funktionsprivileg § 14 Anm. 12–14
Funktionsverlagerung § 1 Anm. 2, 179–211
Aufwendungen § 1 Anm. 187
Einzelverrechnungspreis § 1 Anm. 199–204a

Fremdvergleich § 1 Anm. 199–211a
Fremdvergleichsgrundsatz § 1 Anm. 185, 197
Funktionsänderung § 1 Anm. 196b
Funktionsverdoppelung § 1 Anm. 192–194
immaterielle Wirtschaftsgüter § 1 Anm. 199 ff.
Kapitalisierungszinssatz § 1 Anm. 198, 204a
Personalentsendung § 1 Anm. 195
Preisanpassungsregelung § 1 Anm. 205 ff., 211a
Produktion und Vertrieb § 1 Anm. 182, 196b
Transferpaket § 1 Anm. 196 f., 198, 204a, 211
Funktionsverlagerungsverordnung s. Text nach § 1 AStG
Görgülü § 20 Anm. 24, 30
Gegenbeweis
Belastungsvergleich § 2 Anm. 75–81
erweiterte beschränkte Steuerpflicht § 2 Anm. 75–81; § 4 Anm. 3, 49 ff.
Hinzurechnungsbesteuerung Einführung §§ 7–14 Anm. 50; § 8 Anm. 5, 143–160; § 20 Anm. 172, 214 f., 220 ff.
Gemischte Schenkung § 6 Anm. 41
Gesamtvermögen § 2 Anm. 143
Gesetzeslücke (in § 2 Abs. 2 Nr. 1) § 2 Anm. 66
Geschäftsbetrieb
gewerbsmäßiger Vermietung oder Verpachtung § 8 Anm. 93
in kaufmännischer Weise eingerichtet § 8 Anm. 51
Geschäftsbeziehung zum Ausland § 1 Anm. 18, 24 ff.
Gewinnkorrektur § 1 Anm. 53
Geschäftschance § 1 Anm. 174 f.
Geschäftsleiter, ordentlicher und gewissenhafter s. unter Fremdvergleich
Geschäftsleitungsbetriebsstätte § 2 Anm. 190
Gewöhnlicher Aufenthalt
Aufgabe § 6 Anm. 34
im Inland § 2 Anm. 32; § 4 Anm. 28
in DBA-Staat § 6 Anm. 46
in Nicht-DBA-Staat § 6 Anm. 47
Gewinn
aus Auflösung der Gesellschaft s. Liquidationsgewinn
aus Kapitalherabsetzung s. Kapitalherabsetzung
Gewinnausschüttung
von Kapitalgesellschaft § 8 Anm. 116–119

AStG

Sachregister

Gewinnberichtigungsvorschriften § 1 Anm. 6–13b
Gewinnkorrektur
Geschäftsbeziehung zum Ausland § 1 Anm. 53
Rückgängigmachung § 1 Anm. 47
Gewinnpotenzial s. unter Fremdvergleich
Gewinnverlagerung
Begriff § 1 Anm. 52
Halbeinkünfteverfahren § 6 Anm. 57; Einführung §§ 7–14 Anm. 24; § 18 Anm. 2
Handel § 8 Anm. 42–58
konzernintern § 8 Anm. 46–49
Hinzurechnungsbesteuerung (§§ 7–14 AStG) § 1 Anm. 13b; Einführung §§ 7–14 Anm. 1 ff.
aktive Einkünfte § 8 Anm. 7–15
Amtshilfe § 8 Anm. 143, 154
Anlageberatung § 8 Anm. 25
ausländische Gesellschaft § 7 Anm. 4–7
Ausschüttungstheorie Einführung §§ 7–14 Anm. 9, 43
Börsenklausel § 7 Anm. 27, 47, 49
Bankgeschäfte § 8 Anm. 25
Bedienentatbestand § 8 Anm. 59, 61–64
Beherrschungsbeteiligung § 7 Anm. 10–23
Belastungsberechnung s. dort
Bemessungsgrundlagen § 18 Anm. 1
Beratungsleistung § 8 Anm. 57, 96
Beteiligung i. S. d. § 7 Abs. 1 AStG § 7 Anm. 9
Betriebsverpachtung § 8 Anm. 23
bewegliche Sache § 8 Anm. 90–96
Bodenbewirtschaftung § 8 Anm. 17
Bodenschätze § 8 Anm. 22 f.
Captive-Versicherung § 8 Anm. 32, 35
Captive Insurance Companies § 8 Anm. 32
Darlehen § 8 Anm. 108–110
Dienstleistungen § 8 Anm. 59–71
Doppelbesteuerungsabkommen Einführung §§ 7–14 Anm. 41–46; § 7 Anm. 46; § 20 Anm. 32, 73 ff.
Drittstaaten § 20 Anm. 219
einheitlich ausgeübte Tätigkeit § 8 Anm. 13
einheitliche Tätigkeit § 8 Anm. 10 f.
Energieerzeugung § 8 Anm. 22 f.
Entlastungsanspruch § 8 Anm. 170, 172
Entsendung von Mitarbeitern § 8 Anm. 56

Erbringungstatbestand § 8 Anm. 59, 65–71
erweitert beschränkt Steuerpflichtige § 7 Anm. 8, 13
erweiterte Hinzurechnungsbesteuerung s. dort
Factoring § 8 Anm. 25, 27
Familienstiftung § 15 Anm. 49 f., 61, 79 ff.
Feststellungsverfahren § 18 Anm. 1, 3 ff.
s. auch Feststellung von Besteuerungsgrundlagen
Finanzdienstleistung § 8 Anm. 25
Finanzierungsgesellschaft § 8 Anm. 99
Finanzierungsleasing § 8 Anm. 25
Finanzunternehmen § 8 Anm. 25
Firmenwert § 8 Anm. 78
Forschung und Entwicklung § 8 Anm. 80
Freigrenze des § 9 AStG s. dort
freiwillige Steuerzahlung § 8 Anm. 175
Fremdvergleichsgrundsatz § 8 Anm. 155–159
funktionale Betrachtungsweise § 7 Anm. 32; § 8 Anm. 10 f.; § 9 Anm. 4
Funktionsnachweis § 8 Anm. 50–58, 67–71
Gegenbeweis Einführung §§ 7–14 Anm. 50; § 8 Anm. 5, 143–160; § 20 Anm. 172, 214 ff.; 220 ff.
gemischte Einkünfte § 8 Anm. 171; § 9 Anm. 1
Geschäftsbetrieb gewerbsmäßiger Vermietung oder Verpachtung § 8 Anm. 93
Gewinnausschüttungen von Kapitalgesellschaften § 8 Anm. 116–119
Grundstück § 8 Anm. 83–89
Gruppenbesteuerung § 8 Anm. 176
Handel § 8 Anm. 42–58
Hinzurechnungsbeteiligung § 7 Anm. 19, 23
Holdingtätigkeit § 8 Anm. 27
Immaterielle Wirtschaftsgüter § 8 Anm. 77–82
indirekte Methode § 8 Anm. 110
Investmentgeschäft § 8 Anm. 27
Investmentsteuergesetz Einführung §§ 7–14 Anm. 26 ff., 39; § 7 Anm. 2, 44–46;
Körperschaft, steuerbefreite § 7 Anm. 8
Kapitalaufnahme und -vergabe § 8 Anm. 97–115
Kapitalherabsetzung § 8 Anm. 125; § 11 Anm. 6
Kapitalmarkt § 8 Anm. 101–105

658

Kaufmännischer Betrieb § 8 Anm. 33, 51
konzerninterner Handel § 8 Anm. 46–49
Kreditinstitut § 8 Anm. 24–27, 33–41
Kundenbeziehungen § 8 Anm. 78
Land- und Forstwirtschaft § 8 Anm. 16–18
Liquidationsgewinn § 8 Anm. 125; § 11 Anm. 6
Lizenz § 8 Anm. 77 ff.
Managementleistung § 8 Anm. 57, 96
mittelbare Beteiligung § 7 Anm. 16–23
Nachweispflicht § 8 Anm. 126–131; § 11 Anm. 14
nahestehende Person s. dort
Niedrigbesteuerung § 8 Anm. 161–181
passive Einkünfte s. dort
passive Tätigkeit § 8 Anm. 6
Patentverwertungsgesellschaft § 8 Anm. 77
Personengesellschaft, inländische § 7 Anm. 8
Produktion § 8 Anm. 19–23
Rückversicherung § 8 Anm. 30
REIT-AG s. dort
Repräsentationstheorie Einführung §§ 7–14 Anm. 11, 44; § 20 Anm. 83
Retrozessionsvertrag § 8 Anm. 30
schädliche Person s. dort
tatsächliche wirtschaftliche Tätigkeit § 8 Anm. 143–153
Teilnahme am allgemeinen wirtschaftlichen Verkehr § 8 Anm. 52 ff., 69, 93 f.
temporäre Differenzen bei Einkünfteermittlung § 8 Anm. 177 f.
Treuhand § 7 Anm. 15
Überwiegen von Fremdgeschäften § 8 Anm. 34–41
Umgehung Einführung §§ 7–14 Anm. 33, 35
Umwandlungen § 8 Anm. 132–142
unbeschränkt Steuerpflichtige § 7 Anm. 8 ff., 38
Veräußerung eigener Anteile § 8 Anm. 124
Veräußerung von Beteiligungen § 8 Anm. 120 ff.
Veräußerung, Begriff § 8 Anm. 121 f.
Veräußerungsgewinn § 8 Anm. 120 ff.; § 11 Anm. 1 ff.
Veräußerungsverlust § 8 Anm. 131
verdeckte Einlage § 8 Anm. 122
Verlustausgleich § 8 Anm. 180 f.
Verlustvor- und -rücktrag § 8 Anm. 180

Vermögensverwaltung § 8 Anm. 27
Vermietung und Verpachtung § 8 Anm. 72–96
Versicherungsgeschäft § 8 Anm. 28 f.
Versicherungsmakler § 8 Anm. 31
Versicherungsunternehmen § 8 Anm. 24, 28–32, 33–41
Weisungsbefugnis § 7 Anm. 20–22
Zehn-Jahres-Zeitraum § 7 Anm. 13
Zurechnungstheorie Einführung §§ 7–14 Anm. 10, 42; § 20 Anm. 78–80
Zweistufentheorie § 20 Anm. 82
Zwischengesellschaft § 5 Anm. 9–11
Zwischeneinkünfte mit Kapitalanlagecharakter s. dort
Hinzurechnungsbetrag Einführung §§ 7–14 Anm. 14; § 10 Anm. 1 ff., 49 ff.; § 18 Anm. 6a ff.
Abzug von Personensteuern § 10 Anm. 41–48; § 12 Anm. 1 f.
anzusetzender § 10 Anm. 2, 51
Einkunftsart § 10 Anm. 52–54
Ermittlungspflicht § 10 Anm. 5
Hinzurechnungsbilanz s. dort
negativer Betrag § 10 Anm. 42, 50
passive Einkünfte s. dort
Steueranrechnung s. dort
Steuerentlastungsanspruch § 10 Anm. 48
Überwiegen von Fremdgeschäften § 8 Anm. 34–41
Veräußerungsgewinn § 11 Anm. 1 ff.
Zuflusszeitpunkt § 10 Anm. 55 f.; § 12 Anm. 7
Hinzurechnungsbilanz § 10 Anm. 22–25
eröffnende § 10 Anm. 16, 22, 24
Währung § 10 Anm. 40
Holdingtätigkeit § 8 Anm. 27
Immaterielle Wirtschaftsgüter § 1 Anm. 134 ff., 199 ff.; § 8 Anm. 77–82
Informationszentrale Ausland (IZA) § 1 Anm. 58
Inländerdiskriminierung § 2 Anm. 12
Inlandsvermögen § 4 Anm. 33–37
erweitertes § 4 Anm. 33–37, 38–42
Saldierung mit erweitertem Inlandsvermögen § 4 Anm. 41
Interquartile Range § 1 Anm. 60a
Investmentgeschäft § 8 Anm. 27
Isolierende Betrachtungsweise § 2 Anm. 184
Kapitalaufnahme § 8 Anm. 97–115
Kapitalherabsetzung § 8 Anm. 125; § 11 Anm. 6
Kapitalmarkt § 8 Anm. 101–105
Kapitalvergabe § 8 Anm. 97–115

Kapitalverkehrsfreiheit (Art. 63 AEUV)
§ 1 Anm. 2a, 53; § 2 Anm. 12, 14; § 4 Anm. 18; § 6 Anm. 17; Einführung §§ 7–14 Anm. 47, 50, 51; § 15 Anm. 6, 11–17; § 20 Anm. 217 ff.
Treaty Override § 20 Anm. 13
Kaufmännischer Betrieb § 8 Anm. 33, 51
Konkurrenzverhältnis des § 1 AStG § 1 Anm. 9
Spezialitätstheorie § 1 Anm. 9
Subsidiaritätstheorie § 1 Anm. 9
Kontrollleistungen § 1 Anm. 111 f., 115
Kostenaufschlagsmethode § 1 Anm. 88 f., 100
Kreditinstitut § 8 Anm. 24–27, 33–41
Land- und Forstwirtschaft § 8 Anm. 16–18
Lasteyrie du Saillant § 6 Anm. 8, 15; § 16 Anm. 8
Leasing § 1 Anm. 126 ff.
Liquidationsgewinn § 8 Anm. 125; § 11 Anm. 6
Lizenzvertrag § 1 Anm. 134 ff., 205 ff.; § 8 Anm. 77 ff.
Lohnfertigung § 1 Anm. 27a
Malta-Modell § 8 Anm. 170
Managementleistung § 1 Anm. 111 f., 114; § 8 Anm. 57, 96
Mehrmütterorganschaft § 1 Anm. 36
Minderung von Einkünften § 1 Anm. 22
Mitarbeiter
Entsendung von s. Arbeitnehmerentsendung
Mittelbare Beteiligung § 1 Anm. 32; § 7 Anm. 16–23
Mitunternehmerschaft § 1 Anm. 19, 20
Mitwirkungspflicht § 16 Anm. 1 ff.
Auskunftspflicht s. dort
ausländische Geschäftsbeziehung § 16 Anm. 11–13
Belege, Vorlage § 16 Anm. 24
Betriebsausgaben § 16 Anm. 10
Beweisvorsorgepflicht § 16 Anm. 22
Beziehungen § 16 Anm. 19–21
Domizilgesellschaft § 16 Anm. 21 f.
Empfängerbezeichnung § 16 Anm. 17 f.
Ermessen der Finanzbehörde § 16 Anm. 18, 26
erweiterte beschränkte Steuerpflicht (§§ 2–5 AStG) § 2 Anm. 83, 253; § 4 Anm. 31, 57; § 5 Anm. 21
Familienstiftung § 15 Anm. 73
Gläubigerbezeichnung § 16 Anm. 17 f.
Lasten § 16 Anm. 10
negative Tatsachen § 16 Anm. 23
Nichterfüllung § 16 Anm. 29–31
Offenbarungspflicht § 16 Anm. 19–24;

§ 17 Anm. 12
Sachverhaltsaufklärung § 17 Anm. 1 ff.
Schulden § 16 Anm. 10
Steuerstundung § 6 Anm. 86 ff.
unwesentliche Besteuerung § 16 Anm. 14–16
Urkunden, Vorlage von § 16 Anm. 24
Vereinbarkeit mit Europarecht § 16 Anm. 7–9; § 17 Anm. 4
Verlangen der Finanzbehörde § 16 Anm. 17 f., 25
Verrechnungspreis § 1 Anm. 212 ff.
Versicherung an Eides statt § 16 Anm. 25–28
Werbungskosten § 16 Anm. 10
Zwischengesellschaft § 5 Anm. 21
Mobilien-Leasing § 1 Anm. 126 ff.
Nachgeschaltete Zwischengesellschaft
§ 5 Anm. 43 f., 79; § 8 Anm. 164; § 9 Anm. 6; § 14 Anm. 1 ff.
Aktivitätsnachweis § 14 Anm. 15 f.
Brückenkopfgesellschaft § 14 Anm. 33 f.
Freigrenzen § 14 Anm. 20
Funktionsprivileg § 14 Anm. 12–14
mittelbar nachgeschaltete Gesellschaft § 14 Anm. 33–36
Obergesellschaft § 14 Anm. 8
passive Einkünfte § 10 Anm. 6
Personensteuer § 14 Anm. 24–26
REIT-AG § 14 Anm. 37–39
Untergesellschaft § 14 Anm. 9 f.
Verlust § 14 Anm. 21–23
Zurechnung § 14 Anm. 5–7, 29–31
Zurechnungsbetrag § 14 Anm. 17–28
zuzurechnende Einkünfte § 14 Anm. 18 f.
Nachweispflicht
Aktivitätsnachweis § 14 Anm. 15 f.
Familienstiftung, Entlastungsbeweis § 15 Anm. 62–65
Hinzurechnungsbesteuerung § 11 Anm. 14
tatsächliche wirtschaftliche Tätigkeit § 8 Anm. 152 f.; § 20 Anm. 221–223
Umlagevertrag § 1 Anm. 147
Veräußerungsgewinn § 8 Anm. 126–131, 142; § 11 Anm. 13, 14
Nahestehende Personen § 1 Anm. 29 ff.; § 8 Anm. 37, 40, 55 ff., 61 ff., 65 ff., 106 f., 115
Definition § 1 Anm. 16
Interessenidentität § 1 Anm. 43 ff.
Negative Einkünfte § 20 Anm. 233
Zwischengesellschaft § 5 Anm. 11; § 10 Anm. 34

Sachregister AStG

Negatives Einkommen
Familienstiftung § 15 Anm. 70–72
Niederlassungsfreiheit (Art. 49, 54 AEUV) § 1 Anm. 2a, 53; § 2 Anm. 12; § 6 Anm. 8, 15; Einführung §§ 7–14 Anm. 47 ff., 50; § 8 Anm. 144, 148, 158; § 15 Anm. 12; § 20 Anm. 166, 173, 217 ff.
Treaty Override § 20 Anm. 13
Niedrigbesteuerung Einführung §§ 7–14 Anm. 33; § 8 Anm. 6, 161–181; § 20 Anm. 234
Belastungsberechnung s. dort
niedrige Besteuerung im Ausland § 2 Anm. 58 f., 92 ff.
Oasenbericht Einführung Anm. 5; Einführung §§ 7–14 Anm. 2
Oasenerlass § 1 Anm. 1; Einführung §§ 7–14 Anm. 3; § 8 Anm. 42
Obergesellschaft § 14 Anm. 8
Offenbarungspflicht s. unter Mitwirkungspflicht
Palettenbetrachtung s. unter Fremdvergleich
Passive Einkünfte § 8 Anm. 7–15
Abschlusszeitpunkt § 10 Anm. 15
Abzugsverbote § 10 Anm. 30
Betriebsausgaben § 10 Anm. 27–31
Betriebsvermögensvergleich § 10 Anm. 8, 22–25
Einnahmenüberschussrechnung § 10 Anm. 8; § 10 Anm. 11, 26
Ermittlung § 10 Anm. 5 ff.
Ermittlungszeitraum § 10 Anm. 14–17
Hinzurechnungsbilanz s. dort
negative Zwischeneinkünfte § 10 Anm. 34
Personensteuern § 10 Anm. 37
Steuervergünstigungen § 10 Anm. 17 f.
verdeckte Einlage § 10 Anm. 32
verdeckte Gewinnausschüttung § 10 Anm. 29, 32
Verlustabzug § 10 Anm. 35 ff.
Verlustausgleich § 10 Anm. 34 ff.
Werbungskosten § 10 Anm. 27–31
Zinsschranke § 10 Anm. 19
Patentverwertungsgesellschaft § 8 Anm. 77
Personengesellschaft § 1 Anm. 19, 20; § 20 Anm. 202 ff.
Pool § 1 Anm. 145–150
Preisanpassungsregelung § 1 Anm. 211a
Preisvergleichsmethode § 1 Anm. 83, 84 f.
Produktion § 8 Anm. 19–23
Progressionsvorbehalt § 2 Anm. 212 ff.
Doppelbesteuerungsabkommen § 2 Anm. 17

Rückversicherung § 8 Anm. 30
Rechtfertigung der erw. unbeschr. Steuerpflicht § 2 Anm. 4
Rechtsfolgen des § 1 AStG § 1 Anm. 13a, 46 ff.
Rechtsfolgen des § 5 AStG § 5 Anm. 24
REIT-AG Einführung §§ 7–14 Anm. 30
Börsenklausel § 7 Anm. 47, 49
Beteiligung an § 7 Anm. 47–49; § 14 Anm. 37–39
Remittance-base § 2 Anm. 85; § 5 Anm. 22
Repräsentationstheorie Einführung §§ 7–14 Anm. 11, 44; § 20 Anm. 83
Retrozessionsvertrag § 8 Anm. 30
Sachverhaltsaufklärung § 17 Anm. 1 ff.
Schädliche Person § 8 Anm. 36 ff., 55 ff., 59, 62 ff., 66, 70 f., 81 f., 95
Schätzung § 1 Anm. 17
Verrechnungspreis § 1 Anm. 215
Schätzungsmaßstab § 17 Anm. 16–22
Nutzungsentgelte § 17 Anm. 21 f.
Zinsen § 17 Anm. 21 f.
Zwischeneinkünfte § 17 Anm. 16 f.
Schachtelprivileg Einführung §§ 7–14 Anm. 25, 43; § 7 Anm. 46
Schattenveranlagung
bei Belastungsvergleich § 2 Anm. 76 ff.
bei erweiterter beschränkter Steuerpflicht (§§ 2–5 AStG) § 2 Anm. 233
bnei Ermittlung des Steuereinkommens § 2 Anm. 213
Schenkung
Wegzugsbesteuerung § 6 Anm. 22, 38 ff.
Schiedsverfahren § 1 Anm. 7
Schumacker § 2 Anm. 15, 223
Schweiz
Freizügigkeitsabkommen § 2 Anm. 12
Vorrang des DBA Schweiz § 2 Anm. 16
Begrenzung der erweit.- beschr. § 2 Anm. 17
Sockeltheorie § 2 Anm. 7, 138, 162
Staatsangehörigkeit
Aufgabe § 2 Anm. 12, 41
deutsche s. Deutsche Staatsangehörigkeit
doppelte s. Doppelte Staatsangehörigkeit
Standardmethoden § 1 Anm. 65 ff., 80 ff., 90 ff.
Arbeitnehmerentsendung § 1 Anm. 142 ff.
Dienstleistungen § 1 Anm. 110 ff.
Finanzierungsleistungen § 1 Anm. 101 ff.
immaterielle Wirtschaftsgüter § 1 Anm. 134 ff.

661

Leasing § 1 Anm. 126 ff.
Lizenzvertrag § 1 Anm. 134 ff.
Mobilien-Leasing § 1 Anm. 126 ff.
Nutzungsüberlassungen § 1 Anm. 125 ff.
Preisband § 1 Anm. 70 ff.
Preisvergleichsmethode s. dort
Stufenverhältnis § 1 Anm. 82 f.
Vermietung und Verpachtung § 1 Anm. 130 ff.
Warenlieferungen § 1 Anm. 91 ff.
Wiederverkaufspreismethode s. dort
Statustheorie § 2 Anm. 7
Steueranrechnung § 10 Anm. 41; § 12 Anm. 1 ff.
Familienstiftung § 15 Anm. 59 f.
nachfolgende Gewinnausschüttung § 11 Anm. 10 ff.
Steuerbemessungsgrundlagen § 18 Anm. 1
Steuerflucht Einführung Anm. 3, 9; Einführung §§ 7–14 Anm. 4
Steueroasen § 1 Anm. 215a; Einführung §§ 7–14 Anm. 2
Steuerstundung § 6 Anm. 71 ff.
innerhalb der EU /des EWR § 6 Anm. 77 ff.
Mitwirkungspflicht § 6 Anm. 86 ff.
Verlustberücksichtigung § 6 Anm. 84 f.
Widerruf § 6 Anm. 76, 82 f.
Stifter § 15 Anm. 26
Stille Reserven, Besteuerung § 6 Anm. 2 ff.
Stimmrechtsmehrheit § 1 Anm. 37
Subpart-F-Regelung Einführung §§ 7–14 Anm. 4
Tatsächliche wirtschaftliche Tätigkeit
s. unter Hinzurechnungsbesteuerung (§§ 7–14 AStG)
Teileinkünfteverfahren § 6 Anm. 57; Einführung §§ 7–14 Anm. 24
Teilnahme am allgemeinen wirtschaftlichen Verkehr § 8 Anm. 52 ff., 69, 93 f.
Teilwertabschreibung § 1 Anm. 13a, 48
Territorialprinzip § 2 Anm. 55
Tie-breaker-rule § 2 Anm. 37; § 6 Anm. 46; § 20 Anm. 201
TNMM s. Transaktionsbezogene Netto-Margen-Methode
Transaktionsbezogene Netto-Margen-Methode § 1 Anm. 89a
Transferpaket s. unter Funktionsverlagerung
Treaty Override Einführung Anm. 5; Einführung §§ 7–14 Anm. 45; § 20 Anm. 4 ff.

Begriff § 20 Anm. 5–11
Rechtsfolge § 20 Anm. 7–9, 11
Rechtsstaatsprinzip § 20 Anm. 21 ff.
Vereinbarkeit mit Europarecht § 20 Anm. 12–17
Verfassungsmäßigkeit § 20 Anm. 21–30, 174
Verhältnis zu § 2 Abs. 1 AO § 20 Anm. 53–59
Überwiegen von Fremdgeschäften § 8 Anm. 34–41
Umlagevertrag § 1 Anm. 145–150
Umwandlung § 8 Anm. 132–142
zu Buchwerten § 8 Anm. 136–139
Untergesellschaft § 14 Anm. 9 f.
Unternehmensstiftung § 15 Anm. 55
van Hilten – van der Heijden § 2 Anm. 12; § 4 Anm. 17; § 5 Anm. 13; § 6 Anm. 17
Veräußerung
Begriff § 8 Anm. 121 f.
Veräußerung von Beteiligungen § 8 Anm. 120 ff.
eigene Anteile § 8 Anm. 124
mehrstufige Beteiligungen § 8 Anm. 130
Veräußerungsgewinn § 7 Anm. 31; § 8 Anm. 120 ff.; § 11 Anm. 1 ff.
Acht-Jahres-Zeitraum § 11 Anm. 11
Anteilsveräußerungsgewinn § 11 Anm. 5–7
Ausschüttung § 11 Anm. 12 f.
Nachweispflicht § 8 Anm. 126–131, 142; § 11 Anm. 13, 14
Verdeckte Einlage § 1 Anm. 6, 13a; § 8 Anm. 122; § 9 Anm. 10; § 10 Anm. 32
Gesellschafter § 1 Anm. 12, 13
nahestehende Person § 1 Anm. 12
Verdeckte Gewinnausschüttung § 1 Anm. 6, 10, 13a; § 10 Anm. 29, 32
mittelbarer Vorteil für Gesellschafter § 1 Anm. 11
Vorteilsgewährung an nahestehende Person § 1 Anm. 11
Verfassungsmäßigkeit
der Wegzugsbesteuerung § 6 Anm. 14
des § 15 AStG § 15 Anm. 18–22, 39, 54
des § 2 AStG § 2 Anm. 9–11, 64–67, 92 f., 97–101
des § 4 AStG § 4 Anm. 19, 26
des § 5 AStG § 5 Anm. 14–16
des Treaty Override § 20 Anm. 21–30, 174
vergleichbare ausländ. Steuern § 2 Anm. 70
Verlustabzug § 10 Anm. 35 ff.

Sachregister AStG

Verlustausgleich § 2 Anm. 164, 193 ff.;
  § 10 Anm. 34 ff.
Verlustvor- oder rücktrag § 2 Anm. 140,
  194 f.
Vermietung und Verpachtung § 1
  Anm. 130 ff.; § 8 Anm. 72–96
Vermögensverwaltung § 8 Anm. 27
Vermögenszuwachs
  Besteuerung § 6 Anm. 3–6, 56–58
  Ermittlung § 6 Anm. 51–55
Verrechnungspreis § 1 Anm. 55 ff., 61
  Anpassung in der Rezession § 1
    Anm. 60a
  Berichtigung § 1 Anm. 167
  Beweislast § 1 Anm. 215
  Dokumentationspflicht § 1
    Anm. 212 ff.
  Konzern- § 1 Anm. 58, 89a
  Mitwirkungspflicht § 1 Anm. 212 ff.
  Schätzung § 1 Anm. 215
Versicherung s. Versicherungsunternehmen
Versicherungsgeschäft § 8 Anm. 28 f.
Versicherungsmakler § 8 Anm. 31
Versicherungsunternehmen § 8
  Anm. 24, 28–41
Verständigungsverfahren s. unter Doppelbesteuerungsabkommen
Verwaltungsbezogene Leistungen § 1
  Anm. 117, 145
Vorteilsausgleich s. unter Fremdvergleich
Vorzugsbesteuerung, ausländische § 2
  Anm. 91–102
  Beweislast § 2 Anm. 97 f., 100
  erhebliche Minderung der Steuerbelastung § 2 Anm. 99–101
  Schweiz § 2 Anm. 91 f., 94 f., 102
  Steuererlass § 2 Anm. 94
  Steuerverträge § 2 Anm. 94
  Stundung § 2 Anm. 94
  Territorialprinzip § 2 Anm. 94 f.
Währungsrisiko
  Darlehen § 1 Anm. 107 ff.
  Dienstleistungen § 1 Anm. 118 ff.
  Leasing § 1 Anm. 128 f.
  Lizenzvertrag § 1 Anm. 139 ff.
Wegzugsbesteuerung
  Ansässigkeit § 6 Anm. 35, 46 f.
  ausländische Staatsangehörige § 6
    Anm. 23
  Ausschluss des deutschen Besteuerungsrechts § 6 Anm. 49 f.
  Beendigung der unbeschränkten Steuerpflicht § 6 Anm. 34–37
  Beschränkung des deutschen Besteuerungsrechts § 6 Anm. 49 f.

  Beteiligung an Kapitalgesellschaft § 6
    Anm. 24 ff.
  Doppelansässigkeit § 6 Anm. 20, 46
  Doppelbesteuerungsabkommen § 6
    Anm. 11 ff., 33
  Erbfall § 6 Anm. 42
  Erbschaftsteuer § 6 Anm. 45
  fiktive unbeschränkte Steuerpflicht auf
    Antrag § 6 Anm. 37
  fiktive unbeschränkte Einkommensteuerpflicht § 6 Anm. 21
  fiktiver Veräußerungsverlust § 6
    Anm. 55
  Freibetrag nach § 17 Abs. 3 EStG
    § 6 Anm. 56
  gemeiner Wert § 6 Anm. 51 f.
  gemischte Schenkung § 6 Anm. 41
  gewöhnlicher Aufenthalt § 6 Anm. 34,
    46 f.
  Halbeinkünfteverfahren § 6
    Anm. 57
  Kapitalertragsteuer § 6 Anm. 94
  nachfolgende Veräußerung von Anteilen § 6 Anm. 59–63
  Rückkehrabsicht § 6 Anm. 67
  Schenkung § 6 Anm. 22, 38 ff.
  Staatenlose § 6 Anm. 23
  Steuerstundung § 6 Anm. 71 ff.
  Steuerstundung innerhalb der EU / des
    EWR § 6 Anm. 77 ff.
  Steuerstundung, Mitwirkungspflicht
    § 6 Anm. 86 f.
  Steuerstundung, Verlustberücksichtigung § 6 Anm. 84 f.
  Steuerstundung, Widerruf § 6
    Anm. 76, 82 f.
  Teileinkünfteverfahren § 6 Anm. 57
  Übertragung von Anteilen auf nicht
    unbeschränkt Steuerpflichtige § 6
    Anm. 39 ff.
  unbeschränkte Einkommensteuerpflicht § 6 Anm. 18
  unbeschränkte Einkommensteuerpflicht des Rechtsvorgängers § 6
    Anm. 22
  unentgeltlicher Anteilserwerb § 6
    Anm. 22, 31, 39 ff., 54, 63
  Veräußerungsverlust § 6 Anm. 61
  Vereinbarkeit mit Europarecht § 6
    Anm. 8, 14–17
  Verfassungsmäßigkeit § 6 Anm. 14
  Vermögenszuwachs, Besteuerung § 6
    Anm. 56–58
  Vermögenszuwachs, Ermittlung § 6
    Anm. 51–55
  vorübergehende Abwesenheit § 6
    Anm. 36, 66 ff.

663

vorübergehender Auslandsaufenthalt
§ 6 Anm. 64 ff.
Wertminderung § 6 Anm. 89 ff.
Wertverknüpfung § 6 Anm. 53
Wohnsitz § 6 Anm. 34, 46 f.
Zehn-Jahres-Frist § 6 Anm. 18 ff.
Wesentliche Beteiligung § 1 Anm. 30 ff.;
§ 6 Anm. 28 ff.
**Wesentliche wirtschaftliche Interessen
im Inland** § 2 Anm. 121–146; § 4
Anm. 32
16.500 Euro-Grenze § 2 Anm. 161–165
atypische Unterbeteiligung an Gesellschaftsanteilen § 2 Anm. 122, 128
ausländische Familienstiftung § 5
Anm. 24, 59
Beteiligung i. S. d. § 17 Abs. 1 EStG
§ 2 Anm. 129–136
Betriebsstätte § 2 Anm. 122, 124
BGB-Gesellschafter § 2 Anm. 122
doppelstöckige Personengesellschaft
§ 2 Anm. 128
Einzelunternehmer § 2 Anm. 122, 128
Genussrecht § 2 Anm. 129
Genussschein § 2 Anm. 129
Gewerbebetrieb § 2 Anm. 122 ff.
Kapitalgesellschaften § 2 Anm. 128,
129–136
Kommanditist § 2 Anm. 122, 126 ff.
Komplementär § 2 Anm. 122
Mitunternehmer § 2 Anm. 122, 125,
128
Nießbrauch an Gesellschaftsanteil § 2
Anm. 123, 128, 131
OHG-Gesellschafter § 2 Anm. 122
stille Gesellschaft § 2 Anm. 122, 128
Unterbeteiligung an Kommanditanteil
§ 2 Anm. 128
verdeckte Einlage § 2 Anm. 132
Vermögensverwaltung § 2 Anm. 122
wesentliche Einkünfte im Inland § 2
Anm. 137–141
wesentliche Vermögenswerte im
Inland § 2 Anm. 142–146
wirtschaftlich vergleichbare Gemeinschaftsverhältnisse § 2 Anm. 122
Zwischengesellschaft § 2 Anm. 147–
152; § 5 Anm. 24
Wiederverkaufspreismethode § 1
Anm. 86 f., 99
Wirtschaftsgut
immaterielles s. Immaterielle Wirtschaftsgüter
Überführung ins Ausland Einführung
Anm. 6
Wohnsitz
in DBA-Staat § 6 Anm. 46

in Nicht-DBA-Staat § 6 Anm. 47
inländischer § 2 Anm. 36 f.; § 4
Anm. 28
Wohnsitzverlegung
in Niedrigsteuerland § 2 Anm. 6
ins Ausland Einführung Anm. 6
Zurechnung bei Zwischengesellschaft
ausländische Familienstiftung § 5
Anm. 58–68, 75
Berücksichtigung geleisteter ausländischer Steuern § 5 Anm. 57
Berücksichtigung geleisteter inländischer Steuern § 5 Anm. 54–56
Doppelbesteuerungsabkommen § 5
Anm. 49–52, 84
Einkünfte § 5 Anm. 35–42
Einkünfte nachgeschalteter Zwischengesellschaft § 5 Anm. 43 f.
Einkünfte, Ermittlung § 5 Anm. 45–48
Einkünfte, nicht ausländische § 5
Anm. 41 f.
Entlastungsregelung des § 8 Abs. 2
AStG § 5 Anm. 37 f., 44, 80
und beschränkte Steuerpflicht § 5
Anm. 69–73
Vermögenswerte § 5 Anm. 74–84
Vermögenswerte nachgeschalteter
Gesellschaft § 5 Anm. 79
Zeitpunkt § 5 Anm. 53
Zwischeneinkünfte mit Kapitalanlagecharakter § 5 Anm. 36
Zurechnungstheorie Einführung §§ 7–14
Anm. 10, 42; § 20 Anm. 78–80
Zweistufentheorie § 20 Anm. 82
Zwischeneinkünfte mit Kapitalanlagecharakter Einführung §§ 7–14
Anm. 17–21, 23, 25, 50; § 7 Anm. 2,
24–32, 35 ff.; § 9 Anm. 5; § 11 Anm. 8;
§ 14 Anm. 11; § 20 Anm. 206, 217 ff.
Börsenklausel § 7 Anm. 27, 47, 49
Freigrenze, absolute § 7 Anm. 2, 28
Freigrenze, relative § 7 Anm. 28
Zwischengeschaltete Gesellschaft
s. Zwischengesellschaft
Zwischengesellschaft § 2 Anm. 147–152;
§ 4 Anm. 13, 31 f.; § 5 Anm. 1 ff.; Einführung §§ 7–14 Anm. 1; § 8 Anm. 1 ff.
ausländische Familienstiftung § 5
Anm. 4, 12, 58–68, 75
beschränkte Steuerpflicht der ausländischen Zwischengesellschaft § 5
Anm. 6–8
Beteiligung an Zwischengesellschaft
s. dort
Haftung § 5 Anm. 85–88
Hinzurechnungsbesteuerung (§§ 7–14
AStG) § 5 Anm. 9–11

Sachregister · AStG

Zwischengesellschaft
negative Einkünfte § 5 Anm. 11
niedrige Besteuerung § 5 Anm. 23, 39–40
Nutzungsrecht § 5 Anm. 4
Treuhandverhältnis § 5 Anm. 4
Verhältnis zu § 42 AO § 5 Anm. 5
Verwertungsrecht § 5 Anm. 4
wesentliche wirtschaftliche Interessen im Inland § 5 Anm. 24

Zurechnung von Einkünften bei der Einkommensteuer s. Zurechnung bei Zwischengesellschaft
Zurechnung von Einkünften bei der Einkommensteuer § 5 Anm. 35–73
Zurechnung von Vermögenswerten bei der Erbschaft- und Schenkungsteuer s. Zurechnung bei Zwischengesellschaft
Zurechnung von Vermögenswerten bei Erbschaft- und Schenkungsteuer § 5 Anm. 74–84

Autorenverzeichnis

Dr. Beate Gropp (§§ 6–14)
Regierungsdirektorin, Dresden

Dr. Hartmut Hahn (§§ 2, 20)
Ministerialrat i. R., ehem. Referatsleiter im Thüringer Finanzministerium

Dr. Thomas Kaligin (Einführung, § 1)
Rechtsanwalt, Fachanwalt für Steuerrecht, Berlin

Dr. Jens Kleinert (§§ 16, 17)
Rechtsanwalt, Fachanwalt für Steuerrecht, Osborne Clarke, Köln

Dr. Nadia Petersen (§ 18)
LL.M, Steuerberater, M.I. Tax, Hamburg

Prof. Dr. Michael Stöber (§§ 16, 17)
Technische Universität Dortmund

Dr. Kay Alexander Schulz (§§ 4, 5, 15)
Steuerberater, Diplom-Kaufmann, PwC Hamburg

3 MONATE KOSTENLOS TESTEN:

www.estg-context.de

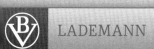

EStG *context*
in Zusammenarbeit mit

IMMER AM PULS DES RECHTS
- Höchste Aktualisierungsrate aller Einkommensteuer-Kommentare
- Über 50 Top-Autoren aus BFH, BMF, Steuerberatung und Wissenschaft

UMFASSENDE INHALTE FÜR DIE PRAXIS
- EStG sowie AStG, UmwStG und weitere wichtige Nebengesetze vollständig kommentiert
- EStG kompakt: Aktuelle Entwicklungen und Ausblicke auf Geplantes in Gesetzgebung – Rechtsprechung – Verwaltung, systematisch in der Paragrafenfolge des EStG
- Besprechung aktueller Verwaltungsanweisungen durch Ministerialrätin Ingetraut Meurer, Referatsleiterin im BMF
- Kurzkommentierung der neuesten BFH-Entscheidungen durch die RiaBFH Jürgen Brandt und Dr. Ulrich Dürr (i.R.)

- BMF-Handbücher, BMF-Schreiben, BFH-Entscheidungen, Aktuelles Steuerrecht, Betriebs-Berater-Aufsätze, Vorschriftensammlung

DIREKT ZUM ZIEL
- Dynamischer Versionsvergleich von Vorschriftenfassungen mit farblicher Änderungskennzeichnung
- Die vollständige Verlinkung aller Inhalte und Verweise
- Zielführende Trefferlisten durch intelligente Interpretation der Sucheingabe mit Top-Trefferanzeige
- Querbezüge zeigen Dokumente im Werk, die mit dem aktuell aufgerufenen Dokument in einem Sachzusammenhang stehen
- Klar gegliederte Oberfläche (»Cockpit-Prinzip«); umschaltbare Einzeldokument- oder Gesamtleseansicht; Verlaufsanzeige; Lesezeichen; Notizfunktion, Ausgabemanager mit PDF-Generierung und vieles mehr

DER ONLINE-ARBEITSPLATZ ZUM EINKOMMENSTEUERRECHT
Kontinuierlich fortgeführt mit 7 Updates jährlich
Grundlizenz mit 3 Simultanzugängen monatlich € 55,–

Steuerberaterverband Niedersachsen · Sachsen-Anhalt e.V. (Hrsg.)

Aktuelles Steuerrecht
Das ständige Wissens-Update
Erscheint viermal jährlich, DIN A4, Umfang jeweils ca. 200 Seiten, Jahresabonnementpreis inkl. Aktuelles Steuerrecht online € 182,– zzgl. Versandkosten
ISSN 0948-1850

Aktuelles Steuerrecht online
– nur für Abonnenten des Aktuellen Steuerrechts

Alle bisher erschienenen Ausgaben; darüber hinaus Vorschriften und Rechtsprechung.

Weitere Informationen unter www.boorberg.de/alias/106326

Das Konzept dieser Intensiv-Fortbildungsreihe: konzentrierte Tipps und Themen aus Fortbildungsveranstaltungen, an denen jährlich über 4500 Steuerberater und Wirtschaftsprüfer teilnehmen.

Jedes Heft gliedert sich in die Abschnitte
- **Informationen** aus Presse und Medien
- **AktStR-Themen:** Ausgewählt werden die neuesten Steuerthemen mit der höchsten Praxisrelevanz; die Darstellung ist übersichtlich und auf schnelle Erarbeitung angelegt.
- **Rechtsbehelfsempfehlungen** in knapper Darstellung entsprechend den Schritten Problem – Verfahrensstand – denkbare Entwicklung – Beratungspflichten – Handlungsempfehlungen.
- **Einspruchsmuster – Aktuell**

⊕ BOORBERG
RICHARD BOORBERG VERLAG   FAX 0711/7385-100 · 089/4361564
TEL 0711/7385-343 · 089/436000-20   BESTELLUNG@BOORBERG.DE

RA0715